GIORDANO BRUNO
OBRAS ITALIANAS

Coleção Textos

Dirigida por:
João Alexandre Barbosa
Roberto Romano
J. Guinsburg
(*in memoriam*)

Trajano Vieira
João Roberto Faria

Equipe de realização – Supervisão textual: Luiz Henrique Soares e Elen Durando; Preparação de texto: Marcio Honorio de Godoy; Revisão: Simone Zaccarias; Ilustração: Sergio Kon; Projeto de capa: adaptado de projeto de Adriana Garcia; Produção: Ricardo W. Neves e Sergio Kon.

GIORDANO BRUNO
OBRAS ITALIANAS

J. GUINSBURG E NEWTON CUNHA
ORGANIZAÇÃO

NEWTON CUNHA
TRADUÇÃO E NOTAS

ALESSANDRA VANNUCCI
TRADUÇÃO E NOTAS DE "CASTIÇAL"

CIP-Brasil. Catalogação na Publicação
Sindicato Nacional dos Editores de Livros, RJ

B922g
   Bruno, Giordano, 1548-1600
     Giordano Bruno : obras italianas / Giordano Bruno ; organização J. Guinsburg, Newton Cunha ; tradução e notas Newton Cunha, Alessandra Vannucci ; introdução Roberto Romano. - 1. ed. - São Paulo : Perspectiva, 2022.
     848 p. ; 21 cm.   (Textos ; 41)

     "Tradução de vários textos remanescentes do autor"
   ISBN 978-65-5505-121-6

    1. Filosofia italiana. I. Guinsburg, J. II. Cunha, Newton. III. Vannucci, Alessandra. IV. Romano, Roberto. V. Título. VI. Série.

22-79827
        CDD: 195
        CDU: 1(450)

Meri Gleice Rodrigues de Souza - Bibliotecária - CRB-7/6439
05/09/2022   08/09/2022

1ª edição

Direitos reservados em língua portuguesa à

EDITORA PERSPECTIVA LTDA

Alameda Santos, 1909, cj. 22
01419-100 São Paulo SP Brasil
Tel.: (11) 3885-8388
www.editoraperspectiva.com.br

2022

SUMÁRIO

Nota de edição – *J. Guinsburg e Newton Cunha* 9
Introdução – *Roberto Romano* 11
Cronologia 21

I

Um Contestador de Vida Atribulada – *Newton Cunha* 27
Castiçal 33
    Acadêmico de Academia Nenhuma – *Alessandra Vannucci* [33] ▪
    Castiçal, a peça [43]
A Ceia das Cinzas 167
Da Causa, Princípio e Uno 257
Sobre o Infinito, o Universo e os Mundos 349

II

Uma Ética Derivada da Cosmologia – *Newton Cunha* 461
Despacho da Besta Triunfante 465
Dos Heroicos Furores 607
Cabala do Cavalo Pégaso 767
Oração de Despedida 809
Oração Consolativa 823

Comentários Sobre Bruno 837
As Quatro Figuras Conjeturais do Espaço 845

NOTA DA EDIÇÃO

As obras em italiano de Giordano Bruno são consideradas as mais importantes de seu pensamento, cuja primeira qualificação bem poderia ser a de "filosofia do infinito". O conjunto das doutrinas mais antigas, desde os pré-socráticos até Nicolau de Cusa e Copérnico (de quem, aliás, se fez o maior difusor na Europa, antes de Galileu), está por inteiro nas teorias do Nolano. Pensamentos em que se misturam intuições geniais, acréscimos personalíssimos e condenações radicais.

Com relação a esse último aspecto, por exemplo, é perceptível, em diversas passagens de seus escritos, chamar a sua filosofia de "natural", significando com isso uma forma de entender a substância e o fluxo do mundo sem o artifício dos cálculos matemáticos, sobretudo os empregados pela física ptolomaica, que então serviam para "salvar" a concepção de um universo restrito ou fechado. *Calcular* coisas não significaria conhecê-las, do ponto de vista da natureza; a matemática é um predicado abstrato, não o cerne cognoscível da substância, isto é, da matéria e da forma.

Nem por isso deixa Bruno de ser um típico representante das novas correntes do Renascimento, aquelas que instauram uma concepção moderna, ou seja, racionalista e antidogmática do universo e da sociedade. Além de sua ideia de infinito, estão claríssimas a de unicidade da natureza (forma e matéria indissolúveis) e a de relatividade (não há centro ou periferia cósmica), tanto quanto um indisfarçável materialismo "animista".

Por razões como essas, e por se ter tornado um trágico símbolo na luta pela liberdade de pensamento, a editora Perspectiva decidiu compilar nesta edição todas as obras italianas do filósofo, ou seja, as já traduzidas para nossa língua (de caráter ontológico e cosmológico) e as inéditas, dedicadas mais precipuamente ao âmbito da ética. Assim, deste primeiro tomo constam os seguintes textos: *Il Candelaio*, sua primeira obra, em forma dramática, *A Ceia das Cinzas*, *Da Causa, Princípio e Uno* e *Sobre o Infinito, o Universo e os Mundos*. Do segundo, fazem parte o *Despacho da Besta Triunfante*, *Dos Heroicos Furores* e *Cabala do Cavalo Pégaso*, além de dois discursos, originalmente pronunciados em latim, em duas diferentes universidades alemãs, *Oração de Despedida* e *Oração Consolativa*, em que podemos aferir sua profusa verve literária e comprovar sua extraordinária capacidade mnemônica.

Bruno vem juntar-se assim a Descartes e a Spinoza, em traduções da editora Perspectiva, permitindo ao público de língua portuguesa o acesso e a comparação entre três dos maiores pensadores que revitalizaram a cultura ocidental em um de seus períodos mais férteis e brilhantes.

J. Guinsburg e Newton Cunha

INTRODUÇÃO

A editora Perspectiva prossegue seu projeto de publicar escritos filosóficos que enriquecem o debate cultural. Graças ao fino lavor de Jacó Guinsburg, em companhia de Newton Cunha – hábeis na difícil arte da tradução –, vieram a lume as obras de Diderot, Descartes e Spinoza, produções editoriais consagradas. Agora temos os escritos italianos de Giordano Bruno, nobre vítima da brutal caçada contra o pensamento. Visto como inimigo da Igreja e dos poderes laicos, Bruno foi durante muito tempo observado com as lentes do preconceito ou do entusiasmo. Preconceito como o exibido pelo padre Mersenne, para quem Giordano Bruno seria "o mais perigoso pensador dentre os deístas, ateus ou livre pensadores". O conselheiro de René Descartes recebeu duras críticas dos que defenderam Bruno a partir do século XVIII[1]. É correto ressaltar que os escritos do monge herético tiveram coleta árdua e aventurosa até no século XX. A tarefa dos editores foi paciente e cheia

---

1. Por exemplo, o Barão d'Holbach [1771]: "Se acreditarmos no padre Mersenne, Giordano Bruno era um doutor de impiedade. Mas como as obras deste poeta-filósofo não mais se encontram facilmente, darei ao leitor o prazer de lhe proporcionar uma ideia das impiedades supostas que o levaram à fogueira. Assim, eu o colocarei em condições de julgar se o monge Mersenne é um ignorante que não entendeu Bruno, ou se é um maldoso que, para esconder a crueldade de sua Igreja, não teve receio de insultar a memória de um grande homem que pereceu infelizmente." Claro, nas linhas do primeiro capítulo do Barão, fica determinado que Mersenne é ignorante e maldoso, conforme a receita célebre de "esmagar a Infame"… Ver Paul Henri Thiry Holbach, *J. Brunus Redivivus ou Traité des erreurs populaires, ouvrage critique, historique & philosophique, imité de Pomponace*, [S.l.]: Nabu Press, 2010.

de obstáculos. Após o século XIX, o Bruno demoníaco se apagou e cedeu passo ao herói libertário. O entusiasmo nutrido por seu nome dominou a Alemanha e a Itália, nações divididas por motivos políticos e religiosos. O Bruno luciferino, ao assumir a figura do campeão da liberdade, em especial a do pensamento laico, sofreu metamorfoses que ainda hoje marcam a sua leitura e acolhimento. Darei a seguir só um exemplo das distorções a que foi submetido o seu modo de refletir e operar. Seu pensamento é digno das bacantes. Tal frase é dita por Hegel ao expor para seus alunos as ideias de Giordano Bruno. Logo a seguir, o professor indica que as publicações esparsas do peregrino dominicano seriam idênticas às que pertencem à mística e ao fanatismo (*Schwärmerei*), algo a ser afastado pela ciência[2]. Tais retratos têm fabricação datada e serviram para exilar as figuras mais discutidas na modernidade, de Bruno a Spinoza. Tendo como base hipóteses antigas, retomadas nos diálogos entre Lessing e Mendelssohn sobre o suposto panteísmo spinoziano, Jacobi edita trechos do escrito intitulado *A Causa, Princípio e Uno*[3]. O equívoco sempre ronda a filosofia e a sua hermenêutica. Assim, muitos "ismos" são fabricados para glória da taxinomia aristotélica e alegria dos bibliotecários. O panteísmo atribuído a Spinoza, que antecede a leitura romântica de Giordano Bruno, é lugar comum pouco demonstrado, muito difundido sem passar pela crítica rigorosa dos textos. Jacobi amplia o fantasma do panteísmo com enunciados polêmicos trazidos do século XVII, por exemplo, os ataques de Pierre Bayle[4]. Dada por estabelecida a forma de pensamento

---

2. G.W.F. Hegel, "Bruno", *Vorlesungen über die Geschichte der Philosophie*, Frankfurt: Werke in zwanzig Bänden, Suhrkamp, 20, t. III, 1970, p. 24. "Es ist etwas Bacchantisches in diesem Ergreifen dieses Bewusstseins; es fliess über, diesen Reichtum auszusprechen und sich so zum Gegenstande zu werden" (Existe algo báquico nesta consciência que agarra os problemas com profundidade; ela deles transborda para se converter no objeto de suas ricas especulações.)

3. Ver Friedrich Heinrich Jacobi: *Über die Lehre des Spinoza in Briefen an den Herrn Moses Mendelssohn* [1789]. Uma edição eletrônica do livro pode ser lida integralmente no seguinte endereço: <https://archive.org/details/ueberdielehredeoomendgoog>.

4. Bruno e Spinoza, diz Bayle no verbete "Brunus" de seu *Dicionário*, "são unitários radicais (*outrés*). Eles só reconhecem uma substância na natureza [...] Fala-se de certo Brunus que compôs o panegírico do diabo, não duvido se tratar do Nolano quando se fala do autor do artigo. Pessoas hábeis pretendem que monsieur Descartes roubou dele algumas de suas ideias. Monsieur Leibniz cita um sábio que observou o seguinte: Descartes suprime os nomes dos autores que ele pilha, a Bruno e a Kepler ele deve os seus turbilhões..." Pierre Bayle, *Dictionaire historique et critique*, Paris: Desoer, 1820, v. 4, p. 173s. Como se nota, a maledicência atinge Bruno, Descartes, Spinoza... a história da filosofia, desde seus inícios, se transforma com frequência em boatos de comadres ou de seitas. E tais falas têm pretensões à cientificidade.

panteísta em Spinoza, são procurados os predecessores de tal figura noética. Assim, Bruno teria antecipado a substância infinita spinoziana. O predecessor delirante gera descendentes como Schelling, Coleridge[5] e outros. Apesar do interesse votado por Hegel ao pensamento de Bruno, sua atitude é clara: trata-se de uma divagação onírica ou oceano revolto de pesadelos. Notemos que, de início, Hegel julga honrar nosso herói com o qualificativo trágico trazido pelo teatro de Eurípides. Na sua obra de juventude, limiar de uma filosofia contrária ao romantismo, Hegel define a própria verdade como dança onde se estraçalham as bacantes[6].

Além do teatro e de Eurípides em seu momento mais pungente – as *Bacchae*, onde a dissolução dos corpos e das mentes atinge um ápice insuportável – Hegel atribui a Bruno outra forma cultural. Uma fonte do pensador seria o neoplatonismo, a mística reação contra a estrutura platônica do universo e da alma. A busca do Uno, que Hegel identifica em Bruno, teria sua origem especulativa em Proclus para quem, segundo Hegel, "a inteligência é algo substancial que, na sua unidade, a tudo contém : a vida é o criador, o produtivo. A inteligência como tal é precisamente algo que a tudo inverte, que faz tudo retornar à unidade". E vem a tese sobre o spinozismo precursor assumido por Bruno: "seus pensamentos filosóficos", adianta Hegel, "somados ao entusiasmo pela natureza, por sua divindade e pela presença nela da razão [...] são assim em geral uma filosofia spinozista, panteísta". O universo para Bruno seria "um animal infinito no qual tudo vive e se move de maneiras diversas".

É interessante que Hegel, visto por muitos contemporâneos como "o Proclus do Norte", atribua às especulações do Nolano uma fonte mística. Mas a legenda de certo Bruno spinozista *avant la lettre* continua após Hegel na história da filosofia. Autor relevante para o

---

5. Ver Hilary Gatti, Coleridge's Reading of Giordano Bruno, *The Wordsworth Circle*, v. 27, n. 3, 1996, p. 136-145.
6. "Das Wahre ist so der bacchantische Taumel, an dem kein Glied nicht trunken ist, und weil jedes, indem es sich absondert, ebenso unmittelbar auflöst, – ist er ebenso die durchsichtige und einfache Ruhe." (O verdadeiro é o frenesi báquico, do qual nenhum membro foge da embriaguez. Como cada membro se dissolve imediatamente ao separar-se da roda, tal frenesi é ao mesmo tempo um repouso translúcido e simples.) Note-se na frase o termo *Auflösung*, oriundo do trabalho do negativo, da morte e do sofrimento. Bruno, um pensador atormentado, teria intuído o movimento substancial da natureza e do divino. Hegel não precisaria de muito esforço para traçar, anacronicamente, o retrato do Nolano romântico que ainda hoje resiste em alguns estudos sobre a sua filosofia. Ver G.W.F. Hegel, *Phänomenologie des Geistes*, Werke in zwanzig Bänden: Suhrkamp, 3, p. 46.

pensamento materialista do século XIX, Ludwig Feuerbach[7] repete a tese panteísta sobre Bruno, dando como sua base a substância de Spinoza[8]. Naturalmente, a referida substância é vista sob a óptica hegeliana, como infinitude que serve de base ao Espírito. No caso de Feuerbach, ao contrário de Hegel, o espírito humano é o natural, não o divino.

Um ardil, não apenas da razão, mas do mesquinho modo de concorrer no mundo acadêmico, é importante na pena de Hegel. Em vez de apenas notar na figura de Giordano Bruno o antecessor de Spinoza, Hegel faz muito mais, pois realiza uma camuflagem de seu grande inimigo, antes colega de seminário teológico: Schelling. Toda a caracterização de Bruno, nas *Lições Sobre a História da Filosofia*, traz as marcas dos ataques feitos por Hegel ao romantismo. O culto da Unidade chamada Absoluto tem em Schelling o seu defensor. E não é por acaso que Schelling dedica um livro inteiro ao mártir e filósofo italiano. Em 1802, surge o seu *Bruno, ou Sobre o Princípio Natural e Divino das Coisas*[9]. No texto, Schelling desenvolve a tese da identidade do finito e do infinito. E ali se expõe o argumento do todo orgânico que contém as individualidades. No Absoluto, o indivíduo tem o seu ser como um membro ou função do todo, parte de um organismo total. E o organismo é posto como o mais apropriado e sensível modelo para o Absoluto como forma. No organismo, cada integrante traz a marca da totalidade, o que o une aos demais membros e funções, sem deixar sua independência[10].

A diferença entre tais enunciados e os de Hegel, pouco tempo depois, na *Fenomenologia do Espírito*, salta aos olhos. Para Hegel, o Todo, movimento do verdadeiro, dissolve as partes. Estas não

---

7. Ver L. Feuerbach [1835], *Vorlesungen über die Geschichte der neueren Philosophie, von G. Bruno bis G.W.F. Hegel*, Erlangen: Darmstadt, Wissenschaftliche Buchgesellschaft, 1974.
8. Francesco Tomasoni, *Ludwig Feuerbach : Entstehung, Entwicklung und Bedeutung seines Werke*, Münster/New York: Waxmann, 2015, p. 150.
9. *Bruno, oder über das göttliche und natürliche Prinzip der Dinge, Werke*, Berlin: Unger, 1802. Existe tradução para o inglês: *Bruno or the Natural and Divine Principle of Things*, M.G. Vater ed., Albany: State University of New York, 1984. Para o trato com a metáfora do organismo na filosofia romântica, publiquei um artigo intitulado "A Fantasmagoria Orgânica", em meu livro *Corpo e Cristal, Marx Romântico*, Rio de Janeiro: Guanabara Koogan, 1985. Para uma análise ainda hoje ilustrativa dos frutos do imaginário orgânico no pensamento conservador, em termos de direito e teoria do Estado, ver F.W. Coker, *Organismic Theories of The State, Nineteenth Century Interpretations of the State as Organism or a Person*, New York: Columbia University Press, 1910.
10. Oportuno comentário de M.G. Vater, na edição inglesa do *Bruno* de Schelling, p. 33.

convivem harmoniosamente na totalidade porque a roda das bacantes devora a pretensa independência dos membros. A suposta harmonia das funções orgânicas sofre um abalo interno na exposição hegeliana, contra o aspecto estável da unidade. Esta crítica da unidade é retomada nos enunciados de Hegel sobre Spinoza, mas a maior acidez se dirige ao antigo colega de estudos[11].

O romantismo que enxerga em Bruno o seu predecessor não atingiria, segundo Hegel, a seriedade do negativo e o movimento de *Aufhebung* da simples unidade natural ou espiritual. Como não capta o Uno enquanto movimento, o romântico tomba na irreconciliável confusão entre o natural e o espiritual, no obstruso mundo das aparências, do caos, da ausência de lógica. Bruno, o romântico, teria em sua existência repetido a desordem do pensamento que o desorientou. E seus discípulos, como Schelling, o seguem com intuições brilhantes, mas sem a ordem do conceito que realiza a conciliação dos opostos[12].

Assim, a filosofia de Bruno, do meio do século XIX em diante, porta a máscara do romantismo, algo que definiu não apenas a recepção do pensamento, mas a leitura de sua vida. As batalhas, entre a filosofia hegeliana e a romântica sobre Bruno, não têm origem imediata. Ela segue uma linha de interpretação que radicaliza pouco a pouco a busca da unidade pelo renascentista, a qual contrasta com a desordem de seus textos e comportamento. Tal forma de interpretar a filosofia vem, desde Diderot até Hegel, de uma fonte inspiradora, o manual de história da Filosofia publicado por Brucker.

Entre os tipos principais de filosofia, Brucker afiança que o eclético "foi aprovado por homens inteligentes e praticado por filósofos

---

11. "Este saber uno, segundo o qual no Absoluto tudo se iguala no conhecimento, diferenciado e pleno ou que busca e requer plenitude, ou fazer passar o Absoluto como a noite em que todas as vacas são negras, é a ingenuidade do vazio no conhecimento (*ist die Naivität der Leere an Erkenntnis*)." *Fenomenologia do Espírito*, Werke in zwanzig Bänden, 3. ed. cit., p. 22.

12. A mais concisa exposição hegeliana sobre o tema encontra-se logo no início da *Lógica*: o Ser, o Nada, o Devir. O Ser, na sua imediatez, é igual a si mesmo mas não é desigual face ao outro, não possui nenhuma diferença interna ou externa. Ele é a pura imediatez e o vazio (*Leere*). Ele é nada. O Nada é a simples igualdade consigo mesmo, pleno vazio (*Leerheit*). Ele é o mesmo que o puro Ser. Assim, o puro Ser e o puro Nada são idênticos. "O que constitui a verdade não é o Ser nem o Nada", mas o ultrapassamento de um no outro, o seu oposto. A verdade do Ser e do Nada consiste em seu movimento. E temos o Devir. E logo Hegel ataca o "panteísmo abstrato dos Eleatas". A identidade abstrata é a essência do panteísmo, e o Uno, segundo Schelling ou na sua leitura de Bruno, não atinge a concretude do conceito, mas só permite o entusiasmo no mundo fenomênico, ao estilo das bacantes. Ver *Wissenschaft der Logik*, I, Werke in zwanzig Bänden, 5, p. 85.

da maior habilidade". Entre tais filósofos, situam-se Giordano Bruno, Francis Bacon, Campanella, Hobbes, Descartes, Leibnitz e Thomasius, todos "homens que renovaram a filosofia eclética universal"[13]. O eclético não opera segundo sistemas lógicos pré-estabelecidos. Ele se move em todos os terrenos de pensamento. E também examina todas as coisas a serem recolhidas pela razão. O resultado e o pressuposto do eclético não se encontram na ordem dogmática e classificatória, mas na busca acima de regras fixas. É desse modo que Diderot já lia, antes dos românticos, os filosofemas de Giordano Bruno e sua herança biográfica[14].

No artigo "Jordanus Brunus", da *Encyclopédie*, Diderot ironiza a postura do italiano: "mistura perpétua de geometria, teologia, física, matemática e poesia". Tal síncrise, para o enciclopedista, torna penosa a leitura do monge dominicano. Este último, caso fosse mais ordenado como eclético, assumiria, conforme Diderot, a *persona* de Leibniz... Citemos a sua exegese da cosmologia trazida por Bruno:

Nada é tão pequeno no todo que não tenda a diminuir ou aumentar; mas é relativamente a um ponto da matéria, do espaço e do tempo. No todo não há pequeno nem grande, nem bem e nem mal. O todo é o melhor possível; é uma consequência da harmonia necessária e da existência e das propriedades. Se refletirmos atentamente sobre tais proposições, nelas encontraremos os germes da razão suficiente, do sistema das mônadas, do otimismo, da harmonia pré-estabelecida, numa palavra, toda a filosofia leibniziana.

O "método" diderotiano é variante primeira do empregado por Hegel para interpretar Bruno. Se Hegel ataca Schelling na figura do Nolano, Diderot elogia Leibniz ao criticar Bruno. E temos já, na escrita do enciclopedista, a figura da loucura, usada por Hegel para caracterizar o autor de *A Causa, o Princípio e o Uno*. "Comparemos", segue Diderot, "o filósofo de Nola e o de Leipzig, o primeiro me parece um louco que joga seu dinheiro na rua, o segundo é o sábio que o segue e guarda as moedas." Além da desordem e da falta de síntese, o genial antecessor de Leibniz teria arquitetado praticamente tudo o que Spinoza ofereceu ao mundo do intelecto: "se reunirmos o que

---

13. Jacobi Bruckeri, *Historia Critica Philosophiae a Tempore Resuscitamentum in Occidente Literarum ad Nostra Tempora*, Leipzig: Weidmanni e Reichiii ed., 1766. Excelente comentário em Anna-Teresa Tymieniecka, *Ontopoietic Expansion in Human Self-Interpretation in Existence in Analecta Husserliana, The Yearbook of Phenomenological Research*, v. LIV, Dordrecht: Springer Science, 1998, p. 257.

14. Ver Saverio Ricci, *La ricezione del pensiero di Giordano Bruno in Francia e in Germania: Da Diderot a Schelling*, *Gionali Critico della Filosofia Italiana*, v. 3, n. 11, p. 431-465.

ele espalhou [...] restará pouca coisa a Spinoza que lhe pertença propriamente"[15]. Entre a recepção diderotiana de Bruno e a hegeliana, temos duas constantes: o delírio do filósofo e a sua figura de João Batista, antecessor de Spinoza. O primeiro ponto serviu para edificar a legenda romântica do revolucionário que se insurgiu contra a tirania teológico-política da época, antecedendo as revoluções democráticas modernas. O segundo o colocou no panteísmo ou ateísmo a ser combatido pelos Estados e Igrejas, formas de controle dos indivíduos que almejam efetivar o Uno no tempo e no espaço[16].

A leitura anacrônica, efetivada por Brucker e repetida por Diderot e Hegel, para não falar de Schelling, resulta em certo Bruno como ser revoltado e que pensa revoltamente, longe dos parâmetros renascentistas que lhe deram alento, vida e morte. Talvez uma visão que não o culpasse tanto pelos malefícios românticos ou pelo polêmico ateísmo spinoziano, mas que buscasse suas fontes mais prováveis, servisse como via para ler Bruno em nossos tempos. Lembro aqui apenas quatro figuras, pouco estudadas hoje em dia é certo, que apresentaram antes dele visões muito próximas de seus enunciados sobre o infinito e o uno.

A primeira se encontra entre os pensadores que apoiaram a condenação, por setores da Igreja, de Aristóteles no século XIII. Trata-se de Thomas Bradwardine (1290-1348), que recusa negar a Deus o poder de criar outros universos. Ele adotou a pintura do universo como "uma ilha de matéria", ampliou um espaço infinito para além da esfera final das estrelas fixas, cujos limites poderiam, para escândalo dos aristotélicos, ser ampliados. Também devemos recordar Hasdai Crescas, pensador de Barcelona (1340-1410), crítico da cosmologia aristotélica[17]. Sua obra *Or Adonaï* (A Luz do Senhor) declara a infinitude do universo. Para além do firmamento que limita nosso olhar, há um espaço sem fim que não é vazio, mas pleno de outros universos similares ao nosso, geocêntricos e conformes ao

---

15. Verbete Jordanus Brunus, *Encyclopédie*, edição eletrônica da Universidade de Chicago (ARTFL Project), 2013.
16. Dependo, para esta passagem, do excelente texto de Saverio Ricci citado acima: "La ricezione del pensiero di Giordano Bruno in Francia e in Germania. Da Diderot a Schelling." Discordâncias com o autor não impedem reconhecer que suas análises estão entre as mais cuidadosas e instigantes sobre Bruno e sua recepção na filosofia moderna.
17. O clássico no tema é H.A. Wolfson, *Crescas, critique of Aristotle*, Cambridge: Harvard university Press, 1929. Também Dan Cohn-Sherbok, *Fifty Key Jewish Thinkers*, London: Routledge, 1997 e B. Netanyahu, *The Marranos of Spain: from the late 14th to the early 16th century, according to contemporary Hebrew sources*, Ithaca: Cornell University Press, 1999.

sistema Ptolomaico. Deve ser acrescida, é tese muito aceita, a presença de Nicolau de Cusa nas elaborações de Bruno. Lembro outro escritor, Marcellus Palingenius Stellatus (morto em 1543)[18]. Em seu poema *Zodiacus vitae*, conhecido por Bruno, que o comenta no "De immenso", Stellatus aceita a cosmologia aristotélica, mas para além do universo fechado ele imagina, em lugar do vazio, um espaço que se torna como luz infinita, onde Deus se revela[19].

É tarefa fascinante examinar os escritos de Bruno e compará-los ao saber de seu tempo. Também interessa muito à pesquisa investigar sua heterodoxia teológica e religiosa. Fartas provas de que ele não tinha respeito pelas relíquias dos santos – mas também Erasmo de Rotterdam seria incrédulo se tal recusa fosse pecado[20] – podem ter servido na construção de sua legenda demoníaca. Ele também apresentou sérias dúvidas sobre a Virgem Maria, a Trindade, afirmações heréticas que podem ser pesquisadas em nossos dias. Não apenas os católicos, mas os pastores de Genebra que o prenderam e expulsaram o viram como perigoso incréu e imprudente. Com toda certeza, mesmo hoje ele não teria lugar nos Concílios católicos, nos presbitérios calvinistas ou luteranos. As sinagogas seriam para sua pessoa um território proibido. Mesmo em nossos *campi* universitários suas atitudes, como ocorreu em Oxford – sejam lidos os trechos da *Cena de le ceneri* (A Ceia das Cinzas) onde ele retrata dois pedantes aristotélicos, e o começo do *De la causa, principio e uno* (Da Causa, Princípio e Uno) onde ele insinua as deficiências do ensino naquela universidade –,[21] seriam tidas como provocativas e inadmissíveis. Se Cambridge e Oxford resistiram às reformas propostas por Francis Bacon, com maior razão desconfiaram de um filósofo poeta e visionário, ademais de temperamento intratável. Não é apropriado, numa pequena introdução aos seus textos, encetar semelhante escrutínio. A moderna bibliografia bruniana é imensa,

---

18. Ver Francis R. Johnson, *Astronomical Thought in Renaissance England: A Study of the English Scientific Writings from 1500 to 1645*, Baltimore: Johns Hopkins Press, 1937; Pasquale Porro (ed.), *The Medieval Concept of Time: Studies on the Scholastic Debate ant its Reception in Early Modern Philosophy*, Boston: Brill, 2001.
19. Ver o bem urdido livro de Paul-Henri Michel, *The Cosmology of Giordano Bruno*, Ithaca: Cornell University Press, 1973. Sobretudo o capítulo VI : "The Infinite Universe", p. 154s.
20. Na verdade, Erasmo e seus discípulos também foram acusados de impiedade por não respeitar superstições e patifarias clericais. Ver S. Seidel Menchi, *Erasmo in Italia, 1520-1580*, Torino: Bollati Boringhieri, 1987.
21. Francis Yates, Giordano Bruno's Conflict with Oxford, *Journal of Warburg Institute*, v. 2, n. 3, jan. 1939, p. 227-242.

inclusive no aspecto científico[22]. Também sua obra é publicada em larga escala, mesmo na internet, em coleções definidas pelo saber acadêmico. Trabalho admirável é oferecido pela *Bibliotheca Bruniana Electronica*, que traz poderosa coleta de textos latinos e em língua vulgar, além de uma bibliografia importante, dados sobre os estabelecimentos de textos etc.[23]

Sublinhemos o lado político e teológico da tragédia bruniana. Numa época em que retornam os fundamentalismos fanáticos em todos os países, culturas e religiões, importa muito ler e pensar sobre indivíduos que se ergueram em defesa de ideias próprias, por mais ensandecidas que elas pudessem parecer para seus contemporâneos ou pósteros. Dei o exemplo das leituras diderotianas e hegelianas sobre Bruno. Elas ajudaram muito na semeadura de mitos modernos e contemporâneos, seja acerca do filósofo, seja na análise das políticas e crenças religiosas. Ícone da liberdade ou delirante fanático que imaginou abrir sendas novas para a humanidade, o que se diz sobre o Nolano é o desejado inconscientemente por vastos movimentos ideológicos de inspiração progressista ou reacionária.

Ao editar as obras italianas de Giordano Bruno, a editora Perspectiva dá ao leitor brasileiro a oportunidade de penetrar na *selva selvaggia* de suas elucubrações e de sua época. Se cada século tem o Bruno que melhor corresponde aos seus anseios e terrores, o "nosso" Bruno pode ser muito bem entendido após o terremoto totalitário que gerou o Holocausto. Nele se multiplicou por milhões a fogueira maldita que extinguiu a vida física do filósofo e mártir. As brasas inquisitoriais semearam a violência contra o pensamento, a misologia moderna. Delas brotaram os campos de concentração, a censura – nazista, comunista, macarthista – que trouxeram, em vez de abertura para os infinitos mundos, um encolhimento terrível do intelecto. A culpa, como adverte Shakespeare, não reside nas estrelas. E arremata Bruno, na voz do personagem Filoteu: "O defeito não é de luz, mas de luzes; quanto mais belo e excelente o sol, tanto mais odioso será ele aos olhos das bruxas noturnas e desprovido de vantagem." Lembrança platônica, sem dúvida, mas plenamente

---

22. Maria Cristina Figorilli, *Per una bibliografia di Giordano Bruno (1800-1999)*, Paris: Les Belles Lettres, 2003.
23. *The Complete Works of Giordano Bruno, Sources, Studies, Biographies, Varia*. Os textos e instrumentos analíticos são publicados pela University of London, School of Advanced Study, The Warburg Institute, Istituto Italiano per gli Studi Filosofici, Centro Internazionale di Studi Bruniani Giovanni Aquilecchia. O endereço eletrônico é: <http://warburg.sas.ac.uk/library/digital-collections/giordano-bruno/download-page/>.

justificada no Renascimento e nos tempos modernos. Após o massacre de Bruno e de milhões no altar das Igrejas e dos Estados, é de bom aviso ouvir o dito espanhol: "Yo no creo en brujas, pero que las hay, hay…"

Roberto Romano

CRONOLOGIA

1492   Cristóvão Colombo chega às ilhas Bahamas, Cuba e Hispaniola (República Dominicana e Haiti), sem ainda dar-se conta da descoberta de um novo continente. A partir de 1493 até 1502, Colombo para ali retorna, explorando ilhas e costas continentais.

1494   Assinatura do Tratado de Tordesilhas, pelo qual Espanha e Portugal dividem antecipadamente as terras a serem encontradas a oeste da Europa.

1498   Vasco da Gama alcança Calicute, na Índia, permitindo uma nova rota de comércio mundial com destino ao Oriente.

1500   Descoberta do Brasil. No mesmo ano, Américo Vespúcio chega ao Amazonas.

1506   Início da reconstrução da Basílica de São Pedro, no Vaticano, a cargo de Donato di Pascuccio, dito Bramante, com trabalhos que se prolongarão até 1626.

1508-1512   Michelangelo pinta o teto da Capela Sistina.

1513   O espanhol Vasco Nuñez de Balboa encontra o oceano Pacífico, pelo istmo do Panamá, e assim o batiza. Os portugueses desembarcam em Tamang, na China.

1516   Primeira edição de *Utopia*, de Thomas More.

1517   Divulgação das 95 teses de Lutero às portas da igreja de Wurtemburg. Com elas se inicia o movimento da Reforma Protestante.

1519	Eleição de Carlos v da Espanha como imperador do Sacro Império Romano-Germânico. Morre Leonardo da Vinci.
1519-1522	Volta ao mundo por Fernão de Magalhães. Apenas 35 sobreviventes da expedição financiada pelo rei Carlos v retornam à Espanha. Confirma-se, por experiência direta, a esfericidade da Terra.
1529	Os turcos sitiam Viena durante dezessete dias (sultanato de Suleimão), mas, apesar da superioridade numérica de suas tropas, não conseguem transpor as muralhas da cidade e retornam a Istambul.
1531	O rei Henrique VIII da Inglaterra se torna o chefe da igreja nacional anglicana.
1532	Primeira publicação em tipos móveis de *O Príncipe*, de Maquiavel (escrito em 1513).
1533	Início das explorações de minas de ouro e de prata na América. Em 1545, descoberta das riquíssimas reservas de prata de Potosi, na época pertencente à Administração do Alto Peru (hoje território da Bolívia). Calcula-se que cerca de 8 milhões de indígenas morreram naquele século em decorrência da extração. Em 1548, descoberta de prata no México (Zacateca, Guanajuato e Pachuca).
1534	Sai publicada a tradução alemã da *Bíblia*, por Lutero. Ela, como depositária da Revelação, deve ser a única e máxima autoridade para o crente.
1535	Thomas More é decapitado por se recusar a renegar a Igreja Católica romana e aderir ao anglicanismo.
1536	Morte de Erasmo de Roterdã e publicação da *Instituição da Religião Cristã*, de Calvino, que em anos posteriores (1553-1564) implantaria uma ditadura religiosa em Genebra, com influências sobre as práticas protestantes nos Países Baixos, na Inglaterra e na Escócia.
1542	Criação do Tribunal do Santo Ofício (Inquisição) em Roma.
1543	Publicação de *De Revolutionibus orbium coelestium* (Sobre a Revolução das Esferas Celestes), de Copérnico, em defesa do sistema heliocêntrico.
1545-1563	O Concílio de Trento reorganiza toda a vida sacerdotal católica, reafirmando cânones e criando novas instituições eclesiásticas.

1548	Nasce Giordano Bruno em Nola, parte do Reino de Nápoles, sob domínio espanhol desde 1442. Em seu depoimento ao Tribunal da Inquisição (1592), declarou: "Tenho por nome Giordano, da família de Bruni, da cidade de Nola, vizinha doze milhas de Nápoles, nascido e educado naquela cidade, segundo ouvi dos meus."
1555	A Dieta de Augsburgo, na Alemanha, aceita o princípio de "cuius regio, eius religio" (a quem pertença a realeza, a ele [cabe decidir] a religião), o que permitiu a prática do luteranismo nas regiões do Sacro Império Romano-Germânico.
1556	O inglês Richard Chancellor, a mando do rei Eduardo VI e da Companhia dos Comerciantes Aventureiros, encontra uma passagem pelo Mar Branco, estabelecendo uma rota comercial com a Rússia do tzar Ivan, O Terrível.
1558	Sobe ao trono da Inglaterra e da Irlanda Elisabeth I (ou ainda, Isabel I).
1562-1565	Bruno é estudante da Universidade de Nápoles, instalada então no convento de São Domingos.
1571	O grande império otomano sofre um duro revés em suas pretensões europeias na batalha naval de Lepanto, frente às forças combinadas da Espanha, de Veneza e de Gênova.
1572	Bruno é consagrado sacerdote dominicano.
1574	Publicação, por Tycho Brahe, de *De Nova Stella*, relato e análise de sua descoberta de uma nova estrela no firmamento, pondo em dúvida a imutabilidade da esfera celeste, até então defendida pela física aristotélico-ptolomaica, e tida por canônica na Igreja Católica.
1576	Bruno abandona o hábito dominicano e passa a viver como professor de adolescentes.
1578	Decide sair da Itália, indo para Lion e, logo em seguida, para Genebra, na Suíça.
1580	Deixa Genebra e retorna à França, no mesmo ano em que sai impressa a primeira edição dos *Ensaios* de Montaigne.
1581	Sai a lume o grande poema épico cavalheiresco *Jerusalém Libertada*, de Torquato Tasso.

1582	Bruno escreve a comédia *Il Candelaio* (o artesão fabricante de vela), em italiano, primeira obra em que já são visíveis as suas concepções filosóficas. A primeira edição foi feita em Paris.
1583-1585	Estada na Inglaterra, sob a proteção do embaixador francês, Michel de Castelnau, onde escreve todas as suas principais obras italianas.
1584-1587	Walter Raleigh faz as duas primeiras tentativas de colonização do território norte-americano na ilha de Roanoke, Carolina do Norte, ambas fracassadas.
1586-1590	Estada de Bruno em território alemão, onde vive de modo mais sereno, isto é, longe de disputas teológicas. É nesse período que pronuncia os dois discursos vertidos nesta edição, a *Oratio Valedictoria* (Oração de Despedida), na Academia de Wittenberg, e a *Oratio Consolatoria* (Oração Consolativa), na Academia Júlia, de Helmstedt.
1588	A Armada Espanhola, preparada por Felipe II para invadir a Inglaterra, é obrigada a retornar ao continente após uma série de ataques no porto francês de Gravelines e, devido a tempestades, perde metade de seu efetivo. Como resultado, tornou-se mais fácil para a Inglaterra assumir um papel predominante nos mares e na expansão comercial, juntamente com a Holanda.
1590	Publicação da tragicomédia *Il Pastor Fido*, de Giovanni Guarini, traduzida em diversas línguas europeias e popularizada no século seguinte.
1592	Bruno é preso em Veneza e entregue à Inquisição, acusado de herético.
1593	Transferência para Roma, que ali permanece encarcerado e submetido a inquisições e torturas.
1598	Assinatura do Édito de Nantes, pondo fim às guerras entre católicos e protestantes em território francês.
1600	Sentença final e sacrifício de Bruno, queimado vivo no Campo dei Fiori, em Roma.

UM CONTESTADOR DE VIDA ATRIBULADA

Filippo Bruno Nolano nasceu, como já o afirma seu próprio nome, em Nola, no Reino de Nápoles, em janeiro ou fevereiro de 1548, filho de Giovanni Bruno, soldado de profissão, e de Fraulisa Savolino. Em 1562, aos quatorze anos, foi levado a Nápoles para ali estudar as então chamadas belas-letras e filosofia, sobretudo lógica e dialética, sob os cuidados de Giovan Colle, dito Il Sarnese, filósofo de tendência averroísta, e de frei Teofilo da Vairano, cuja lembrança Bruno sempre conservou de maneira grata e admirativa.

Três anos depois, entrou para o convento de São Domingos Maior (San Domenico Maggiore), só então assumindo o nome de Giordano. Desde cedo, desprezou (sob influência luterana?) o culto a Maria e aos santos, incorrendo numa primeira infração entre os anos de 1566 e 1567. Ordenado subdiácono em 1570 (condição em que assumiu a primeira das ordens sagradas) e diácono no ano seguinte, consagrou-se como sacerdote no início de 1572, celebrando sua primeira missa no convento dominicano de São Bartolomeu, perto de Salerno. Retornou ao convento de São Domingos em meados de 1572, na condição de estudante de teologia. Esses estudos foram concluídos em 1575, com duas teses: *Verum est quicquid dicit D. Thomas in Summa contra Gentiles* e *Verum est quicquid dicit Magister Sententiarum*. Nessa mesma época, numa discussão sobre o arianismo, Bruno expressou dúvidas sobre o dogma da Trindade, o que lhe valeu um segundo processo por parte do superior provincial, como suspeito de heresia.

Por essa razão, Bruno abandonou a cidade e o convento no início de 1576, dirigindo-se a Roma, cidade na qual se hospedou no convento de Santa Maria. Mas, já em abril, abandonou o hábito e partiu para Gênova e, no ano seguinte, para Noli, onde ensinou gramática a filhos da nobreza local. De Noli se foi a Savona e depois a Turim, onde nada encontrou que pudesse "fazer com satisfação". Prosseguiu sua busca em Veneza, onde publicou um certo livreto intitulado *Dos Sinais do Tempo* (obra desaparecida). Tendo seguido para Pádua, foi ali convencido por alguns dominicanos a readotar o hábito, ainda que não quisesse retornar à ordem, o que Bruno de fato aceitou. Em 1578, abandonou a Itália na fronteira com a Savoia, dirigindo-se para Lion e depois para Genebra, onde havia uma comunidade italiana evangélica.

Na Suíça, abandonou novamente o hábito e aderiu ao calvinismo (1579), mas, tendo sofrido um processo por difamação, aberto pelo professor de filosofia Antoine de la Faye, se reconheceu culpado, fato que o coagiu a partir de Genebra, indo instalar-se em Toulouse, na França. Ali, renegou o calvinismo e chegou a pedir sua absolvição de apóstata do catolicismo a um padre jesuíta, sem êxito. Mas passou a dar aulas de filosofia a escolares, conseguindo, por concurso, o posto de "leitor ordinário de filosofia", incluindo lições de física, matemática e técnicas mnemônicas, a partir de ensinamentos de Raimundo Lúlio (ou Ramón Llull, na grafia catalã). No entanto, quando se reiniciaram na cidade as lutas entre católicos e calvinistas (huguenotes), Bruno achou por bem transferir-se para Paris, onde obteve o direito de dar "lições extraordinárias", pois como apóstata não lhe foi permitido praticar um leitorado ordinário. Com suas lições obteve renome, o suficiente para ser convidado à presença do rei Henrique III. Nas palavras do próprio Bruno, "o rei me fez chamar um dia, procurando saber se a memória que tinha e que professava era natural ou provinha da arte mágica; a ele dei satisfação, e com o que lhe disse e provou a si mesmo, soube que não era por arte mágica, mas por ciência" (Documentos Vênetos, IX).

Talvez pelo fato de a realeza francesa ser frequentada por vários intelectuais e escritores, muitos do quais se mantinham equidistantes das lutas religiosas, como Du Perron e Pontus de Tyard, Bruno foi acolhido com cortesia, tornando-se ainda leitor provisionado, ou seja, aceito como expositor na corte, além de poder publicar as primeiras obras que chegaram até nós: *De umbris idearum*, *Ars memoriae* (dedicada ao rei), *Cantus circaeus*, *De compendiosa architectura et complemento Artis Lullii* (dedicada ao embaixador de Veneza, Giovanni Moro). No início da segunda metade de 1582, Bruno terminou seu único texto teatral, a comédia *Il Candelaio*, cujos eventos e personagens são todos napolitanos.

No ano seguinte, Bruno decidiu partir para a Inglaterra, muito provavelmente por motivos de reações católicas na França, e assim o fez com uma carta de recomendação do próprio rei Henrique ao seu embaixador no Reino Unido, Michel de Castelnau, a quem serão dedicadas duas obras aqui traduzidas, igualmente escritas em italiano, como *Il Candelaio: A Ceia das Cinzas* e *Da Causa, Princípio e Uno*. Em junho de 1583, fez uma primeira visita a Oxford, como participante da comitiva do conde polonês Albert Laski, aproveitando a oportunidade para um debate com doutores da universidade, sobretudo John Underhill. Voltando a Londres, escreveu à universidade (Oxioniensis Academiae), solicitando uma cátedra de leitura, posto que não obteve, embora tenha ali proferido ao menos duas palestras (ou leituras públicas), uma sobre a imortalidade da alma e outra sobre a quíntupla esfera, além de dar início a um curso sobre a teoria copernicana, interrompido na terceira aula, por interferências de autoridades do New College e da Christ Church. De volta a Londres, junto ao embaixador francês, dedica-se a debates na corte e à escritura de livros, sendo o primeiro deles *Ars reminiscendi*, e logo em seguida *A Ceia das Cinzas*, após uma conversa, em 14 de fevereiro de 1584, com os convidados de *Sir* Fulke Greville, sobre o movimento da Terra, a teoria heliocêntrica e sua própria concepção cosmológica. A violenta crítica aí inserida à sociedade inglesa e à Universidade de Oxford provocou uma reação irada do povo londrino contra os empregados e residentes da embaixada francesa, fazendo ainda com que Bruno perdesse a simpatia de alguns poucos intelectuais ingleses que antes houvera conquistado. Por essa razão, no livro seguinte, *Da Causa, Princípio e Uno*, introduziu um primeiro diálogo em que, atenuando as críticas anteriores, procedeu a uma contida apologia da cultura britânica.

Ainda no mesmo ano, terminou e obteve a publicação de dois outros textos: *Sobre o Infinito, o Universo e os Mundos*, ainda no terreno da cosmologia, e *Despacho da Besta Triunfante*, de natureza ética e reforma moral. Por fim, em 1585, vieram a lume *Cabala do Cavalo Pégaso*, sátira moralista, e *Dos Heroicos Furores*, conjunto de dez diálogos sobre, de um lado, a necessidade e a alegria da consciência da união da alma com o Uno e, de outro, sobre a poética renascentista, com críticas à normatividade aristotélica.

Em fins de 1585, Bruno retornou a Paris juntamente com o embaixador Castelnau, travando conhecimento com outros italianos ali residentes, mas dois acontecimentos que bem demonstram a acidez do filósofo tornaram difícil sua permanência em Paris. O primeiro deles foi a publicação de um livreto sobre a demonstração pública realizada pelo geômetra Fabrizio Mordente com seu "compasso de redução", *Dialogi duo de Fabricii Mordentis Salernitani prope divina adinventione*, obra aparentemente laudatória, mas de fato satírica, tendo em vista a concepção mecânica de natureza exposta por Mordente. Seguiu-se uma polêmica verbal com o autor, protegido do conde de Guise, e Bruno fez divulgar dois outros folhetos a respeito: *Idiota triumphans* e *De somnii interpretatione*. Quase ao mesmo tempo, Bruno envolveu-se numa disputa com leitores reais do Collège de Cambrai, atacando a física aristotélica, mas por intermédio de um jovem, J. Hennequin. Retrucado por um dos presentes, o advogado R. Callier, Bruno não tomou a defesa do discípulo, mantendo-se estranhamente calado.

Tendo abandonado Paris em meados de 1586, Bruno se dirigiu à Alemanha, inscrevendo-se na Universidade de Marburg como *theologiae doctor romanensis*. Mas devido ao seu indisfarçável antiaristotelismo, foi-lhe negada permissão para leituras públicas, fazendo com que o filósofo se mudasse para Wittenberg, em cuja universidade foi aceito como *doctor italus*, ali permanecendo por cerca de dois anos. Durante a sua estada em Wittenberg, publicou obras em latim, como *De lampade combinatoria lluliana, De progressu et lampade venatoria logicorum* e as teses apresentadas anteriormente por Hennequin em Paris, *Centum et viginti articuli de natura et mundo adversus peripateticos*, precedidas por um artigo elogioso ao discípulo francês. Em março de 1588, Bruno despediu-se da universidade logo após o novo duque de Wittenberg, Christian I, ter proibido ataques ou polêmicas contra as doutrinas aristotélicas.

A atitude de moderação do rei Rodolfo II, da Tchecosláquia, parece ter contribuído para atrair a curiosidade de Bruno, que se dirigiu a Praga, onde permaneceu até o início do outono. Durante sua estada, publicou alguns livretos, entre eles *Articuli centum et sexaginta adversus huius tempestatis mathematicos atque philosophos*, dedicado ao imperador, o que lhe valeu uma doação imperial de trezentos talares. De Praga foi a Helmstedt, na Alemanha, onde acabara de ser fundada uma Academia Luliana, na qual se registrou em janeiro de 1589, permanecendo na cidade até abril do ano seguinte. Nesse ínterim, escreveu as obras ditas de "magia", entendendo-se por esse termo as forças naturais ainda ocultas e a serem desvendadas para uso prático: *De magia, Theses de magia, De magia mathematica, De rerum principiis et elementis et causis*.

Em junho de 1590, já se encontrava em Frankfurt com a intenção de publicar suas obras de poética latina sobre filosofia natural e de concepção atomística. Embora o senado da cidade tenha indeferido seu pedido para alojar-se em casa do impressor Wechel, este conseguiu que se instalasse num convento de carmelitas. As três obras foram publicadas em 1591: *De triplici minimo et mensura, De monade, numero et figura, De innumerabilibus, immenso et infigurabili*. No mesmo ano, Bruno partiu para Zurique, onde deu aulas de filosofia escolástica e, por um breve período, retornou a Frankfurt a fim de fazer imprimir *De imaginum, signorum et idearum compositione ad omnia inventionum*, livro dedicado a um amigo de Zurique, J.H. Heinzel. No transcurso dessa segunda estada em Frankfurt, Bruno recebeu uma carta de seu amigo Giovanni Mocenigo, convidando-o a ir à Itália com o intuito de ensinar "a arte da memória e da inventiva". Quaisquer que tenham sido os motivos para a aceitação do convite, a imprudência se revelou completamente funesta.

Tendo passado rapidamente por Veneza, Bruno dirigiu-se a Pádua, onde deu algumas aulas a estudantes alemães, regressando três meses depois a Veneza. Em meados de maio de 1592, confidenciou ao frade dominicano Domenico da Nocera o desejo de permanecer na Itália e escrever um livro dedicado ao novo papa Clemente VIII, tendo em mira transferir-se para Roma. Na noite do dia 22, porém, Mocenigo deteve Bruno por sua própria iniciativa e no dia seguinte o denunciou por heresia ao inquisidor da província do Vêneto, frei Gabriele da Saluzzo. Nove meses depois, foi transferido a Roma, recebendo seguidamente novas denúncias de seus inquisidores. Em 8 de fevereiro de 1600, veio a sentença final, com as acusações de "herético impenitente, pertinaz e obstinado". No dia 17, foi levado ao Campo dei Fiori, posto a nu, amarrado a um pau e queimado vivo.

Newton Cunha

CASTIÇAL

Acadêmico de Academia Nenhuma

Giordano Bruno nasce em 1548, de pai fidalgo, em Nola, no Reino de Nápoles, então regido pela Coroa da Espanha sob Carlos v, que era também imperador do Sacro Império Romano-Germânico. As décadas seguintes, que veem a resistência protestante se insurgir contra os desenhos hegemônicos do imperialismo católico, são das mais atormentadas do século; o Reino de Nápoles é um dos pivôs da briga entre espanhóis e franceses. Com a Paz de Augsburgo, em 1555, a França, regida pelos Orléans, consegue um acordo territorial e logra a abdicação de Carlos v do trono da Espanha em favor do filho, Filipe II. Em 1558, Maria Tudor, rainha católica da Inglaterra, é deposta pela prima Elisabeth (Isabel) I, filha de Henrique VIII com a segunda esposa, Ana Bolena. Em 1559, a nova rainha promulga o Ato de Uniformidade, proibindo a prática de qualquer forma de culto não anglicano em seu território. A reação contrarreformista não tarda, trazendo, sob a mão de ferro de Paulo IV, o primeiro índice universal dos livros proibidos pela Inquisição (*Index librorum prohibitorum*) e violentas perseguições de hereges valdenses, calvinistas, penitentes, huguenotes e suspeitos de bruxaria. Com a reabertura dos trabalhos do Concílio de Trento, em 1563, após dez anos de interrupção, explodem as guerras de religião principalmente na França, sob a regência de Catarina de Médici, culminando em 1573 com a matança de três mil huguenotes em Paris na noite de São Bartolomeu, a mando da própria rainha e com o aval do papa.

Após estudar letras, lógica e dialética em Nápoles e aceitar a ordem dominicana com o nome de frei Giordano, Bruno, em 1572, é ordenado sacerdote e jura fidelidade ao papa Pio V, motor da restauração católica. Em 1575, doutora-se em teologia, em Roma. Já no ano seguinte sofre as primeiras acusações de heresia e é implicado na morte suspeita de um confrade.

Largada a batina, foge, peregrinando entre Gênova, Savona, Turim, Veneza, Pádua, Bérgamo, Chambéry e Genebra, onde adere ao calvinismo. Experimenta, assim, o rigor doutrinário dos reformados. Suas ideias provocam polêmica; é preso e obrigado a se retratar. Foge para Toulouse, onde, em 1579, doutora-se em artes. Segue para Paris, onde se destaca com o público leitor de filosofia na Sorbonne, sendo admitido no círculo dos *politiques* protegidos pelo rei Henrique III. Exibe-se, perante o rei, em uma demonstração de arte mnemônica, suscitando inveja e acusações de ocultismo. Para se defender, publica três tratados em latim sobre o assunto (*De umbris idearum*, *Ars memoriae* e *Cantus circaeus*). Em 1582, enquanto os humanistas italianos fundam em Florença a conservadora Academia della Crusca, visando definir uma única língua para uso culto na península, Bruno publica em Paris, pelo editor Guglielmo Giuliano, a comédia *Candelaio* (Castiçal), mixando os dialetos napolitano e toscano com frases em latim macarrônico, citações bíblicas deturpadas e alusões obscenas. Desse modo, expressa seu posicionamento anti-hegemônico no que diz respeito ao acesso às artes e uma evidente vontade de não ficar de fora da polêmica sobre homologação linguística, muito acesa no debate cultural italiano. Em 1583, une-se à comitiva do embaixador francês Michel de Castelnau e viaja para Londres, onde frequenta ambientes intelectuais favoráveis à nova ciência, como a residência do literato italiano Giovanni (John) Florio, e publica seis diálogos cosmológicos em *volgare* italiano, ou seja, na língua falada popularmente (pelo *vulgo*), em vez de no latim dos letrados (*La cena de le ceneri*, *De la causa, principio et uno*, *De l'infinito, universo e mondi*, *Spaccio de la bestia trionfante*, *Cabala del cavallo pegaseo* e *Degli eroici furori*), conhecidos como "obras londrinenses" ou "obras italianas". É convidado a exercer o magistério na progressista universidade de Oxford, mas suas aulas não agradam; segundo relata o arcebispo de Canterbury, George Abbot, "aquele homenzinho italiano tentou, entre muitíssimas outras empreitadas, abonar a opinião copernicana, segundo a qual a terra gira e os céus ficam parados; mas, na verdade, era a cabeça dele que girava e o cérebro dele que nunca ficava parado"[1]. No *Candelaio*, apresenta-se como "acadêmico de academia nenhuma, dito o injuriado" (*academico di nulla academia, detto il fastidito*).

De volta a Paris, em 1585, entra em disputa com os poderosos peripatéticos do Collège de Cambray e, devido a esse fato, perde a proteção real. Acossado, foge para a Alemanha. Em 1586, leciona filosofia em Wittemberg, fortaleza da Reforma. Dali viaja para Praga e Helmstad, onde publica opúsculos de física natural e magia; passa por Frankfurt, Zurique e finalmente Veneza, onde aporta em 1591, contratado pelo patrício Giovanni Mocenigo, que desejava ser instruído na cabala e nas artes ocultas. Nesse momento, talvez com excessivo otimismo, Bruno confia numa próxima conciliação dos conflitos religiosos, dado o contexto de sucessão ao trono da França para o qual é favorecido o protestante Henrique de Bourbon. Entretanto, na última década do século a história toma outro rumo: a decapitação de Maria Stuart, em 1587, deflagra mais uma guerra entre a Espanha católica e a Inglaterra anglicana, culminando na derrota da Invencível Armada no Canal da Mancha. Enquanto isso, uma sequência de complôs e massacres forçam o "bom Rei" Henrique IV a renegar sua fé declarando *Paris vaut bien une messe* (Paris vale uma missa) para ser coroado em 1594 pelo papa Clemente IV, com rito católico.

Dadas tais turbulências, percebendo que a relevância de seu hóspede poderia pôr em risco sua própria saúde, o patrício Mocenigo denuncia Bruno ao tribunal da Inquisição. Preso em Veneza na noite de 22 de maio de 1592, sofre sete sessões de interrogatório em dois meses. Em razão da proeminência, o processo é transferido para a Inquisição romana e o réu passa a responder das prisões vaticanas. Durante quatro anos, estando sob a custódia do Santo Ofício, sofre outros dezesseis interrogatórios e defende-se das acusações por escrito; suas obras são apostiladas e submetidas à censura teológica. Em 1597, durante seu 17º interrogatório, agravado pela tortura, Bruno recusa-se a renegar a sua filosofia, considerada inconciliável com o dogma católico. Dois anos depois, parece disposto a abjurar oito proposições negociadas durante extensos colóquios com o cardeal Bellarmino, mas na última hora muda de postura e reclama um confronto direto com o papa; assim fazendo, desmoraliza os juízes que, segundo ele, estão condenando as suas ideias sem compreendê-las. É intimado para que se retrate de modo imediato e irrestrito, todavia

---

[1] M. Ciliberto, *Introduzione a Bruno*, Roma/Bari: Laterza, 1996, p. 50. Ver também do mesmo autor *Giordano Bruno: Il teatro della vita*. Mondadori: Milano, 2007.

mostra-se irremovível. Declara não ter nada a retratar, nada de que se arrepender e ainda ousa zombar dos que "pronunciam esta sentença tremendo mais do que eu, que a escuto" (*Maiori forsan cum timore sententiam in me fertis quam ego accipiam*). É condenado à degradação e entregue ao braço secular para que lhe seja aplicada a pena capital. A rejeição do conforto do crucifixo e o corte da língua na mordaça, para que não possa falar durante o traslado, envolvem a sua execução de uma aura demoníaca. No dia 17 de fevereiro de 1600, ano de jubileu excepcional da Santa Igreja, é queimado vivo, com suas obras, na fogueira erguida no Campo de' Fiori, em Roma. No local, em 1889, é erguida uma estátua que suscita intensa disputa entre os políticos socialistas da Itália Unida e as forças católicas; o papa Leone XIII ameaça abandonar a cidade, caso a estátua seja de fato inaugurada e é avisado pelo Ministro Francesco Crispi que, se assim o fizer, não poderá mais retornar.

Com sua cabeça baixa sob o capuche e um livro nas mãos, o monge petrificado encara com olhar severo o próximo palácio do Vaticano.

Natura Est Deus in Rebus

E como exorcizar essa enciclopédia errante que foi Giordano Bruno?

Os oito anos de seu processo por heresia, na qual foi julgado reincidente, provam que nem para o temível tribunal do Santo Ofício seria fácil calar o gênio, tão brilhante quanto incômodo, do "homenzinho" napolitano. Era baixo, abusado, enérgico e devasso. Em Londres, onde encarnou o assustador protótipo do humanista italiano dado às artes herméticas e mnemônicas, quase que um mago, na esteira dos lendários Pico della Mirandola, Cornelio Agrippa, Marsilio Ficino, sua passagem foi marcante; há quem sugira que inspirou em Shakespeare o caráter obstinado e engenhoso do jovem Hamlet, doutor em filosofia[2]. Mesmo tendo sido a única figura realmente cosmopolita da academia italiana de seu tempo – frequentando, como só ele frequentava, as cortes e universidades inglesas, francesas, alemãs –, foi degradado e esquecido em pátria até meados do século XIX. O movimento cultural do *Risorgimento* o resgatou, fazendo dele o paladino do pensamento anticlerical e um modelo heroico para a

---

2   Ver Frances A. Yates, *Giordano Bruno and the Hermetic Tradition*, Chicago: University of Chicago Press, 1991.

nova nação, que se queria independente não só dos exércitos estrangeiros como também do poder secular da igreja. Suas obras, sendo repostas em circulação, obrigaram uma sociedade culturalmente preguiçosa, como a italiana, a refazer as contas com ideias tão impactantes que, mesmo silenciadas por séculos, até hoje seriam capazes de aplicar a injeção de adrenalina que aparvalhou os seus juízes e o levou à fogueira.

Marcou época o espetacular suplício com que o Santo Ofício o assassinou em Campo de' Fiori, fechando aquele que Bruno, com sua contundente linguagem, descreveu no *Candelaio* como "o abominável, nefando e portentoso século em que vivemos". De seu tempo, que acabou decretando o triunfo da Contrarreforma, o pequeno monge dominicano participou de modo tão original quão arriscado, sendo perseguido por católicos, protestantes, calvinistas, *politiques*, anglicanos e, finalmente, pelos juízes do Santo Ofício, por causa de suas ideias. Desenvolveu em teoria filosófica alguns princípios da cabala judaica e elaborou as técnicas mnemônicas para que servissem à ampla difusão da nova ciência. Apregoando especulações mais radicalmente antiaristotélicas do que as obras do próprio Copérnico, suas "obras italianas" expressam sua revolucionária postura política, teológica e ética. Ao céu aristotélico-cristão, fixo e ocioso, Bruno opõe um universo infinito e infinitamente móvel, espelho da potência divina. Entrevê a magnificência das galáxias e a possibilidade de que estrelas sejam outros sóis, em volta dos quais giram outros planetas, povoados por formas diversas de vida e vivências. Assim, desestruturando a grade metafísica que interrompe o nexo entre homem e natureza, sua religião de fato *religa* a terra aos céus e a criação ao Criador; pois um cosmo separado da divindade (*Deus absconditus*) só pode ser injusto, segundo ele. Sua fé panteísta exulta ao reconhecer Deus em cada coisa da natureza (*natura est deus in rebus*), "não apenas em uma víbora ou em um escorpião, mas também numa cebola ou alho [...] assim como o Sol está no açafrão, no narciso, no heliotrópio, no galo e no leão" (*Despacho da Besta Triunfante*, infra, p. 586). Contra a estulta devoção da ortodoxia, contra a "santa ignorância" dos que acreditam na verdade revelada, Bruno lança mão de uma "ímpia curiosidade" que não renuncia a estudar o livro da natureza e a explorar os seus arcanos. Para ele, Santo Espírito é o que conecta os espíritos individuais encarnados às energias da natureza; divina é a unidade da substância que se perpetua pelo princípio de transformação, em que corrupção e geração coincidem, no fluir de inúmeras mortes/vidas e de infinitos mundos possíveis; Deus nada mais é do que Amor, alma do mundo que concilia os contrários (a *coincidentia opositorum* da tradição hermética).

"Castiçal"

Não espanta que foi preciso esperar quatro séculos para que entrasse em cena este *Candelaio* (1582), sua única peça, descrita como "a pior jamais imaginada por mente humana" pelos censores do Santo Ofício[3]. Nela, o filósofo revisita com sátira corrosiva o tema dos despropósitos da arrogância humana, encenando as andanças pela cidade de Nápoles de três burgueses "metidos", vale dizer, que se julgam superiores aos demais por serem letrados – Bartolomeu, metido a mago e alquimista; Manfúrio, metido a mestre; e Bonifácio, metido a namorado romântico –, e os castigos que o povo lhes inflige, com imaginação desabusada. Em cena, 24 personagens, cada qual se expressando na linguagem oportuna a cada contexto: ora o *volgare* falado popularmente, ora as línguas castiças (espanhol, latim, francês) apreendidas de cor, ora as figuras obscenas cujo duplo sentido qualquer espectador intui pelos gestos que as acompanham (como o próprio título, ilustrado pelo diálogo entre G. Bernardo e Bonifácio, Ato I, cena 8 e na nota 120, p. 69). O efeito coral, em que pese o ambiente sonoro poliglota, faz com que os espectadores se sintam no meio de uma praça napolitana, conforme o convite, no pro-prólogo, para que imaginem "que esta noite estaremos na regalíssima cidade de Nápoles". Uma experiência imersiva na cidade da infância do autor, retratada sem filtros. A "regalíssima" Nápoles é um espelho da cidade real e de sua humanidade violenta e criativa, na qual corruptos e corruptores se confundem em metamorfoses perpétuas e eventos se sucedem em ritmo frenético; é uma espécie de catálogo de tipos humanos movidos pela arte de se virar e pelo culto esotérico das relíquias (devoção que domina a espiritualidade napolitana até hoje); um *gran teatro* do mundo, regido pela ética da malandragem que faz prevalecer seus valores, como espertaza e oportunismo, sobre os imperativos morais de decência e sacrifício.

3 Sua primeira encenação, na Itália, se deu em 1968, pela direção de Luca Ronconi, que montou novamente a comédia em 2001, no Piccolo Teatro di Milano. No Brasil, foi montada em 2003 no Teatro Carlos Gomes, no Rio de Janeiro, com tradução e dramaturgia de Alessandra Vannucci e direção de Amir Haddad. Na ocasião, o Istituto Italiano di Cultura publicou o libreto e realizou a exposição "Acadêmico de Academia Nenhuma" no saguão do teatro, com curadoria de Alessandra Vannucci e João Gomes.

No papel da personagem que diz o pro-prólogo, após uma sequência inconcludente de entradas e saídas de prólogo, antiprólogo e porteiro, quem irrompe em cena é o autor em pessoa, o mesmo que no frontispício do livro se apresenta como "acadêmico de academia nenhuma, dito o injuriado". Satirizando as convenções eruditas da comédia renascentista, ele reclama dos mensageiros anteriores e avisa:

> Enfim, aqui irão presenciar uma barafunda de malandragens, tramoias e empreitadas delinquentes; muito desgosto, amargos prazeres, resoluções desvairadas, fés falidas, ambições mancas e nenhuma complacência; muito juízo nos casos alheios e nenhum nos próprios; vão ver fêmeas viris e machos efeminados; vozes saindo da cabeça e não do peito, e como mais se desengana aquele que mais botou fé; e [vão testemunhar] o amor universal pelo dinheiro. A coisa segue com febres quartãs e cânceres espirituais, ideias vácuas e tolices transbordantes, despropósitos de bacharel, furadas magistrais e deslizes de quebrar o pescoço; e, mais adiante, a vontade empurrando, o saber apressando, o fazer lucrando e a diligência ficando de mãe dos efeitos. Em resumo, vocês vão ver que nisso aqui não há nada de certo, mas muito de negociável, defeitos em abundância, pouco de belo e nada de bom. [infra, p. 58]

No final, são os próprios malandros que costuram alguma moral, disfarçados de guardas para julgar o comportamento dos três arrogantes e aplicar o castigo que cada um, segundo eles, merece; e o autor se põe entre eles, incorporado no pintor Gioan Bernardo, ao qual alude pelas idênticas iniciais (GB), e dotado do poder especial da clemência, que estabelece os limites da pena: "Deus perdoa no céu e eu na terra", garante (Ato V, cena 23). Pintor e filósofo coincidem, pois é da arte do pintor, assim como do filósofo, representar o real não idealizado, mas em sua bruta contingência: "se quiser que eu lhe faça o retrato, é uma história. Agora, se quiser que eu o faça bonito, é outra", esclarece GB (Ato I, cena 8). Mesmo nas grotescas figuras dos três arrogantes, para além das possíveis alusões a desafetos do filósofo, é evidente a anamorfose do próprio autor: os três (um mestre, um alquimista, um sedutor) são heterônimos nos quais Giordano Bruno faz caricatura de sua paixão pelo oculto e pela erudição, confessa sua licenciosidade e expõe seus excessos para que sejam fustigados pelo povo e, finalmente, perdoados pelo seu *alter ego*, GB.

Diversas tramas filosóficas tecem o caótico enredo; uma delas está nos diálogos entre o pintor e seu aprendiz:

> A sorte prestigia quem não merece, dá bom campo a quem não semeia, boa grama a quem não planta, dinheiro a quem não sabe gastar, filhos a quem não

pode sustentá-los, apetite a quem não tem o que comer e biscoitos a quem não tem dentes. Mas, enfim! Temos que aceitar, porque a sorte é cega e caminha no escuro, procurando alguém a quem entregar os bens que tem nas mãos. E como o mundo está cheio de insensatos e patifes, acaba entregando-os a eles. Sorte grande é quando ela toca a uma pessoa digna, que são poucas, maior quando toca aos mais dignos, que são menos ainda, e grandíssima quando toca a um dos que realmente merecem, que são pouquíssimos.

Ao que o aprendiz replica que "não é justo nem útil culpar a sorte ou culpar alguém por algo que depende da sorte [...] Pois a virtude por si só, sem ato, não é mais do que vaidade. Ah, mas quem quiser que corra atrás!" (Ato v, cena 19). No século em que a *inteligentia* italiana, forçada a enfrentar os lutos da história, aponta na combinação de *fortuna* (sorte) e *discrezione* (oportunismo) os princípios-guias da moral renascentista, o aprendiz do pintor traduz os conceitos de Maquiavel e Guicciardini para leigos. Outra pérola de *realpolitik* está na fala da meretriz Vitoria: "Os espertos vivem às custas dos bobos e os bobos vivem para o bem dos espertos. Se todos fossem espertos, não haveria espertos; e se todos fossem bobos, não haveria bobos. Teria patrão se todo mundo fosse patrão? Não, né? Afinal, o mundo está bem como está" (Ato II, cena 4). Não há virtude sem vício, nem haveria verdade se não existissem os enganos, nem bem sem mal: todas determinações de uma única substância em transformação, na qual existente e transcendente, mundo e divindade, coincidem. Talvez seja essa a maior heresia que os inquisidores do Santo Ofício tiveram de ouvir durante o processo. Segundo delatado por um companheiro de cela, o réu "disse que Deus precisa tanto do mundo quanto o mundo precisa de Deus e que Deus não existiria se o mundo não existisse, pois Deus não faz outra coisa senão criar novos mundos possíveis" (*Autos do Processo*).

Nota Sobre a Língua

O atrevimento que caracteriza o filósofo marca também sua linguagem, especialmente desabusada nesta comédia, que põe em ridículo a falsa cortesia dos que se creem superiores por dominar códigos acadêmicos, científicos ou literários. A trivialidade de certas expressões, contraposta ao barroquismo dos eruditos, vale como recomposição sonora do ambiente napolitano e como opção cívica, até mesmo política, para uma proposta cênica (oportuna no tempo de Giordano Bruno, bem assumir o uso em cena de línguas "menores" (como dialetos marginalizados e idioletos não castiços), afronta a hegemonia do cânon erudito imposto (quase como uma língua colonial) sobre as mais variadas expressões da oralidade, às quais tradicionalmente a escrita não corresponde, resultando na absoluta "não popularidade" do italiano literário, inclusive daquele empregado pela literatura teatral e destinado aos palcos, que Antonio Gramsci diagnosticou como "doença"[4].

A presente tradução, inicialmente inspirada por uma encenação e quase que nascida em cena, busca reativar essa disputa no português brasileiro, entendido como uma língua colonial que absorve dialetos marginalizados e idioletos não castiços; a tradução tende a resistir à força de assimilação que, por sua vez, inclina-se a homologar os opostos interesses de classe que a disputa linguística manifesta. Algum estranhamento, por exemplo pelo uso diferenciado dos tratamentos (formal/informal) e pelo abuso de alusões insolentes e figuras obscenas, corresponde ao efeito que a comédia provoca no leitor e espectador italiano perante a sulfúrea potência da língua bruniana. Nas notas, redigidas com rigor filológico com base na edição crítica das obras completas do autor[5], o leitor achará toda glosa necessária e, em muitos casos, a versão original (em latim, francês ou italiano) para que seja feita a análise das opções disponíveis. Mesmo assim, a tradução pretende preparar a comédia para que volte à cena, já que uma postura de fidelidade literal poderia causar incomunicabilidade, pois a peça não espera que o espectador consulte as notas ou o dicionário, e uma postura de liberdade pode determinar a sua sobrevivência e fortuna.

Pareceu importante manter, na comédia, o ritmo elástico e o aspecto aberto que a ela imprime o autor, no papel do pro-prólogo quando a descreve como "um arranjo, uma teia, uma textura; quem quiser entender, que entenda o que quiser". Entre o acontecimento das palavras que ressoam nos corpos (presentes) de atores e espectadores e o registro do sentido que o autor (ausente) imprimiu na escrita, há uma falha da qual a tradução tenta dar conta. Da linearidade da escrita, deve saltar a tridimensionalidade da presença; o texto impresso (e infelizmente, na página, único, já que não é bilíngue) deve conservar latentes a marca dos muitos subtextos e

---

4 Letteratura popolare, *Quaderni del carcere*, 14 (I) 72 e 17 (IV) 38 (v. 6, p. 256 da versão em português), Torino: Einaudi, 2014.

5 *Giordano Bruno*. Coleção bilíngue dirigida por Yves Hersant e Nuccio Ordine e publicada sob o patrocínio do Istituto Italiano per gli Studi Filosofici e do Centro internazionale di Studi Bruniani "Giovanni Aquilecchia". Paris: Les Belles Lettres, 1999.

variáveis; a peça na língua de chegada deve se dispor aos intérpretes como ferramenta reciclável, ou seja, capaz de absorver formas e recursos advindos do encontro com outras plateias e com imprevisíveis horizontes de expectativas. A tradução é um palimpsesto: repertório das inúmeras interpretações possíveis.

Alessandra Vannucci

CASTIÇAL

Comédia de Giordano Bruno de Nola,
Acadêmico de Academia nenhuma, dito o injuriado

In tristitia hilaris, in hilaritate tristis

O Livro aos Que Bebem na Fonte do Cavalo Alado[1]

Vós que das musas no peito mamais
E com o beiço nadais em suas farturas[2],
Vossas excelências, dai-me audiência
Se de fé e paciência o coração se inflama.

Eu choro, suplico, peço um epigrama,
encômio, soneto, hino, ode
pra pôr na popa ou proa da comédia[3]
e me deixar contente ver a *mamma*.

Eu, que em vão desejo andar paramentado
e continuo pelado como um Bia[4],
pior ainda: me convém, coitado
mostrar aberto à vossa Senhoria

---

1. A fonte de Hipocrene, que o mítico cavalo Pégaso fez brotar com um coice aos pés do Hélicon, monte sagrado das musas. Das águas desta fonte, acreditava-se, vinha a inspiração poética, de modo que os que bebem nela são os poetas. A tradução do soneto, assim como dos poemas "feios" (p. 67, p. 78, p. 93) é do poeta Márvio dos Anjos.
2. A invocação cita a abertura do Baldus, de Teófilo Folengo (1,2).
3. No começo ou no final da comédia.
4. Biante, um dos sete sábios da Grécia Antiga, passeava nu, dizendo levar consigo todos os bens (*omnia mea mecum porto*). No século XVII, a palavra era usada para parafrasear a condição de mendigo.

o zero e o pau, tal qual o pai Adão
sem pecado na cama em que dormia[5].
                              Uma ninharia
de calças eu peço, enquanto ouço
armar de baixo grande fúria de cavalaria[6].

Dedicatória

À dona Morgana B., a quem sempre grande honra é devida[7]

E eu, a quem dedicarei este meu *Castiçal*?[8] Para quem, oh, minha sorte, te agrada enviar este meu paraninfo, este bom corifeu?[9] A quem destinarei a obra que, por celeste influxo de Sírio[10], nestes dias ardentes e horas inflamadas que chamam de caniculares, as estrelas fixas mandaram chover em meu cérebro, os vaga-lumes[11] do céu peneiraram, os decanos dos doze signos[12] me arremessaram na cabeça, os sete lumes errantes[13] me sopraram ao ouvido? Para quem vou apontar esta comédia, digo, a quem vou dirigi-la? À sua santidade? Não. À sua majestade? Nada. À sua superioridade? Não, não. À sua alteza ilustríssima e reverendíssima? Não e não! Juro que não há príncipe nem cardeal, rei, imperador ou papa que mereça que esta vela saia da minha mão nesta soleníssima oferenda[14]. Só a você cabe,

---

5. Alusão à bíblica nudez de Adão no Paraíso terrestre.
6. Castigo comum nas escolas, a "cavalaria" consistia em chicotear o punido, que deveria ficar nu e de quatro, feito cavalo de um colega. O soneto convoca os poetas para que apresentem dignamente a obra e não a deixem circular desprotegida, sob risco de alguma punição injusta ou acerba.
7. Uma mulher conhecida de Bruno e provavelmente amada por ele em sua juventude, em Nola.
8. "Castiçal" (*candelaio*, em it.) é uma palavra ambígua: é a peça que carrega a vela (*candela*, em it.) em alusão à tarefa de iluminar, mas, também, à homossexualidade, já que *candela*, por sua vez, é o membro viril.
9. O que conduzia o coro na tragédia clássica, aqui representando a obra.
10. Sírio é a estrela principal da constelação do Cão Maior, em que o Sol permanece de 24 de julho a 26 de agosto, no hemisfério norte. Isso aponta para a data da escrita da dedicatória, entre julho e agosto de 1582.
11. Conforme o sistema ptolemaico, as estrelas são fixas no céu, enquanto outros corpos, como os cometas, vagam.
12. Na astrologia, decanos são as três partes em que se divide cada signo do zodíaco.
13. Na astronomia ptolemaica, os planetas gravitam em volta da terra.
14. A oblação da *candela* pode ser alusão blasfema, embora mantenha elevado o estilo do texto e seu intento.

a você a dou. Pendure-a em seu quartinho, finque-a em seu castiçal[15]: você, superlativa, sábia, bela e generosa, minha dona Morgana, que cultiva o campo da minh'alma, que após lavrar o solo da sua dureza e afinar o estilo, para que a poeira levantada pelo vento leviano não aborreça os olhos de um ou outro, com divina água, que brota da sua fonte, dessedente o meu intelecto. Por isso, quando ainda eu podia tocar na sua mão, lhe dediquei *Gli pensier gai* e *Il tronco d'acqua viva*[16]. Agora, entre você que goza sua vida no seio de Abrão e eu que, sem mais esperança daquele seu socorro que costumava refrigerar minha língua, na desventura ardo e faísco[17], há o caos, invejoso da minha passada felicidade. Mas, para mostrar que nem mesmo o caos pode impedir que meu amor chegue até você, com este presente e penhor, eis a vela que este meu *Castiçal* lhe leva. Espero que, nesta terra onde me encontro[18], possa pôr em luz certas ideias sombrias[19] que apavoram as bestas e fazem recuar os asnos, como diabos dantescos[20]. E espero que, naquela nossa terra onde você está, possa manifestar meu engenho aos que o julgam esquisito.

Mande minhas lembranças àquele outro castiçal de carne e ossos, do qual foi bem dito que: *Regnum Dei non possidebunt*[21]. Diga-lhe que não festeje tanto por falar-se por ali que minha reputação foi vilipendiada a força de pés de porcos e coices de burros, porque vem a hora em que aos burros são arrancadas as orelhas, e os porcos, num Natal desses, vão me pagar. E que não ache graça demais em repetir *Abiit in regionem longinquam*[22] porque, caso um dia os céus me deem licença

---

15. Todas as referências a dona Morgana são ambíguas, valendo seja como alusão à luz da sapiência, seja como alusões eróticas.
16. Composições poéticas juvenis de Bruno, que estão perdidas.
17. Alusão à parábola de Lázaro (*Lc* 16, 19-31) que, do "seio de Abrão", isto é, do paraíso, vê o rico torcer-se em chamas e suplicar uma gota d'água.
18. Na França.
19. *De umbris idearum* é título da obra sobre arte mnemônica em latim publicada por Bruno em Paris em 1582, ano em que também escreve a comédia.
20. Na *Divina Comedia* (*Inferno*, XXI), agiotas atolados no pez inflamado tentam escapar dos diabos, assim como os pedantes recuam das ideias ilustradas por Bruno em sua obra.
21. Um desafeto de Bruno, talvez um confrade no convento de San Domenico Maggiore, em Nápoles, que inspirou a personagem protagonista da comédia. A citação paulina (*1 Cor* 6, 9: "Então não sabeis que os injustos não herdarão o Reino de Deus? Não vos enganeis. Nem os devassos, nem os idólatras, nem os adúlteros, nem os efeminados, nem os sodomitas, nem os ladrões, nem os avarentos, nem os bêbados, nem os maldizentes, nem os roubadores herdarão o reino de Deus") não deixa dúvida quanto aos seus hábitos.
22. "[P]artiu para uma região longínqua", *Lc* 15, 13 (diz-se do jovem, na parábola do filho pródigo).

de dizer *Surgam et ibo*[23], um bezerro cevado tomará parte do festim[24]. Enquanto isso, que viva e se cuide para ficar ainda mais gordo do que já é; porque eu, de minha parte, espero recobrar com lucro cada grama que perdi, sob uma veste ou outra, se não nesta, em outra vida[25].

Lembre-se, minha Senhora, daquilo que creio não poder-lhe-ia ensinar: o tempo tudo tira e tudo dá, cada coisa se transforma, nenhuma se aniquila. Um só princípio persevera, sendo eternamente causa, meio e fim de tudo. Esta filosofia engrandece meu espírito e magnifica o meu intelecto. Pois, qualquer que seja o ponto atual do anoitecer que virá, se a mutação for verdadeira, eu, que estou na noite, aguardo o dia; e os que estão no dia aguardam a noite. Tudo que é, é; aqui ou lá, perto ou distante, agora ou depois, cedo ou tarde. Goze a sua vida; se puder, fique sã, e ame a quem vos ama.

Argumento da Comédia

Três enredos são tecidos nesta comédia: o amor de Bonifácio, a alquimia de Bartolomeu e o pedantismo de Manfúrio. Para explicar distintamente os sujeitos, em razão da ordem e da evidência da trama, relatamos em primeiro lugar o insosso amante, em segundo lugar o sórdido avarento e em terceiro lugar o descabido pedante: dos quais, ao insosso também não falta sordidez e descabimento, o sórdido é por sua vez insosso e descabido, e o descabido não é menos sórdido e insosso que descabido.

Bonifácio

Aparece no ato I, cena 1, apaixonado por dona Vitória e suspeitando que não será correspondido no amor (já que ela é amiga, digamos, de barbas em flor e de bolsos cheios[26], e ele não é nem jovem nem

---

23. "Levantarei e irei lá", *Lc* 15, 18 (são as palavras do jovem, quando resolve regressar à casa paterna, na mesma parábola).
24. Na mesma parábola, um bezerro é sacrificado no banquete em que se festeja o regresso do filho pródigo.
25. Espera recobrar com lucro (lardo) toda a semente (grama) que perdeu, mesmo que de outra forma (veste) ou em outra vida. Alude à consciência do fluir das vicissitudes na permanência do espírito, que faz o filósofo livre e virtuoso; também alude à metempsicose, doutrina da qual Bruno era adepto.
26. Juventude e dinheiro.

generoso); resolve confiar em vãs superstições para conquistar o seu prêmio amoroso. Manda seu servo procurar Scaramuré, que lhe fora descrito como mago poderoso. Cena 2: Após despachar o servo, discursa sozinho sobre os poderes daquela arte. Cena 3: Encontra Bartolomeu que, com astúcia, lhe faz cuspir o segredo e lhe mostra as peculiaridades do objeto do seu amor. Cena 4: O pai e chefe de malandros, Sanguino, e um aluno de Manfúrio, que ouviram tudo num canto, comentam o fato; Sanguino começa a arquitetar um plano contra Bonifácio. Cena 6: Aparece a alcoviteira Lúcia com um presentinho que Bonifácio lhe deu para entregar e o examina para ficar com o dízimo, mas por pouco não é descoberta. Cena 7: Bonifácio entra triunfante com um poema novinho em folha que escreveu em homenagem à sua dama; nesse estado de euforia (cena 8) encontra o pintor Gioan Bernardo e quer mostrar-lhe seu novo furor poético, mas é distraído pela ideia de um retrato e por outra, que G. Bernardo lhe mete na cabeça. Cena 9: Fica perplexo diante do enigma, pois, mesmo intuindo o que é um castiçal, não entende o que tem a ver com um ourives. Enquanto demora nisso, eis (cena 10) que retorna o servo Ascânio com o mago que, após ter-lhe insinuado umas tolices, o deixa na expectativa de lograr tudo.

No ato II, cena 2, entram dona Vitória e Lúcia, conjeturando como tirar vinho desta pedra-pomes e óleo desta cortiça[27]; semeando esperanças na horta de Bonifácio, esperam colher moedas para o seu celeiro; mas se enganam, tadinhas, ao achar que o amor possa privar o velho de intelecto ao ponto de não mais ter à mente o ditado que vocês o ouvirão declamar no início da cena 6 do ato IV. Cena 4: Sozinha, dona Vitória faz castelos no ar, supondo que a chama do amor possa mesmo fundir metais e que o martelo de Cupido possa malhar tanta moeda na bigorna do coração de Bonifácio que ela, falhando com o tempo sua arte, jamais teria que se meter na de Lúcia, como diz o poeta: *Et iam facta vetud, fiat rofiana Venus*[28]. Enquanto ela almoça brisas, que enchem a pança sem alimentar, entra Sanguino (cena 5) que, por ter ouvido coisas da boca do próprio Bonifácio, se põe a tramar uma malandragem e retira-se com ela para acertar os detalhes.

No ato III, cena 2, entra Bonifácio com Lúcia que o aborrece, tentando pacientemente furar seu bolso; mas, enquanto ele resmunga

27. Como tirar dinheiro do avarento Bonifácio, comparado à árida púmice e à seca cortiça.
28. "Já velha, Vênus se tornou alcoviteira", verso de Teofilo Folengo, *Moscheidos*, livro III, 8.

como se estivesse mastigando biscoitos, cai-lhe o queijo na macarronada[29], isto é, lhe ocorre um pretexto perfeito para mandá-la sair da frente naquele momento e deixá-lo tratar de negócios com dois recém-chegados. Cena 3: Os recém-chegados são Scaramuré e Ascânio, que lhe explicam como deve se comportar durante o ritual mágico; [Bonifácio] paga uma parte do preço ao mago e sai. Cena 4: Scaramuré fica, zombando da pressa do outro e (cena 5) entra Lúcia, pensando que Bonifácio esteja aguardando por ela; o mago a avisa que está perdendo tempo em esforços inúteis. Seguem juntos para a casa da dona Vitória para esclarecer a tramoia; o mago arma isso para, ela fingindo que está apaixonada, poder raspar mais alguma grana de Bonifácio. Cena 9: Entra Sanguino e arma com Scaramuré, conforme planejado com dona Vitória e G. Bernardo; em seguida estes dois, com mais dois malandros da turma de Sanguino, resolvem se disfarçar de guardas e (cena 10) ficam animadíssimos com tal ideia.

No ato IV, cena 1, dona Vitória sai de casa aborrecida por ter de esperar demais; se queixa do amor avaro de Bonifácio e lamenta sua própria credulidade, mostrando-se disposta a zombar dele junto com os falsos guardas e com G. Bernardo. No meio, entra Lúcia, que revela não ter sido sem proveito o tempo nem vã a esperança: informa ter instruído Querubina, esposa de Bonifácio. Entra Bartolomeu (cena 3), ao que as duas mulheres se afastam chateadas; fica em cena (cena 4) Bartolomeu, tratando dos negócios dele, quando (cena 5) depara com Bonifácio e os dois disputam, um querendo zombar do outro. Lúcia, que não dorme no ponto, acha (cena 6) Bonifácio, o qual, despachado Bartolomeu, se deixa convencer pela notícia que ela traz, ou seja, que dona Vitória está disposta a dar-lhe tudo por nada, com a condição de que ele vá transar com ela naquela noite; se não, ela morreria. Não é difícil fazê-lo acreditar que seja este o resultado do ritual, de modo que obedece ao que manda [Lúcia] e se disfarça de G. Bernardo. Lúcia sai com a roupa de dona Vitória para fantasiar Querubina; Bonifácio (cena 7) comemora sozinho o efeito do encantamento; depois (cena 8) brinca com Marta, esposa de Bartolomeu, e finalmente sai, com toda probabilidade rumo à loja de máscaras para se fantasiar de São Crescônio[30]. Eis (cena 12) que entra Querubina, toda vestida e treinada por Lúcia nas carícias

---

29. Literalmente, *gli cascò il lasagno dentr'al formaggio* (caiu-lhe a lasanha no queijo), ditado napolitano da época, enquanto hoje se diz: *il cacio sui maccheroni* (o queijo na massa).

30. Flavio Corippo Cresconio, poeta latino do século VI e bispo africano, santo venerado em Nápoles; sua estátua era paramentada em cores berrantes.

que, fingindo ser a sofisticada dona Vitória, deveria conceder ao seu amante alquímico; e segue para o quarto de Vitória. Fica (cena 13) Lúcia intentando visitar G. Bernardo quando este entra, a tempo, não menos vigiando seu próprio interesse do que Lúcia vigiando o dos outros. Os dois definem o modo que seria oportuno e os papéis de cada um no lugar e tempo certos; Lúcia sai para achar Bonifácio e G. Bernardo sai para organizar o resto.

No ato v, cena 1, entra Bonifácio com a roupa de G. Bernardo, soprando amor pelo cu[31] e por todos os demais orifícios e vai com Lúcia, após uma breve conversa, até o desejado quarto [de Vitória]. G. Bernardo fica de pau duro pensando em Querubina e segura um bocado ao permanecer de sentinela, enquanto Sanguino fica aprontando alguma e Bonifácio encara as suas recriminações; enquanto (cena 9) Bonifácio sai do quarto sem graça com Querubina furiosa, para a surpresa de ambos, acham outro osso para roer e nó para desatar, ou seja, deparam com G. Bernardo. Batem boca e quase chegam a meter a mão um no outro quando (cena 10) entra Sanguino disfarçado de Capitão Palma com seus colegas travestidos de guardas; por ordem superior e pedido de G. Bernardo, prendem Bonifácio em um canto ali perto, ameaçando levá-lo direto para a delegacia após resolver outros assuntos. De modo que (cena 11) Querubina cai nas garras de G. Bernardo, o qual, como costumam fazer os que amam ardentemente, faz uso de todos os mais refinados recursos da filosofia epicurista (Amor tira o medo dos homens e dos deuses) para que ela, não acostumada a comer em dois pratos, rompa eventuais vínculos da consciência. Dela pode se pensar que desejasse ser vencida mais do que vencer, já que prefere tratar disso em lugar mais discreto. Enquanto eles resolvem, Scaramuré, com um relógio no estômago e outro no cérebro (cena 14), inventa um pretexto para lembrar a Bonifácio (que está na hora de saldar a dívida). Encontra (cena 15) Sanguino com sua galera e pede licença para falar com Bonifácio; após conseguir isso com certas artimanhas (cena 16), ainda convence Bonifácio que o ritual dera errado por erro do próprio Bonifácio (cena 17); e promete negociar sua liberdade para o mesmo instante. Mas, ao tentar subornar o Capitão, recebe deste, que também não é novato na arte, uma severíssima repreensão. Não tendo escolha, Bonifácio e Scaramuré suplicam de joelhos graça e mercê e conseguem a promessa de perdão com uma condição, que é

---

31. Em italiano, *che spirava amor dal culo*, citação de Francesco Berni, *Sonetto al divizio*, v. 14.

que Scaramuré faça com que venham Querubina com G. Bernardo para remitir a ofensa [sofrida por parte de Bonifácio]. O acordo é firmado com muitas aparentes dificuldades (cenas 19, 20, 21 e 22) até que finalmente Bonifácio, após ter suplicado de joelhos o perdão de sua esposa e de G. Bernardo (cena 23), agradecido Sanguino e Scaramuré e molhado a mão do Capitão e dos guardas, é solto pela graça do Senhor e da Maria Virgem. Após sua saída (cena 24), Sanguino e Ascânio consideram sua desventura. Reparem como apaixonar-se pela dona Vitória o fez disposto a ser chifrado: bem na hora em que ele imaginava gozar da outra, ficou corno. Ele seria bem ilustrado por Acteão que, na caça, buscava seus chifres e, quando pensou que ia gozar de Diana, se tornou veado[32]. Por isso, ninguém se assombre se este é despedaçado e rasgado por estes cães safados.

Bartolomeu

Aparece no ato I, cena 3, onde zomba do amor de Bonifácio, concluindo que seria melhor apaixonar-se pelo ouro e pela prata, damas mais honradas [do que a amada por Bonifácio]. Sai, verossimilmente, para praticar a alquimia, doutrina que estuda com o mestre Cencio[33]. Este (cena 11) é chamado de trapaceiro por G. Bernardo e, de fato, mostra que é (cena 12). Entra Marta, esposa de Bartolomeu, e (cena 13) fala a respeito do ofício do marido; é interrompida por Sanguino, que debocha dos dois (cena 14).

No ato II, cena 5, Barra calcula com Lúcia o que Bartolomeu ganha com seu ofício, ou seja, o fato de que, enquanto ele se aplica em suas alquimias, sua mulher Marta esfrega os panos dos outros[34].

No ato III, cena 1, Bartolomeu exalta a nobreza de sua nova profissão e argumenta não ter melhor matéria de estudo do que a doutrina dos minerais; com isso, lembrando-se de suas tarefas, sai.

No ato IV, cenas 3 e 4, Bartolomeu entra em busca do criado que havia mandado procurar o *pulvis Christi*[35], e (cena 4) discorre sobre

---

32. O mito de Acteão aparece com frequência nas obras de Bruno, especialmente nos *Eroici Furori*. O caçador, ao surpreender Artemis (Diana) nua, é por ela transformado em veado e devorado por seus cachorros.
33. Em it., *cencio* também significa pano de chão, farrapo.
34. Em it., *far la bucata* ("lavar os panos") poderia conter uma alusão ao fato de ser sexualmente disponível.
35. Preparado alquímico com poder de transformar o vil metal em ouro.

o ditado *Onus leve*[36], e compara o ouro às plumas. Pelo modo como fala com Bonifácio (cena 8), Marta, a esposa de Bartolomeu, prova ser mulher honesta e muito mais esperta na arte de cavalgar[37] do que o marido na arte alquímica; explica (cena 9) não ser nada estranha sua perícia, já que foi iniciada na disciplina aos doze anos; enfim, dando sinais vigorosos de sua competência na montaria, lamenta com sacrossantas razões a nova atividade do marido, que o distrai de melhores ocupações. Mostra zelo ao solicitar os deuses para que devolvam o marido à ocupação anterior. Logo depois (cena 10), assiste a um primeiro efeito de suas orações, pois a alquimia toda está a ponto de falir por causa do tal do *pulvis Christi* que não se encontra de jeito nenhum, a não ser que o próprio Bartolomeu o faça, a risco de ficar zerado. Para conferir, o homem, com seu criado Mochione[38], vai até a farmácia de Consalvo.

No ato v, cena 2, entram Consalvo e Bartolomeu, que se queixa dele acusando-o de estar sabendo do embuste que Cencio lhe aprontou; passam das palavras aos socos (cena 3) e são flagrados por Sanguino e seus companheiros disfarçados de Capitão e guardas; sob o pretexto de levá-los à prisão, amarram-nos com as mãos nas costas e depois mãos com mãos, costas com costas; puxam-nos, assim atados, para um canto escuro e roubam-lhes bolsas e roupas, como se vê nas cenas 4, 5, 6, 7 e 8. Após isso, os dois (cena 12) se arrastam para encontrar alguém que os solte e avistam G. Bernardo e Querubina, que passeiam adiante. Querendo alcançá-los, Consalvo apressa o passo e derruba Bartolomeu, que cai em cima dele. Ficam presos (cena 13) até chegar Scaramuré, que os desata e os despacha por caminhos opostos, rumo cada um à sua casa.

Manfúrio

No ato i, cena 5, entra polemizando e se faz notar por Sanguino, que o apelida de cabra marcado para morrer; daí os malandros ficam de olho nele.

No ato ii, cena 1, Manfúrio é vítima das burlas de Otaviano, que antes admira sua retórica e depois despreza seu poema, só para ver como Manfúrio se comporta quando é louvado e quando é criticado.

36. Em latim, *onus leve* ("fardo leve"), ver *Mt* 11, 30.
37. O uso de verbos como cavalgar, montar etc. aponta para a esfera erótica.
38. Em it., *mochione* quer dizer mutilado, cotó.

Saído Otaviano (cena 2), Manfúrio confia uma carta de amor a Pollula para que a entregue a Bonifácio, a pedido de quem ele a havia escrito; mas a carta (cena 7) é lida por Pollula e Barra.

No ato III, cena 4, Manfúrio brande um poema contra Otaviano, vingando seus versos do desprezo com que o outro os tratou. Enquanto os ilustra para Pollula, entra G. Bernardo (cena 7), com o qual polemiza até perder a paciência. Retorna (cena 11) seguido por Corcovizzo, que tanto faz que lhe saca as moedas do bolso. Já que grita ladrão (cena 12), acorrem Barra, Marca e (cena 13) Sanguino, que alimentam sua esperança de agarrar o malandro e resgatar o que lhe foi roubado; assim o fazem trocar de roupa e o levam.

No ato IV, cena 11, Manfúrio entra esfarrapado, lamentando-se de que os malandros lhe roubaram a toga[39] e seu precioso chapéu doutoral, deixando-o sozinho num quarto, trajado de um jeito que tinha vergonha até de voltar para casa. Resolve aguardar que anoiteça, retirando-se num cantinho, até que (cena 15) atravessa novamente a cena, comentando tudo que ouviu e viu. Naquele instante (cena 16) entram Sanguino, Marca e os outros, vestidos de guardas, e apanham Manfúrio, que tenta se escafeder, e, com este e outros pretextos, o prendem e o enfiam em outro quarto.

No ato V, cena penúltima, lhe propõem que escolha entre três castigos para não ir preso: ou paga uma boa propina ao Capitão e aos guardas, ou recebe dez palmadas ou baixa as calças e recebe cinquenta chicotadas. Ele, que estaria disposto a qualquer coisa para evitar a prisão, das três prefere a palmatória, mas, quando recebe a terceira palmada, diz: "prefiro as cinquenta chicotadas nas nádegas". Quando já recebeu muitas destas, se atrapalha na conta por alguma razão e acaba, assim, recebendo palmadas, chicotadas, pagando todas as moedas que guardava na algibeira, e ainda tem que deixar a capa, que nem é dele. Por fim, quebrado e desenganado, na última cena pede o *plaudite*[40].

Personagens

BONIFÁCIO, o castiçal
QUERUBINA, sua mulher

---

39. A toga (em italiano, *vestimenta talari*), descendo até os pés, era usada por quem exercia profissão liberal.
40. Expressão latina com que o último ator em cena convidava os espectadores a bater palmas.

ASCÂNIO, seu criado
BARTOLOMEU, um pretenso alquimista
MARTA, sua mulher
MOCHIONE, seu criado
MANFÚRIO, um pedante
POLLULA, seu aluno
SCARAMURÉ, um mago
GIOAN BERNARDO, um pintor
VITÓRIA, uma cortesã
LÚCIA, sua criada
CENCIO, um trapaceiro
CONSALVO, um herborista
SANGUINO, um malandro
CORCOVIZZO, outro malandro
BARRA, outro malandro
MARCA, outro malandro
OTAVIANO, um senhor
CAPITÃO PALMA, o chefe da polícia
GUARDAS
DONO da birosca
EMPREGADOS da birosca
MOLEQUES
POVO da cidade de Nápoles

Antiprólogo

Sim, patrão, tudo bem. Está claro. Entendi. Eu não falei que esta comédia hoje não se faz? Aquela catraia que contratamos pra fazer a Vitória e a Querubina está menstruada[41]. O cara que devia fazer Bonifácio está num porre tamanho que não vê céu nem terra. Desde hoje de manhã está arriado na cama e, quando mando que se levante, responde "Deixem-me, deixem-me que em três dias e metade de sete noites, com meus quatro remadores, chegaremos ao fim do mundo![42] Rema! Pra frente! Pra trás! Rema! Rema!"

---

41. Em it., *ave non so che mal di madre* (está com alguma dor de mãe) alude a uma moléstia ginecológica.
42. Em it., *tra farfalle e pipistrelli* (lit. "entre borboletas e morcegos"), ou seja, o bêbado não diz coisa com coisa.

Eu devia dizer o prólogo, mas juro que é um negócio tão complicado, endiabrado e confuso, que há quatro dias e quatro noites suo para decorá-lo e nada. Nem com todos os trompetes e tamborins das musas, aquelas putas do Helicona[43], consigo enfiar uma ideiazinha na cabeça. Com um prólogo assim, imaginem a comédia: parece um galeão velho, fora de uso, cheio de furos, tirado do abismo à força de ganchos, âncoras e arpões; faz água por todos os lados e nem calafetagem fizeram nele para mandá-lo sair ao alto mar. Se deixar este porto seguro, se for zarpar do cais do silêncio[44], vai direto a pique.

Quanto ao autor, se vocês o conhecessem diriam que ele tem uma cara tão desanimada que parece estar sempre contemplando as penas do inferno. Parece que botou a cabeça na prensa, em vez do chapéu[45]. Ri somente para fazer o que todos fazem; no mais, um sujeito injuriado, indisposto e mal-humorado, ranzinza como um velho de oitenta anos, lunático e raivoso como um cachorro esfolado[46]. Parece que come cebola, esse cara[47]. Que vão para o diabo ele e todos os filósofos, poetas e pedantes que fazem da riqueza sua maior inimiga. Dissecam os bens dos outros, para que ninguém devore e dilapide o que têm à vontade, e fogem deles como de cem mil diabos, mas, enquanto isso, rendem homenagem àqueles que as conservam intactas e sem proveito. Eu, para servi-lo, passo tanta fome que mesmo que eu quisesse, com licença, vomitar, teria que vomitar o espírito; e se eu tivesse de defecar, teria de defecar minha alma, igual um enforcado. Quer saber? Eu vou procurar outro emprego[48] e quem quiser fazer o prólogo que o faça.

Pró-Prólogo

Cadê o vagabundo que devia dizer o prólogo? Então, meus senhores, vai a comédia sem prólogo. De qualquer maneira, não precisa. Matéria, argumento, trama e circunstâncias se apresentarão aos senhores

43. Montanha da Beócia sede mítica das musas.
44. Em it., *lasciar questo sicuro porto del Mandracchio, far partita dal Molo del Silenzio*, faz referência aos dois portos de Nápoles, o menor (Mandracchio) e o maior (Silenzio).
45. O feltro com que se confecciona os chapéus é prensado, após ter sido fervido em água.
46. O filósofo com que Bruno identifica o autor é um melancólico, injuriado com a banalidade da história e a vulgaridade dos homens e, por isso, capaz da mais alta contemplação da verdade. A figura do filósofo injuriado, que Bruno aplica a si mesmo na capa da comédia, alude ainda ao *Encomium morae*, de Erasmo de Roterdã.
47. A cebola, alimento típico dos camponeses, provoca as lágrimas.
48. Em it., *io voglio andare a farmi frate* (lit. "vou me enfurnar num convento").

por ordem de entrada em cena. Muito melhor assim do que contar a história certinha. A comédia é um arranjo, uma teia, uma textura; quem quiser entender, que entenda o que quiser. Somente peço que os senhores imaginem que esta noite estaremos na regalíssima cidade de Nápoles, bem no centro, no assento do Nilo[49]. Este canto aqui, de noite, é ponto para malandros de toda espécie. Cá pra nós: cuidado para que esses ladrões não deem o fora com suas coisas; são mestres em esticar a rede e ai de quem cai nela! Por aqui a casa do castiçal, aliás, do senhor Bonifácio e de Querubina, sua mulher. Também por aqui, a casa de Bartolomeu. Por ali, a casa da dona Vitória, de G. Bernardo, o pintor, e do mago Scaramuré. Passeia bastante por estes cantos, não se sabe bem pra quê, um soleníssimo pedante chamado Manfúrio. Os outros, que vocês verão com certeza, são: Lúcia, a alcoviteira que corre para cá e para lá atrás de suas intrigas; Pollula, que corre atrás do *magister*: é um aluno bom para todo serviço[50], assim como Ascânio é um criado útil de dia e de noite[51]. Mochione, doméstico de Bartolomeu, é um garoto, nem quente nem frio, que não cheira nem fede. Em Sanguino, Barra, Marca e Corcovizzo, vocês verão o que é destreza na arte da malandragem; com Cencio saberão o quanto pode ser trapaceiro um alquimista; e pra matar o tempo de vocês, vamos apresentar também o herborista Consalvo, Marta, mulher de Bartolomeu, e o simpático senhor Otaviano. Prestem muita atenção no vaivém. Não percam o que se faz e se diz, pois garanto que se vocês observarem estas ações e humanas palavras com o bom senso de Heráclito ou de Demócrito[52], terão suas razões para chorar muito ou rir muito.

Diante de seus olhos vocês terão: um argumento sem fundamento, palavras frívolas, uma trama fraca, ambições idiotas, vãos pensamentos, efusões, revelações e falsos pressupostos. E ainda: mentes desvairadas, furores poéticos, sensos ofuscados e perturbações fantásticas, intelectos perdidos e fé desenfreada, saberes inúteis, remédios

---

49. Piazza Nilo, cortada por Spaccanapoli, fica ao centro de um dos cinco bairros da cidade antiga (Nilo ou Nido, Capuano, Porto, Portanova e Montagna). O nome era devido à estátua do rio Nilo sentado. Ali, pouco distante do Convento de San Domenico Maggiore, em que Bruno foi confrade, acontece a ação principal da comédia. Outras ações secundárias acontecem em San Pietro in Maiella, Cerriglio, Porto e Carmine.
50. Em it., *da inchiostro nero e bianco* (preto no branco), alusão à pederastia normalmente associada aos *magisteres* em relação aos seus discípulos.
51. Em it., *da sole e da candela* (no sol e na vela), aludindo à pederastia. Ascânio é criado de Bonifácio, o castiçal.
52. Conforme distinção tradicional na filosofia grega, Heráclito é indicado como um pessimista radical, Demócrito como um convicto otimista. O primeiro acha nas vivências humanas razões para chorar, o outro, para rir.

intempestivos, audácias, suspiros e gloriosos frutos da loucura. Vocês verão o desejo de um amante produzir suspiros, lágrimas, bocejos, tremores, sonhos, ereções; verão o coração dele ardendo no fogo do amor; verão seus pensamentos fúteis e melancólicas invejas; ouvirão queixas muito mais do que esperanças. Aqui acharão almas em cativeiro, presas em correntes, grades e grilhões; penas perpétuas, martírios e morte; e no refúgio do coração acharão setas, flechas e raios, chamas, chagas e paixões, ciúmes e suspeitas, despeito, raiva e esquecimento, lamentos, foles, tenazes, bigornas e martelos; e naturalmente o arqueiro cego e nu com sua fáretra[53]. Enfim, terão o amado do coração, coração meu, meu bem, minha vida, doce chaga e ferida, deus, céu, descanso, repouso, esperança e nascente, espírito, estrela trasmontana e sol que jamais n'alma se põe. Querendo mais, terão árduo peito, sólida coluna, pedra dura, amor de diamante, mão cruel que guarda as chaves do meu coração e minha inimiga, suave guerreira, alvo de todos os meus pensamentos, lindo é o amor meu e não o teu[54].

Vocês vão assistir a uma das ditas mulheres dar vistas celestiais, gemidos ardentes, pensamentos molhados, apetites carnais e fodas aéreas: é uma das que (me deem licença os ouvidos honestos) gostam de tomá-lo pela frente e por trás[55]. E bem merece o assalto de um amante armado de um tesão que arde, um desejo que ferve, uma chama que acende, um amor que inflama, uma paixão que abrasa, uma coisa ávida que sobe e acena para o céu. Não se apavorem que não é o dilúvio universal; mas o arco do amor semelhante ao arco do sol que só é visto por quem está distante: da mesma forma que, entre os amantes, cada um vê a loucura do outro e não a própria. Há outra mulher, madre superiora das Arrependidas[56], pela omissão dos pecados que não fez quando era jovem, que agora anda por aí lastimosa como o burro que carrega vinho[57]; mas o que é que estou dizendo? Ela é um anjinho de embaixadora, secretária, conselheira, contadora, fofoqueira e boa administradora de negócios; um guia. Capaz de traficar e usurar corações vendendo sentimentos ao varejo, com um bom desconto. Ela é a que enrola e solta, faz o outro ficar alegre ou triste, amola e cura, engana e desengana, traz boas ou más,

---

53. Cupido, o deus do amor.
54. O descabido catálogo é alusão irônica ao *Canzoniere* de Petrarca e ao abuso que dele faziam os poetas renascentistas (petrarchismo).
55. Em it., *sel prende com pezza bianca e netta di bucata* (agarrada, fica com a veste toda branca), aludindo ao fato de não ser virgem.
56. Alusão às prostitutas arrependidas que eram acolhidas nos mosteiros.
57. Faz alusão ao ditado do burro que carrega vinho, mas bebe água, como aqueles que pagam pelo prazer alheio.

galinha gorda ou ossuda: advogada, mediadora, véu e remédio, ela que dirige a flecha de Cupido e faz o nó que traz, o visco que pega, o prego que acopla, o horizonte que junta hemisférios[58]. Isso tudo ela consegue *mediantibus*[59] cartas falsas, mentiras descaradas, suspiros interesseiros, lágrimas de aluguel e soluços à toa[60], sacanagens dignas de um homem, burlas bem cozinhadas, elogios famélicos e juras que definham, na cara amarrada ou na cara de pau[61]; sua regra é louvar os presentes, criticar os ausentes, servir a todos e amar a ninguém. Tudo isso para aguçar o apetite de quem vai jejuar.

Há também em cena a prosopopeia de um homem que é um macho mesmo: com um mau hálito de torcer o estômago de um porco, até de uma galinha. Restaurador do latim antigo e plagiário de Demóstenes, cita Cícero das mais profundas cavidades de sua pessoa e canta as façanhas dos heróis. Eis, senhores e senhoras, uma sapiência que faz lacrimejar os olhos, arrepiar os cabelos, trincar os dentes, gargalhar, tossir, espirrar e peidar. Eis um dos que confeccionam livros beneméritos, apostilam, glosam e censuram como ninguém, metódicos arrematadores, comentadores, tradutores, explicadores, compendiadores, fabuladores e pregoeiros armados de uma nova gramática, um novo dicionário, um novo léxico com variantes; eis um aprovador de autores que o aprovam com autênticos epigramas em grego, hebraico, latim, italiano, espanhol e francês ostentados no frontispício. É assim que ambos se consagram imortais como benfeitores do século presente e dos vindouros e nos obrigam a tributar-lhes estátuas e colossos nas águas mediterrâneas e do oceano até aquela outra margem inabitável do mundo. A *lux perpetua* os reverencia, prosternando-se até o chão *in saecula saeculorum*[62]; a fama repercute seu nome de um ao outro polo com berros, estrépito e alvoroço, ensurdecendo os ventos e os mares[63]. Como brilham (imaginem pérolas e margaridas em fundo ouro) as falas em latim no meio do italiano, uma palavra grega entre as latinas; nem sequer uma página onde não figure ao menos uma menção, um versinho, um conceito em caráter ou idioma estrangeiro! Como gozo quando, por obrigação ou por gosto, na fala ou na redação,

---

58. O círculo de metal que, nos mapas-múndi da época, figurando o horizonte, conforme a astronomia ptolemaica, juntava os dois hemisférios.
59. Em lat. macarrônico: "com a ajuda de".
60. Em it., *singulti che si muoiono di freddo* (soluços que morrem de frio), vale dizer, fingidos.
61. Em it., *scuse volpine, accuse lupine* (desculpas de raposa e acusações de lobo).
62. Citadas do ofício fúnebre, a *lux perpetua* e os *saecula saeculorum* inscrevem o pedante entre os mortos, não entre os viventes.
63. Lit. *Borea e l'Austro, il mar Indo e Mauro*.

enfiam à força um Homero, um Hesíodo, um trapinho de Platão ou de Demóstenes! Certamente só na cabeça deles Saturno mijou juízo e somente a eles as nove damas de Palas[64] descarregaram uma cornucópia de vocábulos entre a pia e a dura-máter![65] Cai-lhes bem andar por aí com tamanha prosopopeia, grave passo, peito altivo, cabeça firme e espiando tudo em volta com falsa modéstia. Vocês conhecerão um destes, que mastiga doutrina, cheira a opiniões, cospe sentenças, mija arcanos, sua tinta e arrota citações. De tão melado o néctar de sua sabedoria, seria melhor testar com Ganimedes antes de passar o brinde ao tonitruante Júpiter. Oh! Seu pedagogo sinonímico, epitético, apositivo e supositório, contínuo de Minerva, burocrata de Palas, trompete de Mercúrio, patriarca das musas e golfinho do reino apolíneo (por pouco eu não disse "asinino"[66])!

Enfim, aqui irão presenciar uma barafunda de malandragens, tramoias e empreitadas delinquentes; muito desgosto, amargos prazeres, resoluções desvairadas, fés falidas, ambições mancas e nenhuma complacência; muito juízo nos casos alheios e nenhum nos próprios; vão ver fêmeas viris e machos efeminados; vozes saindo da cabeça e não do peito[67], e como mais se desengana aquele que mais botou fé; e [vão testemunhar] o amor universal pelo dinheiro. A coisa segue com febres quartãs e cânceres espirituais, ideias vácuas e tolices transbordantes, despropósitos de bacharel, furadas magistrais e deslizes de quebrar o pescoço; e, mais adiante, a vontade empurrando, o saber apressando, o fazer lucrando e a diligência ficando de mãe dos efeitos. Em resumo, vocês vão ver que nisso aqui não há nada de certo, mas muito de negociável, defeitos em abundância, pouco de belo e nada de bom. Ah! Já ouço os atores, com licença.

PORTEIRO[68]: Vou até pedir desculpa antes de abrir a boca. Receio que grande parte de vocês, se não todos, vão gritar "Que a peste estrague essa sua cara! Onde já se viu uma comédia começar com o porteiro?" Escutem aqui: "Um péssimo ano novo pra vocês!"[69] Onde já se viram comédias antes que existisse a comédia? Onde já se viram espectadores, antes que vocês existissem? E vem cá, um argumento desse, a que vocês resolveram assistir esta noite, não há de começar

---

64. As musas.
65. Entre as meninges, as duas membranas que envolvem a massa encefálica.
66. Em it., *polledresco*, um jogo de palavra com o precedente *apollinesco* que alitera com derivados da palavra *pollo* (frango).
67. Vozes insinceras, soando falsas.
68. Em it., *bidello* (contínuo).
69. Em it., *malanno* (desgraça) sintetiza *mal anno* (ano ruim).

de uma forma extravagante? Quem aí acha que um tal excêntrico babuíno, babaca inato, pateta moralista, alegórico burro abestalhado[70], seja digno de um intendente e não de um simples porteiro, como eu? De quem estou falando? Querem que eu diga? Querem saber mesmo? Esse cara, entre nós, é um castiçal. A prova? Vão ficar para a peça, não é? Então abram a roda, deem espaço, saiam das laterais do palco se não quiserem se machucar com os chifres desse sujeito, que afugenta o povo por trás dos montes[71].

Ato 1

Cena 1

(*Bonifácio, Ascânio*)

BONIFÁCIO: Vá buscá-lo já. Faça com que chegue aqui o mais rápido possível. Vá, faça e volte logo.
ASCÂNIO: Faço o que posso. Melhor tarde do que mal feito – *Sat cito, si sat bene*[72].
BONIFÁCIO: Deus me livre! Eu que pensava ter um criado! Mas não! Tenho um doutor dentro de casa, um mestre, um conselheiro, um filósofo! Ainda há quem diga que sou pobre. Olhe aqui a minha filosofia, em nome do rabo de burro que os genoveses veneram no Castelo[73] – faça com má vontade, mas faça depressa. Não precisa entrar em casa, viu? Chame-o da rua e diga logo a que veio, compreendeu?
ASCÂNIO: Sim senhor, estou indo.

Cena 2

BONIFÁCIO (*sozinho*): A arte supre os defeitos da natureza, meu caro Bonifácio. Já que não posso fazer com que aquela traidora me ame espontaneamente, ou ao menos que olhe para mim fingindo que me ama, quem sabe ela, que não se deixou abalar pelas palavras

---

70. Em it., *una bestia tropologica, un asino anagogico*, sendo que "tropologia" e "anagogia" são dois dos quatro gêneros de alegoria moral.
71. Referência às tribulações do povo de Israel (*Mt* 24, 16).
72. Máxima latina atribuída a Catão: "depressa, mas bem feito".
73. Trata-se de relíquia conservada ao menos até 1797, em Gênova, na Igreja de Santa Maria em Castelo: um rabo que se acreditava pertencido ao burro sobre o qual Jesus ingressou em Jerusalém.

de Bonifácio, pelo amor de Bonifácio, pela dor de Bonifácio, possa ser forçada pelo oculto. Dizem que contra a natureza a arte mágica seja tão poderosa que faz retornar os rios para trás, parar os mares, cantar os abismos, mugir as montanhas, vedar o Sol, despencar a Lua, travar o dia e estancar a noite. Assim escreveu o Acadêmico de Academia Nenhuma[74] naquele poema execrável do livro que se perdeu:

Dos rios velozes o curso inverte,
colhe do alto céu os astros dourados,
Faz do dia noite e da noite, dia
e arranca a Lua de sua órbita,
muda em esquerdo seu direito chifre
e enche as ondas do mar até o horizonte.
Água, fogo, terra e ar retinge e muda
as plumas de qualquer humana vontade.

Do resto dá para duvidar, mas, em relação ao amor, imaginem o que deve fazer a arte mágica! Qualquer dia desses vocês vão ter que experimentar. Fica a sugestão. Desse mestre Scaramuré ouço dizer maravilhas. Olhe lá, vejo um que roubou a vaca e presenteou o dono com um belo par de chifres[75]. Quero saber das novas.

Cena 3

(*Bonifácio e Bartolomeu conversam; Pollula e Sanguino escutam às escondidas*)

BARTOLOMEU: Ah, paixão cruel. Por que perdura em mim este reinado injusto e brutal? Por que adoro o que não pode ser meu? Por que foge de mim aquela à qual me amarra um nó cego? Tem cabimento isso? Pois é o que mais acontece! De dois, um é escravo do outro que é mais livre e solto do que o vento...
BONIFÁCIO: Será que não estou sozinho em meu sofrimento? Ai, que agonia...
BARTOLOMEU: Que que há, Bonifácio? Choras por mim?
BONIFÁCIO: Pelo mesmo suplício! Bem vejo como o senhor está deprimido... até mudou de cor! Ouvi suas queixas. Eu sei de tudo! Padeço da mesma paixão, a mais cruel; sinto muito que o senhor

---

74. Trata-se do próprio autor, como se apresenta no subtítulo da comédia.
75. Um que tem fama de seduzir mulheres casadas.

também... Coitado, faz muitos dias que o vejo andando assim, ofegante, atônito, distraído, infeliz, com os olhos inchados; não para de soluçar. Igual a mim! Não é? Pois veja: não lhe morreu nenhum parente; não tem briga no fórum, tem tudo de que precisa; não lhe falta saúde; e quanto à outra saúde, eu sei que não liga muito pra esses negócios de pecados, mesmo assim chora e suplica como se estivesse arrependido. Parece louco! *In cimbalis male sonantibus!*[76] É isso: está apaixonado! Subiu-lhe à cabeça certo humor melancólico-fleumático-colérico-sanguíneo ou sei lá, qualquer que seja o humor de Cupido. A prova eu tive agora, ouvindo as suas palavras: tenho certeza de que o senhor está intoxicado!

BARTOLOMEU: Ai, ai, estou apaixonado sim e sem esperança. Por mim tudo bem, sou jovem ainda e minha mulher é uma velha corcunda (oito anos fazem uma diferença); mas o senhor, seu Bonifácio, me maravilha: com uma esposa do jeito que o senhor tem, corpinho de 25 e um rosto que mais bonito é difícil de se achar em Nápoles; e ainda assim está apaixonado? Por outra?

BONIFÁCIO: Deixe-me explicar: o senhor também conhece o domínio do amor, como é confuso, intempestivo e despropositado! Se quiser saber a ordem, ou melhor, a desordem das minhas paixões, escute.

BARTOLOMEU: Pode falar, seu Bonifácio. Nós homens não somos bichos, que praticam o coito somente para gerar, só no tempo e lugar correto, como os jumentos, por exemplo, que sentem tesão quando o Sol lhes esquenta o rabo, normalmente em maio, e transam no melhor clima e jamais no sétimo polar[77], quando faz frio. Nós homens não! Faça frio ou faça calor, a qualquer hora e em qualquer lugar!

BONIFÁCIO: Eu vivi 42 anos neste mundo de tal forma que jamais me corrompi com mulheres[78]. Com esta idade, quando já começava a ter cabelos brancos e quando a coisa já deveria começar a resfriar e, como dizer, declinar...

BARTOLOMEU: Sei, sei... tem gente que broxa, gente que troca...[79]

BONIFÁCIO: Bem, eu, nesta idade, como num verão fora de época, fui tomado de amor por Querubina. Ela me parecia mais linda que qualquer outra mulher; me esquentava, me acendia de tal forma que logo

---

76. "Tocando mal os címbalos", paródia do *Salmo* 150, 5: *Laudate cum in cymbalis benesonantibus*.
77. No sistema ptolemaico, o hemisfério norte era dividido em sete regiões, ditas climas, das quais a sétima era a mais próxima do Polo Norte.
78. Em lat., *con mulieribus non sum coinquinato*, citação do *Apocalipse* 15, 4.
79. Em it., *si cangia* ou seja "troca" que poderia aludir a trocar a mulher, ou mudar de sexo.

puxou a brasa à sua sardinha. Bem. Depois de um tempo de casados, sabe, o hábito, o uso contínuo fez com que o fogo se extinguisse, só que o meu coração ficou disponível para um novo incêndio...

BARTOLOMEU: Tivesse a sua mulher temperado melhor o ferro, não ficaria esta minhoca que você é hoje, mas um resto de cinzas. Seria melhor para ela...

BONIFÁCIO: Como? Ora, deixe que eu termine!

BARTOLOMEU: Pode ir adiante, adorei a metáfora.

BONIFÁCIO: Então, uma vez que broxou aquela chama, facilmente outra chama, neste mês de abril...

BARTOLOMEU: Não disse! Bem na época em que os jumentos levantam o rabo. E foi em abril que se apaixonou Petrarca![80]

BONIFÁCIO: O que foi que o senhor disse?

BARTOLOMEU: Disse que, neste mês, o poeta caiu de amores e os espíritos se erguem, porque é assim que funciona: no frio do inverno os espíritos se encolhem, no verão se dissipam e na primavera, quando gozam da temperatura ideal, ficam mais à vontade para praticar os seus exercícios espirituais...

BONIFÁCIO: Ora, deixemos dessas asneiras. Vamos ao que interessa! Um dia, enquanto eu passeava em Posílipo[81], Cupido me flechou pelos olhos da madame Vitória. A coisa esquentou tanto, mas tanto, que desde então não tenho sossego... Ai de mim...

BARTOLOMEU: Amor é mesmo um bicho que pega em quem não tem nada pra fazer. Você não foi lá passear?

BONIFÁCIO: Enfim, me fale do seu, agora que me deu a chance de declarar o meu. Desabafe; vai lhe dar alívio conversar com um amigo que padece do mesmo mal, sempre que se possa dizer isso do amor.

BARTOLOMEU: Declinar, você disse? Nominativo: perturba-me dona Prata; Pepita me atormenta.

BONIFÁCIO: Como? Duas? Deus o livre!

BARTOLOMEU: Genitivo: de dona Prata tenho cuidado; ocupo-me de dona Pepita.

BONIFÁCIO: Ahn? Não estou entendendo.

BARTOLOMEU: Dativo: à dona Prata me entrego com amor e a dona Pepita sou todo suspiros. À dona Prata e à dona Pepita me consagro.

BONIFÁCIO: Que diabo é isso?

---

80. No dia de Páscoa, o poeta, segundo confessa, se apaixonou por Laura, a quem dedicou o *Canzoniere*. A aproximação do sublime amor de Petrarca com as ereções asininas tem sentido paródico.

81. O morro de Posílipo e sua praia, entre os lugares mais amenos de Nápoles, sempre foi considerado propício ao surgimento de novos amores.

BARTOLOMEU: Vocativo: ó, minha bela boceta de dona Prata; ó, minha doce periquita da Pepita!
BONIFÁCIO: Está debochando de mim? Vá pro inferno e fique lá com seus demônios.
BARTOLOMEU: E você fique aí com o seu Cupido que lhe entortou o cérebro, se é que ainda o tem. Eu vou zelar pelas minhas patroas.
BONIFÁCIO: Vejam só com que cara de pau esse vigarista me fez contar o que cinquenta outros teriam escutado com o maior respeito. Ai! Esse amor ainda vai me arruinar; estou colhendo os primeiros frutos da minha maluquice. Ora, foda-se, quero ir para casa e falar com Lúcia. Hi. Aqueles malandros estão rindo de quê? Devem ter ouvido tudo. Amor e raiva não têm refúgio.

Cena 4

(*Sanguino, Pollula*)

SANGUINO: Ai ai, que sujeito sem culhões, búfalo indiano, burro da terra dos burros, rei dos patetas, palerma coroado![82] Mole, mole confessou tudo, nem precisou bater! E com que lábia aquele outro farsante confessou-lhe que está apaixonado e por quem e como, e quando e onde e o caralho a quatro!
POLLULA: Pode crer que o cara, quando reza à Nossa Senhora, não precisa pedir *Domine, labia mea aperies*[83].
SANGUINO: O que é isso, *Dominò lampia mem periens*?
POLLULA: "Senhor, abre a minha boca para que eu possa falar." Digo que a oração não convém àqueles que têm boca furada e contam tudo que não devem a quem quer que seja.
SANGUINO: E depois se arrependem, como esse. Então não vai pagar por isso, pois está escrito – "Quem errou e se endireita salvo está."[84]
POLLULA: Vixe! Aquele ali parece o meu professor da escola! Cacete, hoje vamos ficar aqui o dia inteiro.

---

82. Em it., *buffalo d'India, asino in terra d'Otranto, menchione d'Avella, pecora d'Arpaia*. São injúrias populares ligadas a preconceitos regionais, dos napolitanos para com oriundos de cidades menores.
83. "Senhor, abre a minha boca." Oração com que o sacerdote começa a reza do ofício divino.
84. *Chi pecca et emenda salvo este*, pseudodito bíblico em latim macarrônico.

Cena 5

(*Manfúrio, Pollula, Sanguino*)

MANFÚRIO: Oi, bom ver você, *bonae, melioris, optimaeque indolis, adulescentule: quomodo tecum agitur? Ut vales?*[85]

POLLULA: Tô legal, professor.

MANFÚRIO: *Gaudeo sane, gratulorque satis; si vales bene est, ego quidem valeo*[86]. Uma elegância de Cícero não é qualquer coisa, não é mesmo, cai bem em toda parte e com qualquer pessoa[87].

POLLULA: Quer alguma coisa, professor? Diga logo, porque tenho que resolver um negócio com este cavalheiro (*indica Sanguino*) e não dá pra ficar aqui jogando conversa fora.

MANFÚRIO: Ô garoto! Desperdicei em vão meus ditados, destilados de acutíssima faculdade, desenvolvidos em meu esplêndido pavilhão pensamentório e gravados em tinta negra nas cândidas laudas, citando-me todo neste idioma latim celebérrimo *apud omnes nationes*[88], até as bárbaras. *Incassum cum sit!*[89] Já que você não sabe aproveitá-los no momento oportuno, *eorum servata ratione*[90], abdica do *teatro literarum* e persiste no comércio *similariis bestiis* do vulgo ignorante, respondendo-me com palavras que a babá lhe inculcou no berço, *ut melius dicam suscepti, in incunabolis*[91]. Fala, seu asno, quando é que vai *dispuerascere*[92]?

SANGUINO: Ô professor, com este seu diabo de falação mofada, catacumbara[93] e latrinesca[94], ninguém o entende. O povo daqui vai sacanear.

MANFÚRIO: Isto aconteceria somente, seu boçal mal ensinado, se este megalocosmo[95] e máquina mundial estivesse por seus pares repleta e recheada!

SANGUINO: Opa! Deu para perceber que isso aí de megamundial é comigo! Que que há? Por que não fala de um jeito que alguém entenda?

---

85. "Meu bravo jovem, um bom caráter, muito mais que bom, excelente! Como estás? Por onde andas?". As citações em latim de Manfúrio não foram traduzidas, na maioria dos casos, por serem características da personagem.
86. "Eu me alegro e me sinto feliz, se estás bem, é bom, eu também estou bem".
87. Marco Túlio Cícero redigia em estilo impecável também cartas à família (*Epistulae familiares*).
88. "Diante de qualquer nação".
89. "Sendo isso tudo inútil".
90. "Com seu sentido preciso".
91. "Ou, para melhor dizer, na matriz".
92. Neologismo em latim: "sair da adolescência".
93. O vocábulo foi mantido, pela imagem de breu dada pelas catacumbas.
94. Deformação da palavra "latina" em um derivado de "latrina".
95. O universo.

MANFÚRIO: *Vade ergo in infaustam nefastamque crucem, sinistroque Hercule!*[96] Às favas, que as musas não merecem a porcaria do teu convívio e menos ainda de tua conversa![97] Quem é este sujeito pra ti, Pollula? Ô Pollula, reservatório e fruto da minha sapiência[98], receptáculo do meu sêmen doutrinário, não leva a mal o que eu disse[99], porque, porquanto, enfim, pelo qual (*particulae causae redditivae*)[100] eu pretendia comungar contigo *lepidissime, eloquentissime*[101] aquela saudação que tu *post hac, deinceps*[102], sempre que os deuses te outorguem tudo que a mim concederam, terás licença de imitar.

POLLULA: Tá bom, mas na hora certa. Agora não dá pra ficar com você.

MANFÚRIO: Pois foi você, com essa sua frase, a causa da minha *excandescentia*! Não há estilo nem elegância! Deve-se dizer, ou melhor, colocando o infinito antes do subjuntivo, dizer você deveria: "vossa excelência, dada a erudição, não tenho licença de entreter-me em ócio com sua doce musa"[103]. Aquele "com você", que em língua castiça seria "convosco", não é bom nem polido diante de um mestre togado como eu[104].

SANGUINO: Assim vai o mundo: os dois de acordo e eu trancado do lado de fora que nem cadeado. Faça o favor, professor, de ser meu amigo, pois mesmo que eu não mereça a sua verga, quero dizer, ser aluno seu, quem dera eu possa fazer outro serviço.

MANFÚRIO: *Nil mihi vobiscum*[105].

SANGUINO: *Et con spiritu to*[106].

MANFÚRIO: Ai de mim, Pollula, como é que você frequenta um bruto desses?

SANGUINO: Bruto ou belo, ao seu serviço, ilustríssimo senhor.

MANFÚRIO: Agora sim, parece mais disciplinável e não tão devasso como dantes: já aprendeu a me tratar de modo cortês e conveniente.

---

96. "Vá então lhe fazer crucificar sobre infausta cruz e seja maldito em nome de Hércules!"
97. Traduzindo do latim *vel haram colloquii vestri*.
98. Do lat. *appositorie fructus eruditionum mearum*.
99. Do lat. *ne te moveant modo a nobis dicta*.
100. "Partículas causais".
101. "Com extrema elegância e eloquência".
102. "Depois, em seguida".
103. Do lat. *Debuisses dicere, vel elegantius – infinitivo antecedente subiunctivum – dicere debuisses*: "*Excellentia tua, eruditione tua, non datur, non conceditur mihi cum tuis dulcissimis musis ocium.*"
104. Do lat. *nec bene dicitur latine respectu unius, nec urbane*.
105. "Nada a ver comigo".
106. Sem entender, Sanguino reconhece, na frase de Manfúrio, a fórmula litúrgica *Domine vobiscum* (o Senhor está convosco) e replica com a fórmula usual, deformada.

POLLULA: Quem diria que um minuto atrás julgou-o um néscio?[107]
MANFÚRIO: Tire aquele "néscio": embora conste no Livro, não é *dictio ciceroniana*[108]. *Tu vivendo bonos, scribendo sequare peritos*[109], diz o ninivita João Dispautério, citado pelo meu mentor Aloísio Antônio Sidecino Sarmento Salano[110], que ocupou a cadeira de Lucio Gio. Scoppa[111], *ex voluntate heredis*[112]. Portanto, para *non aequum* deve-se dizer, não néscio, mas sim "néquio", com a primeira sílaba acentuada, jamais pôr o acento na segunda sílaba, lembre-se, para diferenciar da substância animal equina que a princípio não admite ditongos[113].
SANGUINO: Mestre doutíssimo, pedimos licença para não deixar esperar Gioan Bernardo, o pintor. Até.
MANFÚRIO: Passar bem, com os faustos voláteis[114]. Ora, quem é esta que *calato in brachiis*[115] vem ao meu encontro? Uma *muliercula*, obviamente, pois procede, segundo etimologia, de *mollis Hercules*, sendo os opostos apostos: pessoa de sexo delicado, frágil e volúvel, ao contrário de Hércules[116]. Que achado! Pelo meu próprio engenho agora, agora! Vou movendo os meus passos para casa, pois quero anotá-lo *maioribus literis*[117] no meu volume de ideias geniais. *Nulla die sine linea*[118].

Cena 6

(*Lúcia, sozinha*)

LÚCIA: Ufa, estou cansada. Um pouco de sossego! Pra depois não passar a noite toda sem pregar o olho. Fiquei horas de pé, cheirando

107. Do lat. *Sed a principio videbatur tibi homo nequam.*
108. Expressão consolidada no uso por Cícero.
109. "Na vida, siga os homens bons, na escrita, siga os peritos."
110. Jean Despautères ou Van Pauteren (1460-1520), gramático belga, nascido em Ninove, no Brabante (donde o apelido de Ninivita), autor dos *Commentarii grammatici*. Manfúrio junta os nomes de dois gramáticos napolitanos, Luigi Antonio Sompano (dito Sidecino) e Sergio Sarmento Solano, que assinaram em comum algumas obras.
111. Lucio Giovanni Scoppa, outro gramático napolitano, falecido em 1549.
112. "Conforme vontade dos herdeiros".
113. Do lat. *Dicas igitur: "non aequum", prima dictionis litera diphtongata, ad differentiam quadrupede substantia animata sensitiva, quae diphtongum non admittit in principio.*
114. Manfúrio traduz ao pé da letra a expressão latina *Ite bonis avibus*, com efeito cômico.
115. "Trazendo um recipiente". Em lat., *calatho in brachiis* soa como "com as calças arriadas".
116. Do lat. *quod est per ethimologiam "mollis Hercules", opposita iuxta se posita.*
117. "Em letras grandes".
118. "Nenhum dia sem uma linha" é ditado que Plínio atribui ao mítico Apelles.

fumaça de assado e sebo de panelas[119]; e eu lá de regime, no meio da comilança, igual um rim na banha. Ah! Deixe pra lá, Lúcia. Já que não tem ninguém por perto... Não vejo a hora de dar uma espiada nos presentes que o seu Bonifácio me mandou entregar pra dona Vitória. Aqui temos caramelos, torrões de açúcar, docinhos de mel, tem geleia também; e mais o que aqui no fundo? Uma carta! Uma carta de amor! Essa não! E mais: em versos! Olha só! Virou poeta! Vamos ler.

"Gentil senhora, feriste o meu coração
e me imprimiste na alma uma grande aflição
tanto que mudou até minha coloração.
É tanta a devoção que te dedico
Quanta amante nenhum que seja são
Já devotou à sua mulher
Que eu faria disparates de doidão
Mas achei melhor ser autor
desta que chega à sua mão.
Sua esplendorosa beleza me deu inspiração:
Saiba por esta, ó musa, que se não
socorrer Bonifácio agora, depois será em vão.
Pois já esqueci mãe, pai, irmã e irmão,
E dormir e beber já não tem sabor,
Sem pensar n'outra coisa, a nada dou valor."

Ah, belo final mesmo! Eu não entendo de versos, mas se me dão licença, esses são longos demais e parecem um sino tocando ou um burro arfando, com todos esses "ão... ão... ão". Bom, primeiro vou sair daqui, buscar um canto tranquilo e separar meu dízimo[120]. Afinal, se ele ficou doido, o que eu ganho com essa doideira toda?

Cena 7

(*Bonifácio, sozinho*)

BONIFÁCIO: Potência do amor! Ó musas, de onde me vem tanta inspiração? Sem mestre que me ensine a arte, estou poetando em versos e todos rimados, tudo direitinho... Onde já se viu uma joia dessas? Em toda a obra de Petrarca não se encontra nada igual.

---

119. Lúcia cheirou aroma de *pignata*, um prato típico napolitano (assado de lanho de porco com caldo de couve) cozido em uma panela do mesmo nome.
120. O dízimo (10%) é percentual adequado para pagar qualquer serviço.

Nem de Ariosto. É a magia do amor. Ui, ui, cruel, doce inimiga, quem sabe a estas horas já deve até ter lido! Não tivesse você a couraça mais selvagem que um javali, se deixaria penetrar pelo acume do meu poema! E não farias tão pouco caso de mim, o teu Bonifácio! Ah, eis que chega Gioan Bernardo.

Cena 8

(*Gioan Bernardo, Bonifácio*)

GIOAN BERNARDO: Bom dia, senhor Bonifácio. Já fez sua obra de caridade hoje?

BONIFÁCIO: Pode crer! Hoje fiz uma obra que nunca fiz igual em toda minha vida!

G. BERNARDO: Pensamento profundo. Será possível que a obra que alguém fez hoje poderá essa mesma pessoa ou outra fazê-la igual noutro dia? É possível fazer duas vezes a mesma coisa numa vida? O que se fez ontem está feito e nunca mais se fará da mesma forma, assim como eu nunca dantes fiz o retrato que hoje faço, nem jamais o farei novamente, pois é bem possível que amanhã eu pinte outro retrato.

BONIFÁCIO: Xiiii. Deixe pra lá. Falando em retrato: você chegou a ver o que fizeram de mim?

G. BERNARDO: Já.

BONIFÁCIO: O que achou?

G. BERNARDO: Nada mal. Parece muito mais com você do que comigo.

BONIFÁCIO: Eu não gostei. Quero que você me faça outro retrato.

G. BERNARDO: Lembrança para uma das suas senhoras?

BONIFÁCIO: Não se meta! Tenho outras coisas em mente.

G. BERNARDO: Bom sinal, quando há alguma coisa andando pela cabeça. Cuidado para que a cabeça não vá atrás das coisas, pois se ficar grudada numa delas, o cérebro à noite irá esperá-la à toa para o jantar e terá que ir buscá-la com a lanterna na mão, como boa mãe. Sossegue: vou fazer o retrato que pediu, sim.

BONIFÁCIO: Mas, por favor, quero que me faça bonito.

G. BERNARDO: Não peça o que não pode ser servido. Se quiser que eu lhe faça o retrato, é uma história. Agora, se quiser que eu o faça bonito, é outra...

BONIFÁCIO: Ora, não brinque e faça um trabalho bem feito. Vou lá pra sua casa posar.

G. BERNARDO: Pode ir, quando quiser. Saiba que da minha parte só vem coisa boa: conheço a minha arte. E se cuide, ainda mais agora...
BONIFÁCIO: Agora o quê?
G. BERNARDO: Agora que resolveu largar a arte antiga...
BONIFÁCIO: Como assim?
G. BERNARDO: ...e de castiçal quer se tornar vela...
Bonifacio: O quê?
G. BERNARDO: Quero dizer, agora que o senhor inventou de ser ourives e enfiar o dedo num belo anel de mulher[121].
BONIFÁCIO: O quê? Que castiçal? Que dedo? Que vela? Que anel?
G. BERNARDO: Deixe pra lá. Me recomende a dona Querubina.
BONIFÁCIO: Que Deus lhe dê tudo o que deseja.
G. BERNARDO: E ao senhor tudo o que lhe falta.

Cena 9

(*Bonifácio, sozinho*)

BONIFÁCIO: O que quer dizer que de castiçal me tornei vela? Até parece que todo mundo, de um lado a outro, está querendo zombar de mim... Se bem que ser ourives não é nada mal. Pior é ter que meter as mãos na urina, onde se deixam repousar os materiais – ouro, prata, pedras preciosas. Mas fora isso... Bom, outro dia vou pensar melhor. Cadê aquele safadinho do Ascânio... Ah, eis que vem com o mago Scaramuré!

Cena 10

(*Scaramuré, Bonifácio, Ascânio*)

SCARAMURÉ: Sr. Bonifácio, tenha um bom dia.
BONIFÁCIO: Seja bem-vindo, Scaramuré! O senhor é a última esperança de minha vida amorosa.
SCARAMURÉ: Parece mesmo: está fora de si[122].

---

121. Alude ao fato de que Bonifácio de homossexual passivo (castiçal, que recebe a vela) quer tornar-se heterossexual ou ativo (vela). No original, a metáfora para o amor natural é "ourives", pois este enfia o dedo no anel.
122. Do lat. *signum affecti animii*, lit. "sinal de alma perturbada."

BONIFÁCIO: Se o senhor não encontrar logo um remédio para o meu mal, serei um homem morto.
SCARAMURÉ: Minha intuição sugere que o senhor está apaixonado.
BONIFÁCIO: Exatamente! Não preciso lhe dizer mais nada.
SCARAMURÉ: Deduzi pelo exame de sua fisionomia, pelo cômputo das letras do seu nome, dos seus pais e avós, pelo seu nascimento, que foi regido por Vênus retrógrado em signo masculino, aos 27 graus de Gêmeos[123], o que significa mudanças profundas na casa dos 46 anos. Quantos anos o senhor tem?
BONIFÁCIO: Uns 45, ao que me disseram: por mim, não lembro a data.
SCARAMURÉ: Computar exatamente o mês, o dia e as horas é tarefa minha. Vou ter que medir com o compasso a largura da unha do seu polegar, dividir pelo comprimento da línea da vida, e somar com a distância entre a ponta do anular e o campo de Marte, no centro da mão. Por enquanto, me basta um cálculo aproximado *in communi*. Diga-me, quando viu a sua amada pela primeira vez, de que lado ela estava? À direita ou à esquerda?
BONIFÁCIO: À esquerda.
SCARAMURÉ: Não é nada bom[124]. E o Sol estava a oriente ou a ocidente? Ou no meio?
BONIFÁCIO: Lá pelo meio-dia.
SCARAMURÉ: Sim, sim... Uma vez relevadas as energias...[125] Por enquanto é suficiente. Vou tratar seu problema com magia natural, deixando as artes ocultas para casos mais difíceis.
BONIFÁCIO: Contanto que eu chegue lá, faça como quiser.
SCARAMURÉ: Deixe por minha conta. Foi caso de encantamento?
BONIFÁCIO: Como assim, encantamento?
SCARAMURÉ: Isto é – à primeira vista?
BONIFÁCIO: Sim, sim: quando a vi, fiquei encantado.
SCARAMURÉ: Se faz encantamento pela virtude de um espírito polido e sutil que, gerado pelo calor do coração destilando sangue puríssimo, irradia-se dos olhos abertos pela força da imaginação até atingir o alvo, ferir a alma e invadir o corpo alheio com afeição amorosa ou ódio ou inveja ou melancolia ou qualquer outra qualidade passiva. Há encantamento quando se dá intensa troca de

---

123. Do lat. *Venus retrograda in signo masculino, et hoc fortasse in Geminibus vigesimo seprimo gradu*. Scaramuré fala uma linguagem astrológica repleta de erros, principalmente quando usa o idioma latim (*geminibus* em lugar de *geminis*).
124. Do lat. *Arduo opere nanciscenda*.
125. Do lat. *oportet advocare spetentrionales*, lit. "teremos que invocar os espíritos do norte."

olhares, imediatos e até simultâneos, olho no olho, de modo a atar um raio visual no outro e acoplar luz com luz. Os dois espíritos então se fundem: o lume superior, rebatendo no inferior, brota cintilando pelos olhos enquanto mergulha até a raiz do coração e assim atiça o fogo do incêndio amoroso. Sabendo disso, quem não quiser ser encantado deve vigiar seus olhos, janelas da alma quando se trata de amor: portanto, para o futuro vale o toque *averte, averte oculos tuos*[126]. Para o caso presente, teremos que acertar com calma entre nós, para pôr providência.

BONIFÁCIO: Mestre Scaramuré! Se o senhor me colocar lá onde quero, verá que não gastou sua ciência com um ingrato.

SCARAMURÉ: Senhor Bonifácio, quanto mais eu for grato ao senhor, mais o senhor será grato a mim.

BONIFÁCIO: Tudo que precisar. Estou em suas mãos. O senhor é minha última esperança.

ASCÂNIO: Então, fechou.

BONIFÁCIO: Xiii! Lá vem um sujeito que mais chato impossível. Não quero papo com ele. Até logo, mestre. Apareço por lá mais tarde.

SCARAMURÉ: Então, até mais tarde. Vou aguardar. Adeus.

Cena 11

(*Cencio, G. Bernardo*)

CENCIO: O que eu estava dizendo? Ah, sim: que, pela doutrina de Geber[127] e de Hermes Trismegisto[128], Mercúrio é a essência de todos os metais; mas, sendo mais preciso, a Saturno corresponde o chumbo, a Júpiter o estanho, a Marte o ferro, a Vênus o bronze, ao Sol o ouro e à Lua a prata. O mercúrio se atribui particularmente a Mercúrio, pois se encontra em todas as outras ligas: por isso é descrito como núncio dos deuses, macho com os machos e fêmea com as fêmeas. Esses metais, segundo Trismegisto, foram gerados pelo céu e pela terra, como pai e mãe. Como a mãe emprenha ora nas montanhas, ora nos vales, ora nos campos, ora no mar, ora nos abismos e

---

126. "Afasta de mim teus olhos." Citação do *Cântico dos Cânticos* 6, 5.
127. Ou Giaber ou Gebber, do arábico Abu Mussah Djafar al-Sofi, fundador da alquimia árabe do século VII e autor de obras de magia, entre as quais 42 dedicadas às ciências ocultas.
128. Mítica personagem egípcia, dito Trismegisto por ter sido rei, sacerdote e sábio, ao qual na Idade Média se atribuíram obras de magia e de ciências ocultas.

cavernas, é um mistério que outrora expliquei. O admirável cientista Avicena[129], na carta para Aziz[130], afirma que no seio da mãe-terra repousa a essência de todos os metais, misturada com enxofre. Eu prefiro esta àquela do Trismegisto, que afirma ser a matéria um composto de todos os elementos e com Alberto Magno[131] acho ridícula a afirmação, atribuída pelos alquimistas a Demócrito[132], de que cal e lixívia[133] (que chamam de água-forte) sejam essência de todos os metais. Mais absurda ainda é a opinião de Gilgile[134], no livro chamado *De' secreti*, onde pretende que tal essência seja um chá de cinzas, pelo fato de as cinzas *liquatur in vitro e congelatur frigido*[135]. Mas ao erro põe remédio o incomparável Alberto...

G. BERNARDO: Estas lucubrações infernais não me dizem nada. Mas me dão uma vontade danada de ver ouro saindo das suas mãos e você mais bem vestido do que está. Vem cá, se você soubesse fabricar ouro, não ficaria na rua vendendo a receita, mas a usaria para ficar rico; ao invés de fazer ouro para os outros, para provar que consegue, o faria para você mesmo, sem precisar vender o segredo.

CENCIO: Pronto, interrompeu: perdi o fio. Acha que tem razão? Pela cautela que usou comigo, seu Bartolomeu parece bem mais razoável do que você. Acha errado. Todo mundo sabe que fui assaltado e quase assassinado na floresta de Cancello, vindo de Airola para cá.

G. BERNARDO: Só você viu.

CENCIO: Aí, não tendo mais recursos para comprar os minerais e os ácidos para fazer o ouro, como sempre fiz, precisei vender a fórmula.

G. BERNARDO: Era melhor buscar patrocínio e prometer ouro de sobra pra ele e pra você. Qualquer um, não só Bartolomeu, lhe financiaria e, ao invés de tirar ouro do bolso dos outros, você o tiraria honradamente do seu forno.

CENCIO: Ora, me deu vontade de vender e vendi! Já que vou morrer, o que me importa que todo mundo saiba fazer ouro? Que o mundo esteja cheio de ouro?

---

129. Nome latinizado de Ibn Sina (980-1037), médico e filósofo árabe cuja autoridade perdurou por toda a Idade Média.

130. Abu Ali al-Hassamben (965-1038), conhecido como Azez ou Hazem, matemático árabe.

131. Grande filósofo e cientista, frade dominicano e mestre de Tomás de Aquino, nascido no final do século XII e falecido em Colônia, em 1280.

132. Filósofo grego, vivido entre o V e o IV século antes de Cristo.

133. Na verdade, a água-forte, nome vulgar para o ácido nítrico, não tem nada a ver com cal e lixívia (barrela), nem com os metais em geral.

134. Alquimista citado por Alberto Magno em seu *Liber animalium*.

135. "Derreter no vidro e congelar no frio".

G. BERNARDO: Neste caso, a prata e o estanho terão mais valor do que o ouro.

CENCIO: Quanto ao tal de patrocínio, saiba que, na mesma hora em que pagou, o senhor Bartolomeu recebeu de mim a fórmula completa, com todas as indicações exatas para fazê-la funcionar. Ele mesmo mandou um criado dele ao herborista, para comprar o necessário, e presenciou o processo todo. Aliás, foi ele quem fez a experiência enquanto eu somente recomendava: "Faça assim, não faça assado, agora ponha mais deste daqui, agora tire aquilo." Até que finalmente, para a sua felicidade, achou no fundo do alambique o ouro puríssimo, destilado *luto sapientiae*.

G. BERNARDO: Que é a lama das bocetas suadas pela viagem até Piedigrotta[136].

CENCIO: Que seja; com esta garantia, o meu patrocinador me deu seiscentas moedas pela fórmula, como combinado.

G. BERNARDO: Só falta uma coisa para fechar o negócio.

CENCIO: Alguma sugestão?

G. BERNARDO: Com seiscentas moedas a menos, ele está agora na miséria em que você estava, enquanto você, com seiscentas moedas a mais, está no conforto que era dele: então, já que trocaram a sorte, troquem as roupas também, e os bonés. Pois agora não faz sentido ele andar com aquela capa e você nestes trapos.

CENCIO: Gostei da brincadeira.

G. BERNARDO: Se eu encontrá-los juntos, vou dizer: "Eis a sua capa, Cencio; e aquela não é a sua, Bartolomeu?" Fala sério, malandro: o que você armou para o cara? Não fez como aquele tal de Gigio com o Perrotino?[137]

CENCIO: Vamos ver; o que ele fez?

G. BERNARDO: Não sabes? Vou lhe contar. O cara escondeu ouro num toco de madeira oco. Depois, preste atenção: ele chamuscou o toco por fora, guardou-o dentro da roupa e sem dar bandeira deixou-o cair entre outros pedaços de lenha que já estavam no fogão do Perrotino. Daí a um minuto o toco, queimando, começou a derramar ouro por toda parte...

CENCIO: Impressionante! Como pode um ser humano imaginar uma trapaça dessas? Ah, mas eu não seria capaz! Se bem que o senhor Bartolomeu suspeitou de mim... alguém deve ter contado a ele

---

136. Vilarejo perto de Nápoles (hoje urbanizado) com um santuário dedicado à Virgem Maria, alvo de romarias na noite entre o dia 7 e 8 de setembro.

137. De Perrotino, ou seja, pequeno de estatura, era alcunhado Pietro Pomponazzi, o filósofo aristotélico da primeira metade do século XVI.

essa história. Repare que ele não quis que eu tocasse em nada, e que me mantivesse a três metros de distância do forno onde experimentamos a fórmula, da primeira vez, explicando em voz alta tudo o que ele devia fazer. E depois, nas outras vezes, ele fez tudo sozinho, orientando-se somente pela fórmula. De modo que, agora que abonou o experimento com o mínimo de material e de despesa, resolveu cair de cabeça no negócio. Pode apostar que, se semeou tanto assim, muito mais vai colher.

G. BERNARDO: Aumentou a dose?

CENCIO: Só nessa primeira fornada, tirará quinhentas moedas de ouro de cinquenta centavos que investiu.

G. BERNARDO: Até dá para acreditar nos cinquenta centavos, mas nas quinhentas moedas! Esta sim que é uma profecia digna de Caifás![138] É só esperar o parto para ver se é macho. Até lá!

CENCIO: Adeus. Você não bota fé nem no papa.

Cena 12

(*Cencio, sozinho*)

CENCIO: Que bom que Bartolomeu não tem a cabeça dura deste! Gente! Se todos nesta cidade forem tão desconfiados, nem adianta eu lançar minha rede por aqui! Ora, o meu passarinho caiu direitinho; eu certamente não sou de deixá-lo escapar. E não me terei por dono dessas moedas enquanto não tiver dado o fora do Reino de Nápoles. Já mandei preparar o cavalo; não vou nem buscar a bagagem. Quando o dono da hospedaria abrir minhas malas vai encontrar pedras. Pode fechar a conta com elas! Tudo que tem valor está fora da mala. Nem vou esperar que Bartolomeu mande buscar mais *pulvis Christi*[139]. Lá vem a mulher dele: não pode me ver assim, de mala e cuia.

Cena 13

(*Marta, sozinha*)

MARTA: Que o diabo o leve! Deve saber atiçar o fogo e fritar almas danadas melhor do que Satanás, Belzebu e todos os que derretem

---

138. Alusão à profecia de Caifás, em *João* 11, 51-52.
139. O pó alquímico que deveria converter os metais em ouro.

no inferno! A cara do meu marido! Parece que passou trinta anos fazendo carvão dentro de um vulcão[140]. Fica naquela maldita fumaça o dia inteiro que nem um peixe n'água! Depois me vem com aqueles olhos vermelhos, ardendo que parece Lúcifer em pessoa. Ora, eu saberia como fazê-lo descarregar a tensão: se ele quisesse o meu amor! Mas que nada! Desde que meteu na cabeça que tinha que encontrar a pedra filosofal, não come, não dorme, não quer saber da cama! Está mais ansioso que criança com roupa nova para vestir! Qualquer coisa o irrita. Não aguenta um minutinho de nada. O paraíso dele é a fornalha! Os santos dele são carvão e brasas. Os anjos dele, aqueles alambiques tortos, com o nariz de vidro e o cabo de ferro, que põe em volta do forno, grandes, médios, pequenos. E canta e dança e reza e mexe e fuça e grita, meu Deus, coisa de louco![141] Um minuto atrás, olhei pela fresta da porta e o vi sentado na cadeira, uma perna pra cá, outra pra lá, fitando as vigas do teto: balançou três vezes a cabeça e depois disse "lá surgirão estrelas de ouro maciço". E resmungava outras coisas, com o olhar vidrado. Quase que me encanta! Será que vão mesmo chover moedas da chaminé? Opa, chegou Sanguino.

Cena 14

(*Marta, entra Sanguino*)

SANGUINO (*cantando*): Quem quer limpador de chaminés? Quem quer polir bacias, castiçais, conchas e caldeiras?
MARTA: Que novidade é essa, Sanguino? Está ficando louco? Cantando no meio da rua? Qual das duas é a sua arte?
SANGUINO: A senhora é que sabe, dona Marta.
MARTA: Eu não.
SANGUINO: Como não? Sou discípulo do seu marido; ele não limpa chaminés? Não conserta panelas, não remenda frigideiras? Veja: o ofício se conhece pelas mãos... Se não, que diabo de arte é a

---

140. Do it. *Alla montagna di Scarvaita, che sta da lá del monte Cicala* (Na montanha de Scarvaita, além do monte Cicala): o vilarejo natal de Bruno, perto de Nola, olhando ao leste o panorama do Vesúvio.
141. Do it. *che mi fa sovvenire dell'asino* (Me lembra o burro), ref. ao aforismo de Erasmo (*Adagi*): *asynum as lyram, ad tibiam*.

que ele faz? Ou é a senhora que o mantém defumado lá dentro como uma salsicha ou um pedaço de carne seca?[142]
MARTA: Coitada de mim. Qualquer vagabundo debocha de mim por causa do meu marido. Sei lá, Sanguino. Vá perguntar a ele.
SANGUINO: Nem Jesus Cristo teria coragem de encostar! Toda a doença deu pra sarar, fora a demência.
MARTA: Então caia fora! Eu é que não quero encostar em um malandro da sua espécie. Sai, sai, sai!
SANGUINO: Vá, vá chupar a sua salsicha defumada[143].

FIM DO PRIMEIRO ATO

Ato II

Cena 1

(*Otaviano, Manfúrio, Pollula*)

OTAVIANO: Qual é o nome do ilustríssimo professor?
MANFÚRIO: Manfurius, *magister artium*.
OTAVIANO: E qual é mesmo a profissão do senhor?
MANFÚRIO: Já disse, mestre nas artes maiores e educador de menores, aqueles menores fofos, sem mancha nas bochechas, *puberum, adolescentulorum*, aqueles que ainda são brotinhos que a verga dobra e dirige como deseja, que ainda têm a voz de anjinhos, aptos aos tons agudos, dentinhos de leite, gordinhos e gostosos, novinhos nas naturais tendências, sem uma ruga na carne, que cheiram a leite, de lábios rosados, de língua macia, doces e ingênuos como flores, não amargos como sêmen, meigos no olhar como meninas...[144]
OTAVIANO: Já sei! O senhor é o mestre Manfúrio, mesmo? O gentil, eloquentíssimo, arquigalante mordomo-mor e *sommelier* das musas...
MANFÚRIO: Oh, belos emblemas!
OTAVIANO: ...patriarca do coro apolinesco...

---

142. Do it. *mesesca di botracone in Puglia* (carne seca de carneiro da Apúlia).
143. Do it. *Guardati di porgergli la lingua che la minestra ti saprà di fumo* (Cuidado ao encostar a língua, pois a sopa terá gosto de fumaça).
144. Do lat. *Eorum qui adhuc in virga in omnem valent erigi, flecti, atque duci partem, primae vocis, apti al soprano, irrisorum denticulorum, succiplenularum carnium, recentis naturae, nullius rugae, lactei halitus, roseorum labellulorum, linguae blandulae, mellitae simplicitatis, in flore, non in semine degentium, claros habentium ocellos, puellis adiaphoron.*

MANFÚRIO: Melhor "apolíneo".
OTAVIANO: Pela tromba do dito Apolo, deixe que eu beije a sua bochecha, pois não sou digno de beijar a sua boca...
MANFÚRIO: Nem Júpiter tem tanto mel na boca quanto eu[145].
OTAVIANO: ...pois digo, nunca vi uma boca cuspir tão desvairadas sentenças e palavras meladas...
MANFÚRIO: Vou dizer mais: naquela idade que é o limiar da existência, no início da vida, quando se adquirem os rudimentos da arquitetura cósmica, no vestíbulo digamos, na primavera, como alguém que quisesse casar sem ainda ter coroa...[146]
OTAVIANO: Ai, mestre da Fonte Cabalina[147], assim você me mata de doçura. Pare! Pare! Não diga mais nada se não quiser me fazer delirar.
MANFÚRIO: *Silebo igitur*, vou me calar, pois sei que a excelência oprime[148]. Não foi esse o fim daquela miseranda cujo fio da vida as parcas cortaram porque, diz Ovídio[149], ela assistira ao triunfo de Júpiter resplandecente?
OTAVIANO: Ai, que delícia, que dilúvio de eloquência.
MANFÚRIO: Você me obriga[150].
OTAVIANO: Piedade! Pare! Você lança setas que puxam minh'alma de mim.
MANFÚRIO: Ele não aguenta me admirar tanto. *Tacebo igitur*, não vou insistir: mudo como um peixe, às palavras que pronunciei nada somarei: *tantum effatus, vox faucibus haesit*[151].
OTAVIANO: Mestre Manfúrio, o senhor é um tumultuoso rio de retórica que desemboca num sereníssimo mar de doutrina.
MANFÚRIO: *Tranquillitas maris, serenitas aeris*[152].
OTAVIANO: Será que o senhor não tem aí um poema dos seus para eu copiar?

---

145. Citação do Petrarca, *Canzoniere* 193, 2 (soneto "Pasco la mente").
146. Do lat.: *Addam et plura: in ipso aetatis limine, ipsis in vitae primordiis, in ipsis negociorum huius mundialis seu cosmicae architecturae rudimentis, ex ipso vestibulo, in ipso aetatis vere, ut qui adnupturiant, ne in apiis quidem...*
147. A fonte de Hipocrene, também chamada de fonte do Parnaso ou fonte cabalina, inspiradora dos poetas.
148. Do lat. *Silebo igitur, quia opprimitur a gloria maiestatis.*
149. Sêmele, por ter visto Júpiter em sua majestade, se incinerou (Ovídio, *Metamorfoses*, III, 288).
150. Do lat. *Cogor morem gerere.*
151. Do lat. *In ecstasim profunda trahit ipsum admiratio. Tacebo igitur de iis hactenus, nil addam, muti pisces: tantum effatus, vox faucibus haesit.* A derradeira frase é citação de Virgílio, *Aeneides*, III, 48: "tendo dito isto, a voz morreu-lhe na garganta".
152. "O mar é manso, o ar é sereno."

MANFÚRIO: Pois bem, creio que nunca, *in toto vitae curriculo*, ocorreu-me de formar uma composição tão simétrica, bela e bem concebida como esta que neste instante tirei do bolso.

OTAVIANO: Qual a matéria?

MANFÚRIO: *Litterae, syllabae, dictio et oratio*: ora, palavras conexas ou distantes![153]

OTAVIANO: Perguntei do tema: o assunto!

MANFÚRIO: Sei, você queria dizer "acerca de qual matéria", *de quo agitur? Materia de qua? Circa quam?* Pois bem, é a respeito da gulodice, voracidade e sofreguidão de Sanguino, aquele glutão – vivente efígie de Filóxeno que queria ter o pescoço do grou[154] –, e de seus pares, parecidos, sócios e compadres.

OTAVIANO: Peço, deixe-me ouvi-lo.

MANFÚRIO: Com muito prazer. Aos cultos não convém ocultar a cultura[155]. Pois veja como descerro o papiro que eu mesmo redigi com as minhas mãos[156]. Espero repare que já Ovídio de Sulmo (Sulmona é minha pátria)[157], no livro oitavo das *Metamorfoses*, ilustrou com admiráveis epítetos o javali caledônio[158], imitando o qual eu esbocei, este porco dos nossos.

OTAVIANO: Vá, vá, declama logo!

MANFÚRIO: *Fiat*. Quem dá na hora, dá o dobro[159]. *Exordium ab admirantis affectu*, ou seja, um bom começo depende do interesse da plateia.

"Besta irracional, vil otário
Flatulento ser que se empanturra
Goela quadruplicada que empurra
pra dentro muito mais que o necessário,
Gerador de fezes de tal monta
Que não dá conta o canal emissário.
Vasa a banha da gamela locupleta

---

153. Manfúrio, com postura pedantesca, entende ao pé da letra a pergunta de Otaviano e lista-lhe as partes materiais que constam nos versos, e não o seu argumento.

154. Do lat. *qui collum gruis exoptabat*. Poeta grego do IV século antes de Cristo, ao celebrar em versos os prazeres da mesa, Filóxeno escreveu desejar o pescoço do grou para poder apreciar melhor o sabor dos pratos.

155. Do lat.: *Lubentissime. Eruditis non sunt operienda arcana*.

156. Do lat.: *papirum propriis elaboratum et lineatum digitis*.

157. Do lat.: "*Sulmo mihi patria est*" (Ovídio, *Trist*. IV, 10, 3).

158. O mítico monstro que Artemis mandou devastar o território de Caledone, na atual Alta Escócia (Highlands), e que foi morto por Meleagro junto com outros heróis e semideuses.

159. Do lat.: *Qui cito dat, bis dat*. O ditado é de Erasmo.

que o sórdido pastor te apronta!
Engorda na pocilga, nada mais conta,
vá deitar na cama de esterco repleta
ô miserável, que não sabe o que faz!
Post haec:
Seu doente incurável, morador da lama, boca voraz,
gula gulosa, urubu rapace[160],
terra faminta, vulva capaz,
seu ventre um poço infindável[161],
seu beiço pêndulo, fétido nariz,
inimigo no céu, especulador no chão
alma de sal, pra não cair seu corpo em podridão."[162]
Que tal? A métrica, o tema, o desenvolvimento, tudo!

OTAVIANO: Bem se vê que o senhor é mestre no ofício!

MANFÚRIO: *Sine conditione et absolute*[163]. Versos que são dignos frutos da melhor planta que jamais brotou no monte Heliconas[164], que a fonte do Parnaso regou, o louríssimo Febo[165] aqueceu e as puríssimas musas cultivaram. Então? Não admira o encômio quanto admirou o poema?

OTAVIANO: Oh! Belo, penetrante e profundo! Mas, diga-me, demorou muito pra fazer os versos?

MANFÚRIO: *Infimus*[166].

OTAVIANO: O senhor vai dizer que não suou a camisa para compô-los?

MANFÚRIO: *Minime*[167].

OTAVIANO: E que não gastou tempo e dinheiro neles?

MANFÚRIO: *Nequaquam*[168].

OTAVIANO: Mas fez e refez mil vezes as rimas!

MANFÚRIO: *Haudquaquam*[169].

OTAVIANO: Nem reviu a versão final!

---

160. Lit. "urubu de Tício". O gigante Tício, na mitologia grega, foi morto por Artemis e Apolo porque tentou violar Latona: crucificado no chão, um urubu lhe devora o coração que sempre torna a crescer.
161. Lit. "ventre que parece o poço das Plêiades". As Plêiades, filhas de Atlante, derramaram-se em lágrimas após a morte das irmãs Iades.
162. Ref. ao filósofo grego Crisippo (citado por Cícero), segundo o qual a alma, no estulto, não passa de sal para conservar o corpo.
163. "Sem condições, absolutamente sim."
164. O monte onde moram as musas.
165. Febo Apolo, deus loiro, simbolizava o Sol.
166. "Pouquíssimo."
167. "Nada."
168. "Nem um pouco."
169. "Claro que não."

MANFÚRIO: *Non opus erat*[170].
OTAVIANO: E não surrupiou nem um versinho de outro poeta?
MANFÚRIO: *Neutiquam, minime.* Deus nos livre da inveja![171] Você quer saber demais... creia que não pouca água eu bebi da tal fonte nem de pouco licor me brindou a filha cerebral de Júpiter[172] que, se você não sabe, é a casta Minerva armada de sapiência. E creia ao par que eu resolveria com a mesma felicidade qualquer outro desafio: que seja listar de cor o catálogo das partículas afirmativas e negativas[173]. Quer ver? *Sic, ita, etiam, sane, profecto, palam, verum, certe, proculdubio, maxime, cui dubium? Utique, quidni? Mehercle! Aedepol, mediusfius, et caetera.*
OTAVIANO: Como *et caetera*! Peço-lhe, mestre, outra negação pra fechar.
MANFÚRIO: Tamanho cacófato[174] você jamais terá de mim! Elocução infame, pois uma vez concluído o catálogo, nada se ajunta[175].
OTAVIANO: Mestre, qual mais gosta das afirmativas?
MANFÚRIO: *Utique* me agrada: com ela em mente, preservo a elegância das línguas mortas[176].
OTAVIANO: E das negativas?
MANFÚRIO: Gosto de *nequaquam*, me deixa bem satisfeito.
OTAVIANO: Agora sua vez.
MANFÚRIO: Diga, senhor Otaviano, gostou mesmo dos meus versos?
OTAVIANO: *Nequaquam.*
MANFÚRIO: Como *nequaquam*! Não são excelentes?
OTAVIANO: *Nequaquam.*
MANFÚRIO: Duas negações afirmam[177]: quer dizer que gostou muito.
OTAVIANO: *Nequaquam.*
MANFÚRIO: Está brincando comigo?
OTAVIANO: *Nequaquam.*
MANFÚRIO: é sério?

---

170. "Não precisava."

171. Do lat. *Neutiquam, absit verbo invidia, Dii avertant, ne faxint ista Super.* (Absolutamente não! Sem ofender ninguém, Deus me livre de uma coisa dessas, as entidades não deixem acontecer.)

172. Do lat. *de cerebro nata Iovis.* Minerva nasceu armada do cérebro de Júpiter.

173. Do lat. *ad explicandas notas afirmantibus vel asserentibus.* Segue catálogo das partículas adverbiais que Manfúrio usa com frequência.

174. Lit. *cacocephaton*, dicção corrupta de *cacophaton* ou *cacephaton*, voz grega que indica uma "elocução infame".

175. Do lat. *factae enumerationis clausulae non est adponenda unitas.*

176. Do lat. *lingua aethrusca vel tuscia meaeque inhaerent menti* (língua etrusca que guardo em mente). Esta língua, usada pela civilização etrusca que ocupava a região da Toscana, na Itália, antes dos romanos, se perdeu.

177. Em lat., duas negações afirmam.

OTAVIANO: *Utique*.
MANFÚRIO: É assim que o senhor preza o meu Marte e minha Minerva? Tenha respeito!
OTAVIANO: *Utique*.
MANFÚRIO: Infâmia! Em princípio minha opulência locutória assombrou-o e agora, *ipso lectionis progresso*[178], trocou sua admiração por inveja.
OTAVIANO: *Nequaquam*! Que inveja e inveja. Não foi o senhor que disse que gosta mais dessa?
MANFÚRIO: Está zombando de mim.
OTAVIANO: *Nequaquam*.
MANFÚRIO: Sem brincadeira[179]: será que são impolidos e feios os meus versos?
OTAVIANO: *Utique*.
MANFÚRIO: Acha mesmo?
OTAVIANO: *Utique, sane, certe, equidem, utique, utique*.
MANFÚRIO: Não falo mais com o senhor.
OTAVIANO: O senhor não aguenta ouvir palavras que diz gostar, imagine se eu dissesse algo de que não gosta! Adeus.

Cena 2

(*Manfúrio, Pollula*)
MANFÚRIO: Vade, vade. Meu Deus, Pollula, que raça de homem é aquele?
POLLULA: O cara, no início, sacaneou você de um jeito; no final, de outro jeito.
MANFÚRIO: Creio ser por causa da inveja que os ignorantes têm de nós, eruditos (sempre que os outros também pertencem à nossa espécie)[180]. O que acha?
POLLULA: Também acho, sendo que você é meu professor. Quero agradar.
MANFÚRIO. Está bem, deixe[181]. Já despacharei as musas contra este tal de Otaviano: *posthac* verá, como já teve de ouvir de mim os epítetos suínos, verá de que maneira trato os ineptos juízes da doutrina alheia. Pollula, eis a epístola amatória que acabei de compor para o senhor Bonifácio... quer dizer, para gratificar e

---

178. "Adiantada a este ponto a lição".
179. Do lat. *Dicas igitur sine simulazione et fuco*.
180. Do lat. *melius diceretur "alii", differentia faciente "aliud"*. Lit. "melhor dizer outros, indicando uma diferença qualitativa entre seres da mesma espécie".
181. Do lat. *De iis hactenus, missa faciamus haec*.

incentivar a senhora amada por Bonifácio. Vá entregá-la em mãos, em segredo, e diga-lhe que estou muito ocupado com meu outro jogo literário. Ai, ai, o que vejo são duas fêmeas apropriando-se, *de quibus illud: "Longe fac a me."*[182]
POLLULA: Tchau e bênção, senhor professor.
MANFÚRIO: Até logo e nada desse "tchau"[183].

Cena 3

(*Vitória, Lúcia*)
VITÓRIA: A tolice dele me enternece, sua breguice me faz crer que não perderei nada em tê-lo como amante. Já que se chama Bonifácio, certamente não me fará mal algum.
LÚCIA: Dona, aquele ali não é dos loucos varridos de cérebros secos; ao contrário, tem cérebro mole e encharcado. Precisa espremer dele o humor mais suculento e doce, não este humor injuriado, assanhado e esquisito.
VITÓRIA: Agora vá agradecer de minha parte. Diga que fiquei extasiada com seus versos e que você me viu apertar a carta contra o peito não sei quantas vezes no pouco tempo que ficou comigo, coisas assim, todas as baboseiras que precisar para ele acreditar que estou apaixonada por ele.
LÚCIA: Deixe comigo, dona[184]. Ai, se eu pudesse manejar reis e imperadores como manipulo aquele lá... Passar bem.
VITÓRIA: Então vá e tome cuidado, Lúcia.

Cena 4

(*Vitória, sozinha*)
VITÓRIA: Não é à toa que pinta-se Amor como um jovem: primeiro, ele não convém aos velhos e, segundo, ele torna o mais grave dos homens leve e sentimental como uma criança. Mas nem por um

---

182. Lat.: "das quais digo: longe de mim!". Citação de trecho da *Bíblia* que faz referência às meretrizes (*Provérbios* 5, 8).
183. Do lat. *Fastum iter dicitur: vale*. Lit. "Deseja-se bom prosseguimento com *vale*" (e não com *salve*, como Pollula faz).
184. Do it. *Lascia la cura a me, disse Gradasso*, citado de Ludovico Ariosto, *Orlando Furioso* XXVII, 66.

nem por outro caminho é que Amor entrou neste meu velho. Não se diria que lhe convenha, pois na verdade parece inábil para torneios daquela espécie. Tampouco se diria que vai tirar-lhe o intelecto, pois ninguém é roubado daquilo que não tem. Problema dele. Preciso pensar em mim. Não há, entre as virgens, as bobas e as espertas?[185] Assim, entre nós, que gozamos dos melhores frutos que este mundo dá, bobas são aquelas que amam somente o prazer passageiro, sem pensar na velhice que avança sorrateira, sem ninguém perceber, até que de repente fica-se sem amantes. Aquela vai enrugando o rosto, estes vão fechando o bolso: a velhice estraga o humor por dentro, as graças por fora e bate à porta para entrar; enquanto os amantes a batem pra sair[186]. Por isso digo que preciso pensar em mim, enquanto ainda é tempo. Quem espera o tempo passar perde o tempo que não espera ninguém. Precisamos aproveitar dos desejos alheios enquanto somos tudo de que precisam. Capture a caça enquanto ela segue você, antes que fuja! Como é que vai agarrar o pássaro que voa se nem consegue cuidar daquele que tem na gaiola? Que [Bonifácio] tem pouco cérebro e mau aspecto, é verdade, mas tem a bolsa cheia. O cérebro é problema dele; com a aparência, não me importo; a bolsa, essa sim me interessa. Os espertos vivem às custas dos bobos e os bobos vivem para o bem dos espertos. Se todos fossem espertos, não haveria espertos; e se todos fossem bobos, não haveria bobos. Teria patrão se todo mundo fosse patrão? Não, né? Afinal, o mundo está bem como está. Portanto, minha Pórcia Vitória[187], de nada vale a sua beleza sem esperteza. Convém que fique sábia, antes de ficar velha. Nada teremos no inverno, além daquilo que colhemos no verão. Vocês vão ver: esse pássaro não me escapa. Ô, Sanguino.

Cena 5

(*Sanguino, Vitória*)

SANGUINO: Eis a dona dos mais gostosos pés e mais belos joelhos de toda região, minha Pórcia gostosa mais do que biscoito de açúcar com canela. Meu bem, se não estivéssemos na praça pública, eu

---

185. Alusão à parábola das virgens, em *Mateus* 25, 1-13.
186. Do it. *Quella percuote da vicino, e questi salutano da lontano* (Ela te aflige de perto, aqueles te cumprimentam de longe).
187. As cortesãs usavam segundos nomes "de batalha", fora o nome de batismo.

plantava um beijo nesses beiços que te virava do avesso. Quebraria até a corrente de São Leonardo por você...[188]
VITÓRIA: Ha-han. Novidades, Sanguino?
SANGUINO: O senhor Bonifácio manda lembranças. E eu, assim como um bom pai recomenda o seu rebento ao professor, recomendo que madame o trate como merece. *Id est*, se for néscio, bata sem piedade. E caso precise de alguém que o cavalgue[189], saiba que é o meu serviço.
VITÓRIA: Ah, ah, o que quer dizer com isso?
SANGUINO: Ah, vai dizer que madame não sabe... é tão ingênua ela...
VITÓRIA: Não tenho a sua manha, não.
SANGUINO: Não tem a minha, mas tem tantas outras... Se você não for gente fina, entendida do assunto, quem será? Mas essas são palavras ao léu; a gente se entende, não é? Escute aqui, madame. Houve um tempo em que leão e jumento eram amigos e iam passear juntos. Combinaram que toda vez que chegassem a um rio, um carregaria o outro; uma vez o jumento levaria o leão, outra vez o leão levaria o jumento. Assim foi que, indo para Roma, chegaram a um rio sem barco nem ponte[190] e o leão subiu nas costas do jumento; para segurar melhor, já que tinha pavor de água, o leão fincou as unhas no cangote do pobre carregador, afundando até os ossos... O jumento, paciente por profissão, não reclamou e aguentou firme. Alcançada a outra margem do rio, sacudiu as costas, rolou umas vezes na areia quente, até que puderam seguir caminho. Oito dias depois, voltando pelo mesmo caminho, cruzaram novamente o rio; era a vez de o jumento subir nas costas do leão. Assim o fez, e, para se firmar, fincou os dentes no cangote do leão e o instrumento (a gente se entende, né?) no olho do cu, enfim, no rabo. O leão, que sentiu mais aquilo do que mulher em dor de parto, gritava "Ui, ui, ai de mim, traidor." O jumento, com sua voz grave, respondeu: "Paciência, meu amigo, é que eu não tenho unha pra enfiar." Foi assim que o leão teve que aguentar até chegar do outro lado. Fez, espere o troco[191]. Ninguém é tão burro de não aproveitar a ocasião favorável. Enfim, o tal Bonifácio...

---

188. Santo eremita que viveu na primeira metade do século VI, teria obtido do rei Clovis a libertação de numerosos prisioneiros, de modo que era venerado como protetor dos cativos, inclusive os cativos de amor. Durante dois séculos, como prova o édito do duque de Alcalá de 5 de março de 1562, beijar mulheres em público ficou proibido em Nápoles, onde o crime podia ser reprimido até com pena de morte.
189. A "cavalaria" era um castigo que se infligia aos alunos: ver nota 6.
190. Lit. do it. *al fiume Garigliano*.
191. Do lat. *Omnio rero vecissitudo este*. Sanguino deforma o ditado latino *Omnium rerum vicissitudo est*, reproposto por Erasmo e central na filosofia de Bruno: "a mutação é condição essencial das coisas".

VITÓRIA: O que foi que ele lhe fez?
SANGUINO: Faz um tempo, ele não gostou do meu trato e me fez uma que nem o leão fez ao jumento. Agora, chegou a minha vez...
VITÓRIA: Vai fazer o quê?
SANGUINO: Você vai saber. Mas veja quem vem: conhecidos... Vamos lá à sua casa pra conversar só nós dois.
VITÓRIA: Então tá bom. Vamos. Tem muitas coisas que eu quero conversar com você.
SANGUINO: Vamos, meu bem, vamos.

Cena 6

(*Lúcia, Barra*)

LÚCIA: Coisas inacreditáveis, absurdas, surreais. Conte, conte[192].
BARRA: Ai, ai, sacanagem. O marido atiçando a fornalha e eu atiçando a mulher dele no quarto ao lado.
LÚCIA: O que você fez?
BARRA: Brincamos de marcha-soldado[193]: eu de espada e ela de bainha. O que está fora vai pra dentro! O que está dentro vai pra fora! Você quer que conte tudo o que aconteceu?
LÚCIA: Conte, vá, conte que estou a fim de me divertir.
BARRA: Aquela velha barbuda, quando lhe pedi que me deixasse entrar, respondeu "não, não, não..."
LÚCIA: E você, seu tarado, perverteu a coitada? Desonrou a família?
BARRA: Quem lhe disse isso? Que diabo! Será que as mulheres têm um buraco só para dar prazer aos homens?
LÚCIA: Vá, siga em frente.
BARRA: Bem, se ela tivesse dito "não" uma vez só, eu não teria insistido. A coisa ficava por aí. Mas ela disse "não" tantas vezes, e não não não não não, que eu pensei comigo "Caralho! Como ela quer. Só vendo![194] E vai ver que nessa viagem atravesso o rio." Então

---

192. Do it. *Startuti di cornacchia, piè d'ostreca ed ova di liompardo* (urubu espirra, ostra anda e leopardo põe ovo, e por aí vai).
193. Do it. *Il giuoco de zingani* (Brincamos de ciganos). Referência ao jogo de habilidade feito pelos ciganos com uma corda, visando tirar dinheiro dos ingênuos. Citado por Sacchetti (*Novelle*, LXIX), era jogado na Itália toda, mas especialmente na região de Nápoles.
194. Do it. *al sangue de suberi di pianelle vechissime* (sangue de cortiça pra fazer chinelo!), imprecação popular de incredulidade.

retomei a conversa e disse "Ó, rostinho de ouro, olhinhos de cristal, você quer me ver morrer, não quer?"

LÚCIA: Ahn, seu depravado; eu não disse que só pensa nisso?

BARRA: Luciazinha, é você que não pensa em outra coisa... Quer me ver naquele estado, mesmo?

LÚCIA: Ei, me largue. E o que ela disse?

BARRA: Ela disse "Sai, sai, sai, sai, sai, sai, malandro." Se ela tivesse dito uma vez só "sai", talvez eu perdesse a confiança que os "não, não, não" dela haviam me dado. Mas ela disse mais de quinze vezes "sai, sai, sai"; e eu ouvi outro dia do mestre Manfúrio que duas negações dão uma afirmativa, quanto mais quinze! A experiência comprova! Então pensei comigo "essa daí está querendo dançar com três pés; eu vou lhe meter outra perna no meio das duas pra cavalgá-la melhor"[195].

LÚCIA: Agora peguei você!

BARRA: Ai, ai, Lúcia, será que você deve ver o vício em tudo que eu digo?

LÚCIA: Então continue, que eu vou ficar quieta. O que aconteceu depois?

BARRA: Eu cheguei perto com a boca pequenininha assim, ó, e disse "coração, quer que eu morra? Logo agora que te quero tanto? Então, pegue a minha espada aqui e me mate logo, com a sua mão, que eu morro contente!"

LÚCIA: E ela? E ela?

BARRA: "Safado, depravado, coisa ruim, vou contar ao padre que você me violou. Com toda a lábia do mundo você não vai me convencer, vai ter que me pegar à força. Prova pra ver! Só porque é macho? Cachorro! Me dá uma espada de verdade que mato você agora! Sem testemunha!" Então, Lúcia, não precisava ser um cabeção pra saber a música que a banda toca![196] Ainda por cima eu, que sou mestre de toque. Dei no couro dela.

LÚCIA: O que você fez?

BARRA: Vamos lá atrás que eu te mostro...

LÚCIA: Nada disso, diga aqui mesmo que lá atrás não dá pra ver nada.

BARRA: Então, mulher! Vamos lá que eu acendo a minha vela! Tenho sempre uma comigo para essas emergências... Anda, vamos descarregar o fuzil que já está carregado.

---

195. Expressão obscena aludindo ao membro masculino, assim como as seguintes imagens da perna, da espada, da vela e do fuzil.

196. Do it. *S'io avesse avuta la testa più grossa di quella di san Sparagorio* (Mesmo que eu fosse um gigante tolo). A iconografia popular representava este santo como um gigante.

LÚCIA: Pare com isso! Ainda vai pegar um vírus![197]
BARRA: Quer o que, meu bem? Chuva d'água ou de fogo?
LÚCIA: Chega. Não quero! Me conte logo, o que aconteceu depois? Ela resistiu?
BARRA: Que nada, deixou-me entrar por trás com toda força[198]. A coitada esperneava que nem uma mula[199]; era só passar a rédea pra correr com ela umas cem milhas. Pagou a conta, igual aquela outra que tentou o padre Nicola. O padre disse: "Se provocar mais uma vez, te pego", e ela: "Pronto, é comigo. Se eu provocar mesmo, coitado do padre, o que vai fazer? Não pode pegar nem numa unha, se eu não deixar. Você é homem pra quê?" Diga, Lúcia querida, o que devia fazer aquele homem de bem que há muitos dias não celebrava? Latejou, latejou e no final ejaculou a veia toda.
LÚCIA: Ah, mas você é fino mesmo. Preciso ir à casa do seu Bonifácio, dar um recado. Me largue! Você me agarrou aqui com suas porcarias e perdi a hora.
BARRA: Vá, vá. Olha lá, o cara que eu procurava.

Cena 7

(*Pollula, Barra*)

POLLULA: Olá, compadre Barra.
BARRA: Chegou na hora, garoto. Vai pra que lado?
POLLULA: Vou pra casa do seu Bonifácio entregar uma carta.
BARRA: Uma carta? Deixe ver.
POLLULA: Peraí, já lhe digo – é uma carta de amor que mestre Manfúrio, o meu professor, fez pra ele dar pra uma tal de namorada... sei lá.
BARRA: Ahn, eu sei, é para madame Vitória. Abre aí. Lê pra mim.
POLLULA: Leia você. Tome.
BARRA: "*Bonifacius* maluquinho para dona *Porciae Vittoriae Blancae*, em mãos[200]. Quando o rutilante Febo se abala radiante no Oriente,

---

197. Do it. *Allumar la possa il fuoco di santo Antonio* (Que o fogo de santo Antônio lhe acenda o membro). O fogo de Santo Antônio é o *herpes zoster*.
198. Do it. *ch'a la poverina tutta la forza gli andò a dietro via* (a coitada enfraqueceu e deixou passe livre atrás).
199. Lit. "a mula de Alcionio". Alcionio (1487-1527), humanista veneziano colaborador do tipógrafo Aldo Manuzio e professor de grego em Florença. Seu aristotelismo justifica o sarcasmo de Bruno. O poeta Berni, em um soneto, debocha da mula de Alcionio aludindo ao coito sodomita.
200. Do lat. SPD, ou seja, *salutem plurimam dicit*: "fazendo muitos cumprimentos".

não é tão belo quanto o hilariante vulto da mais bela entre as belas, oh *vitoriosa* dama do meu coração!" Não falei?
POLLULA: Leia, leia!
BARRA: "Nunca será demais a maravilha até encrespar a testa e arquear as sobrancelhas: ninguém tem licença de titubear..."[201] Que diabo de falar mofado é este? Ainda mais com mulheres, que não entendem nada de gramática. Ah, ah!
POLLULA: Continue, continue!
BARRA: "...titubear, se o púbere flechante com aquele mesmo arco com que chagou o polimorfo multímodo monarca Júpiter, pai dos divinos e rei dos humanos, não tivesse me penetrado também o précordio com sua seta pontiaguda pra indelevelmentissimamente esculpir seu garbosíssimo nome, com juras de amor invioláveis". Ah, que vá dar o cu com a sua logorreia, este corno pedante. E aquele outro besta metido a inteligente, o que pretende mostrar? Madame não vai acreditar numa vírgula que seja dele. Afinal, são só porcarias gramaticadas. Enjoei: já li demais. Se o cara só tiver essa bala na agulha, acho que vai ficar em branco.
POLLULA: Podes crer: as mulheres gostam de letras redondas...
BARRA: ...e sonantes, com o retrato do Rei cunhado em cima[202]. Vamos embora, quero falar com você. Depois você entrega a carta.
POLLULA: Vamos lá.

FIM DO SEGUNDO ATO

Ato III

Cena 1

(*Bartolomeu, sozinho*)

BARTOLOMEU: Quem é tão besta, mas tão besta, que todo o rebanho o segue? Ainda não se sabe nada da virtude de cada coisa e já querem classificar: *in verbis, in herbis et in lapidibus*[203]. Que Deus lhe dê o mal de lázaro e tudo o que eu não mereço! Porque, antes de mais nada, não citam os metais? Ouro e prata, eles sim, são a fonte de todas as

---

201. Do lat. *nemo scilicet miretur, nemini dubium sit.*
202. Nas moedas espanholas era impresso o retrato do Rei Felipe II.
203. "Nas palavras, nas ervas e nas pedras".

coisas. Pois quem não tem ouro nem prata não vai ter erva, nem terra, nem pedras, nem linho, nem seda, nem água, nem vinho, nem frutas, nem pão, nem azeite, nem nada. Agora, quem tem ouro tem tudo o que deseja. Ele sim é acima de cada coisa, e, sem ele, nada se possui. O ouro é matéria solar e a prata, lunar: então! Se tirar do céu esses dois planetas, como fica a geração das coisas? Cadê a luz do universo? Assim, se tirar da terra coisas como ouro e prata, como alguém vai possuir as outras e delas gozar? Bem se vê que aquela besta teria feito melhor de colocar uma só virtude na boca do povo, do que aquelas três sem essa; a menos que seja uma tática para que nem todos entendam e dominem aquilo, como eu. Ervas, palavras e pedras são virtudes de filósofos malucos os quais, desprezados por Deus, pela natureza e pela sorte, morrem de fome ou vivem de esmola, sem um tostão no bolso. É pura inveja se desdenham o ouro e a prata de quem os tem. Reparem como correm às mesas dos ricos, como cachorros que só sabem latir pra ganhar seu pão[204]. E onde isso? Naqueles banquetes de tolos que por causa de quatro despropósitos ditos com o sobrolho arqueado, olho atônito e pose de pasmo, deixam-se tirar o pão do forno e a grana do bolso. Aí sim, *in verbis sunt virtutes*![205] Eu, hein! Ficariam bem magros se esperassem de mim o efeito de seus blá-blá-blás, já que aos que me pastam de palavras, também pasto palavras. Então fica assim: às bestas a virtude das ervas, aos malucos, a das pedras, e, aos histriões, a das palavras; para mim só vale aquilo em nome do qual tudo tem valor, o dinheiro. Este sim contém todas as virtudes. Falta dinheiro, também faltam pedras, ervas, palavras, ar, água, terra e fogo, enfim, falta a vida. Não só, o dinheiro garante da vida daqui e da de lá, se bem empregado, com esmolas discretas e fazendo bem os cálculos, para não condenar a alma da carteira. Não por acaso diz um sábio: faz o bem, olha a quem[206]. Enfim, não tem vantagem nenhuma em se ficar de papo furado. Ah! Saiu um édito do Reino que diz que as notas de vinte não valem mais vinte moedas francesas, a partir de amanhã; eu vou lá trocar as três notas que tenho antes que preguem o decreto[207]. No ínterim, o meu criado deve chegar com o *pulvis Christi*.

---

204. A imagem dos cachorros debaixo da mesa dos ricos alude ao apólogo evangélico de Lázaro que, miserável e faminto, recolhe os restos caídos da mesa do rico Epulone (*Lucas* 16, 19).
205. "Virtudes das palavras."
206. Do lat. *Si bene feceris, vide cui*: uma das sentenças atribuídas a Catão o velho. A moral católica (faz o bem, *não* olhes a quem) é invertida.
207. Nápoles, em fins do século XVII, passou do domínio da Coroa de Espanha ao domínio dos Orléans, e a moeda espanhola (*carlino*) foi substituída aos poucos com a ▶

Cena 2

(*Bonifácio, Bartolomeu, Lúcia*)

BONIFÁCIO: Seu Bartolomeu, escuta aqui: aonde vai tão depressa? Fugindo de mim?
BARTOLOMEU: Tenho mais o que fazer do que ficar ouvindo as suas baboseiras de amor.
BONIFÁCIO: Já sei. Vá, vá você atrás daquela outra terrível.
LÚCIA: Que brincadeira é essa? Será que ele sabe que o senhor está apaixonado?
BONIFÁCIO: Que sabe o quê? Que se foda. Só porque me viu conversar com você... Vamos ao que interessa, Lúcia: o que manda a minha doce senhora Vitória?
LÚCIA: Ai, pobre mulher. Ela está numa situação horrível. Anda muito necessitada, sabe... imagine que teve que empenhar um diamante e um anel de esmeraldas...
BONIFÁCIO: Pronto. Que desgraça!
LÚCIA: Pois é. Creio que ela ficaria muito bem-disposta se o senhor a ajudasse a resgatar as joias. Umas dez moedas só...
BONIFÁCIO: Tá, tá, vamos ver.
LÚCIA: Quanto antes, melhor.
BONIFÁCIO: É que agora não posso, Lúcia. Volta mais tarde. Tenho um negócio pra resolver... (*Entram Scaramuré e Ascânio.*) Justamente com este senhor que está vindo aí. Vá, vá, Lúcia. Depois conversamos.
LÚCIA: Até logo.

Cena 3

(*Bonifácio. Entra Ascânio, trazendo Scaramuré*)

ASCÂNIO: Seu Bonifácio. Trouxe o excelentíssimo e doutoríssimo mestre Scaramuré.
BONIFÁCIO: Bem-vindo, doutor! Então? Já fez o negócio? Nada ainda?
SCARAMURÉ: Como nada? Eis aqui o boneco em cera virgem, feito em nome [da dona Vitória]. E eis as agulhas, que devem ser aplicadas nas cinco partes do corpo do boneco. Esta agulha aqui, a mais comprida,

▷ moeda francesa (*tornese*). A alusão de Bruno ao decreto, emitido entre 1570 e 1579, sugere a possível elaboração remota da comédia em relação à data em que foi publicada (1582).

deverá ser fincada na teta esquerda, mas cuidado para não afundar demais, senão, em vez de encantar a dama, o senhor a mata.
BONIFÁCIO: Deus do céu, longe de mim uma desgraça dessas.
SCARAMURÉ: Bem, deixo tudo em suas mãos. Preste bem atenção para que ninguém toque em nada. E você, Ascânio, não vai contar por aí os nossos segredos.
BONIFÁCIO: Pode confiar: entre nós dois há negócios muito mais secretos do que este...
SCARAMURÉ: Ótimo. Ascânio então fará um fogo com lenha de pinho ou oliveira ou louro, melhor os três juntos, que dá um especial incenso encantado, aí, o senhor, com a mão direita, aproxima o boneco ao fogo, e diz três vezes *aurúm thus, aurúm thus, aurúm thus*[208], enquanto incensa bem o boneco. Aí, o senhor passa o boneco para a mão [esquerda] e diz três vezes *sine quo nihil, sine quo nihil, sine quo nihil*[209]. Depois disso, boceje três vezes com os olhos fechados e vá girando o boneco bem devagarzinho, perto do fogo, por três vezes. Cuidado para que não derreta, senão a dama morre.
BONIFÁCIO: Ui! Vou tomar todo cuidado.
SCARAMURÉ: Enquanto gira, deve dizer três vezes *zalarath, zhalaphar nectere vincula* e depois *caphure, mirion, sarcha Vittoriae*[210], como anotei neste papel. Depois o senhor deve passar do outro lado do fogo, olhando para o ocidente, e girar de novo o boneco murmurando *Felapthon disamis festino barocco daraphti. Celantes dabitis fapesmo frises omorum*[211]. Tá claro? Quando tiver feito o trabalho, deixe o fogo apagar e guarde o boneco em lugar seco, seguro e perfumado.
BONIFÁCIO: Farei exatamente como o senhor diz.
SCARAMURÉ: Lembre-se! Gastei seis moedas com os ingredientes para o boneco.
BONIFÁCIO: Tá, tá. Aqui estão cinco. Não é muito?
SCARAMURÉ: Fora a mão de obra.
BONIFÁCIO: Por enquanto só tenho isto, tome. Se a coisa der certo, vou dar um jeito, né?
SCARAMURÉ: Paciência. Saiba, seu Bonifácio, que se não molhar, do caroço nada escorre[212].

---

208. "Ouro, incenso", citado de *Mateus* 2,11 onde são descritos os dons dos Reis Magos para Jesus.
209. "Sem o qual, nada", citado de fórmula litúrgica.
210. Fórmula mágica com palavras hebraicas, gregas e latinas: "ó potência, ó potência que amarra os laços, captura o corpão de Vitória para mim".
211. Deformação de fórmulas mnemônicas dos diversos tipos de silogismos.
212. Do it. *si voi non la spalmerete bene, la barca correrà malamente* ("se não calafetar o barco, não navegará direito").

BONIFÁCIO: Como é que é?
SCARAMURÉ: É que você precisa untar bem a mão, sabe não?
BONIFÁCIO: Pelo diabo, entrei neste negócio de magia para não ter que pagar o preço todo! E você quer que eu pague antecipado?
SCARAMURÉ: Então, se antecipe. Vênus entrou na última casa de Peixes e vai sair daqui a meia hora, depois disso vai subir em Áries. Não deixe isso acontecer.
BONIFÁCIO: Estou indo! Vamos, vamos, depressa! (*Saem Bonifácio e Ascânio.*)

Cena 4

(*Scaramuré, sozinho*)

SCARAMURÉ: Cavei sete moedas daquele idiota! Com esse tipo de gente deve-se aumentar sempre o preço. Só uma moeda pela minha mão de obra! E o restante, ele daria oito dias depois do juízo universal[213]. Ah, não!

Cena 5

(*Lúcia, Scaramuré*)

LÚCIA: Onde foi se meter aquele cabra castrado? Eu também, que me deixo enrolar por um enrolado...
SCARAMURÉ: Olá, Lúcia. Por quem procura?
LÚCIA: O senhor Bonifácio, que deixei com você agora há pouco. Pensei que ele fosse me esperar aqui!
SCARAMURÉ: O que você quer com ele?
LÚCIA: Em confiança, dona Vitória mandou pedir dinheiro a ele.
SCARAMURÉ: Hiii, já imaginava. Ele foi esquentá-la e incensá-la... O dinheiro, preferiu dar pra mim, não pra ela.
LÚCIA: Que merda. Como assim?
SCARAMURÉ: Vamos nos encontrar com dona Vitória. Podemos combinar alguma coisa juntos para embrulhar aquele babuíno, e aí, sim, tiramos dele um bom dinheirinho e ainda fazemos a comédia às suas custas.

---

213. Do it. *nel giorno di Santa Maria delle Catenelle, la quale sarà l'ottava del giorno del Giudizio* (No dia de Santa Maria das Amarras, que será o oitavo após o juízo universal).

LÚCIA: Está bem. Vamos sair daqui que vem vindo gente.
SCARAMURÉ: Olha o *magister*; vamos embora.

Cena 6

(*Manfúrio, Scaramuré, Pollula*)

MANFÚRIO: *Adesdum*, só uma palavra, *domine Scaramuree*[214].
SCARAMURÉ: Faz de conta que já falou[215]. Até a próxima, quando eu não tiver nada de melhor para fazer.
MANFÚRIO: Belo espírito de porco! Ora, Pollula, pra voltar ao que interessa[216], você vai ficar de queixo caído com estes versos.
POLLULA: Quer que eu leia, mestre?
MANFÚRIO: *Minime*, porque se você não fizer as pausas conforme o ritmo das frases e não declamar com a energia exigida, vai destituí-los de sua respeitabilidade e nobreza. Como disse o príncipe dos oradores, Demóstenes, é a dicção a qualidade precípua do declamador. Preste atenção e *arrige aures*, amiguinho[217].
Fruto de rude e crassa Minerva
mente ofuscada, ignorância que enerva,
intelecto estrábico e obcecado
com nenhuma literatura instruído,
vexame de Palas, caixão das musas,
odiosa indústria de ideias abstrusas,
perturbado senso, juízo de mula
vá te enfiar onde a terra te engula!
Nas turvas trevas do Erebo[218] cerrado
cai, sem juízo nenhum e perturbado,
este asno orelhudo e glutão
como o azeite cai no macarrão,
desvairado disperso errabundo
sem memória, no Averno[219] imundo.
De engenho mole como unhas de moleque,
por inércia cresceu até ser sênior.

214. Do lat. *Adesdum, paucis te volo*, citação de Terêncio, *Andr.* I (1, 2).
215. Do lat. *Dictum puta*.
216. Do lat. *ut eo redeat unde egressa est oratio*.
217. "Abre os ouvidos, Pamphile", citação de Terêncio, *Andr.* V (4, 30).
218. O Erebo é o inferno pagão, valendo por "obscuridade profunda".
219. Lit. "após ter bebido toda a água do rio Letes, no imundo Averno". Beber as águas do rio Letes significava perder a memória. Averno é outro nome para o inferno pagão.

Ficou imaturo, sem noção,
vacilão, com déficit de atenção,
quase que um analfabeto funcional
sem qualquer preparo de arte marcial,
ensopado de ignorância,
nada aprende a não ser por ganância
besta quadrada,
de toda luz privada,
vil otário, mercenário
e quer ser de sapiência emissário?
Você já viu uma estrofe dessas? Há quem faz de quatro, de seis ou de oito, mas a minha é no número perfeito, *idest*, vale dizer, *scilicet, nempe, utpote, ut puta*, denário, ou seja, de dez, conforme manda Pitágoras e Platão também[220]. Ora, quem é este ou aquele que se apropinqua?

POLLULA: É Gioan Bernardo, o pintor.

Cena 7

(*Manfúrio, Gioan Bernardo, Pollula*)

MANFÚRIO: *Bene veniat ille* que não merece menor fama do que Zeusi, Apelle, Fidia, Timagora e Polignoto juntos[221].

G. BERNARDO: Não entendi nada afora aquele pó ignoto que você citou por último. Acho que é ele, junto com o vinho, que faz você falar tantas línguas[222]. Se eu tivesse jantado, saberia o que responder.

MANFÚRIO: O vinho traz euforia e o pão, saciedade. *Bacchus et alma Ceres, vestro si munere tellus / Chaoniam pingui glandem mutavit arista*[223], como disse Públio Virgílio Maro, poeta mantovano em seu livro primeiro das Geórgicas, bem no começo quando faz a invocação *more poetico*[224], imitando Hesíodo, poeta e vate ático.

G. BERNARDO: Você que sabe, *magister*...

---

220. Do lat. *idest, videlicet, scilicet, nempe, utpote, ut puta*: são todas partículas que significam "isto é". A doutrina da perfeição do número dez era de Pitágoras, mas foi seguida também pelos platônicos.

221. Manfúrio lista os mais famosos pintores gregos, mas confunde Timante de Citna com Timagora, embaixador de Atenas.

222. G. Bernardo troca Polignoto por *pignato*, uma sopa de gorduras cujos ingredientes são ignorados. Em seguida, alude ao dom de falar as línguas, concedido pelo Espírito Santo, em *Atos dos Apóstolos* 2, 4.

223. "Ó vocês, Dioniso Bacco e alma Céreres, que fazem a graça de mudar as glandes em farto grão", citação de Virgílio, *Geórg.* I, 7-8.

224. "Conforme o costume dos poetas".

MANFÚRIO: Sei, *magister* quer dizer três vezes maior:
Pauci, quos aequus amavit
Iuppiter, aut ardens evexit in aethera virtus[225].
G. BERNARDO: O seguinte. Gostaria de aprender o que significa "pedante".
MANFÚRIO: Vou explicar, *lubentissime* ensinar, expor e propalar, vou fazê-lo *palam*[226] para você, insinuá-lo *et* – partícula conjuntiva aposta por última – enucleá-lo; *sicut, ut, velut, veluti, quemadmodum* você possa melhor chupar a polpa, como já extraí o caroço da noz ovidiana para os meus discípulos[227]. Pois bem, pedante quer dizer pede ante, ou seja, o passo que avança e faz progredir os púberes *erudiendi*, ou ainda numa outra etimologia *stricto sensu* quer dizer: PE, perfeitos; DAN, dando; TE, tesouros. O que achou?
G. BERNARDO: Legal, mas não gosto nem de uma nem da outra. Não têm nada a ver.
MANFÚRIO: Só pode dizer assim quem tem opção, *idest*, se você tiver outra etimologia mais digna.
G. BERNARDO: Claro que tenho. Preste atenção: PE, pé de cabrão; DAN, danado; TE, tedioso.
MANFÚRIO: Bem dizia Catão, o velho, "Não minta e nem confie em todo mundo."[228]
G. BERNARDO: *Hoc est, idest*: quem diz o contrário é um mentiroso.
MANFÚRIO: *Vade vade,*
Contra verbosos, verbis contendere noli.
Verbosos contra, noli contendere verbis.
Verbis verbosos noli contendere contra[229].
G. BERNARDO: *Vade*, vade pro inferno com seus pedantes e fique lá com cem mil anjos da cara preta.
MANFÚRIO: Sócios seus, que o acompanhem! Pollula, onde você está? Pollula, ouviu isso? Ai, que abomináveis, nefandos, turbulentos tempos em que vivemos…
Nojento século em que me encontro

---

225. "Os poucos que o justo Júpiter amou e que a virtude elevou aos céus", citação de Virgílio, *Aen.* VI, 129-130.
226. Lat. *Lubentissime*: "com o maior prazer". *Palam*: "claro, aberto".
227. Do lat. *sicut, ut, velut, veluti, quemadmodum* "Nucem" ovidianam meis coram discipulis (quo melius nucleum eius edere possint) enucleavi. A "noz ovidiana" é o *Liber nucis*, obra pseudo-ovidiana.
228. Do lat. *Nil mentire, et nihil temere credideris.*
229. "Não dispute com um tagarela". Outra sentença atribuída a Catão, que Manfúrio declina em três variantes.

de valor oco e de orgulho pleno[230].
Bem, vamos propelindo rumo ao domicílio, pois ainda entendo exercitar minha arte gramatical naqueles advérbios de lugar, *motu de loco, ad locum et per locum*, quais: *ad, apud ante, adversum vel adversus, cis, citra, contra, erga, infra, in retro, ante, coram, a tergo, intus et extra*[231].

POLLULA: Eu já sei essa lição. Não esqueci não!

MANFÚRIO: Precisa reiterar sempre e gravar na memória, até gostar: *lectio repetita placebit*[232].
Gutta cavat lapidem non bis, sed saepe cadendo:
Sic homo fit sapiens bis non, sed saepe legendo[233].

POLLULA: Tá bem, mestre excelentíssimo. O senhor vá indo que eu vou atrás.

MANFÚRIO: Formalidade apta ao foro ou à plateia, mas já que estamos entre nós, não precisa ter cerimônia.

Cena 8

(*Barra, Marca*)

MARCA: Olha lá, o professor escapa...

BARRA: Pro inferno! Quero saber como acabou a sua história. Vamos ficar por aqui, na praça.

MARCA: Então. Ontem à noite, na birosca do Cerriglio[234], comemos bem pra caralho; depois, como o dono veio inquirir se desejávamos mais alguma coisa, mandamos trazer iguarias de cravo, canela e marmelo só pra passar o tempo. Já não tinha mais o que pedir, assim um colega nosso fingiu passar mal. Não é que o dono correu com água e vinagre? Pois é. Eu disse: "Não tem vergonha, homem mesquinho e vil? Vá, traga água de rosa, ramos de arruda e não se esqueça da malvasía de candia."[235] Aí o dono partiu para a ignorância e começou a gritar: "Ora, e quem são os senhores?

---

230. Citação de Petrarca, *Trionfo d'amore* I, 17-18.
231. Alusão à pederastia que ele entende praticar com o aluno.
232. "A lição, repetida, vai agradar", cit. de Horácio, *Ars poetica*, 365.
233. "A gota escava a pedra caindo não duas vezes, mas muitas; da mesma forma o homem torna-se erudito lendo não uma ou duas vezes, mas frequentemente". O primeiro hemistíquio é citação de Ovídio, *Ex ponto* IV, 10, 5; o resto é uma emenda medieval.
234. Famosa taberna napolitana frequentada por pessoas de qualquer condição como cortesãs, soldados, mercadores e ladrões.
235. Vinho doce da ilha de Creta.

Marqueses e duques, pra gastar o que gastaram? Isso aí que você quer, eu não tenho. É uma birosca, não um restaurante! E depois, quem paga a conta?" "Peraí, miserável", disse eu, "você sabe com quem está falando? Peça desculpa, corno sem vergonha, senão..." "Mentiroso de uma figa! Malandro!", disse ele. Então, pra defender a honra, nós levantamos todos juntos e arrancamos um espeto cada um, daqueles compridos de meio metro...

BARRA: Mandaram bem.

MARCA: O melhor é que ainda havia carne no espeto! O dono da birosca foi lá dentro buscar um machado deste tamanho e dois empregados vieram com umas espadas enferrujadas. E nós que, em seis, com seis espetos, estávamos bem mais armados do que ele com um machado, pegamos umas tampas de panela para servir de escudo!

BARRA: Bem feito.

MARCA: Sabe o quê? Alguém dos nossos pôs até um caldeirão de bronze na cabeça, pra fazer de capacete.

BARRA: Que cena inspirada! Honras militares a espetos, panelas e caldeirões![236]

MARCA: Armados até os dentes, a gente fingia que atacava, mas na verdade recuávamos, descendo a escada e cobrindo a retaguarda, até a porta da birosca...

BARRA: Um passo à frente e dois atrás, dizia o capitão Mata-mouros[237].

MARCA: O melhor foi que o dono, quando viu a nossa valentia, ficou perplexo...

BARRA: Que babaca![238]

MARCA: ...deixou cair o machado, mandou os empregados irem pra dentro e jurou não querer vingança...

BARRA: Alma boa!

MARCA: Disse assim: "Cavalheiros, peço perdão, eu não queria ofendê-los. Por favor, paguem a conta e vão embora em paz."

BARRA: Pediu perdão, paga penitência.

MARCA: Sabe o que eu disse? "Você é um ingrato, traidor! Atacou para matar." Dei meia volta e pé na estrada! O coitado ficou em desespero, pegou outra vez o machado e gritava por socorro:

---

236. Do it. *Fu certo qualche costellazione che puose in esaltazione i lavezzi, padelle e le caldaie* ("por influxo de alguma constelação, tampas, panelas e caldeirões subiram de grau").

237. Do it. *il capitano Cesare da Siena*, não melhor identificado, mas aludindo a alguém que é corajoso só em palavras.

238. Em it., *Ci sarebbe entrato Scazzola* ("um bobo teria ficado também").

"Minha gente, depressa!" Veio um montão de empregados, filhos, filhas e a mulher dele, e ele berrava: "Paguem. O meu dinheiro!", e os outros: "Pega ladrão! Pega ladrão! Pega ladrão!" Mas ninguém se atrevia a correr atrás, porque a noite obscura jogou a nosso favor. Fugimos pelas vielas até os carmelitas[239] e acabamos ficando por lá, num quarto alugado com a grana que poupamos na birosca; isso faz três noites, e ainda sobra.

BARRA: Na verdade vos digo que embrulhar os trouxas é como rezar; roubar de um dono de birosca é como dar esmola; cada um que se pega, salva-se uma alma do purgatório! E como acabou lá na birosca, vocês souberam?

MARCA: Chegou uma porrada de gente, um gritando, um rindo, um chorando, outro querendo dar palpite; um invocando a polícia, outro os santos: deu aquela zona, sabe? Uma tragédia e uma comédia ao mesmo tempo; nem se entendia se era missa de glória ou pra defunto. Quem quisesse ver o mundo como é, era só assistir àquela cena.

BARRA: Uma cena magnífica. Agora escute a minha, mesmo sem tanto ornamento. Anteontem, voltando do subúrbio[240], parei num pé-sujo pra comer; depois, como não estava muito a fim de pagar, disse ao dono: "vamos jogar?" "Tá bom", ele disse, "pode ser baralho de tarô?" "Não", eu disse, "me dou mal no baralho, não tenho boa memória." E ele: "Olha, tenho aqui um baralho simples, vai facilitar pra você", e eu: "Acha que sou burro? Estas cartas são marcadas. Só se fosse um baralho novo." "Então", disse ele, "vamos fazer o seguinte: jogamos às vermelhinhas", e eu: "Nem sei o que é isso." "Xadrez?", disse ele, e eu: "Xiii, demora muito." O cara ficou puto e disse: "Porra, proponha aí um jogo então!" Aí eu disse: "Sei lá... bola?", e ele, "Onde, cara, aqui dentro?" Eu disse: "Vamos jogar dar porrada na mesa?"[241] e ele: "Deixe disso, que isso é jogo de caminhoneiros e mariolas." "Cinco dados?" "Que porcaria de cinco dados? Joga-se com três!" Eu disse que três me dá azar. "Que saco", ele disse, "diz aí um jogo para nós dois." "Achei", eu disse, "rodar pião!" "Pô, fala sério: é jogo de criança."

---

239. No Mercato, bairro oriental do centro histórico de Nápoles, havia um convento de frades carmelitas.

240. Em it., *venendo da Nola per Pumigliano*. São duas localidades no subúrbio de Nápoles; Nola é cidade natal de Bruno.

241. Além do baralho, dados e xadrez, são citados os seguintes jogos antigos que não têm correspondente em português: *tavole* (tipo de dama, também dito *tric-trac*), *pallamaglio* (uma espécie de *cricket*, com bola de madeira), *mirella* (boxe popular romano), *spaccastrommola* (uma espécie de roda-pião).

"Então", disse eu, "então vamos competir pra ver quem chega primeiro na esquina." E o cara: "Ah, ah, está doido! Não dá, não." Aí levantei e gritei: "Você disse que ia jogar e vai jogar!" e aquele bandido: "Ô, malandro, acerte a sua conta e suma daqui." Eu disse: "Aposto que vai jogar." Ele: "Eu, hein? Jogar o quê?" Eu: "Você vai ver que jogo é." Ele: "Não estou mais a fim de jogar", e eu: "Você vai ter que ficar a fim", e paguei pra ver com os pés, ou seja, saí correndo pela rua afora. Aquele escroto, que havia jurado que não queria apostar comigo pra saber quem corre mais rápido, meteu-se atrás de mim com todos os garçons! Corriam tanto que me alcançaram... só com os gritos, compadre! Pelas chagas de São Roque[242], juro que nem eu ouvi falar mais deles, nem eles de mim.

MARCA: Olha só quem está aí! Sanguino com mestre Scaramuré.

Cena 9

(*Sanguino, Barra, Marca, Scaramuré*)

SANGUINO: Senhores! Justamente vocês. Vamos trabalhar hoje à noite? Acho que pode dar uma boa grana ou, no mínimo, uma baita diversão. É o seguinte: eu me disfarço de Capitão Palma e vocês, com Corcovizzo, de soldados. Vamos pegar o senhor Bonifácio na entrada ou na saída da casa de madame Vitória; vai ser útil para nós e madame vai gostar.

BARRA: Opa. Diversão garantida.

MARCA: Pois é: não faltam ocasiões.

BARRA: E nós, sempre em serviço.

SCARAMURÉ: Nesse negócio do Bonifácio, posso contribuir? Em um certa hora, vou chegar como que por acaso e negociar com o Capitão Palma para que solte o prisioneiro em troca de uma boa fiança; certo? E não o leve à delegacia; o que acham?

SANGUINO: Não é uma má ideia. Então tá combinado: não demore demais. Vamos dar uma volta, estaremos em frente à casa de Vitória.

BARRA: Até logo!

---

242. São Roque de Montpellier, no século XIV, foi curar os doentes de peste no Norte da Itália. A iconografia o representa com uma chaga na coxa.

Cena 10

(*Barra, Marca*)

BARRA: Puta que o pa...[243] Opa. Disfarce de guarda é perfeito para aprontar: de noite, malandro ou guarda é tudo a mesma coisa. Um distintivo da polícia, um cassetete na mão e, quando é a sua vez, basta atacar com toda violência.
MARCA: Olha lá quem vem: justamente o companheiro Corcovizzo.
BARRA: E o cara com ele?
MARCA: Parece mestre Manfúrio.
BARRA: Será? Rápido, vamos nos esconder aqui atrás, pois Corcovizzo acenou para mim: deve estar aplicando um golpe em Manfúrio.

Cena 11

(*Corcovizzo, Manfúrio*)

CORCOVIZZO: Apaixonado? Ele?
MANFÚRIO: E como! A volúpia dele transita em minhas mãos: redigi hoje mesmo uma missiva amorosa, que ele entregará como se fosse de sua autoria, para conquistar a estima da dileta.
CORCOVIZZO: Ontem [o senhor Bonifácio] foi à loja do mestre Luca comprar um par de botas de pele marroquina, dessas que estão na moda entre os garotos, pra ir fazer um passeio. Um malandro o avistou e hoje, quando Bonifácio foi buscar as botas, o seguiu de mansinho do centro da pracinha até a loja [do sapateiro], e meteu-se pela porta com ele. Entrou junto, o sapateiro pensou que fosse criado do Bonifácio; e como estava sem capa, mangas arregaçadas, Bonifácio achou que fosse empregado da loja. Aí, ninguém estranhou quando o malandro o ajudou a tirar a capa de veludo com os botões de ouro, para experimentar comodamente as botas. Enquanto o sapateiro curvado fazia o serviço dele e o senhor Bonifácio admirava seus pés calçados, o malandro pendurou a capa no braço, como faria um bom funcionário, aí, fazendo continência como quem não quer nada, ora olhando pro teto, ora pras paredes, ora pro vaivém da rua, deu uma volta e

---

243. Em it., *Al sangue de mi...* (pelo sangue dos meus...) Barra interrompe a imprecação porque, disfarçado de guarda, deve fingir que respeita a lei contra os blasfemadores.

botou o pé na estrada. Conclusão: você viu o malandro de novo? E a capa? Sumiu![244]

MANFÚRIO: Oh, ele só levou a capa... se você tivesse estudado e não fosse analfabeto, teria um belo engenho. Qual o seu ascendente? Deve ser Minerva[245].

CORCOVIZZO: Não quer saber como acabou? Bem servido pelo sapateiro e todo satisfeito, o senhor Bonifácio bateu as mãos pedindo a capa. O sapateiro respondeu: "Está com seu criado, que acabou de sair." "Criado", disse Bonifácio, "que criado? Eu não preciso dessa elegância, você quis dizer o seu funcionário?", e o sapateiro: "O quê? Eu nunca vi aquele sujeito antes!" E foi assim ou assado que o senhor Bonifácio ficou com as botas mas sem a capa. É, hoje em dia tem mais bandido na rua do que senhores para serem roubados.

MANFÚRIO: Tempos miseráveis e infelizes que vivemos. Ô Nápoles celerada![246] Tudo por causa de Mercúrio, rei dos ladrões, que se ergue sobre este clima ardente. Cuidado com a bolsa, amigo.

CORCOVIZZO: Eu? Sou esperto, não trago dinheiro na bolsa, mas aqui, olha, preso no sovaco.

MANFÚRIO: Pois eu o trago bem guardado, em um saco de couro que fica... nem nas costas nem de lado, mas... Aqui! Na virilha! Assim se faz em terra de ladrões.

CORCOVIZZO: Mestre! Que engenhosa toca! Vejo que não é sem proveito a sua sabedoria.

MANFÚRIO: É o que bem sabe o meu mecenas, cujos pupilos eu *erudio, vel* tiro da rudez: por isso *e ruditate eruo*! Imagine que ele me confiou a tarefa de escolher tecidos valiosos para o vestuário da prole e autorizar a manufatura prodigando a pecúnia. A qual, sendo eu bom ecônomo (*oeconomia est domestica gubernatio*)[247], guardei no dito saco de couro couraçado.

CORCOVIZZO: Graças a Deus, mestre excelentíssimo, hoje aprendi de você o útil e o agradável. Faça-me uma graça, que é de trocar pra mim seis moedas de ouro para eu não ter que correr até o

---

244. Do lat. *Cappa cuius generis? Ablativi* (Capa pertence a qual gênero? Ablativo). Corcovizzo brinca de pedante, pois *ablativo* tem seu étimo em *ablatus* (sumido). Mestre Manfúrio responde: *dativus a dando, ablativus ab auferendo* (dativo do dar, ablativo do levar).

245. Minerva era a deusa latina da cultura. Quando um planeta é ascendente no mapa astral de um indivíduo, seu influxo é máximo.

246. Do it. *Grande miseria sotto questo campano clima* ("nesta região da Campania", cuja capital é Nápoles).

247. "A economia governa a casa".

banco[248]. Se não tiver trocado, não se preocupe: fique com o troco. Eu vou poupar-me a fadiga da estrada e você vai ganhar uns centavos.

MANFÚRIO: Nem pensar, que eu faça isso por lucro, e sim por justa causa humanitária, pois está escrito: *nihil inde sperando*. Sem contar que assim vou mais leve[249]. Tá aqui: três mais dois são cinco, mais dois sete, esses sete mais quatro dá onze, mais cinco e quatro nove, que dá vinte, ou seja, dois ducados; aqui três mais três, seis, mais dois que dá oito meios ducados; o total faz seis ducados, que dá cinco sóis[250] de França. Sobra bastante pra mim.

Cena 12

(*Manfúrio, Barra, Marca*)

MANFÚRIO: Ei! Ei! Volte aqui! Auxílio, auxílio! Segurem! Violador, usurpador, capador! Amputador de sacos! Celerado! Tomai-o, está levando meus sóis reais com as pratas!

BARRA: O que foi que ele fez?

MANFÚRIO: Por que não o pegou?

BARRA: Aquele lá? Dizia "Sinhô quer me bater, coitado de mim." Deixe passar a cólera e castigue-o com calma, em casa, senhor.

MARCA: Perfeitamente, patrão, precisa perdoar os criados e não sempre fustigá-los!

MANFÚRIO: Que criado o quê? É um larápio que me raptou a bolsa!

BARRA: Por Satanás! Por que não gritou logo "pega ladrão"? Eu não ouvi.

MANFÚRIO: *Ladrão* é um assaltante de estrada, que assalta qualquer um[251]. Já *celerado* é alguém que surrupia e rapta com engano, fingindo ser homem de bem, como fez aquele comigo. Esta é a palavra correta, em bom latim. Ai, ai, minhas moedas...

BARRA: Agora veja a vantagem que tirou por falar neste seu latrim! A gente achou que estivesse chamando o seu criado. "Ô, empregado! empregado!"

MANFÚRIO: "Celerado! celerado!", foi isso que eu falei.

---

248. Lit. "os Bancos", já que os bancos do câmbio ficavam todos na mesma rua, dita Banchi Nuovi, pouco distante da pracinha Nilo.

249. Do lat. *sed ex humanitate et officio, mitto quod eziamdio ego minus oneratus abibo*. O anterior *Nihil inde sperando* é preceito evangélico: "Dá, sem esperar lucro", *Lucas* 6, 35.

250. A moeda de ouro francesa era chamada *demi écu au sol* porque trazia um meio sol impresso.

251. Lat. *in qua, vel ad quam latet* (onde fica aguardando de emboscada).

BARRA: E por que não correu atrás dele?
MANFÚRIO: Ora, crê que um mestre togado, grave e respeitado pela Academia, qual sou eu, possa acelerar o passo em público? *Festina lente*, diz o adágio: "corra devagar". Temos que andar *gradatim, paulatim, pedetentim*[252].
BARRA: Tem toda razão, seu doutor, em poupar a sua dignidade.
MANFÚRIO: Ai de mim, raptou todas mesmo? Ó violador, cujas carnes me saciaria só em vê-las torturadas! O que direi ao meu mecenas? Posso sempre invocar a autoridade do príncipe dos peripatéticos, Aristóteles, no segundo livro *Physicorum, vel periacroaseos*: "Foi um acaso: algo que pode ocorrer excepcionalmente e sem intenção."[253]
BARRA: Ele deve ficar satisfeitíssimo.
MANFÚRIO: Ai de mim, negligência dos policiantes das leis. Se cumprissem o seu dever, não haveria tanta profusão de malfeitores soltos! Violou-me todas as moedas, mesmo! Celerado, celerado...

Cena 13

(*Sanguino, Barra, Marca, Manfúrio*)

SANGUINO: Fala, galera. Cruzei com uma figura em fuga. O que houve?
BARRA: Bem-vindo, chefia. Estamos agoniados. Um ladrão roubou o professor aqui na nossa frente e depois, por sermos todos analfabetos, escafedeu-se.
SANGUINO: O quê? Como assim? Fugiu?
MANFÚRIO: Evolaram-se minhas dez moedas!
SANGUINO: Como é que é? Voaram?
MANFÚRIO: Pobre rapaz. Bem se vê que você matou aula.
SANGUINO: Ilustríssimo, não deu tempo. Meu pai me entregou ainda garoto ao capitão Mancino[254].
MANFÚRIO: *Veniamus ad rem*, foi um assalto.
SANGUINO: Um assalto? Ao senhor, *domine magister*? Do mestre que eu tanto admiro. Não me reconhece?

---

252. Do lat. *si proprie adagium licet dicere: "Festina lente"; item et illud: "Gradatim, paulatim, pedetentim"*: "passo a passo, pouco a pouco, devagarzinho". O adágio é atribuído a Erasmo de Roterdã.
253. Do lat. *Casus est eorum quae eveniunt in minori parte, et praeter intentionem*. Citação não literal da *Física* de Aristóteles, livro II.
254. Capitão da polícia napolitana, que realmente existiu na metade do século XVI.

MANFÚRIO: Pois é. Você não acompanhava ainda há pouco o meu discípulo Pollula?
SANGUINO: Sim, *magister*. Ao seu serviço, com o maior prazer. Se confiar em mim, sua grana estará logo de volta.
MANFÚRIO: *Deo gratias!*[255]
BARRA (*para Sanguino*): Isso, amigo. Faça isso, uma nobre ação; o professor vai ser grato a você e eu também. Vou compensar o serviço com um trocado.
SANGUINO: Deixe comigo. Está na mão.
MANFÚRIO: Você já pegou?
SANGUINO: Não, mas faça de conta que já esteja na mão do professor.
MANFÚRIO: Você conhece a figura?
SANGUINO: Conheço.
BARRA: Sabe pra onde ele foi?
SANGUINO: Sei.
MANFÚRIO: *O superi, o celicoli diique deaeque omnes!*[256]
MARCA: Ótimo.
BARRA: Amigos, vamos socorrer os negócios do professor, por amor e obrigação que temos para com a cultura e os aculturados.
MANFÚRIO: *Me vobis comendo*[257]. Serei grato à vossa civilidade.
MARCA: Pode ficar tranquilo, doutor.
SANGUINO: Vamos procurá-lo todos juntos. Eu sei o local em que se esconde. Achá-lo é mole, mole. Não vai poder negar o assalto, porque eu o vi fugir pra lá.
MARCA: E nós o vimos fugir daqui, após tirar a grana da mão do professor.
MANFÚRIO: *Vos fidelissimi testes*[258].
SANGUINO: E nada de conversa: ou devolve a grana, ou entregamos pra justiça.
MANFÚRIO: *Ita, ita, nihil melius!*[259]
SANGUINO: O senhor *magister* precisa estar presente.
MANFÚRIO: *Optime. Urget praesentia Turni*[260].
SANGUINO: Então vamos os quatro juntos. A gente cerca a casa e bate na porta: cuidado para que ele não se safe pelos fundos enquanto aquela safada, que mora com ele e deve saber do negócio, não deixa

---

255. Do lat. *Dii velint, faxint ista Superi, o utinam* (Que os deuses queiram e queira o Céu que as divindades me concedam).
256. "Ó entidades superiores, moradores do céu, deuses e divinas todas!"
257. "Me recomendo a vocês."
258. "Vocês, testemunhas fiéis."
259. "Assim, assim. Nada melhor que isso!"
260. "Ótimo. Urge a presença de Turno", citação de Virgílio, *Aen.*, IX, 73.

a gente entrar ou, pelo contrário, deixa a gente entrar enquanto ele foge pela janela. Porém, se ele não fugir, caso por exemplo ele não reconheça o mestre, vou puxar conversa. Seria melhor que trocasse de roupa, mestre; algo mais curto. (*A Barra.*) Como é o seu nome?

BARRA: Coppino, ao seu serviço.

SANGUINO: Muito prazer. Faz um favor pra mim, Coppino. O *magister* vai ficar lhe devendo.

MANFÚRIO: *Me tibi offero*[261].

SANGUINO: Empresta a capa aqui pro mestre. Mestre, você deixa sua toga aqui com ele. E para ficar melhor ainda, o mestre passa o chapéu para este outro colega meu, em troca do boné... ali, perfeito. Todos prontos? Vamos.

MANFÚRIO: *Nisi urgente necessitate, nefas esset habitum proprium dimictere*, ou seja: tirar a roupa é mau hábito, se não por necessidade impreterível; *tamen, nihilominus*, não obstante, *quia ita videtur*[262], direi que: à imitação de Pátroclo, fingindo-se Aquiles pela armadura trocada[263], ou à imitação de Córebo, que apareceu nas vestes de Androgeu[264], ou ainda do magno Júpiter (*poetarum testimonio*)[265], em mil disfarces para seus desígnios, eu, deposta a mais sublime das formas, não desdenharei o truque e depositarei minha literária toga com o excelente propósito de *animadvertere*[266] contra aquele abominável criminoso.

BARRA: Só uma palavrinha, professor. Eu, por mim, estou feliz em ajudar, mas o mestre vai lembrar que a gentileza destes senhores merece recompensa.

MANFÚRIO: Aos senhores *in communi* destino a terça parte das moedas resgatadas.

SANGUINO: Muita generosidade a sua.

BARRA: Agora vamos, vamos.

MANFÚRIO: *Eamus, dextro Hercule*[267].

SANGUINO, MARCA: Vamos.

FIM DO TERCEIRO ATO

261. "Estou à disposição."
262. "Já que as coisas estão assim".
263. Na *Ilíada*, Pátroclo veste as armas de Aquiles para animar os gregos e assustar os troianos, fazendo crer que o herói tenha voltado à luta. *Il.*, XVI, 130.
264. Na *Eneida*, durante a última noite de Troia, o troiano Córebo veste as armas do grego Androgeu, há pouco morto, para confundir os assaltantes. Virgílio, *Aen.*, II, 391.
265. "Testemunham isso os poetas".
266. "Verter a alma contra", i.e., vingar-se.
267. "Vamos, com Hércules ao nosso favor."

Ato IV

Cena 1

(*Vitória, sozinha*)

VITÓRIA: Ai, ai, esperar sem saber é de matar! Se passar de hoje, pode ser que não se faça mais esse negócio. E ocasiões como esta, não é toda noite que aparecem: um cabrão querendo colher frutos dignos do seu amor. Eu que achava que ia ganhar o dote! Como que, então: o cara quer me enfeitiçar? Mandou fazer a minha imagem num boneco de cera! Ah, mas não adianta! Nem todas as forças do inferno, mais os espíritos da terra, do fogo, da água e não sei mais de onde farão que eu goste de um sujeito sem gosto como aquele. Não, não. Se fosse bonito... o deus do amor em pessoa, digamos, mas é feio; e ainda por cima é pobre ou é avarento (que dá no mesmo) de modo que, caso ele morresse de frio, todo mundo congelaria com ele. A avareza embrutece qualquer um, como a pobreza. Um epíteto miserável, que faz parecer feios os bonitos, infames os famosos, ignorantes os sábios e impotentes os mais fortes. Entre nós, quem é maior que o rei, o monarca, o imperador? Mas mesmo eles, se não têm *de quibus* gastar e *de quibus*[268] fazer correr sua fama, ficam como estátuas velhas de altares sem paramento, aos quais ninguém faz reverência. Uma coisa é o culto divino, outra coisa é o culto dos mortais. Pois então: nós adoramos estátuas e imagens em nome do santo que está escrito em baixo, porém dirigimos a reza ao que vive; de fato, adoramos e honramos estes santos que mijam e cagam enquanto dirigimos rezas e súplicas às suas estátuas e retratos para que, em efígie, recompensem os virtuosos, enalteçam os dignos, amparem os oprimidos, expandam suas fronteiras e defendam a sua gente, sendo temidos pelas gentes adversárias. Mesmo um rei de carne e osso ou um imperador, se não correr o mundo em efígie, nada vale. Quem esse Bonifácio acha que é pra pensar que eu vou me apaixonar pelos seus belos olhos, como se não houvesse mais homem no mundo? Vá gozar o fruto de sua loucura! Esta noite, ele vai entender o que pode o dinheiro; ele vai ver o efeito do seu encantamento. Aquela atrevida [da Lúcia], por que não chega? Ah, olha ela ali.

---

268. "Com que", vale dizer, o dinheiro.

Cena 2

(*Lúcia, Vitória*)

LÚCIA: Ué, por que está aqui fora, senhora?
VITÓRIA: Não aguento mais esperar por você lá dentro. Não é que vamos perder o lance de hoje à noite? Falou com mestre Bonifácio? E a mulher dele?
LÚCIA: Escute o que pensei; falei pra ela toda a verdade, sabe, com detalhes até, e ela ficou ardendo de um jeito, que não vê a hora de pegar o marido no flagrante. Aí, conversando, ela teve uma grande ideia; a de que a senhora lhe empreste uma saia e uma camisa. Assim, preste atenção: ela vem pra cá, entra em casa sem que ninguém perceba e fica esperando na sua cama. Assim que ele a abraçar no escuro, vai abraçar a sua própria mulher, convencido de que está abraçando madame Vitória, com o rosto velado, óbvio, como é hábito das senhoras[269]. Vamos demorar um bocado pra trazer a vela pro quarto, pra dar tempo de fazer a coisa pelo menos uma vez.
VITÓRIA: Tá. Mas ela vai ter que dizer qualquer coisa; difícil que ele não a reconheça pela voz.
LÚCIA: Isso não é problema, dona: combinamos que é pra falar bem baixinho, por causa das vizinhas com a orelha colada na parede.
VITÓRIA: Está bem. Ela pode dizer que tem gente na casa. Quem será agora?
LÚCIA: Hi! Aquele Bartolomeu.

Cena 3

(*Vitória, Lúcia, Bartolomeu*)

VITÓRIA: Bom dia, seu Bartolomeu. Para onde vai?
BARTOLOMEU: Para o diabo.
LÚCIA: Vai achar um monte por aqui[270].
BARTOLOMEU: Dona sabe-tudo, trombeteira, o mundo está cheio de demônios feito você e as suas amiguinhas.
VITÓRIA: Calma! Com esse pavio curto não é bom você ficar perto do fogo. Está com o miolo seco de tanto torrar na fornalha. Não se insulta uma senhora sem motivo.

---

269. Em Nápoles, as meretrizes eram obrigadas a velar-se o rosto para sair.
270. Em it.: BART: *Vo al diavolo!* LUC: *più presto troverai costui che l'angelo Gabriello* (por aqui vai achá-lo mais depressa que o anjo Gabriel).

BARTOLOMEU: Não é com você, dona Vitória, a senhora tem todo o meu respeito.
VITÓRIA: Como assim? Você injuria a minha amiga e acha que eu não me ofendo? Vamos embora, Lúcia.
BARTOLOMEU: Ora, que pressa, falei só de brincadeira. Mas ela implica, toda vez que me vê irritado.
LÚCIA: Pois é, é mesmo: em toda Nápoles não há língua mais afiada do que a sua, língua de palmo!
BARTOLOMEU: E a sua de palmo e meio! Tomara que ela caia, com todos os mexericos e discórdias que fica armando por aí!

Cena 4

(Bartolomeu, sozinho)

BARTOLOMEU: Que o diabo a carregue e a todas as putas deste mundo! Ora, andariam bem frescas as grutas das mulheres se esperassem pelo meu serviço. Eu entrar por aí, hein! Se for por mim, vão ficar cheias de teia de aranha! Ainda dizem que o ouro é o metal mais pesado: no entanto, nenhuma outra coisa faz o homem andar mais leve e elegante! A gente carrega cada mala! Já o ouro é algo que, quanto maior for, mais solto e esperto nos deixa. Sem dinheiro, um homem é que nem passarinho sem pena: quem quiser pegar pega; quem quiser comer come. Agora, tendo dinheiro ele voa, e quanto mais dinheiro tiver, mais alto voará. Vejam esse palerma do Bonifácio! Quando tiver os bolsos vazios, sentir-se-á bem mais pesado, a despeito de todos os inimigos que tem. Olha ele lá, bem na hora. Que belo frango na brasa[271]. Já tiraram a capa dele: mãos benditas do malandro que fez isso. Daqui a pouco alguém espeta e ó: vai ficar só o cheiro.

Cena 5

(Bartolomeu, Bonifácio)

BARTOLOMEU: Rápido, seu Bonifácio, uma palavrinha. Vi passar a sua amada agora há pouco, por aqui. Juro que me lembrei de você, do seu amor, enfim, do estado em que você está; então, prestei

---

271. Em it., *paraninfo innamorato* (padrinho apaixonado).

atenção na moça. Realmente é bonita. Me deixou com a veia tão inchada que não cabe nas calças.

BONIFÁCIO: Chega. Você não tem respeito, seu Bartolomeu. Eu estou é apaixonado, a-pai-xo-na-do; sabe? Você declina amor de um jeito e eu de outro, entendeu?[272] Alquimias totalmente diferentes. Fique com seu fogo e eu com o meu.

BARTOLOMEU: Pois é: eu com o fogo de Vulcão e você com o de Cupido.

BONIFÁCIO: Vamos ver quem se sai melhor.

BARTOLOMEU: Vulcão é um tipo adulto, ajuizado, discreto, bem educado. Já o seu é um pivete pervertido que, a quem não traz desonra, dá prejuízo e, na maioria das vezes, as duas coisas juntas.

BONIFÁCIO: Quem fica dando conselhos é porque não pode dar o bom exemplo. Boa sorte!

BARTOLOMEU: Pra você: que a mãe dos loucos lhe socorra!

BONIFÁCIO: Tudo procede ao acaso, seu Bartolomeu. Quando a coisa acontece, cada um inventa razões que jamais existiram: mesmo que gerencie a situação com a fúria de um javali, se tiver sucesso, os outros dirão: "falou bem, conduziu a coisa direito, fez o que devia ser feito". Ao contrário, mesmo que planeje o negócio com todas as filosofias que tiveram na cabeça os malandros barbudos lá da Grécia e do Egito, se por desgraça se der mal, todos dirão que o cara é um palerma. Se a coisa der certo: "Quem foi que conseguiu isso? Quem?"; "O grão-conselho dos sábios parisienses!" Se der errado: "Quem fez isso?"; "Aqueles doidos franceses." Ou então: "Quem armou isso?" Uma vez a resposta é "a diplomacia espanhola", e da outra é "a arrogância espanhola". Pois veja: quem conquistou e mantém tantos domínios e terras na Ístria, Dalmácia, Grécia, no mar Adriático e na Gália Cisalpina?[273] Quem orgulha a Itália, a Europa, o mundo inteiro com uma república jamais submissa a jugo algum? O sapiente Conselho de Veneza. E outra vez: Quem perdeu Chipre[274], quem? Aqueles débeis mentais dos patrícios venezianos, tapados e avarentos, que nem Pantaleão[275]. Quero dizer que no mundo se leva em conta e louva-se alguém só quando tem sorte e sucesso.

---

272. Do it. *Voi fate per li nominativi, e io per li aggettivi*.
273. Gália Cisalpina é o nome de origem latina da Lombardia oriental e do Vêneto, territórios ocupados pela República de Veneza.
274. A ilha de Chipre, domínio veneziano, foi conquistada pelos turcos em 1573. O episódio foi interpretado como um sinal da decadência de Veneza.
275. Máscara veneziana representando um velho ávido e rabugento, com nome de um santo muito venerado na cidade.

BARTOLOMEU: Mas aqui você leva água ao meu moinho: para quem tem sorte, não é preciso juízo. Xi! Agora volta aquela lá, Lúcia: deixo-a para você. Mandei meu criado na farmácia de Consalvo, o herborista, para catar certo pó. Não vejo a hora que volte. Vou-me embora.
BONIFÁCIO: Vá, vá. Eu tenho conversas com essa aí que você nem imagina.

Cena 6

(Bonifácio e Lúcia)

BONIFÁCIO (*à parte*): Para começar, ela vai me pedir dinheiro, mas eu já tenho uma resposta – pau dentro, dinheiro na mão. Olhe bem, nenhuma mulher é mais esperta do que eu! E aí, Lúcia! Novidades?
LÚCIA: Seu Bonifácio Bonifacinho, nem tenho tempo para conversar. Você precisa socorrer a minha pobre dona tão infeliz.
BONIFÁCIO: Boa premissa. Não esperava essa. O que ela tem? Uma bolsite?
LÚCIA: Acho que ela vai morrer.
BONIFÁCIO: Quando ela morrer, enterre na lapinha, disse o santo padre.
LÚCIA: Ela vai morrer por sua causa, sabe? O senhor é cruel. É este o amor que lhe jurou? Esta é a vida que prometeu pra ela? Fica aqui fazendo gracinha e aquela santa se desmancha toda em lágrimas e suspiros. Chora tanto que se o senhor a visse agora nem a reconheceria! E como era bonita, madame! Tem amor neste peito? Tem dó neste coração?
BONIFÁCIO: Vamos, diga logo. Qual é o problema? É dinheiro?
LÚCIA: Que dinheiro o quê? Que dinheiro o quê? Para de falar em dinheiro! Maldita a hora em que inventaram o dinheiro. Que dinheiro o quê? Se o senhor quiser dinheiro, ela o dará…
BONIFÁCIO: Ah, essa não! Ah, ah, ah! Essa é boa! Ela me dá o dinheiro? Ah, ah, ah!
LÚCIA: Não acredita? O senhor é um homem sem piedade, mesmo. O senhor é cruel. Uh, uh, uh.
BONIFÁCIO: O que é isso, está chorando?
LÚCIA: Choro pela sua maldade e por pena da minha senhora. Uh, uh. Ai de mim. Que desgraça. Jamais vi nem ouvi que o amor pudesse estraçalhar tanto o coração de uma mulher. Até hoje ela gostava do senhor, normal, mas faz umas horas que, uh, uh, uh, eu não sei o que houve, algum demônio entrou nela, não para de

chorar. "Meu Bonifácio querido, meu amado, meu fogo, vísceras de minh'alma, minha chama." Quinze anos que a conheço e sempre a vi fria, fria. O mesmo semblante para todos. Mas se o senhor for agora até à casa dela, vai encontrá-la caída na cama, com o rosto na almofada, que ela abraça forte e, coitada, diz (ai, que vergonha) "Bonifácio meu, por que não me ama mais? Ai, sorte cruel a minha: quando ele me queria eu me neguei, e agora que eu o quero tanto, ele se nega! Ai, chagas do meu coração."

BONIFÁCIO: Será possível? Tem certeza de que ela está falando assim mesmo?

LÚCIA: Você, com sua incredulidade, me faz perder o juízo e fazer coisa que nunca fiz... renegar minha palavra. Uh, uh, uh, pobre da dona Vitória, em que ratoeira ela foi cair! Mas você dizia amá-la! Agora, só agora percebo tudo! Em toda Nápoles não há homem mais fingido que você. Ai de mim, o que faço pra ela agora, coitadinha?

BONIFÁCIO: Tá bem. Acredito, acredito, Lúcia. Não chore! Não que eu não confie em você, só fiquei pasmo! Uma mulher que sempre foi tão rude comigo quanto é bonita. Que influxo astral pode ser o que me concede a graça de uma mudança dessas naquele peito de aço?

LÚCIA: O quê? Se eu não estivesse lá para segurá-la, ela teria ido pra sua casa! Eu é que lhe disse, "Está maluca? O que a mulher dele vai dizer? E os vizinhos? Vão falar mal da senhora, dirão que ficou doida." E disse também, "Não sabe que ele te ama? Esqueceu as gentilezas dele, até hoje? Ou ficou cega? Tenha certeza de que ele vai ficar babando quando souber que você o quer."

BONIFÁCIO: Falou bem, Lúcia. Evangelho.

LÚCIA: É, mas ela, como se tivesse esquecido as provas do amor que o senhor mandou e eu dei pra ela, disse toda angustiada: "O céu, céu cruel, eu mereço. Se não posso ir procurá-lo, será que ele viria até a minha casa?"

BONIFÁCIO: Uh, uh, uh, mas é claro, ainda duvida disso? Como pode, vida minha!

LÚCIA: O senhor não sabe que onde o desejo cresce a esperança enfraquece? E mais: com todas essas novidades de mudança que ela viu em si mesma, é claro que receia uma mudança sua também! Ora, só quem vê um milagre acredita em outro.

BONIFÁCIO: Ah, é mais fácil uma lebre devorar uma baleia e os diabos pedirem bênção, que digo, é mais fácil que o demônio reze um Pai Nosso pelas almas do Purgatório do que eu, Bonifácio, não amar mais a minha tão querida e desejada madame Vitória. Diga logo, Lúcia, você, com essas bolsas todas, está indo pra lá agora?

LÚCIA: Ia numa vizinha devolver estes panos e também, fazendo dois serviços numa viagem, vim procurar pelo senhor. Dei sorte de encontrá-lo por aqui. O que quer fazer, então? Eu, uma vez resolvido o assunto aqui com a vizinha, volto pra lá imediatamente, para consolar a minha pobre senhora. Vou dizer então que o vi e que o senhor vai pra lá logo, certo?

BONIFÁCIO: Hoje mesmo. Prometa, jure. E diga que será o dia mais feliz da minha vida quando eu beijar aquele rosto lindo que guarda as chaves do meu coração aflito.

LÚCIA: Aflita está ela. Não deixe de ir hoje mesmo, pois ela já não come, não bebe nem dorme. Se o senhor não for, ela vai morrer! Suplico: não a faça sofrer mais do que já está sofrendo. Se o senhor ainda tiver um coração, não falte. Ela está se consumindo como uma vela ardente!

BONIFÁCIO: Deus me livre! Resolvo umas coisas e já vou.

LÚCIA: Resolve nada. Quais coisas? Só tem uma coisa que o senhor tem que resolver. O senhor não pode ser visto entrando nem saindo da casa da minha senhora. Precisa resguardar a honra dela, entendeu, seu Bonifácio? O senhor sabe que as vizinhas ficam na janela até a madrugada, assistindo todo o vaivém. O senhor tem que ir disfarçado. Use uma capa grande, como aquela do mestre Gioan Bernardo, o pintor. Ninguém vai estranhar, porque ele frequenta a casa há um tempão. Ah! Seu Bonifácio. Coloque também uma barba postiça igual à dele, caso alguém queira espiar debaixo da capa. Chegando lá juntos, eu mesma vou levá-lo até o quarto. Assim que se faz: cuidando bem da senhora, viu? Do coração dela e também da honra.

BONIFÁCIO: Muito bem pensado. Inclusive, de tamanho sou bem parecido com o mestre Gioan Bernardo. Quanto à capa, bem, devo ter uma lá em casa. Ah! Vou arranjar agora mesmo uma barba boa pra mim na loja do Pellegrino, o que faz máscaras.

LÚCIA: Então vá, depressa. Deixe-me ir, que esse negócio pesa. Espero o senhor lá!

BONIFÁCIO: Vá com Deus. Até breve!

Cena 7

(*Bonifácio, sozinho*)

BONIFÁCIO: Virgem Maria! Pelo que a Lúcia disse, acho que aproximei muito a boneca ao fogo. Será que a esquentei demais? A pobre da mulher ficou enfeitiçada mesmo; quase que se derrete de amor! Jesus! Me deu até vontade de chorar. Obrigado, mestre Scaramuré, benza-lhe Deus! Grande homem! Não tivesse me avisado "cuidado para que a mulher não derreta", acho que teria feito uma besteira! Nem quero pensar! Ainda há quem despreze a magia!

Cena 8

(*Bonifácio, Marta*)

MARTA: Olha quem está por aí: um pedaço de asno. Se fosse um asno inteiro, pelo menos serviria para alguma coisa. Procurando comida, seu bom-pra-nada?[276]

BONIFÁCIO: Chegou, querida dona Marta? Seu marido se mete a filósofo, você a filósofa. Não me admira que dissseque vocábulos. O que significa "bom-pra-nada"? Eu sou educado com as pessoas na frente e por trás. Por que zombar de mim?

MARTA: Como vai a sua bolsa?

BONIFÁCIO: Como o cérebro do seu marido faz de conta[277]. Vazia de dar pena.

MARTA: Não falo desta, mas da outra bolsa, a de baixo.

BONIFÁCIO: Agradeço o interesse. A senhora anda procurando defeito nos outros que nem médico. Se o seu remédio servisse, já teria pedido; mas é que não gosto de sopa requentada[278].

MARTA: Está me chamando de coisa velha[279], seu vara-murcha?

BONIFÁCIO: Coisa velha, não: coisa morta. A mulher, quando chega aos 35, deve fechar a biroska e seguir em paz para o purgatório, fazer penitência pelos vivos.

MARTA: Nós, mulheres, é que poderíamos dizer isso de vocês, homens!

BONIFÁCIO: Pena que Deus todo-poderoso não tenha ordenado o mundo desse jeito. A fêmea é para o homem e não o homem para a fêmea. Vocês mulheres foram feitas para o serviço que a senhora sabe; quando não servem para aquilo, podem ir pro

---

276. Do it. *Messer Buon-in-faccia*, deformação do nome de Bonifácio.

277. Do it. *Come il cervello di vostro Martino, volsi dir marito* (do seu Martino, quero dizer, marido). Martino é o corno por antonomásia.

278. Do it. *si volete della broda, andate a Santa Maria della Nova* (Se quiser da sopa, vá para Santa Maria della Nova). Os monges deste convento eram ditos *brodaiuoli* com alusão ao *brodo* (sopa rala) que distribuíam aos pobres.

279. Do it. *cosa da frati*. Os frades se contentariam com qualquer mulher.

inferno porque no mundo não há vaga pra vocês. No altar em ruínas, não se acende vela. Em arca arrombada, não há mais tesouro nenhum.

MARTA: O senhor não se acanha de falar desse jeito, seu velho? Para os jovens, as jovens. Para os velhos, as outras.

BONIFÁCIO: Se não, é só pegar uma fresquinha, defumá-la e pendurá-la na lareira. Não foi isso que os médicos receitaram ao patriarca Davi e ao santo padre que morreu agora há pouco?[280] E dizia: "Mexe, mexe: chega de beijo." Mas em vez de ser chupado, chupava: enfim, se animou demais e acabou daquele jeito...

MARTA: Muita pimenta no mingau.

BONIFÁCIO: Acontece, minha cara, que gato velho só gosta de ratinho novo.

MARTA: Isso vale pro gato velho e não pra gata velha?

BONIFÁCIO: Já disse: Deus fez as mulheres para os homens; e não os homens para as mulheres.

MARTA: Aí está a desgraça, porque vocês advogam em causa própria. Enquanto entre nós, mulheres, muitas são aquelas que...

BONIFÁCIO: ...que se submetem.

MARTA: Eu não ia dizer isso. Mas depois vem a vingança. As mulheres são o merecido castigo dos homens.

BONIFÁCIO: É verdade. Elas, deles; e eles, delas.

MARTA: Ih, ih, ih.

BONIFÁCIO: Ah, ah, ah.

MARTA: Vem cá, como vai a sua esposa? Parece que a deixa morrer de sede. E ela não é linda e novinha? No fundo, por melhor que seja a carne, adeus apetite se você come dela todo dia. Acaba topando coisas bem piores! Não é verdade?

BONIFÁCIO: A mim, você diz isso? Fala por falar? Deixe de brincadeira, dona Marta, minha amiga. Eu sei que a senhora sabe de muitos segredos; bem que poderia me ajudar a ganhar a batalha essa noite. Com minha esposa, viu? Apostei que passamos de quatro vezes. Seja gentil, ensine-me a receita de alguma poção que me mantenha duro na sela...

MARTA: O seguinte: recolha xixi, suor, porra de um pau adulto e deixe ferver, misture bem e aplique. Aí, quando fizer efeito, se deus quiser, segure firme nos arreios e vá galopando, galopando. Cuidado para não cair e rachar o cu no estribo.

---

280. A *Bíblia* conta que o rei Davi dormia com uma garota como remédio à velhice (*1 Reis* 1, 4). A alusão ao papa Inocêncio VIII, que se dizia ter se alimentado nos últimos meses da vida só de leite materno, tem sentido obsceno.

BONIFÁCIO: Por São Pilastra[281], você é uma profissional, hein, dona Marta! Hi! Já é tarde! Deixe-me ir que tenho um negócio urgente para resolver. Adeus!

MARTA: Adeus! E se encontrar aquela salsicha defumada do meu marido, diga que estou esperando por ele, que tenho um problema urgente!

Cena 9

(*Marta, sozinha*)

MARTA: *Nez coupé n'a faute de lunette*[282], bem dizia o meu grande amigo Jean da Bretanha, que foi quem me introduziu a língua francesa (e que língua a dele!), quando eu tinha apenas doze aninhos. Faz sentido: mesmo você sendo o mais pobre entre todos os franceses, o Rei da França será sempre mais necessitado do que você! Explico: quem mais tem, mais necessita, mais exige, mais planeja e menos goza. Quer ver? O príncipe de Conca[283] mantém seu principado tirando prata e meia por dia; enquanto, com dez mil pratas, o rei da França não dá conta de sustentar o reino. Quem dos dois é mais rico? Quem será mais satisfeito: aquele que ganha pouco ou aquele que gasta demais? Após a derrota de Pavia[284], ouvia-se dizer, o rei da França precisou de oito milhões [para pagar o resgate][285]. E quando é que o príncipe de Conca precisou de mais do que vinte pratas pros negócios dele? Nem caberia a ele gastar mais do que isso. Então: quem desses dois é menos necessitado? Tadinha de mim, digo isso porque sei o que digo. Eu por mim era bem mais feliz antes de aquele babuíno do meu marido querer ficar rico pra gastar dinheiro. Brincávamos de coxa no colo, de chave de perna, de anelzinho, de gangorra, de sapinho, de carrinho de mão, de encaixe, de quatro puxadas e quatro estocadas, de três buracos e de buraquinho! A noite toda e parte do dia celebrando o ofício. E agora? Herdou uns escudos

---

281. Em it., *San Fregonio*, sendo que *fregare* pode significar "foder".
282. Do francês: "A nariz amputado não fazem falta os óculos."
283. Giulio Cesare de Cápua ganhou, em 1526, o título de Príncipe de Conca (localidade pobre perto de Caserta). Administrador parcimonioso, deixou uma fortuna para o filho, que a dissipou.
284. Em 1525, o exército francês, conduzido pelo rei Francisco I, foi derrotado em Pavia pelos espanhóis do marquês Ferdinando Francisco d'Avalos. O rei foi capturado e ficou preso na Espanha. Para ser solto e voltar à França, teve que pagar um resgate.
285. Um conto (esp. *cuento*) de ouro valia um milhão de moedas.

do tio Pucciolo (maldito seja até no Paraíso) e pronto, olha ele lá angustiado, tormentoso, inseguro, atribulado e suspeitando ser roubado por um, enganado por outro, assassinado por qualquer um. E corre pra lá, pra cá, enche e esvazia e mói e côa e bufa e sua, 24 horas por dia. Vou ter que agradecer Barra Se não fosse por ele, hoje eu teria que admitir que faz sete meses que não chove em meu jardim. Ontem mandei rezar uma missa a Santo Elias para parar a seca![286] E hoje de manhã gastei mais uma grana para mandar celebrar pra São Joaquim e Santa Ana[287]; ela é milagrosíssima com coisas de marido e mulher. Mas acho que estava com defeito essa missa, o padre que não soube fazer, alguma coisa deu errado porque, enquanto eu esperava a graça, o maldito, em vez de largar a fornalha dele e vir pra minha, sumiu. Até agora não voltou: toca-me ir procurá-lo. Bom, quando menos se espera... precisa ter fé. Não disse? Me parece que é ele que vem.

Cena 10

(*Bartolomeu, Marta, Mochione*)

BARTOLOMEU: Ai de mim, derrotado, ai, desgraçado que eu sou!
MARTA: Desgraçada sou eu. Chora por quê?
BARTOLOMEU: Choro, sim: choro. Fiquei sem ouro e sem esperança[288]. Como que não achou, seu cabeça oca? O que ele disse, exatamente? Repita. Preste atenção, hein!
MOCHIONE: Sim, senhor. Ele disse que não tem deste e que não sabe onde pegar e que foi mestre Cencio que deu pra ele e que já acabou e que nem sabe o que é esse tal de *pulvis Christi*.
BARTOLOMEU: Ai, desenganado Bartolomeu.
MARTA: Viu! Graças ao meu Jesus e Maria Santíssima de Piedigrotta, minha Senhora do Rosário e Virgem do Monte, Santa Maria Aparecida, advogada nossa![289] Aleluia! Aleluia! Lave o mal com tina e

---

286. O profeta Elias anunciou a chuva após o flagelo da seca, que caiu sobre Achab e Jezabel (cuja população adorava Baal) e durou três anos. *1 Reis* 17. Mas, para Marta, trata-se agora de outra seca.
287. Os genitores de Maria.
288. Do it. *peggio che l'oglio et il sonno* (perdi mais do que azeite e sono).
289. Pela graça recebida, Marta invoca Maria, da qual é devota sob várias espécies: Santa Maria de Piedigrotta, casamenteira muito cultuada em Nápoles; a Virgem do Rosário, venerada na Itália toda; Donna do Monte, venerada em Nápoles na igreja de Santa Maria em Montevergine; Santa Maria Apparete, venerada num santuário aos ▶

cuia! Padre Eterno, mande o ruim pro Inferno! Sai, sai, malefício! O que foi, Bartolomeuzinho meu xodó?
BARTOLOMEU: Cala a boca, maldita. Logo agora! Vá pra casa com seu demônio, que eu tenho coisa pra resolver. Não vê? Vou me enforcar. Mas antes vou ver aquele herborista. Cadê? Deixou na loja?
MOCHIONE: Sim senhor. Por aqui é mais rápido.
MARTA: Ai, como dói. Vou voltar pra casa e aguardar notícias. Acho que os meus santos me fizeram uma graça que é uma desgraça. Não! Não sei mais o que digo. Salve Regina, afasta de mim a ruína. *Giesu auto et transi per medio milloro mi batte*[290]. Ei, este que vem atrás de mim não tem cara de gente boa não. Só pode ser malandro. Melhor sair fora.

Cena 11

(*Manfúrio, sozinho*)

MANFÚRIO: Nos erasmos de Adágio, digo, nos adasmos de Erágio – que esquisito! – digo, nos adágios de Erasmo tem um, entre muitos, que recita: *A toga ad pallium*[291]. É o que ocorre justamente a mim neste dia famigerado, *nigro signandus lapillo*[292]. *O caelum, o terras, o maria Neptuni!* Primeiro aquele vil gatuno me furtou as moedas, depois apareceram aqueles outros três, com o pretexto de ajudar, os quais, não diria com destreza, mas com ato sinistro[293], me demitiram com este capote puído nas costas e com este bonezinho gasto na cabeça, boné o qual parece ensebado *vel* calefatado *vel* curtido ou encouraçado no meio por causa do suor da testa[294], enquanto levaram meu feltro e minha capa doutoral. *Proh deûm atque hominum fidem*[295], caí do espeto na brasa[296]. Me induziram dizendo "venha

▷ pés do monte Cicala onde Bruno nasceu; Santa Maria de Scafate, dita Madonna dei Bagni, por ser venerada em Scafate, praia perto de Salerno. "Advogada nossa" é a reza do *Salve Regina*, atribuída a São Tomás.
290. Corruptela da passagem evangélica que, acreditava-se, tinha poderes terapêuticos: *Ipse autem transiens per medium illorum, ibat* ("Ele, porém, passando pelo meio deles, prosseguia seu caminho...", *Lucas* 4, 30).
291. "Da toga ao pálio", vale dizer, de uma condição favorável para outra pior.
292. "Que deve ser marcado com uma pedrinha preta", vale dizer, um dia infausto.
293. Do lat. *non inquam dexteritate, sed sinisteritate quadam*. *Destro* e *sinistro* são os lados do corpo em italiano.
294. Do lat. *versus centrum et in medio, prae nimii sudoris densitudine*.
295. "Em fé de deuses e homens."
296. Do lat. *delapso a patella ad prunas*.

conosco, professor, pois acharemos o malandro". Eu os acompanhei *bona fide*[297] até que, chegados ao destino o qual, como me fizeram crer[298], era a residência de uma tal senhora meretriz, me deixaram esperando no térreo, com o seguinte raciocínio: "é melhor que a gente vá em frente, pra não aparecer *ex abrupto*, e você fique aqui até que alguém mande subir pra fechar o negócio da devolução com a menor *excandescentia* possível". Eu aguardei por longo intervalo, deambulando e planejando os argumentos com os quais iria confundir o malandro, após isso, já que ninguém me convocava, subi pela escada e bati na primeira porta, onde me foi dito pra passar, pois ali só havia empregados. *Aliquantolum progressus*[299], bati na porta de outra moradia, talvez fosse a mesma, onde uma velhota me disse que, se quisesse entrar, tudo bem, mas que havia sobrado pouca coisa, *minime contemnendae*[300] meninas, ao que repliquei que perseguia outra assombração. *Ulterius progressus*[301] me encontrei fora da casa pela porta posterior que dava numa outra pracinha. Enfim *de necessitate consequentiae*, ou seja, concluindo, portanto, fui enganado com certeza, sendo que a moradia da dita senhora *duplici constat exitu et ingressu*[302]. Voltei e *percunctatus sum* se por acaso tivesse outro receptáculo na casa onde aqueles pudessem estar congregados; foi-me dito: "Amigo, ou entraram pela frente e saíram por trás; ou entraram por trás e saíram pela frente." *Tunc statim*[303], temendo incorrer em alguma outra ajuda ou aconselhamento parecido aos pretéritos, me afastei e, *iuxta* a sentença pitagórica[304], faz um tempão que tento regressar, evitando as ruelas e vagueando pelo bairro. *Quandoquidem*[305] há tal frequência de gente parada e de transeuntes que receio topar com algum conhecido com tal vestimenta imunda, em prejuízo da minha reputação; melhor que eu me retire neste canto; vejo aproximarem-se duas *mulierculae*.

297. "Em boa fé".
298. Do lat. *ut facile crediderim*.
299. "Procedendo um pouco".
300. "Nada desprezíveis".
301. "Procedendo mais à frente..."
302. "Esta casa tem duas entradas e saídas..."
303. "Então, logo..."
304. "Conforme". Manfúrio cita os versos do *Carmen aureo*, atribuído ao filósofo grego Pitágoras, em que se aconselha a aguentar com firmeza as desgraças enquanto busca-se um remédio contra elas.
305. "Dado que, visto que..."

Cena 12

(*Querubina, Lúcia*)

QUERUBINA: Minha Santa Luzia!

LÚCIA: Advogada nossa, salve, salve!

QUERUBINA: Você acha mesmo que vestida desse jeito fico parecida com dona Vitória?

LÚCIA: Juro pelos mistérios do rosário, e olhe que acabei de rezar agora, dona Querubina, juro que são tão parecidas que eu mesma me confundi! Pensei que a senhora fosse ela! A senhora tem até a mesma voz, quase que diz as mesmas coisas que ela! Então, preste atenção pra não falar alto com o seu marido, viu, e peça pra ele falar baixinho também por causa dos vizinhos que escutam pelas paredes. Quanto ao rosto, o seu é tão liso e branco e fresco, até bem mais que o de madame Vitória.

QUERUBINA: Deixe o quarto no escuro até o meu sinal, para que eu possa trabalhá-lo direitinho, nas intenções e de fato.

LÚCIA: Coitado do bichinho, um pouco de prazer antes do suplício que o espera. Faça-o descarregar pelo menos uma vez, pra ver se acredita mesmo nesta santa.

QUERUBINA: Pode deixar; acho que vai dar uma boa cena pra vocês. Vou me mostrar toda inflamada de amor, dar-lhe aquele beijo de urso, morder-lhe as bochechas e chupar a boca de um jeito que ele vai ficar berrando pra todo mundo ouvir. Vão gostar da comédia. E direi: "Coração, não grite assim, se não vão descobrir! Machucou? Perdão, vida minha, é tanta paixão."

LÚCIA: Virtudes da arte mágica!

QUERUBINA: Pois é. E vou dizer: "Estou com tanta sede que chuparia até os seus ossos."

LÚCIA: Paixão de cobra!

QUERUBINA: Ah, mas não acabou! Depois pego sua língua nos dentes e aperto, e não largo até ele gritar umas três ou quatro vezes.

LÚCIA: Ih, ih, ih. Vou avisar a dona Vitória: "Esta é a hora da língua!" Não vai nem poder reclamar. De tanto urrar vai peidar aquele amor todo pelo rabo.

QUERUBINA: Aí, eu digo: "Lindinho, minh'alma e chaga do meu coração, aguenta. É a chama do amor que me esquenta desse jeito e me faz delirar."

LÚCIA: Dona Querubina, a senhora é danada! O seu marido vai pensar: que cachorra é esta!

QUERUBINA: Era só o primeiro ato. Quando estiver pronta para deitar na cama, arrumo uma posição para mostrar-lhe o portão principal bem aberto. Fico em posição bem gostosa pra ele sacar o membro mas, antes que ele entre na *attollite porta* e reze o *gloria*[306], pego com as duas mãos os testículos e a verga e torço assim, ó, que nem pano de chão. Ainda digo: "Oh, meu bem-amado, oh, esperança da minh'alma inflamada, antes me arrancarem as mãos que arrancar você de mim." Nesse caso, as mãos não vão servir para defendê-lo.

LÚCIA: Hi, hi, hi. Vai doer tanto que até Hércules ficaria de quatro, não é? Afinal, mulher é mulher.

QUERUBINA: Ele vai gritar tanto que toda Nápoles vai escutar. Se não gritar direito, pior pra ele, porque vou torcer mais. Então, Lúcia, nesse terceiro sinal de gritos, você entra correndo com todos os criados e as luzes. Vamos nos ver todos cara a cara, com a ajuda de Santa Luzia[307]. No que vai dar depois, veremos.

LÚCIA: Combinado. A senhora agora segue até a casa de madame, caminhando daquele jeito e com o rosto velado, né? Já sabe. Se por acaso topar com ele no caminho, não fale nada, que ele também não vai, porque não é conveniente no meio da rua. Faça uma reverência e, uns passos mais adiante, solte um suspiro ardente. Entre direto em casa, a porta está aberta. Eu preciso resolver um negócio. Depois vou procurar o bode e o levo até em casa. Relaxe! Vai dar tudo certo. Adeus.

QUERUBINA: Adeus, até logo.

Cena 13

(*Lúcia, sozinha*)

LÚCIA: Quem acha que a Quaresma é longa, compre a prazo no Carnaval pra pagar na Páscoa[308]. Sábio ditado. Nossa, hoje o dia passou como um raio, de tanta coisa que tive que armar. Choquei tão bem esse ovo pra rachar ainda à noite, que não vejo a hora. Tudo está saindo bem. Agora só falta explicar a brincadeira toda pro mestre Gioan Bernardo. Ele precisa chegar no momento certo, com os outros. Cada golpe tem que ter seu tempo se há muitos que batem na bigorna. Hi! É ele mesmo que vem vindo.

---

306. Duplo sentido das palavras da liturgia do primeiro domingo de Advento: *Tollite portas, principes, vestras et introibit rex gloriae* (Príncipes, abram as portas pois o rei da glória entra).

307. Protetora da visão.

308. Como a Quaresma parece longa, o jeito para encurtá-la é contrair uma dívida para pagar na Páscoa, logo depois da Quaresma.

Cena 14

(*Gioan Bernardo, Lúcia*)

LÚCIA: Bem na hora!
G. BERNARDO: Então, Lúcia, o que tem feito?
LÚCIA: De tudo. Escute bem. Mestre Bonifácio está aqui em casa disfarçado do senhor. Isso mesmo. Colocou até uma barba igual à sua. A mulher dele, Querubina, toda produzida com uma roupa de dona Vitória, o espera lá dentro. Sanguino está de barba branca, bancando o capitão Palma junto com os outros, Marca, Floro, Barra e Corcovizzo, fazem os guardas.
G. BERNARDO: Encontrei a turma agora mesmo, bem aqui no pedaço, na loja de costura. Eu também vou ficar de prontidão por aqui, esta iguaria não me escapa. Você falou com a Querubina? Ela sabe de mim?
LÚCIA: Deus me livre! Acha que sou boba?
G. BERNARDO: Sempre tudo direitinho! Merece um beijo.
LÚCIA: Muito agradecida, mas preciso mesmo é de outra coisa.
G. BERNARDO: Só o sinal, querida Lúcia. Não tem outra que trabalhe tão bem quanto você.
LÚCIA: Ah! Mas o senhor não sabe que voltas eu tive que dar para armar a brincadeira toda; convencer o seu Bonifácio de ser o novo amor da dona Vitória, depois fazer com que se disfarçasse daquele jeito, enfim trazer a dona Querubina ao ponto que está. Você vai ficar maravilhado com o arranjo que lhe fiz.
G. BERNARDO: Tenho certeza de que você saberia soltar nós bem mais atados do que este. Mas não dá tempo de conversar agora. Tenho que ir. Se o seu Bonifácio chegasse agora e me visse aqui com você, a sopa ia ficar salgada demais, né?
LÚCIA: Saia e fique aguardando com os outros, que com ele eu resolvo.

Cena 15

(*Manfúrio, sozinho*)

MANFÚRIO: Não tem ninguém por aqui. Vou deambular um pouco. Vi aquelas duas confabulando e depois uma ficou fazendo graça com o pintor. A jovem deve ser uma daquelas *lupae*, de onde tira-se o vocábulo *lupanar*. Sem dúvida, a velha é uma *lena*! Neste caso, à confabulação dela aplicaremos a definição de *lenocinii specimen*[309]. *Ergo*, concluímos[310] que o pintor é *aliquantolum* fornicador. Vejo apropinquar uma caterva: melhor me retirar *iterum*[311].

Cena 16

(*Manfúrio, Sanguino disfarçado de Capitão Palma, Marca, Barra, Corcovizzo, de guardas*)

SANGUINO: Aquele lá que foge e se esconde não deve ser uma alma boa. Será que tem a consciência suja? Purgatório nele! Guardas, peguem-no.

BARRA: Alto lá! Levante! Seu nome!

MANFÚRIO: Meu nome é *Manphurius, artium magister*. Não sou dado a malfeitorias ou a quaisquer iniquidades, cobiças, falso testemunho ou alienação de coisas e mulheres alheias que seja[312].

MARCA: Que diabo está falando? É magia negra ou bula de remédio?

CORCOVIZZO: Parece missa pra defunto.

SANGUINO: Qual é seu ofício? Deve ser padre.

MANFÚRIO: *Ego sum gimnasiarca*.

SANGUINO: Pois amarrem bem o senhor Asnarca e levem-no pra delegacia.

CORCOVIZZO: Estenda as mãos, seu bezerro desgarrado. Venha, que hoje vai dormir hospedado num palácio do Rei[313].

MANFÚRIO: Senhores *domini*, juro que sou um mestre de escola ao qual, nessas horas passadas, a caterva vulgar raptou todos os bens e vestimentas.

---

309. "Sob aspecto de lenocínio".
310. Do lat. *sequitur conclusio*.
311. "De novo".
312. Do lat. *Non sum malfactore, non fur, non moechus, non testis iniquus: alterius nuptam, nec rem cupiens alienam*.
313. A cadeia, enquanto edifício público, pertencia ao reinado, no caso, à casa espanhola dos Augsburg, sendo que Nápoles era governada por um vice-rei. Entre o século XIII e o século XIX, todo o Sul da Itália, incluindo Nápoles, foi dominado por exércitos e dinastias estrangeiras: os angioinos (1282-1442), os aragoneses (1442-1501), o ramo espanhol dos Augsburg (até 1707) e finalmente os Augsburg da Áustria (1707-1734). Após a Revolução Francesa, com as campanhas napoleônicas, constituiu-se o reino das duas Sicílias, sob o domínio da casa francesa dos Bourbon, enquanto os austríacos se instalaram no Norte; os dois exércitos (francês e austríaco) foram confrontados por Giuseppe Garibaldi em diversas expedições revolucionárias, entre 1848 e 1861; a ocupação estrangeira teve fim somente com a proclamação da Itália Unida (1861).

SANGUINO: Por que foge da polícia? Não, não: você deve ser ladrão, inimigo da lei. Amarrem firme.
MANFÚRIO: Não me batam! Fugia para não ser visto nestes trajes inadequados!
SANGUINO: Ô, galera. Prestem atenção. Vocês não reconhecem o malandro aqui? Não veem que esta capa que ele veste é a que foi roubada do nosso amigo Tiburolo na Alfândega[314], semana passada?
CORCOVIZZO: Desculpe, capitão, mas não é, não. Aquela capa lá tinha cadarços amarelos no colarinho...
SANGUINO: Então? Estás cego? Não são cadarços estes? E não são amarelos?
CORCOVIZZO: Por santa Matraca! É verdade! Mas então foi ele!
MANFÚRIO: Ai, por que me flagelam? Eu já disse que foram alguns celerados ou, *ut more vestro loquatur*[315], malandros que me deram esta capa, em troca da minha toga acadêmica.
MARCA: Corpo de Nossa Senhora, que acadêmico o quê! Este aqui é um malandro de primeira!
SANGUINO: Já se vê logo que você se esconde da justiça e que a capa foi roubada. Levem-no! Pra delegacia! Depois veremos quem roubou a quem.
MANFÚRIO: Levem-me para a residência do meu mecenas, no bairro de Vergini[316]. Vou provar que não sou um facínora!
SANGUINO: Ora essa, já se viu polícia deixar ladrões em casa? Vamos pra delegacia, lá vai provar o que quiser pro delegado.
MANFÚRIO: Senhores, *sum eruditus*, não mereço ser com tais impropérios *afflictus*!
MARCA: Fala como um cristão, para que se entenda!
BARRA: Está falando como um cristão: parece o padre na missa.
MARCA: Será que é um monge excomungado?
CORCOVIZZO: Pois é. Deixe-me ver. *Domine abbas, volimus comedere fabbas?*[317]
BARRA: *Et si fabba non habbemo, quit comederemo?*
MANFÚRIO: *Non sum ecclesiasticus.*
MARCA: Será? Até hóstia na cabeça tem!
MANFÚRIO: *Hoc este calvitium*[318].

---

314. A alfândega (*dogana* ou *fondaco regio*) era locada, nos tempos de Bruno, ao lado do antigo Arsenal de Nápoles.
315. "Pra falar como vocês".
316. Bairro residencial fora das velhas muralhas de Nápoles, perto da igreja de Santa Maria dei Vergini.
317. Imitando o latim, com efeitos macarrônicos, Corcovizzo diz: "Senhor prelado, quer chupar favas?", ao que Barra responde: "E se não tiver favas, vai chupar o quê?"
318. "É a calvície."

BARRA: Ah, é vício! Pois então vai pagar por ele. Tome penitência, seu pervertido!
MANFÚRIO: Ai! Ai! É calvície, não vício[319]. Não me torturem, vou dar queixa. Não se faz isso com um homem de letras, com um mestre!
SANGUINO: Que mestre o quê! Um bom mestre não mente, não rouba e não tem vício nenhum. Levem-no!
MANFÚRIO: Posso recitar cem versos do poeta Virgílio, *aut per capita*[320], a *Eneida* inteira! Começa o primeiro livro com: *Ille ego qui quondam*; ou então, na versão atribuída ao Varo, com: *Arma virumque cano*[321]. Segundo livro: *Conticuere omnes*. Terceiro: *Postquam res Asiae*. Quarto: *At regina gravi*. Quinto: *Tu quoque littoribus nostris*. Sexto: *Conticuere omnes*[322].
SANGUINO: Você acha que me enrola, não é? Cara de pau! Com umas besteiras em latim aprendidas ontem. Nisso que dá a ignorância! Se fosse mesmo culto, não seria tão malandro...
MANFÚRIO: Convoque então um erudito qual eu que me ponha à prova.
SANGUINO: *Cennera nomino quotta sunt?*[323] Pronto. Pode falar.
MANFÚRIO: Pergunta para principiantes, novatos, aprendizes *et primis attingentium labellis*[324]. Resposta: *masculeum idest* masculino, *faemineum idest* feminino, *neutrum* que não é nem um sexo nem outro, *commune*, que é ambos.
BARRA: Como assim? Macho e fêmea?
MANFÚRIO: *Epicoenum* que não distingue um sexo do outro.
SANGUINO: Então é isso que você é: epi...quê?
MANFÚRIO: *Quae non distinguunt sexum, dicas epicoena*[325].
SANGUINO: Diga, *magister*: são coisas pra ensinar à criançada?
MANFÚRIO: Está na gramática dispauteriana: *Omne viro soli quod convenit, esto virile*[326].
SANGUINO: Traduza.

---

319. Do lat. *Dixi calvitium, quasi calvae vitium*: "Eu disse calvície, quase um vício do crânio."
320. "Ou somente os versos iniciais".
321. Alguns comentaristas atribuem os primeiros versos da *Eneida*, com a exposição sintética do poema, não ao poeta Virgílio, mas a Varo, amigo dele que, junto com Tucco, organizou a primeira edição da obra.
322. Os *incipit* do quinto e sexto livros da *Eneida* estão errados; trata-se de um erro do autor, ou do Manfúrio.
323. Corruptela do lat. *Genera nominum quot sunt?* (Quantos são os gêneros nominais?)
324. "E dos que sugam com a boca os primeiros rudimentos".
325. "Diga-se comum o que não pode ser masculino nem feminino."
326. Primeiro verso dos *Commentarii*, de Jean Despautère, o gramático belga já citado por Bruno (nota 109): na citação correta, *Omne nomen soli viro datum est* ▶

MANFÚRIO: *Omne – idest totum, quidquid, quidlibet, quodcumque universum; quod convenit – quadrat, congruit, adest; viro soli – soli, duntaxat, tantummodo, solummodo viro, vel fertur a viro; esto – idest sit, vel dicatur, vel habeatur; virile: idest,* ou seja, resumindo: somente convém aos homens o que é viril.
SANGUINO: Ouviu só que porcaria de ideias estes acadêmicos enfiam na cabeça de nossas crianças? Somente convém aos homens, quer dizer, é do gosto dos homens e não das mulheres, ele disse, é o membro viril.
BARRA: Ele disse isso mesmo: boa aula! Deus me livre!
MANFÚRIO: *Nego, nego.* Eu não disse isso que vós entendestes. Vejam no que dá instruir iletrados! Eu disse do gênero que convém ao macho!
SANGUINO: Que é a fêmea, seu cachorro pervertido.
MANFÚRIO: Os senhores chamam de viril o gênero másculo, *proprie et ut pars*[327], enquanto o outro é feminino *ut portio, et attributive vel applicative*[328].
SANGUINO: Rápido, prendam o sujeito no quarto, depois levaremos pra delegacia. Cuidado, é dos perigosos. Faz pose de mestre, e olha a arte dele: esfolar cabritos[329].
MANFÚRIO: Oh, *me miserum*. Verbalizei em vão. Oh, *diem infaustum atque noctem*![330]

FIM DO QUARTO ATO

Ato v

Cena 1

(*Bonifácio, Lúcia*)
BONIFÁCIO: Ô, ô, ô!
LÚCIA: Bem-vindo, mestre Gioan Bernardo...
BONIFÁCIO: Lembre-se de que eu sou Bonifácio, e não Gioan Bernardo, hi hi hi!

▷ *masculini genere* (um substantivo atribuído somente aos homens será de gênero masculino). Ou seja, trata-se de uma observação da ordem do gênero gramatical.
327. "De modo específico, absoluto e também por partes".
328. "Como uma relação externa, algo que é atribuído".
329. Metáfora que alude à pederastia.
330. "Ô dia e noite sinistras!"

LÚCIA: Nossa! Juro que esqueci! O senhor está tão bem disfarçado que só falta o nome mesmo!
BONIFÁCIO: Ótimo, me chame então assim, hi, hi, hi, pois se alguém me vir, vai pensar que ele sou eu... uh, uh, uh!
LÚCIA: Está tremendo; o que é?
BONIFÁCIO: Nada, ah, ah, ah, Lúcia, repare que caso alguém me conhecendo por Gioan Bernardo, oh, oh, oh, queira falar com ele, é você que vai responder, eh, eh, eh! Eu finjo que estou de mal e sigo adiante, viu, uh, uh, uh: você diga pra deixar passar, pois são coisas que acontecem, eh, eh, eh.
LÚCIA: Ah, sim, claro. Deixe comigo.
BONIFÁCIO: Ô, ô, ô!
LÚCIA: Mas por que treme assim? É frio ou medo? O que há?
BONIFÁCIO: Querida Lúcia, ah, ah, ah, é a tremedeira do amor; estou todo arrepiado de pensar que agora mesmo vou ficar juntinho dela, ah, ah, ah!
LÚCIA: Ah, tá bom. Agora entendi: como quando se tem alguma coisa gostosa quase na mão. Já já estará com sua amada, falta pouco.
BONIFÁCIO: Madame Vitória minha! Aquele peito de aço, ah, ah, ah... que quase me fez morrer... ai, ai... Meu bem!
LÚCIA: O senhor é o bem dela também. Juro por aquele santo que dividiu a capa pelo amor de Deus[331], que este seu sangue quente derreteria um diamante. Sabe que o senhor hoje está mais bonito do que nunca? Deve ser efeito do amor, não?
BONIFÁCIO: Vamos, vamos que não me aguento nas calças... Ô, ô.
LÚCIA: Não deixe escorrer que Deus castiga![332] Ah, ah, ah, essa é boa! Também, se escorrer agora, esfregando bem vai ter mais.
BONIFÁCIO: Pode crer, mas vá, vá.
LÚCIA: Vamos logo.

Cena 2

(*Bartolomeu, Consalvo, Mochione*)

BARTOLOMEU: Seu traidor, ladrão, assassino, como que não sabe o que é o *pulvis Christi*? E aquele diabo de pó que você me deu da outra vez? Ai, pobre de mim, estou acabado, ultrajado! Você me paga!

---

331. São Martinho, em um dia frio, doou metade de sua capa para um mendigo.
332. O Deus bíblico amaldiçoa Onan (*Gênesis* 38, 9) que *semen fundebat in terram ne liberi nascerentur* (deixava escorrer o esperma no chão, de modo que não nascesse criatura alguma).

CONSALVO: Ô, é melhor você ficar quieto senão Nápoles inteira vai saber dessa história. A garotada vai lhe tratar igual maluco, não conseguirá mais nada.

BARTOLOMEU: Você acha que com essa bobagem eu fico quieto?

CONSALVO: Então grite se quiser! Grite até rachar a garganta! Ora, como é que eu ia saber que o negócio era furado? Faz mais de um mês que aquele amigo seu, Cencio, veio me encomendar um monte de mercadoria, alume, chumbo, prata, enxofre amarelo e vermelho, ervas, sal, amônio e não sei mais o quê. Eu disse que tinha tudo. Aí ele me disse "você vai ser meu fornecedor para um trabalho. Guarde pra mim este pó, o tal do *pulvis Christi*, e mande somente a quantia exata de cada pedido. Guarde esta caixinha também, com umas coisas minhas muito preciosas".

BARTOLOMEU: E não voltou pra pegar a caixinha?

CONSALVO: Ainda não. Por isso eu digo, fique quieto, pois se vier buscar a caixinha, não vai sair da minha loja tão cedo.

BARTOLOMEU: Ah, sim! Mas parece que ele já se mandou com o carro da madrugada. Você não ouviu isso, Mochione?

MOCHIONE: Estão todos falando, patrão.

CONSALVO: Pois é. Mas não é problema meu! Você que tinha que saber dele, estava até morando na sua casa! Mais de quinze dias ele ficou lá. Depois que saiu da sua casa e até hoje, eu sei lá onde ficou! Você em pessoa mandou entregar por este empregado um ou outro pedido seu; aquele pó de Cristo, ou como diabo se chama, da primeira vez você mandou entregar metade e, na segunda, o restante. E era tudo que eu tinha. Hoje, você manda buscar uma quantia que aquele saquinho que guardei não daria nem a décima parte! Fiquei pasmo! O seu alquimista Cencio não me deu nem mais um grama!

BARTOLOMEU: Vocês armaram tudo pra me ferrar[333].

CONSALVO: Me respeite. Faz muito mal de pensar mal de mim; está doido? Ah, dane-se. Basta um pra lhe ferrar. Como é que eu vou saber das suas histórias: dez anos que a gente não se vê! Você mandou pedir mercadorias na minha farmácia, eu entreguei e pronto.

BARTOLOMEU: Ai de mim, ele me disse que o pó era ouro pulverizado, que um efeito mágico transformava. Realmente pesava mais de que qualquer pó que eu conheça. Por isso, acreditei que gerasse pepitas! Maldito [Cencio] e o dia que o encontrei. Vou me enforcar.

---

333. Do it. *mi avete piantato il porro dietro* (me enfiaram o alho-poró no cu).

CONSALVO: Pode ir.
BARTOLOMEU: É, mas antes enforco você, seu trapaceiro traidor.
CONSALVO: Quero ver. Mentiroso! Ah, vá se enforcar mesmo, você não presta. Vá buscar seu *pulvis Christi* em outro lugar, maluco!
BARTOLOMEU: Como posso recuperar meu dinheiro?
CONSALVO: Você faz igual ao seu amigo, sempre que encontre um idiota feito você e com a bolsa cheia como a sua!
BARTOLOMEU: Velhaco, isso é coisa de gente da sua laia!
CONSALVO: Ah, é? Vem que eu curo essa sua loucura em dois tempos, seu bêbado de merda! Toma, vamos ver se sai pelo nariz!
BARTOLOMEU: Cornudo sem-vergonha! Toma!
CONSALVO: Ô, este remédio aqui serve. Toma!
BARTOLOMEU: Ai! Ai! Traidor! Assassino! Ai! Socorro!
MOCHIONE: Socorro! Socorro! Estão matando o patrão de porrada!
CONSALVO: Deixe comigo. Sei como sarar este doido. Ô, tome!
BARTOLOMEU: Socorro! Ele me mata!

Cena 3

(*Sanguino, Corcovizzo, Barra, Marca disfarçados de polícia, Bartolomeu, Consalvo, Mochione*)

SANGUINO: Alto lá! Polícia! Que barulheira é essa?
BARTOLOMEU: Este assassino assassinou minha bolsa e agora quer assassinar meu corpo!
CONSALVO: Capitão, este doido mente despudoradamente e ofende a minha boa reputação. Eu sou um homem honesto!
SANGUINO: Amarrem e levem os dois pra delegacia.
BARTOLOMEU: Isso mesmo: vamos para a delegacia. A justiça vai ter que me dar razão!
BARRA: Vamos, anda, que é tarde.
SANGUINO: Amarrem bem pra que não fujam.
CORCOVIZZO: Se alguém fugir com este nó que dei, pode dizer que soltei.
BARTOLOMEU: Que desgraça! Mochione! Diga a Marta que venha me buscar amanhã na delegacia.
MOCHIONE: Estou indo.
SANGUINO: Chega de conversa! Vamos já, caminhando!

Cena 4

(*Mochione, sozinho*)

MOCHIONE: Pois é, uma ave-maria chama outra e mais outra e mais outra; não é? Igual uma cereja chama outra cereja, um santo chama outro santo[334]. Assim também os problemas: um chama outro. É ditado universal: desgraça nunca vem sozinha. Vejam o meu patrão: primeiro, ficou amigo daquele Cencio; segundo, deu-lhe pela receita seiscentas moedas de ouro; terceiro, gastou um dinheirão para comprar carvão, vidros, fornilhas e outras tralhas inúteis; quarto, perdeu tempo; quinto, ficou torrando na fornalha à toa; sexto, arranjou uma bruta encrenca com o herborista; sétimo, levou porradas das pesadas; oitavo, levaram ele pra delegacia; nono, vai gastar mais tempo e mais dinheiro para sair da delegacia; e décimo, essa história do maldito *pulvis Christi* vai cair na boca de todo mundo! Olha aí, mestre Gioan Bernardo. Será que entendeu tudo? Quero ouvir o que ele vem resmungando.

Cena 5

(*Mochione, Gioan Bernardo*)

G. BERNARDO: Será que aqueles malandros, com a esquisitice do disfarce, não vão ficar armando outro negócio e acabam esquecendo o principal? Querem vender dois por um, acho que vão bagunçar o meu. Ei, você, garoto!
MOCHIONE: Eu! O que é que manda, senhor?
G. BERNARDO: Você viu alguém passar por aqui?
MOCHIONE: Poxa, mestre, passou muita gente, foi um pega pra capar.
G. BERNARDO: Quem passou? O que foi?
MOCHIONE: Foram três guardas mais o capitão. Mandaram prender o meu patrão junto com aquele herborista, Consalvo. Passaram por aqui quando os dois estavam brigando feio, aí o capitão mandou amarrar e levar pra delegacia.
G. BERNARDO: E seu patrão é...
MOCHIONE: Seu Bartolomeu.

---

334. Mochione cita frases litúrgicas, em lat.: *autem genuit* e *ex tribu et millia signat*. A primeira é a genealogia de Cristo, recitada na Missa da vigília da Imaculada Conceição (*Mateus* 1, 1-16); a segunda é um passo do *Apocalipse* lido na Missa de Todos os Santos (*Apoc.* 7, 4-8).

G. BERNARDO: Então, Bartolomeu foi pra delegacia! Isso não é nada bom. Mas diga, por que essa briga com Consalvo?
MOCHIONE: Sei lá. Agora licença, que eu preciso ir.
G. BERNARDO: Vá com Deus.

Cena 6

(G. Bernardo, sozinho)

G. BERNARDO: Então são eles, Sanguino e os colegas. O que estarão armando? De uma malandragem pra outra aquele capeta com seu bando de encapados[335] terão a noite ocupada, enquanto Bonifácio e a esposa devem sair já da casa de madame. Melhor cuidar sozinho do meu negócio. Eles que vão bugiar! Eu vou ficar na porta pra pegar o casal na saída e puxar conversa, enquanto aqueles malandros voltam da puta que os... ave-maria, quem vem aí? Cuidado com a bolsa e a capa também. Se Deus quiser, são só eles.

Cena 7

(Sanguino, Barra, Marca, Corcovizzo)

SANGUINO: Ai, ai. Parece aquela história do Cola Perillo[336], que passou mal e não sabia em que parte do corpo sentia dor. O médico lhe apalpava o peito e dizia: "dói aqui?", e ele, "não"; depois tocava as costas e dizia: "dói aqui?", "não"; depois os rins: "aqui?", "nem aí". Apalpou o estômago: "aqui dói?", e ele, "não"; o ventre: "e aqui?", "também não"; o saco: "será que é aqui?", "não". O médico apalpou as pernas e perguntou "as pernas doem? Qual das duas? Esta?", e ele, "nenhuma delas, doutor". "Veja bem, só pode ser aquela outra."[337]
BARRA: Ah, ah, ah.
SANGUINO: É como para os coitados que pegamos: sentem-se mal, mas não sabem ainda o porquê.
CORCOVIZZO: Quando lhe tirei a bolsa, Bartolomeu disse: "Vocês seriam guardas? Me levam pra delegacia? Só se fossem cardeais

---

335. Em dialeto napolitano, *cappeggiante* significa "envolvido em capa" e "ladrão", já que normalmente estes escondem o furto sob a capa.
336. Personagem do folclore napolitano, protagonista de uma novela de Bandello.
337. A outra perna alude ao membro viril.

e eu papa! Podem levar tudo, aproveitem; eu vou querer o troco deste meu sócio." E o outro: "Ah, é? Tudo na minha conta?"[338]

SANGUINO: E a bolsa do outro? Tirou? O que ele disse?

CORCOVIZZO: Ah, ah, ah, ele dizia: "Nossa Senhora, que sentença rápida: acabamos de chegar à delegacia e já nos soltam. Vou acender uma vela pela graça de São Leonardo[339], aliás, vou pagar uma missa rezada de algemas! Nós que fizemos o pecado mas a nossa bolsa é que paga penitência!

SANGUINO: E você? Ficou calado?

CORCOVIZZO: Eu disse, "Vamos perdoá-los, desta vez não precisam ir pra delegacia. Mas vão ficar aqui amarrados, que é pra não ficar se estapeando e pra não se machucarem. Se não chegar ninguém para bater ou para soltar, já que o bem não se faz de graça, mas gastando tempo, suor e mais este metro e meio de corda, que eu providenciei, vou cobrar. Agora é escuro, não dá pra enxergar direito. Me aguardem, que amanhã volto com o troco."

Cena 8

(*Os anteriores, mais Gioan Bernardo*)

G. BERNARDO: Se divertiram? O que andaram fazendo?

SANGUINO: Castigamos dois malfeitores.

G. BERNARDO: Quem faz justiça, Deus ajuda.

SANGUINO: Bem como aquele papa (acho que era Adriano)[340], que baixava o preço dos benefícios pra não vender fiado. Imagine, o dia inteiro pesando pecados na balança. Assim faremos nós, pra calcular a fiança deles.

G. BERNARDO: E agora? Nós os deixamos presos?

MARCA: Nós os deixamos bem amarrados, pra ver se aprendem a se comportar e não se atracar.

G. BERNARDO: Escondam-se que aí vem seu Bonifácio!

SANGUINO: Opa! Barra, Marca, Corcovizzo, vamos lá atrás! Deixem Gioan Bernardo conversar com ele.

---

338. Do it. *cappello paga tutto*, gíria para dizer que um só (o último a pegar o chapéu, isto é, levantar para sair) paga por todos.

339. Protetor dos prisioneiros. Ver nota 189.

340. Adriano VI, papa de 1521 a 1524, que sucedeu a Leão X. Homem austero, era malquisto pela corte romana acostumada às magnificências do predecessor. A anedota é tirada de um célebre libelo do Berni, *Contro Papa Adriano*.

G. BERNARDO: Podem ir. Vou ficar bem aqui no meio...

Cena 9

(*Bonifácio, Querubina, Gioan Bernardo*)

BONIFÁCIO: Foi tudo armação daquela vaca da Lúcia e daquela puta vaca da sua patroa! Se metendo na minha vida. Nunca mais vou fazer negócio com mulher nenhuma. É a Maria Virgem do meu... nada, acabo falando blasfêmia.
QUERUBINA: Não me venha com desculpas, seu velho tarado, que eu lhe conheço. Acha que não sei dessas suas mulheres? Quem é esse que vem agora?
BONIFÁCIO: Ué, que diabo de enrolação é essa? Deve ser outra trapaça daquela maldita.
G. BERNARDO: Ou eu sou eu, ou aquele lá é que sou eu!
BONIFÁCIO: Hiii! Não falei? Este é um demônio pior que os outros!
G. BERNARDO: Senhor! Ei, você, homem de bem, por favor!
BONIFÁCIO: Só me faltava essa agora.
G. BERNARDO: Você mesmo, de barba negra. Quem de nós dois sou eu? Então?
BONIFÁCIO: Ora, o senhor é o senhor, e eu sou eu.
G. BERNARDO: De jeito nenhum: eu sou eu e você não. Falsário! Não foi você que falsificou minha pessoa e fica andando por aí fazendo malandragens debaixo da minha barba e da minha capa? Quero saber por que você está aqui e o que fez com madame Vitória.
QUERUBINA: Eu... heim, mestre Gioan Bernardo, eu sou Querubina, a mulher dele. Estou vestida assim para dar uma lição neste cretino, de pleno acordo com a madame [Vitória].
G. BERNARDO: Então a senhora é dona Querubina. E como é que este cara se tornou Gioan Bernardo?
QUERUBINA: Não sei. Ele que o diga, já que sabe e tem idade pra falar.
BONIFÁCIO: Me disfarcei só pra botar minha mulher à prova.
QUERUBINA: O quê? Mentiroso, traidor! Tem coragem!
G. BERNARDO: Grandicíssimo pilantra, ofendendo e traindo sua mulher, uma santa! Como ousa?
BONIFÁCIO: Por Deus, mestre Gioan Bernardo, não vamos brigar por isso, não. Deixe que eu acerto com ela, tá?
G. BERNARDO: Ah, não. Seu patife! Pensa que me escapa? Quero saber o porquê desse disfarce! Quero ver se abusou do meu nome!

Vestido desse jeito, você pode ter feito mil desordens que vão ser atribuídas a mim, se eu não me cuidar.

BONIFÁCIO: Senhor, fique tranquilo, eu não fiz nada de errado, só traí a minha mulher. E ninguém viu, afora madame Vitória e seus criados.

QUERUBINA: Pelo amor que você me tem, mestre Gioan Bernardo, não deixe que a coisa se espalhe.

G. BERNARDO: Minha senhora, lamento, mas não posso deixar por isso mesmo. Como posso perdoá-lo se não sei o que ele fez?

BONIFÁCIO: Vamos, vamos, Querubina.

G. BERNARDO: Espere aí, bandido, você não me escapa.

BONIFÁCIO: E você não me prenda, então. Quer sair no braço?[341]

QUERUBINA: Parem, eu peço, mestre Gioan Bernardo. Pela minha honra!

G. BERNARDO: Senhora, juro que sua honra será ilesa. A senhora não fez mal nenhum! Mas o cara deve pagar pela velhacada que fez, a mim e à senhora.

BONIFÁCIO: Você não me pega!

G. BERNARDO: E você não me escapa!

Cena 10

(*Os mesmos, mais Sanguino, Barra, Marca e Corcovizzo*)

SANGUINO: Alto lá! Que barulheira é essa?

BONIFÁCIO: Pronto! Senhor capitão, finalmente chegou! Senhores, vejam aqui: encontrei este homem vestido como se fosse eu e passeando com minha mulher! Agora quer me bater! Quero dar queixa!

G. BERNARDO: Mentira! Sem noção. Fácil de provar que você é o falsário.

SANGUINO: Que coisa esquisita! Dois gêmeos disputando a mulher.

BARRA: Sendo gêmeos, deve ser juntos que enfiam nela[342].

SANGUINO: Essa solene putaria acabou. Está todo mundo preso. Todos. Pra delegacia.

G. BERNARDO: Senhor capitão, quem deve ir preso é ele, não eu!

SANGUINO: Vá, vá. Ele primeiro e você atrás.

G. BERNARDO: Capitão Palma, sou um homem de bem. O senhor me conhece: sou mestre Gioan Bernardo, o pintor.

CORCOVIZZO: Ô, capitão: não tem diferença nenhuma entre um e outro.

---

341. Do it. *vogliamo venire ai denti ed alle mani* (quer se atracar com dentes e mãos).
342. Do it. *farranno dui in carne una*, alusão obscena à *Gênesis*.

QUERUBINA: Não, não, capitão Palma. Este aqui é o meu marido, disfarçado. Este outro é o verdadeiro mestre Gioan Bernardo. Essa é a verdade.

G. BERNARDO: Para confirmar, veja se a barba é mesmo dele.

BONIFÁCIO: Confesso! A barba é postiça. Coloquei por causa de um plano, coisa de marido e mulher, nada mais.

CORCOVIZZO: Aqui na minha mão a barba do homem de bem.

SANGUINO: Diga lá, homem de bem, é sua ou não essa barba?

BARRA: É dele, sim senhor, porque a comprou.

SANGUINO: Bem, já resolvemos o caso. O falso é este. Levem-no pra delegacia com a mulher. Quanto ao verdadeiro mestre Gioan Bernardo, em nome da Suprema Corte, ordeno que compareça amanhã às nove[343] no juizado para prestar depoimento, sob pena de pagar multa de 150 pilas, caso não compareça.

G. BERNARDO: Não faltarei, senhor capitão Palma. Ninguém mais do que eu está interessado em esclarecer o assunto. Eu fui insultado! Vou pedir justiça pelas porcarias que este sujeito cometeu, sob a minha aparência.

SANGUINO: Justiça será feita!

QUERUBINA: Ai, ai, pobre de mim, devo passar vergonha e acabar presa só porque vim atrás das pilantragens do meu marido?

G. BERNARDO: Senhor capitão, posso responder pela senhora. Ela é inocente; apesar de ser mulher dele, não participou do delito!

SANGUINO: Melhor pra você não se meter. Ela não disse que foi atrás do marido?

G. BERNARDO: Sim, senhor.

SANGUINO: Então, que continue indo atrás. Pra delegacia!

QUERUBINA: Mas eu não sabia de nada! Fui atrás e o peguei no flagrante; foi agora mesmo, na casa de madame Vitória; ia dar uma lição nele. Todo mundo sabe disso, eu não tenho culpa! Vamos falar com madame Vitória, aqui, na casa dela.

G. BERNARDO: Capitão, eu lhe asseguro que a senhora não fez malandragem alguma. Qualquer coisa, eu respondo por ela. Quero que o cara vá pra cadeia, isto sim, sozinho. Da dona Querubina não tenho queixa; peço-lhe que a deixe em paz.

SANGUINO: Está bem, já que não há ofendido nem ofensa. Eu a deixo aos seus cuidados, desde que a senhora... como é o seu nome mesmo?

QUERUBINA: Querubina, para servi-lo.

---

343. Do it. "às quatorze horas". Como a ação da comédia é situada em meados de abril, são nove da manhã, pois na época as horas se contavam de um pôr do sol ao outro.

SANGUINO: Dona Querubina aqui fica intimada, em nome da Suprema Corte, a comparecer amanhã às nove na delegacia para prestar depoimento sobre o fato, sob pena de pagar multa de sessenta moedas, caso não compareça.
QUERUBINA: Ao seu dispor. Estarei lá como o senhor manda.
BONIFÁCIO: Mestre Gioan Bernardo, você deve acreditar que não o ofendi tanto quanto pensa!
G. BERNARDO: Isso é o que veremos amanhã.
SANGUINO: Agora chega. Anda! Vai ficar preso junto com aquele professor de escola. Cuidado para que não fujam; pois amanhã vão os dois pra frente do juiz.
BONIFÁCIO: Isso, humilhem-me, amarrem-me! Para fazer feliz a minha mulher com aquele Gioan Bernardo.
SANGUINO: Podem amarrar. Não o deixem escapar. Boa noite.
G. BERNARDO: Boa noite, senhor capitão! Boa noite a todos.

Cena 11

(Querubina e Gioan Bernardo)

G. BERNARDO: Veja, minha Querubina, que injúria fez aquele imbecil do seu marido à sua divina beleza. Não lhe parece justo que seja pago com a mesma moeda?
QUERUBINA: Se ele faz coisas inconvenientes, não devo por isso proceder com o mesmo critério.
G. BERNARDO: Você fará o conveniente, ao fazer o que faria qualquer pessoa de juízo e bons sentimentos nesta terra. Agora saiba, meu bem: os que o prenderam não são guardas, mas amigos meus que vão tratar dele da forma que a gente quiser. Seu marido vai ficar lá dentro, por enquanto, um bom tempo, aguardando que o levem pra delegacia. Daqui a pouco vem o mestre Scaramuré; ele vai fingir que pode arranjar tudo desde que seu marido peça perdão a nós dois, que fomos ofendidos, e dê um troco de cortesia aos meus amigos, não que eles façam questão de dinheiro, mas é para deixar a cena mais verossímil. Você não perde nada por esperar aqui comigo.
QUERUBINA: Agora entendo. Se foi o senhor que tramou essa tela toda, é muito astuto.
G. BERNARDO: Eu sou, minha senhora e minha vida, aquele que por sua causa se atiraria num precipício. Agora então, que por minha sorte e destino estou perto de você como jamais estive, peço pelo

amor que sempre senti e sinto, que você escute o meu coração inflamado pelos seus divinos olhos. Deus queira que você não renegue minha boa estrela! Eu sou aquele que a ama, eu sou aquele que a adora. Tivessem os céus concedido a mim aquilo que concederam àquele ingrato, que não sabe apreciar sua beleza admirável, jamais neste meu coração teria lugar para uma centelha de outro amor. E mesmo assim, não há.

QUERUBINA: Ai de mim, o que diz? Onde quer me levar?

G. BERNARDO: Minha musa, se um dia já provou amor, que sempre alberga em peitos nobres e generosos, não leve a mal o que vou dizer. E não julgue jamais minhas súplicas como um desrespeito à sua honra, porque por ela eu verteria todo o meu sangue! Quero de você tudo o que quero, sim, mas para aplacar o intenso desejo que me consome e que nem a própria morte poderia extinguir.

QUERUBINA: Ai de mim, mestre, meu coração é mole. Creio em tudo que o senhor diz, mesmo que sejam, eu sei, só lisonjas de amante. O senhor merece o seu consolo; mas não vejo como possa vir de mim, sem prejuízo da minha honra.

G. BERNARDO: Vida da minha vida! Você bem sabe o que é honra: não é nada mais que uma boa opinião que outros têm de nós, uma reputação. Enquanto a reputação durar, a honra persevera tal qual. Honra é fama. Enquanto houver fama, haverá honra. Não é aquilo que somos e fazemos que nos faz honrados ou desonrados, mas apenas como os outros nos julgam e o que dizem de nós.

QUERUBINA: Talvez isto valha para a sociedade dos homens; mas o que diremos perante os anjos, os santos, que veem todas as ações e tudo julgam?

G. BERNARDO: Querubina, anjos e santos não querem ser vistos mais do que se deixam ver; não querem ser mais temidos do que já tememos; não querem ser conhecidos mais do que se fazem conhecer.

QUERUBINA: Eu não compreendo o que você quer dizer, não sei se concordo ou discordo, mas me parece blasfêmia.

G. BERNARDO: Deixemos de disputas, esperança da minha alma. Eu lhe peço, suplico: faça com que a natureza não a tenha feito assim, tão bela, para nada. Será que o céu, que foi tão generoso em lhe dar graça e formosura, foi tão sórdido de entregá-la a um homem que não lhe dá valor? Será que é cruel comigo o céu, que me faz extasiar e mil vezes ao dia morrer de desejo por sua beleza? Ora, meu bem, preste atenção que em nada esse amor pode atingir a sua honra; mas pode fazer muito pior: pode causar a minha morte. E juro que, caso não me mate a dor, eu espontaneamente me matarei se, após tê-la tido assim perto de ser minha como agora, a sorte me espoliasse deste amor que me vale mais que a vida. Minh'alma, você pode ter a bondade de me dar a vida, sem minimamente atingir sua honra; ou pode provocar a minha morte, se quiser ser cruel.

QUERUBINA: Eu? Por piedade, não fale assim comigo. Vamos para um outro lugar... aqui está muito...

G. BERNARDO: Venha comigo, meu anjo. Vem gente.

Cena 12

(*Consalvo, Bartolomeu atados pelas mãos*)

CONSALVO: Vamos, anda, bode chifrudo. Quero alcançar aqueles dois pra soltar!

BARTOLOMEU: Que um câncer o devore, filho de uma puta. Se eu sou chifrudo você é o rei de todos os cornos! Você me fez cair.

CONSALVO: Minha perna, porra. Ai, ai.

BARTOLOMEU: Antes você quebrasse o pescoço. Pronto, caímos os dois. Anda, levanta!

CONSALVO: Levanta você! Vamos.

BARTOLOMEU: Agora não. Agora vou ficar sentado a noite toda. Pronto. Viado.

CONSALVO: Levanta, estou falando. Eu não consigo puxar sozinho.

BARTOLOMEU: Relaxa então, já que está deitado. Só Deus sabe quanto sofro e a culpa é toda sua.

CONSALVO: E vai sofrer mais ainda.

BARTOLOMEU: E você vai se foder. Toma isso.

CONSALVO: Ai, me mordendo agora? Quer brincar de cachorro? Por São Cucufate[344], vou arrancar teu nariz da cara; quer ver? Vou comer a sua orelha!

Cena 13

(*Scaramuré, Consalvo, Bartolomeu*)

SCARAMURÉ: Mas o que é isso, senhores? Nessa posição... O que estão fazendo?

CONSALVO: Vamos levantar, seu porco. Que vexame!

344. San Cuccufato, santo espanhol cujo nome é engraçado, dito em napolitano.

BARTOLOMEU: Ah, agora se envergonha, é? Tá com um mastro no rabo, e reclama por uma farpinha?[345]

CONSALVO: Ai, se tivesse as mãos livres... eu o faria gritar socorro de um modo que nunca gritou antes. Não vai levantar, é?

BARTOLOMEU: Já falei que vou ficar a noite toda.

SCARAMURÉ: Ah, ah, ah. Esses dois ficaram amarrados com as mãos pra trás: um quer se erguer e o outro não quer. Vejamos: aquele ali parece bem com o senhor Bartolomeu, pela voz, mas assim, de camisola! Olá, bebuns! Qual é a boa?

CONSALVO: Olá. Ah, é você, mestre Scaramuré? Por favor, aproxime-se. Será que poderia...

BARTOLOMEU: Por favor. Deixe assim.

SCARAMURÉ: Senhor Bartolomeu! Senhor Consalvo! Jamais imaginei encontrar os senhores nesta situação: que extravagância! Dois homens respeitáveis, se injuriando desse jeito? O que foi? Endoidaram de vez?

BARTOLOMEU: Teria sido pior se tivéssemos sido enforcados. Não desamarre!

SCARAMURÉ: Deixa comigo. Como é que chegaram a este ponto?

CONSALVO: Eu fui ter uma conversa com esse cara; foi um pega pra capar. Com o barulho, vieram uns malandros disfarçados de guardas; amarraram a gente e disseram que iam nos levar pra delegacia; quando passamos por Maiella[346], nos amarraram com as mãos para trás da forma que o senhor está vendo, bunda com bunda, e sumiram com as nossas bolsas; depois, um deles apareceu de novo para pegar as capas e os chapéus; e cortou as roupas com uma navalha. Viemos andando até aqui, mas aí, eu vi um casal conversando e queria alcançá-los; apressei um pouco e veja o que fez este grandessíssimo...

BARTOLOMEU: Você é que é uma grandessíssima besta!

SCARAMURÉ: Não devem injuriar-se assim.

CONSALVO: Caiu feito um asno carregado e me fez cair; e agora é tão pilantra que não quer levantar.

SCARAMURÉ: Pronto, levantem. Estão soltos. Chega de briga, pois brigar demais faz enlouquecer as pessoas. Vamos, não quero mais saber; já está escuro. Olhem bem pra não se pegar de novo, porque o primeiro que mexer a mão terá dois contra. Senhor Consalvo, por aqui por favor; senhor Bartolomeu, por lá. Podem ir.

---

345. Do it. *I travi non ti danno fastidio, ma sì ben il pelo* (A viga não te incomoda, mas o pelo, sim). Elabora o ditado evangélico (*Mateus* 7, 3) segundo o qual é mais fácil ver uma palha no olho alheio do que uma viga no próprio.

346. O convento de São Pedro em Maiella, hoje Conservatório de Música de Nápoles.

CONSALVO: Obrigado, mestre Scaramuré. Boa noite.
BARTOLOMEU: Que boa noite que nada! Amanhã a gente acerta as contas, amigo.
CONSALVO: Até nunca mais!
SCARAMURÉ: Sumam daqui já! Passar bem.
BARTOLOMEU: Tá, tá. Sou desgraçado mesmo, eu, Bartolomeu. Só enforcado que com certeza vou estar livre de qualquer outra desgraça.

Cena 14

(*Scaramuré, sozinho*)

SCARAMURÉ: Esse tal de Sanguino é um artista mesmo, mais esperto que dinheiro falso. O capitão Palma em pessoa não saberia interpretar a si mesmo melhor do que ele. Vejam como enrolou essas duas bestas! E como vem negociando com mestre Gioan Bernardo! Quero ficar amigo dele, diabo de um cristão, não só que não se queixe de mim, mas que me deva favores. Eis a porta da academia dos malandros. Toc, toc, toc.

Cena 15

(*Corcovizzo, Sanguino, Scaramuré, Bonifácio*)

CORCOVIZZO: Quem é?
SCARAMURÉ: Sou Scaramuré, a seu serviço.
CORCOVIZZO: Que Scaramuré? Nome de cigano. Quem é você? Com quem quer falar?
SCARAMURÉ: Quero dar uma palavrinha com o senhor capitão Palma.
CORCOVIZZO: Está ocupado. Vou ver se pode atender.
SCARAMURÉ (*à parte*): Ah, ah, que grandes atores! A malandragem é uma arte, com suas técnicas e truques, como qualquer outra.
SANGUINO: Quem está aí?
SCARAMURÉ: Um amigo.
SANGUINO: Amigo, parente ou cidadão que seja, apareça amanhã na delegacia.
SCARAMURÉ: Por favor, preciso falar com o senhor ainda esta noite.
SANGUINO: Mas quem é?
SCARAMURÉ: Scaramuré.
SANGUINO: Conheço não. Quer falar com quem?

SCARAMURÉ: Com você mesmo. Por favor, insisto. É um negócio importante.
SANGUINO: Pode esperar. Daqui a uma hora vou levar os presos pra delegacia. Podemos conversar no caminho.
SCARAMURÉ: Eu suplico, se for possível, desça agora; é um minuto só. Coisas que interessam ao senhor.
SANGUINO: Você cansa, hein? Espere aí que já vou.
SCARAMURÉ (*à parte*): Pode até ter professores doutores em Nápoles, mas esse aí é doutoríssimo e mestre de todos[347]. Olha, seu Bonifácio na janela!
BONIFÁCIO: Psiu, mestre Scaramuré! Está me vendo? Veja o estado... Você sabe o que eu sei, né.
SCARAMURÉ: Sei, sei. Calma que eu vim pra ver como posso...
SANGUINO: Sai da janela, seu porco! Quem lhe deu permissão de chegar aí e falar com as pessoas na rua, hein?
BONIFÁCIO: Perdão, senhor capitão, sua senhoria me desculpe. Já estou saindo.
SCARAMURÉ: Ah, ah, ah, que trinca de demônios. Agorinha mesmo topei com aqueles outros dois amarrados, Bartolomeu e Consalvo, que não conseguiam nem levantar do chão, de tanto brigar e se escornear e quase se matar a dentadas! Ah, ah, ah.
SANGUINO: Ah, ah, ah. Se você soubesse o que vai acontecer ao seu Bonifácio e àquele outro pedante, vai rir mais ainda.
SCARAMURÉ: Grande comédia esta, pra nós. Já pra eles é uma tragédia.
SANGUINO: Enfim, o pedante, vamos despedi-lo, não sem antes ter-lhe tirado os escudos todos que lhe sobraram. Você, cuide do Bonifácio: diga-lhe que é pra chegar a um acordo conosco.
SCARAMURÉ: Pode deixar. Vou convencê-lo de que deve pedir perdão a Gioan Bernardo, que é para pedir que venha com a mulher também. Depois, todos juntos, vamos lhe pedir a graça de soltá-lo. Acho que vai pagar qualquer preço, pelo terror que tem de seguir pra delegacia.
SANGUINO: Então vamos logo. Vou falar para ele descer amarrado, pra conversar mais à vontade.
SCARAMURÉ: Faça isso, que eu aguardo aqui.

---

347. Do it. *gli altri son professi o baccalaurei, costui è dottore e maestro* (os outros são aprendizes ou bacharéis, este aqui é doutor e mestre).

Cena 16

(*Sanguino, Barra, Marca, Scaramuré, Bonifácio*)

SANGUINO: Olá, guardas. Cuidado para que o prisioneiro não fuja. Coppino, não o perca de vista!
BARRA: Deixe comigo, chefe.
SANGUINO: E você, Bigodão[348], fique de olho na outra saída.
MARCA: Sem falta.
SANGUINO: Deixem que converse do assunto dele com este senhor... como é seu nome, mesmo?
SCARAMURÉ: Scaramuré, senhor.
SANGUINO: Senhor Scaramuré, pode ficar naquele canto conversando com o cliente.
SCARAMURÉ: Agradeço mil vezes, vossa senhoria.
SANGUINO: Basta um agradecimento, uma única vez.
SCARAMURÉ: O que disse?
SANGUINO: Não se faça de surdo, vá, vá.

Cena 17

(*Scaramuré, Bonifácio*)

SCARAMURÉ: Senhor Bonifácio! Venha.
BONIFÁCIO: Ui, ui, ui. Quantas confusões! Veja o fruto que estou colhendo do meu amor e dos seus conselhos, seu Scaramuré!
SCARAMURÉ: Ai de mim. Estou tão desesperado que já blasfemei todos os santos do paraíso.
BONIFÁCIO: São Cristóvão também?[349]
SCARAMURÉ: Tirando o grandão, todos os maiores e mais respeitáveis. Quando soube do senhor, mandei uma ladainha que era assim: na hora de dizer *ora pro nobis*, eu soltava uma blasfêmia para cada santo, exceção feita a São Leonardo, porque vamos precisar da graça dele agora mesmo. Se eu tiver que pagar sete anos de purgatório por causa de cada pecado, dá mais de dez mil anos

---

348. Do it. *Panzuolotto*, falso nome de Marca; assim como Coppino é falso nome de Barra, escolhido na última cena do ato III.
349. São Cristóvão era representado sempre em formato gigante. Os napolitanos adoram um enorme dente molar, relíquia do santo, exposto em uma capela em frente à igreja de Santa Maria La Nova.

somente para descontar as últimas duas horas, até que chegue minha vez no dia do Juízo.

BONIFÁCIO: Não faça mais isso.

SCARAMURÉ: O que quer que eu faça? Olhe o prejuízo e a desonra que lhe causei, fora o risco de arruinar os dois.

BONIFÁCIO: Como soube que estava preso?

SCARAMURÉ: Ora, sou um mago pra quê?[350]

BONIFÁCIO: Sei. Queira Deus que a sua magia possa me livrar dos guardas!

SCARAMURÉ: Deixe comigo. Vim pra resolver a situação. Mas antes precisa me contar o que aconteceu. Nem imagina quantas artimanhas tive que armar para poder conversar com o senhor assim, em particular. Normalmente não deixam, nem com amigos!

BONIFÁCIO: Pois é. Fiquei maravilhado.

SCARAMURÉ: É, fui lá com muita humildade, rezas, súplicas e dez pratas. Agora me conte: o que houve?

BONIFÁCIO: Contar o quê? Seus remédios e receitas... deu tudo errado! A paixão por aquela vaca da Vitória mais a maldade daquela rufiã da Lúcia me fizeram cair num conto do vigário que nem o patriarca dos demônios teria armado tão bem assim. Mas eu vou arruinar arruinar essa daí, vou acabar com a cara[351] dela.

SCARAMURÉ: Veja bem que não foi culpa de madame Vitória nem de Lúcia, e quiçá nem minha... Pois tenho certeza que me xinga pior que às duas, né? E se fosse culpa sua?

BONIFÁCIO: Ah, não. Vai me convencer disso?

SCARAMURÉ: Os cabelos que mandei pôr na testa da imagem de cera eram mesmo da madame Vitória? Tem certeza?

BONIFÁCIO: Não... Certeza, certeza só a de que ela vai pro inferno, aquela puta! Eram da minha mulher; dane-se ela por mil anos e o metido que nos apresentou e o padre sem-vergonha que nos casou. Os cabelos eram da minha mulher: peguei no pente, sábado à noite.

SCARAMURÉ: Ah! Mas então é isso! Eis a verdade.

BONIFÁCIO: O quê? De onde?

SCARAMURÉ: Ora, a verdade que você sabe e sabe contar. Eu lá pedi cabelos da sua mulher?

BONIFÁCIO: Não, senhor. Me pediu cabelos de mulher.

---

350. Do it. *come sapea le cose Apollonio, Merlino e Malaggigi*? Scaramuré associa Apollonio Tianeo, filósofo neopitagórico vivido no I d.C. com dois magos lendários, que aparecem em romances de cavalaria e no *Orlando Furioso*, de Ludovico Ariosto.

351. Do it. *fargli marcare il volto* (desfigurá-la). Cita o hábito de marcar as prostitutas no rosto para identificá-las e desqualificá-las socialmente.

SCARAMURÉ: Não, não, não, caceta, pedi cabelos da mulher e não cabelos de qualquer mulher. O senhor queria fazer o quê: boneca pra criançada?
BONIFÁCIO: Ora, sei lá, mas qual é a diferença?
SCARAMURÉ: Toda diferença! Até criança enxerga a diferença, se fizer uso do raciocínio, seu Bonifácio. Não fizemos nós a imagem no nome de madame Vitória? Agora entendo tudo...
BONIFÁCIO: Eu não. Você tem certas capacidades, isso não quer dizer que eu tenha as mesmas. Pode ser que, entendendo bem do assunto, pensou que eu também tivesse entendido, mas desta vez não entendi.
SCARAMURÉ: Este maldito engano embaralhou todo o encantamento! Seu Bonifácio, escute: a cera era da boa, foi escolhida e encantada em nome de Vitória. O boneco foi modelado em nome de Vitória, as palavras, tudo. Tanto que Vitória se apaixonou! Só que os cabelos eram da sua mulher, Querubina! Por isso que deu aquela confusão toda: a sua mulher com as roupas de Vitória, no quarto de Vitória, na cama de Vitória! Enquanto Vitória, ardendo de amor por você, estava sem roupa em outro lugar. Imagine a surpresa da mulherada! Lúcia se lembra de ter dado à sua mulher umas roupas de Vitória, mas não sabe como nem quem a mandou fazer isso. Imagine a decepção da pobre da Vitória quando viu o senhor, na cama dela, disfarçado de Gioan Bernardo, namorando sua própria esposa disfarçada de Vitória! Naquela hora as portas da casa devem ter ficado abertas, para deixar passar você e sua mulher com Lúcia, toda atrapalhada e ocupada com outras criadas, sem poder sair do quarto até que findasse o tempo do encantamento. Nem a sua mulher deve ter entendido nada; o que a fez vestir aquela roupa e entrar naquela casa.
BONIFÁCIO: Poxa, que novela enrolada...
SCARAMURÉ: Foi aquele erro seu que enrolou tudo. Quando estiver fora daqui, explico melhor.
BONIFÁCIO: Estou pasmo. Só uma dúvida: por que a minha mulher, que veio pra cama comigo no lugar de madame Vitória, pois realizou-se nela o encantamento em vez de na outra, bateu em mim tanto como se eu fosse cachorro?
SCARAMURÉ: Mas, preste atenção: somente por causa dos cabelos no boneco, que eram dela, foi atraída para o encontro! Atraída, mas não apaixonada, porque a cera não havia sido escolhida, modelada, vestida e esquentada no nome dela, mas no nome de Vitória!
BONIFÁCIO: Ah, sim, é verdade. Agora entendi.

SCARAMURÉ: Bem, chega de conversa. Vamos dar um jeito, alguma coisa aos guardas para que façam de conta que você fugiu ou, sei lá, decidam o que fazer. As outras coisas, podemos arranjá-las facilmente.
BONIFÁCIO: Só tenho oito contos aqui. Em casa tenho mais, caso insistam muito.
SCARAMURÉ: Não vão soltar até ter toda a grana na mão.
BONIFÁCIO: Vou dar a capa, os anéis! O que acha? Afinal, por uma moeda esses daí não vendem a mãe e a mãe da mãe?[352]
SCARAMURÉ: Você não conhece o capitão Palma.

Cena 18

(Sanguino, Scaramuré, Bonifácio, guardas)

SANGUINO: Aí, acabou a conversa? Vou ter que esperar a noite toda?
SCARAMURÉ: Vossa Senhoria, senhor capitão, desculpe o incômodo, esperou muito. Já que foi tão gentil conosco, uma palavra.
SANGUINO: Agora não. Não vou ouvir mais nada. Hora de seguir pra delegacia. Guardas, vamos, vamos!
BONIFÁCIO: Ai, meu Deus do céu, socorro! São Leonardo, é agora!
SCARAMURÉ: Capitão, me faça esta graça.
BONIFÁCIO: Suplico, de mãos postas!
SANGUINO: Só eu pra aguentar vocês dois! O que há?
SCARAMURÉ: Quero que o senhor entenda isso, capitão: vossa senhoria não ganhará nada desta confusão, mas fará deste infeliz aqui um escravo perpétuo, e de mim também, se lhe fizer a graça da liberdade, em troca de uma pequena oferta.
SANGUINO: Eu já imaginava que o senhor viria com este jeitinho, pra subornar a justiça. Muito bem, excelente! Homem de pouca consciência, me maravilho! Você tem coragem de vir aqui pedir que eu solte um criminoso desta importância? Eu até comentei com os meus guardas lá dentro, mas deixei você falar pra ver até que ponto chegaria sua ousadia e pegá-lo no flagrante; que sirva de lição aos outros. Vocês dois seguem juntos pra delegacia, de mãos dadas. Guardas!
BARRA: Pode mandar, capitão!
SANGUINO: Prendam esse aqui também. Mais um homem de bem pra cadeia.

---

352. Do it. *rinegarebono Cristo e la Madre e la Madre della Madre* (renegam Cristo, sua Mãe e a Mãe da Mãe).

SCARAMURÉ: Senhor capitão, primeiro me escute!
BONIFÁCIO: Pelo amor de Deus, pelos coros dos anjos, pela Santa Virgem Imaculada, por toda a hierarquia celestial, eu lhe peço: misericórdia!
SANGUINO: De pé, que eu não quero ser adorado: não sou o rei da Espanha! Nem o sultão dos turcos!
BONIFÁCIO: Misericórdia! Tenha pena de mim e me perdoe! Somos todos pecadores diante de Deus, lembra? E saiba que Ele perdoa tanto quanto o senhor...
SANGUINO (*à parte*): (Cara de pau, safado! Ainda quer me dar um sermão!) Saiba você que os erros devem ser castigados.
BONIFÁCIO: Se todos os erros fossem castigados, pra que serviria a misericórdia?
SANGUINO: Ah, vá pro inferno. Sei lá dessas futilidades.
SCARAMURÉ: Deixe que eu falo, seu Bonifácio. Capitão Palma: Deus jamais permitiria que eu tentasse prejudicar a justiça e desonrar o senhor, pois toda Nápoles sabe que vossa senhoria é incorrutível.
SANGUINO: Deixe de bajulação. Não sou eu que faço milagres e ofereço misericórdia, justiça ou injustiça. Há instâncias superiores. Eu cuido de levar malfeitores pra delegacia, e pronto. O resto não é comigo.
BONIFÁCIO: Ai, pobre de mim.
SCARAMURÉ: Senhor capitão, me deixe falar. Tenho certeza de que vai acabar concordando.
SANGUINO: Nada de papo furado, que eu não vou ficar puto à toa. Veja se acha umas boas razões pra dormir em casa esta noite.
BONIFÁCIO: Cristo santo, é agora!
SCARAMURÉ: O senhor certamente sabe que a Itália não é bem como certos países frios onde, seja pelo frio mesmo, seja pela devoção do povo, seja pela avareza dos políticos, são castigados homens que frequentam cortesãs. Aqui em Nápoles, como também em Veneza e Roma, e veja que estou falando de cidades que são fonte e espelho da nobreza no mundo inteiro, é costume tolerar as putas, ops, quero dizer, as cortesãs[353].

---

353. Na Itália, no século XVI, o meretrício era muito comum. Em Veneza, no fim do século XVI, viviam cerca de 20 mil prostitutas. Roma, devido à presença da diplomacia internacional e vaticana, era a meca das putas, não somente locais como oriundas do reino de Nápoles, onde o vice-rei, dom Giovanni di Zunica, desde 1579 obstava o exercício da profissão. Algumas prostitutas alcançavam grande fama por sua beleza, inteligência e *savoir faire*, sendo requisitadas em eventos, jantares e cerimônias, e apresentadas como "cortesãs".

SANGUINO: O cara elogia as três cidades onde há mais bordéis cheios de putas. Essa é boa.
SCARAMURÉ: Peço que escute. Não somente ser cortesã é permitido, como é profissão legitimada por decreto e exercida em bordéis públicos, respeitados como mosteiros de freiras.
SANGUINO: Ah, ah, ah. Essa é melhor ainda. Quer dizer que entre as quatrocentas ordens maiores e quatro menores[354] deve haver também a ordem das putas! Com a puta madre superiora e o resto!
SCARAMURÉ: Preste atenção, seu capitão, por gentileza. Aqui em Nápoles, nós podemos achá-las na Piazzetta, no Fundaco do Cetrangolo, no Borgo Santo Antônio e ainda no bairro de Santa Maria do Carmino[355]. Em Roma, como havia muitas pela cidade toda, sua santidade o papa determinou, em 1569, que fossem reunidas num bairro só, a chicotadas; e que de noite se trancasse o portão por fora[356]. Fez isso não tanto pra meter mão nos impostos[357] que elas pagam regularmente quanto pra discriminá-las das mulheres de bem, claro, e não deixar que as contagiassem. De Veneza, nem preciso falar. A magnanimidade daquela ilustríssima república – na cara de uns poucos senhores de porra nenhuma que por um centavo se deixariam capar, literalmente – isentou as putas de qualquer agravo fiscal e criou um estatuto especial de proteção perante a lei; e isso apesar de elas serem muitas, muitíssimas, como convém a uma cidade daquele tamanho e fama, ao ponto que, se pagassem o imposto, em poucos anos Veneza acumularia um tesouro, maior que qualquer outro. Isso se o Senado se dobrasse a fazer em Veneza

---

354. Não há quatrocentas ordens maiores: Sanguino confunde ordens com sacramentos e exagera no número. Já as ordens menores (franciscanos) são mesmo quatro, ou seja: conventuais, observantes, reformados e capuchinhos.
355. Bairros de Nápoles frequentados por prostitutas. A *piazzetta* ("pracinha", "praça francesa" ou "praça de perdição") e o Fundaco ficavam perto do porto, enquanto o Borgo Santo Antonio ficava no lado oriental da cidade, antigamente conhecido como Borgo Incarnati (bairro dos encarnados), onde ocorriam crimes atrozes. O bairro em volta da igreja do Carmino é o Mercato, em cujas ruelas (a famosa Via Catalana, onde Boccaccio encena um de seus contos) a prostituição florescia desde o século XIII.
356. Em 1566 (e não 1569) o papa Pio V, após tentar em vão expulsar as cortesãs de Roma, idealizou o gueto, encontrando óbvia hostilidade na população do bairro que deveria hospedá-lo (Trastevere, entre Via Giulia e Via del Popolo). Entre prostitutas, parentes e secretários, tratava-se de deportar cerca de vinte mil pessoas; na conta foram incluídos os judeus. Por outro lado, o povo romano se manifestou contra a expulsão das meretrizes de Roma, justificando a sua necessidade para preservar a honra das demais mulheres.
357. Em quase todas as cidades italianas, as prostitutas tinham estatuto profissional e pagavam uma taxa municipal, por mês ou por semana; quem detinha a concessão da taxa assalariava policiais e juízes de um júri especial que julgaria suas controvérsias trabalhistas. A alusão ao escasso interesse do papa pelo imposto é irônica.

como em outras cidades, por dinheiro: mas se abstém de cobrá-las, já que está escrito que você pagará *in sudore vultui tui* e não *in sudore boceta tua*[358]. Tanto são respeitadas lá as ditas putas que até uma ordem recente manda castigar severamente toda pessoa, nobre ou plebeia, de qualquer grau e condição, que ouse ofendê-las com injúrias e grosserias; pois isso não se faz com mulher nenhuma[359].

SANGUINO (*à parte*): (Que convera fiada!) Resuma, resuma! Está debochando? Este coitado aguarda o resultado de sua conversa ou crônica que seja e eu ainda não entendi onde você quer parar. Vá fechando que eu não tenho o dia todo.

BONIFÁCIO: Ai, que aflição. O que tem a ver esse papo de Nápoles, Roma e Veneza? E daí?

SCARAMURÉ: E daí que essas cidades possuem o verdadeiro valor da nação, tal que a primeira de todas as demais virtudes é sempre bem menor do que essa.

BONIFÁCIO: Ai, ai, que dor de barriga, preciso ir ao banheiro.

SANGUINO: Aguenta, homem. Vamos ver a conclusão.

SCARAMURÉ: A conclusão, senhor capitão, é que nessas cidades, como deveria ser na Itália toda, as putas são consideradas bacanas e legais, já que têm seus estatutos, leis e impostos e são convidadas nas melhores festas[360].

SANGUINO: E que festas!

SCARAMURÉ: Vem por consequência que não se pode tolher o direito de um homem procurar os serviços de uma cortesã, nem muito menos condená-lo.

SANGUINO: Ah, agora começo a entender.

BONIFÁCIO: Eu também. Nossa Senhora Aparecida[361], estava demorando.

SCARAMURÉ: Tanto é que a justiça se abstém de perseguir e prender os clientes das putas assim como das mulheres honradas, enquanto

---

358. Deformação da profecia bíblica (*Genesis* 3, 19) *In sudore vultus tui vesceris*: "Com o suor de teu rosto comerás teu pão." Nem sempre o senado de Veneza se absteve do imposto sobre a prostituição: mas a cobrava *una tantum*, para financiar obras extraordinárias, como erigir um palácio (por ex., o palácio Langarano a Santa Maria del Rosario) ou pagar um jurisconsulto (por ex., Pietro de Angarano da Universidade de Pádua).

359. A benevolência do senado veneziano também se explica pelo tamanho do negócio que o livre exercício de sua profissão movimentava na cidade. A iconografia da época, por exemplo, Ticiano, bem ilustra o luxo das joias e das roupas com que as cortesãs se enfeitavam para ricos senhores que viajavam a Veneza dispostos a gastar.

360. Do it. *Ed ancora privilegi* (e recebem muitos favores).

361. Do it. *Nostra Donna di Loreto*. Em Nápoles, no bairro chamado de Borgo Loreto, entre o Carmine e a Marina, havia uma igreja dedicada à Virgem de Loreto, venerada no célebre santuário da localidade homônima para onde se acreditava que a casa de Maria tivesse sido milagrosamente transportada.

nossa civilização julga lamentável pegar os chifres que um homem de bem, de nível e da gema, guarda a sete chaves no coração e plantá-los em sua testa. Por mais notório que seja o fato e o ato, ninguém dá queixa, fora pessoas de baixíssimo nível que não se acanham em dar uma queixa dessas. Como os ofensos são honrados, a justiça os ofenderia procedendo contra o ofensor: pois jamais teria castigo, para quem plantou os chifres, capaz de compensar o vitupério proporcionado ao outro exposto à vergonha pública, aos olhos de todo mundo. Seria maior a injúria padecida por mão da justiça que aquela padecida por mão do réu. Pois mesmo quando notórios, os chifres ficam sempre mais solenes e gloriosos diante do júri. Qualquer pessoa sensata então compreende que a justiça dissimula o crime para evitar inconvenientes; por isso um corno manso, desde que se mantenha tal e não deixe a sua reputação ser afetada, por temor de ser descoberto ou porque pra ele tanto faz ser corno ou não – é tão pouca coisa! –, se abstém da vingança à qual seria forçado se a coisa viesse à tona. O costume italiano e de outros países bárbaros onde não se vendem chifres a varejo manda encobrir, disfarçar e esquecer tais excessos. Por consequência, é até elogiável o uso de bordéis, pois através deles poupam-se os homens de bem dos terríveis incômodos que podem ocorrer-lhes.

SANGUINO: Acabou?

BONIFÁCIO: Ai de mim, que tortura... morro de sede.

SCARAMURÉ: Vossa senhoria: afirmo que os excessos do senhor Bonifácio foram decorrentes de mulheres, as quais, sejam honradas ou prostitutas, não devem ser motivo para que ele, um homem respeitável...

BONIFÁCIO: Pois é! Sou da nata de São Paulo![362]

SCARAMURÉ:... seja vituperado. Pois daí, se ele for visto na cadeia, isso sim seria um descrédito muito mais grave [de que ser visto no bordel]. Acho que o senhor capitão, que é pessoa discreta, entende perfeitamente o caso.

SANGUINO: Ah, trata-se de mulheres então? Lamento muito ter que resolver um caso desse e peço licença a Deus e aos homens pois jamais tive intenção de desonrar qualquer ser vivo. Quero que você mesmo e o povo todo aqui reunido me sirva de testemunho de que, infelizmente, não posso fazer nada, porque a denúncia foi feita por um tal de senhor Gioan Bernardo, um pintor, o qual

---

362. San Paolo, em volta da igreja homônima, é um dos bairros mais antigos de Nápoles, permanecendo o nome até hoje na toponomástica oficial para delimitar uma parte do centro histórico.

acusa o aqui presente Bonifácio de contrafação de pessoa com uma barba postiça e com esta capa que ainda veste. A barba está conosco; se quiser verificar como lhe cai bem, venha amanhã às nove na delegacia, quando procederemos com o exame das barbas e outros corpos do delito.
BONIFÁCIO: Ai, ai, pelo amor de Deus, que delito?
SANGUINO: Ora, o pintor também é homem respeitável e tem direito de dar queixa pelos excessos que este, disfarçado dele em espécie e vestimentas, possa ter maquinado ou cometido. Caso apareçam tais excessos no futuro, precisa precaver-se para que pague.
BONIFÁCIO: Pago! Não duvide!
SANGUINO: Senhor, não sou eu que duvido. Entenda bem, e cada um dos presentes também, que eu não o seguro aqui porque quero, mas porque estou trabalhando. O pintor está injuriado e amanhã de manhã vem prestar depoimento. Não só: a sua mulher também vem dar queixa amanhã. Me comprometi com os dois: vão reclamar demais.
SCARAMURÉ: A mulher dele não vai nada.
SANGUINO: Ao contrário, ela é que vai reclamar mesmo. Da honra, do marido e da vida. Enfim, não posso ajudar. Uma pena!
SCARAMURÉ: Capitão, seja clemente: você é um anjo.
BONIFÁCIO: Mais! Mais! Um apóstolo! Um santo!
SANGUINO: Vamos, vamos. Diga ao mestre que é para descer. Já passou da hora.
SCARAMURÉ: Momentinho, senhor capitão. Tenho uma novidade.
SANGUINO: Novidade? Que novidade?
SCARAMURÉ: Se o senhor me der mais um quarto de hora, eu me empenho a reconciliar ainda hoje o mestre Gioan Bernardo com o senhor Bonifácio aqui presente.
BONIFÁCIO: Ah, se Deus quiser! Que bom seria!
SANGUINO: Não brinque comigo. Não vai conseguir.
SCARAMURÉ: Vou sim. Sou muito amigo do mestre; quando ele souber o que tem em jogo, vai ser mole[363]. Agora mesmo, deve estar descansando; vou mandar levantar e correr aqui. Mas você, seu Bonifácio, deve ser humilde, pedir perdão e dar satisfação. De fato, ele foi ofendido.
BONIFÁCIO: Sim, sim, se me perdoar e não me expuser ao vexame desta vez, serei seu escravo para sempre; seu também, meu capitão querido... uh, uh, uh... deixe eu beijar seus pés.
SANGUINO: Levante, que ainda não sou papa pra me beijar os pés!

---

363. Do lat. *et coetera* (e naturais consequências).

BONIFÁCIO: Suplico, vossa senhoria, só mais um quarto de hora! E você, mestre Scaramuré, peço de coração, tripas e alma, trate do meu caso o mais rápido possível e lhe serei grato em perpétuo.

SCARAMURÉ: Vou ver o que posso fazer. Espero trazê-lo sob algum pretexto; mas quando ele estiver aqui, mostre-se humilde e confie, pois, com uma boa palavra do senhor capitão, quisera ele ser tão gentil, e minha lábia, vamos fechar o negócio. E veja se acha um jeito de recompensar tanta generosidade.

SANGUINO: Nada de presentes pra mim, por favor. Veja se faz uma cortesia aos meus guardas, para manter-lhes a boca fechada. E veja bem que nada disso valerá, caso o senhor não peça perdão à sua mulher e não faça paz com ela assim como com o pintor. Caso os dois se deem por satisfeitos, vou arquivar o caso. Sua aflição me comove, coitado.

BONIFÁCIO: Senhor capitão, estou ao seu dispor, alma e corpo. Quanto aos guardas, aqui: minha bolsa, meus anéis, esta maldita capa; fiquem com tudo, que eu não quero mais.

SANGUINO: Você está fechando a conta sem o dono da venda. Já disse: de nada valerá se os dois não estiverem satisfeitos.

BONIFÁCIO: Espero que estejam, e muito. Scaramuré, vá buscá-los, suplico.

SCARAMURÉ: Fui. Preciso pensar numa boa desculpa para o pintor. Sua mulher não vai faltar com certeza, por causa da honra.

SANGUINO: Agora vá e não demore, se quiser me achar ainda.

SCARAMURÉ: Capitão, eles estão aqui atrás. Vou e volto.

SANGUINO: Faça que resolvam logo, pelo sim ou pelo não. Não me faça aguardar à toa, viu!

SCARAMURÉ: Deixe comigo. Com licença.

BONIFÁCIO: São Judas Tadeu[364], me ajude!

SANGUINO: Você, um, dois! Pra dentro. Esperem lá atrás.

Cena 19

(*Gioan Bernardo, Ascânio*)

G. BERNARDO: Então, meu filho: as coisas são de tal forma ordenadas, que à natureza não falta o necessário nem abunda o supérfluo. Veja bem: as ostras não têm pés, e por quê? Porque não são necessários pés lá onde vivem, tendo água e calor do sol que penetra até o fundo do mar. E as toupeiras não enxergam, não é? Porque

---

364. Em it., é invocado aqui São Leonardo.

passam a vida toda no subsolo e não precisam senão da terra, que lá não falta. A quem não tem arte, a natureza não dá ferramenta[365].

ASCÂNIO: Certamente. Me contaram que um simpático censor da obra de Júpiter, um tal de Momo[366], um desses seres necessários que falam sem papas na língua para príncipes e juízes, primeiro, para que assumam seus erros a despeito da bajulação dos puxa-sacos; segundo, para que tomem vergonha de fazer certas coisas; terceiro, porque a virtude é magnificada pelo seu contrário e a boa intenção, contrariada, se confirma e se manifesta em ato[367]. Pois bem, esse censor de Júpiter...

G. BERNARDO: ...que nem é contado entre os primeiros e melhores deuses do céu; porque os que têm braços curtos normalmente têm língua de palmo.

ASCÂNIO: Pois é. Naquele tempo, Momo, disputando com Mercúrio, intérprete e advogado dos celestes, lhe perguntou assim: "Ô Mercúrio, seu sofista, loroteiro e babão do Todo-poderoso, considerando que convém marear a vela ora segurando, ora lançando, içando e esticando conforme os ventos e as correntezas, como é que esse seu mastro não tem escota? Mais livremente falando: por que é que a boceta, com todo respeito para com os ouvidos finos, não tem botões?" Ao que Mercúrio respondeu: "Porque o caralho, com licença, não tem unha para desabotoá-la."

G. BERNARDO: Ah, ah, ah!!! E como comentaram as outras divindades?

ASCÂNIO: A casta Diana e a tímida Minerva viraram as costas a fim de sair; um dos presentes falou "vão pro bordel"; ele poderia ter dito "ao diabo", mas esse respeitável senhor ainda não existia. Mestre, pra confirmar o que você disse, porquanto alguém lá de cima tenha mexido, esteja mexendo e mexerá em muitas questões, no passado, assim como no presente e no futuro, jamais se achará erro nas coisas ordenadas pela natureza, a não ser em aparência.

G. BERNARDO: Isso mesmo. Os erros, equívocos e confusões que

---

365. Bruno afirma a íntima racionalidade dos processos naturais, aproximando-se da teoria evolucionista, com intuição moderníssima. De fato, foi o naturalismo renascentista que abriu caminho ao estudo científico dos fenômenos naturais.

366. Momo, personagem central no *Spaccio de la bestia trionfante*, era o deus do riso na mitologia grega, exercendo o poder da zombaria e da sátira. Ainda no *Spaccio*, Bruno julga conselheiros e bajuladores muito menos dignos do que sátiros e bufões, nas Cortes.

367. O conceito de contradição, embasado na *coincidentia oppositorum* de Nicoló Cusano, é central na filosofia de Bruno. Afirmar a necessidade de alguém capaz de falar livremente para os poderosos, de outra forma não fiscalizáveis em época de Estados absolutistas, postula a necessidade de controle sobre os máximos poderes, o que embasa as futuras sociedades democráticas.

ocorrem são frutos da sorte, essa traiçoeira que deu um bem ao seu patrão Malefácio[368] e quase o tirou de mim. A sorte prestigia quem não merece, dá bom campo a quem não semeia, boa grama a quem não planta, dinheiro a quem não sabe gastar, filhos a quem não pode sustentá-los, apetite a quem não tem o que comer e biscoitos a quem não tem dentes. Mas, enfim! Temos que aceitar, porque a sorte é cega e caminha no escuro, procurando alguém a quem entregar os bens que tem nas mãos. E como o mundo está cheio de insensatos e patifes, acaba entregando-os a eles. Sorte grande é quando ela toca a uma pessoa digna, que são poucas, maior quando toca aos mais dignos, que são menos ainda, e grandíssima quando toca a um dos que realmente merecem, que são pouquíssimos. Ela não tem culpa: culpado é quem a fez. Júpiter nega; seja ele ou não o criador, se a sorte não é culpada, não se acha quem o seja.

ASCÂNIO: De forma que não é justo nem útil culpar a sorte ou culpar alguém por algo que depende da sorte. Muitos casos provam que é necessário e não só conveniente ser sortudo, pois a virtude por si só, sem ato, não é mais do que vaidade[369]. Ah, mas quem quiser que corra atrás! Os deuses mandam minha audácia afastar o azar e conquistar tudo o que desejo, como aconteceu com você. Acredito que méritos e graças devam ser compartilhados, para que um precise do outro e, por consequência, todos se amem. Quem merece, que não tenha mercê [sem lutar pelo bem que crê merecer]; já quem tem mercê não precisa merecer mais nada[370].

G. BERNARDO: Garoto, você fala bem e tem inteligência bem acima da sua idade. É verdade o que diz; eu mesmo sou uma prova. O bem do qual gozei esta noite não me foi concedido por Deus nem pela natureza: ao contrário, foi-me negado pela sorte. Mas o juízo me mostrou a oportunidade, a audácia me fez agarrá-la pelos cabelos e a perseverança me fez retê-la. Em cada coisa é o mesmo [que no começo da vida]: se a cabeça consegue passar, o peito e o corpo também passam[371]. Tenho certeza de que não

---

368. Gioan Bernardo ironiza o nome de Bonifácio, agora que tantos problemas se juntaram em torno de suas atitudes.
369. A ideia do mérito alude ao conceito de discernimento (*discrezione*) como capacidade de articular fortuna e virtude, aproveitando as oportunidades, coisa que era debatida no âmbito da filosofia política da Renascença por autores como Guicciardini e Maquiavel.
370. O elemento irracional da sorte mobiliza a virtude, através da audácia e do espírito empreendedor, na luta pela posse do bem desejado. Mérito e graça/sorte se compensam, resolvendo a aparente contradição inicial.
371. Quer dizer que, assim como no parto, em qualquer processo da existência o início é mais difícil.

vai precisar de tramoia, discurso e argumento nenhum para marcar os próximos encontros entre nós dois: dona Querubina e eu.

ASCÂNIO: Pois é, uma vez foi suficiente para que ela aprendesse a sua linguagem e você a dela: olhos que enxergam, ouvidos que escutam, línguas que dizem e corações que entendem. Às vezes, o que é concebido num instante perdura a vida toda. Dom Paulinho, pároco da igreja de Santa Prima[372], que fica num vilarejo perto de Nola, numa sexta-feira santa recebeu Sipion Savolino[373] em confissão; e sem problema algum o absolveu de todos os seus pecados, mesmo sendo graves e numerosos, porque eram compadres. Foi uma vez por todas. Nos anos seguintes, Sipion, sem maiores cerimônias, dizia a dom Paulinho: "Padre, os pecados de hoje o senhor já conhece do ano passado", e dom Paulinho replicava: "Filho, renovo por mais um ano a absolvição dos pecados. *Vade in pacio et non amplio peccare*."[374]

G. BERNARDO: Ah, ah, ah! Eu ficaria falando disso por horas. Está vendo aquela porta?

ASCÂNIO: Sim, mestre.

G. BERNARDO: Ali atrás fica o quarto onde o prenderam. É melhor não abrir a porta até que Scaramuré acene que está tudo resolvido. A essas horas deve estar procurando por mim. Não demore, vá buscar a dona Querubina. Peça a ela pra vir logo.

ASCÂNIO: Já vou. Nos encontramos aqui?

G. BERNARDO. Claro, o mestre Scaramuré não deve demorar para estar aqui. Agora vá.

Cena 20

(*Gioan Bernardo, sozinho*)

G. BERNARDO: Pois é. Em cima do túmulo de Jacopon Tonsillo, aquele filósofo injuriado amigo dele[375] escreveu um epitáfio que dizia mais ou menos assim:

---

372. Trata-se de uma igrejinha cujas ruínas ainda eram visíveis não faz muito tempo. Dom Paulinho poderia ser identificado como "presbiter dominus Paulino de Magaldis", que teria sessenta anos em 1526 e seria, portanto, velhíssimo quando da confissão de Savolino.
373. Tio materno de Bruno, pai de uma Morgana que talvez seja a mesma da Dedicatória.
374. Ascânio deforma a fórmula evangélica (*Lucas* 7, 50 e *João* 8, 11) *Vade in pace et noli amplius peccare*: "Vá em paz e não peque mais."
375. O filósofo injuriado é Giordano Bruno; o túmulo pode ter sido de um amigo nolano de Bruno, um amigo que levou uma vida turbulenta e morreu assassinado.

Quem falha no primeiro botão
Nem no meio nem no fim acerta a mão:
Assim, de manhã soube minha sorte
Eu, Jacopon, aqui deitado em morte.

Vejam o que aconteceu ao meu amigo Bonifácio: fechou o primeiro botão fora da casa quando se apaixonou por uma mulher como Vitória; o segundo, quando acreditou que as mandingas do mestre Scaramuré pudessem soltar Satanás das grades e levar um coração feminino lá onde ele bem queria; por último, achou que poderia dar conta de um desejo tão estranho à sua própria natureza. Aí ficou encadeando uma desgraça após a outra como filhos e netos e bisnetos. Agora é bom que ele pague a conta das ofensas[376] que nós, pobres inocentes, suportamos; o que ele deve fazer pedindo mil desculpas e suplicando misericórdia.

Cena 21

(*G. Bernardo, Ascânio, Scaramuré, Querubina*)

G. BERNARDO: Como chegaram rápido!

ASCÂNIO: Deparei com eles que já estavam vindo.

SCARAMURÉ: Então, todos prontos? Vamos libertar aquela pobre alma do purgatório.

QUERUBINA: Fosse por mim, ele bem que poderia ficar lá. E eu aqui, sem nunca mais precisar vê-lo.

ASCÂNIO: É só querer, que acontece.

SCARAMURÉ: Já esteve lá em casa de madame Vitória, buscando por você, mas só Lúcia sabia onde encontrá-la.

G. BERNARDO: Não precisa de mais ninguém. Querubina, meu anjo, faça de conta que está vindo de casa, com Ascânio. Deixe antes a gente negociar com Sanguino e sua turma; podem esperar um pouco aqui, neste canto.

QUERUBINA: Perfeito. Vem comigo, Ascânio?

ASCÂNIO: Por aqui, minha senhora, sente-se. Podemos escutar e calcular a melhor deixa para entrar.

QUERUBINA: Ótimo.

---

376. Do it. *appuntar la stringa et assestar la brachetta col gippone* (costurar as calças no casaco), vale dizer, compensar o mal feito e arrumar tudo.

Cena 22

(*Scaramuré, Gioan Bernardo, Corcovizzo, Ascânio, Sanguino, Barra*)

SCARAMURÉ: Pronto. Vou bater. Toc, toc, toc.
CORCOVIZZO: Quem é?
SCARAMURÉ: Somos nós. Avise ao capitão que já estou de volta.
CORCOVIZZO: Já vou, patrão.
SCARAMURÉ: Este me parece que é Corcovizzo. Aqui o chamam de Bigodão, ou Barrigão, uma coisa assim, e ao outro, Coppino. Ouvi um ou outro malandro chamá-lo assim, não lembro.
G. BERNARDO: Aposto que seu Bonifácio, com aquele pedante do Manfúrio, vão acertar os nomes direitinho. Estão todos barbudos?
SCARAMURÉ: Pois é, com todos esses disfarces até parece uma comédia de verdade. Ao pedante só falta a barba, seu Bonifácio já tem uma, só falta colar. Os dois se conhecem, mas não sabem que nós também estamos disfaçados.
ASCÂNIO (*para Querubina*): Dona Querubina, e se você aparecesse com o seu disfarce também?
SANGUINO: Estão aqui? Não vejo a mulher. Sem ela, já disse, nada feito.
SCARAMURÉ: Capitão, a senhora está a caminho. Deve chegar em um minuto.
SANGUINO: Está certo. Guardas, tragam o homem aqui pra baixo.
SCARAMURÉ (*para Gioan Bernardo*): Fique na sua por um tempo.
G. BERNARDO (*para Scaramuré*): Não, não, agora deixe comigo. O negócio é meu.
SANGUINO: O senhor é mestre Gioan Bernardo, não é? Seja bem-vindo.
G. BERNARDO: Vossa senhoria, quando soube do mestre Scaramuré que o senhor mandou me chamar, pulei da cama e vim logo! Já descobriu alguma coisa? Aquele malfeitor...
SANGUINO: Ôpa! Eu não mandei chamar ninguém. O senhor... como chama, Scaramuré, foi ele aí que insistiu para que eu concedesse essa audiência antes de levar o indivíduo pra cadeia. Pronto, o malfeitor está aqui. E disse que você ficaria satisfeitíssimo, que ele teria novidades do caso do disfarce. Ele, eu não. Eu só fiz o favor de aguardar já que o mestre Scaramuré ali suplicou tanto e ainda por cima o criminoso chorava. Mas não mandei chamar ninguém.
BONIFÁCIO: Por piedade! Não se exalte.
G. BERNARDO: Mestre Scaramuré. O senhor não disse que o capitão precisava falar comigo com urgência? Fiquei até estressado, vim correndo! Isso é uma brincadeira? De que lado você está? Você me enganou. Bela amizade a sua. Arquitetou uma maneira

de favorecer este péssimo sujeito, com total prejuízo para mim. Senhor capitão, quero dar outra queixa. Este indivíduo abusou do meu nome e manipulou a minha vontade, tratando com vossa senhoria e me incomodando para que eu me despencasse até aqui sem proveito nenhum e com grande aborrecimento para todos.

BONIFÁCIO: Nossa Senhora, misericórdia: não briguem...

SANGUINO: Devagar. Calma aí. Ainda vamos ver se o ato é tão criminoso que não dá para ajeitar tudo direitinho. Já que chegou até aqui, não se deixe levar pela cólera.

G. BERNARDO: Não vou tolerar isso, jamais. Nem mesmo quando a justiça for feita isso aí vai ficar bem pra mim.

SCARAMURÉ: Amigo, mestre Gioan Bernardo, deixe explicar; fiz o que fiz no seu interesse também. Quanto ao prejuízo, somos todos testemunhas de que, de qualquer delito cometido pela sua pessoa esta noite, quem deve levar a culpa é Bonifácio. Mas acalme-se: creia que tudo não passou de leviandade, coisa de marido e mulher.

G. BERNARDO: Ele não quis se passar por mim para que pensassem que eu tinha desonrado a mulher dele? Então? Quis confundi-la, pôr nós dois em risco de vida. Não percebem que ele quis enganá-la e me fazer o pior mal possível?

BONIFÁCIO: Não, não, Deus não queira! Por que eu haveria de fazer isso com o senhor, mestrezinho meu? Tenha piedade, pelas cinco chagas de Nosso Senhor Jesus Cristo. (*Aos pés de Gioan Bernardo.*)

G. BERNARDO: Solte o meu pé.

BARRA (*à parte*): É assim mesmo que eles fazem: na hora da necessidade, é devoção pra todos os santos. Depois que o perigo passa, banana[377].

SCARAMURÉ: Mas veja, a mulher dele vestia roupas de outra mulher, que o mestre por sinal frequenta muito, sem prejuízo algum da sua honra; ou não? Vamos, mestre Gioan Bernardo, seja compreensivo. Quanto a mim, exagerei um pouco, mas era a única forma de convencê-lo a levantar da cama. Abusei da paciência do senhor capitão, mas nem você nem ele devem ser meus inimigos, já que só fiz isso para ajudar um sem prejudicar o outro.

SANGUINO: Pois é. Ainda por cima a mulher dele estava disfarçada de outra; se for só isso e não aparecer mais nenhuma malandragem, não dá pra entender de que forma poderia prejudicar o pintor.

BONIFÁCIO: Mestre Gioan Bernardo, me sinto obrigado a fazer tudo que for de sua vontade e interesses, quaisquer que sejam, no futuro.

---

377. Do it. *farrà un casocavallo a tutti*. Caciocavallo é um queijo típico do sul da Itália, em forma de cantil, que fica pendurado a cavalo em um bastão, parecendo com o gesto da "banana", que é antiquíssimo na Itália.

Pegue esta pobre alma do velho Bonifácio e, se assim quiser, a vitupere! Minha honra está em suas mãos. Não nego nem jamais negarei que dependo da sua misericórdia. Me faça esta graça! Uh, uh, uh!
SANGUINO: Chegou a sua esposa.

Cena 23

(*Querubina, Sanguino, Scaramuré, Gioan Bernardo, Bonifácio, Barra, Corcovizzo, Ascânio, Marca*)

QUERUBINA: Eis você, seu nojentíssimo concubinário de sua própria mulher!
SANGUINO: Nunca ouvi essa. Será que os profissionais da consciência já analisaram um caso assim, de alguém que é adúltero por foder a sua legítima esposa?
SCARAMURÉ: Senhora, senhores, chega de briga. Vamos resolver isso logo, entre nós, já que o capitão Palma fez o favor de aguardar pra ter a presença de dona Querubina também. Veja que a vergonha do seu marido não pode beneficiar sua honra nem ser útil para você, mestre Gioan Bernardo.
BONIFÁCIO: Isso mesmo! Piedade, misericórdia, pena de mim, caridade, compaixão! Senhora minha mulher, mestre Gioan Bernardo, perdoem! Pequei, mas foi só uma vez!
BARRA (*à parte*): Que coisa louca o mundo, não é? Há quem peca sempre e nunca faz penitência; há quem paga depois de muitos erros e quem dança logo no primeiro; há quem nunca pecou e mesmo assim paga penitência; alguns sofrem sem ter pecado e outros sofrem pelos pecados alheios. Agora, este cara conseguiu pagar em todas as opções simultaneamente.
BONIFÁCIO: Suplico a graça. Perdoem, como o Cristo perdoou Madalena e o Bom Ladrão.
MARCA (*à parte*): De bom esse aqui não tem nada, só de ladrão. Se for esperto como aquele que roubou o Paraíso, deve conseguir a graça direto de Deus[378]. Você rouba mesmo, rouba o que pertence à sua mulher e dá tudo pra outras: o leite, o licor, a substância, o bem-bom, o maná!
G. BERNARDO: E mais minha barba, minha capa, minha aparência e talvez minha honra!

---

378. Alude ao episódio evangélico (*Lucas* 23, 39-42) em que o bom ladrão pede perdão a Cristo na cruz e obtém a promessa de que naquele mesmo dia estaria com ele no Paraíso.

BARRA: Tem mais a ver com a Madalena[379], então.
CORCOVIZZO: Isso mesmo. Olha que Madalena arrependida, só que de barba e com quatrocentos piolhos em cada bochecha. E com que óleo gorduroso vai alisando os pés do outro! Só lhe falta a saia pra virar uma Madalena arrependida! Temos que perdoar sim, mas da mesma forma que os judeus perdoaram a Barrabás[380].
SANGUINO: Que crueldade com o pobre coitado! É a maneira de consolar os aflitos? Silêncio. Não se metam. E vocês, resolvam isso logo.
SCARAMURÉ: Vamos, é hora de perdoar. Em nome de Deus ou do diabo, que perdoou a Barrabás e ao Bom Ladrão. A esse não? Vejam, está pedindo de joelhos.
SANGUINO: É verdade. Tem que ter perdão.
G. BERNARDO: Dona Querubina, o que tem a dizer?
QUERUBINA: Quanto a mim, o perdoo desta vez. Mas que fique de olho pro futuro, pois juro que se voltar a fazer besteira lhe farei pagar por tudo que fez e fará.
BONIFÁCIO: Oh, está certíssima, Querubina minha!
QUERUBINA: Sua… Até parece! E o senhor é da Vitória.
BONIFÁCIO: Nunca mais vai me pegar no flagrante!
QUERUBINA: Aprendeu a disfarçar melhor, é?
G. BERNARDO: Escuta isso.
BONIFÁCIO: Que digo! Nunca mais vou enganá-la!
BARRA: Este aqui faz como as mulheres que, nas dores do parto, juram que nunca mais, nunca mais: "Marido meu, vou trancar o portão com sete chaves. Tente encostar em mim: te mato, te esfolo, te capo." Mas logo que a criatura sai, já querem que outra entre para não dar vácuo.
SANGUINO: Que bela amostra de caridade diante de um em lágrimas e outro em cólera! Ficar falando besteira! Silêncio!
QUERUBINA: Eu já perdoei, pra sua sorte. Agora, pela minha honra, suplico, mestre Gioan Bernardo, que retire a queixa e faça com que o capitão o solte.
BONIFÁCIO: Sei como agradecê-la, esposa querida. Até hoje a amei por obrigação, faltando-lhe com o respeito. A partir de hoje a amarei com todas as obrigações e todo o respeito.

---

379. Nos Evangelhos, o nome de Madalena é usado seja para a prostituta arrependida quanto para a mulher que lava os pés de Cristo com seus cabelos (*Lucas* 7, 37-39 e 50).
380. Não por piedade, mas por conveniência. Os evangelhos narram que Pilatos, seguindo o costume de libertar um condenado à morte por ocasião da Páscoa, pediu ao povo que escolhesse quem ele deveria soltar, se Jesus ou Barrabás, um ladrão preso por assassinato. O povo pediu para perdoar Barrabás (*Mateus* XXVII, 16-26).

G. BERNARDO: Senhor Bonifácio, eu sou um homem de bem. Cristão católico apostólico. Me confesso e comungo nas principais festas do ano. Meu ofício é a pintura, isto é, doar aos olhos dos devotos as imagens de Nosso Senhor, da Nossa Senhora e de outros santos do Paraíso. Portanto, meu coração não suporta vê-lo em penitência e não perdoá-lo. Como é minha obrigação de devoto e bom cristão, eu o perdoo. Deus perdoa no céu e eu na terra. Somente peço, já que é meu direito não deixar ninguém estragar meu nome[381], que você se comprometa a pagar toda e qualquer indenização caso tenha cometido outros delitos sob minhas feições. Isso você promete agora, diante do capitão, ministro da justiça, de mim, da sua mulher, do mestre Scaramuré e dos demais presentes.

SANGUINO: Jure!

BONIFÁCIO: Juro e rejuro, afirmo e firmo, prometo com as mãos em cruz que nenhum delito cometi que possa contrariar o mestre Gioan Bernardo, afora ter fingido ser ele para não ser reconhecido enquanto entrava e saía do quarto de madame Vitória; e nisso não há escândalo ou consequência alguma para o mestre Gioan Bernardo já que ele é dono do quarto que madame aluga.

SANGUINO: Se for só isso, não foi erro grave. Caso encerrado. Seu Bonifácio, levante e abrace o mestre Gioan Bernardo. Sejam melhores amigos no futuro: ajudem-se e visitem-se um ao outro.

G. BERNARDO: Assim será. Levante-se, amigo meu, aceite o meu abraço.

BONIFÁCIO: Mestre! Vou ser seu servo pro resto da vida.

BARRA: Sejam bons companheiros.

SANGUINO: Abrace a sua esposa também, pode beijar!

QUERUBINA: Deixe, não precisa de beijo. Estamos em paz.

MARCA: Pra casa, agora. Trate bem de sua mulher, seu Bonifácio. Caso ela não fique satisfeita com o tratamento, o mestre Gioan Bernardo, junto com ela, vai castigá-lo.

SANGUINO: Paz está feita. Vão com Deus. Podem passar por aqui, por favor. Ah, seu Bonifácio, não se esqueça da oferta que prometeu aos meus guardas, pelo incômodo que tiveram... Lembra?

BONIFÁCIO: Está bem. Com a maior boa vontade.

SCARAMURÉ: Vamos! Que maravilha: voltou a paz nessa família, seu Bonifácio, dona Querubina, mestre Gioan Bernardo. Três em um!

---

381. Do lat. macarrônico *Honore meom nemini tabbo*, deformação do verso bíblico *Honorem meum nemini dabo* (*Provérbios* 5, 9): "A ninguém vou ceder minha honra." Toda a cena da ambígua conciliação entre Querubina, Bonifácio e Gioan Bernardo, garantindo a futura relação entre os dois amantes com exclusão do *candelaio*, alude ao final de *A Mandrágora*, de Maquiavel.

BONIFÁCIO: Amém. Passem bem.
QUERUBINA: O senhor já vai embora, mestre Gioan Bernardo?
G. BERNARDO: Jamais, minha dona. A senhora na frente...
QUERUBINA: Ah, que bom que seja assim.
G. BERNARDO: Venha, é sua vez, madona.
QUERUBINA: Pois não, para servi-lo e obedecer-lhe.
G. BERNARDO: Vamos comigo, seu Bonifácio. Cuidado pra não escorregar. Pode pegar na minha capa.
BONIFÁCIO: Deus me livre, mestre.
SANGUINO: Guardas, acompanhem os senhores. (*Para Ascânio.*) Garoto, você fica mais um pouco aqui. Vocês todos, adeus.
ASCÂNIO: Pronto, ao seu dispor.

Cena 24

(*Sanguino, Ascânio*)

SANGUINO: O que me diz do seu patrão Bonifácio?
ASCÂNIO: Pelo que eu sei, tudo de bom.
SANGUINO: Um homem de bem, sábio, esperto, respeitado e respeitável, não é?
ASCÂNIO: Como todos que são da laia dele.
SANGUINO: Quem são estes?
ASCÂNIO: Os que não sabem nem mais nem menos que ele e os que não valem nem mais nem menos que ele.
ASCÂNIO: Há diversas espécies de loucura. Dizem que há loucos apáticos, loucos tristes e loucos bons. O meu patrão tem das três loucuras: dormindo é apático, desperto é triste, morto é bom.
SANGUINO: Mas me diga, por que dona Querubina casou com ele?
ASCÂNIO: Por isso! É louco!
SANGUINO: Será que ela agiu em boa-fé?
ASCÂNIO: Agiu muito bem, em fé da cara barbuda daquela velha bruxa, a mãe Angela. Ela que aconselha e pastoreia as mulheres napolitanas à caça de marido[382]. Se precisar de água de São Pedro Apóstolo, sangue de São Sebastião, cinzas de Santo André, grãos miraculosos, sementes bentas, incenso mágico, medalhinhas,

---

382. A crônica não dá notícias dessa Angela Spigna, que devia ser uma espécie de curandeira casamenteira, dada a práticas esotéricas e sustentada pela superstição das mulheres napolitanas e pela devoção ao culto dos santos. Há uma personagem parecida (Gemma) no *Ipocrito*, de Pietro Aretino (I, 7).

relíquias, pó de ossos de mártir[383], a mãe Angela tem! Quem quiser comprar boa sorte, que vá ver a mãe Angela Spigna! Então lá foi dona Querubina e disse: "Minha mãe, querem que eu case com Bonifácio Truque[384], que tem como me sustentar." A velha disse: "Então, case." Dona Querubina disse: "Mas é velho, eu não quero." E a velha: "Então não case." Querubina disse: "Meus pais querem." E a velha: "Então, case!"; Querubina: "Mas eu não gosto dele." E a velha: "Não case." "Bem", disse Querubina, "parece de bom berço", e a velha replicou: "Case com ele!" "Mas é avarento, eu não quero!"; "Ah, então não case com ele." "Mãe", disse Querubina, "dizem que ele é pau pra toda obra." E a velha mãe Angela: "Ahn, case logo." Querubina disse: "Mas será que dá o cu?" E a velha: "Pois é, melhor não casar." Enfim, Querubina disse: "Sabe o que é, todo mundo diz que ele é louco", aí a mãe Angela gritou sete vezes, "Case, case, case, case, case, case e case! Entendeu? Não ligue se o chamam de castiçal; não importa se com um feijão[385] dá três jantares; nem que seja velho e que a senhorita desgoste; pouco importa. Case com ele, porque é louco: só faça cuidado que não seja um daquele loucos injuriados e amargurados". "Não, com certeza não é", refletiu Querubina. "Então", concluiu mãe Angela, "case logo de uma vez."[386] E ela casou. Opa! Bem na hora, voltaram os colegas.

Cena 25

(*Sanguino, Corcovizzo, Barra, Marca, Manfúrio, Ascânio*)

BARRA: Pronto! Despachamos um. Agora só falta o outro, aquele dono *magister*.

SANGUINO: Hi, esse caso é fácil. Culpado. Não está claro que estava mascarado? Não roubou a capa de Tiburolo? Não o viram fugir da polícia? Então?

MARCA: Pois é. Mas ele reclama que é inocente.

---

383. Do it. *Agnus dei* (objetos bentos, tais quais a imagem do carneiro, usados como amuletos), *granelli benedetti, acqua di san Pietro Martire, semenza di san Giovanni, manna di sant'Andrea, l'oglio del grasso dela midolla de la carne de l'ossa del corpo di san Piantorio* ("óleo da banha da medula dos ossos do corpo").

384. Já chamado de *Luccus* (louco) por Manfúrio (II, 7), agora de *Trucco* com alusão ao ardil do disfarce.

385. É pederasta e avarento.

386. O colóquio com a mãe Angela tem fontes ilustres, tais como o diálogo entre Panurge e Pantagruel, em Rabelais.

SANGUINO: Por isso mesmo ele vai preso.
MANFÚRIO: Excelentíssimo, *verum est*. Mas, se formos para o calabouço, despencaremos no conceito de nossos escolásticos pupilos.
SANGUINO: O que ele disse?
CORCOVIZZO: Sei lá. Deve ser alguma língua estrangeira[387].
SANGUINO: Vou ser claro e conciso. Observe, mestre, as suas opções: ou ir para a cadeia agora mesmo ou pagar a fiança. Deve haver mais grana aí na sua bolsa, além do trocado que o ladrão pegou. Certo, professor?
MANFÚRIO: *Minime*. Já disse, não tenho nada, me levaram tudo. Pô, por Hércules e por Deus onipotente, por todos os corpos celestes![388]
SANGUINO: Veja bem, professor. Errou, tem que pagar. Quer ficar no xadrez? Não, né? Não tem grana? Que pena. Então, escolha: ou leva cinquenta chicotadas na bunda, ou então dez golpes de ferro na palma da mão[389]. Não vai sair daqui sem fazer penitência.
MANFÚRIO: Hum. Entre dois males, o menor. Entre dois bens, o melhor, já dizia o príncipe dos peripatéticos[390].
ASCÂNIO: Professor, se não falar direito, essa gente vai desconfiar mais ainda.
BARRA: Como pode ser confiável um sujeito que faz de tudo para não ser entendido?
MANFÚRIO: *Nil mali vobis imprecor*. Longe de mim querer perjuriá-los.
SANGUINO: Jure e reze o quanto quiser, aqui não haverá perdão. Tem que pagar!
CORCOVIZZO: Mais cedo, melhor. Está me dando uma vontade de bater em alguém...
MANFÚRIO: Apanhar nos palmos da mão não é tão indecente como nas nádegas.[391] Sou velho.
SANGUINO: Como é que é?
MANFÚRIO: Prefiro a palmatória.
SANGUINO: Sua vez, Corcovizzo. Segure e bata firme

---

387. Do it. *Non l'intenderebbe Sansone* (Não o entenderia Sansão). Na *Bíblia*, Sansão interpreta enigmas e línguas desconhecidas (*Juízes* 16, 12-18).
388. Do lat. *Ita, mehercle, per Iovem altitonantem, vos sidera testor*.
389. A escolha é entre dois castigos normalmente infligidos pelos mestres aos estudantes: a cavalaria, já descrita na nota 6, e a palmatória. A cena do pedante submetido às chicotadas já comparece no Aretino e no *Pedante* do Belo; será imitada por Porta na *Fantesca* e por Molière em *O Doente Imaginário*.
390. Do lat. *Duobus propositis malis minus est tolerandum, sicut duobus propositis bonis melius est eligendum*, Aristóteles (*Retórica* I, 6).
391. Do lat. *Minus pudendum erit palma feriri, quam quod congerant in veteres flagella nates*.

CORCOVIZZO: Pronto, já vai. Uma!
MANFÚRIO: Ai! Jesus Maria.
CORCOVIZZO: Abra essa mão. Duas.
MANFÚRIO: Ai, ai! Maria de Jesus!
CORCOVIZZO: Abra a mão, estou falando. Estique direito! Três.
MANFÚRIO: Ai! Ai! Paixão de Cristo, não suporto mais! Prefiro a cavalaria!
SANGUINO: Muito bem. Você (*para Barra*), segure-o pelas costas. Você (*para Marca*), pelos pés. Você (*para Corcovizzo*), baixe as calças. Eu mesmo aplico. E você, professor que sabe de tudo, conte, uma por uma, para eu ouvir direito, e veja de não errar porque aí a conta zera e começa tudo de novo. Ascânio, você é o juiz!
MARCA: Estamos prontos, capitão. Mande ver. Não batam nas calças porque elas não têm culpa.
SANGUINO: Por São Chicote![392] Conte!
MANFÚRIO: Uma! Ai, duas! Ai, três. Ai de mim, quatro! Ai, ai, ai, pelo amor de Deus, ai, sete!
SANGUINO: Depois de quatro era cinco, não sete. Recomecemos.
MANFÚRIO: Ai de mim, socorro! *In rei veritate*[393]: eram sete, mesmo!
SANGUINO: Não sabe nem contar? Uma por uma! Vá, conte. Do zero!
MANFÚRIO: Uma, ai, ai. Duas, ai de mim; três, quatro, chega! Cinco, seis, chega! Chega! Recordei-me de mais umas moedas. Ali, na minha bolsa.
SANGUINO: Vai ter que recomeçar, você bagunçou a conta outra vez. Pulou muitas.
BARRA: Momento, capitão. Talvez prefira mudar de castigo e pagar a fiança...
SANGUINO: Como assim? O sujeito declarou não ter nada.
MANFÚRIO: Não, não! Ocorre-me que há mais quatro moedas.
SANGUINO: Ahn. Soltem, vamos ver essa bolsa.
BARRA: Cristo! Sete moedas!
SANGUINO: Muito bem. Mentiu de novo! Segurem. Mais setenta chicotadas por reincidência! É vício mesmo. Conte!
MANFÚRIO: Misericórdia! Levem o dinheiro, a bolsa, aqui meus óculos, minha capa, meus sapatos! Peguem tudo! *Dimittam vobis*![394]
SANGUINO: Guardas, aceitem a compensação. Dê aqui a capa. A justiça vai devolver ao legítimo proprietário. Vamos embora. Boa noite pra você, Ascânio.

---

392. Do it. *Santa Scopetella*, com alusão às formas de chicotear.
393. "De verdade".
394. Do lat. *Dimittam vobis* (vou dar a vocês).

ASCÂNIO: Tudo de bom pro senhor, capitão. Foi uma boa lição; não é, professor?

Cena 26

(*Manfúrio, Ascânio*)

MANFÚRIO: Quando terminará isso tudo?[395]
ASCÂNIO: Oi, professor. Mestre Manfúrio!
MANFÚRIO: Quem é? Quem ainda me reconhece neste estado? Quem me chama pelo nome?
ASCÂNIO: Não importa. Abra os olhos. Veja onde está.
MANFÚRIO: *Quo melius videam*, para enxergar algo, corroborar a intuição e confirmar a potência visória, de modo que o raio emitido pela pupila com impulso eficaz na linha reta até o objeto visível penetre com sua imagem na faculdade interior *idest*, com palavras ordinárias, na fantasia: preciso dos meus óculos, pronto, bem em cima do nariz. (*com os óculos*) Oh! Quem são essas pessoas assentadas em semicírculo?
ASCÂNIO: Não parece um teatro?
MANFÚRIO: Ah, sim. É mesmo[396].
ASCÂNIO: Percebe? O senhor está em cena!
MANFÚRIO: Quem, eu? Ah, sim, sem dúvida[397].
ASCÂNIO: O que gostaria que acontecesse neste ponto da comédia?
MANFÚRIO: Que terminasse. Não aguento mais oferecer a bunda às gargalhadas[398].
ASCÂNIO: Está na hora de pedir as palmas
MANFÚRIO: Mal posso pedir
Palmas são razão de desespero para mim
Infeliz, com a paciência esgotada
E mãos e nádegas esfoladas
E o dinheiro, perdido. Amém[399].

---

395. Do lat. *Ecquis erit modus?*
396. Do lat. *Ita, sane.*
397. Do lat. *Ego? Omne procul dubio*
398. Do lat. *Neque enim et ego risu ilia tendo.* Brincadeira sobre um verso de Virgílio (*Georg.* III, 506-507).
399. Do lat. *Quam male possum plaudere / Tentatus pacientia / Nam plausus per me factus est / Iam dudum miserabilis, / Et natibus et manibus / Et aureorum sonitu. Amen.*

ASCÂNIO: Peça as palmas. Acho melhor o senhor fazer isso logo, e bem, no melhor estilo, como bom mestre e homem de letras que é, antes que entre gente em cena de novo, e aí pode piorar.

MANFÚRIO: Vou tentar. *Hilari efficiam attimo, forma quae sequitur*[400]. Feito um marinheiro quando finalmente aporta, ainda que no navio de mastro quebrado, velas rasgadas, sem escotas e sem leme, salvo da tempestade, no fim da viagem aplaude feliz, conforme canta Virgílio: *Votaque servati solvent in littore nautae / Glauco, et Panopeae, et Inoo Melicertae*[401]; assim *ego, Manfurius*, professor emérito e não imerecido de letras clássicas e, se quiserem, teólogo, filósofo, filólogo e sociólogo[402], aportando ao fim desta calamidade e dos meus aflitivos reveses, após pagar votos e oferendas[403], felizmente *plaudo. Proinde digo vobis*[404], prestigiada plateia cujos olhos e faces vejo agora em mim concentradas[405], já que eu não posso bater palmas nem tirar mais moedas do meu bolso, como as senhoras e senhores bem sabem, então aplaudirei com todo meu coração por estar finalmente no fim da minha cômica tragédia, assim vos melhormente, senhoras e senhores, protegidos até aqui por melhor sorte e que da minha desgraça tiraram tanta alegria[406], *valete et plaudite*.

FIM

---

400. "Farei isso com entusiasmo, com as seguintes palavras."
401. "Os marinheiros, trazidos em salvo até a areia, oferecerão primícias a Glauco, Panopea e Melicerta, filho de Ino" (*Georg.* I, 436-437).
402. Do lat: *Ego Mamphurius, graecarum, latinarum vulgariumque literarum, non inquam regius, nec gregius, sed egregius, – quod est per aethimologiam e grege assumptus, – professor; nec non philosophiae, medicinae, et iuris utriusque, et theologiae doctor, si voluissem* (Eu, Manfúrio, professor não digo régio, nem do rebanho, mas digo egrégio – que pela etimologia é seleto da grei – de letras gregas, latinas e modernas; como também doutor em filosofia, medicina, leis e teologia se eu quiser).
403. Do lat. *post hac vota soluturus* (quase no ponto de cumprir os votos).
404. "Por isso vos digo."
405. Do lat. *quorum omnium ora, atque oculos in me video esse coniectos*.
406. Do lat. *meliori hactenus acti fortuna*.

A CEIA DAS CINZAS

Descrita em *cinco* diálogos
Por *quatro* interlocutores
Com *três* considerações
Sobre *dois* assuntos

Ao único refúgio da Musa,
O ilustríssimo Michel de Castelnau,
Senhor de Mauvissier, Concressalto e Joinville,
Cavaleiro da Ordem do Cristianíssimo Rei
e Conselheiro no seu Conselho privado,
Capitão de cinquenta homens de armas,
Governador e Capitão de São Desidério,
e Embaixador junto à sereníssima Rainha da Inglaterra.

A intenção universal está declarada no proêmio.
1584

Ao Descontente[1]

Se do cínico[2] dente fores perfurado,
Lamenta-te só por ti, bárbaro cão:
É inútil mostrar-me teu ferro e bastão,
Se não te guardas de fazer-me desprezado.
A torto, a direito, quiseste o atrito,
Mas tua pele rasgo e te dilacero,
E se me ocorre cair no entrevero,
Teu vitupério está no diamante escrito.
Não vás despido retirar da abelha o mel;
Não mordas se não sabes se é pedra ou pão;
Não andes descalço, a semear espinho;
Mosca, não desprezes da aranha o dossel;
Se és um rato, a rã não sigas, não[3],
E foge dos lobos, se cantas de galinho.
Creia no evangelho,
Que com zelo diz ao jovem e ao velho:
Ceifa do nosso campo a penitência,
Que a errada semente lançou por negligência.

Epístola Inicial

Escrita para o Ilustríssimo e Excelentíssimo
Senhor de Mauvissiero,
Cavaleiro da Ordem do Rei
e Conselheiro do seu Conselho privado,
Capitão de cinquenta homens de armas,
Governador geral de São Desidério
E Embaixador de França na Inglaterra.

Eis aqui presente, senhor, não um banquete de néctares do Altissonante para uma majestade; não um que tenha sido primeiramente

---

1. O soneto tem como alvo o adversário que Bruno terá pela frente na quarta-feira de cinzas, durante a Ceia. A imagem do descontente aparece algumas vezes no teatro isabelino, que Bruno conheceu, sob a denominação de *malcontent*.
2. O adjetivo refere-se ao original grego *canino*, de onde provém a denominação da escola filosófica grega e a qualificação posterior de petulante ou debochado.
3. Alusão ao poema cômico *A Batalha dos Ratos e das Rãs* (Batraquiomachia), adaptado ao italiano, em 1573, por Lodovico Dolce.

criado[4] para a desolação humana; não aquele de Assuero, pelo mistério[5]; nem de Lúculo, pela riqueza; não de Licaon, pelo sacrilégio[6]; não de Tieste, pela tragédia; não o de Tântalo, pelo suplício; não o de Platão, pela filosofia; não o de Diógenes, pela miséria; não o de sanguessugas, por uma bagatela; não o de um arquipresbítero de Pogliano, por uma pilhéria; não o de Bonifácio Candeleiro[7], por uma comédia.

Mas um banquete tão grande, tão pequeno, tão magistral, tão disciplinado, tão sacrílego e religioso, alegre e colérico, tão áspero quanto alegre; tão magro florentino quanto gordo bolonhês; cínico e sardanapalesco; tão ninharia, tão sério e travestido[8]; tão trágico e cômico que por certo não terá poucas ocasiões de se tornar heroico, desusado, mestre e discípulo, crente e descrente, alegre e triste, saturnino, jovial, ligeiro, poderoso, cínico, liberal, superior e diplomata, sofista com Aristóteles, filósofo com Pitágoras, risonho com Demócrito e choroso com Heráclito. Quero dizer: depois de haverdes cheirado com os peripatéticos, comido com os pitagóricos, bebido com os estoicos, podereis ainda sugar a um dos que, mostrando os dentes, tenha um sorriso gentil e cuja boca vai de uma orelha a outra. Pois, rompendo os ossos e cavando-lhes a medula, encontrareis coisa que fará dissoluto a São Colombino, patriarca dos Gesuatos; que faz suplicar qualquer troca, escangalhar de riso os símios e romper o silêncio de qualquer cemitério. Perguntareis: que simpósio, que banquete é esse? É uma ceia. Que ceia? Das cinzas. O que quer dizer ceia das cinzas? Talvez vos tenha sido servida antes? Se poderia talvez dizer que *cinerem tamquam panem manducabam* (comia cinzas como pão)? Não, mas é um banquete feito após o ocaso do sol, no primeiro dia da Quaresma, dito por nossos padres *dies cinerum* (dia de cinzas) e, às vezes, "dia do memento" (recorda-te). Do que se trata esse banquete, esta ceia? Não é por consideração ao ânimo e por consequência do mui nobre e bem criado senhor Folco Grivello[9], em

---

4. No original, *protoplastico*, utilizado diretamente do grego.
5. Banquete preparado por Ester, para o qual foram convidados Assuero e Aman, e que mudou a sorte dos hebreus na Pérsia. O mistério é uma provável alusão à festa do Purim.
6. Rei da Arcádia, que serviu carne humana a Zeus, desafiando-o a provar que seria um deus onisciente, sendo transformado em lobo, como castigo, além de ver morrer todos os seus filhos, atingidos pelos raios divinos do pai dos deuses.
7. Referência à personagem e ao diálogo dramático *Il Candelaio*, do próprio Bruno.
8. No original, *mattacinesco*, do espanhol *matachin*, ou seja, dançarino fantasiado que parodiava guerras da Antiguidade.
9. Fulke Greville (1554-1628), biógrafo do escritor Philip Sidney, e também ele poeta, foi amigo de Bruno no início de sua permanência na Inglaterra, mas tudo indica que as críticas do filósofo italiano aos intelectuais e à vida acadêmica da Inglaterra fizeram com que a amizade se rompesse.

cuja honrada mansão ajustou-se o encontro. Não é pelos honrados costumes daqueles senhores civilizadíssimos, que por serem espectadores e ouvintes, ali estiveram presentes. Mas sim para poder ver o quanto pode a natureza fazer dois fantásticos presentes de Epifania, dois sonhos, duas sombras e duas febres quartãs[10]. Enquanto se vai criticando o senso da história, se degusta e se mastiga, vão-se tirando proposições de natureza topográfica, outras geográficas, outras de raciocínios e morais; e ainda especulações metafísicas, outras matemáticas, outras naturais.

Argumento do Primeiro Diálogo

Vereis, no primeiro diálogo proposto em campo, dois sujeitos com o motivo de seus nomes, se o quiserdes entender[11]; em segundo [lugar], por graça a eles celebrada, a escala do número binário; em terceiro, se trazem as louváveis condições da reencontrada e reparada filosofia; em quarto, se mostra de quanto elogio é merecedor o Copérnico; em quinto, quão positivos e avançados os frutos da filosofia nolana, com as diferenças entre este e os outros modos de filosofar.

Argumento do Segundo Diálogo

Vereis no segundo diálogo: em primeiro lugar, a causa original da ceia; em segundo, uma descrição de passos e de passagens que talvez seja mais poética e tropológica[12] do que histórica e será por todos julgada; em terceiro, como confusamente se precipita numa topografia moral, onde, com olhos de Linceo[13], e portanto olhando (sem muito se deter) coisa por coisa em seu caminho, além de contemplar a grande máquina, parece-me não haver detalhes nem *petruccia* nem

10. Paráfrase de um soneto de Francesco Berni (Rimas, LXI), dedicado ao arcebispo de Florença: "Chi vuol veder quantunque pò natura / in far uma fantastica befana / un'ombra, un sogno, una febbre quartana."
11. Trata-se de duas pessoas encontradas em Oxford e com as quais Bruno discutiu: Torquato, nome derivado do latim *torques*, colar, "que trazia duas correntes de ouro penduradas ao colo"; e Nundinio, também derivado do latim *nundinae*, mercado, sabendo-se que os comerciantes usavam anéis como símbolo de profissão.
12. A palavra está aqui empregada de maneira figurada, ou seja, "destinada à edificação dos costumes" e, por isso, tem sentido moral.
13. Um dos argonautas, famoso por sua capacidade de visão.

sassetto[14] que vos faça tropeçar. E nisso se faz justamente como um pintor, para quem não basta elaborar um simples retrato de história, mas antes, para preencher o quadro e conformar-se com a arte e a natureza, vos pinta as pedras, os montes, as árvores, fontes, rios e colinas; e vos faz ver um palácio régio, ali uma selva, lá uma estria de céu, naquele canto um meio sol que nasce, e, de passo em passo, uma ave, um porco, um cervo, um asno e um cavalo. Enquanto isso basta, mostra a cabeça de um, daquele um chifre, de outro um quarto da traseira, deste uma orelha, daquele a descrição inteira; este com um gesto e uma fisionomia, que aquele ou mais outro não possuem; de maneira que, para maior satisfação de quem mira e julga, acaba por historiar (como digo) a figura. Assim, com propósito, lede e vede o que quero dizer. Por último, conclui-se aquele bendito diálogo com o convívio na sala, ser graciosamente acolhido e cerimoniosamente instalado à mesa.

Argumento do Terceiro Diálogo

Vereis o terceiro diálogo (conforme o número das propostas do doutor Nundinio) dividido em cinco partes. Das quais a primeira versa sobre a necessidade de uma e de outra língua. A segunda explica a intenção de Copérnico, dada a resolução de uma dúvida importantíssima a respeito dos fenômenos celestes; mostra a vanidade dos estudos de perspectiva e óptica a respeito da determinação da quantidade de corpos luminosos, e oferece, acerca disso, uma nova, resoluta e certíssima doutrina. A terceira mostra o modo da consistência dos corpos mundanos e declara ser infinita a massa do universo; e que em vão se procura o centro ou a circunferência do mundo universal, como se fosse o de um corpo particular. A quarta afirma ser conforme esse nosso mundo, dito o globo da Terra, os corpos de outros mundos, que são os corpos dos outros astros, sendo coisa de criança ter acreditado ou acreditar de outra maneira; e que neles há animais intelectuais; e que neles também vegetam e convivem muitos e inumeráveis indivíduos simples e compostos como os que vemos viver e vegetar nas costas deste nosso. A quinta, por ocasião de um assunto que trouxe Nundinio, ao final, mostra a vaidade de duas grandes convicções com as quais Aristóteles, e outros

---

14. Referências a Petruccio Ubaldini e a Tommaso Sassetto, que serão mencionados posteriormente na obra.

igualmente, se obsedaram por não verem ser correto e necessário o movimento da Terra; e estiveram tão impedidos que não puderam crer ser ele possível; e que assim fazendo vieram a ser descobertos muitos segredos da natureza, até o presente ocultos.

Argumento do Quarto Diálogo

Tendes no princípio do quarto diálogo meios para responder a todas as razões e inconvenientes teológicos; e para mostrar que essa filosofia está em conformidade com a vera teologia e digna de ser a favorita da verdadeira religião. De resto, tendes diante de vós alguém que não sabia nem discutir nem perguntar a propósito, e que, por ser mais imprudente e arrogante, parecia aos mais ignorantes mais douto do que o doutor Nundinio. Mas vereis que não bastariam todas as pressões do mundo para extrair uma gota de suco de suas palavras com a qual pudesse fazer uma pergunta a Smith e responder a Teófilo; mas é objeto do despampanar de Prudêncio e dos tabefes de Frulla[15]. E certamente me desagrada que essa parte ali se encontre.

Argumento do Quinto Diálogo

Acrescenta-se o quinto diálogo (vos juro) não por outra razão exceto a de não se concluir tão esterilmente a nossa ceia. Ali se traz, em primeiro lugar, a convenientíssima disposição de corpos na região etérea, mostrando que aquilo que se chama "oitava esfera", "céu das estrelas fixas", não é, de fato, um céu, que aqueles corpos que aparecem luzentes estejam equidistantes do centro; mas que, parecendo vizinhos, estão distantes de longitude e de latitude uns dos outros, mais do que possam estar um e outro do Sol e da Terra. Em segundo lugar, que não são apenas sete corpos errantes, pelo motivo de não percebermos sete como tais; mas que pela mesmíssima razão são também inumeráveis, o que, pelos antigos e verdadeiros filósofos foram chamados, não sem causa, *aethera* (etéreos), que quer dizer *corredores*; pois que esses são corpos que, verdadeiramente, se movem, e não as imaginadas esferas. Em terceiro lugar, tal

---

15. Os nomes que acabam de ser citados são os interlocutores do livro: Smith, Teófilo, Prudêncio e Frulla.

movimento procede de um princípio interno, necessariamente como da própria natureza e da alma[16]; verdade com a qual se destroem muitos sonhos, tanto a respeito do movimento ativo da Lua sobre as águas e outros humores, quanto acerca de outras coisas naturais que parecem conhecer o princípio de seu eficiente movimento exterior. Em quarto, decide contra aquelas dúvidas que procedem com a estultíssima razão da gravidade e da leveza dos corpos e demonstra todo movimento natural aproximar-se do circular, ou em direção ao próprio centro, ou em direção a outro ponto no meio. Em quinto, faz ver o quanto é necessário que essa Terra e outros corpos semelhantes se movam não com uma, mas com mais diferenças de movimentos. E esses não devem ser mais nem menos do que quatro simples, mas concorrer para um composto. E se diz quais são esses movimentos na Terra. Por último, promete acrescentar por outros diálogos aquilo que falta a cumprir nesta filosofia; e conclui com uma adjuração de Prudêncio.

Ficareis maravilhado como com tanta brevidade e suficiência se facilitam grandes coisas. Ora, se virdes algumas vezes certos propósitos graves, e que por isso devem antes temer a arrogante censura de Catão, não duvideis, pois os Catãos serão muito cegos e loucos se não souberem descobrir o que está escondido sob esses Silenos[17]. Se ali são necessárias tantas e diversas proposições, parecendo não ser uma ciência, mas lugar onde se dão diálogo, comédia, tragédia, poesia, oratória e louvor, onde se vitupera, se demonstra e se ensina, onde há ora física, ora matemática, ora moral ou lógica. Em conclusão, não há espécie de ciência que não encontre ali seus pedaços. Considerai, senhor, que o diálogo é narração histórica, e quando as ocasiões são mencionadas, os movimentos, as passagens, os encontros, os gestos, os afetos, os discursos, as sugestões, as respostas, os propósitos e os despropósitos, tudo se remete ao rigor do juízo daqueles quatro, não sendo coisa que não vos possa vir a propósito com certa razão. Considerai ainda não haver palavra ociosa e que em toda parte há algo para ceifar e desenterrar coisa de não medíocre importância, e talvez ali onde menos pareça.

Quanto àquele que se apresenta na superfície, àquele que não teve oportunidade de fazer o diálogo, talvez uma sátira ou uma comédia, têm meios de se tornar mais circunspectos quando medirem os

---

16. Referência ao termo platônico *psyche*, princípio de movimento.
17. A imagem do Sileno, que apesar de disforme traz dentro de si uma divindade, aparece inicialmente em Platão (*Banquete*), mas foi retomada por, entre outros, Nicolau de Cusa, Pico della Mirandola, Rabelais e Bruno.

homens com aquela barra com que se mede o veludo, e com a balança de metal sopesarem as almas. Os que serão espectadores ou leitores, e que verão a maneira como os outros são sensibilizados, devem se fazer observados às expensas dos demais. Aqueles que se sentirem feridos ou ofendidos talvez abram os olhos e, vendo sua pobreza, sua nudez e indignidade, se não por amor, ao menos por vergonha poderão se corrigir ou se proteger, caso não queiram se confessar.

Se vos parecer que os nossos Teófilo e Frulla tocam grave e rigidamente o dorso de supostas pessoas, considerai, senhor, que esses animais não possuem um couro macio; que se as sacudidelas fossem duzentas vezes maior, não as estimariam ou as sentiriam mais do que se fossem apalpados por uma garotinha. Também não queria que me considerásseis digno de repreensão por termos querido exagerar tão graves e dignos propósitos que, com inépcia e indignidade, nos ofereceram os doutores nesse campo. Pois é certo que sabeis fazer a diferença entre remover algo em seu fundamento e aproveitá-lo ocasionalmente. Na verdade, os fundamentos devem ser proporcionais à grandeza, à condição e à nobreza do edifício. Mas as ocasiões podem ser de toda sorte e para todos os efeitos; pois coisas mínimas e sórdidas são sementes de coisas grandes e excelentes. Tolice e loucura são soleiras que provocam grandes conselhos, julgamentos e invenções; deixo de manifesto que erros e delitos muitas vezes ofereceram ocasiões para grandes regras de justiça e de bondade.

Se no retrato vos parecer que as cores não correspondem perfeitamente ao vivo, e os delineamentos não vos parecerem apropriados, sabei que o defeito provém de o pintor não ter podido examinar o retrato com o espaço e a distância que os mestres de arte sabem tomar; pois além da mesa e do campo estarem muito próximos do rosto e dos olhos, não se podia dar um só passo atrás ou afastar-se de um ou de outro canto, sem o medo de dar aquele salto que fez o filho do famoso defensor de Troia[18]. Tal como é, tomai esse retrato onde estão dois, cem, mil ou todos os detalhes, atento a que não vos é enviado para informar aquilo que sabeis, nem para juntar água ao rio largo de vosso juízo e engenho; mas porque sei que, de ordinário, embora conheçamos as coisas perfeitamente ao vivo, não devemos desapreciar o retrato e a representação. Além disso, estou certo de que o vosso ânimo generoso conduzirá retamente o olhar da consideração mais pela gratidão do afeto dado do que pelo presente que a mão oferece.

---

18. Refere-se ao pequeno filho de Heitor, Astiánax, atirado pelos gregos das muralhas da cidade.

Isso se aplica a vós, que sois mais próximo e vos mostrastes mais propício ou favorável ao nosso Nolano. E no entanto, vos tornastes mais digno de nossos obséquios neste clima em que os comerciantes, sem fé e consciência, facilmente são Cresos, e os virtuosos sem ouro dificilmente são Diógenes; vós que, com tanta munificência e liberalidade, haveis acolhido o Nolano sob o vosso teto e no lugar mais eminente de vossa casa. Se esta terra, ao invés de expedir ao exterior mil gigantes torvos, produzisse outros tantos Alexandres Magnos, veríeis mais de quinhentos cortejar esse Diógenes, o qual, pela graça das estrelas, não teria outro que lhe pudesse tapar o sol, embora (para não fazê-lo mais pobre do que aquele cínico velhaco) envie algum raio direto ou reflexo para a cavidade que conheceis.

A vós é consagrado, vós que aqui nessa Britânia representais a alteza de tão magnânimo, grande e potente rei[19], que do generosíssimo peito da Europa, com a voz de sua fama, faz retumbar os extremos cardeais da Terra. Aquele que, quando irado, treme, qual leão de uma elevada caverna, e causa espanto e horror mortal a outros predadores potentes destas selvas; e quando se repousa e se aquieta, envia tal ardência de amor cortês, que inflama o trópico vizinho, esquenta a Ursa gelada e dissolve o rigor do deserto ártico, que sob a eterna custódia do altivo Boote se enreda.

Vale (adeus).

Primeiro Diálogo

Interlocutores: Smith[20], Teófilo (filósofo)[21], Prudêncio (pedante)[22], Frulla[23].

SMITH: Falavam bem o latim?
TEÓFILO: Sim.
SMITH: Homens honestos?
TEÓFILO: Sim.

---

19. Henri (Henrique) III, que já houvera recebido Bruno em sua corte, dando-lhe a permissão de ser Leitor real (*Lecteur Royal*).
20. Provavelmente John Smith.
21. O próprio Bruno.
22. Nome da personagem principal da comédia *O Pedante*, de Francesco Belo, de 1538.
23. A palavra é usada normalmente no masculino (*frullo*) e pode se referir ao estalido do dedo médio contra o polegar, e nesse caso também coisa de pouco valor, ou ao barulho das asas do pássaro quando alça voo.

SMITH: De boa reputação?
TEÓFILO: Sim.
SMITH: Doutos?
TEÓFILO: Completamente.
SMITH: Bem educados, corteses, gentis?
TEÓFILO: Muito mediocremente.
SMITH: Doutores?
TEÓFILO: Sim meu Senhor, sim padre, sim minha senhora – creio que de Oxford.
SMITH: Qualificados?
TEÓFILO: Como não? Homens de escol, de roupa longa, vestidos de veludo. Um dos quais tinha uma corrente de ouro luzente ao colo; e o outro (por Deus) com aquela preciosa mão (que continha doze anéis em dois dedos) parecia um joalheiro riquíssimo que te arrebatava os olhos e o coração quando lhe cravava com deleite os olhos.
SMITH: Mostravam saber grego?
TEÓFILO: E de cerveja, outrossim.
PRUDÊNCIO: Tira esse "outrossim"; depois, é uma dicção obsoleta e antiquada.
FRULLA: Calai-vos, mestre, que não fala convosco.
SMITH: Como eram de aparência?
TEÓFILO: Um parecia o condestável dessa nação gigantesca e do orco; o outro, um xeique da deusa da reputação.
SMITH: Desse modo eram dois?
TEÓFILO: Sim, por ser esse um número misterioso.
PRUDÊNCIO: *Ut essent duo testes*[24].
FRULLA: O que entendeis por testes?
PRUDÊNCIO: Testemunhas, examinadores da suficiência nolana: *at me hercle*[25], Teófilo, por que dissestes que o número binário é misterioso?
FRULLA: Por quê?
TEÓFILO: Porque são duas as primeiras coordenações, como disse Pitágoras: finito e infinito, curvo e reto, direita e esquerda, e assim ele vai discorrendo. Duas são as espécies de números: par e ímpar, das quais uma é macho e a outra, fêmea. Dois são os Cupidos: superior e divino, inferior e vulgar[26]. Dois são os atos da vida: cognição e afeto. Dois são os objetos dos atos: a verdade e o bem. Duas são as espécies

---

24. "De modo que sejam duas testemunhas."
25. "Por Hércules!"
26. Conforme os Amores mencionados por Platão (*Banquete*, 181b) e pelo neoplatônico Proclo nos *Comentários Sobre Platão*.

de movimento: reto, com o qual os corpos tendem à conservação, e circular, com o qual se conservam. Dois são os princípios essenciais das coisas: a matéria e a forma. São duas as diferenças específicas da substância: rara e densa, simples e mista. Dois são os princípios ativos e contrários: o quente e o frio. Dois os primeiros genitores das coisas naturais: o Sol e a Terra.

SMITH: Fazei-me o favor de trazer alguma espécie de dualidade de maior conformidade e correspondência com aquela que propusemos.

FRULLA: Conforme o propósito dos já citados, farei uma outra escala do binário[27]: os animais entraram na arca de dois em dois e dela saíram de dois em dois. Dois são os corifeus dos signos celestes: Áries e Touro. Duas são as espécies de *nolite fieri*[28]: cavalo e mulo. Dois são os animais de imagem e semelhança com o homem: o macaco na Terra e o corujão no céu. Duas são as falsas e honradas relíquias de Florença nessa pátria: os dentes de Sassetto e a barba de Pietruccia[29]. Dois são os animais que possuem mais intelecto do que o povo de Israel, como disse o profeta: o boi, porque conhece o seu possuidor, e o asno, porque sabe encontrar a manjedoura do patrão. Duas foram as misteriosas cavalgaduras de nosso redentor, que deram significado ao antigo credo hebraico e ao novo gentio: o asno e o potrinho. Dois são desses os nomes derivados que formaram as dicções titulares dos secretários de Augusto: Asínio e Potrão. Dois são os gêneros de asnos: o doméstico e o selvagem. Duas as suas cores mais ordinárias: cinza e preto. São duas as pirâmides sobre as quais devem ser escritas, e dedicadas à eternidade, os nomes desses dois doutores e de outros similares: a orelha direita do cavalo de Sileno, e a esquerda do antagonista do deus dos hortos[30].

PRUDÊNCIO: *Optimae indolis ingenium, enumeratio minime contemnenda!*[31]

FRULLA: Envaideço-me, meu senhor Prudêncio, por vós terdes aprovado o meu discurso, vós que sois mais prudente do que

---

27. Paródia de nomes e de fatos bíblicos.
28. De acordo com o *Salmo* 32, 9: "nolite fieri sicut equus et mulus, quibus non est intellectus" (não fazer como um cavalo e um mulo, que não têm inteligência.)
29. Tommaso Sassetto, capitão, serviu à rainha da Inglaterra, e a ela foi indicado pelo conde de Leicester, Robert Dudley. Pietruccio Ubaldini, miniaturista de prestígio e homem de letras, também foi acolhido e conviveu na corte de Elisabete.
30. O antagonista (concorrente) do deus dos hortos, Príapo, é o burro, animal que lhe dedicavam como sacrifício. Frulla sugere que ambos os doutores, e outros de Oxford, mereceriam como homenagem duas orelhas de burro.
31. "Que engenho de ótima índole! Que enumeração digna da máxima consideração!"

a própria prudência, pois que sois a prudência *masculinis generis*.

PRUDÊNCIO: *Neque id sine lepore et gratia*[32]. Vamos, *isthaec mittamus encomia. Sedeamus quia, ut ait Peripateticorum princeps, sedendo et quiescendo sapimus*[33]. Desse modo, enfim, protelaremos para o pôr do sol o nosso tetrálogo sobre o ocorrido no colóquio do Nolano com o doutor Torquato e o doutor Nundinio.

FRULLA: Gostaria de saber o que quereis dizer com aquele *tetrálogo*.

PRUDÊNCIO: Tetrálogo, disse eu, *id est quatuorum sermo*[34], como diálogo quer dizer *duorum sermo*, trílogo, *trium sermo*; e assim pentálogo, heptálogo e outros que, abusivamente, se chamam diálogos, como dizem alguns, quase *diversorum logi*[35]. Mas não é verossímil que os gregos, inventores deste nome, tivessem aquela primeira sílaba "di" *pro capite illius latinae dictionis* "diversum"[36].

SMITH: Por favor, senhor mestre, deixemos esses rigores de gramática e vamos ao nosso propósito.

PRUDÊNCIO: O *seclum*, vós me pareceis fazer pouco das boas letras. Como podemos ter um bom tetrálogo, se não sabemos o que significa essa palavra *tetrálogo*? *E quod peius est*[37], pensaremos ser um diálogo? *Non ne a definitione et a nominis explicatione exordiendum*[38], como o nosso Arpinate[39] ensina?

TEÓFILO: Vós, senhor Prudêncio, sois por demais prudente. Deixemos, vos peço, esses discursos gramaticais, e fazei de conta que essa nossa conversa seja um diálogo; considerando que, apesar disso, somos quatro pessoas, seremos dois na mediação: de propor e responder, de raciocinar e escutar. Ora, para dar início e fazer conhecer o negócio do princípio, vinde inspirar-me, ó Musa; não digo vós, que falais com ampliado e soberbo verso do Hélicon, pois duvido que ao fim não vos lamentásseis por mim, quando, após haver feito uma tão longa e fastidiosa peregrinação, vencido mares perigosos, experimentado tão espantosos costumes, vos fosse necessário retornar à pátria, descalça e com o rosto tostado, "pois aqui não há peixes

---

32. "E nem sem jovialidade e graça."
33. "Renunciemos a esses elogios. Sentemos, pois como disse o príncipe dos peripatéticos, é sentando e descansando que se adquire o saber."
34. "Isto é, conversa a quatro."
35. "Raciocínio entre diversos [participantes]."
36. A sílaba "di" como princípio da palavra latina "diversum".
37. "E o que é pior."
38. "Não é pela definição e a explicação do nome que se começa?"
39. Cícero.

para os Lombardos"[40]. Deixo saber que sois não apenas estrangeiras, mas ainda daquela raça de quem disse um poeta: "Nunca foi um grego limpo de malícia."[41] Além disso, não posso enamorar-me de coisa que não veja. Outras, foram outras que me prenderam a alma. A vós outras, pois, digo: graciosas, gentis, macias, jovens e belas, delicadas, loiras de cabelo, de bochechas brancas ou de faces vermelhas, lábios sumarentos, olhos divinos, peitos de esmalte e corações de diamante; para quem fabrico tantos pensamentos, tantos afetos acolho no espírito, tantas paixões concebo na vida, tantas lágrimas pelos olhos verto, tantos suspiros deixo escapar do peito e no coração tantas chamas acendo; a vós, musas da Inglaterra, digo: inspirai-me, insuflai-me, acendei-me, aquecei-me, destilai-me e dissolvei-me em licor, em suco, e fazei-me aparecer não como um pecíolo, delicado, estreito, curto ou sucinto epigrama; mas com uma copiosa e larga veia de longa prosa, grande, corrente e densa; como se de um largo canal, e não estreito cálamo, saíssem os meus riachos. E tu, Mnemósine minha, oculta sob trinta sigilosos selos, e cerrada no escuro cárcere das sombras das ideias[42], canta-me um pouco ao ouvido. Em dias passados vieram duas pessoas ao Nolano, da parte de um régio escudeiro[43], com o ardente fim de ouvir a conversação sobre seu Copérnico e outros paradoxos de sua nova filosofia. Ao que respondeu o Nolano que não via pelos olhos de Copérnico nem de Ptolomeu, mas por seu próprio juízo e determinação, embora quanto às observações estimasse dever muito àqueles e outros zelosos matemáticos que, sucessivamente, de tempos em tempos, ajuntando luz à luz, nos deram princípios suficientes com os quais fomos conduzidos a tal juízo, que não se possui senão após muito tempo, e não ocioso, para fazê-lo nascer. Acrescentando que eles, efetivamente, são como intérpretes que traduzem as palavras de um idioma para outro; mas depois são outros que os aprofundam nos sentidos, e não propriamente aqueles mesmos. E são semelhantes àquelas pessoas rústicas que comunicam os efeitos e a forma de uma batalha a um capitão ausente; eles não entendem o negócio, as razões e a arte pelas quais estes aqui se saíram vitoriosos, mas só aquele que tem experiência e melhor juízo na arte militar. Assim, Tirésias, cego, mas

---

40. Expressão que, de maneira ríspida e anticlássica, afirma ser o esforço inútil, perda de tempo.
41. Luigi Pulci (1432-1484).
42. Autorreferência a dois de seus livros anteriores: *Triginta sigillorum explicatio* e *De umbris idearum*.
43. *Sir* Fulke Greville, mencionado na Epístola Inicial.

divino intérprete, dizia à tebana Manto, que via e não entendia: "A quem é carente de visão, uma grande parte da verdade permanece escura. Mas seguirei por onde me chamam a pátria e Febo; tu que guias o pai privado de luz, narra-lhe os sagrados signos manifestos do destino."[44] De modo semelhante, o que poderíamos julgar se as muitas e diversas verificações da aparência dos corpos superiores ou circunstantes não fossem reveladas e postas diante dos olhos da razão? Nada, certamente. Todavia, após ter dado graças aos deuses distribuidores dos dons que procedem do primeiro, infinito e onipotente lume, e ter engrandecido o estudo desses generosos espíritos, sabemos abertamente ser necessário abrir os olhos àquilo que eles viram e observaram; e não dar o consentimento ao que conceberam, entenderam e determinaram.

SMITH: Com sua mercê, fazei-me entender que opinião tendes do Copérnico.

TEÓFILO: Tinha um grave, elaborado, cuidadoso e maduro engenho; um homem não inferior a qualquer astrônomo que lhe tenha precedido, salvo pelo lugar e sucessão no tempo, homem que, quanto ao juízo natural, foi muito superior a Ptolomeu, Hiparco, Eudoxo e a todos os demais que caminharam em seguida nessas trilhas; e assim se tornou por se ter liberado de alguns pressupostos falsos da cômoda e vulgar filosofia, para não dizer cegueira. Mas não se afastou o bastante, pois, mais estudioso da matemática do que da natureza, não pôde aprofundar e penetrar, sem poder, de fato, cortar as raízes da inconveniência e dos vãos princípios, de onde pudesse desatar todas as dificuldades contrárias, libertando-se e a outros de tantas inquisições inúteis para fixar a contemplação em coisas certas e constantes. Apesar disso, quem poderá louvar inteiramente a magnanimidade desse germânico[45], que, tendo pouco respeito pela estultícia da multidão, se manteve firme contra a corrente da fé contrária? E ainda que desprovido de razões vivas, agarrando-se a fragmentos abjetos e enferrujados que pôde ter pelas mãos da Antiguidade, os repoliu, misturou e soldou com seu discurso mais matemático do que natural, o que reverteu a causa ridícula, abjeta e vilipendiada em honrada, valorizada e mais verossímil do que a contrária; e, com muita certeza, mais cômoda e desembaraçada pela teoria e pela razão calculadora.

---

44. São versos de Sêneca, em sua peça "Édipo: Visu carentem magna pars veri latet / sed quo vocat me patria, quo Phoebus sequar; / tu lucis inopem gnata genitorem regens / manifesta sacri signa fatidici refer."

45. Copérnico nasceu em Thorn, parte da Prússia Ocidental, que naquela época (1473) estava sob a suserania do rei da Polônia, podendo, assim, ser considerado alemão.

Assim, esse alemão, embora não tenha tido outra maneira pela qual, além de resistir, pudesse vencer, debelar e suprimir a falsidade, pôde ao menos determinar em seu ânimo e abertamente confessar que, no fim, se deva concluir, antes e necessariamente, que esse globo se mova com relação ao universo; que seja possível saber-se disso por esse meio e fundamento de seus giros e influxos, assim como a generalidade de tantos inúmeros corpos, dos quais muitos são conhecidos como mais magníficos e maiores, a despeito da natureza e das razões com que muitos contrariamente vociferam. Quem, portanto, será descortês e vilão para com o estudo desse homem que, tendo posto no esquecimento tudo aquilo que fez, ordenado pelos deuses como se fosse uma aurora, e que devia preceder a saída deste sol da antiga e verdadeira filosofia, por tantos séculos sepultada nas cavernas tenebrosas da ignorância cega, maligna arrogante e invejosa, quis colocá-lo em meio à multidão gregária que discorre, se guia e se precipita mais pelo sentido auditivo de uma fé ignóbil e brutal, quis incluí-lo entre aqueles estudos que com feliz engenho puderam seguir o reto caminho e elevar-se pela fidelíssima escolta do olho da divina inteligência? Ora, o que direi do Nolano? Talvez por ser-lhe tão próximo quanto eu de mim mesmo, não será conveniente louvá-lo? Certamente, um homem razoável não me repreenderá por isso, sendo esperado que não só convenha, mas que seja antes necessário, como bem o expressa o claro e culto Tansillo: "Embora um homem que de valor e honra se afama / de si mesmo falar muito não convenha, / pois a língua ou o coração teme e ama, / não é de seu falar que fé se tenha;/ outros devem ser pregoeiros de sua fama, / ainda que algumas vezes isso convenha, / quando vem a falar de si também: / para fugir à crítica ou para o benefício de outrem."[46] Será mesmo um tanto arrogante quem não queira tolerar o elogio próprio ou tido como próprio; saiba que aquele algumas vezes não se pode distingui-lo dos efeitos presentes e relatados. Quem irá censurar Apelles que, apresentando a obra a quem quisesse conhecê-la, disse ser ela de sua manufatura? Quem reprovará Fídias se responder, a quem perguntar pelo autor dessa magnífica escultura, ter sido ele? Assim sendo, a fim de que entendais o presente negócio e sua importância, vos proponho uma conclusão que logo, fácil e claramente se provará:

---

46. "Bench'ad um uom, che preggio et onor brama, / di se stesso parlar molto sconvegna, / per che la língua, ov'il cor teme et ama, / non é nel suo parlar di fede degna; / l'esser altrui precon de la sua fama / pur qualche volta par che si convengna, / quando vien a parlar per un di dui: / per fuggir biasmo, o per giovar altrui." Luigi Tansillo, *Il Vendemmiatore*, XXIX.

que se louva o antigo Tífis por ter inventado a primeira nave e com os argonautas ultrapassado o mar: "Muito temerário foi aquele que atravessou com uma nave frágil as ondas enganosas do mar e, vendo sua terra por detrás, confiou a vida às brisas ligeiras"[47]; em nosso tempo se enaltece Colombo por ser aquele há muito tempo prognosticado: "Anos virão, na sequência dos séculos, em que o Oceano atenuará os vínculos das coisas e se mostrará uma terra imensa, e Tífis desnudará novos mundos, e a terra Thule não será a última."[48] E o que dizer deste que encontrou o meio de subir aos céus, descrever a circunferência das estrelas e deixar às suas costas a superfície convexa do firmamento? Os tífinis[49] encontraram o modo de perturbar a paz dos outros, violar os gênios pátrios das regiões, confundir o que a próvida natureza distingue, dobrar os defeitos do comércio e juntar os vícios das gerações, propagar com violência novas loucuras e implantar distúrbios onde não os havia, chegando-se a concluir que o mais sábio é o mais forte ao mostrar novos instrumentos e artes de tiranizar e assassinar um ao outro[50]. Por causa desses gestos, haverá tempo em que aqueles que aprenderam frequentemente com o mal, por força da vicissitude das coisas, saberão e poderão se tornar semelhantes e mesmo piores frutos de tão perniciosas invenções. "Nossos ancestrais viveram uma cândida era, quando a fraude era remota: cada um estava em sua praia, preguiçosamente, e se tornava velho no campo paterno, não conhecendo outros recursos senão os que produzia o solo natal. As partes em que, segundo uma sábia regra, estava dividido o mundo foram reunidas numa só da nave Tessala, que obrigou o mar a suportar a batida dos remos e um mar longínquo a se tornar parte de nossos temores."[51] O Nolano, para provocar efeitos bem contrários, destrinçou o ânimo humano e a cognição que estava presa no cárcere estreitíssimo do ar turbulento, de onde só por esforço, como por certos buracos,

---

47. "Audax nimium, quia freta primus / rate tam fragili rupit; / terrasque suas post terga videns, / animam levibus credidit auris." Sêneca, na peça *Medeia* (301-304).
48. Ibidem (375-379).
49. Os argonautas, guiados por Tífis, e, mais genericamente, os viajantes e aventureiros.
50. Bruno repete aqui as críticas de Gerolamo Benzoni, transmitidas no livro *A História do Mundo Novo*, publicado em Veneza, em 1565, e no qual se denunciam as atrocidades espanholas na América.
51. "Candida nostri secula patres / videre procul fraude remota: / sua quisque piger littora tangens / patrioque senex fractus in arvo / parvo dives, nisi quas tulerat / natale solum non norat opes. / Bene dissepti faedera mundi / traxit in unum thessala pinus, / iussitque pati verbera pontum, / partemque metus fieri nostri / mare sepositum." Sêneca, *Medeia* (329-339).

se tinha a faculdade de observar as longínquas estrelas; as asas eram-lhe ali cortadas, a fim de que não voasse, abrindo o velame dessas nuvens para ver aquilo que verdadeiramente ali se encontrasse, e liberar-se das quimeras daqueles que, tendo saído da lama e das cavernas da Terra, como se fossem Mercúrios e Apolíneos que descessem do céu, e com imposturas variadas encheram o mundo de loucuras infindas, de vícios e bestialidades, assim como de virtudes, divindade e de disciplinadas condutas. Com isso, atenuando aquela luz que tornava divinas e heroicas as almas de nossos antigos pais, aprovando e confirmando as trevas caliginosas de sofistas e de asnos. Daí por que, há muito tempo, a oprimida razão humana, às vezes lamentando-se, num lúcido intervalo, de sua tão baixa condição, volta-se para a divina e próvida mente que sempre no interior lhe sussurra, com acentos semelhantes: "Quem subirá por mim aos céus, Madona, para trazer-me o meu perdido engenho"?[52] Ora, eis aqui aquele que ultrapassou a atmosfera, penetrou no céu, percorreu as estrelas, foi além das margens do mundo, fez desvanecer as fantásticas muralhas da primeira, oitava, nona, décima e outras esferas que ali poderiam ter sido acrescentadas pelas relações de matemáticos e pela cegueira de filósofos vulgares. Assim, face a qualquer senso e razão, com a chave de uma espertíssima inquisição, abriu aquele claustro da verdade que pode ser por nós aberto, e desnudou a encoberta e velada natureza: deu olhos às toupeiras, iluminou os cegos que não podiam fixar os olhos e mirar suas imagens em tantos espelhos que de todos os lados se lhes opunham. Solta a língua dos mudos, que não sabiam e não ousavam explicar os intrincados sentimentos; recuperados os coxos incapazes de fazer aquele progresso espiritual, que não pode fazer o ignóbil e dissolúvel composto, tornou-os não menos presentes do que se fossem os próprios habitantes do sol, da Lua e de outros astros nomeados. Demonstra quão semelhantes ou dessemelhantes são, maiores ou piores, os corpos que vemos ao longe daquele que está próximo e a que estamos unidos. E abre-nos os olhos para ver este lume, essa nossa mãe que em seu dorso os alimenta, nutre, após tê-los produzido em seu regaço, ao qual, novamente, sempre os recolhe; e não penseis mais ser ele um corpo sem alma e vida, e ainda desprezível entre as substâncias corporais. Desse modo sabemos que se fôssemos da Lua ou de outra estrela, não estaríamos em local muito diferente deste, e talvez em pior; assim como podem ser outros corpos tão bons e até melhores

---

52. Verso de Ariosto (*Orlando Furioso*, XXXV, 1).

por si mesmos e para maior felicidade de seus animais. Assim conhecemos tantas estrelas, tantos astros, tantos numes, que são aquelas centenas de milhares que assistem ao ministério e à contemplação do primeiro, universal, infinito e eterno princípio e causa. Não está mais nossa razão aprisionada aos cepos de movimentos fantásticos e aos oito, nove ou dez motores. Sabemos ser um céu apenas, uma região etérea imensa, na qual esses magníficos lumes se servem da própria distância para a comodidade da participação da vida perpétua. Esses corpos flamejantes são os embaixadores que anunciam a excelência da glória e da majestade de Deus. Assim fazemos avançar o descobrimento do efeito infinito da infinita causa. E temos por doutrina não procurar a divindade de nós afastada: temo-la junto, e mais internamente do que nós mesmos dentro de nós. Também os cultivadores de outros mundos não a devem procurar perto de nós, tendo-a junto e dentro de si. Tendo-se em conta que a Lua não é mais nosso céu do que nós somos o seu. Assim se pode extrair um propósito melhor como disse Tansillo, quase por gracejo: "Se não colheis o bem que vos está conexo / como tereis 'inda aquele que está distante? / Desprezar o vosso bem me parece expresso, / tanto quanto cobiçar o que está adiante. / Vós sois aquele que se tem por avesso, / ansiando em vão por outro semelhante; / vós sois o cão que perde a caça apresada / atrás da sombra da que já estava agarrada./ Deixai a sombra e abraçai o que é vero, / não mistureis o presente com o futuro;/ eu, para viver o melhor, não desespero, / mas para viver mais alegre e seguro, / gozo o presente e do futuro espero; / assim, uma dupla doçura me auguro."[53] Com isso, um só, e apenas um, pode e poderá vencer, e enfim terá vencido e triunfará sobre a ignorância geral; não há dúvida, caso se determine não com a multidão de testemunhas cegas e surdas, no convívio com palavras inúteis, mas com a força de conhecimentos racionais; pois, de fato, todos os cegos não valem um que vê, e todos os estultos não podem servir de sábio.

PRUDÊNCIO: "Se as coisas e os sentidos não são o que eram antes, faz com que vivas contente com o que o tempo oferece; não sejas o único a desprezar o julgamento popular, se não quiseres descontentar a todos, desprezando a maioria."[54]

---

53. *Il Vendemmiatore*, XVIII e XIX, v. 1-6.
54. "Rebus et in sensu, si non est quod fuit ante, fac vivas contentus eo quod tempora praebent. Iudicium populi nunquam contempseris unus, ne nulli placeas dum vis contemnere multos." Coleção de provérbios *Disticha Catonis*, III, atribuída a Dyonisus Cato (século III).

TEÓFILO: Isso é muito prudente, dito a propósito do convívio e das relações comuns, assim como prática da conversação civil; mas não acerca do conhecimento da verdade e da regra de contemplação, para o que disse o mesmo sábio: "Aprende, mas com sábios; aos ignorantes, tu mesmo ensinarás."[55] O que tu dizes, a propósito dessa doutrina útil a muitos, é conselho que diz respeito à multidão, pois essa carga não se depõe nas costas de qualquer um, mas nas daqueles que podem suportá-la, como o Nolano; ou ao menos movê-la em direção ao seu fim, sem incorrer em dificuldade inconveniente, como Copérnico pôde fazê-lo. Além disso, aqueles que têm a posse desta verdade não devem comunicá-la a qualquer tipo de pessoa, se não quiserem se importunar (como se diz)[56], se não quiserem ver o que fazem os porcos com as pérolas, e recolher dos frutos de seu estudo e cansaço o que produz a tola e temerária ignorância, juntamente com a presunção e a incivilidade, que é a sua perpétua e confidente companhia. Pelo que podemos ser mestres dos ignorantes e iluminadores daqueles cegos que, não por inabilidade, impotência natural ou privação de engenho e disciplina, mas, apenas por não perceberem e não darem consideração, são chamados cegos. Entre esses, alguns são malignos e celerados, e por uma preguiçosa inveja se encolerizam e se fazem orgulhosos (sendo, como se acredita e, o que é pior, se creem, doutos e doutores) contra aqueles que, por vontade de ensinar, ousam mostrar saber o que aqueles não sabem: com o que vereis arderem e se enraivecer.

FRULLA: Como acontece com dois doutores barbarescos, de quem falaremos, um dos quais, não sabendo o que responder e argumentar, põe-se de pé em atitude de querer encerrar [a discussão], servindo-se de adágios de Erasmo, e gritou, mostrando os punhos: "O quê! Não estás navegando para Anticira?[57] Tu te crês o precursor dos filósofos, para nada conceder a Ptolomeu e a outros tantos filósofos e astrônomos? Estás procurando nó no caule de um junco?" E outros propósitos dignos de serem decididos no lombo com aquelas varas

---

55. "Disce, sed a doctis; indoctos ipse doceto."
56. Bruno emprega aqui uma expressão típica da época e que, literalmente, significa: *lavar a cabeça do asno*.
57. *Navegar para Anticira* (Anticyram navigare) significava dar mostras de loucura. A cidade de Anticira era renomada pelo cultivo do heléboro, planta utilizada no tratamento da loucura. No original, o trecho entre parênteses se encontra em latim: "Quid? Non ne Anticyram navigas? Tu ille philosophorum protoplastes qui nec Ptolomeo, nec tot tantorumque philosophorum et astronomorum maiestati quippiam concedis? Tu ne nodum in scirpo quaeritas?"

duplas que se chamam bastão e que os carregadores costumam utilizar para cobrir os burros.

TEÓFILO: Deixemos esses propósitos por agora. São alguns outros que por crédula insensatez, temendo depravar-se ao enxergar, querem obstinadamente perseverar nas trevas em que uma vez aprenderam. Outros são os felizes e bem nascidos talentos, para os quais nenhum estudo honrado se perde; não julgam temerariamente, possuem o intelecto livre, a visão perspicaz; se não são inventores, são dignos examinadores, escrutinadores, juízes e testemunhas da verdade. Desses o Nolano tirou proveito e dará seu amor e assentimento. Esses são aqueles nobilíssimos talentos capazes de urdir e com ele disputar. Pois, na verdade, ninguém é digno de se lhe contrapor nessas matérias: se, de fato, não está contente de com eles concordar, por não serem capazes, não lhes subscreve ao menos nas coisas maiores e principais; e confessa que aquilo que não pode conhecer como o mais verdadeiro, é certo que seja o mais verossímil.

PRUDÊNCIO: Seja como for, não quero diferir do parecer dos antigos, pois disse o sábio: "na Antiguidade está a sapiência"[58].

TEÓFILO: E acrescenta: "em muitos anos, a prudência"[59]. Se entendêsseis bem o que disse, veríeis que de vosso fundamento se infere o contrário do que pensais; quero dizer que nós somos mais velhos e temos mais idade do que os nossos predecessores[60]; assim entendo por aquilo a que pertence a certos juízos, como na intenção. Não foi possível ser tão maduro o julgamento de Eudoxo, que pouco viveu após a astronomia renascida, como o de Calippo[61], que viveu trinta anos após a morte de Alexandre Magno, e que, como juntou anos aos anos, ainda podia unir observações a observações. Hiparco, pela mesmíssima razão, devia saber mais do que Calippo, pois vê as mutações ocorridas cento e noventa e seis anos após a morte de Alexandre. Menelau Romano, geômetra, porque vê a diferença de movimento quatrocentos e sessenta e dois anos depois da morte de Alexandre, razão pela qual entendesse mais do que Hiparco. Mais devia ver Machometto Arancense mil duzentos e dois anos após aquela. Mais viu Copérnico, quase vizinho de nosso tempo, mil

---

58. Jó 12, 12.
59. Ibidem.
60. Essa argumentação será mais tarde reforçada por Bacon, no sentido de sustentar que a verdade é "filha do tempo" (*veritas filia temporis*) e que as gerações posteriores estariam mais aptas a descobrir ou a formulá-la.
61. Callipo de Cízico (370?-310? a.C.), amigo de Aristóteles, deu continuidade aos estudos de Eudoxo, obtendo determinações mais precisas sobre as estações e os dias do ano.

oitocentos e quarenta e nove anos depois. Mas desses, alguns que estão mais perto não foram mais perspicazes do que outros que vieram primeiro, e a maioria daqueles que são de nosso tempo não foram adiante; isso acontece porque aqueles não viveram e esses aqui não vivem os anos daqueles outros e (o que é pior) viveram mortos aqueles e esses em seus próprios anos.

PRUDÊNCIO: Dizei o que vos apraz, puxai a vosso bel-prazer para onde vos pareça melhor, eu sou amigo da Antiguidade; e quanto à vossa opinião ou paradoxos, não creio que muitos e tão sábios tenham sido ignorantes como vós e outros amigos de novidades pensais.

TEÓFILO: Bem, mestre Prudêncio, se essa vossa opinião vulgar é certa, por ser antiga, certamente era falsa quando foi nova. Antes que essa filosofia estivesse de acordo com vosso discernimento, foi ela dos caldeus, dos egípcios, dos magos, dos órficos, dos pitagóricos e de outros de antiga memória, conforme o nosso pensamento, contra os quais se rebelaram esses lógicos e matemáticos vãos e insensatos, inimigos não tanto da Antiguidade, quanto alheios à verdade. Ponhamos assim de lado a razão do antigo e do novo; considerando que não é coisa nova, que não possa ser velha; e não há coisa velha que não tenha sido nova, como bem notou o vosso Aristóteles[62].

FRULLA: Se eu não falar, arrebento, morro certamente. Haveis dito "o vosso Aristóteles", falando a mestre Prudêncio; sabeis como entendo que Aristóteles seja seu, *idest* (quer dizer), que ele seja peripatético? Por favor, façamos um pouco de digressão, à maneira de parêntese. Como dois mendigos cegos à porta do arcebispado de Nápoles, um se dizia guelfo e o outro, gibelino. E com isso começaram a se bater tão cruamente com suas bengalas que se não tivessem sido apartados não sei como o negócio terminaria. Nisso, aproximou-se um homem de bem e lhes disse: "Vinde aqui, tu e tu, cegos velhacos. O que é um guelfo? O que é um gibelino"? Na verdade, um não sabia o que responder, o que dizer. O outro resolveu dizer: "O senhor Pietro Costanzo, que é meu patrão, e a quem quero muito bem, é gibelino". Também assim muitos são peripatéticos, se escaldam e se inflamam por Aristóteles, querem defender a doutrina de Aristóteles, são inimigos dos que não são amigos de Aristóteles, querem viver e morrer por Aristóteles; e não entendem nem sequer o que significam os títulos dos livros de Aristóteles. Se quiserdes que vos mostre um, eis aquele a quem dissestes "o vosso Aristóteles",

---

62. *Meteorologica*, I, 3, 339: "dizemos que das mesmas opiniões se valem os homens não uma ou duas ou mais vezes, mas num ciclo eterno".

e que volta e meia desembainha um *Aristoteles noster Peripateticorum princeps*, um *Plato noster*, e mais outros.

PRUDÊNCIO: Faço pouco caso de vosso conto e nada estimo de vossa estima.

TEÓFILO: Por favor, não interrompais mais a nossa discussão.

SMITH: Prossegui, senhor Teófilo.

TEÓFILO: O vosso Aristóteles notou que assim como é a vicissitude das outras coisas, sua alternância, assim acontece com as opiniões e efeitos diversos. É a mesma coisa considerar a filosofia por sua antiguidade quanto querer decidir o que veio primeiro, se o dia ou a noite. Aquilo, portanto, em que devemos fixar o olho e a consideração é se estamos de dia, e se a luz da verdade se encontra sobre o nosso horizonte ou sobre o dos adversários, nossos antípodas; se estamos nas trevas ou assim vemos. Em conclusão, se nós, que principiamos a renovar a antiga filosofia, estamos na aurora e damos fim à noite, ou no ocaso, e damos fim ao dia. E isso não é difícil de se determinar, até julgando a quantidade de frutos de uma e de outra espécie de contemplação. Ora, vejamos as diferenças entre aqueles e estes. Aqueles, no modo de viver, são temperados; na medicina, expertos; na contemplação, judiciosos; na adivinhação, singulares; na magia, miraculosos; na superstição, precavidos; nas leis, seus observadores; na moralidade, irrepreensíveis; na teologia, divinos; em todas as realizações, heroicos. Como o demonstram suas prolongadas vidas, os corpos são menos enfermos, as invenções altíssimas, os prognósticos cumpridos, as substâncias transformadas por suas obras, a convivência pacífica, os sacramentos invioláveis, a execução justíssima, a familiaridade com a boa e protetora inteligência e os vestígios (que ainda duram) de suas maravilhosas proezas. Quanto aos demais, os contrários, deixo ao exame do juízo de quem o tenha.

SMITH: O que direis, se a maior parte em nosso tempo pensa totalmente ao contrário, especialmente quanto à doutrina?

TEÓFILO: Não me admiro, pois (como é de ordinário) aqueles a quem falta, pensam ou creem saber mais; os que são de todo loucos, pensam saber tudo.

SMITH: Dizei-me: de que modo poderiam ser corrigidos?

FRULLA: Arrancando-lhes a cabeça e plantando-lhes outra.

TEÓFILO: Arrancando-lhes, de modo argumentado, aquela suposição de saber. E com aguda persuasão, espoliá-los o quanto se possa daquela opinião estulta, a fim de que se tornem ouvintes, tendo aquele que ensina os advertido para que sejam engenhosos, hábeis, capazes. Não quero que estes (conforme o uso de nossa escola e da pitagórica) exercitem atos de interrogadores ou de disputantes antes de terem ouvido todo o curso de filosofia; pois se então a doutrina é perfeita em si, e foi perfeitamente compreendida, purga todas as dúvidas e tolhe todas as contradições. Além disso, se acontece de descobrir alguém mais brilhante em capacidade, então esse poderá ver o quanto se pode aduzir, tirar, corrigir e mudar. E poderá então conferir esses princípios e conclusões aos outros princípios e conclusões que lhe são contrários. Desse modo, racionalmente, consentir ou dissentir, interrogar e responder, pois diferentemente não é possível saber uma arte ou ciência e interrogar a propósito, na ordem conveniente, se primeiro não ouviu. Não poderá nunca ser bom inquisidor e juiz do caso, se primeiramente não se informou do negócio. Mas ali onde a doutrina procede por graus, construindo por meio de princípios e de fundamentos o edifício e a perfeição das coisas que se possam descobrir, o ouvinte deve ser taciturno[63] e, antes de haver tudo entendido, acreditar que com o progresso da doutrina acabarão todas as dificuldades. Um hábito diferente têm os eféticos[64] e os pirrônicos, os quais, fazendo profissão de fé de que nada se pode saber, sempre vão perguntando e procurando, para nunca encontrar. Inventiva não menos infeliz têm aqueles que, mesmo de coisas claríssimas, querem discordar, promovendo a maior perda de tempo que se possa imaginar. E aqueles que, para parecerem doutos, ou por outros propósitos indignos, não querem ensinar nem aprender, mas apenas contender e contrapor-se à verdade.

SMITH: Ocorre-me uma dúvida sobre o que haveis dito: que havendo uma incontável multidão dos que presumem saber, e se consideram dignos de ser constantemente ouvidos, como vedes que em todos os lugares as universidades e academias estejam cheias desses Aristarcos[65], que não cederiam um zero ao altissonante Júpiter, e sob os quais aqueles que estudam não terão outra coisa a aproveitar do que serem promovidos do não saber (que é uma privação da verdade) ao pensar e acreditar saber, que é uma loucura e hábito de falsidade; vede, portanto, o que obtiveram esses ouvintes; cortados da ignorância da simples negação, são postos naquela da má disposição, como a dizem; ora, o que me dará a segurança, eu que fazendo tanto gasto de tempo e de esforço, e com oportunidades de melhor estudo e ocupação, não me tenha acontecido o que costuma ocorrer com a maioria: que em lugar de ter adquirido a doutrina, não me tenha infectado a

---

63. Ou seja, usar de poucas palavras; mais ouvir do que discutir.
64. Do grego *efecticoi* (εφεχτιχοί), "que suspendem o juízo".
65. Aristarco de Samotrácia (216?-144?), filólogo grego, bibliotecário de Alexandria.

mente com loucuras perniciosas? Como eu, que nada sou, poderei conhecer a diferença entre a dignidade e a indignidade, a pobreza e a riqueza dos que são estimados e se presumem sábios? Bem vejo que todos nascemos ignorantes, facilmente cremos ser ignorantes, crescemos e somos educados com a disciplina e os hábitos de nossa casa; e ouvimos criticar mais as leis, os ritos, a fé e os costumes de nossos adversários e de estranhos do que os nossos e de nossas coisas. Em nós se implantam, por força de certa nutrição, as raízes do zelo com nossas coisas, mais do que com muitas outras e diferentes de nós. Assim, facilmente se pôde tornar um hábito que os nossos estimem fazer um sacrifício a seus deuses quando tenham oprimido, matado, debelado ou assassinado os inimigos de nossa fé, não menos do que todos os outros que nos tenham feito algo de semelhante. E com não menos fervor e persuasão de certeza aqueles agradecem a Deus ter aquele lume com o qual prometem vida eterna, quanto nós rendemos graça por não termos aquela cegueira e estarmos nas trevas em que estão. A esta convicção religiosa e de fé se aduzem as persuasões da ciência. Eu, ou por eleição daqueles que me governaram, pais e pedagogos, ou por meu capricho e fantasia, ou pela fama de doutor, darei valor à minha alma por ter aproveitado mais com a arrogante e afortunada ignorância de um cavalo do que qualquer outro com um menos ignorante ou mesmo douto. Não sabes[66] quanta força tem o costume de acreditar e ser instruído pela criancice de certos convencimentos que impedem a intelecção de coisas tão manifestas? Não de outro modo acontece com aqueles que estão acostumados a comer veneno, para cuja compleição, ao fim, não apenas não sente dano, mas ainda se converte em alimento natural. Ora, diz-me: com que arte irás conciliar esses ouvidos, se em seu ânimo há menos propensão para dedicar-se às tuas proposições do que em mil outras diversas?

TEÓFILO: Esse é um dom dos deuses, se te guiam e dispensam a sorte de fazer-te vir ao encontro um homem que não só tenha a estima de um verdadeiro guia, mas que o seja de fato, e iluminam o interior de teu espírito para que faça a eleição daquele que seja o melhor.

SMITH: Mas normalmente se vai em companhia do julgamento comum, a fim de que, se houver um erro, este não será sem grande proteção e companhia.

TEÓFILO: Pensamento pouco digno de um homem; por isso os homens sábios e divinos são bem poucos; e a vontade dos deuses é essa, dado que não é estimado nem precioso o que é comum e geral.

---

66. Há aqui, no original, uma mudança de tratamento de vós para tu.

SMITH: Acredito que a verdade seja conhecida de poucos, e as coisas apreciadas, possuídas por pouquíssimos. Mas me confunde que muitas coisas sejam poucas entre poucos e talvez de um só, que não devam ser estimadas, nada valham, e se possam tornar maior insanidades e vícios.

TEÓFILO: Bem, mas enfim, é mais seguro procurar o verdadeiro e o conveniente fora da multidão, pois essa jamais trouxe consigo coisa digna e preciosa. Sempre entre poucos se encontram as coisas de perfeição e de valor, as quais, se fossem apenas raras entre raros, cada um, ainda que não as soubesse encontrar, ao menos as poderia conhecer. E assim não seriam tão preciosas pela via da cognição, mas apenas pela posse.

SMITH: Deixemos pois esses discursos e fiquemos um pouco a ouvir e a observar os pensamentos do Nolano. Mais ainda porque, tendo conciliado tanta fé, é considerado digno de ser ouvido.

TEÓFILO: Para ele, isso basta. Ora, prestai atenção no quanto a sua filosofia é forte para conservar-se, defender-se, revelar a vaidade e deixar em aberto as falácias dos sofistas e a cegueira do vulgo e da filosofia vulgar.

SMITH: Com essa finalidade (por ser já noite) voltaremos amanhã, à mesma hora, e faremos considerações sobre os encontros e a doutrina do Nolano.

PRUDÊNCIO: "Sat prata biberunt; nam iam nox humida caelo praecipitat."[67]

FIM DO PRIMEIRO DIÁLOGO

Segundo Diálogo

TEÓFILO: Então lhe disse o senhor Folco Grivello[68]: "Por favor, senhor Nolano, fazei-me conhecer as razões pelas quais pensais que a Terra se move." O Nolano respondeu que não lhe podia dar razão alguma, desconhecendo a sua capacidade [a respeito do assunto]; e não sabendo como podia ser por ele entendido, temia fazer como aqueles que expõem razões às estátuas e andam a falar com os mortos.

---

67. "Os prados beberam bastante; já se precipita do céu a noite úmida." Versos de Virgílio, nas *Bucólicas*, III.
68. Bruno italianiza o nome de Fulke Greville, o anfitrião da ceia.

Portanto, que lhe rogava primeiramente fazer conhecer, propondo as razões que lhe persuadiam do contrário; pois segundo a luz e a força do engenho que ele demonstrasse, acrescentando-as, poderiam ser-lhe dadas as resoluções. Ajuntou a isso que, por desejo que tem de mostrar a imbecilidade de pareceres contrários, mediante os mesmos princípios com os quais pensam estar confirmados, lhe daria não pouco prazer encontrar pessoas que fossem julgadas suficientes para essa empresa; e ele estaria sempre aparelhado e pronto para responder; desse modo se poderia observar a virtude dos fundamentos de sua filosofia contra a vulgar, de maneira tanto melhor quanto maior fossem as ocasiões apresentadas para responder e declarar. Ao senhor Folco agradou muito esta resposta: "Vós me fazeis um grande cumprimento. Aceito vossa proposta e quero determinar um dia no qual se oporão a vós pessoas que talvez não deixarão faltar matéria para vossas opiniões. Quarta-feira, daqui a oito dias, que será de cinzas, sereis convidado juntamente com muitos nobres e pessoas doutas a fim de que, após haverdes comido, sejam feitas discussões de coisas belas e variadas." "Vos prometo, disse o Nolano, que não deixarei de estar presente agora e em todas as vezes em que houver uma ocasião similar, pois não é de minha escolha atrasar-me no estudo, no querer entender e saber. Mas vos peço que não façais vir pessoas ignóbeis, malcriadas e pouco capacitadas em semelhantes especulações" (e por certo teve razão de duvidar, pois encontrou muitos doutores desta pátria, com os quais conversou sobre letras, que tinham mais modos de camponês do que de qualquer outro). Respondeu o senhor Folco que ele não duvidasse porque aqueles que propõe como convidados são morigerados e doutíssimos. E assim foi concluído. Ora tendo chegado o dia combinado – ajudem-me, musas, a contá-lo...

PRUDÊNCIO: *Apostrophe, pathos, invocatio poetarum more*[69].

SMITH: Escutai, vos peço, mestre Prudêncio.

PRUDÊNCIO: *Lubentissime*[70].

TEÓFILO: ...o Nolano, tendo esperado até depois de comer, e sem notícia alguma, imaginou que aquele fidalgo houvesse esquecido por alguma outra obrigação ou que não pudera providenciar o negócio. E liberado daquele pensamento, tratou de mexer-se e ir visitar alguns amigos italianos; e retornando tarde, após o pôr do sol...

PRUDÊNCIO: Já o rutilante Febo, tendo dado as costas ao nosso hemisfério, com a radiante cabeça a iluminar os antípodas.

---

69. "Apóstrofe, comovente persuasão, invocação à maneira dos poetas."
70. "Com muito prazer."

FRULLA: Por favor, mestre, contai vós, porque o vosso modo de recitar me satisfaz admiravelmente.

PRUDÊNCIO: Ah, se eu soubesse a história.

FRULLA: Ou então calai-vos, em nome do vosso diabo.

TEÓFILO: ...no final da tarde, junto à casa, reencontra diante da porta o senhor Florio e mestre Guin[71], que muito trabalho se deram de procurá-lo. Quando o viram chegar: "Oh, por favor", disseram, "vamos sem demora que vos aguardam muitos cavalheiros, doutores e fidalgos, entre os quais, com quem disputareis, há um com vosso sobrenome."[72] "Portanto, não podemos fazer mal a nós mesmos. Agora me ocorreu uma falha, pois esperava fazer esse negócio à luz do sol, e vejo que se disputará à luz de velas." Mestre Guin desculpou-se por alguns cavalheiros que desejavam estar presentes, "não o podendo estar no almoço, vieram para o jantar". "Vamos", disse o Nolano, "vamos e rezemos a Deus que nos acompanhe nessa selva escura, por caminho tão longo, por estrada tão insegura." Ora, ainda que fôssemos pelo caminho direto, pensando fazer o melhor e encurtar o caminho, nos afastamos para o rio Tâmisa para encontrar um barco que nos conduzisse ao palácio. Alcançamos a ponte do palácio de milorde Beuckhurst[73]. E assim, gritando e chamando "oares", *idest*, gondoleiros, passamos tanto tempo quanto o bastaria para chegar por terra ao local determinado e ali já ter aviado algum pequeno negócio. Por fim, de longe responderam dois barcos; e bem devargarzinho, como se viessem enforcar-se, alcançaram a margem; então, depois de muitas perguntas e respostas – de onde, para onde, por que, como e quanto –, aproximaram a proa da última escadinha da ponte; então, dos dois que vieram, um que parecia o antigo piloto do reino do Tártaro deu a mão ao Nolano; e o outro, que penso era seu filho, embora fosse um homem de cerca de sessenta e cinco anos, acolheu-nos junto a si. Então, sem que tenha embarcado um Hércules, um Eneas ou o rei de Sarza, Rodomonte, "Gemuit sub pondere cimba / sutilis et multam accepit limosa paludem."[74] Ouvindo essa música, disse o Nolano: "Praza a Deus que este não seja Caronte;

---

71. John Florio, inglês de pai toscano, dicionarista e professor de italiano em Londres; Matthew Gwinne, médico, poeta e filósofo, amigo de Florio.
72. Provavelmente de nome Brown (equivalente inglês de Bruno).
73. Thomas Sackville, Lord Buckhurst, político, poeta e dramaturgo isabelino, coautor de uma das primeiras peças desse grande período da literatura inglesa, *A Tragédia de Gorboduc*.
74. "Gemeram sob o peso as juntas do barquinho, e muito entrou pelas fissuras a lama." Virgílio, *Eneida*, VI, 412-413.

creio que essa é aquela barca chamada de êmula da *lux perpetua*[75]. Ela pode seguramente competir em antiguidade com a arca de Noé e, por minha fé, parece uma das relíquias do dilúvio." As peças desse barco te respondiam onde quer que fossem tocadas, e por qualquer motivo ressoavam. "Agora, creio", disse o Nolano, "não ser uma fábula que das muralhas de Tebas (se bem me lembro) saíam vozes, e que às vezes cantavam ao ritmo de música. Se não acreditais, escutai os acentos desta barca, que com eles parece pífanos com seus assovios, que fazem ouvir as ondas quando entram por suas fissuras e nas gretas por todos os cantos." Rimos, mas Deus sabe como: "Aníbal, quando em seu império aflito viu se fazer uma fortuna tão molesta, riu-se entre gente lacrimosa e funesta."[76]

PRUDÊNCIO: *Risus sardonicus*[77].

TEÓFILO: Nós, convidados por aquela doce harmonia, como o amor o é pelo desdém, acompanhamos os sons com cantigas. O senhor Florio, como se recordando de seus amores, cantava "Onde sem mim, doce minha vida."[78] O Nolano retomava: "Oh sarraceno dolente, oh feminil engenho."[79] Assim, pouco a pouco, o quanto permitia a barca (embora carcomida e pelo tempo reduzida a um estado de cortiça) parecia com sua *festina lente*[80] feita de chumbo; e os braços daqueles dois velhos, quebrados; os quais, embora remassem com medida larga, faziam com os remos os passos curtos.

PRUDÊNCIO: *Optime discriptum illud festina* para as costas apressadas dos marinheiros; lente no proveito dos remos, como servos ruins do deus dos hortos[81].

TEÓFILO: Desse modo, avançando muito no tempo e pouco no caminho, não tendo feito a terça parte da viagem, e pouco depois do lugar chamado "O Templo"[82], eis que os nossos padrinhos, em vez de se apressarem, aproximaram a proa do lido. Pergunta o Nolano: "O que querem fazer? Querem retomar o fôlego?" É-lhe traduzido que

75. Canto do Ofício dos Mortos (*Officium defunctorum*), sendo Caronte o barqueiro do Hades, do reino dos mortos.
76. "Annibal quando'a imperio afflitto / vedde farsi fortuna si molesta / rise tra gente lacrimosa e mesta." Petrarca, *Canzioniere*, CII, v. 5-7.
77. Conforme relata Erasmo, em *Adágios* III, é um riso falso, amargo ou ainda uma contração muscular em torno da boca provocada por uma erva da Sardenha, de sabor doce a princípio, mas que pode levar à morte.
78. Verso de Ariosto, em *Orlando Furioso* (VIII, 76, 1-2).
79. Ibidem (XXVII, 117, 1-2)
80. "Apressa-te com calma", provérbio grego apreciado por Augusto e recolhido por Erasmo em seus *Adágios* II.
81. Como o deus dos hortos é Príapo, a frase parece fazer uma alusão erótica.
82. Antiga sede da Ordem dos Templários, em Fleet Street.

não queriam ir adiante[83], pois ali estavam as suas casas. Pede uma e outra vez, mas tanto pior, pois essa é uma espécie de rústico, no peito da qual despontam os dardos do deus do amor do povo plebeu.

PRUDÊNCIO: *Principio omni rusticorum generi, hoc est a natura tributum, ut nihil virtutis amore faciant; et vix quicquam formidine poenae*[84].

FRULLA: Há outro provérbio também a propósito de qualquer plebeu: "Rogatus tumet, pulsatus rogat, pugnis concisus adorat."[85]

TEÓFILO: Em conclusão, nos jogaram ali, e depois de pagá-los e render-lhes graças (pois nesse lugar não se pode fazer outra coisa quando se recebe uma ofensa de semelhante canalha) nos mostraram o caminho para alcançar a estrada. Ora, que te quero doce, Mafelina, tu que és a musa de Merlin Cocaio[86]. Esse é um caminho que começou num lodaçal, que nem de ordinário nem por sorte tinha um atalho. O Nolano, que havia estudado e praticado mais do que nós nas escolas, disse: "Parece que vejo uma passagem de porcos; portanto, segui-me." E nem havia terminado o que dizia, viu-se plantado naquele pântano, de modo que não podia tirar a perna para fora. E assim, ajudando-nos uns aos outros, passamos pelo meio, esperando que aquele purgatório durasse pouco. Mas eis que por sorte iníqua e dura, ele e nós, nós e ele, nos encontramos engolfados dentro de uma passagem limosa, que terminava aqui e ali em boas muralhas, como se fosse o horto da inveja ou o jardim das delícias. E como não houvesse luz alguma que nos guiasse, não sabíamos fazer a diferença entre o caminho andado e o que se devia andar, esperando o fim a cada passo; sempre fendendo a lama, que nos alcançava na medida dos joelhos, penetrávamos em direção ao profundo e tenebroso averno. Como um não podia dar conselho ao outro, não sabíamos o que dizer, mas com mudo silêncio, um sibilava de raiva, um sussurrava, outro bufava com os lábios, outro deixava um suspiro e se detinha um pouco, outro blasfemava por debaixo da língua. E como os olhos não serviam, os pés faziam as vezes, e um cego se confundia por fazer-se de guia a outro. Tanto que "como homem que jaz e chora longamente / sobre o duro leito o preguiçoso andar das horas, / ora pedras, ora cantos, ora

---

83. Vê-se que Bruno não entendia nem falava inglês.
84. "O princípio de todo o gênero rústico, imposto pela natureza, é nada fazer por amor à virtude, mas por medo ao castigo."
85. "Rogado, se incha; golpeado, roga; tratado a socos, adora." Juvenal, *Sátiras* III, v.293-300, numa versão livre medieval.
86. Merlino Cocaio é o herói cômico do *opus macarronicorum* de Teofilo Folengo, *Baldus*. E Mafelina, uma das cinco musas por ele invocada.

polvos e licores, / espera que matem o grave mal que sente; / mas se depois de um longo passar vê o doente / que nenhum remédio venceu a dor, / desesperando se aquieta; e ainda que morra, / desdenha que por sua saúde outra coisa se tente"[87]. Assim, depois de ter tentado e retentado, e não vendo remédio para nossos males, desesperados, sem refletir e beliscar o cérebro em vão, andávamos molhados pelo alto mar daquela lama, que com seu lento fluxo vinha do profundo Tâmisa até suas beiras...

PRUDÊNCIO: Bela cláusula.

TEÓFILO: ...cada um de nós tomou a decisão do trágico cego Epicuro: "Onde o fatal destino guia-me cego / deixa-me andar e por onde o pé me leva; / nem por piedade venha comigo./ Encontrarei talvez um fosso, um antro, um cume / piedoso que me abrigue de tanta guerra, / arrojando-me num lugar profundo e baixo."[88] Mas pela graça dos deuses (pois, como disse Aristóteles, "o infinito não se dá em ato"), sem incorrer em males piores, nos encontramos por fim num pântano que, embora avaro em nos conceder suas margens, ao menos nos tratou mais cortesmente, não atrapalhando nossos pés; até que (subindo mais alto pela senda) nos fez a cortesia de uma corrente que deixava um espaço pedregoso para que se pusessem os pés no seco. Passo a passo fomos avançando como bêbados, não sem o perigo de romper alguma cabeça ou perna.

PRUDÊNCIO: *Conclusio, conclusio.*

TEÓFILO: Em conclusão, "tandem laeta arva tenemus"[89]; nos pareceu estarmos nos Campos Elíseos, tendo chegado a uma grande estrada comunal; ali, pela forma do lugar, considerando aonde nos tivesse conduzido aquele maldito atalho, eis que nos encontramos a pouco mais de vinte passos de onde havíamos partido para encontrar os barqueiros, e próximo da casa do Nolano. Oh dialética vária, oh dúvidas nodosas, sofismas inoportunos, cavilações capciosas, ó enigmas sombrios, labirintos intrincados, endiabradas esfinges, resolvei ou fazei-lhes resolver: "Neste cruzamento, neste duvidoso passo / que devo fazer, que devo dizer, já frouxo, lasso?"[90] De um lado, o nosso alojamento nos chamava; pois nos haviam tão completamente embotado[91] os mestres Lodo e Pântano, que mal podíamos

---

87. L. Tansillo, soneto *Qual uom che giace, e piange lungamente*, v. 1-8.
88. Epicuro, *Cecaria*, tercetos I e III.
89. "Enfim, chegamos aos alegres campos." (Virgílio, *Eneida*, VI, 744).
90. Petrarca, *Canzoniere*, "Che debb'io far": "In questo bivio, in questo dubbio passo / Che debo far? Che debbo dir, ahi lasso?"
91. No sentido de cobrir com lama, como se fossem botas, por via do espanhol *bota*.

mover as pernas. Além disso, a regra da hodomancia[92] e o comum dos augúrios nos aconselhavam, importunamente, a não seguir aquela viagem. Os astros, por estarem todos cobertos de escuro e tenebroso manto, deixando o ar caliginoso, nos forçavam a retornar. O tempo nos dissuadia de seguir adiante e nos exortava a voltar o pouco que havia para trás. O lugar próximo do Nolano aplaudia benignamente. A ocasião, que nos havia empurrado até ali com uma das mãos, agora com dois fortes pulsos nos dava o maior impulso do mundo. O cansaço, por fim (tanto quanto uma pedra, que por princípio intrínseco e natureza se move para o centro), nos mostrava o mesmo caminho e nos inclinava para a direita. Com outro canto nos chamavam as fadigas, os trabalhos e incômodos que teriam sido feitos em vão; mas o verme da consciência dizia: "se esse pouco caminho tanto custou, a nós que fizemos vinte e cinco passos, o que será com tanta estrada que resta? *Melhor perder do que perder mais ainda*"[93]. Na outra direção nos convidava o desejo comum que tínhamos de não defraudar as expectativas daqueles cavalheiros e nobres personagens. Com outro canto respondia o cruel ressentimento por aqueles que, não tendo se preocupado nem pensado em mandar cavalos ou barcos para fidalgos com aquele tempo, naquela hora e ocasião, também não teriam escrúpulos com nossa ausência. De lá seríamos acusados, enfim, de pouca cortesia, ou de sermos homens extremamente cuidadosos, que medem as coisas por méritos e ofícios, e fazem questão de mais receber cortesia do que fazê-la. E como plebeus e ignóbeis, querer antes ser por elas vencidos do que vencê-las. Desse lado estávamos desculpados, pois onde há força não há razão. Para lá nos atraía o interesse particular do Nolano que havia prometido, e que poderia ser atacado pelas costas por um não sei quê. Além disso, tem ele grande desejo de que se lhe ofereça a ocasião de ver costumes, conhecer os engenhos, adquirir, se possível, uma nova verdade, confirmar o bom costume do entendimento, dar-se conta de algo que lhe falta. Por aqui nos atrasávamos pelo tédio comum e de não sei que espírito que nos dizia alguns motivos mais verdadeiros do que dignos de serem referidos. A quem cabe determinar essas contradições? Quem há de vencer com o livre-arbítrio? A quem consentir a razão? Quem determinou o fado? Eis que esse destino, por intermédio da razão, abrindo as portas ao intelecto, faz-se no interior e comanda a escolha pela qual se dá o consentimento

---

92. Hodomancia é justamente a arte de adivinhar caminhos.
93. Provérbio espanhol, citado no original: "Meior es perdere, che mas perdere."

de continuar a viagem: "Oh passi graviora"[94], se nos diz, "homens pusilânimes, ligeiros, inconstantes de pouco espírito..."

PRUDÊNCIO: *Exageratio concinna*[95].

TEÓFILO: ...não é, não é impossível, ainda que seja difícil essa empresa; a dificuldade é aquela que mantém para trás os poltrões. As coisas ordinárias e fáceis são para o vulgo e para a gente ordinária. Os homens raros, heroicos e divinos passam por esse caminho da dificuldade, a fim de que a necessidade seja obrigada a conceder-lhes a palma da imortalidade. Está ciente de que, embora não seja possível chegar ao termo do pálio[96], corre, faz o teu esforço em coisa de natureza tão importante e resiste até o último suspiro. Não só quem vence é elogiado, mas ainda quem não morre como covarde e poltrão: este aqui recusa a culpa de sua perda e morte às custas da sorte, e mostra ao mundo que não por seu defeito, mas por erro da fortuna, chegou àquele fim. Não só digno de louvor é quem mereceu o pálio, mas também aqueles que correram bem para ser julgados dignos, embora não tenham vencido. E são vituperados os que em meio à corrida, desesperados, param e não chegam (ainda que últimos) a tocar o fim com a coragem e o vigor possíveis: "Vi sementes longamente selecionadas e obtidas com muito trabalho degenerar, se a atividade vigorosa do homem, a cada ano, logo não as escolhesse. Assim, tudo está destinado a ir de mal a pior, se vacilando retrocede, assim como quem rema uma barca contra a corrente; se por azar afrouxa o braço, a corrente rapidamente o arrasta rio abaixo."[97] Que vença, portanto, a perseverança, pois se a fadiga é tanta, o prêmio não será medíocre. Todas as coisas preciosas são postas na dificuldade; estreita e espinhosa é a vida da beatitude; grandes coisas talvez nos prometa o céu, pelo que diz o poeta: "O próprio pai quis que não fosse fácil o cultivo, e ele pela primeira vez fez com arte renovar os campos, com seu coração aguçando o engenho dos homens, sem permitir que se entorpecesse o seu reino em grave letargia."[98]

---

94. "Oh vós que sofrestes [desventuras] mais graves." Virgílio, *Eneida*, I, 199.

95. "Exagerado apuro."

96. A corrida a cavalo na praça central de Siena, assim como o estofo de seda que se dá ao vencedor.

97. "Vidi ego lecta diu, et multo spectata labore / degenerare tamen, ni vis. Sic omnia fatis / in peius ruere, ac retro sublata referri: / non aliter quam qui adverso vix flumine lembum / remigiis subigit: si brachia forte remisit; / atque illum in preceps prono rapit Alveus amne." Virgílio, *Geórgicas*, I, 197-203.

98. "Pater ipse colendi / haud facilem esse viam voluit, primusque per artem / movit agros: curis acuens mortalia corda, / Nec torpere gravi passus sua regna veterno." Ibidem, 121-124.

PRUDÊNCIO: Este é um progresso enfático, que conviria a uma matéria de maior importância.

FRULLA: É lícito, e está no poder dos príncipes exaltar as coisas baixas; as quais, se se fazem dignas, serão julgadas dignas e serão verdadeiramente dignas. E nisso suas ações são mais ilustres e notáveis do que se engrandecessem os grandes, que não acreditam merecê-las por sua grandeza, ou seja, que se conservaram superiores em sua superioridade, e dirão que aquilo lhes convém não por graça, cortesia e magnanimidade do príncipe, mas por justiça e razão. Ora, aplicai isso a propósito do discurso do nosso Teófilo. Todavia, mestre Prudêncio, se ainda vos parece áspero, destacai-o desta matéria e aplicai-o em outra.

PRUDÊNCIO: Eu não disse outra coisa, exceto que o progresso parece muito enfático para a matéria que se oferece agora.

FRULLA: Eu também queria dizer que Teófilo parece ter algo de Prudêncio; mas perdoai-lhe, porque (como me parece), essa vossa enfermidade é contagiosa. E não duvideis, porque Teófilo faz da necessidade uma virtude, e da enfermidade, cautela, preservação e sanidade. Continuai, Teófilo, o vosso discurso.

PRUDÊNCIO: *Ultra, domine*[99].

SMITH: Vamos, apressemo-nos, a fim de que o tempo não se encurte.

TEÓFILO: Pois bem, alça o voo, Teófilo, põe-no em ordem, e sabe que no presente não se oferece uma ocasião de trazer as coisas mais sublimes do mundo. Aqui não há ocasião para se falar deste nume da Terra, desta singular e raríssima dama que desse frio céu, próximo do ártico, dá luz a todo o globo terrestre. Elisabete, digo, que por título e dignidade régia não é inferior a qualquer rei que haja no mundo. Quanto ao juízo, à sabedoria, ao conselho e governo, não está em segundo lugar, comparada a quem quer que porte um cetro na Terra. Na intelecção das artes, no conhecimento das ciências, inteligência e prática de todas as línguas que se possam ouvir na Europa, por pessoas populares ou doutas, é superior a todos os demais príncipes superiores, sem contradição alguma[100]. E triunfadora de tal sorte que se o império da fortuna correspondesse e fosse igualado ao império do generosíssimo espírito e engenho, seria a única imperatriz dessa esfera terrestre; e com mais pleno significado aquela sua divina mão sustentaria o globo dessa monarquia universal. Não há como se falar

---

99. "Ide além, senhor."
100. Elisabete falava bem o italiano e Bruno pôde comprová-lo ao acompanhar o embaixador italiano em audiência.

daquele ânimo heroico que há vinte e cinco anos já, no centro da borrasca de um mar de adversidades, fez triunfar a calma e a paz. Manteve-se incólume em meio a tantas vagas intensas e túmidas ondas de várias tempestades que com ímpeto lhe fez esse orgulhoso e louco Oceano, que em todos os contornos a circunda. Aqui não há ocasião para se fazer discurso daquela que, se quisesses comparar a rainha de tempos passados, profanarias a dignidade de seu ser único e singular; pois de grandeza sobressai a todas; a algumas na grandeza da autoridade, a outras na perseverança de seu longo, inteiro e ainda não abreviado governo. A todas na sobriedade, pudicícia, engenho e intelecção; a todas na hospitalidade e cortesia, com a qual acolhe a toda espécie de forasteiro, de todo incapaz de retribuir a graça e o favor. Não se te oferece a ocasião de falar da humanidade generosíssima do ilustríssimo senhor conde Roberto Dudleo, conde de Licestra[101], tão conhecida do mundo, tão renomada com a fama do reino e da rainha da Inglaterra nos reinos circunvizinhos, tão propalada pelos corações dos generosos espíritos italianos, que por ele (acompanhado de sua esposa) foram e são sempre lisonjeados. Este e o excelentíssimo senhor Francesco Walsingame[102], grande secretário do Conselho Régio, como aqueles que se sentam vizinhos ao sol de régio esplendor, com a luz de sua grande notabilidade, são suficientes para apagar e anular a escuridão, e para educar e purgar com o calor de sua amável cortesia qualquer rudeza e rusticidade que se possam encontrar não só entre britânicos, mas ainda entre citas, árabes, tártaros, canibais e antropófagos. Não é tampouco este o momento para se referir à honesta conversação, civilidade e boa educação de muitos cavalheiros e nobres personagens ingleses, entre os quais o ilustre e excelente cavalheiro senhor Filippo Sidneo[103], tão conhecido entre nós, primeira e particularmente quando estávamos em Milão e na França, e depois em sua pátria. De quem o claríssimo engenho (além de louvadíssimos costumes) é raro, singular, que dificilmente encontrarias um semelhante tanto fora quanto dentro da Itália. Mas de maneira a mais inoportuna, a despeito de todo o mundo, nos vem a propósito uma plebe que, como tal, não é inferior

---

101. Robert Dudley, conde de Leicester, puritano e conselheiro da Universidade de Oxford, bem próximo da rainha.
102. *Sir* Francis Walsingham, o mais alto administrador do reino, ao lado do tesoureiro Lord Burghley, e chefe dos serviços de espionagem.
103. Phillip Sidney (1554-1586), como já mencionado, poeta, autor de uma *Arcádia*, e crítico literário em *Defesa da Poesia* (publicada postumamente). Bruno dedicou-lhe dois de seus livros: *A Expulsão da Besta Triunfante* e *Os Heroicos Furores*.

a plebe alguma, que, infelizmente, a pródiga terra alimenta em seu seio. Pois de todas as plebes que eu tenha conhecido até agora, irreverentes, desrespeitosas, sem nenhuma civilidade, é verdadeiramente malcriada. Quando vê um forasteiro, parece (por Deus) lobo, urso, e com seu torvo aspecto lhe fazem aquela cara que faria um porco se lhe viessem retirar a tina do focinho. Essa ignobilíssima plebe, pelo que nos diz respeito, se divide em duas partes...

PRUDÊNCIO: "Omnis divisio debet esse bimembris, vel reducibilis ad bimembrem."[104]

TEÓFILO: ...das quais uma é de artesãos e de comerciantes, e esses, conhecendo de alguma maneira que és estrangeiro, torcem o focinho, riem de ti, escarnecem, fazem mexericos, te chamam de "cachorro, traidor, estrangeiro"; e esse último, para eles, é um título injuriosíssimo e que torna o assim imputado capaz de receber todas as ofensas do mundo, seja velho ou jovem, togado ou armado, nobre ou fidalgo. Há os que são movidos pelo desejo de se altercar com um forasteiro; e nisso lhe assegura ser diferente da Itália, onde, se acontece de alguém quebrar a cabeça de semelhante canalha, todos estarão olhando se por acaso venha um oficial que o prenda; e se alguém se move, é para separar e apaziguar, ajudar o impotente e tomar a causa de um estrangeiro. E ninguém que não seja beleguim da corte ou funcionário da justiça, *id est*, aguazil, se atreve nem tem autoridade de pôr a mão no delinquente. E se aquele não tiver força para prendê-lo, todos se envergonharão de ajudá-lo em seu ofício. E assim, o beleguim e às vezes o aguazil perdem a caça. Mas aqui, se por azar te acontece de encontrar-se com um e levar a mão à arma, eis que verás o quanto é longa a rua em meio a um exército de grosseirões, os quais, tão repentinamente quanto dos dentes de dragão, semeados por Jasão, ressurgem armados, desencovados da terra. O certo é que saem das lojas e das oficinas, mostrando em perspectiva uma honradíssima e gentilíssima selva de bastões, de varas compridas, alabardas e forcados enferrujados, prontos e aparelhados para ocasiões semelhantes, embora tenham sido concedidos para melhor uso. Assim os verás lançar-se com fúria plebeia, sem olhar a quem, como e onde, sem que um fale com outro. Todos desafogando esse desdém natural contra o forasteiro; com suas próprias mãos (a não ser que sejam impedidos pela multidão dos outros que tenham o mesmo pensamento) e suas próprias varas tomam

---

104. "Toda divisão deve conter dois membros ou ser reduzida a dois membros." Menção à lógica de Petrus Ramus, então em voga nas universidades inglesas.

as medidas do saio, e se não andares com cuidado, te arrancam até mesmo os cabelos. E se por acaso estiver presente qualquer homem de bem ou fidalgo a quem desgoste tal vilania, ele (ainda que seja um conde ou um duque) será forçado a enraivecer-se por dentro e esperar de longe o final, por medo de acompanhar-te sem proveito para ti e com dano para si. Agora, *tandem*[105], quando pensas que te seja lícito ir procurar o barbeiro e descansar o cansado e maltratado corpo, eis que os indivíduos são os mesmíssimos beleguins e aguazis, os quais poderão imaginar que golpeaste alguns deles (e poderás ter as costas e as pernas quebradas), como se tivesses os talares de Mercúrio, ou montado o Pégaso, ou comprimisses as ancas do cavalo de Perseu, ou cavalgasses o hipogrifo de Astolfo[106], ou espancasses o dromedário de Madian, ou trotasses uma das girafas dos três reis magos; à força de golpes te farão correr, ajudando-te a ir adiante com seus feros punhos, sendo melhor para ti que fossem coices de boi, de asno ou mulo. Nunca mais te deixarão, até que te tenham fincado na cadeia: e aqui *me tibi comendo*[107].

PRUDÊNCIO: *A fulgore et tempestate, ab ira et indignatione, malitia, tentatione et furia rusticorum...*

FRULLA: *... libera nos domine*[108].

TEÓFILO: A eles se acrescente a ordem dos criados. Não falo daqueles de primeira categoria, os que são gentis-homens da nobreza, que geralmente não levam divisa ou emblema a não ser por muita ambição de uns ou exagerada adulação de outros. Entre eles se encontra civilidade.

PRUDÊNCIO: *Omnis regula exceptionem patitur*[109].

TEÓFILO: Mas falo de outra espécie de servidor: os que são de segunda categoria. E todos eles portam o emblema nas costas. Outros ainda, de terceira categoria, cujos patrões não são suficientemente grandes para lhes dar emblema, ou então são considerados indignos e incapazes de carregá-lo. Outros são de quarta categoria, os que seguem os portadores de emblemas (ou sem) e são servos de servos.

PRUDÊNCIO: *Servus servorum non est malus titulus usquequaque*[110].

---

105. Enfim.
106. Personagens de *Orlando Furioso* (Ariosto).
107. " Entrego-me a ti." Cf. *Lucas* 23, 46: "Pater, in manus tuas commendo spiritum meum."
108. "Dos raios e tempestades, da ira e da indignação, da malícia, da tentação e da fúria plebeia... que Deus nos proteja."
109. "Toda regra possui exceção."
110. "Servo dos servos não é nunca um mau título (ou encargo)." Prudêncio se refere a um dos títulos do papa: *servus servorum Dei*.

TEÓFILO: Os da primeira categoria são gentis-homens pobres e necessitados que se põem sob as asas protetoras dos poderosos com a intenção de algo e de favor; por isso não são arrancados de suas casas, seguem seus senhores com dignidade e são por eles apreciados e favorecidos. Os de segunda categoria são pequenos mercadores arruinados, artesãos ou gente que, sem proveito, aprendeu a ler ou a ter alguma habilidade; ou fugiu ou deixou alguma escola, oficina ou loja. Os de terceira categoria são aqueles poltrões que, para fugir de um cansaço maior, abandonaram um ofício mais livre, ou então são poltrões aquáticos, retirados de barcos, ou poltrões terrestres, arrancados do arado. Finalmente, os de quarta categoria são uma combinação de desesperados, de depreciados por seus senhores, saídos de tempestades, peregrinos, gente inútil, inerte, indivíduos que já não encontram facilidades para roubar ou que acabam de escapar da prisão, gente cuja intenção é a de enganar quem vier tirá-los dali. E são retirados das colunas da Bolsa e da porta de São Paulo[111]. De modo semelhante os tereis em Paris, à porta do Palácio[112]. Em Nápoles, nos degraus de São Paulo e, em Veneza, na ponte de Rialto. Das três últimas espécies são aqueles que, para mostrar o quão poderosos são em sua casa, que são pessoas de bom estômago, bons soldados e desprezam o mundo todo, a qualquer um que não faça menção de lhes ceder o passo, lhe darão um empurrão com os ombros que o fará girar sobre si mesmo, fazendo-lhe ver o quanto são fortes, robustos, possantes, capazes de bem romper um exército. E caso se encontrem com um forasteiro que lhes dê todo o espaço, de qualquer modo querem se fazer de César, de Aníbal ou de Heitor, e ainda de um boi que investe. Não fazem apenas como o asno, que (sobretudo quando está carregado) se contenta em seguir o caminho reto; do que, se não te moves, também ele não se moverá; e convirá que tu o empurres ou ele te empurre a ti. E os aguadeiros te farão sentir, se não estiveres atento, a ponta daquele nariz de ferro que vai à frente da jarra. Assim também fazem os que carregam cerveja e ale; em seu caminho, se por inadvertência tua se lançam sobre ti, te farão sentir o peso da carga que levam e que não somente são capazes de carregar nos ombros, como de derrubar qualquer obstáculo à frente e ainda arrastar uma carroça. Esses indivíduos, devido à autoridade que possuem por levar cargas, podem ser desculpados, pois têm mais de cavalo, de mulo ou de asno do que de homem. E em lugar de te darem bom-dia ou boa-tarde, depois de

---

111. Lugares famosos de Londres: a *Exchange* e a Catedral de São Paulo.
112. *Le Châtelet*, sede do tribunal de justiça.

ter-te feito uma cara engraçada, como se te conhecessem e quisessem saudar, te darão um solavanco bestial. Acuso aqueles outros que em certas ocasiões simulam fugir ou querer perseguir alguém, e saindo do interior de uma oficina te darão por trás ou de lado um golpe como te daria um touro quando atiçado. Como ocorreu há poucos meses com um pobre gentil-homem italiano a quem quebraram uma perna sob risadas e prazer de toda a praça. Quando quis o magistrado mais tarde investigar, nada constatou, nem mesmo que isso pudesse ter acontecido naquela praça. De forma que, quando quiseres sair de casa, primeiro o faça sem urgência, e não pense em ir pela cidade a passeio. Depois, faz o sinal da santa cruz, arma-te com uma couraça de paciência, que possa ser à prova de arcabuz, e te disponha a suportar o menos mal com boa vontade se não quiseres suportar o pior pela força. Comporta-te prudentemente e pensa que nunca terás que te ver com um só nem com dois ou cinquenta, mas com toda a república e a pátria plebeia, para a qual, certo ou errado, todo mundo é obrigado a entregar a vida. Assim, irmão, quando sentires ser tocado desse modo, põe a mão no chapéu, saúda o antagonista e faz de conta que ele age como se costuma fazer entre amigos; e se te parece que ele te esbarrou muito fortemente, pede-lhe perdão para que não volte a acontecer o pior, provocando-te e fingindo que tu o empurraste ou quiseste empurrá-lo. Eis aí aquele tempo, aquela ocasião na qual, mais do que nunca, o poderás conhecer. Disse o Nolano que nos dez meses em que se hospeda na Inglaterra, não aproveitou mais do que essa noite para fazer penitência e obter perdão. Só esta noite já lhe bastava para princípio, meio e fim de toda a quaresma. "Esta noite", disse, "quero que valha pela penitência que podia fazer jejuando por quarenta dias benditos, e também por quarenta noites. Esta noite estive no deserto, onde ganhei (não por uma ou três, mas por quarenta tentações) quarenta mil anos de indulgência plenária..."

PRUDÊNCIO: *Per modum suffraggii*[113].

TEÓFILO: "...tanto que, de boa-fé, acredito tê-la ganho não só pelos pecados que fiz, mas por muitos outros que poderei fazer".

PRUDÊNCIO: *Supererogatorie*[114].

FRULLA: Gostaria de saber se contaste essas humilhações e golpes que disseste ter sido quarenta. Fazes vir-me à lembrança mestre Manfúrio, a quem uns velhacos fizeram contar não sei quantos[115].

---

113. "De modo que seja favorável."
114. "Sobremodo pago."
115. Alusão à peça *Candelaio*, ato v, na qual o pedante Manfúrio é preso sob chibatadas.

TEÓFILO: Se ele soubesse que deveria levar tantos, talvez tivesse a curiosidade de contá-los, mas achava que cada uma deles fosse o último. Mas era apenas o último em relação aos passados. Quanto ao que ele disse, que os golpes foram quarenta, talvez fosse como um devoto pecador que, devendo responder ao padre confessor o *quoties*, quer dizer, o número de vezes, e dele não se lembrando com precisão, se mantém mais no alto do que no baixo, temendo deixar de fora (se confessa menos, em lugar de mais) algum pecado que deveria estar dentro da mão do sacerdote que o absolve. Ademais, quando se recebem esses empurrões, golpes e ferimentos, não se sente o mesmo prazer em contá-los, porque no corpo não são sentidos sem dor e lamentações, e da boca saem com a mesma facilidade dois e doze, quarenta, cem ou mil. Mas que sejam o que se queira; eu não pude contar as suas, e sim as minhas. Ele se mantinha atrás, como costumam fazer aqueles cujo mau passo deixa a dianteira ao companheiro; mas ele se enganava, porque a pancadaria não nos dava menos pelas costas do que pela frente. Como mal menor, ele se portava como um prior que segue ao convento, ou ainda como se faz quando se vai combater (que era, no momento, o que imaginava ao sentir tantos choques de lanças partidas): fazendo de nós um refúgio, enquanto se mantinha atrás como um bom capitão que, para a salvação de seu exército, pois que com sua morte pereceria, se conserva ao largo e seguro, de onde, em caso de necessidade, possa correr para comandar outras pessoas que venham em socorro, ou ser ele mesmo o embaixador da desgraça. Ele, pois, caminhando nessa disposição, não podia ser visto por nós, ocupados que estávamos com nossos próprios problemas e sem oportunidade de voltar-nos para trás e fazer aqueles gestos que, precisamente por falta de dissimulação, são mais criminosos[116].

PRUDÊNCIO: *Optime consultum*[117].

TEÓFILO: Mas particularmente quando estávamos na pirâmide próxima ao palácio, no cruzamento de três ruas...

PRUDÊNCIO: *In trivio*.

TEÓFILO: ...vieram ao nosso encontro seis cavalheiros que levavam adiante um garoto com uma lanterna. Um deles me deu um tal encontrão que me fez girar e ver como seu companheiro dava uma dupla sacudidela no Nolano, tão gentil e gorda que podia valer por dez.

---

116. Deve-se entender: mostravam indiferença para não excitar mais possíveis atacantes, sendo qualquer gesto suposto como de criminosos.

117. "Ótima decisão."

PRUDÊNCIO: *In silentio et spe erit fortitudo vestra. Si quis dederit tibi alapam, tribue illi et alteram*[118].

TEÓFILO: Essa foi a última borrasca, porque, pouco depois, pela graça de São Fortunato, após ter percorrido sendas tão penosas, passado por atalhos duvidosos, cruzado rios velozes, deixado para trás lugares arenosos, superado lamaçais, atravessado túrbidos pântanos, calcado lavas pedregosas, superado encontros selváticos, andado por caminhos escorregadios, topado com penhascos escabrosos, chocado com escolhos perigosos, com o favor dos céus chegamos ao portal, *id est*, à porta, que se abriu tão logo tocada. Entramos, encontramos muitas e diversas personagens, muitos e diversos servidores que, sem parar, sem inclinar a cabeça e sem sinal algum de reverência, mostrando seu desprezo pelos gestos, nos fizeram esse favor, o de mostrar-nos a porta. Passamos ao interior, subimos e nos encontramos, e depois de ter muito esperado, desesperadamente nos pusemos sentados à mesa. Depois de feitas as saudações e ressaudações...

PRUDÊNCIO: Saudações.

TEÓFILO: ...e algumas outras pequenas cerimônias, entre as quais esta risível: que tendo sido apresentado a um dos nossos o último lugar, na ponta da mesa, ele pensou que se tratasse da cabeceira, e por humildade queria sentar-se onde se sentava o primeiro. Houve então um tempinho em que alguns, por cortesia, queriam sentar-se por último. Em conclusão, o senhor Florio sentou-se frente a um cavalheiro que se sentava à cabeceira da mesa; o senhor Folco, à direita do senhor Florio e eu e o Nolano à esquerda do senhor Florio. O doutor Torquato, à esquerda do Nolano; o doutor Nundinio, face a face com o Nolano.

Aqui, pela graça de Deus, não vi a cerimônia de pratos e de copos que costuma passar pela mesa de mão em mão, do alto a baixo, da esquerda para a direita e para outras direções, sem outra ordem senão a da cortesia e do rústico conhecimento. Depois que aquele que conduz o baile tirou algo de sua boca e vos deixou aquela empanada de gordura, que bem pode servir de cola, logo bebe isso e vos deixa uma migalha de pão, bebe novamente, vos mostra uma lasca de carne, bebe, agita um pelo da barba; e assim, numa bela desordem, provando-se de todas as bebidas, ninguém é tão malcriado que não vos faça cortesia das relíquias que tem à volta do bigode. Ora, se a alguém (que não tenha estomago ou se faça de grande) não lhe apetece beber, basta apenas que aproxime tanto o copo da boca

---

118. "No silêncio e na esperança estará a vossa força. Se alguém der-te um tapa, concede outro." Inversão da máxima evangélica.

que lhe imprima o vestígio de seus lábios. Isto se faz a fim de, assim como todos convieram, agir como o lobo carnívoro comendo um mesmo cordeiro, cabrito ou cabrão, aplicando todos a boca a um mesmo bocal em sinal de urbanidade, de irmandade, de um só coração, estômago, goela e boca. E tudo isso se faz com certa gentileza, a mais bela comédia do mundo para se ver e a mais cruel e maçante tragédia que pode encontrar um homem distinto quando estima ser obrigado a fazer como fazem os outros, temendo parecer incivil e descortês, pois nisso consiste todo o limite da civilidade e da cortesia. Mas como essa observância permaneceu nas mais baixas mesas, deixemos que eles jantem, deixêmo-los descansar à mesa até amanhã.

SMITH: Até logo.
FRULLA: Adeus.
SMITH: Bem, deixemos que eles jantem, deixêmo-los descansar à mesa até amanhã.
FRULLA: Estou certo de que não pegarão tantos bocados, como os maus bocados passados.
SMITH: As palavras proverão. Adeus.
PRUDÊNCIO: *Valete*[119].

FIM DO SEGUNDO DIÁLOGO

Terceiro Diálogo

TEÓFILO: Ora, o doutor Nundinio, após ter-se posto em frente [ao Nolano], sacudido as costas, posto as duas mãos sobre a mesa, olhando um pouco *circum circa*[120], meneando a língua dentro da boca, serenado os olhos no céu, destacado da boca um sorriso delicado e cuspido uma vez, começou desse modo: ...
PRUDÊNCIO: *In haec verba, in hosce prorupit sensus*[121].

Primeira Proposta de Nundinio

TEÓFILO: ...*Intelligis domine quae diximus?*[122] E lhe pergunta se entendia a língua inglesa. O Nolano respondeu que não, e disse a verdade.

119. "Adeus."
120. "Ao redor de si."
121. "Com essas palavras, prorrompeu o discurso."
122. "Entendeis, senhor, o que dizemos?"

FRULLA: Melhor para ele, pois ouviria coisas mais desagradáveis e indignas do que contrárias. Agrada muito ser surdo por necessidade, quando a pessoa é surda por escolha. Porém facilmente me persuadiria de que ele a entenda; mas para não perder todas as oportunidades que se lhe oferecem devido à quantidade de encontros incivis, e para poder melhor filosofar sobre os costumes daqueles que estão presentes, finge não entender.

PRUDÊNCIO: *Surdorum, alii natura, alii physico accidente, alii rationale voluntate*[123].

TEÓFILO: Não imagineis tal coisa dele, pois embora esteja neste país depois de um ano, não compreende mais do que duas ou três palavras ordinárias, as quais sabe que são saudações, mas não o que querem dizer em particular, e dessas, se desejasse proferir alguma, não o saberia fazer.

SMITH: Isso significa que tem poucas intenções de entender a nossa língua?

TEÓFILO: Não há coisa que o constranja ou o incline a semelhante atitude, pois aqueles com quem costuma conversar sabem falar latim, francês, espanhol ou italiano, e sabendo ademais que a língua inglesa só está em uso nesta ilha, se considerariam selvagens não sabendo outra língua que a sua própria ou natural.

SMITH: Isso é inteiramente verdade, pois é coisa indigna não só para um inglês de boa família, mas de qualquer outra raça, saber falar uma só língua. Contudo, na Inglaterra (e estou seguro de que também na Itália e na França), há muitos fidalgos nessa condição, com os quais, não tendo a língua do país, não se pode conversar sem aquela angústia que sente quem se faz traduzir.

TEÓFILO: É verdade que muitos ainda são fidalgos somente de raça, sendo conveniente, para maior proveito deles e nosso, que não sejam compreendidos nem vistos por ora.

Segunda Proposta de Nundinio

SMITH: O que acrescentou o doutor Nundinio?

TEÓFILO: "Portanto", disse em latim, "quero interpretar aquilo que dizíamos: que é de se crer que Copérnico não era da opinião de que a Terra se movia, pois isso é uma coisa inconveniente e impossível;

---

123. "Alguns são surdos por natureza, alguns por acidente físico, alguns por vontade da razão."

mas que tenha atribuído o movimento ao oitavo céu, para comodidade dos cálculos". O Nolano disse que se Copérnico houvesse afirmado que a Terra só se movesse por essa causa, e não por aquela outra, ele teria compreendido muito pouco, e não o bastante. Mas é certo que Copérnico a entendeu como disse, e o provou com todo o seu esforço[124].

SMITH: Isso significa que esses homens botaram aquele juízo sobre a opinião de Copérnico de maneira vã, sem que tenham podido recolher alguma proposição sua?

TEÓFILO: Sabeis que essa proposição provém do doutor Torquato, que só reteve de Copérnico (embora possa crer que tenha revolvido todo ele) o nome do autor, do livro e do impressor, do lugar onde foi impresso, do ano e o número de páginas; e para não ser ignorante em gramática, tinha ouvido falar superficialmente de uma certa epístola ajuntada à obra não sei por que asno, ignorante e presunçoso, como se quisesse ajudar o autor, desculpando-o (ou talvez com o intuito de que outros asnos, encontrando por si mesmos suas alfaces e frutinhas, tivessem a oportunidade de não ficar de todo em jejum), e advertia, antes de se começar a ler o livro e considerar suas sentenças[125]: "Não duvido que alguns eruditos (disse bem 'alguns', dos quais ele pode ser um), já tendo sido divulgada a fama das novas suposições dessa obra, que quer que a Terra seja móvel e o sol permaneça estável e fixo em meio ao universo, não se sintam fortemente ofendidos, pensando que seja este um princípio para confundir as artes liberais, tão bem e por tanto tempo já ordenadas. Mas se esses homens querem considerar melhor a coisa, verão que este autor não é digno de repreensão, pois é próprio dos astrônomos recolher diligente e artificiosamente a história dos movimentos celestes; não podendo por qualquer razão encontrar suas verdadeiras causas, lhes é lícito fingir e formar à vontade princípios de geometria, mediante os quais, tanto para o passado quanto para o futuro, possam calcular; de onde não é necessário que as suposições sejam verdadeiras, mas nem mesmo verossímeis. Assim devem ser consideradas as hipóteses deste homem, a menos que fosse um

---

124. Havia na época duas interpretações da teoria heliocêntrica: uma suposição meramente hipotética, fictícia, destinada a explicar mais facilmente cálculos de fenômenos celestes, como defendida por Henry Savile em 1573, em Oxford; ou a tese real cosmológica, referindo-se à estrutura e ao funcionamento do sistema, como a defendida por Bruno e pelo próprio Copérnico em carta ao papa Paulo III.

125. O prefácio à obra *De revolutionibus* foi feito pelo teólogo luterano Andreas Osiander, que substituiu uma introdução prevista por Copérnico. Kepler foi o primeiro a revelar o nome desse autor, até então desconhecido.

ignorante em óptica e geometria, que acreditasse que a distância de quarenta graus e mais que Vênus adquire distanciando-se do Sol, de uma ou de outra parte, seja ocasionada por seu movimento no epiciclo. Se isso fosse verdade, quem seria tão cego que não visse o que se seguiria contra toda a experiência, ou seja, que o diâmetro da estrela apareceria quatro vezes maior e seu corpo mais de dezesseis vezes maior quando estivesse muito próxima, no oposto do auge, do que quando estivesse muito afastada, quando se diz estar no auge[126]. Existem ainda outras suposições não menos inconvenientes do que esta, às quais não é necessário referir-se. E, por fim, conclui: "Permitam-nos assim tomar os tesouros dessa suposição somente pela facilidade admirável e artificiosa do cálculo; pois se alguém tomá-la por verdadeira, sairá mais estulto dessa disciplina do que nela entrou." Ora, vede que belo porteiro. Considerai quão bem abre a porta para vos fazer participar daquela honorabilíssima concepção, sem a qual o saber calcular e medir em geometria e perspectiva não é outra coisa senão um passatempo de loucos engenhosos. Considerai como serve fielmente ao patrão da casa. A Copérnico não bastou dizer apenas que a Terra se move, mas ainda o declara e confirma escrevendo ao papa e dizendo que as opiniões dos filósofos estão muito afastadas do vulgo, que são indignas de serem seguidas e digníssimas de serem evitadas, por contrárias à verdade e à retidão. E oferece muitos outros de sua sentença, não obstante parecer desejar, ao final e de certo modo que, segundo o parecer comum tanto dos que entendem essa filosofia como dos que são matemáticos puros, se tal suposição não agradar, por seus aparentes inconvenientes, é justo que também a ele seja concedida a liberdade de propor o movimento da Terra, com o intuito de fazer demonstrações mais firmes do que as realizadas pelos antigos; os quais foram livres para imaginar classes e modelos de círculos a fim de demonstrar os fenômenos dos astros. Palavras das quais não se pode inferir que ele duvide do que tão constantemente manifestou e provará no primeiro livro de sua obra, respondendo de maneira suficiente a alguns argumentos daqueles que consideram o contrário. Onde não apenas faz ofício de matemático, mas ainda o de físico que demonstra o movimento da Terra. Mas certamente importa pouco ao Nolano que Copérnico, Hicetas de Siracusa[127], Filolau, Heráclides do Ponto, Ecfanto pitagórico, Platão, no Timeu

---

126. Bruno ainda se utiliza aqui de termos da cosmologia medieval (auge, oposto do auge), em lugar de apogeu e perigeu, palavras essas já empregadas por Copérnico.

127. Hicetas considerava a Terra como o único corpo móvel do sistema, no dizer de Cícero (*Primeiras Acadêmicas*, 123).

(ainda que tímida e inconstantemente, já que o tinha mais por fé do que por ciência), e o divino Cusano[128], no segundo livro da *Douta Ignorância*, e outros, de alguma forma raros, o hajam dito, ensinado e confirmado antes; pois ele o mantém por outros e próprios princípios, pelos quais (e não por autoridade, mas por senso vívido e razão) tem isso como certo, assim como qualquer outra coisa que se tenha por certa.

SMITH: Isso está bem; mas, por favor, que argumento traz este acabamento superior de Copérnico? Por que lhe parece que tenha mais do que uma verossimilhança (se é que não é verdade) que a estrela de Vênus deva ter tanta variedade de grandeza quanto de distância?

TEÓFILO: Esse louco, que teme e se preocupa que alguns enlouqueçam com a doutrina do Copérnico, não sei se por necessidade teria trazido mais inconvenientes do que o autor; que por ter trazido com tanta solenidade, considera suficiente como demonstração que pensar aquilo seja coisa de alguém muito ignorante em óptica e geometria. Gostaria de saber de que óptica e geometria entende essa besta que infelizmente mostra o quanto é ignorante da verdadeira óptica e da geometria – ele e de quem tenha aprendido[129]. Gostaria de saber como, da dimensão dos corpos luminosos, pode-se inferir a razão da proximidade ou do distanciamento de semelhantes corpos; e, ao contrário, como da distância e proximidade de corpos semelhantes se pode inferir alguma variedade proporcional de grandeza. Gostaria de saber com que princípio de prospectiva ou de óptica podemos definitivamente concluir, com qualquer variedade de diâmetro, a distância justa ou a maior ou menor diferença. Desejaria compreender se incorremos em erro ao dar esta conclusão: da aparência da quantidade do corpo luminoso não podemos inferir a verdade de sua grandeza nem de sua distância. Pois, assim como não é igual a proporção de um corpo opaco e de um luminoso, tampouco é um de menor luminosidade, outro mais luminoso e outro ainda luminosíssimo para podermos julgar sua magnitude ou distância. A grandeza da cabeça de um homem a duas milhas de distância não se vê; ao contrário, ainda que menor, uma lanterna ou outra flama será vista sem muita diferença (ainda que com alguma) com distância de sessenta milhas, como se vê com

---

128. Nicolau de Cusa, filósofo e teólogo alemão (1401-1464). *A Douta Ignorância* data de 1440.
129. O argumento do prefaciador Osiander deriva da representação ptolomaica de Vênus, que atribui ao planeta um enorme epiciclo (círculo cujo centro se desloca ao redor de outro, maior). Com Copérnico, que faz Vênus girar ao redor do Sol, a desproporção do epiciclo desaparece.

frequência desde Otranto, na Puglia, as lanternas de Valona, sendo que entre ambos os países se interpõe um grande trecho do mar Jônico[130]. Quem quer que tenha senso e razão sabe que se as lanternas tivessem uma luz mais nítida numa dupla proporção, sem aumentar de grandeza, seriam vistas numa distância de cento e quarenta milhas. Numa proporção tripla, a duzentos e dez milhas; numa quádrupla, a duzentos e oitenta, julgando-se sempre da mesma maneira em outras adições de proporção e graus. Devido mais à qualidade e poder da luz do que à quantidade do corpo aceso, se costuma manter a razão do mesmo diâmetro e de grandeza do corpo. Quereis, portanto, ó sábios ópticos e agudos mestres da perspectiva, que se eu vir uma luz distante cem estádios conter quatro dedos de diâmetro, será razão para que, distante cinquenta estádios, deva ter oito dedos; à distância de vinte e cinco, dezesseis; de doze e meio, trinta e dois; e assim progressivamente, até que estando muitíssimo próxima chegue a ter a grandeza que pensais?

SMITH: Tanto que, conforme o vosso dizer, e ainda que seja falsa, não poderá ser denegada a opinião de Heráclito de Éfeso, por razões geométricas, que disse que o Sol era da grandeza que se nos oferece aos olhos; a qual subscreveu Epicuro, como aparece na sua *Epístola a Sófocles*[131] e no undécimo livro *De natura* (como a ele se refere Diógenes Laércio): disse que, tanto quanto pode julgar, "a grandeza do Sol, da Lua e de outras estrelas é tal como aparece aos nossos sentidos, porque, se pela distância perdessem a grandeza, com mais razão perderiam a cor"; e certamente, "não devemos julgar de outra maneira aquelas luzes e as que estão em nossa vizinhança".

PRUDÊNCIO: "Isso é atestado por Lucrécio, o epicúreo, no quinto livro de *Da Natureza*: Nem a roda do Sol nem o seu calor podem ser muito maiores ou menores do que os que são vistos pelos nossos sentidos. Qualquer que seja a distância da qual os fogos possam jogar a luz e soprar o calor sobre os corpos, esses mesmos intervalos não subtraem nada do que pertence ao corpo das flamas, o fogo não é em nada reduzido ao olhar. E a Lua, ainda que rode com luz que não é a sua iluminando a Terra, ou irradie de seu próprio corpo a luz, move-se com uma em nada maior (da que aparece aos nossos olhos). Enfim, todos os fogos do éter, que de aqui de baixo se veem, até que não mais se distinga o movimento e a chama clara, certamente só em pouquíssima medida podem ser menores ou bem pouco maiores do que os que discernimos, assim como todos os fogos da Terra

---

130. Valona se encontra na Albânia.
131. Na verdade, *Epístola a Pítocles*.

só em leve medida se veem mudar um pouco a sua grandeza, conforme estejam longe."[132]

TEÓFILO: Certamente vós dizeis bem que com essas razões próprias e ordinárias inutilmente se verão os perspectivistas e geômetras discutir com Epicuro; não digo aqueles loucos como esse que faz a preliminar do livro de Copérnico, mas aqueles mais sábios ainda. E vejamos como poderão concluir que, com tanta distância quanto é a do epiciclo de Vênus, se possa inferir a razão de tanto diâmetro do corpo do planeta, e outras coisas semelhantes. Antes, quero vos advertir de outra coisa. Veem como é grande o corpo da Terra? Sabeis que dele não podemos ver senão o que está no horizonte artificial?

SMITH: Assim é.

TEÓFILO: Ora, acreditais que se vos fosse possível retirar-vos para fora do universo da Terra, para qualquer ponto da região etérea (onde quer que se queira), a Terra vos pareceria maior?

SMITH: Penso que não, pois não há razão alguma pela qual a linha de minha vista deva ser mais forte e alongar o seu semidiâmetro que mede o diâmetro do horizonte.

TEÓFILO: Bem julgado. Mas é de se crer que, ao se afastar, o horizonte sempre diminua. Mas com essa diminuição do horizonte, notai que não se vem ajuntar a confusa vista daquilo que já é o horizonte abarcado, como se pode demonstrar pela presente figura, na qual o horizonte artificial é 1-1, correspondente ao arco de globo A-A; o horizonte da primeira diminuição é 2-2, que corresponde ao arco de globo B-B; o horizonte da segunda diminuição é 3-3, o qual corresponde ao arco de globo C-C. E assim progressivamente, atenuando-se o horizonte, sempre crescerá a compreensão

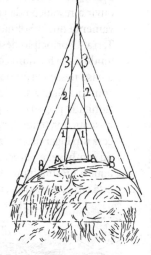

---

132. Toda a passagem originalmente em latim: "Illud quoque epicureus Lucretius testatur quinto De natura libro. Nec nimio solis maior rota, nec minor ardor esse potest, nostris quam sensibus esse videtur. Nam quibus e spaciis cumque ignes lumina possunt adiicere et calidum membris adflare vaporem, illa ipsa intervalla nihil de corpore limant flammarum, nihilo ad speciem est contractior ignis. Luna quoque sive notho fertur, sive lumine lustrans, sive suam proprio iactat de corpore lucem, quicquid ide est, nihilo fertur maiore figura. Postremo quoscunque vides hinc aetheris ignes, dum tremor est clerus, dum cernitur ardor eorum, scire licet perquam pauxillo posse minores esse, vel exígua maiores parte brevique, quando quidem quoscunque in terris cernimus ignes, perparvum quiddam interdum mutare videntur, alterutram in partem filum, cum longius absint."

do arco, até a linha hemisférica e adiante. Em cuja distância, ou próximo a tais pontos, veríamos a Terra com os mesmos acidentes com os quais vemos a Lua com partes lúcidas e escuras, conforme sua superfície seja aquosa ou terrestre. Tanto que, quanto mais se constringe o ângulo visual, compreende-se uma base maior do arco hemisférico, e em menor quantidade aparece o horizonte, o qual, apesar disso, queremos que continue a chamar-se horizonte, embora, segundo o costume, tenha uma só e própria significação. Afastando-se, portanto, sempre cresce a compreensão do hemisfério e a luz; esta aqui, quanto mais diminui o diâmetro, tanto mais se concentra. De sorte que se nós estivéssemos mais afastados da Lua, as suas manchas seriam menores, até vermos apenas um pequeno corpo lúcido.

SMITH: Parece-me haver entendido algo invulgar e de não pouca importância. Mas, por favor, voltemos à opinião de Heráclito e de Epicuro, a qual dizeis permanecer contra as razões de perspectiva, pelos defeitos de princípios já assentados nesta ciência. Ora, para descobrir esses defeitos e ver algum fruto de vossa invenção, gostaria de ouvir a resolução da causa, com a qual se prova muito demonstrativamente que o Sol não apenas é grande, mas ainda maior do que a Terra. O princípio dessa causa é que o corpo luminoso maior, espargindo a sua luz num corpo opaco menor, da sombra conoidal produz a base nesse corpo opaco, e o cone, além daquele, na parte oposta, como na figura seguinte: A = corpo lúcido que projeta da base de C (limitada por HI) um cone de sombra para o ponto I. O corpo luminoso menor, tendo formado o cone no corpo opaco maior, não conhecerá um lugar determinado onde possa racionalmente designar a linha de sua base, e parece que vai formar uma conoidal infinita, como aquela mesma figura B de corpo lúcido, desde o cone da sombra que está em C, corpo opaco, envia essas duas linhas CD e CE, as quais, dilatando cada vez mais a sombreada conoidal, correm antes ao infinito, sem que possam encontrar a base que as limite. A conclusão deste raciocínio é que o Sol é maior do que a Terra, pois envia a sombra do cone daquela até perto da esfera de Mercúrio, sem passar além[133]. Se o Sol fosse um corpo luminoso menor, seria preciso julgar

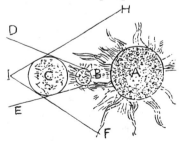

133. O comprimento da sombra da Terra, medido em raios terrestres é, aproximadamente, o mesmo calculado por Ptolomeu (268 rt) e por Copérnico (265 rt).

de outra maneira; de onde seguir-se-ia que, encontrando-se esse corpo luminoso no hemisfério inferior, o nosso céu se veria mais obscurecido do que iluminado, sendo dado ou concedido que todas as estrelas tomam a luz daquele.

TEÓFILO: Agora vede como um corpo luminoso menor pode iluminar mais da metade de um corpo opaco maior. Deveis perceber o que vemos por experiência. Postos dois corpos, dos quais um é opaco e grande como A e outro pequeno e luminoso como N[134]. Se o corpo luminoso for colocado na primeira e mínima distância – como se indica na figura 3 –, iluminará segundo a razão do arco pequeno CD, estendido pela linha b1. Posto na segunda distância maior, iluminará segundo a razão do arco EF, estendido pela linha b2. Se se encontra na terceira e maior distância, a iluminação terminará segundo a razão do arco maior GH, delineado pela linha b3. Disto se conclui que pode suceder que o corpo lúcido B (sempre que conserve o vigor de tanta luminosidade que penetre o espaço requerido para semelhante efeito) poderá, dada uma grande distância, compreender afinal um arco maior do que o semicírculo, posto não haver razão para que essa distância, que levou o corpo luminoso a abranger o semicírculo, não possa ainda levá-lo mais longe. Digo-vos mais: que, como o corpo luminoso não perde o seu diâmetro senão tardia e dificilmente, e o corpo opaco, por grande que seja, de modo fácil e desproporcionalmente, assim como pelo progresso da distância se passou da corda menor CD para a corda maior EF, e depois para a máxima GH, que é o diâmetro, da mesma maneira – e sob a condição de que a distância continue aumentando – passará para as outras cordas, até o momento em que o corpo opaco interposto não impeça a vista recíproca dos corpos diametralmente opostos (ver fig.). A causa disso é que o impedimento procedente do diâmetro, sempre com esse diâmetro, vai diminuindo mais e mais quando o ângulo B se torna mais agudo. E é necessário finalmente que o ângulo seja de fato tão agudo (porque na divisão física de um corpo finito é louco quem acredite progredir-se ao infinito, entendendo-o em ato ou em potência), que não seja mais um ângulo,

---

134. A figura não traz qualquer indicação desse ponto N e das relações que mantenha.

mas uma linha pela qual dois corpos visíveis opostos possam estar à vista um do outro, sem que em qualquer ponto o corpo intermediário possa impedi-la, dado que ele perdeu toda proporcionalidade e diferença de diâmetro, a qual persiste, entretanto, nos corpos luminosos. Mas se requer que o corpo opaco intermediário retenha tanta distância de um e de outro, para que possa ter perdido a referida proporção e diferença de seu diâmetro, como se vê e é observado na Terra, cujo diâmetro não impede que duas estrelas diametralmente opostas se vejam uma à outra, assim como o olho, sem qualquer diferença, pode ver uma e outra do centro hemisférico N e dos pontos da circunferência ANO (tendo-se imaginado a tal respeito que a Terra se divida pelo centro em duas partes iguais, a fim de que cada linha em perspectiva tenha o seu lugar). Isso é manifesto na presente figura. Em que, pela mesma razão que a linha AN, por ser um diâmetro, forma um ângulo reto na circunferência; em segundo lugar, faz um ângulo agudo; no terceiro, mais agudo. É preciso que, no final, seja agudíssimo; e após aquele término, que não apareça mais ângulo, e sim uma linha. Por conseguinte, são destruídas a relação e a diferença do semidiâmetro; e, pela mesma razão, a diferença do diâmetro AO será destruída. De onde, ao fim, é necessário que dois corpos mais luminosos, que não percam logo o diâmetro, não estejam impedidos de ver-se reciprocamente, não tendo desaparecido seus diâmetros, como aquele do corpo interposto, não lúcido ou menos lúcido. Conclui-se, pois, que um corpo maior, o qual está mais propenso a perder o seu diâmetro, embora esteja situado em meio, numa linha retíssima, não impedirá a perspectiva de dois corpos menores (o quanto se queira), desde que conservem o diâmetro de sua visibilidade, que no corpo grande se perdeu. Para quebrar a rudeza com um artifício não muito elevado, a fim de que se possa facilmente introduzir a razão aduzida e suavizar a possível compreensão, fazei experimentar o seguinte: pondo-se um graveto perto

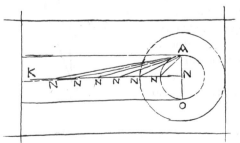

do olho, a vista será impedida de ver o lume de uma vela posta a uma certa distância; afastando-se o graveto do olho e o aproximando da luz, tanto menos aquele impedirá a visão; até que, estando tão próximo da luz quanto antes estava do olho, só impedirá na largura do graveto. Agora, então, que ali permaneça o graveto e a luz seja afastada; ver-se-á o graveto impedir muito menos. Assim, aumentando mais e mais a equidistância do olho e da luz do graveto, ao fim, sem a sensibilidade deste, só se verá o lume. Isso considerado, qualquer intelecto, mesmo rude, poderá ser introduzido no entendimento daquilo que antes se disse.

SMITH: Parece-me, quanto ao propósito, que estou bastante satisfeito; mas ainda me fica algo de confuso na mente quanto ao que me dissestes primeiro: como nós, nos elevando da Terra e perdendo de vista o horizonte, cujo diâmetro se vai atenuando cada vez mais, chegaríamos a ver que esse corpo é uma estrela? Ao que vós haveis dito, gostaria que ajuntásseis alguma coisa a respeito, sendo que pensais serem inumeráveis as terras semelhantes a esta. E me recordo de haver visto o Cusano, cujo julgamento sei que não reprovais, opinar que o Sol contém partes dissimilares, como a Terra e a Lua. Pelo que disse, se fixarmos atentamente o olho sobre o corpo do Sol, veremos que em meio ao seu esplendor, o mais circunferencial, há uma notável opacidade.

TEÓFILO: Por ele divinamente dito e entendido, e por vós louvavelmente aplicado. Se me lembro, há pouco disse (pois o corpo opaco perde facilmente o diâmetro, o luminoso dificilmente) que pela distância se anula e desvanece a aparência do escuro; e a do iluminado diáfano, ou de outra maneira lúcido, vai como que se unindo, e das partes lúcidas diversas se forma uma luz visível e contínua. Mas se a Lua estivesse mais longe, não eclipsaria o Sol. E qualquer homem que saiba considerar essas coisas, facilmente poderá compreender que aquela mais longínqua seria ainda a mais luminosa. E se nela estivéssemos, não seria tão luminosa aos nossos olhos; e estando nesta Terra, não vemos aquele lume que se oferece aos que estão na Lua, que talvez seja maior do que aquele que ela provoca, graças aos raios do Sol difundidos em seu líquido cristal. Da luz particular do Sol, não sei no momento se se deva julgar do mesmo modo ou de outro. Já vedes o quanto transcorremos desde aquela ocasião. Parece-me que é hora de voltar a outras partes do nosso propósito.

SMITH: Será bom ouvir outras pretensões que ele pôde trazer.

Terceira Proposta de Nundinio

TEÓFILO: Disse depois Nundinio que não pode ser verossímil que a Terra se mova, estando ela no meio e centro do universo, cabendo-lhe ser fixa e constante fundamento de todo movimento. Responde o Nolano que isso pode ser dito por aquele que tem o Sol no meio do universo e, portanto, imóvel e fixo como entende Copérnico e muitos outros que deram limites circunferenciais ao universo. De sorte que essa razão (se for uma razão) é nula contra aquela, pois supõe os mesmos princípios. É nula mesmo contra o Nolano, que pretende que o universo seja infinito, e por isso não haver corpo algum ao qual convenha estar no centro ou no extremo, ou entre aqueles dois limites; mas em certas relações com outros corpos e limites intencionalmente apreendidos.

SMITH: O que vos parece isso?

TEÓFILO: Elevadamente dito, pois como não se verificou nenhum corpo natural absolutamente redondo, e por consequência dotado de um centro absoluto, também dos movimentos que vemos sensível e fisicamente nos corpos naturais não há nenhum que não difira em muito do movimento absolutamente circular e regular em torno de algum centro, por mais que se esforcem os que imaginam esses palavrórios inúteis e recheios de órbitas desiguais, de diâmetros diferentes e outros emplastros e receituários para medicar a natureza, desde que preste serviço ao mestre Aristóteles ou a outro, para concluir que todo movimento é contínuo e regular em volta do centro[135]. Mas nós que observamos não sombras fantásticas, mas as próprias coisas, que vemos um corpo aéreo, etéreo, espiritual, líquido, lugar capaz de movimento e de repouso, também imenso e infinito (coisa que devemos afirmar, ao menos porque não vemos qualquer fim de modo sensível e racionalmente), e sabemos com certeza que, sendo efeito e tendo principiado de uma causa infinita e de um princípio infinito, deve, segundo sua capacidade corporal e modo, ser infinitamente infinito. E estou certo de que não apenas a Nundinio, mas ainda a todos os que são professores, jamais é possível encontrar razões medianamente prováveis pelas quais haja margens a esse universo corporal; e, por consequência, os astros, que no seu espaço estão contidos, sejam em número finito, e que ademais, haja para eles um centro e um meio determinado.

SMITH: E Nundinio acrescenta algo a isso? Trouxe algum argumento ou algo de verossímil para inferir que o universo seja, em primeiro lugar, finito; em segundo, que a Terra seja o meio e, em terceiro, que este centro seja imóvel, privado de movimento local?

TEÓFILO: Nundinio, assim como aqueles que o afirmam por fé e por costume, e os que negam, que negam por falta de costume e por

---

135. Referência à teoria ptolomaica, e mesmo à de Copérnico, de que as órbitas seriam circulares e uniformes.

novidade (como é próprio de quem pouco reflete e não é dono de suas próprias ações, tanto as racionais quanto as naturais), permaneceu estupidificado e atônito, como aquele para quem de repente aparece um novo fantasma. Como era alguém mais discreto e menos arrogante e malévolo do que seu companheiro, calou-se e não ajuntou palavra onde não podia aduzir razões.

FRULLA: Não é assim o doutor Torquato, quem, com razão ou sem ela, por Deus ou pelo diabo, quer sempre combater. Quando perdeu o escudo com que se defende, ou a espada com que ofende, ou seja, quando não há resposta ou argumento, salta e dá coices, afia as unhas da detração, zomba com os dentes da injúria, escancara a garganta com clamores, a fim de que não se digam as razões contrárias e que desse modo elas não cheguem aos ouvintes presentes (como ouvi dizer).

SMITH: Então não disse nada mais.

TEÓFILO: Não disse nada a esse respeito, mas entrou com outra proposta.

Quarta Proposta de Nundinio

Pois como o Nolano havia mencionado, de passagem, que havia terras inumeráveis como essa, então o doutor Nundinio, como bom disputante, e não tendo nada a acrescentar a respeito, começou a perguntar despropositadamente; deixando de lado o que vínhamos dizendo sobre a mobilidade ou imobilidade deste globo, interrogou sobre a qualidade de outros globos e quis saber de que matéria seriam aqueles corpos considerados de quinta-essência, de uma matéria inalterável e incorruptível, cujas partes mais densas são as estrelas.

FRULLA: Essa interrogação me parece fora de propósito, ainda que eu não entenda de lógica.

TEÓFILO: Por cortesia, o Nolano não lhe quis fazer impropérios, mas depois de haver-lhe dito ser mais agradável que Nundinio seguisse a matéria principal, respondeu-lhe que aqueles globos que são terra não diferem em espécie, mas em dimensões maiores ou menores, como nas espécies animais, cujas desigualdades ocorrem por diferenças individuais. Mas naquelas esferas que são fogos, como o Sol, por agora acredita que diferem em espécie, como no quente e no frio, luminosas por si ou por outras.

SMITH: Por que disse acreditar por agora, e não afirmar absolutamente?

TEÓFILO: Temendo que Nundinio deixasse também a questão que novamente havia afastado, e se aferrasse e atacasse essa última.

Deixou por alto que, sendo a Terra um animal, e, por consequência, um corpo heterogêneo, não deve ser considerada um corpo frio por uma parte externa ventilada pelo ar, mas que, por outros membros, que são maiores em número e grandeza, deve ser tida por quente e até mesmo quentíssima. Passou ainda por alto que, supondo em parte os princípios do adversário, o qual quer ser estimado e faz profissão de peripatético, e em parte seus próprios princípios, que não são concedidos, mas provados, a Terra viria a ser tão quente como o Sol, em qualquer comparação.

SMITH: Como assim?

TEÓFILO: Porque (dado o que dissemos) do desaparecimento das partes escuras e opacas do globo, e da união das partes cristalinas e lúcidas, sempre se vem a difundir mais e mais luz. Ora, se a luz é causa do calor (como o afirma Aristóteles e muitos outros, que pretendem ainda que a Lua e outras estrelas sejam mais ou menos quentes, por maior ou menor quantidade de luz; daí querem que alguns planetas sejam chamados frios, por comparação), também a Terra virá a comunicar a virtude do calor pelos raios que ela envia às partes longínquas do etéreo. Mas a nós não consta que uma coisa, pelo fato de ser luminosa, seja quente, pois vemos à nossa volta muitas coisas que são lúcidas, mas não quentes. Ora, para voltar a Nundinio, eis que ele começa a mostrar os dentes, alargar as mandíbulas, apertar os olhos, enrugar os cílios, abrir as narinas e mandar um grasnido de capão pela cana do pulmão; a fim de que, com esse riso, os presentes considerassem que entendia bem do assunto e tinha razão, enquanto o outro dizia coisas ridículas.

FRULLA: E que seja a verdade, vedes como ele ria-se disso?[136]

TEÓFILO: Isso acontece a quem dá confeitos aos porcos. Perguntado por que ria, respondeu que dizer e imaginar outras terras que têm as mesmas propriedades e acidentes foi extraído das *Histórias Verdadeiras*, de Luciano[137]. Respondeu o Nolano que Luciano não tinha razão quando disse ser a Lua uma outra Terra, também habitada e culta como esta; disse-o para se burlar daqueles filósofos que afirmavam haver muitas terras (e particularmente a Lua, cuja semelhança com nosso globo é tanto mais sensível por estar mais próxima de nós). Mas mostrou haver ignorância e cegueira comuns. Pois se bem considerarmos, encontraremos a Terra e tantos outros corpos chamados astros, membros principais do universo, da mesma

---

136. O que equivale a: o riso de um pedante ou de um ignorante não prova a verdade daquele de quem se ri?

137. Título original em latim, *Verae historiae*.

maneira que dão vida e nutrição às coisas das quais retiram a matéria e a elas restituem; assim também, e em maior medida, possuem vida em si, pela qual, com uma vontade natural e ordenada, a partir de um princípio intrínseco, se movem para as coisas e pelos espaços que lhes são convenientes. E não são outros motores extrínsecos que, movendo fantásticas esferas, vão transportar esses corpos, como se neles estivessem fixados. O que, se fosse correto, o movimento seria violento, fora da natureza do móvel, o motor imperfeito, o móvel e o movimento agitados e difíceis, além de outros inconvenientes que se ajuntariam[138]. Considere-se, portanto, que como o macho se move em direção à fêmea, e esta para o macho, toda planta e animal mais ou menos expressamente se move segundo seu princípio vital, como para o Sol e outros astros. O magneto move o ferro, a palha se move para o âmbar e, finalmente, cada coisa vai encontrar o símile, e se afasta do contrário. Tudo provém do princípio interior suficiente, pelo qual naturalmente se agitam, e não de princípios exteriores, como vemos sempre ocorrer com aquelas coisas que são movidas contra ou à margem da própria natureza. Portanto, movem-se a Terra e outros astros segundo as próprias diferenças locais do princípio intrínseco, que é a sua própria alma. "Credes", disse Nundinio, "que seja sensitiva esta alma?" "Não apenas sensitiva", respondeu o Nolano, "mas ainda intelectiva; não apenas intelectiva, como a nossa, mas talvez ainda mais." Do que se calou Nundinio, e não riu.

PRUDÊNCIO: Parece-me que a Terra, sendo animada, não deve ter prazer quando se lhe fazem essas grotas e cavernas nas costas, como em nós aparecem dores e desprazeres quando algum dente se nos crava na carne.

TEÓFILO: Nundinio não teve a mesma ideia de Prudêncio para considerar esse argumento digno de ser produzido, ainda que lhe houvesse ocorrido, pois não é um filósofo tão ignorante que não saiba que, se ela contém sensibilidade, não é como a nossa. Se possui membros, não os tem como os nossos; se possui carne, sangue, nervos, ossos e veias, não são semelhantes aos nossos; se tem coração, não é como o nosso, e assim de todas as outras partes que tenham membros e guardem proporções com os membros dos diferentes seres que nós chamamos animais e comumente são considerados apenas animais. [Nundinio] não é tão bom Prudêncio e mau médico que não saiba que, na grande dimensão da Terra, aqueles são acidentes

---

138. Crítica à doutrina aristotélica (*Metafísica*, Livro XII) das esferas e de seus motores separados.

insensibilíssimos, e só à nossa imbecilidade são sensíveis. E creio que entenda que, não diferentemente dos animais que conhecemos, suas partes estão em contínua alteração e movimento e possuem um certo fluxo e refluxo, acolhendo sempre algo de extrínseco e mandando para fora alguma coisa de intrínseco; daí se alongam as unhas, se nutrem os pelos, as lãs e os cabelos, se refaz a pele e se endurece o couro. Também assim a Terra recebe o influxo e o refluxo de suas partes, pelas quais muitos animais (que a nós assim se manifestam) se fazem ver em suas vidas. Como é mais do que verossímil (dado que cada coisa participa da vida) que muitos, inumeráveis indivíduos vivam não apenas em nós, mas em todas as coisas compostas; e quando vemos uma coisa da qual se diz que morreu, não devemos tanto acreditar que morreu, e sim que mudou, tendo cessado aquela composição acidental e concórdia, permanecendo as coisas que a compõem imortais. Mais aquelas que são ditas espirituais do que as corporais e materiais, como outras vezes mostraremos. Ora, voltando ao Nolano, quando esse viu que Nundinio se calara, para se redimir de sua zombaria, que comparava a posição do Nolano à das *Histórias Verdadeiras* de Luciano, expressou um pouco de fel, e lhe disse que discutindo honestamente não devia rir-se e burlar-se daquilo que não pode compreender: "Se eu", disse o Nolano, "não rio de vossas fantasias, também vós não deveis de minhas sentenças; se eu disputo convosco com civilidade e respeito, ao menos deveis fazer-me da mesma maneira, pois conhecendo o vosso engenho, se eu quisesse defender como verdade as ditas histórias de Luciano, não seríeis capaz de destruí-la." E desse modo respondeu com um pouco de cólera ao riso, após ter respondido com mais razão à pergunta.

Quinta Proposta de Nundinio

Nundinio, importunado pelo Nolano, assim como pelos outros, para que, deixando de lado as questões do porquê, do como e do qual, fizesse um argumento...
PRUDÊNCIO: *Per quomodo et quare, quilibet asinus novit disputare*[139].
TEÓFILO: ...fez aquele de que estão cheios todos os cartuchos; que se fosse verdade a Terra mover-se para o lado que chamamos oriente, seria necessário que as nuvens do ar sempre parecessem correr para o ocidente, por razões do velocíssimo, rapidíssimo movimento deste

---

139. "Qualquer asno sabe discutir sobre a maneira e o motivo."

globo que no espaço de vinte e quatro horas deve realizar tão grande volta. Ao que respondeu o Nolano que este ar, pelo qual correm as nuvens e os ventos, forma parte da Terra, já que, sob o nome de Terra, ele pretende (e assim deve ser a propósito) que se compreenda toda a máquina e todo o animal que constam de suas diferentes partes: assim, os rios, as pedras, os mares, todo o ar vaporoso e turbulento, o qual se encontra encerrado nos altíssimos montes, pertencem à Terra, como seus membros, da mesma maneira como o ar que está nos pulmões e em outras cavidades dos animais, pelos quais eles respiram, suas artérias se dilatam e se executam outros efeitos que preenchem a vida. As nuvens, portanto, sendo acidentes do corpo da Terra, se movem e estão como que em suas vísceras, tanto quanto a água. Isso Aristóteles entende em seu primeiro livro *Meteora*, em que diz que "este ar que flutua ao redor da Terra, úmido e quente pelas exalações que dela saem, tem sobre si outro, quente e seco, no qual não se encontram nuvens; e este ar está fora da circunferência da Terra e da superfície que a define, a fim de que chegue a ser perfeitamente redonda; e que a geração dos ventos não se realiza a não ser nas vísceras e regiões da Terra; mas sobre os altos montes não aparecem nem nuvens nem ventos, e o ar se move em círculo de maneira regular, como o corpo universal". Talvez assim entenda Platão quando diz que nós habitamos nas concavidades e partes escuras da Terra, e que a proporção que temos com relação aos animais que vivem sobre a terra, a têm os peixes com respeito a nós, habitantes de um meio úmido mais espesso[140]. O que significa que, de certa forma, este ar vaporoso é água; e o ar puro, que contém animais mais felizes, está sobre a Terra, de onde, assim como esta Anfitrite[141] é água para nós, este nosso ar é água para aqueles. Eis aqui, portanto, como se pode responder ao argumento referido por Nundinio, posto que da mesma maneira que o mar não está na superfície, mas nas vísceras da Terra, como o fígado, fonte dos humores, está dentro de nós, assim o ar turbulento não está fora, mas sim da mesma maneira que o ar no pulmão dos animais.

SMITH: Então, por que sucede vermos o hemisfério inteiro, sendo que habitamos as vísceras da Terra?

TEÓFILO: Da massa da Terra globosa, não apenas da última superfície, mas também das que estão no interior, acontece que à vista do horizonte uma convexidade dê lugar a outra, de tal forma que não pode ocorrer o impedimento como quando vemos que entre nossos

---

140. Platão, *Fedon*, 109.
141. Mulher de Poseidon, outra denominação para o mar.

olhos e uma parte do céu se interpõe um monte, que, por nos ser próximo, pode retirar-nos a perfeita visibilidade do círculo do horizonte. Logo, a distância de tais montes, que seguem a convexidade da Terra, que não é plana, mas orbicular, faz com que não nos seja sensível o estar nas entranhas da Terra, como se pode considerar um pouco na presente figura, em que a verdadeira superfície da Terra é ABC, dentro da qual estão muitos particulares do mar e outros continentes, como, por exemplo, M, de onde não vemos menos o hemisfério inteiro do que do ponto A e outros da última superfície. A razão disso é dupla: a magnitude da Terra e sua convexidade circunferencial, pelo que o ponto M não está tão impedido para não poder ver o hemisfério, já

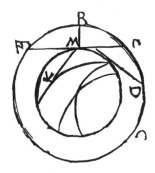

que os montes mais altos não vêm interpor-se ao ponto M, como no caso da linha MB (o que penso que sucederia se a superfície da Terra fosse plana), como também nas linhas MC, MD, que não ocasiona tal impedimento, como se pode ver, em virtude do arco circunferencial. E deve-se advertir, além disso, que assim como M se refere a C e a D, assim também K se refere a M; do que não deve ser considerada uma fábula o que disse Platão acerca das grandíssimas concavidades e seios da Terra.

SMITH: Gostaria de saber se os que estão próximos aos montes altíssimos padecem desse impedimento.

TEÓFILO: Não, mas aqueles que são vizinhos dos montes menores, posto que os montes não são apenas altíssimos se não forem também grandíssimos, tanto que sua grandeza é insensível à nossa vista; de modo que com isso abrangem mais e muitos horizontes artificiais, de modo que os acidentes de uns não podem alterar os outros. Mas por altíssimos não entendemos aqueles como os Alpes, os Pireneus e semelhantes, mas aqueles como a França inteira, que se encontra entre dois mares, o Oceano setentrional e o Mediterrâneo austral, de cujos mares até Alvernia sempre se vai subindo, como sucede com os Alpes e os Pireneus, que foram picos outras vezes de montes altíssimos. Aquela, não obstante, tendo sido quebrantada com o tempo (que produz em outras partes por vicissitude da renovação das partes da Terra), forma tantas montanhas particulares às quais damos nomes de montes. No que respeita a certa insistência de Nundinio acerca dos montes da Escócia, onde talvez tenha estado, demonstra não compreender o que se entende por montes altíssimos, já que, segundo a verdade, toda essa ilha da Grã-Bretanha é um monte que se eleva sobre as ondas do mar Oceano, cujo cimo se deve compreender no lugar mais eminente da ilha. Se o referido cimo alcança a parte tranquila do ar, isso prova que este seja um desses altíssimos montes, quiçá região dos animais mais felizes. Alexandre de Afrodisia assim raciocina sobre o monte Olimpo, onde demonstra, por experiência das cinzas dos sacrifícios, sua condição de monte altíssimo, e também de ar por cima dos confins e membros da Terra[142].

SMITH: Haveis-me satisfeito inteiramente e aberto, de maneira elevada, muitos segredos da natureza escondidos sob essa chave. E da réplica que haveis feito ao argumento dos ventos e das nuvens, obtém-se também resposta a essa outra objeção de Aristóteles no segundo livro de seu *Do Céu e do Mundo*, onde disse que, devido ao velocíssimo movimento da Terra, seria impossível que uma pedra lançada para o alto descendesse pela mesma retidão perpendicular, e sim que seria necessário que o velocíssimo movimento da Terra a deixasse muito atrás, em direção ao ocidente. Já que, sendo essa projeção efetuada dentro da Terra, é necessário que com seu movimento se modifique qualquer relação de retidão e obliquidade; pois existe diferença entre o movimento da nave e o movimento das coisas que estão dentro da nave. Se isso não fosse verdadeiro, seguir-se-ia que, quando uma nave transita pelo mar, ninguém poderia levar um objeto diretamente de um canto a outro, e não seria possível que alguém desse um salto e caísse no mesmo lugar.

TEÓFILO: Com a Terra se movem, portanto, todas as coisas que nela se encontram. Por conseguinte, se de um lugar fora da Terra se jogasse algum objeto em sua direção, perderia a retidão, devido ao seu movimento. Como se mostra no caso de uma nave A que cruza um rio. Se alguém que se encontra em sua margem C lançar diretamente uma pedra em direção a um ponto determinado da nave, errará o lançamento e a distância pela velocidade do curso; se, ao contrário, o faz de algum ponto sobre o mastro da mencionada nave, que ela corra o quanto possa, não errará o tiro, diretamente do ponto E, que está em cima do mastro, ou na gávea, até o ponto D, que está na raiz do mastro, ou até outro ponto no ventre da nave, ao alcance da pedra ou de algo pesado. Se, também, alguém que esteja dentro da nave lançar uma pedra em linha reta, pela mesma linha retornará abaixo, ainda que se mova o quanto queira a nave, desde que não se incline.

---

142. Há uma legenda, narrada por Plutarco, por Alexandre de Afrodisia e Olimpiodoro, comentaristas de Aristóteles, que diz que as letras traçadas nas cinzas dos sacrifícios executados sobre o monte Olimpo eram achadas intactas um ano depois, provando assim a condição de imperturbabilidade do ar àquela altura.

SMITH: Da consideração dessa diferença se abrem as portas para muitos e importantíssimos segredos da natureza e da filosofia profunda, pois é coisa frequente e pouco considerada quanta diferença existe entre aquilo que alguém medica a si mesmo e o que é medicado por outro. É bastante manifesto que nos dá maior prazer e satisfação se por nossas próprias mãos chegamos a nos sustentar do que se o fizermos pelos braços de outro. As crianças, quando podem servir-se de seus próprios instrumentos para comer, de má vontade são servidas por outros, como se a natureza, de certo modo, lhes fizesse aprender que, não existindo muito gosto, tampouco existe proveito. Não vedes como os pequenos que mamam se aferram às tetas com as mãos? E nunca um latrocínio me aterrorizou tanto como o perpetrado por um criado doméstico, pois não sei que sombra e portento traz mais um familiar do que um estranho, pois se refere a uma forma de mau gênio e de presságio formidável.

TEÓFILO: Agora, para retornar ao propósito inicial, que sejam dois homens, dos quais um se encontra dentro da nave que corre e o outro fora dela, tendo ambos as mãos levantadas e deixando escorregar uma pedra ao mesmo tempo, sem que ninguém imprima força à sua; resultará que, do segundo, sem perder o ponto nem desviar-se de sua linha, chegará ao lugar pré-fixado, enquanto a do primeiro se verá trasladada para trás. O que não se origina de outra coisa senão de que a pedra que sai da mão de quem se acha sustentado pela nave, e com ela se move, leva uma força impressa que a outra pedra, a de quem está fora da nave, não tem, embora as duas pedras tenham a mesma gravidade, o mesmo ar interposto, partam do mesmo ponto (se for possível) e sofram o mesmo impulso. Dessa diversidade, não podemos apontar outra razão senão a de que as coisas que estão fixas ou dependentes da nave se movem com ela; e uma das pedras leva consigo a virtude ou força do motor, que se move com a nave, e a outra a daquele que não tem a dita participação. Disso se vê, manifestamente, que não é nem do extremo do movimento de onde parte, nem do extremo para onde vai, nem do meio pelo qual se move que adquire a virtude de ir diretamente; e sim da eficácia da força ou da virtude primeiramente impressa, da qual depende toda a diferença. E isso me parece bastar quanto à proposta de Nundinio.

SMITH: Amanhã, então, nos reveremos para ouvir os propósitos que Torquato ajuntou.

PRUDÊNCIO: *Fiat*[143].

FIM DO TERCEIRO DIÁLOGO

Quarto Diálogo

SMITH: Quereis que vos diga a causa?

TEÓFILO: Diga-a então.

SMITH: Porque a divina Escritura (cujo sentido se recomenda como coisa que procede de inteligências superiores, que não erram) indica e supõe o contrário, em diversas passagens.

TEÓFILO: Quanto a isso, creiam-me que se os Deuses tivessem se dignado a nos ensinar a teoria das coisas da natureza, como nos fizeram o favor de subministrar-nos a prática das coisas morais, eu, antes de mais nada, aderiria às suas revelações, em vez de guiar-me pela certeza de minhas próprias razões e sentimentos. Mas (como qualquer um pode ver com clareza) nos livros divinos postos a serviço de nosso intelecto não são tratadas demonstrações e especulações

---

143. "Que assim se faça."

relacionadas às coisas naturais, como se fossem livros de filosofia, e sim, por graça de nosso entendimento e de nossos afetos, se ordena a prática de ações morais. Tendo, pois, o divino legislador tal escopo perante os olhos, no resto não cuida de falar segundo essa verdade, pois o vulgo não a aproveitaria para abster-se do mal e apegar-se ao bem; deixa esse pensamento aos homens contemplativos, e fala ao vulgo de maneira que, segundo seu modo de entender e de falar, chega a compreender aquilo que é o principal.

SMITH: É certamente algo conveniente, quando se procura fazer história e dar leis, falar de acordo com a inteligência comum e não ser solícito em coisas indiferentes. Louco seria o historiador que, tratando a sua matéria, quisesse ordenar vocábulos estimados novos para reformar os velhos e fazer de maneira que o leitor esteja mais entretido em escutá-lo e interpretá-lo como gramático do que compreendê-lo como historiador. Tanto mais aquele que quer dar ao vulgo universal a lei e a forma de viver; se empregasse termos que só ele e outros poucos compreendessem, e viesse a fazer considerações e caso de matérias indiferentes aos fins para os quais estão ordenadas as leis, seguramente pareceria não dirigir sua doutrina para a generalidade e a multidão, para a qual estão dispostas, mas a sábios e espíritos generosos, aos que são verdadeiramente homens, os quais fazem o que convém sem necessidade de leis. Por isso, disse Al Ghazali, filósofo, sumo pontífice e teólogo maometano[144], que o fim das leis não é tanto procurar a verdade das coisas e fazer especulações, mas a bondade dos costumes, o proveito da civilidade, o convívio dos povos, a prática para a comodidade da conversação humana, a manutenção da paz e o aperfeiçoamento da república. Muitas vezes, portanto, e para muitos propósitos, é coisa de estultos e de ignorantes referir-se às coisas como verdade, e não conforme a ocasião e a comodidade. Como quando o sábio disse: "Sai e se põe o sol, gira pelo meio-dia e se inclina para o Aquilão."[145] Se houvesse dito: a Terra gira para Oriente e deixa atrás o Sol, que se põe, se inclina para os trópicos, o de Câncer e o de Capricórnio, para o Aquilão, os ouvintes teriam parado para considerar: "Como esse disse que a Terra se move? Que novidade é essa"? Enfim, o teriam considerado

---

144. Abu Hammid at Tuzi Al Ghazali (1058-1111), de origem persa, nome latinizado para Algazael ou, em italiano da Renascença, Alchazele. Contra os filósofos, escreveu dois livros – *A Intenção dos Filósofos* (dedicado a Avicena) e *A Incoerência dos Filósofos*, mas só o primeiro teve circulação no Ocidente. Na verdade, Al Gahazali era místico e contrário ao conhecimento racional em assuntos religiosos.

145. *Eclesiastes* 1, 5-6. Aquilão indica o Norte.

louco, e efetivamente teria sido. No entanto, para satisfazer a inoportunidade de algum rabino impaciente e rigoroso, quisera saber, com o favor da mesma Escritura, se isso que dizemos se pode confirmar de maneira muito fácil.

TEÓFILO: Querem talvez esses reverendos que quando Moisés disse que Deus, entre outros luminares, fez dois grandes, o Sol e Lua, deva-se entender isso de maneira absoluta, para que todos os demais sejam menores do que a Lua, ou verdadeiramente o fez segundo o sentido vulgar e o modo ordinário de compreender e de falar? Acaso não existem astros maiores do que a Lua? Não podem existir outros maiores do que o Sol? De que carece a Terra que não seja um luminar maior e mais belo do que a Lua, por receber igualmente no corpo do Oceano e de outros mares mediterrâneos o grande resplendor do Sol, e poder manifestar-se brilhantemente como outros corpos e mundos, chamados astros, não menos do que eles nos aparecem com tão lampejantes faces? Certamente, não chamar a Terra de luminar, grande ou pequena, e dizer que a Lua e o Sol o são, disse-o bem e verdadeiramente em seu nível, já que devia se fazer entender segundo as palavras e os sentimentos comuns; e não fazer como alguém que, como louco e estúpido, usa da cognição e da sapiência. Falar em termos de verdade onde ela não é necessária é querer que o vulgo e a multidão néscia, da qual se requer a prática, tenham um entendimento particular; seria como pedir que a mão tenha olho, quando pela natureza ela não foi feita para ver, e sim para trabalhar e consentir com a visão. Assim, ainda que compreendesse a natureza das substâncias espirituais, com que finalidade as trataria, a não ser quando algumas delas sejam necessárias à afabilidade e ao trabalho com os homens, quando se fazem embaixatrizes? Ainda que tivesse sabido que a Lua e outros corpos que são vistos (e mesmo sendo invisíveis para nós) coincidem com o nosso mundo, ou sejam similares, vos parece que teria sido próprio do legislador recolher e dar esses incômodos aos povos? O que tem a ver a prática de nossas leis e o exercício de nossas virtudes com essas outras coisas? Ali, portanto, onde os homens divinos falam pressupondo nas coisas naturais o sentido comumente recebido, não deve servir para autoridades, mas sim para falar indiferentemente, e onde o vulgo não tem qualquer resolução. Aqui é onde quero que se observem as palavras dos homens divinos, assim como o entusiasmo dos poetas, que com luz superior nos falaram. E não tomar por metáfora o que não foi dito por metáfora e, ao contrário, tomar por verdadeiro o que foi dito por semelhança. Mas essa distinção entre o metafórico e o verdadeiro não cabe a todos querer compreendê-la, como não é dado a qualquer um entendê-la. Agora, se quisermos voltar os olhos da consideração para um livro contemplativo, natural, moral e divino, acharemos essa filosofia preferível e muito favorável, como o *Livro de Jó*, um dos singularíssimos que se pode ler, pleno de boa teologia, naturalidade e moralidade, cheio de sapientíssimos discursos, tanto que Moisés, como se fora um sacramento, o uniu aos livros da Lei. Nesse livro, uma das personagens, querendo descrever a diligente potência de Deus, disse que Ele estabelece a paz entre seus eminentes, quer dizer, filhos sublimes, que são os astros, os deuses, dos quais uns são fogos, outros águas (ou, como dizemos nós: outros são sóis, outros terras)[146]. E eles entram em acordo entre si, já que, embora sejam contrários, um vive, se nutre e vegeta graças ao outro, enquanto juntos não se confundem, mas com certa distância se movem uns próximos dos outros. Dessa maneira, torna-se distinto o universo em fogo e água, que são sujeitos de dois princípios formais e ativos, o frio e o quente. Os corpos que irradiam calor são os sóis, por si mesmos brilhantes e quentes; os que irradiam o frio são as terras, as quais, sendo igualmente corpos heterogêneos, são melhor chamadas águas, dado que por elas se fazem visíveis os ditos corpos, de onde merecidamente os nominamos pela razão que os fazem sensíveis; digo sensíveis não por si mesmos, mas pela luz do Sol espalhada em sua face. Com essa doutrina está de acordo Moisés, que chama o ar de "firmamento", no qual todos esses corpos se mantêm em situação e com persistência, e os espaços dos quais se distinguem e dividem as águas inferiores, como se chamam em nosso globo, das águas superiores, que são as dos outros globos. Daí também se dizer estarem divididas as águas das águas. E se bem considerais muitos passos da Escritura divina, os deuses e os ministros do Altíssimo são chamados "águas", "abismos", "terras" e "chamas ardentes"; quem impedia chamá-los "corpos neutros, inalteráveis, imutáveis", "quintas-essências", "partes mais densas das esferas", "berilos", "rubis" e outras fantasias, com as quais, por serem indiferentes, o vulgo teria podido se apascentar?

SMITH: Eu, certamente, sou induzido pela autoridade do *Livro de Jó* e de Moisés, e facilmente posso acolher esse sentimento de realidade, de preferência ao metafísico e abstrato; alguns papagaios de Aristóteles, de Platão e de Averróis, de cujas filosofias são promovidos a teólogos, dizem que esses sentidos são metafísicos e, assim,

---

146. Como essa asserção não se encontra no *Livro de Jó*, é provável que Bruno faça referência a uma etimologia errônea da palavra "céu", "Shamaim", oferecida pelo *Talmud* (Haguigá 12ª), e que seria composto de "Esch" (fogo) e "Maim" (água).

em virtude de suas metáforas, os fazem significar tudo o que lhes agrada, por ciúme da filosofia na qual foram educados.

TEÓFILO: Agora, que sejam constantes essas metáforas, vós podeis julgar pelo fato de a mesma escritura estar nas mãos de judeus, de cristãos e de maometanos, seitas tão diferentes e contrárias que geram muitíssimas outras contrárias e diferentíssimas, e todas sabem encontrar o propósito que lhes agrada e ao qual melhor se acomodam; não só um propósito diverso, mas em tudo contrário, fazendo de um "sim" um "não", e de um "não", um "sim", como, por exemplo, em certos passos em que se diz que Deus fala por ironia.

SMITH: Deixemos de julgá-los. É certo que a eles não importa que sejam ou não metáforas; mas facilmente poderão estar em paz com nossa filosofia.

TEÓFILO: Não se deve temer a censura de espíritos honrados, verdadeiramente religiosos e naturalmente homens de bem, amigos da conversação civil e das boas doutrinas; pois quando tiverem bem considerado, acharão que essa filosofia contém não apenas a verdade, mas ainda favorece a religião quase mais do que qualquer outra, como a que faz do mundo finito, finitos o efeito e a eficácia da potência divina, que reduzem a inteligência e a natureza intelectual a oito ou dez; que fazem ser corruptível a substância das coisas, a alma mortal, como se ela consistisse de uma disposição acidental e efeito de complexões, dissolúvel em temperamento e harmonia. Por conseguinte, que a execução da justiça divina sobre as ações humanas é nula; que o conhecimento das coisas particulares foi removido das causas primárias e universais e outros inconvenientes que, enquanto falsos, não apenas cegam a luz do intelecto como ainda o fervor dos bons afetos, por serem ímpios e vazios.

SMITH: Estou contente por obter essa informação da filosofia do Nolano. Agora, vamos aos discursos feitos pelo doutor Torquato, que por certo não pode ser tão ignorante quanto Nundinio é presunçoso, temerário e desavergonhado.

FRULLA: Ignorância e arrogância são duas irmãs personificadas em corpo e alma.

TEÓFILO: Esse homem, de aparência enfática, como aquela que vem descrita na *Metamorfose* sobre o *divum pater* (pai divino), sentado em meio ao concílio dos deuses para proferir a severíssima sentença contra o profano Lícaon, após ter contemplado seu áureo colar...

PRUDÊNCIO: *Torquem auream, auream monite.* (Coleira de ouro, colar de ouro.)

TEÓFILO: ... e olhando em seguida o peito do Nolano, onde talvez faltasse algum botão; depois de ter-se endireitado, retirado o braço da mesa, agitado as costas, borrifado alguma coisa com a boca, arrumado o barrete de veludo[147], retorcido o bigode, erguido o rosto perfumado, arqueado as sobrancelhas, aberto as narinas, lançado um olhar de esguelho, apoiado o lado esquerdo na mão esquerda; para dar início à sua esgrima, apontou os três primeiros dedos juntos da mão direita e começou a estocar, falando deste modo: *Tune ille philosophorum protoplastes?*[148] Imediatamente, suspeitando o Nolano que se chegasse a termos alheios à discussão, interrompeu-lhe, dizendo: *Quo vadis domine, quo vadis? Quid si ego philosophorum protoplastes? Quid si nec Aristoteli nec cuiquam magis concedam, quam mihi ipsi concesserint? Ideo ne terra est centrum mundi immobile?*[149] Com essas e outras persuasões semelhantes, com a paciência que possuía, o exortava a ter propósitos com os quais pudesse inferir de modo demonstrativo ou provável em favor de outros primeiros criadores e contra os novos protótipos. Voltando-se o Nolano para os demais circunstantes, e rindo a meio riso, disse: "Este não veio armado de razões, mas de palavras e de escárnios, que morrem de frio e de fome." A pedido de todos, Torquato pôs para fora esta pergunta: *Unde igitur stella Martis nunc maior, nunc vero minor apparet, si terra movetur?*[150]

SMITH: Oh, Arcádia, é possível haver alguém *in rerum natura* (pela própria natureza da coisa) sob o título de filósofo e de médico...

FRULLA: E doutor, e torquato...[151]

SMITH: ... que tenha podido tirar essa conclusão? O que respondeu o Nolano?

TEÓFILO: Não se espantou com isso, mas respondeu-lhe que uma das causas pelas quais a estrela de Marte aparece maior e menor, uma vez e outra, é pelo movimento da Terra e também de Marte, pela própria circulação, que ora acontece estar mais próxima, ora mais afastada.

SMITH: E o que sugeriu Torquato?

TEÓFILO: Imediatamente perguntou sobre as proporções dos movimentos da Terra e dos planetas.

SMITH: E o Nolano teve tanta paciência para, vendo alguém tão presunçoso e estúpido, não voltar as costas e ir-se para casa, e dizer àquele que lhe convidara...

---

147. Símbolo de quem havia obtido o título de doutor na universidade.
148. "Serias tu o protótipo dos filósofos?"
149. "Aonde vais, senhor, aonde vais? E se eu fosse o protótipo dos filósofos? Se não se concedeu a Aristóteles nem a qualquer outro, por que não o concederiam a mim? Assim, não é a Terra mais o centro imóvel do mundo?"
150. "Como se explicaria pois que a estrela de Marte aparece ora maior, ora menor, se a Terra se movesse?"
151. Encoleirado (quer dizer, com colar ou coleira de ouro).

TEÓFILO: Antes respondeu que ele não fora para ler nem para ensinar, mas para responder; e que a simetria, a ordem e a medida dos movimentos celestes se pressupõem como são, sendo conhecidas de antigos e de modernos; e que ele não discutiria a esse respeito, não estando ali pra litigar contra os matemáticos e suas medidas e teorias, as quais subscreve e nelas crê[152]; mas seu esforço versa sobre a natureza e a verificação desses movimentos. Disse ainda o Nolano: "Se eu perder tempo em responder a essa questão, ficaremos aqui a noite inteira sem discutir e sem pôr os fundamentos de nossas pretensões contra a filosofia comum; pelo que, uns e outros abonamos todos os pressupostos a fim de concluir a verdadeira razão da quantidade e da qualidade dos movimentos, e nisso estamos de acordo. Para que então beliscar o cérebro fora de propósito? Vede se das observações feitas e das verificações concedidas podereis inferir algo que se conclua contra nós; depois, tereis a liberdade de proferir as nossas condenações.

SMITH: Bastava dizer-lhes que falassem a propósito.

TEÓFILO: Ora, quase nenhum dos presentes era tão ignorante que não mostrasse pela fisionomia e gestos que aquele homem era um carneirão *aurati ordinis*[153].

FRULLA: Quer dizer, do Tosão.

TEÓFILO: No entanto, para embrulhar o assunto, pediram ao Nolano que explicasse aquilo que queria defender, para que o dito doutor Torquato argumentasse. O Nolano respondeu que já se havia explicado o bastante. E que se os argumentos dos adversários eram escassos, isso se devia à falta de matéria, como evidente a qualquer cego. De novo também lhes confirmava que o universo é infinito; que consta de uma imensa região etérea; é verdadeiramente um céu, chamado espaço e seio, em que estão tantos astros que nele se fixam de modo não diferente da Terra; assim, o Sol, a Lua e outros corpos inumeráveis estão nessa região etérea, como vemos ser a Terra. E não se deve crer em outro firmamento, outra base, outro fundamento onde se apoiem esses grandes animais que concorrem para a constituição do mundo, verdadeiro objeto e infinita matéria da potência infinita atual; como bem nos fizeram compreender tanto a razão e o

---

152. Na qualidade de "filósofo", Bruno não se via na obrigação de verificar as medidas astronômicas sugeridas pelos matemáticos e astrônomos. Desse ponto de vista, Bruno não percebeu a importância da linguagem matemática, indispensável a Galileu, Kepler e Newton.

153. Ordem do Ouro ou Ordem do Tosão, criada por Felipe II, o Bom, duque de Borgonha, em 1429.

discurso regulados como as revelações divinas que dizem não haver número de ministros do Altíssimo, ao qual milhares e milhares assistem e dez centenas de milhares o administram. Esses são os grandes animais dos quais, muitos com seus lumes claros que difundem de seus corpos, não são sensíveis de qualquer contorno. Outros são efetivamente quentes, como o Sol e outros inumeráveis fogos; e outros são frios, como a Terra, a Lua, Vênus e outras inúmeras terras. Todos esses, para se comunicarem entre si e participar do princípio vital, com certos espaços e a certas distâncias, realizam seus giros cerca dos outros, como se manifesta nesses sete que giram em torno do Sol. Entre os quais, a Terra é um que se move no espaço em vinte e quatro horas do lado chamado ocidente, em direção ao oriente, o que ocasiona a aparência desse movimento dito mundano ou diurno. Tal imaginação é falsíssima, contra a natureza e impossível. É necessário que a Terra se mova em torno de seu próprio centro para participar da luz e das trevas, do dia e da noite, do frio e do calor; e em torno do Sol para a participação da primavera, do verão, do outono e do inverno; em direção aos chamados polos e pontos hemisféricos opostos, para a renovação dos séculos e a mudança de sua aparência; a fim de que, onde era o mar, seja árido; onde era tórrido, seja frio; onde o equinócio, seja o trópico; e, enfim, a vicissitude de todas as coisas, como neste e demais astros chamados mundos, não são razão pelos antigos e verdadeiros filósofos[154]. Ora, enquanto o Nolano dizia isso, o doutor Torquato gritava: *ad rem, ad rem, ad rem* (aos fatos). Por fim, o Nolano se pôs a rir e lhe disse que não argumentava nem respondia, mas que propunha, e, no entanto, *ist sunt res, res, res* (são esses os fatos, fatos, fatos), e que cabia a Torquato, em seguida, trazer algo *ad rem*.

SMITH: Porque esse asno pensava estar entre estúpidos e néscios, acreditava que eles tivessem o seu *ad rem* como argumento e determinação; e talvez assim, um simples grito, com seu colar de ouro, satisfizesse a multidão.

TEÓFILO: Escutai um pouco mais. Enquanto todos aguardavam aquele esperado argumento, eis que, voltando-se o doutor Torquato para os comensais, do fundo de sua suficiência, desembainha e tira do bigode um adágio erasmiano: *Anticiram navigat!* (*Que navegue para Anticira* [*para curar-se do mal*].)

SMITH: Melhor não podia um asno falar, e não podia escutar outra voz quem fala com asnos.

---

154. Provável referência aos epicuristas.

TEÓFILO: Creio que profetizasse (embora não entendesse a sua própria profecia) que o Nolano andava a fazer provisões de heléboro para recuperar o cérebro desses bárbaros loucos.

SMITH: Se aqueles que estavam presentes, embora civilizados, o fossem mais ainda, civilizadíssimos, lhe teriam atrelado um cabresto na garganta, em lugar do colar. E lhe fazer contar quarenta bastonadas em comemoração ao primeiro dia da quaresma.

TEÓFILO: O Nolano lhes disse que era o doutor Torquato que estava louco, porque trazia o colar; e que se não o carregasse, seguramente ele não valeria mais do que por suas roupas. Que, no entanto, valem pouquíssimo se, às custas de bastonadas, não lhe retirassem a poeira. E com esse dizer, levantou-se da mesa, lamentando que o senhor Folco não houvesse feito a previsão de melhores convidados.

FRULLA: Esses são os frutos da Inglaterra. Procurai quanto quiserdes que os encontrareis, nesses tempos, todos doutores em gramática, reinando na feliz pátria uma constelação de pedantesca e obstinada ignorância e presunção, misturada a uma rústica incivilidade, que faria prevaricar a paciência de Jó. E se não crerdes, ide a Oxford e contai as coisas sucedidas ao Nolano, quando discutiu teologia publicamente com aqueles doutores na presença do príncipe polonês Alberto de Lask, e outras coisas na presença da nobreza inglesa. Fazei-os dizer como sabiam responder aos argumentos; como quinze vezes, por quinze silogismos, ficou sem saber o que responder o pobre doutor que, como corifeu, foi posto à frente da Academia naquela grave ocasião. Fazei-os dizer com quanta incivilidade e descortesia procedia aquele porco, e com quanta paciência e humanidade o outro, que de fato mostrava ser napolitano nato e educado sob céu benigno. Informai-vos de como fizeram terminar a sua leitura pública, assim como a da imortalidade da alma e a da quíntupla esfera.

SMITH: Quem dá pérolas aos porcos não se deve lamentar se forem pisoteadas. Agora, continuai com os propósitos de Torquato.

TEÓFILO: Levantados todos da mesa, houve alguns que em sua língua acusavam o Nolano de impaciente, sendo que deviam ter tido antes sob os olhos a bárbara descortesia de Torquato e a sua própria. O Nolano, todavia, que faz questão de vencer em cortesia aqueles que facilmente o poderiam superá-lo em outra coisa, sentou-se novamente. E como se houvesse tudo esquecido, disse amigavelmente a Torquato: "Não penseis, irmão, que eu, por vossa opinião, queira ou possa ser vosso inimigo; sou antes vosso amigo, como de mim mesmo. Por isso quero que saibais que antes de ter essa posição por coisa certíssima, alguns anos antes a tive simplesmente por verdadeira. Quando era mais jovem e menos sábio, a estimava verossímil. Quando era principiante nas coisas especulativas, a tinha por tão inteiramente falsa que me maravilhava de Aristóteles não tê-la desdenhado, mas até mesmo despendido mais da metade do segundo livro *Do Céu e do Mundo* esforçando-se em demonstrar que a Terra não se movia. Quando era criança, completamente desprovido de intelecto especulativo, considerava que acreditar nisso era uma loucura; e pensava que tivesse sido posto diante de alguém como matéria sofística e capciosa, exercício desses ociosos engenhos que querem discutir por brincadeira e fazem questão de provar e defender que o branco é preto. Por esse motivo, posso vos odiar como a mim mesmo quando era mais jovem, mais criança, menos sábio e menos discreto. Assim, em vez de irar-me convosco, vos compadeço e rogo a Deus que, assim como me deu esse conhecimento, da mesma maneira, caso não lhe agrade vos fazer ver, que vos faça ao menos capaz de acreditar que estais cego. E isso não será pouco para vos tornar mais civilizados e corteses, menos ignorantes e temerários. E vós ainda deveis me amar, senão como sou hoje, mais prudente e mais velho, ao menos como fui, mais jovem e ignorante, quando, ainda que parcialmente, estava em meus mais ternos anos, como vós estais em vossa velhice. Quero dizer que, embora nunca tenha sido tão selvagem ao conversar e discutir, tão malcriado e incivilizado, sem dúvida fui ignorante como vós. Logo, considerando vosso estado presente conforme o meu passado, e meu passado como o vosso presente, vos amarei e vós me odiareis."

SMITH: Depois de terem entrado num outro tipo de discussão, o que eles disseram a isso?

TEÓFILO: Em conclusão, que seguiam Aristóteles, Ptolomeu e muitos outros filósofos doutíssimos. E o Nolano aduziu que existem inúmeros tolos, insensatos, estúpidos e ignorantes que nisso são companheiros não só de Aristóteles e de Ptolomeu, mas que seguem a si mesmos e não podem compreender o que o Nolano compreende; com quem não estão e não podem estar de acordo senão homens divinos e sapientíssimos, como Pitágoras, Platão e outros. Enfim, quanto à multidão que se vangloria de ter filósofos ao seu lado, deveria considerar que, na medida em que esses filósofos estão de acordo com o vulgo, produziram uma filosofia vulgar. "E no que toca a vós, que vos alinhais sob a bandeira de Aristóteles, vos advirto que não deveis vos vangloriar de entender o que Aristóteles entendeu e penetrar naquilo que penetrou. Pois existe uma grandessíssima diferença entre não saber o que ele não soube e saber o que ele soube, já que, ali onde o filósofo foi ignorante, teve por seguidores a vós e a todos os vossos semelhantes, incluindo os barqueiros e carregadores londrinos. E onde aquele homem de bem foi douto e judicioso, creio e estou seguro de que todos juntos estais bem afastados dele. De uma coisa muito me admiro: a de que tendo sido convidados e vindo para discutir, jamais haveis posto esses fundamentos e sugerido razões similares; por isso, e de modo algum, podereis concluir contra mim ou contra Copérnico, apesar de tantos argumentos e galhardas persuasões". Torquato, como se quisesse então desembainhar uma nobilíssima demonstração, perguntou: *Ubi est aux solis?* (Onde está o apogeu do Sol?) O Nolano respondeu-lhe que imaginasse onde quisesse e concluísse alguma coisa, pois o apogeu sempre se movimenta e nem sempre se encontra no mesmo grau da eclíptica; e que não podia ver com que propósito perguntara aquilo. Torquato voltou a perguntar a mesma coisa, como se o Nolano não soubesse responder à questão. Disse então o Nolano: *Quot sunt sacramente Ecclesiae? Est circa vigesimum Cancri et oppositum circa decimum vel centesimum Capricorni*[155], ou sobre o campanário de São Paulo.

SMITH: Sabeis com que intento perguntava isso?

TEÓFILO: Para mostrar àqueles que nada sabiam que discutia e que dizia alguma coisa, e que além de procurar *quomodo, quare, ubi* (como, por quê, onde), até que o Nolano dissesse não saber; até querer saber quantas estrelas fixas existem na quarta magnitude. Mas o Nolano disse que não sabia para além do que vinha a propósito. Essa pergunta sobre o apogeu do Sol conclui, em tudo e por nada, que aquele homem era bastante ignorante para discutir. Pois perguntar onde está o apogeu do Sol a alguém que afirma que a Terra se move ao seu redor, e que este está fixo em meio a essas luzes errantes, é exatamente como se perguntasse àquele que sustenta o parecer vulgar onde está o apogeu da Terra. Por esse motivo, a primeira lição que se dá a quem quer aprender a argumentar consiste em não perguntar nem investigar de acordo com seus próprios princípios, e sim com os que lhe são concedidos pelo adversário. Mas para esse grosseirão, tudo dava no mesmo, pois desse modo teria sabido tirar argumentos dos que são apropriados e dos que não o são. Terminado esse discurso, começaram a falar em inglês e, depois

---

155. "Quantos são os sacramentos da Igreja? (o apogeu) se encontra cerca do vigésimo grau de Câncer, e o seu oposto perto do décimo ou do centésimo de Capricórnio."

de terem passado um tempo juntos, eis que aparece sobre a mesa papel e tinta. O doutor Torquato estendeu uma folha larga e comprida, tomou da pena, traçou uma linha reta na metade da folha, de um lado a outro, formando no centro um círculo para o qual a mencionada linha servia de diâmetro e escreveu num dos semicírculos *Terra* e, no outro, *Sol*. Do lado da Terra formou oito semicírculos onde estavam ordenadamente os signos de sete planetas e em torno do último escreveu: *oitava esfera móvel*. E, na margem, *Ptolomeu*. O Nolano perguntou-lhe o que queria fazer com isso que até as crianças sabem. Torquato replicou: *Vide, tace et disce: ego docebo te Ptolomeum et Copernicum*[156].

SMITH: *Sus quandoque Minervam*[157].

TEÓFILO: O Nolano respondeu que, quando alguém escreve o alfabeto, mostra um mau princípio, por querer ensinar gramática a quem entende mais do que ele. Torquato continuou a fazer sua descrição e, ao redor do Sol, que estava no centro, traçou sete semicírculos com signos semelhantes, escrevendo junto ao último *esfera imóvel das fixas* e, à margem, *Copérnico*. Logo se voltou para o terceiro círculo e num ponto de sua circunferência assinalou o centro de um epiciclo, no qual, havendo descrito a circunferência, pintou no dito centro o globo da Terra e para que ninguém se enganasse pensando que aquilo não era a Terra, escreveu-lhe o nome e, num lugar da circunferência do epiciclo, apartado do centro, fez figurar o signo da Lua (ver fig.). Quando o Nolano viu isso, exclamou: "Eis que esse homem queria me ensinar de Copérnico o que Copérnico não pretendeu, e teria de preferência cortado o próprio pescoço a tê-lo dito ou escrito. Pois o maior asno do mundo saberá que daquela parte sempre se veria igual o diâmetro do Sol; e disso se seguiriam muitas outras conclusões que não podem ser verificadas." *Tace, tace*, disse Torquato, *tu vis me docere Copernicum?*[158] "Eu pouco me preocuco com Copérnico", afirmou o Nolano, "e pouco me importo de que vós e outros o compreendam; só vos quero avisar que, antes que me venhais ensinar outra vez, estudai melhor." Fizeram tanta diligência os cavalheiros presentes que se trouxe

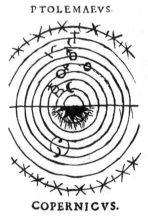

---

156. "Vê, cala-te e aprende: eu te ensino Ptolomeu e Copérnico."
157. "(O porco) às vezes quer ensinar Minerva."
158. "Cala-te, cala-te, tu queres me ensinar Copérnico?"

o livro de Copérnico e, observando-se a figura, viram que a Terra não estava descrita na circunferência do epiciclo da Lua; mas Torquato queria que aquele ponto que estava no meio do epiciclo, na circunferência da terceira esfera, significasse "Terra".

SMITH: A causa do erro foi que Torquato havia contemplado as figuras daquele livro e não havia lido os capítulos; e se os leu, não os entendeu.

TEÓFILO: O Nolano se pôs a rir e lhe disse que aquele ponto não indicava outra coisa senão a ponta do compasso ao se traçar o epiciclo da Terra e da Lua, que é único. "Ora, se quiserdes saber onde se encontra a Terra, segundo o entendimento de Copérnico, lede suas palavras." Leram e encontraram que dizia "a Terra e a Lua estavam contidas no mesmo epiciclo etc." E assim permaneceram mastigando em sua língua, até que Torquato e Nundinio, tendo saudado a todos, exceto ao Nolano, se foram; este logo enviou alguém para que, de sua parte, se despedisse. Os cavalheiros, depois de terem pedido ao Nolano que não se perturbasse com a descortesia e a temerária ignorância de seus doutores, mas que fosse benevolente com a pobreza daquela pátria, que havia ficado viúva das boas letras, no que respeita à filosofia e à verdadeira matemática (nas quais, enquanto todos estão cegos, vêm esses asnos e se dão por peritos, oferecendo bexigas por lanternas), dele se separaram com saudações corteses e se foram por um caminho. Nós e o Nolano, por outro, retornamos tarde para casa, sem reencontrar esses cegos ordinários, já que a noite era profunda e os animais cornúpetos e recalcitrantes não nos molestaram no retorno, como na vinda, pois, já descansando, se haviam retirado para seus estábulos e chiqueiros.

PRUDÊNCIO: "Era a noite e plácido descanso após o trabalho do dia, pela terra gozavam os corpos, aquietados os bosques e as águas, na hora em que a meio giro estão os astros, e cala-se todo o campo e as bestas" etc.

SMITH: Vamos, já falamos o bastante por hoje; Teófilo, por favor, regressai amanhã porque quero escutar algum outro propósito acerca da doutrina do Nolano, pois a de Copérnico, ainda que seja cômoda para o cálculo, não é segura nem expedita quanto às razões naturais, que são as principais.

TEÓFILO: Voltarei com prazer mais uma vez.
FRULLA: Eu também.
PRUDÊNCIO: *Ego quoque. Valete.* (Eu também. Adeus.)

FIM DO QUARTO DIÁLOGO

Quinto Diálogo

TEÓFILO: Não estão nem mais nem diferentemente fixas as demais estrelas no céu, como essa estrela que é a Terra, fixa no mesmo firmamento que é o ar. E não é mais digno de ser chamado oitava esfera o lugar onde está a cauda da Ursa do que onde está a Terra em que nos encontramos. Pois numa mesma região etérea, assim como num mesmo grande espaço e campo, estão esses corpos distintos, afastados uns dos outros[159]. Considerai as razões pelas quais foram considerados sete céus errantes e um só dos demais. O movimento variável que se via, e só um regular em todas as outras estrelas que conservam perfeitamente a mesma regra e equidistância, faz parecer que a todas convém um movimento, uma fixação e um orbe; e que não existem mais do que oito esferas sensíveis para os luminares que a elas estão unidos[160]. Ora, se alcançamos tanta luz e sentido regular, sabendo que essa aparência procede do movimento diurno do giro da Terra, e se da semelhança da consistência desse corpo em meio ao ar julgamos a consistência de todos os demais corpos, podemos, em primeiro lugar, acreditar e, em seguida, concluir, demonstrativamente, o contrário daquele sonho e daquela fantasia que foi o primeiro inconveniente produzido e que inúmeros outros pôde gerar. Daí o erro em que caímos quando, voltando os olhos para todas as partes, desde o centro do horizonte, podemos julgar a maior ou menor distância de, entre e naquelas coisas que nos estão mais próximas; mas de um certo limite em diante, tudo nos parece igualmente distante. Assim, olhando as estrelas do firmamento, aprendemos a diferença dos movimentos e as distâncias de alguns astros mais próximos. Mas os mais longínquos, muito afastados, nos parecem imóveis e igualmente distantes e remotos quanto à longitude. Igualmente uma árvore nos parecerá mais próxima de outra porque se acerca do mesmo semidiâmetro. E por que nisso será indiferente, parecerá uma só. No entanto, haverá maior distância entre elas do que as que se encontram mais afastadas, devido à diferença dos semidiâmetros. Assim ocorre com tal estrela considerada muito maior, apesar de ser muito menor ou mais distante quando está mais próxima, como na figura seguinte, de onde para "O" a estrela "A" parece ser a mesma

---

159. Essa asserção mostra como Bruno se afasta aqui de Copérnico, para quem o sistema solar permanece como a totalidade do universo. O universo do italiano é explodido, desprovido de centro.

160. Para além da oitava esfera, os astrônomos haviam acrescentado um certo número de céus invisíveis.

que a estrela "B", e, mesmo quando se mostra distinta, parecerá muitíssimo próxima. Assim, ainda que não vejamos muitos movimentos nessas estrelas, e nos mostrem aproximar-se ou distanciar-se umas das outras, isso não se deve a que não façam seus giros, dado não existir razão alguma pela qual naquelas não se deem os mesmos acidentes que nestas, pois um corpo, para tomar impulso de outro, deve mover-se em torno deste. Todavia, não devem ser chamadas fixas por que conservam verdadeiramente a mesma equidistância de nós e entre elas, mas por que seu movimento não nos é sensível. Isso se pode ver pelo exemplo de um navio que esteja muito distante, o qual, se executar um giro de trinta ou de quarenta passos, parecerá firme, como em nada se movesse. Assim se deve considerar proporcionalmente em distâncias maiores, em corpos grandíssimos e luminosíssimos, entre os quais é possível que muitos outros sejam tão grandes e luzentes quanto o Sol, e ainda mais. Sendo os seus círculos e movimentos maiores, não são vistos. Se em alguns desses astros ocorre uma variedade de aproximação, não se pode conhecê-la a não ser mediante observações muito demoradas, as quais ainda não tiveram início nem prosseguimento, já que ninguém procurou ou pressupôs tal procedimento, nem nele acreditou. E sabemos que o princípio da investigação é o saber e conhecer que a coisa seja, ou seja possível e conveniente, e da qual se tire proveito.

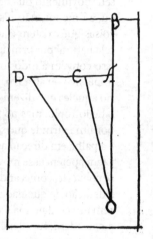

O, la vista, l'occhio. OAB, OC, OD, lunghezze, longitudini e linee visuali. AC, AD, DC, larghezze, latitudini.

PRUDÊNCIO: *Rem acu tangis*[161].

TEÓFILO: Ora, essa distinção de corpos na região etérea já era conhecida de Heráclito, de Epicuro, de Pitágoras, Parmênides e Meliso, como deixam manifestos os fragmentos que deles possuímos. De onde se vê que reconheciam um espaço infinito, matéria infinita, infinita capacidade de mundos inumeráveis semelhantes a este, os quais realizam seus círculos, como a Terra faz o seu. Por essa razão, [os círculos] eram antigamente chamados *ethera*, quer dizer, corredores, correios, mensageiros, embaixadores ou núncios da magnificência do único Altíssimo que com harmonia musical contemplam a ordem da constituição da

---

161. Tocaste agudamente na coisa.

natureza, espelho vivo da deidade infinita. O nome *ethera* foi extirpado pela ignorância cega e atribuído a certas quintas-essências nas quais, como se fossem pregos, estariam fixadas essas luzinhas e lanternas. Esses corredores têm como princípio intrínseco a própria natureza, a própria alma, a própria inteligência, pois não é suficiente o líquido e o ar sutil para mover máquinas tão densas; para fazer isso, lhes seriam necessárias virtudes atrativas ou impulsivas, e outras semelhantes que não se fazem sem o contato entre ao menos dois corpos, dos quais um, com sua extremidade, empurra, e o outro é empurrado. É certo que todas as coisas movidas dessa maneira reconhecem o princípio de seu movimento ou contra ou fora de sua natureza; digo, ou violento ou, ao menos, não natural. É, pois, conveniente à comodidade das coisas que existem e ao efeito da perfeitíssima causa que este modo seja natural por princípio interno e impulso próprio, sem resistência. Isso convém a todos os corpos que sem o contato sensível de outro, impulsivo ou atrativo, se movem. Porém entendem de modo contrário aqueles que dizem que o ímã puxa o ferro, o âmbar a palha, o Sol o heliotrópio; mas no ferro é como um sentido (o qual é despertado por uma virtude que se difunde no ímã) com o qual aquele se move, e a palha em direção ao âmbar, e, geralmente, tudo aquilo que deseja e tem apetência se move em direção à coisa desejada e, podendo, nela se converte, começando por querer estar no mesmo lugar. Dessa consideração de que nada se move localmente por princípio extrínseco, sem um contato mais vigoroso sobre a resistência do móvel, depende a consideração solenemente grosseira e tida como impossível a um entendimento moderado de que a Lua move as águas do mar, provocando seus fluxos, fazendo crescer os humores, fecundando os peixes, as ostras e outros efeitos, dado que é propriamente signo, e não causa de todas essas coisas. Digo signo e indício porque o ver essas coisas com certas disposições da Lua, e outras coisas diversas e contrárias, com disposições diversas e contrárias, provém da ordem e da correspondência das coisas e das leis de uma transformação que estão em conformidade e correspondem às leis da outra.

SMITH: Da ignorância dessa distinção estão cheios de erros semelhantes muitos cartapácios que ensinam estranhas filosofias, nas quais as coisas são signos, e circunstâncias ou acidentes passam a ser chamadas de causas. Entre essas inépcias existe uma que é rainha, a que diz que os raios perpendiculares e retos são causa de calor maior, e os agudos e oblíquos de mais frio. Sem dúvida, é um acidente do Sol a causa verdadeira, quando se conserva mais ou menos sobre a Terra. Raio reflexo e direto, ângulo agudo e obtuso, linha perpendicular, incidente e plano, arcos maior ou menor, esse ou aquele aspecto são circunstâncias matemáticas, não causas naturais. Uma coisa é jogar com a geometria, outra é verificar a natureza. Não são linhas e ângulos o que faz avivar mais ou menos o fogo, mas as posições, sua permanência maior ou menor.

TEÓFILO: Compreendestes bastante bem. Eis como uma verdade aclara a outra. Agora, para concluir o assunto, se esses grandes corpos fossem movidos extrinsicamente, de outra maneira de que pelo fim e bem desejados, seriam movidos violentamente e de modo acidental, ainda que tivessem essa potência dita não repugnante, pois o verdadeiramente não repugnante é o natural, e o natural, quer se queira ou não, é princípio intrínseco, que leva a coisa aonde lhe convém. De outra maneira, o motor extrínseco não moveria sem esforço, ou simplesmente não seria necessário, mas excessivo. E se desejais que seja necessário, qualificai a causa eficiente como deficiente por seu efeito, pois emprega nobilíssimos motores com móveis bastante indignos, como fazem aqueles que dizem que as ações das formigas e das aranhas são não da prudência e do artifício, mas das inteligências divinas não errantes que lhes dão (por exemplo) os impulsos denominados instintos naturais e outras coisas significadas por palavras sem os sentimentos [naturais]. Pois se perguntais àqueles sábios que coisa é esse instinto, não saberão responder senão falando em "instinto", ou qualquer outra palavra igualmente indeterminada e tola como essa de instinto, que significa princípio instigativo, nome comuníssimo, para não dizer sexto sentido, razão ou intelecto.

PRUDÊNCIO: *Nimis arduae quaestione*[162].

SMITH: Para quem não as quer compreender, mas se obstina em crer no falso. Mas voltemos a nós. Eu bem sabia que responder àqueles que têm por difícil que a Terra se mova, dizendo que é um corpo muito grande e denso; no entanto, gostaria de ouvir o vosso modo de responder, pois vos vejo resoluto nas razões.

PRUDÊNCIO: *Non talis mihi*[163].

SMITH: Porque vós sois uma toupeira.

TEÓFILO: O modo de responder consiste em que poderíeis dizer o mesmo da Lua, do Sol e de outros corpos grandíssimos e inumeráveis que os adversários querem que a circundem velozmente, com giros tão desmesurados. E têm por grande coisa que a Terra rode em torno de seu centro em 24 horas e num ano em torno do Sol. Sabei

---

162. Questões de árdua dificuldade.
163. A mim, não me parece.

que nem a Terra nem outro corpo é pesado ou denso em absoluto: nenhum corpo em seu lugar é pesado ou leve. Essas diferenças e qualidades ocorrem não nos corpos principais e indivíduos perfeitos do universo, mas convêm às partes que estão separadas do todo e que se encontram fora do próprio continente, como que peregrinas; essas tendem, de maneira não menos natural, ao lugar de sua conservação, como o ferro em direção ao ímã, o qual vai encontrá-lo não de modo determinado, embaixo ou sobre, ou à direita, mas em qualquer diferença local, onde quer que seja. As partes da Terra que estão no ar vêm até nós porque aqui está sua esfera; se, entretanto, estivesse na parte oposta, se separariam de nós, endereçando-se para aquela. Assim a água, assim o fogo. A água, em seu lugar, não é pesada nem faz mais pesada as que estão no fundo do mar. Os braços, a cabeça e demais membros não são mais pesados para o busto; e nada constituído naturalmente causa um ato de violência em seu lugar natural. Peso e leveza não são vistos em algo que possua seu lugar e disposição natural, mas nas coisas que possuem um certo ímpeto, com o qual se esforçam para o lugar que lhe é conveniente. Por essa razão, é absurdo chamar um corpo de naturalmente pesado ou leve, sendo que esta qualidade não convém a alguma coisa que esteja em sua constituição natural, mas fora dela; o que jamais sucede à esfera e sim às suas partes, algumas vezes, as quais, contudo, não estão determinadas por certa diferença local (segundo nossa consideração), e sim que se determinam no lugar onde se encontra sua própria esfera e o centro de sua conservação. Se embaixo da Terra se encontrasse outra espécie de corpo, as partes da Terra ascenderiam naturalmente desse lugar; e se alguma centelha de fogo se encontrasse (para falar comumente) na concavidade da Lua, viria abaixo com idêntica velocidade com que da convexidade da Terra ascende para o alto. Assim desce a água para o centro da Terra – se encontra espaço –, como do centro da Terra sobe para a superfície. Da mesma maneira, o ar se move com igual facilidade para qualquer diferença local. O que quer dizer então pesado e leve? Não vemos às vezes a chama ir para baixo ou para os lados para acender um corpo disposto ao seu alimento e conservação? Logo, qualquer coisa natural é facílima; todo lugar e movimento natural são convenientes. Com a mesma facilidade com que permanecem em seu lugar os objetos que por natureza não se movem, se deslocam por seus espaços as demais coisas que, por natureza, se movem. E assim como violentamente e contra a natureza aqueles teriam movimento, de modo violento e contra a natureza esses aqui teriam a fixidez. Logo, é certo que, se naturalmente conviesse à Terra ser fixa, o seu movimento seria violento, difícil e contra a natureza. Mas quem descobriu isso? Quem o provou? A ignorância comum, a falta de sentido e de razão.

SMITH: Entendi muito bem que, em seu lugar, a Terra não é mais pesada do que o Sol em seu lugar, e os membros dos principais corpos, como, por exemplo, as águas em suas esferas, separadas das quais, e de todo lugar, se moveriam em sua direção. Do que nós, a nosso ver, não poderíamos chamá-las mais pesadas, leves ou ligeiras do que indiferentes; como vemos nos cometas e outros fogos que, dos corpos que por vezes abrasam, mandam chamas a lugares opostos, pelo que são chamados "cabeleiras"; às vezes em nossa direção, sendo chamados "barbados", e outras vezes ainda para outros lados, e daí chamados "caudados"[164]. O ar, continente geral e firmamento de todos os corpos esféricos, sai de todas as partes e em todas elas penetra, em tudo se difunde. Por isso é vão o argumento que esses homens trazem como motivo para que a Terra seja fixa, por ser um corpo pesado, denso e frio.

TEÓFILO: Louvo a Deus e vos vejo tão capaz por me tirar o cansaço, posto que haveis bem compreendido o princípio com o qual podeis responder às mais esforçadas persuasões dos filósofos vulgares, e haveis penetrado em muitas profundas contemplações da natureza.

SMITH: Antes de passar a outras questões, gostaria de saber agora como pretendemos afirmar que o Sol seja o verdadeiro e quente elemento do fogo, e que está fixo em meio a corpos errantes, entre os quais compreendemos a Terra. Pois me ocorre ser mais verossímil que esse corpo, mais do que outros, se mova, já que podemos ver por experiência dos sentidos.

TEÓFILO: Diga a razão.

SMITH: As partes da Terra, onde quer que estejam retidas, naturalmente ou por violência, não se movem. Assim, as partes das águas permanecem firmes fora do mar, dos rios e de outros continentes. Mas as partes do fogo, quando não têm a faculdade de ascender para o alto, como quando são retidas pelas concavidades dos fornos, se desprendem e giram, não havendo modo de retê-las. Portanto, se queremos tomar algum argumento e testemunho das partes, o movimento convém mais ao Sol e elemento de fogo do que à Terra.

TEÓFILO: A isso respondo, primeiramente, que por isso se poderia conceder que o Sol se move em torno de seu próprio centro. Mas

---

164. Bruno cita aqui as espécies de cometas às quais os antigos se referiam (Plínio, *História Natural*), até então considerados como chamas em combustão.

não em torno de outro meio, tendo em vista que basta que os demais corpos circundantes se movam ao seu redor, pois aqueles têm necessidade dele e ainda pelo que ele talvez pudesse desejar daqueles. Em segundo lugar, é de se considerar que o elemento do fogo é sujeito do primeiro calor; é um corpo de tal maneira denso e díspar em partes e membros, como a Terra. Mas aquilo que vemos mover-se daquela maneira é o ar acendido que se chama "flama", assim como o ar alterado pelo frio da terra se chama vapor.

SMITH: E por isso me parece haver um meio de confirmar o que digo, pois o vapor se move tardia e preguiçosamente, enquanto a flama e a exalação o fazem de maneira velocíssima; sem dúvida, aquele [que é] mais semelhante ao fogo vê-se que é muito mais móvel do que aquele ar mais semelhante à terra.

TEÓFILO: A razão é que o fogo se esforça mais para fugir dessa região, que é mais conatural ao corpo de qualidade contrária. Se a água ou o vapor se encontrasse na região do fogo (ou em lugar semelhante a ela), fugiria com mais velocidade do que a exalação, que tem com ele certa participação e maior conaturalidade do que diferença ou contrariedade. Basta-vos ter isso em conta, pois da intenção do Nolano não encontro qualquer determinação acerca do movimento ou do repouso do Sol. Aquele movimento que encontramos na flama, que está contida e retida nas concavidades dos fornos, procede do fato de que a virtude contida no fogo acende, altera e transmuta o ar vaporoso, com o qual deseja aumentar e nutrir-se, enquanto o outro se retira e foge do inimigo de seu ser e de seu melhoramento.

SMITH: Vós haveis dito ar vaporoso; o que me dizeis do ar puro e simples?

TEÓFILO: Este não está mais sujeito ao calor do que ao frio; não é mais capaz nem receptáculo de humor quando se faz mais denso de frio do que de vapor e de exalação, quando a água se rarefaz pelo calor.

SMITH: Como na natureza não há coisa sem providência e sem causa final, quisera novamente saber de vós (pois pelo que haveis dito, isso se pode compreender perfeitamente) qual é a causa do movimento local da Terra.

TEÓFILO: A razão de tal movimento é a renovação e renascimento desse corpo, o qual, segundo a mesma disposição, não poderia ser perpétuo. Como as coisas não podem ser perpétuas segundo o número (para falar de maneira comum), se fazem perpétuas segundo a espécie; assim, as substâncias que não podem se perpetuar sob o mesmo aspecto vão mudando de face; pois sendo a matéria e substância das coisas incorruptíveis, e devendo aquela [espécie], segundo todas as partes, ser sujeito de todas as formas, senão num mesmo tempo e instante de eternidade, ao menos em diversos tempos, em vários instantes de eternidade, sucessiva e por vicissitudes; pois ainda que toda a matéria seja capaz de todas as formas juntas, sem dúvida não de todas elas juntas pode ser capaz cada parte da matéria. No entanto, não sendo convenientes a morte e a dissolução dessa massa inteira, com a qual está feito este globo, e sendo impossível a sua aniquilação, de tempos em tempos, e com certa ordem, vem renovar-se, alterando e mudando todas as suas partes. O que convém que seja feito com alguma sucessão, cada uma tomando o lugar de outra, já que, diferentemente, esses corpos, que são dissolúveis, talvez se dissolvessem efetivamente, como ocorre conosco, animais particulares e menores. Mas a esses, como crê Platão no *Timeu*[165], e nós também cremos, foi dito desde o princípio: "Vós sois dissolúveis, mas não vos dissolvereis." Acontece, portanto, que não existe parte, no centro ou meio de um astro, que não se faça na circunferência ou fora dele; não há porção externa que não deva alguma vez voltar e se tornar íntima e interna. E isso a experiência de todos os dias nos demonstra, pois que no seio ou nas entranhas da terra algumas coisas são acolhidas e outras são delas expelidas. E nós mesmos e nossas coisas vamos e vimos, passamos e regressamos, não existindo coisa nossa que não se faça alheia e coisa alheia que não se faça nossa. E não há coisa da qual não sejamos, que talvez não deva ser nossa, assim como não há coisa que seja nossa da qual, talvez, não devamos ser, tanto se for uma a matéria das coisas num só gênero, como se duas as matérias em dois gêneros; porque ainda não determino se a substância e a matéria que chamamos espiritual se transforma na que chamamos corporal e vice-versa, ou realmente nada disso sucede. Assim, todas as coisas têm em seu gênero vicissitude[166] de domínio e servidão, felicidade e desventura, do estado chamado vida e do que se denomina morte, luz e trevas, bem e mal. E não há coisa à qual naturalmente convenha ser eterna, exceto à substância que é a matéria, à qual convém igualmente estar em contínua mutação. Da substância sobressubstancial não falo presentemente, e sim volto a raciocinar particularmente sobre esse grande indivíduo que é a nossa perpétua nutriz e mãe, pela qual perguntais por que razão possui movimento local. E digo que a causa do movimento local, tanto do inteiro quanto das partes, é a finalidade da vicissitude, não

---

165. *Timeu*, 41, A.
166. Isto é, alternância, sucessão de mudanças.

só para que tudo se encontre em todos os lugares, mas ainda para que, por tal meio, tudo tenha todas as disposições e formas. Por isso, o movimento local foi considerado dignamente o princípio de toda mudança e forma; e sendo eliminado, nenhum outro pode existir. Aristóteles pôde dar-se conta das mudanças segundo as disposições e qualidades que estão em todas as partes da Terra, mas não compreendeu esse movimento local, que é o princípio de todas as demais. Todavia, no final do primeiro livro de seus *Meteora*, falou como quem profetiza e adivinha. Pois embora talvez ele mesmo não se entenda, ainda assim, tropeçando e misturando algo de seu próprio erro ao divino furor, disse a verdade, no mais e principal. Ora, tragamos o que ele disse como verdadeiro e digno de ser considerado, e logo ajuntaremos as causas disso, as quais ele não pôde conhecer. "Nem sempre", disse, "os mesmos lugares da Terra são úmidos e secos, mas se transformam segundo o nascimento e a dessecação dos rios. Por essa razão, o que foi e é mar nem sempre o foi nem seguirá sendo; o que será e foi terra não o é, nem sempre foi, e sim que, com certas vicissitudes, com um círculo e uma ordem determinados, deve-se crer que onde está um o outro estará, e onde está o outro, o um estará." E se perguntais a Aristóteles o princípio e a causa disso, ele responde: "As entranhas da Terra, como os corpos das plantas e dos animais, são perfeitas, mas depois envelhecem. Há diferença, porém, entre a Terra e os chamados outros corpos: pois esses, inteiramente e a um só tempo, segundo todas as suas partes, possuem em si o progresso, a perfeição e a carência, ou (como ele diz) o estado e a velhice. Mas na Terra, isso ocorre sucessivamente de parte em parte, com a sucessão de frio e de calor, que ocasiona o aumento ou a diminuição, seguindo o Sol e seu giro, pelo que as partes da Terra conseguem obter diversas complexões e virtudes[167]. Daí que os lugares aquosos permanecem durante um certo tempo, logo depois secam e morrem, enquanto outros se reavivam e em certas partes se inundam. Por isso vemos as fontes se esvanecerem, os rios, já pequenos, voltarem a ser grandes, e de grandes se fazer pequenos, até que, ao fim, secam. De os rios se esgotarem depende, por necessária consequência, a existência dos charcos e que os mares se modifiquem. Isso, no entanto, como ocorre sucessivamente em torno da Terra em tempos longuíssimos, com grande dificuldade a nossa vida e a de nossos pais pode apreciar; e dado que antes disso

---

167. O assunto será retomado por Galileu em seu *Diálogo Sobre os Dois Máximos Sistemas de Mundo*, que se realiza entre Sagredo e Simplício, assumindo Galileu a posição de Bruno.

sobrevém a idade e a perda da memória de todas as pessoas, e ocorrem grandíssimas corrosões e mudanças por desolação e abandonos por guerras, pestes, dilúvios, alterações de escrita, transmigrações e esterilidades de lugares, não podemos nos recordar dessas coisas desde o princípio até o fim por séculos tão longos, variados e turbulentos." Essas grandes mutações muito se nos mostram nas antiguidades do Egito, nas desembocaduras do Nilo; todas as quais (excetuando-se a boca de Canope) são artificiais; nas casas de Mênfis, onde os lugares inferiores são habitados depois dos superiores. Em Argos e Micenas, nos tempo dos troianos, a primeira região era pantanosa e nela pouquíssimos viviam, enquanto Micenas, por ser mais fértil, era mais honrada. Em nosso tempo, sucede o contrário, já que Micenas está por inteiro seca e Argos tornou-se temperada e fértil. Ora, como ocorre nesses lugares pequenos, devemos pensar o mesmo sobre regiões grandes e inteiras. Por essa razão, assim como vemos que muitos lugares que antes eram aquosos são agora continentes, da mesma maneira a muitos outros sobreveio o mar. Mutações que vemos se realizarem paulatinamente, como as já assinaladas, e as que deixam ver as corrosões dos montes altíssimos e muito longe do mar, que mostram os vestígios das ondas impetuosas como se fossem frescos. E nos consta pelas histórias do mártir Felice de Nola, as quais declaram que em seu tempo, há cerca de mil anos, o mar se achava mais próximo dos muros da cidade, onde está um templo que conserva o nome de Porto, atualmente distante doze mil passos do mar. O mesmo não se vê em toda a Provença? Todas as pedras espalhadas nos campos não nos mostram haver sido em um tempo agitadas por ondas? Parece-vos que a têmperie da França mudou pouco desde os tempos de César até os nossos? Naquele tempo não havia nenhum sítio apto para as vides, e agora produz vinhos tão deliciosos como os melhores do mundo, e desde as terras mais setentrionais se recolhem os frutos dos vinhedos. E ainda este ano comi uvas dos hortos de Londres, não tão boas como as piores da França, mas tais que se afirma não se ter nunca produzido outras semelhantes em terra inglesa. Daí também que o mar Mediterrâneo, deixando mais seca e quente a França e partes da Itália, que vi com meus próprios olhos, vai minguando até a Líbia; resulta que, chegando a Itália e a França a se aquecer mais e mais e a temperar-se a Grã-Bretanha, devemos julgar que, geralmente, mudam os hábitos das regiões pelo fato de que a disposição fria vai diminuindo em direção ao Polo Ártico. Perguntai a Aristóteles: de onde isso provém? Responde: do Sol e do movimento circular. Não de maneira confusa e obscura, mas divina, alta e verissimamente por ele afirmado. Mas, como? Talvez como filósofo? Não, antes como adivinho, ou por alguém que compreendia, mas não ousava dizer: quiçá como aquele que vê e não crê no que vê, e se crê, duvida afirmá-lo, temendo que venha alguém que o obrigue a aduzir a razão disso, que não possui. Refere, mas fechando o passo a quem quiser saber um pouco mais, ou talvez seja uma forma de falar dos antigos filósofos. Diz, pois, que o quente, o frio, o árido, o úmido aumentam e escasseiam em todas as partes da Terra, na qual tudo possui em si a renovação, a maturidade, a velhice e a diminuição; e querendo aduzir a causa disso, diz: *propter solem et circumlationem*[168]. Por que ao seu redor estava determinado, e por todos os filósofos de seu tempo e índole, que o Sol, com seu movimento, não podia causar essa diversidade?; por que enquanto a eclíptica declina do equinocial, o Sol se despejava eternamente sobre os dois pontos dos trópicos, e por isso seria impossível que se aquecesse a outra parte da Terra, e sim que, eternamente, as zonas e os climas estariam na mesma disposição? Por que não disse: pela circulação dos outros planetas? Porque já estava determinado que todos aqueles (se, apesar disso, alguns não traspassem por um pouco) somente se movem enquanto há a latitude do zodíaco chamada "terceiro caminho dos errantes"[169]. Por que não disse: pela circulação do primeiro móvel? Porque não conhecia outro movimento a não ser o diurno, e em seu tempo era suspeito um movimento retrógrado, semelhante àquele dos planetas. Por que não disse: pela circulação do céu? Porque não podia dizer como e qual circulação podia ser. Por que não disse: pela circulação da Terra? Pois tinha quase como princípio pressuposto que a Terra era imóvel. Por que o disse, então? Forçado pela verdade, que se faz escutar por meio dos efeitos naturais. Resta, portanto, que seja devido ao Sol e ao movimento. Digo do Sol porque é o único que difunde e comunica a força vital; e também ao movimento, já que, se o Sol não se movesse em direção aos demais corpos, ou os outros corpos em sua direção, como poderia dar o que possui e receber o que não tem? Logo, é necessário que seja o movimento, e de tal modo que não seja parcial, e sim na proporção em que provoca a renovação de certas partes e venha trazê-la a outras que, por serem da mesma natureza e

---

168. (Por causa do sol e da circulação.) *Meteora*, I, 14.4.
169. Refere-se a uma faixa do zodíaco cuja largura era avaliada, segundo a tradição, "em 12 graus, 6 ao norte e 6 ao sul da eclíptica, indicando assim a quantidade de desvio da Lua e dos planetas relativamente à trajetória do Sol". Giuseppe Bezza, *Commento al Primo libro della "Tetrabiblos" di Tolemeo*, Milano: Nuovi Orizzonti, 1990, p. 306.

condição, têm igual potência passiva, a qual (se a natureza não for injusta) deve corresponder à potência ativa. Mas com isso deparamos com uma razão muito menor para que o Sol e a universalidade das estrelas se ponham a mover à volta deste globo; pelo contrário, este deve mover-se, à vista do universo, fazendo o círculo anual em torno do Sol e, diversamente, com certa sucessão regular, por todos os lados evolver e inclinar-se, como um elemento vivo do fogo. Não existe qualquer razão para que, sem um fim e ocasião urgentes, os inúmeros astros, que são tantos mundos, até mesmo maiores do que este, tenham uma relação tão violenta com este único. Não há razão que nos faça dizer mais facilmente que trepida o polo, oscila o eixo do mundo, tremem os fundamentos do universo e, tão inumeráveis, maiores e mais magníficos globos se agitem, se dobrem, se retorçam e se remendem e, a despeito de sua natureza, se esquartejem de tal forma, e que a Terra tão imperfeitamente (como podem demonstrar os ópticos e geômetras sutis) chegue a conseguir o centro, como se fora o único corpo pesado e frio; com o qual, todavia, não se pode provar que seja dessemelhante de qualquer outro astro que reluza no firmamento, tanto em substância e matéria, como quanto à situação; pois se este corpo pode ser almejado por este ar no qual está fixo, e aqueles o podem igualmente pelo ar que os circunda, aqueles, por si mesmos, como por própria natureza e alma, podem, dividindo o ar, circundar qualquer meio, não menos do que este.

SMITH: Rogo-vos que agora se tenha esse ponto por pressuposto; quanto a mim, se tenho por coisa certíssima que a Terra necessariamente se mova, mais do que a possibilidade desse revestimento e fixação de lâmpadas, quanto àqueles que não o compreenderam, é mais conveniente expô-lo como matéria principal do que tocá-lo apenas com o intuito de digressão. Por isso, se quereis comprazer-me, vos peço que me expliqueis os movimentos que convêm a esse globo.

TEÓFILO: Com prazer, pois essa digressão nos teria feito diferir demasiado daquilo que quero concluir acerca da necessidade e da realidade de todas as partes da Terra, as quais devem participar, sucessivamente, dos aspectos e relações do Sol, fazendo-as sujeito de todas as complexões e de todos os hábitos. Ora, para este fim é conveniente e necessário que o movimento da Terra seja tal que, mediante determinadas vicissitudes, onde está o mar esteja o continente e, pelo contrário, onde está o quente esteja o frio; e onde está o habitável e mais temperado, esteja o menos habitável e temperado; em conclusão, para que cada parte da Terra chegue a ter toda a relação que tem suas outras partes com o Sol, a fim de que chegue a participar de sua vida, de sua geração e de toda a felicidade. Portanto, primeiro para sua vida e das coisas que nela se contêm, e para dar-lhes como que uma respiração e inspiração, mediante o calor e o frio diários, a luz e as trevas, a Terra se move ao redor de seu próprio centro no espaço de vinte e quatro horas, expondo ao Sol seu dorso inteiro. Segundo, para a regeneração das coisas que em seu dorso vivem e se dissolvem, circunda com seu centro ao lúcido corpo do Sol, em aproximadamente trezentos e sessenta e cinco dias e um quadrante. Donde, desde quatro pontos da eclíptica, produz a geração, a adolescência, a maturidade e a declinação de suas coisas. Terceiro, para a renovação dos signos, participa de outro movimento, por meio do qual a relação que mantém este hemisfério superior da Terra com o universo chegue a ser transferida para o inferior, e este suceda ao superior. Quarto, para a mudança dos aspectos e disposições da Terra, convém-lhe, necessariamente, outro movimento, pelo qual a posição que ocupa esse vértice em direção ao ponto do Ártico seja mudada pela que adota aquele outro vértice oposto do polo Antártico[170]. O primeiro movimento se mede desde um ponto do equinocial da Terra, até que se regresse a ele ou próximo a ele. O segundo movimento se mede desde um ponto imaginário da eclíptica (que é a via da Terra em torno do Sol), até que se retorne a ele, ou próximo. O terceiro movimento se mede a partir da posição que ocupe uma linha hemisférica da Terra, que valha como horizonte, até que a mesma linha, ou uma proporcional, volte à mesma posição. O quarto movimento se mede pelo progresso de um ponto polar da Terra que, atravessando diretamente o outro polo pela linha de algum meridiano, volte à posição em que estava inicialmente. E quanto a isso, deve-se considerar que, ainda que digamos haver quatro movimentos, todos concorrem para um movimento composto. Considerai que desses quatro movimentos, o primeiro se toma pelo que, num dia natural, parece como se toda a Terra se

---

170. Segundo o astrônomo Giovanni Schiaparelli, no livro *Le opere latine di Giordano Bruno esposte e confrontate con le italiane* (organizado por F. Tocco, Firenze, 1899, p. 313-314), "Bruno descreve os movimentos da Terra segundo o sistema de Copérnico, não como se encontra no livro *De Revolutionibus*, mas conforme uma interpretação e imaginação suas. Não possuindo ideias precisas de geometria, e não conhecendo bem a linguagem própria dessa ciência, a explicação de seus conceitos confusos e indeterminados... considero ser uma tarefa desesperada tentar elucidá-la por completo." Já Paul-Henri Michel, em *La Cosmologie de Bruno* (Paris: Hermann, 1962, p. 324), escreve: "A sua definição do primeiro movimento (rotação do planeta em torno de si mesmo em vinte e quatro horas) elimina as correções inúteis introduzidas por Copérnico." Mais tarde, Bruno abandonará o terceiro e o quarto movimento da Terra.

movesse sobre os polos do mundo, segundo dizem. O segundo parece como se o Sol, num ano, rodeasse todo o zodíaco, fazendo a cada dia, segundo Ptolomeu no terceiro livro do *Almagesto*, 59 minutos, 8 segundos, 17 terços, 13 quartos, 12 quintos e 31 sextos. Segundo Alfonso[171], 59 minutos, 8 segundos, 11 terços, 37 quartos, 19 quintos, 13 sextos e 56 sétimos. E segundo Copérnico, 59 minutos, 8 segundos e 11 terços. O terceiro movimento é tomado como se parecesse que a oitava esfera se movesse, ao contrário do movimento diurno, sobre os polos do zodíaco, de tal forma lentamente que em duzentos anos só se move um grau e vinte e oito minutos, de modo que em 49 mil anos venha a completar um círculo; movimento cujo princípio se atribui a uma nona esfera. O quarto movimento se toma pela trepidação, acesso e recesso que, segundo se afirma, faz a oitava esfera sobre os círculos iguais que se imagina haver na concavidade da nona esfera, sobre os princípios de Áries e de Libra; é previsto por aqueles que veem ser necessário que a eclíptica da oitava esfera nem sempre intercepte o equinocial nos mesmos pontos, mas às vezes encontrar-se na cabeça de Áries, às vezes estar adiante dele, de um lado e de outro da eclíptica. Como se observa, as grandes declinações do zodíaco nem sempre são iguais; de onde se segue, necessariamente, que os equinócios e os solstícios variam continuamente, como efetivamente já se observou durante muito tempo. Considerai mais uma vez que, embora afirmemos sejam quatro esses movimentos, todos concorrem para um só composto. Segundo, que apesar de os chamarmos circulares, nem um deles é verdadeiramente circular. Terceiro, que ainda que muitos se tenham afadigado por encontrar a verdadeira regra de tais movimentos, o fizeram em vão, como também sucederá a quem se der essa tarefa; pois, de fato, nenhum desses movimentos é regular e suscetível de lima geométrica. No entanto, são quatro e não devem ser mais nem menos movimentos (quero dizer, diferenças de mudanças locais na Terra), e sendo um deles irregular, faz com que os demais o sejam, os quais pretendo descrever mediante o movimento de uma bola lançada no ar. Esta se move, primeiramente,

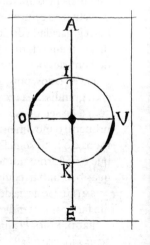

---

171. Conforme as *Tábuas Alfonsinas*, redigidas por astrônomos espanhóis a pedido de Alfonso X de Castilha, em meados do século XIII.

com o centro, de A para E (ver fig. página anterior). Em segundo lugar, enquanto com o centro se movimenta do alto para baixo, ou do baixo para o alto, gira em torno de seu próprio centro, movendo o ponto I para o lugar do ponto K, e o ponto K para o lugar do ponto I. Em terceiro, regressando paulatinamente, e aumentando seu curso e velocidade, ou ainda perdendo e diminuindo (como acontece com a bola que, primeiramente subindo, se move com grande velocidade e, depois, mais lentamente, ao descer, sucede ao contrário, e em proporção média para as medidas medianas), a essa situação que possui a metade da circunferência marcada por 1, 2, 3 e 4, promoverá a outra metade assinalada com 5, 6, 7, 8. Em quarto lugar, posto que essa conversão não é reta, porque não é como a de uma roda que corra com o ímpeto de um círculo, em que resida o momento da gravidade, e sim que se vai fazendo oblíquo (pois se trata de um globo), que pode inclinar-se facilmente para todas as partes; mas os pontos I e K nem sempre se convertem na mesma direção. Daí ser necessário que, de modo longo ou curto, em andar contínuo ou descontínuo, se realize o movimento pelo qual o ponto O chegue onde está o ponto V, e vice-versa. Desses movimentos, um que não seja regular é suficiente para fazer com que todos os outros também o sejam; um ignoto faz todos os demais ignotos. Apesar disso, possuem certa ordem, com a qual se aproximam ou se afastam mais ou menos da regularidade. Assim, entre esses diferentes movimentos, o mais regular, aquele que está mais próximo do regularíssimo, é o do centro. Junto a esse está o relativo ao centro pelo diâmetro, mais veloz. O terceiro é o que com a irregularidade do segundo (que consiste em aumentar em velocidade ou em retardo) pouco a pouco vai mudando o aspecto inteiro do hemisfério. O último, extremamente irregular e inseguro, é o que muda os lados, pois, às vezes, em vez de seguir adiante, volta atrás e, com grandíssima inconstância, acaba por trocar a sede de um ponto com a de seu oposto. Dessa maneira, a Terra, de forma similar, tem primeiro o movimento em seu centro, que é anual, o mais regular de todos e o mais semelhante a si mesmo; um segundo, menos regular, que é o diurno; um terceiro, irregular, chamado hemisférico; e um quarto, muito irregular, que é o polar ou do coluro.

SMITH: Gostaria de saber em que ordem e com que regra o Nolano me fará compreender esses movimentos.

PRUDÊNCIO: *Ecquis erit modus? Novis usque et usque semper indigemus theoriis?*[172]

---

172. "Quando isso terminará? Sempre temos necessidade de novas teorias?"

TEÓFILO: Não duvideis, Prudêncio, pois do bom antigo nada se desperdiçará. A vós, Smith, enviarei o diálogo do Nolano chamado *Purgatório do Inferno*, e ali vereis o fruto da redenção[173]. Vós, Frulla, mantende em segredo os nossos discursos e fazei com que não cheguem às orelhas daqueles que atormentamos, a fim de que não se encolerizem conosco e nos venham a dar novas ocasiões de serem pior tratados e receber um castigo melhor. Vós, mestre Prudêncio, concluí e fazei um epílogo moral, mas somente do nosso tetrálogo, pois o motivo especulativo, nascido da ceia das cinzas, já está concluído.

PRUDÊNCIO: Eu te esconjuro, Nolano, pela esperança que tens na altíssima e infinita unidade, que veneras e te faz viver; pelos eminentes numes que honras e te amparam; por teu divino gênio que te defende e no qual confias, para que te proteja das conversações vis, ignóbeis, bárbaras e indignas, a fim de que não contraias tal raiva e tanta esquivança que chegues a ser como um Momo satírico entre os deuses e como um misantropo Timão[174] entre os homens. Permanece, entretanto, junto ao ilustríssimo e generosíssimo ânimo do senhor Mauvissiero (sob os auspícios de quem começou a publicar a solene filosofia), que talvez possua algum meio suficiente pelo qual os astros e potências superiores te guiarão ao termo, de onde possa olhar, de longe, semelhante gente bruta. E vós outros, mui nobres personagens, sede esconjurados pelo cetro do fulgurante Júpiter, pela civilidade famosa dos Príamos, pela magnanimidade do senado e do povo Quirino, e pelo banquete de néctar que sobre a escaldante Etiópia fazem os deuses. Se por sorte uma outra vez ocorre de o Nolano, por serviço, prazer ou favor, pernoitar em vossa casa, fazei de maneira com que por vós esteja protegido de semelhantes encontros; e devendo com céu escuro retornar à sua morada, se não quiserdes fazê-lo ser acompanhado por cinquenta ou cem archotes, fazei-o ao menos ser acompanhado por um destes; ou se isso vos parecer muito, emprestai-lhe uma lanterna com um candelabro de sebo, a fim de que tenhamos matéria para falar de sua boa vinda à vossa casa, da qual não se falou até agora. *Adiuro vos* (vos adjuro), ao doutor Nundinio e Torquato, pela refeição dos Antropófagos, pela pilastra do cínico Anaxarco[175], pelas desmesuradas serpentes de Laocoonte e pela tre-

---

173. Diálogo perdido ou possível referência a *Despacho da Besta Triunfante*, também publicado em 1584, cujo terceiro capítulo faz menção ao purgatório.
174. O filósofo Timão de Atenas, contemporâneo de Aristóteles, personagem de comédias de Luciano, de Boiardo e de Shakespeare.
175. Anaxarco de Abdera (380-320 a.C.) foi emasculado, preso a uma pilastra, por ordem do sátrapa Nicocreonte.

mebunda praga de são Rocco[176], que advertis (se fosse no profundo abismo e no dia do juízo) aquele rústico e grosseiro pedagogo que vos deu educação, e aquele arquiasno ignorante que vos ensinou a discutir, a fim de que vos paguem as más despesas, o tempo e o cérebro que vos fizeram perder. *Adiuro vos*, barqueiros londrinos, que com vossos remos bateis as ondas do Tâmisa superbo, pela honra de Eveno e de Tiberino, com os quais se nomeiam dois famosos rios, e pela celebrada e espaçosa sepultura de Palinuro[177], que por nosso dinheiro nos guiastes ao porto. E vós, Trasones[178] selváticos e orgulhosos marvócios do povo vilão, sede esconjurados pelas carícias que as Mênades fizeram a Orfeu, pelo último serviço que fizeram os cavalos a Diomedes e ao irmão de Sêmele, e pela virtude do pétreo brocado de Cefeu: quando virdes e encontrardes os forasteiros e viajantes, se não quiserdes abster-vos daquelas fisionomias torvas e erínicas, ao menos a abstinência daquele choque vos seja recomendada. Torno a vos esconjurar todos juntos: alguns pelo escudo e lança de Minerva, outros pela generosa prole do cavalo troiano; outros pela veneranda barba de Esculápio, outros mais pelo tridente de Netuno, pelos beijos que deram os cavalos em Glauco[179]; que em outra oportunidade, com melhor diálogo, fazei notório os vossos fatos, ou ao menos se calem.

Tradução e Notas: NEWTON CUNHA

---

176. Rocco de Montpellier (1295-1327), patrono dos doentes de peste, representado com uma chaga nas costas.
177. Piloto de Eneas, sepultado num monte da Lucânia.
178. Trasone é o nome da personagem da comédia *Eunuco*, de Terêncio, soldado fanfarrão.
179. Ironia, já que, na verdade, os cavalos devoraram Glauco (*Geórgicas*, Virgílio, III).

DA CAUSA, PRINCÍPIO E UNO

Epístola Preambular

> Escrita ao ilustríssimo senhor Miguel de Castelnau,
> Senhor de Mauvissiero, Concressalto e Joinville,
> Cavaleiro da Ordem do Rei Cristianíssimo,
> Conselheiro de seu conselho particular,
> Capitão de cinquenta homens de armas e
> Embaixador junto à Seréníssima Rainha da Inglaterra.

Ilustríssimo e único cavaleiro, se dirijo os olhares de minha consideração para mirar vossa magnanimidade, perseverança e solicitude, com as quais, juntando os diversos ofícios e os vários benefícios, me haveis vencido, obrigado e cativado, sabendo superar qualquer dificuldade, livrar de quase todo perigo e levar a termo todos os vossos honorabilíssimos desígnios, chego a ver quão propriamente vos convém aquela generosa divisa que orna o vosso terrível elmo. Humor líquido que suavemente goteja, enquanto continuamente destila, à custa de perseverança, amolece, escava, doma, quebra e aplana uma certa pedra compacta, áspera, dura e rugosa[1].

Se, por outro lado, trago à lembrança o modo como (deixando de lado outros gestos vossos honrados), por ordem divina e elevada providência e predestinação, me sois um sólido e suficiente defensor nos injustos ultrajes que sofro, quando se fazia necessário um

---

1. Muito provavelmente, *gutta cavat lapidem* (a gota escava a pedra), verso de Ovídio em *Ex Ponto*.

ânimo realmente heroico (que não permitisse baixar as armas, que não desesperasse ou se desse por vencido diante de tamanha torrente de imposturas criminosas com que, com encarniçado ímpeto, me atacaram a inveja dos ignorantes, a presunção dos sofistas, a detração dos malévolos, a murmuração dos criados, os sussurros dos mercenários, os escrúpulos dos bisbilhoteiros, as contradições dos domésticos, as superstições dos tolos, o zelo dos hipócritas, o ódio dos bárbaros, a fúria dos plebeus, os furores do povo, o lamento dos atingidos, as vozes dos castigados; em que não faltou, além disso, um descortês, louco e malicioso desdém feminino, cujas lágrimas costumam ser mais potentes do que as túmidas ondas e as mais violentas tempestades de presunções, invejas, detrações, murmúrios, traições, ira, menosprezo, ódio e furores) – eis que vos vejo qual rochedo sólido e firme, ressurgindo e mostrando a cabeça fora do mar intumescido, que contra nada se arremessa, em nada se move ou se abala, nem pelo céu irado nem pelo horror do inverno, nem pelo bater violento das grandes ondas, pelas estridentes procelas aéreas, nem mesmo pelo soprar violento do Aquilão. Mais se reverdece, porém, e, com semelhante substância, se veste e se reveste. Dotado, pois, de dupla virtude, pela qual são potentíssimas as líquidas e amenas gotículas e vaníssimas as ondas rígidas e tempestuosas, contra cujas gotas se torna tão fraca a dura pedra, pela qual, e contra as vagas, surge potente o trabalhado escolho, sois ao mesmo tempo aquele seguro e tranquilo porto para as verdadeiras musas, e rocha ruinosa contra a qual desaparecem as falsas maquinações de impetuosos desígnios e furiosos ataques de suas velas inimigas. Eu, portanto, a quem jamais pôde acusar de ingrato, que ninguém jamais vituperou descortês, de quem não há quem possa lamentar-se, eu, odiado pelos estultos, desprezado pelos vis, censurado pelos ignóbeis, vituperado por malandros e perseguido pelos de gênios bestiais; eu, amado pelos sábios, admirado pelos doutos, exaltado pelos grandes, estimado pelos poderosos e favorecido pelos deuses; eu, por tantos favores vossos recebido, nutrido, defendido, libertado, mantido a salvo, seguro; como livrado por vós de grande e perigosa tempestade, a vós consagro esta âncora, estas sartas, estas velas arriadas, bem como esses outros bens para mim caríssimos e, para o mundo futuro, preciosíssimos bens, a fim de que, como o vosso favor, não submerjam no oceano iníquo, turbulento e inimigo. Suspensos no sagrado templo da Fama, serão eles poderosos contra a protérvia da ignorância e a voracidade do tempo, fazendo eterno assim o testemunho do vosso invencível favor, para que o mundo conheça que essa prole generosa e divina, inspirada por alta inteligência, concebida pelo bom senso regrado e parida de nolana Musa, não morreu ao nascer, mas promete sim vida enquanto esta Terra, com seu dorso vivaz[2], irá evoluindo para um aspecto eterno de outras estrelas lampejantes. E eis aqui aquela filosofia onde certa e verdadeiramente se encontra o que em vão se procura em outras, contrárias e diferentes. E primeiramente, com suma brevidade, vos exponho, em cinco diálogos, tudo o que diz respeito à contemplação real da causa, princípio e uno.

Argumento do Primeiro Diálogo

Em que haveis uma apologia, ou algo assim, acerca da *Ceia das Cinzas* etc.

Argumento do Segundo Diálogo

No segundo diálogo tendes, primeiramente, a razão da dificuldade de tal cognição, por saber o quanto o objeto cognoscível se afastou da potência cognitiva. Em segundo lugar, de que maneira e em que medida aquilo que é causado e principiado é esclarecido pela causa e pelo princípio. Em terceiro lugar, quanto a cognição da substância do universo confere ao conhecimento daquilo de que depende. Em quarto lugar, por que meios ou caminhos tentamos conhecer o primeiro princípio. Em quinto lugar, a diferença e a concordância, a identidade e a diversidade entre o significado dos termos "causa" e "princípio". Em sexto lugar, qual a causa, que se distingue em eficiente, formal e final, e de quantos modos é denominada causa eficiente e com quantas razões é concebida; como esta causa eficiente é, de certo modo, inerente às coisas naturais, por ser a própria natureza, e como é, de certo modo, exterior àquelas. Como a causa formal está unida à eficiente, sendo aquela pela qual a eficiente opera; e como é suscitada, pela causa eficiente, do âmago da matéria. Como, num sujeito primordial, coincidem a eficiente e a formal, e como uma é diferente da outra. Em sétimo lugar, a diferença entre a causa formal universal – que é uma alma pela qual o universo infinito, como

---

2. Como já visto no livro precedente, *A Ceia das Cinzas*, a Terra, para o autor, é um ser vivo.

infinito que é, não é um animal positivamente, mas negativamente[3] – e a causa formal particular, multiplicável e multiplicada ao infinito; que tanto mais perfeita é quanto mais geral e superior se acha num sujeito; pelo que os grandes animais, como são os astros, devem ser considerados, comparativamente, como mais divinos, isto é, mais inteligentes, sem erros e defeitos. Em oitavo, que a primeira e principal forma natural, princípio formal e natureza eficiente, é a alma do universo: princípio de vida, vegetação e sentido de todas as coisas que vivem, vegetam e sentem. E a modo de conclusão, é coisa indigna que um sujeito racional possa crer que o universo e seus outros corpos principais sejam inanimados, porquanto das partes e excrementos daqueles derivam os animais que chamamos perfeitíssimos. Em nono, que não há coisa por mais defeituosa, corrompida, diminuta ou imperfeita que seja que, pelo fato de ter o princípio formal, não tenha alma igualmente, mesmo que não possua o ato suposto[4] que denominamos com o nome de animal. E concluiu-se, com Pitágoras e outros, que não em vão abriram os olhos, como um espírito imenso preenche e tudo contém, conforme diversas razões e ordens. Em décimo, sendo esse espírito persistente junto com a matéria, a que babilônios e persas chamaram de sombra, e sendo um e outro indissolúveis, faz-se entender que é impossível que em qualquer ponto alguma coisa venha a se corromper ou morrer segundo a substância; ainda que segundo alguns acidentes todas as coisas mudem de aspecto e se transformem, ora sob uma, ora sob outra composição, por uma ou outra disposição, ora assumindo, ora deixando este ou aquele ser. Em décimo primeiro lugar, que aristotélicos, platônicos e outros sofistas não conheceram a substância das coisas e mostra-se claramente que nas coisas naturais tudo o que chamam de substância, além da matéria, é puro acidente. E que do conhecimento da verdadeira forma, infere-se a verdadeira noção do que seja a vida e do que seja a morte; e extinto de fato o vão e pueril medo desta última, se conhece uma parte da felicidade que nossa contemplação produz, segundo os fundamentos de nossa filosofia – desde que se rompa o espesso véu do louco sentimento sobre o Orco e o avarento Caronte, pelo qual o que há de mais doce em nossa vida se deteriora e se envenena[5]. Em décimo segundo lugar, distingue-se a forma, não segundo

---

3. O universo é um animal considerado sem espécie e, portanto, impossível de comparação.
4. *Actus suppositi*, expressão escolástica.
5. Essa necessidade de nos livrarmos do medo da morte é um tema recorrente entre os estoicos e epicuristas.

a razão substancial que a faz uma, mas segundo os atos e exercícios das potências e graus específicos do ente que elas produzem. Em décimo terceiro, conclui-se a verdadeira razão definitiva do princípio formal: como a forma é espécie perfeita, distinta na matéria, de acordo com as disposições acidentais dependentes da forma material, como daquela que consiste em diversos graus e disposições das qualidades ativas e passivas. Vê-se, portanto, como é variável e invariável, como define e determina a matéria e como é por ela definida e determinada. Em último lugar, com certa semelhança adaptada ao sentido vulgar, mostra-se de que modo essa forma, essa alma, pode estar toda inteira em toda e qualquer parte do todo.

Argumento do Terceiro Diálogo

No terceiro diálogo (depois de termos falado da forma, cujo discurso se refere mais à causa do que ao princípio) se procede à consideração da matéria, que se julga dever ter mais razão de princípio e elemento do que de causa; deixando de lado os preâmbulos que se acham no início do diálogo, mostra-se primeiramente que Davi de Dinanto não estava louco ao tomar a matéria como coisa excelentíssima e divina. Em segundo, como, mediante várias formas de filosofar, pode-se ter diferentes entendimentos de matéria, embora na realidade exista uma primeira e absoluta, pois, tendo-se vários graus e escondendo-se sob várias espécies, muitos poderiam julgá-la diversamente, segundo as razões que lhe são apropriadas. Assim é que o número escolhido pura e simplesmente pelo matemático é escolhido harmonicamente pelo músico, típica e simbolicamente pelo cabalista e de maneiras diversas submetidos por outros loucos e sábios. Em terceiro, declara-se o sentido da palavra matéria, segundo a diferença e a semelhança que existem entre os sujeitos natural e artificial[6]. Em quarto, propõe-se que merecem ser repelidos os pertinazes e quanto somos obrigados a lhes responder e com eles discutir. Em quinto, do verdadeiro significado da matéria, conclui-se que nenhuma forma substancial perde sua essência; e fortemente se fica convencido de que os peripatéticos e outros filósofos vulgares (embora a denominem substancial) não conheceram outra substância senão a matéria. Em sexto, concluiu-se por um princípio formal constante, assim

---

6. Entre a matéria natural, informe, e a matéria artificial, formada e utilizada pelo homem.

como se conhece um princípio material constante; e que, com a diversidade de disposições que há na matéria, o princípio formal se transporta para a figuração multiforme de diferentes espécies e indivíduos; finalmente, se mostra por que alguns que foram educados na escola peripatética não quiseram reconhecer outra substância senão a matéria. Em sétimo lugar, por que é necessário que a razão distinga a matéria da forma, a potência do ato, e se repete o que, secundariamente, já se disse: como o sujeito ou princípio das coisas naturais pode ser diversamente tomado, sem incorrer em calúnias; e, com mais utilidade, segundo os modos naturais e mágicos; de maneira menos útil, segundo matemáticos e racionalistas, especialmente se seguem a regra e o exercício da razão; pois esses não realizam em ato coisas dignas, não se obtendo daí algum fruto na prática, sem o qual qualquer contemplação seria considerada vã. Em oitavo lugar, propõem-se dois entendimentos pelos quais a matéria costuma ser considerada, isto é, como potência e sujeito. Começando pelo primeiro entendimento, se distingue em ativa e passiva e, de certo modo, alude a tudo. Em nono lugar, da oitava proposição se infere como o supremo e divino é tudo aquilo que pode existir, como o universo é tudo aquilo que pode ser e que as demais coisas não são tudo o que podem ser. Em décimo, como consequência do que foi dito, demonstra-se breve e abertamente onde na natureza estão os vícios, monstros, corrupção e morte. Em décimo primeiro lugar, de que maneira o universo está em toda a parte e em nenhuma, o que proporciona uma excelente contemplação da divindade. Em décimo segundo lugar, de onde vem que o intelecto não consegue compreender esse ato absolutíssimo e essa potência absolutíssima. Em décimo terceiro lugar, concluiu-se pela excelência da matéria, que coincide com a forma, assim como a potência coincide com o ato. Por último, visto que a potência coincide com o ato e o universo é tudo o que pode existir, como também por outras razões, concluiu--se que o todo é uno.

Argumento do Quarto Diálogo

No quarto diálogo (depois de no segundo diálogo se ter considerado a matéria como potência), se considera a matéria como sujeito. Ali, primeiramente com as divagações de Polímnio, chega-se à razão daquela matéria, conforme os princípios vulgares tanto de alguns platônicos quanto de todos os peripatéticos. Em segundo, raciocinando *iuxta* (segundo) nossos próprios princípios, mostra-se, com mais razões, que una é a matéria das coisas corpóreas e incorpóreas. Das quais, a primeira delas se prende à potência do mesmo gênero. A segunda, à razão de certa analogia proporcional entre o corpóreo e o incorpóreo, entre o absoluto e o contraído. A terceira se prende à ordem e à escala da natureza, que ascende a um princípio que tudo completa ou compreende. A quarta, pois há necessidade de que haja um sujeito indistinto antes que a matéria seja distinguida em corporal e incorporal, indistinto esse significado pelo supremo gênero da categoria[7]. A quinta, por ser uma razão comum ao sensível e ao inteligível, deve vir ligada ao sujeito da sensibilidade e ao sujeito da inteligibilidade. A sexta se prende a que o ser da matéria é absoluto do ser do corpo; de onde, não com menor razão, pode enquadrar-se em coisas corpóreas e incorpóreas. A sétima prende-se à ordem do superior e inferior que se encontra nas substâncias, pois uma tal ordem pressupõe uma comunhão que, na matéria, constitui o gênero, como a forma constitui a diferença específica. A oitava prende-se a um princípio estranho, mas concedido por muitos. A nona refere-se à pluralidade das espécies que povoam o mundo inteligível. A décima liga-se à semelhança e à imitação de três mundos: o metafísico, o físico e o lógico. A décima primeira relaciona-se com o fato de que o número, a diversidade, a ordem, a beleza e o ornamento envolvem matéria. Em terceiro lugar, são aduzidos, em breve esboço, quatro argumentos contrários, e a eles se respondem. Em quarto, mostra-se a diferença de entendimento que existe entre uma e outra matéria, entre esta e aquela, e como ela, nas coisas incorpóreas, coincide com o ato; e como na matéria existem todas as espécies de dimensões e todas as qualidades estão compreendidas na forma. Em quinto, que nenhum sábio jamais defendeu o ponto de vista de que a matéria recebe as formas como que vindas de fora, mas como que, empurrando-as do seio, as envia de dentro. Logo, ali não existe um *prope nihil*, um quase nada, uma potência nua e pura, visto que todas as formas nela se acham contidas; e por virtude do eficiente (o qual pode ser dele indistinto), podem ser produzidas e geradas; elas não têm menor razão de atualidade no ser sensível e explicado[8] senão conforme a subsistência acidental, sendo que tudo o que se vê e se revela por acidentes fundados nas dimensões

---

7. Ou seja, a categoria "matéria".
8. Observar que o termo *explicado*, na filosofia de Bruno, muitas vezes se refere a coisa ou ente específico, já produzido, que se expõe ou se revela. Opõe-se a *implicado*, que está em potência, infuso, implexo e pode vir a ser qualquer coisa.

é puro acidente; a substância permanece sempre indivisa e coincide com a matéria indivisa. De onde se vê claramente que a explicação não pode captar senão acidentes, de modo que as diferenças substanciais permanecem ocultas, conforme disse Aristóteles, forçado pela verdade. Assim sendo, se quisermos bem considerar as coisas, podemos inferir que una é a substância uniforme, que uno é o verdadeiro ente que, segundo inumeráveis circunstâncias e indivíduos, aparece sob tantos e diversos aspectos. Em sexto, no que se refere ao que Aristóteles e outros semelhantes entendem quanto ao ser em potência na matéria, nada é certo, pois, segundo eles próprios, essa é tão absolutamente permanente que jamais muda ou varia o seu ser; mas ao seu redor se acha toda variedade e mudança. E o que vem depois do que podia ser, ainda segundo eles, é sempre composto. Em sétimo, determina-se o apetite da matéria, mostrando-se como é vão defini-la deste modo sem partir das razões retiradas de princípios e de suposições daqueles mesmos que tanto a proclamam filha da privação e semelhante à avidez da fêmea insaciável.

Argumento do Quinto Diálogo

No quinto diálogo, tratando-se especificamente do uno, se completa o fundamento do edifício de toda a cognição natural e divina. Ali se traz, em primeiro lugar, a coincidência da matéria e da forma, da potência e do ato, de maneira que o ente, logicamente dividido no que é e no que pode ser, é, fisicamente, indiviso, indistinto e uno; e este conjunto do conjunto [é] infinito, imóvel, indivisível, sem diferença de tudo e da parte, de princípio e principiado. Em segundo lugar, que nele não há diferença entre século e ano, ano e momento, palmo e estádio, estádio e parassanga[9] e, na sua essência, este ou aquele ser específico não é outro; no universo, porém, não há número e, no entanto, o universo é uno. Em terceiro, no infinito o ponto não é diferente do corpo, pois a potência não é uma coisa e o ato outra; ali, se o ponto pode correr de comprido, a linha transversalmente e a superfície em profundidade, eis que no infinito o ponto é comprido, a linha é larga e a superfície é profunda; e toda coisa é longa, larga e profunda; e, consequentemente, é idêntica e

---

9. O palmo equivale a 26 centímetros; o estádio corresponde a um quarto de milha terrestre (cerca de 402 metros), e a parassanga, a trinta estádios (12.060 metros, aproximadamente).

una; e o universo é todo centro e todo circunferência. Em quarto, da mesma maneira que Júpiter, como o chamamos, está em tudo o que se possa imaginar ser a forma do todo (pois ele é a essência pela qual tudo o que existe tem ser; e estando em tudo, cada coisa tem o tudo mais intimamente que a própria forma, disto se conclui que todas as coisas estão em cada coisa e, consequentemente, o todo é uno). Em quinto lugar, responde-se à dúvida dos que perguntam por que todas as coisas se transformam e por que as matérias particulares, por receberem seres diferentes, tendem a assumir outras formas; e se mostra como na multidão está a unidade e, na unidade, a multidão. E como o ente é multímodo e multiúnico, e no final das contas, é uno em substância e verdade. Em sexto, explica-se de onde procedem essa diferença e esse número e que eles não constituem o ente, mas propriedades e acidentes do ente. Em sétimo, comunica-se que quem descobriu esse uno, isto é, a razão dessa unidade, encontrou a chave sem a qual é impossível o ingresso na verdadeira contemplação da natureza. Em oitavo, em uma nova meditação, repete-se que o uno, o infinito, o ente e aquilo que está em tudo está em toda parte, ou melhor, é o próprio *ubique* (ubíquo, onipresente); sublinha-se assim que a infinita dimensão, porque não é magnitude, coincide com o indivíduo, como a infinita multidão, por não ser número, coincide com a unidade. Em nono, como no universo não existem partes distintas (parte e parte), ainda que se queira o universo separadamente, tudo o que vemos de diversidade e diferença não passa de face múltipla e diferente da mesma substância. Em décimo, que dos dois extremos ditos da extremidade da escala da natureza não se devem contemplar dois princípios, mas apenas um, não dois entes, mas um só, não dois contrários e diferentes, mas um só concordante e idêntico. Aí a altura é profundidade, o abismo é luz inacessível, as trevas são claridade, o magno é insignificante, o confuso é distinto, a rixa é amizade, o divíduo é indivíduo, o átomo é imenso e vice-versa. Em décimo primeiro, em que certas denominações geométricas, como o ponto e a unidade, são tomadas para promover a contemplação do ente e do uno, e não são, por si sós, termos suficientes para significá-los. É por isso que Pitágoras, Parmênides e Platão não devem ser tolamente interpretados, conforme a pedante censura de Aristóteles. Em décimo segundo, do fato de que a substância é distinta da quantidade, da medida e do número, infere-se que é una e indivisível em tudo e qualquer coisa. Em décimo terceiro lugar, são apresentados os sinais e as verificações segundo as quais os contrários verdadeiramente concorrem; eles resultam de um mesmo princípio e são, em verdade e substância, um ser uno; fato que, depois de considerado matematicamente, se conclui fisicamente.

Eis aqui, ilustríssimo senhor, de onde se precisa sair primeiro para depois volver a entrar na mais especial e apropriada cognição das coisas. Ali dentro, como na própria semente, se contém e implica a profusão das conclusões da ciência natural. Disso deriva a tessitura, disposição e ordem das ciências especulativas. Sem essa isagoge, em vão se tenta, se entra, se começa. Tomai, pois, com grande ânimo esse princípio, esse uno, esta fonte, esta conclusão; para que se animem a externar e afirmar sua prole e geração, para que seus córregos e rios caudalosos se espalhem, seu número sucessivamente se multiplique e seus membros se disponham, a fim de que, saindo a noite com seu véu sonolento e tenebroso manto, o claro Titão, parente das divinas musas, acompanhado de sua família, envolvido por sua eterna corte, depois de banidas as lúgubres faces, e ornando o mundo com novo dia, conduza o carro triunfante ao seio avermelhado desta desejada Aurora.

Adeus.

Primeiro Diálogo

Interlocutores: Heliotrópio, Filoteu e Armesso[10].

HELIOTRÓPIO: Como réus acostumados às trevas, e que libertados do fundo de alguma torre sombria saem à luz, muitos dos que se exercitam na filosofia vulgar[11] hão de se atemorizar, se admirar e (não suportando o novo sol de teus claros conceitos) se perturbarão.

FILOTEU: O defeito não é de luz, mas de luzes; quanto mais belo e excelente o sol, tanto mais odioso será ele aos olhos das bruxas noturnas e desprovido de vantagem.

HELIOTRÓPIO: A empresa que tomaste é difícil, rara e singular, enquanto queres o abismo cego perseguir e dele trazer-nos à serena, tranquila e descoberta vista das estrelas, que com tão bela variedade vemos disseminadas pelo manto do céu. Embora a mão atraente de teu piedoso zelo socorra os homens solitários, não serão menos

---

10. Heliotrópio, "flor que se volta para o sol", girassol, discípulo da filosofia nolana; Filoteu (ou ainda, Teófilo), "que ama a Deus", e, nesse caso, o próprio Bruno; Armesso, personagem não identificada, mas provavelmente um inglês (Matthew?).
11. Aristotélica.

variados os efeitos dos ingratos para contigo, pois são diversos os animais que a terra benigna gera e nutre em seu materno e prolífico seio, porquanto a espécie humana, particularmente por seus indivíduos, manifesta a diversidade de todas as outras espécies. Por isso se verão as toupeiras ofuscadas, tão logo sintam o ar livre; eis que novamente, escavando a terra, tentarão penetrar em seus esconderijos nativos. Como pássaros noturnos, tão logo vejam despontar do lúcido oriente a encarnada embaixatriz do sol, serão convidados ao caliginoso retiro pela fraqueza de seus olhos. Os animais banidos da aparência das lâmpadas celestes e destinados às eternas armadilhas, caos e antros de Plutão, reclamados pelo espantoso e erínico corno de Alecto, abrirão as asas e dirigirão o curso veloz para seus refúgios. Mas aqueles espíritos que nasceram para ver o Sol, após o término da noite odiosa, agradecendo a benignidade do céu, e se dispondo a receber no centro do globuloso cristal de seus olhos os tão desejados e esperados raios; e com desusado entusiasmo de coração, de voz e de mãos adorarão o oriente; de cujo dourado balcão Titão expulsou os cavalos fogosos, rompendo assim o sonolento silêncio da noite úmida, os homens voltarão à luz; balirão as fáceis, inermes e simplórias greis lanosas; os armentos carnígeros mugirão sob a guarda de rudes guardiões. Os cavalos de Sileno zurrarão (de novo em favor dos deuses desaparecidos para espantar a maior parte dos estúpidos gigantes)[12]; chafurdando em seu limoso leito os porcos de longas presas nos ensurdecerão com seus importunos grunhidos. Os tigres, ursos, lobos, leões e as falazes raposas, pondo a cabeça para fora de suas espeluncas, e das alturas desertas contemplando a amplidão do campo de caça, soltarão do peito grunhidos, ganidos, frêmitos, rugidos e urros. No ar e sobre a fronde de plantas ramosas, os galos, as águias, os pavões, os grous, as rolas, os melros, os pardais, os rouxinóis, as gralhas, as pegas, os corvos, cucos e cigarras não deixarão de replicar e de redobrar seus chilros estrepitosos. Do líquido e instável campo ainda, os brancos cisnes, os patos multicoloridos, os solícitos mergulhões, os vermes dos paludes, os gansos roucos, as quérulas rãs nos tocarão os ouvidos com seus rumores; de maneira que o lume cálido deste sol difundido no ar deste feliz hemisfério será acompanhado, saudado e talvez molestado por tantas e tal diversidade de vozes quantos são os espíritos que do fundo do peito o proclamam.

---

12. Diz o mito grego que nas batalhas de Zeus contra os Titãs, os sátiros ajudaram o pai dos deuses montados em burros que zurravam estrondosamente (conhecidos desde então como "cavalos de Sileno").

FILOTEU: Não é apenas ordinário, mas também natural e necessário que cada animal produza a sua voz, e não é possível que as bestas formem acentos regulados e sons articulados como os homens, já que contrárias são as complexões, diferentes os gostos, outros os alimentos.

ARMESSO[13]: Permiti-me, por favor, a liberdade de dizer a minha opinião. Não é sobre a luz, mas acerca de algumas circunstâncias pelas quais nem tanto o sentido se consola quanto se molesta o sentimento de quem vê e pensa; pois para vossa paz e tranquilidade, que com fraterna caridade vos auguro, não gostaria que desses vossos discursos se façam comédias, tragédias, lamentos, diálogos ou (como quer que sejam ditos), semelhantes aos que, por terem saído em campo a passeio, vos forçaram a vos conservar reclusos e retirados em casa.

FILOTEU: Dizei livremente.

ARMESSO: Não falarei como santo profeta, adivinho abstrato, assumido apocalíptico nem como a angélica jumenta de Balaão[14]; não raciocinarei como que inspirado por Baco ou como que inflado de vento pelas musas putas do Parnaso, como uma sibila emprenhada por Febo, como fatídica Cassandra, como que entupido dos pés à cabeça pelo entusiasmo apolíneo nem como vate iluminado no oráculo ou na trípode délfica; nem como Édipo embaraçado contra os nós da Esfinge, ou como um Salomão ao ver os enigmas da rainha de Sabá, como Calcante, intérprete do senado olímpico, nem como o inspirado Merlim ou como que saído da caverna de Trofônio. Falarei clara e comumente, como homem que teve outro pensamento, em vez de ficar espremendo o cérebro até que ao fim a dura-máter se resseque; como homem, digo, que não possui outro cérebro senão o meu, a quem, sem dúvida, mesmo os deuses de terceira categoria e servidores de copa da corte celestial (os que não bebem ambrosia nem provam o néctar, mas que matam a sede com restos de barril e vinho imprestável, sem se preocupar com linfas[15] e ninfas, aqueles, digo, que costumam ser mais domésticos, familiares e conversáveis conosco), como se dissesse, nem o deus Baco, nem aquele bêbado cavalgador de asno, nem Pã nem Vertuno, nem Fauno ou Príapo se

---

13. No original, a personagem se utiliza tanto do pronome vós quanto do tu, dirigindo-se a Filoteu. Mantivemos a duplicidade.

14. A jumenta recebeu a palavra de Deus por ter percebido o anjo que impedia a passagem de seu amo (*Números* 22, 22-30).

15. Linfa, na época, com o sentido de água corrente e límpida.

dignam conceder um fio de palha que seja, embora sejam generosos com cavalos.

HELIOTRÓPIO: Proêmio muito longo.

ARMESSO: Paciência, que a conclusão será breve. Quero dizer, rapidamente, que vos farei ouvir palavras que dispensam decifrações, como se tivessem sido postas em destilações, passadas no alambique, digeridas em banho-maria e sublimadas em recipientes de quinta-essência; mas sim, tais como me ensinou minha nutriz, mulher de pele dura, peituda, barriguda, ancuda e nadeguda quanto aquela londrina que vi em Westminster, que como aquecedor para o estômago tem um par tão grande de tetas que mais pareciam os borzeguins do gigante São Esparagório, e que, contidas em couro, serviriam seguramente para fazer duas gaitas de fole ferrarenses[16].

HELIOTRÓPIO: E isso já basta como proêmio.

ARMESSO: Pois bem, para prosseguir, gostaria de saber de vós (deixando de lado as vozes e línguas sobre o esplendor e luz que vossa filosofia pode trazer) com que vozes quereis que saudemos aquele brilho de doutrina que emana do livro *A Ceia das Cinzas*? Que animais são aqueles que nele recitam? Pergunto se são aquáticos ou terrestres, aéreos ou lunáticos; e, deixando de lado os propósitos de Smith, Prudêncio e Frulla, desejo saber se falham os que dizem que tu incorporas a voz de um cão raivoso, enfurecido, às vezes te transformas em macaco, às vezes em lobo, ou na pega, no papagaio, ora num animal, ora noutro, misturando propósitos graves e sérios, morais e naturais, nobres e ignóbeis, filosóficos e cômicos.

FILOTEU: Não vos admireis, irmão, porque aquela foi uma ceia na qual os cérebros foram governados pelos afetos, como outras se estendem pela eficácia dos sabores da comida e da bebida. Da maneira como for a ceia material e corporal, igualmente será a verbal e espiritual; assim, este diálogo tem suas partes variadas e diversas, como as que costuma ter uma ceia; idênticas são, de uma e de outra, as condições, as circunstâncias e os meios.

ARMESSO: Por favor, fazei com que eu vos compreenda.

FILOTEU: Como é habitual e de dever, numa ceia costumam-se encontrar saladas, frutas, acepipes e pratos caseiros, especiarias para pessoas sadias e para doentes; coisas frias e quentes, cruas e cozidas, aquáticas e terrestres, domésticas e selvagens; assadas e cozidas em água, maduras e verdes, alimentos para nutrir e para degustar,

---

16. Em Ferrara, na época, trabalhava um famoso construtor de instrumentos musicais, Ippolito Cricca.

substanciosos e leves, salgados e insípidos, ácidos e doces, amargos e suaves. Também lá, por uma certa analogia, apareceram suas disparidades e diversidades, acomodadas a estômagos díspares e gostos diversos – tais como os que se fazem presentes neste nosso simpósio – a fim de que não houvesse quem se lamentasse de ter vindo inutilmente, e quem não gostasse de uma coisa pudesse outra pegar.

ARMESSO: É verdade, mas que direis se em vosso banquete, se em vossa ceia aparecerem coisas que nem são boas para salada nem para refeição, nem para acepipes ou pratos ordinários, nem frias ou quentes, nem cruas ou cozidas, que não sirvam como aperitivo ou para a fome, que não sejam boas para sadios e doentes, que não tenham saído das mãos de um cozinheiro ou de alguém especial?

FILOTEU: Verás que nem aí a nossa ceia difere das demais. Como nelas, no melhor dos manjares, algum bocado muito quente queima e tens de cuspi-lo ou fazê-lo passar pelo palato, lacrimejando, chorando, até poder enviar o maldito goela abaixo; ou te quebras um dente ou mordes a língua que se foi intrometer no pão, ou alguma pedrinha se rompe entre os dentes e te obriga a regurgitar todo o bocado; ou algum cabelo ou pelo do cozinheiro se prende ao céu da boca e te faz vomitar imediatamente, ou uma espinha de peixe se finca na tua garganta e te faz tossir, ou ainda algum ossinho nela se atravessa e te põe em perigo de sufocar; assim em nossa ceia (para nossa desgraça comum), acham-se coisas correspondentes e proporcionais àquelas. Tudo advém do pecado do antigo ancestral Adão, pelo qual a perversa natureza humana foi condenada a ter sempre juntos gostos e desgostos.

ARMESSO: Pia e santamente. Mas o que respondeis àqueles que dizem serdes um raivoso cínico?

FILOTEU: Concederei facilmente, se não no todo, em parte.

ARMESSO: Mas sabeis que é menos vitupério para um homem receber ultrajes do que fazê-los.

FILOTEU: Basta que os meus sejam chamados vingança, e os dos outros sejam chamados ofensas.

ARMESSO: Mesmo os deuses estão sujeitos a receber injúrias, a sofrer infâmias e suportar críticas; mas criticar, infamar e injuriar é próprio de gente vil, ignóbil, mesquinha e celerada.

FILOTEU: Isso é verdade, mas nós não injuriamos; repelimos as injúrias que se fazem não tanto a nós, e sim à filosofia desprestigiada, a fim de que aos desprazeres recebidos não se juntem outros.

ARMESSO: Quereis então parecer cachorro que morde para que ninguém se arrisque a vos molestar?

FILOTEU: Assim é, pois desejo a tranquilidade e me desagrada o desprazer.

ARMESSO: Sim, mas julgam que procedeis muito rigorosamente.

FILOTEU: A fim de que não retornem e para que os outros aprendam a não discutir comigo e com outros, tratando com semelhantes meios-termos essas conclusões.

ARMESSO: A ofensa foi privada, a vingança, pública.

FILOTEU: Nem por isso é injusta. Pois muitos erros são cometidos privadamente e justamente castigados em público.

ARMESSO: Mas com isso vindes arruinar a vossa reputação e vos fazeis mais censurável do que eles, porque se dirá que sois impaciente, fantasioso, bizarro e cabeça estouvada.

FILOTEU: Não me preocupo, com a condição de que esses e outros não me sejam molestos; é por isso que mostro o bastão cínico[17], para que me deixem em paz; e se não me querem fazer carícias, tampouco venham exercitar sua incivilidade comigo.

ARMESSO: Parece-vos que cabe a um filósofo vingar-se?

FILOTEU: Se aqueles que me molestam fossem Xantipa, eu seria um Sócrates.

ARMESSO: Não sabeis que a longanimidade e a paciência convêm bem a todos, de modo que venham a ser semelhantes aos heróis e aos deuses; que, segundo alguns, só se vingam tarde[18] ou, segundo outros, jamais se vingam ou se encolerizam[19]?

FILOTEU: Tu te enganas se pensas que estive preocupado com a vingança.

ARMESSO: E o que foi, então?

FILOTEU: Pratiquei a correção, no exercício da qual também somos semelhantes aos deuses. Saiba que o pobre Vulcano [não] foi dispensado por Júpiter de trabalhar mesmo nos dias de festa, e aquela maldita bigorna nunca mais se cansa de levar os golpes de tantos e tão feros martelos, que nem bem um sobe, outro desce, para que os justos raios não faltem (com os quais se castigam delinquentes e réus).

ARMESSO: Há uma diferença entre vós e o artífice de Júpiter e marido da cíprica deusa.

FILOTEU: Basta que não sejamos diferentes na paciência e na longanimidade, que naquela ocasião, aliás, exercitei, não reduzindo todo o freio ao desdém nem tocando com mais força o esporão da raiva.

---

17. Bastão que os cínicos gregos usavam para defender-se dos insultos dos que não gostavam de seu modo de vida.
18. Plutarco.
19. Os estoicos.

ARMESSO: Não cabe a ninguém ser censor, norma de vida da multidão.
FILOTEU: Dizei ainda, norma de vida quando ela não vos molesta.
ARMESSO: Diz-se que não se devem ter muitos zelos em pátria alheia.
FILOTEU: E eu digo duas coisas: primeiramente, que não se deve matar um médico estrangeiro porque tenta curar o que os dali não fazem. Em segundo lugar, digo que para o verdadeiro filósofo qualquer terra é pátria.
ARMESSO: Mas se eles não te aceitam como filósofo, médico ou conterrâneo?
FILOTEU: Nem por isso deixarei de sê-lo.
ARMESSO: Quem vos dará fé?
FILOTEU: Os numes que ali me puseram, eu que ali me encontro e os que têm olhos e ali me veem.
ARMESSO: Existem pouquíssimos e testemunhas pouco notadas.
FILOTEU: Pouquíssimos e pouco notados são os verdadeiros médicos; ali quase todos são verdadeiros doentes. Volto a dizer que eles não possuem liberdade para fazer ou permitir outro tratamento àqueles que oferecem mercadorias honradas, sejam estrangeiros ou não.
ARMESSO: Poucos conhecem essas mercadorias.
FILOTEU: Nem por isso as gemas são menos preciosas, e devemos defendê-las e fazer com que sejam defendidas, livrá-las e vingá-las, com o máximo rigor, do pisoteio dos pés dos porcos. Sejam-me propícios os superiores, meu caro Armesso, pois jamais pratiquei vingança por sórdido amor próprio ou por vil cuidado de homem particular. E sim por amor à minha amada filosofia e por zelo à lesa-majestade que lhe seja feita, estando ela reduzida a tal estado por falsos familiares e filhos (pois não existe vil pedante, dicionarista poltrão, fauno estúpido ou cavalgadura ignorante que, por se mostrar carregado de livros, alisar a barba ou por outras maneiras enfatuadas, não se queira intitular membro da família) que junto ao vulgo tanto faz dizer um filósofo como um escroque, um inútil, um pedante, um saltimbanco, charlatão, bom para servir como passatempo em casa e espantalho de pássaros no campo.
HELIOTRÓPIO: Para dizer a verdade, estima-se que a família dos filósofos é mais vil, em todas as partes do mundo, do que a dos capelães, pois estes, qual escumalha vinda de toda a parte, não puseram no desprezo o sacerdócio, tanto quanto aqueles arremessaram a filosofia ao vilipêndio.
FILOTEU: Louvemos então a Antiguidade, quando tais eram os filósofos que deles se promoviam legisladores, conselheiros e mesmo reis. E tão dignos eram esses conselheiros e reis que desta condição

eram elevados a sacerdotes. Em nosso tempo, a maioria dos sacerdotes é tal que acaba sendo desprezada e, por ela, desprezadas as leis divinas; assim, também são vistos quase todos os que se chamam filósofos, pois são vilipendiados e, por meio deles, vilipendiadas são as ciências. E além destes, existe a multidão dos malévolos que, como urtigas, com desejos hostis, costuma de seu lado oprimir a virtude e a verdade, que só aos raros se mostra.

ARMESSO: Desconheço filósofo que tanto se encolerize pela ultrajada filosofia, Heliotrópio, e nem diviso outro tão entusiasta da ciência quanto este Teófilo. O que aconteceria se todos os demais filósofos fossem de igual condição, quero dizer, tão pouco pacientes?

HELIOTRÓPIO: Os outros filósofos não descobriram tanto, não possuem tanto o que preservar ou defender: facilmente podem ainda ter como vil a filosofia que nada vale, outra que vale pouco, ou aquela que não conhecem; mas aquele que encontrou a verdade, tesouro escondido iluminado pela beleza da face divina, não se torna menos zeloso para que não seja defraudada, negligenciada e contaminada, como faria um sórdido que tem afeto pelo ouro, por rubis e diamantes, ou por uma bela mulher pérfida.

ARMESSO: Mas voltemos a nós e ao *quia*[20]. Dizem de vós, ó Teófilo, que naquela vossa *Ceia* estigmatizais e injuriais toda uma cidade, toda uma província e todo um reino.

FILOTEU: Isso eu jamais pensei, pretendi ou fiz; e se tivesse pensado, pretendido e feito, eu próprio me condenaria e me prepararia para mil retratações, para mil derrogações, para mil palinódias. E não apenas se tivesse injuriado um reino antigo e nobre como este, mas qualquer outro, por mais bárbaro que os estimassem; não somente qualquer cidade, por mais incivil e de má fama; qualquer linhagem, por mais selvagem; qualquer família, por menos inospitaleira; porque não pode haver reino, cidade, prole ou casa inteira que tenha ou que pressuponha o mesmo humor e onde não haja costumes opostos ou contrários. De tal sorte que aquilo que agrada a um pode não agradar a outro.

ARMESSO: Quanto a mim, que li e reli, e bem considerei o conjunto (embora em certos particulares vos ache por demais profuso), vejo que em geral procedeis com casticismo, racionalidade e discrição; mas os rumores se espalharam de modo como vos disse.

HELIOTRÓPIO: Esse rumor e outros foram espalhados pela vileza dos que se sentiram atingidos; ávidos de vingança e vendo-se insuficientes

---

20. "Porquê".

de razão, doutrina, engenho e força, além de inventar falsidades, com outros que a eles se assemelham e não oferecem fé, saem à procura de companhia, fazendo considerar o castigo individual como injúria coletiva.

ARMESSO: De preferência, acredito serem pessoas não desprovidas de juízo e de conselho, que pensam a injúria universal, porque revelastes tais costumes em pessoas dessa geração.

FILOTEU: Ora, que costumes são esses que iguais, piores ou muito mais estranhos em gênero, espécie e número não se encontram nas melhores províncias do mundo? Talvez me chamásseis de ingrato e injurioso de minha pátria se eu dissesse que costumes iguais e mais criminosos se encontram na Itália, em Nápoles, em Nola? Talvez esteja com isso diminuindo aquela região agradável ao céu e, às vezes, posta ao lado da cabeça e do braço direito deste mundo, governadora e dominadora das outras gerações (e por nós sempre tida por mestra, nutriz e mãe de todas as virtudes, disciplinas, humanidades, modéstia e cortesia), se exagerar em vantagem aquilo que cantaram os nossos próprios poetas, que a fazem mestra de todos os vícios, enganos, avarezas e crueldades?

HELIOTRÓPIO: Isso é correto segundo os princípios de vossa filosofia, pelos quais quereis que os contrários coincidam nos princípios e argumentos próximos; pois muitas daquelas mesmas pessoas engenhosas, extremamente capazes em altas, virtuosas e generosas empresas, se forem perversas irão se precipitar em vícios extremos. Além disso, costuma haver intelectos mais raros e eleitos que, para a gente comum, são tolos e ignorantes e, para a grande maioria, incivis e descorteses, sendo, porém, no trato particular, de cortesia e urbanidade extremas. De modo que seja concedida, para muitas gerações, a mesma medida de perfeição e de imperfeição.

FILOTEU: Dizeis a verdade.

ARMESSO: Com tudo isso, Teófilo, muito me dói (e comigo a muitos outros) que vós em nossa pátria amorosa tivésseis incorrido em tais suposições, que vos tenham oferecido uma ocasião de vos lamentar numa ceia de cinzas; pois muitíssimos outros vos teriam mostrado o quanto nosso país está propenso ao estudo das belas letras (embora tenha sido dito pelos vossos que "penitus toto divisus ab orbe"[21]), das armas, da cavalaria, da humanidade e cortesia; e nas quais, no que comportam as nossas energias, nos esforçamos

---

21. "Profundamente divididos ou separados do mundo." Frase de Virgílio, nas *Bucólicas*, I, 66, referindo-se aos britânicos: "et penitus tot divisos orbe Britannos".

em não ser inferiores aos nossos antepassados nem ser vencidos por outras gerações, sobretudo por aquelas que consideram possuir naturalmente a nobreza, a ciência, a força das armas e a civilidade.

FILOTEU: Por minha fé, Armesso, quanto àquilo que vos referis, nem com palavras, razões ou consciência devo ou saberia vos contradizer, já que com destreza de modéstia e argumentos defendeis vossa causa. Por vós, entretanto, começo a me arrepender e sentir desprazer por vos ter entristecido, assim como outros, que são pessoas honestíssimas e de espírito humanitário. Desejaria que aqueles diálogos não tivessem sido produzidos e, se vos apraz, me esforçarei para que outros não saiam à luz.

ARMESSO: A minha tristeza, como a de outras almas muito nobres, não procede da divulgação daqueles diálogos, os quais conseguiria que fossem traduzidos para o nosso idioma, para que sirvam de lição àqueles poucos e maus costumes entre nós. Quem sabe se, ao verem com que desgosto são julgados e com que termos são descritos seus colóquios descorteses e quão pouco significado possuem, poderiam imitar a refinada educação e o bom exemplo dos melhores e maiores cidadãos, se estivessem dispostos a deixar o caminho que trilham, ou, ao menos, mudarem e se conformar a estes últimos, evitando a vergonha de se verem contados entre os piores; aprendendo ainda que a honra e a bravura dos homens estão menos em poder e saber como molestar seu próximo do que em seu contrário.

HELIOTRÓPIO: Mostrai-vos muito discreto e perspicaz na causa de vossa pátria; e não sois ingrato ou pouco reconhecido pelos bons ofícios de outrem, como fazem muitos, pobres de argumento e de conselho. Mas, Filoteu, não me parece tão atilado em conservar a sua reputação e defender a sua pessoa, pois tão diferente é a nobreza da rusticidade quanto são contrários os efeitos que se devem esperar e temer de um cita[22] brutal, que obterá a sapiência e pelo bom sucesso será celebrado, se partindo do Danúbio, com audaz censura e justa querela a provocar a autoridade e a majestade do Senado Romano; que este saiba aproveitar a ocasião daquela censura e invectiva para produzir um ato de extrema prudência e consideração, honrando seu rígido censor com estátua e monumento. Se um gentil-homem e senador romano, que pelo mau acontecimento pudesse parecer pouco sábio, abandonasse as margens amenas do Tibre e se lançasse contra os bárbaros citas, estes se valeriam da oportunidade para erigir torres e babéis de argumentos da maior vilania, infâmia

---

22. Na época de Bruno, designação dada ao povo bárbaro mais temido.

e rusticidade; ao lapidá-lo, reduzindo com freio a fúria popular, melhor fariam saber às outras gerações quanta diferença há em discutir e encontrar-se entre homens e entre aqueles que são feitos à sua imagem e semelhança.

ARMESSO: Jamais será verdade, ó Teófilo, que eu deva, possa considerar ou que seja digno de tomar como causa e proteção aqueles que são objeto de vossa sátira, por serem a mesma gente e pessoas do país, para cuja defesa a mesma lei natural nos impele; porque jamais confessarei e jamais serei outra coisa senão inimigo daqueles que afirmem ser parte e membros da nossa pátria, que conta apenas com pessoas nobres, civilizadas, de bons costumes, disciplinadas, discretas, humanas, razoáveis como qualquer outra. Ali se encontram como imundície, borra, sujeira e carniça, de tal sorte que não poderiam ser chamados de parte do reino ou da cidade, e sim a parte onde se localiza a sentina do navio; no entanto, não devemos nos ressentir, pois seria envilecer-nos. Dentre esses não excluo grande parte dos doutores e padres, dos quais alguns se tornaram senhores por meio do doutoramento; todavia, aquela vil autoridade que antes não ousavam mostrar, juntamente com a coragem e a presunção agora acrescidas à reputação de literatos e padres, vêm mostrá-la com magnanimidade e audácia. Não é nenhuma maravilha se verem muitos e muitos que, com o doutoramento e o presbiteriado, mais se aproximam de rebanhos, de récuas e de estábulos do que os próprios pastores e boiadeiros. Por isso, não quisera que ainda atacásseis nossa Universidade, quase nada lhe perdoando, não tendo respeito pelo que foi, será ou poderá ser no futuro, ainda que, em parte, já o seja no presente.

FILOTEU: Não vos inquieteis, pois embora nessa ocasião tenha sido apresentada daquela maneira, seus erros não são maiores do que os de outras universidades que se acreditam superiores e que, sob o título de doutor, fazem sair cavalos cheios de anéis e asnos cobertos de diademas. Não nego, porém, que de início tenha sido bem instituída, com boa ordem de estudos, gravidade nas cerimônias, na disposição dos exercícios, decoro nas vestimentas e muitas outras características que constituem a necessidade e o ornamento de uma academia. Sem dúvida, não existe quem não deva considerá-la a primeira da Europa e, consequentemente, a primeira do mundo; e não nego que, em gentileza de espírito e acuidade de engenho, que se produzem em ambas as partes da Bretanha, se assemelhe e possa ser igual a todas as outras universidades de excelência. Nem mesmo está perdida a memória daqueles que aqui floresceram antes que as letras especulativas se disseminassem em outras partes da Europa; ou a daqueles seus príncipes da metafísica (ainda que de língua bárbara e encapuzados por profissão), foi o esplendor de uma parte nobilíssima e rara da filosofia (em nossos tempos quase extinta) que se difundiu por quase todas as demais academias das províncias civilizadas. Mas o que me molestou e me pareceu fastidioso e risível foi ver que os doutores de hoje, romanos e áticos de língua, se vangloriam (falo genericamente) e se orgulham de ser em tudo diferentes dos que lhes antecederam, os quais, pouco solícitos com a eloquência e o rigor gramatical, dedicavam-se às especulações chamadas sofismas. Mas eu estimo mais a metafísica daqueles que superaram o príncipe Aristóteles (embora impura e conspurcada por certas vãs conclusões e teoremas que não são nem filosóficos nem teologais, mas de engenhos ociosos e mal empregados) do que possam oferecer os atuais com sua eloquência ciceroniana e arte declamatória.

ARMESSO: Não são coisas a serem desprezadas.

FILOTEU: Realmente; mas se devesse eleger uma delas, preferiria o cultivo do engenho (por mais sórdido que seja) às mais disertas palavras e línguas.

HELIOTRÓPIO: Este propósito me faz recordar Frei Ventura que, ao comentar uma passagem do Santo Evangelho, que diz "Reddite quae sunt Caesaris Caesari"[23], desfilou os nomes de todas as moedas dos tempos romanos, com suas marcas e peso – e não sei de que diabo de anais ou de cartapácios os recolheu –, chegando a mais de cento e vinte, só para mostrar o quanto era estudioso e tinha memória. E terminado o sermão, chegou-se a ele um homem de bem e lhe disse: "Meu reverendo padre, empresta-me, por favor, um carlino." Ao que lhe respondeu não poder, pois era de ordem mendicante.

ARMESSO: Com que finalidade dizeis isso?

HELIOTRÓPIO: Quero dizer que aqueles que são muito versados em dicções e nomes, mas não aplicados às coisas, cavalgam a mesma mula desse reverendo padre das mulas.

ARMESSO: Acredito que, além do estudo da eloquência, em que os antigos avançaram, não perdendo para os modernos, também não mendigam na filosofia e nas profissões igualmente especulativas, sem cuja perícia não podem ser promovidos a qualquer grau, pois os estatutos da universidade (aos quais estão presos por juramento) assim rezam: "Nullus ad philosophiae et theologiae magisterium et doctoratum promoveatur, nisi epotaverit e fonte Aristotelis."[24]

23. "Dai (ou devolvei) a César o que é de César."
24. "Que ninguém seja promovido ao magistério ou ao doutorado de filosofia e de teologia se não tiver bebido na fonte de Aristóteles."

HELIOTRÓPIO: Oh, eu vos direi o que fizeram para não ser perjuros. Das três fontes que há na Universidade, a uma impuseram o nome de *Fons Aristotelis*, outra de *Fons Phitagorae* e a terceira *Fons Platonis*. Trazendo-se das três fontes a água com que se faz a cerveja (água que também se dá de beber a bois e cavalos), consequentemente não pode haver ninguém que, morando três ou quatro dias naqueles colégios, e frequentando as aulas ali ministradas, não se abebere apenas da fonte de Aristóteles, mas também das de Pitágoras e Platão.

ARMESSO: Infelizmente, vós dizeis a verdade. Por isso ocorre, Teófilo, que os doutores se vendam barato como sardinhas; pois sem muita fadiga se criam, são encontradas e se pescam; logo, com pouco preço se compram. Pois bem, sendo tamanha a multidão de doutores nesse tempo (sempre se resguardando a reputação de alguns que se notabilizaram pela eloquência, doutrina e cortesia, como Tobias Matthew, Culpepper e outros que não sei nomear), sucede que um homem, além do título de doutor, precisaria galgar também um grau de nobreza; suspeita-se mais de sua natureza e condição se não for bem conhecido. Por isso, acontece que aqueles que por linhagem ou acaso são nobres, ainda que se lhes acrescente a parte principal da nobreza que é o conhecimento da doutrina, se envergonham de graduar-se e de ser chamados doutores, bastando-lhes ser doutos. Destes, tereis um maior número nas cortes do que de pedantes na universidade.

FILOTEU: Não vos queixeis, Armesso, pois onde houver doutores e padres, sempre existirão as mesmas tendências; os verdadeiros doutores e verdadeiramente padres, ainda que de baixa condição, serão naturalmente civilizados e nobres, pois a ciência é um excelente caminho para tornar heroica a alma humana. Mas os outros se mostram tanto mais rústicos, a ponto de quererem rivalizar com o *divum pater*[25] e com o gigante Salmoneu, quando desfilam, como sátiros purpurados, faunos de impressionante e imperial prosopopeia, depois de terem determinado do alto de sua cátedra regencial a que declinação pertencem *hic, et haec et hoc nihil*[26].

ARMESSO: Bem, deixemos esse assunto. Que livro é esse que tendes em mão?

FILOTEU: Certos diálogos.

ARMESSO: A *Ceia*?

FILOTEU: Não.

---

25. Pai dos deuses.
26. Este, esse e aquele nada.

ARMESSO: O que, então?
FILOTEU: Outros, nos quais são tratados a Causa, o Princípio e o Uno, segundo a nossa doutrina.
ARMESSO: Quais os interlocutores? Temos alguém mais do que o endiabrado Frulla ou Prudêncio, que de novo nos meterão em alguma briga?
FILOTEU: Não duvides de que, com exceção de um, todos são pessoas pacatas e honestíssimas.
ARMESSO: Pelo que dizeis, ainda teremos, talvez, que extrair os frutos destes diálogos?
FILOTEU: Não duvideis, porque sereis antes esfregado onde vos coça do que cutucado onde vos dói.
ARMESSO: Também?
FILOTEU: Em primeiro, encontrareis aqui aquele amigo douto, honesto, amoroso, bem-educado e tão fiel amigo Alexandre Dixon, que o Nolano ama como os próprios olhos. É ele a causa de essa matéria ser posta em discussão. Ele é introduzido com aquele que oferece matéria para as considerações de Teófilo. Como segundo, tendes Teófilo, que sou eu, e conforme as ocasiões, distingo, defino e demonstro o assunto submetido. Como terceiro tendes Gervásio, homem que não é da profissão, mas que, pelo passatempo, quer estar presente às nossas conferências; alguém que não fede nem cheira e que leva em brincadeira as ações de Polímnio e, de vez em quando, lhe oferece a oportunidade de exercitar sua loucura. Em quarto lugar, tendes um sacrílego pedante: um dos rígidos censores de filósofos que se afirma Momo, afeiçoadíssimo ao seu rebanho de escolásticos por quem diz sentir um amor socrático. Inimigo perpétuo do sexo feminino e que, não sendo físico, imagina-se Orfeu[27], Museu, Títiro e Anfião. É um daqueles que, feita uma bela construção, produzida uma bela epístola, abiscoitada uma boa frase da cantina de Cícero, alardeia que ressuscitou Demóstenes, que Túlio ainda vegeta e que redivivo está Salústio; aqui encontra um Argos, que repara em cada letra, em cada sílaba, em cada dicção; ali, um Radamanto *umbras vocat ille silentum*[28]; lá, Minos, rei de Creta, *urnam movet*[29]. Submetem a exame as orações, discutem as frases, como a dizer: "estas são de poeta, aquelas de um cômico, essas de orador; este é grave, esse

---

27. Orfeu, considerado por Ovídio (*Metamorfoses* x) como o primeiro a instaurar a pederastia; juntamente com Museu, é mencionado ainda como defensor do amor abstrato, platônico.
28. Aquele que convoca a sombra de quem já silenciou (não podendo falar).
29. Agita a tumba.

é leve, aquele sublime, o outro *humile dicendi genus*[30]; essa oração é áspera, mas ficaria suave se construída assim; este é um escritor infantil, pouco estudioso da antiguidade, *non redolet Arpinatem, desipit Latium*[31]. Esta palavra não é toscana, não foi usurpada de Boccaccio, de Petrarca e de outros autores experimentados. Não se deve escrever *homo*, e sim *omo*, não *honore*, mas *onore*; não *Polihimnio*, e sim *Poliinnio*. Desse modo, o nosso homem triunfa, enche-se de si mesmo, ama acima de tudo suas próprias ações: é um Zeus que, das alturas, reflete, remira e considera a vida dos outros homens sujeita a tantos erros, enganos, calamidades, misérias e trabalhos inúteis. Só ele é feliz, só ele vive uma vida celeste ao contemplar sua divindade no espelho do *Spicilegium*[32], um Dicionário, um Calepino, um Léxico, uma Cornucópia, um Nizzólio. Dotado de tanta eficiência, enquanto somos apenas um, ele é tudo, sozinho. Se acontece de rir, chama-se Demócrito; se acontece de sentir dores, chama-se Heráclito; se discute, é Crisipo; discorrendo, chama-se Aristóteles; quando elabora quimeras, apela-se Platão; se muge um sermãozinho, intitula-se Demóstenes; se constrói à maneira de Virgílio, é Marão. Aqui corrige Aquiles, aplaude Eneas, repreende Heitor, exclama contra Pirro, condói-se com Príamo, interroga Turno, perdoa Dido, elogia Acates; por fim, enquanto *verbum verbo reddit*[33], e ele enfileira sinônimos bárbaros, *nihil divinum a se alienum putat*[34]. E assim arrogante, desce de sua cátedra, como aquele que dispôs os céus, deu regras aos senados, dominou os exércitos e reformou os mundos; e se não fosse a injustiça do tempo, poria em ação o que já faz como propósito. *O tempora, o mores!*[35] Como são raros os que entendem a natureza dos particípios, dos advérbios, das conjunções! Quanto tempo se passou sem que se encontrasse a causa e verdadeira razão para que o adjetivo deva concordar com o substantivo, o relativo com o antecedente e a regra para colocá-lo ora antes, ora depois da oração; e com que cuidados e ordem se devem interpor as interjeições *dolentis, gaudentis, heu, oh, ahi, hem, ohe, hui*, além de outros condimentos sem os quais o discurso se torna insipidíssimo?

HELIOTRÓPIO: Dizei o que quiserdes, pensai como vos aprouver, mas creio que, para a felicidade da vida, é melhor supor-se Creso

---

30. Estilo humilde, na tripartição feita por Cícero, além dos estilos médio e sublime.
31. Não se sente o odor do Arpinate (Cícero), torna insípido o Lácio.
32. Obra de L.G. Scoppa.
33. "Traduz palavra por palavra."
34. "Nada do que é divino lhe é estranho."
35. "Ó tempo, ó costumes!"

e ser pobre do que supor-se pobre e ser Creso. E não é mais conveniente à felicidade ter uma bruxa que vos pareça bela e vos contente do que uma Leda, uma Helena que vos cause tédio e aborreça? Que importa aos homens serem ignorantes e possuírem ocupações ignóbeis se são mais felizes consigo mesmos quanto mais se contentam apenas consigo mesmos? É igualmente boa para o asno a grama fresca, para o cavalo a cevada e para vós o pão de farinha e a perdiz; também o porco se contenta com bolotas e lavagem, como Júpiter de ambrosia e néctar. Quereis por acaso arrancá-los daquela doce loucura, cuja dedicação os levariam a vos quebrar a cabeça? Afinal, quem sabe se é loucura isso ou aquilo? Disse um pirroniano: quem nos pode dizer que o nosso estado não seja morte, e vida o daqueles a quem chamamos defuntos? Assim, quem sabe se toda a felicidade e verdadeira bem-aventurança não residem nas perfeitas copulações e aposições das partes do discurso?

ARMESSO: Assim está disposto o mundo: nós nos fazemos de Demócrito às custas de pedantes e de gramatiqueiros; os solícitos cortesãos se fazem de Demócrito às nossas custas; os monges e padres meditativos "democritizam" às custas de todos; reciprocamente, zombam de nós os pedantes, nós dos cortesãos e juntos ridicularizamos os monges. Em conclusão, de vez que cada um de nós é louco em relação aos outros, seremos todos diferentes em espécie; mas concordamos em gênero, número e caso.

FILOTEU: Por isso, várias são as espécies e os modos de censura, diversos seus graus, mas as mais duras, ásperas, horríveis e espantosas são as dos nossos arquididascálicos. Mas para esses devemos dobrar os joelhos, inclinar a cabeça, volver os olhos, levantar as mãos, suspirar, umedecer os olhos, bradar e pedir misericórdia. A vós, portanto, me dirijo, vós que carregais na mão o caduceu de Mercúrio para decidir nas controvérsias e dirimir as questões surgidas entre os mortais e os deuses; a vós, Menipos, que sentados no globo lunar, com os olhos vesgos e baixos, espiais com nojo e desdém os nossos gestos; a vós, escudeiros de Palas, porta-estandartes de Minerva, mordomos de Mercúrio, conselheiros de Júpiter, colaços de Apolo, serventes de Epimeteu, adegueiros de Baco, condutores das mulas das Bacantes, fustigadores das Edônides, instigadores das Tíades, agitadores das Mênades, subornadores das Bassáridas[36], cavaleiros das Mimalônides[37], amantes da ninfa Egéria, repressores do entusiasmo, demagogos do povo

---

36. Outro termo para as bacantes, seguidoras de Dioniso.
37. Bacantes.

errante, defensores de Demogórgone, Dióscuros das disciplinas flutuantes, tesoureiros de Pantamorfo[38] e carneiros emissários do sumo pontífice Aarão[39]; a vós encomendamos nossa prosa, submetemos nossas musas, nossas premissas, subsunções, digressões, parênteses, aplicações, cláusulas, períodos, construções, adjetivações e epitetismos. Ó vós, suavíssimos aguadeiros, que com vossos pequenos mimos de elegância nos perfuram a alma, furtai-nos o coração, fascinai a mente e ponde nos prostíbulos as nossas almas meretrizes; oferecei um bom conselho aos nossos barbarismos, investi contra nossos solecismos, obstruí as voragens, castrai nossos Silenos, enfaixai nossos Noés[40], fazei eunucos nossos macrólogos[41], consertai nossas eclipses, freai nossos taftólogos, moderai nossas acrilogias[42], anistiai nossas escrilogias[43], escusai nossos perissólogos[44], perdoai nossos cacocéfatos[45]. Volto a vos conjurar em geral e a ti em particular, severo, sobrancelhudo e rigorosíssimo mestre Polímnio para que serenes aquela raiva contumaz e ódio tão criminoso contra o nobilíssimo sexo feminino, a fim de que não te perturbes com o que há de belo no mundo e o céu vê com tantos olhos. Retornai, retornai ao vosso íntimo e apelai para a inteligência para que vejais que este vosso rancor é somente expressa mania e furor frenético. Quem é mais insensato e estúpido senão quem não vê a luz? Que loucura será mais abjeta do que, por motivo de sexo, ser inimigo da própria natureza, como o bárbaro rei de Sarza, que, por ter de vós aprendido, disse: "A natureza não pode fazer coisa perfeita, pois de feminino a natureza é feita."[46] Considerai um pouco a verdade, erguei os olhos para a árvore da ciência do bem e do mal, vede a contradição e oposição que existem entre essa e aquela. Observai quais são os homens e quais as mulheres. Aqui divisareis por sujeito o corpo masculino, que é vosso amigo; lá a alma, que é vossa inimiga, por ser fêmea. Deste lado o masculino caos; do outro, a feminina disposição; deste lado o sono, do outro a vigília; aqui o letargo, lá a memória; aqui o ódio, lá a amizade; aqui o medo, lá a

---

38. Que contém todas as formas, omniforma.
39. *Levítico* 8, 18.
40. Bêbado, Noé se mostrou nu diante dos filhos.
41. Os verborrágicos.
42. Discurso áspero, azedo, impróprio. Vários termos que se seguem são criações de Bruno, a partir de radicais ou de palavras gregas.
43. Discurso injurioso.
44. Discurso minucioso, sem necessidade.
45. Discurso obsceno.
46. No original: "Natura non può far cosa perfetta / poi che natura femina vien detta."

segurança; aqui o rigor, lá a doçura; aqui o escândalo, lá a paz; aqui o furor, lá a tranquilidade; aqui o erro, lá a verdade; aqui o defeito, lá a perfeição; aqui o inferno, lá a felicidade; aqui o pedante Polímnio, lá a musa Polímnia. Enfim, todos os vícios, os defeitos, os delitos são masculinos. As virtudes, as excelências, as bondades, femininas. Assim também a prudência, a justiça, a fortaleza, a temperança, a beleza, a majestade, a dignidade, a divindade por esses nomes são chamadas, deste modo descritas, retratadas e assim são. E para sair dessas razões teóricas, nocionais, gramaticais, convenientes ao vosso argumento, passemos às naturais, reais e práticas: não bastará apenas este único exemplo para amarrar a língua e tapar a boca, para confundir quantos como vós pensam que hão de encontrar um homem que supere ou se aproxime desta divina Elisabete, que reina na Inglaterra, que, por tão dotada, exaltada, favorecida, defendida e mantida pelos céus, torna vãos todos os esforços e palavras que procuram atingi-la? Comparada a esta dama, não há quem seja mais digno em todo o reino, quem seja mais heroico dentre os nobres, mais douto entre os togados, mais sábio entre os consulares. A quem compará-la, seja em beleza física ou em conhecimento de línguas vulgares e clássicas, pela sapiência das ciências e das artes, pela prudência em governar, pela felicidade de grande e longa autoridade quanto por todas as demais virtudes civis e naturais? Em seu cotejo, aviltam-se Sofonisbas, Faustinas, Semímaris, Didos, Cleópatras e outras tantas de que se podem glorificar a Itália, a Grécia, o Egito e outras terras da Europa e da Ásia nos tempos passados. Sirvam-me de testemunhos os feitos e os venturosos sucessos que não sem nobre espanto o século admira. Enquanto no dorso da Europa corre o iracundo Tibre, o Pó ameaçador, o violento Ródano, o Sena sangrento, o turvo Garona, o Ebro raivoso, o colérico Tejo, o Moser agitado, o inquieto Danúbio, ela, com o brilho de seus olhos, há mais de cinco lustros fez a tranquilidade do grande oceano, que com seu contínuo fluxo e refluxo acolhe ledo e calmo em seu meio o dileto Tâmisa, que, longe de qualquer tédio ou incômodo, passeia, serpeia e reserpeia entre as margens. Ora, para começar do princípio, quais…

ARMESSO: Cala, cala, Filoteu, não te esforces por acrescentar água ao nosso oceano e luz ao sol; deixa de ser abstrato (para não dizer o pior), discutindo com os Polímnios ausentes. Faz uma cópia dos diálogos, a fim de que não levemos ociosos este dia e as horas.

FILOTEU: Pegai e lede.

FIM DO PRIMEIRO DIÁLOGO

Segundo Diálogo

Interlocutores: Dixon (Alexander), Teófilo, Gervásio, Polímnio

DIXON: Por favor, mestre Polímnio, e tu também, Gervásio, não interrompais outra vez os nossos discursos.

POLÍMNIO: *Fiat*[47].

GERVÁSIO: Se este, que é *magister*, fala, eu, certamente, não posso calar.

DIXON: Então dizeis, Teófilo, que tudo o que não for primeiro princípio e primeira causa possui um princípio e uma causa?

TEÓFILO: Sem dúvida ou controvérsia alguma.

DIXON: Credes, portanto, que quem conhece as coisas causadas e principiadas conhece a causa e o princípio?

TEÓFILO: Não facilmente a causa e o princípio próximos; muito dificilmente (mesmo por vestígios) a causa e o princípio primeiro.

DIXON: Ora, como pretendeis que as coisas, que têm primeira causa e princípio, assim como causas e princípios próximos, sejam realmente conhecidas se, conforme a razão da causa eficiente (que concorre para o conhecimento real das coisas), elas permanecem ocultas?

TEÓFILO: Admito que seja fácil ordenar a doutrina demonstrativa, embora difícil demonstrá-la. Coisa muito simples é ordenar as causas, circunstâncias e métodos das doutrinas; mas depois, de maneira muito ruim, os nossos metodólogos e analistas põem em execução suas estruturas, princípios de conhecimento e arte das artes[48].

GERVÁSIO: Como os que sabem fazer belas espadas, mas não sabem empregá-las.

POLÍMNIO: *Ferme*[49].

GERVÁSIO: Que teus olhos se fechem e nunca mais os possas abrir.

TEÓFILO: O que digo é que não se deve exigir do filósofo naturalista que leve em conta todas as causas e princípios, mas apenas as físicas e, destas, apenas as principais e apropriadas. Embora se diga que tenham, por dependerem do primeiro princípio e causa, aquela causa e princípio, não existe entre elas uma relação necessária e suficiente para que da cognição de uma se deduza o conhecimento das outras. E é por isso que não se exige que sejam ordenadas ou classificadas na mesma disciplina.

DIXON: Como assim?

---

47. "Que assim se faça."
48. Termos aplicados à filosofia como *episteme* e *techne*.
49. "Mais ou menos."

TEÓFILO: Porque de todo conhecimento de todas as coisas dependentes não podemos inferir outra noção do primeiro princípio e causa, a não ser por meio da noção menos eficaz do vestígio: sendo que o todo deriva de sua vontade ou bondade[50], a qual constitui princípio de sua operação, de onde provém o efeito universal. O mesmo se pode dizer das coisas artificiais, na medida em que quem vê a estátua não vê o escultor; quem vê o retrato de Helena não vê Apeles[51], mas vê o efeito da operação que provém da bondade do engenho de Apeles (e tal efeito é o resultado de acidentes e de circunstâncias da substância daquele homem que, em si mesmo e de modo absoluto, não nos é conhecido de modo algum).

DIXON: Logo, conhecer o universo é como nada conhecer da substância e do ser do primeiro princípio, pois isso é conhecer os acidentes dos acidentes.

TEÓFILO: Exatamente; mas não gostaria que imaginásseis que eu entenda haver em Deus acidentes, ou que Ele possa ser conhecido por seus acidentes.

DIXON: Não vos atribuí tão grosseiro engenho e sei que uma coisa é dizer ser acidente, outra seus acidentes e outra ainda ser como seus acidentes; coisas estranhas à natureza divina. Pelo último modo de dizer, creio que entendeis serem efeitos da operação divina, os quais, embora sejam a substância das coisas, ou as próprias substâncias naturais, ainda assim são como acidentes remotíssimos para nos permitir alcançar a cognição ou a apreensão da essência sobrenatural divina.

TEÓFILO: Dizeis bem.

DIXON: Eis por que da substância divina, por ser infinita e por estar afastadíssima daqueles efeitos, que são o último termo no curso de nossa faculdade discursiva, nada podemos conhecer senão por meio de vestígios, como dizem os platônicos; de efeitos remotos, como dizem os peripatéticos; de vestes, como dizem os cabalistas; de ombros ou traseiros, como dizem os talmudistas; de espelho, sombra e enigma, como afirmam os apocalípticos[52].

TEÓFILO: E ainda há mais – como não vemos perfeitamente esse universo, cuja substância e princípio é tão difícil compreender, com menor razão acabamos por conhecer o princípio e a causa primeira através de seu efeito do que a Apeles pelas estátuas que esculpiu, pois estas podemos vê-las todas e examinar parte por parte, mas não o

---

50. Entenda-se bondade na acepção de coisa bem feita e, no caso humano, igualmente útil.
51. Na verdade, Zêuxis.
52. Os profetas e evangelistas.

grande e infinito efeito da potência divina; essa semelhança, porém, deve ser entendida sem uma comparação proporcional.

DIXON: Assim é, e assim a entendo.

TEÓFILO: Melhor seria se nos abstivéssemos de tratar de tão elevada matéria.

DIXON: Estou de acordo, pois basta conhecer moral e teologicamente o primeiro princípio, como o revelaram os numes superiores e o declararam os homens divinos. Além disso, não é apenas uma ou outra lei ou teologia, mas todas as filosofias reformadas concluem ser coisa de espírito turbulento e profano querer precipitar-se, pedir razões e querer definir coisas acima da esfera de nossa inteligência.

TEÓFILO: Bem, mas não são dignos de repreensão, e sim digníssimos de louvor os que se esforçam por conhecer esse princípio e causa e com isso apreender sua grandeza, o quanto seja possível, discorrendo com olhos meditativos sobre esses magníficos astros e corpos lampejantes que são outros tantos mundos habitados, grandes animais, excelentíssimos numes que parecem e são inumeráveis mundos não muito diferentes deste que nos abriga. Sendo impossível que tenham o ser por si mesmo, visto que são compostos e dissolúveis (embora nem por isso mereçam ser dissolvidos, conforme muito bem se afirma no *Timeu*), é necessário que possuam um princípio e uma causa e, consequentemente, vivam e atuem, mostrando e predicando no espaço infinito, com inumeráveis vozes, a excelência infinita e a majestade de seu princípio e primeira causa. Deixando de lado (como dizeis) semelhante consideração, a de ser ela superior a todo sentido e intelecto, consideremos o primeiro princípio e a causa primeira em seu vestígio, que é ou a própria natureza ou aquilo que em seu âmbito e regaço brilha. Vós, portanto, perguntai-me por ordem, se quiserdes que vos responda com ordem.

DIXON: Assim farei. Em primeiro lugar, já que usais dizer "causa" e "princípio", gostaria de saber se para vós estas palavras são sinônimas.

TEÓFILO: Não.

DIXON: Então, qual a diferença que existe entre ambos os termos?

TEÓFILO: Respondo que, quando afirmamos que Deus é primeiro princípio e causa primeira, entendemos uma só e mesma coisa, com razões diversas; quando falamos, a respeito dos seres da natureza, de princípio e causa, dizemos coisas diversas com suas diferentes razões. Dizemos Deus como princípio porque tudo o que existe vem depois dele, seguindo uma certa ordem de prioridade e de posteridade, ou de acordo com a natureza ou segundo a dignidade. Dizemos que

Deus é a primeira causa visto que todas as coisas lhe são distintas, como o efeito se diferencia do eficiente, e a coisa produzida da produtora. E essas duas razões são diferentes, pois nem tudo que é anterior e mais digno é causa daquilo que é posterior e menos digno; nem tudo que é causa antecedente é mais digno do que é causado, como é claro para quem bem raciocina.

DIXON: Falai do ponto de vista natural – que diferença há entre causa e princípio?

TEÓFILO: Embora muitas vezes um tome o lugar de outro, falando-se com propriedade nem tudo que é princípio é causa, pois o ponto é o princípio da linha, mas não a sua causa; o instante é o princípio da ação, mas não sua causa; o repouso é princípio, mas não causa de movimento; as premissas são princípio de argumentação, mas não sua causa. No entanto, "princípio" é um termo mais geral do que "causa".

DIXON: Assim, limitando esses dois termos a seus significados apropriados, conforme o costume dos que falam de maneira mais reformadora, creio que princípio seja aquilo que, intrinsecamente, concorre para a constituição de uma coisa e que permanece no efeito, como se diz da matéria e da forma, que permanecem no composto, ou ainda dos elementos dos quais a coisa se compõe e nos quais [o princípio] acaba se resolvendo. Chama-se causa aquilo que concorre, a partir do exterior, para a produção da coisa e cujo ser se encontra fora da composição, como são o eficiente e a finalidade, à qual está subordinada a coisa produzida.

TEÓFILO: Bastante bem.

DIXON: Pois bem, agora que já resolvemos a diferença das noções de ambos os termos, desejo que encaminheis vossa argumentação para as causas e depois para os princípios. E quanto às causas, inicialmente queria saber da eficiente; da formal, que dizeis ser conjunta com a eficiente, além da causa final, que se entende como motriz da eficiente.

TEÓFILO: Gosto muito da ordem com que propondes a argumentação. Ora, quanto à causa eficiente, digo que o eficiente físico universal é o intelecto universal, primeira faculdade e a principal da alma do mundo; esta é a forma universal do mundo.

DIXON: Parece-me não só conforme a opinião de Empédocles, quanto mais segura, distinta, explicada e, além disso (pelo que anteriormente foi escrito), mais profunda. Mas apreciaria que passásseis a fazer uma exposição minuciosa de todas essas ideias, começando por dizer que coisa seja essa inteligência universal.

TEÓFILO: O intelecto universal é a mais íntima, inerente e real faculdade e ainda parte potencial da alma do mundo[53]. É o mesmo entendimento que tudo preenche, iluminando o universo, e assim encaminha a natureza a produzir suas espécies como convém; e assim se relaciona com a produção das coisas naturais da mesma forma que o nosso intelecto se relaciona com a produção das espécies racionais. Isso é chamado pelos pitagóricos de "motor" e "agitador do universo", conforme explicou o poeta que disse: "Totamque infusa per arctus, mens agitat molem, et toto se corpore miscet", ou seja, "E infusa por todos os membros, u'a mente agita a massa e se mescla toda ao corpo". Isso é chamado pelos platônicos "artífice do mundo". Esse artífice, dizem eles, procede do mundo superior (que de fato é uno) para este mundo sensível, que é dividido em muitos, onde reina não somente a amizade, mas ainda a discórdia, devido à distância entre as partes. Esse intelecto, dando-se a toda coisa na matéria e permanecendo ele próprio quieto e imóvel, produz o todo. Dizem os magos[54] ser "fecundíssimo em sementes" ou também "semeador", pois é ele que impregna a matéria com todas as formas e que, conforme seu plano e condição, lhes dá figura, forma e as entretece numa ordem tão admirável que não podem ser atribuídas ao acaso nem a qualquer outro princípio que não saiba distinguir e ordenar. Orfeu o chama "olho do mundo", porque vê por dentro e por fora todas as coisas naturais, a fim de que tudo, tanto intrínseca quanto extrinsecamente, se produza e se mantenha na proporção adequada. Por Empédocles é chamado "distinguidor", como aquele que jamais se cansa de explicitar as formas confusas no seio da matéria e de suscitar a geração de uma coisa e a corrosão de outra. Plotino o denominou "pai e genitor", porque distribui as sementes no campo da natureza e é o dispensador mais próximo das formas. Nós o chamamos "artífice interior", pois forma a matéria e a figura desde o interior, assim como de dentro da semente ou da raiz envia e explica o [surgimento] da madeira; de dentro da madeira faz sair os ramos formados e, do interior destes, os renovos; de dentro forma, configura, entretece nervuras, folhas, flores e frutos; de dentro faz fluírem, em determinadas épocas, as seivas das folhas e dos frutos para os ramos, seivas que passam do ramo derivados para o tronco e do tronco para a raiz. De igual modo estende sua ação para os animais a partir do primeiro germe, depois do centro do coração para os membros exteriores e, em seguida, faz refluir para o coração as faculdades que havia

---

53. A noção de alma do mundo esteve presente no platonismo, no estoicismo e foi empregada pelo neoplatonismo do Renascimento, já com acréscimos de natureza cristã.
54. Autores de obras esotéricas.

dispersado, como se reaglomerasse os fios que houvera esticado. Ora, se cremos não ser sem plano e intelecto aquela obra morta que sabemos modelar com certa ordem e imitação na superfície da matéria, quando cortamos e desbastamos a madeira para fazer surgir a efígie de um cavalo, quanto maior devemos acreditar ser aquele intelecto artífice, que do interior da matéria seminal solda os ossos, estende as cartilagens, escava as artérias, insufla os poros, tece as fibras, ramifica as nervuras e com tão admirável maestria dispõe o todo? Como não deve ser maior o artista que não se apega a uma única parte da matéria, mas atua continuamente em tudo e por tudo? São três os tipos de intelectos: o divino, que é tudo, o mundano, que faz tudo, os outros particulares que se tornam tudo, pois é preciso que entre os extremos se encontre este meio, que é a verdadeira causa eficiente, não tanto extrínseca, mas ainda intrínseca de todas as coisas naturais.

DIXON: Gostaria de vos ver distinguir a causa extrínseca da intrínseca.

TEÓFILO: Chamo causa extrínseca porque, como eficiente, não é parte dos compostos e das coisas produzidas. É causa intrínseca porque não atua em torno da matéria nem fora dela, mas da maneira como há pouco foi dito; de onde é causa extrínseca quando o seu ser é distinto da substância e da essência dos efeitos, e porque o seu ser não faz parte das coisas geráveis e corruptíveis, embora nelas atue; é causa intrínseca quanto ao ato da sua operação.

DIXON: Parece-me já terdes falado bastante sobre a causa eficiente. Agora, quisera saber o que entendeis por causa formal, que está unida à eficiente: será ela, talvez, a razão ideal? Porque todo agente que opera segundo a regra intelectual não consegue efetuá-la a não ser conforme alguma intenção, e esta não é outra coisa senão a forma da coisa a ser produzida; portanto, esse intelecto, que tem a faculdade de produzir todas as espécies e levá-las da potência ao ato, com tão bela forma, necessita que as tenha todas antecipadamente, em conformidade com certa razão formal, sem o que o agente não poderia proceder à sua manufatura; como ao estatuário não é possível executar diversas estátuas sem ter antes cogitado suas formas.

TEÓFILO: Vós entendeis tudo isso de maneira excelente, pois quero que sejam consideradas duas espécies de forma: uma que é causa, mas não eficiente, e pela qual o eficiente atua; a outra é princípio, da qual a causa eficiente é suscitada pela matéria.

DIXON: O objetivo e a causa final a que a causa eficiente se propõe é a perfeição do universo, que consiste em que, nas diversas partes da matéria, todas as formas cheguem a ter uma existência atual, pois nesta finalidade o entendimento se compraz e se deleita e jamais se cansa de suscitar na matéria toda sorte de formas, como também parece querer Empédocles.

TEÓFILO: Muito bem; e ajunto a isso que, como essa causa eficiente é universal, e é especial e particular nas partes e membros do universo, desse modo também o são sua forma e finalidade.

DIXON: Bastante já se disse das causas: vamos proceder à reflexão sobre os princípios.

TEÓFILO: Ora, para vir aos princípios constitutivos das coisas, primeiramente raciocinarei sobre a forma por ser a mesma, de certo modo, da já mencionada causa eficiente, pois do intelecto, que é uma potência da alma do mundo, foi dito ser eficiente próximo de todas as coisas naturais.

DIXON: Mas como o mesmo sujeito pode ser princípio e causa de coisas naturais? Como pode haver razão da parte intrínseca, e não tê-la da mesma parte?

TEÓFILO: Digo que isso não é um inconveniente se considerarmos que a alma está no corpo como o piloto no navio; o piloto, enquanto se move com o navio, é parte constitutiva dele; considerado como elemento que o governa e movimenta, não é entendido como parte do navio, mas como causa eficiente distinta; assim também a alma do universo, enquanto anima e dá forma, passa a ser parte intrínseca e formal do universo; porém, na medida em que o dirige e governa, ela não constitui parte, não tem razão de princípio, mas de causa. Com isso concorda o próprio Aristóteles; embora negue que a alma tenha com o corpo a relação que o piloto tem com o navio; todavia, considerando-a em sua faculdade de compreender e conhecer não ousa chamá-la ato e forma do corpo; mas como um eficiente separado da matéria, segundo o ser, diz que aquele é coisa que vem de fora, segundo sua subsistência, separada do composto.

DIXON: Aprovo o que dizeis, pois se convém à potência intelectiva de nossa alma ser separada do corpo e ser razão de causa eficiente, mais ainda se deve afirmar da alma do mundo; pois disse Plotino, escrevendo contra os gnósticos, que "a alma do mundo dirige o universo com mais facilidade do que a nossa alma dirige o nosso corpo"; depois, há uma grande diferença nos modos com que uma e outra governam. Aquela, desembaraçada, rege o mundo de tal forma que aquilo a que ela se une não amarra, não sofre por causa das outras coisas nem com as outras coisas; sem impedimentos, eleva-se para as coisas superiores; dando vida e perfeição ao corpo, não lhe guarda nenhuma imperfeição; e está eternamente associada ao mesmo sujeito. Quanto à outra, é evidente que é de condição contrária. Pois se, segundo vosso princípio, as perfeições que se encontram nas naturezas inferiores devem ser mais altamente atribuídas e reconhecidas nas naturezas superiores, então devemos sustentar a distinção que haveis trazido. E o que se afirma não se refere somente à alma do mundo, mas ainda a cada uma das estrelas (como quer o dito filósofo), sendo que todas elas têm o poder de contemplar a Deus, os princípios de todas as coisas e a distribuição das ordens do universo; e quer que isso não ocorra por memória, discurso e consideração, porque cada uma de suas obras é obra eterna, e não lhe pode sobrevir qualquer ato novo; e não fazem nada que não seja conveniente ao todo, que não seja perfeito, que não se ache numa ordem certa e predeterminada, sem que medeie processo algum de cogitação. É também o que demonstra Aristóteles no exemplo do escritor e do citarista perfeito, quando declara que, pelo fato de a natureza não deliberar nem refletir, disso não podemos concluir que não aja sem inteligência nem intenção final, pois os músicos e os escritores geniais prestam menos atenção ao que criam e, no entanto, enganam-se menos do que os mais comuns e estéreis, os quais, refletindo e aplicando-se com mais esforço, não criam obra melhor nem isenta de erro.

TEÓFILO: Haveis entendido. Agora, vamos ao mais particular. Parece-me que detratam a bondade divina e a excelência deste grande animal e simulacro do primeiro princípio todos aqueles que não querem entender e afirmar que o mundo e seus membros são animados, como se Deus tivesse ciúme de sua imagem, como se o arquiteto não amasse sua obra singular. A esse respeito, diz Platão que ele se comprouve com sua obra devido à semelhança que nela encontrou consigo mesmo. Decerto, que coisa mais linda do que este universo poder apresentar-se aos olhos da divindade? E visto que o universo se compõe de partes, a qual delas deve atribuir maior importância do que ao princípio formal? Deixa para um discurso mais adequado e particular mil razões naturais, além de outra tópica ou lógica.

DIXON: Não me preocupo pelo fato de que nisso vos esforceis, pois é sabido não haver filósofo, de qualquer reputação, inclusive entre os peripatéticos, que não compreenda que o mundo e suas esferas são de alguma forma animados. Gostaria agora de saber de que modo concebeis que esta forma vem insinuar-se na matéria do universo.

TEÓFILO: Junta-se de maneira que a natureza do corpo, que segundo sei não é bela, na medida de sua capacidade se faz partícipe da beleza, considerando-se não haver beleza sem alguma espécie ou forma, e não há forma que não seja produto da alma.

DIXON: Parece-me que ouço algo de novo: talvez pretendeis que não só a forma do universo, mas ainda as formas das coisas naturais sejam almas?

TEÓFILO: Sim.

DIXON: Portanto, todas as coisas são animadas?

TEÓFILO: Sim.

DIXON: Quem vos concederá isso?

TEÓFILO: Mas quem poderá reprová-lo com razão?

DIXON: É do senso comum que nem todas as coisas vivem.

TEÓFILO: O senso comum não é o mais verdadeiro.

DIXON: Creio que isso pode ser defendido facilmente. Mas para que uma coisa seja verdadeira, não bastará que se possa defendê-la, pois é preciso também prová-la.

TEÓFILO: Isso não é difícil. Acaso não existem filósofos que afirmam que o mundo é animado?

DIXON: Certamente há muitos, e entre os principais.

TEÓFILO: Então, por que é que esses mesmos filósofos não dizem que todas as partes do mundo são animadas?

DIXON: Certamente o dizem, mas das partes principais, que são as verdadeiras partes do mundo; pois não é com menor razão que admitem que a alma universal se acha toda inteira em todo o mundo e em qualquer de suas partes; assim, a alma dos animais, que nos é perceptível, está toda em todas as suas partes.

TEÓFILO: Mas quais as partes do mundo que vos parecem não ser verdadeiras?

DIXON: Aquelas que não são os primeiros corpos, como dizem os peripatéticos: a Terra com as águas e as outras partes que, segundo vosso ponto de vista, constituem o animal inteiro – a Lua, o Sol e outros corpos. Além desses animais principais, há seres que não são as primeiras partes do universo, dos quais se diz que alguns possuem alma vegetativa, outros sensitiva e outros intelectiva.

TEÓFILO: Mas se a alma, pelo fato de se achar em tudo, e também nas partes, por que não quereis que esteja nas partes das partes?

DIXON: Quero, mas nas partes das partes das coisas animadas.

TEÓFILO: Quais são então essas coisas que não são animadas, ou não são parte das coisas animadas?

DIXON: Achais que temos poucas diante dos olhos? Todas as que não possuem vida.

TEÓFILO: E quais são as coisas que não possuem vida ou, pelo menos, princípio vital?

DIXON: Concluamos, portanto: pretendeis não haver nada sem alma nem princípio vital?

TEÓFILO: No final, é isso que pretendo.

POLÍMNIO: Por conseguinte, um corpo morto tem alma? Pois então, será que os meus pantufos, os meus chinelos, as minhas botas, as minhas esporas, o meu anel e luvas são animados? A minha toga e o meu pálio são animados?

GERVÁSIO: Sim, senhor, sim mestre Polímnio, e por que não? Acredito que tua toga e teu manto se acham bem animados quando acolhem um animal como tu; as botas e as esporas são animadas quando agasalham os pés; o chapéu é animado quando cobre a cabeça que, por sua vez, possui alma; e o estábulo é também animado quando abriga o cavalo, o mulo ou então Vossa Senhoria. Não é assim que entendeis, Teófilo? Não vos parece que eu entendi a coisa melhor do que o *dominus magister*?

POLÍMNIO: *Cuium pecus*[55]? Como não se encontram burros *etiam atque etiam*[56] sutis? Tens coragem, ignorante, de querer equiparar-te a um arquididascálico e coordenador do jogo minerval[57] como eu?

GERVÁSIO: *Pax vobis, domine magister, servus servorum et scabellum pedum tuorum*[58].

POLÍMNIO: *Maledicat te deus in secula seculorum*[59].

DIXON (*sem [demonstração de] cólera*): deixai conosco o cuidado de determinar as questões.

POLÍMNIO: *Prosequatur ergo sua dogmata Theophilus*[60].

TEÓFILO: Assim farei. Digo, portanto, que a mesa como tal não é animada, nem a roupa como tal nem o couro ou o vidro, como tais, mas como coisas naturais e compostas, têm em si matéria e forma. Mesmo a menor coisa, por minúscula que seja, contém em si mesma uma parte da substância espiritual; e essa substância, quando encontra o sujeito disposto, transforma-se em planta, em animal, e recebe os membros não importa de que corpo seja, que comumente se diz que é animado; porque o espírito se encontra em todas as coisas e não existe corpúsculo algum, por mínimo que seja, que não encerre em si mesmo algo que não esteja animado.

POLÍMNIO: *Ergo quidquid est, animal est*[61].

TEÓFILO: Nem todas as coisas que possuem alma se chamam animadas.

55. "De quem é o animal?"
56. "Muitas e muitas vezes."
57. Jogo de Minerva, ou seja, literário.
58. "A paz esteja contigo, senhor professor, sou servo de teu servo e banqueta para teus pés."
59. "Que Deus te amaldiçoe pelos séculos dos séculos."
60. "Que Teófilo prossiga com sua teoria."
61. "Logo, tudo o que é, é animal."

DIXON: Ao menos todas as coisas têm vida?

TEÓFILO: Concedo que todas as coisas têm em si alma, têm vida, segundo a substância, e não segundo o ato e operação cognoscível da parte de todos os peripatéticos e daqueles que definiram a vida e a alma consoante certas razões muito grosseiras.

DIXON: Vós me descobris uma maneira verossímil, com a qual se poderia conservar a opinião de Anaxágoras, que queria que toda coisa estivesse em toda coisa, pois, estando o espírito ou a alma ou a forma universal em todas as coisas, de tudo se pode tudo produzir.

TEÓFILO: Não digo verossímil, mas verdadeiro. Porque esse espírito se encontra em todas as coisas que, se não são animais, ao menos são animadas; e se não o são segundo o ato sensível da animalidade e da vida, o são, contudo, segundo o princípio e o ato primordial da animalidade e da vida. E não digo mais porque quero deter-me na propriedade que muitos cristais e gemas possuem; os quais, uma vez quebrados ou cortados, e dispostos em pedaços desordenados, possuem certas virtudes de alterar o espírito e gerar novos efeitos e paixões na alma, e não só no corpo. E sabemos que tais efeitos não procedem e não podem provir de qualidades puramente materiais, mas necessariamente se referem a um princípio simbólico, vital e animal; além disso, vemos sensivelmente o mesmo fato nos ramos secos e nas raízes mortas que, purgando e congregando os humores e alterando os espíritos, manifestam necessariamente efeitos de vida. Deixo de lado que não é sem razão que os necromantes esperam efetuar muitas coisas por meio dos ossos dos mortos, e creem que esses ossos guardam senão o ato da própria vida, ao menos algo desse ato, que propositadamente produzem efeitos extraordinários. Outras ocasiões me darão a oportunidade de discorrer mais demoradamente sobre o espírito, a alma e a vida que tudo penetram, que se acham em toda a parte e movem toda a matéria; povoam o seio dessa matéria, a sobrepujam sem serem por ela sobrepujados, visto que a substância espiritual da matéria não pode ser sobrepujada, mas deve, antes, contê-la.

DIXON: Parece-me que isso está em conformidade não só com a opinião de Pitágoras, cuja sentença o poeta recita, quando diz "Principium caelum ac terras caposque liquentes, lucentemque globum lunae Titaniaque astra spiritus intus alit, totamque infusa per artus mens agitat molem, totoque se corpore miscet"[62], mas ainda no sentido do teólogo, que diz: "O espírito enche todo o universo,

---

62. "Desde o princípio, o céu e a terra e as planuras líquidas, o luminoso globo da Lua e o titânico astro um espírito no interior vivifica e, infuso em todos os membros, uma mente move a massa inteira e todo corpo se mescla." (Virgílio, *Eneida*, VI, 724-727).

e aquele que a tudo contém." E um outro, falando talvez do comércio da forma com a matéria e a potência, diz que essas duas últimas são sobrepujadas pelo ato e pela forma.

TEÓFILO: Se, por conseguinte, o espírito, a alma e a vida se encontram em todas as coisas e, segundo certos graus, enchem toda a matéria, então vêm a ser o ato verdadeiro e a verdadeira forma de todas as coisas. Então a alma do mundo é o princípio formal constitutivo do universo e do que nele está contido; digo que, se a vida se acha em todas as coisas, a alma vem a ser a forma de todas as coisas; aquela que preside a matéria e predomina entre os compostos, efetua a composição e a consistência das partes. É por isso que a persistência parece não convir menos à forma do que à matéria. Entendo ser essa forma a mesma em todas as coisas; a qual, no entanto, segundo a diversidade das disposições da matéria e consoante a faculdade de princípios materiais ativos e passivos, produz figurações diversas e suscita faculdades várias, às vezes manifestando efeitos de vida sem o sentido, outras vezes efeitos de vida e sentido sem inteligência; outras vezes parece ter suprimido ou reprimido todas essas faculdades por causa da incapacidade ou de outra razão material. Assim, mudando de lugar e de vicissitude, é impossível que essa forma se anule, pois a substância espiritual não é menos subsistente do que a substância material. Logo, somente as formas exteriores mudam e se anulam, pois não são coisas, mas das coisas; não são substâncias, porém acidentes e circunstâncias das substâncias.

POLÍMNIO: *Non entia sed entium*[63].

DIXON: Certamente, se das substâncias se destruísse alguma coisa, o mundo se veria esvaziado.

TEÓFILO: Por conseguinte, temos um princípio intrínseco, formal, eterno e subsistente, incomparavelmente melhor do que aquele que os sofistas imaginaram, pois versam sobre os acidentes, ignorando a substância das coisas; e que puseram a substância corruptível porque a chamam primária, acima de tudo e principalmente substância o que resulta da composição; o que não é outra coisa que um acidente, que em si mesmo não contém nenhuma estabilidade nem verdade e que se reduz a nada. Dizem que o homem é, na realidade, o resultado de uma composição; que a alma é, fundamentalmente, a perfeição e o ato do corpo vivente, ou então algo que resulta de uma certa simetria de órgãos e de membros; daí não haver motivo de admiração se fazem tanto caso, e tanto medo têm da morte e

---

63. "Não são entes, mas (características) dos entes."

da dissolução, como se fosse iminente a desventura do ser. Contra semelhante loucura a natureza grita em voz alta, assegurando-nos que nem o corpo nem a alma devem temer a morte, porquanto a matéria e a forma são princípios constantíssimos: "O genus attonitum gelidae formidine mortis, quid Styga, quid tenebras et nomina vana timetis, materiam vatum falsique pericula mundi? Corpora sive rogus flamma seu tabe vetustas abstulerit, mala posse pati non ulla putetis: morte carent animae domibus habitantque receptae. Omnia mutantur, nihil interit."[64]

DIXON: De acordo com isso, parece-me que o sapientíssimo e muito estimado entre os judeus, Salomão, diz: "Quid est quod est? Ipsum quod fuit. Quid est quod fuit? Ipsum quod est. Nihil sub sole novum."[65] Isso quer dizer que essa forma que propondes não é inexistente e nem aderente à matéria, segundo o ser, não depende do corpo e da matéria para subsistir?

TEÓFILO: Assim é; e, além disso, não determino se toda a forma é acompanhada de matéria, como quando afirmo que a matéria, em nenhuma de suas partes, é desprovida daquela, a menos que seja considerada logicamente, como o faz Aristóteles, que não se cansa de dividir com a razão aquilo que é indivisível em sua natureza e verdade.

DIXON: Não quereis que haja outra forma senão essa eterna companheira da matéria?

TEÓFILO: E até mais natural, que é a forma material, sobre a qual refletiremos depois. Por agora, notai essa distinção de forma, que é uma espécie de forma, primeva, que enforma, se estende e depende; essa forma, porque tudo enforma, está em tudo; e porque se estende, comunica a perfeição do todo às partes; e porque é dependente e não possui uma operação por si, comunica a operação do todo às partes, de maneira semelhante como as comunica ao nome e ao ser; tal é a forma material como aquela do fogo; como toda parte do fogo esquenta, é fogo e se chama fogo. Em segundo lugar, há outra espécie de forma, que enforma e depende, mas não se estende. Com efeito, dando a perfeição e o ato ao todo, está em tudo e em cada

---

64. "Ó estirpe atônita pelo terror da morte gélida; por que temeis o Estige, por que as trevas e coisas que são nomes vãos, matéria de poetas e os perigos de um mundo falso? Os corpos, uma vez que a lenha os dissolveu com a chama, e o tempo com a decomposição, não sofrem mais. As almas não morrem, são aceitas em outra morada, ali habitam e continuam a viver. Tudo se transforma, nada perece." Ovídio, *Metamorfoses*, XV, 153-159.

65. "O que foi, será, o que se fez, se tornará a fazer: nada há de novo debaixo do sol!" *Eclesiastes* 1, 9-10.

parte; porque não se estende, acontece que o ato do todo não se atribui às partes; porque depende, comunica a operação do todo às partes; assim é a alma vegetativa e sensitiva, pois nenhuma parte do animal é animal e, no entanto, toda parte vive e sente. Em terceiro lugar, há outra espécie de forma que atua e faz perfeito o todo, mas não se estende e não depende quanto à operação. Esta, porque atua e faz perfeito, está no todo, totalmente e em cada parte; porque não se estende, não atribui às partes a perfeição do todo; e porque não depende, não comunica às partes a operação do todo. Assim é a alma, porquanto pode exercitar a potência intelectiva e assim é chamada. Essa alma não faz parte nenhuma do homem que se possa denominar homem, nem ser homem nem que se possa dizer que entenda. Dessas três espécies de forma, a primeira é material, não podendo ser concebida sem matéria, e não existe sem ela. As duas outras (que se identificam segundo a substância e o ser, e se distinguem de acordo com o ser) expressam aquele princípio formal, distinto do material.

DIXON: Entendo.

TEÓFILO: Além disso, quero advertir para o fato de que, embora falando vulgarmente e dizendo que existem cinco graus de formas, isto é, de elemento, misto, vegetal, sensitivo e intelectivo, nem por isso o entendemos conforme a intenção vulgar, pois essa distinção vale segundo as operações ou mudanças que ocorrem e procedem dos sujeitos, e não conforme aquelas razões do ser primário e fundamental daquela forma e vida espiritual que, sendo a mesma em todas as coisas, a todas preenche, mas não segundo o mesmo modo.

DIXON: Entendo. Tanto que esta forma que considerais um princípio é uma forma subsistente, constitui uma espécie perfeita, está em seu gênero próprio e não faz parte de outra espécie, como a forma peripatética.

TEÓFILO: Assim é.

DIXON: A distinção das formas na matéria não se faz segundo as disposições acidentais, que dependem da forma material.

TEÓFILO: É verdade.

DIXON: De onde se segue que também esta forma separada não se multiplica conforme o número, de vez que toda multiplicação numérica depende da matéria.

TEÓFILO: Sim.

DIXON: Ademais, em si invariável, varia depois mediante os sujeitos e as diversidades materiais. E tal forma, embora faça com que no sujeito a parte se diferencie do todo, não difere nem na parte nem no todo, ainda que outra razão lhe convenha como subsistente por si mesma; bem como outro é o ponto de vista na medida em que é ato e perfeição de qualquer sujeito, e outro ainda relativamente a um sujeito que possui estas ou aquelas disposições.

TEÓFILO: Exatamente.

DIXON: Esta forma, não a entendeis acidental nem semelhante à acidental, nem misturada com a matéria ou inerente à matéria, mas como inexistente na matéria, associada e assistente.

TEÓFILO: Assim o digo.

DIXON: Além do mais, esta forma é limitada e determinada pela matéria, pois tendo em si a facilidade de constituir [seres] particulares de inumeráveis espécies, contrai-se para constituir um só indivíduo; por outro lado, a potência da matéria indeterminada, podendo receber quaisquer formas, se acaba numa espécie, de modo que uma é causa da delimitação e determinação da outra.

TEÓFILO: Muito bem.

DIXON: Assim, de certo modo, aprovais a opinião de Anaxágoras, que chama as formas particulares da natureza de "latentes"; e também a opinião de Platão, que as deduz das ideias; a opinião de Empédocles, que as faz provir da inteligência, e, de certo modo, aquela de Aristóteles, que as faz originar-se da potência da matéria?

TEÓFILO: Sim, porque temos dito que onde está a forma, também ali se acha o todo; onde o espírito, a alma, a vida, o todo: o formador é o intelecto para as espécies ideais; e as formas, se não são suscitadas pela matéria, não vai pedi-las fora dela, pois o espírito tudo preenche.

POLÍMNIO: *Velim scire quomodo forma est anima mundi ubique tota*[66], se ela é indivisa. É preciso que seja muito grande, até mesmo de dimensões infinitas, se dizeis que o mundo é infinito.

GERVÁSIO: É uma boa razão que seja grande. Como disse de Nosso Senhor um pregador de Grandazzo, na Sicília; em sinal de que ele está presente em todo o mundo, esse pregador mandou fazer um crucifixo tão grande quanto a igreja[67], à semelhança de Deus Pai, que tem o céu empíreo como baldaquim, o céu das estrelas como assento e a Terra, aonde chegam suas longas pernas, como escabelo. Pelo que perguntou um certo camponês: "Meu reverendo padre, quantas ulnas[68] de pano vamos precisar para fazer suas calças?" E outro acrescentou que não bastariam todos os grãos-de-bico, feijões e favas

---

66. "Queria saber como a forma é a alma do mundo presente na sua totalidade."

67. Havia na época a expressão "o bom Deus de Grandazzo", dadas as dimensões do crucifixo.

68. Medida de comprimento. Do latim *ulna,ae*, antebraço.

de Melazzo e de Nicósia para encher-lhe a pança. Vedes, portanto, que esta alma do mundo não é feita da mesma maneira.

TEÓFILO: Eu não saberia responder à tua dúvida, Gervásio, mas sim àquela de mestre Polímnio; direi, no entanto, com uma comparação para satisfazer à pergunta de ambos, pois desejo que colhais um fruto de nossos raciocínios e discursos. Por isso, deveis saber, em resumo, que a alma do mundo e a divindade não estão inteiras e totalmente em todas as partes e em cada parte, como pode estar uma coisa material, pois isso é impossível para qualquer corpo e nem todos os espíritos; mas estão de um modo que não é fácil vos explicar, a não ser como se segue. Deveis notar que se dizemos que a alma do mundo e a forma universal estão em todo lugar, isso não se entende corporal e dimensionalmente, pois assim não o são e não podem sê-lo em parte alguma; mas estão espiritualmente por inteiro em todo lugar. Para nos servirmos de um exemplo (embora tosco), podeis imaginar uma voz que está inteira num aposento e em cada uma de suas partes, pois de todos os lugares a ouvimos; da mesma maneira, as palavras que pronuncio são ouvidas todas elas por todos, mesmo que estivessem presentes mil ouvintes; se ela pudesse propagar-se pelo mundo inteiro, estaria inteira em toda parte. Por conseguinte, digo a vós, mestre Polímnio, que a alma não é indivisa como o ponto, mas, de certo modo, como a voz. E te respondo, Gervásio, que a divindade não está em toda a parte como o Deus de Grandazzo em sua capela; porque este, embora esteja em toda a igreja, não está inteiro nela toda, mas tem a cabeça numa parte, os pés em outra e os braços e o peito em outras. Mas a divindade está toda inteira não importa em que parte, como a minha voz é ouvida inteira em todas as partes desta sala.

POLÍMNIO: *Percepi optime*[69].

GERVÁSIO: Eu também entendi vossa palavra.

DIXON: E acredito naquilo que se refere à voz; mas quanto ao propósito, penso que vos entrou por um ouvido e saiu pelo outro.

GERVÁSIO: Penso que nem sequer chegou a entrar, porque já é tarde e o relógio que tenho no estômago tocou a hora de jantar.

POLÍMNIO: *Hoc est, idest, tem a mente in patinis*[70].

DIXON: Portanto, basta. Amanhã nos reuniremos para argumentar a respeito do princípio material.

TEÓFILO: Ou vos esperarei, ou aqui vós esperareis por mim.

FIM DO SEGUNDO DIÁLOGO

---

69. "Percebi otimamente."
70. "Assim é, quer dizer, tem a mente nas frigideiras."

Terceiro Diálogo

GERVÁSIO: Chegou a hora e eles ainda não vieram. Já que não tenho outro pensamento que me atraia, quero me divertir ouvindo-os expor seus raciocínios, com os quais posso aprender um pouquinho de filosofia; e terei um belo passatempo acerca daqueles grilos que dançam no cérebro heteróclito do pedante Polímnio; ele tem a petulância de julgar quem fala bem, quem faz suas exposições de maneira mais aprimorada, quem comete incongruências e erros filosóficos; quando chega a sua vez de falar e não sabe o que dizer, então tira da manga de seu pedantismo uma verdadeira salada de provérbios, de frases latinas e gregas que nunca terão relação alguma com aquilo que os demais estão discutindo. E não há cego que não possa ver, sem muita dificuldade, como é louco, inflado de sabença presunçosa, sob aparência de letrado, ao passo que os outros são entendidos no assunto de forma comum. Ei-lo porém como se comporta e se movimenta, pavoneando sabença; e nisto não estou enganado. Sede bem-vindo, senhor *dominus magister*.

POLÍMNIO: Esse "magister" não me cabe, porque em nosso século desviado e grosseiro é atribuído não aos meus pares e sim a qualquer barbeiro, guardador ou castrador de porcos; e é por isso que foi recomendado "nolite vocari Rabi"[71].

GERVÁSIO: Então, como quereis que vos diga? Apreciais o título "reverendíssimo"?

POLÍMNIO: *Illud est presbiterale et clericum*[72].

GERVÁSIO: Quereis ser chamado de "ilustríssimo"?

POLÍMNIO: "Cedant arma togae"[73] – esse título é atribuído aos equestres e aos magistrados de púrpura.

GERVÁSIO: A "majestade cesárea", não?

POLÍMNIO: "Quae Caesaris Caesari."[74]

GERVÁSIO: Tomai, portanto, o *domine* e retirai o *gravitonante*, o *Divum Pater*. Mas voltemos ao que nos interessa: por que estão todos tão atrasados?

POLÍMNIO: Acho que os outros estão implicados em algum afazer; quanto a mim, para não passar esse dia sem uma linha[75], dediquei-me à contemplação do globo, vulgarmente chamado mapa-múndi.

---

71. "Quanto a vós, não permitais que vos chamem 'Rabi', pois um só é o vosso Mestre e todos vós sois irmãos", *Mateus* 23, 8.
72. "Isso é de presbíteros e clérigos."
73. "Que as armas (o poder militar) cedam ao poder civil (Cícero)."
74. "A César o que é de César" (*Mateus* 22, 21).
75. Conforme a máxima de Plínio, o Velho: "nulla dies sine linea" (nenhum dia sem uma linha [para ler]).

GERVÁSIO: O que tendes a fazer com o mapa-múndi?

POLÍMNIO: Contemplo as partes da Terra, os climas, províncias e regiões; com a razão ideal, percorri todas elas e muitas também a passo.

GERVÁSIO: Gostaria que discorresses como para ti mesmo; porque me parece que isso é o que mais importa e, no entanto, é com o que menos te preocupas.

POLÍMNIO: *Absit verbo invidia*[76]: com isso, chego a me conhecer mais eficazmente.

GERVÁSIO: E como me convencerás?

POLÍMNIO: Considerando o fato de que, pela contemplação do macrocosmo, *necessaria deductione facta a simili*[77], pode-se chegar ao conhecimento do microcosmo, cujas partes correspondem àquele.

GERVÁSIO: Isso quer dizer que encontraremos dentro de vós a Lua, Mercúrio e os outros astros? A França, a Espanha, a Itália, a Inglaterra, Calcutá e outros países?

POLÍMNIO: *Quid ni? Per quamdam analogiam*[78].

GERVÁSIO: *Per quamdam analogiam* creio que vós sois um grande monarca. Mas se fôsseis uma mulher, vos perguntaria se teríeis lugar para um fedelho ou para guardar em conserva uma dessas plantas de que Diógenes fala[79].

POLÍMNIO: Ah, *quodammodo facete*[80]. Mas semelhante pedido não se coaduna com um sábio e erudito.

GERVÁSIO: Se fosse sábio e me considerasse erudito, não viria aqui para aprender juntamente convosco.

POLÍMNIO: Vós, sim, mas eu não estou aqui para aprender, porque *nunc meum est docere; mea quoque interest eos qui docere volunt iudicare*[81]. Aqui venho por um objetivo diferente daquele que vos traz, a quem convém ser recruta, isagogo e discípulo.

GERVÁSIO: Com que finalidade?

POLÍMNIO: Para julgar, é o que digo.

GERVÁSIO: Na verdade, aos vossos semelhantes, mais do que aos outros, calha bem fazer um julgamento das ciências e doutrinas; pois vós sois os únicos a quem a liberalidade das estrelas e a munificência do destino concedeu o poder de extrair o suco das palavras.

---

76. "De minhas palavras está ausente a má intenção."
77. "Feita a necessária dedução do que é semelhante."
78. "Por que não? Por uma certa analogia."
79. Referência à anedota segundo a qual, perguntado o que fazia com uma prostituta em meio à estrada, respondeu Diógenes: "Phiteio antropon." (Planto um homem.)
80. "Muito divertido."
81. "A mim me cabe ensinar, e ainda julgar aqueles que querem ensinar."

POLÍMNIO: E, por consequência, também das ideias que estão associadas às palavras.

GERVÁSIO: Como a alma ao corpo.

POLÍMNIO: Bem compreendidas, essas palavras fazem refletir sobre o seu sentido: é porque do conhecimento das línguas (nas quais, eu, mais do que qualquer outra pessoa nesta cidade, sou entendido, e nas quais não me julgo menos douto do que qualquer um que tenha o jogo aberto de Minerva) que procede o conhecimento de qualquer ciência que seja.

GERVÁSIO: Por conseguinte, todos aqueles que entendem a língua italiana compreenderão a filosofia do nolano?

POLÍMNIO: Sim, mas é preciso também ter alguma outra prática e discernimento.

GERVÁSIO: Houve época em que eu pensava que essa prática era a coisa mais importante; porque a pessoa que não conhece a língua grega pode, mesmo assim, aprender toda a doutrina de Aristóteles e nela detectar muitos erros, como abertamente se vê que essa idolatria, que tratava da autoridade daquele filósofo, foi completamente abandonada por todos aqueles que compreendem as ideias que essa outra seita traz; e quem não tem nem conhecimento de grego nem de árabe, e talvez nem de latim, como Paracelso, por ter tido conhecimento melhor da natureza dos remédios e da medicina do que Galeno, Avicena e todos os que falam a língua romana. A filosofia e as leis não se acabam por carência de intérpretes para as palavras, mas sim devido à falta de pessoas que se aprofundem nos sentimentos.

POLÍMNIO: Quer dizer que tu me arrolas no número da estulta multidão?

GERVÁSIO: Que os deuses não o permitam, porque sei que com o estudo e o conhecimento das línguas (que é coisa rara e singular), tanto vós como todos os vossos semelhantes sereis perfeitamente capazes de emitir um juízo sobre as doutrinas, depois de haverdes peneirado os sentimentos que as sustentam.

POLÍMNIO: Porque afirmais uma coisa muito verdadeira, posso facilmente convencer-me de que não o dizeis sem justa razão; portanto, não vos será nem desagradável nem difícil proporcionar-ma.

GERVÁSIO: Direi, para me apoiar em vossa regra de prudência e de literatura, ser um provérbio comum que aqueles que estão fora do jogo o entendem mais do que os que nele se encontram envolvidos; assim como aqueles que assistem ao espetáculo podem fazer um julgamento melhor da ação dramática do que os atores em cena; e a música melhor pode apreciá-la quem não faz parte do coro ou do concerto; e de modo semelhante nos jogos de carta, no xadrez e na esgrima. Assim, vós outros, senhores parlapatões, desinteressados e alheios a toda questão de ciência e de filosofia, e sem jamais ter tido contato com Aristóteles, Platão e outros mestres, podeis julgá-los e condená-los com vossa suficiência gramatical e vossa presunção natural, melhor do que o nolano que se encontra no mesmo teatro, na mesma familiaridade e intimidade, e facilmente os combate depois de se inteirar dos seus mais íntimos e profundos sentimentos. Quanto a vós, digo eu, por estardes à margem de quaisquer profissões de pessoas de bem e de espíritos curiosos, vós bem podeis emitir um juízo mais acertado em torno delas.

POLÍMNIO: Eu não saberia responder, sem maiores preâmbulos, a essa enorme imprudência. *Vox faucibus haesit*[82].

GERVÁSIO: Mas vossos pares são tão presunçosos como não o são aqueles que têm competência no assunto; e, por conseguinte, vos garanto que estais dignamente usurpando a função de aprovar isto, reprovar aquilo, de glosar, de fazer um cotejo e confrontação, e lá editar um apêndice.

POLÍMNIO: Não é que esse ignorantíssimo quer deduzir que não entendo nada de filosofia pelo fato de que sou versado em letras e humanidades!?

GERVÁSIO: Mui douto senhor Polímnio, quero vos dizer que, se possuísseis todas as línguas que, conforme dizem nossos pregadores, são setenta e duas...

POLÍMNIO: "Cum dimidia..."[83]

GERVÁSIO: ...não somente isso não quer dizer que estaríeis apto a emitir juízos a respeito dos filósofos, mas sequer impediria que fôsseis o maior e mais estúpido animal que vive diante do rosto humano; por outro lado, não há nada que proíba, a quem tem apenas uma dessas línguas, mesmo numa forma bastarda, de ser o mais sábio e o mais douto de todo o mundo. Pois bem, considerai que utilidade proporcionaram esses dois escritores, dos quais um é francês, um arquipedante que compôs *Escolas Sobre as Artes Liberais* e a *Animadversão Contra Aristóteles*[84]; e o outro, dejeto dos pedantes, um italiano, que rabiscou tão grande número de cadernos com as suas *Discussões Peripatéticas*[85]. Qualquer pessoa, facilmente,

---

82. "A voz me embaraça na garganta."
83. E meio.
84. Pierre de la Ramée, ou Ramus (1515-1572), cujos livros, em latim, tinham por título *Scholae in Liberales Artes* e *Aristotelicae Animadversiones*.
85. Francesco Patrizi da Cherso (1529-1597), autor de *Discussionum Peripateticarum*, em quatro volumes.

pode ver que o primeiro, de maneira muito eloquente, mostra o pouco de ciência que possui; e o segundo, falando de modo simples, mostra que é possuidor de muita coisa própria da besta e do burro. Do primeiro, no entanto, podemos dizer que compreendeu Aristóteles, mas que o compreendeu mal; e que se o tivesse entendido bem, talvez tivesse tido a argúcia de declarar-lhe guerra e termos honrosos, conforme agiu o criteriosíssimo Telesio de Cosenza[86]. Do segundo não podemos afirmar que o tenha entendido bem ou mal, mas sim que o leu e releu, que o coseu e descoseu, e o conferiu com milhares de outros autores gregos, amigos e inimigos seus; e, no final das contas, depois de envidar esforços ingentíssimos, não apenas sem qualquer proveito, mas *etiam* (ainda) com enorme prejuízo, de modo que quem quiser ver em que loucura e presunçosa vaidade um costume pedantesco nos pode mergulhar, que leia somente este livro, antes que sua memória desapareça. Mas eis que chegaram Teófilo e Dixon.

POLÍMNIO: *Adeste felices, domini*[87]: graças à vossa presença, meus arroubos não lançam sentenças fulminantes contra os propósitos vãos que teve este gárrulo, que desperdiça seus frutos[88].

GERVÁSIO: E me tiram a oportunidade de me divertir com a majestade deste reverendíssimo idiota.

DIXON: Toda causa é boa, se não vos encolerizais.

GERVÁSIO: O que digo, digo para me divertir, pois amo o senhor professor.

POLÍMNIO: *Ego quoque quod irascor, non serio irascor, quia Gervasium non odi*[89].

DIXON: Pois bem; agora deixai-me discorrer com Teófilo.

TEÓFILO: Demócrito, portanto, e os epicuristas defendem a opinião de que aquilo que não tem corpo não é nada, e de que, por conseguinte, só a matéria é substância das coisas, sendo de natureza divina, como disse um árabe, de nome Avicena, num livro intitulado *Fonte de Vida*[90]. Todos esses, juntamente com os cirenaicos, os cínicos e os estoicos, querem que as formas não passem de disposições acidentais da matéria. Eu mesmo há muito tempo aderi a esse parecer, somente

---

86. Bernardino Telesio (1508-1588), autor de *De natura rerum iuxta propria principia*, crítica da física aristotélica.
87. "Sejam bem-vindos, senhores."
88. No original, "frugiperda".
89. "Eu, quando me encolerizo, não me encolerizo a sério, porque não odeio Gervásio."
90. Salomão Ibn Gabirol, ou Avicena, considerado neoplatônico. Em latim, o livro tem por título *Fons Vitae*.

porque ele tem fundamentos que correspondem mais à natureza do que os de Aristóteles; porém, depois de ter considerado de maneira mais madura, com relação a um maior número de coisas, constatei que é preciso conhecer na natureza dois tipos de substâncias: uma, que é a forma, e outra, a matéria. Pois é necessário um ato substancialíssimo que represente a potência ativa de tudo, e ainda uma potência ou sujeito no qual não seja menor a potência passiva de tudo: naquele está o poder de fazer, neste, o poder de ser feito.

DIXON: É coisa manifesta a qualquer pessoa que bem reflita que não é possível que a primeira possa fazer continuamente tudo sem haver algo em que se possa sempre ser feito tudo. Como pode a alma do mundo (digo toda forma), que é indivisa, ser figurativa sem o sujeito das dimensões ou das quantidades, que é a matéria. E como pode a matéria ser figurada? Talvez por si mesma? Parece que podemos dizer que a matéria é figurada por si mesma, se quisermos considerar o corpo universal formado pelo ser matéria, e chamá-lo de matéria. Como um animal, com todas as suas faculdades, o denominaremos matéria, distinguindo-o não da forma, porém do único eficiente.

TEÓFILO: Ninguém vos pode impedir de usar o nome matéria, conforme vossa maneira, assim como para muitas seitas existe a mesma razão para muitos significados. Mas esse modo de considerar, com o qual vós dizeis, sei que só poderá estar bem para um mecânico ou médico que se encontram na prática, como aquele que divide o corpo universal em mercúrio, sal e enxofre[91]; esta afirmação vem mostrar menos o divino engenho de médico do que aquele de um estultíssimo que se quisesse chamar filósofo; pois a finalidade deste último não consiste apenas em chegar a essa distinção de princípios, que se faz fisicamente por uma separação proveniente da virtude do fogo, mas também a uma distinção de princípios à qual não chega de modo eficiente qualquer material, pois a alma, inseparável do mercúrio, do enxofre e do sal, é princípio formal. Este aqui não está sujeito às qualidades materiais, mas é senhor da matéria, não é tocado pela obra de químicos, cuja divisão acaba nos três elementos ditos e que conhecem outra espécie de alma que essa do mundo, e a qual devemos definir.

DIXON: Dizeis de modo excelente e esta consideração me contenta, porque vejo alguns tão pouco perspicazes que não distinguem absolutamente as causas da natureza segundo todo o âmbito de seu

---

91. Referência a Paracelso.

ser, as que são consideradas pelos filósofos, daquelas tomadas num sentido limitado e apropriado; porque o primeiro modo é vão e exagerado para os médicos, enquanto médicos, e o segundo é truncado e diminuto para os filósofos, na qualidade de filósofos.

TEÓFILO: Vós abordastes o ponto em que Paracelso é elogiado, qual seja, o de ter tratado da filosofia médica e de haver criticado Galeno por introduzir a medicina filosófica, que produziu uma mistura fastidiosa e uma pintura tão embrulhada que, no final das contas, parece um médico pouco hábil e um filósofo muito confuso. Que isso seja dito com certo respeito, pois não tive tempo livre para examinar todas as partes do homem.

GERVÁSIO: Por favor, Teófilo, primeiro proporcionai-me o prazer, já que não sou muito entendido em filosofia, de me dizer o que entendeis com esse nome "matéria", e o que é a matéria nas coisas naturais.

TEÓFILO: Todos aqueles que querem distinguir a matéria e considerá-la em si, sem a forma, recorrem, por semelhança, à arte. É como o fazem os pitagóricos, os platônicos, os peripatéticos. Vede aquela arte do carpinteiro: para todos os seus produtos e para todos os seus trabalhos há um mesmo objeto[92], madeira. Como a do ferreiro, o ferro; e a do alfaiate, o pano. Todas essas artes, com uma matéria que lhes é própria, dão diversos modelos, ordens e figuras, das quais nenhuma é própria ou natural a essa matéria. Assim se dá com a natureza, com a qual a arte se parece, que para suas operações requer uma matéria. Porque não é possível haver algum agente que, se quiser fazer algo, não tenha com que fazê-lo; e se quiser operar, que não tenha o que operar. É, portanto, uma espécie de objeto do qual, com o qual e no qual a natureza efetua a sua operação, o seu trabalho; e o qual é por ela formado com tantas formas[93], que aos olhos da consideração apresenta enorme variedade de espécies. E como a madeira, por si, não tem nenhuma forma artificial, mas pode tê-las pela operação do carpinteiro, assim a matéria da qual falamos não tem em si e em sua natureza forma alguma original, mas pode ter todas pela operação do agente ativo, o princípio de natureza. Essa matéria natural não é sensível como a matéria artificial, pois a matéria da natureza não possui absolutamente qualquer forma, mas a matéria da arte já é uma coisa formada pela natureza; ademais, a arte só pode operar na superfície das coisas formadas pela natureza, como a madeira, o ferro, a pedra, a lã e coisas semelhantes: mas

---

92. No original, *sujeito* (soggetto).
93. No original: *il quale è da lei formato di tante forme*.

a natureza atua de dentro, por assim dizer, de seu objeto ou matéria, que é de todo uniforme. Mas os objetos da arte são muitos e só um é objeto da natureza; aqueles, por serem diversamente formados pela natureza, são vários e diferentes; esse último, por não ser de modo algum formado, é de todo indiferente, tendo em conta que qualquer diferença procede da forma.

GERVÁSIO: Quer dizer que as coisas formadas pela natureza são matéria da arte e uma coisa só e informe é matéria da natureza?

TEÓFILO: Assim é.

GERVÁSIO: É possível que, da mesma maneira como vemos e conhecemos claramente os objetos das artes, possamos também conhecer o objeto da natureza?

TEÓFILO: Bastante bem, mas com diferentes princípios de cognição, porquanto assim como não conhecemos com os mesmos sentidos as cores e os sons, não é com o mesmo olho que vemos o objeto das artes e o objeto da natureza.

GERVÁSIO: Gostaria que desenvolvêsseis esse raciocínio.

TEÓFILO: Com prazer. Aquela relação e dependência que a forma de arte tem com a sua matéria são as mesmas (segundo a devida proporção) que a forma da natureza tem com sua matéria. Na arte, onde as formas variam até o infinito (se fosse possível), é sempre uma mesma matéria que persevera; como, por exemplo, a forma de uma árvore é uma forma de tronco, depois de trave, depois de mesa, depois de banquinho, depois de escabelo, caixa, pente e assim por diante; mas em todas as vezes, o ser madeira persiste. Não de outra maneira, variando ao infinito e sucedendo uma forma a outra, a matéria é sempre a mesma.

GERVÁSIO: Como se pode juntar essa semelhança?

TEÓFILO: Não vedes que aquilo que era semente se faz erva, aquilo que era erva se faz espiga, o que era espiga se torna pão, do pão, quilo, do quilo, o sangue, do sangue o germe, deste o embrião, o homem, o cadáver, deste a terra, desta a pedra ou outra coisa; e assim para tudo vir a formas naturais?

GERVÁSIO: Vejo com facilidade.

TEÓFILO: Logo, deve existir uma mesma coisa que, em si, não é pedra nem terra, nem cadáver nem homem, nem embrião ou sangue, nem qualquer outra coisa; mas depois de ter sido sangue se faz embrião, recebendo o ser embrião; depois de ser embrião, recebe o ser homem, fazendo-se homem; como aquela formada pela natureza que é objeto da arte, da que era árvore se faz mesa e recebe o ser mesa; da que era mesa, recebe o ser porta e é porta.

GERVÁSIO: Compreendi bem. Mas esse objeto da natureza me parece que não pode ser um corpo, nem ter certa qualidade; pois isso que vai se modificando, ora sob uma forma e ser natural, ora sob outra forma e ser, não se demonstra corporalmente como a madeira ou a pedra, que sempre se fazem ver o que são material ou objetivamente, pondo-se sob qualquer forma que se queira.

TEÓFILO: Dizeis bem.

GERVÁSIO: Mas o que farei se me acontece de ter que conferir esse pensamento com alguém pertinaz que não queira acreditar que uma só matéria está sob todas as formas da natureza, como ela é uma sob todas as formações da arte? Porque não podemos negar aquela que vemos com os olhos, ao passo que pode ser negada a que vemos somente com a razão.

TEÓFILO: Mandai-o embora, ou não lhe respondais.

GERVÁSIO: Mas se for importuno ao pedir-me evidências, se for uma pessoa de respeito, a qual não se pode mandar embora, que, ao contrário, me mandará embora, sentindo-se injuriado por não lhe responder?

TEÓFILO: O que farás se um semideus cego, digno de honra e respeito, for insolente, importuno e pertinaz querendo ter a compreensão e pedir evidência de cores, ou mesmo das figuras exteriores das coisas naturais, como, por exemplo, qual a forma da árvore, qual a forma do monte, das estrelas; e ademais, qual a forma da estátua, da roupa, e assim de outras coisas artificiais, que para quem vê são manifestas?

GERVÁSIO: Eu lhe responderia que, se tivesse olhos, não me pediria evidências; mas, sendo cego, é impossível que outros lhe demonstrem.

TEÓFILO: De maneira similar, poderás dizer àqueles que, se tivessem intelecto, não pediriam outra evidência, mas poderiam ver por si.

GERVÁSIO: Com essa resposta, aqueles se envergonhariam, e esses a julgariam muito cínica.

TEÓFILO: Então diríeis mais veladamente assim: "Ilustríssimo senhor", ou "sagrada majestade, como algumas coisas não podem ser evidentes senão pela mão e pelo tato, outras pelo ouvido, ou pelo gosto, outras pelos olhos, assim essa matéria das coisas naturais não pode ser evidente senão pelo intelecto."

GERVÁSIO: Talvez entendendo o tratamento dado, por não ser tão velado ou obscuro, me dirá: "Tu és aquele que não tem intelecto; eu tenho mais do que todos os teus companheiros."

TEÓFILO: Tu não acreditarás mais do que se um cego te dissesse que tu és o cego e que ele vê mais do que pensam e do que tu mesmo acreditas.

DIXON: Muito se disse para demonstrar com maior evidência, a quem nunca o tenha ouvido, o que significa o nome "matéria" e aquilo que se deve entender como matéria nas coisas naturais. Assim o pitagórico Timeu[94], que, da transmutação de um elemento noutro, ensina reencontrar a matéria oculta, e que não se pode conhecer exceto com certa analogia. "Onde estava a forma de terra", diz ele, "depois aparece a forma de água", e com isso não se pode dizer que uma forma receba a outra; pois um contrário não aceita nem recebe outro, isto é, o seco não recebe o úmido, ou a secura não recebe a umidade; mas de uma terceira coisa é extraída a secura e introduzida a umidade, e aquela terceira coisa é objeto de um e de outro contrários, não sendo contrária a nenhum deles. Logo, se não se deve pensar que a terra tornou-se nada, deve-se considerar que alguma coisa que estava na terra permaneceu e está na água; coisa que, pela mesma razão, quando a água se transmudar em ar (pois a virtude do calor a faz extenuar-se em fumo ou vapor), permanecerá e estará no ar.

TEÓFILO: Disso se pode concluir (a despeito deles) que coisa alguma se aniquila e perde o ser, exceto a forma acidental exterior e material; mas tanto a matéria quanto a forma substanciais do que quer que seja natural, que é a alma, são indissolúveis e inaniquiláveis, não perdem seu ser em tudo e por tudo; certamente não são todas as formas substanciais dos peripatéticos e de seus semelhantes, que consistem em certa compleição e ordem de acidentes; e tudo aquilo que sabem nominar, fora a matéria-prima, não é senão acidente, compleição, hábito de qualidade, princípio de definição, quididade. Daí certos capuchados[95], dentre eles alguns sutis metafísicos, querendo antes excusar do que acusar a insuficiência do nume Aristóteles, encontraram a "humanidade, a bovinidade, a olividade" como formas substanciais específicas: fazem essa humanidade, a socrateidade, esta bovinidade, essa cavalidade serem a substância numeral[96]; tudo o que fizeram foi para dar-lhes uma forma substancial, como a matéria, que tem nome e ser de substância. Mas jamais tiveram proveito algum, pois se lhes perguntais por ordem: "Em que consiste a substancialidade de Sócrates?" Responderão: "Na socrateidade." "O que entendeis por socrateidade?" Responderão: "A própria forma substancial e a própria matéria de Sócrates." Ora, deixemos de lado

---

94. Timeu Locri, cujo livro, em latim, intitula-se *De anima mundi et natura*.
95. No original, *cucullati*, que usam o capucho de monge.
96. A substância numeral é a substancialidade do indivíduo, ou a forma individualizante que se soma à forma específica. Duns Scotus utiliza o termo *haecceitas*.

essa substância que é a matéria, e dizei-me: o que é a substância como forma? Respondem alguns: "A sua alma." Perguntai então: "Que é a alma?" Se disserem que é uma enteléquia e perfeição de um corpo que pode viver, considerai que isso é um acidente. Se disserem que é um princípio de vida, de sensibilidade, de vegetação e de inteligência, considerai que, embora esse princípio seja alguma substância fundamentalmente considerada conforme a adotaríamos, eles não o levam adiante senão como acidente; porque ser princípio disso ou daquilo não significa que seja razão substancial e absoluta, mas razão acidental e relativa àquilo que teve princípio; como não define meu ser e minha substância aquele que profere o que faço ou posso fazer; mas aquele que diz o que eu mesmo sou, considerado de maneira absoluta. Vede, portanto, como tratam essa forma substancial, que é a alma, a qual, mesmo que por acaso a tenham conhecido como substância, jamais, no entanto, a denominaram nem consideraram como substância. Essa confusão vós a podereis ver muito mais claramente se lhes perguntardes em que consiste a forma substancial de uma coisa inanimada, como a forma substancial da madeira. Os que forem mais sutis fingirão que está na lignidade. Suprimi, porém, a matéria, que é comum ao ferro, à madeira, à pedra, e perguntai: "O que resta dessa forma substancial do ferro?" Jamais vos dirão que sobra outra coisa senão acidentes; esses se acham entre os princípios de individuação e dão particularidade, pois a matéria só se contrai num ser particular por meio de uma forma; e essa forma, por ser princípio constitutivo de uma substância, querem que seja substancial, mas depois não a poderão mostrar fisicamente senão como acidental. Finalmente, quando tiverem feito tudo, por todos os meios de que dispõem, têm sim uma forma substancial, mas não natural, e sim lógica; e assim, como conclusão, um conceito lógico vem a ser posto como princípio de coisas naturais.

DIXON: Aristóteles não percebe isso?

TEÓFILO: Creio que percebe muito bem, mas não o pode remediar; porém, diz que as últimas diferenças são indetermináveis e desconhecidas.

DIXON: Parece-me que com isso confessa abertamente a sua ignorância. Assim sendo, julgaria melhor abraçar os princípios da filosofia que, nesta importante questão, não alegam ignorância, como os princípios de Pitágoras, Empédocles e o teu Nolano, cujas opiniões ontem aqui deste.

TEÓFILO: Eis o que quer o Nolano: que existe uma inteligência que dá o ser a cada coisa, chamada pelos pitagóricos e por Timeu "doador das formas"; uma alma e princípio formal que se faz e enforma toda coisa, a que os mesmos chamam de "fonte das formas"; uma matéria da qual toda coisa é feita e formada, que todos chamam de "receptáculo das formas".

DIXON: Essa doutrina, a que nada parece faltar, muito me agrada. E é necessário verdadeiramente que, da mesma forma como podemos estabelecer um princípio material constante e eterno, ponhamos, de modo semelhante, um princípio formal. Vemos que todas as formas naturais acabam da matéria e de novo provêm da matéria. De onde parece que, na realidade, nenhuma coisa é constante, firme, eterna e digna de ser estimada como princípio, exceto a matéria. Além do que, as formas não existem sem a matéria, nesta elas são geradas e se corrompem, promanam de seu seio e nele se refugiam; assim, a matéria, que sempre permanece idêntica e fecunda, deve ter a principal prerrogativa de ser reconhecida como único princípio substancial, isto é, aquele que é e sempre permanece; e as formas todas, tomadas em conjunto, não se deve entendê-las senão como disposições variadas da matéria, que desaparecem e retornam, que cessam e renovam; daí não terem valor de princípio. Mas acharam aqueles [filósofos], depois de bem examinarem a razão das formas naturais, que elas são apenas acidentes e circunstâncias da matéria, e que, por causa disso, se deve atribuir à matéria a prerrogativa de ato e de perfeição, e não às coisas, das quais, na verdade, não podemos afirmar que não sejam nem substância nem natureza, porém que pertencem à substância e à natureza; substância que dizem ser natureza, pois para eles a matéria é um princípio necessário, eterno e divino, e segundo Avicena: "Deus que está em todas as coisas."

TEÓFILO: A esse erro foram induzidos aqueles que não conhecem outra forma senão a acidental: e esse mouro, embora houvesse aceitado da doutrina peripatética, da qual se nutrira, a forma substancial, considerando-a, porém, coisa corruptível e não apenas mutável com relação à matéria; e como coisa gerada e não parturiente, fundada e não fundadora, acabou por desprezá-la e a teve no conceito de vil com relação à matéria estável, eterna, progenitora e mãe. E com certeza isso acontece com aqueles que não conhecem aquilo que conhecemos.

DIXON: Isso tem sido muito bem estudado; mas está na hora de deixarmos essa digressão e voltarmos ao nosso propósito. Agora sabemos distinguir a matéria da forma, tanto da acidental (como quer que se a queira), como daquela substancial. O que resta ver é a natureza e a realidade dessa matéria. Antes, porém, gostaria de saber se, em virtude da grande união que a alma do mundo, ou forma universal, mantém com a matéria, poderíamos tolerar esse outro modo e maneira de filosofar daqueles que não separam o ato da razão da matéria, e a entendem como coisa divina; e não pura e informe a ponto de ela mesma não se formar e se revestir.

TEÓFILO: Não facilmente, porque nada opera absolutamente em si mesmo e sempre existe alguma distinção entre o que é agente e o que é feito ou acerca do que é ação e operação; de onde se segue que é exatamente no corpo da natureza que se deve distinguir a matéria da alma e, nesta, distinguir a razão das espécies. Assim é que nesse corpo reconhecemos três coisas: primeiro, a inteligência universal, infusa nas coisas; segundo, a alma vivificadora do todo; em terceiro, o objeto. Mas nem por isso negaremos que não seja filósofo aquele que tomasse, no gênero de sua própria filosofia, esse corpo formado ou, como talvez queiram dizer, este animal racional, e passasse a adotar como primeiros princípios os membros desse corpo, como o ar, a terra, o fogo; ou então a região etérea e a região sideral; ou mesmo o espírito e o corpo, ou ainda o vazio e o pleno; entendendo o vácuo não como Aristóteles, mas de outra maneira conveniente. Não me parecerá digna de ser rejeitada aquela filosofia, sobretudo se, acima de qualquer fundamento que ela pressuponha, ou da forma do edifício que se proponha, contribua para a perfeição da ciência especulativa e o conhecimento das coisas naturais, como de fato fizeram muitos dos mais antigos filósofos. Porque é próprio de ambicioso e de cérebro presunçoso, fútil e invejoso querer persuadir os demais de que só exista um meio de investigar e de chegar ao conhecimento da natureza. É coisa de um louco, de um homem sem discurso, querer atribuir esse conhecimento a si mesmo. Embora sempre se deva preferir, apreciar e cultivar a via mais constante e firme e o modo mais alto de considerar, não se deve censurar, no entanto, aquele outro modo, que não deixa de apresentar bons frutos, ainda que não sejam da mesma árvore.

DIXON: Isso quer dizer que vós aprovais o estudo das diferentes filosofias?

TEÓFILO: Bastante, para quem possui tempo e engenho; para os outros, aprovo o estudo das melhores, se têm vontade de lhes adivinhar.

DIXON: Está certo então que não aprovais todas as filosofias, mas as boas, as melhores.

TEÓFILO: Assim é. Assim como entre os diversos modos de medicar, não reprovo aquele que se faz magicamente, com aplicações de raízes, suspensão de pedras e murmurações de encantos, se o rigor de teólogo me deixa falar de modo natural. Aprovo aquele que se faz fisicamente, procedendo com receitas boticárias, e com as quais se afasta e se cura o cólera, o sangue, a fleuma e a melancolia. Aceito essa outra maneira que age quimicamente, que extrai as quintessências e que, por obra do fogo, de todos aqueles compostos, faz o mercúrio se volatilizar, o sal se depositar e o enxofre brilhar ou dissolver-se. Mas a propósito de medicina, não quero determinar entre grande número de modos qual seja o melhor, porque o epilético, para cujo tratamento perderam seu tempo o físico e o químico, acaba curado pelo mágico e assim, com justa razão, gostará mais deste do que daquele médico. E da mesma maneira discorro sobre as outras espécies de tratamento, das quais uma não será menos boa do que outra se, tanto uma como outra, alcança o objetivo a que se propõe. Particularmente, será melhor aquele médico que me curar, não aqueles que me matam ou me atormentam.

GERVÁSIO: Como se dá que essas facções de médicos sejam inimigas entre si?

TEÓFILO: Da avareza, da inveja, da ambição e da ignorância. Comumente, mal entendem o próprio método de medicar, e tanto lhes falta que podem dar razões aos outros. Além do mais, a maior parte não pode alcançar a honra e as vantagens com as próprias virtudes, e prefere abaixar os outros, mostrando desprezo pelo que não pode conquistar. Porém, de todos, o ótimo e verdadeiro é aquele que não é só físico, mas ainda químico e matemático. Mas para vir ao nosso propósito: entre as espécies de filosofia, melhor é aquela que, de maneira mais cômoda e elevada, realiza a perfeição da inteligência humana e que mais corresponde à verdade natural e, na medida do possível, coopera com esta última, ou adivinhando (digo por ordem natural e razões, não por um instinto animal, como fazem as bestas e os que lhe são similares; não por inspiração de bons ou de maus demônios, como fazem os profetas; não por melancólico entusiasmo, como os poetas e outros contemplativos), ou ordenando as leis, reformando os costumes, medicando, ou conhecendo e vivendo uma vida mais feliz e divina. Eis portanto não haver espécie de filosofia que, elaborada por um espírito bem ordenado, não encerre em si mesma alguma boa propriedade, ausente nas outras. O mesmo é o que penso da medicina, que deriva de tais princípios, os quais pressupõem um perfeito hábito de filosofia, como o movimento do pé ou da mão supõe o do olho. Por isso se diz que não se pode ter bons princípios de medicina sem uma boa disciplina em filosofia.

DIXON: Muito me agradais e vos elogio por isso, pois não sois tão plebeu como Aristóteles e não sois injurioso e ambicioso como ele; em sua opinião, todos os outros filósofos, com seus métodos de filosofar, deveriam ser depreciados.

TEÓFILO: De todos os filósofos que existem, não conheço nenhum mais baseado na imaginação e mais afastado da natureza do que ele. Se, vez ou outra, externa ideias excelentes, sabe-se que elas não derivam dos seus princípios; trata-se sempre de proposições retiradas de outros filósofos, como vemos numerosas e divinas nos livros *Da Geração, Meteoros, Dos Animais* e *Plantas*.

DIXON: Voltando ao nosso propósito – vós pretendeis que da matéria podem ser apresentadas, sem possibilidade de engano e sem contradições, definições diversas?

TEÓFILO: É verdade, como sobre o mesmo objeto se podem julgar diversos sentidos e a mesma realidade ser insinuada diversamente. Ademais, como já mencionado, o exame de uma questão pode ser tomado de ângulos diversos. Os epicuristas exprimiram muitas coisas boas, embora não se tenham elevado acima da qualidade material. Heráclito nos deu a conhecer muitas coisas excelentes, embora não fosse além da alma. Anaxágoras não deixa de tirar proveito da observação da natureza, porque não somente nela, mas ainda fora, e talvez acima dela, deseja conhecer um intelecto, o mesmo que Sócrates, Trimegisto e nossos teólogos chamam igualmente de Deus. Assim, bem podem promover a descoberta dos arcanos da natureza aqueles que partem do conhecimento experimental do simples (por eles assim chamados)[97], como os que começam pela teoria racional. E desses, não menos os que partem das compleições do que os que partem dos humores[98], e estes últimos não mais daqueles que descem dos elementos sensíveis, ou dos absolutos, ou da matéria una que, de todos os princípios, é o mais distinto. Pois, às vezes, não fez a melhor peregrinação quem percorre o caminho mais longo, principalmente se o seu objetivo não for tanto a contemplação, mas a operação. Acerca da maneira de filosofar, não será menos cômodo desenvolver as formas como de um princípio que as implique do que distingui-las de um caos, distribuí-las como de uma fonte ideal, ou ainda extraí-las em ato como de uma possibilidade, ou tirá-las como que do seio ou trazê-las à luz como de um sombrio e tenebroso abismo. Pois todo fundamento é bom se adequado ao edifício; toda semente é conveniente se as árvores e os frutos forem desejáveis.

DIXON: Agora, para vir ao nosso escopo: me agradaria aqui a demonstração da doutrina sobre esse princípio.

---

97. Os filósofos materialistas, como Anaxágoras, Demócrito, Epicuro.

98. Distinção de líquidos corporais, segundo a medicina antiga de Hipócrates e de Galeno: sangue, bílis, fleuma (ou fleugma) e atrabílis.

TEÓFILO: Certamente, esse princípio chamado matéria pode ser considerado sob dois aspectos: primeiramente, como potência e, em segundo lugar, como objeto. Tomada na significação de potência, não há coisa em que, de certo modo, e segundo sua própria razão, não se possa encontrar; e os pitagóricos, os platônicos, os estoicos e outros mais a puseram no mundo inteligível e no mundo sensível. E nós não a entendemos exatamente como aqueles a entenderam, mas como uma razão mais alta e mais explícita, e desse modo raciocinamos com a potência em todas as possibilidades – a potência comumente se distingue em ativa, pela qual pode operar, e passiva, pela qual pode ser, ou receber, ou ter ou ser objeto de um eficiente de alguma maneira. Sobre a potência ativa ainda não refletimos presentemente; mas digo que a potência em modo passivo (ainda que nem sempre seja passiva) pode ser considerada relativa ou absolutamente; e assim não há coisa da qual se possa dizer a existência, da qual não se diga possuir um ser. E essa (possibilidade) responde tão absolutamente à potência ativa que uma jamais existe sem a outra; onde sempre existiu a potência de fazer, de produzir, de criar, sempre esteve a potência de ser feita, produzida, criada, pois uma potência implica a outra. Essa potência [passiva] não denota nenhuma fragilidade na potência de que falamos, porém lhe confirma a virtude e a eficácia e, finalmente, se acha que tudo é uno e absolutamente a mesma coisa da potência ativa; e não há filósofo ou teólogo que duvide de atribuí-la ao primeiro princípio sobrenatural. Pois a possibilidade absoluta, pela qual as coisas que estão em ato podem existir, não antecede a atualidade e tampouco a sucede; além disso, o poder ser está com o ser em ato, e não o precede; pois se aquele que pode ser se fizesse a si mesmo, existiria antes que fosse de fato. Agora, contempla o primeiro princípio, que é tudo o que pode ser; e ele mesmo não seria tudo se não pudesse ser tudo; assim, nele o ato e a potência são a mesma coisa. Nas outras coisas, porém, o mesmo não acontece; embora sejam o que podem ser, talvez não possam ser e ser certamente outra coisa, ou de outra maneira como o são; porque nenhuma outra coisa é tudo o que pode ser. O homem é o que pode ser, mas não é tudo o que pode ser. A pedra não é tudo o que pode ser, pois não é cal, vaso ou erva. O que é tudo o que pode ser é uno e em seu ser compreende todo ser. Ele é tudo o que é e pode ser um objeto qualquer que é e possa ser. Qualquer outra coisa não é assim. E a potência não é igual ao ato, pois não é um ato absoluto, mas limitado; além disso, a potência é sempre limitada a um ato único, porque ela jamais possui mais do que um ser específico e particular; e ainda que aspire a toda forma e a todo ato, isso [se dá] por certas disposições e com certa sucessão de um ser depois de outro. Toda potência e, portanto, todo ato, que no princípio é como que complicado, unido e uno, nas outras coisas é exposto, disperso e multiplicado. O universo, que é o grande simulacro[99], a grande imagem e a unigênita natureza, é ainda esse todo que pode ser pelas mesmas espécies e membros principais e continência de toda a matéria, à qual nada se ajunta e da qual nada se retira, que é de toda e única forma. Já não é, no entanto, tudo o que pode ser nas mesmas diferenças, modos, propriedades e indivíduos. Por conseguinte, não é senão a sombra do primeiro ato e da primeira potência e, nele, a potência e o ato não são, absolutamente, idênticos, porque nenhuma de suas partes é tudo o que pode ser. Além do mais, conforme aquele modo específico que dissemos, o universo é tudo o que pode ser de um modo exposto, disperso e distinto. Seu princípio é unidade e indiferença, pois tudo é tudo e o mesmo ser de maneira simples, sem diferença ou distinção.

DIXON: O que direis da morte, da corrupção, dos vícios, dos defeitos, dos monstros? Quereis que eles tenham lugar naquilo que é o tudo que pode ser, e está em ato tudo o que está em potência?

TEÓFILO: Essas coisas não são nem ato nem potência, mas defeitos e impotência que se encontram nas coisas expostas, que não são tudo o que podem ser e se esforçam por aquilo que podem ser; daí, não podendo diversos seres existir ao mesmo tempo e numa mesma extensão, perdem um ser para ter outro. E às vezes confundem um ser com o outro e assim são diminuídas, truncadas, mutiladas devido à incompatibilidade de um ser com outro e da ocupação da matéria num e noutro. Voltando ao nosso propósito: o primeiro princípio absoluto é grandeza e magnitude; e é essa grandeza e magnitude que são tudo o que podem ser. Não há grande de tal grandeza que possa ser maior nem que possa ser menor nem dividir-se como qualquer outra grandeza que não é tudo o que pode ser; mas é uma grandeza máxima, mínima, infinita, impartível e de toda medida. Não é maior por ser mínima; não é mínima por ser igualmente a máxima. Está além de toda igualdade, pois é tudo o que pode ser. Isso que digo da grandeza, entenda tudo aquilo que se possa dizer. Porque é de modo semelhante bondade, que é toda a bondade que possa ser; é beleza que é todo o belo, e não há outro belo que seja tudo o que possa ser, mas apenas esse. Nas coisas naturais não vemos nada que seja outra coisa senão o que está em ato, segundo o qual é o que

---

99. No sentido daquilo que "aparece", ou, em linguagem moderna posterior, de fenômeno.

pode ser, por ter uma espécie de atualidade; contudo, neste único ser específico jamais existe tudo o que pode ser um objeto particular. Eis o Sol: não é tudo o que pode ser o Sol; não está em toda a parte; quando está no oriente da Terra, não se encontra no ocidente, nem no zênite nem em outro ponto. Ora, se quisermos mostrar o modo pelo qual Deus é Sol, diremos (pois é tudo o que pode ser) que é, conjuntamente, oriente, ocidente, meridiano e também um ponto qualquer de convecção[100] da Terra. Se quisermos entender que esse Sol (seja por sua revolução, seja pela da Terra) se movimenta e muda de lugar, que ele não se acha atualmente num ponto sem potência de estar em todos os demais, e que, portanto, tem aptidão de ali estar; se, por conseguinte, é tudo o que pode ser e possui tudo o que está apto a possuir, então estará junto e inteiro por toda a parte; ele é tão absolutamente móvel e rápido que, por isso mesmo, é absolutamente estável e imóvel. Mas entre os discursos divinos encontramos que "é estável e eterno", e "velocíssimo ao percorrer de um fim a outro", porque chamamos de imóvel aquilo que, num mesmo instante, parte do ponto oriental e retorna ao ponto oriental e que, ademais, não é visto menos no oriente do que no ocidente e em outro ponto qualquer de seu circuito. Eis por que não há razão para dizermos que ele parte e retorna, pois partiu deste ponto e do outro e a ele retornou, e de um dos pontos infinitos para o mesmo ponto; de onde estará inteiro e sempre em todo o círculo e em qualquer uma das partes. Por consequência, todo ponto indiviso da eclíptica contém todo o diâmetro do Sol. Desse modo, vem o indiviso conter o divisível; o que não ocorre pela possibilidade natural, mas pela sobrenatural: quero dizer, caso se supusesse que o Sol fosse aquilo que é em ato tudo aquilo que pode ser. A potestade absoluta não é apenas aquilo que o Sol pode ser, mas o que é qualquer coisa, e o que pode ser qualquer coisa. Potência de todas as potências, ato de todos os atos, vida de todas as vidas, alma de todas as almas, ser de todo ser. Eis por que o Revelador diz elevadamente: "Aquele que é me envia, aquele que é assim disse." Mas o que em outro lugar é contrário e oposto, nele é único e o mesmo; e toda coisa nele é a mesma. Assim discorri sobre as diferenças de tempo e de duração, como sobre as diferenças de atualidade e de possibilidade; mas ele não é coisa antiga nem coisa nova, pelo que disse o Revelador: "primeiro e novíssimo".

DIXON: Este ato em absoluto, que é o mesmo que a potência absoluta, não pode ser compreendido pelo intelecto, a não ser pelo modo

---

100. De movimento; no original, *convessitudine*.

da negação. Não pode ser compreendido nem quando pode ser tudo e nem quando é tudo, pois o intelecto, quando quer compreender, confia em formar espécies inteligíveis, assemelhar-se, comensurar-se e igualar-se a elas. Mas isso é impossível, porque o intelecto nunca é tão grande que não possa ser maior; mas aquele ato absoluto não pode ser maior porque é infinito em todos os lados e sob todos os modos. Não existe olho que possa dele se aproximar e que tenha acesso a luz tão brilhante nem a abismo tão profundo.

TEÓFILO: A coincidência desse ato com a absoluta potência tem sido claramente descrita pelo divino espírito, quando diz: *Tenebrae non obscurabuntur a te. Nox sicut dies illuminabitur. Sicut tenebrae eius, ita et lumen eius*[101]. Assim, para concluir, vedes qual é a excelência dessa potência que, se vos aprouver, podeis chamar de razão da matéria na qual os filósofos comuns não penetram; podeis, sem diminuir a divindade, tratá-la de modo mais elevado do que Platão na *Política* e do que Timeu. Por terem exaltado em demasia a essência da matéria, escandalizaram certos teólogos. Isso aconteceu ou porque aqueles não se expressaram bem, ou porque esses aqui não entenderam bem, sempre tomando o significado de matéria apenas segundo objeto das coisas naturais, como se vê nas sentenças de Aristóteles; e não considerando a matéria comum ao mundo inteligível e para o mundo sensível, conforme dizem os primeiros, adotam um significado conforme um equívoco de analogia. Antes, porém, de condená-los, cumpre que se examinem muito seriamente suas opiniões, e assim se distingam suas linguagens e os sentimentos; não se esquecendo, todavia, de que, se às vezes concordam numa razão comum de matéria, são diferentes depois nela própria. No que diz respeito ao nosso propósito, é impossível (retirado o nome de matéria, e sendo capcioso e malvado o quanto se queira) que se ache um teólogo que me possa imputar impiedade por aquilo que digo e entendo da coincidência da potência e do ato, tomando-se em absoluto um e outro termo. Daí queria inferir que no simulacro desse ato e dessa potência (por ser ato específico tudo o que é em potência), o universo é tudo aquilo que pode ser e possui uma potência não separada do ato, uma alma não separada do animado – não falo do composto, mas do simples; daí que o universo seja um primeiro princípio que se entenda não mais distintamente o material do formal; que possa ser inferido da semelhança do antes dito, da potência absoluta e ato. Em que não seja difícil aceitar, enfim, que o

---

101. "As trevas não são obscuras para ti. A noite se ilumina qual dia. Trevas e luz são as esma coisa."

todo, segundo a substância, é uno, como talvez o entenda Parmênides, ignobilmente tratado por Aristóteles.

DIXON: Pretendeis, portanto, embora descendo por essa escada da natureza, por dupla substância, uma espiritual, outra corporal, que em suma uma e outra se reduzam a um ser único e mesma raiz.

TEÓFILO: Se vos parece que possa ser tolerado por aqueles que não são muito perspicazes.

DIXON: De modo muito fácil, desde que não te eleves acima dos termos da natureza.

TEÓFILO: Isso já foi feito. Se não temos aquele mesmo sentido e modo de definir da divindade, temos um particular, mas não contrário nem alheio àquele, talvez mais claro e mais explicado, conforme a razão que não supera o nosso discurso, e da qual vos prometi não me abster.

DIXON: Já se disse o bastante do princípio material, segundo a razão da possibilidade ou potência; amanhã, apreciaria que vos preparásseis para a consideração do mesmo princípio, segunda a razão do objeto.

TEÓFILO: Assim farei.

GERVÁSIO: Adeus.

POLÍMNIO: *Bonis avibus*[102].

FIM DO TERCEIRO DIÁLOGO

Quarto Diálogo

POLÍMNIO: "Et os vulvae nunquam dicit: sufficit"[103]; *idest, scilicet, videlicet, ut pote, quod est dictu, materia* (que significa essas coisas) *recipiendis formis numquam expletur*[104]. Pois bem, visto não haver mais ninguém neste Liceu, *vel potius* (ou antes) Antiliceu, *solus* (*ita inquam solus, ut minime omnium solus*) *deambulando, et ipse mecum confabulabor*[105]. Portanto, a matéria é chamada pelo príncipe dos

---

102. "Bons auspícios."
103. Boccaccio, *Carboccio*, "E a vulva (como o inferno para os homens, a água para o mar e o fogo) nunca diz: basta." Ver também, *Provérbios* 30, 16, Boccaccio se apoia na tradução da *Vulgata* de *otzer raham* (lit. útero contrito), como "os vulvae". Na *Bíblia de Jerusalém* figura: "O Xeol, o ventre estéril, a terra que não se farta de água, e o fogo que não diz 'Basta!'"
104. Isto é, bem entendido e evidentemente, já que, como foi dito, as formas receptoras da matéria nunca são ocupadas completamente.
105. "Vou a passeio sozinho (tão só que ninguém poderá ser mais) e confabularei comigo próprio."

peripatéticos e pelo altivo gênio do grande reitor macedônio, *non minus* (não menos) que pelo divino Platão e por outros, ora de *chaos*, ou de *hyle*, ou de *sylva*, ou massa, ou potência, ou aptidão, ou *privationi admixtum*, ou *peccati causa*, ou *ad maleficium ordinata*, ou *per se non ens*, ou *per se non scibile*, ou *per analogiam ad formam cognoscibile*, ou *tabula rasa*, ou *indepictum*, ou *subiectum*, ou *substratum*, ou *substerniculum*, ou *campus*, ou *infinitum*, ou *indeterminatum*, ou *prope nihil*, ou *neque quid, neque quale, neque quantum*; *tandem* (enfim), depois de ter cotejado numerosas e diferentes denominações, com o objetivo de definir a natureza desta matéria, *ab ipsis scopum ipsum attingentibus*, nós a chamamos de mulher; *Tandem, inquam* (*ut una complectantur omnia vocula*), *a melius rem ipsam perpendentibus foemina dicitur. Et me hercle*[106], não é sem razão que aprouve a esses senadores do reino de Palas colocar na mesma relação de equilíbrio estas duas coisas: matéria e mulher. É que a experiência feita com a passividade feminina levou-os àquele sentimento intenso de violência e àquele frenesi (pois aqui me vem uma cor retórica). Essas mulheres são um caos de irracionalidade, uma *hyle* de selvageria, uma selva de patifaria, um montão de imundícies, aptidão para qualquer perdição (outra cor retórica, dita por alguns *compleição*). Onde estava em potência, não apenas remota, mas próxima, a destruição de Troia? Numa mulher. Que instrumento destruiu a força de Sansão, desse herói que, com aquela famosa queixada de burro, tornou-se o imbatível triunfador dos filisteus? Uma mulher. Quem deteve em Cápua o ímpeto e a força do grande comandante e inimigo perpétuo da república romana, Aníbal? Uma mulher. Dizei-me, ó profeta citaredo[107], a razão de tua fragilidade; *Quia in peccatis concepit me mater mea*[108]. Ó nosso antigo protoplasta, sendo tu um paradisíaco horticultor e agricultor da árvore da vida, foste sim maleficiado e contigo todo o germe humano foi impelido para o báratro profundo da perdição. *Mulier, quam dedit mihi: ipsa, ipsa me decepit*[109]. *Proculdubio*[110], a forma não peca e de nenhuma forma provém o erro, a não ser que esteja conjunta com a matéria. Eis por que a forma, representada pelo homem e posta em familiaridade com a matéria, com a qual entrou em composição ou copulação, responde

---

106. "Por fim, digo (para recolher numa só voz todas as outras) que foi chamada fêmea por aqueles que melhor avaliaram a coisa. E por Hércules!"
107. Davi.
108. "Eu, que no pecado fui concebido por minha mãe."
109. "A mulher que me deste, ela mesma me enganou."
110. "Sem dúvida."

com essas palavras, ou melhor, com esta sentença à natureza naturante[111]: *Mulier, quam dedisti mihi* (*idest*, a matéria que me deste como esposa), *ipse me decepit* (é causa de meu pecado). Contempla, contempla, divino engenho, como os egrégios filósofos, discretos conhecedores das vísceras da natureza, para colocar plenamente diante dos olhos a natureza da matéria, não encontraram melhor expediente senão indicar essa proporção, que significa que o estado das coisas naturais está para a matéria como o estado econômico, político e civil está para o sexo feminino. Abri, abri os olhos. Oh, vejo esse colosso de poltrão, Gervásio, que vem cortar o fio de minha oração. Duvido que me tenha ouvido; mas que importa?

GERVÁSIO: *Salve, magister, doctorum optime!*

POLÍMNIO: Se não queres zombar de mim, *tu quoque salve* (que tu também esteja bem).

GERVÁSIO: Gostaria de saber sobre o que andavas ruminando sozinho.

POLÍMNIO: Estudando no meu museuzinho, *in eum quid apud Aristotelem est locum incidi*[112], no primeiro livro da Física, em que, querendo elucidar o problema da primeira matéria, toma por espelho o sexo feminino; sexo, digo eu, oposto, frágil, inconstante, mole, pusilânime, infame, ignóbil, vil, abjeto, desprezível, indigno, réprobo, sinistro, vituperioso, frígido, disforme, vazio, indiscreto, insano, pérfido, preguiçoso, fétido, imundo, ingrato, truncado, mutilado, imperfeito, insuficiente, amputado, atenuado, cizânia, peste, morbo, morte, posto entre nós pela natureza e por Deus como um fardo e grave punição[113].

GERVÁSIO: Sei que dizeis tudo isso para vos exercitar na arte oratória e para mostrar como sois versado e eloquente, assim como para revelar que nutris tal sentimento pelas palavras. Pois vos é habitual, senhores humanistas, vos intitulardes professores de belas-letras, quando estais atufados de conceitos que não podeis conter e não ides descarregá-los em parte alguma a não ser nas pobres mulheres; como a desafogais, quando alguma cólera vos impele, no primeiro culpado de vossos alunos. Mas, acautelai-vos, senhores Orfeus, do furioso desdém das mulheres da Trácia.

---

111. "Natureza naturante", ou seja, ativa, criadora, oposta à "natureza naturada", produto da primeira. Os termos, de uso escolástico, foram também empregados por Spinoza.
112. "Percebi naquele lugar indicado por Aristóteles."
113. Referência a *Orlando Furioso*, de Ariosto, XXVII, 19: "Creio que te tenha a Natureza e Deus / produzido no mundo, ó celerado sexo, por fardo e grave punição."

POLÍMNIO: Eu sou Polímnio, não Orfeu.
GERVÁSIO: Então não criticais as mulheres de verdade.
POLÍMNIO: *Minime, minime quidem*[114]. Falo de verdade e não o entendo de outra maneira senão como o digo; porque não faço (como é uso dos sofistas) profissão de demonstrar que o branco é preto.
GERVÁSIO: Se assim é, por que tingis a barba?
POLÍMNIO: Mas *ingenue loquor*[115]; e digo que um homem sem mulher assemelha-se a uma das inteligências; é, digo, um herói, um semideus, *qui non duxit uxorem*[116].
GERVÁSIO: Assemelha-se a uma ostra e também a um fungo; é um tartufo.
POLÍMNIO: Daí que o lírico poeta disse: *Credite, Pisones, melius nil caelibe vita*[117]. E se quiserdes saber a razão, ouvi o filósofo Segundo: "A mulher", diz ele, "é um impedimento para a tranquilidade, dano contínuo, contínua guerra, prisão de vida, tempestade da casa, naufrágio do homem." Bem o confirmou aquele biscaio que, impacientando-se e se enfurecendo por horrível fortuna e fúria do mar, voltou-se para as ondas com torvo e colérico rosto revoltado, dizendo: "Ó mar, se eu pudesse casar-me contigo", querendo concluir que a mulher é a tempestade das tempestades. Por isso Pitágoras, perguntado sobre o motivo que o levara a dar sua filha a um inimigo, respondeu que não podia fazer coisa pior do que ceder-lhe uma mulher. Além do mais, não me fará mentir um bom francês que (como todos os que sofrem tempestades perigosas no mar), tendo recebido ordem de Cícala, dono do navio, de jogar ao mar as coisas mais pesadas, em primeiro lugar jogou a mulher[118].

GERVÁSIO: Por outro lado, vós não vos referis a tantos outros exemplos daqueles que se julgaram afortunados pela escolha de suas mulheres; entre os quais, para não vos mandar muito longe, sob este mesmo teto, o senhor de Mauvissiero, casado com uma dotada não apenas de beldade corporal, que lhe cobre como véu e manta a alma, mas, ainda, com o triunvirato de discreto julgamento, perspicaz modéstia e honestíssima cortesia, de um indissolúvel nó que venceu

---

114. "É assim, assim mesmo."
115. "Mas falo com sinceridade."
116. "Que não tomou mulher."
117. "Acreditai, Pisões, nada melhor do que a vida de celibato." Horácio, *Epístolas*, I, 88.
118. A mesma anedota se encontra em *Baldus*, de T. Folengo, e em *Facezie*, de L. Domenichi.

o ânimo de seu esposo e é capaz de cativar quem quer que a conheça. Que direis da generosa filha, que viu a luz do Sol mal decorridos um lustro e um ano? Pelas línguas que fala, não se pode discernir se é da Itália, da França ou da Inglaterra; quando tange instrumentos musicais, não se pode saber se é de substância corpórea ou incorpórea. Pela maturidade e bondade dos costumes, se duvida se desceu dos céus ou surgiu da terra. Todos veem, pela bela formação de corpo, ter concorrido o sangue de um e de outro parente, e para a fabricação de um espírito singular, a virtude de alma heroica de ambos.

POLÍMNIO: Ave rara, como Maria Boshtel; ave rara, como Maria de Castelnau[119].

GERVÁSIO: Esse raro que dizeis das mulheres é o mesmo que podeis dizer dos homens.

POLÍMNIO: Em resumo, para voltar ao nosso assunto: a mulher não passa de uma matéria. Se não sabeis o que é uma mulher, por não saberdes o que é a matéria, estudai um pouco os peripatéticos que, ensinando-vos o que é a matéria, vos ensinarão o que é a mulher.

GERVÁSIO: Percebo muito bem que, por terdes um cérebro peripatético, pouco ou nada aprendestes daquilo que ontem Teófilo falou a respeito da essência e da potência da matéria.

POLÍMNIO: Seja o que se queira; eu censuro o apetite de uma e de outra, motivo de qualquer mal, paixão, defeito, ruína e corrosão. Não credes que se a matéria se contentasse com a forma presente, nenhuma alteração ou paixão teria domínio sobre nós, não morreríamos, seríamos incorruptíveis e eternos?

GERVÁSIO: E se ela se contentasse com a forma que tivestes anos atrás, o que diríeis? Seríeis Polímnio? Se houvesse se estagnado aquela de quarenta anos passados, seríeis tão adúltero, digo, adulto, tão perfeito e tão douto? Como te agrada que as outras formas tenham cedido a essa atual, assim é a vontade da natureza que dá ordem ao universo: que todas as formas cedam a outras formas. Acrescento que é mais digno dessa nossa substância fazer-se outra coisa, recebendo todas as formas, do que retendo uma só e ser parcial. Assim, dentro de suas possibilidades, existe a semelhança de quem é tudo em tudo.

POLÍMNIO: Começas a te tornar douto, saindo de teu ordinário natural. Aplica-te agora, se puderes, a trazer a dignidade que se encontra na fêmea.

GERVÁSIO: Eu o farei com muita facilidade. Ah, eis Teófilo.

---

119. São os nomes da mulher e da filha do protetor de Bruno na Inglaterra.

POLÍMNIO: E Dixon. Talvez numa outra oportunidade. "De iis hactenus."[120]

TEÓFILO: Não vemos que os peripatéticos, bem como os platônicos, dividem a substância por sua diferença de corporal e incorporal? Como, no entanto, essas diferenças se reduzem à potência do mesmo gênero, assim se necessita que as formas sejam de duas espécies[121]; algumas transcendentes, isto é, superiores ao gênero, e se chamam "entidade", "unidade", "uno", "coisa", "alguma coisa" e similares; outras são de certo gênero, distintas de outro gênero, como "substancialidade", "acidentalidade". Aquelas que são da primeira maneira não distinguem a matéria e não fazem dela duas potências, mas, como termos universalíssimos, compreendem tanto as corporais quanto as incorpóreas e designam aquela universalíssima e comuníssima. Depois, "que coisa nos impede", disse Avicena, "que antes de reconhecermos a matéria das formas acidentais, que é o composto, reconheçamos a matéria da forma substancial, que é parte daquele; [que nos impede] assim de antes de conhecermos a matéria que é constrangida a estar sob as formas corporais, venhamos a conhecer uma potência que seja distinguível pela forma de natureza corpórea e incorpórea, dissolúvel e não dissolúvel?" E mais, se tudo aquilo que é (começando pelo ente sumo e supremo) contém uma certa ordem e produz uma dependência, uma escada, pela qual se sobe das coisas compostas para as simples, destas para as simplíssimas e absolutíssimas, por meios proporcionais e copulativos, participando da natureza de um e outro extremo e, conforme uma razão própria, neutros; não há ordem onde não haja uma certa participação; não há participação onde não haja certa coligação; e não há coligação sem alguma participação. Logo, é necessário que, de todas as coisas subsistentes, haja um princípio de subsistência. Ajunte a isso que a própria razão não pode deixar de admitir, antes de qualquer coisa suscetível de distinção, uma coisa indistinta (falo das coisas que existem, porque, a meu ver, na oposição entre "ente" e "não ente" não entendo haver distinção real, apenas verbal ou nominal)[122]. Essa coisa indistinta é uma razão comum a tudo, à qual se acrescentam a diferença e a forma distintiva[123]. E de certo não se pode negar que,

---

120. "Sobre este ponto, nos detenhamos."
121. Da substância corpórea e da substância incorpórea, do gênero substância.
122. No entendimento de Bruno, se "ser" e "não ser" não se põem sob um mesmo gênero superior, isso significa que não são realmente distintos; apenas o "ser" é real, cabendo ao "não ser" configurar-se como negação.
123. À matéria indeterminada se aduzem a determinação e a diferença do sensível e do inteligível.

da mesma maneira que todo sensível pressupõe o objeto/sujeito da sensibilidade, assim também todo inteligível pressupõe o objeto/sujeito da inteligibilidade; é necessário, portanto, que seja uma coisa que responda à razão comum de um e de outro objeto; pois toda essência está necessariamente fundada sobre algum ser, exceto aquela primeira, que é a mesma de seu ser, pois sua potência é seu ato, pois é tudo aquilo que pode ser, como se disse ontem. Além do mais, se a matéria (segundo os mesmos adversários) não é corpo, e precede conforme sua natureza o ser corpóreo, o que a pode fazer tão estranha à substância dita incorpórea? E não faltam peripatéticos que dizem que, como na substância corporal se encontra algo de formal e divino, assim nas divinas convém que haja algo de material, a fim de que as coisas inferiores se acomodem às superiores, e a ordenação de uma dependa da ordenação da outra. E os teólogos, embora alguns se tenham nutrido na doutrina aristotélica, nisso não me causam incômodo se aceitam ter sido mais devedores de seus escritos do que da filosofia e da razão natural. "Não me adores, disse um dos anjos ao patriarca Jacó, porque sou teu irmão"; ora, se aquele que fala (como eles entendem) é uma substância intelectual, e afirma com seu dizer que aquele homem e ele concorrem para a realidade de um mesmo objeto, apesar das diferenças formais, resta que os filósofos têm por testemunho um oráculo desses teólogos.

DIXON: Só que isso é dito por vós com reverência, porque sabeis que não vos convém mendigar razões de tais lugares, fora de nossa missa.

TEÓFILO: Dizeis bem e verdadeiramente. Mas não alego aquilo por razões e confirmações, mas para evitar escrúpulo o quanto possa; pois tenho receio de parecer e ser contrário à teologia.

DIXON: Os teólogos discretos sempre saberão admitir as razões naturais, ainda que discorram sobre ela, desde que não contra a autoridade divina, mas a ela submetida.

TEÓFILO: Essas são as minhas razões e sempre serão.

DIXON: Pois bem, continuai.

TEÓFILO: Plotino diz também no livro *Da Matéria* que "se no mundo inteligível há a multidão e a pluralidade das espécies, é necessário haver algo em comum entre elas, além da propriedade e da diferença de cada uma. O que é comum tem lugar na matéria, aquilo que é própria e faz a diferença é a forma". Acrescenta que "se esse [mundo] é imitação daquele, a composição deste é a imitação da composição daquele. Ademais, aquele mundo, se não há diversidade, não há ordem; se não há ordem, não há beleza e ordenamento: tudo isso é acerca da matéria". Pelo que o mundo superior não apenas deve ser estimado por tudo indivisível, mas ainda por algumas de suas condições divisíveis e distintas; divisões e distinções não podem ser compreendidas sem algum objeto matéria. E embora diga que toda aquela multidão coincida num ente impartível e fora de qualquer dimensão, que direi ser a matéria, na qual se unem tantas formas; aquele, antes que fosse concebido como vário e multiforme, era um conceito uniforme; e antes de ter o conceito formado, era naquele informe.

DIXON: Embora naquilo que dissestes em breves palavras tenhais trazido muitas e fortes razões para concluir que a matéria é una, una a potência pela qual tudo o que é, é em ato; e com não menos razão, que essa matéria convém às substâncias incorpóreas como às corpóreas, pois pela potência aquelas não têm o ser de modo diferente; e que, além disso, com outras razões profundas o demonstrastes (para quem as considera e compreende); todavia, senão pela perfeição da doutrina, ao menos por sua clareza, gostaria que vós especificásseis de outra maneira como é que, nessas naturezas excelentes, que são incorpóreas, encontra-se coisa informe ou indefinida; como é que nisso pode subsistir a essência de uma matéria comum e como é que, pela ocorrência da forma e do ato, igualmente não se dizem corpos? Como é que, onde não há qualquer mutação nem geração ou corrupção, vós quereis que haja matéria, que nunca foi posta para outra finalidade? Como é que podemos dizer que a natureza inteligível é simples e afirmar que ela encerra matéria e ato? Tudo isso não pergunto para mim, para quem a verdade é evidente, mas talvez por causa de outros que seriam mais exigentes, mais morosos ou difíceis, como, por exemplo, mestre Polímnio e Gervásio.

POLÍMNIO: Concedo.

GERVÁSIO: Aceito e vos agradeço, Dixon, porque considerais a necessidade daqueles que não ousam perguntar, como pede a civilidade das mesas ultramontanas, nas quais, aqueles que se sentam em segundo plano, não lhes é lícito estender os dedos para fora de seu quadrado ou círculo; mas convém esperar que se lhe seja posto em mãos o pedaço, a fim de que o bocado recebido não deixe de ser pago com seu "grandmercé"[124].

TEÓFILO: Para a resolução de tudo, direi o seguinte: o homem, conforme sua própria natureza, é diferente do leão, segundo a natureza do leão; mas, conforme a natureza comum do animal, da substância corpórea e de outras semelhantes, são indistintos e a mesma coisa; de modo

---

124. Forma italianizada de *grand merci*, ou "muito obrigado".

semelhante, considerada em sua espécie própria, a matéria das coisas corpóreas é diferente daquela das incorpóreas. Por conseguinte, tudo o que vós trazeis – ser causa constitutiva de uma natureza corpórea, estar sujeito às transmutações de toda sorte, fazer parte dos compostos – convém a essa matéria, em sua significação própria, pois a mesma matéria, a mesma que pode ser de fato, ou pode ser, o é por meio da dimensão, da extensão do sujeito e dessas qualidades que o ser possui, e isso se chama substância corpórea e supõe matéria corporal; ou então é de fato e sem aquelas dimensões, extensões e qualidades; e a chamamos de substância incorpórea e supõe, de modo semelhante, aquela matéria. Assim, a uma potência ativa comum tanto às coisas corpóreas quanto incorpóreas, corresponde uma potência passiva ao mesmo tempo corpórea e incorpórea, e um poder ser corpóreo ou incorpóreo. Logo, se quisermos dizer composição tanto numa quanto na outra natureza, devemos entendê-la de uma ou de outra maneira; e considerar que se diz para coisas eternas uma matéria sempre posta em ato; e que, nas coisas variáveis, ela contém ora um, ora outro. Naquelas, a matéria possui uma vez, sempre e conjuntamente, tudo aquilo que pode haver, e é tudo o que pode ser. Enquanto nessas últimas [variáveis], em mais vezes, em tempos diversos e segundo certas sucessões.

DIXON: Alguns, ainda que concedam haver matéria nas coisas incorpóreas, a entendem segundo uma razão muito diversa.

TEÓFILO: Seja qual for a diversidade, conforme uma razão própria pela qual uma descende ao ser corporal e a outra não, uma recebe qualidades sensíveis e a outra não, não parece haver razão comum para que aquela matéria à qual a quantidade é repugnante esteja sujeita às qualidades que tem o ser nas dimensões, e a natureza à qual nem uma nem outra é repugnante: de fato ambas são a mesma, e (como é dito várias vezes) toda a diferença depende da contração a ser corpórea ou não ser corpórea: como no ser animal, todo sensitivo é uno; mas, contraindo-se esse gênero numa espécie, repugna ao homem ser leão, e a este aqui ser outro animal. E acrescento a isso (se te agrada), porque poderias dizer que aquilo que não é deve ser antes julgado impossível e contra a natureza do que natural; e, no entanto, aquela matéria, jamais se encontrando dimensionada, deve-se considerar que a corporeidade lhe seja contra a natureza; e se isso assim é, não é verossímil haver uma natureza comum às duas matérias, antes de entender-se que uma seja contraída a ser corpórea; digo em acréscimo que não podemos atribuir àquela matéria a necessidade de todos os atos dimensionais, assim como a da impossibilidade. Aquela matéria, por ser atualmente tudo o que pode ser, possui todas as medidas, todas as espécies de figuras e de dimensões; e por que as possui todas, não possui nenhuma, pois aquilo que é tantas coisas diversas, precisa não ser alguma em particular. Convém àquilo que é tudo excluir qualquer coisa de particular.

DIXON: Queres então que a matéria seja ato? Queres ainda que nas coisas incorpóreas a matéria coincida com o ato?

TEÓFILO: Sim, como o poder ser coincide com o ser.

DIXON: Portanto, não difere da forma?

TEÓFILO: Nada na potência absoluta e no ato absoluto, que é, todavia, no extremo da pureza, simplicidade, indivisibilidade e unidade, pois é absolutamente tudo; pois que se houvesse certa dimensão, certo ser, certa figura, certa propriedade, certa diferença, não seria absoluto, não seria tudo.

DIXON: Toda coisa, portanto, que compreenda qualquer gênero, é indivisível?

TEÓFILO: Assim é, porque a forma que compreende todas as qualidades não é nenhuma delas; o que tem todas as figuras, não possui nenhuma delas; o que possui todo o ser sensível, não é sentido. Quanto mais altamente indiviso é aquilo que encerra todo o ser natural, mais alto é o que possui todo o ser intelectual; e altissimamente aquilo que possui todo o ser que pode ser.

DIXON: À semelhança dessa escala do ser, quereis que seja a escala do poder ser, e quereis que como ascende a razão formal, assim também ascende a razão material?

TEÓFILO: É verdade.

DIXON: Profunda e elevadamente dais essa definição de matéria e de potência.

TEÓFILO: É verdade.

DIXON: Mas nem todos poderão entender essa verdade, já que é difícil de ser compreendida por todos; pois é árduo compreender o modo como contenham todas as espécies de dimensões e nenhuma delas; conter todo o ser formal e não ter nenhuma forma.

TEÓFILO: Entendeis como pode ser?

DIXON: Creio que sim, porque compreendo bem que o ato, para ser tudo, precisa não ser alguma coisa.

POLÍMNIO: *Non potest esse idem, totum, et aliquid; ego quoque illud capio*[125].

TEÓFILO: Portanto, podeis compreender a esse propósito que se quiséssemos pôr a dimensionalidade como razão da matéria, tal

---

125. "A mesma coisa não pode ser tudo e qualquer coisa; até eu posso entender isso."

razão não repugnaria a nenhuma espécie de matéria; mas vem a diferir uma da outra só por ser absoluta das dimensões e ser contraída às dimensões. Por ser absoluta, está acima de todas e as compreende todas; por ser contraída, acaba por compreender alguma, sendo a ela submetida.

DIXON: Bem dizeis que a matéria não possui certas dimensões e que, por isso, se entende como algo indivisível, recebendo as dimensões segundo a razão da forma que recebe. Ela tem dimensões sob a forma humana, outras sob a forma do cavalo, outras sob a da oliveira, outras do mirto. Por conseguinte, antes de se achar sob uma dessas formas, ela tem em potência todas essas dimensões, da mesma maneira como tem a faculdade ou potência de acolher todas aquelas formas.

POLÍMNIO: *Dicunt tamen proptera quod nullas habet dimensiones*[126].

DIXON: E nós dizemos que *ideo habet nullas, ut omnes habeat*[127].

GERVÁSIO: Por que preferis que ela inclua todas a que todas exclua?

DIXON: Porque não recebe as dimensões do exterior, mas as envia e extrai como das entranhas.

TEÓFILO: Dizeis muito bem; aliás, os peripatéticos têm o hábito todos de dizer que o ato dimensional e todas as formas naturais saem e vêm fora da potência da matéria. Em parte, é o que entende Averróis, quem, embora árabe e ignorante da língua grega, o entende na doutrina peripatética, mais do que qualquer grego que tenhamos lido; e mais teria entendido se não estivesse tão consagrado ao seu nume Aristóteles. Ele diz que a matéria, em sua essência, compreende as dimensões indeterminadas, querendo acenar que elas terminam ora com essa figura e dimensão, ora com aquela e outra, segundo a mudança das formas naturais. Nesse sentido, vemos que a matéria as envia por si, não as recebendo de fora. Em parte, assim também entende Plotino, príncipe na seita de Platão. Este, fazendo a diferença entre a matéria de coisas superiores e inferiores, diz que aquela está junto a tudo; e possuindo tudo, não tem no que se mudar; mas as inferiores, por certas vicissitudes das partes, se fazem em tudo; e de tempos em tempos se faz uma coisa e outra, mas sempre sob a diversidade, a alteração e o movimento. Por isso, aquela matéria jamais é informe, como também esta outra, ainda que diferentes; aquela no instante da eternidade, esta no instante do tempo; aquela em conjunto, esta sucessivamente; aquela complicadamente, esta

---

126. "Dizem-no, todavia, já que [a matéria] não possui qualquer dimensão."
127. "Por não ter nenhuma, possui todas."

explicadamente; aquela como una, esta múltipla; aquela como tudo e qualquer coisa, esta como coisa por coisa.

DIXON: Não somente segundo vossos princípios, mas ainda segundo os princípios de outros modos de filosofar, quereis inferir que a matéria não é aquele *prope nihil*[128], aquela potência pura, nua, sem ato, sem virtude e perfeição.

TEÓFILO: Assim é; digo privada das formas, sem elas, não como o gelo que não possui calor ou o abismo privado de luz, mas como a mulher prenhe está sem a prole, que a envia e retira de si; como no hemisfério da Terra a noite não tem luz, a qual, com sua agitação, é capaz de readquirir.

DIXON: Eis que nessas coisas inferiores o ato acaba coincidindo com a potência, senão absolutamente, ao menos em parte.

TEÓFILO: Deixo o juízo convosco.

DIXON: E se essa potência inferior viesse a ser una com aquela do alto, o que seria?

TEÓFILO: Julgai por vós. Podeis vos elevar ao conceito, não digo ao sumo e ótimo princípio, excluído aqui de nossa consideração, mas à alma do mundo, como ato de tudo e potência de tudo; onde, enfim (dado que os indivíduos são inumeráveis), cada coisa é uma; conhecer essa unidade é o escopo e termo de toda a filosofia e contemplação natural; deixando em seu limite a mais alta contemplação, que ascende além da natureza, sendo ela impossível e nula a quem não crê.

DIXON: É verdade, porque ali se chega pela luz sobrenatural, não natural.

TEÓFILO: Isso não possuem aqueles que consideram que cada coisa seja corpo, simples como o éter, composto como os astros e coisas astrais; e não procuram a divindade fora do mundo infinito e das coisas infinitas, mas dentro daquele e nestas últimas.

DIXON: Só nisso me parece diferente o teólogo fiel e o verdadeiro filósofo.

TEÓFILO: Assim também creio. E haveis compreendido o que quero dizer.

DIXON: Penso que bastante bem. De sorte que do vosso falar infiro que, sem deixarmos a matéria elevar-se acima das coisas naturais, e fixando-nos na definição comum que carrega a filosofia vulgar, acharemos também que ela conserva uma prerrogativa melhor do que aquela possa reconhecer; esta definição, enfim, não lhe atribui

---

128. "Quase nada."

outra coisa senão a razão de ser objeto de formas e de potência receptiva das formas naturais, sem nome, sem definição, sem limite algum, já que sem nenhuma atualidade. O que parece difícil a certos monges, os quais, não querendo acusar, mas desculpar essa doutrina, dizem haver apenas o ato entitativo[129], isto é, diferente daquele que simplesmente não é e que não tem qualquer ser na natureza, como alguma quimera ou coisa imaginada; pois essa matéria possui um ser e assim isso lhe basta, sem modo ou dignidade, que dependem da atualidade, que é nula. Mas vós pediríeis uma razão a Aristóteles: "Por que queres de preferência, ó príncipe dos peripatéticos, que a matéria nada seja por não ter qualquer ato do que ser tudo por conter todos os atos? Não és aquele que, falando sempre da nova existência das formas na matéria, ou da geração das coisas, afirmas que as formas procedem e saem do interior da matéria? E que jamais se ouviu dizer que elas nos chegam do exterior, por obra do eficiente, mas que a matéria as desperta de seu interior? Deixo que o eficiente destas coisas, por ti chamado pelo nome comum de Natureza, o faça como princípio interno, e não externo, como acontece com as coisas artificiais. Agora me parece convir dizer que a matéria não tenha em si qualquer ato e forma, quando vem recebê-los de fora; mas me parece convir dizer que os tenha todos, quando se diz que são extraídos de seu interior. Não és tu aquele que, não levado pela razão, mas empurrado pelo hábito do dizer, ao definir a matéria disse ser aquilo de que todas as espécies naturais se produzem, que jamais disse ser aquilo em que as coisas se fazem, como conviria dizer quando os atos não saíssem dela, e por consequência, não os tivesse possuído.

POLÍMNIO: *Certe consuevit dicere Aristoteles cum suis potius formas educi de potentia materiae, quam in illam induci; emergere potius ex ipsa, quam in ipsam ingeri*[130]; mas eu diria que agradou a Aristóteles chamar de "ato" preferencialmente a explicação da forma em lugar de sua implicação.

DIXON: Eu digo que o ser expresso, sensível e explicado não constitui a razão principal da atualidade, mas sim sua consequência e efeito; assim como a principal entidade da madeira e a essência de sua atualidade não consistem no fato de ser madeira, mas no fato de ser de tal substância e consistência que se pode transformar em cama,

---

129. Provável alusão ao conceito de *haecceitas*, de Duns Scot, já criticado no diálogo anterior.
130. "É certo que Aristóteles e seus seguidores asseriram que as formas são fragmentos da potência da matéria, mais do que nelas revestidas; que elas emergem da matéria, antes de serem intrometidas."

banco, ídolo e em tudo o que com ela se forma. Deixo de mencionar que a matéria natural produz todas as coisas naturais com mais elevada razão do que a artificial produz as artificiais, porque a arte suscita formas a partir da matéria, quer por subtração, quando a pedra se transforma em estátua, quer por adição, quando, com madeira e pedra, se forma a casa. Mas a natureza tudo faz de sua matéria, mediante separação, parto, efusão, como entenderam os pitagóricos, Anaxágoras e Demócrito, os Sábios da Babilônia e até Moisés subscreveu, quando, descrevendo a geração das coisas comandada pelo eficiente universal, usa este modo de dizer: "Produza a terra os seus animais; produzam as águas os animais viventes", quase como se dissesse: produza-os a matéria, pois, segundo ele, o princípio material das coisas é a água; daí dizer que o intelecto eficiente (por ele chamado espírito) "incubava sobre as águas", isto é, dava-lhe a virtude procriativa e com ela produzia as espécies naturais, as quais são ditas por ele substância aquosa. De onde, falando da separação de corpos inferiores e superiores, diz "que a mente separou a água das águas", por meio das quais se induz a comparação com o árido[131]. Tudo, pois, por meio de separação, são as coisas da matéria, e não por meio de aposições e subtrações; assim, diz-se de preferência que ela contém a forma e a inclui, a pensar que esteja vazia e a exclua. Aquela, pois, que explica o que tem implicado deve ser chamada coisa divina, máxima geratriz e mãe das coisas naturais: assim toda a natureza em substância.

TEÓFILO: Certo.

DIXON: Assim, muito me admiro não terem os nossos peripatéticos dado continuidade à semelhança com a arte; entre as numerosas matérias que conhece e emprega, julga que a arte é a melhor e mais digna, por estar menos sujeita à corrupção e ser mais constante na duração, podendo-se com ela produzir mais coisas. Também julga o ouro mais nobre que a madeira, a pedra e o ferro, pois está menos sujeito a corromper-se; e o que pode ser confeccionado com pedra e madeira também se pode com ouro, assim como com outras coisas mais preciosas e melhores por sua beleza, constância, tratabilidade e nobreza. Ora, o que podemos dizer daquela matéria com a qual se faz o homem, o ouro e todas as coisas naturais? Não deve ser ela considerada mais digna do que a artificial, e ter razão de melhor atualidade? Por que, Aristóteles, aquilo que é fundamento e base da atualidade,

---

131. *Gênesis* 1, 7.9. "Deus fez o firmamento, que separou as águas que estão sob o firmamento das águas que estão acima do firmamento [...]"; "Deus disse: 'Que as águas que estão sob o céu se reúnam num só lugar e que apareça o continente', e assim se fez."

digo, do que está em ato, e aquilo que dizes sempre ser, durar eternamente, não quererias que seja mais em ato do que tuas formas, do que tuas enteléquias que vão e vêm, de maneira que quando quiseres ainda procurar a permanência deste princípio formal...

POLÍMNIO: *Quia principia oportet semper manere*[132].

DIXON: ...e não podendo recorrer às ideias fantásticas de Platão, às quais são tuas inimigas, sereis constrangido a dizer que essas formas específicas ou têm a sua atualidade permanente nas mãos do eficiente – o que não podes afirmar, porque esse eficiente é denominado por ti suscitador e despertador de formas na potência da matéria –, ou têm a sua permanente atualidade no seio da matéria, e isso é o que terás a dizer, pois todas as formas que aparecem como que na superfície, e que afirmas serem individuais e em ato, são coisas principiadas, não princípios. E creio que a forma particular seja assim na superfície da matéria, como o acidente está na superfície da substância composta; de onde se segue haver menor razão de atualidade da forma expressa com respeito à matéria, assim como menor razão de atualidade tem a forma acidental com respeito ao composto.

TEÓFILO: Na verdade, Aristóteles resolve pobremente, dizendo com os antigos filósofos que os princípios devem ser sempre permanentes; depois, quando procuramos em sua doutrina onde a permanência tem forma natural, que vai flutuando na superfície da matéria, não a encontramos nas estrelas fixas, pois não descem do alto e tal particular não vemos; tampouco nos sigilos ideais, separados da matéria, pois esses signos, se não são monstros, são piores do que monstros, quero dizer, quimeras e fantasias vãs. O que então? Estão no seio da matéria. Ela é a fonte da atualidade. Quereis que eu diga mais e vos faça ver em quantos absurdos incorreu Aristóteles? Disse ser a matéria em potência. Pergunta-lhe: quando será em ato? Responderá, e com ele uma multidão: quando tiver forma. Agora, acrescenta e pergunta: que coisa é aquela que tem um novo ser? Responderão, a despeito disso: é o composto, não a matéria. Porque essa é sempre aquela, não se renova, não muda. Como nas coisas artificiais, quando da madeira foi feita uma estátua, não dizemos que à madeira veio um novo ser, porque nada mais ou menos é agora madeira do que antes; mas aquilo que recebe o ser e a atualidade é o que de novo se produz, o composto, a estátua. Como, portanto, atribuir potência àquilo que jamais estará em ato ou terá atualidade? Logo, não é a matéria em potência de ser ou a que pode vir a ser; pois ela é sempre a mesma

---

132. "Pois é necessário que os princípios sejam sempre permanentes."

e imutável, e é aquela na qual está a mutação, antes do que aquela que muda. Aquilo que se altera, aumenta, diminui, muda de lugar e sempre se corrompe (segundo os peripatéticos) é o composto, nunca a matéria. Então, por que dizer que a matéria está ora em potência, ora em ato? Certamente não é de se duvidar que, ou para receber a forma, ou extraí-la de si quanto à sua essência e substância, ela [a matéria] não recebe maior ou menor atualidade; e, no entanto, não é razão pela qual se diga em potência, que se enquadra naquilo que está em movimento contínuo com relação à matéria, e não com aquilo que se acha em eterno estado e é, antes, causa do estado. Pois se a forma, segundo seu ser fundamental e específico, é de essência simples e invariável, não apenas logicamente no conceito e na razão, mas também fisicamente, na natureza, precisará que esteja na faculdade perpétua da natureza, que é uma potência indistinta do ato, como expliquei várias vezes quando discorri sobre a potência.

POLÍMNIO: *Queso*[133], dizei alguma coisa sobre o apetite da matéria, a fim de que resolvamos uma altercação, Gervásio e eu.

GERVÁSIO: Por favor, irmão Teófilo, porque este senhor já me quebrou a cabeça com a semelhança da mulher com a matéria; a mulher não se contenta menos com o macho do que a matéria com a forma, e assim vai discorrendo.

TEÓFILO: Sendo que a matéria não recebe coisa alguma da forma, por que quereis que a apeteça? Se, como dissemos, ela envia de suas entranhas as formas e, por conseguinte, as contém em si, como quereis que as apeteça? Não apetecem aquelas formas que diariamente mudam em sua superfície, pois a toda coisa ordenada apetece aquilo de que recebe perfeição. O que pode uma coisa corruptível dar a uma coisa eterna? O que pode oferecer uma coisa imperfeita, como é a forma das coisas sensíveis que está em movimento, a outra perfeita que, se bem contemplada, é um ser divino nas coisas, como talvez quisesse Davi de Dinanto, mal compreendido por aqueles que relatam sua opinião? A matéria não deseja a forma para ser conservada, pois a coisa corruptível não conserva a coisa eterna; mas é evidente que a matéria conserva a forma; daí a forma, de preferência, desejar a matéria para perpetuar-se, já que dela se separando perde o seu ser, e não a matéria desejar a forma, já que a matéria tem tudo o que possuía antes de ter a forma. Concedo que, quando determinamos a causa da corrupção, não dizemos que a forma foge da matéria ou que abandona a matéria: mas, de preferência, que a matéria rejeita

---

133. "Por favor."

essa forma para assumir outra. Concedo, a propósito, que não temos mais razão em dizer que a matéria deseja as formas, mas que, pelo contrário, a matéria as odeia (falo daquelas formas que se geram e se corrompem; porque a fonte das formas, que se acha na matéria, não pode desejar o que já possui). Pela mesma razão pela qual se pode falar de desejar, quando se recebe ou se produz, pode-se falar de abominar, quando se rejeita e se suprime. Antes, com mais força se abomina do que apetece, tendo em conta que rejeita eternamente aquela forma numeral que por breve tempo retém. Portanto, se te recordares de que a matéria rejeita tantas formas quantas adota, deveria ser-me lícito dizer que ela as deseja e lhe são fastidiosas.

GERVÁSIO: Eis que se vão por terra não somente os castelos de Polímnio, mas ainda outros que não lhe pertencem.

POLÍMNIO: "Parcius ista viris."[134]

DIXON: Por hoje já compreendemos bastante. Até amanhã.

TEÓFILO: Então, adeus.

FIM DO QUARTO DIÁLOGO

Quinto Diálogo

TEÓFILO: Portanto, o universo é uno, infinito, imóvel. Una, digo, é a possibilidade absoluta, uno o ato. Una a forma ou alma; una a matéria ou corpo. Una a coisa. Uno o ente. Uno o máximo e ótimo, o qual não pode ser compreendido, mas infinível, interminável e, portanto, infinito e interminado. Por consequência, imóvel. Não se move localmente, pois nada existe fora de si para onde se transporte, sendo tudo. Não se gera, pois não há outro ser que lhe possa desejar ou esperar, pois contém todo o ser. Não se corrompe porque não há outra coisa em que se mude, pois é toda coisa. Não pode diminuir ou crescer, pois é infinito, e ao qual nada se acrescenta e do qual nada se subtrai, considerando que o infinito não possui parte proporcionável. Não se altera em outra disposição, pois não contém exterior do qual padeça e pelo qual tenha afeição. Além do mais, porque abrange todas as contrariedades em seu ser, mas com unidade e harmonia, e não pode ter inclinação por um novo e diferente

---

134. "Cuidadoso deve ser o homem." Verso de Virgílio nas *Bucólicas*, III, 7. *Parcius ista viris tamen obicienda memento*).

ser, por isso não pode estar sujeito a mutação de qualquer qualidade, nem ter um contrário ou diferente, já que nele todas as coisas são concordes. Não é matéria porque não é figurado nem figurável, porque não é terminado nem terminável. Não é forma, porque não enforma nem possui outra figura; tendo em vista que é tudo, é máximo, é uno, é universo. Não é mensurável nem mede. Não está contido porque nada existe de maior. Não se iguala, porque não é outro, mas uno e o mesmo. Sendo o mesmo e uno, não comporta ser e ser; não comportando ser e ser, não possui parte e parte; e por isso não é composto. É extremidade sem extremo; é de tal forma que não possui forma; é de tal modo matéria que não é matéria; é de tal modo alma que não é alma[135]: é tudo indiferentemente e também é uno; o universo é uno. Nisso, certamente, não é maior a altura do que a largura ou a profundidade; de onde, por certa semelhança, se chama esfera, embora não sendo uma. Pois na esfera, o comprimento, a largura e a profundidade se igualam, são a mesma coisa, porquanto têm o mesmo fim. No universo, porém, a largura, o comprimento e a profundidade são a mesma coisa, pois igualmente indeterminados e infinitos. Se não têm nem metade nem quadrante nem outra medida, não têm medida e nem parte proporcional, nenhuma parte difere em absoluto do todo: pois se quiseres dizer parte do infinito, é preciso dizer infinito; se é infinito, concorre num ser com o todo; logo, o universo é uno, infinito, impartível. E se no infinito não há diferenças, tanto no todo quanto nas partes, certamente o infinito é uno. Compreendendo-se o infinito, não há parte menor ou maior, porque na proporção do infinito não se avizinha mais de uma parte maior do que de outra menor; também na infinita duração não difere a hora do dia, o dia do ano, o ano do século, o século do momento, pois não são mais as horas e os momentos do que os séculos, não tendo menor proporção aqueles do que estes para a eternidade. De maneira semelhante, na imensidão não há diferença entre o palmo e o estádio, o estádio e a parassanga, porque na imensidão não nos aproximamos mais pela parassanga do que pelo palmo. Assim, infinitas horas não são senão infinitos séculos e infinitos palmos não são mais numerosos do que infinitas parassangas. A proporção, a semelhança, a união e a identidade com o infinito não são alcançadas de modo melhor pelo homem do que pela formiga, por uma estrela do que por um homem; pois daquele ser não te

---

135. Ideia presente em Davi de Dinanto, anotado por Alberto Magno em *Summa de creaturis*, parte II.

aproximas mais por seres sol e Lua do que um homem ou formiga. Isso porque no infinito essas coisas são indiferentes; e o que digo delas, entendo de todas as outras coisas de existência particular. Ora, se todas essas coisas particulares que existem no infinito não são outras [distintas], não são diferentes, espécies, então, por força de consequência necessária, não são número; logo, e mais uma vez, o universo é uno, imóvel. Porque tudo abrange, tudo inclui e não está sujeito à influência de seres múltiplos, tampouco comporta mudança alguma nem em si nem consigo; e, por conseguinte, é tudo o que pode ser; nele (como se disse outro dia), o ato não se diferencia da potência. Se o ato não é diferente da potência, cumpre que nele não difiram o ponto, a linha, a superfície e o corpo; pois assim essa linha é superfície, já que a linha, movendo-se, pode tornar-se superfície; logo, essa superfície se move e se torna corpo, dado que a superfície pode mover-se e, com seu movimento, vir a ser um corpo. Portanto, é preciso que no infinito o ponto não se diferencie do corpo, pois o ponto, partindo do estado de ponto, se transforma em linha; e partindo do estado de linha, se torna superfície; e partindo do estado de superfície, torna-se corpo. Logo, o ponto, com sua virtude de converter-se em corpo, não difere do estado de corpo, justamente onde a potência e o ato constituem uma só e mesma coisa. Assim, o indivisível não é diferente do divisível, o simples não difere do infinito, o centro, da circunferência. De vez que o infinito é tudo aquilo que pode ser, é imóvel; pois nele tudo é indiferente; então, é uno. E visto que possui toda a grandeza e perfeição, além de todos os limites, ele é a imensidão máxima, suprema. Se o ponto não difere do corpo, se o centro não é diferente da circunferência, se o finito não se diferencia do infinito, nem o máximo do mínimo, seguramente podemos afirmar que o universo é todo centro, ou que o centro do universo está em todas as partes, e que a circunferência não se acha em parte alguma, porquanto difere do centro, ou ainda que a circunferência está em todas as partes. Eis como não é impossível, mas necessário, que o ótimo, o máximo, o incompreensível é tudo, está em tudo; pois como simples e indivisível, pode ser tudo e estar em tudo. Assim, não foi dito em vão que Júpiter preenche todas as coisas, habita todas as partes do universo, é centro daquilo que é; "uno em tudo, e, por ser uno, está em tudo"[136]. E estando em todas as coisas e compreendendo todos os seres em si, faz com que cada coisa esteja em cada coisa. Mas me diríeis: porque então as coisas

---

136. Hino a Zeus, de Cleanto.

mudam, a matéria particular se esforça para outra forma? Vos respondo que a mudança não busca outro ser, mas outro modo de ser. E essa é a diferença entre o universo e as coisas do universo: pois aquele compreende todo o ser e todos os modos de ser; essas, cada uma tem todo o ser, mas não todos os modos de ser. E não pode atualmente ter todas as circunstâncias e acidentes, pois muitas formas são incompatíveis no mesmo objeto, ou por serem contrárias, ou por pertencerem a espécies diferentes; assim como não pode o mesmo indivíduo existir sob o acidente de cavalo e de homem, sob a dimensão de uma planta e de um animal. Ademais, aquele abrange todo o ser, totalmente, pois extra e além do infinito ser não há coisa que exista: não havendo extra nem além, destes, portanto, cada um compreende todo o ser, mas não totalmente, porque, além de cada um, existem infinitos outros. Entendei, porém, que tudo está em tudo, mas não totalmente e sob todos os modos em cada indivíduo. Entendei, portanto, que toda coisa é uma, mas não sob um mesmo modo. Mas não erra quem diz ser uno o ente, a substância e a essência. Essa unidade infinita e ilimitada, tanto segundo a substância quanto a duração, a grandeza e o vigor não possui razão de princípio nem de principiado, pois concorrendo toda coisa em unidade e identidade, digo no mesmo ser, vem a ser razão absoluta e não respectiva. No uno infinito, imóvel, que é a substância, que é o ente, encontra-se a multiplicidade, o número, que por serem modos e multiplicidade do ente, se denominam coisa por coisa; isso não faz com que o ente seja mais do que um, mas multímodo, multiforme e multifigurado. Considerando também profundamente com os filósofos naturais, e deixando os lógicos com suas fantasias, encontramos que tudo o que faz diferença e número é puro acidente, é pura figura, é pura compleição; toda produção de qualquer espécie que seja é uma alteração, permanecendo a substância sempre a mesma, pois é una, uno ente divino, imortal. Isso pôde entender Pitágoras, que não teme a morte, mas aguarda a mudança; entenderam-no todos os filósofos vulgarmente chamados físicos, que dizem que nada se gera na substância nem se corrompe, se não quiserem denominar desse modo a alteração; isso compreendeu Salomão, que disse não haver coisa nova sob o Sol, mas o que é já o foi antes. Entendeis assim como todas as coisas estão no universo e o universo em todas as coisas; como estamos nele e ele em nós, de modo que tudo concorre para uma perfeita unidade. Eis a razão pela qual não devemos atormentar nosso espírito; eis por que não há nada que nos possa perturbar. Porque essa unidade é única e estável, e sempre permanece; este uno é eterno;

cada face, cada rosto, qualquer outra coisa é vaidade, é como algo de nulo; antes, é nulo tudo o que estiver fora desse uno. Aqueles filósofos encontraram a sua amiga Sofia, e recobraram essa unidade. A mesma coisa, de fato, é a sabedoria, a verdade, a unidade. Todos souberam dizer que a verdade, o uno e o ente são a mesma coisa; mas nem todos compreenderam; e outros seguiram o modo de falar, mas não compreenderam o sentido dos verdadeiros sábios. Aristóteles, entre outros, que não apreendeu a unidade, também não encontrou a verdade, pois não reconheceu o ser como unidade. E embora fosse livre para adotar a significação do ser comum à substância e ao acidente, e além disso distinguir suas categorias conforme tantos gêneros e espécies, deixou de se aproximar da verdade por não se aprofundar na cognição dessa unidade e indiferença da natureza e do ser constantes. E como sofista seco, de explicações malignas e persuasões superficiais, perverteu as sentenças dos antigos, opondo-se à verdade, não tanto por fraqueza de intelecto, mas por força da inveja e da ambição.

DIXON: De modo que esse mundo, esse ser, essa verdade, esse universo, esse infinito e imensidão é tudo em todas as suas partes; tanto que ele é o próprio *ubique*. De onde aquilo que está no universo, com relação ao universo (e mesmo em relação a outros corpos particulares), está em toda parte conforme o modo de sua capacidade; pois está sobre, sob, infra, à direita, à esquerda e conforme todas as diferenças locais, pois em todo o infinito são todas essas diferenças e nada além destas. Todas as coisas que apreendemos no universo, pois há nele aquilo que está todo inteiro por toda parte, abrange a seu modo toda a alma do mundo (ainda que não totalmente, como já o dissemos), a qual está toda em qualquer parte daquele. Mas como o ato é uno, e faz um ser onde quer que esteja, não é preciso que se creia haver no mundo pluralidade de substâncias e daquilo que é ente verdadeiro. Depois, sei que tendes como coisa manifesta que cada um desses mundos inumeráveis que vemos no universo nele não está como num lugar continente, nem como num intervalo e espaço, e sim num espaço compreendedor, conservador, motor e eficiente. Embora um mundo particular se mova em relação a outro, como a Terra em relação ao Sol e em torno do Sol, nenhum deles se move em relação ao universo, mas nele. Além disso, quereis que assim como a alma (conforme o dizer comum) esteja inteira na grande massa à qual dá existência, e junta e indivisa seja, portanto, a mesma, assim a essência do universo é a mesma no infinito e em qualquer coisa que tomemos como membro do infinito; de modo que tanto o todo como qualquer parte vem a ser uno, segundo a substância. Daí não ter sido inconveniente o dizer de Parmênides – uno, infinito, imóvel (como quer que se queira a sua intenção, que é incerta, referida por um relator não muito fiel)[137]. Dizeis que todas as diferenças que se veem nos corpos quanto às formações, compleições, figuras, cores e outras propriedades e relações não são outra coisa que uma maneira diferente da mesma substância; face esta fugidia, móvel, corruptível de um ser imóvel, perseverante e eterno, no qual estão todas as formas, membros e figuras, mas indistintos e como que aglomerados, não diferentemente do sêmen, em que o braço não se distingue da mão, o busto da cabeça, o nervo do osso; e cuja distinção não produz uma substância nova e diferente, mas põe em ato e cumprimento certas qualidades, diferenças, acidentes e ordens da substância. E aquilo que se diz do sêmen, com relação aos membros dos animais, se diz igualmente do alimento com relação ao sangue, à fleuma, carne e sêmen; e o mesmo se diz de qualquer coisa que preceda o estado de alimento; e o mesmo de todas as coisas partindo do grau ínfimo da natureza até o seu supremo, da universidade física conhecida pelos filósofos à altura dos arquétipos em que acreditam os teólogos, caso vos agrade; até chegarmos a uma substância originária e universal idêntica no todo, chamada ente, fundamento de todas as espécies e formas diversas. Como na arte fabril[138], existe uma substância de madeira sujeita a todas as medidas e figuras, que não são madeira, mas de madeira, na madeira, relativas à madeira. Assim, tudo o que constitui a diversidade dos gêneros, das espécies, as diferenças e as propriedades, tudo o que consiste na geração, corrupção, alteração e mudança não é ente, não é ser, mas condição e circunstância de ser e de ente, sendo este uno, infinito, imóvel, sujeito, matéria, vida, alma, verdade e bem. Quereis que por ser o ente indivisível e simplíssimo, é infinito e ato de tudo em tudo, e tudo em cada parte (dizemos parte no infinito e não parte do infinito), não possamos pensar que a Terra seja parte do ente, o Sol parte da substância, sendo esta impartível. Mas sem dúvida é lícito dizer: substância da parte, ou melhor, substância na parte. Assim como não é lícito dizer que parte da alma está no braço, que parte está na cabeça, mas sim que a alma se encontra na parte que é a cabeça, pois o ser porção, parte, membro, tudo quanto maior ou menor, como isto, como aquilo, concordante, diferente e por outras razões que não significam o uno absoluto; e por isso não

---

137. Aristóteles, *Metafísica*, I, 5.
138. *Arte fabrile*, ou seja, "madeira fabril, isto é, apta a ser fabricada ou trabalhada" – conforme Bruno lê na tradução italiana de Vitrúvio, publicada em 1536.

podem se referir à substância, à unidade, ao ser, mas que são, pela substância, no uno e relativamente ao ente, como que modos, razões e formas: assim se diz comumente que a quantidade, a qualidade, a relação, a ação, a paixão e outros gêneros circunstanciais são relativos à substância; igualmente no ente supremo, no qual é indiferente o ato da potência, que pode ser tudo absolutamente, sendo tudo o que pode ser; é complicadamente [composto de maneira unitária] uno, imenso, infinito, compreendendo todo o ser; mas está explicadamente [exposto parcialmente] nos corpos sensíveis, assim como nas distintas potências e atos que com eles venham. Mas quereis que aquilo que é gerado e gera (ou seja, equívoco ou unívoco, como dizem aqueles que vulgarmente filosofam)[139], bem como aquilo de que se faz a geração sejam sempre da mesma substância. Com isso não vos soará mal aos ouvidos a sentença de Heráclito, que disse ser todas as coisas uno, o qual, por mutabilidade, tem em si todas as coisas; e porque todas as formas nele estão, consequentemente todas as definições lhe convêm; e, portanto, as enunciações contraditórias são verdadeiras. E aquilo que faz a multiplicidade nas coisas não é o ente, não é a coisa, mas o que aparece, o que se apresenta ao sentido e está na superfície da coisa.

TEÓFILO: Assim é. Além disso, quero que aprendais mais aspectos dessa importantíssima ciência e desse fundamento muito sólido das verdades e segredos da natureza. Em primeiro lugar, portanto, quero que noteis que é una e idêntica a escala pela qual a natureza desce à produção das coisas e pela qual o intelecto sobe à cognição daquelas, e que tanto uma quanto outra procedem de unidade para unidade, passando pela multiplicidade dos meios. Concedo que, em seu modo de filosofar, os peripatéticos e muitos platônicos façam derivar a pluralidade das coisas e dos meios do ato puríssimo de um extremo, e a puríssima potência de outro. Outros[140], por certa metáfora, querem fazer convir as trevas e as luzes na constituição dos inumeráveis graus de formas, representações, figuras e cores. Depois desses, que consideram dois princípios [as luzes e as trevas], concorrem outros contrários à poliarquia e que fazem coincidir aqueles dois princípios num só, que é, simultaneamente, abismo e trevas, clareza e luzes, escuridão profunda e impenetrável e luz superna e inacessível[141]. Em segundo lugar, considerai que o intelecto, querendo libertar-se e dissociar-se

---

139. Unívoco ou homônimo (que possui apenas o mesmo nome), equívoco ou sinônimo (que tem o mesmo nome e definição). Os termos provêm da escolástica.
140. Gnósticos.
141. O próprio Bruno e Davi de Dinanto.

da imaginação, à qual se acha unido, além de recorrer às matemáticas e às figuras simbólicas para compreender o ser e a substância das coisas, por meio delas ou por analogia com elas, também relaciona a multiplicidade de espécies com uma só e mesma raiz. Foi o que fez Pitágoras, que tomou os números como princípio específico das coisas e estabeleceu a unidade como fundamento e substância de todas elas; Platão e outros, que puseram as espécies consistentes nas figuras, fazendo do ponto substância e gênero universal: e talvez as figuras e as superfícies são aquelas que, enfim, Platão entende como "magno" e o ponto e o átomo aquilo que entende como "mínimo", princípios gêmeos das coisas, que depois se reduzem a um, como todo divisível em indivisível. Aqueles que dizem que o princípio substancial é o uno querem que as substâncias sejam como números; outros, que entendem o princípio substancial como o ponto, querem que as substâncias sejam como figuras. Mas todos estão de acordo em propor um princípio indivisível. Melhor, porém, e mais puro é o princípio de Pitágoras do que o de Platão, pois a unidade é causa e razão da indivisibilidade e da pontualidade, um princípio mais absoluto e adaptável ao universo ente.

GERVÁSIO: E por que Platão, que veio depois, não fez de modo semelhante ou melhor do que Pitágoras?

TEÓFILO: Porque quis, falando pior e de modo menos cômodo e apropriado, ser considerado um mestre do que, expressando-se de modo melhor, fazer-se um discípulo reputado. Quero dizer que a finalidade de sua filosofia era mais a própria glória do que a verdade, considerando que não posso duvidar que soubesse muito bem que seu modo era mais apropriado às coisas corporais, e corporalmente consideradas, ao passo que o de Pitágoras era menos apropriado ao corpóreo do que às coisas da razão, da imaginação, do intelecto. Todos confessarão não ser estranho a Platão que a unidade e o número necessariamente dão razão a pontos e figuras, e que não são justificados nem explicados, como a substância dimensionada [extensiva] e corpórea depende da incorpórea e indivisa. Além do mais, esta independe daquela, pois a razão dos números se encontra sem o quociente de medida, mas aquela não pode ser independente desta, pois a razão da medida não se encontra sem a dos números. Mas a semelhança aritmética e a proporção é mais apta do que a geometria para nos guiar em meio à multiplicidade, à contemplação e apreensão daquele princípio indivisível, que por ser a única e a substância radical de todas as coisas, não é possível que tenha um certo e determinado nome ou designação que signifique mais positivo do que privativo; eis por que alguns o chamam de "ponto", outros de "unidade", outros de "infinito", conforme razões iguais a essa. Acrescente-se ao que foi dito que quando o intelecto quer compreender a essência de alguma coisa, vai simplificando o quanto pode, quero dizer, vai da composição e multiplicidade rejeitando os acidentes corruptíveis, as dimensões, os sinais, as figuras, e se dirige para aquilo que subjaz a essa coisas. Assim, só entendemos um longo escrito, uma oração prolixa, se os condensamos numa fórmula simples; nisso, o intelecto demonstra abertamente como na unidade consiste a substância das coisas, unidade que vai procurando na verdade ou na semelhança. Creia, portanto, que seria um geômetra consumado e perfeitíssimo aquele que pudesse condensar numa só proposição todas as intenções dispersas nos princípios de Euclides; seria um lógico perfeitíssimo quem condensasse todos os raciocínios num único. Portanto, também este é o modo de determinar o grau das inteligências; pois as inferiores só podem entender a pluralidade mediante numerosas espécies, similitudes e formas; as superiores entendem melhor com menor número de espécies; as altíssimas compreendem perfeitamente com pequeno número de espécies. Numa ideia perfeitíssima, a primeira inteligência compreende tudo; o espírito divino, a unidade absoluta, sem espécie alguma, é ela mesma também o que compreende e é compreendida. Assim é quando nos elevamos à perfeita cognição, vamos complicando a multiplicidade; do mesmo modo que, descendo à produção das coisas, a unidade vai se explicando. A descida se estende desde um único ser até uma infinidade de indivíduos e espécies inumeráveis, ao passo que a subida se processa destas para aquela. Assim, para concluir esta segunda consideração, digo que, quando aspiramos e nos esforçamos no sentido do conhecimento do princípio e da substância das coisas, estamos fazendo um progresso rumo à indivisibilidade; e jamais nos julgaremos chegados ao primeiro ser e à substância universal enquanto não tivermos chegado àquele uno indivisível em que tudo está contido. Em outras palavras, não cremos compreender a substância e a essência se não compreendemos a indivisibilidade. Por conseguinte, os peripatéticos e os platônicos reduzem uma infinidade de indivíduos a uma razão indivisível de muitas espécies; inumeráveis espécies são compreendidas sob determinados gêneros, assim como Arquitas[142], que pretendeu serem dez; determinados gêneros a um ente, uma coisa, a qual é compreendida como um nome

---

142. Architae Tarentini, *Decem Praedicamenta*, 1561.

e dicção, uma formulação lógica e, enfim, uma vanidade. Pois tratando em seguida fisicamente, não conhecem um princípio de realidade e de ser para tudo o que é, como um conceito e nome comum a tudo o que se diz e se compreende; o que por certo ocorreu por fragilidade de intelecto. Em terceiro lugar, deveis saber que sendo a substância e o ser distintos e absolutos da quantidade, por consequência a medida e o número não são substâncias, mas a ela estão relacionados; não são entes, mas coisas do ente; por isso devemos dizer necessariamente que a substância não contém número e medida, sendo ela una e indivisível em todas as coisas particulares, as quais possuem a particularidade do número, isto é, do que são relativamente à substância. Polímnio, como Polímnio, não aprende uma substância particular, mas substância no particular e nas diferenças que se relacionam à substância; a qual, por meio delas, introduz este homem em número e multiplicidade sob uma espécie. Assim como certos acidentes humanos constituem a multiplicidade dos que se chamam indivíduos da humanidade, também certos acidentes animais multiplicam a espécie animal. De modo igual, certos acidentes vitais multiplicam o animado e vivo. Não é por outro motivo que certos acidentes corpóreos multiplicam a corporeidade. Semelhantemente, certos acidentes de subsistência fazem multiplicação de substância. De tal maneira, certos acidentes de seres fazem a multiplicação de entidade, verdade, unidade, ente, verdadeiro e uno. Em quarto lugar, considera os sinais e as verificações pelas quais queremos concluir que os contrários concorrem para o uno[143]; daí não ser difícil inferir, no final, que todas as coisas são uma, assim como todo número, tanto par quanto ímpar, tanto finito como infinito, nega o número [se reduz à unidade]. Os signos tomareis da matemática, as verificações, das demais faculdades morais e especulativas. Ora, quanto aos signos, dizei-me, que coisa é mais dessemelhante da reta do que o círculo? O que é mais contrária à reta do que a linha curva? Mas no mínimo e no princípio, concordam, considerando (como divinamente notou o Cusano, inventor dos mais belos segredos da geometria) que não encontrarás diferença entre o arco mínimo e a corda mínima. Ademais, no máximo, que diferença encontrarás entre o círculo infinito e a linha reta? Não vês como o círculo, quanto maior for, mais se aproxima da retidão? Quem é tão cego que não veja igualmente que o arco BB (ver fig.), por ser maior do que o arco AA, e o arco CC, maior do que o BB, e o arco DD, maior

---

143. Tema desenvolvido por Nicolau de Cusa em *Docta Ignorantia*, I, 5.

do que todos os outros, todos tendem a constituir parte do círculo maior, e sempre se aproximam da retidão da linha infinita do círculo infinito representada por IK? Certamente se precisa dizer e acreditar que, se aquela linha é maior, conforme a razão de maior grandeza é mais reta, de modo semelhante a máxima entre todas deve ser, superlativamente, a mais reta de todas, de modo que a linha reta infinita venha a ser um círculo infinito. Eis portanto como não apenas o máximo e o mínimo convergem num ser único, como outras vezes demonstramos, como no máximo e no mínimo

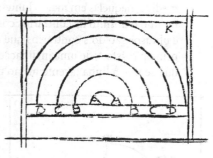

os contrários vêm a ser unos e indiferentes. Ademais, se te apraz comparar as espécies finitas ao triângulo, pois do primeiro finito e primeiro terminado se entendem todas as coisas finitas por certa analogia, partícipes que são da finitude e da limitação (como em todos os gêneros os predicados análogos todos assumem o posto e a ordem do primeiro e maior de tal gênero), verás que o triângulo é a primeira figura (ver fig. abaixo) que não pode ser resolvida em outra mais simples (como o quadrado se resolve em triângulos) e o primeiro fundamento de toda coisa delimitada e figurada. Encontrarás que o triângulo, que não se reduz a outra figura, tampouco pode reduzir-se a triângulos em que os ângulos sejam maiores ou menores, mesmo que sejam vários e diversos, de várias e diversas figuras, maiores ou menores em magnitude, no mínimo e no máximo tamanho. Mas se puseres um triângulo

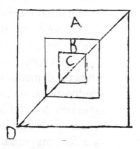

infinito (não digo de modo real e absoluto, pois o infinito não tem figura, mas por suposição e porque um ângulo dá margem ao que queremos demonstrar), verás que esse triângulo não terá um ângulo maior que o menor dos triângulos finitos, assim como dos médios e do máximo. Deixando de lado a comparação das figuras, ou seja, de triângulos e triângulos, e tomando ângulos e ângulos, vemos que todos eles, por maiores ou menores que sejam, são iguais, conforme aparece no quadrilátero, que se divide em triângulos pelo diâmetro: de onde se vê que não apenas são iguais os ângulos retos dos quadrados A, B e C, mas também todos os agudos que resultam da divisão do citado diâmetro, que constitui duplos triângulos, todos de ângulos iguais. Assim, por expressa semelhança, vê-se como uma substância infinita pode estar em todas as coisas, ainda que de modo finito em algumas, e, em outras, infinito; nestas aqui em menor medida, naquelas em maior. Junte-se a isso (para ver que, além disso, no uno e infinito os contrários concordam) que os ângulos agudos e obtusos são dois contrários que nascem de um mesmo e indiviso princípio, isto é, de uma inclinação que faz a linha perpendicular M, que se une à linha jacente BD no ponto C (ver fig.). Esta perpendi-

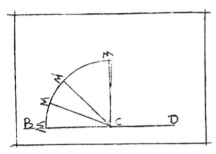

cular sobre aquele ponto, com uma simples inclinação em direção ao ponto D, fazendo ângulo reto, faz tanto maior diferença de ângulos agudos e obtusos quanto mais se aproxima do ponto B, ao qual, unindo-se, provoca a indiferença do agudo e do obtuso, de modo semelhante anulando um e outro, pois são unos na potência da mesma linha. A linha M, como pôde unir-se e fazer-se indiferente com a linha BD, pode desunir-se e fazer-se diferente, suscitando, do mesmo e indivisível princípio, ângulos extremamente contrários, que são o máximo agudo e o máximo obtuso, até os mínimos, além da igualdade com o reto e a concordância que consiste no contato com a perpendicular e a jacente. Quanto às verificações, quem não sabe, relativamente às qualidades ativas fundamentais da natureza corpórea, que o princípio do calor é indivisível e, no entanto, está separado de todo calor, pois o princípio não deve ser nenhuma das coisas dos principiados? Se assim é, quem pode duvidar ao se afirmar que o princípio não é nem quente nem frio, mas um mesmo para o quente e o frio? De onde vem que um contrário seja princípio de outro e que também as transmutações sejam circulares a não ser pelo fato de que nos contrários existe um mesmo sujeito, um mesmo princípio, um término, uma continuação e o concurso de um e de outro? O calor mínimo e o mínimo frio não são um só? Não é do término do máximo calor que se dá o princípio do movimento para o frio? Logo, é manifesto que não são apenas os dois máximos que ocorrem na resistência, e os dois mínimos na concordância, mas ainda o máximo e o mínimo pela vicissitude da transmutação: de onde, não sem motivos, os médicos costumam temer as ótimas disposições, e no supremo grau da felicidade os próvidos se tornam mais tímidos. Quem não vê ser uno os princípios da corrosão e da geração? O último [momento] da corrosão não é o primeiro da geração? Não dizemos: retirado este, posto aquele? Antes era isso, agora aquilo? Certamente (se bem medido), vemos que a corrosão não é outra coisa senão geração, e que a geração não passa de corrosão; o amor é um ódio e este, no final, um amor. O ódio que se tem pelo contrário é amor ao semelhante; o amor por este, é ódio por aquele[144]. Em substância, portanto, e na raiz, são uma só coisa o amor e o ódio, a amizade e a discórdia. E onde procura o médico com mais vantagem o antídoto, senão no veneno? Quem oferece melhor teriaga do que a víbora? Nos maiores venenos, os melhores remédios. Uma potência não é objeto de dois contrários? Ora, de onde crês que isso proceda senão do fato de que o princípio do ser seja uno, como uno é o princípio de conceber um e outro objeto? Desse modo, os contrários se relacionam com um objeto e são apreendidos por um mesmo sentido? Concedo que o orbicular repousa no plano, que o côncavo se aquieta e reside no convexo, que o iracundo convive com o paciente, e que o extremamente soberbo se compraz com o humilde e o avaro com o liberal. Em conclusão, quem quer conhecer os maiores segredos da natureza, que olhe e contemple os mínimos e os máximos dos contrários e dos opostos. Magia profunda é saber extrair o contrário, depois de ter encontrado o ponto de união. Para isso tendia com o pensamento o pobre Aristóteles quando concebia a privação como progenitora, parente e mãe da forma; não pôde juntá-las, não conseguiu ali chegar, pois fincando o pé no gênero da oposição, permaneceu enleado de maneira que não logrou descer à contrariedade, não fixou os olhos nem alcançou o escopo; errou em todos os passos, dizendo que os contrários não podiam convir, em ato, num mesmo objeto.

POLÍMNIO: Rara, elevada e singularmente haveis raciocinado sobre o todo, o máximo, o ente, do princípio do uno. Mas gostaria de vos ver insistir nessa unidade, pois acho um *vae soli*[145]. Ademais, sinto grande angústia, pois no meu embornal não se aloja mais que um soldo viúvo.

TEÓFILO: Essa unidade é tudo, não é explicada, não está sob distribuição e distinção de número, como talvez tu a entendas, mas é complicada e compreensível.

POLÍMNIO: Exemplo? Para dizer a verdade, entendo, mas não compreendo.

---

144. Toda essa passagem de características dialéticas provém da leitura de Heráclito.
145. Aborrecido é estar sozinho.

TEÓFILO: Como o denário é uma unidade, mas complicada, o centenário não é menos unidade, porém mais complicado, e o milenário não é menos unidade, mas muito mais complicado. Isso que vos proponho na aritmética, deves entendê-lo em todas as coisas. O sumo bem, o sumo apetecível, a suma perfeição, a beatitude consistem na unidade que tudo complica, que tudo unifica. Deleitamo-nos com as cores, mas não apenas numa que se explica, qualquer que seja, mas no mais alto grau numa que complica todas as cores. Deleitamo-nos com a voz, mas não com uma singular, e sim naquela que resulta da harmonia de muitas. Deleitamo-nos com algo sensível, mas especialmente com o que abrange em si todos os sensíveis; deleitamo-nos com um cognoscível que compreenda todo o cognoscível; com o apreensível que abranja tudo o que pode apreender; com um ente que tudo complete, sobretudo com aquele uno que seja o próprio todo. Como tu, Polímnio, te deleitarias mais com a unidade de uma gema preciosa, que equivalesse a todo o ouro do mundo, do que com a multiplicidade de soldos, dos quais tens um na bolsa.

POLÍMNIO: Perfeito.

GERVÁSIO: Eis-me um douto, pois como alguém que não entende a unidade, nada entende, assim também quem a entende verdadeiramente, tudo entende. E quem se aproxima mais da inteligência do uno, mais se aproxima da apreensão de tudo.

DIXON: Se bem compreendi, também eu parto bastante enriquecido pela contemplação de Teófilo, relator fiel da filosofia do Nolano.

TEÓFILO: Louvados sejam os deuses e que todos os viventes magnifiquem a infinita, simplíssima, uníssona, altíssima e absolutíssima causa, princípio e uno[146].

---

146. Causa (forma, alma do mundo) e princípio (matéria) são, conjuntamente, o todo.

SOBRE O INFINITO, O UNIVERSO E OS MUNDOS

Epístola Proemial

Ao Ilustríssimo Senhor Michel de Castelnau,
Senhor de Mauvissière, Concressault e Joinville, Cavaleiro da Ordem do Rei Cristianíssimo, Conselheiro do seu Conselho Privado, Capitão de cinquenta homens de armas e Embaixador junto à Sereníssima Rainha da Inglaterra.

Se eu, ilustríssimo cavaleiro, manejasse um arado, apascentasse um rebanho, cultivasse uma horta ou ajustasse uma veste, ninguém me daria atenção, poucos me observariam, por raros seria repreendido e, facilmente, poderia agradar a todos. Mas por ser eu delineador do campo da natureza, solícito com o pastorear da alma, errante pela cultura do espírito e dedicado aos hábitos intelectuais, eis que o visado me ameaça, o observado me assalta, o atingido me morde e o incluído me devora. E não é apenas um, não são poucos, e sim muitos, quase todos. Se quiserdes entender a razão disso, digo-vos que o motivo é a universalidade que me desagrada, o vulgo que odeio, a multidão que não me contenta; somente de uma coisa me enamoro: aquela pela qual sou livre na sujeição, contente nas penas, rico na carência e vivo na morte. Aquela em virtude da qual não invejo os que são servos na liberdade, sofrem no prazer, são pobres na riqueza e mortos em vida, pois no próprio corpo possuem as cadeias que os prendem e no espírito o inferno que os deprime; na alma, o erro que os debilita; na mente, o letargo que os mata, por não existir magnanimidade que os liberte nem longanimidade que os eleve, esplendor que os ilustre ou ciência que os avive.

Sucede daí que não retiro o pé do árduo caminho, como se estivesse cansado, nem cruzo os braços, por indolência, diante da obra que se me apresenta, nem, como um desesperado, viro as costas ao inimigo que me contraria, nem, como se desnorteado, desvio os olhos do divino objeto. No entanto, sou considerado como um sofista, que mais se preocupa em parecer sutil do que ser verídico. Um ambicioso, que mais se esforça por suscitar nova e falsa seita do que consolidar a antiga e verdadeira. Um enganador, que persegue avidamente o esplendor da glória, projetando as trevas dos erros. Um espírito inquieto, que subverte os edifícios da boa disciplina, fundador de maquinações e de perversidades. Assim, Senhor, que os santos numes afastem para bem longe de mim todos aqueles que injustamente me odeiam, que sempre me seja propício o meu Deus, que me sejam favoráveis todos os governantes de nosso mundo; que os astros me tratem tal como a semente o faz ao campo, de maneira que apareça no mundo algum fruto útil e glorioso do meu trabalho, por despertar o espírito e abrir o sentimento daqueles que estejam privados de luz. É certíssimo que não finjo e, se erro, não creio fazê-lo intencionalmente; falando e escrevendo, não disputo pelo simples amor da vitória (porque considero inimigas de Deus, vis e desonrosas toda reputação e vitória sem a verdade), mas por amor da verdadeira sabedoria e por estudo à verdadeira contemplação me canso, me angustio e me atormento. Eis o que virão comprovar os argumentos demonstrativos, baseados em raciocínios válidos, derivados de um senso reto, informado por imagens não falsas e que, como verdadeiras embaixatrizes, desprendem-se das coisas da natureza e se tornam presentes àqueles que as procuram, notáveis aos que as contemplam, claras para os que as assimilam, certas para os que as compreendem. Eis que agora vos ofereço a minha especulação acerca do infinito, do universo e dos mundos inumeráveis.

Argumento do Primeiro Diálogo

Tendes, portanto, no primeiro diálogo:
  Primeiro, que a inconstância dos sentidos demonstra que eles não são um princípio de certeza e não a determinam senão por certa comparação e conferência de um objeto sensível com outro e de um sentido com outro. Daí se infere que a verdade é relativa a diversos sujeitos.

Segundo, se começa por demonstrar a infinitude do universo e se apresenta o primeiro argumento, retirado do fato de que não sabem onde termina o mundo aqueles que, por obra da fantasia, querem fabricar muralhas.

Terceiro, de ser inconveniente afirmar-se que o mundo seja finito e que exista em si mesmo, pois isso convém apenas ao que é imenso, o que vem do segundo argumento. Em seguida, tira-se o terceiro argumento da inconveniência e da impossibilidade de se imaginar o mundo existindo em nenhum lugar, pois de algum modo se concluiria daí sua inexistência, dado que todas as coisas, sejam elas corpóreas ou incorpóreas, significam estar em algum lugar.

Quarto, este argumento decorre de uma demonstração ou questão urgentíssima que fazem os epicuristas: "Depois, se se aceitar que todo o espaço é finito, e se alguém chegar correndo às últimas bordas e daí lançar um dardo, achas que, arremessado com toda a força, se dirigirá para onde foi atirado, voando ao longe, ou te parece que alguma coisa poderá impedi-lo e deter? Efetivamente, quer haja um obstáculo que o impeça de atingir o ponto para onde foi arremessado, aí parando, quer prossiga a trajetória, o que é certo é que não partiu do limite extremo."[147]

Quinto, que a definição de lugar, proposta por Aristóteles, não convém ao primeiro, maior e mais comum dos lugares, e que não vale tomar a superfície próxima e imediata ao conteúdo, e outras leviandades que fazem do lugar uma coisa matemática e não física. Admito que entre a superfície do continente e do conteúdo, que nela se move, sempre é necessário haver espaço interposto, ao qual convém, antes de tudo, ser lugar. E se quisermos tomar do espaço apenas a sua superfície, é preciso que se procure no infinito um lugar finito.

Sexto, que não se pode fugir ao vácuo, supondo o mundo finito, se o vácuo é aquilo em que nada existe.

Sétimo, assim como no espaço em que este mundo está haveria o vácuo se aí não se encontrasse o mundo, assim também onde não está este mundo entende-se haver o vácuo. Desse modo, fora do mundo esse espaço não é diferente daquele; logo, a disposição que este possui aquele também possui. Por consequência, possui também o ato, pois nenhuma disposição é eterna sem ato, e por isso tem o ato eternamente unido, ou melhor, ela própria é ato, dado que no eterno não é diferente o ser do poder ser.

Oitavo, nenhum dos sentidos nega o infinito, considerando-se que não podemos negá-lo e não compreendemos o infinito com os

---

147. Lucrécio, *De Rerum natura*, I, 968-973.

sentidos; mas como os sentidos são compreendidos por ele e a razão vem confirmá-lo, somos obrigados a admiti-lo. Se considerarmos mais atentamente, os próprios sentidos põem o infinito, porque sempre vemos uma coisa compreendida por outra e jamais percebemos, nem com os sentidos externos nem com os sentidos internos, uma coisa não compreendida por outra ou similar: "Finalmente, pelo que se passa ante nossos olhos, cada objeto parece limitar outro objeto: o ar limita as colinas, os montes limitam o ar, e a terra o mar, e o mar termina todas as terras; mas para além do todo, nada há que lhe sirva de limite. Efetivamente, por todo o lado, abre-se às coisas um espaço sem limites."[148] Pelo que vemos, portanto, é necessário afirmar o infinito, pois nada nos ocorre que não termine em outra coisa, e não temos experiência de nenhuma que esteja terminada em si mesma.

Nono, não se pode negar o espaço infinito senão com palavras, como fazem os obstinados, tendo considerado que o resto do espaço onde não há mundo, e que se chama vácuo, e que se imagina como o nada, não pode ser entendido sem uma disposição para conter outro mundo não menor do que este já contido.

Décimo, assim como é bom que exista este mundo, é igualmente bom que exista cada um de infinitos outros.

Décimo primeiro, a bondade deste mundo não é comunicável a outro mundo que possa existir, assim como o meu ser não é comunicável ao ser deste ou daquele.

Décimo segundo, que não há razão nem sentido no fato de que, posto um indivíduo infinito, sumamente simples e concentrado, não se deva admitir um infinito corpóreo e explicado[149].

Décimo terceiro, que este espaço de mundo que nos parece tão grande não é parte nem todo em relação ao infinito, não podendo ser objeto de uma operação infinita, em face da qual é um não-ser aquilo que a nossa debilidade pode compreender; e com isso se responde a certa objeção, ou seja, que nós não estabelecemos o infinito em virtude da dignidade do espaço, e sim em virtude da dignidade das naturezas; pois a razão que justifica a existência disto também justifica a de tudo aquilo que possa existir, cuja potência não é atualizada[150] pelo ser deste, como a potência de Elpino não é atualizada pelo ato de ser de Fracastório.

---

148. Ibidem, 998-1001, 1006-1007.
149. Explicado no sentido de já formado ou já produzido, diferentemente do que ainda está em potência.
150. Atualizar significa aqui passar da potência ao ato, do possível ao concreto.

Décimo quarto, se a potência infinita ativa atualiza o ser corpóreo e dimensional, este deve, necessariamente, ser infinito; de outro modo, derroga-se a natureza e a dignidade do que pode fazer e do que pode ser feito.

Décimo quinto, este universo, tal como vulgarmente concebido, não se pode dizer que compreende a perfeição de todas as coisas, a não ser como eu compreendo a perfeição de todos os meus membros, e cada globo aquilo que nele está. Em outras palavras, é rico todo aquele a quem não falta nada daquilo que possui.

Décimo sexto, o eficiente infinito seria deficiente sem o efeito, e não podemos entender que tal efeito seja apenas ele próprio. A isso se ajunta que, se assim for ou se assim é, nada se tira daquilo que deva existir no que é verdadeiramente efeito, o que os teólogos chamam de ação *ad extra*[151] e transitória, além da ação imanente; porque assim é conveniente que sejam infinitas tanto uma como a outra.

Décimo sétimo, afirmando-se que o mundo é interminado, segue-se a serenidade do intelecto; mas, ao contrário, inumeráveis dificuldades e inconvenientes. Além disso, faz-se a réplica ao que foi apresentado no segundo e no terceiro itens.

Décimo oitavo, se o mundo é esférico, terá forma e término, e o limite que está para além dessa forma e término (ainda que agrade a alguém chamá-lo de *nada*) também possuirá forma, de modo que o seu côncavo esteja junto ao convexo deste mundo, já que, onde começa aquele *nada* pelo menos ali existe uma concavidade indistinta da superfície convexa deste mundo.

Décimo nono, acrescenta-se algo ao que já foi dito no segundo.

Vigésimo, faz-se uma réplica ao que foi discutido no décimo.

Na segunda parte deste diálogo, o que ficou demonstrado quanto à potência passiva do universo se demonstra também para a potência ativa do eficiente, com outras razões a mais; a primeira delas é que a eficácia divina não deve ser ociosa, tanto mais pondo o efeito fora da própria substância (se alguma coisa lhe pode ser exterior); e do fato de não ser menos ociosa do que produzindo um efeito finito ou nenhum; a segunda razão extrai-se da prática, pois em caso contrário suprime-se a razão da bondade e da grandeza divinas; e disso não decorre qualquer inconveniente contra qualquer lei ou substância da teologia. A terceira é muito semelhante à décima segunda da primeira parte, e se volta a apresentar a diferença entre o todo infinito e o totalmente infinito. A quarta mostra que, não só por não poder,

---

151. Para fora, exteriormente.

mas ainda por não querer, a onipotência é censurada por ter feito o mundo finito e por ser um agente infinito em relação a um sujeito finito. A quinta razão induz que se o agente infinito não faz o mundo infinito, não pode absolutamente fazê-lo; e se não tem poder para fazer o infinito, não pode ter vigor para conservá-lo no infinito; e se é finito segundo uma razão, vem a ser finito segundo todas as razões, pois nele cada modo é uma coisa, e toda coisa e modo são uma e mesma coisa. A sexta é convertível na décima da primeira parte. E se ajunta a causa pela qual os teólogos defendem o contrário, não sem uma razão plausível, e se fala da amizade entre esses doutos e os doutos filósofos. A sétima propõe a razão que distingue a potência ativa das diversas ações, deslindando o argumento. Além disso, demonstra-se a potência intensiva e extensivamente infinita com uma profundidade jamais alcançada pela comunidade dos teólogos. Pela oitava, prova-se que o movimento dos mundos infinitos não se origina de motor extrínseco, mas de sua própria alma e como, apesar disso, existe um motor infinito.

A nona razão demonstra como o movimento intensivamente infinito se verifica em cada um dos mundos. Ao que se deve ajuntar que do fato de um móvel se mover e ser movido simultaneamente, segue-se que pode ser visto em cada ponto do círculo que faz ao redor do próprio centro; e haverá outras ocasiões para responder a esta objeção, quando for lícito trazer a doutrina mais difundida.

Argumento do Segundo Diálogo

O segundo diálogo segue a mesma conclusão. Em primeiro lugar, traz quatro razões, a primeira das quais se baseia no fato de que todos os atributos da divindade são como cada um. A segunda, no fato de que a nossa imaginação não deve poder se estender mais do que a ação divina. A terceira, na indiferença ou identidade entre o intelecto e a ação divina, que não entende o infinito menos do que o finito. A quarta prova é que, se a qualidade corpórea, isto é, a qualidade que nos é sensível, tem potência infinita ativa, o que não será de toda a potência ativa e passiva absoluta?

Em segundo, mostra que coisa corpórea não pode ser limitada por coisa incorpórea, mas pelo vácuo ou pelo pleno. E de todo modo, fora do mundo há espaço que, no final, não é outra coisa que a matéria e a mesma potência passiva, e onde a potência ativa, que não é ociosa ou inerte, deve fazer-se ato. E mostra-se a vanidade do argumento de Aristóteles sobre a impossibilidade mútua das dimensões[152].

Em terceiro, ensina-se a diferença que existe entre o mundo e o universo, pois quem diz o *universo infinito uno* necessariamente distingue os dois nomes.

Quarto, são trazidas as razões contrárias pelas quais se julga o universo finito. Aqui, Elpino menciona todas as sentenças de Aristóteles, e Filóteo as vai examinando. Algumas são retiradas da natureza dos corpos simples, outras da natureza dos corpos compostos; e se mostra a inconsistência de seis argumentos tomados das definições dos movimentos, que não podem ser infinitos, e de outras proposições similares sem base e propósito. Como pode ser visto por nossos raciocínios, eles mostrarão mais naturalmente a razão das diferenças e termo do movimento e, quando o permitirem a ocasião e o lugar, o conhecimento mais real acerca dos impulsos grave e leve. Com esses raciocínios mostramos como o corpo infinito não é grave nem leve, e como o corpo finito pode ou não receber tais alterações e diferenças. E daí se torna mais escancarada a vacuidade dos argumentos de Aristóteles contra aqueles que consideram o mundo infinito, ao supor o meio e a circunferência e querer que no finito ou no infinito a Terra ocupe o centro no finito ou no infinito. Em conclusão, não houve propósito grande ou pequeno que não tenha levado aquele filósofo a destruir a infinidade do mundo, como o primeiro livro *Do Céu e Mundo* ou o terceiro *Da Auscultação da Natureza (Física)*.

Argumento do Terceiro Diálogo

No terceiro diálogo, nega-se primeiramente aquela reles fantasia sobre a forma, as esferas e a diversidade dos céus; e se afirma ser uno o céu, espaço geral que abraça os mundos infinitos, embora não neguemos haver mais, e sim infinitos céus, tomando esta palavra com outro significado. Pois essa Terra possui o seu céu, que é a sua região, na qual se move e a qual percorre, assim como cada uma de todas as outras inumeráveis. Declara-se como aconteceu de se terem imaginado tais e tantos móveis deferentes, formados de tal modo que possuem duas superfícies externas e uma cavidade interna. E outras

---

152. Bruno defende a ideia platônica exposta no Timeu de que o lugar (*tópos*) se identifica com a extensão (*chora*).

receitas e medicamentos que dão náuseas e horror aos que os ordenam e executam e àqueles míseros que os engolem.

Em segundo, adverte-se que o movimento geral, aquele dos chamados excêntricos e quantos mais se possam referir ao dito firmamento são todos fantásticos; que em realidade dependem de um movimento que a Terra faz com seu centro pela eclíptica, e quatro outros diferentes movimentos que faz ao redor do centro da própria massa. De onde se conclui que o movimento próprio de cada estrela prende-se à diferença que, subjetivamente, se possa verificar, como algo que se move por si mesmo no espaço. Consideração que nos faz entender que todas as razões do móvel e do movimento infinito são vãs e fundadas sobre a ignorância a respeito do movimento de nosso próprio globo.

Em terceiro, propõe-se não haver estrela que não se mova como esta e outras que, por estarem próximas de nós, nos fazem conhecer sensivelmente as diferenças locais de seus movimentos; mas que de outro modo se movimentam os sóis, que são corpos onde predomina o fogo; e de outro modo as terras, nos quais predomina a água; e daí se mostra de onde provém a luz que as estrelas difundem, com a qual outros astros brilham por si e outros em razão dessas.

Quarto, mostra-se de que maneira os corpos muito distantes do Sol podem igualmente, como os que estão mais próximos, participar do calor, e se reprova a sentença atribuída a Epicuro, a de que um Sol seja bastante para o universo infinito. Apresenta-se a verdadeira diferença entre os astros que cintilam e os que não.

Quinto, examina-se a sentença de Nicolau de Cusa acerca da matéria e da possibilidade de os mundos serem habitados e sobre a razão da luz.

Sexto, embora haja corpos por si só lúcidos e quentes, nem por isso o Sol ilumina o Sol e a Terra ilumina a si mesma; mas sempre a luz provém do astro oposto, assim como vemos sensivelmente todo o mar resplandecente quando nos encontramos em lugares eminentes, como num monte; e estando nós no mar ou no próprio campo, não vemos resplandecer senão quando, a pouca distância, a luz do Sol ou da Lua se lhes opõe.

Sétimo, se discorre acerca da vanidade das quinta-essências, e se declara que todos os corpos sensíveis não são diversos e não são constituídos por outros próximos e primeiros princípios que estes; e não se movem de outro modo, tanto em linha reta quanto circular. Ali, tudo é tratado com razões mais acomodadas ao senso comum, enquanto Fracastório se acomoda à inventiva de Búrquio.

Demonstra-se com evidência não haver acidente aqui que não se pressuponha lá, assim como não há coisa lá que se veja daqui, a qual, se bem considerarmos, não se veja aqui, estando-se lá. E, consequentemente, aquela bela ordem e hierarquia da natureza é um sonho gentil e uma zombaria de velhas decrépitas.

Oitavo, que embora seja verdadeira a distinção dos elementos, não existe de modo algum essa ordem sensível e inteligível dos elementos, como vulgarmente se diz. E segundo o próprio Aristóteles, os quatro elementos são, na mesma proporção, partes ou elementos desse globo, se não quisermos assegurar que a água exceda os demais. Pelo que, justamente, os astros são chamados ora de água, ora de fogo, tanto pelos verdadeiros filósofos naturalistas como pelos profetas e poetas divinos, que não contam fábulas nem falam por metáforas, mas as deixam deixando, com todas as infantilidades, a esses sofistas. Assim, entendem-se os mundos como corpos heterogêneos, animais, grandes globos, nos quais a Terra não é mais grave do que os outros elementos e em que todas as partículas se movem, mudando de lugar e de disposição, do mesmo modo que o sangue e outros humores, espíritos e partículas que fluem, refluem, influem e efluem em nós e nos pequenos animais. A esse propósito, evoca-se uma comparação pela qual se verifica que a Terra, pelo impulso em direção ao centro de sua massa, não se torna mais pesada do que outro corpo simples que concorra para essa composição. E que a Terra, por si, não é grave, nem sobe nem desce. Que a água é que produz a união, a densidade, a espessura e a gravidade.

Nono, da inutilidade como é vista a ordem dos elementos, infere-se a razão dos corpos sensíveis compostos, os quais, como tantos animais e mundos, existem no espaçoso campo que é o ar ou céu ou vácuo. Onde se encontram todos os mundos que não contêm menos animais e habitantes do que este possa conter, dado que não possuem menos virtude nem outra natureza.

Décimo, depois que se viu como costumam disputar os pertinazmente facciosos e ignorantes de má disposição, torna-se manifesto de que modo, na maioria das vezes, costumam concluir as disputas, embora alguns sejam tão circunspectos que, sem alterar em nada, com um sorriso de escárnio, uma risota, certa modesta malignidade naquilo que não querem provar com razões que nem eles próprios compreendem, querem, com tais artifícios de desdenhosa cortesia, não só encobrir a própria ignorância, mas ainda lançá-la sobre os ombros de seu antagonista, pois não vêm debater para encontrar ou procurar a verdade, mas para conquistar uma vitória e parecer mais sábios e estrênuos defensores da opinião contrária; desse modo, devem ser evitados por quem não possua uma boa couraça de paciência.

Argumento do Quarto Diálogo

No diálogo seguinte, primeiro se repete aquilo que outras vezes se disse: como são infinitos os mundos, como se movem e como estão formados.

Segundo, do mesmo modo como se refutaram no segundo diálogo os argumentos que opinam contra a massa infinita ou a grandeza do universo, depois que no primeiro, com muitas razões, se determinou o efeito ilimitado do imenso vigor e potência, no presente, após se ter afirmado a infinitude dos mundos, são desfeitas as razões dadas por Aristóteles contra ela, ainda que a palavra *mundo* tenha significados diferentes em Aristóteles, Demócrito, Epicuro e outros. Quanto ao movimento natural e violento, e as respectivas razões por ele apresentadas, entende que uma terra deveria se mover para a outra; ao serem resolvidas essas argumentações, em primeiro lugar se estabelecem fundamentos de não pouca importância para que sejam vistos os princípios verdadeiros da filosofia natural. Em segundo lugar, declara-se que, embora as superfícies de duas terras fossem contíguas, não aconteceria de uma se mover para outra, referindo-se a partes heterogêneas e dissimilares, não a átomos e corpos simples[153]. Com isso se aprende a examinar melhor a natureza do grave e do leve.

Terceiro, por que razão esses grandes corpos foram dispostos pela natureza em tantas distâncias, e não vizinhos uns dos outros, de sorte a se poder progredir de um para outro; e assim, quem observar profundamente verá a razão pela qual não devem existir mundos na circunferência do éter ou próximos do vácuo, onde não existem potência, eficiência e ato, porque de um lado não poderiam receber vida e luz.

Quarto, como a distância local muda ou não a natureza do corpo. E porque acontece de uma pedra colocada equidistantemente entre duas terras permanecerá imóvel ou determinará mover-se para uma e não para outra.

---

153. Bruno se refere ao argumento de Aristóteles contra a ideia de mundos infinitos. Aristóteles acreditava que, se existissem muitos mundos, eles se condensariam numa única massa.

Quinto, quanto se engana Aristóteles naquilo que entende por impulso de gravidade ou leveza de um corpo em relação a outro, embora estejam eles distantes entre si. E de onde procede o apetite de as coisas quererem se conservar no estado presente (apesar de ignóbil), desejo que é causa de fuga e de perseguição.

Sexto, que o movimento retilíneo não convém nem pode ser natural à Terra ou a outros corpos principais, mas o é das partes desses corpos que para eles se movem dos diferentes locais do espaço, se não estiverem muito afastados.

Sétimo, dos cometas se empresta o argumento de que não é verdade que o grave, embora longínquo, tenha impulso ou movimento para o seu continente; razão que não decorre dos verdadeiros princípios físicos, mas das hipóteses filosóficas de Aristóteles, que os concebe e compõe com partes que são vapores e exalações da Terra.

Oitavo, a propósito de um outro argumento, demonstra-se como os corpos simples, que são da mesma espécie em outros mundos inumeráveis, se movem da mesma maneira. E como a diversidade do número implica a diversidade de lugares, e cada parte possui o seu centro e se relaciona com o meio comum do todo; e esse meio não deve ser procurado no universo.

Nono, se estabelece que os corpos e suas partes não possuem uma posição determinada acima ou abaixo, a não ser enquanto o lugar da conservação[154] esteja aqui ou lá.

Décimo, como o movimento é infinito e como o móvel tende para o infinito e para inúmeras composições. E nem por isso se segue uma gravidade ou leveza com velocidade infinita; e que o movimento das partes próximas não pode ser infinito, enquanto conservam o próprio ser; que o impulso das partes para o seu continente não pode existir senão no interior de sua região.

Argumento do Quinto Diálogo

No princípio do quinto diálogo se apresenta alguém dotado de mais feliz engenho que, embora nutrido pela doutrina contrária, tem capacidade de julgar o que ouviu e viu, podendo distinguir entre uma e outra disciplina, e facilmente reconhece e se corrige. Diz-se quem são aqueles para os quais Aristóteles parece um milagre da natureza,

---

154. Na linguagem da física, a propriedade de um movimento que se conserva sem variação. O mesmo que invariância.

porque o percebem como magnífico os que mal o entendem. Por isso devemos nos compadecer de tais pessoas e fugir de suas discussões, pois com elas só temos a perder. Aqui, Albertino, o novo interlocutor, oferece treze argumentos, nos quais se encontra toda a persuasão contrária à pluralidade e infinidade dos mundos. O primeiro é que fora do mundo não é possível entender o tempo, o lugar, o vácuo nem os corpos, simples ou compostos. O segundo é o da unidade do motor. O terceiro, dos lugares dos corpos móveis. O quarto, da distância dos horizontes ao centro. O quinto, da contiguidade de mais mundos orbiculares. O sexto, dos espaços triangulares causados por seu contato. O sétimo, do infinito em ato, que não existe, e de um determinado número que não é mais lógico do que o outro. Desta razão podemos não só igualmente, mas com grande vantagem, inferir que o número não deve ser determinado, mas infinito. [...][155] O nono, da determinação das coisas naturais e da potência passiva das coisas, que não responde à eficácia divina e à potência ativa. Mas aqui se deve considerar que é coisa muito inconveniente que o primeiro e altíssimo seja semelhante a alguém capaz de tocar a cítara e que, por ser defeituosa, não a toca. Ou alguém que pode fazer, mas não faz, porque aquilo que pode fazer não pode ser feito. O que estabelece uma contradição mais do que evidente, que não pode ser desconhecida a não ser por aqueles que nada conhecem. O décimo, da bondade civil, que consiste na conversação. O décimo primeiro, que, dada a contiguidade de um mundo com outro, segue-se que o movimento de um impede o movimento do outro. [...] O décimo terceiro, que se este mundo é completo e perfeito, não é preciso que a ele se ajuntem outros.

Essas são aquelas dúvidas e motivos para a solução das quais consiste tanta doutrina, que basta para descobrir os erros íntimos e radicais da filosofia vulgar, assim como o peso e a oportunidade da nossa. Eis aqui a razão pela qual não devem temer que coisa alguma se espalhe, que nada em particular se disperse, verdadeiramente se esvazie ou se difunda no vácuo e se desmembre no aniquilamento. Eis a razão das mudanças e vicissitudes do todo, pelas quais não há mal de que não se saia nem bem em que não se incorra, enquanto pelo espaço infinito, pela perpétua mutação, toda substância persevera una e mesma. Dessa contemplação (se a ela estivermos atentos), nenhum acidente estranho nos afastará, por dor ou receio,

---

155. No original não existe o oitavo argumento, passando-se diretamente do sétimo para o nono, o mesmo ocorrendo com o décimo-segundo argumento.

e nenhuma fortuna nos irá separar, por prazer ou esperança; e teremos o verdadeiro caminho para a moralidade, seremos magnânimos, desprezando o que os pensamentos infantis apreciam, e certamente veremos mais amplamente do que aqueles deuses que o povo cego adora[156]; porque nos tornaremos os verdadeiros contempladores da história da natureza, que está escrita em nós mesmos, e metódicos executores das leis divinas, esculpidas no centro de nossos corações. Saberemos que não é diferente voar daqui para o céu ou do céu para cá, não é diferente subir daqui para lá e vice-versa, nem diferente descer de um para outro limite. Não somos mais circunferenciais para eles do que eles para nós; eles não são mais centrais do que nós nem pisamos as estrelas de outro modo; somos tão abrangidos pelo céu quanto eles o são.

Eis-nos, portanto, longe da inveja, livres da ânsia fútil e do estulto cuidado de desejar ao longe o bem que possuímos aqui à nossa volta. Eis-nos mais livres do grande medo, o de que eles caiam sobre nós, porque assim como o ar infinito sustém este globo, também sustenta aqueles; assim, este animal percorre livremente seu espaço, ocupando a sua região, como cada um dos outros ocupa a sua. Tendo considerado e compreendido isso, quanto mais não poderemos considerar e compreender! E por meio desta ciência obteremos certamente aquele bem que, por outras, inutilmente se procura.

Esta é a filosofia que abre os sentidos, contenta o espírito, magnifica o intelecto e reconduz o homem à vera beatitude que pode ter como homem, pois consistente com sua natureza; porque o libera da preocupação com os prazeres e da cega sensação da dor; porque o faz gozar de seu presente, e não esperar o futuro. Pois a providência, o fado ou a sorte, que dispõe da vicissitude de nosso ser particular, não quer nem permite que saibamos mais de um do que ignoramos do outro, nos tornando, à primeira vista e no primeiro encontro, duvidosos e perplexos. Mas se considerarmos mais profundamente o ser e a substância daquilo em que somos imutáveis, veremos não haver morte não só para nós, mas para qualquer substância. Nada também diminui substancialmente, mas tudo, pelo espaço infinito, muda de figura. E por que todos nós subjazemos a um ótimo eficiente, não devemos crer, estimar e esperar outra coisa, exceto que, como tudo é bom, pelo bom e para o bom; do bem, pelo bem e para o bem. O contrário só aparece para quem não apreende outra

---

156. Essa afirmação de Bruno denota um forte acento anticristão (sentimento que se expressa igualmente no livro *Cabala do Cavalo Pégaso*), e lhe será cobrada no correr de seu processo inquisitorial.

coisa senão o ser presente, assim como a beleza de um edifício não se manifesta a quem só distingue uma parte, como uma pedra, um pedaço de cimento, uma meia parede; mas em seu máximo a quem pode vê-lo por inteiro, tendo a possibilidade de fazer comparações entre as partes. Não tenhamos medo de que tudo o que está acumulado neste mundo, pela veemência de algum espírito errante ou pelo desdém de algum fulmíneo Júpiter, se disperse para fora deste túmulo ou cúpula do céu, ou seja abalado e eflua como pó deste manto estelífero; e a natureza das coisas possa vir a ser aniquilada em substância, como, sob nossos olhos, se desfaz o ar que percebemos encerrado dentro de uma bolha. Porque se percebe um mundo em que a uma coisa sempre sucede outra, sem haver uma última e mais profunda força de onde, como da mão de um artífice, irreparavelmente nada eflua. Não há fins, términos, margens ou muralhas que nos defraudem e subtraiam a infinita reprodução das coisas. Daí ser fecunda a Terra e seu mar; assim perpétua é a chama do Sol, subministrando eternamente alimento para os fogos vorazes e humores aos mares necessitados, porque do infinito sempre nova matéria renasce. De maneira que melhor entenderam Demócrito e Epicuro, que querem que tudo se renove e se restitua infinitamente, a fim de que sempre o mesmo número e as mesmas partes da matéria se convertam nas mesmas partes. Providenciai, agora, senhores astrólogos, com os vossos físicos servis, os vossos círculos, que vos descrevem as nove fantasiosas esferas, e com as quais vinde vos aprisionar o cérebro, de maneira que não me pareceis diferentes dos papagaios engaiolados, enquanto vos vejo saltitar, dando voltas entre eles. Sabemos que um tão grande imperador não possui trono tão estreito, tão mísero sólio, tão constrito tribunal, uma corte tão pouco numerosa, um simulacro tão pequeno e imbecil que possa um fantasma parir, um sonho quebrar, uma mania recompor, uma quimera dispersar, uma calamidade diminuir, um engano arrebatar e um pensamento restituir; que com um sopro não preencha e um gole não sacie. É um retrato grandioso, admirável imagem, figura excelsa, altíssimo vestígio, representante do infinito representado e espetáculo conveniente à excelência e eminência do que não pode ser percebido, compreendido, apreendido. Assim se enaltece a excelência de Deus, se manifesta a grandeza de seu império, que não se glorifica em um, mas em inumeráveis sóis; não em uma Terra, num mundo só, mas em um milhão, isto é, em infinitos. De sorte que não é vã esta potência de intelecto, que sempre quer e pode somar espaço a espaço, grandeza a grandeza, unidade a outra unidade, número a número, por meio da ciência que nos libera de estreitíssimas cadeias e nos promove à liberdade de um império augusto, que nos arranca de uma obstinada pobreza e estreiteza para as inumeráveis riquezas de tanto espaço, de tão digno campo, de tantos mundos cultos, sem fazer com que o círculo do horizonte, falso se visto da Terra e imaginado pela fantasia no éter espacioso, aprisione o espírito sob a custódia de um Plutão e à mercê de um Júpiter. Estejamos isentos dos cuidados de um tão rico possuidor e ainda tão parco, sórdido e avaro dispensador e do sustento de tão fecunda e generosa, mas também mesquinha e mísera, parturiente natureza.

Muitos outros são os honrados e dignos frutos que se recolhem dessas árvores; além das colheitas preciosas e desejáveis que se podem obter desta semente espalhada. Mas para não incitar mais a cega inveja de nossos adversários, não vamos relembrar aqui todos esses frutos, desejando, porém, que sejam compreendidos por seu próprio juízo. Por si mesmos poderão construir facilmente sobre tais alicerces o edifício inteiro de nossa filosofia, cujos membros reduziremos à tão almejada perfeição, se assim agradar a quem nos governa e move, e se a empresa começada não for interrompida, a fim de que tudo o que está semeado nos diálogos *Da Causa, Princípio e Uno* e desenvolvido neste *Sobre o Infinito, o Universo e os Mundos* germine para alguns, para outras cresça, amadureça para os demais e, graças a uma colheita abundante, enriqueça e os contente tanto quanto possível, quando então viremos preencher o celeiro de inteligências estudiosas com o melhor trigo que o terreno de nossa cultura possa produzir (após tê-lo desimpedido de ervas daninhas).

Todavia (embora esteja seguro de não vos ser preciso lembrar), não deixarei de vos recomendar aquele que não tendes mantido entre os vossos familiares como um homem de quem tendes necessidade, mas como pessoa que tem necessidade de vós, por tantas razões que conheceis. Considerando que por terdes junto a vós tantos que vos servem, não sois diferentes dos plebeus, dos tesoureiros e mercadores, mas por terdes alguém digno de ser promovido, defendido e ajudado sois, como sempre o demonstrastes, semelhantes aos príncipes magnânimos, heróis e deuses, que ordenaram aos seus pares a defesa de seus amigos. E vos lembro o que sei não ser necessário vos recordar: que não poderei ser tão estimados pelo mundo e recompensados por Deus e respeitados por príncipes, quão grandes sejam na Terra, quanto o sereis por amar, defender e conservar um daqueles semelhantes. Porque não há coisa que vos possam fazer aqueles que vos são superiores em fortuna, muitos dos quais excedeis em virtude, que venha a durar mais do que vossas paredes e tapeçarias; mas podeis fazer a outros o que venha a ser facilmente escrito no livro da eternidade, seja naquele que se vê na Terra, seja naquele que se crê haver no céu; considerando que aquilo que recebeis dos outros é testemunho de suas virtudes, o passo que o fazeis a outrem é sinal e indício da vossa. Adeus.

Primeiro Diálogo

Interlocutores: Elpino, Filóteo, Fracastório, Búrquio

ELPINO: Como é possível que o universo seja infinito?
   FILÓTEO: Como é possível que o universo seja finito?
   ELPINO: Quereis que se possa demonstrar essa infinitude?
   FILÓTEO: Quereis que se possa demonstrar essa finitude?
   ELPINO: Que dilatação é essa?
   FILÓTEO: Que limites são esses?
   FRACASTÓRIO: *Ad rem, ad rem, si iuvat*[157]; por muito tempo tendes nos deixado em suspenso.
   BÚRQUIO: Cheguem logo a uma conclusão, Filóteo, porque me agradará muito escutar essa fábula ou fantasia.
   FRACASTÓRIO: *Modestius*[158], Búrquio, o que dirás se a verdade, por fim, te convencer?
   BÚRQUIO: Ainda que isso seja verdade, não quero acreditar; porque este infinito não pode ser compreendido por meu cérebro nem digerido por meu estômago, embora quisesse que assim fosse, como afirma Filóteo, porque, se por azar acontecesse de eu cair fora deste mundo, sempre encontraria outro país.
   ELPINO: Com certeza, Filóteo, se nós quisermos fazer dos sentidos juiz, ou dar-lhes o que lhes é próprio, isto é, que qualquer percepção tem neles origem, veremos que não é fácil encontrar um meio para concluir o que dizes, mas de preferência o contrário. Agora, se te agrada, faz com que eu entenda.
   FILÓTEO: Não há sentido que veja o infinito, não há sentido para o qual se peça essa conclusão, porque o infinito não pode ser objeto dos sentidos. Quem quisesse conhecer isso por via dos sentidos, seria igual àquele que quisesse ver com os olhos a substância e a

---

157. Ao assunto, ao assunto, por favor.
158. Mais devagar.

essência; e quem por isso negasse a coisa, não sendo ela sensível ou visível, acabaria por negar a própria substância e o ser. Deve haver um modo de se recorrer ao testemunho dos sentidos, aos quais cedemos lugar para as coisas sensíveis, ainda que com certa suspeita, se não vier um juízo acompanhado da razão. Ao intelecto cabe julgar e dar razão às coisas ausentes e divididas pela distância do tempo e dos lugares. E nisso é cabal o testemunho que temos do sentido que não é potente para nos contradizer e, além disso, torna evidente e confessa a sua fraqueza e insuficiência pela aparência da finitude, causada pelos limites de seu horizonte, vendo-se ainda o quanto é inconstante. Ora, se temos por experiência que ele nos engana na superfície deste globo no qual nos encontramos, muito mais devemos tê-lo como suspeito quanto aos limites compreendidos pela concavidade estelar.

ELPINO: Para que então nos servem os sentidos? Dizei.[159]

FILÓTEO: Apenas para excitar a razão, para acusar, indicar e testemunhar em parte; não para testemunhar o todo, nem para julgar ou condenar. Porque nunca (e ainda que perfeitos) deixam de ter alguma perturbação. Daí a verdade, como de um débil princípio, estar nos sentidos em pequena parte; mas ela não se encontra nos sentidos.

ELPINO: Onde, então?

FILÓTEO: No objeto sensível, como num espelho. Na razão, em seu modo de argumentação e discurso. No intelecto, na maneira do princípio e da conclusão. Na mente, em forma viva e própria.

ELPINO: Se assim é, dizei vossas razões.

FILÓTEO: Assim farei. Se o mundo é finito e fora do mundo nada existe, vos pergunto: onde está o mundo? Onde está o universo? Responde Aristóteles: está em si mesmo[160]. O convexo do primeiro céu é lugar universal; e ele, como primeiro continente, não está em outro continente, pois o lugar não é outra coisa senão superfície e extremidade do corpo continente. Daí, onde não há corpo continente, não existe lugar. Ora, o que queres dizer com isso, Aristóteles? Que o lugar está em si mesmo? O que concluirás por "coisa fora do mundo"? Se dizes que não há nada, então o céu, o mundo não estarão em parte alguma.

FRACASTÓRIO: *Nullibi ergo erit mundus. Omne erit in nihilo*[161].

FILÓTEO: ...o mundo será algo que não se encontra. Se dizes (como certamente me parece que queres dizer alguma coisa, para fugir do

---

159. Os pronomes de tratamento variam continuamente no original: ora tu, ora vós.
160. *Auscultução da Física*, IV, 3 e 5.
161. Logo, o mundo não estará em lugar algum. Tudo estará no nada.

vácuo e do nada) que fora do mundo há um ente intelectual e divino[162], de sorte que Deus venha a ser o lugar de todas as coisas, tu mesmo ficarás embaraçado para nos fazer entender como uma coisa incorpórea, inteligível e sem dimensão pode ser o lugar de algo com dimensão. Se disseres que ele se compreende como uma forma, assim como a alma compreende o corpo, não responderás à questão do "exterior" e à pergunta daquilo que se encontra além e fora do universo. E se quiseres te desculpar dizendo que onde nada existe ou coisa alguma existe também não é um lugar, não é além nem fora, não me contentarás, já que são palavras e desculpas que não entram no pensamento. Porque é de fato impossível que com algum dos sentidos ou com fantasia (e ainda que se encontrassem outros sentidos e outras fantasias) possas me fazer afirmar que se encontre tal superfície e tal margem, fora dos quais não haja corpo ou vácuo, mesmo Deus ali estando; pois a divindade não está ali para preencher o vácuo e, por consequência, dar término ao corpo. Tudo o que se diz terminar ou é forma exterior, ou é corpo continente. E de todos os modos que quisésseis dizer, estarias prejudicando a dignidade da natureza divina e universal.

BÚRQUIO: Certamente seria precisar dizer a ele que se alguém estendesse a mão além daquele convexo, ela não estaria num lugar e não estaria em parte alguma; por consequência, não seria um ser[163].

FILÓTEO: Junto a isso igualmente que não há pessoa engenhosa que não conceba esta afirmação peripatética como uma contradição implícita. Aristóteles definiu o lugar não como corpo continente ou espaço determinado, mas como superfície de um corpo continente; depois, o primeiro, o principal e máximo lugar é aquele ao qual menos convém, e de fato em nada convém tal definição. Aquele espaço é a superfície convexa do primeiro céu, superfície de um corpo que somente contém, mas não é contido. Ora, ao fazer com que aquela superfície seja lugar, não se requer que seja de um corpo contido, mas que seja de um corpo continente. Se for superfície de um corpo continente, sem a junção e a continuação de um corpo contido, é um lugar sem localização, dado que não convém ao primeiro céu ser um lugar, a não ser por sua superfície côncava, que toca

---

162. Aristóteles, *Do Céu*, I, 9: "Fora do céu não há nem pode haver um corpo. É evidente, portanto, que fora do céu não há sequer lugar nem vácuo nem tempo. Portanto, os entes de lá não são feitos para estar no lugar, nem o tempo os faz envelhecer ou se dá alguma mutação nos entes postos além da órbita mais externa, inalteráveis e subtraídos a qualquer afecção..."

163. Esse argumento já havia sido empregado por Lucrécio, dando como o exemplo um dardo lançado para fora deste universo fechado.

a convexa do segundo. Eis, portanto, como aquela definição é inútil, confusa e contraditória consigo mesma. E se chega a essa confusão pelo inconveniente de se pôr o nada fora do céu.

ELPINO: Os peripatéticos dirão que o primeiro céu é corpo continente para a superfície côncava, e não para a convexa e, conforme aquela, ele é lugar.

FRACASTÓRIO: E eu então acrescento que se encontra superfície de corpo continente que não é um lugar.

FILÓTEO: Em suma, e para vir diretamente ao cerne, parece-me ridículo dizer que fora do céu nada existe, e que o céu existe por si mesmo, que esteja localizado por acidente e seja lugar por acidente, isto é, por suas partes. E fique entendido que o que quer que seja o seu "por acidente", não se pode evitar um dos dois, porque sempre uma coisa é continente e outra o contido. Da mesma maneira, e segundo ele próprio, o continente é incorpóreo e o contido, corpo; o continente é imóvel, o contido, móvel; o continente, matemático, o contido, físico. O que quer que seja aquela superfície, perguntarei constantemente: o que há além dela? Caso se responda que é o nada, a isso chamarei de vácuo, inane; e um tal vácuo ou inane, que não possui forma nem qualquer termo ulterior, mas terminado citeriormente. E isso é mais difícil de ser imaginado do que o universo infinito e imenso. Pois não podemos fugir ao vácuo se quisermos admitir um universo finito. Vejamos agora se convém que haja tal espaço, no qual nada exista. Nesse espaço infinito se encontra este universo (por acaso, por necessidade ou por providência, isso agora não constitui um estorvo); pergunto então se esse espaço que contém um mundo tem maior aptidão para conter outro espaço mais além.

FRACASTÓRIO: Certamente me parece que não; porque onde não existe nada não há qualquer diferença; onde não existe diferença, não há aptidões diferentes; e provavelmente não existe aptidão alguma onde nada existe.

ELPINO: Nem tampouco inépcia ou incapacidade. E das duas, de preferência aquela do que esta.

FILÓTEO: Dizeis bem. Assim, digo eu que, como o vácuo ou inane (que se segue necessariamente desta afirmação peripatética) não possui aptidão ou capacidade alguma para receber, menos ainda deve tê-la para botar o mundo para fora. Mas dessas duas aptidões, vemos uma em ato e a outra não a podemos ver senão com os olhos da razão. Como então nesse espaço igual à grandeza do mundo (que pelos platônicos é chamado "matéria") se encontra este mundo, assim outro pode existir naquele e em inúmeros outros espaços além deste e iguais a este.

FRACASTÓRIO: Certamente, podemos julgar com mais similaridade de acordo com o que vemos e conhecemos, do que de modo contrário ao que vemos e conhecemos. Portanto, uma vez que segundo o nosso modo de ver e a nossa experiência o universo não acaba nem termina no vácuo ou inane, e nem possuímos notícia alguma a esse respeito, devemos concluir racionalmente assim: mesmo que todas as outras razões fossem iguais, veríamos que a experiência é contrária ao vácuo, e não ao pleno. Dizendo isso, ficaremos sempre desculpados, mas dificilmente poderemos fugir a mil acusações e inconvenientes. Continue, Filóteo.

FILÓTEO: Então, do lado do espaço infinito, sabemos com certeza que tem aptidão para receber corpo, e nada mais sabemos. Todavia, me bastará considerar que não lhe repugna recebê-lo, ao menos pela seguinte razão: onde nada existe, nada lhe pode ser estranho ou repugnar. Resta agora ver se é conveniente considerar que todo o espaço seja pleno ou não. E se considerarmos tanto o que pode ser quanto o que pode fazer, haveremos sempre de achar que não só é razoável, mas necessário que seja pleno. Embora seja evidente, vos pergunto se é bom que o mundo exista.

ELPINO: Muito bom.

FILÓTEO: Logo, é bom que esse espaço, igual à dimensão do mundo (que eu quero chamar de vácuo, semelhante e indistinto do espaço que identificaríeis com a convexidade do primeiro céu), seja igualmente pleno.

ELPINO: Assim é.

FILÓTEO: Pergunto ainda: crês que assim como neste espaço se encontra a máquina deste mundo, que ela poderia ter estado ou poderia estar em outro espaço desse vazio?

ELPINO: Direi que sim, embora não veja como no nada e no vácuo possamos falar de diferença entre um e outro.

FRACASTÓRIO: Eu estou certo de que vês, mas não ousas afirmá-lo porque percebes onde te quer conduzir.

ELPINO: Afirma-o com segurança, pois é necessário dizer e entender que este mundo está num espaço, o qual, se não existisse o mundo, seria indistinto daquele que está além do primeiro móvel[164].

FRACASTÓRIO: Prossiga.

FILÓTEO: Assim como pode e pôde ser perfeito este espaço, sendo necessariamente perfeito pela continência ou abrangência deste corpo universal, igualmente pode e pôde ser perfeito todo outro espaço.

---

164. Essas palavras, atribuídas a Elpino, parecem ser do próprio Filóteo.

ELPINO: Concedo. E por que isso? Pode haver, pode ser, logo existe?

FILÓTEO: Farei com que digas (se quiseres confessar) que pode ser, que deve ser e que é. Pois como seria ruim que esse espaço não estivesse pleno, isto é, que esse mundo não existisse, não o é menos que todo o espaço não seja pleno e, por consequência, o universo terá dimensões infinitas e os mundos serão inumeráveis[165].

ELPINO: Qual a causa pela qual devem ser tantos, não bastando um só?

FILÓTEO: Por que é ruim que este mundo não exista, ou que não se encontre este pleno, relativamente a este espaço ou a outro igual a este?

ELPINO: Digo que é ruim em relação a este espaço, e que indiferentemente se poderia encontrar em outro espaço igual a este.

FILÓTEO: Se bem considerei, tudo isso é uma só coisa, pois a bondade deste ser corpóreo que está neste espaço, ou que poderia estar em qualquer outro, dá razão e diz respeito àquela bondade conveniente e àquela perfeição que pode estar neste e noutro espaço, e não àquela que pode estar em espaços inumeráveis e similares a este aqui. Tanto mais que, se há razão para haver um bom finito, um perfeito terminado, desproporcionalmente existe razão para que haja um bom infinito, pois onde o bem finito o é por conveniência e razão, o infinito o é por absoluta necessidade.

ELPINO: O infinito é bom, certamente, mas é incorpóreo.

FILÓTEO: Quanto ao infinito incorpóreo, estamos de acordo. Mas o que faz com que não seja conveniente o bom ente corpóreo infinito? O que se opõe a que o infinito, implícito no princípio único e simples, não esteja de preferência explicado[166] neste seu simulacro infinito e interminado, capaz de inúmeros mundos, e que se explique em margens tão estreitas, de modo que parece um vitupério não pensar que este corpo, que para nós é vasto e grandíssimo, não seja para a presença divina apenas um ponto, um quase nada?

ELPINO: Como a grandeza de Deus não consiste de modo algum na dimensão corporal (lembro que o mundo nada lhe acrescenta), assim não devemos pensar que a grandeza de seu simulacro consista na maior ou na menor grandeza de dimensões.

FILÓTEO: Dizeis muito bem, mas não respondeis ao cerne da questão, pois eu não requeiro o espaço infinito, e não há na natureza um espaço infinito pela dignidade das dimensões e das massas corpóreas,

---

165. Esse princípio de que onde há espaço, há corpos, e vice-versa, foi chamado por Arthur Lovejoy de "plenitude" (*The Great Chain of Being*, 1936).

166. No sentido de exposto em partes, desdobrado e que, portanto, se revela de alguma maneira. Opõe-se a *implicado*, que está em potência e ainda não se manifestou.

mas pela dignidade das naturezas e de suas espécies corpóreas, porque a excelência infinita se apresenta incomparavelmente melhor em indivíduos inumeráveis do que naqueles que são finitos. É preciso, porém, que de um vulto divino inacessível haja um simulacro infinito, no qual, como membros infinitos, se encontrem mundos inumeráveis, como são os outros. Porém, em virtude dos inúmeros graus de perfeição que devem explicar a excelência divina incorpórea de modo corpóreo, devem existir inumeráveis indivíduos que são esses grandes animais (entre os quais uma é a Terra, divina mãe que nos pariu, alimenta e, além disso, nos retomará): para conter tais inumeráveis se requer um espaço infinito. De modo igual, é um bem haver (como podem ser) inumeráveis mundos similares a este, como pôde, pode e é bom que assim seja.

ELPINO: Diremos que este mundo finito, com esses astros finitos, abrange a perfeição de todas as coisas.

FILÓTEO: Podeis dizê-lo, mas não prová-lo. Pois o mundo que se encontra neste espaço finito compreende a perfeição de todas as coisas que estão neste mesmo espaço, mas não das infinitas coisas que pode haver em outros espaços inumeráveis.

FRACASTÓRIO: Por favor, paremos aqui e não façamos como os sofistas, que discutem para vencer, e enquanto remiram a palma de suas vitórias, impedem que eles mesmos e os outros compreendam a verdade. Agora, eu acredito não haver pessoa tão pérfida e pertinaz que queira caluniar os demais a respeito da questão do espaço que pode infinitamente abranger e da bondade individual e numeral dos mundos infinitos que podem estar compreendidos, tão bem quanto este aqui conhecido, tendo cada um razão conveniente para existir. Pois o espaço infinito possui aptidão infinita, e nesta infinita aptidão se louva o ato da existência; pelo que o eficiente infinito não pode ser considerado deficiente nem a aptidão inútil. Assim, Elpino, contenta-te em ouvir outros argumentos, se mais ocorrem a Filóteo.

ELPINO: Para falar a verdade, vejo que considerar o mundo indeterminado (como vós dizeis) não traz inconveniente algum e até nos libera de inúmeras angústias que nos envolvem, caso afirmemos o contrário. Particularmente, sei que, como os peripatéticos, é necessário dizer coisas que, do nosso ponto de vista e propósito, não têm fundamento algum; como, depois de se ter negado o vácuo, tanto fora quanto dentro do universo, querer ainda responder à pergunta de onde está o universo; e dizer que ele está em suas partes, por medo de dizer que ele não se encontra em nenhum lugar e dizer *nullibi, nusquam*[167]. Mas não se pode evitar de dizer que as partes estão em algum lugar e o universo não está em parte alguma nem no espaço. E isso (como qualquer um vê) não pode estar baseado em qualquer intenção, mas significa expressamente uma fuga para não confessar a verdade de ser o mundo e o universo infinitos, ou o espaço infinito. Dessas posições segue-se a confusão de quem as mantém. Logo, afirmo que se o todo é um corpo e corpo esférico, e por isso figurado e finito, é preciso que termine num espaço infinito, o qual, se querem dizer que seja nada, é necessário conceder que exista o vácuo; e se de fato existe o vácuo, deve ser capaz, naquilo que aqui vemos, de conter esse mundo; se não for, deve existir o pleno e, por consequência, o infinito. E não menos desinteressadamente se segue que o mundo é *alicubi*[168], ao se afirmar que além dele está o nada, que ele existe em suas partes, assim como alguém dissesse *Elpino alicubi*, porque sua mão está em seu braço, o olho no rosto, o pé na perna e a cabeça no busto. Mas para chegar a uma conclusão e não me comportar como um sofista, que não arreda o pé de sua aparente dificuldade, e não gastar o tempo inutilmente, afirmo o que não posso negar: isto é, que no espaço infinito poderia haver infinitos mundos como esse, ou este universo poderia estender sua capacidade e abrangência de muitos corpos como esses denominados astros. E ainda que (sendo semelhantes ou não esses mundos) não com menor razão possa ser um ou outro, pois a razão de ser de um não é menor do que a de outro. Assim, como seriam um mal a abolição e o não-ser desse mundo, também não seria um bem o não-ser dos mundos inumeráveis.

FRACASTÓRIO: Vós explicais muito bem e mostrais compreender bem as razões, sem serem sofistas, pois aceitais o que não pode ser negado.

ELPINO: Mas gostaria de ouvir o que há de razão sobre o princípio e a causa eficiente eterna; se a ela convém este efeito infinito, e se de fato o efeito assim é.

FILÓTEO: Isso é o que devo acrescentar. Porque depois de haver dito que o universo deve ser infinito pela capacidade e aptidão do espaço infinito, e pela possibilidade e a conveniência de serem inumeráveis os mundos como este, resta agora prová-lo e desde circunstâncias do eficiente que o deve haver produzido (ou melhor dizendo), que sempre o produz, e das condições do nosso modo de entender. Podemos mais facilmente argumentar que o espaço infinito

---

167. Em lugar algum, absolutamente.
168. Em qualquer lugar.

é semelhante a esse que estamos vendo, em vez de argumentar que é como não o vemos, nem por exemplo nem semelhança, nem por proporção ou mesmo por alguma imaginação que no final não se destrua a si mesma. Agora, para começar: por que queremos ou podemos pensar que a eficácia divina seja ociosa? Por que pretendemos afirmar que a bondade divina, que pode se comunicar às coisas infinitas e difundir-se infinitamente, prefira ser escassa e limitar-se a um nada, admitindo-se que toda coisa finita é um nada em relação ao infinito? Por que quereis que o centro da divindade, que pode amplificar-se numa esfera infinita (se assim nos podemos expressar), prefira antes permanecer estéril do que se fazer comunicativo, como um pai fecundo, gracioso e belo? Querer de preferência comunicar-se de modo diminuto e (para dizer melhor) não comunicar-se, ao invés de fazê-lo conforme a razão de sua gloriosa potência e ser? Por que deve ser frustrada a capacidade infinita, defraudada a possibilidade de mundos infinitos, prejudicada a excelência da imagem divina, que antes deveria resplandecer num espelho ilimitado, segundo seu modo de ser, infinito, imenso? Por que devemos afirmar isso que leva consigo tantos inconvenientes e que, em favorecer as leis, as religiões, a fé ou a moralidade, destrói tantos princípios de filosofia? Como quereis que Deus seja determinado pela potência, pela ação e pelo efeito (que nele são a mesma coisa), como o término da convexidade de uma esfera, de preferência a ser o termo indeterminado de algo indeterminado? Termo, digo, sem término, por serem diferentes a infinidade de um e a infinidade de outro. Porque ele é todo o infinito complicadamente[169] e totalmente; mas o universo é tudo em tudo explicadamente[170] (embora, e de modo algum, se possa dizer totalidade onde não haja partes nem fim) e não totalmente. Pelo que, um tem razão de termo, o outro, de terminado, não pela diferença entre finito e infinito, mas porque um é infinito e o outro pende para a finitude pela razão de existir completa e totalmente em tudo aquilo que, apesar de ser todo infinito, não é, no entanto, totalmente infinito, pois isso repugna à infinitude dimensional.

ELPINO: Eu gostaria de entender melhor; por isso, me faríeis o favor explicar o que se disse de tudo estar em tudo totalmente, e todo em todo o infinito, e totalmente infinito.

FILÓTEO: Eu digo o universo "todo infinito" porque não há bordas, término ou superfície; digo que o universo não é "totalmente

---

169. Complicado no sentido de reunir estreitamente em si. Também implicado.
170. Com o significado da nota 19.

infinito" porque cada parte que possamos tomar dele é finita, e dos mundos inumeráveis que possui, cada um deles é finito. Digo Deus "todo infinito" porque exclui de si qualquer término, e cada atributo seu é uno e infinito; e digo Deus "totalmente infinito" porque todo ele está em todo o mundo, e em cada uma de suas partes, infinita e totalmente, ao contrário da infinitude do universo, que está totalmente no todo e não nas partes (se referidas ao infinito podem ser chamadas partes) que nele estejam compreendidas[171].

ELPINO: Entendo. Continuai com vosso propósito.

FILÓTEO: Logo, por todos os motivos que fazem com que seja conveniente, bom e necessário este mundo entendido como finito, devem eles ser ditos para todos os outros inumeráveis mundos, os quais, pela mesma razão, a onipotência deseja o ser; e sem os quais a onipotência, por não querer ou não poder, viria a ser repreendida por deixar um vácuo ou um espaço infinito, subtraindo a perfeição infinita do ente, assim como a infinita majestade atual do eficiente nas coisas feitas, se são feitas, ou dependentes, se são eternas. Que motivo levaria o agente, podendo fazer um bom infinito, a fazer o finito? E se o faz finito, por que devemos acreditar que possa fazê-lo infinito, sendo nele o poder e o fazer um todo uno? Porque sendo imutável, não há contingência no ato nem na eficácia, mas de determinada e certa eficácia depende determinado e certo efeito imutavelmente; daí não pode ser outra coisa do que é; não pode ser tal como não é; não pode ser outra coisa do que pode ser; não pode fazer outra coisa daquilo que faz, dado que ter uma potência distinta do ato convém apenas a coisas mutáveis.

FRACASTÓRIO: Certamente não é sujeito de possibilidades ou de potência aquilo que nunca foi, não é e jamais será; e é verdade que se o primeiro eficiente não pode querer outra coisa além daquilo que quer, também não pode realizar nada além daquilo que faz. Não vejo como alguns possam entender o que afirmam sobre a potência ativa infinita, para a qual não corresponda uma potência passiva infinita; e que ela faça uno e finito o que pode fazer inumerável no imenso e no infinito, sendo a sua ação necessária, porque procedente de tal vontade, a qual, por ser imutabilíssima (ou ainda a própria imutabilidade), é ainda a própria necessidade. Com o que, são a mesma

---

171. O universo de Bruno é "todo infinito" porque constitui uma totalidade extensiva, ilimitada. Os mundos que o universo contém não são suas partes (que se somam), mas ele contém, em si, partes ou parcelas. Os inumeráveis mundos contidos no universo são infinitos em número e, obviamente, cada um deles é finito em si.

coisa a liberdade, a vontade, a necessidade e ainda o fazer com o querer, o poder e o ser[172].

FILÓTEO: Vós concedeis e dizeis bem. Portanto, é preciso dizer das duas uma: ou que o eficiente, fazendo depender de si o efeito infinito, seja reconhecido como causa e princípio de um universo imenso que contém mundos inumeráveis (e disso não se segue qualquer inconveniente, antes conveniência segundo a ciência e segundo as leis e a fé), ou que, dependendo dele um universo finito, com este mundo e seus astros de número determinado, seja conhecido como potência ativa finita e determinada, assim como ato finito e determinado, pois tal é o ato, tal é a vontade, tal é a potência.

FRACASTÓRIO: Eu completo e formulo um par de silogismos dessa maneira. O primeiro eficiente, se quisesse fazer outra coisa além daquela que quer fazer, poderia fazer coisa diferente daquilo que faz; mas não pode querer fazer outra coisa fora do que quer fazer; logo, não pode fazer outra coisa além do que faz. Assim, quem diz efeito finito, estabelece o ato e a potência finitos. Além do mais (o que vem a ser o mesmo): o primeiro eficiente não pode fazer senão o que quer fazer; não quer fazer senão o que faz; logo, não pode fazer senão o que faz. Consequentemente, quem nega o efeito infinito, nega a potência infinita.

FILÓTEO: Se não são simples, são silogismos demonstrativos. Ainda assim, louvo alguns teólogos dignos que não os admitem, pois consideram previdentemente que as pessoas grosseiras e ignorantes não chegam, com esta necessidade, a conceber onde possa estar a eleição, a dignidade e o mérito da justiça; como os confiados e os desesperados submetidos ao destino são necessariamente celerados. Como algumas vezes certos corruptores das leis, da fé e da religião, querendo parecer sábios, infestaram tantos povos, fazendo-os se tornar mais bárbaros e celerados do que antes, desprezadores do bem fazer e capazes de qualquer vício e velhacaria, pelas conclusões que tiram das mesmas premissas[173]. Por isso, a afirmação contrária não é tão escandalosa para os sábios ou trai a grandeza e a excelência divinas quanto aquilo que é verdade é pernicioso para a conversação civil e contrário à finalidade das leis, não por ser verdade, mas por ser mal entendida tanto por aqueles que malevolamente a tratam

---

172. O primeiro agente eficiente, Deus, é aquele que reúne em si, inseparavelmente, a liberdade e a necessidade. Não age, como os homens, por uma necessidade nata, mas diversa ou exterior a si. Spinoza retomará essa mesma ideia, atribuindo à Substância a mesma característica.

173. Bruno condena aqui a doutrina da predestinação de Lutero.

quanto pelos que não são capazes de compreendê-la sem dano para os costumes.

FRACASTÓRIO: Verdade. Jamais se encontrou um filósofo, um douto ou homem de bem que sob pretexto algum quisesse tirar de tal proposição a necessidade dos efeitos humanos e destruir a escolha pessoal. Como, entre outros, Platão e Aristóteles, que, defendendo a necessidade e a imutabilidade de Deus, não deixam de admitir a liberdade moral e a faculdade de nossa escolha, pois bem sabem e podem compreender como são coisas compossíveis, a necessidade e a liberdade. Mas alguns dos verdadeiros padres e pastores do povo talvez digam isso e coisas semelhantes para não oferecer comodidade a celerados e sedutores inimigos da civilidade e do bem geral, e que tiram conclusões incômodas, abusando da simplicidade e da ignorância daqueles que dificilmente podem entender o que é verdadeiro, e rapidamente se inclinam para o mal. Mas facilmente nos condenaram por usar proposições verdadeiras, das quais não queremos inferir outra coisa senão a verdade da natureza e a excelência de seu autor; e elas não são propostas ao vulgo, mas a pessoas sapientes que podem ter acesso à inteligência de nossos discursos. Deste princípio se segue que os não menos doutos teólogos e religiosos jamais prejudicaram a liberdade dos filósofos; e os verdadeiros e civilizados filósofos sempre favoreceram as religiões, pois tanto uns quanto outros sabem que a fé é necessária para a formação dos povos rudes, que devem ser governados, e a demonstração é necessária aos que contemplam, pois sabem se governar e aos outros.

ELPINO: A respeito desses protestos muito já se falou. Voltemos ao tema.

FILÓTEO: Para se inferir, portanto, o que queremos, digo que se no primeiro eficiente há potência infinita, existe ainda uma ação da qual dependem o universo de grandeza infinita e mundos de número infinito.

ELPINO: O que dizeis é persuasivo, se não contiver a verdade. Mas o que me parece muito verossímil eu afirmarei por verdadeiro, se me puderdes resolver um argumento de grande importância, e pelo qual Aristóteles foi obrigado a negar a potência divina infinita de um ponto de vista da intensidade, se bem que a concedesse extensivamente. O motivo de sua negação era que, sendo a potência e o ato a mesma coisa em Deus, poderia ele assim mover infinitamente e moveria infinitamente com vigor infinito; se isso fosse verdade, se veria o céu movido num instante, pois se o motor mais forte move mais velozmente, o fortíssimo move velocissimamente e o infinitamente forte move instantaneamente. O motivo da afirmação era que ele move eterna e regularmente o primeiro móvel, segundo a razão e a medida que o move. Vede, pois, por que razão lhe atribui a infinidade extensiva, mas não a infinidade absoluta e ainda intensiva; pelo que quero concluir que, assim como a sua potência de movimento infinita é contraída ou reduzida à ação de movimento segundo uma velocidade finita, também a mesma potência para fazer o imenso e inumerável é limitada por sua vontade ao finito e numerável. Quase a mesma coisa pretendem alguns teólogos, os quais, além de concederem a infinidade extensiva, com a qual se perpetua o movimento do universo, requerem ainda a infinidade intensiva, com a qual se pode fazer inumeráveis mundos, mover mundos inumeráveis e cada um dos quais e todos em conjunto mover num só instante. Todavia, assim temperou com sua vontade a quantidade dos mundos inumeráveis, assim como a qualidade do movimento intensíssimo. Pelo que, assim como esse movimento, que, no entanto, procede de uma potência infinita, é considerado finito, facilmente também o número de corpos poderá ser considerado determinado.

FILÓTEO: O raciocínio, na verdade, contém mais persuasão e aparência do que outro possa ter, mas acerca do qual já se disse o bastante, ao se afirmar que a vontade divina é reguladora, modificadora e determinante da potência divina. Disso seguem-se inumeráveis inconvenientes, ao menos segundo a filosofia; deixo de lado os principais teólogos, os quais não admitirão que a potência divina seja mais do que a vontade ou a bondade divinas e, geralmente, que um atributo convenha com maior razão do que outro para a divindade.

ELPINO: Por que têm então esse modo de dizer, se não é o mesmo de entender?

FILÓTEO: Por penúria de termos e de resoluções eficazes.

ELPINO: Então, vós, que haveis princípios particulares para afirmar o uno, isto é, que a potência divina é infinita, intensiva e extensivamente, que o ato não é distinto da potência, e que por isso o universo é infinito e os mundos são inumeráveis, e que cada astro ou orbe (como lhe aprouver dizer) é movido no tempo e não no instante, mostrai com que termos e com quais resoluções salvai a vossa argumentação, destruindo a dos outros, que julgam o contrário do que pensais.

FILÓTEO: Para a resolução do que procurais, deveis ter em mente que, sendo o universo infinito e imóvel, não é preciso procurar o motor. Segundo, que sendo infinitos os mundos nele contidos, tais como são a Terra, os fogos e outras espécies de corpos chamados astros, todos se movem por um princípio interno, que é sua própria alma, como em outro lugar já o provamos[174]. E, no entanto, é inútil andar procurando o seu motor extrínseco. Terceiro, que estes corpos mundanos se movem na etérea região sem estarem fixados ou pregados em qualquer corpo, assim como essa Terra, que é um deles, não está. A qual, no entanto, provamos que por seu instinto animal interno circunda o seu próprio centro e o do Sol. Postas antecipadamente essas advertências, segundo os nossos princípios não somos forçados a demonstrar movimentos ativo ou passivo de uma virtude intensivamente infinita, pois o móvel e o motor são infinitos, e a alma movente e o corpo movido concorrem para um objeto finito, ou seja, para cada um desses astros mundanos. Tanto que o primeiro princípio não é aquele que move, mas quieto e imóvel dá o poder de mover mundos inumeráveis, infinitos, grandes e pequenos animais postos nas amplíssimas regiões do universo, os quais, segundo as condições das próprias virtudes[175], têm as razões de sua mobilidade, mudanças e outros acidentes.

ELPINO: Estais bem fortificado, mas nem por isso derrubastes a máquina das opiniões contrárias que têm como pressuposto que o Ótimo Máximo a tudo move. Tu disseste que ele dá movimento a tudo o que se move e, no entanto, o movimento ocorre segundo a virtude de seu motor mais próximo. Certamente me parece mais razoável e vantajoso o que dizes do que o que comumente se determina. Todavia, por aquilo que costumais dizer sobre a alma do mundo e da essência divina, que é toda em tudo, que tudo preenche, sendo mais intrínseca às coisas que a própria essência delas, porque é a essência das essências, vida das vidas, alma das almas, parece-me que tanto podemos afirmar que ela move tudo, como dá a tudo a capacidade de mover-se. Logo, a dúvida anterior ainda se mantém de pé.

FILÓTEO: Nisso vos posso satisfazer facilmente. Digo então que nas coisas há dois princípios ativos de movimento (se assim quiserdes) a serem contemplados. Um finito, conforme a razão do objeto finito, e este se move no tempo; o outro, infinito, segundo a razão da alma do mundo, ou da divindade, que é como a alma da alma, que está em tudo e faz com que a alma esteja em tudo, e este se move no instante. A Terra, portanto, tem dois movimentos e assim todos os corpos que se movem os possuem, dos quais o princípio infinito é aquele que move e fez mover e pelo que o corpo móvel não é menos

---

174. *A Ceia das Cinzas*.
175. Propriedade inerente ou capacidade própria de um corpo para cumprir uma determinada ação.

estável. Como aparece na presente figura, que significa a Terra, ela é movida no instante, já que possui motor de virtude infinita. Ela, movendo-se com o centro de A para E, e tornando de E para A, e isso

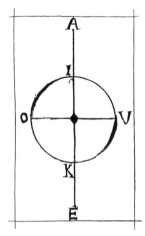

se fazendo num instante, está simultaneamente em A e E e em todos os lugares intermédios. Parte e retorna simultaneamente e, assim fazendo, mantém-se com muita estabilidade. De maneira similar, quanto ao seu movimento em torno do centro, onde I é o seu oriente, V o sul, K o ocidente e O o norte. Cada um desses pontos gira em virtude de impulso infinito; e cada um deles partiu e voltou simultaneamente, permanecendo fixo e estando onde estava. Tanto assim é que, por conclusão, considerar esses corpos movidos por virtude infinita é o mesmo que considerá-los não movidos. Resta o outro princípio ativo do movimento, que é o da virtude intrínseca e, por consequência, se dá no tempo e numa certa sucessão. Este movimento é distinto da quietude. Eis como podemos dizer que Deus move o todo e como devemos entender que ele dá a possibilidade de movimento a tudo o que se move.

ELPINO: Agora que tão elevada e eficazmente me livrastes dessa dificuldade, cedo de fato ao vosso juízo, e espero sempre receber de vós tais considerações, pois embora tenha até agora bem pouco praticado e tentado, bastante recebi e aprendi, e espero ainda tirar maior proveito de vossa intenção, pois embora não a compreenda plenamente, percebo que dentro há um Sol ou uma estrela ainda maior. E, de hoje em diante, não com a esperança de superar a vossa suficiência, mas com a intenção de aproveitar as vossas elucidações, voltarei a vos propor, caso vos digneis, de vos encontrar na mesma hora e neste mesmo lugar, por tantos dias quantos forem necessários, para ouvir e compreender o suficiente para acalmar a espírito.

FILÓTEO: Assim farei.

FRACASTÓRIO: Serás bem-vindo e seremos ouvintes atentos.

BÚRQUIO: E eu, embora entenda muito pouco, se não entender as intenções, ouvirei as palavras; se não ouvir as palavras, ouvirei a voz. Adeus.

FIM DO PRIMEIRO DIÁLOGO

Segundo Diálogo

FILÓTEO: O primeiro princípio é simplíssimo, mas se segundo um atributo fosse finito, seria finito em relação a todos os atributos; ou também, sendo finito segundo uma razão intrínseca e infinito segundo outra, necessariamente nele se entenderia haver uma composição. Se, portanto, ele é operador do universo, com certeza é um operador infinito e se refere a efeito infinito; efeito no sentido de que tudo dele depende. Mais ainda, como a nossa imaginação tem o poder de proceder ao infinito, imaginando sempre uma grandeza dimensional além de outra grandeza, um número após outro, segundo certa sucessão e em potência (como se diz), assim se deve entender que Deus concebe infinita dimensão e número infinito. Desse entendimento segue-se a possibilidade, com a conveniência e a oportunidade de assim ser, pois como a potência ativa é infinita, assim (por necessária consequência) o sujeito de tal potência é infinito, porque (como outras vezes já o demonstramos) o poder fazer estabelece o poder ser feito, aquilo que dimensiona estabelece o dimensionável, o dimensionante o dimensionado. Acrescente-se a isso que, como realmente se acham corpos dimensionados como finitos, assim o intelecto primeiro entende o corpo e a dimensão. Se o entende, não o concebe menos infinito; se o entende infinito, e o corpo é entendido infinito, tal espécie inteligível necessariamente o é; e por ser produzida por tal intelecto, que é divino, é realíssima e de tal maneira real que há mais necessidade de ser do que aquilo que atualmente temos diante dos olhos sensíveis. Quando acontece (se bem considerares) de haver verdadeiramente um indivíduo infinito simplíssimo, também existe um amplíssimo dimensional infinito que esteja naquele e no qual ele esteja, de modo que ele está no todo, e o todo nele. Depois, vemos que, por sua qualidade, um corpo tem potência de aumentar-se ao infinito, como se vê no fogo, que se ampliaria ao infinito se lhe chegassem matéria e alimento: por que razão o fogo, que pode ser infinito, não pode ser encontrado atualmente infinito? Certamente não sei como possamos imaginar na matéria haver algo em potência passiva que não seja potência ativa no eficiente e, por consequência, em ato, antes do próprio ato. Certamente, dizer-se que o infinito existe em potência e numa certa sucessão, e não em ato, necessariamente traz consigo que a potência ativa possa realizá-lo em ato sucessivo e não em ato concluído, porque o infinito não pode ser terminado. De onde ainda se seguiria que a primeira causa não possui potência ativa simples, una e absoluta, mas uma potência ativa à qual corresponde a possibilidade infinita sucessiva, e uma outra à qual corresponde a possibilidade indistinta do ato. Resta que sendo finito o mundo, e não havendo modo de imaginar como uma coisa corpórea venha terminar circunferencialmente numa coisa incorpórea, este mundo teria, em potência, a faculdade de se evanescer e anular-se, pois, pelo que sabemos, todos os corpos são dissolúveis. Digo ainda não haver razão para não se admitir que talvez o inane infinito deva absorver este mundo como um nada (ainda que não se possa compreendê-lo [o inane] como potência ativa). Deixo de lado que o lugar, o espaço e o inane têm semelhança com a matéria, se não forem a própria matéria; como talvez, e não sem motivo, tenha querido Platão[176] e todos aqueles que definiram o lugar como certo espaço. Ora, se a matéria tem o seu apetite[177], o qual não deve ser em vão, porque tal apetite é da natureza e procede da exigência da natureza primeira, é preciso que o lugar, o espaço e o inane tenham o mesmo apetite. Lembro que (como acima se mencionou) nenhum daqueles que dizem que o mundo é finito, após terem afirmado o término, sabem imaginar como ele assim seja. E, além do mais, alguns deles, negando o vácuo e o inane com proposições e palavras, depois o admitem necessariamente como efeito e na prática. Se é vácuo e inane, é certamente capaz de receber e isso não se pode de forma alguma negar, considerando que pela mesma razão é impossível que no espaço onde se encontra este mundo exista contido, simultaneamente, um outro mundo. Deve ser possível estar contido no espaço fora deste mundo, ou naquele nada (se assim quiser dizer Aristóteles, para não mencionar o vácuo). A razão pela qual ele disse que dois corpos não podem estar juntos é a impossibilidade mútua das dimensões de um e de outro corpo. Resta, portanto, que onde não há a dimensão de um, pode haver a dimensão do outro. Se essa potência ali está, então é espaço e, de certa forma, é matéria; se é matéria, tem aptidão, e se tem aptidão, por que lhe deveríamos negar o ato?

ELPINO: Muito bem. Mas, por favor, procedei de outra maneira. Fazei-me entender que diferença existe entre mundo e universo.

FILÓTEO: A diferença é muito conhecida fora dos meios peripatéticos. Os estoicos fazem distinção entre o mundo e o universo porque o mundo é tudo o que existe de pleno e consta de corpo sólido; o universo não é somente o mundo, mas ainda o vácuo, o inane e

---

176. *Timeu*, 52-a,b.
177. Com o sentido de uma forte tendência a executar uma ação necessária.

o espaço fora do mundo; e, por isso, dizem ser o mundo finito e o universo, infinito. Epicuro, de modo similar, chama o todo e o universo de mistura de corpos e de inane, e nisso diz consistir a natureza do universo, que é infinito, na capacidade do inane e do vácuo e também na multidão de corpos que nele está. Nós não chamamos de vácuo o que seja simplesmente nada, mas segundo a razão pela qual não haja corpo que resista sensivelmente (sempre que tenha dimensão), dado que comumente não se apreende o corpo senão com a propriedade da resistência. Daí afirmarem que, assim como não é carne aquilo que não é vulnerável, assim não é corpo aquilo que não resiste. Desse modo dizemos ser um infinito aquilo que é uma região etérea imensa, na qual existem inúmeros e infinitos corpos, como o Sol, a Terra, a Lua, que nós chamamos de mundos compostos de pleno e de vácuo, pois esse espírito, esse ar, esse éter não apenas está em volta dos corpos, mas ainda os penetra e se encontra ínsito em todas as coisas. Consideramos ainda "o vácuo" conforme aquela razão pela qual respondemos à pergunta onde se encontram o éter infinito e os mundos: num espaço infinito, um seio no qual tudo é e tudo se entende, e nem poderia ser e entender-se como existindo em outra parte. Ora, aqui, Aristóteles, tomando confusamente o vácuo segundo essas duas significações, e mais uma terceira, que ele imaginou e não soube nem denominar nem definir, se vai debatendo para eliminar o vácuo, e pensa do mesmo modo destruir todas as opiniões a seu respeito. Mas nelas não toca mais do que alguém que, por ter eliminado o nome de alguma coisa, pensasse ter eliminado a própria coisa; pois destrói o vácuo (se o destrói) por um raciocínio que talvez nunca tenha sido apresentado por ninguém, considerando que os antigos e nós tomamos o vácuo por aquilo que pode conter um corpo e qualquer coisa, nele havendo átomos e corpos, e só ele define o vácuo como nada, no qual nada está e nada pode estar. Daí, tomando o vácuo segundo um nome e significado que ninguém entendeu, fez castelos no ar e destruiu o seu vácuo, mas não o de todos os outros que dele falaram e desse nome se serviram. Esse sofista não age de outro modo no tocante a outros assuntos, tais como movimento, infinito, matéria, forma, demonstração, ente, edificando sempre sobre a fé de suas próprias definições e nome, tomado conforme novo significado. Daí que qualquer um que não seja desprovido de juízo pode facilmente perceber o quanto esse homem é superficial acerca da consideração da natureza das coisas e o quanto se apegou às suas suposições (não concedidas nem dignas de o serem); mais inútil em sua filosofia natural do que se possa imaginar na matemática. E vede que desta vaidade tanto se glorificou e se deleitou que, a propósito da especulação sobre a natureza das coisas, ambicionou ser considerado raciocinador (ou como dizemos), lógico, que, por desprezo, chama de *físicos* aqueles que mais se ocuparam da natureza, da realidade e da verdade. Ora, para voltarmos a nós, considerando que em seu livro *Do Vácuo*[178] nem direta nem indiretamente afirma alguma coisa que possa dignamente militar contra o nosso propósito, deixemo-lo assim ficar, remetendo-o para uma ocasião mais ociosa. Assim, caso te agrade, Elpino, forma e expressa aquelas razões pelas quais o infinito não é admitido por nossos adversários, e depois aquelas pelas quais não podem compreender que os mundos sejam inumeráveis.

ELPINO: Assim farei. Farei referência às posições de Aristóteles, em ordem, e vós direis a respeito delas tudo o que vos ocorrer. "Devemos considerar", diz ele, "se encontramos um corpo infinito, como afirmam alguns antigos filósofos, ou se isto é impossível; em seguida, é preciso ver se há um ou mais mundos. A resolução de tais questões é importantíssima, pois uma e outra partem da contradição, são princípios de duas espécies de filosofar muito diferentes e contrárias; como exemplo, vemos que aquele primeiro erro dos que admitiram a existência de partes individuais fechou o caminho de tal sorte que chegam a errar em grande parte da matemática. Deslindaremos então os propósitos de grande atualidade para as dificuldades passadas, presentes e futuras, pois embora seja de pouca transgressão o que se faz no princípio, ele se faz dez mil vezes maior na continuação; semelhantemente, o erro que se comete no início do caminho vai aumentando e crescendo quanto mais, por progresso, se afasta do início, de modo que, no final, chega-se ao contrário do que houvera sido proposto. E a razão disso é que os princípios são pequenos em grandeza e grandíssimos em eficácia. Essa é a razão pela qual se determina essa dúvida."[179]

FILÓTEO: Tudo o que disse é muito necessário, e não menos digno de ser dito por ele do que por qualquer outro, pois assim como ele acredita que deste princípio mal entendido os adversários chegaram a grandes erros, em contrapartida acreditamos e vemos com clareza que pelo oposto deste princípio ele perverteu toda a consideração natural.

ELPINO: Ele ajunta – "Precisamos, portanto, ver se é possível um corpo simples de grandeza infinita, o que primeiramente deve ser

---

178. Trata-se do livro IV da *Auscultação da Natureza* (ou *Física*).
179. *Do Céu*, I, 5.

mostrado ser impossível naquele primeiro corpo que se move circularmente na vizinhança de outros corpos, pois sendo cada corpo ou simples ou composto, aquele que é composto segue a disposição do que é simples. Se, portanto, os corpos simples não são infinitos em número nem em grandeza, necessariamente não o poderão ser os corpos compostos."[180]

FILÓTEO: Promete muito bem, porque se ele provar que o corpo chamado primeiro, que é o continente, for continente e finito, será igualmente exagerado e inútil provar a mesma coisa com os corpos contidos.

ELPINO: Agora prova que o corpo redondo não é infinito: "Se o corpo redondo fosse infinito, as linhas que partem do meio seriam infinitas e a distância de um semidiâmetro a outro (os quais, quanto mais se afastam do centro, tanto maior distância adquirem) seria infinita, pois da adição das linhas segundo a longitude é necessário que se siga ou resulte a maior distância; mas se as linhas são infinitas, a distância será infinita. Ora, é impossível que o móvel possa transcorrer uma distância infinita, e num modo circular é preciso que uma linha semidiametral do móvel chegue ao outro semidiâmetro."[181]

FILÓTEO: Essa é uma boa razão, mas não vem a propósito contra a intenção dos adversários; porque nunca se encontrou alguém tão rude e de engenho tão simplista que tenha posto o mundo infinito e a grandeza infinita como móveis. E ele próprio mostra ter se esquecido do que se referiu em sua Física: que aqueles que pensaram um ente e um princípio infinito, o pensaram similarmente imóvel. Nem ele, nem outro em seu lugar, poderá nominar algum filósofo ou ainda um homem ordinário que tenha expressado uma magnitude infinita móvel. Mas ele, como sofista, toma uma parte de sua argumentação da conclusão do adversário, supondo o próprio princípio de que o universo seja móvel, de preferência que se mova e seja de forma esférica. Vede se de tantas razões que produz esse mendigo se se encontra uma que argumente contra a intenção daqueles que dizem um infinito imóvel e infigurado, espaciosíssimo continente de inumeráveis móveis que são os mundos, por alguns chamados astros, por outros esferas; vede nessa e noutras razões se leva [em consideração] pressupostos concedidos por alguém.

ELPINO: Certamente, todas as seis razões estão fundamentadas sobre aquele pressuposto, isto é, que o adversário diga que o universo

---

180. Ibidem.
181. Ibidem.

seja infinito e que admita que tal infinito seja móvel, o que, por certo, é uma tolice, ou antes uma irracionalidade, se por acaso não quisermos fazer concorrer num só conceito o movimento infinito e a imobilidade infinita, como verificastes ontem a propósito dos mundos particulares.

FILÓTEO: Não quero dizer isso a respeito do universo, ao qual, por nenhuma razão, deve ser atribuído o movimento, porque isso não pode nem deve convir ao infinito; e jamais, como se disse, encontrou-se quem o imaginasse. Mas esse filósofo, como a quem falta terreno, edifica tais castelos no ar.

ELPINO: Na verdade, desejaria um argumento que impugnasse isso que dizeis, pois as cinco outras razões que traz o filósofo seguem todas o mesmo caminho e vão no mesmo passo. Mas me parece coisa exagerada recordá-las. Ora, após terem sido produzidas aquelas que versam sobre o movimento mundano e circular, procede com as que se fundamentam sobre o movimento retilíneo. E diz de modo parecido "ser impossível que algo se mova de modo infinito no meio ou embaixo, ou do meio para o alto"[182], e o prova, em primeiro lugar, pelos movimentos próprios de tais corpos, e isso tanto dos corpos extremos quantos dos intermediários. "O movimento para o alto", diz ele, "e o movimento para baixo são contrários, e o lugar de um movimento é contrário ao lugar de outro."[183] Ainda entre os contrários, se um é determinado, o outro também deve ser determinado; e o intermédio, que participa de ambos os determinados, também convém sê-lo, porque não [deve partir] de qualquer ponto, mas é necessário que parta de certo lugar aquele que deve passar além do meio, pois existe um lugar onde começam e outro onde terminam os limites do meio. Sendo então determinado o meio, é preciso que se determinem os extremos, e se os extremos são determinados, é necessário que o meio também o seja. E se os lugares são determinados, é necessário que os corpos ali colocados também o sejam, porque, de outra maneira, o movimento seria infinito. Além do mais, quanto à gravidade e à leveza, o corpo que vai para o alto pode chegar a tal lugar, já que nenhuma inclinação natural é vã. Assim, não havendo espaço de mundo infinito, não há lugar nem corpo infinitos. Quanto ao peso, não há nem grave nem infinito leve e, portanto, não há corpo infinito, como seria necessário que, se o corpo grave fosse infinito, sua gravidade seria infinita. E disso não se pode escapar,

---

182. Ibidem, I, 6.
183. Na física aristotélica, os objetos possuem e buscam um lugar "natural"; os pesados tendem para baixo e os leves (ar, fogo) para cima.

pois se você quisesse dizer que o corpo infinito possui gravidade infinita, disso resultariam certos inconvenientes. Primeiro, que a gravidade e a leveza dos corpos finito e infinito seriam as mesmas, porque ao corpo finito grave, embora excedido pelo corpo infinito, eu faria adições e subtrações até poder alcançar a mesma quantidade de gravidade e de leveza. Segundo, que a gravidade da grandeza finita poderia ser maior do que a infinita, pois pela mesma razão pela qual pode ser igual, ainda lhe pode ser superior, acrescentando-se o que lhe aprouver de corpo grave, ou subtraindo de corpo leve. Terceiro, que as gravidades das grandezas finita e infinita seriam iguais; e como há proporção entre gravidades, o mesmo ocorre entre velocidade e velocidade; disso resultaria que a mesma velocidade e lentidão poderiam ser encontradas num corpo finito e infinito. Quarto, que a velocidade do corpo finito poderia ser maior do que a do infinito. Quinto, que poderia ser igual; ou ainda, assim como o grave excede o grave, a velocidade supera a velocidade; havendo gravidade infinita, será necessário que se movimente, em qualquer espaço, em menos tempo que a gravidade finita, ou ainda não se mova, pois a velocidade e a lentidão derivam da grandeza do corpo. Lá onde não haja proporção entre o finito e o infinito, será preciso que o grave infinito não se mova, pois se ele se mover, não se moverá tão velozmente que não encontre gravidade finita que, no mesmo tempo e através do mesmo espaço, execute a mesma progressão."[184]

FILÓTEO: É impossível encontrar-se um outro que, sob o título de filósofo, imaginasse suposições tão vãs e se fabricasse tão estúpidas posições contrárias, dando lugar a tanta leviandade quanto a que se vê nas razões que apresenta. Ora, no que diz respeito aos lugares próprios dos corpos e do alto, do baixo ou do infradeterminado, gostaria de saber contra qual posição ele argumenta. Porque todos aqueles que admitem corpos e grandeza infinita não determinam meio nem extremo nesta última. Quem diz inane, vácuo, éter infinito, a eles não atribui gravidade nem leveza, nem movimento nem regiões superiores, medianas ou inferiores; e pondo em seguida em tais espaços os corpos infinitos, como essa Terra, e aquela e mais outra, este Sol e outros mais, todos eles se movimentam circularmente dentro desse espaço infinito, por espaços infinitos e determinados, ou ao redor dos próprios centros. Assim, nós que estamos na Terra dizemos que a Terra se encontra no meio, e todos os filósofos antigos e modernos, de qualquer seita a que pertençam, dirão

---

184. Ibidem, I, 6.

que ela está no centro, sem prejudicar seus princípios. Como dizemos em relação ao horizonte maior desta região etérea que está à volta, terminada por aquele círculo equidistante, e em relação ao qual estamos como que no centro. Como em nada difere para aqueles que estão na Lua e consideram ter à sua volta esta Terra, o Sol e outras estrelas que estão à volta do meio e dos finais dos próprios semidiâmetros de seu horizonte. Assim, a Terra não é mais centro do que qualquer outro corpo mundano, e certos e determinados polos não o são mais em relação à Terra do que a Terra em relação a qualquer ponto do éter e do espaço mundano e, de modo similar, de todos os outros corpos, os quais, sob diferentes pontos de vista, são centros, pontos de circunferência, polos e zênites e outras coisas diferentes. A Terra, portanto, não está no centro do universo, mas apenas sob o ponto de vista de nossa região. Esse disputante, portanto, procede com uma petição de princípio[185] e pressuposição daquilo que deve provar; toma por princípio o equivalente oposto da posição contrária, pressupondo meios e extremos contra aqueles que, considerando o mundo infinito, os negam e, por consequência, os movimentos naturais para cima e para o lugar supremo, e para o baixo e ínfimo. Viram os antigos, e hoje vemos nós, que algumas coisas vêm para a Terra onde estamos, e alguma coisa parece sair da Terra ou do lugar onde estamos. Logo, se dizemos e queremos afirmar que o movimento de tais coisas é para o alto e para baixo, deve ser entendido em certa região e com certo respeito; de sorte que se algo se afasta de nós em direção à Lua, dizemos que ele ascende, e aqueles que estiverem na Lua, e são nossos antípodas ou anticéfalos, dirão que ele desce. Aqueles movimentos que se fazem no universo não têm diferença alguma de posição para cima, para baixo, relativamente ao universo infinito, mas nos mundos finitos que nele existem, quer tomados segundo a amplidão de inumeráveis horizontes, quer segundo o número de astros incontáveis. Determinados corpos, portanto, não têm movimento infinito, mas finito e determinado ao redor de seus limites; mas no indeterminado e infinito não há movimento finito ou infinito, e não há diferença de tempo e de lugar. Em seguida, quanto ao argumento que faz da gravidade e da leveza, digamos que ele é um dos mais belos frutos que a árvore da ignorância poderia produzir, pois a gravidade (como demonstraremos no lugar dessa consideração) não se encontra em corpo

---

185. Erro lógico que consiste em tomar como princípio o que só deveria ser deduzido no final.

algum inteiro e naturalmente disposto e colocado, pois não são as diferenças que devem distinguir a natureza dos lugares e a razão dos movimentos. Além disso, mostraremos que grave e leve vêm a ser a mesma coisa, segundo o mesmo impulso e movimento em relação a diversos meios, assim como, a respeito das mesmas coisas, se diz estar no alto e embaixo, mover-se para cima ou para baixo. E digo isso quanto aos corpos e mundos particulares, dos quais nenhum é grave ou leve por si, e cujas partes, afastando-se deles, são chamadas leves, e, retornando a eles, são chamadas graves, como as partículas da Terra ou das coisas terrestres que, quando vão em direção à circunferência do éter, afirma-se que sobem, e quando vêm em sua direção se diz que descem. Mas quanto ao universo e corpo infinito, alguma vez se encontrou alguém que dissesse grave ou leve? Ou alguém que pusesse tais princípios ou delirasse de tal modo que nos pudesse levar a concluir que o infinito seja grave ou leve, que deva subir, elevar-se ou apoiar-se? Nós mostraremos como nenhum dos infinitos corpos que existem é grave ou leve. Porque essas qualidades ocorrem nas partes, quando tendem para o seu todo e para o lugar de sua conservação; mas não são relativas ao universo, e sim ao próprio continente. Como na Terra, querendo as partes do fogo liberar-se e ir em direção ao Sol, carregam consigo algumas porções do árido e do úmido, aos quais estão conjuntas, e que, multiplicando-se em cima ou no alto, com impulso próprio e naturalíssimo voltam ao seu lugar. Daí não ser possível, como consequência, que os grandes corpos sejam graves ou leves, sendo o universo infinito, e por isso não há razão para o afastamento ou aproximação da circunferência ou do centro; por tal motivo, a Terra não é mais grave em seu lugar do que o Sol no seu, ou Saturno em seu e a estrela polar no dela. Podemos dizer, no entanto, que como são as partes da Terra que voltam à Terra por sua gravidade (querendo-se dizer o impulso das partes para o todo e do peregrino para o seu lugar), assim também as partes dos outros corpos, como podem ser infinitas outras terras ou de condições semelhantes, infinitos outros sóis ou de natureza similar. Todos se movimentam dos lugares circunferenciais para o próprio continente, como para o meio, do que se seguiria existirem infinitos corpos graves, conforme o número. No entanto, não se verá uma gravidade infinita num só objeto e intensivamente, mas em inúmeros e extensivamente. É isto que se segue de tudo o que disseram os antigos e nós também, e contra isso não teve argumento algum o contendor. Aquilo então que ele disse da impossibilidade do infinito grave é tão verdadeiro e evidente que se torna uma vergonha mencioná-lo; e de forma alguma se aplica para destruir a filosofia alheia e confirmar a própria; mas são propósitos e palavras jogadas ao vento.

ELPINO: A ineficácia das razões antes mencionadas é mais do que manifesta, de sorte que não bastaria toda a arte da persuasão para excusá-la. Agora, ouvi as razões que acrescenta para concluir universalmente não haver corpo infinito. "Ora", diz ele, "sendo manifesto para aqueles que observam as coisas particulares que não existe o corpo infinito, resta ver em geral se isso é possível. Pois alguém poderia dizer que, assim como o mundo está disposto à nossa volta, não seria impossível haver outros céus. Mas antes de chegarmos a isso, raciocinemos sobre o infinito em geral. É necessário que todo corpo seja finito ou infinito; e este ou seja de partes semelhantes ou dessemelhantes; e estas ou constem de espécies finitas ou infinitas. Não é possível que conste de espécies infinitas, se quisermos pressupor o que antes havíamos dito, isto é, que haja outros mundos semelhantes a este. Pois assim como este mundo está disposto à nossa volta, assim estará disposto à volta de outros em outros céus. Porque se são determinados os primeiros movimentos relativos ao meio, é preciso que também sejam determinados os movimentos secundários; portanto, como já distinguimos cinco espécies de corpos, dos quais dois são simplesmente graves ou leves, dois mediocremente graves ou leves, e um não é nem grave nem leve, mas ágil à volta do centro, a mesma coisa deve ocorrer com os outros mundos. Não é possível, então, que conste de espécies infinitas. Não é ainda possível que conste de espécies finitas."[186] Primeiramente, prova que não consta de espécies finitas dessemelhantes por quatro razões, das quais a primeira é que cada uma dessas partes infinitas será água ou fogo, e, por consequência, coisa grave ou leve. E isso já foi demonstrado como impossível, quando se viu que não há gravidade ou leveza infinitas.

FILÓTEO: Já dissemos o bastante quando respondemos a isso.

ELPINO: Eu sei. E acrescenta a segunda razão dizendo ser preciso que cada uma dessas espécies seja infinita e, por consequência, o lugar de cada uma seja infinito. Do que se seguirá que o movimento de cada uma será infinito, o que é impossível, pois não pode haver um corpo que, indo para baixo, corra infinitamente para baixo, o que é evidente naquilo que se encontra em todos os movimentos e mudanças. Como na geração não se procura fazer aquilo que não pode ser feito, assim também no movimento local não se procura o lugar que nunca se possa alcançar; aquilo que não é possível estar

---

186. Ibidem, I, 7, 274.

no Egito, é impossível que se mova para o Egito, porque na natureza nada age em vão. É impossível, portanto, que uma coisa se mova lá onde não possa alcançar.

FILÓTEO: A isso já muito se respondeu; e dizemos que são terras infinitas, sóis infinitos e éteres infinitos; ou, segundo o dizer de Demócrito e de Epicuro, é pleno e vácuo infinito, um ínsito em outro. E são diversas espécies infinitas, uma compreendida na outra, e uma ordenada para a outra, todas espécies diversas que concorrem para um inteiro universo infinito; e ainda como partes infinitas do infinito, não como um só contínuo, mas como incluídas na inumerável multidão daquelas. De modo semelhante se entendem as outras espécies de corpos, sendo quatro, sendo duas, sendo três ou quantas se queiram (não as determino presentemente), as quais são como partes do infinito, pois é preciso que sejam infinitas, segundo a grandeza que resulta de tal multidão. Ora, aqui não é preciso que o grave vá infinitamente para baixo. Mas como esse grave vai para o seu corpo próximo e conatural, assim aquele vai para o seu e aqueloutro para o seu. Há nessa terra partes que pertencem a ela; há naquela terra partes que a ela pertencem; assim também existe aquele Sol com partes que dele se difundem e procuram a ele retornar, e outros corpos recolhem naturalmente as suas partes. Assim como as margens e as distâncias de um corpo são finitas, também os seus movimentos são finitos. E assim como ninguém sai da Grécia para andar pelo infinito, mas para ir à Itália ou ao Egito, assim quando a Terra ou o Sol se movem não se propõem ir ao infinito, mas ao finito e aos limites determinados. Todavia, sendo o universo infinito e todos os seus corpos mutáveis, todos sempre difundem partes de si e sempre a eles voltam, emitem algo próprio e recolhem o que é alheio. Não considero coisa absurda ou inconveniente, e sim muito possível e natural, que existam transmutações finitas que podem afetar um objeto; e que partículas da Terra vagueiem pelo éter e se aproximem pelo espaço de um corpo ou de outro, da mesma maneira que podemos ver as mesmas partículas mudar de lugar, de organização e de forma, enquanto ainda permanecem perto de nós. Disso vem que, se esta Terra for eterna e perpétua, não o será pela consistência de suas próprias partes, mas pelas vicissitudes de outros que ela difunde e de outros que lhe sucedem no lugar daqueles. De maneira que, embora possuindo a mesma alma e inteligência, o corpo vai sempre mudando e se renovando nas várias partes. O mesmo ocorre nos animais, que subsistem por causa dos alimentos que recebem e dos excrementos que eliminam. Pelo que, se bem considerado, se saberá que os jovens não possuem a mesma carne de quando eram crianças e os velhos não possuem a mesma carne de quando jovens, pois estamos continuamente em transmutação, o que faz com que nos cheguem continuamente novos átomos e de nós saiam os anteriormente acolhidos. Como acerca do esperma, juntando-se átomos a átomos, pela virtude do intelecto geral e da alma (mediante a fabricação para a qual concorrem), vem-se a formar e a crescer o corpo, quando o influxo dos átomos é maior do que o defluxo; depois, o mesmo corpo permanece em certa consistência quando o influxo é igual ao defluxo; e por fim vai declinando, sendo o defluxo maior do que o afluxo (não digo influxo e defluxo de modo absoluto, mas o defluxo do nativo e conveniente, e o defluxo do peregrino e inconveniente, que não pode ser vencido pelo debilitado princípio causado pelo defluxo, que é contínuo no vital e no não vital). Para se chegar ao ponto central da questão, digo que por tais vicissitudes não é inconveniente, mas racionalíssimo dizer que as partes e os átomos possuem curso e movimento infinitos, por vicissitudes e transmutações infinitas, tanto de forma quanto de lugar. Inconveniente seria se, num termo próximo e prescrito de transmutação local ou de alteração, se encontrasse algo que tendesse ao infinito; o que não pode ser, dado que uma coisa não é movida por outra subitamente, encontrando-se em outro lugar; não perde sua potência por uma coisa que não esteja investida de outra disposição[187], nem deixa de ser algo se não houver assumido outro ser, o que resulta necessariamente de alteração e mudança local. De modo que o objeto próximo e formado não pode mover-se a não ser finitamente, pois facilmente acolhe uma outra forma se muda de lugar. O primeiro sujeito e formador se move infinitamente, segundo o espaço e segundo o número das configurações, enquanto as partes da matéria se introduzem e saem deste naquele e naquele outro lugar, em parte ou no todo.

ELPINO: Entendo bem. Acrescenta como terceira razão que "caso se dissesse ser o infinito discreto[188] e separado, onde deveria haver fogos infinitos individuais e particulares, e depois se tornassem cada um deles finito, acontecerá que aquele fogo que resulta de todos os individuais deva ser infinito"[189].

FILÓTEO: Com isso já concordei, e por sabê-lo, ele não devia ir contra, pois do que se segue nada é inconveniente. Pois se o corpo vem separado ou dividido em partes localmente distintas, das quais

---

187. No original: *è spoliata di una, che non sia investita di un'altra disposizione.*
188. Ou seja, constituído de partes distintas.
189. Ibidem, I, 7.

uma pesa cem, outra mil e mais uma dez, seguir-se-á que o todo pesa mil, cento e dez. Mas isso será conforme pesos discretos e não conforme um peso contínuo. Ora, nós e os antigos não temos por inconveniente que as partes discretas encontrem um peso infinito, porque daquelas resulta logicamente um peso, aritmética ou geometricamente, que de verdade e naturalmente não fazem um peso, como não fazem uma massa infinita, mas fazem massas infinitas e pesos finitos; dizer, imaginar e ser não são a mesma coisa, e sim diversas, pois disto não se segue um corpo infinito de uma espécie, mas uma espécie de corpo em infinitos finitos; mas não existe peso infinito nem infinitos pesos finitos, dado que essa infinitude não é contínua, mas parcelada, e as partes se encontram num infinito contínuo, que é o espaço, o lugar e a dimensão capaz de contê-las todas. Logo, não é inconveniente existirem infinitas partes discretas de graves que, entretanto, não constituem um só grave, assim como infinitas águas não fazem uma água infinita nem infinitas partes de terra fazem uma terra infinita: de sorte que existem infinitos corpos em multidão, os quais não compõem, fisicamente, um corpo infinito em grandeza. E isso faz uma grandíssima diferença, como se vê semelhantemente na marca de um barco tracionado por dez pessoas unidas, e jamais o será por milhares de pessoas desunidas, operando por sua conta.

ELPINO: Com isso e outras afirmações, haveis resolvido mil vezes o que estabelece a quarta proposição, a qual diz que é necessário entender-se por corpo infinito o que é infinito em todas as dimensões; pelo que não pode existir, em nenhuma parte, algo extra; logo, não é possível que num corpo infinito haja elementos dessemelhantes, sendo cada um infinito.

FILÓTEO: Tudo isso é verdade e não nos contradiz, a nós que já dissemos muitas vezes haver muitos finitos dessemelhantes num infinito, tendo ainda considerado como isso se dá. Talvez seja como se alguém afirmasse a semelhança de um contínuo agregado, como o de um corpo lamacento, no qual sempre e em cada parte a água é contínua à água e a terra contínua à terra; daí, pelo concurso imperceptível das partes mínimas da terra e das partes mínimas da água, que formam o conjunto, não poderão ser consideradas discretas nem mais contínuas, mas um único contínuo, que não é terra nem água, mas lama. Indiferentemente, um outro prefira dizer que a água não é propriamente continuada pela água, nem a terra pela terra, mas a terra é continuada pela água e a água pela terra; e pode haver um terceiro que, negando um e outro, diga que a lama dá continuidade à lama. E, segundo essas razões, pode o universo infinito ser tomado como um contínuo, no qual não haja mais partes discretas, e o éter interposto entre os corpos tão grandes não os separe mais do que na lama o ar interposto e transposto entre as partes de água e de terra, sendo diferente apenas pela pequenez, inferioridade e insensibilidade das partes que estão na lama, em contraposição à grandeza, superioridade e sensibilidade das partes que existem no universo. Assim também os movimentos contrários e diferentes concorrem para a constituição de um imóvel contínuo, em que os contrários participam na constituição de uma unidade, pertencendo a uma ordem e, finalmente, formam uma unidade. Certamente seria inconveniente e impossível pôr dois infinitos distintos, dado que não se saberia onde um começa e outro acaba e onde acabaria um por causa do outro. Além disso, é dificílimo encontrar dois corpos finitos num extremo e infinitos no outro extremo.

ELPINO: Ele traz mais duas razões para provar que não existe infinito. "A primeira é que seria necessário que houvesse uma dessas espécies de movimento local, e seria ou uma gravidade ou uma leveza infinitas, ou ainda uma circulação infinita, o que, em tudo, demonstramos ser impossível."

FILÓTEO: E nós temos esclarecido o quanto tais discursos e razões são inúteis; e que o infinito, em sua totalidade, não se move, não é grave nem leve, tanto ele quanto outro corpo em seu próprio lugar natural; nem tampouco as partes separadas, quando afastadas para além de um certo limite. Portanto, o corpo infinito não é móvel nem em potência nem em ato, assim como não é grave ou leve nem em potência nem em ato; e não pode haver gravidade ou leveza infinitas, segundo nossos princípios e os de outros, contra os quais edifica belos castelos.

ELPINO: A segunda razão também é, de modo semelhante, vã; porque inutilmente pergunta (a quem nunca o afirmou, tanto em potência quanto em ato) "se o infinito se move natural ou violentamente". Em seguida, prova não existir corpo infinito por razões tiradas do movimento em geral. Diz, portanto, que o corpo infinito não pode agir sobre o corpo finito nem tampouco sofrer suas ações, e apresenta três proposições. A primeira, que o infinito não padece ações do finito, porque todo movimento, e portanto toda paixão, existe no tempo; e se assim é, poderá ocorrer de um corpo de menor grandeza ter uma paixão proporcional a ela; porém, como há proporção entre o agente finito e o paciente finito, assim se verá de modo semelhante entre o paciente finito e o agente infinito. Isto se vê quando pomos como corpo infinito A e como corpo finito B; e como todo movimento ocorre no tempo, que seja o tempo G, no qual A se move ou é movido. Depois, tomemos um corpo de menor grandeza, isto é, B, e seja a linha D agente sobre outro corpo (H), em toda a sua extensão, no mesmo tempo G. Disso se verá que existe proporção entre D, agente menor, e B, agente maior, assim como existe proporção entre o paciente finito H e a parte finita A, sendo ela AZ. Ora, quando mudarmos a proporção do primeiro agente para o terceiro paciente, como há proporção do segundo agente para o quarto paciente, verificar-se-á uma proporção entre D e H, assim como existe proporção entre B e AZ; B será verdadeiramente, no mesmo tempo G, agente perfeito entre coisa finita e coisa infinita, isto é, parte do infinito em AZ e infinito em A. Isso é impossível; logo, o corpo infinito não pode ser nem agente nem paciente, pois dois pacientes iguais sofrem igualmente, no mesmo tempo, do mesmo agente, sendo que o paciente menor sofre em tempo menor, e o paciente maior em tempo maior. Além disso, quando existem agentes diversos em tempo igual e se cumprem as suas ações virá se formar uma proporção entre agente e agente, da mesma maneira que existe proporção entre paciente e paciente. Ademais, cada agente age sobre o paciente em tempo finito (falo daquele agente que completa a sua ação, não daquele cujo movimento é contínuo, como somente pode ser o de translação), pois é impossível que exista ação finita em tempo infinito. Eis assim esclarecido, em primeiro lugar, como o finito não pode exercer ação que se cumpra no infinito.

       G tempo

A	paciente infinito	B	agente finito maior
A	(parte do infinito) Z		
H	paciente finito	D	agente finito menor

Em segundo se mostra, da mesmíssima forma, que "o infinito não pode ser agente de coisa finita". Seja o agente infinito A, e o paciente finito B, e vamos supor que A, infinito, seja agente em B, que é finito no tempo finito G. Depois, seja o corpo finito D, agente na parte B, isto é, BZ, finito no mesmo tempo G. Certamente se verifica uma proporção entre o paciente BZ e todo o paciente B, da mesma forma que existe proporção entre o agente D e o outro agente finito, H; e mudando-se também a proposição entre D, agente, e BZ paciente, se verificará a mesma proporção de H, agente em todo B. Consequentemente, B será movido por H no mesmo tempo em que BZ é movido por D, isto é, no tempo G, tempo em que B é movido pelo agente infinito A – coisa essa impossível. E tal impossibilidade resulta daquilo que temos dito, isto é, que se uma coisa infinita operar em tempo finito, se torna necessário que a ação não se verifique no tempo, pois entre o finito e o infinito não existe proporção. Logo, colocando-se dois agentes diversos que exerçam a mesma ação no mesmo paciente, necessariamente a ação deles se verificará em tempos diversos, e se formará uma proporção entre tempo e tempo, como entre um agente e outro agente. Mas se colocarmos dois agentes dos quais um seja infinito e outro finito, proporcionando uma mesma ação a um mesmo paciente, será preciso afirmar uma destas duas coisas: ou que a ação do infinito se verifica num instante, ou que a ação do agente finito se dá num tempo infinito. E ambos os casos são impossíveis.

G tempo
A paciente infinito

H agente finito   B paciente finito
D agente finito   B (parte do finito paciente) Z

Em terceiro, se faz evidente que "o corpo infinito não pode operar em corpo infinito". Porque, como foi dito na *Auscultação da Física*, é impossível que a ação ou a paixão não se completem; ao se demonstrar que nunca se pode finalizar a ação de um infinito sobre outro, será possível concluir que entre eles não pode existir ação. Então, ponhamos dois infinitos, dos quais um seja B, paciente de A em tempo finito G, porque a ação finita necessariamente se dá em tempo finito. Imaginemos depois que a parte do paciente BD sofra a ação de A; será evidente, com certeza, que a paixão deste vem a ser em tempo menor que o tempo G; e que seja essa parte representada por Z. Assim, haverá proporção entre o tempo Z e o tempo G, assim como há proporção entre BD, parte do paciente finito, e a maior parte do infinito, isto é, B; e que essa parte seja representada por BDH, que é paciente de A no tempo finito G, que, no mesmo tempo, já agiu sobre todo o infinito B; o que é falso, pois é impossível que existam dois pacientes, um infinito e outro finito, que sofram a ação do mesmo agente, pela mesma ação e no mesmo tempo, sendo o eficiente finito, ou (como havíamos imaginado) infinito.

Tempo finito

G   Z
A   infinito agente
     Infinito paciente

B   D   H

FILÓTEO: Tudo o que Aristóteles afirmou quero que tenha sido bem expresso quando for bem aplicado e quando vier a propósito; mas como já afirmamos, não existe filósofo que tenha falado do infinito de forma a gerar mais inconvenientes. Todavia, não para responder àquilo que ele afirma, visto não ser a nós contrário, mas unicamente para contemplar a importância de suas sentenças, examinemos o seu modo de raciocinar. Primeiro, em sua especulação ele procede por fundamentos que não são naturais, querendo tomar esta e aquela parte do infinito, sendo que o infinito não pode possuir partes, pois isso implicaria uma contradição, isto é, que existe no infinito parte maior e parte menor, e parte que possua maior ou menor proporção em relação ao todo. Pois não é possível aproximar-se mais do infinito procedendo de cem em cem do que de três em três, porque o número infinito consta tanto de infinitos três quanto de infinitas centenas. A dimensão infinita não tem menos infinitos pés que infinitas milhas; por isso, quando falamos de partes da dimensão, não dizemos cem milhas ou mil parassangas, já que todas elas só podem ser designadas como partes do finito, e na verdade são apenas partes do finito, e somente entre elas podem ser proporcionais, não devendo ser consideradas como partes daquilo com relação ao que não têm proporção. Assim, mil anos não são parte da eternidade, porque não têm proporção com o todo, mas são partes de alguma medida de tempo, como de dez mil anos ou cem mil séculos.

ELPINO: Fazei-me então compreender: quais são as partes da duração infinita?

FILÓTEO: As partes proporcionais da duração têm proporção na duração e no tempo, mas não na duração infinita e no tempo infinito, porque nele o tempo máximo, ou seja, a parte maior, proporcional à duração, torna-se equivalente à mínima, dado que não são maiores os séculos infinitos do que as horas infinitas. Digo que na duração infinita, que é a eternidade, as horas não são mais do que os séculos, de modo que toda coisa dita como parte do infinito é igualmente infinita na duração e na grandeza infinitas. Por essa doutrina, pode-se perceber o quanto Aristóteles é circunspecto em suas posições quando toma as partes finitas do infinito, e qual a força das razões de certos teólogos quando pretendem inferir da eternidade do tempo o inconveniente de tantos infinitos, uns maiores do que outros, quantas podem ser as espécies de número. Com essa teoria, tendes a possibilidade de sair de numerosos labirintos.

ELPINO: Particularmente daquele que faz a propósito dos infinitos passos e das infinitas milhas que viriam a formar um infinito menor e um infinito maior na imensidão do universo. Agora, continuai.

FILÓTEO: Aristóteles, em suas inferências, não procede demonstrativamente. Pois do pressuposto de que o universo é infinito e que nele existem infinitas partes, possuindo todas as ações e todas as paixões, e por consequência transmutações entre si, quer concluir ou que o infinito tenha ação ou sofra a ação do finito, ou que o infinito exerça ação no infinito e que este sofra e seja transformado por aquele. Nós afirmamos que essa ilação não vale fisicamente, ainda que logicamente seja verdadeira, dado que, embora se calculando pela razão, encontramos infinitas partes que são ativas e infinitas partes que são passivas, podendo umas ser consideradas o contrário das outras. Na natureza (por essas partes estarem desunidas, separadas ou divididas por limites particulares), como podemos notar, elas não nos obrigam nem nos induzem a afirmar que o infinito seja agente ou paciente, mas que no infinito inúmeras partes finitas ajam ou sofram ação. Concede-se, portanto, não que o infinito seja móvel e alterável, mas que nele existam infinitos elementos móveis e alteráveis; não que o infinito sofra do infinito, segundo a infinitude física e natural, mas segundo a infinitude que procede de uma agregação lógica e racional, que soma todos os graves num grave, mesmo que todos os graves não sejam um grave. Pois o infinito, permanecendo completamente imóvel, inalterável, incorruptível, nele podem existir, e existem, movimentos e alterações inúmeras e infinitas, perfeitas e completas. Ajunta-se ao que temos exposto que, ainda que existissem dois corpos infinitos e que venham a terminar um no outro, disso não se seguirá o que Aristóteles pensa, isto é, que a paixão e a ação seriam infinitas. Considerando que desses dois corpos um aja sobre o outro, não será agente conforme toda a sua dimensão e grandeza, porque não está perto, próximo, junto ou contínuo ao outro completamente. Suponhamos existir o caso de dois corpos infinitos, A e B, que sejam continuados ou conjugados simultaneamente na linha ou superfície FG. Certamente não virão a se influenciar conforme toda a sua capacidade, pois não estão próximos em todas as suas partes, visto que a contiguidade não pode existir a não ser num certo limite finito. E acrescento que, apesar de supormos que aquela linha ou superfície seja infinita, disso não se seguirá que os corpos nela continuados causem paixão e ação infinitas, porque não são intensas, mas extensas, como as partes. Disso resulta que em parte alguma o infinito opera conforme toda a sua eficiência, e sim de modo extensivo, parte por parte, discreta e separadamente.

$$A \left| \begin{array}{cc} 10 & 1 \\ 20 & 2 \\ 30 & 3 \\ 40 & 4 \end{array} \right\} \quad \begin{array}{c} F \\ \\ \\ G \end{array} \quad \left\{ \begin{array}{cc} A & M \\ B & N \\ C & O \\ D & P \end{array} \right| B$$

Como, por exemplo, as partes de dois corpos contrários, que podem se alterar mutuamente, são vizinhas, como A e 1, B e 2, C e 3, D e 4, e assim infinitamente. Por isso, jamais se poderá verificar uma ação intensivamente infinita, pois as partes daqueles dois corpos não podem sofrer alterações para além de uma certa e determinada distância; e daí M e 10, N e 20, O e 30, P e 40 não têm possibilidade de se alterarem uns aos outros. Eis como, dados dois corpos infinitos, não poderia seguir-se uma ação infinita. Afirmo ainda que, apesar de se supor e de se conceder que os dois corpos infinitos possam ter intensivamente uma ação recíproca e se relacionar mutuamente segundo toda a sua capacidade, daí não se concluirá qualquer efeito de ação ou de paixão, já que é tão forte o que repele e resiste quanto o que atrai e insiste. E disso não deriva qualquer alteração. Eis, portanto, como de dois infinitos contrapostos ou se segue apenas uma alteração finita, ou nada resulta de fato.

ELPINO: Ora, o que direis em relação à hipótese de um corpo contrário finito e outro infinito, como se a Terra fosse um corpo frio e o céu fosse o fogo, e todos os astros fossem fogos, e o céu imenso e os astros inumeráveis? Quereis que disso se seguiria aquilo que Aristóteles deduz, isto é, que o finito seria absorvido pelo infinito?

FILÓTEO: Certamente não, como se pode inferir daquilo que temos afirmado. Pois sendo a eficiência corpórea dilatada pela dimensão de corpo infinito, não viria a ser eficiente contra o finito, com vigor e poder infinitos, mas com aquilo que pode difundir das partes finitas e afastadas segundo determinada distância, uma vez ser impossível operar em todas as partes, mas somente segundo as mais próximas. Como podemos perceber na demonstração precedente: pressupondo serem A e B dois corpos infinitos que não são aptos a se transmutarem reciprocamente, a não ser através das partes que se encontram nas distâncias entre 10, 20, 30, 40 e M, N, O, P; portanto, nada concorre para fazer maior e mais vigorosa a ação, embora o corpo B corra e cresça infinitamente, e o corpo A permaneça finito. Eis como, de dois contrários opostos, sempre resulta ação finita e alteração finita, tanto supondo-se um deles infinito e o outro finito, como ambos infinitos.

ELPINO: Vós me satisfizestes, de maneira que me parece coisa supérflua trazer aquelas outras razões grosseiras, com as quais ele pretende demonstrar que, além do céu, não existe corpo infinito, como aquela que afirma: "Cada corpo que existe num lugar é sensível, mas além do céu não existe corpo sensível; portanto, ali não existe lugar." Ou então assim: "Cada corpo sensível existe num lugar; além do céu não existe lugar; logo, ali não existe corpo. Aliás, não existe o além do céu, porque significa diferença entre lugares sensíveis, não corpo espiritual e inteligível, pois alguém poderia dizer: se é sensível, é finito."[190]

FILÓTEO: Creio e entendo que muito além daquela margem imaginária do céu sempre exista uma região etérea e corpos mundanos, astros, terras, sóis, todos absolutamente sensíveis em relação a si mesmos, e para aqueles que estão dentro ou perto deles, apesar de não serem sensíveis para nós, por causa de seu afastamento e distância. Todavia, considere-se que fundamento ele apresenta para que, do fato de não existirem corpos sensíveis além da circunferência imaginária, não exista corpo algum; por isso se negou a aceitar a existência de outro corpo, a não ser a oitava esfera, para além da qual os astrólogos de seu tempo não admitiam a existência de outro céu. E pelo fato de sempre referirem a rotação aparente do mundo ao redor da Terra a um primeiro movimento, acima de todos os outros, estabeleceram tais fundamentos e sobre eles têm sido acrescentadas, indefinidamente, esferas sobre esferas e encontradas outras sem estrelas e, consequentemente, sem corpos sensíveis; enquanto as suposições astrológicas e as fantasias condenam esse raciocínio. Muito mais condenado é por aqueles que melhor compreendem terem os corpos que se diz pertencer ao oitavo céu tanta distinção entre si, por se encontrarem a maior ou menor distância da superfície da Terra, como os outros sete céus, já que a razão de sua equidistância depende só da falsíssima suposição da fixidez da Terra; contra o quê, grita toda a natureza, proclama toda a razão e sentencia todo intelecto reto e bem informado. Seja como queira, tem-se afirmado, contra todas as razões, que o universo acaba onde finda a experiência de nossos sentidos, pois a sensibilidade é a causa da inferência de que os corpos existem, mas negar a sensibilidade, o que pode ocorrer por uma deficiência da capacidade sensitiva, e não por defeito dos objetos sensíveis, não é nem de leve suficiente para nos fazer suspeitar da inexistência dos corpos. Porque se a verdade dependesse de tal sensibilidade, os corpos seriam tais que pareceriam muito mais próximos e aderentes uns aos outros. Mas nós julgamos que tal estrela que parece menor no firmamento, e se diz de quarta ou quinta grandeza, será muito maior do que outra

---

190. Ibidem, I, 7, 275.

que se classifique de segunda grandeza ou de primeira; neste juízo se engana o sentido, impotente para conhecer a razão da distância maior; e nós, que por isso tínhamos conhecimento do movimento da Terra, sabemos que aqueles mundos não possuem tal equidistância em relação ao nosso, não estando, portanto, num céu diferente.

ELPINO: Quereis dizer que não estão como que emplastrados numa mesma cúpula, coisa indigna que só as crianças podem imaginar, podendo às vezes serem levadas a acreditar que se não estivessem bem grudadas à abóbada celeste, com uma boa cola, ou pregadas tenazmente, nos cairiam em cima, como o granizo da atmosfera vizinha. Quer dizer que aquelas outras tantas terras e outros tantos corpos bem espaçosos têm as suas regiões no céu e possuem suas próprias distâncias no campo etéreo, da mesma maneira que esta Terra que, com sua revolução, faz parecer que todos, conjuntamente, e como que concatenados, giram ao seu redor. Quereis dizer que não se precisa aceitar um corpo espiritual exterior à oitava ou nona esferas, mas que esse mesmo ar que está em volta da Terra, da Lua, do Sol contém aqueles e assim se vai amplificando ao infinito para conter outros infinitos astros; e esse ar vem a ser um lugar comum, universal, um regaço infinitamente espaçoso que envolve todo o universo e nosso espaço sensível, por força de estrelas brilhantes. Quereis mostrar que não é o ar e este corpo continente que se move circularmente, ou que leva consigo os astros, mas que eles se movem por seu próprio ânimo, através de seus próprios espaços, possuindo todos seus movimentos particulares, que se efetuam além do movimento do mundo, que parece se manifestar por causa do movimento da Terra, além de outros que parecem comum a todos os astros, como que grudados a um corpo móvel; e essa aparência é provocada pela diversidade dos movimentos deste astro em que moramos, e que nos é insensível. Quereis, por consequência, que o ar e as partes que se prendem na região etérea só têm movimento de restrição e de amplificação, necessário ao percurso desses corpos sólidos através do espaço, enquanto uns giram ao redor de outros, enquanto se faz necessário que esse corpo espiritual a tudo preencha.

FILÓTEO: É verdade. Digo, além do mais, que este imenso e infinito elemento é um animal, embora não possua figura determinada nem sentido que se refira a coisas exteriores. Porque tem toda a alma em si e compreende todo o animado, sendo todo ele. Digo ademais que daí não se segue qualquer inconveniente, como o de admitir-se dois infinitos, pois o mundo, sendo um corpo animado, nele existe infinita virtude motriz e infinito sujeito de mobilidade, discretamente; o todo contínuo é imóvel, em relação tanto ao movimento circular, que é em torno ao meio, quanto ao retilíneo, que parte ou tende para o meio, não possuindo meio nem extremos. Dizemos ainda que o movimento de grave ou de leve não só não é conveniente ao corpo infinito, mas não falta ao corpo inteiro e perfeito que naquele esteja, nem à parte de alguns desses, a qual esteja em seu lugar e goze de sua disposição natural. E volto a dizer que nada é grave ou leve em sentido absoluto, mas de maneira respectiva ou relativa, isto é, em relação ao lugar para o qual as partes difusas e dispersas se retiram ou se agregam. Por hoje basta ter considerado a grandeza infinita do universo e amanhã vos esperarei para o que quereis entender quanto aos mundos infinitos que nele se encontram.

ELPINO: Embora por essa doutrina creia ser capaz de entender a outra, voltarei com a esperança de ouvir outras coisas particulares e dignas.

FRACASTÓRIO: Eu virei somente para ser ouvinte.

BÚRQUIO: E eu, que pouco a pouco e sempre mais me acostumo a vos compreender, assim devagar considero verossímil e talvez verdadeiro o que dizeis.

FIM DO SEGUNDO DIÁLOGO

Terceiro Diálogo

FILÓTEO: Um, portanto, é o céu, o espaço imenso, o regaço, o continente universal, a região etérea pela qual tudo corre e se move. Ali, estrelas incontáveis, astros, globos, sóis e terras sensíveis são vistas e comprovam, racionalmente, que são infinitos. O universo, imenso e infinito, é o composto que resulta de tal espaço e de tantos corpos nele compreendidos.

ELPINO: Tanto assim que não existem esferas de superfícies côncava e convexa, não há órbitas deferentes, mas tudo é um só campo, um abrigo geral.

FILÓTEO: Assim é.

ELPINO: Aquilo, portanto, que fez imaginar diversos céus foram os diversos movimentos astrais, porque com isso se via um céu repleto de estrelas voltar ao redor da Terra, sem que daqueles brilhos se visse um afastar-se do outro; mas conservando sempre a mesma distância e relação, junto com certa ordem, convivem em torno da Terra de modo não diferente de uma roda, na qual estivessem pregados inúmeros espelhos, e que girasse em torno do próprio eixo. Tem-se como evidente ao sentido da visão que àqueles corpos luminosos não convém o movimento próprio, com o qual possam se deslocar como os pássaros do ar; mas pela revolução de mundos nos quais estão fixos, feita pelo pulso divino de alguma inteligência.

FILÓTEO: Assim se acredita, comumente, mas essa imaginação será desfeita (quando se estiver compreendido o movimento desse astro mundano em que vivemos, que, sem estar fixado a qualquer mundo no espaço, movimenta-se por um princípio intrínseco, por sua alma e natureza, em torno do Sol e do próprio centro); e então se abrirão as portas para a intelecção dos princípios verdadeiros das coisas naturais, e a grandes passos poderemos percorrer o caminho da verdade, que se oculta sob o velame de imaginações sórdidas e bestiais, e que até o presente ficou escondida pela injúria do tempo e a vicissitude das coisas, depois que aos dias claros de antigos sábios sucedeu-se a noite caliginosa de sofistas temerários. Não está fixa; se move e gira / quando no céu e sob o céu se mira. / Tudo corre no alto ou baixo espaço / mesmo sendo longo ou breve / sendo grave ou ainda leve, / e talvez tudo vá no mesmo passo / pois um é de outro transunto: / tanto o todo corre em conjunto, / tanto gira sobre a água a boia / que uma mesma parte / ora em cima, ora em baixo se parte, / e a mesma confusa comboia / a mesma sorte em tudo comparte.

ELPINO: Não há dúvida de que aquela fantasia de estelíferos, lumes, de eixos, de deferentes, de epiciclos e outras quimeras é ocasionada pelo princípio de se imaginar (como parece) que essa Terra esteja no centro ou no meio do universo; e que sendo ela a única fixa, imóvel, tudo venha a girar ao seu redor.

FILÓTEO: Isso também parece para os que estão na Lua e nos outros astros que se encontram no mesmo espaço, quer sejam terra ou Sol.

ELPINO: Supondo-se agora que a Terra, com seu movimento, provoque esta aparência de movimento diurno e mundano, e com as diferenças de tal movimento ocasione aqueles outros que se veem nas inúmeras estrelas, ficaremos a dizer que a Lua (que é uma outra Terra) se mova por si no espaço ao redor do Sol. E assim também Vênus, Mercúrio e os outros astros, que são outras terras, fazem os seus percursos em torno do mesmo pai da vida.

FILÓTEO: Assim é.

ELPINO: Movimentos próprios de cada um são aqueles que se veem além deste chamado mundano, próprios das chamadas estrelas fixas (um e outro se referem à Terra); e tais movimentos são mais que as muitas diferenças, tantos quantos são os corpos; de sorte que jamais se verão dois astros convir numa única e mesma ordem ou medida de movimento, caso percebamos os movimentos de todos, que não nos mostram variação alguma pela grande distância que têm de nós. Conquanto façam seus giros em torno do fogo solar, e em torno de seus centros, pela participação do calor vital, as diferenças de suas aproximações e afastamentos não podem ser compreendidas.

filóteo: Assim é.

elpino: Portanto, existem inumeráveis sóis e infinitas terras que circundam de modo semelhante aqueles sóis, como vemos estes sete circundarem o Sol que nos é vizinho.

filóteo: Assim é.

elpino: Então, se não vemos percorrer outros astros em torno de outros lumes que são os sóis, e além deles não podemos perceber qualquer movimento, como os demais corpos mundanos (exceto os que são chamados cometas) são vistos sempre na mesma disposição e distância?

filóteo: A razão é que vemos os sóis, que são os maiores, e mesmo grandíssimos astros, mas não vemos as terras que, por serem astros bem menores, acabam invisíveis. Como não é contrário à razão haver outras terras que giram ao redor deste Sol, e não nos manifestam ou por distâncias maiores ou grandeza menor; quer por não possuírem grande superfície de água, ou por não a terem voltada em nossa direção e oposta ao Sol, a qual, como um espelho cristalino, recebendo os raios luminosos, se torna visível. Logo, não é nenhuma maravilha nem coisa contra a natureza que muitas vezes vejamos o Sol eclipsado, sem que entre ele e nossa visão venha a se interpor a Lua. Além dos visíveis, podem ainda existir inúmeros astros acquosos (isto é, terras cujas partes sejam água) que circundem o Sol, mas a diferença de seus circuitos não pode ser percebida por causa da enorme distância; daí, naquele movimento lentíssimo que se percebe nos corpos visíveis além de Saturno, não se vê diferença de movimentos nem tampouco uma regra no movimento de todos em torno do centro, quer coloquemos ali a Terra ou o Sol.

elpino: Como quereis então que todos, ainda que muitíssimo distantes do centro, isto é, do Sol, possam razoavelmente participar de seu calor vital?

filóteo: Isso porque, quanto mais distantes, fazem um círculo maior, e tanto mais demoradamente se movem ao redor do Sol; quanto mais devagar se movem, mais resistem aos seus raios quentes e enrubescidos.

ELPINO: Quereis então que aqueles corpos, embora estejam afastados do Sol, possam receber o calor que lhes baste, porque girando mais velozmente ao redor de seu próprio centro, e mais lentamente em volta do Sol, poderiam não só participar do calor como de mais ainda, se lhes fosse necessário; dado que, pelo movimento mais veloz em torno do próprio centro, a mesma parte do convexo da terra que não tenha sido suficientemente aquecida torna a se restaurar e, pelo movimento mais lento ao redor do meio abrasado, estando mais inteiro à sua influência, venha receber raios quentes mais vigorosos?

FILÓTEO: Assim é.

ELPINO: Quereis então que se os astros além de Saturno são verdadeiramente imóveis como parecem, virão a ser sóis ou fogos mais ou menos sensíveis a nós, em torno dos quais percorrem as terras que são próximas, mas a nós insensíveis?

FILÓTEO: Assim seria preciso dizer, considerando que todas as terras possuem as mesmas disposições, assim como os sóis.

ELPINO: Quereis então que todos aqueles sejam sóis?

FILÓTEO: Não, porque não sei se todos ou a maior parte são [aparentemente] imóveis ou se alguns giram ao redor de outros; porque não há quem ainda tenha observado e não é fácil observar, como dificilmente se vê o movimento e o progresso de uma coisa longínqua a qual, em linhas gerais, dificilmente se vê mudada de lugar, como acontece com navios em alto-mar. Como quer que seja, sendo o universo infinito, é necessário haver mais sóis, pois é impossível que o calor e a luz de um em particular possa se difundir pela imensidão, como pôde imaginar Epicuro, se é verdade aquilo que outros referem[191]. Portanto, requer-se também que haja inumeráveis sóis, muitos dos quais nos são visíveis na forma de pequenos corpos; mas um desses astros que parecerá menor será maior do que parece o máximo.

ELPINO: Tudo isso deve ao menos ser julgado possível e conveniente.

FILÓTEO: Ao redor daqueles podem se mover terras maiores e menores do que esta.

ELPINO: Como saberei a diferença, digo, como distinguirei os fogos das terras?

FILÓTEO: Pelo fato de que os fogos parecem fixos e as terras, móveis; os fogos cintilam, as terras não. Desses sinais, os segundos são mais aparentes ou sensíveis.

ELPINO: Digo que a aparência do cintilar se deve à distância que possuem de nós.

---

191. Lucrécio, *De rerum natura*, V, 592.

FILÓTEO: Se assim fosse, o Sol não cintilaria mais do que todos, e os astros menores que estão mais afastados cintilariam mais do que os maiores que se encontrassem mais perto.

ELPINO: Pensai que os mundos ígneos sejam também habitados como os acquosos?

FILÓTEO: Nem menos, nem pior.

ELPINO: Mas que animais podem viver no fogo?

FILÓTEO: Não queirais acreditar que aqueles corpos sejam semelhantes, porque não seriam mundos, e sim massas vazias, vãs, estéreis. Mas é conveniente e natural que tenham uma diversidade de partes, como esta e outras terras têm diversidade de membros, ainda que estas aqui sejam sensíveis como águas iluminadas, e aqueles como chamas luminosas.

ELPINO: Acreditais que quanto à consistência e solidez da matéria próxima do Sol seja ela a mesma da matéria próxima à Terra? Isso porque sei que não duvidais ser una a matéria-prima de tudo.

FILÓTEO: Isso é certo; assim o entendeu o Timeu, o confirmou Platão e todos os verdadeiros filósofos a conheceram, poucos a explicaram, não se encontrando nenhum em nosso tempo que a tenha compreendido; ao invés disso, muitos, e de mil maneiras, vão perturbando sua intelecção, o que se deu pela corrosão do hábito [de pensar] e por defeitos de princípios.

ELPINO: A esse modo de compreender, se não chegou, parece ao menos ter-se aproximado à *Douta Ignorância* de Cusa, quando, falando das condições da Terra, fez esta sentença: "Não deveis considerar que, por causa da obscuridade e da cor negra, possamos argumentar que o corpo terreno seja vil e mais do que outros ignóbil; porque se nós habitássemos o Sol, não veríamos aquela claridade que nele percebemos enquanto permanecemos nesta região que lhe é circunjacente. Além do que, se agora lhe fixássemos bem os olhos, descobriríamos que se encontra em seu meio quase uma terra, ou talvez um corpo úmido e nebuloso, de onde, como um círculo circunferencial, difunde claro e brilhante lume. Daí, tanto ele quanto a Terra vêm a ser compostos dos mesmos elementos."[192]

FILÓTEO: Até aqui disse divinamente; mas prossiga com o que ele ainda acrescenta.

ELPINO: Pelo que acrescenta, pode dar a entender que esta Terra seja um outro Sol, e que todos os astros sejam da mesma maneira sóis. Diz assim: "Se alguém fosse além da região do fogo, veria esta Terra

---

192. Nicolau de Cusa, *De docta ignorantia*, II, 12.

parecer uma estrela lúcida na circunferência de sua região, de maneira não diferente que para nós, que estamos na circunferência da região do Sol, ele nos parece lucidíssimo; e a Lua não aparece igualmente luminosa porque pode ser que nós estejamos colocados, em relação à sua circunferência, nas partes intermédias, ou (como diz) centrais, isto é, em suas regiões úmidas e aquosas; portanto, apesar de ter sua própria luz, nada disso nos aparece, pois o que percebemos na sua superfície aquosa é unicamente ocasionado pela reflexão da luz solar."

FILÓTEO: Esse homem galante muito viu e conheceu, e é na verdade um engenho particularíssimo que respirou os nossos ares; mas quanto à apreensão da verdade, fez como aquele que nada em vagas tempestuosas, ora para cima, ora para baixo; porque não via a luz de modo contínuo, aberto e claro, e não nadava em uma superfície plana e tranquila, mas interruptamente e a intervalos. A razão disso é que não se havia evacuado de todos os falsos princípios com os quais se embebera na doutrina comum de onde partira. De sorte que não por acaso vem a propósito o título de seu livro *Da Douta Ignorância*, ou da doutrina ignorante.

ELPINO: De que princípio não se evacuou e devia tê-lo feito?

FILÓTEO: Que o elemento do fogo seja como o ar atritado pelo movimento do céu, e que o fogo seja um elemento sutilíssimo; princípio contrário àquela realidade e verdade que se faz manifesta nos demais propósitos e nos discursos próprios que consideramos; de onde se conclui ser necessário que haja um princípio material sólido e consistente tanto do corpo quente quanto do frio; e que a região etérea não pode ser de fogo, mas aquecida e iluminada por um vizinho sólido e espesso, que é o Sol. Tanto quanto naturalmente possamos falar, não é necessário recorrer-se a fantasias matemáticas. Vemos a Terra possuir partes que não são lúcidas por si mesmas; vemos que algumas podem brilhar por outro corpo, como por sua água, seu ar vaporoso, que acolhem o calor e a luz do Sol e podem transferi-los às regiões circundantes. Portanto, é necessário que exista um primeiro corpo ao qual convenha, ao mesmo tempo, ser brilhante e quente. E isso não pode acontecer se o corpo não for constante, espesso e denso, pois o corpo raro e tênue não pode ser sujeito nem de luz nem de calor, como já o demonstramos. É preciso assim que os dois fundamentos das duas primeiras qualidades contrárias e ativas sejam constantes de modo similar, e que o Sol, segundo as partes que nele são luminosas e quentes, seja como uma pedra ou um metal solidíssimo e incandescente. Não direi metal liquescente, como o chumbo, o bronze, o ouro e a prata, mas como um metal infusível, não propriamente o ferro incandescente, mas o ferro que já é o próprio fogo. E como esse astro em que moramos é por si frio e escuro, não participando de calor e luz a não ser quando aquecido pelo Sol, assim aquele que é por si próprio quente e luminoso, não participando do frio e da obscuridade a não ser quando arrefecido pelos corpos circunstantes, e possui em si partes de água, como a Terra possui partes de fogo. Como, porém, neste corpo frigidíssimo podem existir animais que vivem pelo calor e luz do Sol, assim naquele corpo muito quente e luminoso existem aqueles que vegetam pela refrigeração dos elementos frios e circunstantes. E assim como esse corpo é por participação quente nas suas partes dessemelhantes, também aquele é frio nas suas por participação.

ELPINO: Agora, o que dizeis da luz?

FILÓTEO: Digo que o Sol não brilha para o Sol, a Terra não brilha para a Terra e corpo algum brilha em relação a si mesmo, mas cada um brilha no espaço à sua volta. Contudo, apesar de a Terra ser um corpo luminoso por causa dos raios do Sol que incidem na sua superfície cristalina, sua luz não nos é sensível, nem aos que se encontram sobre essa superfície, mas é perceptível aos que se encontram em oposição a ela. Como, além disso, dado que toda a superfície do mar seja iluminada à noite pelo esplendor da Lua, para os que estão no mar isso se observa apenas com respeito a um certo espaço oposto à Lua; aos quais, se lhes fosse possível erguer-se sempre mais sobre o mar, sempre mais se veria crescer a dimensão da luz e o espaço do campo luminoso. Assim, facilmente se conclui que os que moram nos astros luminosos ou iluminados não são sensíveis à luz do próprio astro, mas à luz dos astros circundantes, assim como, num mesmo lugar que seja comum, um lugar particular recebe a luz de um lugar particular diferente.

ELPINO: Quereis então dizer que para os seres animados solares o Sol não projeta o dia, e sim uma outra estrela circundante?

FILÓTEO: Assim é. Não o percebeis?

ELPINO: Quem não o perceberia? Por considerar isso é que, por consequência, entendo outras coisas. Há duas espécies de corpos luminosos: os ígneos, e esses são primariamente luminosos; e os aquosos ou circundantes, que são secundariamente luminosos.

FILÓTEO: Exatamente.

ELPINO: Então, a razão [da existência] da luz não deve se referir a outro princípio?

FILÓTEO: Como pode ser de outro modo, se não conhecemos outro fundamento para a luz? Por que queremos nos apoiar em fantasias vãs, quando a própria natureza nos é maestra?

ELPINO: É certo que não devemos pensar que aqueles corpos têm luz por um acidente inconstante, como a putrefação das madeiras, as escamas e grumos viscosos dos peixes, ou o fragilíssimo dorso de ratos de campo e pirilampos, de cujos brilhos falaremos em outra oportunidade.

FILÓTEO: Como vos aprouver.

ELPINO: Assim, portanto, também se enganam aqueles que dizem ser os corpos circundantes luminosos quinta-essências, uma certa substância corpórea divina, ao contrário daquelas que estão perto de nós, e junto às quais nos encontramos, o que seria o mesmo se dissessem de uma vela ou de um cristal luzidio vistos de longe.

FILÓTEO: Certo.

FRACASTÓRIO: Na verdade, isso está em conformidade com qualquer senso, razão e intelecto.

BÚRQUIO: Não com o meu, que julga facilmente esse vosso parecer um típico pensamento sofista.

FILÓTEO: Responde-lhe, Fracastório, para que eu e Elpino, que já discutimos muito, possamos ouvir.

FRACASTÓRIO: Meu doce Búrquio, eu por mim te ponho no lugar de Aristóteles e quero ficar no lugar de um rústico idiota que confessa nada saber, que pressupõe nada haver entendido daquilo que entende Filóteo e Aristóteles, e todo o mundo ainda. Creio na maioria, creio no nome famoso e na majestade da autoridade peripatética, admiro, juntamente com uma inumerável multidão, a divindade deste demônio da natureza; mas por isso venho a ti para ser informado da verdade e libertar-me da persuasão deste a quem chamas sofista. Então vos pergunto por que razão dizeis serem enormes, ou ainda grandes as diferenças entre aqueles corpos celestes e esses que nos são próximos.

BÚRQUIO: Aqueles são divinos, e esses são materiáveis.

FRACASTÓRIO: Como me fareis ver e acreditar que aqueles são mais divinos?

BÚRQUIO: Porque aqueles são impassíveis, inalteráveis, incorruptíveis e eternos; estes, ao contrário; aqueles são móveis de movimento circular e perfeitíssimo, estes, de movimento reto.

FRACASTÓRIO: Gostaria de saber se, após ter bem considerado, poderíeis jurar que este corpo único (que entendeis como tendo três ou quatro corpos, e não percebeis como membros do mesmo composto) não possui o mesmo movimento dos demais astros móveis, posto que o movimento daqueles não nos é sensível, já que estamos afastados em distância; e esse corpo, se existe, não nos pode ser sensível, como notaram os antigos e modernos verdadeiros contempladores da natureza, e como, por experiência, se nos faz manifesto aos sentidos de mil maneiras que não podemos apreender o movimento senão por certa comparação e relação com algumas coisas fixas; porque, estando alguém no meio das águas num navio em movimento, sem saber que a água corre e sem poder enxergar as margens, não perceberia seu movimento. Por isso poderei começar a duvidar e a equivocar-me sobre essa quietude e fixidez; e posso estimar que se eu me encontrasse no Sol, na Lua ou em outras estrelas, sempre me pareceria estar no centro do mundo, imóvel, e ao redor do qual tudo o que está à volta se movimenta, girando, porém qual corpo continente em torno do próprio centro. Eis por que não estou mais certo sobre a diferença entre o móvel e o estável. Quanto àquilo que se diz do movimento em linha reta, com certeza não percebemos este corpo assim se movimentar, como tampouco os outros. A Terra, se ela se move, se move circularmente como todos os outros astros, tal como o afirmam Hegesias[193], Platão e todos os sábios, devendo admiti-lo Aristóteles e qualquer outro. E o que vemos subir ou descer da Terra não é todo o globo, mas algumas de suas partes, as quais não se afastam para além daquela região calculada entre as partes e os membros desse globo, em que, assim como num animal, há o defluxo e o influxo de partes, certa vicissitude, certa comutação e renovação. O que existe também em outros astros não necessariamente será percebido por nós, pois essas elevações e exalações de vapores, o aparecimento de ventos, chuvas, neves, trovoadas, esterilidades, fertilidades, inundações, nascimentos e mortes, se ocorrem nos outros corpos, não nos podem ser sensíveis da mesma maneira. Somente nos é sensível aquilo que pelo contínuo esplendor da superfície do fogo, da água ou de nuvens nos mandam pelo espaço. Da mesma forma, esse astro é sensível àqueles que se encontram em outros astros, dado o esplendor que se difunde da superfície dos mares (e às vezes pelo invólucro de corpos enevoados, razão pela qual na Lua as partes opacas parecem menos opacas); superfície que não se modifica senão em grandíssimos intervalos de idades e de séculos, no curso dos quais os mares se transformam em continentes e estes em mares[194]. Portanto, este e outros astros são sensíveis pelo brilho que difundem. A luz que dessa Terra se difunde

---

193. Não se trata de Hegesias, e sim do pitagórico Iceta de Siracusa, que acreditava que apenas a Terra se movesse, dando por isso a impressão de que as estrelas estivessem fixas.
194. Essa hipótese havia sido sugerida pelo médico, físico e astrônomo Girolamo Fracastoro em sua obra *Homocentrica*, de 1538.

não é nem mais nem menos alterável e perpétua do que a de astros semelhantes; e assim como o movimento em linha reta e a alteração daquelas pequenas partes não nos são sensíveis, assim não são percebidas por eles qualquer movimento e alteração que se possam encontrar nesse corpo. E assim como da Lua desta Terra, que é uma outra Lua, aparecem as diversas partes, umas mais luminosas, outras menos, assim também da terra daquela Lua aparecem diversas partes mais ou menos luminosas por causa da variedade e da diferença de espaços de sua superfície. E se a Lua se encontrasse mais longe, faltando o diâmetro das partes opacas, as partes brilhantes iriam juntar-se e estreitar-se numa única percepção de um corpo menor e completamente brilhante; e assim apareceria a Terra para a Lua, se dela estivesse mais distante. Daí podemos concluir que inúmeras estrelas são outras luas, outros tantos globos terrestres, outros tantos mundos semelhantes a este, em torno dos quais parece movimentar-se a Terra, da mesma maneira que eles parecem movimentar-se e girar ao redor da Terra. Por que então queremos afirmar existir diferença entre esses e aqueles corpos, se vemos uma conveniência?[195] Por que queremos negar essa conveniência, se não há razão nem senso que nos induza a duvidar?

BÚRQUIO: Assim, então, tendes por comprovado que aqueles corpos não diferem deste?

FRACASTÓRIO: E muito bem, porque o que de lá se pode ver neste mundo vê-se naqueles daqui; como a dizer, são corpos pequenos, luminosos em parte pela menor distância a que se encontram este e aqueles; este e aquele em tudo luminosos em virtude da distância maior.

BÚRQUIO: Onde está então aquela bela ordem, aquela bela escala da natureza, pela qual se ascende do corpo mais denso e crasso, tal como a terra, ao menos crasso, como a água, ao sutil, como o vapor, ao mais sutil, como o ar puro, ao sutilíssimo, como o fogo, e ao divino, tal como é o corpo celeste? Do obscuro ao menos escuro, ao claro, ao mais claro, ao claríssimo? Do tenebroso ao lucidíssimo, do alterável e corruptível ao livre de toda alteração e corrupção? Do gravíssimo ao grave, deste ao leve, do leve ao levíssimo, ao que não é grave nem leve? Do móvel ao meio, ao meio do móvel e, finalmente, ao móvel em torno do meio?

FRACASTÓRIO: Quereis saber onde se encontra essa ordem? Onde estão os sonhos, as fantasias, as quimeras e as loucuras. Quanto ao

---

195. *Convenienza*, no original, no sentido de correspondência ou adequação entre uma coisa e outra.

movimento, tudo aquilo que se move naturalmente tem uma translação circular em torno de si próprio ou em torno de outro meio; digo circular não só considerando simples e geometricamente o círculo e a circulação, mas conforme aquela regra com que vemos mudar fisicamente de lugar os corpos naturais. O movimento reto não é próprio nem natural a corpo algum que seja principal, pois não é visto senão em partes que são quase excrementos saídos de corpos mundanos, ou de outra maneira efluem para esferas congêneres e continentes. Assim vemos as águas que em forma de vapor sutilizado pelo calor sobem para o alto, e condensadas pelo frio voltam para baixo, pelo processo que explicaremos em tempo oportuno, quando considerarmos o movimento. Quanto à disposição dos quatro corpos, chamados terra, água, fogo e ar, gostaria de saber qual a natureza, que arte, que sentido a produz, a verifica e demonstra.

BÚRQUIO: Negais então a famosa distinção dos elementos?

FRACASTÓRIO: Não nego a distinção, porque deixo a cada um distinguir como lhe agradar as coisas naturais; mas nego essa ordem, essa disposição, isto é, que a terra seja circundada e contida pelas águas, a água pelo ar, o ar pelo fogo, o fogo pelo céu. Porque digo ser uno o continente e receptáculo de todos os corpos e das grandes máquinas que vemos disseminados e esparsos nesse vastíssimo campo, no qual cada um de tais corpos, astros, mundos e lumes é composto por aquilo que chamamos terra-água-ar-fogo. E nesses, se a substância predominante é o fogo, vem o corpo a ser denominado Sol e luminoso por si; se predomina a água, o corpo se chama telúrico, lunar ou de condições semelhantes, como já se disse. Nesses astros e mundos, essas partes dessemelhantes também se encontram ordenadas conforme as várias e diversas compleições de pedras, lagos, rios, fontes, mares, areias, metais, cavernas, montanhas, planícies e outras espécies semelhantes de corpos compostos, de lugares e configurações que, nos animais, são as partes chamadas heterogêneas, segundo as várias compleições de ossos, intestinos, veias, artérias, carnes, nervos, pulmões, membros, apresentando os seus montes, vales, recônditos, águas, espíritos, fogos, com acidentes proporcionais às impressões meteóricas, tais como os catarros, as erisipelas, os cálculos, as vertigens, as febres e outras inúmeras disposições e costumes que correspondem a névoas, chuvas, nevascas, calores, abrasamentos, raios, trovões, ventos, terremotos, às férvidas e tormentosas tempestades. Se, portanto, a Terra e outros mundos são animais, diversos daqueles comumente considerados, são certamente animais com maior razão. Mas como Aristóteles ou qualquer outro poderá provar que o ar é encontrado com maior abundância ao redor da Terra do que dentro dela, se não existe parte alguma desta em que aquele não tenha lugar e possa penetrar, talvez pelo modo como os antigos entenderam o vácuo, por abranger tudo por fora e penetrar no elemento cheio? Onde podeis imaginar a Terra ter espessura, densidade e consistência sem água que congregue e una as partes? Como entender que a Terra é mais grave no centro, sem acreditar que suas partes são ali mais espessas e densas, sendo a espessura impossível sem a água, elemento potente para aglutinar parte com parte? Quem não vê que por todo lugar da Terra aparecem ilhas e montanhas acima da água; e não apenas sobre a água, mas ainda acima do ar vaporoso e tempestuoso, encerradas entre as altas montanhas e contadas entre os membros da Terra para formar um corpo perfeitamente esférico; não é evidente que a água ocupe nas vísceras da Terra o lugar que o sangue e os humores ocupam nas nossas? Quem não sabe que nas cavernas e concavidades profundas se encontram as principais concentrações de água? E se dizes que a terra é túmida nos litorais, respondo que estes aqui não são as partes superiores da Terra, pois tudo aquilo que existe entre as montanhas não é superfície, mas concavidade. Além do mais, pode-se perceber a mesma coisa nas gotas empoeiradas e pendentes que mantêm consistência sobre um elemento plano, porque a alma íntima que compreende e está em todas as coisas é a primeira a produzir essa operação, ou seja, unir o quanto pode as partes, segundo a capacidade do objeto; e não é pelo fato de que a água esteja ou possa estar naturalmente sobre ou em volta da terra, mais do que o úmido de nossa substância esteja sobre ou em volta de nosso corpo. Concedo que as concentrações de água nos meios são mais eminentes em todos os cantos dos litorais e em todos os lugares onde se encontram tais concentrações; e certamente, se as partes da terra árida tivessem a possibilidade de se juntarem por si, fariam o mesmo, como é evidente pela forma esférica quando são aglutinadas pela água, porque toda espessura ou união de partes que se encontra no ar procede da água. Estando, portanto, a água nas vísceras da Terra, e não havendo nenhuma parte daquela que aja para unir e fazer a espessura, haverá alguém que não queira afirmar que a água é a base da terra, de preferência a ser a terra a base da água; que sobre esta aqui se baseia aquela? Concedo que a altitude da água sobre a face da Terra que nós habitamos, chamada de mar, não é tanto nem digna de se comparar com a massa dessa esfera; e não está verdadeiramente à sua volta, como creem os insensatos, mas dentro dela. Como que forçado pela verdade, ou talvez pelo hábito de dizer dos antigos filósofos, Aristóteles confessou no primeiro livro de seu *Meteora* (Do Céu) que as duas regiões ínfimas do ar inquieto e turbulento estão interceptadas e compreendidas entre os altos montes, e são como que membros dela; a qual está circundada e compreendida pelo ar sempre tranquilo, sereno e claro, de frente para as estrelas; daí, baixando-se os olhos vê-se a totalidade dos ventos, nuvens, névoas e tempestades, fluxos e refluxos que procedem da vida e da respiração desse grande animal e nume que chamamos Terra, nomeada Ceres, figurada por Ísis, intitulada Prosérpina e Diana, a mesma chamada Lucina no céu, entendendo-se que esta não é de natureza diferente daquela. Eis como erra esse bom Homero que, quando não dorme, diz que a água tem sede natural sobre ou ao redor da Terra, onde não há ventos nem chuvas, nem se encontram pressões tenebrosas. E se houvesse melhor considerado, teria visto que também no meio desse corpo (centro de gravidade) o lugar é mais de água do que de terra árida. Pois as partes da terra não são graves sem que muita água entre em sua composição; e sem água não adquirem impulso e peso próprio para descer do ar e encontrar a esfera do próprio continente. Assim, que senso bem regulado, que verdade natural distingue e ordena essas partes da maneira como é concebida pelo vulgo cego e sórdido, aprovada por aqueles que falam sem consideração, predicada por quem muito diz e pouco pensa? Quem acreditará, ademais, não ser verdadeira a sentença de Platão, no Timeu, de Pitágoras e outros que declara vivermos na parte côncava e escura da Terra, tendo com os animais que vivem sobre ela a mesma relação que existe entre nós e os peixes, pois como esses vivem num mundo mais úmido, denso e crasso do que o nosso, nós vivemos num ar mais carregado do que aqueles que se encontram numa região mais pura e tranquila (tal sentença, se for produzida por um homem sem autoridade, é coisa para o riso; se for referida por pessoa considerada ilustre, é coisa de mistério e parábola, interpretada como metáfora; se for trazida por um homem com mais senso e intelecto do que autoridade, incluiu-se entre os paradoxos ocultos). E assim como o oceano é água em relação ao ar impuro, o nosso ar é nebuloso em relação ao outro verdadeiramente puro? De tal sentido e modo de dizer, o que quero inferir é isto: que o mar, as fontes, os rios, os montes, as pedras e o ar neles contido, indo-se até a chamada região mediana, não são outra coisa senão partes e membros dessemelhantes de um mesmo corpo, de uma mesma massa, proporcionais às partes e membros que vulgarmente conhecemos como compostos animais, cujos limites, convexidades e últimas superfícies estão limitados pela extremidade das montanhas e pelo ar impetuoso. De sorte que o oceano e os rios permanecem nas profundezas da Terra como o fígado, considerado a fonte do sangue, e as veias ramificadas contidas e estendidas por todos os membros particulares.

BÚRQUIO: Então a Terra, que está no meio, não é um corpo mais grave do que a água que a circunda, a qual é mais grave do que o ar?

FRACASTÓRIO: Se julgas um elemento grave pela maior aptidão que tem em penetrar nas partes e se introduzir no meio ou no centro, direi que o ar é o elemento mais grave e o mais leve entre todos os assim chamados elementos. Porque assim como uma parte da terra, caso lhe seja oferecido espaço, descende até o meio, as partes do ar alcançarão o meio mais rapidamente do que uma parte de qualquer outro corpo, pois cabe ao ar ser o primeiro a chegar a um espaço e a impedir o vácuo, preenchendo-o. Não com a mesma velocidade chegam a um lugar as partes da terra, que ordinariamente não se movimentam, a não ser penetrando-lhes o ar, porque, para fazer o ar penetrar, não é necessário nem terra nem fogo nem água, e nenhum deles se antecipa ao ar nem pode vencê-lo por serem mais lestos, mais aptos e rápidos para preencher os ângulos do corpo continente. Além do mais, se a terra, que é um corpo sólido, se divide, o ar ocupará o seu lugar; mas a terra não está apta a ocupar o lugar do ar que se divide. Assim, sendo próprio do ar movimentar-se para penetrar cada sítio e recesso, não existe corpo mais leve do que ele, nem mais pesado.

BÚRQUIO: E o que dirias da água?

FRACASTÓRIO: Da água já disse e torno a dizer que ela é mais grave do que a terra, já que podemos ver mais fortemente o humor descer e penetrar na terra árida até o meio do que a terra penetrar na água. Mais ainda, a terra árida, sem absolutamente composição de água, vai boiar sobre a água, sem capacidade de penetrá-la. Não desce se não for primeiramente embebida e condensada numa massa e num corpo espesso, por meio do qual adquire o poder de penetrar na água. Esta, pelo contrário, nunca descerá por causa da terra, mas por que se agrega, se condensa e dobra o número de suas partes para embeber e amassar a terra. Por isso percebemos que entra mais água num vaso cheio de cinza verdadeiramente seca do que num outro vaso igual e que esteja vazio. Portanto, a terra árida situa-se acima e boia na água.

BÚRQUIO: Expressa-te melhor.

FRACASTÓRIO: Torno a dizer que se da terra se removesse toda a água, de sorte a ficar inteiramente árida, seria necessário que o que permanecesse fosse um corpo inconstante, ralo, decomposto e fácil de ser disperso pelo ar sob a forma de inúmeros corpos descontínuos, pois aquilo que o faz contínuo é o ar, e o que o faz coeso é a água. Do que, se a gravidade não procede de outra coisa senão da coesão e da espessura das partes, e a da terra não tem coesão senão pela água, cujas partes se unem (como as do ar) entre si, e possuem mais virtude singular do que outra coisa para fazer com que as partes se unam, ver-se-á que a água é primariamente grave. Por isso não devem ser considerados loucos, mas bem mais sábios, aqueles que disseram que a terra está fundada sobre a água[196].

BÚRQUIO: Nós dizemos que se deve compreender a terra como estando no meio, como muitos e doutos personagens concluíram.

FRACASTÓRIO: E confirmam os loucos.

BÚRQUIO: Por que dizeis loucos?

FRACASTÓRIO: Porque essa afirmação não está confirmada pelos sentidos nem pela razão.

BÚRQUIO: Não vemos os mares ter fluxos e refluxos e os rios fazerem seus percursos sobre a face da terra?

FRACASTÓRIO: Não vemos as fontes, que são as origens dos rios e fazem os charcos e os mares, saírem das entranhas da terra, e não fora delas, se haveis entendido aquilo que há pouco eu disse outra vez?

BÚRQUIO: Vemos a água primeiramente descer dos ares e por ela se formam as fontes.

FRACASTÓRIO: Sabemos que a água prima, original (mesmo que desça de outro ar que aquele que faz parte e é membro da terra) está totalmente na terra, e depois, derivada, secundária e particularmente, está no ar.

BÚRQUIO: Acima de tudo isso, sei que a verdadeira superfície do convexo da terra não se mede a partir do plano do mar, mas do ar das montanhas altíssimas.

FRACASTÓRIO: Assim afirmou e confirmou ainda o vosso príncipe Aristóteles.

BÚRQUIO: Esse nosso príncipe não tem comparação, é mais celebrado, digno e seguido do que o vosso, que até agora não é conhecido nem foi visto; mas por mais que vos agrade o vosso, o meu não me desagrada.

FRACASTÓRIO: Embora vos deixe morrer de frio e de fome, vos alimente de vento e vos deixe ir descalço e nu...

FILÓTEO: Por favor, não vos dediqueis a esses propósitos inúteis.

---

196. Entre outros, e o primeiro, Tales de Mileto.

FRACASTÓRIO: Assim faremos. O que dizeis, Búrquio, daquilo que acabais de ouvir?

BÚRQUIO: Digo que, no fim, é preciso ver o que se encontra no meio da massa desse teu astro, desse teu animal. Pois se lá existir terra pura, a maneira como eles ordenaram os elementos não é vã.

FRACASTÓRIO: Disse e demonstrei que é muito mais razoável estar lá a água ou o ar em lugar de terra árida (que, aliás, não poderia ali estar sem ser composta de partes de água que, por fim, vem a ser seu fundamento); porque vemos com mais força as partículas de água penetrarem na terra do que as partículas desta penetrarem na água. Portanto, é mais verossímil e até mais necessário considerar que nas entranhas da terra se encontre água do que nas entranhas da água se encontre terra.

BÚRQUIO: O que dizes da água que sobrenada e permanece sobre a terra?

FRACASTÓRIO: Não há ninguém que não possa ver que isso acontece por causa da própria água, que, havendo tornada espessa e fixada a terra, conjugando suas partes, faz com que seja impossível a absorção de mais água, a qual, de outra forma, penetraria até o fundo da substância árida, como podemos averiguar pela experiência universal. É preciso então que no meio da terra exista água para que esse meio tenha firmeza, o que não tem sua origem primária na terra, mas na água; porque esta une e conjuga as partes daquela e, por consequência, a água produz a densidade da terra; [isso é mais verossímil do que] ao contrário, que a terra seja a causa da coerência das partes da água e as faça densas. Se não quiseres, portanto, que o meio seja composto de terra e água, é mais verossímil e de acordo com qualquer raciocínio e experiência que ali esteja a água, de preferência à terra. E se existe ali um corpo espesso, há mais razão para que nele predomine a água do que a terra árida, pois a água é que faz a espessura das partes da terra, a qual, pelo calor, dissolve-se e que, quanto mais espessa e grave, tanto mais participa da água. Daí, as coisas que julgamos muito espessas não apenas possuem maior participação de água, mas, além disso, encontra-se a própria água como substância, como se verifica na redução dos corpos mais graves como os metais liquescíveis. E, na verdade, em qualquer corpo sólido, coeso, subentende-se a existência de água, que junta e faz a cópula das partes, começando por aquelas mínimas da natureza; assim é que a terra árida, separada da água, não é senão átomos vagos e esparsos. Mas são mais consistentes as partes da água sem a terra, pois as partes da terra árida não possuem qualquer consistência sem água. Se o lugar do meio é destinado àquele que o alcança com maior impulso e velocidade, em primeiro lugar convém ao ar, que tudo preenche; em segundo lugar, à água; e, em terceiro, à terra. Se o meio for destinado ao primeiro elemento pesado, ao mais denso e espesso, primeiramente convém à água, em segundo ao ar e, em terceiro, à terra árida. Se considerarmos a terra árida juntamente com a água, o meio convém primeiramente à terra, em segundo à água e, em terceiro, ao ar. Tanto que, segundo mais e diferentes razões, o meio convém a diversos elementos; conforme a natureza e a verdade, um elemento não existe sem o outro, e não existe membro da Terra, deste grande animal, sem os quatro elementos, ou ao menos três deles.

BÚRQUIO: Chegai logo à conclusão.

FRACASTÓRIO: Aquilo que quero concluir é isto: que a famosa e ordinária ordem dos elementos e dos corpos mundanos é um sonho e uma vastíssima fantasia, porque nem pela natureza se verifica, nem pela razão se prova e argumenta; nem por conveniência deve e nem por potência pode ser dessa maneira. Resta, então, saber que existe um campo infinito e um espaço continente que a tudo compreende e penetra; nele se encontram infinitos corpos semelhantes a este, não estando mais nenhum deles no centro do universo do que outro, pois o universo é infinito e, assim, sem centro ou margens, sendo tudo isso possível a cada um destes mundos pelo modo como disse outras vezes, e particularmente por termos demonstrado existir certos meios determinados e definidos que são os sóis, os fogos, ao redor dos quais se movimentam os planetas, as terras, as águas, tal como podemos ver com o nosso vizinho, em torno do qual se movimentam sete planetas errantes. E também por termos igualmente demonstrado que cada um desses mundos e desses astros, movimentando-se ao redor do próprio centro, causa a impressão de um sólido e continuado mundo que rapta consigo quantos astros se podem ver e existir, e que se movimentam ao seu redor como se fosse o centro do universo. De maneira que não há um único mundo, uma única terra, um único Sol; mas os mundos são tantos quantas as lâmpadas luminosas que vemos à nossa volta, as quais se encontram num certo céu, num lugar, num receptáculo, da mesma forma que este mundo onde moramos está nos seus. Assim que o céu, o ar infinito, imenso, apesar de fazer parte do universo, não é contudo mundo nem parte do mundo, mas seio, amparo e campo onde eles existem, se movimentam, vivem, vegetam e efetuam os atos de suas vicissitudes, produzem, se apascentam e reapascentam, mantendo os seus habitantes e animais; e com certas disposições e ordens administram a natureza superior, mudando o aspecto de um ente em diversos objetos. Logo, cada um desses mundos é um meio para o qual cada uma de suas partes concorre e onde reside toda coisa da mesma origem; da mesma forma que as partes desse astro, de uma determinada distância, de cada lado, de cada região circunstante se relacionam com seu continente. De onde, não existindo parte que emane do grande corpo que a ele não volte novamente, acontece de ser eterno, embora seja dissolúvel; se bem que a necessidade de tal eternidade provenha de um mantenedor e de um provisor extrínseco, e não de uma suficiência própria e intrínseca, se não me engano. Mas sobre isso, e com mais razões apropriadas, em outra oportunidade vos farei ouvir.

BÚRQUIO: Assim então, os outros mundos são habitados, como esse?

FRACASTÓRIO: Se não assim e melhor, nem menos nem pior; porque é impossível que uma inteligência racional e de engenho desperto possa imaginar que os inúmeros mundos que a nós se manifestam estejam privados de semelhantes ou até de melhores habitantes que o nosso; mundos que são sóis ou aos quais o Sol difunde os diviníssimos e fecundos raios que tornam feliz tanto o próprio sujeito e fonte quanto os afortunados elementos circunstantes que participam desse poder. Portanto, os inumeráveis e principais membros do universo são infinitos, com o mesmo aspecto, a mesma aparência, prerrogativa, virtude e efeito.

BÚRQUIO: Não quereis que entre uns e outros haja diferença alguma?

FRACASTÓRIO: Haveis muitas vezes escutado que são brilhantes e quentes por si mesmos aqueles em cuja composição predomina o fogo; os outros resplandecem por participação alheia, pois por si são frios e obscuros, e em sua composição predomina a água. Dessa diversidade e desses contrários dependem a ordenação, a simetria, a compleição, a paz, a concórdia, a composição e a vida. De tal sorte que os mundos são compostos de contrários; e alguns contrários, como a terra-água, vivem e vegetam por meio de outros contrários, como os sóis-fogos. E creio que assim entendeu aquele sábio que disse que Deus obteve a paz nos contrários sublimes; e aquele outro que entendeu ser o todo consistente pelo litígio dos concordantes e o amor dos litigantes.

BÚRQUIO: Com essas afirmações quereis pôr o mundo de cabeça para baixo.

FRACASTÓRIO: Parece-te que faria mal alguém que quisesse inverter um mundo virado às avessas?

BÚRQUIO: Quereis fazer inúteis tantas fadigas, estudos e suores de físicos devotados aos céus e ao mundo, com as quais destilaram o cérebro tão grandes comentadores, parafrasistas, glosadores, compendiários, sumistas, escoliastas, tradutores, pesquisadores e teóricos? Onde foram postas as bases e lançados os fundamentos de tão profundos doutores, sutis, áureos, magnos, inexpugnáveis, irrefragáveis, angélicos, seráficos, querúbicos e divinos?

FRACASTÓRIO: Acrescenta[197] os quebra-pedras, quebra-seixos, os cornúpetos e os pés-potentes[198]. Acrescenta os *visoprofundos*, os *paládicos*, os olímpicos, os *firmamentistas*, os *cerulempíricos*, os altissonantes.

BÚRQUIO: Segundo vossa instância, deveríamos mandar-lhes todos à merda? Certamente será bem governado o mundo se forem abolidas e desprestigiadas as especulações de tantos e tão dignos filósofos.

FRACASTÓRIO: Não é justo tirarmos a alface dos burros, querendo que eles tenham um gosto semelhante ao nosso. A variedade de engenhos e de intelectos não é menor do que a de espíritos e de estômagos.

BÚRQUIO: Quereis que Platão seja um ignorante, Aristóteles, um asno, e os que os seguiram insensatos, estúpidos e fanáticos?

FRACASTÓRIO: Meu filho, não digo que estes sejam cavalinhos e aqueles burros, que esses sejam símios e aqueles macacões, como quereis que eu diga; mas como vos disse desde o princípio, os considero heróis da Terra; no entanto, não posso acreditar sem causa nem admitir aquelas proposições cujas contraditórias (como podeis ter compreendido, se não fordes cego e surdo) são tão expressamente verdadeiras.

BÚRQUIO: Então, quem será o juiz de tudo isso?

FRACASTÓRIO: Todo senso bem regulado e todo juízo atento; toda pessoa discreta e pouco pertinaz quando perceber que está convencida e, portanto, impotente para defender os argumentos daqueles e resistir aos nossos.

BÚRQUIO: Quando não as souber defender, será por defeito de minha insuficiência, não da doutrina; quando, impugnando-a, souberdes concluir, não será pela verdade da doutrina, mas por vossa inoportuna capacidade sofística.

FRACASTÓRIO: Eu, se me achasse ignorante das causas, me absteria de pronunciar sentenças. Se eu fosse tão afetado quanto vós, me consideraria douto por fé, não por ciência.

---

197. No original, *adde*, latim.
198. Bruno se utiliza aqui de vários trocadilhos ou neologismos, como "os que chutam potentemente" – *calcipotente* –, "os que veem nas profundezas" – *profundivedi* etc.

BÚRQUIO: Se tu fosses menos afetado, saberias que sois um asno, presunçoso, sofista, perturbador das boas letras, carrasco dos talentos, amante das novidades, inimigo da verdade e suspeito de heresia.

FILÓTEO: Até agora esse aí demonstrou ter pouca doutrina, e agora nos faz conhecer sua pouca discrição, sem ser dotado de civilidade.

ELPINO: Tem boa voz e discute mais galhardamente do que se fosse um frade mendicante. Búrquio, meu caro, louvo a constância de tua fé; desde o princípio disseste que, ainda que fosse verdade, não querias acreditar.

BÚRQUIO: Sim, quero antes ignorar com muito ilustres e doutos do que saber com poucos sofistas, como considero esses amigos.

FRACASTÓRIO: Mal sabes a diferença entre doutos e sofistas, se quisermos acreditar no que dizes. Não são ilustres e doutos os que ignoram; os que sabem não são sofistas.

BÚRQUIO: Sei que entendes o que quero dizer.

ELPINO: Seria muito se nós pudéssemos entender o que dizes, porque tu mesmo farias um grande esforço para entender o que queres dizer.

BÚRQUIO: Ide, ide embora, mais doutos do que Aristóteles, fora, fora, mais divinos do que Platão, mais profundos do que Averróis, mais judiciosos do que um tão grande número de filósofos e de teólogos de tantas eras e de tantas nações, que comentaram, admiraram e foram postos no céu. Ide embora porque não sei quem sois e de onde saístes, querendo vos opor à torrente de tantos doutores.

FRACASTÓRIO: Esta seria a melhor de quantas não deste, se fosse uma razão.

BÚRQUIO: Tu serias mais douto do que Aristóteles se não fosses uma besta, um pobretão, mendigo, miserável, alimentado com pão de milho, morto de fome, nascido de lavadeira, sobrinho de um sapateiro remendão cego, filho de Momo, cafetão de putas, irmão de lazarentos que fazem sapatos de burro. Ficai ainda vós com cem diabos, já que não são melhores do que ele.

ELPINO: Por favor, magnífico senhor, não vos incomodeis de nos vir encontrar e esperai que nós venhamos a vós.

FRACASTÓRIO: Querer mostrar a verdade utilizando-se de mais razões a pessoas semelhantes é mais difícil do que lavar muitas vezes a cabeça de um burro com sabão e lixa, pois não se aproveita mais se lavada cem vezes, de mil maneiras ou só de uma, pois dá no mesmo ter ou não ter lavado.

FILÓTEO: Pelo contrário, aquela cabeça será ainda considerada mais imunda no fim da lavagem do que no princípio, e antes de ser lavada.

Porque acrescentando mais água e mais perfumes, sempre mais odores serão remexidos, sentindo-se aquele mau cheiro que antes não se sentia, o que será mais incômodo quanto mais os perfumes aromáticos o despertarem. Hoje já falamos muito. Muito me alegro com a capacidade de Fracastório e com vosso juízo maduro, Elpino. Tendo já discutido sobre o ser, o número e qualidade dos mundos infinitos, é bom que amanhã vejamos se há razões contrárias e quais são elas.

ELPINO: Assim seja.

FRACASTÓRIO: Adeus.

FIM DO TERCEIRO DIÁLOGO

Quarto Diálogo

FILÓTEO: Os mundos não são infinitos, portanto, da maneira como imaginaram o composto desta Terra, circundada por tantas esferas, algumas contendo um astro apenas e outras inumeráveis astros, considerando que o espaço é tal que muitos podem percorrê-lo. E cada um deles é de tal maneira que pode, por si mesmo e como que por um princípio intrínseco, mover-se para comunicar coisas que lhe convêm. Cada um deles é tão completo que é suficiente, capaz e digno de ser considerado um mundo; não existe nenhum deles que não possua um princípio eficaz e a maneira de conservar a geração perpétua e a vida de inúmeros indivíduos. Sabendo-se que a aparência do movimento mundano é causada pelo verdadeiro movimento diurno da Terra (o que também se encontra em astros semelhantes), não existirá razão que nos constranja a calcular a equidistância de estrelas que o vulgo considera numa oitava esfera, como que pregadas e fixas; e não existirá raciocínio que impeça nosso conhecimento sobre a distância daquelas que são inúmeras e que possuem diferenças de comprimento e de semidiâmetro. Compreenderemos que os orbes e as esferas do universo não estão postos de forma a conterem uns aos outros, sendo sempre contido o menor pelo maior como, por exemplo, as folhas de qualquer cebola, mas que o calor e o frio, difundidos pelos corpos no campo etéreo, venham a se cotemperar conjuntamente, segundo diversos graus, e assim se façam um princípio de tantas formas e espécies de entes.

ELPINO: Por favor, vamos logo à resolução das razões dos contrários e sobretudo às de Aristóteles, que são as mais celebradas e famosas, consideradas pela multidão estúpida como perfeitas demonstrações; e para não parecer que se queira deixar algo para trás, farei referência a todas as razões e sentenças deste pobre sofista, e vós as considerareis uma por uma.

FILÓTEO: Façamos assim.

ELPINO: É preciso ver, afirma Aristóteles no primeiro livro de seu *Céu e Mundo*, se fora deste mundo existe outro.

FILÓTEO: Acerca dessa questão, sabei que ele toma a palavra "mundo" diferentemente de nós. Porque nós juntamos mundo a mundo, assim como um astro a outro nesse vastíssimo regaço etéreo, como condescendem aqueles sábios que consideraram os mundos inumeráveis, infinitos. Ele toma o mundo por um agregado desses elementos dispostos e dessas órbitas fantásticas até a convexidade do primeiro móvel que, formado por uma figura perfeitamente redonda, com uma rapidíssima tração a tudo revoluciona (revolucionando-se) ao redor do centro em que estamos[199]. Contudo será um entretenimento vão e infantil se considerarmos, razão por razão, tal fantasia. Mas será bom e oportuno resolver suas argumentações, já que podem ser contrárias ao nosso entendimento e não ter relação com aquilo que nos opõe.

FRACASTÓRIO: O que diremos a quem nos reprovasse por discutir a respeito de um equívoco?

FILÓTEO: Diremos duas coisas: primeiro, que o defeito é causado por Aristóteles, que considerou o mundo conforme um significado impróprio, fazendo dele um universo corpóreo fantástico; segundo, que nossas respostas são igualmente válidas, supondo-se a significação do termo "mundo" quer segundo a imaginação dos adversários, quer segundo a verdade. Porque, onde quer que se entendam os pontos da última circunferência deste mundo, cujo meio é a Terra, podem ser configurados os pontos de outras inúmeras terras que existem para além daquela circunferência imaginária, sendo que realmente ali estão, embora não segundo a condição imaginada por eles; e como quer que seja, não acrescenta ou retira qualquer ponto ao que se refere à quantidade do universo e ao número de mundos.

FRACASTÓRIO: Dizeis bem. Segui, Elpino.

ELPINO: "Todo corpo", diz ele, "ou se move ou está imóvel, e esse estado ou é natural ou violento. Além disso, todo corpo que está não por violência, mas naturalmente, ali não se move por violência, mas

---

[199]. Por essa explicação, Aristóteles considera mundo como totalidade, ou seja, o universo ou o uno, mas uma totalidade próxima e fechada.

por natureza; e onde não se move violentamente, reside ali naturalmente. De sorte que tudo aquilo que é movido violentamente para o alto, move-se naturalmente para baixo, e ao contrário. Disso se infere não existir mais mundos se considerarmos que a Terra, que estaria fora desse mundo, se moveria violentamente para o meio deste, e a Terra, que está neste mundo, mover-se-ia naturalmente para o meio daquele. E se seu movimento do meio deste mundo para aquele for violento, será natural o seu movimento do meio daquele mundo para o meio deste. A causa de tudo isso é que, se existem mais terras, precisamos admitir que a potência de uma seja semelhante à da outra, assim como a potência daquele fogo será semelhante à potência deste aqui. De outro modo, as partes daquele mundo serão similares às deste apenas no nome, não em ser ou substância; por consequência, aquele mundo não será, mas se chamará mundo como este aqui. Ademais, todos os corpos que são de uma única natureza e espécie possuem um único movimento (porque todo corpo se move naturalmente, de alguma maneira); se aí pois existem terras da mesma natureza que esta, e da mesma espécie, terão por certo o mesmo movimento; ao contrário, se possuem o mesmo movimento, possuirão os mesmos elementos. Assim sendo, necessariamente a terra daquele mundo se movimentará para a Terra desse mundo, e o fogo daquele para o fogo deste. Daí resulta também que a terra se move tão naturalmente para cima como para baixo, e o fogo tanto para baixo como para cima. Ora, sendo tais coisas impossíveis, deve existir uma só Terra, um centro, um meio, um horizonte, um mundo."[200]

FILÓTEO: Contra isso dizemos que, pelo modo com que neste espaço universal infinito a nossa Terra gira em torno desta região, ocupando esta parte, assim os outros astros ocupam as suas partes e giram ao redor de suas próprias regiões no imenso campo. E como esta Terra possui seus próprios membros, suas próprias alterações, o fluxo e o refluxo em suas várias partes (como vemos acontecer nos animais, nos humores e partes que estão sob contínua alteração e movimento), assim os demais astros têm seus próprios membros continuamente afetados. E assim como esta, movendo-se naturalmente como toda máquina, não tem outro movimento senão o semelhante ao circular, com o qual gira ao redor do próprio centro e à volta do Sol, assim necessariamente acontece com todos os outros corpos que possuem a mesma natureza. E da mesma maneira como as partes isoladas daqueles corpos se afastam de seus lugares, e por

---

200. *Do Céu*, I, 8, 276.

impulso próprio retornam àquele lugar naturalmente, as partes da terra árida e da água, que pela ação do Sol e da terra, sob a forma de exalação e de vapor, tinham se afastado para os membros e regiões superiores deste corpo, aí regressam depois de reconquistarem sua forma. E assim, aquelas partes não se afastam de seu continente além de certos limites, como se tornará manifesto quando virmos que a matéria dos cometas não pertence a este globo. Finalmente, embora as partes de um animal sejam da mesma espécie que as partes de um outro, embora pertencendo a diversos indivíduos, nunca aquelas de um deles (falo das partes principais e longínquas) se inclinam para o lugar daquelas do outro, assim como minha mão nunca será compatível com teu braço nem minha cabeça ao teu tronco. Postos tais fundamentos, dizemos ser verdadeira a semelhança entre todos os astros, entre todos os mundos, e pelas mesmas razões haver esta e outras Terras. Porém disso não se segue que onde está este mundo devam estar todos os outros, mas bem se pode inferir que, assim como esta [Terra] consiste de seu lugar, todas as demais consistem dos seus; como esta não se move no lugar de outra, as demais não se movem no lugar desta; como esta é diferente de outras por circunstâncias individuais, aquelas são diferentes desta. Assim também as partes desse fogo [Sol] se movem nesse fogo, assim como as partes de outros em outros. Assim as partes daquela terra a que chamamos Lua, com suas águas, se moveriam violentamente e contra sua natureza para esta, assim como as partes dessa [terra] para a Lua. A Lua gira naturalmente em seu lugar e obtém a sua região que ali está; a Terra permanece naturalmente aqui em sua região; assim também se deve entender com referência às partes daquelas águas e daqueles fogos. A parte inferior desta Terra não é nenhum ponto da região etérea fora de si, mas se encontra no centro de sua massa, de sua esfericidade ou de sua gravidade; também assim a parte inferior daquela outra terra [Lua] não é um lugar fora dela, mas seu próprio meio, seu próprio centro. A parte superior desta Terra é tudo o que existe em sua circunferência e fora de sua circunferência; mas as partes daquela se movem violentamente para além de sua circunferência e se recolhem naturalmente para o centro, como as partes desta que se afastam violentamente regressam naturalmente ao próprio meio. Eis como se apreende a verdadeira semelhança entre esta e aquelas terras.

ELPINO: Muito bem dito, pois assim como é coisa inconveniente e impossível que um desses animais [astros] se mova e permaneça no lugar de outro, e não tenha subsistência própria individual, em seu lugar apropriado, também é inconveniente que as partes deste aqui se inclinem e se movimentem para o lugar daqueles.

FILÓTEO: Entendeis bem das partes que são verdadeiramente partes, pois no que se refere aos primeiros corpos indivisíveis, de que o todo é composto originariamente, é de se crer que pelo imenso espaço tenham certas vicissitudes com as quais influam e efluam em outros, alhures. E aqueles, no entanto, se por providência divina não constituam novos corpos e dissolvam os antigos, ao menos possuem tal faculdade, pois os corpos mundanos, na verdade, são dissolúveis. Mas pode ser que, por virtude intrínseca ou extrínseca, sejam eternamente persistentes, por possuírem tantos influxos quanto efluxos de átomos; e assim perseverem iguais em número, como nós, que na substância corporal, a cada hora, dia após dia, momento a momento, nos renovamos pela atração e digestão que fazemos de todas as partes do corpo[201].

ELPINO: Sobre isso falaremos mais vezes. Por ora, muito me satisfizestes pelo que haveis notado: que assim como se entenderia que qualquer outra terra subisse violentamente para esta, caso se movesse para cá, assim também esta subiria violentamente se se movimentasse rumo a qualquer outra daquelas. Porque, indo-se de qualquer parte desta Terra rumo à circunferência ou última superfície e rumo ao horizonte hemisférico do éter se procede para cima, assim de qualquer parte da superfície das outras terras rumo a esta se procede igualmente por ascensão, visto que esta Terra é circunferencial àquelas, como aquelas o são para esta. Concordo que embora aquelas terras sejam da mesma natureza desta, disso não se segue que se refiram ao mesmo centro, pois o centro de qualquer outra terra não é o centro desta, e nem a circunferência de uma é a circunferência da outra, assim como a minha alma não é a sua, a minha gravidade e de minhas partes não são seu corpo e gravidade, apesar de todos esses corpos, gravidades e almas univocamente se dizerem e serem da mesma espécie.

FILÓTEO: Bem, mas nem por isso gostaria que vós imaginásseis que se as partes daquela terra se aproximassem desta não fosse possível que tivessem, da mesma maneira, impulso para este continente, como se as partes desta se aproximassem daquela, apesar de ordinariamente não percebermos tal acontecimento nos animais e em diversas partes das espécies desses corpos, salvo quando um é alimentado e aumenta por outro e um se transforma no outro.

---

201. Bruno sente-se aqui em dúvida a respeito da continuidade dos mundos ou de sua dissolução, o que aparecerá mais claramente no livro latino *De immenso*, II, 5.

ELPINO: Está bem, mas o que dirás se toda aquela esfera se encontrasse tão perto desta que acontecesse que dela se afastassem as suas partes com propensão para voltar ao seu continente?

FILÓTEO: Posto que as partes notáveis da terra se fazem fora da circunferência da Terra, ao redor da qual se diz haver ar límpido e terso, facilmente concedo que tais partes possam voltar naturalmente daquele lugar para o seu; mas não vir toda uma outra esfera, nem as suas partes descerem naturalmente, porém, ao invés, subirem violentamente; assim como as partes desta não desceriam naturalmente para aquela, mas subiriam violentamente. Pois em todos os mundos, o extrínseco de sua circunferência é a parte superior e o centro intrínseco é a parte inferior; e a região do meio, para a qual tendem suas partes naturalmente, não se retira de fora, mas de dentro daqueles, como ignoraram os que, imaginando limites e inutilmente definindo o universo, consideraram a mesma coisa o centro e o meio do mundo e esta Terra. O contrário disso se concluiu, ganhou fama e foi concedido pelos matemáticos do nosso tempo, que descobriram que o centro da Terra não é equidistante da imaginária circunferência do mundo[202]. Deixo de lado os outros sábios que, tendo entendido o movimento da Terra, encontraram não apenas por motivos de sua arte, mas também por uma razão natural, que devemos compreender mais razoavelmente, e sem incorrer em inconveniente, que a Terra está tão distante do centro quanto do Sol, partindo do mundo e do universo que podemos compreender pelos sentidos da vista. De onde, facilmente, com os seus próprios princípios, podem descobrir aos poucos a inutilidade daquilo que se diz sobre a gravidade deste corpo, da diferença entre esse lugar e os outros, da equidistância dos mundos inumeráveis que daqui vemos para além dos ditos planetas, do movimento rapidíssimo de todos aqueles ao redor deste único, quando se devia falar da revolução deste único em relação a todos aqueles; e ainda poderão ser suspeitos outros importantes inconvenientes que a filosofia vulgar supõe. Para voltar ao propósito de onde partimos, torno a dizer que nem o todo nem as partes de um estaria apto a mover-se em direção ao centro de outro, ainda que um astro estivesse muito próximo deste, de sorte que o espaço

---

202. "De que os planetas nos pareçam às vezes mais próximos e às vezes mais distantes da Terra não deriva, necessariamente, que o centro daquelas circunferências seja o centro da Terra. Antes, não está de fato claro se é a Terra que se avizinha ou se afasta deles ou se são eles, ao invés, que se avizinham e se afastam da Terra." (Copérnico, *De revolutionibus orbium coelestium*, I, 5).

ou ponto da circunferência daquele tocasse o ponto ou espaço de circunferência deste.

ELPINO: Ao contrário disso, a próvida natureza tudo dispôs, porque se assim não fosse, um corpo contrário destruiria outro; o frio e o úmido se aniquilariam com o calor e o seco; mas colocados a uma certa e conveniente distância, um vive e vegeta pelo outro. Ademais, um corpo semelhante impediria ao outro a comunicação e a participação com o conveniente, oferecido ao dessemelhante e dele recebido, como nos demonstram às vezes os danos não medíocres que à nossa fragilidade causam as interposições de uma outra terra, como a Lua, entre a Terra e o Sol. Ora, o que ocorreria se ela se encontrasse mais perto da Terra e notavelmente, em duração, nos privasse de calor e de luz que nos são vitais?

FILÓTEO: Dizeis bem. Prossegui agora com Aristóteles.

ELPINO: Depois, traz uma resposta falsa, a qual diz que, por essa razão, um corpo não se move em relação a outro porque quanto mais afastado estiver por distância local tanto mais diversa vem a ser a sua natureza; e contra isso diz ele que as distâncias maior e menor não são potentes para fazer com que a natureza seja diferente.

FILÓTEO: Tudo isso, entendido como se deve, é verdadeiro; mas nós temos outro modo de responder e trazemos outra razão pela qual a Terra não se move em direção a outra, vizinha ou distante que esteja.

ELPINO: Já a compreendi, embora me pareça ser também verdade aquilo que os antigos queriam dizer – que um corpo, pela maior distância, adquire menor capacidade ou propensão (que eles chamavam propriedade e natureza), porque as partes que estão muito sujeitas ao ar são menos potentes para dividir o meio e vir para baixo.

FILÓTEO: É certo e já bastante experimentado nas partes da Terra que, de certo limite de seu recesso e afastamento, costumam voltar ao seu continente, mais se apressando quanto mais se aproximam. Mas nós falamos agora das partes de uma outra terra.

ELPINO: Ora, sendo semelhantes uma terra e outra, e ainda suas partes, o que pensais se fossem vizinhas? Não teriam potência igual, tanto de uma parte quanto de outra, para se aproximarem e, por consequência, subir e descer?

FILÓTEO: Posto um inconveniente (se for inconveniente), o que impede que se ponha um outro na sequência? Mas deixando isso de lado, digo que as partes, sendo iguais na razão e na distância de terras diversas, ou permanecem ou, determinando um lugar para onde ir, dir-se-á que descem em relação às quais se aproximam, e sobem em relação às quais se afastam.

ELPINO: No entanto, quem sabe se as partes de um corpo principal se movem rumo a outro corpo principal, embora semelhantes em espécie? Pois parece que as partes e membros de um homem não podem quadrar-se e convir a outro homem.

FILÓTEO: É verdade, primária e principalmente, mas acessória e secundariamente acontece o contrário. Pois temos visto por experiência que a carne de outro pode ser juntada ao lugar onde se encontrava o nariz deste; e sabemos que se pode substituir facilmente a orelha de um pela orelha de outro.

ELPINO: Essa cirurgia não deve ser coisa vulgar.

FILÓTEO: E não é.

ELPINO: Retorno ao ponto de querer saber: se acontecesse de uma pedra estar no meio do ar, num ponto equidistante de duas terras, de que modo poderíamos acreditar que ela permanecesse fixa? E de que modo se determinaria ela ir mais rapidamente para um e não para outro continente?

FILÓTEO: Digo que a pedra, não tendo por sua forma uma maior relação com uma do que com outra, e tendo ambas a mesma relação com a pedra, e sendo igual a sua influência naquela, aconteceria de, em decorrência da incerteza e de igual razão para com dois termos opostos, permanecer, não podendo se resolver a andar de preferência para um do que para outro, visto que um não atrai mais do que outro, e ela não possui maior impulso para um do que para outro. Porém, se um deles lhe é mais congênere e conatural, ou mais semelhante e apto a conservá-la, determinar-se-á a ir para aquele de caminho mais breve. Pois o principal motivo motor não é a própria esfera e o próprio continente, mas o apetite de conservar-se, como vemos, por exemplo, a chama serpentear pelo chão, inclinar-se e dirigir-se para baixo, a fim de andar para o lugar mais próximo em que possa se alimentar, abandonando a direção do Sol, rumo ao qual não subiria sem o risco de se arrefecer pelo caminho.

ELPINO: O que dizeis em relação àquilo que Aristóteles ajunta, isto é, que as partes e os corpos congêneres, apesar de distantes, se movem também rumo ao próprio todo e ao próprio continente?

FILÓTEO: Quem não percebe que isso é contra qualquer razão e sentido, considerando o que há pouco dissemos? Certamente, as partes fora do próprio globo se movimentam rumo ao semelhante vizinho, ainda que não seja seu continente primário e principal, e às vezes rumo ao que o conserve e alimente, ainda que não da mesma espécie, porque o princípio impulsivo intrínseco não procede da relação entre ele e um determinado lugar, certo ponto e esfera própria, mas do impulso natural de procurar onde melhor e mais rapidamente possa manter-se e conservar-se no ser presente. E ainda que esta essência seja de natureza ignóbil, todas as coisas, naturalmente, a desejam[203]. Como, em especial, mais desejam viver e temem a morte aqueles homens que não detêm a verdadeira filosofia e não compreendem outro ser além do presente, julgando que nada lhes pode acontecer que não lhes pertença. Porque não chegaram a entender que o princípio vital não consiste nos acidentes que resultam da composição, mas na substância individual e indissolúvel, a qual, não tendo perturbação, não possui o apetite de conservar nem o medo de se perder; mas isso é conveniente aos compostos, a saber, segundo uma razão simétrica, de compleição e de acidente. Pois nem a substância espiritual que se acreditar unir nem a substância material que é unida podem estar sujeitas a qualquer alteração ou paixão, não procurando, por conseguinte, conservar-se, e por isso não convém a tais substâncias qualquer movimento, e sim às [substâncias] compostas. Essa doutrina será entendida quando se souber que ser grave ou leve não convém aos mundos nem às suas partes; essas diferenças não são naturais, mas ocorrem positiva e respectivamente. Além disso, pelo que temos considerado outras vezes, isto é, que o universo não possui limites ou extremos, mas é imenso e infinito, advém que os corpos principais não podem se determinar a mover-se em linha reta, com respeito a qualquer meio ou extremo, porque têm relação igual com todos os cantos, fora de sua circunferência. Mas não possuem outro movimento retilíneo que o das próprias partes, não em relação a outro meio e centro senão o do próprio conjunto e continente. Mas isso será considerado em outro lugar e com outro propósito. Indo, portanto, ao ponto: digo que, segundo seus próprios princípios, este filósofo não poderá verificar que um corpo, apesar de longínquo, possua a tendência de retornar ao seu continente ou semelhante se ele considera os cometas como sendo de matéria terrestre que subiu em forma de exalação à região incandescente do fogo, sendo suas partes inaptas para descer; mas arrebatadas pelo poder do primeiro móvel, giram ao redor da Terra, embora não sejam de quinta-essência, mas corpos terrestres gravíssimos, espessos e densos. Como claramente se argumenta por suas aparições em longos intervalos de tempo e pela contínua resistência que opõem ao grave e vigoroso incêndio de fogo, perseverando às vezes mais de um mês a queimar, como se viu

---

203. Antes de Spinoza, já aqui Bruno oferece a explicação de uma tendência e esforço naturais para as coisas do mundo se moverem e conservarem o seu ser, o *conatus*.

um em nosso tempo, durante quarenta e cinco dias[204]. Ora, se pela distância não se destrói o atributo da gravidade, por que razão esse corpo não desce até o fundo nem está parado e ademais circunda a Terra? Se diz que não circunda por si, mas porque é arrebatado, insistirei então que da mesma forma é arrebatado cada um de seus céus e astros (que ele não admite serem graves nem leves, nem de matéria semelhante), e deixo de lado o fato de que o movimento desses corpos lhes pareça próprio, pois nunca é conforme o diurno nem ao de outros astros. A razão é ótima para convencê-los por seus próprios princípios, porque da verdadeira natureza dos cometas falaremos, fazendo considerações apropriadas a ela; mostraremos que tal ascensão não provém da esfera de fogo, já que ficariam acesos por todas as partes, dado que, segundo toda a circunferência ou superfície de sua massa, estão contidos no ar friccionado pelo calor, como eles afirmam, ou pela esfera de fogo. Mas sempre vemos que o acendimento é de uma parte e concluiremos que os cometas são uma espécie de astro, como disseram os antigos, e tais astros se aproximam e se afastam desta Terra por seus próprios movimentos, por razões de atração ou repulsão; parece primeiro que crescem, como se acendessem, depois, diminuem, como se apagassem. Não se movem ao redor da Terra, mas o seu movimento próprio está para além do diurno da Terra que, girando com seu próprio dorso, faz no oriente e no ocidente todos aqueles lumes que se encontram fora de sua circunferência. E não é possível que aquele corpo terrestre, tão grande, possa ser arrebatado e mantido suspenso contra sua natureza por um corpo tão líquido, aéreo e sutil; movimento esse que, se fosse verdadeiro, seria conforme o do primeiro móvel pelo qual é arrastado, e não imitaria o movimento dos planetas. Por isso, ora era considerado da mesma natureza de Mercúrio, ora da mesma natureza da Lua ou de Saturno, ora de outros; mas desse propósito falaremos em outra oportunidade. Basta por ora ter-se dito um argumento contra aquele que não quer que da proximidade ou do afastamento se conclua a maior ou menor faculdade do movimento que ele chama de próprio e natural: contra a verdade, a qual não permite que se possa dizer próprio e natural de um objeto em tal disposição, na qual mais lhe convém; e justamente por isso, se as partes, para além de uma certa distância, nunca se movem para o continente, não se deve dizer que tal movimento lhes seja natural.

204. Alusão ao grande cometa visível entre novembro de 1577 e janeiro de 1578, e que serviu a Bruno para escrever um livreto hoje perdido, intitulado *Sobre o Signo dos Tempos*.

ELPINO: Bem conhece quem bem considera ter ele princípios totalmente contrários aos da verdade da natureza. Ele replica em seguida que "se o movimento dos corpos simples lhes é natural, acontecerá que os corpos simples, que existem em muitos mundos, e são da mesma espécie, se movimentam rumo ao mesmo meio ou ao mesmo extremo"[205].

FILÓTEO: Isso é o que ele nunca poderá provar, ou seja, que se devem mover para o mesmo lugar particular e individual, porque do fato de os corpos serem da mesma espécie se infere que seja conveniente um lugar e um meio da mesma espécie, que é o próprio centro; e não se deve nem se pode inferir que exijam o mesmo lugar numérico.

ELPINO: De certa maneira ele pressentiu essa resposta; mas com todo o seu vão esforço tenta afastar esse óbice, querendo provar que a diferença numérica não é causa da diversidade de lugares.

FILÓTEO: Geralmente, vemos tudo ao contrário. Mas dizei, como ele o prova?

ELPINO: Diz que se a diversidade numérica dos corpos fosse a causa da diversidade dos lugares, seria necessário que cada uma das partes desta Terra, diversas em número e gravidade, tivesse no mesmo mundo o próprio meio, o que é impossível e inconveniente, pois, de acordo com o número das partes individuais da Terra, seria idêntico o número de meios.

FILÓTEO: Considerai agora como é pobre a tentativa de persuasão. Considerai se por isso poderíeis vos afastar da opinião contrária, ou confirmá-la. Quem duvida que não seja inconveniente afirmar ser um só o meio de toda a massa, e único o meio do corpo e do animal inteiro, ao qual se referem e pelo qual se unem e possuem fundamento todas as partes? E podem ser positivamente inumeráveis os meios se, conforme a multidão de partes, de cada uma podemos tomar ou supor um meio? No homem há simplesmente um meio, do qual se diz o coração. E depois muitos são os meios, conforme a multidão das partes, das quais o coração possui o seu meio, os pulmões o seu, o fígado o seu, a cabeça, mão, pé, este osso, esta veia, esta articulação e essas partículas que constituem tais membros e possuem lugar particular e determinado, tanto no primeiro e geral, que é todo o indivíduo, quanto no próximo e particular, que é todo este ou todo aquele membro do indivíduo.

ELPINO: Podemos considerar que ele não queira dizer simplesmente que cada parte tenha o seu meio; mas que tenha um meio para o qual se move.

---

205. *Do Céu*, I, 8, 276.

FILÓTEO: No fim, tudo se resume ao mesmo, porque no animal não se exige que todas as partes rumem para o meio e centro; pois isso é impossível e inconveniente; mas que se refiram a ele, pela união das partes e constituição do todo. Pois a vida e a consistência das coisas individuais não podem ser vistas a não ser pela devida união das partes, as quais sempre se admite possuírem aquele mesmo termo que se toma por meio e centro. No entanto, na constituição do todo completo, as partes se referem a um único meio; na constituição de cada membro, as partículas de cada um deles se referem ao meio particular, a fim de que o fígado tome consistência pela união de todas as suas partes, e assim o pulmão, a cabeça, o ouvido, o olho e outros. Eis como não só é inconveniente, mas sumamente natural, que existam muitos meios, conforme a organização das muitas partes e partículas de partes; porque deles é constituído o ser único, subsistente e consistente, dada a consistência, subsistência e constituição dos outros. Certamente, o intelecto desdenha as considerações de tais caprichos trazidos por esse filósofo.

ELPINO: Isso devemos padecer pela reputação que ganhou, mais por não ser bem compreendido do que por outra coisa. Mas, por favor, considerai um pouco o quanto esse homem galante se compraz com essa argumentação. Olhai como, quase triunfante, acrescenta essas palavras: "Se, então, o oponente não puder contradizer esses raciocínios e razões, há necessariamente um só meio e um só horizonte."

FILÓTEO: Dissestes muito bem; prossegui.

ELPINO: Depois, prova que os movimentos simples são finitos e determinados; pois o que disse, que o mundo é uno e que os movimentos simples possuem lugar próprio, estava fundamentado nisso. Assim, disse: "Todo móvel se move de um certo termo para outro; e sempre existe uma diferença específica entre o termo de onde [se parte] e o termo para onde [se vai], sendo cada mutação finita. Tais são a doença e a saúde, pequenez e grandeza, aqui e lá, pois o que está para se curar não tende para qualquer coisa, mas para a saúde. Os movimentos da terra e do fogo não são, portanto, no infinito, mas em certos termos diversos daqueles lugares de onde se movem, já que o movimento para cima não é movimento para baixo, e esses dois lugares são os horizontes dos movimentos. Eis como se determina o movimento retilíneo. Não menos determinado é o movimento circular, porque, indo de um certo termo a outro, de um contrário a outro, é sempre o mesmo; se quisermos considerar a diversidade do movimento que reside no diâmetro do círculo, pois o movimento do círculo inteiro não tem elemento contrário (porque não termina em outro ponto, senão no começo), mas nas partes da revolução, quando esta é considerada de uma extremidade do diâmetro para a outra oposta."[206]

FILÓTEO: Não existe quem negue ou duvide ser o movimento determinado e finito, segundo tais razões; mas é falso que exista simplesmente determinado para o alto e determinado para baixo, como em outras vezes dissemos e provamos; porque, indiferentemente, cada coisa se move aqui e acolá, onde for o lugar de sua conservação. E dizemos (considerando ainda os princípios de Aristóteles e outros similares) que se debaixo da terra existisse outro corpo, as partes da terra ali permaneceriam coativamente e daí subiriam naturalmente. E Aristóteles não negará que, se as partes do fogo estivessem em cima de sua esfera (como, por exemplo, onde entendem haver o céu ou cúpula de Mercúrio), desceriam naturalmente. Vede, pois, com que naturalidade determinam o alto e o baixo, o grave e o leve, depois de haverem considerado que todos os corpos, onde quer que se encontrem e se movam, guardam e procuram, tanto quanto possível, o lugar da própria conservação. Todavia, conquanto seja verdade que todas as coisas se movam para os seus meios, de seus limites e para os seus limites, e todo movimento, reto ou circular, seja determinado de oposto para oposto, disso não se segue que o universo tenha grandeza infinita nem que o mundo seja uno; e não se destrói a teoria de que seja infinito o movimento simples de qualquer ato particular, de forma que o espírito (como querem chamá-lo), que faz e incorre nessa composição, união e vivificação, pode existir e sempre existirá em muitas outras infinitas. Pode-se aceitar então que todo movimento seja finito (falando do movimento presente e não absoluta e simplesmente de algum em particular) e que existam infinitos mundos, dado que, como cada um dos infinitos mundos é finito e possui região finita, assim para cada um deles são convenientes limites estabelecidos em relação a seus movimentos e suas partes.

ELPINO: Dizeis bem; e com isso, sem haver qualquer inconveniente contra nós, nem algo a favor do que ele quer provar, aparece aquele signo que ele ajunta para mostrar que "o movimento não pode ser infinito, porque a terra e o fogo, quanto mais se aproximam de sua esfera, tanto mais rapidamente se movem; e por isso, se o movimento fosse infinito, a velocidade, a leveza e a gravidade viriam a ser infinitas".

FILÓTEO: Que bom proveito lhe faça.

---

206. Ibidem, 277 a.

FRACASTÓRIO: Sim, mas isso me parece um jogo de bagatelas e destrezas, pois se os átomos têm movimento infinito pela sucessão local, que fazem de tempos em tempos, ora sendo emanados, ora influindo ou juntando-se nesta ou naquela composição, ou ainda concorrendo para essa ou aquela configuração pelo imenso espaço do universo, certamente virão a ter um movimento local infinito e, assim, concorrer para alterações infinitas; por isso não possuem gravidade, leveza ou velocidade infinitas.

FILÓTEO: Deixemos de lado o movimento das primeiras partes e elementos, e consideremos apenas o das partes próximas e determinadas para certas espécies de entes, isto é, de substância, como as partes da Terra que também são Terra. Delas se afirma, verdadeiramente, que no mundo onde se encontram, nas regiões para onde se dirigem e pela forma que recebem, não se movem a não ser de um determinado limite para outro. E daqui não se conclui que, "portanto, o mundo é finito e o mundo é uno", de preferência a essa outra: "portanto, os macacos nascem sem rabo; portanto, os mochos saem à noite sem óculos", "portanto, os morcegos fabricam lã". Ademais (entendendo-se bem essas partes), nunca se poderá fazer essa ilação: o universo é infinito, existem terras infinitas, logo poderá uma parte da terra mover-se continuamente para o infinito e deve haver uma terra infinitamente distante, um impulso infinito e uma gravidade infinita. E isso por duas razões, sendo a primeira não poder haver esse trânsito, porque, constando o universo de corpos e de princípios contrários, tal parte não poderia percorrer muito a região etérea sem ser vencida pelo próprio contrário, e chegar a tal ponto que aquela terra não mais pudesse se movimentar, visto que aquela substância não é mais terra, tendo, pela vitória do contrário, mudado de complexão e de aspecto. A outra razão é que geralmente vemos ser impossível que da distância infinita possa haver impulso de gravidade ou de leveza, como dizem, e que tal impulso das partes não pode existir se não entre a região do próprio continente; e se essas partes se encontrassem fora daquela, não se moveriam aí mais do que os humores fluidos (que nos animais se movem das partes externas para as internas, superiores e inferiores, segundo todas as diferenças, subindo e descendo, movendo-se de uma parte a outra), os quais, postos fora do próprio continente, ainda que a ele contíguo, perdem a força e o impulso natural. Logo, tal relação vale para tanto espaço quanto possa ser medido pelo semidiâmetro do centro de tal região particular até a sua circunferência, ao redor da qual a gravidade é mínima, e ao redor daquela é máxima; e no meio, conforme os graus de aproximação em torno de uma e de outra, vem a ser maior ou menor. Como aparece na presente demonstração, em que A significa o centro da região, onde (falando comumente) a pedra não é nem grave nem leve; B significa a circunferência da região, onde, semelhantemente, não será nem grave nem leve, permanecendo quieta (onde aparece ainda a coincidência do máximo e do mínimo, demonstrada no livro *Da Causa, Princípio e Uno*; 1, 2, 3, 4, 5, 6, 7, 8, 9 significam as diferenças de espaços intermediários:

> B 9 nem grave nem leve
>   8 mínimo grave, levíssimo
>   7 muito menos grave, muito mais leve
>   6 menos grave, mais leve
>   5 grave, leve
>   4 mais grave, menos leve
>   3 muito mais grave, muito menos leve
>   2 gravíssimo, mínimo leve
> A 1 nem grave nem leve.

Vede agora quanto falta para uma terra mover-se em direção a outra, e que ainda as partes de cada uma, postas fora da circunferência, não possuem tal impulso.

ELPINO: Quereis que seja determinada essa circunferência?

FILÓTEO: Sim, quanto à máxima gravidade que possa existir na parte máxima, ou, se te agradar (pois todo o globo não é grave nem leve), em toda a terra. Mas quanto às diferenças médias de graves e de leves, digo que se devem considerar muitas diferenças, tantas quanto possam ser os pesos das diversas partes que estão compreendidas entre o máximo e o mínimo grave.

ELPINO: Discretamente, portanto, se deve entender essa escala.

FILÓTEO: Todos que tiverem algum engenho poderão por si entender como. Ora, quanto às mencionadas razões de Aristóteles, bastante já se falou. Vejamos se nas seguintes nos traz alguma coisa.

ELPINO: Por favor, contentai-vos em falar disso amanhã, pois estou sendo esperado por Albertino, que está disposto a vir aqui vos visitar. Creio que dele podeis ouvir as mais galhardas razões que se possam trazer como opinião contrária, por ser bastante prático na filosofia comum.

FILÓTEO: Que assim seja para vossa comodidade.

FIM DO QUARTO DIÁLOGO

Quinto diálogo

ALBERTINO (*novo interlocutor*): Queria saber que fantasma, que monstro inaudito, que homem heteróclito, que cérebro extraordinário é esse; que novas traz ele ao mundo, ou ainda que coisas obsoletas e velhas se renovam e que raízes amputadas voltam a brotar nessa nossa era.

ELPINO: São raízes cortadas que germinam, são coisas antigas que retornam, são verdades ocultas que se descobrem; é uma nova luz que, depois de longa noite, desponta no horizonte e no hemisfério do nosso conhecimento e aos poucos se aproxima do meridiano de nossa inteligência.

ALBERTINO: Se eu não conhecesse Elpino, saberia o que dizer.

ELPINO: Podeis dizer o que vos aprouver, pois se tendes engenho, como o creio, consentireis, como eu consinto; se o tiverdes a mais, consentireis mais cedo e melhor, como acredito que será. Considerando que para aqueles a quem são difíceis a filosofia vulgar e a ciência ordinária, e ainda são discípulos e nela mal versados (mesmo que assim não se considerem, como costuma acontecer), não será fácil se converterem ao nosso parecer. Porque neles podem mais a fé universal e, sobretudo, a fama de autores que lhes foram postos nas mãos; pelo que admiram a reputação dos expositores e comentadores daqueles. Mas os outros, para quem a dita filosofia é aberta e clara, e os que a eles se juntaram, pelo que já não é mais necessário despender o restante da vida para entender o que os outros dizem, mas possuem luz própria e fazem do intelecto o seu verdadeiro agente, penetram em todos os abrigos e, tal como Argos, com olhos de cognições diversas, podem contemplar a filosofia por mil portas abertas. Poderão, fazendo-se mais próximos, distinguir o que se crê e considera como aprovado e verdadeiro, por terem olhado de longe, por força do hábito e do sentido geral, daquilo que verdadeiramente é e deve ser considerado certo, como constando da verdade e da substância das coisas. Muito mal poderão aceitar esta filosofia aqueles que ou não tenham a felicidade da inteligência natural, ou não sejam espertos ao menos mediocremente em capacidades diversas, e não tenham, em absoluto, poder sobre o ato da reflexão intelectual, pela qual sabemos diferençar o que é fundado na fé e o que se estabelece pela evidência de princípios verdadeiros. Pois tal coisa é habitualmente tida por princípio e, se bem considerada, se chegará a uma conclusão impossível e contra a natureza. Deixo de lado aqueles intelectos sórdidos e mercenários, aqueles pouco ou nada solícitos com a verdade, aqueles que se contentam com aquilo que é comumente considerado saber, pouco amigos da sabedoria, ávidos da fama e da reputação de sábios, desejosos de aparecer, mas pouco curiosos de ser. Digo que dificilmente poderá escolher entre as diversas opiniões e afirmações contraditórias aquele que não possuir um sólido e reto juízo a respeito delas. Dificilmente será capaz de julgar aquele que não está em condições de comparar umas e outras, estas e aquelas. Com grande esforço conseguirá comparar teorias aquele que não entende a diferença que as distingue. Bastante penoso também é compreender em que diferem e como são umas e outras, estando ocultos o ser e a substância de cada uma. Isso jamais poderá ser evidente se não forem claras as causas e princípios sobre os quais se fundamentam. Só depois de ter observado com os olhos do intelecto e considerado com reto senso os fundamentos, as causas e princípios em que se basearam essas filosofias diversas e contrárias, tendo-se visto qual é a natureza, a substância e a propriedade de cada uma, contrapesado com a balança do intelecto, e depois de haver corretamente tudo avaliado, só então, e sem hesitar, eleger e consentir a verdade.

ALBERTINO: Ser solícito com as opiniões tolas e estúpidas é próprio das pessoas tolas e estúpidas, diz o príncipe Aristóteles.

ELPINO: Muito bem dito. Mas se reparares bem, esta sentença e conselho virão servir contra suas próprias opiniões, quando forem abertamente tolas e vãs. Quem quer julgar perfeitamente (como eu disse) deve despojar-se das crenças costumeiras, deve estimar igualmente possíveis duas opiniões contraditórias e abandonar de fato aquela tendência com a qual estamos imbuídos desde a infância: tanto a que nos apresenta a conversação em geral quanto a outra, pela qual renascemos, mediante a filosofia (morrendo para o vulgo), entre os estudiosos considerados sábios por toda a multidão, numa época determinada. Quero dizer, quando acontecer de haver controvérsias entre esses e outros considerados sábios por outras multidões de outros tempos, se quisermos julgar retamente, devemos lembrar o que disse o próprio Aristóteles: por considerar pouca coisa, às vezes emitimos sentenças com muita facilidade; e além disso, por força de costume, uma opinião se nos apodera de tal forma que coisas impossíveis nos parecem então necessárias; e outras coisas, que são veracíssimas e necessárias, nos parecem impossíveis. E se isso ocorre com coisas manifestas, o que será das duvidosas e que dependem de princípios bem-postos e de fundamentos sólidos?

ALBERTINO: É opinião do comentador Averróis e de muitos outros que não se pode saber o que Aristóteles ignorou.

ELPINO: Ele e toda essa multidão possuíam um engenho tão rasteiro e viviam em tais trevas que, por mais claro que vissem, ali sempre estava Aristóteles; mas se esses e outros, quando soltam semelhantes sentenças, quisessem falar corretamente, diriam que Aristóteles é um Deus, segundo seu parecer; e isso não tanto para enaltecer Aristóteles, quanto para explicar a própria incompetência. Não é outro seu parecer, como o da macaca, que julga seus filhos as mais belas criaturas do mundo e seu macaco o mais desejado macho da Terra.

ALBERTINO: "Parturient montes..."[207]

ELPINO: Vereis que não é rato o que nasce.

ALBERTINO: Muitos têm atirado flechas e maquinado contra Aristóteles, mas ruíram os castelos, se quebraram as flechas e se romperam os arcos.

ELPINO: O que ocorre se uma vaidade a outra combate? Uma delas pode ser potente contra a outra, mas nem por isso deixa de ser vaidade; e, no final, não poderá ser descoberta e vencida pela verdade?

ALBERTINO: Digo ser impossível contradizer Aristóteles demonstrativamente.

ELPINO: Isso é um pouco precipitado de se dizer.

ALBERTINO: Não o digo senão depois de ter visto bem e considerado ainda melhor o que Aristóteles diz; e ali não encontro erro algum e nada percebo que não seja reconhecido como divino; e creio que ninguém possa perceber algo que eu não tenha podido perceber.

ELPINO: Então medis o estômago e o cérebro dos outros pelo seu e acreditais não ser possível aos outros o que é impossível para vós. Há no mundo alguns tão desafortunados e infelizes que, além de estarem privados de todos os bens, têm, por decreto do destino, por companheira eterna tais Eríneas e fúrias infernais, que voluntariamente lhes ofusca a vista com negro véu e corrosiva inveja para não verem sua nudez, pobreza e miséria, e, dos outros, os ornamentos, as riquezas e a felicidade. Querem antes se consumirem numa suja e soberba penúria, e permanecerem sepultos sob o jugo de uma ignorância pertinaz do que se converterem a uma nova disciplina, parecendo-lhes que assim confessam terem sido ignorantes até agora, tendo um como guia.

ALBERTINO: Quereis então que, *verbi et gratia*, eu me torne discípulo desse aqui, eu que sou doutor, aprovado em mil academias e

---

207. Máxima latina: "Parturient montes, nascetur ridiculus mus" (Os montes pariram um ridículo rato, ou seja, muito estrondo para quase nada.)

que exerci a profissão de filósofo nas primeiras academias do mundo; que eu venha agora renegar Aristóteles e me fazer ensinar filosofia por gente semelhante?

ELPINO: Por mim, queria ser ensinado não por doutores, mas por indoutos; queria aprender não como aquele que deveria ser, mas como aquele que não sou; aceitarei como mestre não apenas este, mas qualquer outro que os deuses me enviassem, pois fazem entender o que eu não entendo.

ALBERTINO: Então quereis que eu torne a ser criança?[208]

ELPINO: Não, mas que deixe de ser criança[209].

ALBERTINO: Muito obrigado por vossa cortesia, pois pretendeis fazer-me avançar e exaltar, tornando-me ouvinte deste atormentado, que qualquer um sabe o quanto é odiado na academia, o quanto é adversário da doutrina comum, louvado por poucos, por ninguém aprovado, perseguido por todos.

ELPINO: Por todos sim, mas como vós; por poucos, sim, mas ótimos e heroicos. É adversário de doutrinas, sim, mas não por serem doutrinas ou comuns, e sim falsas. Odiado pelas academias, pois onde não existe semelhança não há amor e harmonia. Atormentado, porque a multidão é contrária a quem dela sai; e quem se põe no alto se faz adversário de muitos. E para descrever seu ânimo quanto ao fato de tratar de coisas especulativas, vos digo que não é curioso para ensinar, mas para entender; e que lhe ouvirá melhor uma novidade e terá maior prazer quando perceber que quereis ensiná-lo (se tiver esperança nos efeitos) do que se lhe dissestes que quer ser por ele ensinado. Pois seu desejo consiste mais em aprender do que ensinar, e se considera mais apto para aquilo do que para isto. Mas ei-lo, junto com Fracastório.

ALBERTINO: Sede muito bem-vindo, Filóteo.

FILÓTEO: E vós bem recebido.

ALBERTINO: "Se na floresta feno e palha rumino / com o boi, o cordeiro, o cabrito, o asno e o cavalo / agora, para sem falha melhorar a vida, / aqui venho fazer-me catecúmeno."[210]

FRACASTÓRIO: Sede bem-vindo.

ALBERTINO: Até o momento, considerei vossas posições e as achei indignas de serem ouvidas e de respostas.

---

208. No original, *ripuesrascere*, termo latino e não propriamente italiano, com o sentido de voltar a ser *puer*.
209. Aqui o termo utilizado é *dispuerascere*.
210. Poema burlesco de autor desconhecido.

FILÓTEO: De modo semelhante eu as julgava nos primeiros anos em que me ocupei de Aristóteles, até um certo limite; ora, depois que vi e considerei mais atentamente, e com um discurso mais maduro, devo fazer um julgamento das coisas; e pode ser que tenha desaprendido e perdido a cabeça. Ora, como essa é uma doença com a qual o enfermo é quem mais sofre, eu, talvez movido por uma suposição e sendo promovido da doutrina à ignorância, estou muito contente por ter encontrado um médico considerado por todos capaz de me livrar de tal mania.

ALBERTINO: "Nada pode fazer a natureza por tal colosso / se o mal penetrou até o osso."

FRACASTÓRIO: Por favor, senhor, tome-lhe antes o pulso e veja a urina, pois se não pudermos fazer a cura, ao menos emitiremos um juízo.

ALBERTINO: A forma de tomar o pulso é ver como poderá resolver e se livrar de alguns argumentos que agora vos faço ouvir e que, necessariamente, concluem pela impossibilidade de múltiplos mundos, e, mais ainda, de que os mundos sejam infinitos.

FILÓTEO: Não vos serei menos agradecido quando houverdes me ensinado isso; e embora seu intento não tenha êxito, ainda vos serei devedor por me ter confirmado o meu parecer; pois vos considero de tal modo que por vós poderei compreender toda a força do que é contrário; e como sois perito nas ciências ordinárias, podereis perceber facilmente o valor de minhas teses fundamentais e minhas construções teóricas pelas diferenças de nossos princípios. Ora, para que não haja interrupção de raciocínios, e que cada um possa explicar tudo a seu prazer, fazei-me o favor de apresentar as razões principais que julgar mais sólidas e que lhe pareçam concluir demonstrativamente.

ALBERTINO: Assim farei. Primeiramente, portanto, pela razão de que não se compreende a existência de lugar nem de tempo fora deste mundo, porque se afirmou existir um primeiro céu e primeiro corpo que está muito distante de nós e é primeiro móvel; de onde o costume de chamar céu ao que é o sumo horizonte do mundo, onde entram todas as coisas imóveis, fixas e quietas, que são as inteligências motrizes dos orbes[211]. Dividindo-se ainda o mundo em corpo celeste e elementar, este aqui faz-se terminado e contido, e o outro, terminante e continente. E a ordem do universo é tal que, subindo do corpo mais crasso ao mais sutil, isto é, o que está sobre o convexo

211. Aristóteles, *Metafísica*, XII, 8, 1073.

do fogo, e onde estão fixos o Sol, a Lua e as outras estrelas, é uma quinta-essência, à qual não convém seguir pelo infinito, porque lhe seria impossível juntar-se ao primeiro móvel, nem que se repita o que acontece com os outros elementos, tanto por estes virem a ser circunferenciais, como também por um corpo incorruptível e divino vir a ser contido e compreendido pelos corruptíveis; o que é inconveniente, porque ao divino convém a razão da forma e do ato e, por consequência, de compreendente, figurante, terminante, e não a maneira de matéria terminada, compreendida e figurada. Em seguida, argumento assim com Aristóteles: "se fora deste céu existe algum corpo, ou será corpo simples ou será corpo composto, e de qualquer modo que tu o digas, pergunto ainda se ele está como num lugar natural ou como num lugar acidental e violento. Mostramos que ali não existe corpo simples porque não é possível que um corpo esférico mude de lugar, pois como é impossível que mude o centro, assim não é possível que mude de lugar, visto que não pode, senão por violência, existir fora do próprio lugar, e a violência nele não pode existir nem ativa nem passivamente. De modo similar, não é possível que fora do céu exista corpo simples, móvel, com movimento retilíneo: ou seja grave ou seja leve, não poderá existir naturalmente, pois os lugares destes corpos simples são diferentes dos lugares que se dizem fora do mundo; nem podereis dizer que ali se encontre por acidente, pois teríeis que outros corpos ali se encontram por natureza. Ora, sendo provado que não existem corpos simples além daqueles que entram para a composição desse mundo, e que são móveis segundo três espécies de movimento local, consequentemente fora do mundo não existe outro corpo simples. Se assim é, é também impossível que exista algum composto, pois este se faz daquele e nele se resolve"[212]. Assim, é coisa manifesta não haver muitos mundos, porque o céu é único, perfeito e completo, não existindo nem podendo existir outro semelhante a ele. Daí se deduz que fora desse corpo não pode existir lugar nem cheio nem vazio nem tempo; não existe lugar porque, se ele estiver cheio, deverá conter corpo, seja simples ou composto, e nós dissemos que fora do céu não existe corpo, nem simples nem composto. Se houver vácuo, então, segundo o significado de vácuo (que se define como espaço em que pode estar um corpo), poderia ali existir; mas nós mostramos que fora do céu não pode haver corpo, não existe movimento, não existe número nem medida de movimento; e onde esta não existe, não existe tempo.

---

212. *Do Céu*, I, 9, 278.

Depois, provamos que fora do mundo não existe corpo e, por consequência, está demonstrado que não existe nem movimento nem tempo; se assim é, não há nada temporal nem móvel e, por consequência, o mundo é uno. Em segundo lugar, infere-se, principalmente da unidade do motor, a unidade do mundo. É coisa admitida que o movimento circular é verdadeiramente uno, uniforme, sem princípio ou fim; se é uno, uno é o efeito, o qual deriva de uma causa única. Se é único o primeiro céu, sob o qual se encontram todos os inferiores, conspirando para uma ordem, é necessário que seja único o governante e o motor. Sendo este imaterial, não é multiplicável numericamente pela matéria; se o motor é único, e de um motor só há um movimento, e um movimento só pode ser encontrado num móvel, quer simples, quer composto, resta que o universo móvel é único. Logo, não existem vários mundos. Em terceiro, dos lugares dos corpos móveis se conclui principalmente que o mundo é único. Três são as espécies de corpos móveis: graves e leves em geral e neutros, isto é, terra e água, ar e fogo, e céu. Assim, os lugares dos móveis são três: ínfimo e central, para onde vai o corpo mais grave; supremo, o que está mais longe daquele; e mediano, entre o ínfimo e o supremo. O primeiro é grave, o segundo nem grave nem leve, o terceiro, leve. O primeiro pertence ao centro, o segundo à circunferência e o terceiro no espaço entre ambos. Portanto, é um lugar inferior para o qual se movem todos os graves, em qualquer mundo que estejam; e existe um lugar superior para o qual tendem todos os leves, de qualquer mundo que sejam. E existe um lugar através do qual se move o céu, qualquer que seja o mundo a que pertença. Ora, se existe apenas um lugar, um só mundo, não há muitos mundos. Em quarto, digo que havendo mais centros para os quais se movam os graves, e mais horizontes para os quais se movam os leves, esses lugares de mundos diversos não diferem em espécie, mas apenas em número. Acontecerá então de entre um meio e outro haver mais distância do que entre um meio e seu horizonte. Mas os meios são da mesma espécie, e o meio e o horizonte são contrários. Portanto, haveria maior distância local entre os que participam da mesma espécie do que entre os que são contrários. Isso é contra a natureza de tais opostos, porque quando se afirma que os primeiros contrários estão maximamente afastados, entende-se esse máximo como distância local que deve haver nos contrários sensíveis. Vede, pois, o que se segue, supondo-se que haja mais mundos. Por isso, tal hipótese não é apenas falsa, mas ainda impossível. Em quinto, caso existam mais mundos semelhantes em espécie, deverão ser ou iguais ou proporcionais em quantidade (o que vem a ser o mesmo). Se assim é, não deve haver mais do que seis mundos contíguos a este aqui, pois, sem haver penetração de corpos, não pode existir mais do que seis esferas contíguas a uma, como, sem interceptação de linhas, não se podem tocar mais do que seis círculos iguais. Assim sendo, acontecerá que vários horizontes estarão em muitos pontos (nos quais os seis mundos exteriores tocam o nosso mundo ou outro) ao redor de apenas um centro. Mas sendo que as virtudes ou potências dos dois primeiros contrários devem ser iguais, e segundo esse modo de apresentar segue-se a desigualdade, ver-se-ia os elementos superiores serem mais potentes do que os inferiores, fazendo-os vitoriosos sobre aqueles e dissolvendo esta massa central. Em sexto lugar, sendo que os círculos dos mundos não se tocam a não ser num único ponto, é preciso, necessariamente, que exista espaço entre o convexo de círculo de uma esfera e o convexo de outra; e nesse espaço ou existe alguma coisa que o preencha ou o nada. Se existir alguma coisa, certamente não pode ser de natureza de um elemento distante do convexo da circunferência, porque (como se vê) tal espaço é triangular, limitado por arcos que são partes da circunferência de três mundos; por isso, o meio fica mais distante das partes mais próximas dos ângulos, e muito longe daqueles, como claramente se vê. É preciso então supor novos elementos e um novo mundo, diferentes em natureza destes elementos e deste mundo para encher aquele espaço. Ou será necessário termos o vácuo, o que supomos impossível. Em sétimo, se existem mais mundos, ou eles são finitos ou infinitos. Se infinitos, encontraríamos o infinito em ato, o que consideramos impossível por muitas razões. Se finitos, consideramos possuir um número determinado, e sobre isso devemos investigar; por que são tantos e não mais ou menos? O que faz este ou aquele a mais? Se são pares ou ímpares, por que tais diferenças? Ou, por que toda aquela

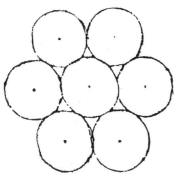

matéria, dividida em vários mundos, não se aglomerou num só mundo, sendo que a unidade é melhor do que a pluralidade, encontrando-se em paridade? Por que a matéria, dividida em quatro, seis ou dez terras, não é antes um globo singular, grande e perfeito? Portanto, como entre o possível e o impossível se encontra o número finito, de preferência ao infinito, assim entre o conveniente e o inconveniente é mais racional e de acordo com a natureza a unidade em vez da multiplicidade ou pluralidade. Oitavo, em todas as coisas vemos que a natureza se detém no conjunto [de coisas diversas], pois como não é defeituosa nas coisas necessárias, também não abunda nas coisas supérfluas; podendo efetuar tudo o que se opera neste mundo, não há razão para haver outros, embora se imagine havê-los. Em nono, se houvesse um número infinito de mundos, ou mais do que um, existiriam sobretudo porque Deus pode fazê-los, ou porque possam depender de Deus; embora isso seja verdade, não se segue que assim seja, porque além da potência ativa de Deus, requer-se a potência passiva das coisas. Da absoluta potência divina não depende aquele tanto que pode ser feito na natureza, uma vez que nem toda potência ativa se converte em passiva, mas unicamente aquela que possui paciente proporcionado, isto é, um objeto tal que possa receber todo o ato do eficiente; e desse modo, não há correspondência entre a primeira causa e alguma coisa causada. Logo, pelo que pertence à natureza do mundo, não pode existir mais do que um, ainda que Deus possa criar mais do que um. Décimo, é coisa fora da razão a pluralidade dos mundos, porque não seria de boa educação e civilidade, a qual consiste em educada conversação; e não teriam feito bem os deuses criadores dos diversos mundos não permitir que os cidadãos daqueles outros tivessem relações recíprocas. Décimo primeiro, a pluralidade dos mundos ocasionaria um impedimento no trabalho de cada motor ou deus, pois, sendo preciso que as esferas se toquem num ponto, aconteceria que um não poderia mover-se contra o outro e seria difícil que o mundo fosse governado pelos deuses por meio do movimento[213]. Em duodécimo, do uno não pode provir a pluralidade de indivíduos, a não ser por meio do ato pelo qual a natureza se multiplica pela divisão da matéria; e este ato não é outra coisa senão a geração. Isso disse Aristóteles com todos os peripatéticos. Não se cria uma multidão de elementos individuais de uma espécie a não ser por ato gerativo. Mas aqueles que afirmam a existência de mais mundos da mesma matéria, forma e espécies, não dizem que um se converta do outro nem seja por outro gerado. Em décimo terceiro, ao perfeito nada se adiciona: se, portanto, este mundo é perfeito, certamente não pede que outro se lhe ajunte. O mundo é perfeito: primeiramente como espécie de contínuo que não termina em outra espécie de contínuo, porque o ponto indivisível matematicamente corre em linha, que é uma espécie de

213. Aristóteles, *Auscultação da Natureza* (Física), VIII, 10, 267.

contínuo; a linha em superfície, que é a segunda espécie de contínuo. O corpo não migra ou transcorre em outra espécie de contínuo; mas se é parte do universo, termina na existência de outro corpo; se é universo, é perfeito e não termina senão em si mesmo. Logo, o mundo e universo é uno, se deve ser perfeito[214]. Essas são as treze razões que, por ora, quero apresentar. Se nelas vós me satisfizerdes, me darei por satisfeito em todas.

FILÓTEO: Albertino, querido, é preciso que uma pessoa que se proponha a defender uma conclusão tenha, em primeiro lugar (se não for louco de todo), examinado todas as razões contrárias; como estúpido seria um soldado que tomasse como assunto defender uma fortaleza sem ter considerado as circunstâncias e os lugares onde ela pode ser assaltada. As razões que apresentais (se forem razões) são comuns e repetidas tantas vezes por muitos. A todas elas se responderá de maneira eficaz, só por ter considerado, de um lado, seus fundamentos e, por outro, o modo de nossa asserção. Ambos serão claros pela ordem que seguirei na resposta, que consistirá de breves palavras, porque, se for necessário dizer ou explicar outras coisas, vos deixarei com o pensamento de Elpino, que replicará o que de mim já ouviu.

ALBERTINO: Fazei primeiramente com que eu concorde que isso possa ser de alguma utilidade e não sem satisfação de quem deseja saber, pois com certeza não me incomodará ouvir primeiramente a vós e depois a ele.

FILÓTEO: Aos homens sábios e judiciosos, entre os quais vos incluo, é suficiente mostrar o lugar do que se considera, pois por si próprios se aprofundam nos julgamentos dos meios pelos quais se desce de uma a outra posição, contrária ou contraditória. Quanto à primeira dúvida, afirmamos que toda aquela organização mecânica vai por terra, posto não existirem aquelas distinções entre orbes e céus, e que os astros neste imenso espaço etéreo se movem por um princípio intrínseco ao redor do próprio centro e em torno de qualquer outro meio. Não é um primeiro móvel que realmente arrebata tantos corpos ao redor deste meio, mas, pelo contrário, é só esse nosso globo que causa a aparência de um tal arrasto; e as razões disso serão ditas por Elpino.

ALBERTINO: Eu o escutarei com prazer.

FILÓTEO: Quando ouvirdes e compreenderdes que aquilo que dizeis é contra a natureza, e isso segundo toda razão, sentido e

---

214. A ideia aristotélica de perfeito é assim definida: "aquilo fora do qual não é possível nada acolher" e, portanto, ter sentido (*Metafísica*, x. 4, 1055).

verificação natural, já não direis haver margem, um termo do corpo e do movimento do universo, e que não é senão vã fantasia julgar que exista esse primeiro móvel, esse céu supremo e continente, em vez de um espaço geral onde subsistem outros mundos do mesmo modo que este globo terrestre no espaço, circundado por esse ar, sem estar pregado ou fixo em qualquer outro corpo e que possua outra base que seu próprio centro. E se virmos que este mundo deva ser considerado com esta condição e natureza, por não mostrar acidentes diferentes daqueles que apresentam os astros circunstantes, não se pode julgar que ele esteja no meio do universo mais do que qualquer um daqueles, e que antes pareça estar circundado por aqueles do que eles por este; enfim, concluindo-se em favor de tal indiferença de natureza, se concluirá também pela falsidade dessa diferença entre orbes, pela eficiência da alma motriz e natureza interna, impulsionadora destes globos, pela igualdade do amplo espaço do universo, pela irracionalidade dos limites e configuração externa daquele.

ALBERTINO: Coisas, na verdade, que não repugnam a natureza e podem ter mais conveniência, mas que são de prova dificílima e requerem um grandíssimo engenho para sobrepujar o senso e as razões contrárias.

FILÓTEO: Uma vez achada a ponta do novelo, facilmente se desenredará o mais intricado, porque a dificuldade procede de uma suposição inconveniente, isto é, da gravidade da Terra, sua imobilidade, a posição do primeiro móvel em relação aos sete, oito, nove ou mais, nos quais estão plantados, encravados, incrustados, pregados, amarrados, colados, esculpidos ou pintados os astros; e não sendo moradora de um mesmo espaço, esse astro por nós denominado Terra, da qual ouvireis dizer que não pertence à mesma região, não possui a mesma forma e natureza que todos os outros, menos móvel por princípio intrínseco do que cada um dos demais animantes divinos.

ALBERTINO: É certo que tendo entrado esse pensamento em minha cabeça, facilmente os outros que me propuseres se sucederão; e deverás ao mesmo tempo tirar as raízes de uma filosofia e plantar as de outra.

FILÓTEO: Assim desprezareis por outras razões, em lugar de adotar o senso comum com o qual se afirma que um sumo horizonte, altíssimo e nobilíssimo, confina com as substâncias divinas, imóveis e motoras dos orbes imaginários; mas confessareis ao menos ser igualmente crível que, assim como essa Terra é um animal móvel capaz de girar por princípio intrínseco, também o sejam todos os outros; e não móveis segundo o movimento e deslocamento de um corpo que não possui tenacidade nem resistência alguma, ainda mais raro e sutil do que o ar que respiramos. Considerareis tudo isso pura fantasia que não pode ser demonstrada ao entendimento, estando nosso parecer em conformidade com regulado senso[215] e bem fundada razão. Afirmareis não ser mais verossímil que as esferas imaginárias de superfícies côncava e convexa se movam e levem consigo as estrelas, e sim que, conforme nossa intelecção e a conveniência da natureza, façam seu circuito em redor uma das outras (dado que no espaço imenso não existe diferença entre alto e baixo, direito ou esquerdo, adiante ou atrás), pela organização de sua própria vida e consistência, segundo ouvireis em momento oportuno. Vereis como, fora dessa imaginária circunferência do céu, pode existir corpo simples ou composto, móvel de movimento retilíneo, pois como em movimento reto se movem partes desse globo, assim podem mover-se as partes de outros. Pois este globo não é feito e composto de coisas diferentes dos outros que se movem à volta deste e de outros, nem parece que este gire em torno dos outros, menos do que os outros ao redor deste.

ALBERTINO: Agora, mais do que nunca, percebo que um pequeníssimo erro no princípio causa uma diferença máxima no final; um único inconveniente pouco a pouco se multiplica, ramificando-se em infinitos outros, como de uma pequena raiz saem grandes troncos e ramos inumeráveis. Por minha vida, Filóteo, estou muito ansioso para que aquilo que me propões por ti seja provado, e aquilo que estimo digno e verossímil me seja mostrado como verdadeiro.

FILÓTEO: Farei o quanto me permitir a oportunidade do tempo, remetendo ao vosso julgamento muitas coisas que até agora, não por incapacidade, mas por inadvertência, vos estiveram ocultas.

ALBERTINO: Dizei tudo em resumo e como conclusão, pois sei que, antes de terdes esse parecer, pudestes examinar muito bem a força das opiniões contrárias, estando eu convencido de que para vós e para mim estão abertos os segredos da filosofia comum. Segui.

FILÓTEO: Não é preciso, portanto, procurar se além do céu haja lugar, vácuo ou tempo, porque uno é o lugar geral e uno o espaço imenso, que livremente podemos chamar de vácuo, e no qual se encontram os inumeráveis globos, como este aqui onde vivemos e vegetamos. Esse espaço nós o chamamos infinito, já que não existe razão, conveniência, possibilidade, sentido ou natureza que deva terminá-lo; e nele estão contidos infinitos mundos semelhantes a

---

215. *Regolato senso*, no original, expressão usada por Bruno para indicar um juízo ou percepção comandado pelo intelecto.

este, e não diferentes em gênero, porque não há razão ou defeito da natureza, isto é, as potências ativa e passiva, pelas quais, como existem neste espaço ao nosso redor, não existam igualmente em todo outro espaço se não possui natureza diversa deste aqui.

ALBERTINO: Se o que dissestes primeiramente for verdade (como não é até o momento menos verossímil que seu contrário), isto é necessário.

FILÓTEO: Fora, portanto, da circunferência imaginada e do mundo convexo, existe o tempo, porque existem aí a medida e a razão do movimento, porque aí existem corpos móveis semelhantes. Isso é em parte proposto e em parte suposto acerca do que haveis dito como primeira razão da unidade do mundo. Quanto àquilo que secundariamente dizias, afirmo existir um primeiro motor principal, mas não primeiro e principal de tal modo que, como se fosse uma escada, pelo segundo, terceiro e outros degraus se possa descer até o último, visto que tais motores não existem nem podem existir. Pois não há número infinito, não há grau nem ordem numérica, embora haja grau e ordem segundo a razão e a dignidade, ou segundo as diversas espécies e gêneros, ou segundo os diversos graus no mesmo gênero e na mesma espécie. Existem, pois, infinitos motores, assim como existem infinitas almas de infinitas esferas, as quais, por serem formas e atos intrínsecos, existindo relativamente a todas elas um elemento principal, do qual todas dependem, há um elemento primário que dá a virtude do movimento aos espíritos, às almas, aos deuses, numes e motores; e dá mobilidade à matéria, ao corpo, ao animado, à natureza inferior, ao móvel. Portanto, existem infinitos móveis e motores, os quais reduzem todos a um princípio passivo e a um princípio ativo, assim como todo número se reduz à unidade; e o número infinito e a unidade coincidem; e o sumo agente, capaz de tudo fazer, coincide com o que é possível de ser feito, como se demonstra no livro *Da Causa, Princípio e Uno*. Assim, do ponto de vista do número e da multiplicidade, há um infinito móvel e um infinito movente, mas na unidade e na singularidade existe um motor imóvel infinito, um universo infinito imóvel; aquele infinito número e magnitude coincide com aquela unidade e simplicidade num princípio simplíssimo, ente verdadeiro. Assim, não há um primeiro móvel ao qual com certa ordem suceda o segundo e assim até o último; mas todos os móveis estão igualmente próximos e afastados em relação ao primeiro motor universal, assim como (falando logicamente) todas as espécies possuem igual relação com o mesmo gênero e todos os indivíduos à mesma espécie. Assim, de um motor infinito universal existe, num espaço infinito, um movimento universal infinito dele dependendo infinitos móveis e infinitos motores, todos finitos em massa e eficácia. Quanto ao terceiro argumento, digo que no campo etéreo não existe qualquer ponto determinado rumo ao qual, como para o meio, se movam as coisas graves, e do qual, como para a circunferência, se afastem as coisas leves, pois no universo não existe nem meio nem circunferência; mas (se quiseres) em tudo existe um meio, e cada ponto pode ser tomado como parte de qualquer circunferência em relação a qualquer outro meio ou centro. Ora, quanto a nós, considera-se respectivamente grave o que se move da circunferência deste globo para o meio, e leve o que, ao contrário, se move para o sítio oposto. Mas veremos que nada é grave que não seja ao mesmo tempo leve, pois todas as partes da Terra mudam sucessivamente de lugar e de temperamento; assim, no longo curso dos séculos não existe parte central que não se transforme em circunferencial, nem parte circunferencial que não se transforme em central, ou não se aproxime do centro. Veremos que gravidade e leveza não são senão impulsos das partes dos corpos rumo ao próprio continente ou conservante, onde quer que esteja. Todavia, não são as diferenças de situação que atraem para si tais partes nem que as enviam de si, e sim o desejo de conservação que impele todas as coisas como princípio intrínseco e (se nada lhes cria obstáculo) as conduz para onde possam melhor escapar do elemento contrário, juntando-se ao conveniente. Assim, portanto, da circunferência da Lua e de outros mundos semelhantes a este em espécie e gênero unem-se as partes ao meio do globo, como por força da gravidade, e as partes de menor densidade se deslocam rumo à circunferência, como por força de leveza. E não é porque queiram se afastar ou se aproximar da circunferência, pois se assim fosse, quanto mais dela se aproximassem, mais rapidamente correriam, e quanto mais se afastassem, com mais força se arremessariam no sentido contrário; mas vemos o contrário, dado que se as partes fossem movidas para além da região terrestre, permaneceriam suspensas no ar e não subiriam ou descenderiam até que, por adição de partes ou por condensação pelo frio, adquirissem maior gravidade, e assim, dividindo o ar posto embaixo, voltassem ao seu continente, onde, dissolvidas e atenuadas pelo calor, se dispersariam em átomos.

ALBERTINO: Ah, quanto me assentará bem na alma se vagarosamente me fizerdes ver a semelhança dos outros astros com este globo terrestre.

FILÓTEO: Elpino vos poderá facilmente explicar, como ouviu de mim. Ele vos fará perceber como nenhum corpo é pesado ou leve em relação às várias regiões do universo, mas essa relação se dá entre as partes e o todo, o continente ou conservante. Os astros, por desejo de se conservarem no estado presente, movem-se ao longo de todos os lugares de sua trajetória, se juntam, como fazem os mares e as gotas, e se desagregam como todos os líquidos da superfície do Sol e de outros fogos. Pois qualquer movimento natural de princípio intrínseco só tende a fugir ao inconveniente e contrário, e seguir o elemento favorável e conveniente. Mas nada se move de seu lugar senão expulso pelo seu contrário; em seu próprio lugar nada é grave ou leve; mas a terra, elevada no ar, enquanto se esforça para alcançar o seu lugar, é pesada, e ela mesma se sente grave; assim a água, suspensa no ar, é pesada, mas não em seu próprio lugar. Para os corpos submersos, toda a massa de água não é pesada, enquanto um pequeno vaso cheio de água e suspenso no ar, fora da superfície da terra, se torna grave. A cabeça do próprio busto não é grave, mas a cabeça de um outro será pesada se posta em cima dele; e a razão de tudo isso é não se estar no lugar natural. Por conseguinte, se gravidade e leveza são impulsos para o lugar de conservação e fugas ao contrário, nada que seja naturalmente constituído é grave ou leve, e nada possui gravidade ou leveza. E nada possui gravidade ou leveza afastado do próprio conservante e muito afastado do contrário, enquanto não sentir a atração de um e a repulsão de outro; mas se sente a repulsão de um e permanece perplexo e irresoluto em relação ao contrário, será por ele vencido.

ALBERTINO: Haveis prometido grandes coisas e, em parte, as cumpris.

FILÓTEO: Para não repetir a mesma coisa, peço a Elpino que vos diga o restante.

ALBERTINO: Parece-me que entendo tudo, porque uma dúvida excita outra e uma verdade demonstra outra; começo a entender mais do que possa explicar, e muitas coisas que até agora considerei certas começo a ter por duvidosas. Por isso, pouco a pouco me sinto capaz de concordar convosco.

FILÓTEO: Quando houverdes plenamente entendido, concordareis plenamente comigo. Mas por ora retendes isso, ou ao menos não estejais tão resoluto como vos mostrastes no parecer contrário, antes de começarmos a controvérsia, porque aos poucos e em diversas ocasiões explicaremos cabalmente tudo o que puder vir a propósito e depende de mais princípios e causas, porque assim como de um erro outro deriva, de uma verdade descoberta sucede outra. Acerca do quarto argumento, dizemos que, apesar de existirem tantos centros quanto há indivíduos, globos, esferas e mundos, disso não se segue que as partes de cada um se refiram a outro centro que não seja o próprio, nem que se afastem para outra circunferência sem ser a da própria região. Assim, as partes desta Terra não procuram outro centro nem se unem a outro globo, a não ser este, como os humores e partes dos animais têm fluxo e refluxo no próprio sujeito e não pertencem a outro, de número distinto. Quanto ao que considerais inconveniente, isto é, que o meio que convém em espécie com outro meio virá a ser mais distante daquele do que o centro e a circunferência, que são naturalmente contrários, e por isso são e devem estar maximamente afastados, respondo: primeiro, que os contrários não devem estar afastados ao máximo, mas tanto quanto um possa ter ação sobre o outro e sofrer sua ação, como vemos o Sol estar próximo de nós, dado que a ordem da natureza estabeleceu que um contrário subsista, possa viver e se alimente de outro, enquanto um é afetado, alterado, vencido e se converte em outro. Há pouco conversamos com Elpino sobre a disposição dos quatro elementos, os quais concorrem para a composição de cada globo, cujas partes estão ínsitas em outras e com elas misturadas; e não são distintas e diversas como conteúdo e continente, pois onde houver terra árida existe água, ar e fogo, aberta ou latentemente. E a distinção que fazemos dos globos, sendo uns fogos, como o Sol, outros águas, como a Lua e a Terra, não procede do fato de constarem de um simples elemento, mas do elemento que predomina em tal composição. Além do mais, é extremamente falso que os contrários estejam afastados ao máximo, porque em todas as coisas eles vêm naturalmente juntos, não consistindo o universo, seja nas partes principais, seja nas secundárias, senão em tal conjunção e união, pois não existe parte na terra que não possua muito unida a si a água, sem a qual não há densidade, união de átomos e solidez. Que corpo terrestre é tão espesso que não tenha seus poros insensíveis, sem os quais não seriam divisíveis e penetráveis pelo fogo e por seu calor? Onde podemos encontrar parte desse corpo frio e seco que não tenha junto a este outro seu corpo úmido e quente? Em conclusão, não é natural, mas lógica essa distinção de elementos; e se o Sol está em sua região, afastado da Terra, não é menos verdade que o ar, a terra e a água não estejam mais afastados dele que deste globo terrestre, pois aquele é corpo composto como este aqui, ainda que, dos quatro elementos constituintes, um predomine sobre os outros. Além disso, se quisermos que a natureza seja coerente com essa lógica, que exige a existência da máxima distância entre os contrários, será necessário que entre o fogo, que é leve, e a terra, que é grave, se interponha o teu céu, que não é grave nem leve. Ou se quiseres te limitar a dizer que entendes essa ordem nos chamados elementos, será necessário então que sejam ordenados de outra maneira. Quero dizer que cabe à água estar no centro do elemento mais grave, se o fogo estiver na circunferência e no lugar do mais leve na região elementar; porque a água, que é fria e úmida, contrária ao fogo pelas duas qualidades, deve estar afastada o mais possível do elemento frio e seco; e o ar, que você diz quente e úmido, deveria estar o mais longe possível da terra fria e seca. Vede, portanto, quanto é inconstante essa proposição peripatética, examinada segundo a verdade da natureza ou medida segundo os próprios princípios fundamentais.

ALBERTINO: Vejo e bem claramente.

FILÓTEO: Vede agora que não é contra a razão a nossa filosofia, que reduz a um princípio e se refere a um fim, fazendo coincidir os contrários, de sorte que é único o objeto primário de um e de outro. Dessa coincidência consideramos que os contrários existem nos contrários e, assim, não é difícil chegar-se à conclusão de que cada coisa está em todas as coisas, o que Aristóteles não pôde compreender nem outros sofistas.

ALBERTINO: Com prazer vos escuto; sei que tantas coisas e tão diversas conclusões não podem ser provadas conjuntamente e de uma só vez; mas como vós me haveis mostrado serem inconvenientes as coisas que eu julgava necessárias, todas as demais, que pela mesma razão considero necessárias, se tornam suspeitas. Mas em silêncio e atenciosamente me disponho a ouvir vossos fundamentos, princípios e discursos.

ELPINO: Vereis que não é o século de ouro aquele que Aristóteles trouxe à filosofia. Por ora, expliquemos as dúvidas que haveis proposto.

ALBERTINO: Não estou muito curioso pelas outras, pois desejo entender aquela doutrina dos princípios, com a qual essas e outras dúvidas se resolvem *iuxta*[216] à vossa filosofia.

FILÓTEO: Daquelas raciocinaremos depois. Quanto ao quinto argumento, deveis considerar que, se nós imaginarmos os numerosos e infinitos mundos segundo aquela razão de composição que vós costumais imaginar, quase que, além de um composto de quatro elementos, segundo a ordem vulgarmente referida, e outros oito, nove ou dez céus feitos de outra matéria e de natureza diversa, entendemos

---

216. Com relação à vossa filosofia.

outros e mais outros igualmente esféricos e móveis, e então deveríamos oferecer razões e imaginar de que modo um mundo seria continuado ou estaria contíguo a outro; ficaríamos fantasiando quantos pontos circunferenciais poderiam ser tocados pela circunferência dos mundos circunstantes. Então veríeis que, embora houvesse mais de um horizonte ao redor de um mundo, não seriam de um só mundo, mas este aqui teria uma relação com aquele meio, a mesma que tem com o seu. Assim como se vários animais estivessem recolhidos e mutuamente contíguos, nem por isso se seguiria que os membros de um pertencessem a outro, de sorte que a cada um pudesse pertencer mais de uma cabeça ou busto. Mas nós, pela graça dos deuses, estamos livres desse entrave de mendigar tais escusas, já que, no lugar de tantos céus e de tantos móveis rápidos e lentos, retos e oblíquos, orientais e ocidentais, sobre o eixo do mundo e sobre o eixo do zodíaco, com tanta ou pouca declinação, temos um céu apenas, um só espaço, através do qual esse astro em que nos encontramos e todos os demais fazem os próprios giros e percursos; estes são os mundos infinitos, isto é, os astros inumeráveis; aquele é o espaço infinito, isto é, o céu que contém e é percorrido por eles. Eliminada é a fantasia da conversão geral de todos em torno deste centro, em virtude do que conhecemos a rotação deste que, girando sobre o próprio centro, se mostra à vista dos lumes circunstantes em vinte e quatro horas. Do que se elimina aquela ideia das órbitas deferentes que arrastam em torno da nossa região os astros nelas fixados, restando atribuído a cada um só o movimento próprio, que chamamos "epicíclico", com suas diferenças de outros astros móveis, impulsionados pela própria alma e não por outro motor, assim como este nosso se desloca ao redor do próprio centro e em volta do elemento fogo durante longos séculos, senão eternamente. Eis, portanto, quais são os mundos e qual é o céu. O céu é tal como o vemos ao redor deste globo, o qual, não menos do que os outros, é astro luminoso e excelente. Os mundos são como se mostram, distintos, com uma face luminosa e resplendente, e separados uns dos outros por determinados intervalos; daí, em parte alguma, um estará mais próximo do outro do que a Lua possa estar desta Terra, e esta do Sol, a fim de que um contrário não destrua, mas alimente o outro, e um semelhante não estorve, mas dê espaço ao outro. Assim, de razão em razão, de medida em medida, de tempo em tempo, este globo, extremamente frio, ora deste lado, ora do outro, ora de uma face, ora de outra, se aquece ao Sol; e com certa vicissitude, ora influi e ora recebe a influência da terra próxima, a que chamamos Lua, aproximando-se ou se afastando do Sol, alternadamente, pelo que é chamada de antíctone terra por Timeu e outros pitagóricos. Ora, esses são os mundos habitados e cultivados por seus animais, além do que esses são os principais e os mais divinos animais do universo. Cada um deles é composto de quatro elementos, como este no qual nos encontramos, embora em alguns predomine uma quantidade ativa e, noutros, outra; por isso, alguns são visíveis por causa da água, outros pelo fogo. Além dos quatro elementos que compõem estes mundos, existe uma região etérea, imensa, onde tudo se move, vive e vegeta. Este é o éter que tudo contém e penetra em todas as coisas, e que, quando se encontra dentro da composição (isto é, faz parte do composto), é comumente denominado "ar", que é esse vapor de água, e dentro do continente terrestre, encerrado entre as altas montanhas, capaz de formar nuvens e ventos tempestuosos, como o austral e o aquilão. Enquanto é puro e não faz parte do composto, sendo lugar e continente, por meio do qual o composto se move e desliza, chama-se propriamente éter, e toma essa denominação de seu curso. Este, embora seja o mesmo que se agita nas entranhas da Terra, tem outro nome, o de ar, que é o que nos circunda e, como de certo modo seja parte de nós, ou concorre para nossa composição, encontrando-se nos pulmões, nas artérias e em outras concavidades e poros, chama-se "espírito". O mesmo se faz vapor ao redor de um corpo frio, e à volta de um astro quentíssimo se atenua como em chama, que não é sensível senão junto a um corpo espesso e aceso pelo calor ardente daquela. De modo que o éter, em relação a si próprio e à sua natureza, não possui qualidade determinada, mas são todas elas oferecidas dos corpos vizinhos, levando-as no seu movimento até o limite da eficácia de tais princípios ativos. Eis, assim, demonstrado como são os mundos e como é o céu, podendo-se então resolver não apenas a dúvida presente, mas ainda inúmeras outras e, ao mesmo tempo, conhecer o princípio para muitas conclusões físicas verdadeiras. E se até agora alguma proposição pareceu suposta e não provada, deixo-a por enquanto à sua discrição, que, se for isenta de prevenções, antes de descobri-la como verdadeira a julgará mais provável do que a contrária.

ALBERTINO: Diz-me, Filóteo, que te escuto.

FILÓTEO: Assim resolvemos o sexto argumento, que, pelo contato de mundos num ponto, requer que seja encontrada alguma coisa naqueles espaços triangulares que não seja da natureza do céu e dos elementos. Porque temos um céu onde os mundos possuem seus espaços, regiões e distâncias apropriadas, e que se difunde em todos os lugares, penetra em tudo e é continente, contíguo e contínuo a tudo, não deixando qualquer vácuo. Exceto se esse mesmo lugar e sítio em que tudo se move, e espaço em que tudo percorre, agradar-te chamar de vácuo, como muitos o fizeram; ou ainda o primeiro objeto que se compreenda neste vácuo e que te agradaria pô-lo pessoal e logicamente como coisa distinta do ente e do corpo, mais por razão do que por natureza e subsistência. De sorte que nada se compreende ser que não esteja em lugar finito ou infinito, corpórea ou incorporeamente, no todo ou em partes; lugar, enfim, que não é senão espaço, que por sua vez não é senão vácuo que, se o quisermos entender como coisa persistente ou autônoma, dizemos ser ele o campo etéreo que contém os mundos; se quisermos concebê-lo como coisa consistente ou coexistente, dizemos ser ele o campo etéreo e os mundos, não podendo existir em outra parte. Eis por que não precisamos imaginar novos elementos e mundos, ao contrário daqueles que, por uma causa muito débil, começam a evocar móveis, matérias divinas, quinta-essências, partes mais raras e densas da natureza celeste e outras fantasias e nomes privados de qualquer substância e verdade. Ao sétimo argumento, respondemos ser único o universo infinito, como um contínuo e composto de regiões etéreas e de mundos; e serem infinitos os mundos, cuja existência se deve admitir em várias regiões do universo, pela mesma razão que a deste no qual habitamos, como há poucos dias refletimos com Elpino, aprovando e confirmando o que disseram Demócrito, Epicuro e muitos outros, que contemplaram a natureza com olhos mais abertos e não estiveram surdos às suas vozes: "Deixa de fechar, assombrado pela própria novidade, o teu temperamento à razão, mas, de preferência, pesa os fatos com juízo agudo, e se te parecem verdadeiros, aceita-os; ou se forem falsos, prepara-te para a luta contrária. O temperamento requer a razão, pois a totalidade do espaço é infinita para além dos confins deste mundo, daquilo que está além, até onde a mente quer lançar o olhar e por ele voa a extensão livre do intelecto. Para nós, antes de tudo, em qualquer direção à volta, de qualquer lado, acima e abaixo, e pelo universo inteiro não existe confim, como o demonstrei e as próprias coisas proclamam, reluzindo a natureza do espaço profundo."[217] Rejeitamos o oitavo argu-

---

217. "Desine quapropter, novitate exterritus ipsa,/ expuere ex animo rationem: sed magis acri / iudicio perpende, et si tibi vera videtur, / dede manus; aut si falsa est, accingere contra. / Quaerit enin rationem animus, cum summa loci sit / infinita foris haec extra moenia mundi; / quid sit ibi porro, quo prospicere usque velit mens / atque animi tractus liber quo pervolet ipse. / Principio nobis in cunctas undique partes, / et latere ex utroque, infra supraque per omne / nulla est finis, uti docui, res ipsaque per se / vociferantur, et elucet natura profundi." Lucrécio, *De rerum natura*, II, 1040-1051.

mento, que quer que a natureza se restrinja a um compêndio, porque, apesar de o experimentarmos em cada um dos mundos, grandes e pequenos, não se verifica porém em todos; porque os olhos de nosso sentido, como não veem o fim, são vencidos pelo espaço imenso que se apresenta, sendo confundido e superado pelo número de estrelas que se vai multiplicando; de sorte que deixa os sentidos perplexos e constrange a razão a acrescentar sempre espaço a espaço, região a região, mundo a mundo. "De nenhum modo pode-se pensar ser verdade que, enquanto em todos os sentidos o espaço vaga infinito e os átomos em número inumerável, em soma sem fim, volteiam de mil modos em eterno movimento, somente esta Terra e este céu tenham sido criados. Logo, mais do que nunca, é necessário admitir que existem em outros lugares outros agrupamentos de matéria, semelhantes a este que o éter envolve em ávido abraço."[218] Murmura contra o nono argumento, que supõe, mas não prova, que ao infinito poder ativo não corresponda uma infinita potência passiva, e que a matéria infinita não possa ser sujeito e fazer-se campo infinito; e, por consequência, não possa proporcionar o ato e a ação ao agente; e o agente não possa comunicar tudo ao ato, sem que tudo possa ser comunicado (tal contradição não pode ser imaginada). Portanto, é muito bem dito: "Além disso, quando está pronta muita matéria, quando o espaço é disponível, e nenhuma coisa é causa de retardo, as coisas devem por certo agir e juntar-se para cumprir o que seja. Ora, se entre os átomos há uma tal multidão que toda a existência dos viventes não bastaria para enumerá-la, e se persiste a mesma força e a mesma natureza que pode juntar os átomos das coisas em seus devidos lugares, da mesma maneira que aqui foram recolhidos, é forçoso reconhecer que existem em outras regiões do espaço outras terras e várias raças de homens e espécies de feras."[219] Digamos ao outro argumento não ser preciso este bom comércio civil entre os diversos mundos, assim como não é todos os homens serem um só,

218. "Nullo iam pacto verisimile esse putandum'st, / undique cum vorsum spacium vacet infinitum, / seminaque innumero numero, summaque profunda / multimodis volitent aeterno percita motu, / hunc unum terrarum orbem, caelumque creatum. / Quare etiam atque etiam tales fateare necesse est / esse alios alibi congressus materiei: / quali hic est avido complexu quem tenet aether." Ibidem, 1052-1056; 1064-1066.
219. "Praeterea cum materies est multa parata, / cum locus est presto, vec res nec causa moratur / ulla, geri debent nimirum et confieri res. / Nunc ex seminibus si tanta est copia, quantam / enumerare aetas animantum non queat omnis: / visque eadem et natura manet, quae semina rerum / coniicere in loca quaeque queat, simile ratione / atque huc sunt coniecta: necesse'st confiteare / esse alios aliis terrarum in partibus orbes / et varias hominum genteis, et secla ferarum." Ibidem, 1067-1076.

e todos os animais um só animal. Concordo que, por experiência, vemos ser melhor para os seres animados deste mundo que a natureza tenha, em mares e montes, feito distintas as gerações e que, tendo acontecido o comércio entre eles, não se ganhou mais do que se tirou, considerando-se que, pela comunicação, antes se desdobram os vícios do que se aumentam as virtudes. Por isso bem se lamenta o Trágico: "As partes em que o mundo houvera sido separado foram recolhidas numa só pela nave Tessália, o que constrange o mar a suportar os golpes dos remos e um mar longínquo tornar-se nosso medo."[220] Ao décimo argumento respondemos como ao quinto, porque cada um dos mundos obtém o seu espaço no campo etéreo, de maneira que não se chocam entre si; giram e estão situados a distâncias tais que cada contrário não destrói o outro, mas o fomenta. Contra o décimo primeiro argumento, que quer que a natureza, multiplicada por união e divisão da matéria não se ponha em ato senão por via de geração, enquanto um indivíduo como pai produz outro como filho, dizemos que isso não é universalmente verdadeiro, porque de uma massa se produzem, só por obra do eficiente, muitos e diversos vasos com várias formas e figuras. Admito que se houver a extinção e renovação de qualquer mundo, a produção de animais, perfeitos e imperfeitos, seria, no princípio, efetuada sem ato de geração, pela força e eficiência da natureza. Ao décimo terceiro e último argumento, que afirma que sendo este mundo perfeito não é necessário existirem outros, dizemos que é certo que não são requeridos pela perfeição e subsistência daquele; mas pela própria subsistência e perfeição do universo é necessário que sejam infinitos. Logo, da perfeição deste não se segue que àquele ou a este falte perfeição, pois todos constam de partes próprias e são, por seus membros, inteiros.

ALBERTINO: Não haverá, ó Filóteo, voz de plebe, indignação do vulgo, murmuração de tolos, desprezo de sátrapas, estupidez de insensatos, tolice de ignorantes, informação de mentirosos, discussão de malignos e detração de invejosos que me despojem de tua nobre vista e me retardem tua divina conversação. Persevera, Filóteo, persevera; não desistas nem retrocedas frente àqueles que, com muitas maquinações e artifícios, com grande senado de estulta ignorância, ameaçam e tentam destruir tua empresa divina e elevado trabalho. Tem seguro que no final todos verão aquilo que vejo, e saberão que é fácil a cada um louvar-te, como a todos é difícil ensinar-te. Todos (se não forem de fato perversos) com boa consciência pronunciarão

---

220. Sêneca, *Medea*, 335-339.

sentenças favoráveis a ti, como do magistério diário da alma cada um chega a ser instruído, pois os bens da mente não os recebemos senão pela mente. E por que nas almas de todos existe uma certa santidade, que, sentada no alto tribunal do intelecto, exercita o juízo do bem e do mal, da luz e das trevas, acontecerá que da reflexão de cada um serão suscitados em tua defesa testemunhos e defensores fidelíssimos. Dessa maneira, se não se tornarem teus amigos, mas queiram preguiçosamente perseverar como adversários obstinados em defesa da túrbida ignorância e de comprovados sofistas, sentirão em si próprios o malfeitor e o algoz, seus vingadores, e que, quanto mais profundamente ocultos no pensamento, mais os atormentarão. Assim, o verme infernal, arrebatado pela hirsuta cabeleira das Eumênides, vendo frustrados seus planos contra ti, desdenhoso se voltará contra a mão ou o peito de seu iníquo autor, e lhe dará a morte, a qual merece quem espalha o estígeo veneno, ali onde os afiados dentes de tal serpe morderam. Segui nos fazendo conhecer o que é verdadeiramente o céu, verdadeiramente os astros e planetas; como são distintos uns dos outros, os infinitos mundos; como não é impossível, mas necessário um espaço infinito; como convém a tal efeito infinito uma causa infinita; qual a verdadeira substância, matéria, ato e eficiente do todo; e como, pelos mesmos princípios e elementos, toda coisa sensível e composta é formada. Convence pela cognição do universo infinito. Rasga as superfícies côncavas e convexas que limitam por dentro e por fora tantos elementos e céus. Faz ridículas as diversas esferas móveis e as estrelas fixas. Quebra e joga por terra, com o estrondo e o sorvedouro de vivas razões, aquelas que o cego vulgo considera as muralhas adamantinas do primeiro móvel e do último convexo. Destrói a ideia de que seja única e centro de tudo esta Terra. Expulsa a fé ignóbil na quinta-essência. Dá-nos a ciência da igualdade entre nosso mundo e astro e dos demais astros e mundos que podemos ver. Alimenta e realimenta com suas sucessões e ordens cada um dos infinitos, grandes e espaçosos mundos e dos infinitos menores. Anula os motores extrínsecos, juntamente com os limites desse céu. Mostra a consistência dos outros mundos, tal como é a deste aqui. Faz claro que o movimento de todos provém da alma interior, a fim de que com o brilho de semelhante contemplação, com passos mais seguros procedamos ao conhecimento da natureza.

FILÓTEO: O que dizer, Elpino, do fato de o doutor Búrquio, nem antes nem nunca ter concordado conosco?

ELPINO: É próprio de um intelecto não adormecido, ainda que pouco vendo e ouvindo, poder considerar e compreender muito.

ALBERTINO: Ainda que até agora não tenha visto todo o corpo do lúcido planeta, posso no entanto divisar, pelos raios difundidos através de estreitas fendas de meu intelecto, que este não é o esplendor de uma candeia artificial e sofística, nem da Lua ou uma estrela menor. Daí me preparo para uma maior apreensão no futuro.

FILÓTEO: Muito grata será a vossa familiaridade.

ELPINO: Agora vamos ao jantar.

II

UMA ÉTICA DERIVADA DA COSMOLOGIA

Tendo Copérnico reordenado nosso diminuto cosmo na Renascença, coube a Giordano Bruno, logo em seguida, pensar um novo modelo de Universo, ao multiplicar infinitamente o número de sistemas solares e abolir a existência de um possível centro em moldes hierárquicos. Dito de outra forma, o centro está em tudo e em toda parte. Assim aparece a noção de "firmamento" (na acepção latina originária), ou seja, um espaço essencial e de sustentação para os mundos, no qual poderiam eles vagar em conformidade com seus movimentos intrínsecos (rotação e translação), pois tudo no Universo está "animado", ou seja, existe e se manifesta pela presença de uma "alma". O princípio ativo (alma do mundo) e o princípio passivo (matéria) são dois aspectos da mesma substância, duas potências inseparáveis de uma só razão universal, a da coincidência dos opostos (*coincidentia oppositorum*).

E essa nova característica cosmológica exigia, como seu corolário ou desenlace ao mesmo tempo humano e racional, os mais elevados princípios éticos, como aqueles contidos nas virtudes. Em seu livro *Giordano Bruno*, o historiador Michele Ciliberto observa que o pensamento do filósofo se desenvolveu preocupado com a ação cotidiana, com a práxis, tendo em vista uma restauração cultural não apenas da esfera científica, mas igualmente civil. Não por outro motivo, é notável em seus diálogos morais (de vocabulário e sintaxe muito particulares), a insistência sobre a necessidade de o convívio humano requerer "furores heroicos" para que possa corresponder à unidade do Todo, do Universo, do "Tudo é Um". Ou seja, de um delírio amoroso pelas coisas elevadas e que engrandeçam a vida em comum. Isso porque, no Universo, e logicamente no mundo dos seres vivos, impera um ciclo de vicissitudes, *verbi gratia*, de contínua alternância entre o positivo e o negativo, a criação e a destruição, o individual e o coletivo, o expandir e o contrair, a felicidade e o sofrimento ou, ainda, de contradição entre circunstâncias e fenômenos opostos.

Assim, à nova cosmologia e investigação da natureza, quis o filósofo – cujo pensamento, segundo Hegel, seria "digno das bacantes" – reunir-lhes uma filosofia de cunho moral. Depois de "libertar a Terra das correntes do geocentrismo e o Universo dos limites que o confinavam, o que significava aproximar os mundos infinitos de nosso planeta, como também aproximar a 'divindade' da natureza e a matéria celeste da matéria terrestre", Bruno se propôs a "libertar agora a religião destrutiva dos teólogos pedantes, o que significa *religar* o homem ao homem, concebendo um culto que favorecesse a coesão social e que estimulasse a adoção de comportamentos heroicos na vida civil"[1].

Na edição crítica francesa de *Sobre o Infinito, o Universo e os Mundos*, Miguel Angel Granada, a título de prefácio, sugere que, para Bruno, a negação aristotélica de um mundo infinito arrastava consigo a ideia de uma perda de potência nas concepções da natureza e uma progressiva ruína de valores e de força ou de capacidade da própria civilização[2]. Assim, a recuperação da ideia de infinito teria como consequência o restabelecimento dos valores de poder e de capacidade da natureza e do próprio homem.

Um pequeno exemplo já o encontramos em meio à Epístola Explicativa da *Cabala do Cavalo Pégaso*, texto em que Sofia (a sabedoria) e Júpiter, o máximo deus, são personagens principais:

Aqui, portanto, temos um Júpiter tomado não muito legitimamente, mas bom vicário ou lugar-tenente do primeiro princípio e causa universal, apreendido, no entanto, como coisa variável, sujeita ao fato da mutação. Mas sabendo ele que em tudo, no ente e substância infinita, são as naturezas particulares infinitas e inumeráveis (das quais ele é um indivíduo) que em substância, essência e natureza são uno. Assim, por razões de quantidade e número que se sucedem, incorrem vicissitudes inumeráveis e espécies de movimento e de mudança [...] Júpiter (que representa cada um de nós), depois de concebido, nasce; de garoto se torna jovem e robusto, e daí se torna sempre mais velho e enfermo; e assim, de inocente e inábil, faz-se nocivo e hábil, torna-se mau e daí se faz bom; de ignorante, sábio; de crápula, sóbrio; de incontinente, casto; de dissoluto, grave;

---

1 Nuccio Odine, *O Umbral da Sombra*, São Paulo: Perspectiva, 2006.
2 Ver *Œuvres complètes. Tome IV : De l'infini, de l'univers et des mondes*, Le Kremlin-Bicêtre: Les Belles Lettres, 2006.

de iníquo, justo; aquele que, às vezes inclinado por uma força menor, é também empurrado pelo temor de uma justiça fatal e superior aos deuses, que o ameaça. No dia, portanto, em que no céu se celebra a festa da Gigantomaquia (símbolo da guerra contínua e sem trégua que a alma faz contra os vícios e os afetos desordenados), querem realizar e definir este pai que por um certo espaço de tempo antes se havia proposto e determinado como um homem que, para mudar de propósito de vida e de costumes, é antes convidado por uma certa luz que tem sede no observatório, na gávea ou na popa de nossa alma, que por alguns é dito "sindérese" [consciência moral que conduz ao bem][...].[3]

Se a substância espiritual que corresponde às almas humana e as de todos os animais é a mesma, se a substância material é a mesma, embora seus compostos sejam diferenciados nos entes em particular, a nossa superioridade advém do fato de que, de um lado, temos as mãos livres para criar o que a inteligência nos permite fazer; de outro, temos a liberdade de nos aperfeiçoar, se assim o quisermos. Há um erro crasso de entendimento e de perspectiva quando nos julgamos absolutos ou medida antropocêntrica de todas as coisas. Para que a potência (o poder ser, o princípio ético e o comportamento moral) se converta em ato efetivo e salutar, é preciso que a liberdade se converta em necessidade e seja entendida a partir de uma compreensão igualitária. Somos um meio termo entre o mundo sensível e o mundo inteligível, mas a maioria se conserva restrita ou se aproxima mais do puro sensível, material e individual do que do inteligível, espiritual e universal. Por esse motivo, apenas uma minoria entre nós vem a exercer a *dignitas hominis* – o mérito e a grandeza das faculdades humanas.

Há, portanto, uma diferença entre o sábio ou aquele que procura entender a verdade e a ela se dedica, e assim vive em conformidade com princípios universais (de conhecimento e de vida moral) e sem o medo da morte, e aqueles que vivem entregues ao comando ou à regência exterior das autoridades institucionais, políticas e religiosas. Hoje em dia, mais ainda, por meio das redes sociais de comunicação, sob os conselhos e argumentações estapafúrdias e infantilizadas de qualquer "influenciador".

De modo irônico, mas também irado, escreve Bruno, ainda na introdução à *Cabala do Cavalo Pégaso*, condenando os crédulos de sempre, por mera simplicidade ou dissimulada esperteza:

Nada há de maior conformidade que conduza, guie ou leve à saúde eterna do que esta verdadeira ciência aprovada pela voz divina, assim como, ao contrário, nada

[3] Ver infra, p. 473.

que faça mais eficazmente nos reter no centro e no abismo do Tártaro do que a filosofia e a razão contemplativa, as quais, nascendo dos sentidos, crescem com a faculdade discursiva e amadurecem no intelecto humano.[4]

E, no entanto, seria preciso que os homens empreendessem uma luta permanente em duas regiões: uma, interior, em que cada indivíduo combate a si mesmo; outra, no exterior, na sociedade, contra os vícios, desordens, males e injustiças de toda ordem.

Devemos estar conscientes de que Deus ou a Criação não nos transcende, mas nos envolve e participa de nossa intimidade, mesmo que jamais possamos entender sua inteira natureza, conter todos os seus atributos ou características e percorrer toda a sua extensão. A tentativa infinda de alcançar a divindade é um ato de inteligência e de paixão, isto é, de amor a tudo aquilo de que, frágil e humildemente, fazemos parte.

Newton Cunha

---

[4] Ver infra, p. 779.

DESPACHO[1] DA BESTA TRIUNFANTE

Proposto por Júpiter, efetuado pelo Conselho, revelado por Mercúrio, relatado por Sofia, ouvido por Saulino e registrado pelo Nolano

Epístola Explicativa

Escrita ao mui ilustre
e excelente cavaleiro[2] senhor Filippo Sidneo (Philip Sidney)[3] pelo Nolano

Cego quem não vê o sol, estulto quem não o conhece, ingrato quem não agradece, se tanta é a luz, o bem e o benefício pelo qual resplandece, pelo qual excele, pelo qual favorece; mestre dos sentidos, pai das substâncias, autor de vida. Ora, não sei o que seria, excelente Senhor, se não estimasse o vosso engenho, não honrasse os vossos costumes, não celebrasse os vossos méritos, com os quais vós me fizestes conhecer, desde o princípio em que cheguei à ilha Britânica,

---

1. No original, *spaccio*, ou seja, a expedição ou o ato de mandar embora. Poderíamos ter optado por expulsão, como o fizeram os franceses, mas preferimos o termo despacho por conservar a mesma origem latino-provençal da palavra.
2. No sentido de nobre, corajoso e generoso, o que seria típico de um cavaleiro medieval.
3. Aristocrata inglês de vasta cultura renascentista, também poeta e bom conhecedor da literatura italiana da época, igualmente mencionado por Bruno em *A Ceia das Cinzas* e em *Dos Heroicos Furores*.

e pelo tempo que vos foi concedido; a muitos vos fazeis conhecer, tão logo a ocasião se apresenta; e com atenção mirais a todos, o que mostra a vossa natural inclinação, verdadeiramente heroica. Deixando pois o pensamento de todos para todos, e o dever de muitos para muitos, não permita o fado que eu, no que me respeita em particular, aja como certa vez em que me mostrei sensível face à molesta e importuna discordância de alguns[4]; assim, antes que aos olhos da eternidade deixe uma nota de ingratidão, voltando as costas à vossa bela, afortunada e cortesíssima pátria, era necessário primeiramente que ao menos com um sinal de reconhecimento vos saudasse, juntamente como o generosíssimo e gentilíssimo espírito do senhor Folco Grivello (Fulke Greville), ao qual vos ajuntastes com laços de longa e estreita amizade (e ao lado de quem crescestes, fostes educado e nutrido) e assim nas muitas perfeições vos assemelha, interna e externamente. Na minha opinião, foi ele o segundo que me ofereceu intercessões após as vossas primeiras; as quais teria aceito e ele realizado, se entre nós a invejosa Erínea não houvesse espalhado o arsênico de vis, malignos e ignóbeis interesses.

Assim é que (guardando para ele alguma outra matéria), eis que vos apresento esse número de diálogos, os quais certamente serão bons ou tristes, de valor ou indignos, vis ou excelentes, doutos ou ignorantes, altos ou baixos, aproveitáveis ou inúteis, férteis ou estéreis, graves ou dissolutos, religiosos ou profanos; como aqueles nas mãos dos quais poderão chegar, uns são de uma maneira, outros de outra. E porque o número de tolos e perversos é incomparavelmente maior do que o de sábios e justos, acontece que se quero olhar a glória ou outros frutos que produza a multidão de vozes, falta tanto que devo confiar a alegria do acontecimento mais a meu estudo e trabalho do que esperar motivo de descontentamento, e estimar muito mais o silêncio do que o falar. Mas se torno conhecido o olho da eterna verdade, para quem as coisas são mais preciosas e ilustres, e muitas vezes de poucos conhecidas, procuradas e possuídas, e de outros tidas como vis, condenáveis e perseguidas, mais me esforço por romper o curso da impetuosa torrente quanto mais vejo o vigor ajuntado à túrbida, profunda e clivosa passagem.

Assim, portanto, deixaremos a multidão rir-se, brincar, gracejar e desejar a superfície exterior dos mímicos, cômicos e histriônicos Silenos, sob os quais se encontra coberto, escondido e seguro o tesouro da bondade e da verdade; e como, pelo contrário, encontram-se

---

4. No livro *A Ceia das Cinzas*.

muitos que, sob o cílio severo, o rosto subjugado, a barba prolixa, a toga grave e magistral, de modo estudioso, e para prejuízo universal, concluem pela ignorância, que não é menos vil que arrogante, perniciosa e celebrada patifaria.

Aqui, muitos dos que por sua bondade e doutrina não se podem vender, facilmente assim poderão fazê-lo, mostrando o quanto somos ignorantes e viciosos; mas sabe Deus, conhecedor da verdade infalível, que tal espécie de homens é estulta, perversa e celerada; assim, em meu pensamento, palavras e gestos, não tenho e não pretendo outra coisa senão a sinceridade, a simplicidade e a verdade. Da mesma maneira se julgará ali onde as obras e os efeitos heroicos não serão creditados a nenhum valor inútil; onde não é considerada suma sabedoria o crer sem discrição; lá onde se distinguem as imposturas dos homens dos conselhos divinos; onde não se considera ato de religião e de piedade perverter a lei natural; onde a contemplação estudiosa não é loucura; onde sua avara possessão não é honrosa, os atos de bravata não são esplendores; em que a reputação não é ser um qualquer entre a multidão; em que a dignidade não está na melhor vestimenta; no haver maior, a grandeza; na maravilha, a verdade; na malícia, a prudência; na traição, a sagacidade; na decepção, a prudência; no fingimento, o saber viver; no furor, a fortaleza; na força, a lei; na tirania, a justiça; na violência, o bom juízo; e assim se vai discorrendo sobre tudo. Aqui Giordano fala vulgarmente, nomeia livremente, dá o próprio nome àquilo que a natureza dá o próprio ser; não se diz vergonhoso aquele que faz digna a natureza; não cobre o que ela mostra abertamente; chama o pão de pão, o vinho de vinho, o cérebro de cérebro; o pé de pé e outras partes por seu próprio nome; e diz comer ao comer, o dormir ao dormir, beber ao beber. E assim significa as outras ações naturais com seu próprio título. Aos milagres, milagres; às proezas e maravilhas, proezas e maravilhas; a verdade de verdade, a doutrina de doutrina, a bondade e a virtude de bondade e virtude; a impostura de impostura, o engano de engano, a faca e o fogo de faca e fogo, as palavras e os sonhos com palavras e sonhos, a paz pela paz, o amor pelo amor. Considera os filósofos como filósofos e os pedantes como pedantes. E assim os monges como monges, os ministros como ministros, os predicantes, predicantes, os sanguessugas, sanguessugas, os inúteis, saltimbancos, charlatães, histriões, bagateleiros e papagaios por aquilo que dizem, demonstram e são. Chamo os operários, os benéficos, os sapientes e os heróis por esses mesmos nomes. Vamos lá: este aqui, como cidadão e doméstico do mundo, filho do Sol-pai e da Terra-mãe, porque muito ama o mundo, vejamos como deva ser odiado, censurado, perseguido e posto para fora dele. Mas, enquanto isso, que não esteja ocioso nem mal ocupado e saiba esperar sua morte, sua transmigração, sua mudança.

Hoje, apresenta a Sidneo as enumeradas e ordenadas sementes da sua filosofia moral, não para que como coisa nova a observe, a conheça e entenda, mas para que a examine, considere e julgue, aceitando tudo o que deva aceitar, recusando o que se deve recusar e defendendo o que se deve defender contra as rugas e os supercílios dos hipócritas, o dente e o nariz dos sábios presumidos, a lima e o assobio dos pedantes. Advertindo os primeiros que estimaram como certa aquela religião que começa, cresce e se mantém com suscitar mortos e curar enfermos em troca de doações, e que não pode haver afeto ali onde se arrebatam coisas dos outros, se estropiam os sãos e se matam os vivos. Aconselhando os segundos que se convertam em intelectos agentes e luz intelectual, oferecendo lume a quem não o tenha. Fazendo entender aos terceiros que a nós não convém ser (como eles são) escravos de determinadas vozes e palavras; mas que, por graça dos deuses, nos é lícito e estamos livres para fazer com que elas nos sirvam, tomando-as e acomodando-as ao nosso cômodo prazer[5]. Assim, que os primeiros não sejam molestos com a perversa consciência; os segundos, com a mirada cega; e os terceiros, com a solicitude mal empregada, caso não queiram os primeiros serem acusados de estupidez, inveja e malignidade; os segundos, repreendidos por ignorância, presunção e temeridade; e os terceiros assinalados como covardes, ligeireza e vaidade, pois os primeiros não estão isentos da rígida censura de nossos juízos; os segundos, da insolente calúnia de nossos sentimentos; e os terceiros, da [assim julgada] tola crítica de nossas palavras.

Ora, para fazer entender a minha intenção nos discursos aqui presentes a quem quer que deseje e possa, professo e certifico que, no que me pertence, aprovo aquilo que, por todos os bons e os sábios, é comumente considerado digno de ser aprovado; e da mesma forma, reprovo o que seja contrário. E também prego e esconjuro todos, que não seja alguém de espírito grande e maligno, que queiram definir que o que está escrito neste volume seja dito por mim assertivamente[6]; nem creia (se quiser acreditar no verdadeiro) que eu, por

---

5. Bruno se refere aqui aos gramáticos da época, aos quais considera escravos dos significados das palavras estabelecidos pelo uso comum, ao passo que os filósofos devem se servir das palavras para exprimir a realidade e determinar uma moral.

6. Por asserção deve-se entender *dogmaticamente*, à maneira de Lutero, criticado por Erasmo em seu livro *De libero arbitrio*, v. IX, cuja argumentação considerava *pervicacia asserendi* (asserções ou afirmações obstinadas).

vontade ou acidente, queira apontar contra a verdade e atirar contra o honesto, o útil e o natural e, por consequência, divino. Tenha antes como algo seguro que, com meu esforço, intento o contrário. E se alguma vez não possa ser capaz disso, não se determine, mas permaneça em dúvida até que tenha penetrado no miolo do sentido. Considere por último que esses são diálogos cujos interlocutores fazem a sua voz e pelos quais se relatam os discursos de muitos e muitos outros que abundam igualmente no próprio sentido, raciocinando com o fervor e o zelo que seja apropriado. Portanto, que não se pense de outra maneira, a não ser que esses três diálogos foram dispostos e distendidos apenas como matéria e sujeito de um artifício futuro, pois tendo eu a intenção de tratar de filosofia moral segundo a luz interna que me irradiou e que irradia o divino sol do intelecto, pareceu-me um bom expediente propor antes certos prelúdios, à semelhança de músicos; esboçar certos delineamentos e sombras ocultos e confusos, urdir e distender certos filamentos como os tecedores e lançar alguns profundos e encobertos fundamentos como os construtores; o que só me parece ser efetuado mais convenientemente ao se pôr em número e com certa ordem todas as primeiras formas da moralidade, que são as virtudes e os vícios capitais. De modo que vereis na presente introdução um Júpiter arrependido que havia preenchido o céu com tantas bestas e vícios, segundo a forma das quarenta e oito imagens; e então consultar bani-los do céu, da glória e da exaltação, destinando-os a certas regiões da Terra, e nos mesmos lugares fazer com que fossem substituídas pelas virtudes, há muito tempo já exiladas e indignamente dispersas. Ora, enquanto isso se executa, vereis vituperar coisas que vos parecem indignas de vitupério, desprezadas coisas dignas de estima, exaltadas as que merecem reprovação e, ao contrário, tereis tudo por dito posto indefinidamente em dificuldade, levado ao campo, posto para fora no teatro[7]; que espera ser examinado, discutido e exemplificado quando se tocar a música, se der figura à imagem, abrirem-se as cortinas e o céu levantar-se. Nesse momento, Sofia apresenta Sofia, Saulino faz Saulino, Júpiter é Júpiter: Momo, Juno, Vênus e outros gregos ou egípcios, graves ou dissolutos, quaisquer que sejam, podem apropriar-se da condição e natureza com que se apresentam. Se vedes propósitos sérios e jocosos, pensai que todos são igualmente dignos de serem observados com óculos não ordinários. Em conclusão, não

---

7. "Campo", "teatro" e, mais adiante, as mesmas palavras e ainda "árvore" correspondem a termos da mnemotécnica de Bruno, e indicam lugares e ordem de sucessão.

tendes outra coisa definida senão a ordem e o número de assuntos da consideração moral, juntamente com os fundamentos de tal filosofia, a qual vereis inteiramente neles figurada. De resto, por esse meio cada um pegue os frutos que puder, segundo a capacidade do próprio vasilhame; pois não há coisa de que se ria que não se converta em proveito e boa utilidade; e não há coisa tão boa e digna que não possa ser razão e matéria de escândalo para os canalhas. Aqui, portanto, tendo tudo o mais por coisa duvidosa, suspeita e em suspensão, que tome nosso intento a ordem, a tablatura, a disposição, o índice do método, a árvore, o teatro e o campo das virtudes e dos vícios; onde, depois, há que se discorrer, inquirir, informar-se, endireitar, estender-se, reconduzir e alegar outras considerações; quando se determinar do todo conforme nosso entendimento e intenção própria, o explicaremos em outro diálogo particular, em que a arquitetura universal de tal filosofia se verá plenamente realizada e na qual refletiremos de maneira definitiva.

Aqui, portanto, temos um Júpiter tomado não muito legitimamente, mas bom vicário ou lugar-tenente do primeiro princípio e causa universal, apreendido, no entanto, como coisa variável, sujeita ao fato da mutação. Mas sabendo ele que em tudo, no ente e substância infinita, são as naturezas particulares infinitas e inumeráveis (das quais ele é um indivíduo) que em substância, essência e natureza são uno. Assim, por razões de quantidade e número que se sucedem, incorrem vicissitudes inumeráveis e espécies de movimento e de mudança. Cada uma delas, portanto, e particularmente Júpiter, representa tal indivíduo, sob tal composição, com tais acidentes e circunstâncias, posto em número por diferenças que nascem das contrariedades, as quais se reduzem a uma origem primeira, primeiro princípio de todas as coisas, eficientes próximos de qualquer mudança e vicissitude: por isso, como daquele que antes não era Júpiter fez-se Júpiter depois, assim, daquele que no presente é Júpiter, no final será outro que não Júpiter. Sabe que da eterna substância corpórea (a qual não é aniquilável, mas rarefatível, formável, ordenável, figurável) a composição se dissolve, muda a compleição, muda de figura, altera o ser, varia o destino, permanecendo sempre aqueles que são, em substância, os elementos; e aquele mesmo, que sempre foi, perseverando o princípio único material, que é a verdadeira substância das coisas, eterna, ingenerável, incorruptível. Bem sabe que da eterna substância incorpórea nada muda, se forma ou se deforma, mas sempre permanece a que não pode ser objeto de dissolução, como não é possível que seja objeto de composição; que por si nem por acidente se pode dizer mortal, pois a morte não é outra coisa que um divórcio das partes conjuntas no composto, de onde, permanecendo todo o ser substancial de cada uma (que não pode se perder), cessa aquele acidente da amizade, do acordo, da compleição, da união e da ordem. Sabe que da substância espiritual, embora tenha familiaridade com os corpos, não deve considerar que venha propriamente composta ou misturada com eles, pois isso convém de corpo com corpo, com parte da matéria compleiçoada de um modo com parte da matéria compleiçoada de outra maneira; mas é una a coisa, um princípio eficiente e informativo interno, do qual e pelo qual se faz a composição; e é como o timoneiro para a nave, um pai de família em casa e um artífice não exterior, mas que de dentro da fábrica contempla e conserva o edifício; nele se encontra a eficácia de manter juntas e em harmonia qualidades discordantes, fazer e manter a composição de um animal[8]. Ele torce o cilindro do tear, urde a tela, entrelaça os fios, modera a têmpera, estabelece a ordem, digere e distribui os espíritos, dá fibras às carnes, estende as cartilagens, solda os ossos, ramifica os nervos, cava as artérias, fecunda as veias, fomenta o coração, inspira os pulmões, socorre tudo de dentro com o calor vital e a úmida raiz; onde [há] tal hipóstase[9] e tal rosto, figura e face aparecem exteriormente. Assim se formam as câmaras em todas as coisas ditas animadas, do centro do coração ou de coisa proporcional, explicando[10] e figurando os membros, além de conservá-los. Necessitado assim do princípio de dissolução, e abandonando sua arquitetura, ocasiona a ruína do edifício, dissolvendo os elementos contrários, rompendo a liga, desfazendo a composição hipostática, por não possuir eternamente o mesmo temperamento, perpetuando a mesma série e conservando aquela mesma ordem, aninhando-se num mesmo composto; mas das partes externas e dos membros faz o retraimento ao coração, e quase recolhendo os insensíveis instrumentos e artefatos, mostra abertamente que, pela mesma porta que sai, convém uma vez entrar. Júpiter sabe que não é verossímil nem possível que a matéria corpórea, que é componível, divisível, manejável, contrátil, formável, móvel e consistente sob o domínio, o império e a virtude da alma, seja aniquilável nem seu átomo anulável; que, pelo contrário, a natureza mais excelente que impera, preside, move, vivifica, faz vegetar, sensibiliza, mantém e

---

8. Bruno se utiliza da palavra "animal" para referir-se a todo ente, como plantas, animais propriamente ditos, seres humanos e astros. A ideia de princípio ou de artífice interno, de intelecto universal ou de alma do mundo se encontra bem explicada em *Da Causa, Princípio e Uno*.
9. Isto é, princípio que subjaz e dá fundamento ao ente.
10. "Explicar" no sentido original de desdobrar, expor, desenvolver.

contém, seja de pior condição. E que seja (como querem certos tolos sob o nome de filósofos) um ato que resulte da harmonia, da simetria, compleição e, por fim, um acidente que, por dissolução do composto, se aniquile juntamente com a composição[11], de preferência a um princípio e causa intrínseca de harmonia, de compleição e simetria que dele deriva; o qual não pode subsistir sem o corpo, pois o corpo, que é por ele movido, governado, por sua presença unido e por sua ausência disperso, pode existir sem ele. Esse princípio, portanto, considera Júpiter a substância que é verdadeiramente o homem, e não acidente derivado da composição. Este é o nume, o herói, o demônio, o deus particular, a inteligência, no qual, do qual e pelo qual se vêm formar e se formam diversas compleições e corpos, assim acabam por suceder-se diversos seres nas espécies, diversos nomes, diversas fortunas. Isso por ser aquele, quanto aos atos racionais e apetites, e segundo as razões, quem move o corpo, é-lhe superior e não pode ser por ele necessitado e constrangido. Sucede, pela justiça mais elevada que acima sedia todas as coisas, que para as afeições desordenadas venha a ser atormentado e desonrado no mesmo ou em outro corpo, e não deva esperar o governo e a administração de melhor ambiente, pois será mal guiado em outro regime. Por assim ter levado aqui uma vida cavalina ou porcina (por exemplo), como muitos filósofos excelentes compreenderam, e eu considero que se deva crer ou ao menos considerar, ver-se-á disposta pela justiça fatal que lhe seja entretecido com esse propósito um cárcere conveniente a tal delito ou crime, organismos e instrumentos convenientes a tal operário ou artífice. E assim discorrem muitos outros sobre o fato de haver mudanças, sujeitando-se a outras espécies de vida e de destino, melhores e piores, conforme se tenha comportado de modo melhor ou pior na condição precedente. Como vemos que o homem, mudando sua sensibilidade e afeto, de bom se torna perverso, de temperado, destemperado; e ao contrário, aquele que parecia um animal vem a se tornar pior ou melhor, em virtude de certos delineamentos e figurações que, derivando do espírito interno, aparecem no corpo; de modo que nunca falhará um fisionomista prudente[12]. Mas como na espécie humana vemos em muitos a aparência, o rosto, a voz, o gesto, os afetos e inclinações, em alguns os

---

11. Os seguidores de Averróis, que afirmavam a natureza mortal da alma.
12. As ideias derivadas da fisiognomia estavam em moda na cultura renascentista. Acreditavam alguns que a sensibilidade e o engenho pessoais imprimissem no corpo e nas feições certas características físicas. Para Bruno, que aceita parte dessas teses, as inclinações inatas poderiam, no entanto, ser modificadas por hábitos diversos, estudos e práticas de virtudes.

de cavalo, em outros os de porcos, asnos, aquilinos, bovinos, é de se crer que neles haja um princípio de vida, pelo qual, em razão de uma potência de mutação corpórea próxima passada ou próxima futura, foram ou serão cavalos, porcos, asnos, águias e bois, se por hábito de continência, de estudos, de contemplações e outras virtudes não mudarem e não se dispuserem de outra maneira. Desta sentença pende o ato da penitência de Júpiter, que se introduz como vulgarmente é descrito: um deus que teve virtudes e gentilezas, atos dissolutos, ligeirezas e fragilidades humanas, e algumas vezes brutais, bestiais; como foi representado ao se transformar naqueles vários sujeitos e formas, para significar a mutação de seus diferentes afetos nos quais incorre Júpiter, o homem e a alma ao se encontrarem nesta flutuante matéria. Ele mesmo é posto como governador e motor do céu, para dar a entender como em cada homem, em cada indivíduo se contempla um mundo, um universo; em Júpiter, governador significa a luz intelectual que nele dispensa e governa, e distribui naquele admirável arquiteto os decretos, sede de virtudes e de vícios.

Este mundo, tomado segundo a imaginação de matemáticos estultos, e aceito por físicos não menos sábios, entre os quais os peripatéticos são os mais vãos, não deixa de dar frutos no presente: primeiramente dividido em tantas esferas e depois distinguido em cerca de quarenta e oito imagens (nas quais entendem dividir-se primariamente um oitavo céu, estelífero, vulgarmente dito "firmamento") vem a ser princípio e objeto de nosso trabalho. Pois aqui Júpiter (que representa cada um de nós), depois de concebido, nasce, de garoto se torna jovem e robusto, e daí se torna sempre mais velho e enfermo; e assim, de inocente e inábil, faz-se nocivo e hábil, torna-se mau e daí se faz bom; de ignorante, sábio; de crápula, sóbrio; de incontinente, casto; de dissoluto, grave; de iníquo, justo; aquele que, às vezes inclinado por uma força menor, é também empurrado pelo temor de uma justiça fatal e superior aos deuses, que o ameaça. No dia, portanto, em que no céu se celebra a festa da Gigantomaquia (símbolo da guerra contínua e sem trégua que a alma faz contra os vícios e os afetos desordenados), querem realizar e definir este pai que por um certo espaço de tempo antes se havia proposto e determinado: como um homem que, para mudar de propósito de vida e de costumes, é antes convidado por uma certa luz que tem sede no observatório, na gávea ou na popa de nossa alma, que por alguns é dito "sindérese"[13],

---

13. A consciência moral que guia o homem em direção ao bem, ao princípio ético universal.

e que talvez seja representado quase sempre por Momo[14]. Assim propõe aos deuses, ou seja, exercita o raciocínio no interior do conselho, e se põe a consultar sobre o que fazer; e ali pede os votos, arma as potências, adapta as intenções; mas não depois da ceia, numa noite de inconsideração, sem o sol da inteligência e o lume da razão; não com o estômago em jejum pela manhã, isto é, sem fervor de espírito, sem o escaldamento do ardor; mas depois do almoço, isto é, depois de ter provado a ambrosia do zelo virtuoso e estar embebido pelo néctar divino do amor; por volta do meio-dia, naquele ponto quando menos nos ultraja o erro inimigo e nos favorece a verdade amiga, naquele mais lúcido intervalo. Agora então se faz o despacho da besta triunfante, isto é, dos vícios que predominam e costumam ultrajar a parte divina; se purga o ânimo dos erros e faz-se com que seja ornado pela virtude – e por amor da beleza que se vê na bondade e na justiça natural, e por desejo da vontade consequente daqueles frutos, e por ódio e temor à deformidade contrária e ao desprazer.

Isso se considera acordado por todos e em todos os deuses, quando as virtudes e as potências da alma concorrem para a obra e a ação do que por justo, bom e verdadeiro define a luz eficiente; e endireita o sentido, o intelecto, o discurso, a memória, o amor, o concupiscível, o irascível, a sinderése, a eleição: faculdades representadas por Mercúrio, Paládio, Diana, Cupido, Vênus, Marte, Momo, Júpiter e outros numes.

Onde, portanto, estava a Ursa, por razões de localidade, por ser a parte mais eminente do céu, propõe-se a Verdade, a qual é a mais alta e digna de todas as coisas; a primeira, a última e a mediana, pois preenche o campo da Entidade, da Necessidade, da Bondade, do Princípio, do Meio, do Fim, da Perfeição. É concebida nos campos da contemplação metafísica, da física, da moral, da lógica; e com a Ursa desabam a Deformidade, a Falsidade, o Defeito, a Impossibilidade, a Contingência, a Hipocrisia, a Impostura e a Felonia. A casa da Ursa Maior permanece vaga. Ali onde se encurva o Dragão, por ser vizinho da Verdade, se localiza a Prudência, com suas damiselas Dialética e Metafísica, tendo na circunvizinhança da direita a Esperteza e a Malícia, e da esquerda, a Estupidez, a Inércia, a Imprudência. E se encontra no campo da Consultoria. Daquele lugar tomba em direção à Casualidade, ao Improviso, à Sorte, ao Descuido, com circunstantes à esquerda e à direita. De lá, para onde Cefeo se reduz, cai o Sofisma,

---

14. Conforme a Teogonia de Hesíodo, Momo, filho da noite, é o deus da censura, da reprovação. Com essa conotação foi personagem de Leon Battista Alberti (*Momus*), de Niccolò Franco (*I Dialoghi Piacevoli*) e Anton Doni (*I mondi e gli inferni*).

a Ignorância de perversa disposição, a Fé estulta com suas servas, ministros e circundantes, e a Sabedoria (Sofia), por estar acompanhada pela Prudência, ali se apresenta e será vista vivendo nos campos divino, natural, moral e racional. Ali onde Artofilace[15] observa o carro, eleva-se a Lei, para se avizinhar da mãe Sabedoria (Sofia), e aquela se encontrará nos campos divino, natural, civil, político, econômico e ético particular, pelo qual se ascende a coisas superiores, se distende e se alarga para coisas iguais. De lá despencam a Prevaricação, o Delito, o Excesso, a Exorbitância, com seus filhos, ministros e acompanhantes. Onde brilha a coroa boreal, acompanhada da Espada, entenda-se o Juízo como efeito próximo da lei e ato de justiça. Ele será visto vivendo nos cinco campos da Apreensão, Discussão, Determinação, Imposição e Execução. E depois, por consequência, cai a Iniquidade com toda a sua família. Pela coroa que possui a esquerda silenciosa, afigura-se o Prêmio e a Mercê; pela espada que vibra a atarefada direita, afigura-se o Castigo e a Vingança. Onde, com sua maça, para abrir espaço, Alcides, após o debate com a Riqueza, a Pobreza, a Avareza e a Fortuna, com sua apresentação cortês, vai residir a Fortaleza, a qual vereis conviver nos campos da Impugnação, da Repugnância, da Expugnação, da Manutenção, da Ofensa e da Defesa. De cuja direita tombam a Ferocidade, a Fúria, o Orgulho; e da esquerda, a Fraqueza, a Debilidade, a Pusilanimidade. E ao redor da qual vêm a Temeridade, a Audácia, a Presunção, a Insolência e a Confidência; e de encontro, a Covardia, o Tremor, a Dúvida, o Desespero, com seus acompanhantes e servos. Vivem por quase todos os campos. Onde se vê a constelação de Lira, de nove cordas, ascende a Musa mãe com suas nove filhas: Aritmética, Geometria, Música, Lógica, Poesia, Astrologia, Física, Metafísica e Ética. Onde, por consequência, declinam a Ignorância, a Inércia e a Bestialidade. As mães têm o universo por campo, e cada uma das filhas possui seu próprio objeto. Onde o Cisne distende as asas, eleva-se a Penitência, a Repurgação, a Palinodia, a Reforma, a Lavagem; de onde, por consequência, cai a Filáucia, a Imundície, a Sordidez, a Impudência, a Protérvia, com suas famílias. Vivem pelos campos do Erro e do Engano. Onde foi abandonada Cassiopeia com a Vaidade, a Altaneria, a Arrogância, a Jactância e outras companheiras no campo da Ambição e da Falsidade; sobe a Majestade regulada, a Glória, o Decoro, a Dignidade, a Honra e outros companheiros com sua corte que, de

---

15. Constelação situada próxima à cauda da Ursa Maior, mais comumente chamada Boiadeiro ou Boieiro (ou ainda Boote).

ordinário, se encontram nos campos da Simplicidade, da Verdade e de outras semelhanças por princípio de eleição. E às vezes, por força de Necessidade, nos campos da Dissimulação e outros semelhantes, que por acidente possam ser refúgio de virtudes. Onde o feroz Perseu mostra o gorgôneo troféu, elevam-se a Fadiga, a Solicitude, o Estudo, o Fervor, a Vigilância, o Negócio, o Exercício, a Ocupação com os esporões do Zelo e do Temor. Perseu tem as vestes talares do Pensamento e do Desprezo dos bens populares, com os ministros Perseverança, Engenho, Indústria, Arte, Inquisição e Diligência. E por filhos conhece a Invenção e a Aquisição, das quais cada uma possui três vasos cheios do Bem da fortuna, do Bem do corpo e do Bem do ânimo. Difunde-se nos campos da Robustez, da Força, da Incolumidade; fogem-lhe à frente o Torpor, a Acédia, o Ócio, a Inércia, a Desídia, a Poltronaria com toda a sua família, de um lado e, de outro, a Inquietação, a Ocupação estúpida, a Curiosidade, a Labuta, a Perturbação que saem do campo da Irritação, da Instigação, do Constrangimento, da Provocação e outros ministros que edificam o palácio do Arrependimento. Aos aposentos de Triptólemo sobe a Humanidade, com sua família Conselho, Ajuda, Clemência, Favor, Sufrágio, Socorro, Salvação, Refrigério, com outros companheiros seus, filhos e ministros, que estão no campo da Filantropia, ao qual não se liga a Misantropia, com sua corte Inveja, Malignidade, Desdém, Desfavor e outros irmãos. À morada de Ofiulco[16] sobem a Sagacidade, a Sensatez, a Sutileza e outras virtudes similares, habitantes do campo da Consultação e da Prudência, e de onde fogem a Deselegância, a Estupidez, a Tolice, com suas turbas, que tropeçam no campo da Imprudência e da Inconsultação. No local da constelação da Flecha veem-se a judiciosa Eleição, a Observância e o Intento, que se exercitam no campo do Estudo ordenado, da Atenção e da Aspiração; e de lá se vão a Calúnia, a Detração, a Represália e outros filhos do Ódio e do Ciúme que se comprazem nos hortos da Insídia, da Espionagem e outras culturas ignóbeis e vis. No espaço em que se encurva o Delfim, vê-se a Dileção, a Afabilidade, o Ofício que, juntos com suas companhias, se acham no campo da Filantropia, da Domesticidade, de onde foge a ultrajante turba, que se retira para o campo da Altercação, do Duelo e da Vingança. Ali, de onde a Águia se vai com a Ambição, a Presunção, a Temeridade, a Tirania, a Opressão e outras companheiras de negócio no âmbito da Usurpação e da Violência, retira-se a Magnificência, a Generosidade, o Império, que convivem nos

---

16. Constelação do Serpentário.

campos da Dignidade, da Potestade, da Autoridade. Onde se encontrava Pégaso, o Cavalo, eis o Furor divino. Entusiasmo, Rapto, Vaticínio e Contração[17], que se vão ao campo da Inspiração, e de onde fogem para longe o Furor ferino, a Mania, o Ímpeto irracional, a Dissolução do espírito, a Dispersão do sentido interior, que podem ser achados no campo da destemperada Melancolia, antro do Gênio perverso[18]. Onde Andrômeda cede à Obstinação, à Perversidade e à Persuasão estulta, que se agarram ao campo da ignorância dupla, sucedem a Facilidade, a Esperança, a Espera, que se mostram no campo da boa Disciplina. Onde se ressalta o Triângulo, ali se faz consistente a Fé, de outra maneira dita Fidelidade, que se espera no campo da Constância, do Amor, da Sinceridade, da Simplicidade, da Verdade e outras, das quais estão muito afastadas a Fraude, o Engano e a Instabilidade. Na regência de Aríete, eis posto o Viscondado, Ducado, Exemplaridade, Demonstração, Conselho, Indicação que são felizes no campo do Obséquio, da Obediência, do Consentimento, da Emulação virtuosa, da Imitação; dali vão-se o mau Exemplo, o Escândalo, a Alienação, que atormentam no campo da Dispersão, do Desaparecimento, da Apostasia, do Cisma, da Heresia. O Touro se mostra como figura da Paciência, da Tolerância, da Longanimidade, da Ira regulada e justa, que se exercitam no campo do Governo, do Ministério, da Serventia, da Fadiga, do Trabalho, da Reverência e de outros. E com isso se vão a Ira desordenada, a Irritação, o Despeito, o Desdém, a Avessia, a Impaciência, o Lamento, a Querela, a Cólera, que se encontram quase que no mesmo campo. Onde habitavam as Plêiades, eleva-se a União, a Civilidade, a Congregação, o Povo, a República, a Igreja que resistem no campo da Convivência, da Concórdia, da Comunhão e ao qual preside o ordenado Amor; e com ele faz o céu sacudir o Monopólio, a Turba, a Seita, o Triunvirato, a Facção, a Parte, a Adição, que periclitam nos campos da Afeição desordenada, do Desdém iníquo, da Sedição, da Conjuração, onde o Perverso preside o conselho com toda a sua família. De onde partem os Gêmeos, aparecem como figuras o Amor, a Amizade, a Paz que se comprazem no próprio campo; e aqueles bandidos levam consigo a Parcialidade indigna que, obstinada, aflige o perverso e iníquo Desejo. O Câncer leva consigo a má Repressão, a Volta indigna, o Direto vil, o reprovável Refreamento, a desmesura dos braços, a Retração do bem pensar e do bem fazer, o Retecer de Penélope e outros consortes

---

17. Uma espécie de concentração subjetiva, interior, psíquica.
18. Bruno segue a diferença dada por Ficino entre a melancolia temperada, que auxilia o exercício intelectual, e a melancolia adusta, abrasadora, que leva à loucura.

e companheiros que se remetem e servem aos campos da Inconstância, Pusilanimidade, Pobreza de espírito, Ignorância e muitos outros; e às estrelas ascende a reta Conversão, a Repressão do mal, a Retração do falso e do iníquo, com seus ministros que se regulam no campo do Temor honesto, do Amor ordenado, da reta Intenção, da louvável Penitência e outros sócios contrários ao mal Progresso, ao Avanço perverso e à Pertinácia proveitosa. Leão leva consigo o Terror tirânico, o Espanto e o Formidando, a perigosa e odienta Autoridade e Glória da Presunção e do Prazer de ser mais temido do que amado[19]. Vivem no campo do Rigor, da Crueldade, da Violência, da Supressão, sendo atormentados pelas sombras do Temor e da Suspeita; e ao celeste espaço ascende a Magnanimidade, a Generosidade, o Esplendor, a Nobreza, a Prestância, que administram o campo da Justiça, da Misericórdia, da justa Debelação, da justa Condenação, que pretendem com estudo ser mais amadas do que temidas; e ali se consolam com a Segurança, com a Tranquilidade de espírito e sua família. Vai juntar-se com a Virgem a Continência, a Pudicícia, a Castidade, a Modéstia, a Verecúndia, a Honestidade, que triunfam no campo da Pureza e da Honra, desprezando a Impudência, a Incontinência e outras mães de famílias inimigas. As Balanças foram modelos da esperada Equidade, Justiça, Graça, Gratidão, Respeito e outros companheiros, administradores e sequazes que se encontram no trino campo da Distribuição, da Comutação e da Retribuição, onde não põem o pé a Injustiça, a Desgraça, a Ingratidão e a Arrogância, seus acompanhantes, filhos e administradores.

Onde se encurvava a cauda e estendia suas garras o Escorpião, não aparecem a Fraude, o Aplauso iníquo, o Amor fingido, o Engano, a Traição; mas as virtudes contrárias, filhas da Simplicidade, da Sinceridade, da Verdade e que se encontram no campo das matrizes. Vemos que o Sagitário era signo de Contemplação, Estudo e bom Estímulo, com seus sequazes e servidores, que têm por objeto e sujeito o campo do Bom e do Verdadeiro para formar o Intelecto e a Vontade, e onde estão ausentes a Ignorância afetada e a vil Irreflexão. Lá onde ainda reside o Capricórnio, vê-se o Ermo, a Solidão, a Contração[20] e outras mães, companhias e outras servas, que se retiram para o campo da Absolvição e da Liberdade, no qual não se sente em segurança a Conversação, o Contrato, a Cúria, o Convívio e outros pertencentes a esses filhos e administradores. No lugar do úmido

---

19. Bruno se contrapõe aqui a Maquiavel, no capítulo XVII do *Príncipe*: "Da crueldade e da piedade; se é melhor ser amado que temido, ou temido do que amado."
20. Retiro interior de cunho religioso.

e diluído Aquário, vê-se a Temperança, mãe de inúmeras virtudes, que ali se mostra particularmente com as filhas Civilidade e Urbanidade, e de onde se apartam a Intemperança dos afetos, a Selvageria, a Aspereza e a Barbárie. De Peixes se retiram o Silêncio indigno, a Inveja da sabedoria e a Defraudação da doutrina, que se derramam no campo da Misantropia e Vileza do engenho, e se introduzem o Silêncio digno e a Taciturnidade, que vivem no campo da Prudência, da Continência, da Paciência, da Moderação e outras, do qual se afastam a Loquacidade, o Multiloquismo, a Garrulice, a Bufonaria, o Histrionismo, a Leviandade de propósitos, a Vaniloquência, a Querela, a Murmuração. Onde estava a Baleia não banhada se encontra a Tranquilidade de ânimo, segura no campo da Paz e do Repouso, e de onde se veem excluídas a Tempestade, a Turbulência, o Tremor, a Inquietação e outros sócios e irmãos. Ali onde supera os numes o divino e milagroso Órion, vão-se embora a Impostura, a Destreza, a Gentileza inútil, o vão Prodígio, a Bagatela, a Trapaça que, como guias, porteiras e condutoras, administram a Jactância, a Vanglória, a Usurpação, a Rapina, a Falsidade e muitos outros vícios, nos campos dos quais se entretêm; naquele lugar se exalta a Milícia estudiosa contra as potestades iníquas, visíveis e invisíveis, e que labuta no campo da Magnanimidade, da Fortaleza, do Amor público, da Verdade e de outras inúmeras virtudes. Onde ainda permanece a fantasia do rio Erídano[21] há de encontrar-se algo de nobre, do qual falaremos em outra oportunidade, pois o seu venerando propósito não cabe entre estes aqui. Onde se ergue a Lebre fugaz com o Temor vão, a Covardia, o Tremor, a Desconfiança, a falsa Suspeição e outros filhos e filhas do pai Incapacidade e da mãe Ignorância, contempla-se o Temor, filho da Prudência e da Consideração; o ministro da Glória e a Honra verdadeira, que possam ter êxito em todos os campos da virtude. No ato de correr atrás da Lebre, tinha o Cão Maior o dorso estendido: sobre ele montam a Vigilância, a Custódia, o Amor pela república, a Guarda das coisas domésticas, o Tiranicídio, o Zelo, a Predicação saudável, que se acham no campo da Prudência e da Justiça natural. E com elas vêm abaixo a Venação e outras virtudes ferinas e bestiais, as quais Júpiter quer que sejam consideradas heroicas, embora estejam no campo do Banditismo e da Bestialidade. O Cão Menor leva também abaixo consigo a Ausência, a Adulação e o vil Obséquio com suas companhias; e lá no alto eleva-se o Aplacamento, a Domesticidade,

---

21. Rio mítico que passa pelo Hades e também constelação vista do hemisfério norte.

o ser Amoroso, que convivem no campo da Gratidão e da Fidelidade. Onde a Nave retorna ao mar, juntamente com a Avareza, a Mercancia mentirosa, o Ganho sórdido, a Pirataria e outros companheiros infames e frequentemente vituperadores. Vão fixar residência a Liberalidade, a Comunicação oficiosa, a Provisão tempestiva, o Contrato útil, a Peregrina digna, o Transporte munificente, com seus irmãos, timoneiros, remadores, soldados, sentinelas e outros ministros, que vivem no campo da Fortuna. Onde se alongava e se estendia a espiralada Serpente austral, a Hidra, fazem-se ver a próvida Cautela, a judiciosa Sagacidade, a revivescente Virilidade e onde tombam o Torpor senil, a estúpida Infantilização, com a Insídia, a Inveja, a Discórdia, a Maledicência e outros comensais. De onde se retira o Corvo com seu atro Negror, a crocitante Loquacidade, a torpe e cigana Impostura, a odiosa Afronta, o Desprezo cego, a Servidão negligente, o Ofício tardio e a Gula impaciente, sucedem-lhe a Magia divina com suas filhas, a Adivinhação com seus ministros, entre os quais o Augúrio é o principal, e costumam ter por finalidade exercitar-se nos campos da Arte Militar, da Lei, da Religião e do Sacerdócio. Ali onde a Taça, com sua multidão de ministros e circunstantes, se apresenta com a Gula e a Ebriedade, veem-se a Abstinência, a Sobriedade e a Temperança próximos ao alimento, com suas recomendações e condições. Onde persevera e se confirma o semideus Centauro, ordenam-se conjuntamente a divina Parábola, o Mistério sacro, a Fábula moral, o divino e santo Sacerdócio, com seus ministros, institores e conservadores; dali cai e é banida a Fábula antiga e bestial, com sua estulta metáfora, Analogia vã, sua Anagogia caduca, sua Tropologia e seca Figuração, com suas cortes falsas, seus conventos de porcos, seitas sediciosas, os graus confusos, as ordens desordenadas, purificações porcas, puritanismos imundos, patifarias perniciosíssimas que estão nos campos da Avareza, da Arrogância e da Ambição, nos quais a torva Malícia preside e se come a cega e crassa Ignorância.

Com o Altar está a Religião, a Piedade e a Fé, e de seu ângulo oriental cai a Credulidade com tantas loucuras e a Superstição com tantas insignificâncias e ninharias; do lado ocidental se precipitam a Impiedade e o insano Ateísmo. Onde espera a Coroa austral, ali estão o Prêmio, a Honra e a Glória, frutos das virtudes esforçadas e dos estudos virtuosos, que pendem do favor das ditas impressões celestes. Onde se prende o Peixe meridional, lá está o Gosto dos já mencionados, honrados e gloriosos frutos; ali, o Gáudio, o rio das Delícias, a torrente da Volúpia; ali, na Ceia, a alma "nutre a mente de tão nobre alimento, que a ambrosia e o néctar de Júpiter não são

invejados"[22]. Lá é o Término dos trabalhos tempestuosos, ali está o Leito, o Repouso tranquilo, a Paz segura.
Adeus.

Primeiro Diálogo

Interlocutores: Sofia, Saulino, Mercúrio

SOFIA: Assim que se nos corpos, na matéria e no ente não houvesse a mudança, a variedade e a vicissitude, nada seria conveniente, nada bom, nada deleitável.

SAULINO: Muito bem o demonstraste, Sofia.

SOFIA: Todo deleitamento vemos consistir num outro, por um certo trânsito, caminho e movimento. Tendo em vista que fastidioso e triste é o estado da fome, desagradável e grave o estado da saciedade, aquilo que causa prazer é o movimento de um para outro. O estado de ardor venéreo atormenta, o estado da repressão da libido contrista; mas o que contenta é o trânsito de um para outro. Em nenhum ser presente encontra-se prazer se o passado não provém do fastio, do aborrecimento. A fadiga não agrada a não ser no princípio, depois do repouso; não há deleitamento no repouso, depois da fadiga, senão no princípio.

SAULINO: Se assim é, não há prazer sem uma mistura de tristeza; se no movimento há a participação daquilo que contenta e daquilo que aborrece.

SOFIA: Dizes bem. A isso que dizes acrescento que Júpiter, algumas vezes, como se lhe viesse o tédio, ora toma os ares de agricultor, ora os de caçador, ora os de soldado; num momento está com os deuses, noutro com os homens, e ainda com os animais. Os que estão em suas vilas fazem a festa e se divertem nas cidades; e os que se encontram nas cidades relaxam e saem de férias nas vilas. A quem esteve sentado ou deitado, agrada o caminhar; quem discorreu com os pés, encontra refrigério em sentar-se. Há prazer no campo para quem muito morou sob teto urbano; deseja com ardor um cômodo na cidade quem está saciado do campo. No fim, comer um alimento, ainda que agradável, é razão de náusea. Tanto assim que a mudança de um extremo para o outro, o movimento de um contrário para outros acaba por satisfazer; e, enfim, vemos tanta familiaridade de

22. Verso de Petrarca, *Canzoniere*, CXCIII.

um contrário com outro que são eles mais convenientes entre si do que um semelhante com outro semelhante.

SAULINO: Assim me parece ver, pois a justiça não atua senão onde há o erro, a concórdia não se efetua onde há a contrariedade; o esférico não repousa sobre o esférico porque só se tocam num ponto, mas o côncavo se aquieta no convexo; e normalmente o soberbo não convém ao soberbo, o pobre ao pobre, o avaro ao avaro; mas o primeiro se compraz com o humilde, o outro com o rico, o último com o generoso. Porém, caso se considere física, matemática e moralmente, vê-se que não pouco foi encontrado por aquele filósofo que achegou-se à razão da coincidência dos contrários[23]; e não é um prático imbecil aquele mago que a sabe encontrar onde ela está. Tudo, portanto, que haveis proferido é veríssimo; mas queria saber, ó Sofia, com que propósito, com que fim o dissestes.

SOFIA: Aquilo que quero inferir é: que o princípio, o meio e o fim, o nascimento, o crescimento e a perfeição do que vemos é pelo contrário, está nos contrários e se faz por contrários; e onde está a contrariedade, está a ação e a reação, é o movimento, a diversidade, a multiplicidade, a ordenação, são os graus, é a sucessão e a vicissitude. Por essa razão, ninguém que bem considere jamais abandonará ou elevará o ânimo, embora, em comparação com outros hábitos e fortuna, lhe pareça bom ou ruim, pior ou melhor. Tal como eu, com meu divino objeto que é a Verdade, tanto tempo fugitiva, oculta, deprimida e submersa, julguei aquele limite como princípio do meu retorno, aparição, exaltação e magnificência tanto maiores quanto maiores as contradições.

SAULINO: Assim acontece com quem quer mais aplicadamente saltar, sendo preciso primeiramente agachar-se bem, ou quem deseja superar eficazmente um fosso, e busca impulso, afastando-se oito ou dez passos para trás.

SOFIA: Tanto mais, portanto, espero no futuro melhor sucesso pelo fato de, quanto ao presente, me encontrar no pior.

SAULINO: "Quanto mais depresso, / mais o homem com esta roda afunda; / quanto mais àquele ponto faz progresso, / ao invés de subir, girando se aprofunda; / alguém sob o cepo quase a cabeça depôs / tendo outro dia dado lei ao mundo."[24] Mas, por favor, Sofia, segue mais expressamente o teu propósito.

---

23. Nicolau de Cusa.
24. Ludovico Ariosto, *Orlando Furioso*, XLV, 2,1-6. "Quanto più depresso, / quanto è più l'uom di questa ruota al fondo, / tanto a quel punto più se trova appresso / Che da salir si de' girar Il tondo; / alcun sul ceppo quasi il capo há messo/ che l'altro giorno há dato legge al mondo."

SOFIA: O tonante Júpiter, depois de tantos anos mantido na juventude, livrou-se do cabresto e ficou ocupado nas armas e nos amores; então, domado pelo tempo, começa a declinar da lascívia e dos vícios e daquelas condições que a virilidade e a juventude trazem consigo.

SAULINO: Poetas, sim, filósofos nunca descreveram ou introduziram os deuses de modo completo. Portanto, Júpiter e os outros deuses envelhecem? Então, não é impossível que também eles tenham que passar os rios do Aqueronte?

SOFIA: Cala-te, e não me empurre de propósito, Saulino; escuta-me até o final.

SAULINO: Então dizei, que vos escuto atentamente, pois estou certo de que de tua[25] boca não saem senão grandes e graves propósitos; mas duvido que minha cabeça não lhe possa entender e reter.

SOFIA: Não duvideis. Júpiter começa a ser maduro e não admite no conselho outra pessoa que não tenha a cabeça em neve, rugas na face, óculos sobre o nariz, farinha no queixo, bengala às mãos e chumbo nos pés. Na mente, a reta fantasia, a cogitação solícita, a memória retentiva; na fronte, a apreensão sensata; nos olhos, a prudência; a sagacidade no faro; a atenção nos ouvidos; a verdade na língua; a sinceridade no peito; no coração os afetos ordenados; a paciência nos ombros; no dorso o esquecimento das ofensas; a discrição no estômago; a sobriedade no ventre; no peito, a continência; a constância nas pernas; nas plantas dos pés a retidão; na mão esquerda, o pentateuco dos decretos; na direita, a razão discursiva, a ciência indicativa, a justiça que regula, a autoridade imperativa e a potestade executiva.

SAULINO: Bem vestido; mas é preciso que, antes de tudo, esteja bem lavado e bem purgado.

SOFIA: Agora não há bestas nas quais se transmuda. Sem Europa, que o faz ter cornos de touro; sem Danae, que o ofusca com ouro; sem Leda, que o empluma em cisne; não mais a ninfa Astéria e meninos frígios, que lhe fazem crescer o bico de águia; não Dolida, que o faz serpente; nem Mnemósine, que o rebaixa a pastor; não mais Antíope, que o semibestializa em sátiro; nem Alcmena, que o transmudou em Anfitrião; pois aquele timão que voltava e dirigia essa nave das metamorfoses tornou-se tão fraco, que quase nada pode resistir ao impulso das ondas, e talvez a água lhe vá faltando embaixo. A vela está de tal maneira dilacerada e usada, que em vão para insuflá-la o vento sopra. Os remos, que a despeito dos ventos

---

25. A variação de tratamento (tu, vós) ocorre com frequência no texto.

contrários e das túrbidas tempestades costumavam impelir o barco adiante, agora (por mais que haja calmaria e esteja tranquilo o campo de Netuno), em vão o comandante dirá "seguir a Ursa", "aos remos", porque os remadores ficaram como que paralíticos.

SAULINO: É caso de importância.

SOFIA: Daí que não haja quem possa dizer e narrar uma fábula de Júpiter como carnal e voluntarioso, pois o bom pai domou o espírito.

SAULINO: Como aquele que tinha tanta mulher, tanta escrava de mulheres e tantas concubinas, por fim, saciado, estufado e cansado, disse: "Vaidade, vaidade, tudo é vaidade."

SOFIA: Pensa em seu dia de juízo, pois o fim dos seus, ou ao menos os trinta e seis mil anos (como se publicou) estão próximos, quando a revolução do ano do mundo[26] ameaça que um outro Céu venha a tomar o domínio e, pela virtude da transformação que traz o movimento da agitação, e pelas várias e não conhecidas relações e hábitos dos planetas[27], receia-se que a herança das sucessões não seja como aquela da precedente revolução mundana, mas diversa, e sejam quebrados quaisquer prognósticos astrológicos e de outros adivinhadores.

SAULINO: Logo, teme-se que não venha um Céu cauteloso que, a exemplo do Preste João[28], para prevenir os possíveis futuros inconvenientes, confine seus filhos nos serralhos do monte Amarat e, além disso, por temor de que algum Saturno não os castre, não cometa o erro de não afivelar o cinto de castidade. Lá onde não ocorrem os efeitos anteriores, ver-se-á a porta fechada a todas as demais consequências; em vão se esperará o dia natal da deusa de Chipre, a queda do manco Saturno (castrado por Júpiter), a exaltação de Júpiter, a multiplicação dos filhos e a dos filhos dos filhos até a centésima geração, e pode até o fim estar em seus futuros "nec iterum ad Troiam magnus mittetur Achilles"[29].

SOFIA: Estando a condição das coisas em tais termos, e vendo Júpiter o importuno memorial da sua força já alquebrada e da virtude sem nervos se apressar, tanto quanto sua morte, cotidianamente

---

26. O "annus coeli" da cosmologia aristotélica correspondente ao movimento da oitava esfera.

27. A literatura apocalíptica da época fazia referência à aparição de um cometa (1577) e de uma nova estrela na constelação de Cassiopeia (1572), anunciando o fim do mundo e o juízo universal.

28. A lenda de Preste João (Prete Gianni, Prester Iohannes) é de origem medieval e se refere a um monarca africano riquíssimo (Etiópia) que queria instruir-se na religião católica.

29. Até mesmo o grande Aquiles não ser enviado a Troia.

faz votos calorosos e verte fervorosas preces ao fado, a fim de que as coisas nos séculos futuros estejam dispostas a seu favor.

SAULINO: Tu, ó Sofia, me disseste maravilhas. Queres que Júpiter não conheça a condição do fado, que pelo divulgado epíteto se intitula inexorável? No entanto, é verossímil que no tempo de seu repouso (se o fado lho conceder), talvez se volte a ler algum poeta, e não será difícil que lhe chegue às mãos o trágico Sêneca, que lhe dá essa lição: "O destino nos guia, e cedemos ao fado; / e os fios retos do contorcido fuso / os zelosos pensamentos não podem mudar. / O que fazemos e suportamos é dado / e de um fixo decreto tudo pende. / E a dura irmã / não realinha o fio torcido. / Decorrem com certa ordem as Parcas / Enquanto cada um de nós / Vai incerto ao encontro de seus fados."[30]

SOFIA: Quer ainda o destino que o mesmo Júpiter saiba que aquele que é imutável, e que não pode ser outro que aquele que deve ser e será, não deixe de incidir por tais meios em seu destino[31]. O fado ordenou as preces tanto para implorar quanto para não implorar; e para não agravar muito as almas transmigrantes, interpõe a bebida do rio Letes por meio de mudanças, a fim de que, mediante o esquecimento, cada um seja sobretudo movido e cuidadoso na conservação do estado presente. Mas os jovens não pedem de volta o estado de infância, as crianças não desejam o estado que tinham no ventre da mãe e nenhum desses o estado em que vivia antes de encontrar-se em tal naturalidade. O porco não quer morrer por ser porco, o cavalo teme sobretudo descavalar. Júpiter receia sumamente não ser Júpiter. Mas a mercê e a graça do fado, sem tê-lo embebido na água daquele rio, não mudarão seu estado.

SAULINO: De modo que este nume, Sofia, ainda tinha para onde dirigir orações? Ele ainda se encontra sob o temor da justiça? Eu me admiro, porque os deuses temiam sobretudo perjurar as águas do Estige: agora compreendo que isso procede do tributo que eles mesmos devem pagar.

SOFIA: Assim é. Ordenou ao seu artífice Vulcano que não trabalhasse em dia de festa; mandou que Baco não deixasse comparecer à sua corte e não permitisse a dança orgiástica com as bacantes fora

---

30. Sêneca, coro de *Édipo* (980-986). "Fato ne guida, e noi cedemo al fato; / e i rati stami del contorto fuso / solleciti pensier mutar non ponno. / Ciò che facciamo e comportiamo, d'alto / e prefisso decreto Il tutto pende. / e la dura sorella / il torto filo non retorce a dietro. / Discorron con cert'ordine leParche, / mentre ciascun di noi / va incerto ad encontrar gli fatti suoi."

31. Luciano (*Iuppiter confutatus*) havia explorado a ideia de que os deuses estavam sujeitos ao destino.

do tempo de carnaval e nas festas principais do ano, somente após o jantar e o ocaso do sol, e apenas com sua especial e expressa licença. Momo, que havia falado contra os deuses, e (assim parecia a eles) muito rigidamente arguía seus erros, tinha sido banido do consistório e de suas conversações, sendo relegado à estrela que está na ponta da cauda de Calixto, sem o poder de ultrapassar o final daquele paralelo, sob o qual jaz o monte Cáucaso, e onde o pobre deus se alivia do rigor do frio e da fome. Agora, no entanto, é convocado, justificado, restituído ao seu estado prístino, e posto como comissário-judicial ordinário e extraordinário, com amplíssimo privilégio de repreender os vícios, sem levar em consideração o título ou a dignidade de qualquer pessoa. Proibiu Cupido de andar assim vagando entre os homens, heróis e deuses em mangas de camisa, como de costume, e impôs-lhe que não ofenda a visão dos celícolas mostrando as nádegas pela Via Láctea e pelo senado olímpico. Mas que vá no futuro vestido ao menos da cintura para baixo; e lhe fez um estreitíssimo mandado que não ouse atirar seus dados senão por causa natural, e torne o amor do homem semelhante àquele dos animais, fazendo-o enamorar-se em certas e determinadas estações; e assim, como entre os gatos é comum em março, e entre os asnos em maio, é conveniente ao homem aqueles dias nos quais Petrarca se enamorou de Laura[32] e Dante de Beatriz. E esse estatuto é dado em forma interina, até o próximo concílio, entrando o sol no décimo grau de Libra, que está na cabeça do rio Eridano, lá onde se localiza a dobra do joelho de Órion. Ali será restaurada aquela lei natural pela qual é lícito a cada homem ter tantas mulheres quanto puder nutrir e emprenhar; pois é coisa supérflua e injusta, e de fato contrária à ordem natural, que numa mulher já prenha e grávida, ou de pior maneira, por via ilegítima, por temor de vitupério, se provoque o aborto, sem que seja espargido aquele sêmem que poderia suscitar heróis e preencher as sedes vacantes do empíreo.

SAULINO: Bem disposto a meu juízo; o que mais?

SOFIA: Aquele Ganimedes, que a despeito da ciumenta Juno era-lhe tão querido por sua graça, e somente a quem era permitido aproximar-se-lhe e estender-lhe os raios trisulcados, enquanto vários passos atrás se mantinham reverentemente os deuses, creio que, no presente, se não tem outra virtude além daquela que já perdeu, é de se temer que de pajem de Júpiter não deva ter como favor o fazer-se escudeiro de Marte.

---

32. Em abril, em plena primavera no hemisfério norte.

SAULINO: Como se deu essa mudança?

SOFIA: Quanto ao que se diz ser a mudança de Júpiter, é porque o invejoso Saturno, em dias passados, fingindo fazer-lhe carícias, andou de tal maneira passando-lhe repetidamente a áspera mão pelo queixo e pelas faces vermelhas, que daquele toque contínuo lhe cobriu de pelos o rosto, de sorte que, pouco a pouco, foi reduzindo aquela graça capaz de raptar Júpiter do céu e fazer-se raptado por Júpiter no céu: donde o filho de um homem se deificou, e se fez pássaro o pai dos deuses.

SAULINO: Coisa estupenda. Contai-me outra.

SOFIA: Impôs aos deuses não terem pajem ou camareiro menor de vinte e cinco anos.

SAULINO: Ah, ah, então o que faz ou o que diz Apolo de seu caro Jacinto?

SOFIA: Se soubesse o quanto está descontente.

SAULINO: Certamente a sua tristeza causa essa obscuridade do céu, o que já dura sete dias; seu hálito produz tantas nuvens, seus suspiros tão tempestuosos ventos e suas lágrimas copiosas chuvas.

SOFIA: Adivinhastes.

SAULINO: O que será daquele pobre rapazinho?

SOFIA: Resolveu mandá-lo estudar humanidades em alguma universidade ou colégio reformado, e submetê-lo à vara de algum pedante[33].

SAULINO: Ó fortuna, ó sorte traidora, com esse pedante preguiçoso? Não era melhor submetê-lo aos cuidados de um poeta, estar em mãos de um orador, ou acostumá-lo ao bastão da cruz? Não seria melhor expediente obrigá-lo à disciplina de...

SOFIA: Não mais, não mais: o que deve ser, será; o que devia ser, é. Ora, para concluir a história de Ganimedes, anteontem, esperando a costumeira acolhida do riso debochado com que o rapazinho lhe trazia a taça de néctar, Júpiter, tendo-lhe fixado os túrbidos olhos ao rosto, disse-lhe: "Não te envergonhas, ó filho de Troia; ainda pensas ser criança? Será que com os anos te cresce a discrição e te acresce o juízo? Não percebes que passou o tempo quando vinhas me ensurdecer os ouvidos ao sairmos pelo átrio exterior, e Sileno, Fauno e outros se consideravam felizes se conseguiam roubar-te um beliscãozinho, ou ao menos tocar-te as roupas? E em memória daquele toque, não lavar as mãos, quando íamos comer, e fazer outras coisas que a fantasia te soprava? Prepara-te e pensa que talvez precises ter

---

33. A imagem do professor universitário no século XVI era a de homossexual.

outro ofício. Deixo claro que não quero mais esses caprichos comigo." Quem tivesse visto a mudança de expressão daquele pobre rapaz ou adolescente, não sei se a compaixão ou o riso teria vantagem nessa luta de afetos.

SAULINO: Dessa vez acho que Apolo foi quem riu.
SOFIA: Espera, porque o que ouvistes até agora é pouco.
SAULINO: Dizei, então.

SOFIA: Ontem, que foi a festa em comemoração ao dia da vitória dos deuses contra os gigantes, imediatamente após a ceia, aquela que sozinha governa a natureza das coisas e pela qual tudo goza o que sob o céu se goza – "A bela mãe do amor gêmeo / a divina força de homens e deuses / aquela por quem todo animante[34] no mundo / é concebido e, nato, vê o sol; / por quem fogem os ventos e as tempestades / quando desponta do lúcido oriente: / é-lhe favorável o mar tranquilo, e de belo manto / a terra se reveste, e lhe apresenta, / por belas mãos de náiades gentis, / copiosas folhagens, flores e frutos, / o repleto corno esmaltado de Aqueloo"[35] –, tendo ordenado o baile, o fez antes com aquela graça que consolaria e faria apaixonado o túrbido Caronte; e como é do dever da ordem, conduziu a primeira mão para Júpiter, o qual, em lugar de fazer o que costumava, digo, abraçá-la e apertá-la contra o peito, e com os dois primeiros dedos da mão direita premer-lhe o lábio inferior, encostar boca a boca, dente a dente, língua a língua (carícia mais lasciva do que se possa convir entre pai e filha) e assim aparecer no baile, ontem, apontando-lhe a mão direita para o peito e retendo-a atrás (como se dissesse "Noli me tangere")[36], com aspecto compassivo e uma face plena de devoção, lhe disse: "Ah, Vênus, Vênus, é possível que ao menos uma vez não consideres o nosso estado, e especialmente o teu? Pensas que seja verdade o que os homens imaginam de nós, que aquele que é velho é sempre velho, quem é jovem, é sempre jovem, quem é criança assim é sempre, perseverando eternamente como quando da terra assumimos o céu; e assim como nossa pintura e retrato sempre são contemplados, da mesma maneira não se vá mudando e remudando nossa vital compleição? Hoje com a festa renova-se em

---

34. Termo utilizado por Bruno para se referir ao ser portador de alma, já que, para o filósofo, todos os seres possuiriam uma determinada forma e força anímicas.
35. Lucrécio, *De rerum natura*, I, 1. "La bella madre del gemino amore, / la diva potestà d'uomini e dei, / quella per cui ogn' animante al mondo / vien concepuito, e nato, vede Il sole; / per cui fuggono i vent e Le tempeste, / quando spunta dal lucid'oriente;/ gli arride il mar tranquillo, e di bel manto / la terra si rinveste, e gli presenta / per belle man di Naiade gentili / di copia di fronde, fiori e frutti / colmo il smaltato corno d'Acheloo."
36. *Não me toques*, palavras de Cristo a Maria Madalena, conforme *João* 20, 17.

mim aquela disposição na qual me encontrava quando fulminei e debelei aqueles feros gigantes que ousaram pôr sobre o Pélion, Ossa, e sobre Ossa, o Olimpo; quando eu ao feroz Briareu, a quem a mãe Terra havia dado cem braços e cem mãos (a fim de que pudesse com tal impulso jogar cem rochas contra os deuses e debelar o céu), fui capaz de retirar das negras cavernas do Tártaro voraginoso; quando releguei o presunçoso Tifeu lá onde o mar Tirreno se conjuga com o Jônico, arremessando-o sobre a ilha Trinacria, a fim de que ali fosse sua eterna sepultura. Pelo que, disse um poeta: 'Ali o atrevido e ousado Tifeu / cujo corpo jaz sob o peso do Trinacrio / a destra do monte Peloro comprime / o pesado despojo. / E pressiona a esquerda o chamado Pachino; e os ombros largos, que sob peso fizeram calos, calcam o pedregoso e vasto Lilibeo; / e a cabeça horripilante agrava o Mongibello, / onde, com grande martelo, / os relâmpagos tempera o escabroso Vulcano.'[37] Eu, que fulminei aqueles outros para a ilha de Procida[38]; eu que reprimi a audácia de Licaon e no tempo de Deucalião liquefiz a Terra, rebelde ao céu. E com tantos outros sinais manifestos, mostrei-me muito digno da minha autoridade: agora, não tenho força para contrapor-me a certos semi-homens e me é necessário, para meu grande desprezo, pelo acaso e a fortuna deixar correr o mundo; e quem melhor a seguir, que a alcance; e quem vencer, que goze. Agora sou como aquele velho leão de Esopo[39], a quem o asno impune dá chutes e a macaca faz gracejos, quase um cepo insensível ao qual vai o porco esfregar a pança poeirenta. Lá onde tinha oráculos nobilíssimos, faróis e altares, agora, tendo sido jogados por terra e profanados de modo indigno, ergueram aras e estátuas a certos deuses que eu me envergonho de nomear, pois são piores do que os nossos sátiros, faunos e outras semibestas, mais vis do que os crocodilos do Egito; pois esses, como que guiados magicamente, mostravam sinais de divindade; mas eles são de fato o estrume da terra; tudo é proveniente da injustiça de nossa fortuna inimiga, que não os elegeu e elevou tanto para honrá-los, quanto para nosso vilipêndio, desprezo e maior vitupério. Leis, estatutos, cultos, sacrifícios e cerimônias que ofereci, ordenei e instituí, por intermédio de Mercúrio, estão abolidos e anulados; em seu lugar,

---

37. "Ivi a l'ardito et audace Tifeo / che carco giace del Trinacrio pondo / preme la destra del monte Peloro / la grieve salma." Ovídio, *Metamorfoses*, v – 346-353.

38. Referências aos irmãos bandidos Cercopi, atirados à ilha de Procida e de Íschia, e ali transformados em macacos.

39. Não há tal menção em Esopo; provavelmente se refira a um *fabliau* medieval, comum nos séculos XIII e XIV.

encontram-se as mais porcas e indignas poltronarias que se pudessem jamais plasmar; para nós os homens se tornavam heróis; agora, se convertem em seres piores do que animais. Ao nosso nariz não chega mais o fumo do assado feito para nosso serviço nos altares. Mas se às vezes nos vem o apetite, faz-se mister andar a satisfazê-lo pelas cozinhas, como deuses patelares[40]. E embora alguns altares ainda exalem incenso (por causa de mãos avaras), pouco a pouco aquela dúbia fumaça não se fará, a fim de que nada permaneça como vestígio de nossas santas instituições. Conhecemos bem, por experiência, que o mundo é como um cavalo garboso, que sabe muito bem quando está montado por alguém que não o pode estrenuamente manejar: o despreza e tenta tirá-lo das costas; e tão logo o tenha atirado à terra, vem-lhe pagar com coices. Assim estamos: meu corpo se disseca e o cérebro se umidifica; me nascem nódulos e me caem os dentes; a carne se doura e a crina se torna de prata; as pálpebras se distendem e a vista se contrai; o fôlego se enfraquece e a tosse se revigora; o sentar se faz durável e trôpego o caminhar; o pulso me treme e soldam as costas; as articulações emperram e as juntas engrossam. Em conclusão (aquilo que mais me atormenta), me endurecem os calcanhares e estão moles os contrapesos; o odre da cornamusa[41] se alonga e o bordão[42] se encurta: 'A minha Juno me diz não ser ciumenta; a minha Juno me diz não haver cura.' Do teu Vulcano (deixando de lado os outros deuses), Vênus, quero que consideres tu mesma. Aquele que com tanto vigor costumava percutir a bigorna, que a seus fragorosos rumores e chispas, como do ígneo Etna saindo, Eco respondia, das concavidades do campânio Vesúvio e do pedregoso Taburno. Agora, onde está a força do meu artesão e de teu consorte? Não foi levada? Não foi perdida? Será que ainda tem força para inflar os foles e acender o fogo? Será que ainda tem fôlego para levantar o gravoso martelo e bater o metal aquecido? Se tu ainda não crês, minha irmã, nos outros, pergunta ao teu espelho, e vê como pelas rugas que se agruparam em ti e pelos sulcos que o arado do tempo imprime em tua face, depõe-se dia após dia maior dificuldade ao pintor, se ele não quiser mentir ao te retratar ao natural. Naquelas bochechas em que rindo se formavam duas covinhas tão gentis, dois pontos em meio a tantas ondinhas que acalmavam todo o mundo, ajuntando maior graça ao rosto, lá onde (como dos

---

40. Deuses sem um culto definido, além de uma deusa romana (Patela) que presidia a debulha do trigo.
41. A barriga.
42. O pênis.

olhos ainda), gracejando, lançava tantos agudos e rubros dardos de Amor. Agora, começando dos ângulos da boca até as já comemoradas bochechas, de um lado e de outro começa a ser esculpida a forma de quatro parêntesis que, geminados e querendo apertar-te a boca e proibir o riso, com aqueles arcos circunferenciais que aparecem entre os dentes e as orelhas, te fazem parecer um crocodilo. Deixo de lado o rir ou não rir; na fronte, o geômetra interior que te desseca o humor vital, e que faz sempre mais e mais o osso encostar na pele, afinando a cútis, aprofunda-te as paralelas, mostrando-te por elas o caminho direto que te leva em direção ao defunteiro. 'Por que choras, Vênus? Por que ris, Momo?'", vendo este mostrar os dentes e aquela verter lágrimas. "Momo sabe ainda quando um destes bufões (que costumam oferecer mais verdades dos feitos seus à orelha do príncipe) disse que Esculápio te havia feito uma provisão de pó de corno de cervo e de conserva de corais, depois de haver-te escavado duas enormes massas tão secretamente que agora não há estrelinha no céu que não o saiba. Vê, pois, cara irmã, como nos doma o tempo traidor, como todos nós estamos sujeitos às mudanças. E aquilo que mais nos aflige é não termos certeza nem esperança alguma de recuperar aquilo que uma vez fomos. Vamos e não retornamos os mesmos, e como não temos memória do que éramos antes neste ser, assim não temos consciência do que seremos depois. Assim o temor, a piedade e nossa religião, a honra, o respeito e o amor se vão; os quais, juntamente com a força, a providência, a virtude, a dignidade, a majestade e a beleza, evolam-se de nós, não diferentemente da sombra, que se vai com o corpo. Só a verdade, com a absoluta virtude, é imutável, imortal; e se por vezes cai e submerge, da mesma maneira e necessariamente ressurge em seu tempo, oferecendo o braço à sua serva Sofia. Guardemo-nos portanto de ofender o fado da divindade, cometendo uma injustiça a esse nume gêmeo, tão recomendado e dele o favorito. Pensemos no próximo estado futuro e não deixemos de elevar o nosso coração e afeto àquele que alarga todo bem e distribuidor de todas as sortes. Supliquemos-lhe que em nossa transfusão, trânsito ou metempsicose nos dispense gênios felizes; considerando que embora sejam inexoráveis, é preciso, no entanto, esperar com votos de se conservar no estado presente, entrar em outro melhor, semelhante, ou pouco pior. Deixo de considerar que ter bom afeto para com os numes superiores é como um signo de efeitos futuros favoráveis; como está prescrito ao ser homem, é necessário e ordinário que o destino o guie passando pelo ventre da mãe; o espírito predestinado a incorporar-se em peixe precisa antes que venha mergulhado na água, assim como quem deve ser favorecido pelos numes convém que passe pelos bons votos e práticas."

Segunda Parte do Primeiro Diálogo

Assim dizendo, de passo em passo suspirando, o grande pai da pátria celeste, tendo terminado o seu raciocínio com Vênus, o propósito de bailar converteu-se na proposição de se fazer o grande conselho com os deuses da távola redonda; isto é, todos aqueles que não são subsequentes, mas que estão à testa do conselho, excluídos os cabeças de carneiros, os cornos de boi, as barbas de bode, as orelhas de asno, os dentes de cão, os olhos de porco, o nariz de macaca, a face bico de ave, o estômago de galinha, a pança de cavalo, o pé de mulo e a cauda de escorpião. E dado o grito pela boca de Miseno[43], filho de Éolo (pois Mercúrio despreza ser, como antigamente foi, trombeteiro e pronunciador de éditos), todos os deuses que estavam dispersos pelo palácio logo se encontraram reunidos. Após todos os demais, e tendo sido feito silêncio antes que Júpiter subisse ao trono e comparecesse ao tribunal, com não menos triste ou melancólico aspecto de sua alta presença magistral, apresenta-se-lhe Momo, que, com a costumeira liberdade de falar, assim disse, com a voz de baixo que foi por todos ouvida: "Este concílio deve ser diferido para outro dia e ocasião, ó pai; pois este desejo de vir a conclave hoje, imediatamente após a refeição, parece ser ocasionado pela mão pródiga de teu terno copeiro; pois o excesso de néctar, que não pode ser bem digerido pelo estômago, não consola nem refocila, mas altera e contrista a natureza, perturba a fantasia, fazendo coisa estranha sem propósito alegre, desordenadamente alegre, supersticiosamente devota, coisas diferentes e vanamente heroicas, outras coléricas, maquinadoras de grandes castelos; com o desvanecimento dessas névoas, que passam pelas complexidades do cérebro, tudo desaba e se evapora. A ti, Júpiter, comovido por pensamentos flutuantes e generosos que te fizeram triste, e por isso vencido e oprimido pelo mau humor, inescusavelmente ninguém te julga, embora só eu ouse dizê-lo, mas nessa circunstância não é conveniente fazer-se um concílio, nesta ocasião em que estamos unidos pela festa, neste tempo de refeição e com a circunstância de termos comido bem e melhor bebido; quereis tratar

---

43. Miseno era companheiro de Eneas e anunciava, tocando trombeta, o avanço de seus guerreiros.

de coisa tão séria, quanto me parece, e de modo algum posso sentir o cheiro de um discurso." Ora, por não ser habitual nem muito lícito aos outros deuses discutir com Momo, Júpiter, tendo-o olhado com um riso um tanto ressentido, sem nada lhe responder sobre a elevada cátedra, senta-se e olha em volta a assistência do grande senado. De seu olhar resulta um palpitar do coração e um choque de maravilha, certa ponta de temor e de impulso de reverência e de respeito que suscita no peito de mortais e imortais a majestade quando se apresenta. Em seguida, tendo abaixado um tanto as pálpebras e pouco a pouco levantado as pupilas para o alto, soltou um impetuoso suspiro do peito e prorrompeu nessas sentenças:

Oração de Júpiter

"Não esperai, ó deuses, segundo meu costume, que vos entoe um proêmio artificioso, um fio límpido de narração e um deleitável conjunto epilogal. Não esperai uma tessitura ornamentada de palavras, uma polida trama de sentenças, um rico aparato de proposições, suntuosa pompa de discursos elaborados e, conforme o instituto de oradores, conceitos três vezes aperfeiçoados[44], antes que uma só vez posto na língua. Este não é um tempo que requeira espetáculo[45]. Creiam-me, deuses, porque credes na verdade, que já por doze vezes a casta Lucina preencheu o inargênteo corno[46] desde que eu tomei a decisão de promover esta congregação, neste momento e em tais termos; e nesse ínterim estive ocupado em considerar aquilo sobre o que devo, malgrado nosso, silenciar, o que me é lícito premeditar e aquilo que devo dizer.

Ouço que ficastes surpresos porque, anulando o vosso divertimento, vos fiz convocar a um súbito concílio, e após a refeição. Ouço murmurar que em dia festivo vos comovem o coração as coisas sérias, e que não sejais perturbados pela voz da trombeta e o propósito do édito. Mas eu, embora a razão destas ações e circunstâncias dependa do meu querer, que a quis instituir, e que a minha vontade e decreto sejam a própria razão da justiça, não quero porém deixar, antes que proceda a outra coisa, de vos liberar desta confusão e maravilha. Vagarosas, digo, graves e pesadas devem ser as proposições;

---

44. *Tre volte a la lima*, no original.
45. *Non hoc ista sibi tempus spectacula poscit*, no original.
46. Lucina-Diana; doze vezes, portanto, há um ano atrás.

maduro, cauto e severo deve ser o concílio; mas a execução deve ser imediata, veloz, como que alada. E não acrediteis que no repasto algum estranho humor me tenha legado e vencido, com o qual, e não racionalmente, mas impelido pelo néctar, proceda a tal ação; mas sim que desde aquele mesmo dia no ano passado comecei a consultar-me o que deveria seguir neste dia e agora. Após a refeição, porque não é costume trazer as tristes novas com o estômago em jejum. De improviso, porque sei muito bem que só à festa viríeis prazerosamente em concílio, do qual com muita intensidade muitos de vós teriam fugido: os que o temem para não se fazer de inimigos; pela incerteza de quem vence e de quem perde; pelo temor de que seu conselho esteja entre os desprezados; por despeito de que seu parecer não seja aprovado; para se mostrar neutro nas causas prejudiciais a uma ou outra parte; para não ter ocasião de agravar sua consciência; por uma ou outra causa. Ora, eu vos recordo (irmãos e filhos) que àqueles aos quais o fado concedeu provar a ambrosia e beber o néctar e ainda gozar o grau de majestade é-lhes ordenado ainda que comportem todas as imposições que ela consigo traga. O diadema, a mitra ou a coroa, sem encargos, não honram a cabeça; o manto real e o cetro não adornam sem incomodar o corpo. Quereis saber por que utilizei o dia de festa, especialmente como este de hoje? Parece-vos digno de festa este dia? E não acreditais que esse deva ser o mais trágico dos dias do ano? Quem de vós, após bem pensar, não julgará coisa infamante celebrar a vitória contra os gigantes num tempo em que somos desprezados e vilipendiados entre os que surgem na Terra? Ah, que houvesse agradado ao irrefragável e onipotente destino que então tivéssemos sido afastados do céu quando a nossa derrota para a dignidade e a virtude dos inimigos não era tão vituperada; pois hoje estamos no céu piores do que se não estivéssemos; pior do que se tivéssemos sido caçados, considerando que o temor que nos rendia tão gloriosos apagou-se; que a grande reputação de nossa majestade, de nossa providência e justiça está abolida; e o que é pior: não temos a faculdade e a força de reparar o nosso mal, de resgatar a nossa vergonha, pois a justiça com a qual o fado governa os governadores do mundo nos tolheu aquela autoridade e potestade que tão mal havíamos utilizado, posto a descoberto ou desnudado ante os olhos dos mortais e lhes deixado manifestos os nossos vitupérios. O próprio céu, com clara evidência, como claras e evidentes são as estrelas, rende testemunho dos nossos malfeitos. Pois se veem abertos os frutos, as relíquias, os relatos, as vozes, as escrituras, as histórias de nossos adultérios, de nossos incestos, de nossas fornicações, iras, desprezos, atos de rapina e outras iniquidades e delitos. E como prêmio pelos erros fizemos erros maiores, elevando ao céu o triunfo dos vícios e fazendo dele sede da criminalidade, deixando banidas no inferno as virtudes e a justiça.

E para começar, as coisas menores, como os pecados veniais: pois só o Deltaton, digo, aquele Triângulo, obteve quatro estrelas após a cabeça de Medusa, sob as nádegas de Andrômeda e sobre os cornos de Áries para fazer ver a parcialidade que se encontra entre os deuses[47]. O que faz o Delfim junto ao Capricórnio da parte setentrional, apoderando-se de quinze estrelas? Ali está a fim de que se possa contemplar a assunção daquele que foi um bom caçador (para não dizer rufião) entre Netuno e Anfitrite[48]. Por que as sete filhas de Atlante sentam-se acima do Touro Branco? Por serem elogiosas, com a lesa-majestade de outros deuses, ao pai que nos sustentou e ao céu que se arruinava; ou mesmo para ter como o nume mostrar a ligeireza com que as conduziu. Por que Juno enfeitou Câncer com nove estrelas, sem as quatro outras circunstantes que não têm imagem? Só por um capricho, porque pinçou o calcanhar para Alcide, quando este combatia aquele gigante[49]. Quem me saberá dar outra razão do decreto simples e irracional dos superiores, pois o Serpentauro, por nós chamado Ofiuco Grego[50], consegue com a sua serpente o espaço de trinta e seis estrelas? Que grave e oportuna razão dá ao Sagitário usurpar trinta e uma estrelas? Porque foi filho de Eufêmia, nutriz ou bailia[51] das musas. Por que não de preferência a mãe? Por que Aquário possui quarenta e cinco estrelas, depois de Capricórnio? Talvez porque tenha salvo a filha de Vênus no pântano?[52] Por que não a outros aos quais nós, os deuses, estamos obrigados e que se encontram sepultos em terra, mas antes a certas figuras que prestaram um serviço indigno para tanta recompensa, foram concedidos aqueles espaços? Pois assim agradou a Vênus.

---

47. Bruno lança mão aqui das antigas relações entre mitologia e astronomia (catasterismo) e de memórias textuais, como o livro *Astronomia e Catasterismos*, de Eratóstenes, o *Astronômico* ou as *Fábulas*, de Igino, o Astrônomo, autor romano.
48. Anfitrite pediu ajuda a Atlante para fugir ao casamento com Netuno. Netuno ordenou que todos os seres do mar a procurassem e o golfinho (Delfim) foi o súdito que a encontrou.
49. A Hidra de Lerna.
50. Caçador de Serpentes.
51. *Baila*, no original. Palavra provençal, com sentido idêntico ao de nutriz e de ama.
52. A história se refere na verdade à deusa Syria, só mais tarde, no período helenístico, assimilada a Afrodite-Vênus.

Os Peixes, embora mereçam alguma mercê por terem retirado aquele ovo do Eufrates, chocado pela pomba, o que justifica a misericórdia da deusa de Pafo[53], vos parecem estar sujeitos ao ornamento de trinta e quatro estrelas e habitar fora da água, na região mais nobre do céu? O que faz Órion todo armado a esgrimir sozinho, com os braços abertos, ungido de trinta e oito estrelas na latitude austral, em direção ao Touro? Ali está por simples capricho de Netuno, a quem não bastou privilegiá-lo sob a água, onde possui seu legítimo império[54]; mas fora de seu patrimônio quer prevalecer com pouquíssimos propósitos. Vós sabeis que a Lebre, o Cão Maior e o Cão Menor possuem quarenta e três estrelas na parte meridional, não por outro motivo do que dois ou três caprichos não menores do que aquele feito depois à Hidra, à Taça e ao Corvo, que obtiveram quarenta e uma estrelas em memória do fato de os deuses terem uma vez mandado o Corvo pegar água de beber; pelo caminho, viu ele uma figueira e, por gula, esperou que amadurecessem os figos; tendo-se por fim comprazido, lembrou-se da água, andou a encher a taça, viu o dragão, teve medo e retornou com a jarra vazia para os deuses. Estes, para deixar claro o quanto tinham de engenho e pensamento, descreveram no céu a história de tão gentil e acomodado servidor. Vede quão bem gastamos o tempo, a tinta e o papel. A Coroa austral, que sob o pé e o arco de Sagitário se vê ornada de treze topázios luzentes, quem a predestinou a não ter eternamente cabeça? Que bela visão quereis que haja daquele peixe Nozio sob os pés de Aquário e de Capricórnio, distinguido com doze lumes e mais seis ao seu redor? Do Altar, turíbulo, farol ou sacrário, como quereis dizer, eu não falo, pois nunca lhe convém tão bem estar no céu se não agora em que não há onde estar em terra; agora está bem como relíquia, ou como mesa da nave submersa da religião por nós recolhida.

Do Capricórnio não digo nada, pois me parece muito digno ter obtido o céu após tantos benefícios, ensinando-nos a receita com a qual pudemos vencer o Píton, pois era preciso que os deuses se transformassem em animais se quisessem ter a honra daquela guerra, nos fazendo saber que não se pode manter-se superior quem não sabe fazer-se de animal. Não falo da Virgem, pois, para conservar a sua virgindade, não está segura em nenhum lugar senão no céu, tendo por guardiões de um lado o Escorpião e, de outro, o Leão. A pobrezinha fugiu da Terra porque a excessiva libidinagem das mulheres, as quais quanto mais prenhes mais lhes apetece o coito, faz com que

53. Novamente, trata-se da deusa Syria, assimilada, no panteão grego, a Afrodite.
54. Conta Igino (*Astronômica*) que o caçador Órion, filho de Netuno, recebeu de seu pai a faculdade de caminhar sobre as águas.

não se sinta segura quanto ao fato de ser ou não contaminada; mas ali goza com suas vinte e seis pedras preciosas e outras seis que lhe contornam. A respeito da intimorata majestade daqueles dois Asnos que luzem no espaço de Câncer, nada ouso dizer, porque deles é, maximamente por direito e por razão, o reino dos céus. Com mais eficiente razão, em outra oportunidade me proponho a vos mostrar, porque de tanta matéria não ouso falar assim de passagem; mas de tudo isso apenas me dói e me lamento bastante que esses animais divinos tenham sido avaramente tratados, ao não lhes fazendo ser como estando em própria casa, mas na hospedaria daquele retrógrado animal aquático; e não lhes pagando mais do que duas míseras estrelas, uma para cada um deles, e de quarta grandeza.

Portanto, do Altar, de Capricórnio, da Virgem e dos Asnos (embora tenha o desprazer de verificar que alguns não foram tratados segundo sua dignidade, sendo-lhes talvez feito injúria), não quero agora definir coisa alguma. Mas volto aos demais supostos membros da família, que estão na mesma balança dos já mencionados. Não quereis vós que se murmure na Terra o erro que lhes fizeram? Por que razão se quer que Eridano deva ter suas trinta e quatro luzinhas, vistas aquém e além do trópico de Capricórnio, de preferência a outros não menos dignos e igualmente grandes, e até maiores? Pensais que basta dizer que as irmãs de Faetonte têm aposentos ali? Ou talvez quereis que venha celebrado, considerando que ali, por minha mão, caiu fulminado o filho de Apolo, por ter o pai abusado de seu ofício, de seu grau e autoridade? Por que o cavalo de Belerofonte foi investido de vinte estrelas no céu, sendo que seu cavalgador se encontra sepulto em Terra?[55] Com que propósito aquela lança, que para seu esplendor possui cinco estrelas fixadas, está luzindo próxima às constelações da Águia e do Delfim? É certo que se lhe faz grande injustiça não estar perto de Sagitário, a fim de que lhe possa servir quando por fim houver atirado aquela [flecha] que está na ponta, ou então não apareça na parte em que possa justificar-se. Em seguida, desejo ardentemente entender o que faz, entre a pele do Leão e o branco e doce Cisne, aquela Lira elaborada com dois cornos de boi, em forma de tartaruga. Gostaria de saber se ali habita em honra à tartatuga ou ao chifre, ou para que qualquer um veja a maestria com que Mercúrio a fez[56], em testemunho de sua vã e dissoluta ostentação.

---

55. Trata-se de Pégaso, o cavalo alado montado por Belerofonte na luta contra a Quimera.
56. Narra um dos mitos romanos em que Mercúrio teria fabricado a lira para Apolo recorrendo a uma concha de tartaruga morta, na qual ficaram presos e estendidos certos nervos ou vesículas.

Eis aí, deuses, a nossa obra, eis as nossas egrégias manufaturas, com as quais tornamos o céu honrado; vede que belas fabricações, não muito diferentes daquelas que costumam fazer as crianças quando se dedicam a criar e brincar com massa de argila, de farinha, com misturas diversas, ramos de flores e maços de espigas, tentando imitar as obras dos adultos. Pensais que não temos de dar conta de tudo isso? Podeis estar persuadidos de que por obras inúteis menos nos será pedido, seremos menos interrogados, julgados e condenados do que por palavras inúteis? A deusa Justiça, a deusa Temperança, a deusa Constância, a deusa Liberalidade, a deusa Paciência, as deusas Verdade, Memória e Sabedoria, assim como tantas outras deusas e deuses foram desterrados não apenas do céu, mas ainda da Terra e, em seu lugar, nos palácios eminentes edificados pela alta Providência para sua residência, veem-se golfinhos, cabras, corvos, serpentes e outros animais impuros, leviandades, caprichos e superficialidades. Se isso vos parece inconveniente e vos toca o remorso da consciência pelo bem que não tenham feito, quanto mais considereis comigo que devemos ser apontados e pungidos pelas gravíssimas maldades e delitos que, tendo cometido, não apenas delas não nos arrependemos e nos emendamos, mas temos celebrado seus triunfos e os levantado como troféus, não em um altar frágil e ruinoso, não num templo terrestre, mas no céu e nas estrelas eternas. Pode-se padecer, ó Deuses, e facilmente se condena os erros por fragilidade e por não muito judiciosa leviandade. Mas que misericórdia, que piedade pode ser devolvida àqueles encarregados de presidir a justiça, e que por graças de criminalíssimos erros contribuem com erros maiores, honrando, premiando e exaltando no céu os delitos juntamente com os delinquentes? Por que fato grande e virtuoso Perseu obteve vinte e seis estrelas? Por ter, a serviço da enfurecida Minerva, com os talares e escudo que o tornava invisível, matado as Górgonas que dormiam e lhe apresentado a cabeça de Medusa. E não bastou que ele só ali estivesse; para mais longa e célebre memória, era preciso que o acompanhasse a mulher Andrômeda com suas vinte e três, o seu genro Cefeu, com treze, ele que expôs a filha inocente à boca de Ceto, por capricho de Netuno, encolerizado apenas porque sua mãe, Cassiopeia, pensava ser mais bela do que as Nereidas[57]. Apesar disso, vê-se a mãe como residente em cátedra, ornamentada com outras treze estrelas nos confins do círculo Ártico. O que

---

57. Cassiopeia, rainha dos etíopes e mulher de Cefeo, provocara os deuses ao se vangloriar de ter vencido uma disputa de beleza com as Nereidas. Poseidon a pune, liberando Ceto, um monstro marinho, contra o país.

faz aquele pai de cordeiros e lã de ouro[58], com suas dezoito estrelas, sem contar as outras sete circunstantes, dançar sobre o ponto equinocial? Talvez ali esteja para predicar a loucura e a tolice do rei dos Colcos, o despudor de Medea, a libidinosa temeridade de Jasão e nossa iníqua providência? Aqueles dois meninos que sucedem ao Touro, compreendidos por dezoito estrelas, sem contar outras sete circunstantes, o que mostram de bom e de belo naquela sagrada cátedra, exceto o amor recíproco de dois depravados? Por que razão o Escorpião obtém o prêmio de vinte e sete estrelas, sem contar as oito que estão nas pinças e mais nove ao redor? Como prêmio por um homicídio ordenado pela leviandade e ciúme de Diana que lhe fez matar seu rival, o caçador Órion. Bem sabeis que Quíron, com sua besta, obtém sessenta e seis estrelas na latitude austral, por ter sido o professor pedante do filho que nasceu do estupro de Peleo e Tétis.

Sabeis que a coroa de Ariadne, na qual resplandecem oito estrelas, e é celebrada diante do peito do Boieiro e da espiral da Serpente, ali não está senão em comemoração perpétua ao amor desordenado do pai Líbero, que se casou com a filha do rei de Creta, rejeitada por seu estuprador Teseu[59]. Aquele Leão que no imo do peito traz o basilisco e obtém trinta e cinco estrelas, o que faz na contiguidade do Escorpião? Talvez para estar junto àquele seu companheiro de armas, a serviço da irada Juno, que o aparelhou para devastar o país de Cleon, a fim de que este, malgrado seu, esperasse o advento do estrênuo Alcides? Hércules invicto, filho laborioso, que ali está com seu espólio de leão e sua massa para defender suas vinte e oito estrelas, as quais, por tantos gestos heroicos, mais do que ninguém mereceu. Embora, para dizer a verdade, não me parece conveniente que tenha aquele lugar, de onde põe aos olhos da justiça a ofensa feita por mim e por Megara, sua mãe, ao elo conjugal de minha Juno. A nave de Argos, na qual se fixaram quarenta e cinco estrelas resplendentes no amplo espaço vizinho ao círculo Antártico, tem ali outra finalidade do que eternizar a memória do grande erro que Minerva cometeu ao instituir os primeiros piratas, a fim de que não apenas a terra, mas o mar tivesse seus apressados predadores? E retornando para ali onde se entende ser a cintura do céu: por que aquele Boi em direção ao princípio do zodíaco consegue trinta e duas estrelas claras, sem contar a que está na ponta do corno setentrional e mais onze chamadas informes? Está por aquele Júpiter, ai de mim!, que

---

58. Aríete.
59. A coroa mencionada é, na mitologia, o presente de casamento de Baco para Ariadne. O deus se apaixonara pela moça, tendo-a visto abandonada na ilha de Creta.

roubou a filha de Agenor, a irmã de Cadmo[60]. Que Águia é aquela que no firmamento usurpa o átrio de quinze estrelas, junto a Sagitário, em direção ao polo? Infeliz é aquele Júpiter que ali celebra o triunfo no rapto de Ganimedes e daquelas vitoriosas chamas de amor. Aquela Ursa, aquela Ursa, ó deuses, por que foi colocada na mais bela e eminente parte do mundo, como num alto observatório, como numa praça aberta e o mais célebre espetáculo que se possa apresentar aos olhos no universo? Talvez para que não haja olho que não veja o incêndio que assaltou o pai dos deuses depois do incêndio da Terra pelo carro de Faetonte, enquanto andava olhando as ruínas daquele fogo e reparando-as ao chamar os rios que, tímidos e fugazes, se retiraram para as cavernas, isso no meu dileto país da Acádia; eis que outro fogo acendeu-me o peito, o qual, procedendo do esplendor do rosto da virgem Nonacrina[61], passou-me pelos olhos, correu-me no coração, esquentou-me os ossos e penetrou-me a medula, de maneira que não houve água nem remédio que pudesse dar-me socorro e refrigério ao meu incêndio. Desse foco surgiu o dardo que me traspassou o coração, o laço que me prendeu a alma e a garra que me cortou e deu-me como presa à sua beleza. Cometi o sacrílego estupro, violei a companheira de Diana e fui com minha fidelíssima consorte injurioso. Que, na forma e espécie de Ursa, mostrou-me a bruteza de meu excesso; mas foi-me insuficiente que naquela abominável vista eu concebesse o horror, pois tão belo me parece aquele mesmo monstro e tanto ele me agrada que quis seu vivo retrato exaltar no mais alto e magnífico sítio da arquitetura do céu; aquele erro, aquela brutalidade, aquela horrível mancha que a água do Oceano desdenha e abomina lavar, pois Teti, por medo de contaminar suas ondas, não quer que se avizinhe de sua estância[62]; Dictina[63] vetou o ingresso em seu deserto, temendo profanar seu colégio sagrado, e pela mesma razão as Nereidas e as Ninfas lhe negam os rios.

Eu, mísero pecador, digo a minha culpa, digo a minha gravíssima culpa na presença da absoluta justiça intemerata: até o presente, muito gravemente pequei, e pelo mau exemplo ofereci ainda

---

60. Trata-se de Europa, e a constelação é a de Touro.
61. Referência a Calisto, ninfa habitante do monte Nonacri e acompanhante de Diana.
62. Como a Ursa nunca se põe, por sua posição, considerava-se que Juno, irada pela traição, ordenou a Teti, esposa de Oceano, que não a acolhesse em suas águas.
63. Deusa cretense, tutelar dos rios e da caça no país, por vezes identificada com Ártemis-Diana.

a vós a permissão e a faculdade de fazer igual; e com isso confesso dignamente que, eu convosco, incorremos no desdém do destino, o que faz com que não nos reconheçam mais como deuses, enquanto concedemos ao céu as imundícies da Terra, e nesta foram destruídos nossos templos, imagens e estátuas, a fim de que não vejam justamente depreciados os que injustamente puseram no alto as coisas vis e baixas.

Ó deuses, o que fazemos, o que pensamos, o que concedemos? Prevaricamos, fomos perseverantes nos erros e vimos a pena seguir-se aos erros. Sejamos previdentes, pois, previdentes em nosso caso; como o destino não nos negou a queda, também não nos negou o poder de ressurgir. Mas como estávamos prontos a cair, também estamos aparelhados a pôr-nos em pé. Daquela punição que por erros incorremos, e que pior não poderia vir, mediante a reparação que está em nossa mão, podemos sair sem dificuldade. A cadeia dos erros nos cingiu, pela mão da justiça nos desataremos. Ali onde a nossa leviandade deprimiu, é necessário que a gravidade se eleve. Convertamo-nos à justiça, da qual, tendo nos afastado, nos afastamos de nós mesmos, de modo que não somos mais deuses, não somos nós. Retornemos àquela se quisermos voltar a nós. A ordem e a maneira de fazer essa reparação é que primeiramente tiremos de nossos ombros a grave soma de erros que nos retém; retiremos de diante dos nossos olhos o véu da pouca consideração que nos impede e perturba; livremos do coração o amor próprio que nos atrasa; joguemos fora todos aqueles pensamentos vãos que nos agravam; disponhamo-nos a demolir a máquina de erros e o edifício de perversidades que impedem a estrada e ocupam o caminho; anulemos o quanto for possível os triunfos e troféus de nossos gestos facínoras, a fim de que aparece no tribunal de justiça o arrependimento veraz das faltas cometidas. Vamos, vamos, ó deuses, tiremos do céu essas larvas, estátuas, figuras, imagens, retratos, processos e histórias de novas avarezas, atos libidinosos, furtos, desdéns, ciúmes e vergonhas; que acabe essa noite escura e fosca de nossos erros, pois a vaga aurora do novo dia da justiça nos convida; e disponhamo-nos de tal maneira ao sol que está prestes a sair para que não se descubra como somos imundos. É preciso purificar e tornar belo não apenas nós mesmos, mas nossas estâncias e nossos tetos; devemos interna e externamente purgar-nos. Disponhamo-nos primeiramente no céu que está intelectualmente dentro de nós e, depois, nesse âmbito sensível que corporeamente se apresenta diante dos olhos. Arranquemos do céu de nossa alma a Ursa da deformidade, a Flecha da calúnia, o Equícolo[64] da superficialidade, o Cão da murmuração, a Cadela da adulação. Exilemos o Hércules da violência, a Lira da conjuração, o Triângulo da impiedade, o Boieiro da inconstância, o Cefeo da crueldade. Longe de nós o Dragão da inveja, o Cisne da imprudência, a Cassiopeia da vaidade, a Andrômeda da desídia, o Perseu da solicitude vã. Expulsemos o Ofiúco da maldição, a Águia da arrogância, o Delfim da libidinosidade, o Cavalo da impaciência, a Hidra da concupiscência. Tiremos de nós a Baleia da glutoneria, o Órion da ferocidade, o Rio da superfluidade, a Górgona da ignorância, a Lebre do vão temor. Que não esteja mais no peito a Argonave da avareza, a Taça da insobriedade, a Libra da iniquidade, o Câncer do mau regresso, o Capricórnio da decepção. Que não se aproximem de nós o Escorpião da fraude, o Centauro do afeto irracional, o Altar da superstição, a Coroa da soberba, o Peixe do repouso indigno. Caiam com eles os Gêmeos da familiaridade vergonhosa, o Touro da preocupação com as coisas chulas, o Áries da desconsideração, o Leão da tirania, o Aquário da libertinagem, a Donzela da conversa infrutífera, o Sagitário da detração. Se assim for, purificaremos nossas estâncias, faremos novo o nosso céu, novas serão as constelações e outra será nossa sorte quando nos acharmos rodeados de virtudes que exerçam um influxo poderoso sobre a Terra, pois deste mundo superior tudo depende e efeitos contrários são dependentes de causas contrárias. Felizes, verdadeiramente afortunados, se fizermos boa colônia de nosso ânimo e pensamento. A quem de vós não agrada o estado presente, que agrade o presente conselho. Se quisermos mudar o estado, mudemos os costumes. Se quisermos que aquele seja bom e melhor, procuremos que esses não sejam semelhantes ou piores. Purguemos os afetos interiores, entendendo-se que a partir deste mundo interior não será difícil fazer progredir a reforma do mundo sensível e externo. A primeira purgação, deuses, vejo que a fazeis, vejo que a haveis feito; vejo a vossa determinação, é feita prontamente porque não está sujeita ao contrapeso do tempo. Vamos, passemos à segunda purgação. Esta diz respeito ao exterior, ao corpóreo, sensível e localizado. Mas é preciso que se avance com certa conversa, sucessão e ordem; é preciso esperar, conferir uma coisa com outra, comparar as razões, antes de determinar; considerando-se que as coisas corpóreas se dispõem no tempo, e assim não possa a execução ser feita num só instante. Tendes, pois, o prazo de três dias para decidir e determinar entre vós se essa reforma deve ser feita ou não;

---

64. A constelação do Potro.

porque, por ordem do destino, tão logo seja feita a proposta, assim havereis julgado conveniente, necessária, ótima; e não por sinal exterior, por figura e sombra, mas realmente e em verdade, vejo vosso afeto, assim como vós vede reciprocamente o meu. Resta então que pensai e conferi entre vós acerca da maneira pela qual se há de prever essas coisas que se tiram do céu, para as quais é preciso destinar outros países e moradas; além disso, como se hão de preencher as cátedras para que o céu não permaneça vazio, e sim melhor cultivado e habitado do que antes. Passados os três dias, vireis premeditadamente à minha presença para dizer-me coisa e lugar, a fim de que, não sem possível discussão, no quarto dia possamos determinar e pronunciar a forma desta colônia. Eu digo."

Assim, Saulino, o pai Júpiter sensibilizou os ouvidos, acendeu os espíritos e comoveu o senado e o povo celeste, percebendo ele mesmo, no rosto e no gesto (enquanto orava), que na mente de todos estava concluído e determinado o que havia proposto. Havendo, pois, o patriarca dos deuses feito a última cláusula e imposto silêncio ao seu dizer, todos a uma só voz e tom disseram: "Com prazer, ó Júpiter, consentimos em fazer aquilo que tu propuseste e o destino em verdade predestinou." A isso seguiu-se o rumor e a agitação da multidão, aqui aparecendo um sinal de alegre resolução, ali de um favor voluntário, mais adiante de uma reflexão, de temor, de aplauso, o encolher de ombros de um descontente, aqui uma espécie de olhar, ali outro distinto, até que, chegada a hora da ceia, uns e outros se retiraram em direções diferentes.

SAULINO: O que já estava na hora, Sofia.

Terceira Parte do Primeiro Diálogo

SOFIA: Tendo chegado o quarto dia, e estando ele em sua metade, reuniu-se de novo o conselho geral, ao qual não apenas foi permitido estarem presentes as divindades principais, mas ainda aquelas às quais se concedeu o céu por lei natural. Assentados, portanto, o senado e o povo dos deuses, e de modo costumeiro tendo Júpiter subido ao sólio de safira e ouro, adornado de diadema e manto com os quais somente nos concílios solenes costuma comparecer, prestando atenção toda a turba em altíssimo silêncio, de maneira que os congregados pareciam ora estátuas ora pinturas, apresenta-se o belo nume Mercúrio com seu atributo, insígnia e circunstância. Junto ao grande pai, brevemente anunciou, interpretou e expôs aquilo que não estava de todo oculto ao conselho, mas que, para salvar a forma e o decoro dos estatutos, é preciso ser pronunciado. Isto é, como os deuses estavam prontos e dispostos, sem simulações e dolo, mas de livre e espontânea vontade, a aceitar e pôr em execução tudo aquilo que pelo presente sínodo seria concluído, estatuído e ordenado. Isso dizendo, voltou-se para os deuses e lhes pediu que, elevando as mãos, ratificassem o que havia sido em seus nomes exposto na presença do altissonante; e assim foi feito. Em seguida, abriu a boca o magno parente e fez-se ouvir tal qual um tenor: "Se gloriosa, ó deuses, foi a nossa vitória sobre os gigantes, que em breve espaço de tempo surgiram contra nós, que eram inimigos estrangeiros e abertos, que nos combatiam apenas pelo Olimpo, e que não pretendiam ou tentavam outra coisa senão precipitar-nos do céu, quanto mais gloriosa e digna será aquela sobre nós mesmos, vencedores dos gigantes? Quanto mais digna e gloriosa será sobre as nossas afeições que por tanto tempo nos dominou, que são inimigos domésticos, internos, que nos tiranizam em todos os lugares, afastando-nos de nós mesmos. Se digno de festa nos pareceu aquele dia da vitória, cujo fruto desapareceu num momento, quanto mais festivo deve ser este cuja frutuosa glória será eterna nos séculos futuros? Continua, portanto, a ser festivo o dia da vitória, mas aquele que se chamava dia da vitória dos gigantes, chame-se da vitória dos deuses, porque nele triunfamos sobre nós mesmos. Institua-se ademais como festivo o dia presente, no qual se purifica o céu e seja mais solene para nós do que aquele que foi para os egípcios o da transmigração do povo leproso[65], e aos hebreus o do término de seu cativeiro na Babilônia. Hoje, a doença, a peste, a lepra é expulsa do céu para os desertos; hoje, rompe-se aquela corrente de delitos, quebrado o cepo dos errores que nos obrigavam ao castigo eterno. Pois bem, estando todos animados das melhores intenções para proceder a essa reforma, e havendo todos, pelo que entendo, meditado sobre a melhor maneira de como se deva realizá-la, primeiramente, e a fim de que essas cátedras não fiquem desocupadas, e aos transmigrantes sejam destinados lugares adequados, começarei manifestando meu ditame sobre cada constelação e, se vos parecer digno de ser aprovado, dizei-o; se vos parecer inconveniente, explicai-vos; se vos parecer que se possa fazer melhor, declarai-vos; se algo se deva tirar, dizei vosso parecer; se vos parecer que

---

65. Bruno lança mão aqui do livro *Historiae*, v. 3, de Tácito, e não da *Bíblia*. Em *Historiae*, o historiador romano menciona a lenda segundo a qual o rei Bocchoris expulsara os judeus do Egito, sob o comando de Moisés, a fim de curar a lepra que se havia espalhado pelo reino.

se deva agregar, fazei-vos escutar. Pois cada um terá plena liberdade de proferir o seu voto; e quem se calar, entende-se que está a confirmar." Levantaram-se então todos os deuses e, com esse sinal, ratificaram a proposta. "Para principiar", disse Júpiter, "vejamos primeiramente as coisas da parte boreal, de onde, por graus, iremos até o fim . Dizei-me, pois, que vos parece e o que pensais daquela Ursa?" Os deuses, aos quais correspondiam falar em primeiro, delegaram a Momo a resposta, que assim disse: "Grande vitupério, ó Júpiter, maior ainda do que possas reconhecer, que no local mais célebre do céu, lá onde Pitágoras (que entende ter o mundo braços, pernas, busto e cabeça) disse se encontrar a parte superior, contraposta à outra, que chamou de ínfima região, cantada por um poeta daquela seita: 'Hic vertex nobis semper sublimis, at illum / sub pedibus Styx ultra videt manesque profundi.'[66] Lá onde os marinheiros se orientam pelos desviantes e incertos caminhos do mar; lá onde levantam as mãos todos os sofredores que padecem tempestades; lá onde desejavam com ardor os gigantes; lá onde a fera geração de Belo[67] fazia subir a torre de Babel; lá onde os magos do espelho cálibe[68] buscam os oráculos de Floro, um dos grandes príncipes do espírito ártico; lá onde os cabalistas dizem que Samaele quis elevar seu trono para se fazer semelhante ao primeiro altitonante[69]: puseste esse feio animal, que não com uma olhada, não com bigode revolto, não com alguma imagem de mão, não com outra parte menos ignóbil do corpo, mas que com um rabo (que contra a natureza quis Juno que lhe permanecesse atrelado), como se fora um indicador digno de tal lugar, vem a mostrar a todos os contempladores terrestres, marítimos e celestes o polo magnífico e cardinal do mundo. Quanto mal fizeste de ali colocá-la, tanto mais farás o bem de retirá-la; faça-nos ouvir para onde pretendes mandá-la e que coisa quereis em seu lugar." "Vá", disse Júpiter, "para onde quereis e vos agrade, ou para os Orsi da Inglaterra, ou para os Orsini ou Cesarini de Roma, se quereis que esteja na cidade de maior valor."[70] "Nos claustros de Bernesi queria que fosse aprisionada", disse Juno. "Sem tanto desdém, mulher", replicou Júpiter. "Vá para onde quiser e seja livre, contanto

---

66. Versos de Virgílio, Geórgicas, I, 242-243: "Nosso polo, na parte sublime dos céus, nos impende; os manes do profundo têm-no sob seus pés; seu polo é noutro mundo" (tradução de Antonio Feliciano de Castilho).
67. Belo é o deus Baal.
68. Espelho feito de aço pelo povo cálibe, do Ponto Euxino, região do Mar Negro.
69. Samaele, na cultura talmúdica, é o príncipe dos demônios. Preside o solstício de inverno.
70. Famílias que possuíam um urso como signo heráldico ou de seu estema.

que abandone este lugar, que por ser o mais eminente, quero que seja estabelecida a Verdade, pois ali as garras da detração não alcançam, a lividez da inveja não envenena nem as trevas do erro se aprofundam. Lá estará estável e firme, lá não será agitada por ondas e tempestades; ali será uma guia segura para os que vagam neste tempestuoso mar de erros, e ainda um espelho claro e límpido de contemplação." Disse então o pai Saturno: "O que faremos daquela Ursa Maior? Que Momo nos proponha." E disse: "Vá (pois é velha) como dona de companhia daquela jovenzinha; e vejam que não se torne uma rufiã, pois, se acontecer, que seja então condenada a servir a um mendigo que, fazendo-a montaria de garotos, para curar a febre quartã e outras pequenas enfermidades, a obrigue a ganhar o sustento de ambos." Pergunta Marte: "O que faremos daquele nosso Dragão, ó Júpiter?" "Diga-lhe, Momo", respondeu o pai. E ele disse: "Aquele é um animal inútil, melhor morto do que vivo; mas se vos agrada, o mandamos para a Hibérnia[71] ou para uma ilha das Órcadas, a fim de pastar; mas tomai cuidado, pois com o rabo pode fazer a ruína de estrelas, precipitando-as no mar." Respondeu Apolo: "Não tema, ó Momo, porque vou ordenar a Circe ou Medeia que com aqueles versos que o adormeceram quando era guardião das maçãs de ouro, de novo entorpecido seja transportado suavemente para a Terra; e não me parece que deva morrer, mas que vá mostrando em todos os lugares sua beleza bárbara; pois as maçãs de ouro serão a beleza e o dragão, o orgulho; Jasão será o amante, e o encanto que adormecerá o dragão será aquilo para o que não há coração tão duro que o tempo / propondo, esperando e amando / e, às vezes, pagando, não se mova, / nem tão frio que não se aqueça. Que coisa quereis que aconteça, ó pai?"[72] "A prudência", respondeu Júpiter, "que deve ser vizinha da Verdade; pois esta aqui não deve ser manejada, mover-se e ser utilizada sem aquela; e porque uma, sem a companhia da outra, não é possível que seja proveitosa ou honrada." "Bem provido", disseram os deuses. Marte acrescentou: "Aquele Cefeo, quando era rei, mal soube conduzir o braço para engrandecer o reino que a fortuna lhe pôs nas mãos. Agora, não está bem o modo que faz, distendendo tanto os braços e alargando os passos, ocupando grande espaço no céu." "É bom, portanto", disse Júpiter, "que se lhe dê de beber do Letes, a fim de que se esqueça, pondo no olvido as

---

71. Nome latino da Irlanda.
72. Bruno repete, ao seu jeito, o terceto de Petrarca: "Non è sì duro cor che, lagrimando / pregando, amando, talor non si smova, / né si freddo voler, che non si scalde." O filósofo acrescenta aqui o amor das prostitutas, que é pago.

possessões terrenas e celestes, e renasça animal sem pernas e braços." "Assim deve ser", acrescentaram os deuses, "mas que em seu lugar venha a Sabedoria, pois a pobrezinha também deve participar dos frutos e fortunas da Verdade, sua indissociável companheira, com a qual sempre dividiu angústias, aflições, injúrias e cansaços; além do que, se não for ela que coadministre, não sei como poderá ser aceita e honrada." "Com muito prazer", disse Júpiter, "concordo e vos consinto, ó deuses, pois toda ordem e razão o exige, e mal poderia haver reposto aquela em seu lugar sem esta, pois não poderia se contentar longe de sua amada irmã e dileta companheira." "Do Boiadeiro", disse Diana, "que tão esmaltado de estrelas conduz o carro, o que se deve fazer, Momo?" Este respondeu: "Por ser ele Arcas, fruto daquele ventre sacrílego e daquele generoso parto, que ainda testemunha os horrendos furtos de nosso grande pai, deve partir daqui. Providenciai vós a sua nova habitação." Disse Apolo: "Por ser filho de Calisto, que siga a mãe. E porque foi caçador de ursos, deve seguir a mãe, mas que não leve flechas às costas."[73] Ajuntou Mercúrio: "E porque não sabe fazer outro caminho, vá sempre guardando a mãe, que deveria retornar à selva de Erimanto." "Assim será melhor", disse Júpiter, "e porque foi violada à força, quero reparar seu dano, remetendo-a (se assim convier Juno) à sua prístina e bela figura." "Estarei contente", disse Juno, "se antes lhe devolver a sua virgindade e, por consequência, colocá-la sob as graças de Diana." "Não falemos mais disso por agora", disse Júpiter, "mas vejamos que coisa acontecerá aos seus lugares." Após muitas discussões: "Que ali", sentenciou Júpiter, "suceda a Lei, pois é necessária que esteja no céu; considerando que também ela é filha da Sabedoria divina e celeste, assim como esta outra lei é filha da inferior, para a qual a Deusa manda o seu influxo e irradia o esplendor do próprio lume enquanto vai pelos desertos e lugares solitários da Terra." "Bem colocado, Júpiter", disse Palas, "pois não é verdadeira nem boa lei aquela que não tem por mãe a sabedoria e por pai o intelecto racional; portanto, esta filha não pode estar longe de sua mãe, e a fim de que, desde abaixo contemplemos os homens e como as coisas devem ser ordenadas entre si, se providencie dessa maneira, se assim agradar a Júpiter. Depois, quanto à coroa boreal, que vem em continuação, feita de safiras e enriquecida com tantos diamantes lúcidos, fazendo tão formosa perspectiva, com aquelas oito granadas ardentes, se houver de ser transportada para

---

73. Arcas, filho de Calisto, enquanto caçava tentou matar a própria mãe, que Juno houvera transformado em ursa.

a Terra, parece-me digna de ser oferecida a um príncipe heroico que a mereça; que nosso pai veja a quem deva ser enviada." "Que permaneça no céu", respondeu Júpiter, "esperando o tempo em que deverá ser dada como prêmio àquele futuro braço invicto que, com a massa e o fogo, leve a tão pedida paz à mísera e infeliz Europa: destroçando as cabeças desse monstro pior do que a Lerna, que com heresias multiformes esparge o veneno fatal em suas veias." Momo acrescenta: "Bastará que se dê fim àquela seita de pedantes, que sem fazer o bem, segundo a lei divina e a lei natural, se consideram e querem ser estimados como religiosos gratos a Deus, e dizem que fazer o bem é bem, e fazer o mal é mal: mas que não pelo bem que se faça ou pelo mal que se evite, é-se mais digno ou mais agradável aos deuses; que para sê-lo basta crer e esperar, conforme seu catecismo. Vede, ó deuses, se já houve patifaria mais escancarada do que essa, só não vista por aqueles que nada veem." "Certo", disse Mercúrio, "aquele não conhece qualquer canalhice, não conhece esta que é a mãe de todas. Se o próprio Júpiter e todos nós em conjunto propuséssemos tal pacto com os homens, deveríamos ser mais abominados do que a morte, porque, como aqueles, só olharíamos a nossa vanglória, com grande prejuízo para a humanidade." "O pior", ajuntou Momo, "é que nos difamam dizendo que essa é uma instituição superior, e com isso censuram os efeitos e os frutos, denominando-os vícios e defeitos, enquanto ninguém age por eles e eles agem por ninguém (pois não fazem outra coisa senão falar mal das obras dos demais). No entanto, vivem das obras daqueles que fizeram mais para outros do que para si, e para outros instituíram templos, capelas, hospitais, colégios e universidades. São, assim, aberta e descaradamente, usurpadores dos bens hereditários dos demais, que se não são perfeitos nem tão bons como deveriam ser, não são, todavia, como eles, perversos e perniciosos ao mundo; ao contrário, úteis à república, versados em ciências especulativas, estudiosos da moral, solícitos em aumentar o zelo e o cuidado da primeira, como também conservar a convivência social (para a qual se ordenam as leis), propondo certos prêmios aos benfeitores e ameaçando com castigo os delinquentes. Ademais, enquanto dizem que seus cuidados estão nas coisas invisíveis, as quais nem eles nem outros jamais entenderam, dizem que para a consecução daquelas basta apenas o destino, que é imutável, mediante certos afetos interiores e fantasias, com as quais os deuses se alimentam." "Mas", disse Mercúrio, "não lhes deve incomodar nem excitar seus zelos que alguns creiam serem as ações ou as obras necessárias, porque tanto o destino daqueles quanto o destino dos que acreditam no contrário está prefixado e não muda, ainda que suas crenças mudem. E pela mesma razão eles não devem ser molestados por aqueles que não lhes creem e os julgam celerados, pois ainda que acreditassem e os considerassem homens de bem, não mudariam o destino; além do mais (segundo sua doutrina), não têm a liberdade de escolher ou de mudar sua fé[74]. Mas os que lhes são contrários podem juridicamente, conforme sua consciência, não apenas lhes molestar, mas ainda achar que, como grande sacrifício aos deuses e benefício ao mundo, persegui-los, matá-los e eliminá-los da Terra, porque são piores do que larvas, mais estéreis do que gafanhotos e, como aquelas harpias que nada fazem de bom, não podendo devorar, pisam e emporcalham com os pés, para evitar que outros aproveitem." "Todos aqueles que possuem juízo natural", disse Apolo, "julgam as leis boas porque têm por escopo a prática; e as melhores são as que oferecem melhor oportunidade para a melhor prática, pois, de todas as leis, algumas foram dadas por nós, outras feitas pelo homem para a comodidade de sua existência. E ainda que muitos mortais não reconheçam os méritos das boas leis nesta vida, todavia lhes está prometido, e posto diante dos olhos de outra vida o bem e o mal, o prêmio e o castigo conforme suas ações. Os que acreditam e ensinam de modo diverso merecem ser perseguidos no céu e na Terra, pois não são mais dignos de misericórdia do que os lobos, ursos e serpentes, e aniquilando-os se faz uma obra meritória e digna; assim, merecerá incomparavelmente mais quem extirpar a pestilência e a ruína que esses carregam do que aqueles. No entanto, bem especificou Momo que a coroa austral deve-se àquele que estiver disposto ao destino de extirpar essa porcaria do mundo." "Bem", disse Júpiter, "assim quero e assim determino que seja dispensada essa coroa, como propuseram racionalmente Mercúrio, Momo e Apolo, e vós consentistes. Essa pestilência, por ser coisa violenta e contra todas as leis e a natureza, certamente não poderá durar muito. Como podeis perceber, bem se vê que o Destino lhe é contrário, porque jamais cresceu tanto o número para fazer maior a ruína." "A coroa é bem digna de prêmio", disse Saturno, "para aquele que extirpará a praga; mas para esses perversos é pequena e desproporcionada a punição, se forem apenas afastados da conversação dos homens; por isso, acho justo que, tendo deixado aquele corpo, após muitos anos ou centenas de anos, de corpo em corpo transmigrando, vão habitar os porcos, que são os

---

74. A partir da fala de Momo sobre os pedantes, Bruno critica e ironiza os partidários de Lutero e sua noção de servo arbítrio, ou seja, da impossibilidade da livre escolha do fiel.

animais mais poltrões do mundo, ou se convertam em ostras marinhas, apegadas aos escolhos." "A justiça", disse Mercúrio, "quer o contrário: parece-me justo que por pena do ócio se imponha a fadiga; mas será melhor que se transformem em asnos, nos quais conservarão a ignorância e se despojarão do ócio, mercê de seu trabalho contínuo, tendo pouco feno e palha por alimento, e muitas bastonadas por recompensa." Este parecer foi aprovado por todos os deuses, conjuntamente. Então Júpiter sentenciou que a coroa fosse eterna para aquele que lhes desse o último golpe; e os pedantes iriam transmigrando de asno em asno durante três mil anos. Sentenciou ainda que no lugar daquela coroa particular, sucedesse uma ideal e comunicável ao infinito, pois dela podem ser retiradas infinitas coroas, como de um fogo aceso se incendeiam outros infinitamente, sem a perda de sua virtude e eficácia. A essa coroa quis que estivesse unida a espada ideal, que assim tem uma existência mais real e verdadeira do que qualquer outra dentro dos limites das operações que lhe são naturais. Por essa coroa e espada entende Júpiter o Juízo Universal, perante o qual todos no mundo serão premiados ou castigados, segundo a medida de seus méritos e de seus delitos. Esta providência foi bastante aprovada por todos os deuses, pois convém que a Lei tenha assento próximo ao Juízo, pois este deve ser governado por aquela, e aquela exercitar-se neste; este deve cumprir, e aquela ditar; naquela deve constar toda a teoria, neste, toda a prática. Após muitos discursos e digressões a propósito desta cátedra, Momo mostrou Hércules a Júpiter e lhe perguntou: "O que faremos deste teu bastardo?" "Houvestes escutado, ó deuses", respondeu Júpiter, "a razão pela qual o meu Hércules deve ir-se com os outros, pois a causa, o modo e a razão de sua subida foi muito dessemelhante; só e singularmente pelas virtudes e méritos de seus gestos heroicos mereceu o céu; e apesar de espúrio, mostrou-se digno de ser legítimo filho de Júpiter; e vede que só por ser adventício, e não naturalmente deus, faz com que o céu lhe seja negado, e é o meu erro, não o seu, aquele que se nota. E creio que vos remorda a consciência: que se uma daquelas regras e determinação geral devesse ser excetuada, ela seria Hércules. Mas se o tiramos daqui e o mandamos para a Terra, façamos que não seja sem honra e reputação, e não menor do que se no céu continuasse." Levantaram-se muitos deuses, digo, a maioria, e disseram: "Com maior, se maior se pode." "Instituo, pois", aduziu júpiter, "nesta oportunidade, que ele, como pessoa operosa e forte, possa exercer e tenha a dedicação pela qual se faça um deus terrestre de tal modo grande que seja por todos estimado, mais do que quando era um celeste semideus."[75] Responderam então: "Que assim seja." E porque alguns deles não se haviam levantado e nem falavam, voltou-se Júpiter para eles e lhes pediu que se fizessem ouvir. Alguns disseram: "Testemunhamos"; outros disseram: "Admitimos"; disse Juno: "Não nos opomos."[76] Imediatamente, moveu-se Júpiter para proferir o decreto nesta forma: "Pelo motivo de que em lugares da Terra se descobrem monstros, se não tais como nos tempos de seus antigos adoradores, mas talvez piores, eu, Júpiter, pai e provedor geral, instituo que Hércules, se não com igual ou maior vulto, dotado e enriquecido porém de maior vigilância, solicitude, vigor de engenho e eficácia de espírito, se vá para a Terra na qualidade de meu lugar-tenente e ministro. E como se mostrou grande inicialmente, quando veio à luz e nasceu, superando e vencendo tantos monstros ferozes, e quando retornou vitorioso do inferno, aparecendo como consolador dos amigos e imprevisto vingador de ultrajantes tiranos, assim no presente, como novo e necessário provedor, seja pela terceira vez visto pela mãe, e correndo pelos lugares dela, se novamente deva dissipar algum leão de Nemeia[77], se Cléon aparece de novo na Tessália, se aquela Hidra, peste de Lerna, ressuscitou e corte-lhe a cabeça renascente. Observe se na Trácia ressuscitou aquele Diomedes que com o sangue de peregrinos matava a sede de seus cavalos no Ebro. Volte os olhos para a Líbia se por acaso aquele Anteu, que tantas vezes recobra vida, se uma só vez recobrou o corpo. Examine se no reino ibérico existe algum tricórporo Gerião. Que alce a fronte e veja se pelo ar voam as perniciosas Estinfálidas, digo, se voam aquelas harpias que costumavam nublar o ar e impedir o efeito dos astros luminosos. Veja se algum feroz javali passeia pelos desertos de Erimanto. Se encontra algum touro semelhante àquele que dava espanto a tantos povos. Se precisa fazer sair ao ar livre algum Cérbero de três cabeças, para que ladre e vomite o acônito[78] mortífero. Se nos cruentos altares há algum carnívoro Busiris; se aparece nos desertos alguma cerva de chifres dourados, semelhante àquela que com os pés de bronze corria veloz como o vento; se alguma nova rainha amazônica congregou suas tropas cruéis. Se algum infiel e volúvel Aqueloo

---

75. Bruno evoca aqui, por intermédio de Hércules, a possibilidade da dignidade humana como deus *in terris* (expressão de Marsilio Ficino), obtida pelo esforço feito e o bem almejado.

76. As respostas, no original, se encontram em latim: *probamus, admittimus, non refragamur*.

77. Desse ponto até a personagem de Caco, mais abaixo, se relembra a série de façanhas e trabalhos de Hércules.

78. Gênero de planta cuja grande maioria das espécies é venenosa.

tiraniza algum lugar com aspecto inconstante, variado e multiforme. Se há Hespérides que, na guarda do dragão, lhe delegaram os pomos de ouro; se de novo aparece a célebre e audaz rainha do povo termodôncio; se pela Itália grassa algum ladrão Lancino ou corra algum Caco predador, que com fogo e fumo defenda os seus furtos; se este ou outros semelhantes, novos e inauditos monstros arriscarem, enquanto estiver perlustrando o dorso da Terra, que ele se volte, reforme, despache, persiga, imobilize, dome, dissipe, rompa, despedace, deprima, submerja, quebre, mate e aniquile. Gestos pelos quais, como mercê de tantas e gloriosas fadigas, ordeno que nos lugares em que se efetuem as suas heroicas empresas lhe sejam erguidas estátuas, troféus, colunas, faróis e templos, se o fado não me contradisser." "De verdade, ó Júpiter", disse Momo, "agora me pareces de fato um deus do bem, pois vejo que a afeição paternal não te transporta para ultrapassar os limites da retribuição, segundo os méritos do teu Alcides, que, se não é digno de tanto, merece talvez algo mais de vantagem, mesmo a juízo de Juno, que, mesmo sorrindo, aceita o que digo." Mas eis aqui meu tão esperado Mercúrio, ó Saulino, pelo que é conveniente que esse nosso relato seja adiado para uma outra vez. Queira por favor se retirar, deixando-nos privadamente refletir.

SAULINO: Bem, até amanhã.

SOFIA: Eis aquele a quem enderecei ontem meus votos. Enfim, depois de protelar por tanto tempo, se me apresenta. Ontem à tarde deviam chegar até ele, à noite serem ouvidos e esta manhã executados por ele mesmo. Se não se apresentou imediatamente a mim, grande coisa deve tê-lo entretido, pois não creio ser menos amada por ele do que por mim própria. Vejo-o sair daquela nuvem candente, que empurrada pelo sopro do austro corre para o centro de nosso horizonte, e cedendo aos resplandecentes raios do Sol se abre em círculos, quase coroando meu nobre planeta. Ó pai sagrado, ó alta majestade, dou-te graças por ver meu deus alado aparecer e com as asas estendidas batendo o ar, caduceu à mão, fender o céu à minha volta mais veloz do que o pássaro de Júpiter, tão móbil quanto o pavãozinho de Juno, mais singular do que a arábica Fênix. Logo se aproxima, gentil se me apresenta, sempre aficcionado se demonstra.

MERCÚRIO: Aqui me tens, obsequioso e disposto a aceder aos teus desejos, ó minha Sofia. Para que me mandaste chamar? Por que tua oração não me chegou como fumo aromático, segundo o costume, mas como flecha alada de raio resplandecente?

SOFIA: E tu, meu nume, por que não vieste tão pronto como de outras vezes?

MERCÚRIO: Direi a verdade, ó Sofia. Tua oração chegou-me quando regressava do inferno, após ter posto em mãos de Minos, Éaco e Radamanto[79] duzentas e quarenta e seis mil, quinhentas e vinte e duas almas, que por batalhas diversas, suplícios e necessidades cumpriram o curso da animação dos corpos presentes. Lá estava comigo a sabedoria celeste, vulgarmente chamada Minerva e Palas, que pela veste e o andar logo reconheceu a tua embaixatriz.

SOFIA: Bem posso conhecê-la, pois, não menos do que contigo, frequentemente com ela converso.

MERCÚRIO: Ela me disse, "volta os teus olhos que por ti vem essa embaixatriz de nossa irmã e filha terrestre, a que vive de meu espírito, e tão longe que se avizinha das trevas; recomendo-lhe aquela que procede da luz de meu pai". É coisa antiga, ó nascida da cabeça de Júpiter, lhe respondi, porque já partiu de Júpiter recomendar a nossa comum e amada irmã e filha. Aproximei-me assim de tua mensageira, abracei-a, beijei-a, tomei de suas mãos o memorial que li e abrindo os botões de minha túnica o pus ao lado do coração. Júpiter, que estava presente, pouco afastado e conversando com Éolo e Oceano, preparados para voltar a seus negócios, viu o que fiz e, quebrando a conversa, ficou curioso de perguntar-me que memorial era aquele que havia posto no peito. E lhe respondi que era coisa tua. "Ó, minha pobre Sofia", exclamou, "como está? O que faz? Ah, pobrezinha, por esse rolo de carta envolto compreendi que não podia ser outra coisa do que aquilo que dizes. Faz muito tempo que não temos notícias dela. Mas o que te pede? O que lhe falta? O que te propõe?" "Nada mais", disse, "do que me dispor a escutá-la por uma hora." "Está bem", respondeu, e reavivou sua conversa com aqueles dois deuses. Depois, apressadamente, me chamou: "Rápido, rápido, demos ordem aos nossos negócios, antes que tu vás ver o que deseja aquela desditada, e eu reencontrar essa minha aborrecida mulher, que certamente me pesa mais do que todo o universo." Em seguida, quis que registrasse tudo o que deve ser provido hoje no mundo (pois assim está novamente decretado no céu).

SOFIA: Faz-me saber, se te agrada, alguns desses novos negócios, pois despertou-se essa curiosidade em meu peito.

MERCÚRIO: Te direi. Ordenou que hoje, ao meio-dia, dois melões da horta de Franzino fiquem perfeitamente maduros; mas que não sejam colhidos até três dias depois, quando já não serão considerados bons para comer. Quer, ao mesmo tempo, que do têucrio[80] que está

---

79. Os três juízes do Hades.
80. Planta comum no continente europeu, geralmente ornamental.

no sopé do monte Cicala, em casa de Gioan Bruno, trinta pés sejam perfeitamente colhidos, dezessete caiam na terra e quinze sejam roídos por vermes. Que Nasta, mulher de Albenzio, enquanto encrespa os cabelos das têmporas (por ter esquentado em demasia o ferro), queime cinquenta e sete deles, mas não a cabeça, e não blasfeme dessa vez, mas aguente com paciência. Que do esterco de seus bois nasçam duzentos e cinquenta e dois escaravelhos, dos quais catorze sejam pisados e mortos por Albenzio, vinte e seis morram dando reviravoltas e vinte e dois vivam em caverna, oitenta vão em peregrinação pelo pátio, quarenta e seis se retirem para debaixo do tronco próximo da porta, dezesseis rodem cocô por onde melhor se acomodem e o resto corra sua fortuna. Laurência, enquanto se penteie, que lhe caiam dezessete cabelos, treze se partam e, daqueles primeiros, dez renasçam no espaço de três dias e o restante não volte a crescer. Que a cadela de Savolino conceba cinco cachorrinhos, dos quais vivam três em seu tempo e dois se vão; e daqueles três, um seja parecido com o pai, outro com a mãe e o terceiro seja em parte parecido com o pai e em parte com o cachorro de Polidoro. Nesse momento se ouvirá cantar o cuco em Starza, e não se fará ouvir nem mais nem menos do que duas vezes, partindo depois para as ruínas do castelo Cicala, onde permanecerá onze minutos e dali voe para Scarvaita. O que deve acontecer em continuação, proveremos mais tarde. Que o gibão que o mestre Danese cortar fique estropiado; que das tábuas da cama de Constantino partam doze cimicídeos[81] e se vão para a cabeceira os sete maiores, quatro dos menores e um dos médios. E o que eles hão de ser, esta noite, à luz de velas, proveremos. Que aos quinze minutos da mesma hora, a velha de Fiurulo perca o terceiro molar da mandíbula de baixo, por causa do movimento da língua ao ser passada pela quarta vez sobre o palato, e que a caída se produza sem sangue ou dor, porque o dito molar chegou ao fim de sua trepidação depois de dezessete revoluções anuais lunares. Que Ambrósio, no centésimo duodécimo impulso de coito, tenha mandado e expedido o comércio com sua mulher, mas que não a engravide desta vez, somente na seguinte, com aquele sêmen em que se converteu o alho porró cozido que atualmente come com molho de uva e pão de milho. No filho de Martinello, que comecem a apontar os pelos da puberdade e, ao mesmo tempo, lhe comece a engrossar a voz. Que Paulino, quando quiser pegar uma agulha quebrada no chão, pela força que fará arrebente a presilha das calças, pelo que blasfemará e será depois castigado com isso: que a sopa esteja mais tarde muito

81. Inseto sem asa, da mesma ordem do percevejo.

salgada e com sabor de queimado; que se lhe caia e quebre o frasco de vinho e que por isso volte a blasfemar. Que de sete ratos, que há quatro dias partiram do fundo da terra, tomando caminhos diversos, dois saiam à superfície na mesma hora; um precisamente ao meio-dia e outro quinze minutos e dezenove segundos depois, e apareçam separados um do outro por três passos no horto de Anton Favano. A respeito dos demais, proveremos mais tarde.

SOFIA: Tenho muito a fazer, ó Mercúrio, para que me enumeres todos os atos da provisão de Júpiter; e querer que eu escute todos esses decretos em particular, parece-me que seja igual a contar todos os grãos da Terra. Se empregaste tanto tempo para contar-me quatro minúcias das infinitas que no mesmo tempo aconteceram numa pequena comarca, onde só existem quatro ou cinco vivendas não muito grandes, o que seria se me houvesses contado exatamente todas as coisas ordenadas naquela hora a respeito da cidade no sopé do monte Cicala? É certo que não te bastaria um ano para explicá-las uma a uma, como começastes a fazê-lo. O que seria, além disso, se quisésseis fazer referência a tudo o que aconteceu na cidade de Nola, no reino de Nápoles, na Itália, na Europa, em todo o globo terrestre e em todos os infinitos globos, já que infinitos são os mundos submetidos à providência de Júpiter? Na verdade, para relatar só o que aconteceu e se ordenou suceder num instante e num só desses mundos não te bastariam cem léguas nem cem bocas de ferro, como dizem os poetas, nem bilhões de bilhões no espaço de um ano para executar-se a milésima parte. E para dizê-lo de uma só vez, ó Mercúrio, não sei o que significa toda essa relação, pois alguns dos meus cultores, chamados filósofos, julgam que este pobre Júpiter se encontra muito ocupado, solicitado e com obstáculos a vencer e que sua fortuna não seja tão imortal que deva inspirar inveja ao seu estado. A par disso, durante o tempo que empregava para decidir e dispor todos esses acontecimentos, necessariamente se ofereceram, infinitas vezes, infinitas ocasiões de prover e ter previsto outras, e tu, enquanto as queres relatar, se desejas cumprir o teu ofício deve tê-las efetuado e efetuar infinitas vezes infinitas outras.

MERCÚRIO: Sabes, Sofia (se és Sofia), que Júpiter faz tudo sem ocupações, solicitações ou impedimentos, porque provê às inumeráveis espécies e infinitos indivíduos não com certa ordem sucessiva, mas súbita ou repentinamente e de modo conjunto; e não faz as coisas de modo particular para sua eficiência, uma a uma, com muitas ações, o que leva a atos infinitos, mas todo o passado, o presente e o futuro faz com um ato simples e singular.

SOFIA: Posso saber, Mercúrio, que essas coisas tu não relatas e pões em execução conjuntamente, e que elas não ocorrem num indivíduo simples ou singular, motivo pelo qual o agente deve ser proporcional àquelas.

MERCÚRIO: É verdade o que dizes, e deve ser assim, e não de outra maneira no agente particular, próximo e natural, pois ali, conforme a proporção e a medida da efetiva virtude particular, há de seguir-se a medida e a proporção do ato particular no objeto particular; mas no agente universal não é assim, pois ele é proporcional (se assim se pode dizer) a todo o efeito infinito que dele depende, segundo a razão de todos os lugares, tempos, modos e objetos; e não definidamente a certos lugares, objetos, tempos e modos.

SOFIA: Sei que o conhecimento universal é distinto do particular, como o finito do infinito.

MERCÚRIO: Diga melhor, como a unidade do número infinito. E deves saber também, Sofia, que a unidade se encontra no número infinito, e o número infinito na unidade. Além disso, que a unidade é um infinito implícito, e o infinito é a unidade explícita. Assim, onde não há unidade não há número finito ou infinito, e onde quer que haja número, ali existe, necessariamente, a unidade. Esta aqui, portanto, é a substância daquele. Logo, quem conheça a unidade, não acidentalmente, como certas inteligências particulares, e sim essencialmente, como a inteligência universal, conhece também o uno e o número, conhece o finito e o infinito, o fim ou término da compreensão e a excelência do todo. E este pode fazê-lo totalmente, não apenas de modo universal, mas ainda particular, pois assim como não há particular que não esteja compreendido no universal, não há número em que mais verdadeiramente se compreenda a unidade do que o próprio número. Assim, Júpiter, sem qualquer dificuldade e sem desconforto, provê todas as coisas em todos os lugares e tempos, como necessariamente o ser e a unidade se encontram em todos os números, em todos os lugares, tempos e átomos de tempo, e o único princípio do ser existe nos infinitos indivíduos que foram, são e serão. Mas não é essa discussão o fim que aqui me trouxe, e para o que acredito ter sido chamado por ti.

SOFIA: É verdade, bem sei, que essas coisas são dignas de resolução por meus filósofos, e plenamente entendidas, não por mim, que dificilmente as posso compreender apenas por comparação e semelhança, e sim pela Sofia celeste e por ti. Mas o teu relato me arrastou a esse debate antes de discorrer acerca dos meus interesses e propósitos particulares. E certamente me pareceu que, não sem intenção, tu, judiciosíssimo nume, te puseste a discorrer sobre coisas mínimas e baixas.

MERCÚRIO: Não o fiz por vaidade, mas com grande providência, Sofia, pois considerei necessária esta advertência a ti, pois sei que tantas aflições têm te perturbado, que facilmente os afetos te levam não muito piamente a opinar sobre o governo dos deuses; o qual é justo e sacrossanto para seu fim último, embora as coisas apareçam confusas dessa maneira com que vês. Por conseguinte, quis antes tratar de outra coisa, provocar-te esta contemplação, para tornar-te segura a respeito de dúvidas que pudesses ter e que muitas vezes demonstras, pois sendo terrena e discursiva não podes abertamente entender a importância da providência de Júpiter e do cuidado nosso, seus colaterais.

SOFIA: Mas por que, Mercúrio, só agora, e não em outras vezes, te moveu este zelo?

MERCÚRIO: Te direi (aquilo que adiei dizer-te até o momento). Tua súplica, tua oração, tua embaixatriz, embora tenha chegado e sido recebida no céu, pronta e velozmente, parecia friorenta, tremia, irresoluta; mais parecia enviada à sorte do que à providência, tanto que se mostrava duvidosa de nos fazer ouvir, como se teme perante aqueles que estão atentos a coisas importantes. Mas te enganas, Sofia, se não pensas que não temos cuidado com coisas pequenas, assim como as principais, e que as grandes se mantenham sem as pequenas e desprezíveis. Tudo, pois, ainda que insignificante, está sob a infinita providência; tudo, ainda que vil e mínimo, é importantíssimo no universo, porque as coisas grandes são compostas das pequenas, estas das pequeníssimas e estas ainda das mínimas. Assim se entendem as grandes substâncias, as grandes eficácias e os grandes efeitos.

SOFIA: É verdade, pois não há grande, magnífica ou bela arquitetura que não conste de coisas pequenas, vis, que parecem informes e assim se julguem.

MERCÚRIO: O ato da cognição divina é a substância do ser de todas as coisas; por isso, como todas as coisas, finitas ou infinitas, possuem esse ser, todas são ainda conhecidas, ordenadas e providas. O conhecimento divino não é como o nosso, que persegue as coisas, e sim as antecede e nelas está, de maneira que, se ali não se encontrasse, não haveria causas próximas e secundárias.

SOFIA: E por isso queres que eu não me desoriente com as coisas pequenas ou grandes que possam acontecer, não apenas as principais e diretas, mas ainda as indiretas e acessórias, e que Júpiter está em tudo, tudo preenche e tudo escuta.

MERCÚRIO: Assim é; mas no futuro cuida de aquecer mais tua embaixatriz, e não mandá-la assim descuidada, mal vestida e fria à presença de Júpiter; ele e Palas exigiram-me que antes de falar de outra coisa, com alguma habilidade te fizesse perceber isso.

SOFIA: E eu agradeço a todos.

MERCÚRIO: Agora, explica-me a causa pela qual me fizeste vir.

SOFIA: Pela mudança e transformação de costumes que percebi em Júpiter, além de outras causas, por conversas que tive contigo; sinto-me segura para pedir-te e instar por aquilo que antes não ousei, temendo que Vênus, Cupido ou Ganimedes rejeitasse minha mensageira quando ela se apresentasse às portas de Júpiter. Agora que tudo está reformado e foram nomeados outros guardiões, condutores e assistentes, e que ele está bem disposto para a justiça, gostaria que por ti lhe fosse apresentado o meu pedido, que versa sobre as grandes afrontas que me fizeram os homens da Terra, e rogar-lhe que me seja favorável e propício, segundo aquilo que sua consciência lhe ditar.

MERCÚRIO: Esta tua petição, por ser longa e de não pouca importância, e também por ter sido decretado no céu que todas as solicitações, civis ou criminais, sejam registradas com todos os requisitos e circunstâncias, é necessário que tu a ponhas por escrito, e assim seja apresentada a Júpiter e ao senado celeste.

SOFIA: E que finalidade tem essa nova ordem?

MERCÚRIO: A fim de que todos os deuses se vejam obrigados a fazer justiça; pois pelo registro, que eterniza a memória dos astros, virão a temer a eterna infâmia e incorrer em censura perpétua com a condenação que se deve esperar da justiça absoluta que reina sobre os governadores e preside a todos os deuses.

SOFIA: Assim farei. Mas preciso de tempo para pensar e escrever, pelo que te peço voltar a ver-me amanhã, ou no próximo dia.

MERCÚRIO: Não faltarei. Pensa naquilo que farás.

FIM DO PRIMEIRO DIÁLOGO

Segundo Diálogo

SAULINO: Por favor, Sofia, antes de irmos adiante, faz-me saber as razões desta ordem e disposição que Júpiter formou dos numes. E, primeiramente, faz-me saber por que quis que estivesse na eminentíssima sede (como se a considera vulgarmente) a deusa Verdade.

SOFIA: Facilmente. A verdade está situada sobre todas as coisas, Saulino, porque esta é a unidade que sobressai a tudo, é a bondade preeminente a tudo, pois o ente é uno, bom e verdadeiro. A verdade é aquela entidade não inferior a coisa alguma, pois caso se queira imaginar algo antes da verdade, é preciso considerá-lo diferente da verdade; e se o imagino distinto do que é a verdade, entenderei necessariamente não haver verdade em si, não ser verdadeiro; donde, consequentemente, ser falso, coisa nenhuma, não ente. Nada pode ser antes da verdade se não for verdadeiro antes e acima da verdade; de modo que ser verdadeiro não pode ser senão pela verdade. Assim, não pode estar além da verdade e junto com ela, e ser o mesmo, sem a verdade. Por isso, se não for verdadeiro pela verdade, não é um ente, é falso, é nada. Logo, a verdade está antes de toda coisa, está em todas as coisas e depois de todas elas; está acima de tudo, em tudo, após tudo; possui razão de princípio, meio e fim. Ela está antes das coisas como modo de causa e princípio, enquanto dela as coisas dependem; está nas coisas e é sua substância, enquanto subsistem; está depois de todas as coisas, e por ela, sem falsidade, são compreendidas. É ideal, natural e nocional; é metafísica, física e lógica. Sobre todas as coisas, portanto, está a verdade, e o que está sobre todas as coisas, ainda que concebida conforme outras razões e diferentemente denominada, em substância precisa ser a mesma verdade. Assim, com razão quis Júpiter que a verdade seja vista na parte mais eminente do céu. Mas é certo que essa que se vê sensivelmente e que podes alcançar com tua inteligência não é a suprema e primeira, senão certa figura, certa imagem e certo esplendor daquela, superior a este Júpiter de quem falamos frequentemente e que é objeto de nossas metáforas.

SAULINO: Dignamente, Sofia, porque a verdade é a coisa mais pura, a mais divina de todas; antes mesmo da divindade, da pureza, da beleza e da bondade das coisas, está a verdade. Que nem pela violência se arranca nem pela antiguidade se corrompe; por ocultamento não se vê diminuída nem pela comunicação se dispersa, pois o sentido não a confunde, o tempo não a enruga, o espaço ocupado não a esconde, a noite não a interrompe nem as trevas a velam; quanto mais impugnada, mais ressuscita e cresce; sem protetor, defende-se; ama a companhia de poucos e sábios, odeia a multidão, não se mostra àqueles que não a procuram e não quer se declarar àqueles que humildemente a ela não se expõem nem aos que fraudulentamente a interrogam; e no entanto, habita no alto, de onde todas a miram e poucos a veem. Mas por que, Sofia, a prudência lhe vem depois? Talvez por que aqueles que querem contemplar a verdade e predicá-la se devem governar com prudência?

SOFIA: Não é essa a causa. Aquela deusa que está junto à verdade tem dois nomes: providência e prudência. Chama-se providência quando influi e se encontra nos princípios superiores; e se chama prudência quando se realiza em nós; assim como "sol" costuma nomear aquilo que esquenta e difunde a luz em tudo e, além disso, o esplendor difuso que se acha no espelho e em outros objetos. Logo, a providência se diz para coisas superiores e é companheira da verdade, sem a qual não pode existir, assim como a mesma liberdade e a mesma necessidade; de maneira que a verdade, a providência, a liberdade e a necessidade, a unidade e a essência são um só em absoluto, como em outra oportunidade te farei melhor entender. Mas por comodidade da presente contemplação, saibas que aquela faz influir sobre nós a prudência, que se põe e consiste em certo discurso temporal; é uma razão que versa sobre o universal e o particular, tem por companheira a dialética e por condutora a sabedoria adquirida, vulgarmente chamada metafísica, que considera o caráter universal de tudo o que cai sob o intelecto humano. Possui duas insidiosas inimigas, dois vícios: de um lado, a ardileza, a astúcia e a malícia; de outro, a estupidez, a inércia e a imprudência. E se exercita na virtude consultativa, assim como a fortaleza contra o ímpeto da iracúndia, a temperança contra o consentimento do concupiscível e a justiça em todas as ações internas e externas.

SAULINO: A providência, portanto, influencia em nós a prudência, e no mundo arquetípico aquela corresponde a esta aqui, que está no mundo físico, e que oferece aos mortais o escudo com o qual, e contra as coisas adversas, a razão se fortifica; com que somos ensinados a ter maior cautela ali onde maiores perigos ameaçam ou se temem; por quem os agentes inferiores se acomodam às coisas, ao tempo e às ocasiões, e não se modificam, mas se adaptam os ânimos e as vontades; aos que lhe são afeiçoados, nada acontece súbito e improvisadamente, de nada duvidam, mas tudo esperam; de nada suspeitam, mas de tudo se guardam, lembrando-se do passado, ordenando o presente e prevendo o futuro. Diz-me agora, Sofia, por que a sabedoria sucede e está próxima da prudência e da verdade?

SOFIA: A sabedoria, como a verdade e a providência, é de duas espécies; uma é aquela superior, sobreceleste e ultramundana, se assim se pode dizer; e esta é a própria providência, a própria luz e o olho próprio; olho que é a luz, luz que é o próprio olho. A outra é a consecutiva, mundana e inferior; não é a própria verdade, mas é veraz e participa da verdade; não é o Sol, mas a Lua, a Terra, um astro que brilha por influência de outro[82]. Assim, não é uma sabedoria por essência, mas por participação; um olho que recebe a luz e se ilumina de luz externa e peregrina; não é um olho por si, mas de outro; não é ser por si mesmo, mas derivado. Por não ser uno, não é um ente, o verdadeiro, mas do uno, do ente, do verdadeiro; pelo uno, pelo ente, pelo verdadeiro. A primeira sabedoria é indivisível, infigurável e, sobretudo, incompreensível, em tudo e infra tudo; a segunda está figurada no céu, ilustrada no engenho, comunicada pelas palavras, digerida pelas artes, refinada pelas discussões, delineada pelos escritos; pelo que, quem diz saber o que não sabe, é um sofista temerário; quem nega saber o que sabe, é um ingrato ao intelecto agente, injurioso com a verdade e me ofende. De mesmo vêm a ser todos aqueles que não me procuram por mim mesma, ou pela virtude suprema e pela divindade, por Júpiter e todo o céu, e sim para vender-me por dinheiro, por honras ou outra sorte de ganho. Ou ainda, não tanto para saber, mas para mostrar que sabem, ou para rebater, impugnar ou fazer-se contra a felicidade de alguém, e, deste modo, prevalecer e converter-se em censores molestos ou rígidos julgadores. Destes aqui, os primeiros são miseráveis, os segundos, vis e os terceiros, malignos. Mas aqueles que de mim se acercam para edificar a si mesmos são prudentes. Os que me observam para edificar outros são humanos. Aqueles que de mim se acercam em absoluto são curiosos; interrogam-me por amor à primeira e suprema verdade, são sapientes e, portanto, felizes.

SAULINO: Disso decorre, Sofia, que nem todos que te possuem da mesma maneira têm o mesmo afeto por ti; antes, por vezes, quem melhor te possui menos se edifica.

SOFIA: O mesmo ocorre com o Sol, Saulino, que nem sempre aquece a todos os que ilumina, e às vezes aquece menos aos que mais resplandece.

SAULINO: Bem entendo, Sofia. Tu és aquela que de vários modos contempla, compreende e explica esta verdade e os efeitos daquela influência de teu ser; à qual, por graus variados e por escalas diversas, todos aspiram, tentam, estudam e se esforçam em alcançar; e serve de objeto, finalidade e escopo a muitos estudos e oferece matéria a diversas virtudes intelectuais. A esta una e simplicíssima verdade, como não pode ser por ninguém alcançada, encaminhas, pois não

---

82. A dupla natureza da sabedoria é de origem platônica e se encontra mais desenvolvida em Plotino (Enéadas) e em Proclo (Teologia Platônica).

há aqui embaixo quem a possa perfeitamente compreender, porque não é compreendida ou não se equipara senão àquilo que é por essência, ou seja, ela mesma. Por isso, de fora não se vê a não ser em sombras, por semelhança, especularmente, em superfície e à maneira de imagem, já que por ato de providência e por efeito de prudência não há neste mundo quem mais se lhe aproxime exceto tu, Sofia. Enquanto isso, tu a ela conduzes seitas diversas, todas elas pretendendo conhecê-la: algumas admirando, algumas por parábolas, outras discorrendo, julgando e determinando, por magia natural, por adivinhações supersticiosas, por negação, por afirmação, composição, divisão, por definição, por via de demonstração; algumas aspiram conhecê-la por princípios adquiridos, outras por princípios divinos; enquanto isso, ela lhes grita, de nenhum lugar presente, de nenhum lugar ausente, propondo-lhes perante os olhos do sentimento todas as coisas e seus efeitos naturais e levando-lhes à mente interna, mediante conceitos, todas as espécies de coisas visíveis e invisíveis.

SOFIA: À sabedoria sucede a lei, sua filha, e por esta quer ela agir e ser utilizada; por esta os príncipes reinam e os reinos e as repúblicas se mantêm. Esta, adaptando-se às compleições e costumes dos povos e das gentes, reprime a audácia com o temor, e faz com que a bondade esteja segura dos celerados; é a razão pela qual haja nos reis o remorso da consciência pelo temor da justiça e a expectativa daquele suplício que afasta a audácia orgulhosa, introduzindo o humilde consentimento com seus oito ministros, que são: o talião, o cárcere, o golpe, o exílio, a ignomínia, a servidão, a pobreza e a morte. Júpiter repôs no céu a sabedoria e exaltou-a com esta condição: a de que os potentados, por sua preeminência e força, não estejam seguros, mas tendo como referência a providência maior e a lei superior (pela qual se regula a civil), faça-os entender que aos que estão ligados às teias de aranha[83] lhes são ordenadas as redes, os laços, os elos e as raízes, dado que, por ordem da lei eterna, está decretado que os mais poderosos haverão de ser mais severamente julgados e sancionados se não nesta mansão e tribunal, sob outro manto e lugar de cunho inapelável. Depois, exigiu-lhe que fosse rigorosa para com as coisas que, como primeira e causa principal, lhe foram ordenadas, isto é, o que concerne à comunhão dos homens e à conversação civil, a fim de que os poderosos sejam sustentados

---

83. A imagem da teia da aranha que envolve a todos na vida em sociedade se encontra em Erasmo de Roterdã, num de seus *Adágios*, o de número 2473.

pelos fracos, os débeis não sejam oprimidos pelos mais fortes, os tiranos sejam depostos, os governantes justos reconhecidos e confirmados, as repúblicas sejam favoritas, a violência não inculque a razão, a ignorância não desprecie a ciência, os pobres sejam ajudados pelos ricos, que as virtudes e os estudos úteis e necessários ao bem comum sejam promovidos e avancem, e ainda exaltados os que façam deles bons proveitos, e que os desidiosos, os avaros e egoístas sejam considerados vis e desprezados. Que se mantenham o temor e o culto para com as potências invisíveis, honra, respeito e temor para com os que governam; que ninguém seja proposto à soberania caso não seja reconhecido superior em méritos, por virtude e engenho, com o qual prevaleça, ou já por si próprio, o que é raro e quase impossível, ou com ajuda e conselho de outros, o que é mais comum e necessário. Júpiter deu-lhe o poder de legar, que consiste principalmente em não incorrer em desprestígio e indignidade, o que poderá ocorrer conduzindo seus passos por dois caminhos: um, o da iniquidade, mandando e propondo coisas injustas; o outro, o da dificuldade, mandando e propondo coisas impossíveis, que também são injustas; portanto, duas são as mãos com as quais lega-se qualquer lei: a da justiça e a da possibilidade de execução; uma é moderada pela outra, considerando-se que, embora muitas coisas possíveis não sejam justas, o que é justo é possível.

SAULINO: Dizes bem, Sofia: que nenhuma lei que não seja adequada à prática do convívio humano deve ser aceita. Júpiter bem dispôs e ordenou, pois ou venha do céu ou saia da terra, não deve ser aprovada nem aceita aquela instituição ou lei que não traga utilidade, comodidade e nem conduza a um ótimo fim; da qual não se possa compreender que dirija os espíritos e reforme os engenhos, da qual se produzam frutos necessários e úteis ao convívio humano; certo é que precisa ser coisa divina, arte das artes e disciplina das disciplinas pela qual hão de ser moldados e punidos os homens, que entre todos os animais são os de compleição mais distinta, de costumes variados, de inclinações divididas, de vontades diversas e de impulsos mais inconstantes. Mas, ai de mim, Sofia, que chegamos a esse ponto (no qual jamais acreditei possível) que deva ser estimada como a melhor religião aquela que considera erro, pequena e vil as boas obras e as boas ações, dizendo alguns que delas, ainda que grandes, não cuidam os deuses, nem fazem justos os homens[84].

---

84. Bruno lamenta, mais uma vez, a ideia luterana da predestinação ou *servo arbitrio*.

SOFIA: Tenho a impressão, Saulino, de sonhar; creio ser um fantasma, uma aparição de fantasia perturbada, e não algo verdadeiro o que dizes. E, no entanto, é certo que se encontram esses tais que propõem e fazem crer essas coisas à gente miserável. Mas não duvide, pois o mundo facilmente perceberá que isso não se pode digerir, assim como facilmente se vê ser impossível subsistir sem lei e religião. Ora, vimos quão bem foi ordenada e disposta a lei: deves agora ouvir em que condições se encontra ao seu lado o Juízo. Júpiter colocou em sua mão a espada e a coroa, esta aqui para que se premiem os que agem bem, abstendo-se do mal; aquela para que se castiguem os que estão prontos para o delito, como plantas inúteis ou infrutíferas. Encarregou o juízo da defesa e do cuidado da verdadeira lei e a destruição da falsa e iníquia, ditada por gente perversa, inimiga do estado de tranquilidade e da felicidade do homem. Recomendou ao juízo que, juntamente com a lei, não extinga, mas acenda o quanto possa o apetite da glória no peito dos humanos, pois esta é o único aguilhão que costuma incitar os homens àqueles gestos heroicos que aumentam, mantêm e fortificam as repúblicas[85].

SAULINO: Para os da fingida religião, todas essas glórias são chamadas vãs, mas dizem que é preciso gloriar-se em não sei que tragédia cabalística.

SOFIA: Ademais, recomendou Júpiter que não se atenda àquilo que imagina ou pensa cada um, para que as palavras e os gestos não corrompam o estado de tranquilidade e, principalmente, trate de corrigir e manter tudo o que consiste em obras, não julgando a árvore por sua fronde, mas pelos bons frutos que dão; e aqueles que não os produzam, que cedam seus lugares aos que os ofereçam. Que não se creia que os deuses se sintam interessados por aquelas coisas pelas quais nenhum homem se interessa, pois eles só cuidam daquelas coisas que inquietam os homens; as coisas feitas, pensadas e ditas por esses os comovem ou os fazem agir somente se elas resultam na perda de respeito com que se mantêm as repúblicas. Com efeito, os deuses não seriam deuses se tivessem prazer ou desprazer, tristeza ou alegria por aquilo que fazem ou pensam os homens; mas seriam tão necessitados quanto estes últimos, ou ao menos assim obteriam alguma utilidade ou proveito, como nós deles. Estando os deuses isentos de qualquer paixão, possuem apenas ira ou prazer

---

85. Ideia provavelmente retirada de Maquiavel, *Discorsi sopra la prima deca di Tito Livio*: "A religião antiga não beatificava senão homens plenos de mundana glória... A nossa religião glorificou mais homens humildes e contemplativos do que ativos." (Torino, 1983, II, p. 223-225.)

ativos, e não passivos. Por isso, não ameaçam castigo e prometem prêmio pelo bem ou pelo mal que resultem para si, mas por aquilo que seja cometido entre o povo e na convivência civil, para a qual socorreram com as leis divinas, não lhes bastando as leis e estatutos humanos. Portanto, é coisa indigna e profana, estulta e reprovável pensar que os deuses querem a reverência, o temor, o culto e o respeito dos homens com outro fim a não ser a própria utilidade dos homens, pois sendo eles gloriosíssimos em si, e não podendo ajuntar glória externa, fizeram as leis não tanto para receber glória, quanto para comunicar a glória aos homens. Por isso, as leis e os juízos estão distantes da bondade e da verdade das leis e dos juízos quanto mais se afastem de ordenar e aprovar aquilo que consiste na ação moral dos homens perante os demais.

SAULINO: De maneira eficaz, ó Sofia, por esta ordem de Júpiter se demonstra que as religiões são como as árvores que estão nos hortos da lei, ali postas para darem frutos, especialmente os que nutrem e conservam os homens. E os deuses não se deleitam a não ser com esses odores.

SOFIA: Escuta. Disto se pretende que o juízo conclua que os deuses querem, acima de tudo, ser amados e temidos por favorecer o consórcio humano, advertindo principalmente sobre os vícios que o destroem; portanto, os pecados interiores somente devem ser julgados pecados se tiverem efeitos exteriores; e as justiças interiores jamais serão justiça sem a prática externa, da mesma maneira que as plantas são plantas inúteis sem frutos presentes ou esperados. Quer-se ainda que os maiores erros sejam comparativamente maiores quando em prejuízo da república; menores quando redundam em prejuízo de particulares; mínimo aquele que ocorre de um acordo entre dois, sem dano para um terceiro; nulo aquele que não procede de mau exemplo ou tenha mau efeito, mas de um ímpeto acidental devido à compleição do indivíduo. Estes são erros pelos quais os deuses eminentes se sentem máxima, em menor grau, mínima ou nulamente ofendidos. Assim como por obras contrárias se consideram máxima, em grau menor, mínima e nulamente servidos. Mandou ainda que o juízo fosse prudente e que no futuro aprovasse a penitência, mas que não a fizesse equivaler à inocência; que aprove a crença e a estima, mas jamais as faça equivalente à ação. Assim entende ainda do confessar e dizer com relação ao corrigir e ao abster-se; que recomende os pensamentos quando neles brilhar sinais expressos e efeitos possíveis. Não igualar aquele que domina inutilmente o corpo com o que refreia o engenho. Não comparar o solitário inútil com aquele de conversação proveitosa. Não distinguir tanto os costumes e as religiões pelas vestes ou ornamentos quanto pelos bons hábitos de virtude e a disciplina. Não favorecer igualmente quem refreou o fervor da libido, por ser impotente e frio, e o que mitigou o ímpeto da ira, não por ser tímido, mas paciente. Não aplaudir tanto aquele que talvez tenha sido obrigado a não se mostrar libidinoso com aquele outro que se determina a não ser maledicente e malfeitor. Não considerar maior erro o apetite da glória, quando resulta benéfico para a república, do que a sórdida cupidez do dinheiro. Não celebre alguém que tenha curado um vil e inútil coxo, que não valha mais enfermo do que são, e sim aquele que liberou a pátria ou reformou uma alma perturbada. Não estime tanto o gesto heroico de ter alguém apagado, sem água, o fogo de uma fornalha do que aquele que extinguiu, sem sangue, a sedição de um povo. Não permitir que se ergam estátuas aos covardes inimigos do Estado e das repúblicas e que com prejuízo dos costumes e de vidas humanas não ofereçam sua palavra e sonho, e sim àqueles que constroem templos aos deuses, aumentando o culto e o zelo de leis nas quais venham acesos a magnanimidade e o ardor pelo serviço à pátria e o benefício do gênero humano; ali onde apareçam instituídas as universidades para a disciplina dos costumes, para as letras e as armas. Guardar-se de prometer amor, honra e prêmio de vida eterna àqueles que aprovam os pedantes e os charlatães, e sim aos que, por se dedicarem ao aperfeiçoamento de seu intelecto e o dos outros, empregando-o a serviço da comunidade, e observando expressamente os atos de magnanimidade, justiça e misericórdia, agradam aos deuses. Os quais, por essa razão, tornaram magnífico o povo romano. Este, mais do que qualquer outro, soube a eles conformar-se e se assemelhar, perdoando os submetidos, debelando os soberbos, sanando as injúrias, não se esquecendo dos benefícios, socorrendo os necessitados, defendendo os aflitos, revelando os opressores, refreando os violentos, promovendo os que mereciam, rebaixando os delinquentes, pondo-os sob terror e os exterminando, sob o flagelo e a foice. Por conseguinte, mostrou-se aquele povo mais refreado e retido nos vícios incivis da barbárie, e mais disposto a grandes e generosas empresas, mais do que até então se tinha visto. Enquanto durou a sua religião, assim foram seus costumes e gestos, assim foram sua honra e felicidade[86].

---

86. Bruno volta a citar aqui o entendimento de Maquiavel (*Discorsi*, I) sobre a história do povo romano.

SAULINO: Gostaria que Júpiter tivesse ordenado ao Juízo alguma coisa expressamente contra a temeridade desses gramáticos[87] que hoje grassam pela Europa.

SOFIA: Júpiter impôs e ordenou muito bem ao Juízo, Saulino, ver se acaso é verdadeiro que eles induzem os povos ao desprezo ou mesmo ao pouco cuidado com os legisladores e leis, dando a entender que estes aqui propõem coisas impossíveis e que comandam como se fossem embusteiros, isto é, que os deuses sabem ordenar o que eles não sabem pôr em execução. Que ainda visse se, enquanto querem reformar leis e religiões deformadas, venham a arruinar tudo o que há de bom e confirmar e exaltar às constelações tudo o que ali pode ser ou passar por perverso e vão. Que visse se trazem outros frutos além o de impedir as discussões, dissipar as concórdias, dissolver as uniões, fazer rebelar os filhos, os servos, os súditos, impor o cisma entre os povos, as gentes, os companheiros e irmãos, destroçando famílias, cidadãos, repúblicas e reinos. Em conclusão, se enquanto saúdam com a paz, trazem, onde quer que entrem, a adaga da divisão e o fogo da dispersão, tirando o filho do pai, o próximo do próximo, o residente da pátria, provocando ainda outros divórcios horrendos e contra toda natureza e lei. Enquanto se dizem ministros de quem ressuscita mortos e cura enfermos, são os mesmos que, pior do que todos os que a terra alimenta, mutilam os saudáveis e matam os vivos, não tanto com o ferro e o fogo, mas com a perniciosa língua. Que se veja a espécie de paz ou de concórdia que propõem aos povos miseráveis: querem e ambicionam que todo o mundo concorde e consinta com sua maligna e presunçosa ignorância, e aprovem sua maldosa consciência, enquanto, ao mesmo tempo, não querem concordar nem consentir com outra lei, justiça ou doutrina que seja. Em tantos séculos e mundos não apareceu tanta discórdia e dissonância quanto as que brotaram entre si; por isso, entre dez mil desses pedantes não há um só que não tenha seu catecismo formado, quando não publicado sem aprovação de qualquer outra instituição senão a própria, não encontrando em todas as outras senão danos, reprovações e dúvidas. Além disso, entre a maior parte dos que discordam, encontram-se os que hoje abolem o que escreveram outro dia. Que se veja o êxito que conseguem e que costumes suscitam e provocam nos outros no que diz respeito a atos de justiça, de misericórdia, no aumento e conservação dos bens públicos. Isto é, se por sua doutrina e magistério são erguidas academias, universidades, templos, hospitais, colégios

---

87. Referência aos teólogos protestantes.

e lugares de disciplina e de arte; e se onde essas coisas se encontram são as mesmas que eram antes que viessem e comparecessem entre as gentes; que se considere se, por seu cuidado, essas coisas aumentaram ou, por sua negligência, diminuíram, se dissolveram ou se perverteram; ademais, se ocupam os bens de outros ou se alargam seus próprios bens. E, finalmente, se aumentam ou estabelecem os bens públicos como o faziam seus predecessores ou se, juntamente com estes aqui, o dissipam, esquartejam e devoram. E enquanto destroem as obras, extinguem qualquer zelo em fazer novas e conservar as antigas. Se assim é e estão convictos, e se depois de terem sido advertidos se mostrem incorrigíveis, fincando o pé na obstinação, ordena Júpiter ao Juízo, sob pena de perder seu grau e preeminência no céu, que os dissipe, disperse e anule, e afaste com força e indústria até a memória de tão pestífero germe. E ajunta a isso que se faça compreender a todas as gerações do mundo, sob pena de sua ruína, que se armem em favor do Juízo, enquanto se execute o decreto de Júpiter contra esta mácula do mundo.

SAULINO: Creio, Sofia, que Júpiter não queira tão rigidamente assim resolver esta mísera sorte dos homens, sem lhes tocar de tal maneira que, antes de lhes dar a ruína final, possam ser corrigidos ou, ao menos, fazendo-os perceber sua maldição e erro, provocar-lhes o arrependimento.

SOFIA: Assim é, mas Júpiter ordenou ao Juízo que proceda da maneira que te digo. Quer que sejam retirados os bens adquiridos de todos aqueles que predicavam, louvavam e ensinavam e que foram deixados por aqueles que agiam e confiavam que suas obras, benefícios e testamentos davam graças a Deus; e assim venham ainda a execrar os frutos daquelas árvores que procediam de um sêmen odioso. Que se mantenham, se conservem, se defendam e se nutram somente dos frutos, dos réditos e sufrágios que trouxeram e dos que creem, aprovam e defendem esta opinião. E que não lhes seja lícito ocupar com rapina e usurpação aquilo que os outros, para utilidade comum, de bom grado e de espontânea vontade, por meios e para fins opostos, criaram e disseminaram. E assim, saiam dos lugares profanados e não comam do pão excomungado, mas vão habitar aquelas casas puras e inabitadas e se alimentem daquelas comidas que, segundo sua lei reformada, lhes foram destinadas, e novamente produzidas por essas personagens pias que têm tão pouca estima pelas ações, e só por uma importuna e estúpida fantasia se consideram reis do céu e filhos de seus Deuses, acreditando e atribuindo mais valor a uma confiança vã, asinina ou bovina, do que a um efeito útil, real e magnânimo.

SAULINO: Logo se verá, Sofia, o quanto estão aptos a ganhar um palmo de terra esses que são pródigos em dar os reinos dos céus; e se conhecerá por aqueles senhores do empíreo com quanta liberalidade se alimentam dessa substância seus Mercúrios, esses mensageiros celestes que, talvez pela pouca fé que possuem nas obras de caridade, se reduzam à necessidade de lavrar os campos ou dedicar-se a outra arte; que sem incomodar o cérebro lhes asseguram que não sei por qual justiça é feita justiça por eles mesmos; e que só por essa justiça e pureza estejam excluídos os assassinatos, as rapinas, as violências e os homicídios que tenham feito, e ante os quais pouco ou nada significam as esmolas, os atos de liberalidade, misericórdia e justiça.

SOFIA: Como é possível, Saulino, que consciências de tal modo afetadas possam ter um amor verdadeiro pelas boas ações ou medo de cometer alguma canalhice se estão seguros de cometer tais erros e desconfiam tanto das obras de justiça?

SAULINO: Tu vês os efeitos, Sofia, pois é coisa tão verdadeira e certa quanto eles o são, que quando alguém de outra profissão e fé se muda para essa, daquilo que era liberal se torna avaro, naquilo em que era afável se torna insolente, de humilde se o vê soberbo, de doador do seu, roubador ou usurpador de outro; de bom a hipócrita, de sincero a maligno, de simples a malicioso, de reconhecido a arrogante, de hábil a qualquer bondade e doutrina, pronto a toda espécie de ignorância e patifaria. Em conclusão, aquele que possui essa maldade torna-se péssimo e não pode ser pior.

Segunda Parte do Segundo Diálogo

SOFIA: Sigamos agora com o propósito que com a chegada ontem de Mercúrio foi interrompido.

SAULINO: Bem a tempo, uma vez dadas as razões pela realocação de bons numes nos lugares em que estavam aqueles animais e se vejam quais outros foram destacados para suceder o posto dos primeiros; e se vos agrada, fazei-me entender sempre suas causas e razões. Estávamos ontem no relato de como Júpiter expediu Hércules; em primeiro lugar, consequentemente, vejamos o que sucedeu em seu lugar.

SOFIA: Saulino, entendo ter ocorrido no céu o que Crantore[88] viu em fantasia, em sonho, nas sombras, em espírito de profecia acerca do

---

88. Referência a um texto de Sexto Empírico, *Contra os Éticos*, no qual se discutem as diferenças entre os conceitos citados.

debate sobre a Riqueza, a Volúpia, a Saúde e a Fortaleza. Pois quando Júpiter excluiu Hércules dali, logo se pôs adiante a Riqueza e disse: "A mim, pai, convém este lugar." Ao que Júpiter disse: "Por que razão?" "Antes, surpreendo-me que durante tanto tempo adiastes dar-me esse lugar, e antes de te lembrares de mim, hajas colocado outras deusas e deidades às quais devo preceder, favorecendo inclusive algumas que me fazem vir pessoalmente opor-me e reclamar contra o prejuízo e a afronta que me ocasionas." E Júpiter lhe respondeu: "Dá-me pois a causa, Riqueza, porque não considero haver-te injuriado por não haver dado um lugar já previsto, e creio ainda não fazê-lo ao negar-te presentemente; e talvez te pudesse suceder algo pior do que pensas." "E que coisa pior pode e me deve acontecer por vosso julgamento que já me tenha ocorrido?", perguntou a Riqueza. "Dizei-me, com que razão fui preterida pela Verdade, Prudência, Sabedoria, Lei, Juízo, se sou aquela pela qual a Verdade tem estima, a Prudência se dispõe, a Sabedoria é venerada, a Lei reina e o Juízo dispõe? Sem mim, a Verdade é vil, a Prudência é infortúnio, a Sabedoria vê-se abandonada, a Lei é muda, o Juízo é coxo. Pois ofereço campo à primeira, força à segunda, luz à terceira, autoridade à quarta e poder ao quinto. E a todos juntos, alegria, beleza e ornamento, livrando-os do fastio e da miséria." Respondeu Momo: Ó Riqueza, tu não dizes a verdade mais do que a mentira, porque és aquela por quem o Juízo claudica, a Lei emudece, a Sabedoria é pisoteada, a Prudência encarcerada e a Verdade deprimida; quando andas em companhia de mentirosos e de ignorantes, quando favoreces com o braço da sorte a loucura, quando acendes e cativas as almas com os prazeres, quando administras a violência, quando resistes à justiça. E depois, a quem te possui não deixas de trazer menos tristeza do que alegria, deformidade do que beleza, fealdade do que ornamento; e não és aquela que acaba com o tédio e as misérias, mas os transforma em outra espécie. Se de ti se tem boa opinião, em verdade és também malvada; em aparência és querida, mas na existência és também vil; em fantasia, útil, mas nos efeitos, igualmente perniciosa; considerando-se que por teu magistério de ti se investiu algum perverso (como de ordinário te vejo em casa de celerados, e raramente em casa de homens de bem), ali excluístes a Verdade para o deserto, quebraste a perna da Prudência, envergonhaste a Sabedoria, calaste a boca da Lei, tiraste a ousadia do Juízo, tornando vilíssimos a todos." Respondeu a Riqueza: "E nisso, Momo, podes conhecer a minha realeza e excelência, porquanto, abrindo e cerrando o punho, comunicando-me aqui e ali, faço com que estes cinco numes sejam queridos, possam e façam, ou sejam desprezados, banidos e escarnecidos; em outras palavras, posso mandá-los para o céu ou para o inferno." Aqui respondeu Júpiter: "Não queremos no céu e nesta sede senão bons numes, e da qual se tiram os que sejam culpados, ou os que sejam piores do que bons, ou os que são indiferentemente bons e maus, entre os quais penso que tu o sejas, sendo boa com os bons e péssima com os celerados."[89] "Saiba, Júpiter", disse a Riqueza, "que eu por mim sou boa, e não indiferente ou neutra, ou de uma e outra maneira, como dissestes, a não ser quando outros de mim se servem, bem ou mal." Aqui respondeu Momo: "Então, Riqueza, és uma deusa manejável, servil, que não te governas a ti mesma, não regendo ou dispondo realmente dos outros, mas de quem os outros dispõem. Por isso, és boa quando os outros te manejam bem, e má quando mal guiada; és boa em mãos da Justiça, da Sabedoria, da Prudência, da Religião, da Lei e da Liberdade; és ruim se os contrários delas todas te manipulam, como a violência, a avareza e a ignorância. Como, por ti mesma, não és boa nem má, creio estar bem (se Júpiter o consentir) que para ti não haja nem vergonha nem honra e, por consequência, não ter aposento próprio entre os deuses e numes celestes nem lá embaixo, entre os ínferos, mas que eternamente te vás de lugar em lugar, de uma região para outra." Riram-se os deuses da fala de Momo, e Júpiter deu sua sentença: "Assim, Riqueza, quando estiveres ao lado da Justiça, habitarás em seu mesmo lugar; quando estiveres com a Verdade, residirás no mesmo e excelente sítio; quando fores com a Sabedoria, terás assento no mesmo sólio; se for este de ouro ou de prata, introduz-lhe nos bolsos; quando de vinho, de azeite ou de trigo, põe-te nas bodegas e armazéns; quando de ovelhas, de cabras e de bois, vá apascentá-los e sinta-se bem entre os rebanhos." Assim, Júpiter lhe impôs aquilo que deve fazer quando se encontrar em casa de loucos, e como se deve comportar em casa de sapientes; de que modo deva perseverar no futuro, assim como no passado (sem dúvida porque não pode fazer outra coisa), mas sendo, de certo modo, facilmente encontrada e, de outro, dificilmente. Mas como essa razão e modo não foram entendidos por muitos, tomou a palavra Momo: "Que ninguém te possa encontrar sem que antes se tenha arrependido de ter bom entendimento e cérebro saudável." Creio que quisesse dizer que é preciso perder a consideração e o juízo de prudência, não pensando nunca na infidelidade e na incerteza do tempo, não considerando a dúvida e a promessa instável do mar, não

---

89. Bruno faz referência aqui à concepção estoica das coisas que são indiferentes (*adiafora*), e portanto não contribuem para a prática da virtude. Ver, por exemplo, *Da Vida Feliz*, de Sêneca.

acreditar no céu, não observar a justiça ou a injustiça, a honra e a vergonha, a bonança ou a tempestade; mas entregar tudo à fortuna. "E cuida de nunca te fazer doméstica dos que te olham com muito juízo; e que aqueles que com mais tentáculos, laços e redes te acerquem, menos te vejam e persigam; antes, vá comumente onde se acham os mais insensatos, estultos e loucos; em conclusão, quando estiveres na Terra, evita os mais sábios como se evita o fogo e te aproxime dos semibestiais, tendo sempre a mesma regra da fortuna."

SAULINO: É comum que os mais sábios não sejam os mais ricos, ou porque se contentam com pouco, e esse pouco consideram ser suficiente para a vida, ou porque estão mais atentos a empresas mais dignas, sem vagar por aqui e por ali para encontrar um desses numes, que são a riqueza e a fortuna. Mas continua o teu raciocínio.

SOFIA: Tão logo a Pobreza viu a Riqueza, sua inimiga, excluída, desgraciosamente se adiantou e disse que, por ser a Riqueza indigna daquele lugar, ela devia ser estimada digníssima, por ser sua contrária. Ao que respondeu Momo: "Pobreza, Pobreza, tu não serias pobreza se não fosses também pobre de argumentos, de silogismos e de ilações. Não pelo fato de seres contrária segue-se que te apossas do que lhe foi despojado ou privado, passando a ser o que ela não é, como, por exemplo, que tu devas ser Júpiter e Momo porque ela não é nem um nem outro; e, em conclusão, que aquilo que dela se nega deva ser afirmado de ti. Pois os que são mais ricos na dialética sabem que os contrários não são assim como positivos e privativos, contraditórios, vários, diferentes, mas ainda divididos, distintos e diversos. Sabem ainda que, por razões de contrariedade, segue-se que não podeis estar ambas no mesmo lugar, mas que onde aquela não esteja, ou não possa estar, tu estejas." Riram-se todos os deuses ao ver Momo querer ensinar lógica à Pobreza; e assim ficou aquele ditado no céu: Momo é professor da Pobreza, ou Momo quer ensinar dialética à Pobreza. E dizem isso quando querem pilheriar com alguma impossibilidade. "O que te parece então que se deva fazer de mim, Momo", disse a Pobreza; "determina logo porque não sou rica de palavras e conceitos que possa disputar contigo, nem copiosa de engenho para que possa aprender muito de ti." Então Momo pediu a Júpiter licença para resolver por si. Ao que Júpiter respondeu: "Também brincas comigo, Momo. Pedes-me licença, quando és mais licencioso (quero dizer licenciado) do que todos os demais? Dê-lhe a sentença; se for boa, nós a aprovaremos." Então disse Momo: "Parece-me próprio e condigno que também essa vá passear por aquelas praças nas quais se vê a Riqueza dar voltas, e corra e discorra, e vá e venha pelos mesmos campos, já que (como querem os cânones do raciocínio) pela razão dos contrários esta aqui não deve estar senão de onde aquela tenha saído, e não substituí-la senão de onde tenha saído; que uma esteja às costas da outra, e uma dê impulso à outra, sem tocar-se face a face, e sim tendo uma o peito onde a outra tem o dorso, como se brincassem (como fazemos nós algumas vezes) o jogo da roda."

SAULINO: O que disseram Júpiter e os outros deuses?
SOFIA: Todos confirmaram a sentença.
SAULINO: E a Pobreza, o que disse?
SOFIA: Disse, "não me parece coisa digna, ó deuses (se meu parecer cabe, pois não sou privada de julgamento), que minha condição seja semelhante à da Riqueza". Ao que respondeu Momo: "Do que antecede, que convivas no mesmo teatro e representes a mesma tragédia ou a mesma comédia, não deves tirar a mesma consequência, isto é, que sejas da mesma condição: *Quia contraria versantur circa idem*."[90] "Vejo, Momo, que tu zombas de mim; que mesmo tu, que fazes profissão de dizer a verdade e falar ingenuamente, me desprezas; e isso não me parece que seja o teu dever, pois a Pobreza é mais merecedora de ser defendida, na maior parte das vezes, do que a Riqueza." "O que queres que te faça, respondeu Momo, se tu és pobre de fato. A Pobreza não é digna de defesa se é pobre de juízo, de razão, de méritos e de raciocínios, como tu és, que me obrigas a falar ainda pelas regras analíticas dos *Priori* e *Posteriori* de Aristóteles."

SAULINO: Que coisa me dizes, Sofia? Os deuses levam algumas vezes em consideração Aristóteles? Estudam os filósofos?
SOFIA: Não mais do que Pippa, Nanna, Antonia, Burchiello, Ancroia e um outro livro que não se sabe, mas de Ovídio ou de Virgílio, não me lembro o nome, e outros similares[91].

SAULINO: E agora, no entanto, tratam de coisas tão graves e sérias?
SOFIA: E te parece que aquelas coisas não sejam sérias, não sejam graves? Saulino, se tu fosses mais filósofo, quero dizer, mais perspicaz, acreditaria que não há lição, não há livro que não seja examinado pelos deuses, e que, se não for de fato sem sal, não seja manipulado por eles; e não sendo desprovido de sentido não seja aprovado e posto na biblioteca comum. Isso porque retiram prazer da multiforme representação de todas as coisas e dos frutos de todos

---

90. "São contrários, mas idênticos por proximidade."
91. Pippa, Nanna e Antonia são personagens dos *Ragionamenti*, de Pietro Aretino. Burchiello é o pseudônimo de Domenico Giovanni, poeta cômico florentino (1404-1449), e *Ancroia* é um poema cavalheiresco, então em voga, relativo ao ciclo de Carlos Magno.

os engenhos; porque eles se comprazem em todas as coisas que são e em todas as representações que se fazem, e não cuidam menos das coisas que são e para as quais ordenam ou permitam que sejam feitas. E pense ainda que o juízo dos deuses é diferente do nosso comum, e nem tudo aquilo que é pecado para nós e segundo nosso entendimento é pecado para eles e conforme seu entendimento. Livros como os de teologia não devem ser comuns a homens ignorantes, sendo eles também celerados, para que não recebam maus ensinamentos.

SAULINO: Mas não há livros feitos por homens de má fama, desonestos e dissolutos, e talvez com más intenções?

SOFIA: É verdade, mas não são desprovidos de ensinamento e frutos do conhecimento de quem escreve, como escreve, por que e de onde escreve, de que e como fala, como se engana, como outros com ele se enganam, como se afasta ou como se inclina para uma afecção de virtude ou de vício, como faz se mover o riso, o fastio, o prazer ou a náusea; e em tudo há sapiência e providência, e todas as coisas estão em cada coisa, e sobretudo o uno está onde está o seu contrário, e esta máxima se tira daquela anterior.

SAULINO: Mas voltemos ao propósito do qual nos divertiu o nome de Aristóteles e a fama de Pippa. Como foi dispensada a Pobreza por Júpiter, depois de ter sido alvo da zombaria de Momo?

SOFIA: Não quero fazer referência a todos os lances ridículos que se passaram entre Momo e ela, que não deixava menos de zombar de Momo. Júpiter declarou por fim que a Pobreza tivesse privilégios e prerrogativas que sua contrária não possui aqui embaixo.

SAULINO: Que coisas são essas?

SOFIA: "Em primeiro lugar", disse o Pai, "quero que tu, Pobreza, sejas previdente e saibas retornar lá de onde uma vez viestes, e despachar como possas a Riqueza e, pelo contrário, sejas afastada por ela, a qual desejo que seja eternamente cega. Em seguida, Pobreza, quero que sejas alada, destra e ágil pelas plumas, feitas de águia e de abutre; mas nos pés quero que sejas como um velho boi, que arrasta pesadamente o arado enfiado nos veios da terra; e a Riqueza, ao contrário, tenha asas lentas e graves, acomodando-se àquelas dos cisnes e dos gansos; mas que os pés sejam velocíssimos, como os de um corcel ou cervo, a fim de que ao fugir de alguma parte, empregando os pés, tu, com o bater das asas, ali logo estejas presente; e tu, quando por força das asas te desloques, ela possa substituir-te com o uso dos pés; de maneira que, com a mesma presteza que por ela sereis afugentada ou perseguida, tu venhas a persegui-la e afugentá-la."

SAULINO: Por que não as fez ambas com boas penas ou com bons pés, se não poderiam evitar perseguir-se e afugentar-se uma à outra, mais cedo ou mais tarde?

SOFIA: Porque andando a Riqueza sempre carregada, acaba pelo peso por criar obstáculos às suas asas; e a Pobreza, andando sempre descalça, facilmente pode machucar os pés; inutilmente, portanto, esta aqui teria velozes os pés, e aquela as asas.

SAULINO: Essa resolução é boa. Agora, continuai.

SOFIA: Quis ainda Júpiter que a Pobreza acompanhasse sobretudo a Riqueza, e fosse afugentada por aquela quando estivesse nos palácios terrenos e naqueles aposentos nos quais tem o seu império a Fortuna; "mas quando se unir a coisas elevadas e afastadas das coisas do tempo, não quero que mostre tanto atrevimento ou força para agredir, fazê-la fugir e tomar-lhe o lugar; pois não quero que se afaste facilmente dali onde com tanta dificuldade e méritos precisa chegar; e sim que tenhas firmeza nas coisas inferiores, como a Riqueza pode ter nas superiores". "Assim", acrescentou Júpiter, "quero que entre vós haja uma certa concórdia, não de uma espécie ligeira, mas de grandíssima importância, a fim de que não penses que, sendo afastada do céu, seja relegada ao inferno; ao contrário, que retirada do inferno, venha ao céu, de maneira que a condição da Riqueza, já conhecida, resulte incomparavelmente melhor do que a tua. Por isso quero que, longe de expulsar uma à outra de seu maior domínio, que uma se mantenha e fomente a outra, de maneira que entre vós haja estreitíssima amizade e familiaridade."

SAULINO: Fazei-me entender como pode ser isso.

SOFIA: Júpiter, acrescentando ao que havia dito, afirmou: "Tu, Pobreza, quando se tratar de coisas inferiores, poderás estar ao lado e ligada à Riqueza das coisas superiores, pois com a Riqueza das coisas inferiores ninguém que é sábio e deseja saber jamais estimará as coisas grandiosas, desde que à filosofia as riquezas causam embaraços, e a Pobreza estende um caminho mais seguro e fácil. Não pode haver lugar para a contemplação onde existam muitos servidores, onde é importuna a presença de credores e devedores, os cálculos dos mercadores, as queixas dos aldeões, a alimentação de panças mal acostumadas, os estratagemas dos ladrões, os olhos dos tiranos e as cobranças de ministros infiéis. De maneira que ninguém pode gozar da tranquilidade de espírito se não for pobre ou estiver perto disso. Quero, ademais, que seja grande aquele que na pobreza é rico, porque se contenta; e seja vil e servo aquele que é pobre na riqueza, pois não está saciado. Tu estarás segura e tranquila; ela, túrbida, solícita, inquieta; tu serás maior e magnífica ao desprezá-la do que ela possa ser com sua reputação e estima. A ti, para satisfazer-te, bastará a opinião; mas para fazê-la saciada, não quero que seja suficiente a possessão de todas as coisas. Quero que sejas grande ao cortar a cupidez, que adiciona possessões. Para ti quero que os amigos sejam abertos, e para aquela, que os inimigos fiquem ocultos. Com a lei da natureza quero que sejas rica e aquela, com todas as obras e indústrias civis, paupérrima, pois não é aquele que tem pouco que é pobre, mas quem muito deseja. Para ti (se estreitares a sacola da cupidez), o necessário será bastante; para ela, nada bastará, ainda que apreenda qualquer coisa com seu abraço. Tu, refreando os desejos, poderás disputar a felicidade com Júpiter; aquela, ampliando os ornamentos da concupiscência, estará cada vez mais submersa no despenhadeiro da miséria."[92] Concluída a saída da Pobreza, esta, contentíssima, pediu licença para fazer o seu caminho; e a Riqueza deu mostras de novamente se aproximar para pedir ao Conselho uma nova proposta; mas não lhe foi permitido ajuntar qualquer palavra. "Vai-te, vai-te", disse Momo, "não ouves quantos te chamam, gritam, pregam, sacrificam, choram e com grandes votos e estridência (que nos torna surdos) clamam por ti? Vai depressa em má hora, se não queres ir na boa." "Não te inquietes com isso", disse-lhe Júpiter, "deixa que se vá quando quiser e lhe agrade." "É que na verdade", disse Momo, "parece-me coisa digna de lamentar-se, e um pouco injusta, que ela vá a quem menos a chama ou reclama, e, quem menos a merece, desta se aproxima." "Quero", disse Júpiter, "o que quer o destino."

SAULINO: "Que se faça de outro modo", devia dizer Momo.

SOFIA: "Quero que, a respeito das coisas lá de baixo, ela seja surda e que nunca, por ser chamada, responda ou se apresente; mas guiada pela sorte e pela fortuna, vá às cegas e tateante para comunicar-se com aquele que irá encontrá-la na multidão." "Então acontecerá", disse Saturno, "que se comunicará mais cedo com um desses grandes poltrões e malfeitores, cujo número parece ser o mesmo dos grãos de areia, do que com alguém que seja minimamente homem de bem; e antes com um desses medíocres, que são muitos, do que com os principais, que são poucos; e talvez mais certamente com quem tem menos méritos do que um indivíduo único."

SAULINO: O que disse Júpiter a respeito disso?

---

92. Várias das ideias aqui expostas sobre a pobreza e a riqueza provêm de Sêneca, sobretudo das *Cartas a Lucílio*.

SOFIA: "Assim é preciso que seja; e o destino, dando esta condição à Pobreza, que ela seja chamada por poucos e raros, mas que se apresente assim mesmo ao maior número, à multidão. A Riqueza, ao contrário, chamada, desejada, invocada e adorada por quase todos, se acasale com raros e com aqueles que menos a cultivam e esperam. Que esta seja surda de tal forma que não se mova sob grande estrépito e fragor, e tão dura e firme que, apenas puxada com ganchos e polias, se aproxime de quem a procura; e aquela, pelo contrário, que tudo escuta, rápida e prontamente, a um mínimo sibilo ou sinal, esteja presente; além disso, de ordinário se poderá encontrá-la em casa de quem não só não a chamou, mas dela se esconde." Enquanto a Pobreza e a Riqueza cediam seus lugares, disse Momo: "Olá, que sombra é essa familiar a essas duas contrárias, mas que não está com a Riqueza, e sim com a Pobreza? Eu costumo ver de um só corpo sombras diversas, mas de corpos diferentes a mesma sombra, nunca havia notado, a não ser agora." Ao que respondeu Apolo: "Onde não há luz, tudo é uma sombra apenas; embora sendo diversas sombras, se não possuem luz se confundem numa só; assim como onde há muitas luzes, sem que um corpo opaco se oponha ou se interponha, todas concorrem para formar um só esplendor." "Não me parece que aqui aconteça assim", disse Momo, "pois onde está a Riqueza, de fato está excluída a Pobreza, e onde está a Pobreza, supostamente distinta da Riqueza, vê-se uma sombra que é como uma e outra." "Olha bem, Momo", disse Mercúrio, "e verás que não é uma sombra." "Não digo que seja uma sombra", respondeu Momo, "mas que está apegada a essas deidades como sombra de dois corpos. Ah, agora reparo, será por acaso a Avareza, que é uma sombra, trevas da Riqueza e trevas da Pobreza?" "Assim é", disse Mercúrio, "ela é a filha e companheira da Pobreza e que, podendo, dela foge. Apaixonada, atraída pela Riqueza, sente sempre o rigor da mãe, que a atormenta, porque ainda quando dela está longe, está perto, e estando perto, encontra-se longe, pois caso dela se afaste, conforme a verdade, lhe é intrínseca pelo valor que lhe dá. E não vês que, estando unida à Riqueza, faz com que a Riqueza não seja riqueza, e estando longe da Pobreza faz com que a Pobreza não seja pobreza? Essas trevas, essa obscuridade é o que faz a Pobreza ser má, e à Riqueza não ser integralmente boa; quase sempre acaba desvirtuando uma das duas, ou ambas de uma só vez, e rarissimamente a uma só, o que só acontece quando estão todas elas rodeadas pelas luzes da razão e do intelecto." Em seguida, Momo pediu a Mercúrio que lhe fizesse entender como a Avareza fazia com que a Riqueza não fosse riqueza. Ao que Mercúrio respondeu que o rico avaro é paupérrimo, pois a avareza não deve estar onde estão as riquezas, se ali também não estiver a Pobreza, que ali está por motivo de afeto tanto quanto de efeito; de maneira que esta sombra, malgrado seu, jamais pode afastar-se da mãe, mais do que de si mesma. Enquanto diziam isso, Momo, que possui uma visão agudíssima (embora nem sempre veja de primeiro), depois de haver olhado com mais atenção, disse: "Ó Mercúrio, aquilo que te disse ser uma sombra, agora descubro que são muitas bestas em conjunto, pois as vejo caninas, porcinas, símias, ursinas, aquilinas, corvinas, falconinas, leoninas, asininas e quantas inas mais forem. E todos os animais constituem um só corpo. Parece-me o pantamorfo[93] dos animais brutos." "Diz melhor", respondeu Mercúrio, "que é um animal multiforme; parece um, e é um, mas não é uniforme, como é próprio dos vícios que possuem muitas formas, e por isso são informes e sem rosto próprio, ao contrário das virtudes; do mesmo modo que a inimiga da avareza, a generosidade, que é sempre simples e una; a justiça é simples e una, assim como se vê que a sanidade é una, e as doenças, inumeráveis." Enquanto Mercúrio dizia isso, Momo interrompeu-lhe o raciocínio, dizendo: "Vejo em má hora que ela possui três cabeças; pensava que a vista me estivesse enevoada, quando, sobre o busto desse animal, divisei uma, duas e mais outra cabeça; mas depois que voltei os olhos para tudo, vi que não era outra coisa que me aparecia, e concluí que é como a vejo." "Tu vês muito bem", respondeu Mercúrio; "daquelas três cabeças, uma é a da mesquinharia, a segunda do ganho malévolo, e a outra da tenacidade." Perguntou Momo se elas falavam, e Mercúrio lhe respondeu que sim. E a primeira disse: "Melhor ser rico do que ser estimado como liberal e agradecido"; a segunda: "Não se morre de fome por ser um homem de bem"; e a terceira disse: "Se não me honra, me é útil."; "E, no entanto, não têm mais de dois braços", perguntou Momo. "Bastam as duas mãos", respondeu Mercúrio, "das quais uma é aberta e larga para tomar; a outra, fechada e estreita, para reter e oferecer, como que por destilação e gota de alambiques, sem consideração de tempo, de lugar e medida." "Acercai-vos um pouco mais de mim, tu, Riqueza e Pobreza", disse Momo, "para que eu possa ver melhor a graça desta vossa bela acompanhante." Tendo ela assim feito, disse Momo: "É um rosto e muitos; é uma cabeça e mais cabeças, todas femininas; a cabeça é bastante pequena, ainda que a face seja mais do que mediana; é velha, vil e sórdida, tem o olhar

---

93. Termo utilizado por Ficino em seu *Asclepium*, XII: "species et formas, id est ideas […], tot et tanta, immutabiles quidem et invariabiles collocat in Pantamorpho, hinc nomen habente, quasi omniformi et omni ideali, a quibus singulis horis et momentis, singula eadem quidem forma, sed varie format […]".

caído, é de cor negra, cheia de rugas; tem os cabelos rígidos e funestos, olhos atentos, boca aberta e desejosa, nariz e unhas aduncas; (maravilha) sendo um animal pequeno, tem um ventre desenvolvido e voraz; é imbecil, mercenária e servil, o que faz com que o rosto se encurve. Cava, se afunda e, para encontrar alguma coisa, se imerge ao fundo da terra; dando as costas à luz, procura os antros e as grotas, onde jamais há diferença entre os dias e as noites. É ingrata, pois com sua perversa esperança nunca deixa contente quem a ela se dá, pois quanto mais tem, mais se faz insaciável. Manda, manda, Júpiter, enxota dessa possessão a Pobreza e a Riqueza, conjuntamente, e não permiti que se aproximem dos aposentos dos deuses com esta vil e abominável fera." Respondeu Júpiter: "Elas viverão de costas uma para outra, como vós vos disporeis a recebê-las. Por agora, que se vão com a resolução já tomada, e quanto antes determinemos a deidade possessora deste campo." E eis que, enquanto o pai dos deuses dirigia o seu olhar ao redor, por si mesma e desavergonhadamente, e com uma não insólita arrogância, se fez presente a Fortuna, dizendo: "Não é bom, ó deuses consulares, e tu, o grande Júpiter sentenciador, que de onde falem e possam ser ouvidas a Pobreza e a Riqueza, seja eu vista como pusilânime e calar-me, e não mostrar-me com razão ressentida. Eu sou tão digna e potente que levo adiante a Riqueza, a guio e a empurro de onde me parece bom e me apraz, de onde quero a expulso e aonde a quero a conduzo, para agir na sucessão da Pobreza; e todos sabem que a felicidade dos bens externos não pode ser atribuída mais à Riqueza do que a mim, pela mesma razão que a beleza da música e a excelência da harmonia não podem ser atribuídas mais à lira ou instrumento do que à arte e ao artista que a maneja. Sim, sou aquela excelente deidade, tão desejada quanto procurada, tão querida, por quem tantas vezes Júpiter foi agradecido, de cuja mão aberta procede a riqueza, e quando minha mão se fecha todo mundo deplora e se põe sobre as cidades, os reinos e os impérios. Quem nunca ofereceu votos à Riqueza ou à Pobreza? Quem nunca lhes agradeceu? Todos os que as chamam, pedem por mim, me invocam, se sacrificam por mim; quem quer que esteja contente com a Riqueza me agradece, dá graças à Fortuna, por mim acendem piras aromáticas, pela Fortuna enfumaçam os altares. Sou a causa de que, quanto mais incerta, tanto mais sou venerada, e quão mais desejada e apetecível, menos me faço companheira e familiar; porque, ordinariamente, nas coisas menos abertas, mais ocultas e secretas, encontra-se mais dignidade e majestade. Eu, que com meu esplendor torno baça a virtude, denigro a verdade, domo e desprezo a maior e a melhor parte desses deuses que vejo se prepararem para tomar seus lugares no céu. E eu sozinha, na presença de tal senado, aterrorizo a todos, pois embora não tenha visão que me sirva, tenho ouvidos pelos quais compreendo uma boa parte dos dentes que rangem e percutem por medo de minha formidável presença (e, apesar de tudo isso, não perdem a ousadia e a presunção de se colocar à minha frente e se fazerem nomear antes de minha dignidade); com frequência, tenho império sobre a Razão, a Verdade, a Sabedoria, a Justiça e outros numes; os quais, se não querem mentir sobre aquilo que é evidente para o universo, poderão dizer se podem contar o número de vezes que os tirei de suas cátedras, sedes e tribunais e por meu desejo os reprimi, encerrei ou encarcerei. E, também por minha dádiva, outras vezes puderam sair, liberar-se, restabelecer-se e se reconfirmarem, nunca sem medo de minha desgraça." Disse Momo: "Comumente, ó senhora cega, todos os deuses esperam ser aqui retribuídos com essas cátedras pelas boas obras que fizeram, fazem e podem fazer; somente por elas o senado se propôs premiá-los, e tu, para defender tua causa, nos traz a lista de todos os delitos pelos quais não só deverias ser banida do céu, mas ainda da Terra." Respondeu então a Fortuna que ela não era menos boa do que outras deidades e que ser como era não implicava um mal, pois quando o destino dispõe, tudo está bem disposto; assim, embora sua natureza fosse como de víbora, naturalmente venenosa, ela não tinha culpa, e sim a natureza ou quem a formou. Além disso, ajuntou, nada é absolutamente mau, pois a víbora não é mortífera e venenosa para a víbora nem o dragão para o dragão, o leão para o leão, o urso para o urso, e sim cada coisa é má relativamente a outra diversa; como os deuses virtuosos que são maus para os viciosos, os da luz do dia são maus para os da noite e da escuridão, enquanto entre vós sois bons e eles, entre si, são bons; o que acontece de semelhante com as seitas inimigas no mundo, em que os contrários se chamam a si mesmos de filhos de Deus e de justos, e aos outros qualificam de malíssimos e reprováveis. "Assim, eu, a Fortuna, ainda que para alguns seja réproba, com relação a outros sou divinamente boa; e é sentença já passada na maior parte do mundo, que a fortuna dos homens pende do céu; com o que, não há estrela que apareça no firmamento, grande ou pequena, da qual não se diga que eu a dispense."[94] Aqui respondeu Mercúrio, dizendo que "de um modo muito equivocado se tomava seu nome, pois talvez a Fortuna não seja senão um evento

---

94. Do verbo *despender*, numa das acepções originais de empregar ou utilizar para alguma coisa.

incerto das coisas, cuja incerteza é nada aos olhos da providência, embora signifique muito aos olhos dos mortais". A Fortuna não o ouvia, mas continuava a falar e, ao que havia dito, ajuntou que os mais ilustres e excelentes filósofos do mundo, tais como Empédocles e Epicuro, mais lhe atribuem do que a Júpiter e a todo o concílio reunido. "Todos os demais", dizia, "me entendem como deusa, e me entendem como deusa celeste, como não vos parece novo aos ouvidos esse verso, não havendo qualquer criança que aprenda o abc que não o saiba recitar: *Te facimus, Fortuna, deam, caeloque locamus*[95]. E quero que entendais, ó deuses, com quanta verdade sou chamada por alguns de louca, estulta, inconsiderada, pois são os loucos, os estultos e os inconsiderados que não souberam perceber as razões do que sou; por isso me acho estimada por aqueles mais doutos, que demonstram e concluem o contrário, pois são conduzidos pela verdade. Da mesma maneira me dizem ser irracional e sem palavras, mas não por isso entendem que eu seja brutal e tola, dado que com tal negação não pretendem destratar-me, mas atribuir-me vantagens, assim como eu, algumas vezes, costumo negar coisas pequenas para conceder as maiores. Segundo eles, não sou compreendida como quem atua sob a razão, e sim acima de toda razão, de todo discurso e de todo engenho. Com efeito, sabem e confessam que obtenho e exerço o governo especialmente sobre o racional, o inteligente e o divino; e não pode ser sábio quem sustente que eu possa agir sobre coisas privadas de razão e de intelecto, como as pedras, os animais, as crianças ou os imbecis, que não possuem o conceito de causa final e não podem agir para um fim." Minerva, então, assim se expressou: "Te direi, Fortuna, por que motivo dizem que és sem discurso e razão. A quem falta algum sentido, falta alguma ciência, e principalmente aquela que se adquire com o sentido em falta. Julga tu agora, pois estás privada da luz dos olhos, quais são as máximas razões da ciência." Fortuna respondeu que Minerva ou se enganava ou queria enganá-la, acreditando que o fazia porque era cega, "mas ainda que me ache privada da visão", disse, "nem por isso me acho privada de ouvido e entendimento".

SAULINO: E tu acreditas que isso seja verdade, Sofia?

SOFIA: Escuta e verás como sabe discernir e como não lhe são desconhecidas as filosofias e, entre outras coisas, a *Metafísica* de Aristóteles. "Eu", afirmou, "sei haver quem diga que a visão é muito especialmente desejada pelo saber; mas jamais conheci alguém tão

---

95. "Te fazemos deusa, Fortuna, e no céu te pomos."

tolo capaz de afirmar que o que a vista faz é principalmente conhecer. E quando alguém diz que ela é desejada, não entendia por isso ser necessária para tudo, e sim para o conhecimento de certas coisas, como das cores, das figuras, das simetrias corporais, das belezas e outras coisas visíveis que costumam perturbar a fantasia e entorpecer a razão; pois sabia que muitos, para chegar à sapiência, arrancaram os olhos. E daqueles que por acidente sempre foram cegos, muitos atravessaram situações miseráveis, como o puderam demonstrar os Demócritos, os Tirésias, os Homeros e o cego de Adria. Logo, saberás diferençar, se fores Minerva, que quando um certo filósofo estagirita disse que a vista é principalmente desejada para conhecer, não comparava a vista com outros meios de conhecimento, como o são o ouvido, a imaginação, a inteligência, e sim que fazia a comparação entre este fim e a visão, ou seja, entre o saber e a outra finalidade que a visão pode propor. Por isso, se não te incomodas ir até os Campos Elíseos para conversar com ele, se dali não partiu para outra vida, bebendo as águas do Letes, verás como ele faz esta glosa: 'Desejamos a vista especialmente com o fim de saber'; e não esta outra: 'Para saber, desejamos especialmente entre os demais sentidos a visão.'"

SAULINO: É maravilhoso, Sofia, que a Fortuna saiba discorrer melhor e entender melhor os textos do que Minerva, que é soberana nessas inteligências.

SOFIA: Não te admires, pois quando considerares profundamente e quando praticares e conversares melhor acharás que os graduados em ciências, na eloquência e no juízo não são mais judiciosos, mais sábios ou eloquentes do que os outros. Agora, para prosseguir com o propósito da causa que a Fortuna fazia diante do senado, disse ela, dirigindo-se a todos: "De nada me privo com a cegueira, ó deuses; de nada me serve ou me vale para a perfeição de meu ser; pelo que, se não fosse cega, não seria Fortuna, e muito falta para que, baseando-se nesta cegueira, possais diminuir ou atenuar a glória de meus méritos (dela retiro argumento para louvar a grandeza e a excelência daqueles), tendo em conta que, por meu defeito, facilmente poderia vos convencer de que, menos abstraída pelos atos da consideração, não posso ser injusta na distribuição." Mercúrio e Minerva replicaram: "Não farias pouco se isso houvesses demonstrado." Acrescentou Fortuna: "A minha justiça convém que seja dessa maneira; para a verdadeira justiça não convém, não quadra; antes ofende e repugna a obra dos olhos. Os olhos foram feitos para distinguir e conhecer as diferenças (não quero por ora mostrar quão frequentemente são enganados pela visão aqueles que por ela julgam); sou uma justiça que não tem por que distinguir, não tem por que fazer diferenças; mas como todos são de fato e finalmente um ente, uma só e mesma coisa, (pois o ente, o uno e o verdadeiro são o mesmo), assim ponho todos na mesma igualdade, considero a todos de modo igual, tendo cada um o seu, e não estou disposta a outorgar a um e não a outro, nem estou mais inclinada ao próximo do que ao distante. Não olho mitra, toga, coroa, arte ou engenho; não distingo méritos ou deméritos, pois se por acaso naqueles se encontram, para mim não são coisas de natureza diferente nisto ou naquilo, mas certamente por circunstância, ocasião ou acidente que se oferecem, se encontram e se movem nisso ou naquilo; e quando dou, não vejo a quem dou; quando tiro, não vejo de quem tiro; dessa maneira, trato a todos igualmente, sem qualquer diferença. E com isso entendo fazer todas as coisas igual e justamente; e justa e igualmente dispenso a todos. Ponho tudo em uma urna e no ventre desta confundo, misturo e agito; depois, a sorte decide, e quem tiver a boa, bom para ele, e quem tiver a má, mau para ele. Dessa maneira, dentro da urna da Fortuna não é diferente o maior do menor; antes, são todos ali igualmente grandes e igualmente pequenos, pois nisso se entende a diferença deles para mim; isto é, antes de entrarem na urna e depois dela saírem. Enquanto estão dentro, todos são revirados pela mesma mão, no mesmo vaso, com o mesmo ímpeto[96]. Mas depois de tirada a sorte, não é racional a quem tenha cabido o mau sucesso lamentar-se de quem possua a urna, ou de quem mantém a guarda da urna, ou do dono da sacudida na urna ou da mão posta na urna. Deve sim, com a melhor e a maior paciência possível, suportar o que o destino dispôs e como dispôs, considerando que, a respeito de tudo o mais, ele foi inscrito, sua cédula era igual à dos outros, foi enumerada, metida na urna e agitada como as demais. Eu, portanto, que trato a todo mundo igualmente, e tudo considero sem diferenciação, não sendo uma parte mais digna ou indigna do que outra por ser vaso de opróbrio[97]; eu, que jogo na mesma urna da transformação e do movimento, sou igual para todos, a todos olho indistintamente, ou não olho mais a um do que a outro, venho a ser, por isso mesmo, justíssima, ainda que a todos vós pareça o contrário. Agora, se à mão que se introduz na urna, pega e tira a sorte para o bem e para o mal, ocorre um grande número de coisas indignas e poucas meritórias, isso provém da desigualdade, da iniquidade e da injustiça de vocês, que não

---

96. A ideia aqui é a da loteria da vida, já exposta por Platão na *República*, 617d-618b e por Giovanni Pontano, *De Fortuna*, II.
97. A expressão "vaso de opróbrio" é de São Paulo, em *Epístola aos Romanos*, 9, 21, significando todo o gênero humano após a queda.

fazem todos iguais, e que têm os olhos da comparação, da distinção, da imparcialidade e das graduações com os quais vocês aprendem e fazem diferenças. De vós digo, de vós provém toda desigualdade, toda iniquidade, porque a deusa Bondade não se dá igualmente a todos; a deusa Sabedoria não se comunica com todos na mesma medida; a Temperança se encontra em poucos, e a raríssimos a Verdade se mostra. Assim, vós, deidades boas, sois avaras, sois parcialíssimas, criando diferenças por demais distantes, desigualdades desmesuradas e desproporções confusas nas coisas particulares. Não sou eu a iníqua, que sem distinções olho a todos, e a todos vejo de uma só cor, com um só mérito e uma sorte apenas. Por vós advém de minha mão, ao cavar a sorte, proporcionar frequentemente não apenas o mal, mas ainda o bem, não só o infortúnio, mas também a fortuna, mais aos celerados do que aos bons, mais aos ignorantes do que aos sapientes, mais aos mentirosos do que aos sinceros. Por que isso, por quê? Vem a Prudência e joga na urna não mais do que dois nomes; vem a Sabedoria e ali não põe mais do que quatro ou cinco; chega a Verdade e não deixa mais do que um, e menos ainda se pudesse; e depois, de um milhão que são versados na urna, quereis que seja sorteado um destes oito ou nove, e não os oito ou novecentos mil. Ora, fazei vós o contrário; faz, Virtude, que sejam os virtuosos em maior número do que os viciosos; faz, Sabedoria, que o número de sábios seja maior do que o de estúpidos; se faça aberta e manifesta à maioria, Verdade; e certamente encontrareis ordinariamente premiados os que vos seguem, mais do que os seus opostos. Fazei com que sejam todos justos, verazes e bons, e com certeza não haverá mais grau ou dignidade que eu dispense que caiba a mentirosos, a injustos e insensatos. Não sou portanto mais injusta, eu que trato e movo tudo igualmente, do que vós, que não fazeis todos iguais. De modo que quando acontece de um poltrão ou patife chegar a ser rico ou príncipe, não é por minha culpa, mas por vossa iniquidade, que por falta de vossa luz, não o privaram da poltronaria ou da patifaria no presente, nem tampouco o fizeram antes purificar-se da patifaria poltrã. Não é um erro fazer-se um príncipe, mas um príncipe patife. Ora, sendo duas coisas distintas, isto é, o principado e a patifaria, o vício certamente não consiste no principado que eu concedo, mas na patifaria que vós deixastes. Eu, por movimentar a urna e extrair o voto, não olho mais a um do que a outro; e não determinei antes quem seja rico ou príncipe (ainda que seja preciso, determinantemente, que um deles venha à mão); mas vós que fazeis a distinção, olhando com os olhos, mirando e escolhendo a quem mais, a quem menos, a quem muito, e a quem nada, acabastes por deixar com muita determinação os poltrões e os patifes. Logo, se a iniquidade consiste não em se fazer um príncipe, não no enriquecimento, mas em determinar um sujeito de patifaria, não serei eu a iníqua, mas vós. Eis aqui como o Destino me fez justíssima, pois me fez sem os olhos, a fim de que por esse motivo possa ser equânime e premiar a todos." Aqui interrompeu Momo, dizendo: "Não dizemos que és iníqua pelos olhos, mas pelas mãos." Ao que ela respondeu: "Nem mesmo pela mão, Momo, porque não sou a causa dos males, tomando-os como me vêm, e não os tomando se não me vêm. Não sou perversa, eu que, cega, estendo indiferentemente a mão àquele que se apresenta claro ou escuro; mas quem o faz e o deixa assim o envia a mim." Momo aduziu: "Mas ainda quando todos se tornassem indiferentes, iguais ou semelhantes, não deixarias por isso de ser injusta; pois sendo todos igualmente dignos do principado, não os farias todos príncipes, mas um só dentre eles." Sorridente, a Fortuna respondeu: "Falemos do que é injusto e não do que seria injusto, Momo. É certo que com esse modo de propor e responder tu me pareces suficientemente convicto, pois daquilo que é de fato fostes até o que poderia ser; e não podendo dizer que sou injusta, dizes que seria injusta. Fica pois, conforme me concedes, que eu sou justa, mas seria injusta; e que vós sois injustos, mas seriam justos. Ao que me é dito acrescento que não apenas sou justa, mas não seria iníqua mesmo quando vós me oferecêsseis todos [os homens] iguais, pois quanto àquilo que é impossível, não há justiça ou injustiça; ora, não é possível que um principado seja concedido a todos; não é possível que a todos seja ele igualmente oferecido. Do possível segue-se o necessário, isto é, que de todos é necessário restar apenas um; e nisso não consiste a injustiça e o mal, porque não é possível que seja mais do que um. Mas o erro consiste naquilo que se segue, isto é, que o escolhido seja vil, patife, sem virtudes; e desse mal não é causa a Fortuna, que concede ser príncipe ou ser rico, mas a Virtude, que não lhe concedeu ser virtuoso." "De modo excelente a Fortuna apresentou suas razões", disse Júpiter, "e me parece digna de ter um lugar no céu; mas que tenha uma sede própria, não acho conveniente, considerando que não são menos do que as estrelas, pois a Fortuna está em todas, como na Terra, dado que aquelas são mundos como a Terra. Além disso, segundo a consideração geral dos homens, de todas elas pende a Fortuna (e na verdade, se tivessem eles mais intelecto, diriam algo mais apropriado). Mas como as tuas razões me parecem bastante eficazes, deusa (diga Momo o que lhe aprouver), concluo que, se não forem oferecidas outras alegações que valham mais do que essas, não quero atrever-me a definir o teu aposento, assim como restringir-te ou relegar-te a este ou a aquele; mas te dou, ou antes te deixo nessa potência que mostras ter em todo o céu, pois por ti mesma tens tanta autoridade que podes abrir aqueles lugares fechados ao próprio Júpiter, juntamente com os outros deuses. E não quero dizer nada mais sobre aquilo pelo que estamos todos a ti obrigados. Tu, descerrando todas as portas, abrindo-te todos os caminhos e dispondo de todas as estâncias, fazes tuas todas as coisas alheias; e não falta que as sedes de outros deuses sejam tuas também; por isso, tudo o que está sob o fado da mudança, passa pela tua urna, pela revolução e pela mão da tua excelência."

Terceira Parte do Segundo Diálogo

Assim, pois, Júpiter negou assento a Hércules e à Fortuna, à qual deixou ao seu arbítrio e todos aqueles que estão no universo. De tais sentenças (quaisquer que tenham sido) não dissentiram os deuses. E a deusa cega, vendo a determinação feita apesar da injúria, despediu-se do senado dizendo: "Vou então aberta e franca, e oculta e oculta a todo o universo; corro os altos e os baixos palácios, e não menos do que a morte sei elevar as coisas ínfimas e deprimir as supremas; e ao fim, por força das vicissitudes, venho a fazer tudo igual, e com sucessões incertas e motivos irracionais que em mim encontro (quer dizer, acima e fora de razões particulares), giro a roda e sacudo a urna, a fim de que a minha intenção não venha a ser acusada por qualquer indivíduo. Vamos, Riqueza, vem para minha mão direita, e tu, Pobreza, para a minha esquerda; trazei convosco vossos séquitos; tu, Riqueza, teus ministros tão gratos, e tu, Pobreza, os teus, tão aborrecidos às multidões. Sigam-nos primeiro a alegria e o fastio, a felicidade e a infelicidade, a tristeza, a letícia, a melancolia, a fadiga, o repouso, o ócio, a ocupação, a sordidez, a beleza. Depois, a austeridade, as delícias, o luxo, a sobriedade, a libido, a abstinência, a ebriedade, a sede, a crápula, a fome, o apetite, a saciedade, a cupidez, o tédio e a saturação, a abundância e a vacuidade. Além do mais, o dar e aceitar, a efusão, a parcimônia, o investir e o despojar, o lucro, a ruína, o êxito, o ganho, o dispêndio, a avareza, a liberalidade, o número e a medida, o excesso e a falta, a igualdade e a desigualdade, o débito e o crédito. Em seguida, a segurança, a suspeita, o zelo, a adulação, a honra e o desprezo, a reverência, o escárnio, o obséquio, o despeito, a graça, a vergonha, a ajuda, a destituição, o desconforto, a consolação, a inveja, a congratulação, a emulação, a compaixão, a confidência, a desconfiança, o domínio, a servidão, a liberdade, o cativeiro, a companhia, a solidão. Tu, Ocasião, caminha adiante, precede os meus passos, abre-me todos os caminhos, vai de modo incerto, oculta, pois não quero que minha chegada seja por demais antevista. Dá uns bofetões em todos os vates, profetas, adivinhos, mânticos e prognosticadores. Em todos aqueles que atravessam para impedir o nosso curso, dá-lhes nos costados. Retira adiante dos meus pés todo possível obstáculo. Aplaina e arranca todo e qualquer outro arbusto que a um nume cego possa molestar, e sem o que, comodamente para mim, me seja possível subir ou apoiar-me, o caminhar à direita ou à esquerda, o movimentar-me e parar, apressar ou reter os passos. Num só tempo e momento vou e venho, estabeleço e mudo, sorteio e deponho, enquanto a diversas e infinitas coisas, com meios diferentes, estendo a mão. Entretemo-nos pois de tudo, por tudo, com tudo: aqui com deuses, ali com heróis, acolá com homens e lá com animais." Terminada esta causa, e sendo a Fortuna despachada, voltou-se Júpiter para os deuses: "Parece-me", disse, "que no lugar de Hércules deve sucedê-lo a Fortaleza, pois ali onde está a verdade, a lei, o juízo, não deve estar longe a fortaleza; porque constante forte deve ser a vontade que administra o juízo com a prudência, pela lei e conforme a verdade. Considerando-se que a verdade e a lei formam a inteligência, a prudência, o juízo e a justiça regulam a vontade; assim, a constância e a fortaleza conduzem o efeito. Daí ter dito um sábio: 'Não te faças juiz se com a virtude e a força não sois potente para quebrar a máquina da iniquidade.'" Responderam todos os deuses: "Bem dispusestes, Júpiter, que Hércules tenha sido até agora o tipo de fortaleza que se devia contemplar nos astros. A Fortaleza o substitui, tendo a luz da razão adiante, pois de outro modo não seria fortaleza, mas estupidez, fúria ou audácia. E não seria estimada como fortaleza, e nem o seria, pois por loucura, erro e alienação mental acabaria por não temer o mal e a morte. Aquela luz fará com que não ouse lá onde se deve temer, já que o estúpido e o insano não temem o que alguém mais prudente e sábio deve recear. Ela fará com que, onde importam a honra, a utilidade pública, a dignidade e a perfeição do próprio ser, haja o cuidado com as leis divina e natural, não se comoverá pelo terror que a ameaça de morte. Será rápida e expedita lá onde os demais são vagarosos e tardos; facilmente suportará o que outros o farão com dificuldade e terá por pouco o que outros estimam em demasia. Modera as más companhias, assim como leva à direita suas ministras Temeridade, Audácia, Presunção, Insolência, Fúria e Confiança; e aquelas que lhe vêm à esquerda, com a Pobreza de espírito, a Abjeção, o Temor, a Vileza, a Pusilanimidade, o Desespero. Conduza as suas filhas virtuosas, a Diligência, o Zelo, a Tolerância, a Magnanimidade, a Longanimidade, a Animosidade, a Indústria; e ainda com o livro das coisas que se governam com Cautela ou Perseverança, com Sofrimento ou com a Fuga; e no qual estão anotadas as coisas que o forte não deve temer, isto é, aquelas que não o fazem pior, como a Fome, a Nudez, a Sede, a Dor, a Pobreza, a Solidão, a Perseguição e a Morte; e outras coisas que, por nos tornarem pior, devem ser afastadas com toda a diligência, como a Ignorância crassa, a Injustiça, a Infidelidade, a Mentira, a Avareza e coisas similares. Assim, temperando-se, não se inclinando para a direita ou a esquerda, e sem se afastar de suas filhas, lendo e observando seu catálogo, não extinguindo o seu lume, será sozinha a tutela da Virtude, a custódia da Justiça e torre singular da Verdade; inexpugnável a vícios, invencida pelo cansaço, constante frente aos perigos, rígida contra a volúpia, desprezadora da Riqueza, dominadora da Fortuna, triunfadora acima de tudo. Temerariamente, não ousará, inconsideradamente, não temerá; não ostentará prazeres, não fugirá das dores; não terá prazer em falsos elogios e não se desorientará com vitupérios; não se orgulhará com a prosperidade e não se abandonará nas adversidades; não lhe pesará a gravidade de aborrecimentos nem lhe erguerá o vento do que é superficial; não ficará cheia de si com a riqueza e não se desconcertará com a pobreza; desprezará o excessivo e terá pouco apreço pelo necessário. Estando atenta às coisas elevadas, se desviará das rasteiras." "Que lugar se reserva para a minha Lira?", perguntou Mercúrio. Ao que respondeu Momo: "Mantenha-a contigo para teu passatempo quando te encontrares no barco ou na hospedaria. E se escolheres fazer dela um presente, dando-a a quem merecidamente convém, e não querendo andar muito a procurá-lo, vai-te a Nápoles, na praça do Olmo, ou a Veneza, na praça de São Marcos, à hora das vésperas, pois nos dois lugares comparecem os corifeus daqueles que sobem nos bancos; e ali poderás encontrar quem melhor, por *iure meriti*, se lhe deva." Perguntou então Mercúrio por que antes a esses do que a outras espécies de gente. Respondeu Momo que, nos tempos que correm, a lira se tornou sobretudo instrumento de charlatães, para atrair e entreter a audiência e melhor vender mercadorias, assim como a rabeca se fez instrumento agora de cegos mendicantes. Disse Mercúrio: "Está em meu poder fazer aquilo que me agrada?" "Assim é", disse Júpiter, "mas agora não te é permitido deixá-la no céu. E quero (se assim parecer a vós outros do conselho) que, no lugar dessa lira de nove cordas,

venha a grande mãe Mnemósine, com suas nove filhas, as musas."
Os deuses inclinaram a cabeça em sinal de aprovação. E a deusa, que fora promovida, com suas filhas rendeu graças. A Aritmética, que é primogênita, disse que lhe agradecia mais vezes do que a quantidade de indivíduos e as espécies de números; e mais vezes do que possa, por adição, conceber o intelecto; a Geometria, mais do que se possa idealizar de formas e figuras e imaginar átomos pelas fantásticas resoluções de contínuos; a Música, mais vezes do que possa a fantasia combinar harmonias e sinfonias; a Lógica, mais do que os absurdos que cometem os gramáticos, as falsas persuasões dos retóricos e os sofismas e falsas demonstrações dos dialéticos; a Poesia, mais do que os pés que seriam necessários para discorrer as fábulas e os versos de seus cantores; a Astrologia, mais do que as estrelas contidas no espaço da região etérea, se mais se pode dizer; a Física lhe rendeu tanta mercê quanto possam ser os princípios primeiros e próximos e os elementos no seio da natureza; a Metafísica, mais do que são os gêneros de ideias e as espécies de fins eficientes sobre os efeitos da natureza, tanto conforme a realidade que está nas coisas quanto segundo os conceitos representados; a Ética, tantas vezes quanto possam ser os costumes, hábitos, leis e delitos neste e em todos os mundos do universo. A mãe Mnemósine disse: "Tantas graças e mercê vos rendo, ó deuses, quanto possam ser os objetos particulares da memória e do esquecimento para a cognição e a ignorância." Enquanto isso, Júpiter ordenou à sua primogênita Minerva que lhe estendesse aquela caixa que possuía sob a cabeceira do leito e dali sacou nove pequenos vasos contendo nove colírios indicados para purificar o ânimo dos homens, tanto para a cognição quanto para os afetos. Inicialmente, deu três deles às três primeiras, dizendo-lhes: "Eis aqui o melhor unguento com o qual se possa purgar e esclarecer a potência sensitiva acerca da pluralidade, grandeza e harmônica proporção das coisas sensíveis." Deu um dos vasos à quarta e disse: "Isto servirá para fazer regular a faculdade inventiva e discursiva. Toma isso", disse à quinta, "que ao melancólico é potente para incitar um agradável furor e inspiração." Deu mais um à sexta para que, mediante aquele, abrisse os olhos dos mortais para a contemplação de coisas arquetípicas e supernas. A sétima recebeu aquilo pelo qual se chega à mais perfeita reforma da faculdade racional a respeito da contemplação da natureza. A oitava, o não menos excelente vaso que promove o intelecto à compreensão das coisas sobrenaturais enquanto elas influenciam o natural e são, de certo modo, independentes deste. O último, o maior e mais precioso, deu ele em

mãos da ultimogênita, a qual, embora posterior a todas as outras, é muito mais digna que todas elas, e disse: "Eis aqui, Ética, com o que saberás, prudentemente, com sagacidade, perspicácia e generosa filantropia, instituir as religiões, ordenar os cultos, dispor as leis e executar os julgamentos; e ainda aprovar, confirmar, conservar e defender tudo aquilo que for bem instituído, ordenado e posto em execução, acomodando no mais alto grau os afetos e os efeitos ao culto dos deuses e à comunhão entre os homens." "O que faremos do Cisne", perguntou Juno. Momo respondeu: "Em nome do seu diabo, mandamos que nade com os outros no lago de Pergusa ou no rio Caistro, onde terá muitos companheiros."[98] "Não quero assim", disse Júpiter, "mas ordeno que seu bico seja marcado com meu sigilo e posto no rio Tâmisa, porque lá estará mais seguro do que em outro lugar, considerando que, por receio da pena capital, não me poderá ser facilmente roubado."[99] "Sabiamente previstes, ó grande pai", disseram os deuses e esperaram que Júpiter determinasse o sucessor. Disso seguiu-se o decreto do presidente e disse: "Parece-me conveniente que ali seja posta a Penitência, que entre as virtudes é como o signo entre os pássaros, pois não ousando nem podendo voar alto pela gravidade do pudor e humilde reconhecimento de si mesma, se mantém submissa; mas retirando-se da odiosa terra e não ousando elevar-se ao céu, ama os rios, submerge nas águas que são as lágrimas da compulsão nas quais procura lavar-se, purificar-se e limpar-se; depois que no erro lodoso se emporcalhou, e movida pelo senso de tal desprazer, determinou se corrigir e, tanto quanto possível, fazer-se semelhante à cândida inocência. Com esta virtude retroagem as almas caídas do céu e imersas no Orco tenebroso, passadas pelo Cocito das vontades sensuais e inflamadas pelo Pyriflegeton do amor cupidinoso e apetite de gerações[100]; dos quais, o primeiro incomoda com espírito de tristeza e o segundo torna a alma desdenhosa, como que por lembrança da hereditariedade que retorna a si mesma e se desgosta com a situação presente; condói-se com o que se satisfez e não queria ter deleitado a si mesma; e desse modo se despoja pouco a pouco do estado presente, atenuando a matéria carnal e o peso da crassa substância; mete-se em plumas, se abrasa e se aquece

---

98. Menção a uma passagem de Ovídio, *Metamorfoses*, V, 385-387, em que o lago e o rio são mencionados.

99. No reinado de Elisabete, era condenado à pena de morte quem roubasse um cisne do Tâmisa, pertencente à coroa.

100. Os nomes próprios se referem ao inferno (Orco) e seus rios (Cocito, Pyriflegeton, Stinx, Letes e Aqueronte), tal como são descritos no *Fédon* e na *Eneida*.

ao sol, concebendo o amor pelas coisas sublimes e se tornando aérea; apega-se ao sol e de novo se converte em seu princípio." "De modo digno, a Penitência foi posta entre as virtudes", disse Saturno, "pois ainda que tenha como pai o erro e a iniquidade como mãe, é como a rosa vermelha, que dos escuros e pungentes espinhos se põe para fora, como uma lúcida centelha que da negra e dura pedra se ressalta, se eleva e tende ao sol." "Bem previsto e determinado", expressou-se todo o conselho dos deuses, "e tome assento entre as virtudes a Penitência, sendo um dos numes celestes." A essa voz geral seguiu-se a do furibundo Marte, que, antes que outro propusesse acerca de Cassiopeia, disse: "Que não haja, ó deuses, quem prive a minha belicosa Espanha desta matrona que, sumamente vaidosa, altiva e magistral, não se conformou em subir ao céu sem levar ali sua cátedra e dossel. Ela, se assim aprouver ao pai altissonante, e se vós não quereis descontentar-me e vos arriscar a sofrer de maneira semelhante quando passardes por minhas mãos, gostaria que, por ter os costumes daquela nação e parecer ali nascida, criada e educada, resolvêsseis que ali estabeleça sua morada." Respondeu Momo: "Não há quem a prive dessa arrogância, sendo esta fêmea o retrato vivo de um bravo senhor capitão de esquadra." "Com essa espada", replicou Marte, "farei conhecer-te não somente a ti, pobretão, que não tens outra virtude e força senão a de uma língua maldizente e insossa, como também a qualquer outro (salvo Júpiter, por ser a todos superiores), que sob aquela que vós dizeis jactanciosa, que também se diga da beleza, da majestade, da magnanimidade e da fortaleza, dignas da proteção do escudo marciano; e cuja desonra não é indigna de ser vingada com esta horrível ponta que já soube domar homens e deuses." "Tenha-a contigo", ajuntou Momo, "pois entre nós, os outros deuses, não encontrarás nenhum bizarro e louco que, para ganhar uma dessas serpentes ou tempestuosas bestas, queira correr o risco de quebrar a cabeça." "Não se encolerizes, Marte, não te enraiveças, Momo", disse o benigno Júpiter, "facilmente se poderá conceder a ti essa coisa, deus da guerra, que não tem muita importância; é preciso às vezes, contra nossa vontade, tolerar que apenas com a autoridade de tua flamejante espada cometas tantos estupros, adultérios, latrocínios, usurpações e assassinatos. Vá, portanto, que eu, juntamente com os demais deuses, a encomendamos à tua libidinosa vontade; mas não a faças protelar aqui em meio aos astros, vizinha de tantas deidades virtuosas. Que vá com sua cátedra para baixo e leve a jactância consigo, cedendo o lugar à Simplicidade, que se encontra à direita daquela que ostenta e predica mais do que possui, e à esquerda da Dissimulação, que oculta e finge não ter o que possui, e ainda mostra possuir menos do que tem[101]. Aquela serva da Verdade não deve andar longe de sua rainha, embora às vezes a deusa Necessidade a obrigue a inclinar-se para a Dissimulação, a fim de que esta última não venha inculcar a Simplicidade ou a Verdade, ou para evitar outro inconveniente. Fazendo-se isso com ela, não sem modo e ordem, facilmente também poderá ser feito sem erro e vício." Vindo a Simplicidade ocupar o seu lugar, fez-se presente com um caminhar seguro e confiante; ao contrário da Jactância e da Dissimulação, as quais caminharam não sem receio, que os passos inseguros e o aspecto demonstravam. O aspecto da Simplicidade agradou a todos os deuses, porque a sua uniformidade representa e se assemelha, de certa maneira, ao rosto divino. Seu rosto é amável porque não muda nunca, e como começa a agradar da primeira vez, sempre agradará. Não por seu defeito, mas de outrem, deixará de ser amada. Mas a Jactância, que costuma agradar ao fingir ter mais do que possui, quando é reconhecida facilmente incorre em desprazer, e, mais do que isso, em desprezo. De modo semelhante, a Dissimulação, por ser conhecida diferentemente da primeira, não sem dificuldade poderá ser odiada por aquele a quem primeiro foi grata. Por tais razões, uma e outra foram consideradas indignas do céu e de se unir àquela que se costuma encontrar no meio. Mas não tanto a Dissimulação, da qual algumas vezes costumam os deuses se servir, pois em certas ocasiões, para fugir da inveja, da reprovação e do ultraje, com as vestes daquela primeira a Prudência costuma ocultar a Verdade.

SAULINO: É verdade e um bem, Sofia; e não sem espírito de veracidade mostrou o poeta ferrarense que essa é muitas vezes conveniente aos homens, não sendo às vezes desconveniente aos deuses: "Embora o simular seja muitas vezes / de uma mente má indício / encontra-se em muitas coisas / com evidente benefício./ E danos, censuras e morte evitou / mesmo em conversas com os amigos / nessa vida mais escura do que serena / mortal, cheia de ciúmes e de perigos."[102] Mas queria saber, ó Sofia, de que maneira se entende ter a Simplicidade semelhança com o rosto divino.

---

101. A dissimulação pode servir como escudo ou serva da virtude, mas é o vício oposto à jactância, conforme a classificação de Aristóteles na *Ética a Nicômaco*, IV, 7, 1127 a. Bruno denomina de Simplicidade a virtude que se situa entre ambos os vícios.

102. Ariosto, *Orlando Furioso*, IV, I: "Quantumque il simular sai le piú volte / ripreso, e dia di mala mente indici, / si trova pur in molte cose e molte / aver fatti evidente benefici; / e danni, biasmi e morte aver già tolte: / ché non conversiam sempre con gli amici / in questa assai piú oscura che serena / vita mortal tutta d'invidia piena."

SOFIA: Por não poder ajuntar algo à sua natureza com a jactância, nem subtrair de si com a simulação. E isso provém de não ter inteligência e apreensão de si mesma. Aquele que é simplíssimo, se não quiser ser outra coisa senão simplíssimo, não entende a si próprio. Pois aquele que sente a si mesmo e se observa, se faz de certa maneira outro e mais um, pois se faz objeto e potência, cognoscente e cognoscível, sendo que no ato de inteligir muitas coisas concorrem para ele. Porém, aquela inteligência simplíssima diz não entender a si própria como se houvesse um ato reflexivo de inteligência e inteligível, mas sim porque é uma luz absolutamente simplíssima, o que só se pode entender negativamente, dado que não pode ocultar-se a si própria. Logo, a Simplicidade, enquanto não apreende e não comenta sobre o seu próprio ser, parece ter uma semelhança divina. Com isso, mantém toda a distância da orgulhosa Jactância. Mas não tanto da estudiosa Dissimulação, a quem Júpiter permite às vezes estar presente no céu, não como deusa, mas como serva da Prudência e escudo da Verdade.

SAULINO: Vamos considerar agora o que foi feito de Perseu e de seu aposento.

SOFIA: Disse Momo: "O que fareis, Júpiter, desse vosso bastardo parido de Dânae?" Júpiter respondeu: "Que vá (se assim agradar ao senado inteiro), pois me parece haver uma nova Medusa na Terra, que, não menos do que aquela poderosa de outrora, é capaz de converter em sal quem a mire; que se vá não como mandado por um novo Polidecto, e sim enviado por Júpiter, juntamente com todo o senado celeste; e veja se, de acordo com a mesma arte, possa superar tão horrível quanto novo monstro." Então surgiu Minerva, dizendo: "Eu, de minha parte, não deixarei de prover-lhe com meu escudo de cristal, a fim de que ofusque a visão das Fórcidas inimigas, postas como custódias das Górgonas[103]; e eu, em presença, quero assistir-lhe até que haja separado a cabeça dessa nova Medusa de seu corpo." "Farás muito bem, minha filha", disse Júpiter, "e te imponho esse cuidado no qual adotarás a máxima diligência. Mas não gostaria que, novamente, e com dano aos povos desvalidos, fossem geradas novas serpentes, crescidas das gotas do sangue escorrido, pois muitas já existem, para desgraça de seus habitantes. Mas montado sobre o Pégaso que brotará do corpo daquela, percorrerá não a África, onde de alguma malévola Andrômeda se veja cativo, mas que em seu corcel alado recorra à minha dileta Europa, e ali busque aqueles soberbos e monstruosos Atlantes,

---

103. As três filhas do deus marinho Forcis e de Ceto eram as guardiãs das Górgonas.

inimigos da progênie de Júpiter, da qual temem lhes sejam roubadas as maçãs de ouro que, sob a guarda da Avarícia e da Ambição, mantêm ocultas. Indague onde existam outras tão generosas e belas Andrômedas que, pela violência de uma falsa religião, se veem encadeadas e expostas aos monstros marinhos. Veja se algum violento Fineo, valendo-se da multidão de perigosos ministros, trata de usurpar e apropriar-se dos frutos que outros adquiriram com indústria e cansaço. Se qualquer número de ingratos, obstinados e incrédulos Polidectos ali governam, ponha-lhes o escudo na face para que possam remirar seus retratos, de cujos horrendos aspectos petrificados percam o senso, o movimento e a vida." "Tudo bem disposto", disseram os deuses, "pois é conveniente que junto a Hércules, que com o braço da Justiça e o bastão do Juízo é de fato o domador de forças corpóreas, compareça Perseu, para que, com o espelho luminoso da doutrina e com a apresentação do retrato abominável do cisma e da heresia, ponha fim à perniciosa consciência dos malfeitores e obstinados, tolhendo-lhes a obra feita com a língua, com as mãos e com o espírito."

SAULINO: Agora, Sofia, esclarecei-me a quem se ordenou ocupar o lugar de onde saiu Perseu.

SOFIA: Uma virtude em hábitos e gestos nada dessemelhante a ele, e que se chama Diligência ou Solicitude, tida como companheira da Fadiga, e em virtude da qual Perseu foi Perseu e Hércules, Hércules, e qualquer forte laborioso é laborioso e forte. Por quem o neto de Abante arrancou às Fórcidas a luz, a cabeça de Medusa, o corcel alado ao tronco, o pomo sagrado ao filho de Climene e Japeto, a filha de Cefeo e de Cassiopeia do monstro, defendeu a esposa de seu rival, tornou Argos sua pátria, tirou o reino a Preto, restituiu o de Crísio, vingando-se do ingrato e descortês rei da ilha de Sérifos por quem, digo, se supera toda vigilância, se evita todo perigo, se rompe toda ocasião adversa, se facilita todo caminho e acesso, se conquista qualquer tesouro, se doma qualquer força, rompe-se qualquer cativeiro, obtém-se qualquer desejo, se defende qualquer possessão, se alcança todo porto, se vence todo adversário, se exaltam todos os amigos e se vingam todas as injúrias. Finalmente, se satisfazem todos os desígnios. Portanto, Júpiter ordenou, e essa ordem foi aprovada por todos os deuses, que a laboriosa e diligente Solicitude se pusesse à frente. E eis que ela compareceu vestida com os talares divinos com os quais segue o sumo bem popular, despreza as carícias suaves da lubricidade, que como sereias insidiosas tentam retardar o curso do trabalho ao qual ela se consagra e espera. Tendo à esquerda o escudo resplandecente de seu fervor, que de maravilhoso incomoda os olhos desejosos e inertes, e trazendo presa à direita a cabeleira serpentina de pensamentos perniciosos, sob a qual jaz aquela horrível cabeça, cujo funesto rosto, desfigurado por mil paixões de desdém, de ira, de espanto, de terror, de abominação, de melancolia e de lúgubre arrependimento, petrifica e estupidifica quem lhe fixa os olhos; montada sobre o alígero cavalo da estudiosa perseverança, com o qual alcança e supera qualquer obstáculo de monte clivoso, as dificuldades dos vales profundos, o ímpeto dos rios velozes, os arbustos densos e as altas e largas muralhas. Vinda pois à presença do sacrossanto senado, ouviu do máximo presidente estas palavras: "Quero, Diligência, que obtenhas este nobre espaço no céu, pois tu és aquela que nutre com o cansaço as almas generosas[104]. Sobe, supera e passa como um espírito, se possível seja uma montanha pedregosa e áspera. Enche de fervor o afeto por ti, para que não apenas resistas e venças a ti mesma, mas que, além disso, não tenhas a sensação de tua fadiga. Assim a fadiga não será para si própria cansaço, como nenhum peso é peso para si. Pois não serás digna fadiga se não venceres a ti mesma, se não estimares ser o que tu és, fadiga; considerando que, onde houver uma ideia de ti, não pode haver algo que te seja superior. A suma perfeição é não sentir fadiga e dor, quando se suporta a fadiga e a dor. Deves superar-te com aquele sentimento de volúpia que não sente volúpia; aquela volúpia, digo, que, se fosse naturalmente boa, não seria desprestigiada por muitos como princípio de doenças, de pobreza e desaprovação. Mas tu, Fadiga, nas obras egrégias sê volúpia e não fadiga para ti mesma; venha a ser uma e mesma coisa com ela; mas fora dos atos virtuosos, sê para si mesma não volúpia, mas fadiga intolerável. E se és virtude, não te ocupes com coisas baixas, frívolas ou vãs. Se queres residir ali, onde o polo sublime da verdade te seja vertical, passa os Apeninos, sobe os Alpes, atravessa o Oceano, supera os ásperos Rifeos, ultrapassa o estéril e gelado Cáucaso, penetra nas alturas inacessíveis e entra no círculo feliz, onde a luz é contínua, e onde não se veem mais as trevas e o frio, mas é perpétua a temperança do calor e onde eterna te será a aurora ou dia. Passa então, deusa Solicitude ou Fadiga, e quero que a Dificuldade te corra adiante e fuja de ti. Expulsa a Desventura, toma a Fortuna pelos cabelos e apressa, quando melhor te parecer, o curso de sua roda; e quando te parecer melhor, introduz-lhe um cravo para que não corra. Quero que contigo venha a Saúde, a Robustez, a Incolumidade. Seja tua escudeira a Diligência

---

104. Palavras de Sêneca: o labor nutre as almas generosas (*generosos animos labor nutrit*), de suas *Epístolas*, 31,4.

e teu precursor o Trabalho. Que te sigam as Aquisições – o Bem do Corpo, o Bem da Alma e, se quiseres, o Bem da Fortuna; e destes bens, quero que sejam mais amados aqueles que tu mesma conquistaste, e não os que recebeste de outrem, da mesma maneira que a mãe ama o filho como aquele que a ama. Não quero que se possa dividir-te, pois se desmembras, parte ocupando a obra da mente, e parte a ação do corpo, serás defeituosa de uma e de outra parte; e se te dedicares mais a uma do que a outra, esta prevalecerá sobre aquela; se te inclinares mais às coisas materiais, nada será nas coisas intelectuais, e vice-versa. Ordeno à Ocasião que, quando for necessário, em altas vozes, com sinais ou caladamente te chame, te exorte, te incite ou te obrigue. Conclamo a Comodidade e o Desconforto que te advirtam quando possam encarregar-se ou quando for necessário pôr-lhes em cima os encargos. Quero que a Diligência te afaste todos os obstáculos, e a Vigilância te fará de sentinela, olhando à volta, a fim de que não se aproxime o improviso; que a Indigência te advirta da Solicitude e da Vigilância por coisas vãs; se ela não for por ti ouvida, que a Penitência te faça experimentar que é coisa mais trabalhosa ter andado com os braços sem nada do que com as mãos cheias ter lançado pedras. Tu, com os pés da Diligência, fujas e te apresses, antes que a Força maior intervenha e tolha a Liberdade, ou ofereça resistência e armas à Dificuldade." Agradecendo a Júpiter e aos demais deuses, desta forma se expressou a Solicitude: "Eis-me aqui, Fadiga, movendo os passos, me preparo e me empenho. Longe de mim o torpor, todo ócio ou negligência, toda acédia; longe de mim toda lentidão. Tu, Indústria minha, propõe ante os olhos da consideração o teu proveito e objetivo. Torna saudáveis aquelas tantas calúnias, aqueles frutos da malevolência e da inveja, e aquele teu razoável temor que te tiraram de teu albergue natal, afastando-te dos amigos, da pátria, banindo-te de regiões pouco amistosas. Faz comigo, minha Indústria, glorioso aquele exílio e trabalho em favor do repouso, da pátria tranquilidade, da comodidade e da paz. Vamos, Diligência, o que fazes, por que tanto ócio e descanso em vida, se tanto ócio e descanso teremos na morte? Tanto mais que, se esperamos outra vida ou outro modo de ser, não será ela igual à do presente, pois esta, sem jamais esperar um retorno, eternamente passa. Tu, Esperança, o que fazes que não me estimulas, não me incitas? Vamos, faz com que eu espere das coisas difíceis um êxito salutar, se não me apressar no tempo e nele não terminar[105].

---

105. Ainda Sêneca, *Epístolas*, 22, 6: "Dormitare de fuga cogitatem vetat et sperat salutarem etiam ex difficillimis exitum, si nec properemus ante tempus nec cessemus in tempore."

E não me faças prometer coisas por quanto viva, mas para que viva bem. Tu, Zelo, sê sempre um assistente, a fim de que não tentes algo indigno de um nume do bem, e não estendas a mão para aqueles negócios que são causa de negociatas. Amor da glória, apresenta-me diante dos olhos o que for feio de se ver e coisa torpe de se pedir para a segurança do negócio. Sagacidade, faz com que das coisas incertas e dúbias não me retire nem dê as costas, mas que delas me afaste pouco a pouco e a salvo. Tu mesma, para que eu não seja encontrada pelos inimigos, e seu furor não me caia em cima, confunde meus rastros e vestígios. Faz com que meus passos se mantenham distantes das estâncias da Fortuna, pois ela não tem as mãos compridas e não pode se ocupar senão dos que lhe estão próximos, e não remexe a não ser nos que estão dentro de sua urna. Tu farás com que eu não tente algo se não puder fazê-lo de maneira capaz; e faz-me mais cauta do que forte, se não puderes fazer-me cauta e forte. Faz com que meu trabalho seja oculto e aberto; aberto para que nem todos o procurem e inquiram; oculto para que pouquíssimos o encontrem. Pois saiba que as coisas ocultas são investigadas e as coisas encerradas convidam os ladrões. Ademais, as coisas que aparecem são consideradas vis, e a arca aberta não é diligentemente buscada e tem-se como pouco e desprezível o que com grandes precauções não é posto em custódia. Animosidade, quando a dificuldade me constringir ou resistir-me; não deixes de dizer-me com frequência ao ouvido aquela sentença: "Tu ne cede malis, sed contra audentior ito."[106] Tu, Ponderação, me farás entender quando me convier abandonar ou romper com a ocupação mal empregada, a qual terá em mira não o ouro e as faculdades vulgares dos engenhos, mas aqueles tesouros que menos ocultos e dispersos do tempo são celebrados e cultivados no campo da eternidade, a fim de que não se diga de nós *meditantur sua stercora scarabei*[107]. Tu, Paciência, me confirma e administra aquele teu ócio eleito, do qual a desídia não é irmã, mas irmão da Tolerância. Far-me-ás declinar da inquietação e inclinar-me para a não curiosa Solicitude. Não me negarás correr quando correr me seja necessário ali onde existem obstáculos infames e mortais. E não me farás alçar âncora e desatar a popa do lido quando vier uma turbulência insuperável do mar tempestuoso. E nisso me proporcionarás o ócio para conversar com a Ponderação, a qual me fará ver, em primeiro lugar, a mim mesma; em segundo, a ação que devo fazer; em terceiro, com que fim

---

106. "Não cedas à adversidade, mas contra ela marche mais audaciosamente." Virgílio, *Eneida*, VI, 95.
107. "Que pensamos apenas, como os escaravelhos, em seus excrementos."

e por quê; quarto, em que circunstâncias; quinto, quando; sexto, onde; sétimo, com quem. Administremos aquele ócio com o qual eu possa fazer coisas mais belas, melhores, mais excelentes do que as que deixo de fazer. Pois na casa do Ócio assenta-se o Conselho da vida feliz, e ali, melhor do que em outra parte, é dela que se trata, e melhor se contemplam as ocasiões; de lá, com mais eficácia e força se pode empreender o negócio, já que, sem estar primeiramente descansado, não é possível correr bem em seguida. Tu, Ócio, me administra para que eu venha a ser considerada menos ociosa do que todas as outras; pois por teu intermédio acontecerá de eu servir à república e à defesa da pátria mais com minha voz e exortação do que com a espada, a lança e o escudo o soldado, o tribuno e o imperador. Aproxima-te de mim, generoso, heroico e solícito Temor, e com teu estímulo faz com que eu não pereça antes pelo número de ilustres do que por aquele dos vivos. Faz com que, antes que o torpor e a morte me impeçam as mãos, eu me encontre de tal modo provida que não me possam impedir a glória das ações. Solicitude, faz com que eu tenha terminado o teto, antes que venha a chuva; faz com que as janelas estejam consertadas, antes que soprem o Aquilão e o Austro do lúbrico e inquieto inverno. Memória do bem empregado no curso vida, tu farás com que a senectude e a morte me arrebatem antes de que o ânimo seja conturbado. Tu, Temor de perder a glória adquirida em vida, não me farás acerba, mas queridas e ansiadas a velhice e a morte."

SAULINO: Eis aí, Sofia, a mais digna e honrada receita para remediar a tristeza e a dor que traz a idade madura e o importuno terror da morte que, desde que fazemos uso dos sentidos, costuma tiranizar o espírito dos entes animados. Do que bem disse o nolano Tansillo[108]: "Gozam aqueles que não são ingratos ao céu / nem às altas realizações são frios e rudes; / com as estações se alegram, ainda que neve e gelo / caiam sobre os cimos, nus de ervas e de flores; / não hão de sentir dor, ainda que os labores / mudando de rosto, mudem a vida e o ofício. / Não há agricultor que se doa / se em seu tempo o fruto colha."

SOFIA: Muito bem dito, Saulino. Mas é tempo de te retirares, porque eis aí o meu amigo nume, aquela graça tão desejável, aquele rosto tão esperado que de mim se aproxima.

SAULINO: Pois bem, Sofia, amanhã, na hora de costume (se assim lhe agradar), nos reveremos. Enquanto isso, vou meditar sobre o

---

108. Luigi Tansillo, poeta italiano (1510-1568).

que ouvi de ti, a fim de que a memória de teus pensamentos possa renovar-se (quando for preciso) e fazê-la mais comodamente partícipe de outras pessoas.

SOFIA: Admira-me que com mais pressa venha ele ao meu encontro; não o vejo vir como de seu costume, brincando com o caduceu e batendo vagamente com as asas o líquido ar. Parece-me estar perturbado com algum negócio. Aí está, e de tal modo me olha, que manifesta o ansioso pensamento não depender de mim.

MERCÚRIO: Propício lhe seja sempre o destino, e impotente seja contra ti a raiva do tempo, minha dileta e gentil amiga e irmã.

SOFIA: Que coisa, meu belo Deus, te perturba tanto o semblante, embora a meus olhos não me tenhas sido outras vezes menos pródigo de tua graça alegre? Por que viestes apressadamente, mais preparado para passar e ir-se do que para demorar-se comigo?

MERCÚRIO: A razão da pressa é que fui mandado por Júpiter para providenciar e reparar o incêndio que começou a suscitar a louca da Discórdia neste Reino Partenopeu[109].

SOFIA: De que maneira essa Erínea pestífera se lançou além dos Alpes e do mar para esse nobre país?

MERCÚRIO: Foi chamada pela ambição estulta e a louca confiança de alguém; com muita prodigalidade e não pouca promessa viu-se convidada e movida por uma esperança falaz, sendo ainda aguardada por uma dupla ansiedade, que no povo serve para querer manter-se na mesma liberdade em que sempre esteve, evitando uma servidão mais estreita; no príncipe, a suspeita de tudo perder, por querer tudo abraçar.

SOFIA: O que está primeiramente na origem de tudo isso?

MERCÚRIO: A grande predileção pela Avareza[110], que vai trabalhando sob pretexto de querer conservar a Religião.

SOFIA: O pretexto me parece falso; e, se não me engano, é inescusável, pois não se requer cautela ou reparo onde não há ameaça ou ruína, onde as almas continuam a ser o que eram e não se depara com o culto daquela deusa Erínea.

MERCÚRIO: E mesmo se assim fosse, não cabe à Avareza, mas à Prudência e à Justiça remediarem. Pois aquela levou o povo ao furor, criando uma ocasião de estimular os ânimos rebeldes não tanto a defender a justa liberdade e sim a aspirar uma licença injusta e se

---

109. A revolta popular de 1547, no Reino de Nápoles, contra a tentativa de se introduzir a Inquisição, já instalada na Espanha e no Reino da Sicília.
110. No sentido mais genérico de apego e falta de generosidade.

governar conforme uma libido perniciosa e contumaz, para a qual sempre esteve inclinada a multidão bestial.

SOFIA: Diz-me, como pode a Avareza querer remediar?

MERCÚRIO: Agravando os castigos dos delinquentes, de modo que da culpa de um réu venham a participar igualmente muitos inocentes; e com isso se faz mais potente o príncipe.

SOFIA: É coisa natural que as ovelhas que tenham por governador um lobo sejam por ele devoradas.

MERCÚRIO: Mas é duvidoso que, algumas vezes, seja suficiente a fome profunda e ávida do lobo para fazê-lo culpado. E é contra toda lei que, por uma falta do pai, sejam condenados os cordeiros e a mãe.

SOFIA: É verdade que jamais encontrei tal julgamento senão entre bárbaros, e creio que o primeiro tenha sido formulado entre os judeus, por ser uma geração perniciosa, que mais merece ser expulsa do que ter nascido. Assim que, para voltar ao nosso propósito, essa é a razão que te tem perturbado e pela qual é preciso que logo me deixes?

MERCÚRIO: Assim é. Quis fazer esse caminho para auxiliar-te, antes de encontrar as partes litigantes, não fazer-te esperar em vão e não faltar à promessa que ontem fiz. Falei com Júpiter a propósito de teu caso e o vi mais do que nunca inclinado a satisfazer-te. Mas por quatro ou cinco dias, hoje entre outros, não tenho tempo para conferir contigo o que devemos negociar insistentemente sobre o que devo fazer; enquanto isso, terás paciência, considerando que é melhor encontrar Júpiter e o senado com outros problemas do que os que possuem no presente.

SOFIA: Agrada-me esperar, pois com aquilo que será proposto mais tarde, as coisas poderão ser melhor ordenadas. E para dizer a verdade, por estar apressada (e não faltar à promessa de te haver feito um pedido), não pude satisfazer-me a mim mesma, pois as coisas devem ser expostas com mais particularidades, o que não se fez agora; por isso, peço-te velar (se estiveres ocioso pelo caminho) pela soma de minhas querelas.

MERCÚRIO: Eu o verei. Mas vós fareis bem de vos servir da comodidade desse tempo para aprontar um memorial, a fim de que se possa providenciar o todo. Agora, e em primeiro lugar, vou suscitar a Astúcia, a fim de que, juntamente com o Engano, se possa escrever uma carta que traia a pretensa e ambiciosa Rebelião, a qual possa distrair o ímpeto marítimo dos Turcos e impeça que o furor Gálico atravesse os Alpes e se avizinhe. Assim, na falta de Força, que se espalhe o ardil, o povo se tranquilize, o príncipe se sinta seguro e o medo afaste a sede e deixe sem beber a Ambição e a Avareza. E com isso venha a ser reclamada a Concórdia banida e posta em sua cátedra a Paz, mediante a confirmação dos antigos costumes de vida e a abolição da perigosa Novidade.

SOFIA: Vai, portanto, meu nume, e que sejam realizados os teus intentos, a fim de que a guerra inimiga não venha perturbar a mim e aos outros.

FIM DO SEGUNDO DIÁLOGO

Terceiro Diálogo

SOFIA: Não é necessário, Saulino, fazer-te entender particularmente todos os propósitos que têm a Fadiga, a Diligência ou a Solicitude, ou como as quiseres chamar (pois há mais nomes do que se poderia dizer em uma hora), mas não quero passar em silêncio o que aconteceu logo depois que elas, com suas ministras e companheiras, tomaram o lugar no qual estava o negocioso[111] Perseu.

SAULINO: Diz que estou te ouvindo.

SOFIA: Logo se deu (porque a espora da Ambição sabe amiúde mover e incitar todo espírito heroico e divino, incluindo esses dois companheiros, o Sono e a Ociosidade), não de modo sonolento e ocioso, mas sim com diligência e sem tardança, que, desaparecidas a Fadiga e a Diligência, aqueles se fizeram presentes. Pelo que disse Momo: "Júpiter, liberta-nos do incômodo, pois vejo abertamente que não faltarão balbúrdias depois da saída de Perseu, como não víamos desde a de Hércules." Ao que respondeu Júpiter: "O Ócio não seria Ócio, e o Sono não seria Sono, se nos molestassem por muito tempo por demasiada diligência ou cansaço; como elas se afastaram, eles aqui se encontram só em virtude privativa, que consiste na ausência de suas opostas ou inimigas." "Tudo isso irá bem", replicou Momo, "se não nos fizermos tão ociosos e lentos que não possamos hoje definir o principal." Começou então o Ócio a se fazer ouvir: "O Ócio é mau algumas vezes, ó deuses, como a Diligência e a Fadiga o são por vezes. Mais geralmente, o Ócio é bom e conveniente, como o é, por sua vez, a Fadiga. Não creio, portanto (se entre vós a justiça se

---

111. Conforme o original, isto é, o atarefado ou sempre ocupado Perseu.

encontra), que queirais me negar uma honra igual, se não me estimais menos digno. Antes, confio na razão vos fazer entender (devido a certos propósitos que ouvi alegarem em favor da Diligência e da Ocupação) que, quando forem postas na balança da comparação racional, se o Ócio não se mostrar igualmente bom, será por melhores vantagens ainda. De maneira que não apenas não considerareis a Diligência como uma virtude igual a mim, mas, ao contrário, como um vício. Sim, deuses, o que conservou a tão louvável Idade do Ouro? Quem a instituiu, quem a preservou senão a lei do Ócio, a lei da Natureza? E quem a fez desaparecer? Quem a afastou quase irremediavelmente do mundo a não ser a ambiciosa Solicitude, a curiosa Fadiga? Não foi ela quem perturbou os séculos, pôs o mundo em cisma, levando-o a uma idade de ferro e de argila lodosa, tendo conduzido os povos a uma vertigem e precipício após lhes ter sublevado com a soberba e o amor pelo novo, com o apetite de honra e glória? Aquilo que em substância não difere de todos, e talvez em dignidade e mérito seja inferior, com sua malignidade se fez superior a muitos, e por esse poder diverte as leis da natureza, fazendo da libido a sua lei, para a qual servem mil disputas, orgulhos inúmeros, incontáveis engenhos, solicitudes mil e seus companheiros, com os quais tão orgulhosamente a Fadiga foi adiante. E sem contar os outros que sob a roupagem daqueles mesmos, cobertos ou ocultos, não se mostram abertamente, como a Astúcia, a Vanglória, o Desprezo dos outros, a Violência, a Malícia, o Fingimento, e os sequazes que aqui não passaram por vossa presença, como a Opressão, a Usurpação, a Dor, o Tormento, o Temor e a Morte. Todos executores e vingadores não do Ócio tranquilo, mas sim da sempre solícita e curiosa Indústria, Trabalho, Diligência, Fadiga e coisas como essas, de tantos outros nomes com os quais menos conhecidamente se denominam, e que mais se ocultam do que se dão a conhecer. Todos louvam a bela Idade de Ouro, na qual viviam os animais quietos, tranquilos, absolutos dessa vossa virtuosa Idade, a cujos corpos bastavam o condimento da fome para converter em suave e atraente pasto as bolotas[112], os pomos, as castanhas, pêssegos e raízes que a natureza benigna administrava e melhor lhes nutria, mais os regalava e por mais tempo lhes mantinha a vida, mais do que possam fazer tantos condimentos artificiais que a Indústria e o Conhecimento ministram, pois enganam o gosto e, tornando-o frouxo, administram como que coisas doces ao veneno. E quanto mais se produzem coisas que agradam ao

---

112. Os frutos do carvalho.

gosto, que alegram o estômago, acaba-se por enjoar a saúde e a vida, enquanto a procura é por se fartar. Todos magnificam a Idade de Ouro e depois consideram e pregam como virtude aquela patifaria que a extingue, aquela que encontrou o que é meu e o que é seu; aquela que dividiu e fez para si própria não apenas a terra (que foi dada a todos os animais), mas o mar e até mesmo o ar[113]. Aquela que deu leis aos demais prazeres, e fez com que fosse bastante para todos, viesse a ser excessivo para uns e pouco para outros. Com isso, enquanto alguns se empanturram, outros morrem de fome. Aquela que atravessou os mares para violar leis da natureza, confundindo os povos que a mãe piedosa distinguiu e propagando vícios de uma geração a outra. Pois assim não se propagam as virtudes, a não ser que sejam assim chamadas, embora os efeitos e frutos sejam condenáveis por todo juízo e razão natural, tais como as canalhices, estultices e malignidades da lei usurpadora do meu e do teu, que julgam mais justos os possuidores mais fortes, e mais digno o que tenha sido mais solícito e industrioso, primeiro ocupante dos dons e dos frutos da terra, que a natureza, e consequentemente Deus, concede com indiferença a todos. Talvez deva eu ser menos favorecido do que aquela? Eu que, com a mesma doçura que sai da boca da natureza, ensinei a viver pacífica, tranquila e contente esta vida presente e certa, e a pegar afetuosamente os frutos que a natureza nos oferece, e a não recusar como desagradecidos o que ela nos apresenta e dita, já que assim nos ordena Deus, seu autor, com quem seremos igualmente ingratos. Será ela mais favorecida, repito, a que se rebela e é surda aos conselhos, esquiva e caprichosa contra os dons naturais, que adapta suas mãos e pensamentos a empreendimentos e maquinações artificiais, com as quais se corrompe o mundo e se perverte a lei de nossa mãe? Não escutais como nesses tempos, apercebendo-se tarde o mundo de seus males, chora aquele século no qual, sob meu governo, mantinha alegre o gênero humano, e com que vozes e lamentos abomina o século atual, em que a Solicitude e a industriosa Fadiga, conturbando, diz moderá-lo com o acicate da Honra ambiciosa? "Ó bela idade de ouro venturosa / não porque mel o bosque destilava / e das fontes leite se vertia / Não porque deu frutos, luxuriosa, / a terra que o arado não tocava / nem venenosa serpe se temia; / não porque reluzia / sem nuvens o sereno céu / e sempre temperada era a primavera

---

113. O aparecimento da propriedade privada (e com ela o fenômeno da alienação) é motivo dado como causa dos males sociais, desde Virgílio (*Geórgicas*, I, 125-128) até o Renascimento (Ronsard, *Discours conte Fortune*, 327, ou Camões, *Lusíadas*, referência ao velho do Restelo).

/ que já não persevera / mas a destempera o frio griséu, / sem que se levassem naves à estrangeira terra / a torpe inveja ou a sangrenta guerra. / Mas só porque este vão / e fingido nome sem sujeito / este ídolo de erros enganoso / a quem o vulgo insano / chamou depois de honra o efeito / da natureza o oposto odioso. / Não mesclou malicioso / um afã aos doces amores / nem de sua dura lei tão dura / teve notícia ou cultura / aquela livre geração de amadores, / mas de uma natural que consentia / ser feliz com o que se anuía."[114] Aquela, invejosa da quietude e da beatitude, e ainda sombra do prazer que em nós podemos procurar, tendo imposto lei ao coito, à alimentação, ao dormir, com o que podemos nos deleitar menos e com mais frequência causar-nos dor e nos atormentarmos, faz com que seja furto o que é dom da natureza, e quer desprezar o belo, o doce e o bom; e pelo mau, pelo amargo e perverso devemos ter estima. Ela seduz o mundo a deixar o presente bem, que é certo, e ocupar-se e fazer-se lacerações pela sombra de uma glória futura. Com tantos exemplos quanto há estrelas no céu, e que a verdade demonstra, e com tantas vozes e línguas quantos são os objetos, a natureza apregoa, venho por todos os lados exortá-los: "Deixai as sombras e abraçai a verdade. / Não trocai o presente pelo futuro. / Vós sois o lebréu que no rio se evade / atrás da sombra do que já tem nos dentes. / Nunca foi um sábio aviso / Perder um bem para outro conquistar. / Por que tanto afã em buscar / Se em vós mesmo encontrais o paraíso? / Quem perde um bem neste mundo / Não espere outro depois de morto / Pois o céu desdenha o segundo / A quem estimou o primeiro torto. / Assim acreditando, ide ao fundo / E ao prazer vos subtraindo, / Às penas vos condenais no eterno, / E ao desejar o céu / Estareis em verdade no inferno."[115] Aqui respondeu Momo, dizendo que o conselho não possuía tanto ócio que pudesse responder a cada uma das razões que interessasse e ordenasse a própria ociosidade. Mas que no momento se servisse de sua natureza e esperasse por três ou quatro dias, pois poderia ser que os deuses, estando ociosos, pudessem determinar algo em seu favor; coisa que no momento era impossível. Ao que o Ócio respondeu: "Seja-me lícito, ó Momo, alegar um par de outras razões, em termos de silogismos mais eficazes na matéria do que na forma. Dos quais o primeiro é este: quando o primeiro pai dos

---

114. Tasso, *Aminta*, 669-681.
115. Bruno remonta aqui alguns versos de Luigi Tansillo (1510-1568), *Il Vendemmiatore*, como os que vão do 17 ao 20. Tansillo, embora não tenha nascido em Nola, terra de Bruno, ali viveu muitos anos, desde a infância, tendo exercido grande influência na formação cultural do filósofo.

homens era um homem bom, e a primeira mãe das mulheres era uma boa mulher, Júpiter designou-me para companheiro de ambos; mas quando se fizeram maus, Júpiter ordenou que se lhe dessem por companheira o meu oposto, a fim de que o homem suasse o ventre, e ela doesse a fronte."

SAULINO: Devia dizer o contrário: a ele suar a fronte, a ela doer-lhe o ventre.

SOFIA: "Considerai, ó deuses", disse ainda, "a conclusão que se deduz do fato de ter sido eu declarado companheiro da Inocência e ela companheira do pecado. Dado que o símile acompanha o semelhante, o digno o condigno, sou eu a virtude, e ela o vício; logo, sou eu digno da cátedra, e ela indigna. O segundo silogismo é este: os deuses são deuses porque são felicíssimos; os felizes são felizes porque não conhecem a solicitude e a fadiga; os que não se mudam e não se alteram, não conhecem a fadiga e a solicitude; daí que os melhores são aqueles que têm consigo a Ociosidade; logo, os deuses são deuses porque têm consigo o Ócio."

SAULINO: O que disse Momo a isso?

SOFIA: Disse que por ter estudado lógica em Aristóteles, não havia aprendido a responder aos argumentos em quarta figura.

SAULINO: E Júpiter, o que disse?

SOFIA: Que de tudo o que o Ócio havia dito e dele ouvido, não se lembrava de outra coisa senão de ter sido companheiro do homem bom e da boa mulher. A esse respeito, se lhe ocorria que os cavalos não são asnos por se acharem em companhia de asnos, nem as ovelhas se fazem cabra entre cabras. E aduziu que os deuses tinham dado inteligência e mãos aos homens[116], e lhes haviam feito semelhantes aos deuses ao lhes conceder uma faculdade sobre os outros animais, que consiste não apenas em agir segundo a natureza e o costume ordinário, mas ainda fora deles, a fim de que (formando ou podendo formar outra natureza, outro curso, outra ordem com engenho, com aquela liberdade sem a qual não teria a dita semelhança) permanecesse deus na Terra. Essa faculdade, enquanto permanecesse ociosa, seria frustrante e vã, como inútil é o olho que não vê e a mão que não apreende. Por isso a Providência ordenou que o homem esteja ocupado com suas mãos e com a contemplação, pela inteligência, de maneira que não contemple sem ação e não aja sem reflexão. Logo, na Idade de Ouro não eram os homens mais virtuosos do que, no

---

116. A inteligência e as mãos, capazes de tornar o homem "deus na Terra", já havia sido um tema abordado por Anaxágoras, conforme citação de Aristóteles em livro sobre *Os Animais* (IV, 10), assim como por Cícero – *Da Natureza dos Deuses* (II, 60).

presente, são os animais e, talvez, tenham sido mais estúpidos do que muitos desses. Agora, havendo nascido muitas dificuldades e necessidades entre eles, pela emulação de atos divinos e a adaptação de afetos espirituais, tornaram-se mais agudos os engenhos, foram inventadas as indústrias, descobertas as artes e dia após dia, por meio da capacidade e profundidade da inteligência humana, são estimuladas novas e maravilhosas invenções. Por isso, cada vez mais, devido a ocupações solícitas e urgentes, se afastam do ser bestial e se aproximam mais elevadamente do ser divino. Com as injustiças e as malícias que crescem juntamente com a sagacidade e a indústria, não te deves admirar, pois se os bois e os macacos tivessem tantas virtudes e capacidades como os homens, teriam as mesmas apreensões, as mesmas paixões e os mesmos vícios. Assim, entre os homens, aqueles que possuem algo de porco, de asno ou de boi são certamente menos maus e menos infectados por tantos vícios criminosos. Mas nem por isso resultam mais virtuosos, a não ser daquele modo pelo qual, não participando as bestas de tantos outros vícios, acabam por ser mais virtuosas do que o homem. Porém não louvamos a virtude da continência na porca, que se deixa possuir por um só porco e uma vez ao ano, mas sim a de uma mulher, que é solicitada pela natureza por necessidade de gerar e ainda por palavras e consecução de prazer, sendo ainda aquela a finalidade de seus atos. Além disso, muito pouco louvamos a continência de uma fêmea ou de um macho porcino, os quais, por dureza e estupidez de compleição, raras vezes são solicitados pela libido, assim como aquele outro por ser frio e atacado por malefício, ou por ser decrépito. De outra maneira deve ser considerada a continência, que é verdadeiramente continência e virtude numa compleição mais gentil, mais bem nutrida, mais engenhosa, perspicaz e mais sensível. Mas dada a generalidade das regiões, a grandes penas é virtude na Germânia, é virtude bastante na França, mais ainda na Itália, e com mais vantagens é virtude na Líbia. Ali onde mais profundamente se considere, não acharás motivo de censura em Sócrates por falta de continência, e antes de elogio, por demonstrá-la quando aprovou o julgamento do fisionomista sobre sua inclinação natural para o amor com jovens. "Portanto, Ócio, considere o que se deva considerar e encontrarás que não por isso, em tua áurea idade, eram os homens virtuosos, porque não eram tão viciosos como no presente, dado existir grande diferença entre não ser vicioso e ser virtuoso. E uma coisa não se tira de outra, considerando que não há as mesmas virtudes quando não há os mesmos esforços, os mesmos engenhos, inclinações e natureza. Mas por uma comparação de loucos e por capacidade cavalar, ocorre que os bárbaros e os selvagens se têm por melhores do que os nossos deuses, por não possuírem os mesmos vícios; também por isso, os animais que não possuem vícios tão notáveis serão por tal motivo ainda melhores do que eles. Por consequência, vós, Ócio e Sono, com vossa idade áurea convirá que não tenham vícios de alguma maneira, mas jamais, e de modo nenhum, que isso seja virtude. Logo, quando tu, Sono, não fores mais sono, e tu, Ócio, serás Negócio, estareis entre as virtudes e sereis exaltados." Aqui o Sono deu um passo adiante e esfregou um pouco os olhos para também dizer algo mais, acrescentando algum pequeno propósito diante do Senado, para não parecer ter vindo inutilmente. Quando Momo o viu aproximar-se tão suavemente, comovido pela graça e o caráter vago da deusa Oscilação, que como a aurora o precedia, disposta a pronunciar o exórdio, não ousando demonstrar o seu amor por respeito aos deuses, por não lhe ser lícito acariciar a criada, fez carícias ao senhor com esta forma (após exalar um ardente suspiro), lhe falando literariamente, para mais honra lhe fazer: "Sono, repouso de todas as coisas, placidíssimo sono dos deuses, paz das almas, que fazes abandonar as preocupações, que tranquilizas os corpos dos homens fatigados e os repara para o trabalho."[117] Tão logo o deus das repreensões houvera começado essa cantilena (o qual, pela já mencionada razão, havia esquecido o seu ofício), o Sono, invadido por tantos louvores e vencido pelo tom daquela voz, convidou o Torpor à audiência, que já se alojara em seu peito, e depois de haver dado sinais dos vapores que residiam no estômago, subiu com eles ao cérebro e assim lhe vieram entorpecer os sentidos. Então, enquanto o Ronco lhe causava sibilos e sons de trombeta, andou cambaleando, cambaleando, até dar de cabeça no seio da senhora Juno. E com essa inclinação sobre o colo (e porque esse deus sempre está de camisola e sem cuecas), sendo a camisola muita curta, mostrou a bunda e a ponta do badalo tanto a Momo quanto aos outros deuses que estavam às suas costas. Nessa ocasião, entrou em cena o Riso, mostrando aos olhos do Senado uma perspectiva de muitos dentes; e fazendo ouvir a música dissonante de tanta zombaria, interrompeu o fio da declamação de Momo. Este, não podendo ressentir-se contra o Senado, descarregou todo o seu furor contra o Sono, que o havia provocado, oferecendo-lhe solenemente o purgatório com a bolsa e o báculo de Jacó, como por maior desprezo de seu adulatório e amatório *dicendi*

---

117. "Somme, quies rerum, placidissime somne Deorum, pax animi, quem cura fugit, qui corpora duris fessa ministeriis mulces reparasque labori." Ovídio, *Metamorfoses*, XI, 623-625.

genus[118]. Pelo que Momo percebeu que os deuses não se riam tanto da condição do Sono, mas do estranho caso que lhe aconteceu, e ainda porque o Sono era ator e ele objeto da comédia; assim, tendo a Vergonha lhe coberto o rosto com um véu sanguíneo, disse: "A quem cabe levar embora esse roedor preguiçoso? Quem permite que essa ludibriosa figura se apresente ante nossos olhos?" Então, a deusa Covardia, movida pela raivosa querela de Momo (deus não dos mais vulgares no céu), tomou o seu marido pelos braços e logo o conduziu à caverna de um monte vizinho aos Cimérios[119]. E com isso se foram também seus três filhos, Morfeu, Ícilo e Fântaso, que logo se reencontraram lá onde a terra exala uma névoa perpétua, ocasionando um eterno crepúsculo no ar; lá onde o vento não sopra e a muda Quietude possui seu palácio, ainda vizinho ao reino do Sono. No átrio, há um jardim de dormideiras, faias, ciprestes e louros e, no centro, uma fonte ou manancial derivado de um riacho que, separando-se do curso do rio Letes, sai do tenebroso inferno para a superfície da Terra, onde corre a céu aberto. Ali o deus dorminhoco repousa em seu leito, feito de ébano, coberto de palha e rodeado de cortinas de seda de cor cinza escuro[120]. No entretempo, tendo pedido licença, saiu o Riso do conclave. Retornadas as bocas e mandíbulas dos deuses ao estado normal, e pouco faltado para que alguns deixassem cair os maxilares, o Ócio, que ficara sozinho, vendo que o julgamento dos deuses não estava inclinado a seu favor e desesperançoso de tirar algum proveito, pois as principais razões alegadas não foram aceitas, mas postas de cabeça para baixo, o que, por força da repulsa, algumas mal se achavam vivas, outras arrebentadas e outras fracassadas e em pedaços, cada instante lhe parecia um ano ao desejar sair daquele ambiente, antes que lhe pudesse acontecer alguma vergonhosa desgraça, semelhante à de seu companheiro, consideração pela qual duvidava se Momo lhe agravaria a censura feita. Mas este, compreendendo o espanto do Ócio por fatos que não eram seus, lhe disse: "Não duvides, pobre criatura, porque eu, instituído como advogado dos pobres, não quero deixar de defender a tua causa." E voltando-se para Júpiter, acrescentou: "Pelo que dissestes, ó pai, a respeito da causa do Ócio, compreendi que não estais bem informado sobre a sua natureza, sua instância e seus ministros e corte; a qual certamente se fará conhecer, pois me convenço de que, se não queres assentá-lo como Ócio entre

---

118. "Modo de dizer ou de falar."
119. Segundo Homero, povo imaginário que habitaria o extremo norte europeu, vivendo em eterno crepúsculo.
120. Esta descrição se encontra em Ovídio, *Metamorfoses*, XI, 595-611.

as estrelas, ao menos como Negócio o faria alojar-se juntamente com aquele que se estima seu inimigo, o que, sem se fazerem mal um ao outro, poderiam manter uma eterna estadia." Respondeu Júpiter que desejava uma oportunidade de poder justamente contentar o Ócio, com cujas carícias não há mortal ou deus que não costume deleitar-se amiúde, pelo que de bom grado o escutaria, se lhe fizesse ouvir alguma causa em seu favor. Ao que disse Momo: "Parece-te, Júpiter, que na casa do Ócio haja ociosidade quanto à vida ativa?[121] Ali há tantos gentis-homens de companhia e servidores que se levantam a tempo pela manhã para lavar as mãos e o rosto três ou quatro vezes, com cinco ou seis tipos de água. E com ferro quente gastam duas horas a encaracolar e cachear a cabeleira, imitando a alta e grande providência, por quem não há cabelo que não venha a ser examinado, a fim de que seja disposto com certa ordem. Depois, com diligência, se ajustam os casacos, com muita sagacidade se dispõem as dobras do colarinho, como fecham bem os botões, com que gentileza acomodam os punhos, com que escrúpulos limpam as unhas, com que circunspecção se dispõem os nós dos cordões dos sapatos, com que simetria procuram terminar os extremos dos calções, ali onde se unem com as meias, perto das dobraduras do joelho, a fim de que as meias não formem rugas e não se confundam com as proporções das pernas. Apesar da dificuldade, o juízo discerne e decide que, não sendo gracioso e conveniente que o pé largo, nodoso, torto e áspero se acomode aos sapatos, que estes se acomodem aos pés e se mantenham retos, polidos e macios. Onde, com tanta elegância, as damas se movem, passeiam e se fazem contemplar na cidade, se visitam e se entretêm, bailam, fazem cabriolas e dançam a *branle* e a *tresca*? Quando já não há o que fazer para se cansar nessas ações cotidianas, para se evitarem inconvenientes e erros põem-se a jogar jogos de mesa e, dessa maneira, se evitam todos os pecados. Porque se não há destes mais de sete capitais e mortais, como disse um jogador genovês: "Que soberba queres tu que um homem tenha que, havendo perdido cem escudos com um conde, se ponha a jogar com um fâmulo para ganhar quatro reais? Que luxúria e amor cúpido se pode encontrar naquele que põe toda a atenção do espírito no jogo? Como poderás pedir que tenha ira aquele que, por medo de que seu companheiro vá embora do jogo, tolera mil injúrias e com gentileza e paciência responde a um orgulhoso que lhe está diante? De que modo pode ser guloso quem faz toda despesa e se dedica com solicitude ao

---

121. Ideia retirada de Sêneca, *Da Brevidade da Vida*, XII, 2-9.

seu ofício? Que inveja pode ter alguém pelo que outro possua, se joga fora e despreza o que é seu? Que indiferença pode haver em quem começa ao meio-dia, ou mesmo desde a manhã, e prossegue até à noite, sem nunca deixar de jogar? E vos parece que enquanto isso estão ociosos os servidores e aqueles que hão de assistir e administrar o jogo, no mercado, na cantina, na cozinha, na estrebaria, no bordel? Agora, para vos fazer ver, ó Júpiter e demais deuses, que na casa do Ócio não faltam pessoas doutas e letradas, ocupados com os estudos, com os negócios, como já dissemos, vos parece que se esteja ocioso quanto à vida contemplativa onde não faltam gramáticos que discutem o que deve preceder, se o substantivo ou o verbo, ou por que o adjetivo deve vir antes ou depois do substantivo, de modo que na dicção alguma cópula, como, por exemplo, "e", se põe antes, e outra, por exemplo "que", põe-se depois? Como é que por junção do E e do D se faz comodamente o retrato daquele nume de Lâmpsaco, que por inveja matou um asno?[122] A que autor se deve atribuir legitimamente o livro da *Priapea*, ao mantuano Marone ou ao filho da comuna de Sulmona, Nasone?[123] E deixo de lado outros belos propósitos semelhantes e ainda mais gentis do que esses. Não faltam dialéticos que perguntem se Crisaório, discípulo de Porfírio, tinha boca de ouro por dom natural, por reputação ou ainda por nomenclatura. Se as *Peri Hermeneia* devem vir antes ou depois, ou se *ad libitum* se mete antes ou por detrás das *Categorias*, se o sujeito indeterminado deve estar em meio ao número e posto como um sexto predicado, ou ser como escudeiro da espécie e caudatário do gênero; se, depois de sermos peritos nas formas silogísticas, devemos nos aplicar ao estudo das *Posteriores*, na qual se conclui a arte judicativa, ou imediatamente avançarmos sobre a *Tópica*, com a qual se obtém a perfeição da arte inventiva? Se é necessário empregar as *captiunculae ad usum, vel ad fugam, vel in abusum?*[124] Se os modos que formam as modais são quatro, quarenta, quatrocentos e tantas outras belas questões que não quero mencionar? Ali estão ainda os físicos que duvidam se das coisas naturais se pode fazer ciência; se o sujeito é ente móvel, ente natural ou corpo natural; se a matéria possui outra ação além da entitativa;

---

122. Trata-se de Príapo que, desafiado por um burro para saber quem possuía o pênis maior, matou o animal, movido pela inveja. Os prováveis autores: Virgilio Marone (70-10 a.C.) ou Publio Nasone (43 a.C.-17 d.C.).

123. Conjunto de 89 cantos latinos (*carmi*), em que o deus da fertilidade se gaba de seus atributos sexuais, escritos no primeiro século da era cristã.

124. "Questiúnculas para uso, como forma de fuga e talvez abusivamente." Todas as questões anteriores são críticas aos livros de Aristóteles e a discussões aventadas por escolas posteriores sob sua influência.

em que consiste a linha da coincidência entre o físico e o matemático; se há criação e produção a partir do nada ou não; se a matéria pode ser informe; se mais de uma forma substancial pode existir e estarem juntas e outros quesitos evidentíssimos, inumeráveis e semelhantes, que se não são investigação inútil, são postos em questão. Ali os metafísicos quebram a cabeça acerca do princípio de individuação, sobre o tema do ente enquanto ente, a provar que os números aritméticos e as magnitudes geométricas não são substâncias das coisas; a respeito das ideias, se é verdade que contêm o ser substancial por si mesmas; sobre os acidentes próprios a cada objeto; sobre o sentido equívoco, a univocação e a analogia do ser; sobre a conjunção da inteligência com as órbitas estelíferas; se ela existe na forma de alma ou de ser movente; se a virtude infinita pode ter grandeza infinita; sobre a unidade ou a pluralidade dos primeiros motores; sobre a escala do progresso finito ou infinito das causas subordinadas; e sobre tantas e tantas coisas similares que fazem frenéticos tantos capuchos[125] e extraem tanto suco da nuca dos protossofistas." A isso disse Júpiter: "Ó Momo, parece-me que o Ócio te conquistou ou subornou, pois ociosamente gastas o tempo e os propósitos. Conclui, porque já está bem definido entre nós o que devemos fazer com ele." "Deixo então de fazer referência aos inúmeros atarefados que se ocupam na casa desse deus, como falar a respeito de tantos versificadores que, a despeito do mundo, se querem passar por poetas, tantos escritores de fábulas, tantos contadores de velhas histórias, mil vezes mais bem referidas anteriormente. Deixo de fora os algebristas, os quadradores de círculos, os figuristas, os metódicos, os reformadores da dialética, os instauradores de novas ortografias, os contempladores da vida e da morte, verdadeiros carroceiros do paraíso, novos condutores da vida eterna, mais uma vez corrigida e reestampada com novíssimas adições, belos núncios de um pão melhor, de melhores carnes e vinhos, como possam ser o grego de Somma, a malvasia de Cândia e o asprínio de Nola. Deixo de lado as belas especulações acerca do fato e da escolha, da ubiquidade de um corpo e da excelência da justiça que se encontra nas sanguessugas." Disse então Minerva: "Pai, se não calares a boca desse charlatão, vamos gastar inutilmente discursos ao tempo e não nos será possível despachar no dia de hoje nosso principal assunto." Disse Júpiter pai a Momo: "Não tenho tempo para escutar tuas ironias. E para voltar ao teu destino e expedição, Ócio, digo-te que aquilo que em ti é louvável e estudioso deve assentar-se

---

125. Referência a monges de todas as ordens.

na mesma cátedra da Solicitude, pelo que a fadiga deve ser compensada com o ócio e o ócio ser temperado com a fadiga. Com os benefícios daquele, esta se faz mais razoável, mais expedita e pronta, pois dificilmente da fadiga se vai à fadiga. E assim como as ações sem premeditação e consideração não são boas, assim também sem o ócio prévio não valem tanto. Da mesma maneira, não pode ser suave o progresso de ócio em ócio, e por isso este aqui não é doce se não procede da fadiga. Logo, que jamais o Ócio possa ser verdadeiramente grato se não suceder a uma ocupação digna. Que o ócio vil e inerte seja de grande fadiga para um espírito generoso se não exercido depois de um trabalho ou exercício louvável. Quero que tu, Ócio, seja senhor da Velhice, e a ela fará volver os olhos para o passado; e se não houver deixado vestígios dignos, a tornarás molesta, triste, suspeita do julgamento que leva ao inexorável tribunal de Radamanto, e assim venha a sentir os horrores da morte, antes que ela chegue."

SAULINO: A esse respeito, bem disse Tansillo: "Acreditai em quem possa fazer juramento / que tendo estado aflito não há no mundo repouso / pena que vá sem o arrependimento / pois ao passado não há quem retorne. / E Embora todo arrependimento traga remorso / aquele que mais se combate e ultraja, / chaga impressa que curar não pode, / é a do homem que pôde muito e nada fez".[126]

SOFIA: Disse Júpiter: "Quero antes que seja triste o sucesso dos negócios inúteis, alguns dos quais relatou Momo e que se encontram na instância do Ócio, e quero que a ira dos deuses caia sobre esses ociosos ativos que trouxeram ao mundo maiores moléstias e perturbações que qualquer outro trabalho. Digo daqueles que querem converter toda a nobreza e a perfeição da vida humana só em crenças e fantasias ociosas, enquanto louvam a solicitude e as ações de justiça, mas que por elas, dizem, o homem não se faz melhor; e da mesma forma vituperam os vícios e as desídias, mas por elas os homens não se fazem menos agradecidos. Tu, Ócio inerte, inútil e pernicioso, não esperes que te seja disposta uma estância no céu pelos deuses celestes; mas no inferno, pelos ministros do rigoroso e implacável Plutão." Não quero me referir quão ociosamente se conduzia o Ócio ao caminhar; obrigado, porém, pela deusa Necessidade, que lhe dava chutes, dali saiu, lamentando-se do Conselho que não quis lhe conceder alguns dias mais para deixar sua companhia.

---

126. *Il Vendemmiatore*, 7: "Credete a chi può farven giuramento, / che stato tristo non ha il mondo ch'aggia / pena che vada a par del pentimento: / poi ch'il passato non è chi riaggia. / E benchogni pentir porti tormento / quel che più ne combatte e più ne oltraggia / e piaghe stampa che curar non lece / è quand'uom poteo molto e nulla fece."

Segunda Parte do Terceiro Diálogo

Saturno insistiu então com Júpiter para que na disposição das demais estâncias fosse mais expedito, já que a noite se aproximava e, portanto, que só atendesse o principal, e quanto ao que pertencesse à ordem com que as virtudes dos deuses devem ser governadas, que isso se determinasse na próxima festa, quando seria preciso, outra vez, que os deuses decidissem conjuntamente, e que seria na vigília do Panteão. A essa proposta, com uma inclinação de cabeça, consentiram os outros deuses, exceção feita à Pressa, à Discórdia e à Intempestividade. "Assim também me parece", disse o altissonante. "Vamos, então, acrescentou Ceres, ver para onde queremos enviar o meu Triptólemo, o carreiro que vede ali, aquele mesmo por intermédio de quem dei aos homens o pão de trigo. Quereis que eu o mande às regiões de uma e outra Sicília para que instale sua residência ali onde, por sua diligência e obra, me foram consagrados três templos, na Púlia, Calábria e Trinácria?" "Fazei o que vos agrade do vosso cultor e ministro, filha", disse Júpiter, "e essa estância seja sucedida, se assim vos parecer, deuses, pela Humanidade, que em nosso idioma é dita a deusa Filantropia, cujo auriga parece ter tipificado no mais alto grau. Além disso, Ceres, foi ela quem te incitou a mandá-lo como teu intermediário e quem depois lhe guiou para que derramasse teus benefícios sobre o gênero humano." "É verdade", disse Momo, "e por isso a Filantropia é aquela por quem Baco faz os homens com sangue melhor e Ceres os faz com melhor carne do que nos tempos em que se alimentavam apenas de castanhas, de favas e bolotas. Que diante dela fuja a Misantropia com a Indigência, e como é justo e razoável, das duas rodas do carro daquela, a esquerda seja o Conselho e a direita seja o Auxílio; e das duas míticas serpentes que o puxam, a da esquerda seja a Clemência, a da direita o Favor." Na sequência, Momo perguntou a Mercúrio o que pensava fazer do Serpentário, pois achava ser bom e propositado enviá-lo para fazê-lo o charlatão Marso[127], tendo a graça de manejar sem temor ou perigo tal serpente. Propôs, além disso, ao radiante Apolo, se a queria como coisa que pudesse servir a seus feiticeiros e magos ou, o que é igual, suas Circes e Medeias, para executar os venéficos, ou se a queria oferecer ainda a seus médicos, tais como Esculápio, para fazer remédios contra picadas venenosas. Propôs ainda a Minerva,

---

127. Antigo povo da Itália central, famoso por práticas mágicas e considerado imune ao veneno de cobras.

para convencê-la a vingar-se de um novo inimigo Laocoonte. "Que o pegue quem o queira", disse o grande patriarca, "e faça o que lhe apetecer, tanto a Serpente quanto o Ofiulco, desde que desapareçam o quanto antes dali. Em seu lugar, reponham a Sagacidade, aquilo que se costuma ver-se e admirar na serpente." "Que assim suceda a Sagacidade", disseram todos, "considerando-se que não é menos digna do céu do que sua irmã, a Prudência; pois onde esta sabe comandar e pôr em ordem o que se deve fazer e evitar para realizar algum desígnio, aquela sabe antes e depois julgar por virtude de boa inteligência e afasta a Estupidez, a Inconsideração e a Obtusidade das praças, onde as coisas são postas em dúvida ou consultadas. Nos copos da sabedoria beba o saber e daí se concebam e se deem à luz os atos de Prudência".

"A Flecha", disse Momo, "que nunca tive a curiosidade de saber a quem pertence, isto é, se foi aquela com que Apolo matou o grande Píton, ou aquela com a qual a mãe Vênus fez o seu filhote ferir o feroz Marte, que por vingança depois cravou-lhe um punhal na barriga, ou quiçá uma memorável com que Alcides humilhou a rainha das Estinfálides, ou aquela outra com a qual o áspero javali da Caledônia deu o último suspiro; ou talvez uma relíquia ou troféu de algum triunfo de Diana, a castíssima; seja o que for, que seja retomada por seu patrão e cravada onde lhe aprouver."

"Bem", respondeu Júpiter, "tire-a dali juntamente com a Insídia, a Calúnia, a Detração, os atos da Inveja e da Maledicência; e que lhe sucedam a boa Atenção, a Observância, a Colimação e a Benevolência." E acrescentou: "Da Águia, pássaro divino e heroico, determino e assim quero: que vá recobrar a carne e o osso na Alemanha bebedora, onde, mais do que em qualquer outra parte, se verá celebrada em forma e figura por meio de tantas pinturas e estátuas e imagens quantas são as estrelas que podem se apresentar aos olhos da Alemanha contemplativa. Mas não é preciso que a Ambição, a Presunção, a Temeridade, a Opressão, a Tirania e outras companheiras e ministras dessas deusas lhe sigam, pois ali ficariam ociosas, não havendo campo bastante para elas; antes, dirijam seus voos para longe daquele dileto país, onde os escudos são pratos fundos, os elmos são panelas e marmitas, as espadas são ossos embainhados em carne salgada, as trompas são copos e canecas, o campo é a mesa para beber, quis dizer, para comer, e as fortalezas, baluartes, castelos e amuradas são bodegas, cantinas e hospedarias, em maior número do que as próprias casas." Aqui disse Momo: "Perdoa-me, grande pai, se te interrompo. A mim me parece que estas deusas,

acompanhadoras e ministras, sem que as envie, ali se encontram. Isso porque a Ambição de ser superior a todos faz o porco; a Presunção do ventre que pretende receber do alto e poder mandar goela abaixo; a Temeridade com que inutilmente o estômago tenta digerir o que, logo, logo, é preciso jogar fora; a Opressão dos sentidos e o calor natural, a Tirania das verdades vegetativa, sensitiva e intelectual reinam mais nesta parte do que em todas as outras do globo."
"É verdade", ajuntou Mercúrio, "mas tais Tiranias, Temeridades e Ambições não são próprias das águias, mas de sanguessugas, parasitas e glutões. Voltando agora à sentença de Júpiter, ela me parece muito prejudicial à condição, à vida e à natureza deste pássaro régio. Que, por beber pouco, comer e devorar muito, por ter os olhos perspicazes e francos, por ser veloz em seu curso e com a leveza de suas asas elevar-se aos céus, por ser habitante de lugares secos, pedregosos, altos e forte, não pode ter acordo com a geração dos campos, a quem uma dupla carga de lama parece revestir e manter no profundo e tenebroso centro; e que se faz gente tarda e pesada, não tão inepta para perseguir e fugir quanto boa para se manter em guerra; que em sua maior parte está sujeita à enfermidade dos olhos e que, incomparavelmente, mais bebe do que come." "O que disse, já disse", respondeu Júpiter. "Disse que ali se apresente em carne e osso para ver suas imagens; mas não para estar ali como numa prisão, ou que falte de ali estar em espírito e de verdade com outras e mais dignas razões com os demais numes. E esta sede gloriosa deixe a todas essas virtudes das quais pode ser vicária, ou seja, à deusa Magnanimidade, Magnificência, Generosidade e outras de suas irmãs e ministras." "E o que faremos", disse Netuno, "daquele Delfim? Seria agradável que eu o pusesse no mar de Marselha, por onde ao Ródano vá e volte, visitando o Delfinado?" "Que assim se faça o quanto antes", disse Momo, "porque, a dizer a verdade, não me parece menos risível se alguém *Delphinum caelis appinxit, fluctibus aprum* (pinta um golfinho do céu e um javali do mar) do que *Delphinum sylvis appinxit, fluctibus aprum* (pinta um golfinho da selva e um javali do mar)."[128] "Vá para onde agrade a Netuno", disse Júpiter, "e em seu lugar lhe suceda a figura da Dileção, da Afabilidade e da Intercessão, com seus acompanhantes e ministros."

Em seguida, pediu Minerva que o cavalo Pégaso, abandonando suas vinte luminosas manchas, e a Curiosidade voltassem à fonte

---

128. Horácio, *Carta aos Pisões*, 30, referindo-se à reprodução de coisas inaturais e, portanto, irracionais.

Hipocrene, há muito tempo destruída, com suas águas turvadas por bois, porcos e asnos, para ver se com seus dentes e cascos conseguiria desalojar daquele lugar tão desprezível concurso, a fim de que as musas, vendo a água de sua fonte posta em ordem e limpa, não desdenhassem ali retornar para estabelecer seus colégios. "E neste lugar do céu", ajuntou, "suceda o Furor Divino, o Rapto, o Entusiasmo, o Vaticínio, o Estudo e o Engenho, com seus seguidores e ministros; daí, com sua água divina, possa lavar os ânimos e dar de beber aos afetos dos homens."

"Tire-se", disse Netuno, "essa Andrômeda (se assim vos agradar, deuses) que, pela mão da Ignorância foi atada ao escolho da Obstinação com a corrente das razões perversas e das falsas opiniões, fazendo-a ser tragada pelo cetáceo da perdição e da ruína, que pelo instável e tempestuoso mar vai discorrendo; e seja confiada às mãos providas e amigas do solícito e laborioso Perseu, que, tendo-a soltado de tão indigna cativeidade, a promova a uma digna conquista. E aquilo que deva suceder em seu lugar, entre as estrelas, que Júpiter disponha." "Ali", respondeu o pai dos deuses, "quero que suceda a Esperança, aquela que, aguardando o fruto digno de suas obras e cansaços, faz com que não haja coisa tão árdua e difícil à qual não estimule os ânimos que possuam o senso de uma finalidade." "Suceda", acrescentou Palas, "esse santíssimo escudo do peito humano, fundamento de todo edifício de bondade, essa seguríssima defesa da verdade; aquela que por nenhum estranho acidente desconfia, pois que percebe em si mesma o sêmen da própria suficiência, que nenhum esforço violento lhe arrebata; aquela em virtude da qual Bias venceu seus inimigos; digo aquele Bias que, salvo das chamas que incineraram sua pátria, sua casa, mulher, filhos e riqueza, respondeu a Demétrio ter todas as coisas consigo, pois consigo levava a Firmeza, a Justiça, a Prudência, com as quais podia esperar consolação, salvação e sustento em sua vida e com as quais poderia facilmente dela desprezar as doçuras."

"Deixemos essas descrições", disse Momo, "e vamos depressa decidir o que fazer com o Triângulo ou Delta." Respondeu Palas: "Parece-me digno colocá-lo em mãos do Cardeal de Cusa[129], a fim de que veja se pode libertar os geômetras preocupados com aquela cansativa indagação da quadratura do círculo: regulando o círculo e o triângulo pelo divino princípio da comensurabilidade e da coincidência das figuras máxima e da mínima; isto é, daquela que se compõe do

---

129. Ou seja, Nicolau de Cusa.

maior número de ângulos e a que se compõe do menor número. Leve-se, portanto, este triângulo com um círculo que o envolva e com um outro que esteja por ele abrangido; e com a relação destas duas linhas (das quais uma do centro vai ao ponto da contigência do círculo interno com o triângulo externo, e a outra do mesmo centro se estende a um dos ângulos do triângulo) que se venha a resolver a procurada quadratura (ver Fig. a, p. 846).

Nesse momento Minerva reapareceu, dizendo: "Mas eu, para não parecer menos cortês com as musas, quero enviar aos geômetras um dom incomparavelmente melhor do que esse e do que qualquer outro que se tenha oferecido, pelo qual o Nolano, a quem primeiramente será revelado, para que por seu intermédio seja difundido à multidão, não me recompensará com uma, mas com cem hecatombes. Pois em virtude da igualdade que se observa entre o máximo e o mínimo, entre o externo e o interno, entre o princípio e o fim, ensino-lhe uma via fecunda, mais rica, mais clara e segura por onde não apenas se explique como o quadrado se faz como um círculo, mas ainda todo triângulo, todo pentágono, todo hexâmetro e, finalmente, qualquer outra figura polígona. Em que não menos seja igual linha a linha do que superfície a superfície, campo a campo e corpo a corpo nas figuras sólidas."

SAULINO: Isso será uma coisa excelente e um tesouro inestimável para os que medem o cosmo[130].

SOFIA: Tão excelente e digna que me parece certamente exceder a toda invenção da ciência geométrica; e ainda se pode assegurar que daqui pende uma outra mais completa, maior, mais rica e fácil, mais singular e não menos exata pelo que qualquer figura polígona acaba por comensurar com a linha e a superfície do círculo, e este com a linha e a superfície de qualquer polígono.

SAULINO: Gostaria de entender o quanto antes esse modo.

SOFIA: Mercúrio assim disse a Minerva, ao que ela respondeu: "Primeiramente, da maneira como fizeste, dentro deste triângulo descrevo o círculo máximo que se possa traçar; depois, fora dele, delineio o círculo mínimo que se possa traçar, tocando os três vértices (ver Fig. b, p. 846); daí, não necessito proceder àquela fastidiosa quadratura, mas ao fácil triangulismo, buscando um triângulo que tenha a linha igual à linha do círculo, e outro que venha a ter a superfície igual à superfície do círculo. Este será um em relação àquele triângulo médio, equidistante do que contém o círculo e do

---

130. *Cosmimetri*, no original.

outro que está contido pelo círculo, o qual deixo a cada um conceber com seu engenho, pois me basta haver mostrado o lugar dos lugares (ver Fig. c, p. 847). Para quadrar o círculo, não é preciso tomar o triângulo, mas o quadrângulo que está entre o máximo interno e o mínimo interno ao círculo. Para pentagonar o círculo, se tomará o médio entre o máximo contido pelo círculo e o mínimo continente do círculo. De maneira similar, sempre se fará para outra figura qualquer igual ao círculo em extensão e linha (ver Fig. d, p. 847). Assim mesmo, para ser encontrado o círculo do quadrado igual ao círculo do triângulo, se achará o quadrado deste círculo igual ao triângulo daquele outro círculo, de idêntica extensão com este.

SAULINO: Desse modo, Sofia, podem ser feitas todas as outras figuras iguais a outras, com a junção e a relação do círculo. Isto é, se quiser fazer um triângulo igual a um quadrilátero, tomo aquele meio ou mediano entre os dois unidos ao círculo com aquele médio entre os dois quadriláteros, aplicados ao mesmo círculo. Se quiser tomar um quadrado igual ao hexágono, delinearei este e aquele dentro e fora do círculo, e tomarei o médio ou mediano correspondente a um e outro.

SOFIA: Entendeste bem. Não somente dessa maneira se acha a igualdade de todas as figuras com o círculo, como também de cada uma das figuras com todas as demais, mediante o círculo, guardando sempre a igualdade segundo a linha e segundo a superfície. Assim, com pouca consideração e atenção, toda igualdade e proporção de qualquer corda a qualquer arco poderá ser tomada: enquanto inteira ou dividida, ou em certa razão aumentada, vem a constituir um polígono tal que desse círculo seja compreendido ou o compreenda.

"Agora", disse Júpiter, "defina-se logo o que pôr em seu lugar." Respondeu Minerva: "Parece-me que ali estará bem a Boa-Fé e a Sinceridade, sem as quais não existe contrato seguro e firme, toda conversação se dissolve e toda sociedade se destrói. Muito necessitado delas está o mundo atual, onde se fizeram habituais estas máximas: para reinar, não é necessário manter o juramento; aos heréticos e infiéis não se observa fé; toda parte tem o direito de quebrar a fé jurada se a outra também a quebrar. O que aconteceria se todos praticassem tais máximas? Para onde irá o mundo se os Estados, reinos, repúblicas, famílias e particulares disserem que é preciso ser santo com o santo e perverso com o perverso? E se desculparem de ser celerados por terem vizinhos e companheiros celerados? E que não devemos nos esforçar em sermos bons como deuses, mas, por comodidade, facilidade e ocasião, sermos como serpentes, lobos e ursos, pessoas tóxicas e venenosas?" "Quero", acrescentou o pai, "que a Boa-Fé seja uma virtude celebradíssima, e que ela não seja dada como condição de outra fé, mas que seja lícito rompê-la se a outra o fizer primeiro, dado que é lei de qualquer sarraceno (mas não de grego e romano civis), alguma vez e com certo tipo de gente, por comodidade própria e ocasião de engano, prescindir da fé, fazendo-a ministra da tirania e da traição.

SAULINO: Ó Sofia, não há ofensa maior e mais indigna de misericórdia do que aquela que se faz a um outro, valendo-se de que este aqui acreditou ser ele homem de boa-fé e de bem.

SOFIA: Pois disse o altissonante: "Quero que esta virtude se veja celebrada no céu, a fim de que, por sucessão, seja mais estimada na Terra. Ela ocupará o lugar do Triângulo, que comodamente já significou a Boa-Fé, pois o corpo triangular (como aquele que consta de menor número de ângulos e está mais distante de ser circular) é mais dificilmente móvel do que qualquer outro diferentemente figurado. Assim está purgado o lado setentrional, onde comumente se observam trezentos e sessenta estrelas, três maiores, dezoito grandes, oitenta e uma medíocres, cento e setenta e sete pequenas, cinquenta e oito menores, treze mínimas, uma nebulosa e nove escuras."

SAULINO: Faça-me saber agora, e brevemente, o que foi feito do resto.

SOFIA: "Decrete, ó Pai", disse Momo, "o que se deve fazer com aquele progenitor dos cordeiros, Áries, aquele que primeiramente faz sair da terra as plantas mortas, aquele que abre o ano, e de novo florido e frondoso manto recobre aquela e invade este." "Porque temo", respondeu Júpiter, "enviá-lo com seus companheiros da Calábria, da Puglia e da Campânia feliz, onde frequentemente no rigor do inverno são degolados, e também não me parece conveniente mandá-lo com os outros para os montes e planícies africanas, onde, pelo excessivo calor, se asfixiam; parece-me mais conveniente que se vá onde se encontra o Tâmisa, pois ali os vejo belos, gordos, brancos e ágeis. Lá não são tão disformes como na região do Níger ou tão negros como no Sele e no Ofanto, ou macilentos, como à volta do Sebeto e do Sarno, nem travessos como no Tevere e no Arno ou feios de se ver como nas proximidades do Tago, pois naquele lugar se quadra muito bem com a estação predominante, de céu temperado; pois dela foi desterrado tanto o excessivo rigor das neves quanto o sufocante calor do sol; assim o testemunha o terreno sempre verde e florido, semelhante a uma contínua e perpétua primavera. Que se vá a essa região compreendida e defendida pelos braços do extenso Oceano, na qual se achará em segurança perante lobos, leões, ursos e outras potestades inimigas da terra firme. E por esse animal possuir algo do príncipe, do duque, do condutor e ainda do pastor, do capitão e do guia, como podeis ver no céu, onde todos os signos dessa faixa do firmamento o seguem; e como podeis distinguir a partir da Terra, quando ele salta ou se precipita, quando se diverte ou se empina, quando baixa ou se apoia, todo o rebanho o imita e segue, quero que em seu lugar lhe suceda a virtuosa Emulação, a Exemplaridade e o bom Consentimento com as demais virtudes que lhe são irmãs e ministras e cujos contrários são o Escândalo e o Mal Exemplo, tendo por ministras a Prevaricação, a Alienação, a Desorientação, por guia a Malícia ou a Ignorância, ou ambas, por sequaz a estúpida Credulidade que, como vedes, é cega e tateia o caminho com o bastão da inquisição escura e da néscia persuasão; por companheira perpétua tem a Vileza e a Incompetência, todas as quais deixarão esta sede e irão vagabundar pela Terra." "Bem ordenado", responderam todos os deuses. E perguntou Juno o que queria fazer com seu Touro, aquele boi e consorte do santo presépio. A isso respondeu: "Se não quiser andar nas cercanias dos Alpes, nas ribeiras do Pó, digo, na metrópole do Piemonte onde está a deliciosa Turim, que a ele deve seu nome, assim como Bucefalia se deve a Bucéfalo, Capri às cabras, aos corvos Corveto, Mirmidônia às formigas, Abruzio aos javalis, Ofanto às serpentes e Oxford a não sei que espécie, que vá com o Carneiro para ali onde achará os mais belos companheiros que se possam ver no resto do universo (como testemunham suas carnes, pois a abundância da erva fresca e a delicadeza dos pastos fazem deles os mais apreciados do mundo)." E perguntou Saturno por seu sucessor. E Júpiter assim respondeu: "Por ser este um animal duro de se cansar, paciente e laborioso, que até agora tem sido considerado como modelo da Paciência, da Tolerância, do Sofrimento e da Longanimidade, virtudes certamente necessárias ao mundo, quero que a elas seja dado lugar, sem que me preocupe se com ele vão a Ira, a Violência e o Furor, que às vezes costumam acompanhar este irritadiço animal. Vede ali a Ira, filha da Injustiça e da Ofensa, que sai dolorida e vingativa porque lhe parece inconveniente que o Desprezo a fira e golpeie sua face. Como revira seus olhos irritados para Júpiter, para Marte, para Momo, para todos! Como lhe fala aos ouvidos a Esperança da desforra, que a consola um tanto e a refreia, ao mostrar-lhe o favor da Possibilidade ameaçadora contra o Despeito, a Afronta e o Ultraje que a provocam. Ali se vê o Ímpeto, seu irmão, que lhe dá forças e veemência, depois a Fúria, que a acompanha com suas três filhas, a Cólera, a Crueldade e o Rancor. Ah, como é difícil e molesto moderá-la e reprimi-la. Com quanto trabalho chega a ser cozida e digerida pelos outros deuses, menos por ti, Saturno; esta aí que tem as narinas abertas, a fronte impetuosa, a cabeça dura, os dentes mordazes, os lábios venenosos, a língua cortante e as unhas afiadas, o peito tussígeno, a voz aguda e a cor sanguínea." Aqui Marte alegou em favor da Ira, dizendo que ela, algumas vezes, ou melhor, na maior parte das vezes, é uma virtude muito necessária, pois favorece a Lei, dá força à Verdade, ao Juízo e agudiza o Engenho, abrindo caminho a muitas e egrégias virtudes que os animais tranquilos jamais entendem. Ao que Júpiter respondeu: "Que então, quando esses modos forem virtudes, que subsista e resida entre aquelas às quais seja propícia, mas jamais se aproxime do céu sem que lhe preceda o Zelo, com a lanterna da Razão." Que então, quando esses modos forem virtudes, que subsista e resida entre aquelas às quais seja propícia, mas jamais se aproxime do céu sem que lhe preceda o Zelo, com a lanterna da Razão." E o que faremos com as sete filhas de Atlante[131], ó Pai, disse Momo. Ao que Júpiter respondeu: "Que vão com suas sete lâmpadas a iluminar aquele santo esponsal noturno e meridional, e sejam advertidas de andarem antes que a porta se feche e que comece a destilar o vento, o gelo, a branca neve, esperando em vão que levantem a voz e batam para que a porta se abra, respondendo o porteiro que detém a chave: não vos conheço. Avise-as que serão loucas se meterem menos óleo à candeia; que se estiver sempre úmida, e nunca seca, não faltará brilho, digno louvor e glória. E nesta região que abandonam, que venham meter-se a Conversação, o Consórcio, o Conúbio, a Fraternidade, a Assembleia, a Convivência, a Concórdia, a Convenção, a Confederação, e estando ali junta a Amizade, pois, sem esta, em seu lugar instauram-se a Contaminação, a Confusão e a Desordem. E se não forem retas, não podem existir, porque nunca se encontram entre celerados, mas, na verdade, no Monopólio, no Conciliábulo, na Seita, na Conspiração, na Turba, na Conjuração, ou em algo semelhante e detestável. Não estão entre os irracionais e em meio àqueles que não têm bons propósitos. Não também ali onde o próprio ocioso está, mas ali para onde concorrem ações entendidas de maneira similar. Perseveram entre os bons, sendo breves ou inconstantes entre os perversos, como entre aqueles sobre os quais falamos a propósito da Lei e do Juízo, nos quais não se encontra verdadeiramente concórdia, assim como entre aqueles que não versam sobre ações virtuosas."

---

131. As Plêiades.

SAULINO: Esses últimos não estão de acordo por entenderem da mesma forma, mas por ignorarem ou malignarem, e por não compreenderem conforme as diversas razões. Não consentem em agir com boas intenções, mas em fazer pouco caso das boas obras e considerar indignos todos os atos heroicos. Mas voltemos a nós. O que se fez com os dois jovenzinhos?[132]

SOFIA: Cupido pediu que os enviassem ao grande Turco. Febo queria que se tornassem pagens de algum príncipe italiano. Mercúrio, que fossem cubiculários de algum aposento de corte. A Saturno lhe parecia que servissem aos banhos de um velho e grande prelado, ou mesmo a si, pobre decrépito. Ao que Venus retrucou: "Mas, ó barba branca, quem assegura que não os morda, que não os coma, se teus dentes não perdoam os próprios filhos e pelos quais foste difamado como parricida antropófago?" "E pior", disse Mercúrio, "é duvidoso que por alguma irritação que o assole não asseste a ponta da foice contra a vida. Sugiro que, se puder ser-lhes dado permanecer na corte dos deuses, não haverá mais razão para que caiba a vós, bom pai, assim como a outros não menos reverendos, que vos possam ter aberto os olhos." Então sentenciou Júpiter que não mais seria permitido *in posterum*, na corte dos deuses, admitir-se pajens ou outros servidores que não tivessem muito senso, discrição e barba. E que eles se dessem à sorte, mediante a qual se definisse a quem entre os deuses coubesse dar-lhes a algum amigo na terra. E enquanto alguns instavam que lhes fossem determinados, disse que não queria por ciúme gerar nos ânimos suspeição de parcialidade, inclinando-se mais a uma parte do que a outra dos discordantes.

SAULINO: Boa ordem para reparar quaisquer dissensões que pudessem ocorrer.

Sofia: Vênus pediu que naquele lugar sucedessem a Amizade, o Amor e a Paz, com seus testemunhos de Coabitação, Beijo, Abraço, Carícia, Ternuras, e todos seus irmãos e servidores, ministros, assistentes e circunstantes de Cupido. "O pedido é justo", disseram todos os deuses. "Que se faça", disse Júpiter. Na continuação, devendo-se definir Câncer (que parece queimado pelo fogo e enrubescido pelo calor do sol, não de outro modo está no céu como se estivesse condenado às penas do inferno), perguntou Juno o que pensava o senado fazer com ele, que por sua maioria o deixou a seu arbítrio. Disse ela então que se Netuno, deus do mar, o permitisse, era seu desejo que fosse submergido nas ondas do mar Adriático, ali onde tem mais

---

132. Os Gêmeos, Castor e Pólux.

companheiros do que estrelas no céu. Além disso, estará junto à honradíssima República Veneziana que, como se fosse ela própria um caranguejo (câncer), pouco a pouco vai do oriente retrogradando ao ocidente. Consentiu o deus que porta o grande tridente. E disse Júpiter que no lugar de Câncer estaria bem o trópico da Conversação, da Correção, da Repressão e da Retratação, virtudes contrárias ao Mal Progresso, à Obstinação e à Pertinácia. E logo acrescentou a propósito de Leão, dizendo: "Mas este fero animal guarde-se de seguir Câncer e de pretender ali também se fazer seu companheiro, pois se vai a Veneza talvez ali encontre outro mais forte, pois aquele sabe não apenas combater em terra, mas guerreia bem na água e mais ainda no ar, já que possui asas, está canonizado e é pessoa de letras; será melhor para ele descer aos desertos líbios, onde encontrará fêmea e companhia. E parece-me que àquela praça se deva transferir a Magnanimidade, a heroica Generosidade, que sabe perdoar as pessoas, compadecer-se dos doentes, domar a Insolência, conculcar a Temeridade, rejeitar a Presunção e debelar a Soberba." "Muito bem", disseram Juno e a maior parte do consistório. Deixo de me referir com que grave, magnífico, belo aparato e grande comitiva aquela virtude se foi, pois agora, pela estreiteza do tempo, quero que vos seja suficiente ouvir o principal sobre a reforma e a disposição das sedes, pois hei de vos informar de tudo o mais, quando a sede por sede vos conduzir, vendo e examinando tais cortes.

SAULINO: Bem, querida Sofia, muito me alegra a tua cortês promessa; mas fico contente se com a brevidade que queiras me informes sobre a ordem e o espaço dados às outras sedes e coisas que as substituíram.

SOFIA: "Agora, o que será da Virgem?", perguntou a casta Lucina, Diana a caçadora. "Fazei-lhe saber", respondeu Júpiter, "se quer ser prioresa ou abadessa de irmãs e de monjas de conventos e monastérios da Europa, quer dizer, daqueles lugares onde não foram postas em fuga ou dispersadas pela peste; ou se quer ir governar as damiselas das cortes, a fim de que não sejam tentadas a comer os frutos antes ou fora da estação, ou ainda se fazer acompanhante de suas mães e senhoras." "Oh", respondeu Ditina, "diz que não pode e não quer, de maneira alguma, voltar para ali de onde uma vez foi afastada e de onde tantas vezes fugiu." O protopai ajuntou: "Permaneça tranquila então no céu e se guarde de sucumbir ou de se deixar contaminar com este lugar." Disse Momo: "Parece-me que poderá continuar pura e sem mácula, se perseverar em se manter afastada de animais racionais, de heróis e de deuses, conservando-se entre os animais como até o presente estado, tendo na parte ocidental o ferocíssimo Leão e o venenoso Escorpião a oriente. Mas não sei como se portará agora que se acha próxima da Magnanimidade, da Afabilidade, da Generosidade e da Virilidade, pois facilmente, por tão familiar comércio, a farão participar do magnânimo, do amoroso, do generoso e do viril, de fêmea a converterão em macho, e de deusa selvática e rústica, nume de sátiros, silvanos e faunos, a transformarão em deidade galante, humana, afável e hospitaleira." "Seja o que deve ser", respondeu Júpiter, "e enquanto isso, na mesma sede, residam a Castidade, a Pudicícia, a Continência, a Pureza, a Modéstia, o Recato e a Honestidade, contrárias à Libido prostituta, à Incontinência efusa, à Impudicícia e ao Descaramento, com as quais entendo ser a Virgindade uma das virtudes, pois por si só não tem valor algum; em si não é virtude nem vício, não encerra bondade, dignidade ou mérito, e quando não serve à natureza imperante, converte-se em delito, impotência, loucura ou expressa necedade; se obedece a uma urgente razão, chama-se continência e tem a natureza de tal virtude, porquanto participa de sua firmeza e desprezo por volúpias, o que não é em vão e frustrante, e sim benéfico à conversação humana e honesta satisfação para outros." "E o que faremos da Balança?", perguntou Mercúrio. "Que vá a todos os lugares, que se destine às famílias, a fim de que com ela os pais vejam para onde mais se inclinam os filhos, se para as letras ou para as armas, se para a agricultura ou a religião, se para o celibato ou o amor, considerando-se que o asno não é feito para voar nem os porcos para lavrar a terra. Que corra as Academias e Universidades e examine se aqueles que ensinam são justos de peso, se são demasiado leves ou muito pesados, se aqueles que presumem ensinar em cátedra ou escrevendo têm necessidade de ouvir e estudar; e pesando-lhes o engenho, veja se se elevam ou decaem; se possuem mais de ovelha ou de pastor e se é mais apropriado para apascentar porcos e asnos do que criaturas capazes de razão. Vá aos edifícios das Vestais para dar a conhecer a umas e outras qual e quanto seja a gravidade do contrapeso para violentar a lei da natureza, favorável ou oposta a toda razão e dever; vá às cortes a fim de que os ofícios, as honras, as dignidades, graças e privilégios sejam ponderados conforme o peso dos méritos e a dignidade de cada um, porque não merecem presidir a ordem e apenas com a injustiça da Fortuna a presidem e não sabem reger. Pelas repúblicas, a fim de que o peso das administrações iguale a suficiência e a capacidade dos súditos e não se distribuam empregos de acordo com o grau sanguíneo, a nobreza, títulos e riqueza, e sim em conformidade com as virtudes que dão à luz os frutos dos empreendimentos; para que presidam os justos, contribuam os facultosos, os sábios ensinem, os prudentes guiem, combatam os fortes, aconselhem os ajuizados e comandem os de autoridade. Vá por todos os Estados a fim de que nos convênios de paz, nas confederações e ligas ninguém prevarique nem se decline do justo, do honesto e útil à comunidade, atendendo-se na medida e com o peso da própria fé e dos contratantes; e nas empresas e negócios da guerra, se considere com que equilíbrio concorrem as próprias forças comparadas com as do inimigo; aquilo que é do presente e necessário com o que é possível no futuro; a facilidade de propor com a dificuldade de executar, a comodidade de entrar e a dificuldade de sair; a inconstância dos amigos e a constância dos inimigos; o prazer de ofender com o pensamento de defender-se; a comodidade de perturbar o outro com o incômodo de preservar o seu; o dispêndio certo e a perda do próprio com a aquisição incerta e o ganho do outro. Vá a todos os particulares, para que cada um contrapese aquilo que quer com aquilo que sabe; aquilo que quer e sabe com aquilo que pode; aquilo que quer, sabe e pode com o que deve; o que quer, sabe, pode e deve com o que fez, faz e espera fazer." "Agora, o que poremos em lugar da Balança, quem ocupará o posto de Libra?" perguntou Palas. Muitos responderam: "A Equidade, o Justo, a Retribuição, a Distribuição racional, a Graça, a Gratidão, a Boa Consciência, o Reconhecimento de si próprio, o Respeito aos mais velhos, a Equanimidade dos iguais, a Benignidade para com os inferiores, a Justiça sem rigor e com respeito a todos; que sejam afastadas a Ingratidão, a Temeridade, a Insolência, a Audácia, a Arrogância, a Iniquidade, a Injúria e seus familiares." Então acrescentou Momo: "O que queres, pai, que se faça com aquele santo, intemerato e venerando Capricórnio, teu divino nume e conutrido[133], aquele nosso estrênuo e mais do que heroico camarada na perigosa luta contra a gigantesca protérvia? Aquele grande conselheiro na guerra que achou o modo de vencer o inimigo e formidável antagonista dos deuses, que na caverna do monte Tauro apareceu no Egito; aquele que (por não ousarmos assaltá-lo abertamente) nos ensinou a transformá-lo em besta, a fim de que a arte e a astúcia suprissem o defeito de nossa natureza e valor, e por cujo meio alcançamos um honroso triunfo? Mas, ai de mim, que este mérito não está isento de algum demérito, pois o bem não se dá sem um mal ajuntado, sem dúvida por estar prescrito e definido pelo destino que nenhum doce esteja

---

133. Ambos foram alimentados pela cabra Almatea.

isento de incômodo e amargor." Disse Júpiter: "E que mal nos pôde trazer que se possa dizer estar unido àquele bem? Que indignidade pôde acompanhar o triunfo?" Respondeu Momo: "Ele fez com que os egípcios viessem a honrar as imagens vivas dos animais e que nos adorassem naquelas formas, pelo que acabamos escarnecidos como te direi." "Mas, isso, Momo", disse Júpiter, "não o tenho por mal, pois sabes que os animais e as plantas são os efeitos vivos da natureza, que, como deves saber, é deus nas coisas."

SAULINO: *Natura est deus in rebus.*

SOFIA: "Por isso", continuou Júpiter, "diversas coisas vivas representam numes distintos e distintos poderes, pois além do ser absoluto que possuem, obtêm o ser que é comunicado a todas as coisas conforme suas capacidades e medidas. Pelo que o deus todo (embora não totalmente, mas com mais ou menos excelência) está em todas as coisas. Por esse motivo, Marte se encontra mais eficazmente em vestígios naturais e em modo de substância não apenas em uma víbora ou em um escorpião, mas também numa cebola ou alho, do que numa pintura ou estátua inanimada. Pensa assim como o Sol está no açafrão, no narciso, no heliotrópio, no galo e no leão; assim se deve pensar de cada um dos deuses para cada um dos gêneros distintos do ente, pois assim como a divindade desce de certo modo quando se comunica com a natureza, assim pela vida reluzente nas coisas naturais se ascende à vida que acima delas se assenta." "É verdade o que dizes", respondeu Momo, "pois, com efeito, vejo como os sábios, por esse meio, tinham poder para se fazer familiares, afáveis e propícios aos deuses, os quais, fazendo falar as estátuas, lhes davam conselhos, doutrinas, augúrios e instituições sobre-humanas; daí, com ritos mágicos e divinos, pela mesma escala da natureza subiam às alturas da divindade, as mesmas pelas quais a divindade desce até as coisas mínimas para comunicar-se a si própria. Mas o que me parece ser deplorável é que vejo alguns insensatos e estultos idólatras, os quais, não mais do que uma sombra que se avizinha da nobreza do corpo, imitam a excelência do culto egípcio e buscam a divindade, da qual não têm qualquer ideia, nos excrementos das coisas mortas e inanimadas, ridicularizando tanto aqueles cultores divinos como nós, igualmente considerados animais. E o que é pior, com isso triunfam, vendo seus ritos loucos com tanta reputação e os dos outros rotos e desaparecidos." "Não te dê aborrecimentos com isso", disse Ísis, "porque o destino ordenou a vicissitude das trevas e da luz." "Mas o mal", respondeu Momo, "é que eles têm por certo estar na luz." E Ísis ajuntou que as trevas não lhes pareceriam trevas se eles as conhecessem. Aqueles, pois, para impetrar certos benefícios e dons dos deuses, em virtude de profunda magia passavam por meio de certas coisas naturais, nas quais estava latente a divindade, e pelas quais ela podia e queria se comunicar. Daí que as cerimônias não eram fantasias vãs, mas vozes vivas que tocavam os ouvidos dos deuses. Queremos, assim como os deuses, ser ouvidos por vozes naturais, não fantasiosas, mentirosas, vãs, e da mesma maneira por atos cerimoniais que quiseram compreender para ser entendidos por nós; de outro modo, talvez ficássemos surdos aos votos, como um tártaro ao sermão grego que jamais ouviu. Sabiam aqueles sábios que Deus está nas coisas, e a divindade, latente na natureza, operando e cintilando diversamente em sujeitos distintos, e por formas físicas diversas com certa ordem vir a participar do ser, da vida e do intelecto; e por isso, com as mesmas diversas ordens se dispunham à recepção de tantos e tais dons, os quais desejavam. Assim, pela vitória, libavam a Júpiter magnânimo com a águia, que sob este atributo está a divindade; pela prudência nas obras, libavam a Júpiter sagaz com a serpente; contra a traição, libavam a Júpiter ameaçador, com o crocodilo; e assim, para outros inumeráveis fins, sacrificavam com as espécies inumeráveis. Nada se fazia sem mágica e razão eficacíssima.

SAULINO: Como dizeis assim, ó Sofia, se Júpiter não era conhecido no tempo dos cultos egípcios, mas muito tempo depois entre os gregos?

SOFIA: Não pense no nome grego, ó Saulino, porque eu falo segundo o costume mais universal e porque os nomes, mesmo entre os gregos, são sobrepostos à divindade, pois todos sabem que Júpiter foi um rei de Creta, homem mortal, cujo corpo, como todos os outros, se corrompeu e se converteu em pó. Da mesma maneira, não se ignora que Vênus foi uma mulher, rainha apreciadíssima, extremamente bela, graciosa e liberal em Chipre. Julgue igualmente de todos os outros deuses conhecidos pelos homens.

SAULINO: Como então os adoravam e invocavam?

SOFIA: Te direi. Não adoravam Júpiter como se ele fosse a divindade, mas adoravam a divindade como se estivesse em Júpiter. Pois vendo um homem em quem era excelente a majestade, a justiça, a magnanimidade, compreendiam nele um deus magnânimo, justo e benigno. E punham em prática que tal deus, ou a divindade, quando de tal maneira se comunicava, se chamava Júpiter, assim como sob o nome de Mercúrio Egípcio, sapientíssimo, era denominada a divina sabedoria, interpretação e manifestação. De maneira que deste ou daquele homem não se celebra outra coisa além do nome e da representação da divindade, que com o nascimento daqueles veio a se comunicar com os homens, e com sua morte se entendia ter completado o curso de sua obra ou haver retornado ao céu. Assim, os numes eternos, sem contradizer de modo algum o que há de verdade na substância divina, possuem nomes temporais, em tempos e nações distintas, como podes ver nas histórias verídicas que contam que Paulo Tarsense foi chamado Mercúrio e Bernarbeu Galileo foi denominado Júpiter, não porque eram considerados deuses, e sim porque se estimou que a virtude divina que se encontrou em Mercúrio e em Júpiter, em outros tempos, naquele momento se encontrava neles, mercê da eloquência e da persuasão de um e dos efeitos úteis que procediam do outro. Eis por que nunca foram adorados os crocodilos, galos, nabos e cebolas, e sim os deuses e a divindade nos crocodilos, nos galos e nas demais coisas, divindade que, em determinados tempos e lugares, sucessiva ou conjuntamente, se achou, se acha e se achará em diversos objetos, ainda quando sejam mortais – havia consideração pela divindade conforme estivesse próxima e fosse familiar, não conforme fosse elevadíssima e absoluta em si mesma, mas em relação de intimidade com as coisas produzidas. Vê então como uma simples divindade, que se encontra em todas as coisas, uma natureza fecunda, mãe conservadora do universo, conforme se comunica distintamente, resplandece em diversos objetos e toma distintos nomes; vê como outra precisa elevar-se para participar de dons diferentes; de outra maneira se tenta em vão colher a água com a rede e pescar com as pás. Mas para isso é preciso aquela sabedoria e julgamento, aquela arte, indústria e uso da luz intelectual, que do sol inteligível às vezes mais, às vezes menos, por vezes ao máximo e por vezes minimamente se revela ao mundo. Hábito esse que se chama magia, e esta, quando versa sobre princípios sobrenaturais, é divina; e quando versa acerca da contemplação da natureza e perscrutação de seus segredos, é natural; e é chamada ainda mediadora quando consiste nas razões e atos da alma que está no horizonte do corporal e do espiritual, do espiritual e do intelectual. Agora, para voltar ao propósito do qual partimos, disse Ísis a Momo que os idólatras estúpidos e insensatos não têm razão de se rir do culto mágico e divino dos egípcios, pelo qual, em todas as coisas e em todos os efeitos, conforme as razões próprias de cada um, se contemplava a divindade. E sabiam, por intermédio das espécies que estão no seio da natureza, receber os benefícios que dela desejavam, a qual, como do mar e dos rios, doa os peixes, das matas, os animais selvagens, das minas, os minerais, das árvores, os frutos, assim também, de certos animais e de certas plantas, oferecem certas virtudes, fortunas e impressões. E por isso a divindade no mar foi chamada Netuno, no sol, Apolo, na terra, Ceres, nas matas, Diana e assim diversamente em cada uma das demais espécies, as quais, como várias ideias, eram diversos numes da natureza, os quais, por sua vez, se referiam a um nume dos numes e a uma fonte das ideias sobre a natureza.

SAULINO: Disso me parece derivar aquela Cabala dos hebreus, cuja sabedoria (qualquer que seja em seu gênero) procede dos egípcios, em meio aos quais foi Moisés instruído. Primeiramente, ela atribui ao primeiro princípio um nome inefável do qual, secundariamente, procedem quatro, que em seguida se resolvem em doze; os quais se subdividem, de modo reto, em setenta e dois, e de modo reto ou obliquamente, em cento e quarenta e quatro; e assim em outros por quaternários e duodenários desdobramentos em inumeráveis, pois inumeráveis são as espécies. E de tal modo, com cada um dos nomes (o que é cômodo para o idioma) denomina um deus, um anjo, uma inteligência, uma potestade que preside uma espécie; de maneira que, ao final, se acha que toda deidade se reduz a uma fonte, como toda luz à primeira e por si lúcida e as imagens que estão em numerosos espelhos e tantos objetos particulares a um princípio formal e ideal, fonte daqueles.

SOFIA: Assim é. Igualmente, portanto, aquele deus, como absoluto, não tem o que fazer conosco, mas apenas quando se comunica nos efeitos da natureza, e está em mais íntima conexão com estes do que a própria natureza; de maneira que, se ele não é a própria natureza, com certeza é a natureza da natureza; é a alma da alma do mundo, se não for a própria alma. Por isso, em conformidade com as razões especiais que queriam acomodar, para receber a ajuda daquele, por meio de espécies ordenadas deviam apresentar-se diante, assim como quem quer o pão vai ao padeiro, quem quer vinho, vai ao vinhateiro, a quem apetece os frutos, vai ao granjeiro, quem deseja a doutrina, vai ao mestre, e assim sucessivamente para todas as coisas, de sorte que uma bondade, uma felicidade, um princípio absoluto de todas as riquezas e bens difunde os dons segundo as exigências de particulares. Daqui podes inferir como a sabedoria dos egípcios, que já se perdeu, adorava os crocodilos, os lagartos, as serpentes, as cebolas e não apenas a Terra, o Sol e a Lua, assim como outros astros; e o rito mágico e divino (pelo qual a divindade se comunicava comodamente com os homens) veio a ser deplorado por Trimegisto quando, discutindo com Asclépio, disse: "Vê, Asclépio, essas estátuas animadas, cheias de sentimento e de espírito, que realizam tantas e tão dignas obras? Essas estátuas, que prognosticam as coisas futuras, que induzem as enfermidades, a saúde, a alegria e a tristeza, segundo os méritos de cada um? Não sabes, Asclépio, como o Egito seja a imagem do céu e, para dizer melhor, a colônia de todas as coisas que se governam e se exercitam no céu? Na verdade, a nossa Terra é o templo do mundo. Mas, infelizmente, tempo virá que parecerá ao Egito ter sido em vão um cultor religioso da divindade, pois ela, remigrando ao céu, deixará o Egito deserto. E esta sede da divindade permanecerá viúva de toda religião para ser abandonada da presença dos deuses, pois lhe sucederá gente estrangeira e bárbara, sem religião, piedade, lei e culto algum. Ah, Egito, das tuas religiões restarão apenas as fábulas, inacreditáveis ao entendimento das gerações futuras, para as quais só narrarão teus gestos pios as letras esculpidas em pedras, e elas o farão não para deuses e homens, mas para citas e indianos, ou semelhantes em natureza selvagem. As trevas irão se sobrepor às luzes, a morte será julgada mais útil do que a vida, ninguém alçará os olhos aos céus, o religioso será considerado insano, o ímpio será julgado prudente, o furioso, forte, o péssimo, bom. Creia-me, que ainda será definida pena capital àquele que se aplicar à religião da mente, pois haverá nova justiça, novas leis, e nada será santo ou religioso; não se ouvirá coisa digna do céu. Só anjos perniciosos ficarão, os quais, mesclados aos homens, levarão os míseros à audácia de qualquer mal, como se assim fosse a justiça, dando matéria à guerra, à rapina, à fraude e a toda coisa contrária à alma e à justiça natural. E esta será a velhice, a desordem e a irreligião do mundo. Mas não duvides, Asclépio, pois tão logo caduquem essas coisas, então o senhor e pai, Deus governador do mundo, o onipotente provedor, por um dilúvio de água ou de fogo, pela peste ou outro ministro de sua justiça dará fim a tal mácula, trazendo ao mundo o antigo aspecto."

SAULINO: Agora, volta ao propósito entre Ísis e Momo.

SOFIA: Acerca dos caluniadores do culto egípcio, recitou-lhe aquele verso do poeta: "Loripedem rectus derideat, Aethiopem albus."[134] E logo acrescentou: "As bestas insensatas e os verdadeiros brutos se riem de nós, os deuses, porque somos adorados sob as formas de animais, de plantas e de pedras, e ainda dos meus egípcios que assim nos reconheciam; não consideram que a divindade se mostra em todas as coisas, ainda que para fins universais e excelentes só se mostre em coisas grandes e por princípios gerais. E para fins próximos, cômodos e necessários a diversos atos da vida humana se encontre e seja vista em coisas abjetíssimas, mesmo que toda coisa tenha a divindade latente em si, pois se estende e se comunica até às menores, segundo sua capacidade, sem cuja presença nada receberia

---

134. "Os eretos se mofam dos aleijados, os etíopes dos brancos." Juvenal, *Sátiras*, II, 23.

do ser, porquanto, do primeiro ao último, é a essência de todos os seres. Os egípcios (como entendem os sábios) se elevavam, por essas formas naturais exteriores de animais e de plantas, à divindade e (como mostram seus sucessos) nela penetravam. Mas os que com hábitos exteriores revestem seus ídolos, acomodando na cabeça de alguns os raios dourados apolíneos, em outros a graça de Ceres ou a pureza de Diana, em outros a águia, a mão e o cetro de Júpiter, esses descendem pouco a pouco até adorar como se fossem deuses aquelas coisas que de espírito quase nada possuem; porque, afinal, sua adoração é praticada por homens inábeis, infames, estúpidos, vituperadores, fanáticos, desonrados, infortunados, inspirados por gênios perversos, sem engenho ou capacidade de fala, sem qualquer virtude, os quais vivos não valerão por si e mortos não valerão por si nem para outros. E embora por seu intermédio seja corrompida e emporcalhada a dignidade do gênero humano, pois em lugar de ciência estão encharcados de ignorância a mais bestial, e daí reduzidos a ser governados sem verdadeira justiça civil, tudo aconteceu não por prudência, mas porque o destino também deixa tempo e vicissitudes às trevas." E ajuntou estas palavras a Júpiter: "Eu me condoo de vós, pai, já que para muitos animais, por serem animais, me parece que são indignos do céu, possuindo, no entanto (como mostrei) tanta dignidade." Ao que retrucou o altitonante: "Tu te enganas, filha, por serem animais. Se os deuses desdenhassem o ser animal, não teria havido tantas metamorfoses. Mas não podendo nem devendo ali permanecer uma hipostática substância, quero que ali continuem em retrato, como significado, índice e figura das virtudes que naqueles lugares se estabeleçam. E mesmo quando alguns tenham um significado expresso de vício, por serem animais predispostos à vingança contra a espécie humana, nem por isso carecem de virtude divina e de alguma maneira muito favoráveis a ela, porque nenhum é absolutamente mau, salvo sob certo critério, como a Ursa ou o Escorpião. Mas não quero que isso repugne ao nosso propósito, e sim o consinto no modo como pudeste ver e verás. Mas não quero que a Verdade esteja sob a figura e nome da Ursa, que a Magnanimidade esteja sob o da Águia, a Filantropia sob o Delfim e assim com os demais. E voltando agora à proposta sobre Capricórnio, já sabes o que eu disse no princípio quando se fez o anúncio dos que deviam deixar o céu, e creio que tu te recordas de ser ele um dos indicados. Desfruta, pois, de sua sede, tanto pelas razões expostas quanto por outras que se poderiam aduzir. Com ele, por respeito, habite a Liberdade de espírito, para o que a vida monacal contribui, assim como o recolhimento e a solidão, que costumam engendrar o divino sigilo que é a contração interior."

Na continuação, perguntou Tétis a Júpiter o que desejava fazer do Aquário. "Vá", respondeu o tonante, "em busca dos homens para resolver aquela questão do dilúvio e explicar como ele foi possível, porque foram abertas todas as cataratas do céu; e destrua a crença daqueles que dizem ter sido parcial, fundamentando-se em ser impossível que a água do mar e dos rios pudesse cobrir os dois hemisférios. Depois, que faça compreender como nesta reparação do gênero humano, transportado em barco pelas ondas, se fez em nosso Olimpo e não nos montes da Armênia, no Mongibello da Sicília ou em qualquer outra parte. Além disso, que as gerações dos homens se encontram em diversos continentes, não à maneira como se encontram outras espécies de animais, saídas do seio da natureza, e sim em virtude de transferência ou de navegação, pois foram conduzidos (por exemplo) por aquelas naves existentes antes que se encontrasse a primeira, porque recentemente se descobriu uma nova parte da Terra, a que chamamos Novo Mundo, onde se encontraram calendários de dez mil anos ou mais, os quais, como digo, são mais completos, pois seus quatro meses são as quatro estações e porque, quando os anos estavam divididos em menor número, estavam também divididos em meses maiores. Mas (para evitar os inconvenientes que vós mesmos podeis considerar) vai-se conservar esta crença, achando um modo de acomodar aqueles anos; e aquilo que não se pode glosar ou desculpar, nega-se com audácia, dizendo que se deve oferecer mais fé aos deuses do que aos homens, pois que são todos mentirosos." Aqui replicou Momo: "Parece-me melhor desculpar-se da maneira seguinte – dizendo, por exemplo, que os da nova terra não formam parte da geração humana porque não são homens, ainda que em membros, figura e cérebro sejam muito semelhantes a eles, e em muitas ocasiões se mostrem mais sábios, tratando seus deuses com menos ignorância." Respondeu Mercúrio que tal razão era muito dura para digerir. "Parece-me que enquanto pertence à memória dos tempos, se pode facilmente providenciar para que se façam maiores estes ou menores aqueles anos; mas penso que seja conveniente encontrar uma razão, por algum sopro de vento ou transporte de baleia, pela qual se tenha vomitado os vivos em outras partes e continentes. De outro modo, nós, deuses gregos, estaremos confusos, porque se dirá que tu, Júpiter, por meio de Deucalião, não hás reparado em todos os homens, mas só nos de uma parte do globo." "Disso e do modo de prover se falará mais confortavelmente em outra ocasião", disse Júpiter. "E que se acrescente à comissão daquele Aquário definir acerca da controvérsia se ele esteve até agora no céu por um pai dos gregos, dos hebreus, dos egípcios ou ainda de outros; se tem por nome Deucalião, Noé ou Osíris. Finalmente, determine se ele é aquele patriarca Noé que, embriagado pelo amor ao vinho, mostrou o princípio orgânico de sua geração aos filhos para lhes fazer compreender imediatamente em que consistia o princípio restaurativo daquela geração absorvida e abismada pelas ondas do grande cataclismo, quando dois homens machos, retrocedendo, viram a nudez do pai; ou então é aquele Deucalião a quem, juntamente com Pirra, sua consorte, mostrou-se nas pedras o princípio da restauração humana; pelo que dois seres humanos, um homem, outro mulher, retrocedendo, as jogaram no seio despido da terra mãe. Ensine de qual destes dois modos de dizer (pois não podem ambos ser história), qual seja a fábula, qual a história; ou se ambos são fábulas, qual a mãe, qual a filha, e se veja se poderá reduzi-la à metáfora de alguma verdade digna de estar oculta. Mas não infira que a suficiência da magia caldaica tenha saído e deriva da judaica, pois os hebreus foram conventuais dos egípcios e jamais houve quem pudesse imaginar com alguma verossimilhança que os egípcios tenham tomado algum princípio daqueles, digno ou indigno. Daí que nós, os gregos, reconheçamos como pais de nossas fábulas e doutrinas a grande monarquia das letras e da nobreza, o Egito, e não aquela geração que nunca teve um palmo de terra que fosse seu, naturalmente ou por justiça civil. Por onde se pode concluir, com suficiência, que naturalmente não são, como não o foram, parte do mundo, por grande violência da fortuna.

SAULINO: Isso, Sofia, diria Júpiter por inveja, já que são dignamente chamados e se dizem santos por ser mais geração celeste e divina do que humana; e não tendo parte neste mundo, sejam aprovados pelos anjos herdeiros daquele outro.

SOFIA: Estamos de acordo, Saulino.

SAULINO: Diz-me agora o que quis Júpiter que acontecesse com aquela sede.

SOFIA: A Temperança, a Cortesia, a Urbanidade, mandando para baixo a Intemperança, o Excesso, a Aspereza, a Rusticidade e a Barbárie.

SAULINO: Como a Temperança obtém a mesma sede da Urbanidade?

SOFIA: Da mesma maneira que a mãe pode habitar com a filha, pois pela Intemperança dos afetos sensuais e intelectuais se dissolvem,

desordenam, se desagregam e se extinguem as famílias, as repúblicas, as conversações civis e o mundo. A Temperança é aquela que tudo reforma, como te farei entender quando andarmos por essas instâncias.
SAULINO: Assim está bem.
SOFIA: Para vir aos Peixes, agora. Levantou-se a bela mãe de Cupido e disse: "Vos peço com todo o meu coração (pelo bem que me quereis e o amor que me destes, ó deuses), padrinhos, que nas margens do rio Eufrates versaram aquele ovo que, chocado pela grande pomba, extraiu a minha misericórdia." "Que retornem para lá onde estiveram", disse Júpiter, "e que lhes baste terem estado aqui por tanto tempo; conceda-lhes o privilégio de que os sírios não lhes possam comer sem serem excomungados e guarde-se para que não venha novamente qualquer Mercúrio mensageiro que, extraindo-lhes as ovas, forme alguma metáfora de nova misericórdia para curar os olhos de algum cego[135], pois não quero que Cupido abra os olhos. Considerando que se cego atira tão certeiramente e contamina tantos quantos deseja, que pensais que faria se olhos límpidos tivesse? Vão para lá e vivam prevenidos pelo que eu disse. Vede como por si mesmo o Silêncio, a Taciturnidade, na forma em que aparece no Egito e na Grécia, em simulacro de Píxide, vai ocupar o seu lugar. Deixai-lhes passar, não lhes faleis, nada lhes pedis. Vede como do outro lado se desprendem o Falatório e a Loquacidade com suas servidoras e assistentes." Momo acrescentou: "Retire-se também aquela melena chamada Cabelos de Berenice e seja levada daquele Téssalo para vendê-los a alguma princesa careca." "Bem", respondeu Júpiter, "eis por fim purificado o espaço do signífero, onde se acham postas trezentas e quarenta e seis estrelas notáveis, cinco máximas, nove grandes, sessenta e quatro medianas, cento e trinta e três pequenas, cento e cinco menores, vinte e sete mínimas, três nebulosas."

Terceira Parte do Terceiro Diálogo

"Eis agora como desembaraçar a terceira parte do céu", disse o altitonante: "a parte dita austral, ou dita meridional, onde, em primeiro lugar, Netuno deixa seu grande animal se apresentar." "A Baleia", disse Momo, "se não aquela que serviu de galera, de carruagem ou de tabernáculo ao profeta de Nínive, e este a ela de alimento, medicina e

---

135. Referência a Tobias que, conduzido pelo arcanjo Rafael, recolhe um peixe do rio Tigre e com a bile de seu fígado restitui a visão de seu pai.

vomitório; se não é o troféu da vitória de Perseu, se não é o pai de Ianni do Orco, se não é o animalaço de Cola de Catanzano[136], quando desceu aos infernos; eu, embora seja um dos grandes secretários da república celestial, não sei em que má hora ela esteja. Que vá (se assim aprouver a Júpiter) até Salônica e veja se pode servir para alguma bela fábula à gente extraviada e povo da deusa Perdição[137]. E porque quando este animal aparece sobre o alto, inconstante e tempestuoso mar anuncia sua tranquilidade futura, se não naquele mesmo dia, para os próximos que imediatamente se seguem, parece-me que tem sido um bom tipo da tranquilidade de espírito." "É bom", disse Júpiter, "que esta virtude soberana, chamada Tranquilidade de espírito, apareça no céu, pois cicatriza os homens da inconstância do mundo, os torna firmes contra as injúrias da fortuna, os mantém afastados da preocupação das administrações, os conserva pouco afoitos para as novidades, os faz pouco molestos a inimigos, nada graves aos amigos e não sujeitos à glória vã; os deixa pouco perplexos com as contrariedades da vida e pouco temerosos do encontro com a morte." Em seguida, perguntou Netuno: "Que fareis, ó deuses, do meu belo pequerrucho, daquele Órion que faz, para espanto (como dizem os etimologistas), urinar o céu?"[138] "Aqui", respondeu Momo, "deixai-me que eu proponha, ó deuses. Caiu o macarrão dentro do queijo (como é provérbio em Nápoles). Este, porque faz maravilhas e, como sabe Netuno, pode caminhar sobre as ondas do mar sem submergir-se nem molhar os pés, é por isso capaz de muitas outras gentilezas, mandemo-lo aos homens e façamos que lhes dê a entender tudo aquilo que nos pareça e agrade, fazendo-lhes crer que o branco é preto, que o entendimento humano, lá onde pareça ver com toda a clareza, é cego, e o que, segundo a razão, pareça excelente, bom e mesmo ótimo, seja visto como vil, celerado e extremamente ruim; que a natureza é uma puta no bagaço, que a lei natural é uma patifaria, que a natureza e a divindade não podem concorrer para o mesmo fim, que a justiça de uma não está subordinada à justiça da outra, mas coisas contrárias,

---

136. Lenda italiana de Cola Peixe. Cola, excelente nadador, foi transformado em homem-peixe por maldição de sua própria mãe e encontrou-se com uma baleia quando procurava medir a profundidade do estreito de Messina.

137. O povo judeu.

138. Há uma coincidência entre a época de maior visibilidade da constelação de Órion e o período de chuvas, além da correspondência etimológica (*ourein*, em grego, urinar) segundo uma das versões do mito. O rei Ireu, anfitrião de Júpiter e Mercúrio, pediu aos deuses que lhe concedessem o nascimento de um filho. Os deuses fizeram imolar um boi, lhe tiraram a pele, urinaram sobre ela e pediram por fim que fosse enterrada. Desse feitiço veio a nascer o filho de Ireu, Órion.

como as luzes e as trevas; que toda a divindade é mãe dos gregos e inimiga madrasta de toda outra geração, e daí que ninguém pode ser grato aos deuses senão grecizando, *idest*, fazendo-se de grego. Pois o maior dos celerados e poltrão que tenha havido na Grécia, por ter pertencido à geração dos deuses, é incomparavelmente melhor que o mais justo e magnânimo que tenha podido sair da Roma republicana e de qualquer outra geração, ainda que melhor nos costumes, nas ciências, na fortaleza de espírito, no juízo, na beleza e na autoridade moral. Porque esses são dons naturais e desprezados pelos deuses, deixados àqueles incapazes de grandes privilégios, isto é, aqueles sobrenaturais que a divindade concede, como o de saltar sobre as águas, fazer dançar os caranguejos, os coxos darem piruetas e outras belas e inumeráveis galanterias. Assim, poderá persuadi-los de que a filosofia e qualquer contemplação e magia que possa fazê-los semelhantes a nós são apenas loucuras, de que todo ato heroico não é mais do que velhacaria, e de que a ignorância é a mais bela ciência do mundo, pois se adquire sem cansaço e não dá à alma o sentimento da melancolia[139]. Com isso, talvez se poderá reclamar e restaurar o culto e a honra que perdemos e ainda aumentá-los, fazendo com que os nossos patifes sejam considerados deuses por serem gregos ou grecizados. Mas com temor vos dou este conselho, pois alguma mosca me sussurra no ouvido que poderia acontecer que, aquele que tivesse a caça nas mãos, a guardasse para si, dizendo e lhes fazendo acreditar que o grande Júpiter não é Júpiter, mas que Órion é Júpiter e que os demais deuses são quimeras e fantasias. Portanto, parece-me conveniente que não permitamos que, por *fas et nefas*[140], como dizem, venha a ter tantas habilidades e realizar tantas maravilhas, tornando-se superior à nossa reputação[141]. Aqui interveio a sábia Minerva: "Não sei, ó Momo, com que sentido dizes essas palavras, dás esses conselhos e reclamas tais cuidados. Penso que falas com ironia, porque não te julgo tão louco que possas supor que os deuses mendiguem essas misérias de reputação em meio aos homens; e (quanto a estes impostores) que a falsa reputação, fundada na ignorância e na bestialidade de quem os estima, sirva de honra ao invés de confirmação de sua indignidade e sumo vitupério. Importa à divindade e à verdade que a preside que

---

139. Crítica direta a São Paulo em sua Carta aos Coríntios I 1, 21-31, onde se menciona a "loucura da Cruz" e onde se diz "Destruirei a sabedoria dos sábios e rejeitarei a inteligência dos inteligentes."
140. "A qualquer custo, de toda maneira."
141. Parece haver aqui uma crítica à figura e feitos de Cristo, em comparação com o estrito monoteísmo judaico.

a pessoa seja boa e digna, mesmo que nenhum mortal a conheça; mas que um outro falsamente venha a ser estimado deus, nem por isso se lhe acrescentará dignidade. Se então se tomar não somente Órion, que é grego e homem de algum mérito, mas alguém da mais indigna e corrupta geração do mundo, da mais baixa e suja natureza do espírito, que seja adorado como sendo Júpiter, certamente jamais será ele honrado em Júpiter, nem Júpiter será depreciado nele, agora que ele mascarado e incógnito obtém aquela instância e aquele sólio, mas mais que em outros serão vilipendiados e vituperados nele. Nunca um embusteiro poderá ser capaz de honra porque, arremedando o ministério de gênios inimigos, serve de macaco e de zombaria aos cegos mortais." "Pois sabeis", disse Júpiter, "o que defino para aquele, a fim de evitar qualquer possível escândalo futuro? Quero que vá abaixo e decreto que perca toda virtude de fazer bagatelas, imposturas, destrezas, gentilezas e outras maravilhas que não servem para nada; pois com isso não quero que se destrua aquela excelência e dignidade necessárias à república do mundo, vendo o quanto é fácil ser enganado e, por consequência, inclinado às loucuras e propenso a toda corrupção e indignidade. Não quero que nossa reputação dependa da discrição deste ou de qualquer outro semelhante, pois se de louco merece ser tratado um rei que a seu capitão e duque dá tanto poder e autoridade que este lhe pareça superior (o que pode acontecer sem prejuízo do reino, sendo assim tão bem ou melhor governado), mais insensato seria caso se deixasse com a mesma autoridade um homem abjeto, vil e ignorante, por meio de quem tudo viesse a ser envilecido, maltratado, confundido e transformado, pondo a ignorância como costume, a nobreza como vilipêndio e a vilania como reputação." "Vá depressa", disse Minerva, "e naquele espaço lhe suceda a indústria, o belicoso exército e a arte militar, com que se defenda a pátria, a paz e a autoridade, se ataque, se vença e se reduza a barbárie a viver em conversação humana e civil, se anulem os cultos, sacrifícios e leis inumanas, selvagens e imorais, pois para realizar isso, talvez pela multidão de vis e de celerados, não baste a minha sabedoria sem a ponta de minha lança, já que a patifaria radicou-se e se multiplicou no mundo." Ao que Júpiter respondeu: "Basta a sabedoria, minha filha, contra essas coisas que por si mesmo envelhecem, decaem e são devoradas e consumidas pelo tempo, como coisas de fragilíssimo fundamento." "Mas no entretempo", disse Palas, "é preciso resistir e lutar, a fim de que com tal violência não nos destruam antes de serem reformados." "Disponhamos agora da Lebre, a qual pretendo tenha vivido um tipo de temor pela Contemplação da morte. E também, na medida do possível, de Esperança, e Confiança, que é contrária ao temor, pois de certo modo uma e outra são virtudes, ou ao menos matéria de virtudes, quando filhas da consideração e servas da prudência. Mas o temor vão, a covardia e a desesperança sigam para baixo com a Lebre para ocasionar o inferno e o Orco das penas às almas estúpidas e ignorantes. Ali, que não haja lugar tão oculto no qual não entre a falsa Suspeição e o cego Espanto da morte, abrindo as portas de toda remota instância mediante os falsos pensamentos que néscia fé e a credulidade originam e alimentam; mas que inutilmente tente se aproximar dali onde o muro inexpugnável da contemplação verdadeira e filosófica circunda, onde a quietude da vida esteja fortificada, onde a verdade seja franca, onde seja clara a necessidade da eternidade de toda substância, onde nada se deva temer senão ser despojado da perfeição humana e da justiça, que consiste em sua conformidade com a natureza suprema e não errante." "E agora", disse Júpiter, "vamos a esse Cão que a segue de perto e que por centenas de anos a captura em espírito e, por medo de perder a matéria do andar caçando, nunca a alcança, ao mesmo tempo que vai ladrando atrás, fingindo as respostas." "Sempre me lamentei, ó pai", disse Momo, "deste cão mastim ter sido levado ao céu a perseguir a raposa tebana como se um fosse um lebréu no encalço de uma lebre, enquanto lá baixo deixaste a raposa convertida em pedra." "Quod scripsi, scripsi"[142], disse Júpiter. "E este é o mal", replicou Momo, "que Júpiter tem a sua vontade como justiça, e o seu feito por decreto fatal, para fazer conhecer a autoridade absoluta e para não dar a conhecer que possa ter cometido um erro, como costumam fazer outros deuses que, por amor à equidade, alguma vez se arrependem, se retratam e se corrigem." Disse Júpiter, "E o que pensas que devemos fazer agora, tu, que de um caso particular queres deduzir a sentença geral?" Momo desculpou-se, dizendo que deduzia geralmente em espécie, quer dizer, para coisas semelhantes; não em gênero, quer dizer, para todas as coisas.

SAULINO: O esclarecimento foi bom, porque não há semelhante onde existe o diferente.

SOFIA: Mas acrescentou: "Por isso, santo pai, já que tens tanto poder que podes fazer da terra céu, das pedras pão e do pão qualquer outra coisa, e finalmente podes fazer o que não existe, faz com que o ofício de caçador, isto é, a Venação, assim como é uma magistral insensatez, uma loucura régia e um frenesi imperial, venha a ser

---

142. "O que escrevi, escrevi."

uma virtude, uma religião, coisa sagrada e que se dispense grande honra ao carniceiro que mata, esquarteja e arranca as entranhas de uma besta selvagem. E ainda que conviesse a Diana te pedir isso, eu o requeiro, no entanto, para que a caça seja coisa honesta de se pedir benefício e dignidade". Respondeu Júpiter: "Ainda que o ofício de carniceiro deva ser uma arte e serviço mais vil do que o de verdugo (como é costume em certas partes da Alemanha), pois que este se contrata para membros humanos, e talvez administre a justiça, e aquele para membros de uma pobre besta, sempre administrando a gula desordenada, para a qual não basta o alimento ordenado pela natureza, mais conveniente à compleição humana, também o ser caçador é um exercício e arte não menos ignóbil e vil do que o de carniceiro; da mesma maneira que não existe razão para estimar mais a besta selvagem do que o animal doméstico e campestre. Contudo, me parece e me apraz ordenar, para não acusar, e a fim de que minha filha Diana não venha a ser acusada de vitupério, que o ser verdugo de homens seja coisa infame; que o ser carniceiro de animais domésticos seja vil, mas ser verdugo de bestas selvagens tenha honra, boa reputação e glória." "Bem se prevê o lugar do cão caçador", disse Momo, "pois será conveniente mandá-lo para a Córsega ou para a Inglaterra. E em seu lugar lhe suceda a Predicação da verdade, o Tiranicídio, o Zelo da pátria e das coisas domésticas, a Vigilância, a Custódia e o Cuidado com a república. E o que faremos da Cachorrinha?" Então ergueu-se a doce Vênus e a pediu por graça dos deuses, para que lhe servisse de passatempo e às suas damiselas nos momentos de descanso e brincasse em seu colo com sua graciosa agitação e seu balançar de cauda. "Bem", disse Júpiter, "mas veja que dali deva partir a Lisonja e a Adulação tão amadas, assim como o perpetuamente odiado Desprezo, pois naquele lugar quero que resida a Domesticidade, o Aplacamento, a Gratidão, o simples Obséquio e a amável Serventia." "Faz", respondeu a bela deusa, "do resto o que te agrada, porque sem esta cadelinha não se pode ser feliz no céu, como tampouco se pode perseverar sem essas virtudes que enumeras." E tão logo cerrou a boca a deusa de Pafos, Minerva a abriu, dizendo: "Agora, que destino dareis à minha bela manufatura, aquele palácio vagabundo, aquela instância móvel, aquele armazém e fera errante, aquela verdadeira baleia que tragou corpos vivos e sãos e os foi arrojar nas margens opostas e distintas do mar?"[143] "Que vá", responderam muitos deuses, "com a abominável

---

143. A constelação de Argo, o legendário navio dos argonautas.

Avareza, com o vil e temerário Tráfico, com a Pirataria desesperada, com a Predação, o Engano, a Usura e outras servas celeradas, ministras e circunstantes. E ali resida a Liberalidade, a Munificência, a Nobreza de espírito, a Comunicação e o Benefício, com seus dignos ministros e servos." "Mas é preciso que a nave seja concedida e apropriada por alguém", disse Minerva. "Faz dela o que te agrade", respondeu Júpiter. "Pois bem, que se ponha a serviço de um solícito português, ou curioso e avaro britânico, a fim de que com ela se vá a descobrir novas terras e outras regiões para a Índia ocidental, onde o perspicaz genovês ainda não chegou e não tenha posto os pés o tenaz e constante espanhol; e assim, sucessivamente, sirva no futuro ao mais curioso, solícito e diligente investigador de novas terras e continentes."

Tendo finalizado Minerva, começou-se a ouvir neste tenor o triste, relutante e melancólico Saturno: "Parece-me, ó deuses, que entre os reservados para permanecer no céu com os Asnos, o Capricórnio e a Virgem, encontre-se a Hidra, esta antiga e grande serpente que, merecidamente, habita a pátria celeste por ser a que nos vingou da afronta do audaz e curioso Prometeu, não tão amigo de nossa glória quanto afeiçoado aos homens, por querer que, gozando o privilégio e a prerrogativa da imortalidade, nos fossem semelhantes e iguais. Este foi aquele animal mais astuto e perspicaz, prudente e fino de todos que a terra tenha produzido, que quando Prometeu subornou meu filho, vosso irmão e pai, Júpiter, para que lhe desse aqueles barris plenos de vida eterna, e os carregou num asno para que o animal os levasse à região dos homens, se conduziu de maneira que (caminhando o asno à frente de seu guardião), abrasado pelo sol, sufocado pelo calor, sentindo os pulmões ressecados pela sede, fosse por ela convidado a uma fonte de tal forma baixa e funda que foi preciso que o asno se inclinasse muito para tocar a superfície líquida com o focinho, fazendo com que os barris se descarregassem das costas, se quebrassem os odrezinhos e se derramasse a vida eterna e toda ela veio a esparramar-se na terra e naquele pântano que se misturava à erva. Ela recolheu uma pequena porção para si; Prometeu ficou confuso, os homens submetidos à triste condição da mortalidade e o asno, perpétuo enganado e inimigo destes, condenado pela geração humana, com o consentimento de Júpiter, ao trabalho eterno e ao sofrimento, a péssimos alimentos e à mercê de pauladas frequentes e duras. Assim, ó deuses, por sua causa acontece de os homens nos darem alguma atenção, pois, vede agora que, embora sejam mortais, conheçam sua imbecilidade e esperem passar por nossas mãos, nos desprezam, zombam de nós e nos julgam como macacos, o que fariam se fossem, como nós, imortais?" "Muito bem discorreste, Saturno", disse Júpiter. "Que ali permaneça", responderam todos os deuses. "Mas partam", aduziu Júpiter, "a Inveja, a Maledicência, a Insídia, a Mentira, a Discórdia, o Desentendimento e que as virtudes contrárias permaneçam com a serpentina Sagacidade e a Cautela. Mas aquele Corvo não posso suportar que lá esteja; contudo que Apolo retire aquele divino e bom servidor, aquele solícito embaixador, diligente postalista que tão bem realizou os mandamentos dos deuses quando esperavam a sede pela diligência do serviço." "Se quiser reinar", disse Apolo, "que vá à Inglaterra, onde achará dos seus em grande número. Se quiser permanecer solitário, estenda seu voo até Montecorvino, perto de Salerno. Se quiser ir onde existem muitos figos, vá à Figônia, isto é, às ribeiras que banham o mar ligúrio, desde Nice até Gênova. Se lhe vence o apetite de comer cadáveres, vá se agitando pela Campânia, ou pelo caminho entre Roma e Nápoles, onde são esquartejados tantos ladrões que, a cada passo, achará preparados abundantes e suntuosos banquetes de carne fresca, mais do que em qualquer outra parte do mundo." E Júpiter acrescentou: "Que caiam a Torpeza, a Derrisão, o Desprezo, a Loquacidade, a Impostura e naquela sede suceda a Magia, a Profecia e toda Divinação e Prognóstico, por seus efeitos julgada útil e boa."

SAULINO: Gostaria de teu parecer, Sofia, sobre a metáfora do corvo, que foi primeiramente encontrada no Egito, depois, na forma de história, entre os hebreus, com os quais essa ciência transmigrou da Babilônia; e em forma de fábula é extraída dos que poetizaram na Grécia. Considerando que os hebreus falam de um corvo enviado da arca por aquele que se chamava Noé, para ver se as terras haviam secado, no tempo em que os homens tinham tanto bebido que morreram, este animal, atraído pela gula de cadáveres, ficou e nunca mais voltou de sua delegação e serviço; o que parece contrário àquilo que contaram os egípcios e os gregos, que o corvo foi enviado do céu por um deus chamado Apoline para ver se encontrava água, no tempo em que os deuses quase morriam de sede; e este animal, atraído pela gula por figos, demorou muitos dias e voltou tardiamente por fim, sem mencionar água e tendo perdido o cântaro.

SOFIA: Não quero presentemente estender-me sobre a douta metáfora, mas apenas isso te vou dizer: que o narrado por egípcios e gregos responde à mesma fábula. Porque dizer que o corvo parte da arca, que estava sobrelevada dez côvados sobre a mais alta montanha da terra, ou que partiu do céu, parece-me que seja a mesma coisa. E que os homens que se acham em semelhante lugar ou região sejam chamados deuses, não me parece muito estranho, posto que, para serem celestes, com pouco esforço podem ser deuses. E naquela metáfora seja chamado Noé o homem principal e naquelas outras Apoline, facilmente se concorda, pois a denominação diferente concorre para o mesmo fim e ofício que é o de regenerar, dado que *sol et homo generant hominem*[144]. E acontecendo que os homens tinham demasiada água para beber, ou que os deuses morriam de sede, certamente é tudo uma só coisa. Porque quando as cataratas do céu se abriram e se romperam as cisternas do firmamento, necessariamente se deu que os da terra tivessem água em demasia e os deuses morressem de sede. Que o corvo se tenha deixado seduzir pelos figos ou tenha sido atraído pela gula de corpos mortos, certamente tudo vem a ser uno, se considerares a interpretação daquele José que sabia esclarecer os sonhos. Porque ao padeiro de Putifar (que lhe disse ter tido uma visão em que carregava na cabeça um cesto de figo e que os pássaros vinham comê-los) prognosticou que seria enforcado e suas carnes seriam dadas aos corvos e outros abutres. Que o corvo tenha retornado mais tarde e sem qualquer proveito é coisa idêntica à versão de que partiu e não voltou jamais, e ainda com a que nunca tenha sido enviado. E se costuma dizer a alguém que tenha vindo tarde e em vão, ainda que traga alguma coisa: "Foste, meu irmão, e não voltaste; em Luca me parece que te vi." Eis aí, Saulino, como as metáforas egípcias, sem qualquer contradição, podem ser para uns história, para outros fábula e ainda sentimentos representados.

SAULINO: Essa tua concordância dos textos, se de todo não me contenta, está próxima de fazê-lo. Mas agora, segue a história principal.

SOFIA: Perguntou então Mercúrio: "Agora, o que faremos com a Taça?" "Façamos", disse Momo, "que seja dada *iure sucessionis vita*[145] ao maior bebedor que produza a alta e a baixa Alemanhas, onde a Gula é exaltada, magnificada, celebrada e glorificada entre as virtudes heroicas; e a Embriaguez está incluída entre os atributos divinos; onde com o *trink und retrink, bibe et rebibe, ructa reructa, cespita recespita, vomi revomi usque ad egurgitationem utriusque iuris*[146], ou seja, da sopa, do cozido, do cérebro, alma e linguiça, *videbitur*

---

144. "O sol e o homem geram o homem."
145. "Direito à sucessão por toda a vida".
146. "O direito de beber e rebeber, beber e rebeber, arrotar e rearrotar, vomitar, revomitar e regurgitar continuamente".

porcus porcorum in gloria Ciacchi[147]. Que com ela se vá a embriaguez, aquela que ali vedes com traje tedesco, com um par de calções tão grande que parecem duas cubas do abade mendicante de Santo Antônio. Vejam como em sua bebedeira vai batendo de um lado e de outro, ora de bruços, ora de costas, com todos com quem cruza, de modo que não há estorvo, dificuldade, pedra ou barranco ao qual não vá pagar seu tributo. Com ela vão seus fidelíssimos companheiros, a Repleção, a Indigestão, os Vapores, a Sonolência, a Vacilação, a Trepidação, o Balbuceio, a Lividez, o Arroto, a Náusea, o Vômito e a Emporcalhação, com ministros e circunstantes. E como quase não pode caminhar, vede como sobe em seu carro triunfal, ao qual estão sujeitos bons sábios e personagens santas, das quais as mais célebres são Noé, Lot, Vitanzano e Sileno". Mas disso te falarei em outra oportunidade. Vejamos o que aconteceu depois de Júpiter ter ordenado que lhe sucedesse a Abstinência e a Temperança, pois já é tempo que falemos do centauro Quíron. A esse propósito, disse Saturno a Júpiter: "Despachemos logo os que faltam, filho e senhor meu, porque, como vês, o sol está para declinar." Disse então Momo: "Pois bem, o que faremos deste homem enxertado num animal ou dessa besta enxertada em homem, ser composto de duas naturezas; e duas substâncias concorrem para uma hipostática união? Que duas coisas venham unidas para formar uma terceira, disso não há qualquer dúvida. A dificuldade está em se saber se semelhante terceira entidade produz algo melhor do que as duas que a compõem ou, pelo contrário, mais vil. Quero dizer, se juntarem o ser cavalo ao ser humano, será que vem a ser produzida uma divindade digna da instância celeste ou uma besta digna de ser posta em meio a um rebanho ou num estábulo? Enfim, digam o quanto quiserem Ísis, Júpiter e outros sobre a excelência dos animais, e que o homem, para divinizar-se, convém participar da besta, jamais poderei acreditar que onde não exista um homem inteiro e perfeito nem um animal perfeito e inteiro exista algo melhor, assim como um pedaço de gibão com um pedaço de calça nunca provê melhor vestimenta do que um gibão ou uma calça inteira." "Momo, Momo", respondeu Júpiter, "o mistério dessas coisas é grande e oculto, e tu não podes compreendê-lo; mas como coisa alta e grande, é preciso que tu apenas creia." "Sei bem", disse Momo, "que isso é uma coisa que não pode ser entendida por mim nem por quem tenha só um grão de inteligência; mas que

---

147. "Ver-se-á o porco dos porcos na glória de Ciacchi". (Ciacchi é personagem da *Divina Comédia* de Dante, canto VI, Inferno.)

eu, que sou um nume, e aquele que possui tanto sentimento quanto possa ter um grão de milho, deva crê-lo, na verdade gostaria que de alguma maneira me fizesses acreditar." "Momo", disse Júpiter, "não deves querer saber mais do que é necessário saber e, crê-me, isto tu não precisas saber." Então, os deuses solicitaram a Júpiter que logo determinasse o Centauro, segundo seu querer. Tendo Júpiter imposto silêncio a Momo, sentenciou deste modo: "Ainda que eu tenha dito algo contra Quíron, no presente me retrato e digo que por ser o Centauro homem justíssimo, que num tempo habitou o monte Pélion, onde ensinou medicina a Esculápio, astronomia a Hércules e a Aquiles a cítara e a lira, não me parece indigno do céu. Ao contrário, o considero digníssimo porque nesse templo celeste, junto a este altar ao qual assiste, não há outro sacerdote senão ele. E porque este altar, farol e oratório é muito necessário, e seria inútil sem um administrante, aqui viva, aqui permaneça e persevere eterno, se o destino não dispuser de outro modo." Aqui ajuntou Momo: "Digna e prudentemente decidiu Júpiter que este seja o sacerdote no altar e templo celeste, porque é impossível que lhe possa faltar o animal, pois ele mesmo pode servir para o sacrifício e como sacrificante, quer dizer, sacerdote e animal a ser imolado." "Pois bem", disse Júpiter, "que deste lugar se retirem a Bestialidade, a Ignorância, a Fábula inútil e perniciosa; e onde está o Centauro resida a boa Simplicidade, a Fábula moral. Dali onde se encontra o Altar, que se vão embora a Superstição, a Infidelidade, a Impiedade, e que em seu lugar sucedam a frutífera Religião, a douta Fé e a verdadeira e sincera Piedade." Então propôs Apolo: "O que se fará com aquela Tiara? A quem está destinada aquela Coroa? O que se quer fazer com ela?" "Essa", respondeu Júpiter, "é a coroa que por alta disposição do destino, não sem instinto do espírito divino, espera o invicto Henrique III, rei da magnânima, potente e belicosa França; aquela que, depois da coroa da Polônia, está prometida, como testemunha o princípio de seu reinado, dando ordem à sua celebrada empresa, e à qual se acrescenta por alma a divisa: *tertia coelo manet*[148]. Este rei cristianíssimo, santo, religioso e puro, seguramente pode dizer *tertia coelo manet*, pois sabe muito bem que já foi escrito: "Bem-aventurados os pacíficos, bem-aventurados os que amam a paz; bem-aventurados os que amam a vida do espírito porque deles é o reino dos céus."[149] Ama

---

148. "A terceira se conserva no céu." As duas coroas representavam os reinos da França e da Polônia. Sem a intenção de expandir seus territórios, a terceira coroa seria espiritual e se conservaria apenas no céu.

149. *Mateus* 5, 5-8.

a paz, mantém o quanto pode a tranquilidade e a devoção de seu dileto povo; não lhe agradam o rumor, o estrépito, o fragor dos instrumentos marciais que servem à cega ambição de tiranos instáveis e principados da Terra, e sim todas aquelas coisas justas e santas que ensinam o caminho correto do reino eterno. Não esperem os espíritos ardentes, turbulentos e temerários, e que a ele estão sujeitos, que, enquanto viva, lhes venha oferecer ajuda, a fim de que, vanamente, perturbem a paz dos outros países, com o propósito de lhe acrescentar outros cetros e coroas, pois *tertia coelo manet*. Em vão e contra a sua vontade andarão os rebeldes franceses a solicitar que se invadam os limites de outros países, porque não haverá proposta de conselho instável nem esperança de fortuna volúvel, comodidade de administração e de sufrágio que, sob o pretexto de vesti-lo com mantos e orná-lo com coroas, lhe tire (a não ser por extrema força de necessidade) o cuidado bendito com a tranquilidade de espírito, mais liberal com o que é próprio do que ávido de outro. Tentem outros governantes o reino vago lusitano; que outros sejam solícitos com o domínio belga. Por que vos espicaçar a cabeça e lamber o cérebro com outros principados? Por que desconfiar e temer vós outros que ele venha vos dominar e arrebatar vossas próprias coroas? *Tertia coelo manet*. Que a Coroa, pois, permaneça esperando aquele que será digno de sua posse", concluiu Júpiter, "e aqui, ademais, tenham sólio a Vitória, a Remuneração, o Prêmio, a Perfeição, a Honra e a Glória, que, se não são virtudes, são suas finalidades."

SAULINO: O que disseram os deuses a esse respeito?

SOFIA: Não houve nume grande ou pequeno, maior ou menor, macho ou fêmea que se encontrasse no Conselho que não aprovasse com gesto e voz o sapiente e justíssimo decreto de Júpiter. Em seguida, alegre e jovial, se pôs em pé o altinossante e estendeu a mão direita em direção à constelação de Peixes, a única ainda a ser resolvida, e disse: "Que logo se tire dali aquele peixe e nada reste senão a sua imagem; que o nosso cozinheiro se apodere de sua substância e imediatamente seja posto como complemento de nossa ceia, parte cru, parte como guisado, parte como lhe parecer apropriado e condimentado com salsa romana. E que tudo se faça rapidamente porque depois de tanto negociar, morro de fome e creio que vós também. Além disso, me parece conveniente que esse expiatório não tenha sido feito sem proveito nosso." "Muito bem, muito bem", responderam todos os deuses, "e que ali se encontrem a Saúde, a Segurança, a Utilidade, a Alegria e o Repouso, prêmios das virtudes e remuneração dos estudos e das fadigas." E com isso saíram festivamente do conclave, tendo purgado o espaço que, à parte as significações, contém trezentas e dezesseis estrelas assinaladas.

SAULINO: E eu vou para o meu jantar.

SOFIA: Quanto a mim, me retiro para minhas contemplações noturnas.

FIM

DOS HEROICOS FURORES

Argumento do Nolano Sobre os Heroicos Furores[1]

Escrito ao mui ilustre senhor Filippo Sidneo[2].

É coisa verdadeiramente baixa, ó generosíssimo cavaleiro, grosseiro e imundo engenho o ter-se constantemente dedicado a estudar e ter em mente a beleza de um corpo feminino. Que espetáculo (ó bom Deus) mais vil e ignóbil se pode oferecer a um olho de sensibilidade perspicaz que um homem pensativo, aflito, atormentado, triste, melancólico; por se tornar ora frio, ora acalorado, ora ardente, ora tremebundo, ora pálido, ora rubro, ora com aspecto perplexo, ora em ação resoluta; um homem que despende o melhor intervalo de tempo e os mais seletos frutos de sua vida corrente destilando o elixir do cérebro para pôr em conceitos e estampar em monumentos públicos essas contínuas torturas, esses graves tormentos, aqueles discursos racionais, os pensamentos cansativos e os amargos estudos destinados a sofrer a tirania de uma imundície indigna, estúpida, tola e suja?

---

1. "Furor" é a tradução dada por Ficino à palavra grega "mania" (possessão divina) usada por Platão e com que a lírica renascentista passou a se referir aos amores e seus enlevos. Platão dividira essas possessões da alma em poética, profética, ritualística (ou telésica) e amorosa. Neste texto, Bruno emprega ainda o adjetivo "heroico" para significar que essa paixão não é a do *furor ferinus*, simplesmente carnal, mas o de aspirar a uma união com a divindade. Ver, a respeito, o início do terceiro diálogo.

2. *Sir* Philip Sidney, aristocrata e grande intelectual inglês, como já mencionado em nota de abertura do livro *Despacho da Besta Triunfante*.

Que tragicomédia, que ato mais digno de compaixão e riso pode ser representado neste teatro do mundo[3], neste cenário de nossa consciência, do que tais e tantos numerosos fatos supostamente pensados, contemplados, constantes, firmes, fiéis, amantes, cultores, adoradores e servos de coisas sem fé, privadas da mínima constância, destituídas de engenho, vazias de qualquer mérito, sem reconhecimento e gratidão, nas quais não se pode entender qualquer sentido, intelecto ou bondade do que as que se podem encontrar em uma estátua ou numa imagem pintada na parede? E onde se encontra mais soberba, arrogância, protérvia, ira, orgulho, desdém, falsidade, libidinagem, avareza, ingratidão e outros crimes danosos de quantos venenos e instrumentos de morte pudessem sair da caixa de Pandora, para ter mais vasta acolhida do que no cérebro de tal monstro? Eis aqui vergado em papel, encerrado em livro, posto diante dos olhos e entoado aos ouvidos um rumor, um barulho, um alvoroço de signos, de emblemas[4], de lemas, de epístolas, de sonetos, epigramas, de livros, de cartapácios prolixos, de suores extremos, de vidas consumidas com gritos que ensurdecem os astros, com lamentos que fazem ribombar os antros infernais, dores que causam estupefação às almas viventes, suspiros que compadecem e fazem desfalecer os deuses. E tudo isso por esses olhos, por essas bochechas, por esses bustos, por aquela brancura, por aquela rósea cor, pela língua, pelo dente, por aqueles lábios e cabelos, pelo manto e pelas vestes, pelos sapatinhos e pantufas, pela discrição, pelo sorriso, aquele desdém, por aquela janela vazia, por aquele sol eclipsado; por aquele asco, aquele fedor, aquele sepulcro, pelo mênstruo, aquela febre quartã, essa extrema injúria e torção da natureza; que com uma externa aparência, uma sombra, um fantasma, um sonho, um encantamento de Circe, a serviço das gerações, nos engana como espécie de beleza. Que logo vem e passa, nasce e morre, floresce e murcha. E é bela assim um pouquinho no exterior, pois que no seu intrínseco, verdadeiramente e de modo estável, contém um navio mercante, uma mercearia, uma aduana, um mercado de todas as porcarias, tóxicos e venenos que possa produzir a nossa natureza madrasta[5], a qual,

---

3. Bruno refere-se ao topos da vida humana concebida como representação teatral, diante da existência divina, na qual se fundem os atos de criar, reger e assistir. A essa concepção e diferença se referiram, entre outros, Platão (*Filebo*), Sêneca (*Carta a Lucílio*), Luciano (*Icaromenippo*), Pico della Mirandola (*Oração Sobre a Dignidade do Homem*), entre outros.
4. Desenho simbólico seguido de uma pequena frase, ou mote, comum no Renascimento, por influência da cultura cavalheiresca francesa.
5. Bruno cita aqui uma opinião de Plínio, contida em sua *Naturalis historia*, VII – "Natura, tristior noverca".

depois de ter retirado aquele sêmen do qual se serve, logo nos vem pagar com a imundície, com o arrependimento, com a tristeza, com uma fraqueza de dor de cabeça, com a lassidão e outros males que se manifestam em todo o mundo, a fim de que amargamente doa onde suavemente deleitara.

Mas o que faço eu? O que penso? Por acaso sou inimigo da geração, da procriação? Por acaso tenho ódio ao sol? Lamento talvez ter sido posto no mundo? Quero talvez impedir o homem de recolher aquele doce pomo que pode ser produzido na horta de nosso paraíso terrestre? Posso eu talvez impedir a santa instituição da natureza? Devo tentar subtrair-me e a outros do agridoce jogo que no colo nos pôs a divina providência? Tenho que persuadir-me e aos outros que os nossos predecessores nasceram para nós e nós não nascemos para os nossos sucessores? Queira Deus que isso não me tenha jamais passado pelo pensamento. Antes, acrescento que, por quantos reinos e beatitudes me pudessem propor e designar, nunca fui tão sábio ou bom que pudesse ter vontade de castrar-me ou converter-me em eunuco. Sentiria vergonha se, assim como me acho em aparência, quisesse ceder ao menos um cabelo a quem quer que coma dignamente o pão para servir à natureza e a Deus bendito. E se os instrumentos e os trabalhos ajudam ou prestam socorro à boa vontade, deixo isso à consideração de quem possa ajuizar e sentenciar. Não acredito estar atado, pois estou certo de que não bastariam todas as sujeições e todos os laços que tenham sabido e saibam entrelaçar e apertar os merecedores de laços e nós, mesmo se com eles me viesse a própria morte. Também não creio ser frio, se para refrigerar o meu calor não penso que bastassem as neves do monte Cáucaso ou do Rifeo. Ora bem, vede se é a razão ou algum defeito que me faz falar.

O que, então, quero dizer? O que quero concluir e determinar? O que quero concluir e dizer, ó ilustre cavaleiro, é que o que é de César seja dado a César e o que é de Deus que a Ele seja dado. Quero dizer que às mulheres, embora não lhes bastem as honras e obséquios divinos, nem por isso se lhes deem as honras e obséquios divinos. Quero que as mulheres sejam honradas e amadas, como devem ser amadas e honradas; por isso afirmo, em tempo e na ocasião, se não têm outra virtude que a natural, ou seja, essa beleza, esse esplendor, essa serventia sem as quais devem ser estimadas mais inutilmente por terem vindo ao mundo do que um fungo venenoso que ocupa a terra em prejuízo de plantas melhores; e mais tediosamente do que qualquer planta venenosa ou víbora que ponha para fora daquela planta a cabeça. Quero dizer que todas as coisas do universo, para que tenham firmeza e consistência, devem possuir o seu peso, número, ordem e medida, a fim de que sejam governadas com razão e justiça. Da mesma maneira que Sileno, Baco, Pomona, Vertumno, o deus de Lâmpsaco[6], e outros símiles, que são deuses de barris, da cerveja forte ou de vinho acre, não se sentam no céu a beber néctar e a degustar a ambrosia à mesa de Júpiter, de Saturno, de Febo ou de outros da mesma estirpe, também os seus santuários, templos, cultos e sacrifícios devem ser diferentes daqueles celestes.

Finalmente, quero dizer que estes heroicos furores possuem sujeito e objeto heroicos e, portanto, não se põem sob a consideração de amores vulgares e naturistas, assim como não se podem ver delfins nas árvores silvestres e javalis sob escolhos marítimos[7]. Mas para livrar a todos de tal suspeita, havia pensado primeiramente em dar a este livro um título semelhante àquele de Salomão[8], que, sob a casca de amores e de afetos ordinários, contém, de maneira semelhante, furores divinos e heroicos, como os interpretam os místicos e doutores cabalistas[9]. Queria chamá-lo Cantiga. Ao fim me abstive por certas razões, das quais quero me referir a apenas duas. Uma, por medo da rigorosa carantonha de certos fariseus[10] que assim me considerariam profano por usurpar no meu discurso físico e natural os títulos sagrados e sobrenaturais, como esses celeradíssimos e ministros de qualquer patifaria usurpam no máximo possível os títulos de sagrados, de santos, de oradores divinos, de filhos de Deus, de sacerdotes, de reis, e por isso estamos esperando aquele juízo divino que porá de manifesto a sua maligna ignorância e doutrina, suas maliciosas regras, censuras e instituições, assim como nossa simples liberdade. A outra, pela grande dessemelhança que se vê entre os aspectos dessa obra e daquela, embora o mesmo mistério e substância anímica estejam compreendidos na sombra de uma e de outra; pois ninguém duvida que o primeiro pressuposto do sábio fosse antes representar as coisas divinas do que outras; e isso se deve a que as figuras são ali abertas e constituem manifestamente figuras, e o sentido metafórico é conhecido, de sorte que não pode ser negado por ser metafórico, assim como aqueles olhos de pomba, o pescoço de torre, a língua de leite, a fragrância de incenso, os dentes que se assemelham a rebanhos de ovelhas, os cabelos que parecem cabras

---

6. O deus de Lâmpsaco é Príapo.
7. Recomendação de Horácio aos temas convenientes da arte na *Epístola aos Pisões*, 30.
8. O Cântico dos Cânticos.
9. Ou seja, um amor espiritual entre Israel (a esposa) e Yahwé (o esposo).
10. Doutores das igrejas reformadas e católica.

descendo da montanha de Galaad[11]. Mas nesse poema não se distingue um aspecto que, de modo vivo, te estimule a procurar um sentimento oculto e latente, dado que, pelo modo ordinário de falar e a semelhança com os sentidos comuns, que habitualmente concebem os amantes perspicazes e costumam pôr em versos e rimas os poetas, assemelham-se aos sentimentos daqueles que falaram à Citereida, a Licori, a Dóris, a Cínzia, a Lésbia, a Corina, a Laura e tantas outras. Pelo que poderia qualquer um facilmente ser persuadido de que minha primeira e fundamental intenção tenha sido guiada por um amor ordinário que me houvera ditado tais conceitos, e que posteriormente, por força de desprezo, tenham emprestado asas e se tornado heroicos. Assim como é possível reconverter qualquer fábula, romance, sonho e enigma profético, fazendo com que signifique, em virtude de metáforas e a pretexto de alegorias, tudo aquilo que agrade mais comodamente a quem está apto a torcer os sentimentos, e assim fazer tudo de tudo, como tudo está em tudo, conforme disse o profundo Anaxágoras. Mas pense a quem pareça e agrade que, por fim, queira ou não, deve cada um entender e definir justamente como eu o entendo e defino, e não como ele o entende e define; pois assim como os furores daquele sapiente hebreu possuem seus próprios modos, ordens e títulos, os quais ninguém poderia compreender melhor do que ele, assim também esses Cânticos têm seu próprio título, ordem e modo que ninguém pode expressar e entender melhor do que eu mesmo, quando não esteja ausente.

De uma coisa quero que o mundo esteja certo: aquilo pelo que me debato neste proêmio, onde singularmente vos falo, excelente Senhor, e nos diálogos formados nos artigos, sonetos e estâncias seguintes, é que quero que todos saibam que me considerarei vituperioso e bestarrão se com muito pensamento, estudo e cansaço me deleitasse em imitar (como se diz) um Orfeu, a respeito de uma mulher em vida; e depois da morte, se fosse possível, recobrá-la do inferno. Sem corar o rosto, apenas a terei como digna de amá-la naturalmente naquele instante florido de sua beleza e pela faculdade de dar filhos à natureza e a Deus. Muito falta para que eu queira me parecer com certos poetas e versificadores ao cantar o triunfo de uma perseverança perpétua de tal amor, assim como de uma loucura pertinaz, que, seguramente, pode competir com todas as outras espécies que habitam o cérebro humano. Estou tão longe daquela inutilíssima, vilíssima e vituperiosíssima glória que não posso crer que um homem que tenha

---

11. Todas essas metáforas se encontram no *Cântico dos Cânticos*, IV.

um grão de senso e de espírito possa despender mais amor em coisa semelhante que despendi no passado e possa despender no presente. E, por minha fé, se eu quiser me aplicar a defender como nobre o engenho daquele poeta toscano[12] que se mostrou tão enamorado nas margens do Sorga por uma mulher de Vaucluse, e não quero dizer que tenha sido um louco de se pôr a ferros, que me fez crer e me forçou a persuadir a outros que, não tendo engenho para coisa melhor, quis nutrir estudiosamente aquela melancolia para celebrar a embrulhada, explicando os afetos de um obstinado amor vulgar, bestial[13], do mesmo modo que outros fizeram em louvor da mosca, do escaravelho, do burro, de Sileno, de Príapo, macacos imitadores entre os quais estão aqueles que em nosso tempo versificaram louvações aos urinóis, aos pífaros, às favas, à cama, às mentiras, à desonra, ao forno, ao martelo, à carestia, à peste[14]. Coisas que bem se podem mostrar soberbas pela célebre boca de seus cancioneiros, não menos do que devam e possam estar as previamente citadas damas.

Ora, para que não se cometa erro, não quero que seja censurada a dignidade daquelas que foram e continuam a ser dignamente louvadas e são louváveis; não aquelas que podem ser e são particularmente louvadas neste país britânico, ao qual devemos a fidelidade e o amor pela hospedagem. Pois onde se censurasse todo o mundo, não se censuraria este que para tal propósito não é mundo, mas dele separado, como sabeis[15]; onde se raciocinasse sobre todo o sexo feminino, não se deveria nem se poderia entender algumas das vossas, pois não são fêmeas, não são mulheres, e sim que, sob sua aparência, são ninfas, divas, de substância celeste, entre as quais pode-se contemplar aquela única Diana que neste número, gênero e propósito não quero nominar. Compreenda-se, portanto, o gênero ordinário e assim perseguiria indigna e injustamente as pessoas, pois de nenhuma em particular deve ser censurada a imbecilidade e a condição de sexo, assim como o defeito e o vício de compleição, dado que, se há falha e erro, isso deve ser atribuído pela espécie à natureza, não a indivíduos em particular. Certamente, aquilo que a seu respeito abomino é esse trabalhoso e desordenado amor venéreo que alguns costumam despender, de modo que se convertem em servos do engenho, pondo em cativeiro

---

12. Petrarca.
13. Ainda se refere ao *furor ferinus*, conforme nota 1.
14. A poesia burlesca italiana do século XVI teve vários cultores, entre eles Berni, Varchi, Mauro e Casa, que se dedicaram a elogiar as coisas mais escalafobéticas possíveis.
15. Alusão à frase de Virgílio, também mencionada no primeiro diálogo de *Da Causa, Princípio e Uno*: "Penitus toto divisos orbe Britannos".

as potências e os atos mais nobres da alma intelectiva. Sendo essa a minha intenção, não haverá mulher casta e honesta que queira, quanto ao nosso discurso verídico e natural, entristecer-se e irar-se comigo. Pelo contrário, me subscreverá e me amará mais ainda, censurando aquele amor das mulheres para com os homens, que eu ativamente reprovo nos homens para com as mulheres. Sendo esse portanto meu ânimo, engenho, parecer e determinação, afirmo que meu primeiro e subsidiário propósito na presente composição foi e é a de trazer uma contemplação divina e pôr diante dos olhos e ouvidos outros furores não de amores vulgares, mas de heroicos amores, explicados em duas partes, cada uma das quais dividida em cinco diálogos.

Argumento dos Cinco Diálogos da Primeira Parte

No primeiro diálogo da primeira parte há cinco artigos[16], nos quais se mostram as causas e os principais motivos intrínsecos sob o nome e a figura de monte, de rio e de musas que se declaram presentes, não porque chamadas, invocadas ou procuradas, mas antes como aquelas que mais importunamente se ofereceram; o que significa que a luz divina está sempre presente; sempre se oferece e bate à porta dos nossos sentidos e de outros poderes cognitivos e apreensivos, assim como está expressa nos *Cânticos* de Salomão, onde se diz: "En ipse stat post parietem nostrum, respiciens per cancellos, et prospiciens per fenestras."[17] Luz que em várias ocasiões, ou por impedimentos diversos, permanece fora, excluída, reclusa. No segundo artigo se mostra quais são aqueles assuntos, objetos, afetos, instrumentos e efeitos pelos quais se introduz, se mostra e toma posse da alma aquela luz divina, a fim de que se eleve e se converta em Deus. No terceiro, a proposição, a definição e a determinação que a alma toma, já bem informada da finalidade una, última e perfeita. No quarto, a guerra civil que se segue e se desencadeia contra o espírito depois de uma determinação; que sobre isso diga o *Cântico*: "Noli mirari quia nigra sum: decoloravit enim me sol, quia fratres mei pugnaverunt contra me, quam posuerunt custodem in vineis."[18] Ali se explicam apenas quatro arautos, o Afeto, o Estímulo fatal, a Espécie do bem e o

---

16. Referência a poemas comentados que se introduzem no diálogo.
17. "Eis que está por trás de nossas paredes, olhando pelas frestas, olhando pelas janelas."
18. "Não me olhes porque sou morena, que o sol me deu essa cor; os filhos de minha mãe combateram-me, puseram-me para custodiar as vinhas."

Remorso, que são seguidos por muitas coortes militares, de diversas e contrárias potências, com seus ministros, meios e organismos que se encontram nesse composto. No quinto explica-se uma contemplação natural pela qual se mostra que toda oposição se reduz a uma amizade, seja pela vitória de um dos contrários, pela harmonia e temperamento de ambos ou qualquer outra razão de mudança; toda controvérsia em concórdia, toda diversidade em unidade, doutrina essa por nós desenvolvida nos discursos de outros diálogos.

No segundo diálogo, vêm mais amplamente descritas a ordem e a ação de combate que se encontram na substância dessa composição do furioso. Mostram-se ali três sortes de contrariedade ou oposição: a primeira, a de um afeto e ato contra outro, quando, por exemplo, as esperanças são frias e os desejos, ardentes; a segunda, desses mesmos afetos e atos em si mesmos, não apenas em momentos diversos, mas inclusive no mesmo tempo, quando alguém não se contenta consigo e tende para outro, amando e odiando simultaneamente; a terceira, entre a potência que persegue e aspira ao objeto que foge e subtrai-se. No segundo artigo, manifesta-se a contrariedade, que é como dois impulsos contrários em seu conjunto, com os quais se relacionam todas as contrariedades particulares e subalternas, enquanto se sobe ou se desce para dois lugares e sedes contrárias; de preferência, o composto inteiro, pela diversidade das inclinações que estão nas diversas partes e pela variedade de disposições que nelas ocorrem, logo vem a subir e a descer, avançar e retroceder, a afastar-se de si e manter-se restrito em si. No terceiro artigo, discorre-se acerca da consequência de tal contrariedade.

No terceiro diálogo, se põe de manifesto quanta força possui a vontade nesta contenda, sendo a única a quem compete ordenar, começar, executar e concluir, o que vem entoado no *Cântico*: "Surge, propera, columba mea, et veni; iam enim hiems transiit, imber abiit, flores apparuerunt in terra nostra; tempus putationes advenit."[19] Ela administra força a outras de muitas maneiras, e a si própria, especialmente quando se reflete em si mesma, e se desdobra; então, quem quer querer, agrada-lhe aquilo que quer; ou se retrata, então não quer e lhe desagrada aquele que quer; assim, em todas as coisas, aprova aquilo que é o bem e o que a lei natural e a justiça lhe definem; e nunca aprova o que é de outro modo. E isso se explica no primeiro e no segundo artigos. No terceiro, vê-se o fruto de tal eficácia,

---

19. "Levanta-te, amada minha, minha pomba, e vem, porque o inverno já passou, a chuva está finda, as flores aparecem em nossa terra; o tempo da podadura chegou."

segundo a qual (por consequência do afeto que a arrebata) as coisas altas se rebaixam, ou as baixas se elevam, da mesma maneira que, por força de um impulso vertiginoso e acontecimentos fortuitos, a chama se condensa no ar e o vapor em água; e a água se sutiliza em vapor, ar e chama.

Em sete artigos do quarto diálogo se contemplam o ímpeto e o vigor do intelecto, que consigo arrebata o afeto e o progresso dos pensamentos do furioso e das paixões da alma, que se encontra no governo desta república tão turbulenta. Ali não há mistério de quem seja o caçador, o predador, a fera, os cãezinhos, os passarinhos, a toca, o ninho, a caverna, a presa e o desenlace de tão trabalhoso conflito.

No quinto diálogo se descreve o estado do furioso durante esse tempo, e se mostram a ordem, a razão e a condição de seus lances e trabalhos. No primeiro artigo, tudo o que se refere à persecução do objeto, que se furta esquivo; no segundo, tudo o que tem relação com o concurso contínuo e sem trégua dos afetos; no terceiro, quanto aos elevados e ardentes, refere-se a propósitos vãos; no quarto, o que se refere ao querer voluntário; no quinto, aos socorros imediatos e reparos. Nos subsequentes, mostra-se a variedade das fortunas, dos trabalhos e estados, com suas razões e conveniências, por meio das antíteses, semelhanças e comparações expressas em cada um desses artigos.

Argumentos dos Cinco Diálogos da Segunda Parte

No primeiro diálogo da segunda parte se chega a um seminário das diversas maneiras e razões do estado do furioso heroico. No primeiro soneto, descreve-se o estado daquele submetido à roda do tempo. No segundo, se desculpa a estima por ocupações ignóbeis e o infortúnio indigno pela angustiosa brevidade do tempo. No terceiro, se acusa a impotência de seus esforços, os quais, embora internamente sejam ilustrados pela excelência do objeto, fazem com que este, pelo encontro, venha a ser ofuscado por aqueles. No quarto, encontramos o lamento pelo esforço sem proveito das faculdades da alma quando procura elevar-se com poderes desproporcionais até aquele estado que pretende e mira. No quinto, relembra-se a contrariedade e o conflito doméstico que se encontra num sujeito que não pode se aplicar inteiramente a uma finalidade. No sexto, se expressa a aspiração do afeto. No sétimo, submete-se à consideração a defeituosa correspondência que existe entre aquele que aspira e aquilo a que se aspira. No oitavo, põe-se diante dos olhos a distração da alma, consequência da contradição das coisas externas e internas entre elas, das coisas internas em si mesmas e das coisas externas em si. No nono, explicam-se a idade e o tempo do curso da vida propícios ao ato de contemplação elevada e profunda; pelo que não vos conturba o fluxo e o refluxo da natureza vegetativa, mas em que a alma se encontra em condições estacionárias, como que aquietada. No décimo, a ordem e a maneira pela qual o amor heroico às vezes assalta, fere e desperta. No décimo primeiro, a multidão das espécies e de ideias particulares que mostram a excelência da marca de sua única fonte, e mediante as quais se excita o afeto para o alto. No décimo segundo, exprime-se a condição do esforço humano em direção aos empreendimentos divinos, porque muito se presume antes de ali entrar e no próprio ato de entrar. Mas quando depois se engolfa e se vai em direção à profundidade, acaba por ser extinto o férvido espírito de presunção, os nervos se relaxam, os engenhos são consumidos, tornam-se ineptos os pensamentos, desvanecidos os projetos, permanecendo o ânimo confuso, vencido, exangue. Por essa razão, foi dito pelo sábio: "Qui scrutator est maiestatis, opprimetur a gloria."[20] No último, é manifestamente mais detalhado aquilo que no décimo segundo foi mostrado por semelhança e figura.

No segundo diálogo, num soneto e num discurso dialogado a seu respeito, se especifica o primeiro motivo que dominou o forte, enterneceu o duro e o pôs sob o amoroso império de um Cupido superior, dispondo-o a celebrar tal zelo, esforço, eleição e escopo.

No terceiro diálogo, em quatro propostas e quatro respostas, que vão do coração aos olhos e destes ao coração, se declaram o ser e o modo da potência cognitiva e apetitiva. Lá também se manifesta de que modo a vontade é despertada, posta em pé, movida e conduzida pela cognição; e reciprocamente, é a cognição suscitada, formada e reavivada pela vontade, procedendo ora uma da outra, ora outra de uma. Ali se põe em dúvida se o intelecto ou, geralmente, a potência cognitiva, ou ainda o ato de cognição, seja maior do que a vontade, do que a potência apetitiva ou do que o afeto; tendo-se em conta que não se pode amar mais do que entender e tudo aquilo que de certo modo se deseja, de certo modo se conhece e vice-versa; daí ser habitual chamar-se o apetite "cognição", pois vemos que os peripatéticos, na doutrina em que fomos educados e nutridos na juventude, até o apetite em potência e o ato natural os chamam de "cognição". Daí

---

20. "Quem é escrutador da majestade, pela glória será oprimido." *Provérbios* 25, 27.

que todos os efeitos, fins e meios, princípios, causas e elementos são distinguidos em primeiro, médio e ultimamente, conforme a natureza, na qual fazem concorrer o apetite e a cognição. Ali se propõe que a potência da matéria seja infinita e que a ajuda do ato faça com que a potência não seja vã. Pois assim como não termina o ato da vontade a respeito do bem, infinito é o ato da cognição relativamente à verdade: daí que o "ente", o "verdadeiro" e o "bom" sejam tomados com o mesmo significado, acerca da mesma coisa significada[21].

No quarto diálogo estão figuradas e explicadas as nove razões da inabilidade, da desproporcionalidade e do defeito do olhar humano na apreensão das coisas divinas. No primeiro cego, que é de nascença, indica-se a razão da natureza que nos humilha e rebaixa. No segundo cego, pelo veneno da inveja, indica-se que é pela irascibilidade e concupiscência que nos desviamos e nos distraímos. No terceiro cego, pelo repentino aparecimento de uma luz intensa, se mostra aquilo que procede da clareza do objeto que nos deslumbra. No quarto, cuidado e alimentado há muito com o aspecto do sol, aquela razão que deriva de uma tão alta contemplação da unidade e que nos subtrai da multidão. No quinto, que sempre tem os olhos empapados de lágrimas, se designa a desproporção de meios que entre a potência e o objeto se interpõe. No sexto, que por muito lacrimejar viu dissipado o humor orgânico da visão, figura-se a falta da verdadeira postura intelectual, que debilita. No sétimo, cujos olhos estão incinerados pelo ardor do coração, nota-se o ardente afeto que dispersa, atenua e por vezes devora a capacidade de discernimento. No oitavo, cego pela ferida de uma ponta de flecha, aquele que provém do próprio ato de união com a espécie de objeto, a qual vence, altera e corrompe a potência apreensiva, que, oprimida por tal peso, cai sob o ímpeto daquela presença; por isso, não sem razão, sua vista é às vezes representada sob o aspecto de penetrante fulgor. No nono, que por ser mudo não pode explicar a causa de sua cegueira, significa-se a razão das razões, que outra não é senão o oculto juízo divino que deu aos homens esse afã e pensamento de investigar, de tal modo que nunca podem alcançar um lugar mais alto do que a cognição de sua cegueira e ignorância e considerar mais digno o silêncio do que o falar. Não por isso se desculpa nem se favorece a ignorância ordinária, pois duplamente cego é quem não vê sua própria cegueira; e esta é a diferença entre

---

21. Na filosofia escolástica, os transcendentais podem ser convertidos: a verdade, o uno, o bem são a mesma coisa.

os que se aplicam aos estudos e os ociosos insipientes, pois estes estão sepultados no letargo da privação de um juízo incapaz de ver, e aqueles são sagazes, perspicazes e prudentes juízes de sua cegueira, mas estão inquirindo, às portas da aquisição da luz, da qual estão os outros largamente proscritos.

Argumento e Alegoria do Quinto Diálogo

No quinto diálogo se introduzem duas mulheres, às quais (segundo os costumes do meu país) não corresponde comentar, argumentar, decifrar, saber muito e ser doutora para usurpar o ofício de ensinar e oferecer instituições, regras e doutrina aos homens, mas sim adivinhar e profetizar naquelas vezes em que se acham inspiradas; bastou-se-lhes fazerem-se apenas recitadoras da forma, deixando ao engenho de um homem o pensamento e o cuidado de esclarecer a coisa significada. Ao qual (para aliviar ou retirar seu cansaço) faço conhecer igualmente estes nove cegos que, em razão de seu papel e de causas externas, assim como de muitas outras sugestivas variações, adquirem um significado diferente dos nove participantes do diálogo precedente; dado que a imaginação vulgar das nove esferas celestes[22] mostram o número, a ordem e a diversidade de todas as coisas que subsistem sob a unidade absoluta, nas quais e sobre as quais estão ordenadas todas as inteligências correspondentes que, segundo certa semelhança análoga, dependem da primeira e única. Estas são distinguidas em nove pelos cabalistas, caldeus, magos, platônicos e teólogos cristãos pela perfeição do número que domina a diversidade das coisas, e de certa maneira formaliza o todo; e justamente por isso fazem com que signifique a divindade e, segundo a reflexão e a quadratura em si mesmas, o número e a substância de todas as coisas dependentes. Todos os contempladores mais ilustres, filósofos ou teólogos, que falam por razão e lume próprio ou falam por fé e luz superior, entendem por essas inteligências o círculo de ascenção e descenso. Assim, dizem os platônicos que, por certa conversão, aqueles que estão sobre o destino descendam sob o fado do tempo e da mudança, e daqui subam outros no lugar daqueles[23]. A mesma conversão é referida pelo poeta pitagórico, quando diz: "Has omnes

---

22. Concepção tradicional aristotélico-ptolomaica que fazia do céu um conjunto de sete esferas: as dos planetas, das estrelas fixas e do primeiro móvel.
23. Ver, por exemplo, Plotino, *Enéadas* IV, 8.

ubi mille rotam volvere per annos / Lethaeum ad fluvium deus evocat agmine magno: / rursus ut incipiant in corpora velle reverti."[24]

Isso (dizem alguns) deve ser entendido como se diz na revelação, que o dragão estará cingido em cadeias por mil anos, e passados estes, será solto[25]. Tal significação querem que seja vista em várias outras passagens nas quais o milênio se expressa; ora significa um ano, ora uma idade, ora de outra maneira. Além disso, é certo que o milênio não se toma segundo as revoluções definidas dos anos do sol, mas segundo as razões das diversas medidas e ordens com as quais se dispensam as coisas, pois são diferentes os anos dos astros, assim como as espécies particulares não são as mesmas. Quanto ao fato da revolução, divulga-se junto aos teólogos cristãos que de cada uma das nove ordens de espírito precipitam-se multidões para as regiões baixas e escuras, e para que aquelas sedes não permaneçam vagas, quer a providência divina que algumas almas que vivem em corpos humanos ascendam àquela eminência[26]. Mas entre os filósofos, só Plotino vi dizer, expressamente como grande teólogo, que tal revolução não é de todos, não alcança a todos e nem sempre, mas apenas uma vez. E entre os teólogos, só Orígenes, como grande filósofo, depois dos saduceus e de muitas outras seitas reprovadas, ousou dizer que a revolução é vicissitudinária e eterna; e que tudo que ascende, da mesma forma há de recair, como o que se vê em todos os elementos e coisas que estão na superfície, no seio e no ventre da natureza. E eu por minha fé digo e confirmo ser muito conveniente o sentido dado pelos teólogos e por aqueles versados em leis e instituições de povos, como não deixo de afirmar nem de aceitar a opinião daqueles que falam segundo a razão natural entre os poucos, bons e sapientes[27]. Suas opiniões foram dignamente reprovadas por terem sido divulgadas aos olhos da multidão; se essa só com grandes esforços pode ser refreada dos vícios e espicaçada a atos virtuosos pela fé no castigo eterno, o que seria se fosse persuadida de que os gestos humanos heroicos seriam premiados com menos ímpeto, assim como menos castigados seriam os delitos e atrocidades? Mas para vir à conclusão desse meu progresso: digo que daqui se toma a razão e o discurso da

---

24. "Todas essas almas, concluído o giro de mil anos, ao rio Letes o deus convoca em grande fileira, pois que ao corpo começam a reverter." Virgílio, *Eneida*, 748-749-751.
25. *Apocalipse* 20, 2-3-7. O dragão refere-se a Satanás.
26. Para a Escola de Alexandria (séculos II e III), fundada por Panteno e da qual participam Orígenes e Gregório de Nazianzo, algumas almas são eleitas e se destinam a substituir as sedes dos anjos decaídos, já que a criação humana foi realizada para esse fim.
27. Para Bruno, os preceitos religiosos formulados por teólogos e juristas se referem a uma pedagogia popular de vida em sociedade, mas a filosofia é esotérica, para poucos.

cegueira e da luz destes nove, ora videntes, ora cegos, ora iluminados; que são rivais ora nas sombras e vestígios da beleza divina, ora de todo o orbe, ora na mais aberta luz pacificamente gozam. Quando estão na primeira condição, são conduzidos à estância de Circe, que significa a omnigenitora matéria, e é chamada filha do sol, porque deste pai das formas tem a herança e a posse de todas elas, as quais, por aspersão de água, ou seja, com o ato de geração, por força de um encanto, isto é, por oculta e harmônica razão, tudo altera, fazendo devir cegos os que veem, pois a geração e a corrupção são causas de todo esquecimento e cegueira, como explicam os antigos com a figura das almas que se banham e se inebriam no Letes.

Logo, quando os cegos se lamentam dizendo: "filha e mãe de trevas e de horrores", isso significa a conturbação e a tristeza da alma que perdeu as asas, a qual se lhe mitiga quando vem a esperança de recobrá-las. Quando Circe diz "pegai um outro vaso meu fatal", significa que com ele se carrega o decreto e o destino de sua mudança, a qual, no entanto, se diz oferecida pela mesmíssima Circe; isso porque um contrário está originalmente em outro, ainda que não efetivamente[28]. Daí dizer ela que sua própria mão não serve para abri-lo, mas para ser-lhe confiado. Significa ainda que há duas espécies de águas: as inferiores ao firmamento, que cegam, e as superiores ao firmamento, que iluminam[29]; aquelas mesmas que são indicadas pelos pitagóricos e platônicos na descida de um trópico e ascensão de outro. Ali onde diz "pela largura e pela profundidade, peregrinai o mundo, explorai todos os numerosos reinos", isso significa que não há progresso imediato de uma forma contrária para outra nem regresso imediato à primeira forma, e sim que é preciso percorrer todas as formas que estão na roda das espécies naturais, ou certamente em grande número delas. Ali se sentem iluminados pela visão do objeto, para o qual concorre o ternário das perfeições – beleza, sapiência e verdade –, pela dispersão das águas que nos livros sagrados se dizem águas da sapiência, rios de água da vida eterna. Estas não se encontram no continente do mundo, mas no seio do oceano, de Anfitrite, da divindade, onde está aquele rio que aparece na Revelação, procedente da sede divina[30], com um fluxo diverso do natural. Ali estão as Ninfas[31], isto é, as beatas e divinas inteligências que assistem e administram a primeira inteligência, que vêm a ser

---

28. No universo uno e infinito, prevalece a coexistência dos contrários.
29. Conforme o livro do *Gênesis* 1, 7.
30. Conforme o livro de *Daniel* 7, 10.
31. Os planetas, dotados de alma.

como Diana, entre as ninfas do deserto. Somente ela, entre todas as demais, é, por sua tríplice virtude, potente para abrir qualquer sigilo, desatar qualquer nó, descobrir qualquer segredo e descerrar o que estiver fechado. Aquela, com sua única presença e dúplice esplendor do bem e do verdadeiro, da bondade e beleza, satisfaz as vontades e todos os intelectos, aspergindo-os com água saudável de purificação. Há por conseguinte o canto e o som, onde estão as nove inteligências, as nove musas, conforme a ordem das nove esferas, em que se contempla primeiramente a harmonia de cada uma, continuada pela harmonia de outra. Pois o fim da superior é princípio e cabeça da inferior, para que não haja meio e vácuo entre uma e outra. E a última da última coincide, por meio da circulação, com o princípio da primeira. Pois uma e mesma coisa é o mais claro e o mais escuro, princípio e fim, altíssima luz e profundíssimo abismo, infinita potência e ato infinito, segundo as razões e os modos por nós já declarados em outro lugar[32]. Na continuação, contempla-se a harmonia e a consonância de todas as esferas, inteligências, musas e instrumentos, conjuntamente; daí o céu, o movimento do mundo, a obra da natureza, o discurso dos intelectos, a contemplação da mente, o decreto da divina providência, todos em acordo celebram a alta e magnífica vicissitude que iguala as águas inferiores às superiores, muda a noite em dia, e este em noite, a fim de que a divindade esteja em tudo, de modo que tudo seja capaz de tudo, e a infinita bondade se comunique infinitamente conforme a capacidade das coisas.

Estes são os discursos os quais a ninguém me pareceram mais convenientes de ser endereçados e recomendados senão a vós, excelente senhor; a fim de que eu não venha a fazer, como penso ter feito alguma vez por pouca advertência, e muitos outros o fazem ordinariamente, como aquele que toca a lira para um surdo e apresenta um espelho ao cego. A vós, portanto, são apresentados, pois este italiano raciocina com quem o entende; que os versos estejam sob a censura e a proteção de um poeta[33]; que a filosofia se mostre despida a um engenho tão claro quanto o vosso; as coisas heroicas são endereçadas a um ânimo heroico e generoso, do qual vos mostrastes dotado; que os serviços sejam oferecidos a uma pessoa grata, e os obséquios a um senhor de tal forma digno como tendes sempre demonstrado ser. E em particular vos distingo com maior magnanimidade pelos bons ofícios com que me haveis precedido, e que outros, em reconhecimento, seguiram. Adeus.

---

32. *A Ceia das Cinzas*.
33. *Sir* Philip Sidney.

Escusas do Nolano às Mais Virtuosas e Formosas Damas[34]

> Oh, queridas e belas ninfas de Inglaterra,
> não sois vós quem meu espírito desdenha
> nem em vos humilhar também se empenha
> pois quem de fêmeas vos chama, por certo erra.
>
> Entre aquelas não contais nem sois fraterna
> pois como divas melhor me convindes, donzelas,
> já que a natureza comum não vos governa,
> e sois na terra como no céu as estrelas.
>
> De vós, ó Damas, a beleza soberana
> nosso rigor nem quer nem pode ferir,
> pois não mira uma espécie sobre-humana.
>
> Um longo arsênico se evola ao sair,
> lá onde se divisa a única Diana,
> que é entre vós o sol entre astros a luzir.
>
> O engenho, as palavras em elzevir,
> ou ainda meu rabiscar em papel à parte,
> vos farão reverências com estudo e arte.

Primeiro Diálogo da Primeira Parte

Interlocutores: Tansillo e Cicada

TANSILLO: Os furores, portanto, mais dignos de serem aqui primeiramente considerados, e que aqui encontram seu lugar, são esses que te apresento antes, segundo a ordem que me pareceu mais conveniente.
CICADA: Começai então a lê-los.
TANSILLO: Musas, que tantas vezes recusais,

---

34. *Iscusazion del Nolano alle più virtuose e leggiadre dame.* "De l'Inghilterra o vaghe Ninfe belle / non voi ha nostro spirt' in schif' e sdegna; / né per mettervi giù suo stil s'ingegna, / se no convien che femine v'appelle. / Né computar, né eccetuar da quelle, / son certo che voi dive mi convegna: / se l'influsso commun in voi non regna, / e siete in terra quel ch'in ciel le stelle. / De voi, o Dame, la beltà sovrana / nostro rigor né morder può, né vuole, / che non fa mira specie sopr'umana. / Lungi arsenico tal quindi s'invole / dove si scorge l'unica Diana, / qual è tra voi quel che tra gli astri il sole. / L'ingegno, le parole / el mio (qualumque sia) vergar di carte / faranv' ossequios'il studio e l'arte."

Importunas, socorrei minhas dores,
para sozinhas consolar meus ais,
com esses versos, rimas e furores.
Com os quais a outros nunca vos mostrastes,
mas que de mirtos e láureas têm favores;
Seja pois minha aura, âncora e porto,
se não me é lícito outro conforto.
Ó monte, ó divas, ó fonte,
onde habito, converso e me alimento
onde me aquieto e de beleza me sustento;
Alço e avivo o espírito, o coração e a fronte:
morte, árvores, infernos,
transformai em vida, em láureas, em astros eternos.

É de se crer que muitas vezes e por muitas razões tenham elas rechaçado, entre as quais podiam estar estas: em primeiro porque, como cabe ao sacerdote das musas, não deve estar ocioso, pois não se pode encontrar o ócio ali onde se combate contra ministros e servos da inveja, da ignorância, da malignidade; em segundo, por não lhe assistirem protetores e defensores dignos que lhe dessem segurança *iuxta*: "Não faltarão, ó Flaco, os Marones, se não existe penúria de Mecenas."[35] Depois, por se encontrar obrigado à contemplação e aos estudos da filosofia, os quais, se não são mais maduros, devem ser pais das musas, e a elas preceder. Ademais, porque, atraindo de um lado a trágica Melpômene, com mais matéria do que estro, e de outro a cômica Talia, com mais estro do que matéria, acontecia de, sufocando uma à outra, permanecesse no meio, de preferência neutro e desocupado, em lugar de comumente laborioso. Finalmente, pela autoridade dos censores[36] que, retendo-o de coisas mais altas e dignas, às quais era naturalmente inclinado, aprisionavam o seu engenho, pois, de livre sob a virtude, o tornavam cativo debaixo de uma vil e estúpida hipocrisia. Por fim, no mais intenso fastio, e não tendo onde se consolar, aconteceu de aceitar o convite daquelas que o inebriaram com tais furores, versos e rimas, e que a outros não foram mostrados, porque nessa obra mais reluz a invenção do que a imitação.

CICADA: Dizei-me, o que entendeis por aqueles que se vangloriam de mirtos e lauréis?

---

35. Verso de Marcial, em seus *Epigramas* (VIII, 56): "Sint Maecenates, non derunt, Flacce, Marones."
36. Os gramáticos superafetados da época.

TANSILLO: Vangloriam-se e podem contar vantagens de mirtos aqueles que cantam os amores, aos quais, se nobremente se comportam, cabe a coroa da planta dedicada a Vênus, e de quem reconhecem o furor. Podem se vangloriar de lauréis aqueles que, cantando dignamente coisas heroicas, instituem o ânimo heroico pelas filosofias especulativa e moral ou as celebram e exibem como espelhos exemplares para os gestos políticos e civis.

CICADA: Logo, há mais de uma espécie de poetas e de coroas?

TANSILLO: Não apenas quantas são as musas, mas ainda mais, pois embora haja certos gêneros, não podem ser determinadas certas espécies e modos do engenho humano.

CICADA: São alguns feitores de regras de poesia que só a custo admitem Homero e afastam Virgílio, Ovídio, Marcial, Hesíodo, Lucrécio e muitos outros versificadores, examinando-os pelas regras da *Poética* de Aristóteles.

TANSILLO: Sabei por certo, irmão, que esses são verdadeiras bestas, porque não consideram aquelas regras como sendo, principalmente, a pintura da poesia homérica ou de outra semelhante; são para mostrar um poeta heroico, como Homero, e não para instituir outros que poderiam ser, com outro gênio, outra arte e furor, igual ou maior, mas de gênero diverso.

CICADA: De modo que Homero, em seu gênero, não foi um poeta que dependesse de regras, mas é a causa das regras que servem àqueles que são mais aptos para imitar do que para inventar; e foram recolhidas por aquele que não era, de modo algum, poeta, mas que soube recompilar as de um tipo de poesia, isto é, a homérica, a serviço de qualquer um que quisesse se tornar não um outro poeta, mas um poeta como Homero; não de musa própria, mas macaqueando a musa de outro.

TANSILLO: Concluis bem, pois a poesia não nasce das regras, salvo em caso excepcional, mas são as regras que derivam da poesia, e por isso há tantos gêneros e espécies verdadeiras de regras quanto os gêneros e espécies de poetas verdadeiros.

CICADA: Nesse caso, como seriam reconhecidos os verdadeiros poetas?

TANSILLO: Pelo cantar de seus versos, de maneira que, cantando-os, nos agradem ou nos sejam úteis, ou nos agradem e sejam úteis ao mesmo tempo[37].

---

37. A recomendação clássica de Horácio na *Epístola aos Pisões*, 333-334: "Aut prodesse volunt aut delectare poetae, aut simul et iucunda et idonea dicere vitae." (Os poetas ou querem ser úteis ou agradar, ou querem ao mesmo tempo dizer o aprazível e o digno da vida.)

CICADA: A quem servirão assim as regras de Aristóteles?

TANSILLO: Aos que não puderem, como o fizeram Homero, Hesíodo, Orfeu e outros, poetizar sem as regras de Aristóteles, e aos que quiserem, por não ter musa própria, fazer amor com aquela de Homero.

CICADA: Logo, estão errados certos pedantes do nosso tempo que excluem do número dos poetas alguns escritores ou porque não empregam fábulas e metáforas, ou porque, em seus livros, não conservam os mesmos princípios em conformidade com os de Homero e Virgílio, ou ainda porque não observam o costume de fazer a invocação, não costuram uma fábula ou história com outra, ou ainda não terminam seus cantos com um epílogo do que se disse, propondo a razão do que foi dito, e, por outras mil maneiras, censuras e regras de virtude. Daí quererem concluir que eles mesmos (se lhes viessem uma fantasia) seriam os verdadeiros poetas, e chegariam lá onde aqueles querem chegar e se esforçam. Por último, não são de fato senão vermes que nada sabem fazer de bom, tendo nascido apenas para roer, emporcalhar e jogar no esterco os outros esforços e fadigas; e não se podendo fazer célebres por virtude e engenho próprios, procuram antepor-se, a torto e a direito, aos vícios e erros de outrem.

TANSILLO: Bem, voltando ao ponto em que nossas afeições nos induziram a fazer digressões, digo que são e pode haver várias espécies de poetas, tantos quantos são os sentimentos e as invenções humanas, às quais é possível adaptar guirlandas não apenas de toda variedade de plantas, assim como de outros gêneros e espécies de matéria. Mas as coroas dos poetas não são feitas apenas de mirtos e lauréis, mas ainda de folhas de videira para versos fesceninos, de hera para os bacanais, de oliveira para os sacrifícios e as leis, de choupo, olmos e espigas para a agricultura, de cipreste para os funerais e de outras inúmeras plantas para outras ocasiões. E se te apraz, também daquela matéria que um fidalgo mostrou ao dizer: "Ó frei Porro, poeta de liça / que em Milão se enrolou numa guirlanda / com chouriço, tripa e linguiça."[38]

CICADA: Então, seguramente, aquele que possui disposições diversas, e as demonstra em temas e sentidos diversos, poderá cobrir-se com folhas de muitas plantas e falar dignamente com as musas, porque estará próximo de uma "aura" com a qual se reconforte, "âncora" com a qual se sustente, e porto para o qual se retire em tempos de

---

38. "O fra Porro poeta da scazzate, / ch'a Milano t'affibbi la ghirlanda / di boldoni, busecche e cervellate." Versos de Aretino em *Invettiva contra l'Albicante sopra la Guerra del Piemonte*.

cansaço, inclemências e tempestades. Daí dizer: "Ó monte Parnaso onde habito, musas com as quais converso, fonte helicônia onde me nutro, monte que me dá uma tranquila morada. Monte que me inspira uma profunda doutrina, fonte que me faz limpo e perspicaz. Monte em que, subindo, enalteço o coração; musas com as quais avivo o espírito; fonte sob a qual as árvores apoiam sua fronte, adornando-a; mudai a minha morte em vida, os meus ciprestes em lauréis e os meus infernos em céu, isto é, destinai-me à imortalidade, fazei-me poeta, tornai-me ilustre, ainda que meu canto seja de morte, de inferno e de ciprestes."

TANSILLO: Muito bem, pois aqueles a quem o céu favorece, os grandes males se convertem em bens tanto maiores; porque as necessidades dão à luz trabalho e estudos, e estes, muitas vezes, glórias de imortal esplendor.

CICADA: E a morte de um século se faz vivo em todos os outros. Continua.

TANSILLO: Digo em seguida:
Tenho o coração em forma e lugar de Parnaso,
para onde convém, como refúgio, que eu monte;
são minhas musas e nelas penso em todo azo
pois que as belezas me põem defronte;
daí que tenha muito o semblante raso,
tantas lágrimas verto desta fonte;
por tal montanha, por suas águas e ninfas,
quis o céu que poeta me fizesse.
Mas nenhum poder régio,
ou auxílio de qualquer imperador
nem de sacerdote ou grão pastor
deram-me tal graça, honra e privilégio;
de louros me adornam portanto
meu coração, meu pensar e meu pranto[39].

Aqui declara, em primeiro lugar, qual é o seu monte, dizendo ser o alto afeto de seu coração; em segundo, quais são as suas musas, dizendo ser as belezas e prerrogativas de seu objeto; em terceiro, quais as fontes, dizendo ser as lágrimas. Naquele monte acende-se

---

39. "In luogo e forma di Parnaso ho 'l core, / dove per scampo mio convien ch'io monte; / son mie muse i pensier ch'a tutte l'ore / mi fan presenti le bellezze conte / onde sovente versan gli occhi fore / lacrime molte, ho l'Eliconio fonte: / per tai montagne, per tai ninfe et acqui / com'há piacut' al ciel poeta nacqui. / Or non alcun reggi, / non favorevol man d'imperatore, / non sommo sacerdot' e gran pastore, / mi dien tai grazie, onori e privileggi; / ma di lauro m'infronde / mio cor, gli miei pensieri, e le mie onde."

o afeto, daquela beleza se concebe o furor, e nas lágrimas um furioso afeto se manifesta. Assim se considera não poder ser menos ilustremente coroado por via de seu coração, de seu pensamento e de suas lágrimas do que por meio de reis, imperadores e papas.

CICADA: Diz-me o que entendes por "o coração em forma de Parnaso".

TANSILLO: Porque o coração tem dois cimos que vão acabar numa raiz e, espiritualmente, de um afeto do coração procedem o ódio e o amor de dois contrários, assim como, tendo dois cumes, uma só base possui o monte Parnaso[40].

CICADA: Vamos ao outro.

TANSILLO: Diz:
Chama com som de trombeta o capitão,
a todos seus guerreiros sob uma só bandeira,
pelo que ocorre de algum em vão
fazer-se ouvir e logo se abeira;
qual inimigo o mata, ou por traição
desterra-lhe do campo e da trincheira;
assim a alma aos desejos não acolhidos,
sob um só estandarte os quer mortos ou tolhidos.
Um objeto miro e guardo
que a mente ocupa e um rosto diviso,
só uma beleza penetra meu juízo,
em meu coração há só este dardo,
por este fogo me ardo,
e não conheço mais que um paraíso[41].

Este "capitão" é a vontade humana que toma assento na popa da alma, e com o pequeno leme da razão governa os afetos de algumas potências interiores contra as ondas dos ímpetos naturais. Ele, com o "som da trombeta", aquela de uma determinada escolha, convoca a "todos os guerreiros", ou seja, provoca todas as potências (que se chamam "guerreiros" por estarem em luta contínua e contraditória) ou mesmo os efeitos delas, que são pensamentos contrários; pois uma se inclina de uma parte e outra de outra, procurando

---

40. "Parnasos gemino petit aethera colle." (O Parnaso se eleva ao céu com dois cumes gêmeos.) Lucano, *Bellum civile*.
41. "Chiama per suon di tromb' il capitano / tutti gli suoi guerrier sott'un'insegna; / dove s'avvien che per alcun in vano / udir se faccia, perché pronto vegna, / qual nemico l'uccide, o a qual insano / gli dona bando dal suo camp' e 'l sdegna: / cossì l'alm' i dissegni non accolti / sott'un stendardo, o gli vuol morti, o tolti. / Un oggetto riguardo, / chi la mente m'imgombra, è un sol viso, / ad una beltà sola io resto affiso, / chi sì m'ha punt' il cor è un sol dardo, / per un sol fuoco m'ardo, / e non conosco più ch'un paradiso."

reconstituir-lhes todos sob a bandeira de um fim determinado. Disso acontece vir algum desses ser chamado em vão, fazendo-se prontamente obsequioso (em maior medida aqueles que procedem das potências naturais, que de modo algum ou muito pouco obedecem à razão), tratando ao menos de impedir seus atos e condenar os que não puderam ser impedidos, dando morte àqueles e desterrando estes, procedendo com a espada da ira ou com o chicote do desprezo. Ali, "um objeto miro e guardo" é aquele que retém sua atenção. Com um só rosto se contenta e preenche a mente. Com uma só beldade se deleita e se compraz; e se diz que está absorto porque a ação da inteligência não é um movimento, mas um ato de quietude. E só dali concebe aquele dardo que o mata, ou seja, que lhe constitui o último fim da perfeição. Arde por um só fogo, isto é, docemente se consome num amor.

CICADA: Por que o amor tem por significado o fogo?

TANSILLO: Deixo de lado muitas outras razões, bastando esta por agora: porque assim como o amor converte a coisa amada no amante, o fogo é o mais potente para, entre todos os elementos, converter todos os demais, simples ou compostos, em si mesmo.

CICADA: Continua.

TANSILLO: "Conhecer um paraíso", ou seja, uma finalidade principal, porque o paraíso significa comumente o fim, que se distingue em um absoluto, verdade e essência, e outro que é semelhança, sombra e participação. Do primeiro modo não pode ser mais do que um, assim como não é mais do que um o primeiro e o último bem. Do segundo modo, são infinitos[42].

Amor, sorte, objeto e invídia vexada,
me sacia, cansa-me, contenta e entristece;
a criança irracional, cega e culpada,
a elevada beleza, minha morte que se tece:
mostra-me o paraíso e de mim o tira,
todo bem me apresenta e me retira;
Assim o coração, a mente, o espírito e a alma,
tem alegria, fastio, refrigério e calma.
Quem me arrancará da guerra?
Quem me fará fruir meu bem em paz?
Quem, aquele que me enfada e me apraz?
....

---

42. O fim último do *Furioso Heroico* é o paraíso, o Bem ou a Divindade Absoluta. Mas há o Bem em si, inacessível, e seus espelhos ou sombras. O retorno e a compreensão do universo uno e infinito é uma ligação suprema e possível do amor.

saberá longamente se distanciar,
para gozar minhas chamas e minhas fontes?[43]

Mostra aqui a causa e a origem onde se concebe o furor e nasce o entusiasmo, para sulcar o campo das musas, espalhando a semente de seus pensamentos, aspirando a colheita amorosa, percebendo em si o fervor dos afetos, à maneira do sol, e o humor dos olhos, à guisa de chuva. Quatro coisas menciona em primeiro lugar: amor, sorte, objeto e inveja. O amor não é aqui um motor ignóbil, baixo, indigno, mas seu heroico senhor e guia; a sorte outra coisa não é senão a disposição fatal e a ordem dos acidentes, aos quais está submetido o destino; o objeto é a coisa amável e o correlativo do amante; a inveja faz referência ao zelo do amante com respeito à coisa amada; isto não é preciso fazer entender a quem provou do amor, e é inútil forçar ao entendimento os que não o tenham experimentado. O amor sacia porque, àquele que ama, agrada amar, e aquele que verdadeiramente ama não quereria não o fazer Assim, não quero deixar de referir-me àquilo que mostrei neste soneto:

Cara, suave e honrada chaga
do mais belo dardo que escolheu o amor;
elevado, grácil e precioso ardor,
que sempre faz girar a alma vaga:
que força de herva ou virtude de arte maga
te arrancará de meu coração,
se um novo vigor vem dest'atrição,
se mais atormenta, mais afaga?
Doce minha dor, nova no mundo e rara,
quando de teu peso serei aliviado,
se o remédio incomoda, sendo ao mal afeito?
Olhos, de meu senhor faísca e arco tensionado,
dobrai as chamas na alma e as setas no peito,
Pois o languescer é doce, e a ardência, cara[44].

---

43. "Amor, sorte, l'oggetto e gelosia, / m'appaga, affanna, content' e sconsola; / il putto irrazional, la cieca e ria, / l'alta bellezza, la mia morte sola: / mi mostr' il paradis', il toglie via, / ogni bem mi presenta, me l'invola; / tanto ch'il cor, la mente, lo spirto, l'alma, / ha gioia, ha noia, ha refrigerio, ha salma. / Chi mi torrà di guerra? / Chi me farà fruir mio ben in pace? / Qui quel ch'annoia e quel che sì mi piace / [...............] / farà lungi disgionti, / per gradir le mie fiamme e gli miei fonti?"

44. "Cara, suave et onorata piaga / del più bel dardo che mai scelse amore; / alto, leggiadro e precioso ardore, / che gir fai l'alma di sempr'arder vaga: / qual forza d'erba e virtù d'arte maga / ti torrà mai dal centro del mio core, / se chi vi porge ogn'or fresco vigore / quanto più mi tormenta, più m'appaga? / Dolce mio duol, novo nel mond' e raro, / quando del peso tuo girò mai scarco, / s'il rimedio m'è noia, e 'l mal diletto? / ▶

A sorte provoca angústia pelos acontecimentos infelizes e não desejados, ou porque faz com que o sujeito seja menos digno da fruição do objeto e não adequado à dignidade deste, ou então porque não faz uma correspondência recíproca, ou por outras causas e impedimentos que atravessem. O objeto contenta o sujeito, que não se alimenta de outra coisa, outra coisa não procura e por isso afasta qualquer outro pensamento. A inveja desconsola porque, embora seja filha do amor, do qual deriva e sempre o acompanha, ainda assim vem perturbar e intoxicar tudo o que se encontra de belo e de bom no amor (como bem poderão dar fé gerações inteiras que, sendo de regiões frias e de engenho tardo, aprendem menos, amam pouco e não conhecem os ciúmes). Daí que eu disse em outro soneto:
Da inveja e do amor a filha assim culpada,
que a alegria do pai converte em pena,
a Argos causa o mal e ao bem envenena,
ministra do tormento, esta invídia cismada;
Tisífone infernal, fétida Harpia,
que rapta e envenena o alheio prazer,
austro cruel que faz definhar e abater
a mais bela flor de minha esperança guia;
fera por ti mesma odiada,
pássaro de dor e de mau presságio,
que entras no coração de toda sorte;
se se pudesse barrar-te a entrada,
as águas do amor não veriam naufrágio,
não teria o mundo nem ódio nem morte[45].

Acrescenta ao que foi dito que a inveja não só às vezes é morte e ruína do amante, mas com frequência mata o próprio amor, especialmente quando produz o desdém; por isso vem a ser de tal forma afetada por seu filho, que afasta o amor e despreza o seu objeto, deixando de fazê-lo seu.

CICADA: Aclara-me agora as palavras que seguem, isto é, por que o amor se diz uma criança irracional?

▷ Occhi, del mio signor facelle et arco, / doppiate fiamme a l'alma e strali al petto, / poich'il languir m'è dolce e l'ardor caro."
45. "O d'invidia et amor figlia sì ria, / che le gioie del padre volgi in pene, / caut'Argo al male, e cieca talpa al bene, / ministra di tormento, Gelosia; / Tisifone infernal fetid'Arpia, / che l'altrui dolce rapi et avvelene, / austro crudel per cui languir conviene / il più bel fior de la speranza mia; / fiera da te medesma disamata, / augel di duol non d'altro mai presago, / pena, ch'entri nel cor per mille porte: / se si potesse a te chiuder l'entrata, / tant'il regno d'amor saria più vago, / quant'il mondo senz'odio e senza morte."

TANSILLO: Diz-se criança ou amorino irracional não porque ele assim seja, mas porque modifica os sujeitos em que habita; considerando, porém, aqueles que são mais intelectuais e especulativos, eleva mais a capacidade e mais purifica o intelecto, fazendo-os despertos, esforçados e circunspectos, estimulando-os a uma disposição anímica heroica, a uma emulação de virtudes e de grandezas pelo desejo de prazeres e de se fazerem dignos da coisa amada. Em outros (que são a maioria), é tido por louco e estúpido, porque os faz se perderem nos sentimentos e lhes precipita em extravagâncias, já que encontra espíritos, almas e corpos mal constituídos e incapazes de considerar e distinguir entre o que é decente e o que lhe torna repugnante, fazendo-o objeto de desprezo, de riso e vitupério.

CICADA: Diz-se vulgarmente, por provérbio, que o amor faz os velhos se tornarem loucos, e os jovens, sábios.

TANSILLO: Esse inconveniente não ocorre com todos os velhos, e o conveniente, com todos os jovens. Mas é verdade para aqueles bem constituídos, entre os jovens, e mal formados, entre os velhos. E é certo que quem é avesso na juventude a amar com circunspecção, na velhice amará sem se perder. Mas o divertimento e o riso são para aqueles que, já na idade madura, o amor põe o alfabeto na mão.

CICADA: Agora me diga por que é a sorte ou o fado cego e perverso?

TANSILLO: Cega e perversa também se diz da sorte ou do fado, não por si, pois a ordem e a medida do universo são uma só, e sim em relação aos sujeitos; é chamada cega porque os converte em cegos, sendo como é, tão incerta. É de igual modo dita perversa já que não há mortal algum que, lamentando-se e com ela brigando, não a torne culpada. Daí dizer o poeta da Puglia: "O que quer dizer, Mecenas, que ninguém / no mundo parece contente com a sorte, / que lhe foi oferecida pela razão ou pelo céu?"[46] Assim, com relação ao objeto, o denomina "alta beleza", pois o considera o único, o mais eminente e eficaz para atraí-lo para si; e por isso o estima mais digno, mais nobre, predominante e superior, fazendo-se-lhe súdito e cativo. A "minha própria morte" diz da inveja, pois como o amor não tem companhia mais inseparável do que ela, tampouco tem maior inimiga, assim como nada é mais inimigo do ferro do que a ferrugem, que dele próprio nasce.

CICADA: Como começaste a fazer desse modo, continua parte por parte.

TANSILLO: Assim farei. Disse depois do amor que ele mostra o paraíso; donde se faz ver que o amor não é cego em si, e por si não

---

46. Horácio, *Sátiras* I, 1-3.

torna cego qualquer amante, mas apenas por uma disposição ignóbil do sujeito. Da mesma maneira ocorre com os pássaros noturnos, que se tornam cegos com a presença do sol. Em si, o amor ilustra, clareia, abre o intelecto, faz penetrar o todo e suscita efeitos milagrosos.

CICADA: Parece-me que isso o Nolano o demonstra em outro soneto:

Amor, vidente ao qual me prosterno,
que abre as portas de negro diamante[47];
pelos olhos entra meu nume e, adiante,
nasce, vive, se nutre e tem reino eterno;
faz ver quanto há de terra, de céu, de inferno;
torna presente a imagem a que se refere;
retoma forças e, com certeiro golpe, fere;
por tocar o aflito coração, revela o interno.
Ó povo vil, escuta a verdade e atenda,
presta atenção ao meu dizer não falaz,
abre, abre, se pode, os olhos insanos:
se é criança e pouco crê, entenda,
por que logo muda, por que fugaz,
continuar cego com tantos desenganos?[48]

O amor mostra, portanto, o paraíso, para que se perceba, se entenda e se efetuem coisas altíssimas, ou porque faz grande, em aparência, as coisas amadas. "Afaste-o de mim" se diz do azar, pois este, com frequência, não concede ao pesaroso amante aquilo que o amor demonstra a seus olhos, de modo que aquilo que vê e ardentemente deseja se lhe manifesta longínquo e adverso. "Todo bem me apresenta" se diz do objeto, pois este, que vem demonstrado pelo sinal do amor, parece-lhe a única coisa, o principal e o todo. "Rouba-me" se diz do Ciúme, não porque o afaste, retirando-o da frente dos olhos, mas porque faz com que o bem deixe de sê-lo e se torne um mal angustiante; faz com que o doce não seja doce, mas um angustioso abatimento. "O coração, isto é, a vontade, tem alegria em seu querer por força do amor, qualquer que seja o êxito que daí resulte." "A mente", quer dizer, "a parte

---

47. As portas do Averno ou do submundo, cratera de um vulcão em Cumas, na Campânia.

48. "Amor per cui tant'alto il ver discerno, / ch'apre le porte di diamante nere, / per gli occhi entra il mio nume, e per vedere / nasce, vive, si nutre, ha regno eterno; / fa scorger quant'ha 'l ciel, terr', et inferno; / fa presenti d'absenti effiggie vere, / repiglia forze, e col trar dritto, fere; / e impiaga sempr'il cor, scuopre l'interno. / O dumque volgo vile, al vero attendi, / porgi l'orecchio al mio dir non fallace, / apri, apri, se puoi, gli occhi, insano e bieco: / fanciullo il credi, perché poco intendi, / perché ratto ti cangi ei par fugace, / per esser orbo tu lo chiami cieco."

intelectual, entedia-se" com a apreensão de uma sorte que não agrade ao amante. "O espírito", isto é, o afeto natural, "se refrigera" ao ser raptado por aquele objeto que dá alegria ao coração e poderia engrandecer a mente. "A alma", quer dizer, a substância passível e sensitiva, "possui o encargo", isto é, encontra-se oprimida pelo grave peso da inveja que lhe atormenta. Depois da consideração de seu estado, ajunta o lacrimoso lamento e diz: "Quem me apartará dessa guerra" e me porá na paz, ou quem me livrará daquilo que me estorva e me causa mal, dando-me o que me agrada e me abre as portas do céu, para que prazerosas sejam as férvidas chamas de meu coração e afortunadas as fontes de meus olhos? Depois, continuando seu propósito, acrescenta:

A outros oprima, ó minha inimiga sorte;
vai-te, Ciúme, deste mundo, por favor:
bem poderão com sua divina corte
tudo fazer a face nobre e o vago amor.
Que ele me tire da vida, ela da morte;
ela dá-me asas, ele abrasa-me forte;
ele me mata, ela faz a alma suave;
ela, meu sustento; ele, meu peso grave.
Mas o que digo do amor então,
se ele e ela são um sujeito ou forma,
se com o mesmo império e a mesma norma
fazem um só um traço em meu coração?
Assim, não são duas; é una
a que faz alegre e triste minha fortuna[49].

Quer reduzir quatro princípios, extremos de dois contrários, a dois princípios e um contrário[50]. Diz, portanto, "A outros oprima", isto é, basta-te, ó minha sorte, haver-me oprimido até aqui, e (posto que não podes existir sem o teu ofício), volta o teu desdém para outro. E "vai-te deste mundo", Ciúme, porque um dos dois que restarem poderá suprir teus atos e ofícios, já que tu, minha sorte, outra coisa não és que meu Amor, e tu, Ciúme, não és estranha à substância dele. Seja ele, pois, quem permaneça para privar-me da vida, para me consumir em chamas, para dar-me a morte e o encargo de

---

49. "Premi (oimé) gli altri, o mia nemica sorte; / vatten via, Gelosia, dal mondo fore: / potran ben soli con sua diva corte / far tutto nobil faccia e vago amore. / Lui mi tolga di vita, lei di morte; / lei me l'impenne, lui brugge il mio core; / lui me l'ancide, lei ravvive l'alma; / lei mio sustegno, lui mia grieve salma. / Ma che dich'io d'amore? / se lui e lei son um suggetto o forma, / se con medesm' imperio et una norma / fann' un vestigio al centro del mio core? / Non son doi dumque: è una / che fa gioconda e triste mia fortuna."

50. Amor, Destino, Beleza e Ciúme.

meus ossos, conquanto ela me arranque da morte, me dê asas, me avive e sustente. Finalmente, reduz a um princípio dois outros e um contrário, dizendo: "Mas que digo eu do amor?", se esta face, este objeto é seu império, e não outro senão o império de amor; a norma do amor é sua própria lei; o traço de amor que aparece na substância de meu coração não é outro senão sua marca; por que então, depois de dizer nobre face, replico dizendo "vago amor"?

FIM DO PRIMEIRO DIÁLOGO

Segundo Diálogo

TANSILLO: Ora, aqui começa o furioso a mostrar os seus afetos e a descobrir as chagas que são signos no corpo e substâncias ou essências na alma, e assim diz:
Eu que trago do amor o elevado vexilo,
tenho fria a esperança, e os desejos, cingentes:
ao mesmo tempo tremo, gelo, ardo e cintilo,
sou mudo e encho o céu de clamores ardentes;
com o coração refuljo, mas dos olhos água destilo;
e vivo e morro, com risos e lamentos pungentes;
as águas estão vivas, e do incêndio não cessa o efeito,
pois que nos olhos tenho a Tétis[51] e a Vulcano, no peito.
A outro amo e a mim mesmo odeio;
mas se tomo asas, o outro em pedra se converte;
se vai ele aos céus, embaixo permaneço, inerte;
sempre foge, mas para segui-lo não ponho freio;
se eu o chamo, não responde:
e quanto mais o cerco, mais se esconde[52].

A esse propósito, quero voltar àquilo que te dizia há pouco: que não é preciso se cansar para provar o que tão manifestamente se oferece à vista, a saber, que nada é puro e simples (daí alguns terem

51. A deusa filha de Uranos e de Gaia (τηθύς), símbolo da fecundidade das águas.
52. "Io che porto d'amor l'alto vessillo, / gelate ho spene, e gli desir cuocenti: / a un tempo triemo, agghiaccio, ardo e sfavillo, / son muto, e colmo il cielo di strida ardenti; / dal cor scintill', e da gli occhi acqua stillo; / e vivo e muoio, e fo ris' e lamenti: / son vive l'acqui, e l'incendio non more, / ch' a gli occhi ho Teti, et ho Vulcano al core, / Altr'amo, odio me stesso: / ma s'io m'impiumo, altri si cangia in sasso; / poggi'altr'al ciel, s'io mi ripogno al basso; / sempr' altri fugge, s'io seguir non cesso; / s'io chiamo, non risponde: / e quant'io cerco più, più mi s'asconde."

dito que coisa alguma composta é ente verdadeiro, assim como o ouro composto não é ouro verdadeiro, nem o vinho misturado é vinho verdadeiro e simples); em seguida, todas as coisas constam de contrários, e disso procede, por tal composição, que os eventos de nossos afetos não nos conduzem a nenhum deleite sem alguma coisa de amargura; que se ela não fosse encontrada nas coisas, tampouco se acharia o prazer, posto que a fadiga faz com que encontremos deleite no repouso; a separação é a causa de encontrarmos prazer na conjunção e, examinando de modo geral, sempre se achará que um contrário é causa de que o outro seja desejado e agrade.

CICADA: Então, não há deleite sem contrariedade?

TANSILLO: Certamente não, assim como sem contrariedade não há dor, tal como se manifesta aquele poeta pitagórico quando diz: "Daí os seus temores e seus desejos, suas dores e alegrias; por isso não distinguem as auras celestes, fechadas como estão nas trevas de um cárcere cego."[53] Eis aqui, portanto, as consequências da composição das coisas. Disso ocorre que ninguém se satisfaz com seu estado, exceto algum insensato e estúpido, tanto mais quanto maior é o grau de sua triste loucura; pouco ou nada apreende de seu mal, goza do presente sem temer o futuro, se regozija com o que é e pela condição em que se acha, sem ter remorsos ou cuidados pelo que é ou pode ser e, por fim, não tem consciência da contradição, figurada pela árvore da ciência do bem e do mal.

CICADA: Daqui se vê como a ignorância é mãe de toda a felicidade e beatitude sensível; e esta, por sua vez, o jardim do paraíso dos animais, como se demonstra nos diálogos da *Cabala do Cavalo Pégaso*. E também pelo que disse o sábio Salomão: "Quem aumenta a sabedoria, aumenta a dor."

TANSILLO: Daí que o amor heroico seja um tormento, porque não goza do presente como o amor animal, e sim do futuro e do ausente; e o contrário lhe estimula a ambição, a emulação, a suspeita e o temor. Uma vez, como dissera um de nossos vizinhos depois de haver ceado, "Jamais estive tão alegre como neste momento", respondeu-lhe Gioan Bruno, pai deste Nolano: "Jamais fostes tão louco como agora."

CICADA: Assim, então, pretendeis que aquele que é triste seja sábio, e aquele que é mais triste seja mais sábio?

TANSILLO: Não, entendo que estes tenham outra espécie de loucura, e muito pior.

---

53. "Hinc metuunt cupiuntque, dolent gaudentque, nec auras respiciunt, clausae tenebris et carcere caeco." Virgílio, *Eneida*, VI, 733-734.

CICADA: Quem, por conseguinte, será sábio, se é louco o contente e louco o triste?

TANSILLO: Aquele que não é contente nem triste.

CICADA: Quem? Aquele que dorme? Aquele que está privado de sentimentos? Quem morreu?

TANSILLO: Não, mas aquele que está vivo, enxerga e entende; aquele que, considerando o mal e o bem, sopesando um e outro como coisas variáveis e consistentes com o movimento, com a mudança e a vicissitude (de sorte que o fim de um é o princípio de outro, e o extremo de um é começo de outro), não se abandona, não se enfatua, mas se contém nas inclinações e se tempera nas volúpias, não sendo para ele o prazer um prazer, ao ter o seu fim no presente. Da mesma maneira, o sofrimento não é pena, pois com a força da consideração tem presente o seu término. Assim, o sábio tem todas as coisas como mutáveis, coisas que não são, e afirma não serem elas senão vaidade, um nada, porque o tempo para a eternidade é como um ponto para a linha.

CICADA: Quer dizer que nunca podemos considerar o fato de estar contente ou descontente sem considerarmos nossa própria loucura, que expressamente confessamos; ali onde ninguém raciocine a esse respeito haverá um sábio. E, definitivamente, todos os homens serão loucos.

TANSILLO: Não tendo a tirar essa conclusão, pois diria que é altamente sábio quem pudesse dizer, ao contrário daquele outro: "Jamais estive menos triste do que agora."

CICADA: Como não são duas qualidades contrárias ali onde se encontram dois afetos contrários? Por que, pergunto, entendeis como duas virtudes, e não como um vício e uma virtude, o estar minimamente alegre e estar minimamente triste?

TANSILLO: Porque ambos os contrários em excesso (quer dizer, quando tendem àquele máximo) são vícios; e os mesmos, quando vão dar no mínimo, tornam-se virtudes, porque se contêm e se recolhem em seus limites.

CICADA: E como o estar menos contente e o estar menos triste não são uma virtude e um vício, mas duas virtudes?

TANSILLO: Pelo contrário, digo que são uma só e mesma virtude, pois o vício se acha ali onde existe a contrariedade, e a contrariedade é máxima nos extremos; a maior contrariedade é a mais próxima do extremo; a menor ou nula está no meio, onde os contrários convêm, fazendo-se uno e indiferente, como entre o frio extremo e o calor extremo; e assim o meio pontual é aquele que se pode dizer ou quente ou frio, ou nem quente nem frio, sem contrariedade. Do mesmo modo, quem está minimamente contente e minimamente alegre está num grau de indiferença, encontra-se na casa da temperança e ali consistem a virtude e a condição de um ânimo forte, que não se deixa inclinar pelo Austro ou pelo Aquilão[54]. Eis, pois (para voltarmos ao nosso propósito), como este furor heroico, que aqui se esclarece, é diferente de outros furores mais baixos, não como a virtude do vício, mas como um vício que possui um objeto mais divino do que outro que possua um objeto mais animalesco. De maneira que a diferença está no objeto e no modo, e não segundo a forma de ser um vício.

CICADA: Bem posso concluir, do que haveis dito, a condição deste furor heroico que disse "tenho fria a esperança, e os desejos, cingentes"; porque não é na temperança da mediocridade, mas no excesso da contrariedade que se tem a alma em discórdia: treme em suas esperanças glaciais, arde em desejos candentes; clamoroso pela avidez, mas calado pelo temor; pelo cuidado com o outro, seu coração cintila e, por autocompaixão, seus olhos vertem lágrimas; morre no riso alheio e vive nos próprios lamentos; e, como quem já não se pertence, "a outro amo e a mim mesmo odeio", pois a matéria, como dizem os físicos, ama a forma ausente, na mesma medida em que odeia a presente. E assim conclui, na oitava, a guerra que a alma tem consigo própria. Depois, quando diz na sextina e no que se segue: "mas se tomo asas, o outro em pedra se converte", mostra os sofrimentos que lhe impõe a guerra contra os contrários externos. Lembro-me de ter lido em Jâmblico, onde se trata dos *Mistérios Egípcios*, esta sentença: "Possui uma alma ímpia dissidente: daí não poder convir consigo nem com os outros."[55]

TANSILLO: Ouça um outro soneto de sentido consequente com o anterior.

> Ai, que condição, natureza ou sorte:
> em viva morte, de morta vida afetado.
> O Amor matou-me (ai de mim) com tal morte,
> que estou de vida e de morte privado.
> Vazio de esperança, às portas do inferno,

---

54. Em temperatura média, que não é a do vento quente do sudeste (Austro), nem a do vento frio do norte (Aquilão).
55. "Impius animam dissidentem habet; unde nec secum ipse convenire potest neque cum aliis." A frase na verdade é de Proclo, cujos extratos aparecem logo depois dos *Mistérios Egípcios* na edição das obras completas de Marsilio Ficino, tradutor de Jâmblico (Basileia, 1576).

> e cheio de desejos ao céu sou levado:
> pois sujeito a dois contrários eternos,
> banido estou do céu e do inferno.
> Minhas penas são meu percalço,
> pois em meio a duas rodas correntes,
> uma de cá, outra de lá, sempre presentes,
> qual Íxion convêm a fuga e o encalço:
> pois ao discurso duvidoso e ao intento
> dão lição contrária o esporão e o mordimento[56].

Mostra de que maneira padece essa discórdia e distração em si mesmas quando o afeto, deixando a temperança, tende a um ou outro extremo, para o alto e à direita, para baixo e à esquerda.

CICADA: Como aquilo que não é próprio de um ou de outro extremo não chega ao estado de virtude?

TANSILLO: O estado da virtude acha-se no momento em que se estabiliza no meio, declinando de um e de outro contrário; mas quando inclina-se a um ou outro extremo, tanto lhe falta ser virtude que é duplamente vício; este consiste em que a coisa se afasta de sua natureza, cuja perfeição consiste na unidade; e ali para onde convergem os contrários, consta a composição e nisso consiste em virtude. Eis por que é morto vivente, ou vivo moribundo, ali onde se diz "em viva morte, de morta vida afetado". Não está morto porque vive no objeto, mas não está vivo porque em si mesmo está morto; privado da morte porque engendra pensamentos em seu objeto; privado da vida porque vegeta e não sente a si mesmo. Além disso, acha-se muito abaixo perante a consideração da altura do inteligível e pela debilidade consciente de sua potência, enquanto está altíssimo pela aspiração do desejo heroico, que ultrapassa de muito seus próprios limites e pelo apetite intelectual que não pode terminar de acrescentar número ao número. Encontra-se num nível muito baixo pela violência que lhe é feita pelo sensível contrário, que lhe oprime até o inferno. Daí que, vendo-se ascender e retroagir dessa maneira, sinta na alma a maior dissensão possível. E permanece confuso pela rebelião dos sentidos que o esporeiam, ali mesmo onde a razão freia e

---

56. "Ahi, qual condizion, natura, o sorte: / in viva morte morta vita vivo. / Amor m'ha morto (ahi lasso) di tal morte, / che son di vit' insiem' e morte privo. / Vòto di spene, d'inferno a le porte, / e colmo di desio al ciel arrivo: / talché suggetto a doi contrarii eterno, / bandito son dal ciel e da inferno. / Non han mie pene triegua, / perch' in mezzo di due scorrenti ruote, / de quai qua l'uma, là l'altra mi scuote, / qual Ixion convien mi fugga e siegua; / perché al dubbio discorso / dan lezzion contraria il sprone e l'morso."

reprime. O mesmo afeto está demonstrado na seguinte sentença, em que a razão, em nome de Filemo, pergunta, e o furioso responde em nome do Pastor que, no cuidado do rebanho de seus pensamentos, pastoreia a serviço de sua ninfa, que é sua afeição e objeto, a quem observa e de quem se acha cativo.

* * * * *

F. P. F. P. F.
Pastor! Que queres? Que fazes? Sofro. Por quê?
P. Porque não tenho vida nem morte.
    F. P. F. P. F.
Quem engana? O Amor. Aquele malvado? Este malvado. Onde está?
P: No centro do meu coração mantém-se forte.
    F. P. F. P. F.
O que faz? Fere. A quem? A mim. Com quê?
P: Com os olhos e as portas do céu e do inferno.
    F. P. F. P. F.
Esperas? Espero. As graças? As graças. De quem?
P: De quem me martiriza noite e dia.
    F. P. F.
Ela tem também? Não sei. És louco.
P: Como, se essa loucura agrada à alma?
    F. P. F. P. F.
Promete? Não. Nega? Tampouco. Cala?
P: Sim, porque a honestidade me tolhe a ousadia.
    F. P. F.
Deliras. Em quê? No esforço.
P: Temo seu desdém, mais do que meus tormentos.

Aqui diz o que sofre: lamenta-se do amor, não porque ame (pois que a amante algum desagrada amar), mas porque ama infelizmente, enquanto saem aqueles dardos que, conforme sejam insolentes ou esquivos, benignos ou graciosos, são portas que nos levam ao céu ou ao inferno. Assim se mantém esperançoso de uma graça futura e incerta, e no presente, martirizado. E embora veja abertamente sua loucura, nem por isso se corrige nem concebe o desprazer; antes, tão longe está que se compraz na loucura, como mostra ali onde afirma: "Que não chegue a lamentar-me de amor, sem o qual não quero ser feliz."[57] Depois, mostra uma outra espécie de furor, engendrada

---

57. "Mai fia che dell'amor io mi lamente, senza del qual non vogli' esser felice."

de alguma luz racional, que suscita o temor e suprime a loucu-ra, a fim de não exasperar ou enojar a coisa amada. Diz, portanto, ser a esperança fundada no futuro, sem que nada lhe seja prometido ou negado, e não lhe pergunta para não ofender sua honestidade. Não ousa explicar-se ou se propor para não ser repudiado ou acolhido com promessas, pois em seu pensamento pesa mais aquilo que poderia ser um mal e não um bem. Assim, mostra-se mais propenso a sofrer sempre seu próprio tormento do que abrir a porta pela qual a amada poderia se perturbar e se entristecer.

CICADA: Com isso demonstra ser o seu amor verdadeiramente heroico, pois pretende ter como fim principal a graça do espírito e a inclinação do afeto mais do que a beleza do corpo, com as quais não finda o amor que participa do divino.

TANSILLO: Bem sabes que o rapto platônico é de três espécies, um dos quais tende para a via contemplativa ou especulativa, o outro para a vida ativa e moral e o último para a ociosidade e a volúpia. Assim também são três as espécies de amor, entre as quais de um aspecto da forma corporal é possível elevar-se à consideração da coisa espiritual e divina; outra persevera no prazer do ver e do conversar; a última, do ver se precipita na concupiscência e no tocar. Desses três modos outros são compostos, conforme o primeiro seja acompanhado pelo segundo ou terceiro, ou concorram todos de uma só vez; além disso, todos e cada um se multiplicam em outros, conforme os afetos dos furiosos tendam mais para o objeto espiritual ou para o objeto corporal, ou igualmente para um e outro. Daí que, entre aqueles que foram parte deste grupo e se acham prisioneiros das redes do amor, tendam alguns para aquele prazer de recolher o pomo da beleza corporal, sem cuja obtenção (ou pelo menos com a esperança) estimam vão e irrisório todo o esforço amoroso. Essa é a maneira em que correm todos aqueles que são de sensibilidade bárbara, que não podem nem tentam magnificar-se com coisas dignas, aspirar a coisas ilustres, acomodando seus afãs e atos a coisas divinas, em direção às quais nada existe que possa tão generosa e eficazmente dar asas do que o amor heroico. Outros têm como fim o fruto do deleite, que encontram no aspecto da beleza e na graça do espírito; e alguns deles, ainda que amem o corpo e desejem ardentemente a união corporal, deplorando seu afastamento e entristecendo-se com a desunião, temem que tais pretensões venham privá-los da afabilidade, da conversação, da amizade e da concórdia que lhes é tão importante. Levam em conta que na tentativa não há segurança de um sucesso feliz, sendo maior o medo de perder essa graça tão digna e gloriosa que se antepõe ao olhar e ao pensamento.

CICADA: É algo digno, Tansillo, pelas muitas virtudes e perfeições que derivam da sensibilidade humana, tentar, aceitar, nutrir e conservar um amor igual; mas deve ainda haver um grande cuidado para não abater-se ou obrigar-se a um objeto indigno e baixo, a fim de que não venha fazer parte de sua baixeza e indignidade; a esse propósito entende o conselho do poeta de Ferrara: "Quem põe o pé na amorosa rede, procure retirá-lo, e não se envisque as asas."[58]

TANSILLO: Para dizer a verdade, o objeto que não tenha outra beleza além do esplendor do corpo não é digno de ser amado a não ser com a finalidade (como dizem) de propagar a raça. E parece-me coisa de porco ou de cavalo atormentar-se com isso. Quanto a mim, jamais me deixei fascinar por tal coisa como hoje me fascino por uma estátua ou pintura, pois tudo isso me parece semelhante. Seria um grande vitupério para uma alma generosa se de uma sensibilidade vil, porca, lenta e ignóbil, embora revestida de excelente forma, se dissesse: "Temo seu desdém, mais do que meus tormentos."

FIM DO SEGUNDO DIÁLOGO

Terceiro Diálogo

TANSILLO: Supomos, e de fato existem, várias espécies de furores, as quais se reduzem a dois gêneros, conforme só nos mostrem cegueira, estupidez e ímpeto irracional, que tendem à insensatez ferina, e outros que consistem em certa abstração divina, pelo que alguns conseguem ser melhores do que homens ordinários. E estes são, por sua vez, de duas espécies, pois que certos indivíduos, ao se tornarem estâncias de deuses ou de espíritos divinos, dizem e agem em coisas admiráveis, cujas razões nem eles mesmos nem outros entendam. São ordinariamente levados a tal situação desde um primeiro estado de indisciplina e ignorância, introduzindo-se-lhes o sentido e o espírito divino como num receptáculo depurado; o mesmo espírito divino tem menos ocasião de manifestar-se naqueles que possuem sua própria razão e sentido, porque às vezes deseja que o

---

58. Ariosto, *Orlando Furioso*, XXIV, I. "Chi mette il piè su l'amorosa pania, cerchi ritrarlo, e non v'inveschi l'ali."

mundo tenha por certo que se os primeiros não falam por estudo e experiência própria, necessariamente devem falar e agir por uma inteligência superior; e, por esse motivo, a multidão dos homens lhes confere justamente maior admiração e fé. Outros, por serem mais afeitos ou hábeis na contemplação, e por espírito lúcido e intelectual inato, a partir de um estímulo e fervor interno, suscitado pelo amor da divindade, da justiça, da verdade e da glória, tornam o sentido mais arguto e, com o alento da faculdade cogitativa, acendem a luz da razão, com a qual veem mais além do ordinário. Estes não falam como vasos ou instrumentos, mas como artífices principais e eficientes.

CICADA: Desses dois gêneros, qual deles estimas o melhor?

TANSILLO: Os primeiros têm mais dignidade, poder e eficácia em si, pois contêm a divindade. Os segundos são mais dignos, mais potentes e eficazes, e são divinos. Os primeiros são dignos como os asnos que levam sobre si os sacramentos[59]; os segundos, como coisas sagradas em si. Nos primeiros se vê e se considera como efeito a divindade, que se admira, se adora e à qual se obedece. Nos segundos, se considera e se vê a excelência da própria humanidade. Agora, vamos ao nosso propósito. Esses furores sobre os quais refletimos, e que vemos referidos nessas sentenças, não são esquecimento, mas memória; não são negligência de si mesmo, mas amor e ânsia do belo e do bem, com os quais se procura alcançar a perfeição, transformando-se e assemelhando-se a ela. Não é um rapto sob leis de um fado indigno, com laços ferinos, mas um impulso racional que busca a apreensão do bem e do belo e com os quais gostaria de parecer, conformando-se a eles, de modo que de sua nobreza e luz venha a se inflamar e revestir-se de qualidades e de condições com as quais apareça digno e ilustre. Pelo contato intelectual com esse nume, torna-se um deus; não tem pensamento que não seja divino, mostrando-se insensível e impassível perante aquelas coisas comumente consideradas como as principais e com que os outros tanto se atormentam. Nada teme e, por amor à divindade, desconsidera os demais prazeres, sem ter muitos cuidados com a vida. Não é um furor de bile negra que, fora de senso, de razão ou de prudência, o faça vagar, guiado pelo acaso ou raptado por uma tempestade desordenada, como aqueles que, tendo prevaricado nas leis da divina Adrasteia[60], são condenados à carnificina das Fúrias, e por isso agi-

---

59. Alusão mais próxima aos *Adagia*, de Erasmo de Roterdã, nos quais existe a figura do *Asinus portans mysteria*.
60. Ninfa incumbida por Reia, juntamente com sua irmã Ida, de cuidar de Zeus menino. Em grego, esse nome remete ao verbo *didaskrein*, "de que não se pode escapar".

tados tanto por ruína e enfermidades corporais quanto espirituais, pelo dano à harmonia entre potências cognitivas e apetitivas. Mas é um calor aceso na alma pelo sol da inteligência e um ímpeto divino que lhe empresta asas, com o que, aproximando-se do sol da inteligência e rejeitando a ferrugem dos cuidados humanos, torna-se ouro puro e provado, sentindo a harmonia interna e divina e fazendo concordar seu pensamento e gestos com a simetria da lei ínsita de todas as coisas. Não vai tropeçando ou esbarrando ora num fosso, ora num escolho, como que embriagado pelas taças de Circe, ou como um Proteu errante, mudando de face, sem nunca encontrar um lugar, um modo ou matéria em que se deter e firmar-se[61]. Mas sem destemperar a harmonia, vence e supera os monstros horrendos, e embora venha a decair, facilmente retorna ao sexto planeta[62], com os instintos íntimos que, como se fossem musas, dançam e cantam ao redor do esplendor do Apolo universal. E sob imagens sensíveis e materiais, vai compreendendo a ordem divina. É certo que, às vezes, sendo escoltado pelo Amor, que é gêmeo[63], e vendo-se fraudado em seu esforço por impedimentos que ocorrem, como que insano e furioso arroja então no precipício o amor por aquilo que não pode compreender; confundido pelo abismo da divindade, se desfaz da intenção e, depois, retorna, esforçando-se com a vontade ali onde não pode chegar com o intelecto. É também verdade que, ordinariamente, oscila e se trasnsporta ora para uma forma, ora para outra, do duplo Cupido, pois a principal lição que o Amor lhe dá é que contemple a beleza divina na sombra (quando não puder fazê-lo pelo espelho). E, como os pretendentes de Penélope, entretenha-se com os empregados quando não lhe for lícito conversar com a patroa. Ora, para concluir, podeis compreender do que foi dito como é este furioso cuja imagem vem posta adiante, quando se diz:

> Se a borboleta voa ao esplendor ameno,
> não sabe que ao fim a chama lhe é ingrata;
> se com sede vem o cervo ao rio sereno,
> não sabe da amarga flecha que lhe mata.
> Se corre o unicórnio ao chamado de um aceno,
> não vê o laço que logo em torno se ata;

---

61. Circe e Proteu são símbolos de mudanças perpétuas dos estados de alma e dos furores sensuais.
62. Referência a Júpiter, símbolo do conhecimento e da ordem.
63. Na tradição grega, segundo Platão e Pausânias, o geógrafo, há duas Vênus, acompanhadas de dois Amores ou Cupidos.

e à luz, na fonte, no seio de meu bem,
vejo chamas, dardos e cadeias também.
É doce o languescer em que manejo
porque aquela alta face me abençoa,
porque o arco divino tão doce soa,
porque àquele laço se prende meu desejo;
são-me eternos os embaraços:
chamas no coração, dardos no peito, n'alma os laços[64].

Aqui se mostra como seu amor não é o da borboleta, do cervo ou do unicórnio, que fugiriam, se juízo tivessem, do fogo, da flecha e dos laços, e que não têm outro sentido senão o do prazer imediato; mas vem guiado, sim, por um sensualismo e por um furor previdentes, que lhe fazem amar mais aquele fogo do que qualquer refrigério, mais a chaga do que a sanidade, mais os laços do que a liberdade. Pois esse mal não é um mal absoluto, e sim com respeito ao bem, e conforme certa opinião geral e falsa; assim como o velho Saturno, que teve por condimento os próprios filhos, ao devorá-los. Aos olhos da eternidade, este mal é entendido como bem ou guia que ao bem conduz, posto que esse fogo é um desejo ardente das coisas divinas, a flecha é a impressão da beleza da luz suprema e os laços são as espécies de verdade que unem a nossa mente à primeira verdade e às espécies de bem que se encontram unidas e são inseparáveis do primeiro e sumo Bem. Deste sentido me aproximo, ao dizer:

De um fogo tão belo e tão nobre laço
a beleza me inflama e a honestidade me amarra,
pois que chamas e servidão são-me a gamarra,
freio à liberdade e ao gélido baraço;
o incêndio é tal que ardo e não me desfaço,
o laço é tal que o mundo comigo se engata,
não me gela o temor, nem a dor me desata;
mas tranquilo é o ardor e doce o embaraço.
Distingo tão alto a luz que me inflama
e o laço urdido com tão rico fio,

---

64. "Se la farfalla al suo splendor ameno / vola, non sa ch'è fiamm' al fin discara; / se quand'il cervio per sete vien meno / al rio va, non sa della freccia amara; / s'il lioncorno corre al casto seno, / non vede il laccio che si gli prepara; / i' al lum', al font', al grembo del mio bene, / veggio le fiamme, i strali e le catene. / S'è dolce il mio languire, / perché quell'alta face si m'appaga, / perché l'arco divin sì dolce impiaga, / perché in quel nodo è avolto il mio desire: / mi sien eterni impacci / fiamme al cor, strali al petto, a l'alma lacci."

que, nascendo o pensar, o anseio arrojo.
Pois que no peito me ilumine a bela chama
e me comova querer este fino lio,
que minha sombra seja serva e arda meu despojo[65].

Todos os amores (se são heroicos e não puramente animais, aqueles que chamamos naturais e indóceis para as gerações, instrumentos, de certo modo, da natureza) têm por objeto a divindade, tendem para a beleza divina, que primeiramente se comunica às almas e nelas esplende; e delas, ou por elas, aos corpos; daí que o afeto bem formado ama os corpos ou a beleza corporal, porque também é índice de beleza espiritual[66]. Aquilo que se enamora do corpo é uma certa espiritualidade que nele vemos e que se denomina beleza, que não consiste no fato de as dimensões serem maiores ou menores, nem nas formas e cores determinadas, e sim numa certa harmonia e consonância das partes e das cores. Essa harmonia mostra uma afinidade sensível com o espírito, perceptível aos sentidos mais agudos e penetrantes. De onde se segue que estes mais fácil e intensamente se enamoram, assim como mais facilmente se desnamoram; e com mais intensidade desdenham, com aquela facilidade e intensão que poderiam estar nos espíritos brutos. De maneira que tal aspereza transcorre da alma para o corpo, fazendo-o não aparecer depois como antes lhe parecia. Assim, pois, a beleza do corpo tem força para inflamar, mas não a de ligar e fazer com que o amante não possa fugir, se a graça que se requer no espírito não ajuda, como a honestidade, a gratidão, a cortesia e a prudência. Por isso, disse ser belo o fogo que me inflamou, porque também era nobre o laço que a ele me unia.

CICADA: Não creia que seja sempre assim, Tansillo, porque às vezes, embora descubramos o vício do espírito, não deixamos de permanecer inflamados e aprisionados. De modo que, mesmo a razão vendo o mal e a indignidade de tal amor, não tem capacidade de afastar-se de um apetite desordenado. Em tal disposição, creio ter sido o Nolano quem disse:

65. "D'un sì bel fuoco e d'un sì nobil laccio / beltà m'accende, et onestà m'annoda, / ch'in fiamm'e servitù convien ch'io goda, / fugga la libertade e tema il ghiaccio; / l'incendio è tal ch'io m'ard' e non mi sfaccio, / il nodo è tal ch'il mondo meco il loda, / né mi gela timor, né duol mi snoda; / ma tranquill' è l'ardor, dolce l'impaccio. / Scorgo tant'alto il lume che m'infiamma, / el laccio ordito di si ricco stame, / che nascend' il pensier, more il desio. / Poiché mi splend'al cor sì bella fiamma, / e mi stringe il voler sì bel legame, / sia serva l'ombra et arda il cener mio."
66. Ideias presentes em Ficino, *O Livro do Amor*, II e VI.

Ai de mim, constrangido pelo furor
ao infortúnio me apegar,
fazendo-o parecer o sumo bem do Amor.
Frouxa, a alma se deixa levar
e a conselhos contrários não se atém,
sendo do fero tirano
que me nutre, refém;
podia banir-me de mim e do dano,
mais do que com a liberdade me contento.
Descerro velas ao vento,
que me subtraia ao bem odioso
e ao doce dano me leve, tempestuoso[67].

TANSILLO: Assim acontece quando um e outro espírito são viciosos e estão como que manchados de uma mesma tinta, pois pela semelhança se suscita, se inflama e se confirma o amor. Assim os viciosos concordam facilmente em ato de mesmo vício. E não quero deixar de dizer aqui aquilo que por experiência conheço: que embora haja descoberto na alma vícios abomináveis, como a sórdida avareza, uma vilíssima avidez por dinheiro, desconsideração por favores recebidos e cortesia, um amor por pessoas de todos os vícios (entre os quais este último é o que mais me desgosta, pois faz o amante perder toda esperança de que, por ser ele mais digno, possa ser por ela mais aceito), não deixava todavia de me arder pela beleza corporal. Mas quê! Eu a amava sem boa vontade, pois que não por amá-la me teria entristecido, mas me alegrado por suas desgraças e infortúnios.

CICADA: Mas é bem apropriada e vem a propósito aquela distinção que fazem entre amar e querer bem.

TANSILLO: É verdade, porque queremos bem a muitos, isto é, desejamos que sejam sábios e justos; mas não os amamos, porque são iníquos e ignorantes. Amamos muitos porque são bonitos, mas não lhes queremos bem, porque não o merecem; e entre as coisas que o amante estima aquele não merecer, a primeira é a de ser amado; e assim, ainda que não possa abster-se de amar, não deixa de pesar-lhe e mostra o seu aborrecimento, como aquele que dizia: "Ai de mim, constrangido pelo furor ao infortúnio me apegar." Com

---

67. "Oimé che son constretto dal furore / d'appigliarmi al mio male, / ch'apparir fammi un sommo ben Amore. / Lasso, a l'alma non cale / ch'a contrarii consigli umqua ritenti; / e del fero tiranno, / che mi nodrisce in stenti, / e poté pormi da me stess' in bando, / più che di libertad' i' son contento. / Spiego le vele al vento, / che mi suttraga a l'odioso bene: / e tempestoso al doce danno amene."

disposição contrária devia se achar, ou por outro objeto corporal ou na verdade por objeto divino, quando disse:

> Embora a muitos martírios me tragas sujeito,
> agradeço-te e muito te devo, Amor,
> que com tão nobre chaga abriste-me o peito,
> e em meu coração te impuseste senhor,
> fazendo-me ver um objeto ao divino afeito,
> de Deus na Terra sua imagem e lavor;
> pense quem queira que seja meu destino malfazejo,
> que mata a esperança e faz viver o desejo.
> Sacio-me nesta alta empresa;
> e embora o fim desejado não consiga,
> e com tanto esforço a alma prossiga,
> basta que seja tão nobremente acesa;
> basta que alto me levante,
> e do número dos ignóbeis esteja adiante[68].

Seu amor aqui é de fato heroico e divino, e por isso quero entendê-lo, ainda que se considere sujeito a tantos martírios. Pois todo amante que se acha desunido ou separado da coisa amada (querendo estar em conjunção com o afeto e com o efeito), encontra-se pesaroso, se angustia e se atormenta ao sentir que seu amor, digna e nobremente empregado, está privado daquela fruição que obteria se junto estivesse ao fim para o qual tende. Não lhe dói pelo desejo que o aviva, mas pela dificuldade do esforço que o martiriza. Os outros, portanto, o julgam infeliz por tal aparência de mau destino, como se condenado a tais penas, pois ele não deixará por isso de reconhecer a obrigação que tem com o Amor, de render-lhe graça, pois lhe apresentou diante dos olhos da mente uma espécie inteligível nesta vida terrena (recluso nesta prisão da carne, cativo desses nervos e sustentado por esses ossos) e na qual lhe seja lícito contemplar mais elevadamente a divindade do que em qualquer de outra espécie ou semelhança que lhe fosse oferecida.

CICADA: O "divino", e assim o "vivo objeto" a que se refere, é a espécie inteligível mais elevada que podia formar da divindade,

---

68. "Ben ch'a tanti martir mi fai suggetto, / pur ti ringrazio, e assai ti deggio, Amore, / che con sì nobil piaga apriste il petto, / e tal impadroniste del mio core, / per cui fia ver ch'un divo e viv'oggetto, / de Dio più bella imago 'n terra adore; / pensi chi vuol ch'il mio destin sia rio, / ch'uccid'in speme, e fa viv'in desio. / Pascomi in alta impresa; / e bench'il fin bramato non consegua, / e 'n tanto studio l'alma si dilegua, / basta che sia sì nobilmente accesa: / basta ch'alto mi tolsi, / e da l'ignobil numero mi sciolsi."

e não qualquer beleza corporal que lhe ensombrara o pensamento, ao surgir na superfície do sentido.

TANSILLO: É verdade, porque nenhuma espécie de sensível pode alçar-se a tanta dignidade.

CICADA: Como então menciona essa espécie como objeto, se, como me parece, o verdadeiro objeto é a divindade em si mesma?

TANSILLO: Lá está o objeto final, último e perfeitíssimo, não nesse estado no qual não podemos ver a Deus a não ser como sombra ou espelho e, por isso, não pode ser objeto senão por intermédio de alguma semelhança, tal como não pode ser abstraída e conquistada pela beleza e excelência corpórea e por virtude do sentido, e sim tal como formada na mente, por virtude do intelecto. Encontrando-se em tal estado, vem a perder o amor e o afeto por toda outra coisa, tanto sensível quanto inteligível, pois unida a esta luz também se converte em luz e, consequentemente, faz-se um Deus, porque acolhe em si a divindade, estando ela em Deus pela intenção com que penetra na divindade (tanto quanto se possa) e nela estando Deus porque, depois de haver penetrado, vem a concebê-e (tanto quanto possível) abrigá-la e compreendê-la em seu conceito. Ora, o intelecto humano neste mundo inferior se nutre dessas espécies e semelhanças, até que não lhe seja lícito observar com olhos mais puros a beleza da divindade, como ocorre com aquele que, estando ao lado de um edifício excelentemente ornamentado, vai considerando cada detalhe e se contenta e se satisfaz com tão nobre maravilha. Mas se lhe fosse dado ver o senhor dessas imagens, de uma beleza incomparavelmente maior, deixaria todo cuidado e pensamento nelas postos, voltando-se e buscando considerar aquela unidade[69]. Eis, portanto, a diferença entre esse estado em que vemos a beleza divina sob espécies inteligíveis, extraídas de seus efeitos, obras, ensinos, sombras e semelhanças, e aquele outro estado em que se é lícito vê-la em presença. Diz ele depois: "Sacio-me nesta alta empresa", pois, como observam os pitagóricos, assim a alma se volta e se move para Deus, como o corpo para a alma.

CICADA: Então o corpo não é o lugar da alma?

TANSILLO: Não, porque a alma não se encontra no corpo localmente, e sim na forma intrínseca e formadora extrínseca, como aquilo que constitui os membros e dá forma ao composto, de dentro e do exterior. O corpo, portanto, está na alma, a alma na mente, a mente em Deus ou é Deus, como disse Plotino[70]. Assim como,

---

69. Esse argumento se encontra desenvolvido em Plotino, *Enéadas*, VI, 7-35.
70. Comentário de Ficino às *Enéadas* de Plotino, na passagem IV, 3, 24: "Anima non est in corpore [...], sed corpus est in anima, ut in vivificante, compraehendente."

por essência, está em Deus, que é sua vida, assim pela operação do intelecto e pela vontade consequente de tal operação, refere-se à sua luz e seu beatífico objeto. Portanto, este afeto do furor heroico se alimenta dignamente de tal alta empresa. Sendo o objeto infinito, num ato simplicíssimo, não pode a nossa potência intelectiva apreendê-lo senão em discurso, ou por certa maneira de discurso, como, por exemplo, por certa razão potencial ou de aptidão, e o herói é como aquele que pretende a consecução do imenso, vindo a estabelecer um fim onde ele não existe.

CICADA: Dignamente, porque o fim último não deve ter fim, dado que não seria o último. Portanto, é infinito em intenção, em perfeição, em essência e em qualquer outra maneira de ser fim.

TANSILLO: Dizes a verdade. Ora, nesta vida, esse alimento é de tal natureza que mais espicaça do que satisfaz o desejo, como bem mostra aquele divino poeta que disse: "Por ansiar o Deus vivo, a alma se cansa"[71]; e em outro lugar, "Debilitados ficaram meus olhos observando o céu."[72] Daí dizer: "E embora o fim desejado não consiga, e com tanto esforço a alma prossiga, basta que seja tão nobremente acesa." Quer dizer que a alma se consola e recebe toda a glória que pode receber em tal estado, sendo partícipe daquele último furor do homem em sua condição, na qual se encontra e o vemos.

CICADA: Parece-me que os peripatéticos (como explicou Averróis) assim entendem quando dizem que a suma felicidade do homem consiste em alcançar a perfeição pelas ciências especulativas[73].

TANSILLO: É verdade, e o dizem muito bem, porque nós, no estado em que nos encontramos, não podemos desejar nem obter uma melhor perfeição do que quando o intelecto, mediante uma nobre espécie inteligível, se une ou às substâncias separadas, como eles mesmos dizem, ou à mente divina, como se expressam os platônicos. Por agora deixo de refletir sobre a alma ou sobre o homem em outro estado ou modo de ser em que possa se encontrar.

CICADA: Mas que perfeição ou satisfação pode encontrar o homem com uma cognição que não é perfeita?

TANSILLO: Não será nunca perfeita por ser o elevado objeto compreendido, mas pelo quanto o nosso intelecto puder compreender; basta que neste estado em que o homem se encontra, ou em qualquer

---

71. *Salmos*, 41, 3: "Sitivit anima mea ad Deum vivum."
72. *Isaías* 38, 14: "Attenuati sunt oculi mei suspicientes in excelsum."
73. Averróis em seu *Prooemium*, tratando da *Física* de Aristóteles: "Substantia eius perfecta est ipsum esse perfectum per scientiam speculativam, et ista dispositio est sibi foelicitas et sempiterna vita."

outro, lhe esteja presente a beleza divina, tão longe quanto se estende o horizonte de sua visão.

CICADA: Mas entre os homens nem todos podem chegar ali onde chegam um ou dois.

TANSILLO: Basta que todos corram; é suficiente que cada um faça o possível, pois uma natureza heroica se contenta antes em cair ou fracassar com dignidade nas altas empresas do que obter perfeito sucesso em coisas menos nobres e mais baixas.

CICADA: É melhor, certamente, uma morte digna e heroica do que um triunfo vil e indigno.

TANSILLO: A esse respeito, fiz o seguinte soneto:

Após abrir as asas a tão belo desejo,
quanto mais ar sob os pés diviso,
mais desprezo o mundo para ir ao paraíso,
mais penas velozes ao vento ensejo.
Nem do filho de Dédalo o fim entrevejo.
Não me dobro; antes, mais alto irei;
que cairei morto em terra, bem sei:
mas há vida igual ao morrer que manejo?
Pelo ar, ouço a voz de meu coração:
"Aonde me levas, temerário?; inclina,
que é rara tanta audácia sem aflição";
"Não temas, respondo, por essa ruína.
Fende as nuvens e morre com a feliz visão,
se tão ilustre morte o céu nos destina."[74]

CICADA: Entendo o que ele diz de "basta que alto me levante", mas não quando diz "e do número dos ignóbeis esteja adiante", a não ser que entenda por isso ter saído da caverna platônica, ter escapado da néscia e ignóbil multidão, pois aqueles que aproveitam tal contemplação não podem ser numerosos.

TANSILLO: Pois entendeis muito bem; além do mais, por "número ignóbil" pode-se entender o corpo e a cognição sensitiva, da qual

---

74. "Poi che spiegat'ho l'ali al bel desio, / quanto più sott'il piè l'aria mi scorgo, / più le veloci penne al vento porgo: / e spreggio il mondo, e vers'il ciel m'invio. / Né del figliuol di Dedalo il fin rio / fa che giù pieghi, anzi via più risorgo; / ch'i' cadró morto a terra bem m'accorgo: / ma qual vita pareggia al morrer mio? / La voce del mio cor per l'aria sento: / 'Ove mi porti, temerario? china, / che raro è senza duol tropp'ardimento'; / 'Non temer (respond'io) l'alta ruina. / Fendi sicur le nubi, e muor contento, / s'il ciel sì illustre morte ne destina.'"

é preciso elevar-se e desprender-se quem quiser unir-se à natureza de gênero contrário.

CICADA: Dizem os platônicos haver duas espécies de nós com os quais a alma está ligada ao corpo. Um é determinado ato vivificante que, da alma, e como um raio, desce ao corpo; o outro é certa qualidade vital que daquele resulta no corpo. Ora, como entendeis que esse número movente e muito nobre que é a alma se desprenda do número vil que é o corpo?

TANSILLO: Certamente, não se entendia aqui, conforme algum desses modos, mas segundo aquele com o qual as potências, que não estão compreendidas e aprisionadas no seio da matéria, algumas vezes se encontram como que adormecidas ou inebriadas, quase ocupadas, também elas, na formação da matéria e na vivificação do corpo; então, como que despertando e se recordando de si mesmas, voltam-se para coisas superiores, esforçando-se para alcançar o mundo inteligível, como em sua estadia natal, e da qual se haviam afastado pela conversão às coisas inferiores, sujeitando-se ao destino e fim das gerações. Esses dois impulsos estão representados pelos dois gêneros de metamorfoses que se expressam no presente poema, que diz:

> O deus que agita o brilhante estouro,
> Astéria o vê como um furtivo aquilão,
> Mnemósine, pastor, Danae, ouro,
> Alcmena, esposo, e Antíope, cabrão;
> foi, para as irmãs de Cadmo, alvo touro,
> para Leda, cisne e para Dolida, dragão:
> eu, por meu objeto elevado,
> de pessoa vil a deus sou alçado.
> Foi cavalo Saturno,
> Netuno, delfim, e bezerro se fez
> Íbis, de pastor Mercúrio com nitidez,
> em uva, Baco, Apolo em corvo soturno:
> e eu (graças ao amor),
> me torno deus da coisa inferior[75].

---

75. "Quel dio che scuot'il folgore sonoro, / Asteride vedde furtivo aquilone, / Mnemosine pastor, Danae oro, / Alcmena sposo, Antiopa caprone; / fu di Cadmo a le suore bianco toro, / a Leda cigno, a Dolida dragone: / io per l'altezza de l'oggetto mio / da suggetto più vil dovegno um dio. / Fu cavallo Saturno, / Nettun delfin, e vitello si tenne / Ibi, e pastor Mecurio dovenne, / un'uva Baco, Apollo um corvo furno: / et io (merce d'amore) / mi cangio in dio da cosa inferiore."

Na natureza há uma revolução e um círculo pelo qual, para auxílio e perfeição, as coisas superiores se inclinam para as inferiores e, para a própria excelência e felicidade, as coisas inferiores se elevam às superiores. Mas querem os pitagóricos e os platônicos que as almas, não só pela vontade espontânea que as leva a abraçar as naturezas, mas ainda por necessidade interna escrita e registrada por decreto fatal, vão encontrar, num certo momento, a sorte justamente determinada. E dizem que a alma, não tanto por uma determinação e vontade própria de rebeldia, mas por certa ordem que lhes afeta em direção à matéria, afastam-se da divindade; assim, não por deliberada intenção, mas por uma oculta consequência, acabam por cair. E esta não é outra coisa senão a inclinação que têm pela geração, como um certo bem menor. Bem menor por quanto pertence a essa natureza em particular, não por pertencer à natureza universal, em que nada ocorre que não seja um ótimo fim, para o qual tudo dispõe a justiça. Pela geração, as almas de novo se reencontram (pela conversão que as vicissitudes provocam) nas moradas superiores[76].

CICADA: Desse modo querem que as almas sejam impulsionadas pela necessidade do destino, e em nada se guiem por conselho próprio?

TANSILLO: Necessidade, destino, natureza, conselho, vontade: todos concorrem justamente nas coisas ordenadas e sem erro para o uno. Por outro lado (como a isso se refere Plotino), querem alguns que certas almas possam fugir do próprio mal pois, conhecendo seus perigos, se refugiam na mente antes que assumam a forma corporal. Porque a mente as eleva às coisas sublimes, como a imaginação as rebaixa às coisas inferiores. A mente as conserva naquele estado estável e na identidade, assim como a imaginação no movimento e na diversidade; a mente sempre compreende o uno, enquanto a imaginação sempre vai-se forjando várias imagens. Em meio está a faculdade racional, composta de tudo, e para a qual concorre o uno e a multidão, o idêntico com o diverso, o movimento com o repouso, o inferior com o superior. Ora, esta conversão e vicissitude está representada na roda das metamorfoses, onde o homem se encontra na parte mais eminente; no fundo, jaz um animal; um meio homem, meio animal desce pela esquerda, ascendendo outro, metade animal, metade homem, pela direita. Essa conversão se mostra quando Júpiter, conforme a diversidade de afetos que experimenta pelas coisas inferiores, se reveste de figuras diversas, assumindo formas animais,

---

76. Plotino, *Enéadas*, IV, 3, 12-13.

ou quando os demais deuses transmigram para formas baixas e alheias. E, ao contrário, quando recuperam a aparência divina pelo sentimento da própria nobreza, como o heroico furioso que, elevando-se pela concepção da beleza e da bondade divinas, com as asas do intelecto e da vontade intelectiva, alcança a divindade, deixando a forma de sujeito mais baixo. Por esse motivo, diz: "de pessoa vil a deus sou alçado", "me torno deus da coisa inferior".

FIM DO TERCEIRO DIÁLOGO

Quarto Diálogo

TANSILLO: Assim se descreve o discurso do amor heroico que tende ao próprio objeto, e que é o sumo bem; e do intelecto heroico que se esforça por unir-se ao próprio objeto, que é a primeira verdade ou a verdade absoluta. Assim, apresenta-se no primeiro poema a suma de tudo isso e sua intenção nos demais cinco. Diz-se portanto:

> Nas selvas, desprende os mastins e lebreiros
> o jovem Ácteon, quando o destino
> o conduz por dúbio trilho peregrino
> em busca de feras por rastros e cheiros.
> Eis que das águas o mais belo rosto transpassa
> que possa ver o olho mortal ou divino,
> em púrpura, alabastro e ouro fino;
> e o grande caçador torna-se caça.
> O cervo, que pela mais densa trilha
> conduzia seus passos e espaventos,
> foi logo devorado por tal matilha.
> Eu alargo meus pensamentos
> até a elevada presa, e ela, como pandilha,
> mata-me com dentes feros e cruentos[77].

---

77. "Alle selve i mastini e i veltri slaccia / il giovan Atteon, quand'il destino / gli drizz'il dubio et incauto camino, / di boscareccie fiere appo la traccia. / Ecco tra l'acqui il più bel busto e faccia / che veder poss'il mortal e divino, / in ostro et alabastro et oro fino / vedde: e 'l grand cacciator dovenne caccia. / Il cervio ch'a' più folti / luoghi drizzav'i passi più leggieri, / ratto voraro i suoi gran cani e molti. / I' allargo i miei pensieri / ad alta preda, et essi a me rivolti / morte mi dan con morsi crudi e fieri."

Ácteon significa o intelecto atento à caça da divina sapiência e da apreensão da beleza divina[78]. Ele liberta "os mastins e os lebreiros", sendo estes aqui os mais velozes, aqueles os mais fortes. Pois a operação do intelecto precede a operação da vontade, mas esta é mais vigorosa e eficaz do que aquela, tendo em vista que para o intelecto humano são mais agradáveis que compreensivas a bondade e a beleza divinas, além do que o amor é aquilo que move ou impulsiona o intelecto, a fim de que este a preceda como lanterna. "Nas selvas", lugares incultos e solitários, por poucos visitados e percorridos, de tal maneira que não são muitas as pegadas dos homens ali impressas. O "jovem", falto de experiência e destreza, como aquele cuja vida é breve e instável o furor; "no caminho dúbio" do afeto e da razão, designados pela letra de Pitágoras, pela qual se vê mais espinhoso, inculto e deserto o árduo caminho reto, e por onde se desprendem os mastins e os lebreiros "atrás de feras selvagens" que são as espécies inteligíveis dos conceitos ideais, ocultas, perseguidas por poucos, por raríssimos visitadas, e que não se oferecem a todos que as procuram. "Eis que das águas", quer dizer, no espelho das semelhanças, nas obras em que resplandecem a eficácia da bondade e o esplendor divinos (obras representadas pelas águas superiores e inferiores, acima e abaixo do firmamento), "o mais belo rosto transpassa", quer dizer potência e operação externa, "que possa ver o olho mortal ou divino" por hábito e ação de contemplar e de aplicar a mente de homem ou de algum deus.

CICADA: Não pretendo comparar as apreensões divina e humana, classificando-as como pertencentes a um mesmo gênero, no que respeita ao modo de compreender, que é muito diferente, mas quanto ao objeto, que é o mesmo.

TANSILLO: Assim é. "Púrpura, alabastro e ouro", diz, pois aquilo que na beleza corporal é carmim, branco e loiro significa na divindade a púrpura de sua vigorosa potência, o ouro de sua sabedoria e o alabastro de sua beleza, a cuja contemplação os pitagóricos, caldeus, platônicos e outros tratam de elevar-se da melhor maneira que possam. "O grande caçador", aquele que compreende, na medida do possível "torna-se caça", isto é, aquele que ia predar converteu-se ele próprio em presa, pela operação do intelecto que converte em si os objetos que apreende.

CICADA: Entendo: porque ele forma as espécies inteligíveis a seu

---

78. O termo "caça" na frase "caça de cada um dos entes em sua pureza" já houvera sido empregado por Platão no *Fédon*, 66 a.

modo e as amolda à sua capacidade, pois são recebidas conforme o modo de quem as recebe[79].

TANSILLO: E em presa se converte pela operação da vontade, por cujo ato ele se converte em objeto.

CICADA: Entendo: pois o amor transforma e se converte na coisa amada.

TANSILLO: Bem sabeis que o intelecto apreende as coisas inteligíveis, isto é, segundo seu modo. E a vontade persegue as coisas naturalmente, quer dizer, segundo a razão pela qual são em si. Assim, Ácteon, com esses pensamentos, com esses cães que buscavam fora de si o bem, a sabedoria, a beleza, a fera agreste, por esse meio chegou à sua presença; fora de si, arrebatado por tamanha beleza, converteu-se em presa, viu-se convertido naquilo que buscava e percebeu como ele próprio se tornava em presa desejada de seus cães, de seus pensamentos, pois tendo contraído em si mesmo a divindade, não era necessário buscá-la fora de si.

CICADA: Por isso se diz que o reino de Deus está em nós mesmos, e que a divindade nos habita pela força do intelecto e da vontade.

TANSILLO: Assim é. Eis aqui, portanto, como Ácteon, convertido em presa de seus próprios cães, perseguido por seus pensamentos, corre e dirige seus novos passos com maior ligeireza, quer dizer, se renova e procede divinamente com maior facilidade e um vigor mais eficaz em direção à espessura, aos desertos, à região de coisas incompreendidas, na qual, de um homem vulgar ou comum que era, se torna raro e heroico, tem costumes e conceitos raros e vida extraordinária. "Ali lhe dão morte os seus muitos e grandes cães"; ali finda sua vida conforme o mundo louco, sensual, cego e fantástico; e começa a viver intelectualmente; vive uma vida de deuses, se alimenta de ambrosia e se inebria com néctar. Depois, sob a forma de outra semelhança, descreve a maneira com a qual se arma para a obtenção do objeto, e diz:

Meu passar solitário àquela parte[80],
Que estorva e ensombrece meu pensamento,
logo te asila; ali onde o teu alento
se afirma, também o trabalho e a arte.

---

79. Segundo a sentença escolástica de Tomás de Aquino (*Summa Theologica*, I); "Quidquid recipitur ad modum recipientis recipitur." (O que quer que seja recebido, é recebido ao modo do recebedor.)

80. Esta imagem de pássaro solitário aqui usada provém do Salmo 101, 8. "Factus sum sicut passer solitarius in teco."

Renasce ali, pois que vale cuidar-te
e aos teus, ora que o fado cruento
desdobra seu inteiro filamento
para esta empresa retirar-te.
Vai; tão nobre morada
desejo para ti, lá onde há um deus
que cego dizem por não ver nada.
Vai e te seja pio e sempre teu
todo nume desta ampla arcada,
e não tornes a mim se não fores meu[81].

O progresso acima, significado pelo caçador que agita seus cães, vem a ser transfigurado por um coração alado, enviado da gaiola na qual se achava quieto e ocioso para refugiar-se no alto, educar seus filhotes, isto é, seus pensamentos, vindo o tempo em que cessam os obstáculos que as ocasiões (externas) e a imbecilidade natural (interior) suscitavam. Liberá-lo, assim, para dar-lhe uma condição magnificente, fazendo com que se aplique a um propósito ou intento mais elevado. E lhe dá por guia aquele deus que pelo povo cego é considerado insano e cego, isto é, o amor; quem, por mercê e favor do céu, é capaz de transformá-lo em outra natureza à qual aspira ou guiá-lo ao estado para o qual peregrina, após ter sido dele banido. Daí dizer: "E não tornes a mim se não fores meu", de sorte que eu possa dignamente dizer com o poeta: "Deixaste-me, meu coração, e a luz dos meus olhos não estão mais comigo."[82] Depois, descreve a morte da alma, que pelos cabalistas é chamada "a morte do beijo", e que figura nos *Cânticos* de Salomão, ali onde a amiga diz: "Que me beije com beijos de sua boca, / pois com seu ferir / um amor mais cru me faz languir."[83] Por outros é chamada "sono", daí dizer o salmista: "Se eu der sono aos meus olhos, e as pálpebras adormecerem, terei com isso um pacífico repouso."[84] Assim diz a alma quando lânguida por estar morta em si, e viva no objeto.

---

81. "Mio pàssar solitario, a quella parte / ch' adombr'e ingombra tutt'il mio pensiero, / tosto t'annida: ivi ogni tuo mestiero / rafferma, ivi l'industria spendi, e l'arte. / Rinasci là, là su vogli allevarte / gli tuoi vaghi pulcini omai ch'il fiero / destin hav'espedit'il cors'intiero / contra l'impres', onde solea ritrarte. / Và: più nobil ricetto / bramo ti godi, e arai per guida um dio / che da chi nulla vede, è cieco detto. / Và: ti sai sempre pio / ogni nume di quest'ampio architetto, / e non tornar a me se non sei mio."

82. Petrarca, *Cancioneiro*, CCLXXVI, 14.

83. *Cântico dos Cânticos* 1, 1. "Osculetur me osculo oris sui" e 2, 5 "Fulcite me floribus, stipate me malis; quia amore langueo."

84. *Salmos*, 131, 4-5.

Cuidado, ó furiosos, no coração,
que por muito que o meu esteja distante,
guiado por impiedosa mão,
feliz se hospeda, mesmo agonizante.
Pensando o reclamo a toda hora,
e ele, rebelde, insano falcão,
não mais conhece aquela amiga mão,
pela qual, para não voltar, foi posto fora.
Bela fera que em penas
prendes alegres coração e alma
com tuas pontas, chamas e cadenas,
com teus olhares, modos e acento.
Aquele que padece, não revém ou se acalma.
Quem lhe dará cura, refrigério ou alento?[85]

Aqui a alma dolente, não mais por verdadeiro descontentamento, e sim por afeto a um amoroso martírio, fala como se endereçasse o sermão aos que estão apaixonados de maneira semelhante; como se devesse dar licença ao coração, que corre para onde não pode chegar, e tende para aquilo que não pode alcançar, querendo abraçar o que não pode compreender; e, contudo, em vão dela se afastando, vai subindo em direção ao infinito.

CICADA: De onde vem, Tansillo, que o ânimo[86], em tal progressão, se contente com esse tormento? De onde vem aquele acicate que o estimula sempre para além do que não possui?

TANSILLO: Agora te direi. Vindo o intelecto à apreensão de uma certa e definida forma inteligível, e a vontade à afeição proporcional de tal apreensão, o intelecto aí não se detém, pois da própria luz é levado a pensar aquilo que contém em si todo gênero de inteligível e apetecível, sem que chegue a apreender a eminência da fonte da ideia, oceano de toda verdade e bondade. Daí, qualquer espécie que lhe seja apresentada por ele é compreendida; e do fato de lhe ser apresentada e compreendida, julga que sobre ela haja outra maior e ainda maior, encontrando-se por isso sempre em discurso e em movimento.

---

85. "Abiate cur' o furiosi al core: / ché tropp'il mio da me fatto lontano, / condotto in crud'e dispietata mano, / lieto soggiorn'ove si spama e muore. / Co i pensier mel richiamo a tutte l'ore: / et ei rubello qual girfalco insano, / non più conosce quell'amica mano, / onde per non tornar è uscito fore. / Bella fera ch'in pene / tante contenti, il cor, spirit', alma annodi / com tue punte, tuoi vampi e tue catene, / de sguardi, accenti e modi; / quel che languisc'et arde, e non riviene, / chi fia che saldi, refrigere e snodi?"

86. No original, ânimo (do grego ανεμος), ou seja, o princípio ativo da faculdade pensante da alma.

Sempre vê que tudo o que possui é coisa medida e por isso não pode ser suficiente por si: não pode ser bom por si nem belo por si; porque não é o universo, não é o ente absoluto, e sim constrangido a ser esta natureza, a ser esta espécie, esta forma representada no entendimento e presente ao ânimo. Portanto, sempre progride desde o belo entendido, e por isso dotado de uma medida e belo por participação, até ao que é verdadeiramente belo, sem margens nem circunscrição alguma.

CICADA: Essa perseguição me parece ser feita em vão.

TANSILLO: Antes não, pois não é coisa natural nem conveniente que o infinito seja apreendido, e nem se pode dar como finito, senão não seria infinito. Mas é conveniente e natural que o infinito, sendo assim, seja infinitamente perseguido (de uma maneira que não seja física, porém metafísica; que não se vai do imperfeito para o perfeito, mas vai-se circundando por graus de perfeição a fim de alcançar o centro infinito, que não é formado nem tem forma).

CICADA: Gostaria de saber como, circundando-o, se pode chegar ao centro.

TANSILLO: Não posso sabê-lo.

CICADA: E por que disseste?

TANSILLO: Porque posso dizê-lo e deixar-te considerar.

CICADA: Se não queres dizer que aquele que persegue o infinito é como alguém que percorrendo a circunferência busca o centro, não sei o que quiseste dizer.

TANSILLO: Outra coisa.

CICADA: Bem, se não queres esclarecer, não quero então entender-te. Mas, diz-me, se te agradar: o que entendes por aquilo que disse o coração, o ser "guiado por impiedosa mão"?

TANSILLO: Por isso se entende algo semelhante ou metáfora daquele que comumente se diz cruel[87], que não se deixa gozar ou gozar plenamente, sendo mais objeto de desejo do que de possessão; daí que, aquele que possui algum, não descansa ou nele se hospeda tranquilo, porque mais deseja, agoniza e morre.

CICADA: Quais são os pensamentos que, para trás, os reclamam, buscando afastá-lo dessa empresa tão generosa?

TANSILLO: Os afetos sensíveis e outros naturais que dizem respeito ao regime do corpo.

CICADA: O que têm eles a ver com esses outros, se de modo algum podem ajudá-los ou favorecê-los?

---

87. A metáfora provém das poesias amorosas, como as de Petrarca, sendo cruel o amor que não se deixa ser inteiramente possuído ou não se entrega totalmente.

TANSILLO: Não têm a ver com o corpo, mas com a alma, que, sendo por demais inclinada a uma obra ou estudo, torna-se remissa ou pouco solícita a outra qualquer.

CICADA: Por que o chama de "insano"?

TANSILLO: Porque sabe demais.

CICADA: Costumam ser chamados de insanos os que sabem de menos.

TANSILLO: Antes, chamam-se insanos os que não sabem segundo o entendimento comum, os que tendem para baixo, por ter menos senso, ou tendem para cima, por ter mais intelecto.

CICADA: Compreendo que dizes a verdade. Agora, diz-me, quais são as "pontas, chamas e cadenas"?

TANSILLO: Pontas são as novidades que estimulam e despertam o afeto para que sejam atendidas; chamas são os raios da beleza presente que acendem aquele que os contempla; cadenas são os detalhes e as circunstâncias que mantêm fixos os olhos e a atenção, unindo os objetos e as potências.

CICADA: E o que são os "olhares, modos e acentos"?

TANSILLO: Olhares são as razões com as quais o objeto (como se nos mirasse) se nos faz presente; acentos são as razões com as quais nos inspiramos e informamos; modos são as circunstâncias que sempre agradam e dão prazer. De maneira que o coração, que docemente languesce, suavemente arde e constantemente persevera em sua obra, teme que a sua ferida se cure, que seu incêndio se apague e se desate o seu laço.

CICADA: Agora, recita o que segue.

TANSILLO: Altos, profundos e despertos pensamentos,
que sair querem do materno seio
e da alma aflita; sois arqueiros de talentos
para atirar no alvo onde nasce o veio
do alto conceito; nestes escarpados assentos,
não quer o céu que encontreis cruenta fera.
Lembrai-vos de voltar, e pedi, sem espera,
o coração de que uma deusa selvagem se apodera.
Armai-vos de amor então,
de chamas domésticas, e a vista de alguma
reprimi tão forte, que estranha nenhuma
faça companhia ao meu coração.
Trazei-me ao menos a nova
daquilo que tanto lhe agrada e aprova[88].

88. "Alti, profondi e desti miei pensieri, / ch'uscir volete da le materne fasce / de l'afflit'alma, e siete acconci arcieri / per tirar al versagli'onde vi nasce / l'alto concetto: in questi erti sentieri / scontrarvi a cruda fier' il ciel non lasce. / Sovvengav'il tornar, ▶

Aqui se descreve a solicitude natural da alma, atenta à geração de amizade que contraiu com a matéria. Expede os pensamentos armados, os quais, estimulados ou impulsionados pela queixa da natureza inferior, têm a missão de reclamar ao coração. A alma lhes ensina como devem se comportar para que não sejam facilmente seduzidos e atraídos pelo objeto, e assim permaneçam cativos e companheiros do coração. Diz, portanto, que se armem de amores, com aquele amor que se acende com as chamas domésticas, isto é, aquele que é amigo das gerações, às quais estão obrigados e em cujas delegações, ministérios e milícias se encontram. Depois lhes dá ordens de reprimir a vista, fechando os olhos para que não vejam outras belezas e bondades a não ser as que lhes estão ali presentes, são amigas e mães. Por fim, conclui que, se por outra tarefa não queiram se fazer ver novamente, revenham ao menos para dar-lhe ciência das razões e do estado de seu coração.

CICADA: Antes de proceder a outra coisa, gostaria de saber o que entende a alma quando diz aos pensamentos: "e a vista reprimi tão forte".

TANSILLO: Te direi. Todo amor procede da visão[89]. E o amor inteligível do ver inteligivelmente; o sensível, do ver sensivelmente. Ora, este ato de ver possui dois significados: ou significa a potência visual, isto é, a vista, que é o intelecto ou o sentido; ou significa o ato daquela potência, isto é, a aplicação que faz o olho ou o intelecto sobre o objeto material ou intelectual. Portanto, quando se aconselha aos pensamentos de reprimir a vista, não se entende no primeiro modo, mas no segundo, porque este aqui é quem gera a afecção seguinte do apetite sensitivo ou intelectivo.

CICADA: Isso é o que queria ouvir de vós. Ora, se o ato da potência visual é causa do mal ou do bem que provoca a visão, de onde vem que amamos e desejamos ver? E de onde vem que para as coisas divinas tenhamos mais amor do que conhecimento?

TANSILLO: Desejamos ver porque de qualquer modo vemos o bem da visão; porque sabemos que pelo ato de ver as coisas belas nos são oferecidas; desejamos aquele ato porque desejamos coisas belas.

▷ e richiamate / il cor ch'in man di dea selvaggia late. / Armatevi d'amore / di domestiche fiamme, et il vedere / reprimete si forte, che straniere / non vi rendan compagni del mio cuore. / Al men portate nuova / di quel ch'a lui tanto diletta e giova."

89. Conforme certos autores da Renascença, como Marsilio Ficino, *O Livro do Amor*, VI, viii – *Ogni amore comincia dal vedere* (Todo amor começa pelo olhar), ou Cappellano, *De amore*, I, 1 – *Amore è quella passione dentro nata per pensamento di cosa veduta* (O amor é aquela paixão nascida de coisa vista, dentro do pensamento).

CICADA: Desejamos o belo e o bom; mas o ver não é belo nem bom; é antes instrumento de comparação ou luz pelo qual vemos não apenas o belo e o bom, mas também a maldade e a feiura. Parece-me que o ver tanto pode ser belo ou bom, assim como a vista pode ser branca ou negra. Se, portanto, a vista (que é ato) não é nem bela nem boa, como pode render-se ao desejo?

TANSILLO: Se não por si, certamente é desejada por outra coisa, sendo que sua apreensão sem ela não se faz.

CICADA: O que diria se essa outra coisa não pode ser conhecida nem pelo sentido nem pelo intelecto? Como pode ser desejado na falta de ser visto, se dele não se tem notícia alguma, se nem o intelecto nem o sentido exerceram qualquer ato com respeito a ele, estando em dúvida se é inteligível ou sensível, corpóreo ou incorpóreo, se uno, se múltiplo, de uma ou de outra maneira?

TANSILLO: Respondo a isso que no sentido e no intelecto há um apetite e um impulso para o sensível em geral. Porque o intelecto quer entender toda a verdade, apreender tudo o que é belo e bom inteligivelmente; a potência sensitiva quer informar-se de todo o sensível, para apreender depois o que é bom e belo, sensivelmente. Daí vem que não desejamos menos ver as coisas ignoradas e nunca vistas do que as conhecidas e vistas. E disso não se segue que o desejo não proceda da cognição, e que desejemos algo que não seja conhecido. Digo sim que está confirmado e é seguro que não desejamos coisas ignoradas, pois se estão ocultas quanto ao ser particular, não o estão enquanto seres gerais; como em toda potência visual encontra-se todo o visível em atitude, assim, na intelectiva, todo o inteligível. Dessa maneira, estando a inclinação ao ato implicada na atitude, ocorre que uma ou outra potência esteja inclinada ao ato no universal, como coisa tida por boa. Portanto, a alma não falava a surdos e cegos quando aconselhava a seus pensamentos reprimirem a vista, que, embora não seja a causa imediata do desejar, é, sem dúvida, a causa primeira e principal.

CICADA: O que entendeis por aquilo dito como último?

TANSILLO: Entendo que não é a figura ou a espécie sensível ou inteligivelmente representada, a qual se move por si: pois enquanto alguém está olhando a figura que se manifesta aos olhos, nem por isso vem a amá-la; mas daquele instante em que o ânimo concebe em si mesmo aquela figuração não mais visível, mas cogitável, não mais dividida, mas indivisível, não mais sob espécie de algo, mas sob a espécie de bom, de belo, então de súbito nasce o amor. Ora, esta é aquela visão da qual a alma queria apartar os olhos de seus pensamentos. Essa visão costuma promover o afeto do amor para além do que se vê, pois, como dizia há pouco, sempre considera (pelo senso universal que tem do belo e do bom) que, além daquele grau ali compreendido de bom e de belo, há outros e mais outros ao infinito.

CICADA: Por que, após sermos informados da espécie de belo, que é concebida no ânimo, desejamos ainda nos saciar com a vista exterior?

TANSILLO: Do fato de que o ânimo gostaria sempre de amar aquilo que ama e ver aquilo que vê. E quer ainda que aquela espécie engendrada pela vista não venha a atenuar-se, desvanecer-se e se perder. Quer, portanto, sempre outra e mais outra visão, para que aquilo que poderia obscurecer-se no afeto interior venha com frequência ilustrado pelo aspecto exterior, e este, como princípio do ser, precisa do princípio de conservação. Uma relação análoga existe entre o ato de entender e o de considerar, porque, assim como a vista se refere a coisas visíveis, o intelecto se refere a coisas inteligíveis. Creio, por conseguinte, que compreendeis com que finalidade e de que modo a alma diz: "reprimi a vista".

CICADA: Entendo bastante bem. Segui com o que advém deste pensamento.

TANSILLO: Segue-se a querela da mãe com os mencionados filhos, por terem, contra sua ordem, aberto os olhos e os fixado no esplendor do objeto, assim permanecendo em companhia do coração. Diz, portanto:

> E vós ainda, filhos cruéis,
> com tão áspera dor me deixastes;
> como sem fim são meus aranzéis,
> todas minhas esperas levastes.
> Que sentido resta, ó céus revéis?
> Para que tais potências e desgastes,
> se não para fazer-me exemplar
> de um grave martírio e longo penar?
> Ah, por Deus, caros filhos audazes,
> deixai meu fogo que alado bafeja;
> fazei com que um de vós reveja,
> a mim retornado de garras tenazes.
> Desiste, nenhum deles revém
> para meu tardo consolo, amém[90].

---

90. "E voi ancor a me figli crudeli, / per più inasprir mia doglia, mi lasciaste; / e perché senza fin più mi quereli, / ogni mia spene con voi n'amenaste. / A che il senso riman, o avari cieli? / A che queste potenze tronche e guaste, / se non per farmi materia ▸

Eis-me aqui, miserável, privada do coração, abandonada pelos pensamentos, abandonada pela esperança, que toda havia neles fixado; outra coisa não me resta que a consciência da pobreza, da infelicidade e da miséria. E por que outros não são abandonados por ele? Por que não me socorre a morte, agora que estou privada de vida? Para que as potências naturais se acham privadas de seus atos? Como poderei nutrir-me unicamente de espécies inteligíveis, como de um pão intelectual, se composta é a substância desse substrato? Como poderei manter-me na domesticidade dessas amigas queridas que entreteci à volta, adaptando-as à simetria das qualidades elementares se me abandonam todos os meus pensamentos e afetos, que buscam unicamente o pão imaterial e divino?[91] Vamos, vamos, pensamentos fugitivos e rebelde coração: viva o sentido das coisas sensíveis e o intelecto das coisas inteligíveis. Que o corpo seja socorrido pela matéria e objeto corpóreo, e que o intelecto com seus objetos se satisfaça, a fim de que tal composto seja mantido e não se dissolva essa máquina, em que, por meio do espírito, a alma se une ao corpo. Como é possível, miserável de mim, que por obra doméstica, mais do que por violência externa, hei de ver este horrível divórcio de minhas partes e membros? Por que o intelecto quer dar lei ao sentido e privá-lo de seu alimento? E este, ao contrário, àquele resiste, querendo viver segundo seus próprios estatutos e não exteriores? Pois só os seus podem sustentá-los e fazê--los contentes, porque devem estar atentos à sua comodidade e vida, não às de outro. Não há harmonia e concórdia onde existe a unidade, onde um ser queira absorver todo o ser; mas onde há ordem e analogia de coisas diversas, ali cada coisa serve à sua natureza. Alimente-se, portanto, o sentido segundo sua lei para coisas sensíveis, que a carne sirva à lei da carne, o espírito à lei do espírito, a razão à lei da razão; que não se confundam e não se perturbem. Basta que um não estrague ou prejudique a lei do outro; se não é justo que o sentido ultraje à lei da razão, é coisa digna de vitupério que esta exerça sua tirania sobre a lei daquele, sobretudo por ser o intelecto mais peregrino e estrangeiro, e o sentido mais doméstico e como se estivessem em sua própria pátria. Vede, pois, ó meus pensamentos, como alguns de

▷ et essempio / de sì grave martir, sì lungo scempio? Deh, per dio, cari figli, / lasciate pur mio fuoco alato in preda, / e fate ch'io di voi alcun riveda / tornato a me da que' tenaci artigli. / Lassa, nessun riviene / per tardo refrigerio de mie pene."

91. Conforme os versos de Dante, no *Paraíso* II: "Oh beati quelli pochi che seggono a quella mensa dove lo pane de li angeli si manduca!" (Ó, felizes aqueles poucos que se sentam à mesa onde o pão angélico se come!)

vós estão obrigados a prodigalizar vossos cuidados à casa, enquanto outros podem ir procurar seus sustentos afora. Tal é a lei da natureza e, por consequência, tal é a lei de quem é o autor e princípio da natureza. Portanto, pecais quando, seduzidos pelo encanto do intelecto, em perigo de morte deixais minha outra parte. De onde vos nasceu este melancólico e perverso humor de romper certas leis naturais da verdadeira vida, que está em vossas mãos, por uma vida incerta e que não é senão uma sombra além de um pensamento fantástico? Parece-vos natural que não vivam os seres de modo animal e humano, mas divinamente, se não são deuses, mas homens e animais?[92] É lei do destino e da natureza que cada coisa sirva-se de sua condição de ser; então, por que, ao perseguir o néctar avaro dos deuses, perdeis o vosso próprio e presente, afligindo-vos talvez na vã esperança do alheio? Credes porventura que a natureza não se irrite ao vos dar outro bem, se aquele que presentemente ela vos oferece é estupidamente desprezado?

Desdenhará o céu dar o segundo bem
a quem o primeiro oferecido não mantém?[93]

Com essas e razões similares, a alma, tomando o partido da parte mais enferma, procura chamar os pensamentos para o cuidado com o corpo. Mas aqueles (embora tarde) se vêm mostrar não já sob aquela forma com que partiram, mas apenas para declarar a sua rebelião e forçá-la a segui-los. Daí que a enferma se lamente desta maneira:

Ah, cães de Ácteon, ó ingratas feras,
que ides ao abrigo de minha diva
e sem esperanças tornais às minhas esferas;
vindo à morada materna cativa,
infelizes pesos me trazeis, deveras;
me dilacerais e quereis que eu viva.
Deixa-me, vida, que ao meu sol remonte,
feita dupla em tristeza sem minha fonte.
Quando do meu peso grave

---

92. O propósito do intelecto, visto pelos sentidos, é fantástico porque aparentemente ilusório, já que busca uma condição divina inalcançável. No texto *Despacho da Besta Triunfante*, explica-se a diferença entre uma melancolia temperada, que auxilia o raciocínio e a inteligibilidade das coisas, e a melancolia adusta, que conduz à loucura e à irrealidade.

93. Tansillo, *Il Vendemmiatore*, estância xx.

convirá à natureza me deslindar?
Quando poderei deixar este entrave
e ao sublime objeto me elevar,
para com meu coração de ave
e minha prole ali habitar?[94]

Querem os platônicos que a alma, em sua parte superior, sempre consista de intelecto, de maneira que lhe é mais apropriado o nome de inteligência do que o de alma, posto que a alma é assim chamada enquanto vivifica o corpo e o sustenta. Assim, a mesma essência que nutre e mantém os pensamentos no alto com o exaltado coração, induz-se em sua parte inferior a entristecer-se e a repreendê-los como rebeldes.

CICADA: Então, não são duas essências contrárias, mas uma sujeita a dois termos de contrariedade?

TANSILLO: Assim é, como o raio do sol que, ao tocar a terra, une-se a coisas inferiores e escuras que ilumina, vivifica e inflama, e justamente por isso está junto ao elemento fogo, quer dizer, à estrela da qual procede e onde tem o seu princípio e subsistência original; da mesma forma é a alma que está no horizonte das naturezas corpórea e incorpórea, elevando-se para coisas superiores e rebaixando-se às inferiores. E pode-se ver que isso não ocorre por razão e ordem locais, mas apenas por impulso de uma ou de outra potência ou faculdade. Como o sentido sobe à imaginação, a imaginação à razão, a razão ao intelecto, o intelecto à mente e então toda a alma se converte em Deus e habita o mundo inteligível. De onde, ao contrário, desce por conversão ao mundo sensível por via do intelecto, da razão, da imaginação, do sentido e da faculdade vegetativa.

CICADA: Entendo que, por encontrar-se a alma no último grau das coisas divinas, merecidamente desce ao corpo mortal e, a partir deste, remonta aos graus divinos; e que existem três graus de inteligência, pois há algumas nas quais o intelecto supera o animal, e que são chamadas inteligências celestes; outras em que o animal supera o intelectual, e são as inteligências humanas; finalmente, existem outras nas quais ambos os elementos se igualam, como nos demônios e heróis.

---

94. "Ahi cani d'Atteon, o fiere ingrate, / che drizzai al ricetto de mia diva, / e vòti di speranza mi tornate; / anzi venendo a la materna riva, / tropp'infelice fio mi riportate: / mi sbranate, e volete ch'i non viva. / Lasciami, vita, ch'al mio sol rimonte, / fatta gemino rio senz'il mio fonte. / Quand' il mio pondo greve / converrà che natura mi disciolga? / Quand'averrà ch'anch'io da qua mi tolga, / e ratt'a l'alt'oggetto mi sulleve; / e insieme col mio cuore / e i communi pulcini ivi dimore?"

TANSILLO: Na apreensão que faz a mente, ela não pode desejar senão o que lhe é próximo, vizinho, notável e familiar. Assim, não pode o porco desejar ser homem nem aquelas coisas que convêm ao apetite humano. Mais ama chafurdar na lama do que uma cama coberta de linho. Gosta de se unir a uma porca e não à mais bela mulher que a natureza produza, pois o afeto segue a razão da espécie (e entre os homens se pode ver a mesma coisa, conforme alguns sejam mais semelhantes a uma espécie de animal, outros a outras: este se parece com quadrúpedes, aquele com aves; outro talvez tenha afinidade com certas espécies de animais, a que não quero me referir). Ora, se for lícito à mente (que se acha oprimida pela conjunção material da alma) elevar-se à contemplação de um outro estado ao qual a alma possa alcançar, poderá certamente estabelecer a diferença entre isto e aquilo e desprezar o presente pelo futuro. Como se um animal tivesse a percepção da diferença que existe entre as suas condições e as do homem, e a ignomínia de seu estado frente ao estado de nobreza do homem, ao qual não considerasse impossível alcançar; amaria então mais a morte que lhe desse aquele caminho e empresa do que a vida que mantém no ser presente. Aqui, pois, quando a alma se lamenta, dizendo "Ah, cães de Ácteon", isso significa que se introduz como coisa que consiste apenas de potências inferiores, e contra a qual a mente rebelou-se por ter levado consigo o coração, quer dizer, todos os afetos, com o exército inteiro de pensamentos; daí que, tendo conhecimento de seu estado presente e sendo ignorante de qualquer outro estado, se lamente de pensamentos que, tardiamente, a ela retornam, mais para atraí-la para o alto do que para nela encontrar refúgio. Cindida então pelo duplo amor que experimenta para com a matéria e as coisas inteligíveis, sente-se devorada, de maneira que precisa enfim ceder ao impulso mais forte e vigoroso. Assim, se em virtude da contemplação ascende ou é arrebatada para além dos afetos naturais, aspira ao mais alto e, embora viva no corpo, nele vegeta como se estivesse morta, presente em ato de animação, mas ausente em ato de operação. Não porque ali não opere enquanto o corpo esteja vivo, mas porque a operação do composto é pusilânime, fraca, falta de pensamentos.

CICADA: Assim como um certo teólogo, que, ao sentir-se raptado até o terceiro céu e invadido por sua visão, disse desejar a dissolução de seu corpo[95].

TANSILLO: Desse modo, onde primeiramente se lamentava do coração e querelava com os pensamentos, agora deseja elevar-se com

---

95. Paulo de Tarso.

eles, e mostra seu aborrecimento pela comunicação e a familiaridade contraída com a matéria corporal, e diz: "deixa-me, vida" e não oponhas obstáculos a que eu remonte à minha casa natal, "ao meu sol"; abandona-me para que eu não verta mais o pranto de meus olhos, que mal posso socorrê-los estando separada de meu bem; deixa-me, pois não é decoroso nem possível que corram esses dois arroios "sem a sua fonte", quer dizer, o coração; como eu poderia dar origem a dois rios de lágrimas aqui embaixo, se meu coração, que é a fonte de tais vertentes, voou para o alto com suas ninfas, que são meus pensamentos? Assim, pouco a pouco, daquele desamor e aborrecimento procede o ódio às coisas inferiores, como quase o demonstra ao dizer: "Quando poderei deixar este entrave e ao sublime objeto me elevar?", e o que se segue depois.

CICADA: Entendo bem, assim como aquilo que quereis inferir a propósito da intenção principal desse nosso discurso, a saber, que os graus dos amores, afetos e furores são proporcionais aos graus de maior ou de menor luz de conhecimento e de inteligência.

TANSILLO: Compreendes bem. Daqui deves aprender aquela doutrina que, comumente extraída de pitagóricos e platônicos, pretende que a alma faz os dois percursos, o de ascensão e o de descida, pelo cuidado que tem consigo e com a matéria; pelo que é movida pelo apetite do bem e impulsionada pela providência do destino.

CICADA: Mas, por favor, diz-me brevemente o que entendes pela alma do mundo, se ela ainda não pode elevar-se e descender.

TANSILLO: Se tu perguntas sobre o mundo segundo o significado vulgar, isto é, dando-lhe o sentido de universo, digo que ele, por ser infinito e sem dimensão ou medida, acaba por se tornar imóvel e inanimado, e possua espaço infinito onde se encontram tantos grandes animais a que chamamos astros. Se perguntas conforme a significação que tem entre os verdadeiros filósofos, isto é, enquanto significa cada globo, cada astro, caso desta Terra, o corpo do Sol, da Lua e de outros, então digo que gira em círculo. Assim, estando composta de potências superiores e inferiores, tende com as superiores em direção à divindade, e com as inferiores em direção à massa material, que vem a ser vivificada e mantida entre os extremos da geração e da corrupção das coisas viventes nesses mundos, servindo eternamente à vida. Pois o ato da divina providência, sempre com ordem e medida, com divino calor e luz, os conserva no mesmo e ordinário ser.

CICADA: Basta-me ter ouvido isso.

TANSILLO: Assim como ocorre que essas almas particulares, dependendo de graus diversos de ascensão e descenso, sejam afetadas quanto aos hábitos e inclinações, também veem mostrar diversas maneiras e ordens de furores, de amores e de sentidos; e isso não somente na escala da natureza, conforme as ordens das diferentes vidas que a alma toma em corpos diversos (como querem expressamente os pitagóricos, saduceus e, implicitamente, Platão e alguns outros)[96], mas ainda na escala dos afetos humanos, que também possui numerosos graus como a escala da natureza, dado que o homem, em toda a sua potência, mostra todas as espécies do ente[97].

CICADA: Daí que as almas possam conhecer-se por seus afetos, se vão para o alto ou para baixo, se vêm do alto ou do baixo, se procedem de animais ou de seres divinos, conforme o ser específico, como o entenderam os pitagóricos, ou segundo a semelhança dos afetos, como comumente se crê, não podendo a alma humana ser alma bruta, como bem disse Plotino e outros platônicos, conforme a sentença de seu príncipe.

TANSILLO: Bem. Agora, para voltarmos ao propósito, de um furor animal essa alma aqui descrita se promove a furor heroico ao dizer: "Quando do meu peso grave convirá à natureza me deslindar, para com meu coração de ave e minha prole ali habitar?" Esse mesmo propósito continua quando diz:

> Destino, quando remontarei o monte,
> que às altas portas me porte,
> que criam a beleza, conte-me, conte,
> e minha dor tenaz conforte forte;
> quem une meus membros disjuntos, insonte,
> e não deixa minhas potências à morte?
> Meu espírito vale mais que seu rival
> se o erro não o assalta neste umbral.
> Se para onde espera, pra lá tende,
> se para onde o objeto vai, ascende;
> e se aquele bem que é um sol prende,
> a ele convém que tantos erros emende;
> se permite ser feliz,
> como aquele que tudo prediz diz[98].

---

96. Marsilio Ficino e Pico della Mirandola, que, no entanto, entendem a metempsicose de maneira apenas alegórica, enquanto Bruno a aceita literalmente para o ser ou indivíduo humano.

97. A ideia ou imagem do homem como microcosmo representativo de toda a natureza.

98. "Destin, quando sarà ch'io monte monte, / qual per bearm'a l'alte porte porte, / che fan quelle bellezze conte, conte, / el tenace dolor conforte forte / chi fe' le membra ▶

Ó destino, ó fado, ó divina e imutável providência; quando quererás que eu remonte o monte, ou, em outras palavras, que alcance tanta altura espiritual que, transportando-me, possa aceder a esses pórticos e penetrá-los, de maneira que se façam evidentes e em certo modo compreendidas e contadas essas inacessíveis, ou seja, raras belezas? Quando será com força e eficazmente reconfortada minha dor (desatando-me dos estreitíssimos laços dos cuidados nos quais me encontro), por aquele que junta e une meus membros, que estavam desunidos, isto é, o amor, que reuniu essas partes corpóreas, que tão divididas estavam e que, ademais, não deixa à morte essas potências intelectuais, desfalecentes em seus atos, insuflando-lhes novos alentos para que possam aspirar na direção do alto. Quando, me pergunto, me confortará plenamente, dando a essas potências voo livre e expedito, com o qual possa toda a minha substância aninhar-se ali onde, esforçando-me, convém que eu "emende" todos os erros meus; ali onde, mais do que seu rival, alcance meu espírito, pois lá não existe ultraje que lhe ofereça resistência, nem contrariedade que não vença, nem erro algum que possa assediá-la. Ora, se tende, pode ali chegar e forçando-se elevar-se a esse cume, àquela altura que seu objeto ascende e na qual quer permanecer. Se consegue prender esse bem que não pode ser compreendido a não ser por um, isto é, por si mesmo (tendo em vista que qualquer outro só pode obtê-lo na medida de sua própria capacidade, e ele em sua plenitude), então me seria dado ser feliz desse modo que se diz "que tudo prediz", isto é, de quem fala de uma altura em que dizer tudo e fazer tudo é a mesma coisa; quem de todo é eficiente e princípio, em quem dizer e preordenar é o verdadeiro fazer e principiar. Eis como, pela escala das coisas superiores e inferiores, procede o afeto do amor, como o intelecto ou o sentimento procede deste objeto inteligível ou conhecível para o outro, ou daquele para este.

CICADA: Assim quer a maior parte dos sábios que a natureza se compraza nessa circulação de vicissitudes que se manifesta na vertigem de sua roda.

FIM DO QUARTO DIÁLOGO

▷ me disgionte, gionte, / né lascia mie potenze smorte morte? / Mio spirto più ch'il suo rivale vale, / s'ove l'error non più l'assale, sale. / Se dove attende, tende, / e là 've l'alto oggett'ascende, ascende: / e se quel ben ch'um sol comprende, prende, / per cui convien che tante emende mende; / esser felice lice, / come chi sol tutto predice dice."

Quinto Diálogo

CICADA: Fazei com que eu veja, pois por mim mesmo poderei considerar as condições desses furores, segundo o que aparece explicado na ordem aqui descrita.

TANSILLO: Vede como carregam as insígnias de seus afetos ou fortunas. Deixemos de considerar seus nomes e costumes; basta termos em conta o significado dos emblemas e a compreensão do que ali está escrito, tanto aquela posta pela forma do corpo quanto a que constitui, no mais das vezes, a declaração do emblema.

CICADA: Assim faremos. Eis aqui um primeiro escudo com quatro cores; no elmo está pintada uma chama sob a cabeça de bronze, e de seus forâmens sai um vento enfumaçado ou vaporoso, onde está escrito: "At regna senserunt tria."[99]

TANSILLO: Por essa declaração, diria que, em virtude de ali haver fogo e, pelo que se vê, aquecimento do globo, em cujo interior existe água, sucede que este elemento úmido, rarificado e atenuado pela virtude do calor, e assim transformado em vapor, requer um espaço muito maior para ser contido. Ali onde não encontra uma saída fácil, vai com enorme força e estrépito fender o vaso. Mas se acha um lugar de fácil saída, por onde possa evaporar, ali sai pouco a pouco com menor violência. E na medida em que a água se transforma em vapor, soprando se evapora no ar. Isso significa o coração do furioso, no qual, como isca bem disposta em que se prendeu o fogo amoroso, acontece que da substância vital uma parte cintila em fogo, outra se transforma em choro lacrimoso e ferve no peito, e uma terceira, feita de suspiros, sai para inflamar o ar. Por isso diz "At regna senserunt tria". A palavra "at" supõe aqui uma diferença, diversidade ou contrariedade, como se dissesse existir outro ser que pudesse experimentar os mesmos sentimentos, mas não os tem. Isso aparece muito bem explicado nas rimas seguintes sob a figura:

> De meu lume gêmeo, eu, pouca terra,
> costumo não parco humor oferecer ao mar;
> daquele que em meu peito se encerra,
> não pouco espírito acolhe o avaro ar;
> a chama que de meu peito se descerra
> pode, sem debilitar-se, ao céu se elevar:
> com lágrima, suspiro e ardência

---

[99] "Três são os domínios do sentimento."

à agua, ao ar e ao fogo presto reverência.
A água, o ar e o fogo acolhem
alguma parte de mim; mas minha diva
se mostra tão iníqua e evasiva
que meus prantos não a tolhem
nem minha voz a escolta
ou compassiva para meu ardor se volta[100].

Aqui a matéria sujeita, significada pela "terra", é a substância do furioso; verte de seu "lume gêmeo", quer dizer, dos olhos, lágrimas copiosas que fluem para o mar; do peito manda muitos e múltiplos suspiros ao ar imenso, e a chama de seu coração, que não é uma débil centelha, não se converte em fumo nem se transmigra a outro ser; mas potente e vigorosa alcança a esfera familiar[101], mais conquistando substância do que a perdendo de si própria.

CICADA: Compreendi bem tudo. Vamos ao seguinte.

TANSILLO: Depois se designa um emblema que tem em seu escudo, igualmente dividido em quatro cores, o elmo, no qual existe um sol que difunde seus raios para o dorso da terra, com uma nota que diz: "Idem semper ubique totum."[102]

CICADA: Vejo que não pode ser fácil a interpretação.

TANSILLO: O sentido é sempre mais excelente quanto menos vulgar; o vereis como um só e único, nada empolado. Deveis considerar que o Sol, embora apareça diferentemente nas diversas regiões da Terra, conforme épocas e lugares, com respeito a todo o globo atua sempre da mesma maneira em todas as partes, posto que, qualquer que seja o ponto da eclíptica em que se encontre, produz o inverno, o verão, o outono e a primavera; e o conjunto do globo recebe em si as chamadas quatro estações, pois nunca faz calor numa parte sem que em outra faça frio. Quando é intenso o calor em nosso trópico de Câncer, intenso é o frio no trópico de Capricórnio, de modo que a uma mesma causa obedece o inverno nesta parte e o verão naquela, assim como a primavera e o outono nas regiões intermédias

---

100. "Dal mio gemino lume, io poca terra / soglio non parco umor porgere al mare; / da quel che dentr'il petto mi si serra / spirto non scarso accolgon l'aure avare; / el vampo che dal cor mi si disserra / si può senza scemars'al ciel alzare: / con lacrime, suspiri et ardor mio / a l'acqua, a l'aria, al fuoco rendo il fio. / Accogli' acqu', aria, foco / qualche parte di me: ma la mia dea / si demostra contat'iniqua e rea, / che né mio pianto appo lei trova loco, / né la mia voce ascolta, / né piatos'al mi' ardor umqua si volta."

101. A esfera de fogo da cosmologia tradicional, que Bruno utiliza aqui apenas por motivo literário.

102. "Sempre idêntico em todos os lugares."

e temperadas. Assim, a Terra sempre sente as chuvas, ventos, calores e frios; não estaria úmida aqui se não ressecasse em outra parte, e o Sol não a esquentaria deste lado se não houvesse deixado de esquentá-la do outro.

CICADA: Antes que acabes de concluir, entendo o que queres dizer. Ele considerava que, assim como o Sol sempre produz seus efeitos sobre a Terra, e esta os recebe íntegros e na totalidade, assim o objeto do furioso, com seu esplendor, ativamente o faz sujeito passivo de lágrimas, que são as águas, de ardores, que são os incêndios, e de suspiros, que são vapores, meios que partem do fogo e vão à água, ou partem da água e vão para o fogo.

TANSILLO: É bem explicado depois:

Quando a Capricórnio o Sol declina,
enriquecem as chuvas toda torrente;
se pelo equinócio predomina,
todo arauto de Éolo mais se sente;
e dura mais no dia que mais calcina
quando remonta ao Câncer ardente;
não se dão meus prantos, suspiros e ardores
com tais frios, tormentas e calores.
Sempre igualmente em pranto,
por intensos sejam suspiros e chamas.
Se bem muito me negas e inflamas,
nunca menos suspiro, no entanto:
infinitamente me aqueço,
e queixas e prantos entreteço[103].

CICADA: Este sentido não está tão declarado na divisa, como o poema precedente; fala sim da consequência e o complementa.

TANSILLO: Dizei melhor, que a figura está latente na primeira parte e o moto, ou divisa, está bem explicado na segunda; um e outro estão bem representados pelo Sol e a Terra.

CICADA: Passemos ao terceiro.

---

103. "Quando declin'il sol al Capricorno, / fan più ricco le piogge ogni torrente; / se va per l'equinozzio o fa ritorno, / ogni postiglion d'Eolo più si sente; / e scalda più col più prolisso giorno, / nel tempo che rimonta al Cancro ardente: / non van miei pianti, suspiri et ardori / con tai freddi, temperie e calori. / Sempre equalmente in pianto, / quantumqu' intensi sien suspire e fiamme. / E benché troppo m'inacqui et infiamme, / mai avvien ch'io suspire men che tanto: / infinito mi scaldo, / equalment' a i suspiri e pianger saldo."

TANSILLO: O terceiro traz um rapaz nu, recostado sobre a relva e que apoia a cabeça sobre um dos braços, tendo os olhos voltados para o céu, para certos edifícios, ambientes, torres e jardins que se encontram sobre as nuvens e onde há um castelo cuja matéria é de fogo. No meio, a divisa que diz: *mutuo fulcimur*[104].

CICADA: O que isso quer dizer?

TANSILLO: Significa aquele furioso, representado pelo rapaz despido, simples, puro e exposto a todos os acidentes da natureza e da fortuna, e que com a força da mente edifica castelos no ar e, entre outras coisas, uma torre cujo arquiteto é o amor, a matéria, o fogo amoroso, e o fabricante, ele mesmo, que diz *mutuo fulcimur*, isto é, eu vos edifico e vos sustento com o poder do pensamento, e vós me mantendes aqui com a esperança. Vós não teríeis vida se não fosse pela imaginação e o pensamento com o qual vos formo e sustento, e eu não teria vida se não fosse o refrigério e o conforto que recebo de vossos serviços.

CICADA: É certo, para um coração furioso, não haver coisa em vão e quimérica fantasia que não seja real e verdadeira medicina, como qualquer erva, pedra, óleo ou outra espécie que a natureza produza.

TANSILLO: Mais podem fazer os magos por meio da fé do que os médicos por meio da verdade; e nas mais graves enfermidades, mais se sentem ajudados os doentes com o que os primeiros dizem do que com o que fazem os médicos. Leiamos os versos:

Sobre as nuvens, em local eminente,
quando às vezes me abraso divagando,
para dar alívio a tal desmando
faço no ar um castelo presente.
Se meu destino se inclina à frente,
para que a graça me perceba queimando
e não desdenhe este meu arder,
feliz será minha pena e o morrer.
Ela, de tuas chamas e laços,
ó rapaz, por quem homens e numes
suspiram e nunca se sentem lassos,
o ardor não percebe nem os queixumes:
mas poderás introduzir-te, Amor,
se piedosamente mostrar-se minha dor[105].

---

104. Que mutuamente se sustentam.
105. "Sopra de nubi, a l'eminente loco, / quando tal volta vaneggiando avvampo, / per di mio spirto refrigerio e scampo, / tal formo a l'aria castel de mio foco: / s'il mio ▶

CICADA: Mostra que aquele que alimenta sua fantasia e fomenta seu espírito é que (achando-se tão falto de ânimo para explicar-se e dar a conhecer sua pena, por estar profundamente sujeito ao martírio), se acontecesse de o destino, severo e rebelde, inclinar-se um pouco (para serenar-lhe o vulto), fazendo com que, sem cólera ou desdém, se lhe manifestasse o objeto supremo, não conceberia alegria maior nem vida tão bem-aventurada quanto a alegria de sua pena e seu bem-aventurado morrer.

TANSILLO: E com isso vem declarar ao Amor que a razão pela qual possa ter reivindicado aquele peito não é a ordinária das armas, com as quais se costumam cativar homens e deuses; mas apenas tornar-lhe aberto o coração fogoso e o atormentado espírito, pois apenas sua visão poderá ter a compaixão de abrir-lhe o passo e introduzir-lhe naquela estância.

CICADA: O que significa aquela mosca que voa ao redor da chama e que está quase a ser queimada, e o que quer dizer aquele moto: "hostis non hostis?"[106]

TANSILLO: Não é muito difícil o significado da borboleta que, seduzida pela graça do esplendor, inocente e amiga, acaba por intrometer-se na chama mortífera. Daí *hostis*, por efeito do fogo, *non hostis* pelo afeto despertado. *Hostis* é a chama pelo ardor, *non hostis*, pelo esplendor.

CICADA: E o que está escrito na tábua?

TANSILLO: Que nunca do amor eu me lamente,
sem o qual não quero ser feliz;
ainda que a dor se faça presente
não quero não querer tal nutriz:
seja o céu claro ou fosco, frio ou ardente,
para esta fênix terei um só cariz.
Mal podia desfazer outro destino ou sorte
um laço que não pode desatar a morte.
Ao coração, ao espírito, à alma
não há prazer, liberdade ou vida
que tanto se aprecie e seja agradecida,

▷ destin fatale china un poco, / a fin ch'intenda l'alta grazia il vampo / in cui mi muoio, e non si sdegn' o adire, / o felice mia pena e mio morire. / Quella di fiamme e lacci / tuoi, o garzon, che gli uomini e gli divi / fan suspirar, e soglion far cattivi, / l'ardor non sente, né prova gl'impacci: / ma può 'ntrodurt', o Amore, / man di pietà, se mostri il mio dolore."

106. "Hostil, inimigo, não hostil, não inimigo." Essa sentença é comentada por Erasmo em seus *Adágios* (de número 2363) da seguinte maneira: "Diz-se daquele que, sem ser provocado por alguma ofensa, realiza uma ação própria de inimigo, ou ainda daquele que, a pretexto da paz, mesmo assim realiza uma ação hostil."

mais doce, graciosa e calma
que o esforço, o jugo e a morte
que tenho por natureza, vontade e sorte[107].

Aqui se mostra pela figura a semelhança que existe entre o furioso e a borboleta atraída pela luz; nas canções poéticas mostra melhor sua diferença ou dessemelhança, já que se crê comumente que se a borboleta previsse sua ruína, então fugiria com tanto afã quanto agora a busca, tendo em vista o grande mal de dissolver-se no fogo inimigo. O furioso, ao contrário, se compraz tanto em se desvanecer entre as chamas do ardor amoroso quanto em contemplar a beleza deste raro esplendor, sob o qual, por natural inclinação, por escolha da vontade e disposição do destino, labuta, serve e morre. Mais alegre, resolvido e galhardo do que perante qualquer outro prazer que se ofereça ao coração, a qualquer liberdade que se conceda ao espírito ou vida que se reencontre na alma.

CICADA: Diz-me, por que afirma que "sempre terei um só cariz"?

TANSILLO: Porque lhe parece digno reafirmar sua constância, visto que o sábio não muda com a Lua, e o estúpido muda com ela[108]. Assim, ele é único como o pássaro fênix, único em sua espécie.

CICADA: Bem, mas o que significa aquela ramagem de palmeira, em volta da qual existe a frase *Caesar adest*?

TANSILLO: Sem discorrer muito, tudo poderá ser entendido pelo que está escrito na tabuleta:

Triunfador invicto de Farsália,
estando quase extintos teus guerreiros,
ao te verem fortíssimo na batalha,
venceram os inimigos altaneiros.
Eis meu bem que ao do céu se iguala,
feito por meus pensamentos sobranceiros,
pelo desdém da alma antes apagados
o fazem retornar com poderes sublimados.
Somente a sua vidência

---

107. "Mai fia che de l'amor io mi lamente, / senza del qual non vogli' esser felice, / sia pur ver che per lui penoso stente, / non vo' non voler quel che sì me lice: / sia chiar o fosch' il ciel, freddo ardente, / sempr'un sarò ver l'unica fenice. / Mal può disfar altro destin o sorte / quel nodo che non può sciòrre la morte. / Al cor, al spirt', a l'alma / non è piacer, o libertad', o vita, / qual tanto arrida, giove e sai gradita, / qual più sia dolce, graziosa et alma, / ch'il stento, giogo e morte, / ch'ho per natura, voluntade e sorte."

108. *Eclesiástico* 27, 12: "O homem sábio se mantém na sabedoria, como o Sol; mas o néscio muda, como a Lua."

ou sua memória os reavivam
que com império e poder divino
domam qualquer contrária violência.
Em paz, a minha rege e ama
e não impede o laço e a chama[109].

Às vezes, as potências inferiores da alma, como um vigoroso exército inimigo que se encontrasse em seu próprio país, prático, experto e bem posto, e se insurgisse contra o adversário peregrino que do cimo da inteligência desce para frear os povos dos vales e das planícies palustres. Daí, pelo rigor da presença e dificuldade inimigas, se fosse perdendo, e de fato se perderia não houvesse uma certa conversão ao esplendor da espécie inteligível, mediante o ato da contemplação, enquanto se eleva dos graus inferiores aos superiores.

CICADA: Que graus são esses?

TANSILLO: Os graus da contemplação são como os graus da luz, que é nula nas trevas; algo se vê na sombra; um pouco melhor nas cores, segundo suas ordens, desde um contrário, que é o negro, até outro, que é o branco; mais eficazmente se encontra no resplendor difundido nos corpos polidos e transparentes, como no espelho ou na Lua; mais vivamente nos raios esparsos do Sol; altíssima e principalmente no próprio Sol. Ora, estando assim ordenadas as potências apreensivas e afetivas, as quais sempre têm afinidade com a próxima antecedente e com a próxima consequente, cada uma delas se fortalece pela conversão que a atrai para o alto, contra a inferior que a deprime (assim a razão, pela conversão ao intelecto, não é seduzida pelo estímulo ou apreensão de afeto sensitivo, mas antes, conforme a lei daquele, acaba por domar e corrigir este último); e ocorre que quando o apetite racional contrasta com a concupiscência sensual, se se oferece à vista do primeiro a luz da inteligência, acaba por recobrar a virtude perdida, reforçar os nervos e pôr em fuga os inimigos.

CICADA: De que maneira acreditais que se faça essa conversão?

TANSILLO: Com três preparações que assinala o contemplativo Plotino no livro *Da Beleza Inteligível*[110], das quais a primeira é o

---

109. "Trionfator invitto di Farsaglia, / essendo quasi estinti i tuoi guerrieri, / al vederti, fortissimi 'n battaglia / sorser, e vinser suoi nemici altieri. / Tal il mio bem, ch'al bem del ciel s'agguaglia, / fatto a la vista de gli miei pensieri, / ch'eran da l'alma disdegnosa spenti, / le fa tornar più che l'amor possenti. / La sua sola presenza, / o memoria di lei, sì le ravviva, / che con imperio e potestade diva / dòman ogni contraria violenza. / La mia governa in pace; / né fa cessar quel laccio e quella face."

110. *As Enéadas*, livro V, 8. Bruno retoma, além disso, os comentários de Ficino a essa passagem, sob o título de *Tres gradus in contemplatione divina ac tres ad eam preparationes*.

propósito de se conformar à semelhança divina, apartando a vista de coisas que estão abaixo da própria perfeição, e que são comuns às espécies iguais e inferiores; a segunda consiste em aplicar-se com a máxima intenção e atenção às espécies superiores; a terceira, em submeter a Deus toda vontade e afeto. Pois tudo isso terá sem dúvida a influência divina, que está presente em todos os lugares e pronta a ingerir-se a quem se volta para ela por meio do ato intelectivo e abertamente se lhe expõe com o afeto da vontade.

CICADA: Não é assim a beleza corporal que o invade?

TANSILLO: Certamente não, porque não é verdadeira nem constante a beleza, e não pode ser causa de um amor constante e verdadeiro. A beleza que se vê num corpo é uma coisa acidental e umbrática, assim como outras que são absorvidas, alteradas e arruinadas pela mutação do sujeito, que, frequentemente, de belo se faz feio, sem que nenhuma alteração se produza na alma. A razão, portanto, apreende o verdadeiro belo por conversão àquilo que faz a beleza no corpo e vem a formar o belo; e esta é a alma que o fabricou e deu-lhe a figura. Em seguida, o intelecto se eleva mais e apreende bem que a alma é incomparavelmente bela, acima da beleza que se pode dar nos corpos; não se persuade de que seja bela por si, essencialmente, pois em tal caso não haveria essa diferença que se observa no gênero das almas, sendo umas mais sábias, amáveis e belas, e outras néscias, odiosas e feias. Logo, é necessário elevar-se até esse intelecto superior que por si é belo e por si é bom. Este é o único capitão que, sozinho, se apresenta à vista dos pensamentos militantes, os ilustra, os encoraja, lhes dá novas forças e lhes assegura a vitória por desprezo a qualquer outra beleza e repúdio a qualquer outro bem. Tal é, pois, a presença que faz superar toda dificuldade e vencer toda violência.

CICADA: Entendo. Mas o que quer dizer "Em paz, a minha rege e ama e não impede o laço e a chama"?

TANSILLO: Ele entende e prova que qualquer classe de amor, quanto maior é seu império e mais certo o domínio, em maior medida faz sentir os laços mais estreitos, mais firme o jugo e mais ardentes as chamas. Ao contrário de príncipes e tiranos comuns, que fazem maior uso de força e opressão quando veem que seu império é menor.

CICADA: Continua.

TANSILLO: Depois, vem descrita a fantasia de uma fênix volante, para a qual se volta um menino que arde entre chamas e onde há o lema "fata obstant"[111]. Mas leiamos a tábua para que melhor se entenda:

111. "Destinos opostos."

Fênix, ave do sol e de si matriz
cujos anos também o mundo possui,
como o são os da Arábia feliz;
tu és quem foste, sou quem não fui;
eu, pelo calor amoroso, morro infeliz,
mas com seus raios o sol te restitui;
tu queimas num, eu em qualquer lugar;
tenho de Cupido o fogo, tu de Febo o queimar.
Tens os términos fixados
de uma longa vida, e eu de um breve fim,
nem por isso menos ruinoso ou ruim;
não sei quantos vivi e me são destinados.
Um destino cego me arrasta e conduz,
mas é certo que verás de novo a luz[112].

Do sentido dos versos vê-se que na figura se desenha a antítese da sorte da Fênix e do furioso, e que o lema "Fata obstant" não significa que os fados sejam contrários ou à criança ou à Fênix, mas que os decretos fatais de um e de outro são diversos e opostos. Porque a Fênix é o que foi, tendo-se em conta que a mesma matéria se renova e volta a ser o corpo da ave, e o mesmo espírito e alma vêm formá-la. Ao revés, o furioso é quem não foi, pois, sendo agora um sujeito humano, pertenceu antes a qualquer outra espécie consideravelmente diversa. De maneira que se sabe o que foi a Fênix e o que será no futuro; mas ele não poderá investir-se da mesma forma ou similar natural, senão ao cabo de muitas e de incertas metamorfoses. Além disso, a Fênix muda a morte em vida na presença do Sol, enquanto ele, na presença do amor, muda a vida em morte. Mais ainda: a ave acende o fogo sobre o altar aromático, e o outro o faz em si e consigo o leva aonde vai. O primeiro tem com certeza os términos de uma longa vida, mas o segundo, por vicissitudes de tempo e de inumeráveis circunstâncias, tem, de sua breve vida, o final incerto. Aquele se entrega ao fogo tendo a certeza, este duvidando de voltar a ver o Sol.

CICADA: O que achais que isso significa?

TANSILLO: A diferença que existe entre o intelecto inferior

---

112. "Unico augel del sol, vaga Fenice, / ch'appareggi col mondo gli anni tui, / quai colmi ne Arabia felice: / tu sei chi fuste, io son quel che non fui; / io per caldo d'amor muoio infelice, / ma te ravviv'il sol co' raggi sui; / tu bruggi 'n un, et io in ogni loco; / io da Cupido, hai tu da Febo il foco. / Hai termini prefissi / di lunga vita, et io ho breve fine, / che pronto s'offre per mille ruine, / né so quel che vivrò, né quel che vissi. / Me cieco fato adduce, / tu certo torni a rivedere tua luce."

(comumente chamado de intelecto de potência, ou possível ou paciente), que é incerto, diverso e multiforme, e o intelecto superior; o primeiro os peripatéticos consideram a inteligência ínfima, que influi imediatamente sobre todos os indivíduos da espécie humana, e que é chamado de intelecto agente e atuante. Este intelecto único para a espécie humana é como a Lua, que não muda de espécie e se renova sempre por sua conversão ao Sol, este sim, a inteligência primeira e universal; mas o intelecto humano, individual e múltiplo, atende, como os olhos, a diversos objetos, de maneira que se informa por graus infinitos, conforme as infinitas formas naturais. Disso resulta que este intelecto particular seja furioso, peregrino e incerto, enquanto o universal é estável e seguro, tanto no que se refere ao apetite quanto à apreensão. Assim, como facilmente podes perceber por ti mesmo, está representada na figura, por um lado, a natureza da apreensão e do apetite vário, móvel, inconstante e incerto dos sentidos e, por outro, o conceito e o apetite definidos, firmes, estáveis da inteligência. E ainda a diferença entre o amor sensual, que não tem certeza nem discernimento de objetos, e o amor intelectivo, que não olha senão um só objeto, para o qual volta os olhos e graças ao qual se ilumina o pensamento e acende-se o afeto, mantendo-os em estado de unidade e de identidade.

CICADA: Mas o que pretende significar essa imagem do Sol com um círculo dentro e outro fora, e o lema "Circuit"?

TANSILLO: Certamente nunca teria compreendido o sentido dessa figura se não o tivesse ouvido dos lábios do próprio autor. É preciso saber que esse *Circuit* se refere ao movimento que faz o Sol, seguindo esse duplo círculo, traçado um de dentro e outro de fora, para significar como esse movimento a um só tempo se faz e é feito, de sorte que o Sol se encontra sempre em todos os pontos do círculo, pois se num instante se move, dá-se simultaneamente que se move e é movido, estando presente em todos os pontos da circunferência, conjugando assim um movimento e um repouso.

CICADA: Isso compreendi nos diálogos *Sobre o Infinito, o Universo e os Mundos*[113], lá onde se declara que a divina sabedoria é a suprema mobilidade, sendo ao mesmo tempo completamente estável, como foi dito e compreendido por todos aqueles dotados de entendimento. Mas continua dando-me conta da intenção.

TANSILLO: Procura dizer que o seu Sol não é como este que, segundo a opinião comum, circunda a Terra com seu movimento diurno em vinte e quatro horas e em doze meses em seu movimento planetário;

---

113. Final do primeiro diálogo.

pelo contrário, é tal que, sendo a própria eternidade e estando por conseguinte na completa possessão de tudo, em conjunto abrange a primavera, o outono, o verão e o inverno, assim como o dia e a noite, porque é tudo isso, em todos os pontos e em todos os lugares.

CICADA: Aplica então o que dizeis à figura.

TANSILLO: Aqui, não sendo possível desenhar o Sol inteiro em todos os pontos do círculo, foram delineados dois círculos; um que o compreende desde fora, para significar que ele se move; outro para mostrar que é por ele movido.

CICADA: Essa demonstração não me parece muito clara nem apropriada.

TANSILLO: Basta que seja a mais clara e apropriada que ele tenha podido fazer. Se vos considerais capaz de oferecer uma melhor, tendes a autoridade para tirar uma e pôr a outra, pois essa foi posta aqui a fim de que a alma não permanecesse sem corpo.

CICADA: O que dizeis desse "Circuit"?

TANSILLO: Este lema adquire todo o sentido, na medida em que a coisa pode ser representada, já que significa que o Sol circunda e é circundado; quer dizer, o movimento presente e perfeito.

CICADA: Excelente; mas aqueles círculos que deficientemente significam a coexistência do movimento e do repouso, deles podemos dizer que foram postos para dar significado apenas à circulação. Assim, fico contente com o assunto e a forma da empresa heroica. Agora, leiamos as rimas.

TANSILLO: Sol que de Touro lança luzes temperadas
e de Leão mais maduras e aquecidas,
e quando do pungente Escórpio vêm emanadas,
de ardente vigor estão investidas;
depois, sob o fero Deucalião são consumadas
as coisas com o frio, e as formas úmidas adidas:
na primavera, verão, outono e inverno
me aqueço, acendo, queimo e inflamo no eterno.
Tenho tão quente o desejo
que facilmente ao mirar me acendo
pelo elevado objeto em mim ardendo,
chegando aos astros meu lampejo.
Não têm os anos um momento
que serene meu surdo alento[114].

---

114. "Sol che dal Tauro fai temprati lumi, / e dal Leon tutto maturi e scaldi, / e quando dal pungente Scorpio allumi, / de l'ardente vigor non poco faldi; / poscia dal fier Deucalion consumi / tutto col fredd', e i corp'umidi saldi: / de primavera estade, ▶

Aqui se observa como as quatro estações do ano são representadas não pelos quatro signos móveis, que são Áries, Câncer, Libra e Capricórnio, e sim pelos quatro chamados fixos, quer dizer, Touro, Leão, Escorpião e Aquário, a fim de significar a perfeição, a estabilidade e a veemência dessas quatro estações. Depois, nota como, em virtude daqueles apóstrofos, que estão no oitavo verso, se pode ler: "me aqueço, acendo, queimo e inflamo no eterno". Ademais, deve-se considerar que esses não são quatro sinônimos, mas termos diversos, significando graus diferentes dos efeitos do fogo, que primeiro esquenta, depois acende, depois queima e por fim inflama aquilo que esquentou, acendeu e queimou. E assim se denotam no furioso o desejo, a atenção, o estudo e a afeição, que não variam em nenhum momento.

CICADA: Por que os qualifica sob o título de afãs ou alentos?

TANSILLO: Porque o objeto, que é a luz divina, nesta vida é mais objeto de laboriosa devoção do que de calma fruição, pois nossa mente volta-se para ela como os olhos dos pássaros noturnos para o Sol.

CICADA: A partir do que foi dito, já posso compreender tudo. Passemos.

TANSILLO: No elmo seguinte está pintada uma Lua cheia com o mote *Talis mihi semper et astro*. Quer dizer que o astro, isto é, o Sol, é, para ele mesmo, como aqui se mostra, pleno e brilhante na circunferência inteira do círculo; a fim de que melhor entendas, quero fazer-te ouvir o que está escrito na tábua:

Lua vária, Lua inconstante,
com cornos, vazia ou cheia despontas,
e branca ou fosca voltas adiante,
de Bóreas e de Rifeo os vales montas
e iluminas, ou voltas por tua via constante
a clarear o Áustro e da Líbia as pontas.
Minha Lua, por minha contínua pena,
não se aquieta e nunca está plena.
É tal a minha estrela[115]
que sempre me nega e nunca se rende
que sempre queima e tanto esplende,

▷ autunno, inervo / mi scald' accend' avvamp'in eterno / Ho sì caldo il desio, / che facilment' a remirar m'accendo / quell'alt'oggetto, per cui tant'ardendo, / fo sfavillar a gli astri il vaampo mio: / non han momento gli anni, / che vegga variar miei sordi affanni."

115. O sol referido no mote ou lema.

sempre cruel e ainda tão bela,
esta minha nobre face que espreita
sempre me martiriza e me deleita[116].

Parece-me que queira dizer que sua inteligência particular é sempre "tal" para a inteligência universal[117]: isto é, por ela vem iluminada em todos os hemisférios, ainda que, nas potências inferiores e conforme os influxos de seus atos, ora pareça obscura, ora mais ou menos lúcida. Ou talvez queira significar que seu intelecto especulativo (sempre em ato, invariavelmente) acha-se afetado e voltado em direção à inteligência humana, representada pela Lua, pois, como esta aqui, é ínfima entre todos os astros e a mais próxima de nós, e assim, a inteligência iluminadora de todos nós é a última na ordem das demais inteligências, como nota Averróis e outros peripatéticos mais sutis. Aquela possui o intelecto em potência ou declina quando não exerce ato algum, ou, como se surgira de baixo do hemisfério oculto, mostra-se ora vazia, ora cheia, conforme dê mais ou menos luz inteligível; ora tem "o globo branco, ora fosco", porque às vezes mostra por sombras, semelhanças ou vestígios, às vezes mais aberta e claramente; ora declina para o Áustro, ora para Bóreas, isto é, ora vai se afastando, ora se aproximando. Mas o intelecto em ato, com sua pena ou sofrimento contínuo (pois não é da natureza e da condição humana achar-se assim manipulado, combatido, solicitado, distraído e como que lacerado pelas potências inferiores), vê o seu objeto firme, fixo e constante, sempre cheio e no mesmo esplendor de beleza. Assim, sempre lhe é negado porque não lhe é concedido, sempre se rende porque lhe é concedido. Sempre o queima no afeto, assim como sempre esplende no pensamento; é sempre tanto cruel naquilo que subtrai quanto belo ao comunicar-se por aquilo que apresenta. Sempre o martiriza por estar espacialmente dividido, e sempre lhe agrada ou deleita por unir-se-lhe no afeto.

CICADA: Aplicai o raciocínio ao mote.

TANSILLO: Diz, portanto, "Talis mihi semper"[118], isto é, em virtude de minha contínua aplicação intelectual, memória e vontade (pois

---

116. "Lun' inconstante, luna varia, quale / con corna or vote e tal'or piene svalli, / or l'orbe tuo bianc' or fosco risale, / or Bora e de' Rifei monti le valli / fai lustre, or torni per tue trite scale / a chiarir l'Austro, e di Libia le spalli. / La luna mia per mia continua pena / mai sempre è ferma, et è mai sempre piena. / È tale la mia stella, / che sempre mi si togli ' e mai si rende, / che sempre tanto bruggia e tanto splende / sempre tanto crudele e tanto bella: / questa mia nobil face / sempre si mi martòra, e sì mi piace."

117. O Sol como imagem da primeira e mais universal inteligência, luz pura e absoluta.

118. "É sempre a minha natureza."

não quero recordar, entender nem desejar outra coisa), é sempre a mesma e pelo que posso entendê-la, sempre presente, e não se reparte por distração do pensamento nem se faz mais escura por falha da atenção, pois não há pensamento que me distraia daquela luz nem necessidade da natureza que me obrigue a atendê-la menos. "Talis mihi semper" porque é invariável em substância, virtude e beleza com respeito àquelas coisas que são igualmente constantes e invariáveis para com ela. Diz em seguida *ut astro*, pois, ante o Sol que a ilumina, é sempre igualmente iluminada, dado que está sempre voltada para ele, e ele sempre lhe difunde seus raios. Como fisicamente esta Lua que vemos com os olhos, embora desde a Terra ora a vejamos tenebrosa ou luzente, ora mais ou menos brilhante, mas sempre igualmente iluminada pelo Sol, pois sempre recebe seus raios, ao menos no dorso de seu hemisfério. Assim como esta Terra está sempre iluminada num dos hemisférios, e de sua aquosa superfície envie, mesmo que desigualmente, seu resplendor para a Lua, como ocorre que a Lua mande para ela, dada a vicissitude que possuem de, ora uma, ora outra, estar mais próxima do Sol.

CICADA: Como essa inteligência é representada pela Lua que brilha num hemisfério?

TANSILLO: Toda inteligência é significada pela Lua enquanto participante do ato e da potência, quer dizer, enquanto possuem a luz materialmente e por participação, recebendo-a de outro; quero dizer que não são luzes por si próprias e natureza, mas pelo que diz respeito ao Sol, que é a primeira inteligência, pura e absoluta, assim como ato puro e absoluto.

CICADA: Então, todas as coisas dependentes e que não são ato primeiro nem primeira causa são compostas de luzes e de trevas, de matéria e de forma, de potência e de ato?

TANSILLO: Assim é. Além disso, nossa alma, conforme toda sua substância, é representada pela Lua, que resplandece pelas potências superiores, e por isso se volta para a luz do mundo inteligível, sendo escura nas potências inferiores, onde se ocupa do governo da matéria.

CICADA: E me parece que, pelo que dissemos, é uma consequência e um símbolo o que vejo impresso no escudo seguinte, onde há um carvalho rugoso e enramado e contra o qual sopra o vento, e circunscrito o lema "Ut robori robur"[119]. Depois, está fixada a tabuleta que diz:

---

119. "Como se robustece o carvalho."

Vetusto carvalho que os ramos expande
no ar e as raízes projeta na terra:
nem terra removida nem um sopro grande,
que do áspero Aquilão o céu descerra,
nem quando o hórrido inverno mande,
do lugar onde está nunca se desterra;
mostra de minha fé o retrato vero,
que nunca se move por acidente fero.
Teu próprio terreno e esteio
abraça sempre, fá-lo culto e compreende
e por suas vísceras distende
raízes gratas ao generoso seio:
e num só objeto
fixei o espírito, o senso e o intelecto[120].

TANSILLO: O lema é claro, e nele se vangloria o furioso de ter força e robustez, como uma grande árvore, um carvalho; e como aquele outro, de ser sempre um com relação à Fênix única, e como o poema precedente, conformar-se àquela Lua que sempre esplende e é tão bela. Ou ainda não assemelhar-se a essas antípodas situadas entre nosso globo e o Sol, e que são cambiantes aos nossos olhos, e sim enquanto sempre recebe, e na mesma medida, o resplendor solar, de modo que permanece constante e firme contra os Aquilãos e os invernos tempestuosos, unida que está ao seu astro e no qual está implantado com afeto e propósito, assim como a árvore robusta e mencionada tem entretecidas suas raízes com os veios da terra.

CICADA: Estimo mais estar tranquilo e livre de toda moléstia do que achar-me em situação de tão forte resistência.

TANSILLO: Há entre os epicuristas uma sentença que, se bem julgada, não será tida como profana, como a consideram os ignorantes, tendo em conta que não retira a virtude do que eu disse nem prejudica a perfeição da constância, mas acrescenta mais perfeição ao que o vulgo entende. Pois Epicuro não estima como verdadeira e completa aquela virtude de fortaleza e de constância que se ressinta dos incômodos, mas aquela que, não os sentindo, os carrega. Não estima,

---

120. "Annosa quercia, che gli rami spandi / a l'aria, e fermi le radici 'n terra: / né terra smossa, né gli spirti grandi / che da l'aspro Aquilon il ciel disserra, / né quanto fia ch'il vern'orrido mandi, / dal luog' ove stai salda mai ti sferra; / mostri della mia fé ritratto vero / qual smossa mai stran' accidenti féro. / Tu medesmo terreno / mai sempr' abbracci, fai colto e comprendi, / e di lui le viscere distendi / radici grate al generoso seno: / i' ad un sol oggetto / ho fiss' il spirt', il sens' e l'intelletto."

como completo e divino amor heroico, aquele que sente o aguilhão, o freio, o remorso ou a pena por outro amor, e sim aquele que não tem em absoluto o sentimento de outros afetos, tendo alcançado tal prazer que não há outro capaz de desviá-lo ou tropeçar de algum modo. E isso é tocar a suma beatitude nesse estado; ter a volúpia e não ter o sentimento da dor[121].

CICADA: A opinião popular não acredita neste sentido dado por Epicuro.

TANSILLO: Porque não lê seus livros nem aqueles que, sem inveja, trazem as suas sentenças, ao contrário daqueles que se preocupam em ler o curso de sua vida e as circunstâncias de sua morte. Daí que com estas palavras ditou o princípio de seu testamento: "Estando no último e felicíssimo dia de nossa vida, ordenamos o que se segue com a mente em paz, saudável e tranquila, pois embora uma grande dor de pedra me atormentasse de um lado, aquele tormento era absorvido pelo prazer de nossas invenções e a consideração do fim." E é coisa manifesta que não punha a felicidade nem a dor no comer, no beber, repousar e gerar, mas em não sentir fome, sede, cansaço ou apetite libidinoso. Daí considera qual seja, segundo nosso juízo, a perfeição da constância: não que a árvore não se quebre, se rompa ou dobre, mas que nem um pouco se mova e por cuja semelhança tem o outro fixo o espírito, o sentido e o intelecto, ali onde não há sensação de ataques tempestuosos.

CICADA: Quereis então que seja coisa desejável suportar tormentos, por ser coisa de fortes?

TANSILLO: O que dizeis de "suportar" é parte da constância, não a virtude inteira, à qual chamo "suportar fortemente" e que Epicuro chama "não sentir". Essa privação de sentido é ocasionada pelo fato de tudo estar absorto no cuidado da virtude, do bem verdadeiro e da felicidade. Desse modo, Régulo não sentiu a descida da arca, Lucrécia, o punhal, Sócrates, o veneno, Anaxarco, o morteiro, Escévola, o fogo, Cocles, os instrumentos de tortura e outros virtuosos que atormentam e causam horror às pessoas ordinárias.

CICADA: Passai a outro.

TANSILLO: Olha este aqui em que há a imagem de uma bigorna e de um martelo, envolta com o lema "Ab Aetna"[122]. Mas antes de a considerarmos, leiamos as estâncias. Aqui se introduz a prosopopeia de Vulcano:

---

121. Carta de Epicuro a Idomeu, Diógenes Laércio, *Vida dos Filósofos Ilustres*, X, 22.
122. "Diante do Etna."

Não volto agora ao meu monte siciliano
onde o raio de Júpiter se tempera;
aqui me retenho, escabroso Vulcano,
onde o mais soberbo gigante deblatera,
pois contra o céu se irrita por seu afano[123],
tentando novos ardis ou deles à espera;
aqui encontro o melhor ferreiro, em Mongibello[124],
a melhor frágua, a melhor bigorna e martelo.
Onde um peito exala suspiros
que como fole aviva a fornalha
e a alma tantos abalos emalha
de longas torturas e grandes martírios
e espalha aquela harmonia
para o vulgo de aspereza e felonia.

Aqui se mostram os incômodos e as penas inerentes ao amor, sobretudo ao amor vulgar, que não é outro senão a oficina de Vulcano, esse ferreiro que fabrica os raios de Júpiter que atormentam as almas delinquentes. Pois o desordenado amor tem em si o princípio de sua pena, já que o deus é vizinho, está conosco, dentro de nós. Em nós se encontra uma mente sagrada e inteligente servida por um afeto próprio, seu vindicante, que, ao menos com o remorso de certa consciência[125], com um rígido martelo flagela o espírito prevaricador. Ela observa as nossas ações e afetos e, assim como é tratada por nós, faz com que venhamos a ser tratados por ela. Em todos os amantes existe esse ferreiro forjador Vulcano; e assim como não há homem que não tenha Deus em si, não há amante que não tenha esse deus. Certamente, há um deus em cada um, mas qual deles seja não se sabe tão facilmente; e embora seja possível examinar e distinguir, não poderei acreditar em outro que não seja o amor, sendo ele quem empurra os remos, infla as velas e governa esse composto em que consistimos, para o bom ou para o mal afeto. Digo afetando para o bem ou para o mal quanto àquele que põe em execução por ação moral e contemplação, pois, de resto, todos os amantes sentem algum incômodo, do mesmo modo que, sendo toda coisa mista, não há bem sob o intelecto e sob o afeto que não se encontre ao mal unido e oposto, como nada há de verdadeiro ao qual não se junte o falso; assim, não há amor sem temor,

---

123. Referência ao gigante Tifeu, expulso por Júpiter para os subterrâneos do Etna.
124. O próprio monte do vulcão Etna.
125. No original, *sinderesi*, termo escolástico para consciência e remorso de consciência.

zelo, ciúme, rancor e outras paixões que procedem do contrário que perturba, ao passo que o outro contrário nos contenta. Assim, vindo a alma, pelo pensamento, recobrar sua beleza natural, se esforça em purgar-se, curar-se e se reformar; porém, serve-se do fogo porque, sendo como o ouro mesclado à terra, quer com certo rigor liberar-se de impurezas, o que se efetua quando o intelecto, verdadeiro forjador de Júpiter, intervém, exercitando atos de potências intelectivas.

CICADA: Parece-me que isso se refere àquela passagem do *Banquete* de Platão, onde se diz que o Amor herdou de sua mãe, Penia, o ser árido, magro, pálido, descalço, submisso, sem cama e teto; por essas circunstâncias, explica-se o tormento que tem a alma fustigada por afetos contrários.

TANSILLO: Assim é, porque o espírito, afetado por tais furores, acaba desviado de pensamentos mais profundos, martelado por preocupações urgentes, aquecido por desejos ferventes, solicitado por frequentes ocasiões; daí que, achando-se a alma em suspenso, vem a ser menos diligente e aplicada no governo do corpo pelos atos da potência vegetativa. Em consequência, o corpo se torna macilento, mal nutrido, extenuado, falto de sangue, invadido por humores melancólicos, os quais, se não forem instrumentos de um alma disciplinada ou de um espírito claro e lúcido, conduzem à insanidade, estupidez e furor brutal, ou ao menos a um descuido de si e desprezo do próprio ser, o que vem representado por Platão por meio dos pés descalços. O amor vai submisso e voa rente à terra quando unido a coisas baixas; voa alto quando se prende a empresas generosas. A propósito, e em conclusão: o que quer que seja o amor, sempre é fustigado e atormentado, de modo que não deixa de ser matéria nas forjas de Vulcano, pois a alma, sendo ela coisa divina, e naturalmente não serva, mas senhora da matéria corporal, acaba por se perturbar mesmo quando serve voluntariamente ao corpo, onde não encontra coisa que a contente. E ainda que presa à coisa amada, sempre lhe ocorre ser agitada e flutuar em meio aos sopros da esperança, dos temores, das dúvidas, dos zelos, da consciência, dos remorsos, da obstinação, do arrependimento e de outros verdugos que são os foles, os carvões, as bigornas, as tenazes e os martelos que se encontram na oficina deste sórdido e sujo consorte de Vênus.

CICADA: Já se disse o bastante a esse respeito: gostaria de ver o que se segue depois.

TANSILLO: É um pomo de ouro riquissimamente esmaltado com espécies preciosas. E em volta o lema que diz: "Pulchriori detur"[126].

---

126. "Da mais bela maneira concedido."

CICADA: A alusão ao fato das três deusas que se submeteram ao julgamento de Páris é muito conhecida. Mas leiamos os versos que nos fazem capaz de entender especificamente a intenção do presente furioso.

TANSILLO: Vênus, deusa e mãe do terceiro céu,
do arqueiro cego e de cada um domadora;
da cabeça do pai a segunda nasceu
e Juno, mulher de Júpiter, é outra contendora;
chamam o pastor troiano para que o troféu
dentre elas a mais bela seja ganhadora;
se minha deusa serve de exemplo ou molde
não haverá Vênus, Atenas ou Juno que se amolde.
Pela beleza das partes não seria
a deusa de Chipre; Minerva pelo engenho
e a filha de Saturno pelo digno empenho
com que seu esplendor ao Tonante sacia.
Mas aquela tem o que agrade
em beleza, inteligência e majestade[127].

Eis aqui como faz a comparação de seu objeto, que contém todas as circunstâncias, condições e espécies de beleza num só sujeito, com as outras que mostram apenas uma e todas por suposições diversas, como ocorre no gênero da beleza corporal, da qual não pode Apelles aprovar em uma, mas em várias virgens. Assim, aqui onde se trata de três gêneros de beleza e ainda achando-se os três em cada uma das deusas, pois Vênus não está desprovida de sabedoria de majestade, e a graça e a sabedoria não faltam em Juno e conhecidas são a graça e a majestade de Palas, ocorre que uma condição supera as demais, de modo que essa vem a ser considerada como propriedade, e as outras como acidentes, dado que um dos dons predomina e a faz aparecer e mostrá-la soberana sobre as outras. E a causa dessa diferença reside em possuir tais qualidades não por essência e primitivamente, mas por participação e

---

127. "Venere, dea del terzo ciel, e madre / del cieco arciero, domator d'ogn'uno; / l'altra ch'ha 'l capo giovial per padre, / e di Giove la mogli' altera Giuno; / il troiano pastor chiaman, che squadre / de chi de lor più bell' è l'aureo muno: / se la mia diva al paragon s'appone, / non di Venere, Pallad', o Giunone. / Per belle membra è vaga / la cipria dea, Minerva per l'ingegno, / e la Saturnia piace con quel degno / splendor d'altezza, ch'il Tonante appaga; / ma quest'ha quanto aggrade / di bel, d'intelligenza, e maestade."

forma derivada. Como em toda coisa dependente, as perfeições se dão unicamente segundo os graus de maior ou menor, e mais ou de menos. Mas na simplicidade da essência divina, tudo está totalmente e não segundo uma medida, e por isso não se dá mais sapiência do que beleza e majestade, nem mais bondade do que fortaleza. E todos os atributos são não apenas iguais, mas os mesmos e uma só coisa. Assim como na esfera todas as dimensões são não apenas iguais, mas inclusive idênticas, assim é na altura da sabedoria divina, que é a mesma na profundidade da potência e na latitude da bondade. Todas essas perfeições são iguais porque infinitas. Por isso, necessariamente, uma está para a grandeza da outra, dado que, onde essas coisas são finitas, ocorre que seja mais sábio do que belo e bom, melhor e mais belo do que sábio, mais sábio e bom do que potente, ou mais potente e bom do que sábio. Mas onde há infinita bondade, não pode haver senão infinita potência, pois, de outro modo, não poderia saber infinitamente. Onde há infinita bondade, é preciso infinita sapiência, pois, de outro modo, não saberia ser infinitamente bom. Onde há infinita potência, é preciso haver infinita bondade e sapiência para que tanto bem se possa saber e se saiba possuir. Então se vê como o objeto deste furioso, quase inebriado das bebidas divinas, esteja incomparavelmente mais alto do que outros que lhe sejam diferentes. Quero dizer, como a espécie inteligível da essência divina abarca a perfeição de todas as demais espécies, de sorte que, conforme o grau com que participe daquela forma, poderá tudo entender, tudo fazer e ser-lhe assim amigo, vem a ter desprezo e tédio por outra beleza qualquer. Por isso a ela deve ser consagrado o pomo, símbolo de tudo em tudo[128]. Não a Vênus, que é superada por Minerva em sabedoria e por Juno em majestade. Não a Palas, pois Vênus é mais bela e a outra mais magnífica. Não a Juno, que não é a deusa da inteligência nem do amor.

CICADA: Tão certo como são os graus das naturezas e das essências, assim proporcionalmente são os graus das espécies inteligíveis e a magnificência dos afetos e furores amorosos. O emblema

---

128. O objeto do furioso é a espécie inteligível, o conceito que pode ser alcançado ou formado, pois ele tudo abarca e faz compreensível o mundo em sua infinitude.

seguinte traz uma cabeça com quatro faces que sopram em direção aos quatro ângulos do céu; e são quatro ventos num único sujeito, aos quais se sobrepõem duas estrelas e, no meio, o mote que diz: "Novae partae Aeoliae".[129] Gostaria de saber o que significa.

TANSILLO: Parece-me que o sentido dessa divisa seja consequência da antecedente. Pois como ali foi predicada uma beleza infinita como objeto, aqui se está predicando a aspiração, o esforço, o afeto e o desejo de grandezas iguais; pois creio que esses ventos estão aí para dar significado aos suspiros, que conheceremos se chegarmos a ler a estância:

Filhos do Titã Astreo e da Aurora[130]
que conturbais o céu, o mar e a terra,
que lançados fostes do Litígio fora,
pois fazíeis aos deuses soberba guerra:
não mais na eólica caverna se mora,
onde meu império vos freia e cerra,
mas reclusos estais em meu peito
que para suspirar se fez atreito.
Vós, sócios turbulentos,
das tempestades de um e de outro mar
nada serve para vos serenar
senão estes lumes inocentes e cruentos:
aqueles que, claros ou escondidos,
vos tornam tranquilos e contidos[131].

Claramente se vê que se introduz Éolo para falar com os ventos, os quais já não são por ele governados na caverna eólica, e sim por duas estrelas que se acham no peito do furioso. Ambas as estrelas não significam aqui os olhos da frente, mas as duas espécies apreensíveis da beleza divina e da bondade do esplendor infinito, que de tal forma influem no desejo intelectual e racional que o fazem aspirar

---

129. "Que de novo são gerados de Éolo."
130. Conforme Hesíodo, *Teogonia*, 379, onde se diz que Zéfiro, Boreas e Noto são filhos da Aurora. O Euro é mencionado por Virgílio, *Eneida*, I, 131, também como filho da Aurora.
131. "Figli d'Astreo Titan e de l'Aurora, / che conturbate il ciel, il mar e terra, / quai spinti fuste dal Litigio fuora, / perché facessi a' dèi superba guerra: / non più a l'Eolie spelunche dimora / fate, ov'imperio mio vi fren' e serra: / ma rinchiusi vi siet'entr'a quel petto / ch'i' veggo a tanto sospirar costretto. / Voi socii turbulenti / de le tempeste d'un et altro mare, / altro non è che vagli' asserenare, / che que'omicidi lumi et innocenti: / quelli apert' et ascosi / vi renderan tranquilli et orgogliosi."

infinitamente, de acordo com a apreensão que faz do excelente lume, infinitamente grande, belo e bom. Isso porque o amor, enquanto for finito, satisfeito e fixado com certa medida, não se aproximará da espécie da beleza divina; mas só enquanto mais e mais aspira, se poderá dizer que segue rumo ao infinito.

CICADA: Como o significado de aspirar pode comodamente substituir espirar? Que relação simbólica têm os ventos com o desejo?

TANSILLO: Quem de nós neste estado aspira, também espira e suspira. Mas a veemência do aspirar se faz notada pelo hieroglífico do forte espirar.

CICADA: Mas há diferença entre espirar e suspirar.

TANSILLO: Mas um não significa o outro, e sim que são semelhantes entre si.

CICADA: Segui pois com vosso propósito.

TANSILLO: A infinita aspiração mostrada pelo suspiros e figurada pelos ventos está sob o governo não de Éolo, mas daqueles dois lumes, os quais, não só de maneira inocente, mas benignamente, matam o furioso, fazendo-o, pelo estudioso afeto, morrer por outra coisa. Além do mais, essas duas luzes que, ocultas e secretas, desencadeiam a tempestade, ao se mostrar abertamente lhe devolvem a tranquilidade, dado que na estação em que o nublado véu ensombrece os olhos da mente humana neste corpo[132], acontece que a alma com tal esforço se faz antes perturbada e aflita. Mas sendo aquele véu rasgado e extinto, se tornará ela elevadamente tranquila para satisfazer a condição de sua natureza.

CICADA: Como pode nosso intelecto finito perseguir um objeto infinito?

TANSILLO: Com a infinita potência que ele tem.

CICADA: Mas ela será vã se não for efetiva.

TANSILLO: Seria vã se fosse em torno do ato finito, no qual a potência infinita estaria em estado de privação, mas não já em torno do ato infinito, em que a infinita potência é uma perfeição positiva.

CICADA: Mas se o intelecto humano é natureza e ato finitos, por que tem potência infinita?

TANSILLO: Porque é eterno, e assim sempre se contenta, para que não tenha fim nem medida a sua felicidade; e porque, finito em si, é infinito nos objetos.

CICADA: Que diferença existe entre a infinitude do objeto e a infinitude da potência?

---

132. No sentido de vida atual.

TANSILLO: Esta é finitamente infinita, aquele é infinitamente infinito[133]. Mas voltemos a nós. Diz o lema "Novae partae Aeoliae", já que, ao que parece, poderíamos imaginar todos os ventos (que estão no antro voraz de Éolo) sendo convertidos em suspiros, se quiséssemos enumerar os que procedem dos afetos que aspiram ao sumo bem e à infinita beleza.

CICADA: Vejamos agora a significação daquela luz ardente, ao redor da qual está escrito "Ad vitam, non ad horam".

TANSILLO: A perseverança do amor e o desejo ardente do bem verdadeiro com os quais arde nesta vida terrena e temporal o furioso. Creio que isso está na tabuleta:

Parte de sua estância o camponês
quando o seio do Oriente o dia desimpede,
mas quando o sol o fere com rispidez,
cansado pelo calor a sombra pede;
depois trabalha e se cansa mais uma vez
até que outro escuro no hemisfério sucede;
então repousa; mas nada há que me acoite,
de manhã, à tarde ou à noite.
Esses raios fogosos
que emanam dos arcos de meu sol
e forjam meu destino em seu crisol
no horizonte estão sempre esplendorosos:
queimando a todo momento
no meio deste coração em sofrimento[134].

CICADA: Esta tábua é mais verdadeira do que propriamente explica o sentido da figura.

TANSILLO: Não hei de cansar para vos fazer ver essas propriedades, pois basta uma consideração atenta. Os "raios de sol" são as razões com as quais a beleza e a bondade divinas se manifestam em nós. E são "fogosos" porque não podem ser apreendidos pelo intelecto sem que, por consequência, abrasem os afetos. Os "dois arcos de sol" são

---

133. P.H. Michel, comentando essa passagem na edição francesa, assim a explica: "ao perseguir eternamente um objeto infinito, o intelecto deve ter uma potência infinita. Mas essa se faz numa modalidade finita (finitamente), pois o aproximar-se do objeto infinito é feito passo a passo, enquanto a infinitude do objeto preexiste a tal itinerário".

134. "Partesi da la stanz' il contadino, / quando il sen d'Oriente il giorno sgombra; / e quando'il sol ne fere più vicino, / stanch' e cotto da caldo sied' a l'ombra; / lavora poi, e s'affaticha insino / ch'atra caligo l'esmifer ingombra; / indi si posa: io sto al continue botte / mattina, mezo giorno, sera e notte. / Questi focosi rai / ch'escon da que' doi archi del mio sole, / de l'alma mia (com'il mio destin vuole) / dal orizonte non si parton mai: / bruggiand'a tutte l'ore / dal suo meridian l'afflitto core."

as duas espécies de revelações que os escolásticos chamam matutina e vespertina, de tal modo que a inteligência que nos ilumina nos traz essas espécies, seja como virtualidade admirada em si mesma, seja como eficácia que em seus atos se contemple. O horizonte da alma neste lugar é o das potências superiores, onde a intrépida apreensão do intelecto é socorrida pelo vigoroso impulso do afeto, representado pelo coração e que, abrasado em todos os momentos, se aflige ou se atormenta, pois todos os frutos de amor, que nesse estado podemos recolher, não são tão doces que possam ser recolhidos sem uma certa aflição, ainda que seja a que procede de uma fruição sem plenitude. Como especialmente acontece com os frutos do amor natural, cuja condição não saberia expressar melhor do que o fez o poeta epicurista:

"Mas de um verdadeiro rosto humano e de uma tez agradável nada penetra no corpo de que se possa gozar, a não ser tênues imagens, uma delirante esperança que com frequência o vento arrebata. Como num sonho em que o sedento quer beber e não encontra água para arrefecer seus membros, corre atrás de simulacros de fontes e em vão se cansa, e sofre sede bebendo em meio à corrente de um rio; assim no amor Vênus ilude os amantes com simulacros: nem se saciam olhando o corpo querido nem com as mãos podem retirar algo dos membros tênues, enquanto percorrem sôfregos todo o corpo. Quando, enfim, enlaçam os membros, gozam da flor da idade e o corpo pressagia o prazer, e Vênus semeia o corpo feminino; então se apertam com avidez, confundem as salivas de suas bocas, um respira o alento do outro, premendo os dentes; em vão, porque nada podem arrancar dali nem penetrar no corpo e nele se perder."[135] De modo semelhante julga acerca do modo como podemos gostar das coisas divinas: enquanto nos esforçamos por nelas penetrar e nos unir, encontramos mais afeição no desejo do que no prazer do conceito. E por isso pode ter dito aquele sábio hebreu – quem aumenta sua ciência, aumenta sua dor[136] –,

---

135. "Ex hominis vero facie pulchroque colore / nil datur in corpus praeter simulacra fruendum / tenuia, quae vento spes captat saepe misella. / Ut bibere in somnis sitiens cum quaerit, et humor / non datur, ardorem in membris qui stinguere possit; / sed laticum simulacra petit frustraque laborat, / in medioque sitit torrenti flumine potans: / sic in amore Venus simulacris ludit amantis, / nec satiare queunt spectando corpora coram, / nec manibus quicquam teneris abradere membris / possunt, errantes, incerti corpore toto. / Denique cum membris conlatis flore fruuntur / aetatis; dum iam praesagit gaudia corpus, / atque in eo est Venus, ut muliebria conserat arva, / adfigunt avide corpus iunguntque salivas / oris, et inspirant pressantes dentibus ora, / necquiquam, quoniam nihil inde abradere possunt, / nec penetrare et abire in corpus corpore toto." (Lucrécio, *De rerum natura*, IV, 1094-1111).

136. *Eclesiastes*, I, 18.

pois da maior apreensão nasce um desejo maior e mais alto, e disso se segue mais rancor pela privação da coisa desejada. Daí que Epicuro, seguindo uma vida tranquila, disse a propósito do amor vulgar: "Melhor fugir daqueles simulacros, eliminar qualquer alimento de amor e volver a mente para outro objeto para não preparar para si mesmo afãs e dores seguras. Pois a chaga se aviva e corrompe se a alimentas, e a cada dia cresce o delírio e o tormento se agrava. Não se priva dos frutos de Vênus quem evita o amor, antes colhe as alegrias dos que estão livres de pena."[137]

CICADA: O que se entende por "no meio do coração"?[138]

TANSILLO: A parte ou região mais alta e mais eminente da vontade, onde com mais luz, mais forte, eficaz e retamente é aquecida. Entende-se que tal afeto não se encontra em seu movimento inicial nem em sua acalmia final, mas no meio, onde e quando ferve.

CICADA: Mas o que significa aquele dardo inflamado que tem as chamas no lugar da ferrenha ponta, em volta do qual se estreita um laço e há o lema "Amor instat ut instans"? Dizei o que entendeis por isso.

TANSILLO: Parece-me que queira dizer que o amor nunca o deixa e que eternamente o aflige.

CICADA: Vejo bem o laço, o dardo e o fogo; entendo o que está escrito, "Amor instat"; mas o que se segue não posso compreender, isto é, que o amor, como iminente porque insistente, insta. Tem a mesma falta de propósito como se alguém dissesse: "esse emblema aqui tem uma imagem como imagem, a leva como leva, eu a entendo como entendo, vale o que vale, a considero como considero".

TANSILLO: Mais facilmente determina e condena quem menos considera. Aquele *instans* não significa uma forma adjetiva do verbo *instare*, e sim um substantivo preso ao sentido de instante de tempo.

CICADA: Isso quer dizer que o amor insta como o instante?

TANSILLO: O que quer dizer Aristóteles em seu livro *Do Tempo*[139], quando afirma que a eternidade é um instante e que em tudo o tempo não é senão um instante?

CICADA: Como pode ser, se não há tempo mínimo que não contenha mais instantes? Talvez queira dizer que num só instante estejam

---

137. "Sed fugitare decet simulacra, et pabula amoris / abstergere sibi, atque alio convertere mentem, / nec servare sibi curam certumque dolorem: / ulcus enim virescit et inveterascit alendo, / inque dies gliscit furor, atque erumna gravescit. / Nec Veneris fructu caret is qui vitat amorem, / sed potius quae sunt sine paena commoda sumit." Citado por Lucrécio, *De rerum natura*, IV, 1063-1064.

138. No original: "no meridiano do coração".

139. *Da Auscultação da Natureza*, IV, 10-14.

o dilúvio, a guerra de Troia e agora nós? Gostaria de saber como esse instante se divide em tantos séculos e anos; e se na mesma proporção não poderíamos dizer que a linha é um ponto.

TANSILLO: Assim como o tempo é uno, mas dividido em sujeitos temporais, assim o instante é uno em diversas partes do tempo. Como eu sou o mesmo que fui, sou e serei; o mesmo aqui em casa, no templo, no campo e onde estiver.

CICADA: Por que quereis que o instante seja todo o tempo?

TANSILLO: Porque se não fosse o instante, não haveria o tempo. Mas o tempo, em essência e substância, não é outra coisa senão o instante. E isso te basta, se o entendes (pois não farei pedanterias sobre o livro da *Natureza*), que queira dizer que o amor o assiste o tempo todo, porque aquele *instans* não significa um ponto no tempo.

CICADA: É preciso que esse significado seja especificado de alguma maneira, se não quisermos que o mote seja vicioso em equívocos, e daí possamos livremente entender que ele queira dizer que seu amor seja o de um instante, ou seja, de um átimo de tempo e de um nada, ou que queira dizer que seja sempre (como vós o interpretais).

TANSILLO: Certamente, se ambos os sentidos contrários estivessem aqui implicados, o mote seria uma burla. Mas não é assim, se bem considerares, dado não ser possível que, num instante que é um átimo, ou ponto, o amor inste ou insista; mas é preciso entender o instante com outro significado. E para sair dessa questão, que se leia a estância:

Um tempo esparge e um tempo recolhe;
um edifica, outro destrói, um ri, outro chora:
um tempo é triste, outro a alegria acolhe,
um em pé se cansa, outro sentado revigora:
um tempo se alonga, um tempo se encolhe;
um faz viver, outro tempo nos manda embora;
em todos os anos, hora, mês e dia
se aplica, fere, me acende e ao amor me guia.
Continuamente me entreva,
me tortura e me mantém em pranto,
é meu triste languescer, portanto,
a todo tempo me aflige e me eleva;
em roubar-me é bastante forte,
não cessa de abalar nem dar-me morte[140].

---

140. "Un tempo sparge, et un tempo raccoglie; / un edifica, un strugge; un piange, un ride: / un tempo ha triste, un tempo ha liete voglie; / un s'affatica, un posa; un stassi, un side: / un tempo porge, un tempo si ritoglie; / un muove, un ferm'; un fa viv', un ▶

CICADA: Compreendi bem o sentido e confesso que todas as coisas se conjugam muito bem. Mas chega o tempo de proceder a outro.

TANSILLO: Aqui se vê uma serpente que sob a neve se definha, no lugar onde um lavrador a jogou, e um rapaz nu ardendo entre chamas, além de um lema que diz "idem, itidem, non idem"[141]. De pronto, isso me parece mais um enigma do que outra coisa, mas não me atrevo a explicá-lo de fato; acreditaria, porém, que tenha como significado o mesmo destino cruel que tanto atormenta a um quanto a outro (isto é, sem misericórdia, a morte), com instrumentos contrários, sendo iguais o frio e o quente. Mas isso me parece requerer uma consideração mais longa.

CICADA: Outra vez, lede as rimas.

TANSILLO:

Lânguida serpe, que num humor tão denso
te retorces, contrais, te ergues em desvario;
e para temperar o teu sofrer intenso
uma parte ou outra escondes do frio;
se o gelo tivesse do ouvido senso,
e tua voz não ficasse no vazio,
creio que terias um bom argumento
para fazê-lo piedoso de teu tormento.
Eu no eterno fogo
me debato, me consumo e me inflamo;
e no gelo de minha diva, a quem conclamo,
nada encontro: amor ou desafogo.
Lasso estou, porque não sente
o rigor desta minha chama ardente[142].

* * * * *

▷ occide: / in tutti gli anni, mesi, giorni et ore / m'attende, fere, accend'e lega amore. / Continuo mi disperge, / sempre mi strugg'e mi ritien in pianto, / è mio triste languir ogn'or pur tanto, / in ogni tempo mi travagli' et erge; / tropp'in rubbarmi è forte, / mai non mi scuote, mai non mi dà morte."

141. "O mesmo, da mesma maneira, não idêntico."

142. "Languida serpe, a quell'umor sì denso / ti rintorci, contrai, sullevi, inondi; / e per temprar il tuo dolor intenso, / al fredd' or quest' or quella parte ascondi; / s'il ghiaccio avesse per udirti senso, / tu voce che propona o che rispondi, / credo ch'areste efficaci' argumento / per renderlo piatoso al tuo tormento. / Io ne l'eterno foco / mi dibatto, mi struggo, avvampo; / e al ghiaccio di mia diva per mio scampo / né amor di me, né pietà trovo loco: / lasso, per che non sente / quant'è il rigor de la mia fiamma ardente."

Cobra, procuras fugir e és impotente;
não regresses à toca, já então assolada;
reclama tua força que está dormente,
aguardas o sol sob a névoa cerrada;
mercê pedes ao vilão, que odeia teu dente;
invocas a fortuna e não te ouve a insensata.
Fuga, cova, vigor, astro, homem ou sorte
não são para te dar salvação da morte.
Tu te adensas, eu me liquefaço;
admiro teu rigor, tu a minha ardência;
tu desejas aquele mal, eu esta apetência;
nem tu me alivias nem eu a ti o faço.
Agora esclarecidos se afiança
que do triste fado abandonemos a esperança[143].

CICADA: Vamos embora, e pelo caminho trataremos de desfazer este enredado, caso se possa.

FIM DO QUINTO DIÁLOGO
E DA PRIMEIRA PARTE

Primeiro Diálogo da Segunda Parte

Interlocutores: Cesarino, Maricondo

CESARINO: Dizem que as melhores coisas ou as mais excelentes se dão no mundo quando todo o universo, em todas as partes, responde com excelência; e assim se acredita quando sucede que todos os planetas alcancem o signo de Áries, sendo que o da oitava esfera ocupe a casa daquele firmamento invisível e superior onde está o outro zodíaco[144]; as coisas piores e mais baixas ocorrem quando a dispo-

---

143. "Angue cerchi fuggir, sei impotente, / ritenti a la tua buca, ell'è disciolta; / proprie forze richiami, elle son spente; / attendi al sol, l'asconde nebbia folta; / mercé chiedi al villan, odia 'l tuo dente; / fortuna invochi, non t'ode la stolta. / Fuga, luogo, vigor, astro uom o sorte / non è per darti scampo da la morte. / Tu addensi, io liquefaccio; / io miro al rigor tuo, tu a l'ardor mio; / tu brami questo mal, io quel desio; n' io posso te, né tu me tòr d'impaccio. / Or chiariti a bastanza / del fato rio, lasciamo ogni speranza."

144. Havia na época a crença astrológica e escatológica de uma nova época do mundo, com a segunda vinda de Cristo e o Juízo Universal, derivada de conjunções planetárias e astrais.

sição e a ordem contrárias predominam; por força de vicissitudes, ocorrem excessivas mutações de um semelhante a um semelhante, de um contrário a outro. A revolução e grande ano do mundo[145], portanto, é aquele espaço de tempo no qual, de hábitos e efeitos diversos, por meios opostos ou contrários, se retorna à mesma situação, assim como vemos em anos especiais, como o do Sol, em que o princípio de uma disposição contrária é o fim de outra, e o fim desta aqui é o princípio daquela. Mas agora que nos encontramos na escória das ciências, que geraram a escória das opiniões, causas, por sua vez, da escória dos costumes e das ações, podemos esperar um retorno a tempos e estados melhores.

MARICONDO: Saiba, meu amigo, que esta sucessão e ordem de coisas é muito verdadeira e certíssima; mas, ao nosso ver, em qualquer estado ordinário, mais nos aflige o presente do que o passado, e ambos podem satisfazer menos do que o faz o futuro, que sempre tem expectativas e esperanças, como se pode ver designado nesta figura, saída da antiguidade egípcia, uma estátua com três cabeças: a de um lobo olhando para trás, outra de leão, com o rosto de perfil, e cão a terceira, que olha à frente, tudo para designar que as coisas passadas afligem pela recordação, mas não tanto quanto as presentes, que ainda nos atormentam, enquanto para o futuro nos fazem promessa de dias melhores. Daí o lobo que uiva, o leão que ruge e o cão que se regozija[146].

CESARINO: O que contém aquele lema que acima está escrito?

MARICONDO: Vê que sobre o lobo está *Iam*, sobre o leão, *Modo*, e sobre o cão, *Praeterea*, dicções que assinalam as três partes do tempo.

CESARINO: Lede agora o que está escrito na tabuinha.

MARICONDO: Assim farei.

Um lobo, um leão e um cão, lado a lado,
na aurora, em dia claro, em vésper escuro.
O que consumi, retenho, e me procuro
quanto me foi, me é e poderá ser dado.
Pelo que fiz, faço e será realizado,

---

145. O Grande Ano do Mundo seria, segundo a astrologia árabe, o período de 36 mil anos, durante os quais as estrelas fixas cumpririam seu giro ou revolução completa. A Igreja Católica combateu tal concepção. Ver, a propósito, P. Duhem [1913], *Le Système du monde*, t. II, Paris, 1965.

146. Tudo indica ser uma estátua de Serápide, divindade greco-egípcia introduzida na época helenística, então existente no templo de Alexandria, segundo depoimento de Macróbio nas *Saturnais*, I, 20.

no passado, no presente e no futuro,
me arrependo, me aflijo e me asseguro,
no perdido, no sofrer e no esperado.
Com o acre, com o amargo e o adoçado,
a experiência, os frutos e a esperança,
ameaçou-me, me afligem, me é mitigado.
O tempo que vivi, que vivo e que avança
dá-me tremores, me agita, me mantém apoiado,
na ausência, na presença e na distância.
Muito, plenamente, em abundância,
o de ontem, o de agora e depois
o medo, o martírio e a esperança sois[147].

CESARINO: Esta é bem a cabeça de um amante furioso; ainda que possa sê-lo de quase todos os mortais, de qualquer maneira e modo são maus afetos; pois não devemos nem podemos dizer que se enquadre em todas as condições em geral, mas apenas naquelas que foram e são dolorosas; tendo-se em conta que é próprio de quem ambicionou um reino e agora o possui, convém o temor de perdê-lo; para quem trabalhou a fim de conquistar os frutos do amor, como a graça particular da coisa amada, convém a mordida do ciúme e da suspeita. E quanto às vicissitudes do mundo, quando nele encontramos as trevas e o mal podemos seguramente profetizar a luz e a prosperidade; quando vivemos a felicidade e a ordem, sem dúvida podemos esperar a ignorância e o sofrimento. Como aconteceu com Mercúrio Trimegisto, que por ver o Egito em tanto esplendor de ciências e de adivinhações, com as quais considerava os homens consortes de deuses e demônios, e assim religiosíssimos, fez aquele profético lamento a Asclépio, dizendo que lhes deveriam suceder as trevas de novas religiões e cultos, e que das coisas presentes nada permaneceria senão fábulas e condenações. Assim também os hebreus, quando escravos no Egito e desterrados para o deserto, eram confortados por seus profetas com as esperanças da liberdade e da conquista da pátria. Quando estiveram em estado de domínio e

---

147. "Un alan, un leon, un can appare / a l'auror, al dì chiaro, al vespr'oscuro. / Quel que spesi, ritegno, e mi procuro, / per quanto mi si die', si dà, può dare. / Per quel che feci, faccio et ho da fare / al passat', al presente et al futuro, / mi pento, mi tormento, m'assicuro, / nel perso, nel soffrir, nell'aspettare. / Con l'agro, con l'amaro, con il dolce / l'esperienza, i frutti, la speranza / mi minacciò, m'affligono, mi molce. / L'età che vissi, che vivo, ch'avanza / mi fa tremante, mi scuote, mi folce, / in absenza, presenza e lontananza. / Assai, troppo, a bastanza / quel di già, quel di ora, quel d'appresso / m'hann'in timor, martir e spene messo."

de tranquilidade, eram ameaçados de dispersão e de catividade. Hoje, quando não há mal ou vitupério aos quais não estejamos sujeitos, não há bem nem honra que não nos sejam prometidos. Da mesma maneira ocorre com todos os estados e gerações; se duram e não são aniquilados de fato, pela força da vicissitude das coisas, sem dúvida é necessário que do mal venha o bem, do bem venha o mal, do mais baixo para o mais alto, da obscuridade para o esplendor e deste para a obscuridade, pois é o que comporta a ordem natural, além da qual se encontra certamente aquele que a altere ou corrija, mas isso não discutirei pois não raciocino com outro espírito senão o natural.

MARICONDO: Sabemos que não sois teólogo, mas filósofo, e tratais de filosofia, não de teologia.

CESARINO: Assim é. Mas vejamos o que se segue: vejo um turíbulo fumegante suspenso por um braço e o mote que diz "Illius aram"[148], e depois o seguinte poema:

Quem a aura de minha ânsia e flama
acreditará ser digna de obséquio divino
se vier ornada com o aspecto genuíno
de meus votos no templo da fama?
Porque outra heroica empresa me reclama;
quem pensará que me convenha
que ao seu culto cativo me retenha
aquela que o céu tanto honra e ama?
Deixai-me, deixai-me, outros desejos,
pensamentos importunos, dai-me paz.
Por que afastar-me dos lampejos
deste sol que tanto me apraz?
Dizeis piedosos: "Por que miras com pejos
aquilo que para mirar tira-te a vida?
Por que sois avaro de outra investida?"
Porque me dá contentamento,
mais que outro prazer, este tormento[149].

148. "Seu altar."
149. "Or chi quell'aura di mia nobil brama / d'um ossequio divin credrà men degna / s'in diverse tabelle ornata vegna / da voti miei nel tempio de la fama? / perch'altr' impres' eroica mi richiama, / chi pensarà giamai che men covegna / ch'al suo culto cattivo mi ritegna / quella ch'il ciel onora tanto et ama? / Lasciatemi, lasciatemi, altri desiri, / importuni pensier, datemi pace. / Perché volete voi ch'io mi ritiri / da l'aspetto del sol che sì mi piace? / Dite di mi piatosi: 'Perché miri / quel, che per remirar sì ti disface? / perché di quella face / sei vago sì?' Perché mi fa contento / più ch'ogn'altro piacer questo tormento."

MARICONDO: A esse propósito, eu te dizia que embora alguém permaneça fixado em uma beleza corporal e ao culto externo, pode honrada e dignamente ali se conservar, pois da beleza material, que é um raio ou esplendor da forma, um vestígio e sombra de ato espiritual, vem elevar-se à consideração e ao culto da beleza divina, de sua luz e majestade; de modo que dessas coisas visíveis pode enaltecer o coração para aquelas outras que são mais excelentes em si e gratas ao ânimo já purificado, quando removidas da matéria e dos sentidos externos. Ai de mim, dirá, se uma beleza umbrátil, fosca, corrente, pintada sobre a superfície da matéria corporal tanto me agrada e me comove o afeto, me imprime no espírito não sei que reverência de majestade, me cativa e tão docemente me liga e atrai que não encontro coisa que me venha posta diante dos sentidos que tanto me agrade, o que será daquilo que substancial, original e primitivamente é belo? O que será então de minha alma, do intelecto divino, das regras da natureza? Convém, portanto, que a contemplação desses lampejos de luz me conduza, mediante a repurificação do ânimo, à imitação, à conformidade e à participação daquela mais elevada e digna, na qual me transformar e à qual me unir. Pois é certo que a natureza, que me pôs diante dos olhos essa beleza e me dotou de um sentido interior, pelo qual posso intuir uma beleza profunda e incomparavelmente maior, queira que eu, daqui debaixo, seja promovido à altura e eminência de espécies mais excelentes. Nem creio que o meu verdadeiro nume, que se mostra em vestígios e imagens, desdenhe que em imagens e vestígios venha a honrá-lo e receba sacrifícios, sempre que meu coração e afeto sejam ordenados e olhem mais alto, pois o que pode ser aquilo que o honre em essência e substância, se não se pode compreendê-lo?

CESARINO: Mostras muito bem como aos homens de espírito heroico todas as coisas se convertem em bem, e como sabem se servir da cativdade como fruto de uma maior liberdade, e o ser vencido transformar em ocasião de maior vitória. Sabes bem que o amor da beleza corporal para os que são bem dispostos não só não impede empresas maiores, mas antes lhes empresta asas para chegar àquelas outras: então, a necessidade do amor é convertida em estudo virtuoso pelo qual o amante se esforça para chegar a termo e ser digno da coisa amada, e acaso de coisa maior, melhor e mais bela ainda; e daí esteja contente por haver ganho o que deseja, ou satisfeito com sua beleza, podendo assim desprezar a alheia, já superada e vencida. Ali onde se detém tranquilo, ou se volta a aspirar objetos ainda mais excelentes e magníficos. E assim vai sempre tentando o espírito heroico, até o ponto em que se vê enaltecido ao desejo da divina beleza em si mesma, sem qualquer semelhança, representação, imagem ou espécie, se isso for possível; e mais ainda, se souber chegar a tanto.

MARICONDO: Vê, então, Cesarini, como tem razão este furioso de se ressentir contra aqueles que o repreendem, acreditando ser ele cativo de uma beleza inferior, à qual prodigara votos e imagens, de maneira que, por isso, não se rebela contra as vozes que o chamam para as mais altas empresas, já que, se as coisas baixas derivam e dependem das mais elevadas, também é possível ascender àquelas por graus sucessivos. As primeiras, se não Deus, são coisas divinas, suas imagens vivas e nas quais, vendo-se adorado, não se sente ofendido, pois do supremo espírito recebemos uma lei que diz "Adorate scabellum pedum eius."[150] Em outro lugar, disse um divino embaixador: "Adorabimus ubi steterunt pedes eius."[151]

CESARINO: Por Deus, a beleza divina e seu esplendor reluzem em todas as coisas; mas não me parece um erro admirá-la em todas as coisas, conforme a maneira como se comunica; erro será, sem dúvida, darmos a outras coisas o que somente a ele lhe cabe[152]. Mas o que quer dizer "Deixai-me, deixai-me, outros desejos"?

MARICONDO: Afugente de si os pensamentos que outros objetos lhe apresentem e que não têm a força de comovê-lo tanto; e que pretendem furtar essa visão do Sol, melhor vista por essa janela do que por outra.

CESARINO: Como, importunado por pensamentos, se mantém constante na contemplação desse esplendor que o consome e não o faz a contento, sem que, ao mesmo tempo, o aflija fortemente?

MARICONDO: Porque todos os nossos confortos nessa situação de controvérsia não são sem desconfortos igualmente grandes. Como maior é o receio de um rei que consiste na perda de seu reino do que o de um mendigo, que consiste na perda de seus dez centavos; é mais urgente o cuidado de um príncipe sobre a república do que o de um rústico com seu rebanho de dez porcos; da mesma maneira,

---

150. "Adorai o escabelo de seus pés." A palavra "scabellum", ou, ainda, "scabillum", em latim, referia-se a um instrumento musical calcado pelos pés do flautista (um solado largo, dentro do qual havia uma lâmina vibrátil) e que produzia um som percussivo de acompanhamento. Passou a significar, posteriormente, uma banqueta ou estrado para o descanso dos pés.
151. "Adoremos onde seus pés estiverem apoiados." *Salmos*, 98, 7.
152. Existiria aqui uma crítica à divindade de Cristo, ou seja, uma reafirmação da exclusiva divindade de Deus (pai) e, portanto, de uma concepção originalmente judaizante do divino?

os prazeres e as delícias daqueles primeiros são maiores do que os dos últimos. Amar e aspirar mais alto leva consigo maior glória e majestade, com mais cuidados, pensamentos e dores; assim entendo nesse estado, no qual um contrário sempre vem unido a outro, achando-se a maior contrariedade dentro do mesmo gênero e, por isso, num mesmo sujeito, embora os contrários não possam dar-se conjuntamente. E assim, guardando-se as proporções, também no amor de um Cupido superior, como disse o poeta epicurista relativamente à cpidez vulgar e animal: "O ardor dos amantes flutua incerto e sem rumo, duvidando gozar primeiro com as mãos ou com os olhos. Apertam o objeto de desejo, infligem dor ao corpo, às vezes imprimem os dentes contra os lábios amados e lastimam a força dos beijos; porque não é pura sua volúpia e um estímulo secreto os instiga a fazer sofrer, de onde surgem esses germes de furor. Mas, no amor, Vênus suaviza um pouco as penas, e a brandura do gozo que com elas se mescla refreia as mordidas. Pois nisso há a esperança de que do mesmo corpo do qual nasceu o ardor possa também ser extinta a chama."[153] Eis, portanto, com quais condimentos o magistério e a arte da natureza fazem com que um se consuma sobre o prazer daquele que o desfaz, e se torne contente em meio ao tormento, assim como atormentado em meio a toda satisfação, dado que nada se faz absolutamente de um princípio pacífico, mas tudo de princípios contrários, por vitória e domínio de uma das partes da contrariedade; e não há prazer de geração de um lado sem, de outro, o desprazer da corrosão. E onde essas coisas que se geram e se corroem estão juntas, como num único sujeito composto, encontra-se o sentido do deleite e da tristeza em conjunto. De sorte que será denominado deleite, antes que tristeza, se acontecer que seja ele o que predomina, e com maior força impressionar o sentido.

CESARINO: Agora, consideremos a imagem seguinte, que é a de uma Fênix que arde ao Sol, e com sua fumaça quase escurece o esplendor do astro, com cujo calor foi inflamada. E ainda a inscrição que diz: "Neque simile, nec par."

MARICONDO: Que se leia antes o artigo:

---

153. "Fluctuat incertis erroribus ardor amantum, / nec constat quid primim oculis manibusque fruantur: / quod petiere premunt arte, faciuntque dolorem / corporis, et dentes inlidunt saepe labellis / osculaque adfigunt, quia non est pura voluptas, / et stimuli subsunt, qui instigant laedere id ipsum, / quodcumque est, rabies, unde illa haec germina surgunt. / Sed leviter paenas frangit Venus inter amorem, / blandaque refraenat morsus admixta voluptas; / namque in eo spes est, unde est ardoris origo, / restingui quoque posse ab eodem corpore flammam." Lucrécio, *De rerum natura*, IV, 1077-1087.

Esta Fênix que ao belo Sol se acende
e pouco a pouco se vai consumindo,
enquanto arde do esplendor advindo,
um ônus contrário ao seu planeta rende:
pois aquele que de si ao céu ascende,
um tépido fumo e negra névoa provoca
ocultando dos olhos o Sol que lhe toca,
que vela e pelo qual arde e esplende.
Tal é meu espírito (que o divino esplendor
acende e ilustra), enquanto vai explicando
o que tanto reluz no pensamento verdadeiro
e manda de seu conceito abrasador
as rimas que o Sol errante vai nublando
enquanto me consumo e liquefaço inteiro.
Ai de mim, este escuro e negro fumeiro,
esta nuvem que conserva ofuscado
o que engrandecer quisera, mas o faz vexado[154].

CESARINO: Diz ele portanto que, tal como esta Fênix, que tendo sido inflamada pelo esplendor do Sol e, revestida de luz e de chamas, envia ao céu esta nuvem de fumaça e escurece justamente aquele que a fez luzir, também ele, inflamado e iluminado furioso, embora faça louvores a tão ilustre objeto, que lhe havia acendido o coração e resplandece em seu pensamento, vem antes obscurecê-lo do que retribuir-lhe a luz recebida, ao desprender-se esse fumo em que se dissolve sua substância.

MARICONDO: Eu, sem pôr na balança e comparar os cuidados daquele, volto a dizer-te o que dizia anteontem, que o elogio é um dos maiores sacrifícios que possa fazer um afeto humano ao seu objeto. E deixando de lado o que se refere ao divino, diz: quem conheceria Aquiles, Ulisses e tantos outros capitães gregos e troianos, quem teria notícias de tantos soldados, sábios e heróis da terra se não fossem consagrados às estrelas e divinizados pelos sacrifícios dos louvores, no altar e pelos corações de ilustres poetas e outros escritores que

---

154. "Questa fenice ch'al bel sol s'accende, / e a dramm' a dramma consumando vassi, / mentre di splendor cint'ardendo stassi, / contrario fio al suo pianeta rende: / perché quel che da lei al ciel ascende / tepido fumo et atra nebbia fassi, / ond'i raggi a' nostri occhi occolti lassi / e quello avvele, per cui arde e splende. / Tal il mio spirto (ch'il divin splendore / accende e illustra) mentre va spiegando / quel che tanto riluce nel pensiero, / manda da l'alto suo concetto fore / rima, ch'il vago sol vad'oscurando, / mentre mi struggo e liqufaccio intiero. / Oimè questo adro e nero / nuvol di fuoco infosca col suo stile / quel ch'aggrandir vorreb', e 'l rend'umile."

acenderam o fogo, e por meio dos quais, conjuntamente, se elevam ao céu o sacrificante, a vítima e o divino canonizado, pela mão de um legítimo e digno sacerdote?

CESARINO: Bem dizes de um digno e legítimo sacerdote, pois hoje o mundo está cheio de apóstatas e, como de ordinário, são eles mesmos indignos, costumam sempre celebrar outros indignos, de modo que "asini asinos fricant"[155]. Mas quer a providência que, ao invés de uns e outros irem para o céu, vão conjuntamente para as trevas do Orco, o que resulta vã a glória daquele que celebra e do celebrado, pois um fez uma estátua de palha ou talhou um tronco de madeira, fez com gesso um pedaço de argamassa; e o outro, ídolo da infâmia e do vitupério, não sabe que não é preciso aguardar a carcoma do tempo e a face de Saturno para ser derribado, pois será sepultado vivo por seu próprio encomiasta no momento em que seja louvado, saudado, nomeado e apresentado. Como, ao contrário, aconteceu à prudência daquele tão celebrado Mecenas, que, se não houvesse tido outro esplendor senão o de um ânimo inclinado à proteção das musas, só por isso mereceu que o engenho de tão ilustres poetas lhe fosse obsequioso, introduzindo-lhe entre os mais famosos heróis que já pisaram o dorso da Terra. Seus próprios esforços e o próprio esplendor o tornaram brilhante e nobilíssimo, e não o ter nascido atávico de reis[156], e nem por ser secretário e conselheiro de Augusto. O que o fez ilustríssimo é o fato de se ter tornado digno da execução prometida pelo poeta: "Ambos afortunados, se meus cantos têm algum poder, tempo nenhum os eximirá da memória da posteridade, enquanto a dinastia de Eneas ocupe a rocha imóvel do Capitólio e o senhor romano tenha o império do mundo."[157]

MARICONDO: Me lembro daquilo que disse Sêneca em certa epístola, na qual se refere às seguintes palavras dirigidas por Epicuro a um amigo seu, e que são estas: "Se o amor da glória toca o teu peito, mais notório e ilustre te farão minhas cartas do que todas essas coisas que tu honras, que te fazem honra e com as quais te vanglorias."[158] Assim poderia falar Homero a Aquiles ou a Ulisses se lhes fossem trazidos à presença, ou Virgílio a Eneas e à sua prole, posto que, como sugeria certo filósofo moral, "Idomeneu é mais conhecido pelas cartas de

---

155. "Os asnos esfregam os asnos." Os burros elogiam os burros.
156. Assim Horácio o canta nas *Odes*, I, 1, 1: "Maecenas, atavis edite regibus."
157. "Fortunati ambo, si quid mea carmina possunt, / nulla dies unquam memori vos eximet aevo, / dum domus Aeneae Capitoli immobile saxum / accolet, imperiumque pater Romanus habebit." – Virgílio, *Eneida*, IX – 446-449.
158. *Cartas a Lucílio*, XXI, 3.

Epicuro do que todos os senhores sátrapas e reis dos quais dependia seu título e cuja memória se acabaria perdendo nas profundas trevas do oblívio. Não vive Ático por ser genro de Agripa e progenitor de Tibério, e sim pelas cartas de Túlio. Druso, neto de César, não se encontraria entre nomes tão grandes se ali não o houvesse inserido Cícero. Pois, ao fim, nos sobrevém a maré do tempo e não serão muitos os talentosos que sobre ela erguerão cabeça."[159] Agora, para voltar ao furioso, vendo ele uma Fênix acesa ao Sol, lembra-se da própria dedicação e se condói de que, pela luz e fogo que recebe, reenvie a fumaça quente e escura como sacrifício do holocausto de sua substância que se liquefaz. De maneira similar, jamais podemos não só raciocinar, mas também não pensar em coisas divinas que não venhamos a subtrair em vez de acrescentar-lhe alguma glória; de modo que a melhor coisa que se pode fazer a esse respeito é o homem, em presença de outros homens, engrandecer-se a si mesmo por meio de zelo e ardor, do que dar esplendor a outro por alguma ação perfeita e completa. Considerando-se que tal cumprimento não pode ser esperado onde se faz um progresso ao infinito, onde a unidade e o infinito são a mesma coisa e não podem ser perseguidos por outro número, pois não há unidade por meio de outra unidade, nem número por meio de outro, porque não são a mesma coisa o infinito e o absoluto. Daí bem dizer um teólogo[160] que, sendo a fonte da luz superior não só às nossas inteligências mas também às divinas, é conveniente que venha a ser celebrada não com discursos e palavras, mas com o silêncio.

CESARINO: Não com o silêncio dos animais brutos e de outros animais feitos à imagem e semelhança do homem, mas daqueles cujo silêncio é mais ilustre do que todos os gritos, rumores e estrépitos que possam ser ouvidos.

MARICONDO: Mas prossigamos para ver o que significa o resto.

CESARINO: Dizei antes se haveis considerado e visto o que quer dizer este fogo em forma de coração, com quatro asas, das quais duas possuem olhos, e todo o conjunto envolvido de raios luminosos e da pergunta escrita: "Nitimur in cassum?"[161]

MARICONDO: Bem me lembro o que significa o estado da mente, coração, espírito e olhos do furioso; mas leiamos o artigo:

Esta mente que aspira ao esplendor santo,
tão grande afã não alcança desvelar;

---

159. Ibidem, 4-5.
160. Dioniso, o Aeropagita, *Theologia mystica*, III.
161. "Esforçar-se em vão?"

o coração, que os pensamentos querem reanimar,
do desgosto não pode subtrair-se tanto.
O espírito, que deveria repousar enquanto,
um momento de prazer não pode encontrar;
e os olhos, que o sono deveria cerrar,
a noite toda estão abertos ao pranto.
Ai, minhas luzes, com que com estudo e arte
posso tranquilizar meus aflitos sensos?
Espírito meu, em que tempo e em que parte
mitigarei os teus dissabores intensos?
E tu, coração, como poderei compensar-te
dos graves abalos sofridos?
Quando os tributos devidos
te pagará a alma, ó sofredora mente,
olhos, coração e espírito dolente?[162]

Quando a mente aspira ao esplendor divino, se afasta do consórcio com a turba, se retira da opinião comum; não apenas se distancia da multidão dos sujeitos quanto das preocupações, das opiniões e dos dizeres comuns, dado que, para se contrair os vícios e permanecer na ignorância, maior é o perigo quanto maior é o número do povo ao qual se junta. "Nos espetáculos públicos", disse o filósofo moral, "mais facilmente os vícios se imiscuem por meio do prazer."[163] Se aspiras ao esplendor mais elevado, retira-te o mais que possas da união das gentes, contrai-te em ti mesmo, de modo a não ser semelhante aos muitos, apenas porque são muitos. Mas não sejas inimigo dos muitos, porque eles são diferentes; se for possível, conserva um e outro bem; se não, apega-te àquele que te pareça melhor, pelo esplendor que possa dar ou receber[164]. Contenta-te mais com um idôneo do que com a multidão inepta; e não estimará ter conquistado quando houver chegado a tal ponto que seja sábio por si mesmo, recordando o que disse Demócrito: "Um só homem é para mim todo o povo,

---

162. "Questa mente ch'aspira al splendor santo, / tant'alti studi disvelar non ponno; / il cor, che recrear que' pensierivonno, / da guai non può ritrarsi più che tanto; / il spirto che devria posarsi alquanto, / d'un moment' al piacer non si fa donno; / gli occhi ch'esser derrian chiusi dal sonno, / tutta la notte son aperti al pianto. / Oimè miei lumi com qual studi et arti / tranquillar posso i travagliati sensi? / Spirto mio, in qual tempo et in quai parti / mitigarò gli tuoi dolori intensi? / E tu, mio cor, come potrò appagarti / di quel ch'al grave tuo suffrir compensi? / Quand'i debiti censi / daratti l'alma, o travagliata mente, / col cor, col spirto e com gli occhi dolente?"

163. Sêneca, *Cartas a Lucílio*, VII, 2.

164. Ibidem, VII, 8.

e todo o povo é um só homem"; e o que disse Epicuro, escrevendo para um de seus companheiros de estudos: "Estas coisas são escritas para ti, não para a multidão, pois um constitui para o outro todo um público de teatro."[165] Assim, a mente que aspira alto primeiramente deixa de lado o cuidado com a multidão, considerando que aquela luz despreza os esforços e fadigas e só é encontrada ali onde está a inteligência, e não qualquer inteligência, mas aquela que, entre as poucas e principais, é a primeira, a principal e a única.

CESARINO: Como entendes que a mente aspira alto? Olhando as estrelas, mirando o céu empíreo e para além do cristalino?[166]

MARICONDO: Certamente não, mas procedendo em direção ao mais profundo da mente, para que não seja máximo mistério abrir os olhos para o céu, alçar as mãos, conduzir os passos ao templo, ajustar a tonalidade dos ouvidos aos simulacros para melhor escutar e acolher; mas vir ao mais íntimo de si, considerando que Deus é vizinho, está consigo e dentro de si, como aquilo é alma da alma, vida da vida e essência das essências, considerando que aquilo que se vê no alto e embaixo, ou à volta dos astros (como te agrada dizer), são corpos, são criaturas semelhantes a este globo em que nós estamos e nos quais também está presente a divindade, como em nós mesmos. Eis assim como se deve fazer primeiramente: retirar-se a si próprio da multidão. Em seguida, deve-se chegar a tal ponto que não se estime, mas se desdenhe todo cansaço, de sorte que, quanto mais os afetos e os vícios o combatam de dentro, e os inimigos viciosos o contrastem de fora, tanto mais deve respirar e ressurgir e com espírito superar (se for possível) este clivoso monte. Aqui não necessitamos de outras armas e escudos senão da grandeza de um ânimo invicto e da tolerância de espírito que mantenham o equilíbrio e a firmeza da vida, que procede da ciência e se regula pela arte de especular sobre as coisas elevadas e baixas, divinas e humanas, e no Sumo Bem. Por isso disse o filósofo moral que escreve para Lucílio: "Não é preciso nadar entre Cila e Caribde, penetrar nos desertos de Candavia, nos Apeninos, ou deixar para trás as Sirtes, porque o caminho é tão seguro e alegre quanto a natureza pôde dispor." Disse ele: "Não é o ouro e a prata que se fazem semelhantes a Deus, pois Deus não acumula tesouros; nem as roupas, porque Deus está nu; nem a ostentação e a fama, porque ele

---

165. Ambas as citações retiradas ainda de ibidem, VII, 9. Demócrito: "Unus mihi pro populo est, et populus pro uno." Epicuro: "Haec tibi, non multis; satis enim magnum alter alteri theatrum sumus."

166. Ou seja, a nona esfera da cosmologia ptolomaica-cristã tradicional, sem astros, situada logo abaixo da morada de Deus e dos anjos.

se mostra a pouquíssimos e, embora ninguém o conheça, é certo que muitos, e mais do que muitos, têm dele uma má opinião." Tampouco a posse de tantas e tantas coisas que ordinariamente admiramos, já que não são elas, cuja abundância ambicionamos, as que nos farão ricos naquele sentido, mas justamente o desprezo que por elas tenhamos.

CESARINO: Bem, mas explica-me, de que maneira ele pode "tranquilizar os aflitos sensos", "mitigar os dissabores", "compensar o coração" e "pagar os devidos tributos" com sua aspiração e esforço, de modo a não dizer "Nitimur in cassum"?

MARICONDO: De tal maneira que, achando-se presente no corpo, sua melhor parte esteja dele ausente, fazendo um sacramento indissolúvel e coligado às coisas divinas, de sorte que não sinta nem ódio nem amor pelas coisas mortais e considere que deva ser maior do que um mero escravo do corpo. A este não deve encarar senão como um cárcere que mantém restrita a sua liberdade, viscosas suas asas, corrente que lhe ata as mãos, cepo para os pés, véu que lhe turva a visão. E, sem dúvida, não será ele escravo, cativo, enredado, acorrentado, ocioso e cego, pois o corpo não pode tiranizá-lo mais do que ele mesmo consente, já que o espírito lhe é sobreposto, assim como o mundo corpóreo e a matéria se acham submetidos à natureza e à divindade. Então se fará forte contra a fortuna, magnânimo contra a injúria, intrépido contra a pobreza, a doença e a perseguição.

CESARINO: Há que ser bem constituído o heroico furioso. Agora, que se veja o seguinte. Eis a roda do tempo fixada, que se move ao redor do próprio centro, e ali o mote: "Manens moveor."[167] O que entendeis por isso?

MARICONDO: Isso quer dizer que se move em círculo, e o movimento concorre com o repouso, pois que no movimento orbital sobre o próprio eixo e ao redor do próprio centro se compreende o repouso e a imobilidade, segundo o movimento retilíneo. Ou seja, o repouso de todo o movimento e o movimento das partes; e das partes que se movem em círculo se apreendem duas ações diferentes, ou seja, enquanto sucessivamente algumas partes sobem ao cimo, outras descem do cimo para baixo, outras alcançam posições intermediárias, nos extremos superior e inferior. E tudo isso me parece representado na explicação do seguinte artigo:

> O que meu coração tem aberto ou escondido,
> a beleza imprime e a honestidade retira;

---

167. "Por onde é movido, mantém-se o mesmo."

o zelo me retém, mas outro afã me atira
lá onde todo esforço na alma é infligido;
quando penso das penas ter-me subtraído,
as esperanças me mantêm, o rigor alheio aspira;
o amor me eleva e a reverência conspira
para o sumo bem desejar, e eu m'envido.
Alto pensar, vontade pia e estudo intenso,
do engenho, do coração e da fadiga,
ao objeto imortal, divino e imenso
se apeguem e se alimentem para que o consiga;
que a mente, a razão e o senso
a outro não atenda, discorra ou siga.
Daí que alguém me diga:
este que teve no Sol os olhos fixos
foi rival de Endimião sem seus caprichos[168].

Assim como o movimento contínuo de uma parte supõe e leva consigo o movimento do todo, de maneira que do empurrar das partes anteriores se siga o puxar das partes posteriores; assim o impulso das partes superiores resulta necessariamente nas inferiores, e da elevação de uma potência oposta segue-se o abaixamento da outra oposta. Daí o coração (que significa todos os afetos em geral) ter coisas abertas e escondidas; esteja retido por seus zelos, elevado por pensamentos magníficos, reforçado pela esperança, robustecido face ao temor. E nesse estado e condição será visto sempre que se encontre sob o fato da geração.

CESARINO: Tudo está bem. Vamos ao seguinte. Vejo uma nave inclinada nas ondas, mas amarrada ao lido, e o lema "Fluctuat in portu"[169]. Argumenta sobre o que possa significar e, se resolveste, explica.

MARICONDO: A figura e o lema têm certo parentesco com o mote e a figura anteriores, como se pode facilmente compreender. Mas leiamos o poema:

---

168. "Quel ch'il mio cor aperto e ascoso tiene, / beltà m'imprime et onestà mi cassa; / zelo ritiemmi, altra cura mi passa / per là d'ond'ogni studio a l'alma viene: / quando penso suttrairmi da le pene, / speme sustienmi, altrui rigor mi lassa; / amor m'inalz'e riverenz'abbassa / allor ch'aspiro a l'alt'e sommo bene. / Alto pensier, pia voglia, studio intenso / de l'ingegno, del cor, de le fatiche, / a l'ogetto inmortal, divin, immenso / fate ch'aggionga, m'appiglie e nodriche; / né più la mente, la raggion, il senso / in altro attenda, discorra, s'intriche. / Onde di me si diche: / costui or ch'hav'affissi gli occhi al sole, / che fu rival d'Endimion si duole."

169. "Flutua no porto."

Se pelos heróis, pelos deuses e pela gente
estiver seguro de não desesperar e perder;
nem receio, nem dor, nem inconveniente
da morte, do corpo e do prazer,
então mais se aprende, se sofre e se sente;
e para que a senda esteja clara ao se fazer
apaguem-se a dúvida e a tristeza dolente
pra esperança, o gozo e a alegria permanecer.
Mas se olhasse, cumprisse e escutasse
meus pensares, meus desejos e razões
que provocam incerteza e impasse,
a tão gratos conceitos, atos e sermões,
não saberia e não haveria quem frequentasse
o nascer da vida e da morte que se repõem.
Céu, terra e orco se opõem;
mas se minha senda esplende em todo ato,
me fará ilustre, potente e beato[170].

Daquilo que nos discursos precedentes consideramos e dissemos, pode-se compreender este sentimento, e mais ainda ali onde se mostrou como nosso sentido das coisas baixas se atenua e inclusive se anula quando as potências superiores tendem a um objeto magnífico e heroico. É tanta a virtude da contemplação (como nota Jâmblico)[171], que por vezes ocorre não apenas a alma repousar dos atos inferiores, mas até mesmo deixar o corpo. Isso não quero entender de outro modo que aquele já explicado no livro *Dos Trinta Selos*[172], onde se reproduzem tantos modos de contração. Alguns dos quais, de modo ignominioso, outros de modo heroico, fazem com que se aprenda a não temer a morte, não sofrer dores corporais e não sentir impedimentos ao prazer; daí a esperança, a alegria e os deleites do espírito superior são de tal sorte experimentados que apagam todas as paixões que possam ter origem na dúvida, na dor e na tristeza.

170. "Se da gli eroi, da gli dèi, da le genti / assicurato son che non desperi; / né téma, né dolor, né impedimenti / de la morte, del corpo, de piaceri/ fia ch'oltre apprendi, che soffrisca e senti; / e perché chiari vegga i miei sentieri, / fàccian dubio, dolor, tristezza spenti / spranza, gioia e gli diletti intieri. / Ma se mirasse, facesse, ascoltasse / miei pensier, miei desii e miei raggioni, / chi le rende sì 'ncerti, ardenti e casse, / sì graditi concetti, atti, sermoni, / non sa, non fa, non ha qualumque stassi / de l'orto, vita e morte a le maggioni. / Ciel, terr', orco s'opponi; / s'ella mi splend', e accend', e èmmi a lato, / farammi illustre, potente, e beato."

171. *De mysteriis Aegyptiorum*, III, 3.

172. *Sigillus sigillorum*, obra latina de Bruno, traduzida ora por *Selo dos Selos*, ora por *Dos Trinta Selos*.

CESARINO: Mas que coisa é aquela à qual se requer que olhe os pensamentos, que tão incertos se tornaram, cumpra seus desejos e escute suas razões, que tão vãs se tornaram?

MARICONDO: Entende-se o objeto que agora observa, quando se faz presente, dado que ver a divindade é ser por ela visto, como ver o Sol significa ser visto por ele. De igual modo, ser escutado pela divindade é exatamente escutá-la, e o ser por ela favorecido é o mesmo que expor-se a ela; e dela, uma só e imutável, procedem pensamentos corretos e incertos, desejos ardentes e extintos e razões atendidas ou vãs, conforme o homem se lhe apresente digna ou indignamente com o intelecto, o afeto e as ações. Da mesma forma, um mesmo piloto pode ser considerado causa do naufrágio ou da salvação da nave, conforme se ache presente ou ausente; exceto que o piloto, por sua imperícia ou eficiência, arruína ou salva o navio, enquanto a potência divina, que está em tudo, não se oferece ou se subtrai a não ser por uma conversão ou aversão alheia. Parece-me pois que, com esta, haja uma grande concatenação à figura seguinte, onde existem duas estrelas em forma de olhos radiantes e o mote que diz: "Mors et vita."

CESARINO: Leia o artigo então.

MARICONDO: Assim farei:

Pela mão do amor podeis ver escrito
em meu rosto o relato da dor que me golpeia;
mas tu, pois teu orgulho não se refreia,
e a mim, que eterna infelicidade suscito,
tuas belas pálpebras me fazem desdito,
escondendo a luz mais amena e cheia
com que o céu desfaz a turbada teia
e as sombras funestas que ainda fito.
Por tua beleza, por meu amor,
que, embora tanta, talvez seja igual,
rende-te à piedade, diva, por favor.
Não prolongues muito o grande mal
que é do meu amar peso e dissabor,
não haja tanto rigor com esplendor tal.
Se minha vida tem valor, afinal,
ao gracioso olhar me transporte;
mira-me, ó bela, se queres dar-me a morte[173].

---

173. "Per man d'amor scritto veder potreste / nel volto mio l'istoria di mie pene; / ma tu perché il tuo orgoglio non si affrene / et io infelice eternamente reste, / a le palpebre belle a me moleste / asconder fai le luci tant'amene, / ond'il turbato ciel non ▶

Aqui, o rosto em que se pode ver escrito o relato da dor, ou a história das penas, é a alma, enquanto exposta à recepção dos dons superiores, e com respeito aos quais é uma potência e uma atitude sem o cumprimento da perfeição e do ato, à espera do orvalho divino. Daí ter sido bem expresso: "Minha alma, como terra sem água, para ti se volta." E em outro trecho: "Abro a boca e suspiro, ávido de teus comandos."[174] Depois, o orgulho que não se refreia é dito por metáfora e semelhança (como se diz às vezes de Deus a alegria, a inveja) e significa a dificuldade com a qual se deixa ver ao menos o seu dorso, isto é, fazer-se conhecer mediante coisas posteriores, pelos efeitos. E assim cobre a luz com as pálpebras e não desfaz a teia ou a tela turva da mente humana, para afastar as sombras funestas dos enigmas. Além disso, pois não considera que tudo o que não é não possa vir a ser, pede à luz divina que, por sua beleza, que não deve permanece oculta, ao menos segundo a capacidade de quem a observa, e por seu amor, que talvez seja tão grande quanto sua beleza, que se renda à piedade, isto é, que faça como os que são piedosos, que de contrários e esquivos se fazem graciosos e afáveis. E que não prolongue o mal que advém daquela privação, não permitindo que seu esplendor, pelo qual é desejada, apareça maior do que seu amor, com o qual se comunica, considerando que todas suas perfeições são não apenas iguais, mas as mesmas. Por fim, pede-lhe ainda que não o entristeça com a privação, pois poderia dar-lhe a morte com a luz de seus olhares, assim como lhe dá a vida; mas não lhe deixe à morte, que é a luz amena e cheia que lhe escondem as pálpebras.

CESARINO: Quer dizer, aquela morte de amantes que procede da suma alegria e é chamada pelos cabalistas de *mors osculi*, que também é a vida eterna, que o homem pode ter à disposição neste tempo, mas efetivamente na eternidade?

MARICONDO: Assim é.

CESARINO: Mas é tempo de proceder à consideração do desenho seguinte, semelhante aos mais próximos precedentes. Há uma águia que com as duas asas se agarra ao céu, mas não sei o quanto se vê atrapalhada pelo peso de uma pedra atada a uma de suas garras.

▷ s'asserene, / né caggian le nemiche ombre funeste. /Per la bellezza tua, per l'amor mio, / ch'a quella (benché tanta) è forse uguale, / rèndite a la pietà (diva) per dio. / Non prolongar il troppo intenso male, / chè del mio tanto amar indegno fio: / non sai tanto rigor con splendor tale. / Se ch'io viva ti cale, / del grazioso sguardo apri le porte: / mirami, o bella, se vuoi darmi morte."

174. "Anima mea sicut terra sine aqua tibi"; "Os meum aperui et attraxi spiritum, quia mandata tua desiderabam." *Salmos*, 142 e 118.

E ali está o lema: "Scinditur incertum." E certamente significa a multidão, o número e a vulgaridade das potências da alma, ao que se ajusta o verso: "O povo se divide incerto em paixões contrárias."[175] Geralmente, o povo está dividido em duas facções, embora a estas não faltem outras subordinadas, das quais algumas nos convidam à inteligência e ao esplendor da justiça; outras nos incitam e, de certa maneira, nos forçam para baixo, para a imundície da volúpia e a satisfação das vontades naturais. Daí o artigo:

Bem fazer quero, é difícil e me fatigo;
meu sol não está comigo, e sim eu com ele,
pois para estar com ele, não estou comigo,
mas longe de mim, para estar mais perto dele.
Para gozar um instante, choro até por-me a seco;
buscando alegria, é a aflição que revejo;
porque olho muito alto, cego me vejo;
para adquirir meu bem, a mim mesmo me perco.
Por amargo deleite e doce pena
inclino-me ao centro e ao céu me apego;
a necessidade me retém e a bondade me acena;
a sorte me abisma e bons conselhos congrego.
O desejo me esporeia e o temor me reordena
o zelo me acende e o perigo renego.
A que caminho me entrego
para dar-me paz e tirar-me desta lida
se um me abate e o outro me convida?[176]

A ascensão procede na alma da potência e do vigor que se acham nas asas, que são o intelecto e a vontade intelectiva, e pelas quais ela naturalmente tem em mira Deus, o sumo bem e a primeira verdade, a absoluta bondade e beleza. Assim, como qualquer coisa, tem naturalmente um ímpeto em direção ao seu princípio, regressivamente, e outro em direção à sua finalidade e perfeição, progressivamente,

---

175. "Scinditur incertum studia in contraria vulgus." Virgílio, *Eneida*, II, 39.
176. "Bene far voglio, e non mi vien permesso; / meco il mio sol non è, bench'io sia seco, / che per esser con lui, non son più meco, / ma da me lungi, quanto a lui più presso. / Per goder una volta, piango spesso; /cercando gioia, afflizion mi reco; / perché veggio tropp'alto, son sì cieco; / per acquistar mio bem, perdo me stesso. / Per amaro diletto, e dolce pena, / impiombo al centro, e vers'il cielo m'appiglio; / necessità mi tien, bontà me mena; / sorte m'affonda, m'inalza il consiglio; / desio mi sprona, et il timor m'affrena; / cura m'accende, e fa tard' il periglio. / Qual dritto o divertiglio / mi darà pace e mi torrà di lite, / s'avvien ch'un sì mi scacce, e l'altro invite?"

como bem disse Empédocles, de cuja sentença se pode inferir aquilo que disse o Nolano nesta oitava:

> Convém que o sol, de onde parte, torne,
> e ao seu princípio o errante lume;
> o que é da terra, à terra retorne,
> e ao mar corram os rios como de costume;
> e de onde o desejo no espírito dorme
> aspire ele um venerando nume:
> assim todo pensar da minha deusa nascido
> é mister que a ela regresse cingido[177].

A potência intelectiva jamais se aquieta, jamais se contenta com a verdade compreendida; antes, procede sempre para além, para a verdade incompreendida; do mesmo modo, vemos como a vontade, que se segue à apreensão, jamais se satisfaz com as coisas finitas. Daí, por conseguinte, que a essência da alma não se refere a outra finalidade que não seja a fonte da substância e da entidade. Às potências naturais, por meio das quais se converte o favor e o governo da matéria, vem ela se referir e dirigir seu impulso para se servir e comunicar sua perfeição a coisas inferiores, mostrando-lhes a semelhança que possuem com a divindade, a qual, por sua bondade, se comunica seja infinitamente produzindo, isto é, comunicando o ser ao universo infinito e aos inumeráveis mundos, seja finitamente, produzindo unicamente este universo submetido aos nossos olhos e à nossa razão comum. E sendo assim, pois que na essência da alma se encontram esses dois gêneros de potência, conforme esteja a alma ordenada para o seu próprio bem e o bem alheio, acontece então de ser representada por duas asas, mediante as quais pode elevar-se ao objeto das potências primeiras e imateriais. E com uma pedra de peso, com a qual está ligada aos objetos das potências secundárias e materiais. Daí resulta que todo o afeto do furioso seja ambíguo, dividido, aflitivo e com facilidade se incline mais para baixo do que se eleve para o alto, dado que a alma se encontra nos planos mais baixos e hostis e mantém-se numa região longínqua de sua morada mais natural, onde suas forças são mais minguadas.

CESARINO: Acredita que essa dificuldade pode ser superada?

---

177. "Convien ch'il sol d'onde parte raggiri, / e al suo principio i discorrenti lumi; / el chè di terra, a terra si retiri, / e al mar corran dal mar partiti fiumi, / et ond'han spirto e nascon i desiri / aspiren come a venerandi numi: / cossì dalla mia diva ogni pensiero / nato, che torne a mia diva è mistiero."

MARICONDO: Muito bem; mas o início é duríssimo, e conforme se faça o mais frutífero progresso de contemplação, adquire-se mais e mais facilidade. Como acontece a quem se afasta da Terra, pois vem a ter mais ar sob si que o sustente e, por consequência, vem a ser menos molestado pela gravidade; antes, pode voar alto que, sem esforço de fender os ares, não pode retornar para baixo, embora seja mais fácil fender o ar em direção à Terra do que em direção aos demais astros.

CESARINO: Até o ponto em que, com o progresso neste gênero, sempre se adquire mais e mais facilidade de subir ao alto?

MARICONDO: Assim é e assim disse Tansillo: "Quanto mais ar sob os pés enxergo, mais velozmente as penas ao vento ergo; desprezo o mundo e ao céu me envio."[178] Como toda parte de um corpo e dos ditos elementos quanto mais se avizinha ao seu lugar natural com mais ímpeto e força avança, tanto que, ao fim (queira ou não), é preciso que ali chegue. Da mesma maneira, portanto, que vemos nas partes dos corpos os próprios corpos, assim devemos julgar acerca das coisas intelectivas atraídas aos seus próprios objetos, como lugares naturais, suas pátrias e fins. Daqui podeis compreender facilmente o sentido completo significado pela figura, pelo mote e pelo poema.

CESARINO: De tal maneira que, quanto mais se acrescenta, mais me parece excessivo. Que se veja agora, então, aquilo que está representado por aquelas duas flechas radiantes sobre um broquel, próximo ao qual está escrito "Vicit instans"[179].

MARICONDO: Supõe a guerra contínua na alma do furioso que, desde há muito tempo, por maior familiaridade que possuía com a matéria, era mais dura e inapta de ser penetrada pelos raios da inteligência divina e pelas espécies da bondade divina. Por esse tempo, disse ter o coração esmaltado de diamantes, ou seja, endurecido e inadequado ao afeto para ser aquecido e penetrado, protegendo-lhe assim dos golpes do amor que por todas as partes lhe assaltava. Quer dizer que não se sentia martirizado por essas chagas da vida eterna, das quais falam os *Cânticos*: "Vulnerasti cor meum, o dilecta, vulnerasti cor meum."[180] Essas chagas não são de ferro ou de outra matéria, não são causadas pela força e vigor dos nervos; são flechas de Diana ou de Febo, quer dizer, da deusa dos desertos e da contemplação da verdade, ou seja, da Diana que é da ordem das inteligências

---

178. "Quanto più sott'il piè l'aria mi scorgo, / più le veloci penne al vento porgo: / e spreggio il mondo, e verso il ciel m'invio."
179. "Venceu ou superou o instante."
180. "Feristes meu coração, ó bem-amada, feristes meu coração."

secundárias que refletem o esplendor recebido da primeira inteligência para comunicá-lo aos que estão privados de uma visão aberta. Ou da divindade principal, que é Apolo, e que, com esplendor próprio e não emprestado, envia suas flechas, seus raios, das mais diferentes partes quantas são as espécies das coisas indicadoras da divina bondade, inteligência, beleza e sabedoria, criando amantes furiosos conforme os modos de apreensão dos raios e, por isso, o sujeito adamantino não repercute em sua superfície a luz recebida, e sim, abrandado e domado pelo calor e pela luz, se faz luminoso em toda a sua substância ao ter sido penetrado em seu afeto e intelecto. Isso não ocorre subitamente, no princípio da geração, quando a alma sai de seu frescor do Letes, embebida das ondas do esquecimento e da confusão. Por isso o espírito vem a ser cativado mais firmemente no corpo e posto a serviço da vida vegetativa; pouco a pouco se ordena e se faz apto para o exercício da faculdade sensitiva, até o ponto em que, pela faculdade racional e discursiva, aceda à mais pura, a intelectiva. A partir de então pode penetrar na mente e não sentir-se obnubilado pelo fumo daquele humor que, mediante o exercício da contemplação, não se putrefez no estômago, tendo sido maduramente digerido. Com esta disposição declara o presente furioso ter permanecido durante "seis lustros"[181] no curso dos quais não havia ainda alcançado essa pureza de conceito que o fizera apto para abrigar as espécies peregrinas que, oferecendo-se a todos por igual, sempre batem às portas da inteligência. Por fim, o amor, que de diversas partes e em diversas ocasiões o havia assaltado em vão (da mesma forma que se diz que em vão o Sol ilumina e aquece os que se encontram nas vísceras da Terra e no opaco profundo), por se fazer "constante naquelas luzes santas", isto é, por haver mostrado por duas espécies inteligíveis a divina beleza, a qual lhe havia ligado o intelecto com a razão da verdade, e com a razão da bondade aqueceu-lhe o afeto, conseguiu que fossem vencidos os afãs materiais e sensitivos que em outras oportunidades costumavam triunfar, permanecendo (apesar da excelência da alma) intatos. Pois aquelas luzes, que faziam presente o intelecto agente iluminador e Sol da inteligência, tiveram uma entrada fácil no coração por sua luz (a da verdade, pela porta da potência intelectiva; a da bondade, pela porta da potência apetitiva). Esta foi aquela "dupla flecha" que vem como "da mão de um guerreiro irado", isto é, pronta, eficaz e

---

181. Referência de Bruno a seu nascimento, em 1548, e vida, antes de se propor seu próprio itinerário filosófico, sua "caça à divindade", em 1578, data em que deixa a Itália.

mais ousadamente, e que por muito tempo antes se mostrara débil e negligente. Então, quando aquecido e iluminado no conceito, veio aquele momento vitorioso, pelo qual se diz "Vicit instans". Daí podeis entender o sentido da figura proposta, do lema e do artigo que diz:

> Dos golpes do amor fortemente se resguardou
> quando os assaltos de várias partes e bastantes
> sofreu o coração esmaltado de diamantes;
> e assim meu afã sobre os seus triunfou.
> Por fim (como o céu predestinou)
> um dia acampou nessas luzes santas
> que apenas pelas minhas, entre tantas,
> fácil entrada no coração encontrou.
> Foi-me lançada então aquela dupla flecha
> vinda da mão de um guerreiro irado
> que por seis lustros me fez o mal e a pecha:
> sitiou aquele lugar agora conservado,
> e plantou seu troféu ali onde não se vexa
> manter restritas as asas que tenho.
> Então, com mais solene engenho,
> nunca deixam de ferir, vos digo,
> meu coração as iras do doce inimigo[182].

Instante singular foi o que marcou a um só tempo o começo e a consumação da vitória. Espécies gêmeas singulares foram aquelas, que sós entre tantas outras acharam uma entrada fácil no coração, pois que contêm em si a eficácia e a virtude de todas as outras; que forma melhor e mais excelente do que esta beleza, bondade e verdade, fonte de toda outra beleza, bondade e verdade? Sitiou a praça, tomou posse do afeto e imprimiu-lhe seu próprio caráter; e forte se conservou, e o confirmou, estabeleceu e sancionou, de forma que não pode perdê-lo; porque é impossível que alguém volte a amar outra coisa, uma vez apreendido na mente o conceito de beleza divina. E é impossível não amá-la, como impossível é o apetite conceber outro

---

182. "Forte a i colpi d'amor feci riparo / quand' assalti da parti varie e tante / soffers' il cor smaltato di diamante; / ond'i miei studi de suoi trionfaro. / Al fin (come gli cieli destinaro) / un dì accampossi in quelle luci sante, / che per le mie sole tra tutte quante / facil entrata al cor mio ritrovaro. / Indi mi s'avventò quel doppio strale, / che da man di guerrier irato venne, / qual sei lustri assalir mi seppe male: / notò quel luogo, e forte vi si tenne, / piantò 'l trofeo di me là d'onde vale / tener ristrette miei fugaci penne. / Indi con più sollene / apparecchio, mai cessano ferire / mio cor, del mio dolce nemico l'ire."

bem ou espécie de bem. Por isso, e maximamente, deve lhe convir a apetência do sumo bem. Assim, as asas se encontram restringidas, declinando para baixo com o peso da matéria. Daí nunca deixam de ferir, solicitando o afeto e desvelando ao pensamento as iras que são os assaltos eficazes do doce inimigo, mantido por muito tempo afastado como um estrangeiro ou peregrino. Ele é agora o único senhor da alma, da qual pode dispor inteiramente, pois ela não deseja nem quer desejar outra coisa que também não lhe agrada; e então dizer com frequência: "Ira doce, guerra doce, doces flechas / doces as minhas chagas, doces as minhas dores."[183]

CESARINO: Não me parece ficar alguma coisa a ser considerada a esse respeito. Vejamos agora essa aljava e arco que as faíscas que os rodeiam mostram e o nó do laço que deles pende com o lema "Subito, clam"[184].

MARICONDO: Bem me lembro de tê-lo visto no artigo. Vamos lê-lo:

Ávida por achar sua presa,
a águia voa ao céu natal,
anunciando a todo animal
o terceiro voo que arrevesa.
O rugido do leão, com clareza,
leva de seu antro um horror mortal
e as bestas, pressentindo o mal,
fogem para seus antros em defesa.
A baleia, quando ataca o rebanho
do reino de Tétis e Proteu,
faz antes ouvir seu jorro de assanho.
Leões, baleias e águias do céu
não sabem de fingimento tacanho,
mas os assaltos do amor cobrem-se com véu.
Ah, dias alegres e sem labéu,
levaram a eficácia de um instante
e me fizeram infortunado amante[185].

---

183. Modificado a partir do *Canzoniere* de Petrarca, 205: "Dolci ire, guerra dolci, dolci dardi, / dolci mie piaghe, miei dolci dolori."
184. De repente, às escondidas.
185. "Avida di trovar bramato pasto, / l'aquila vers'il ciel ispiega l'ali, / facend'accorti tutti gli animali, / ch'al terzo volo s'apparecchia al guasto. / E del fiero leon ruggito vasto / fa da l'alta spelunca orror mortali, / onde le belve presentendo i mali / fuggon a gli antri il famelico impasto. / E 'l ceto quando assalir vuol l'armento / muto di Proteo da gli antri di Teti, / pria fa sentir quel spruzzo violento. / Aquile 'n ciel, leoni in terr', e i ceti / signor ' in mar non vanno a tradimento: / ma gli assalti d'amor vegnon ▶

Três são as regiões dos animais, compostas da maioria dos elementos: terra, água e ar. E três são os seus gêneros: bestas, peixes e aves. De três espécies são os princípios que a natureza concedeu e fixou: a águia no céu, o leão na terra e a baleia na água; cada um deles demonstra mais força e império do que os outros, vêm até mesmo fazer atos de magnanimidade, ou ao menos atos a ela semelhantes. Assim, é sabido que o leão, antes de sair à caça, lança um forte rugido que faz retumbar toda a selva, como do Erínico caçador se refere o dito poético: "Mas feroz na vingança, quando a deusa entende o momento de fazer o mal, alcança o teto do estábulo e do cimo faz ressoar o sinal do pastor; no corno recurvo lança sua voz tartárea, que rapidamente faz atroar e tremer a selva profundamente."[186] Também da águia se sabe que, voando, faz a sua venação; primeiramente se alça diretamente do ninho em linha perpendicular para o alto e, de ordinário, na terceira volta baixa do alto com maior ímpeto e presteza do que se voasse em linha plana; daí que, enquanto nesse tempo busca a vantagem da velocidade do voo, também usa a comodidade de observar de longe a presa, a qual abandona ou resolve atacar depois de três voltas.

CESARINO: Podemos conjecturar por qual razão na primeira vez que a presa se apresenta aos seus olhos não se lança sobre ela?

MARICONDO: Não, por certo. Mas talvez considere que se poderia apresentar uma presa melhor ou mais fácil. Além disso, não creio que assim ocorra sempre, se bem que comumente. Mas voltemos ao nosso propósito. Do cetáceo ou baleia é claro que, por ser um animal volumoso, não pode fender as águas sem que sua presença seja pressentida, dado o rechaço das ondas; além do mais, existem diversas espécies desse peixe que com seu movimento e respiração regurgitam uma tempestade de jorro. De todos esses três príncipes das espécies de animais, portanto, os animais inferiores dispõem de tempo para fugir, pois não procedem como falsos e traidores. Mas o Amor, que é maior e mais forte, e tem domínio supremo no céu, na terra e no mar, e que à semelhança daqueles deveria mostrar tanto mais excelente magnanimidade quanto mais força, assalta e fere de improviso e repentinamente: "Sua loucura penetra em toda medula enquanto um fogo furtivo abrasa as veias. A ferida que abre não é larga em aparência, mas devora profundamente a medula; das virgens fere o

▷ secreti. / Lasso, que' giorni lieti / troncommi l'efficacia d'um instante, / che femmi a lungo infortunato amante."

186. Virgílio, *Eneida*, VII, 511-551.

peito com desconhecido fogo."[187] Como vedes, esse poeta trágico o chama "fogo furtivo", e Samuel o nomeou "sibilo de aura sutil"[188]. Tudo isso significa com quanta doçura, suavidade e astúcia no mar, na terra e no céu acaba o amor como que por tiranizar o universo.

CESARINO: Não há império maior, não há pior tirania nem melhor domínio, não há potestade mais necessária, nem coisa mais doce e suave; não se encontra alimento que seja mais austero e amargo, não se vê um nume mais violento, um deus mais agradável nem agente mais traidor e fingido; não há autor mais régio e fiel e, para terminar, parece-me que o amor seja tudo e tudo faça; dele tudo se pode dizer e a ele tudo atribuir.

MARICONDO: Assim, o amor (como aquele que atua principalmente pela vista, o mais espiritual de todos os sentidos, e que sem dilação de tempo se estende a todo o horizonte da visibilidade) é rápido, furtivo, imprevisto e repentino. Ademais, que se considere o que dizem os antigos, que o amor precede todos os deuses; por isso não é mister fingir que Saturno lhe mostre o caminho, quando não faz senão segui-lo. Depois, que necessidade existe de se averiguar se o amor aparece e se anuncia de fora, se seu alojamento está na própria alma, se seu leito é o coração e se consiste da mesma composição de nossa substância, do mesmo impulso de nossa potência? Finalmente, toda coisa naturalmente apetece o belo e o bom, e por isso não há necessidade de argumentar e discutir por que o afeto se forma e se confirma; mas repentinamente, num só instante, o apetite se une ao apetecível, como a vista ao visível.

CESARINO: Vejamos então o que quer dizer aquela seta ardente em volta da qual há o lema "Cui nova plaga loco"[189]? Dizei-me que lugar ela procura ferir.

MARICONDO: Não é preciso outra coisa senão ler o artigo que assim diz:

Que a ebuliente Puglia ou Líbia arremeta
tantas espigas e espalhe outras ao vento,
e de sua circunferência o grande planeta
mande raios de luz com todo alento,
quantos com grave dor esta alma asceta

---

187. "Labitur totas furor in medullas, / igne furtivo populante venas, / nec habet latam data plaga frontem; / sed vorat tectas penitus medullas, / virginum ignoto ferit igne pectus." Sêneca, *Fedra*, 279-282 e 293.
188. *1 Reis*, 19, 12.
189. Com que disponho novo flagelo.

(que tão triste goza doce tormento)
acolhe os dardos das estrelas sem lenimento,
todo sentido e razão de crer me veta.
Que tentas mais, doce inimigo, Amor?
Que outro esforço para ferir-me te guia
se meu peito já é todo chaga e dor?
Nem tu nem outro um lugar abrigaria
para estampar seja o que for;
volta para outra parte o arco e renuncia.
Não te percas com tua mania
ó belo deus, a direito e a torto,
pois matas aquele que já está morto[190].

Todo esse sentido é metafórico, assim como os outros, e pode ser entendido pelo sentimento que expressa. A multidão de dardos que feriram e ferem o coração e o peito significa os inumeráveis indivíduos e espécies de coisas nas quais resplandece a beleza divina, conforme suas graduações, e com os quais se aquece o afeto ao bem proposto e tomado. Dos quais alguns, por razões de potência e de ato, de possibilidade e de efeito, torturam e consolam, dão a sensação do doce e fazem sentir o amargo. Mas ali onde o afeto se dá inteiramente a Deus, isto é, à ideia da ideia, à luz das coisas inteligíveis, a mente sente-se exaltada para alcançar a unidade superessencial; faz-se toda amor, é uma só e não se sente solicitada por objetos diferentes que a distraiam e é ainda uma só chaga para a qual concorre todo o afeto, e que vem a ser a mesma afeição. Então, não existe amor ou apetite de coisa particular que lhe possa solicitar nem ao menos antecipar-se à vontade, pois não há coisa mais reta do que a retidão, não há coisa mais bela do que a beleza, nem melhor do que a bondade; não se pode encontrar algo maior do que a grandeza nem coisa mais lúcida do que a luz que, com sua presença, obscurece e afasta todos os lumes inferiores.

CESARINO: Ao perfeito, se é perfeito, não se pode acrescer nada; por isso, a vontade não é capaz de ter outro apetite quando lhe esteja

190. "Che la bogliente Puglia o Libia mieta / tante spiche, et areste tante a i venti / commetta, e mande tanti rai lucenti / da sua circonferenza il gran pianeta, / quanti a gravi dolor quest'alma lieta / (che sì triste si gode in dolci stenti) / accoglie da due stelle strali ardenti, / ogni senso e raggion creder mi vieta. / Che tenti più, dolce nemico, Amore? / Qual studio a me ferir oltre ti muove, / or ch'una piaga è fatto tutto il cuore? / Poiché né tu, né altro ha un punto, dove / per stampar cosa nuova, o punga, o fóre, / volta volta sicur or l'arco altrove. / Non perder qua tue prove, / per che, o bel dio, se non in vano, a torto / oltre tenti amazzar colui ch'è morto."

presente aquilo que é perfeito, o sumo e máximo. Agora posso entender a conclusão, quando diz ao amor: "Não te percas com tua mania, ó belo deus, a direito e a torto" (como se diz por semelhança e metáfora), "pois matas aquele que já está morto." Isto é, aquele que já não possui mais vida no sentido de dedicar-se a outros objetos, de modo que possa ser por eles ferido. Que sentido há em se expor a outras espécies? Esse lamento acontece com aqueles que, tendo provado da unidade máxima, gostariam de estar isentos e ausentes de toda multidão.

MARICONDO: Entendestes muito bem.

CESARINO: Eis agora aqui um rapaz dentro de um barco que está prestes a ser engolido pelas ondas tempestuosas e que, lânguido e cansado, abandonou os remos. Ao seu redor está o lema "Fronti nulla fides"[191]. Não há dúvida de que isso significa que foi convidado pelo aspecto sereno das águas a sulcar o mar e este, tendo-se encrespado subitamente, fê-lo espantar-se mortalmente, e por impotência de romper o ímpeto, desanimar e renunciar aos braços e à esperança. Mas vejamos o resto:

Gentil rapaz, que do lido soltaste
a pequena barca, e o frágil remo
desejoso do mar, com a mão pegaste,
só agora percebeste o mal extremo.
Vês do traidor a vaga funesta
e tua proa abaixar e ascender;
nem a alma, aflita e molesta,
contra as ondas te pode valer.
Cede os remos ao fero inimigo,
não penses na morte, se ela te espera,
e fecha os olhos que a visão oblitera.
Se não houver um socorro amigo,
sentirás o efeito que reverbera
de teu rude e curioso atino.
É o meu cruel destino
semelhante ao teu, pois ando com Amor
e sinto a dureza do maior traidor[192].

---

191. Não confies na face. Juvenal, *Sátiras*, I, 8.
192. "Gentil garzon che dal lido scioglieste / la pargoletta barca e al remo frale / vago del mar l'indotta man porgeste, / or sei repente accorto del tuo male. / Vedi del traditor l'onde funeste / la prora tua, ch'o troppo scend' o sale; / né l'alma vinta da cure moleste, / contra gli obliqui e gonfii flutti vale. / Cedi gli remi al tuo fero nemico, / ▶

De que maneira e por que o amor é um traidor e um fraudulento, há pouco o vimos. Mas por ver o seguinte poema sem imagem e lema, creio ser consequência do primeiro; por isso, continuemos a ler:

Deixado o porto por prova e desafogo,
descansando de estudos mais maduros,
pus-me a contemplar quase por jogo
quando vi de repente os fatos duros.
Fizeram-me então violento o fogo
e em vão pretendo lides mais seguros,
em vão o alívio de piedosa mão rogo
que do inimigo me arrebate de seus muros.
Impotente para subtrair-me, rouco e cansado,
cedo ao meu destino e não mais intento
pôr reparos vãos em minha morte.
Torna-me de toda outra vida privado,
não me atarde o último tormento
que me prescreveu minha fera sorte.
Do meu mal um signo forte
é aquele que por diversão audaz
vai ao inimigo, impróvido rapaz.

Não estou confiante no entendimento ou na determinação de tudo o que significa o furioso. Sem dúvida, aparece muito claramente a estranha condição de um ânimo abatido pela consciência da dificuldade da obra, o peso do cansaço e a vastidão do trabalho, por um lado; e, de outro, a ignorância, a privação da arte, a fraqueza dos nervos e o perigo de morte. Não tem um conselho que lhe sirva na empresa, não sabe para onde se deve voltar, não lhe aparece um lugar de fuga ou refúgio; e de toda parte o ameaçam ondas de ímpeto espantoso e mortal: "Ignoranti portum, nullum suus ventus est."[193] Quem se entrega a coisas fortuitas em demasia, infelizmente cria para si a perturbação, a prisão, a ruína e o naufrágio. Vede como a fortuna brinca conosco; aquilo que gentilmente nos põe ao alcance da mão, faz com que delas caia ou se derrame, ou seja arrebatado pela violência alheia, nos sufoque e envenene ou ainda faça nascer

▷ e con minor pensier la morte aspetti, / che per non la veder gli ochhi ti chiudi. / Se non è presto alcun soccorso amico, / sentirai certo or gli ultimi effetti / de tuoi sì rozzi e curiosi studi. / Son gli miei fati crudi / simili a' tuoi, perché vago d'Amore / sento il rigor del più gran traditore."

193. "Ignorado o porto, nenhum vento é propício." Sêneca, *Cartas a Lucílio*, LXXXI, 3.

a suspeita, o temor da inveja, com grande prejuízo ao possuidor. "Fortunae an ulla putatis dona carere dolis?"[194] Pois a fortaleza está privada da experiência de si mesma; a magnanimidade, que não pode prevalecer, é nula e é vão o estudo sem frutos; vede os efeitos do medo, que são piores do que o mal anunciado: "Peior est morte timor ipse mortis."[195] Já com o medo se padece tudo o que se teme padecer; estremecimento dos membros, debilidade dos nervos, tremor do corpo, angústia da alma; e se representa o que não sobreveio ainda, e de modo pior do que lhe pode sobrevir. Há coisa mais estúpida do que condoer-se com coisa futura, ausente, e que no momento ainda não se sente? Estas são considerações sobre a superfície e a história da figura. Mas creio que a intenção do furioso heroico verse sobre a imbecilidade do engenho humano, que, atendendo à empresa divina, pode às vezes se encontrar engolfado no abismo da excelência incompreensível, e daí o sentido e a imaginação são confundidos e absorvidos, pois, não sabendo como avançar ou retroceder, nem para onde se voltar, se desvanece e perde o seu próprio ser de maneira não diferente de uma gota no mar, ou de um breve sopro que se atenua, perdendo a própria substância no espaço aéreo e imenso.

MARICONDO: Muito bem. Mas vamos discorrendo à nossa estância, pois já é noite.

FIM DO PRIMEIRO DIÁLOGO DA SEGUNDA PARTE

Segundo Diálogo

MARICONDO: Aqui vedes um jugo flamejante, envolto em laços, e em torno do qual está escrito "Levius aura"[196], o que quer dizer que o amor divino não agrava, não transporta seu servo, cativo e escravo, para regiões baixas, para o fundo, mas o eleva, o sobreleva, o faz magnífico acima de qualquer liberdade.

CESARINO: Rogo-vos para que leiamos logo o poema, de modo que, com ordem, propriedade e brevidade, possamos esclarecer o sentido e ver se nele existe algo a mais.

---

194. "Pensais que um dom da fortuna nunca é um engano?" Frase modificada de Laocoonte na *Eneida*, II, 43-44, a respeito do presente grego: "Aut ulla putatis dona carere dolis Danaum?"
195. "Pior do que a morte é o temor da própria morte."
196. "Mais leve do que o ar."

Quem me abriu para o Amor a fresta,
quem faz de outra deusa vil e vã,
aquela de quem a beleza é da bondade irmã,
que unicamente assim se manifesta;
aquela que vi sair da floresta,
caçadora de mim, Diana aldeã,
entre belas ninfas das terras de Pã,
e por quem disse ao Amor: "rendo-me a esta";
e ele a mim: "ó afortunado amante,
do teu destino grado consorte,
apenas aquela entre outras fascinante,
tendo no seio a vida e a morte,
que adorna o mundo com graça santificante,
obtiveste por esforço e por sorte
na amorosa corte,
tão altamente feliz e cativo,
que não inveja a outro homem ou divo[197].

Vê o quanto está contente sob tal jugo, tal conúbio e tal carga, cativado por aquela que vê sair da floresta, do deserto, da selva, quer dizer, de lugares retirados da multidão, da conversação, do vulgo e os quais só por poucos são explorados. Diana, esplendor das espécies inteligíveis, é sua caçadora, pois com sua formosura e graça primeiro o feriu e depois o atou a si, e tendo-o sob seu império mais contente do que poderia sentir-se de outro modo. Ela se mostra entre "belas ninfas", e ele se lhe rendeu, mais do que a qualquer outra, pois ele quer que se seja afortunado como aquela que, entre tantas que se manifestam e se fazem ausentes aos olhos dos homens, mais elevadamente adorna o mundo, glorifica e embeleza o homem. Daí dizer "quem me abriu para o Amor a fresta" e reconhece que toda outra deusa, isto é, o cuidado ou a observância de outra espécie, é "vil e vã". Assim, ao dizer que tem a mente vigilante para o amor elevado, oferece o exemplo de engrandecer o coração pelo pensamento, pelos

---

197. "Chi femmi ad alt' amor la mente desta, / chi fammi ogn' altra diva e vile e vana, / in cui beltad' e la bontà sovrana, / unicamente più si manifesta; / quell'è ch'io viddi uscir da la foresta, / cacciatrice di me la mia Diana, / tra belle ninfe su l'aura Campana, / per cui dissi ad Amor: "Mi rendo a questa"; / et egli a me: "O fortunato amante, / o dal tuo fato gradito consorte: / che colei sola che tra tante e tante, / quai ha nel grembo la vit' e la morte, / più adorna il mondo con le grazie sante, / ottenesti per studio e per sorte, / ne l'amorosa corte / sì altamente felice cattivo, / che non invidii a sciolt' altr'uomo o divo."

estudos e obras, tanto quanto for possível, e não entreter-se com coisas mais baixas do que podem nossas faculdades, como sucede com quem, por avareza, negligência ou inabilidade, permanece nesse pequeno espaço de vida apegado a coisas indignas.

CESARINO: É preciso haver artesãos, mecânicos, lavradores, agricultores, servidores, pedestres[198], ignóbeis, vis, pobres e pedantes porque, de outra forma, não haveria filósofos, contemplativos, cultores do espírito, patrões, capitães, nobres e ilustrados, ricos e sábios, e outros que são heroicos, à semelhança de deuses. Por que deveríamos nos forçar a corromper o estado da natureza que distinguiu o universo em coisas maiores e menores, superiores e inferiores, ilustres e obscuras, dignas e indignas, não apenas fora de nós, mas também dentro de nós, em nossa própria substância, incluindo aquela que se afirma ser imaterial? Como entre as inteligências[199], algumas são sujeitas, outras preeminentes, algumas servem e obedecem, outras comandam e governam. Mas nem isso creio servir de exemplo a fim de que os súditos, querendo ser superiores, e os ignóbeis, iguais aos nobres, não venham a se perverter e confundir a ordem das coisas e, ao fim, aconteça uma certa neutralidade e uma igualdade bestial, que se encontra em certas repúblicas desérticas e incultas[200]. Não vedes, além disso, em que ruína se acabaram as ciências, pela razão de que os pedantes[201] quiseram ser filósofos, tratar das coisas naturais, intrometer-se e cuidar das coisas divinas? Quem não vê quanto mal aconteceu e sobrevém por terem pretendido se voltar para o amor elevado? Quem, tendo bom senso, não vê o proveito que tirou Aristóteles, que era mestre de letras de Alexandre, ao aplicar seu espírito para contrastar e mover a guerra contra a doutrina pitagórica e a dos filósofos naturalistas, querendo, com seu raciocínio lógico, dar definições, noções, certas espécies de quinta-essências e outros abortos de cogitações fantásticas como sendo princípios e substâncias das coisas, mais estudioso da fé do vulgo e da multidão estúpida, encaminhada e guiada sobretudo por sofismas e aparências superficiais do que pela verdade que está oculta nas substâncias das coisas e que consiste nas próprias substâncias.

---

198. Isto é, os que não têm cavalos ou carroças para se transportar e, portanto, são modestos ou pobres.
199. Referência à hierarquia angélica.
200. Alusão a uma possível "república igualitária" que haveria entre os silvícolas do Novo Mundo e ao mito de uma hipotética "idade de ouro" da literatura utópica medieval e renascentista.
201. Os gramáticos, os aristotélicos e os teólogos, sobretudo protestantes.

Fez com que a mente vigilante não contemplasse, mas judicasse e sentenciasse sobre coisas que nunca estudou e nem compreendeu. Assim, em nossos tempos, aquilo que de bom e de singular ele traz de razão inventiva [poética], de lógica e de metafísica, por ações de outros pedantes, que trabalham com o mesmo *sursum corda*[202], foram instituídas novas dialéticas e modos de formar a razão, tanto mais vis comparadas com as de Aristóteles, quanto as de Aristóteles comparadas com as dos antigos. O que ocorreu porque certos gramáticos, após envelhecerem em bercinhos de crianças e com sutilezas de frases e de vocábulos, quiseram despertar a mente para novas lógicas e metafísicas, judicando e sentenciando sobre aquilo que nunca estudaram e, portanto, não entendem; daí que, com o favor da multidão ignorante (com cujo engenho ou falta dele mais se conformam) poderão arruinar a humanidade e os raciocínios de Aristóteles, como este foi o carrasco de filósofos divinos. Vede, pois, o que costuma promover aquele conselho, se todos pretendem aspirar ao esplendor santo, tendo outros empresas mais vis e vãs.

MARICONDO: "Ri, mocinha, ri, se sabes, / disse (suponho) o poeta peligno; / mas não o disse para todas as mocinhas: / e se dissesse para todas as mocinhas, / não te diria a ti. Tu não és mais mocinha."[203] Assim, o *sursum corda* não é entoado para todos, mas para aqueles que possuem asas. Vejamos bem que a pedantaria nunca esteve mais excitada para governar o mundo do que em nossos tempos. E traça tantos caminhos de espécies inteligíveis verdadeiras e produz tantos objetos de verdade única e infalível quantos possam ser os indivíduos pedantes. Por isso, e mais do que nunca, devem ser despertados os espíritos bem-nascidos para a verdade e ilustrados pela inteligência divina, capazes de tomar armas contra a fosca ignorância, subindo às montanhas mais altas e às torres mais eminentes da contemplação. Para estes aqui, convém que toda outra empresa seja vil e vã. Não devem gastar o tempo com coisas superficiais e vãs, cuja velocidade é infinita, sendo que, muito admiravelmente, escorre o tempo presente, e com a mesma presteza se aproxima o futuro. O que já vivemos é nada, o que vivemos é um ponto e o que temos para viver ainda não é um ponto, mas poderá sê-lo, o que significa que logo será e já terá sido. E, entretanto, este entrelaça a memória com genealogias, aquele

---

202. "Corações ao alto", vocativo das *Lamentações* 3, 41, e que se pronuncia no ritual da eucaristia.
203. "Ride si sapis, o puella, ride, / pelignus (puto) dixerat poeta; / sed non dixerat omnibus puellis: / et si dixerit omnibus puellis, / non dixit tibi. Tu puella non es." Marcial, *Epigramas* II, 41.

se dedica a decifrar escritos, um outro está ocupado em multiplicar sofismas infantis. Verás, por exemplo, volumes repletos de "O 'coração' é fonte de vida, / a 'neve' é branca: / logo, o 'corvo' é fonte branca de vida."[204] Aquele outro berra a respeito de se o nome veio antes do que o verbo, se o mar primeiro do que a fonte, outro acolá quer renovar os vocábulos obsoletos que usou uma vez a propósito de um escritor antigo e agora os pretende fazer subir às estrelas; outros se detêm em discorrer sobre a falsa e a verdadeira ortografia e muitos outros com caprichos, mais dignos de desprezo do que de compreensão. Ora fazem o desjejum, ora emagrecem, ora se consomem, ora enrugam a pele e deixam crescer as barbas, aqui se corrompem, ali põem a âncora do sumo bem. Com isso desprezam a fortuna, com isso fazem reparos e antepõem escudos contra as lanças do destino. Com tais pensamentos abjetos, creem subir às estrelas, ser similares a deuses e compreender o belo e o bem que promete a filosofia.

CESARINO: É bastante certo que o tempo, que nunca nos é bastante, falta para coisas necessárias, e ainda que guardado com muita diligência, acaba por ser, na maior parte das vezes, gasto com coisas supérfluas, vis ou vergonhosas. Não é para se rir daquilo que faz Arquimedes elogiável (ou outro, segundo a opinião de alguns), que no tempo em que sua cidade andava de pernas para o ar e tudo estava em ruínas, que o fogo havia sido posto em sua casa e os inimigos entraram em seu quarto, querendo acabar com sua arte, cérebro e vida, ele havia perdido o instinto e o propósito de salvar a vida, por ter deixado para trás a possibilidade de talvez encontrar a proporção entre a curva e a reta, do diâmetro com o círculo e outras mateses semelhantes, coisas tão excelentes para a juventude quanto indignas de alguém que deveria envelhecer e estar atento a coisas mais dignas de serem mantidas como finalidade da dedicação humana.

MARICONDO: A esse propósito, me agrada aquilo que vós mesmo dissestes pouco antes, de que é preciso que o mundo esteja cheio de toda espécie de pessoas e que o número dos imperfeitos, dos feios, dos pobres, dos indignos e celerados seja maior e, em conclusão, não deva ser de outra forma do que é. A idade provecta de Arquimedes, de Euclides, de Prisciano, de Donato e de outros, que na morte se encontravam ocupados com os números, as linhas, as dicções, as concordâncias, os escritos, os dialetos, os silogismos formais, os métodos, as ciências, os órgãos e outras isagogias ou princípios

---

204. "'Cor' est fons vite, / 'nix' est alba: / ergo 'cornix' est fons vitae alba." Há um verdadeiro trocadilho neste silogismo, pois *cornix* é uma espécie de corvo, palavra formada por coração (*cor*) e neve (*nix*).

elementares, foi ordenada para estar ao serviços dos jovens e de crianças, os quais possam aprender e receber os frutos da maturidade daqueles primeiros, a fim de que, quando adultos, estejam igualmente aptos, e sem impedimentos, para coisas maiores.

CESARINO: Não me afasto das intenções que há pouco explanei, as daqueles que se esforçam em invocar a fama dos antigos para fazer novas obras e piores, ou não melhores do que as já feitas, e gastam a vida em considerações de lana-caprina ou da sombra dos burros[205]. E outros que, em todo o tempo de vida, estudam o que convém à criancice, sem qualquer proveito para si ou para outrem.

MARICONDO: Bem, muito já se falou sobre aqueles que não podem nem devem ter "a mente vigilante para o amor elevado". Vamos considerar agora o cativeiro voluntário e o jogo ameno sob o império de Diana; aquele jogo sem o qual a alma é impotente para remontar àquela altura da qual se precipitou, pois a torna mais leve e ágil, e os laços a fazem mais expedita e solta.

CESARINO: Discorrei então.

MARICONDO: Para começar, continuar e concluir ordenadamente, considero que tudo aquilo que vive, no modo em que vive, convém que se alimente, se nutra. Mas à natureza intelectual não quadra outra alimentação senão a intelectual, assim como ao corpo não convém outra que não seja corporal, considerando que a nutrição não se toma para outro fim exceto o de ser assimilado pela própria substância da qual se nutre. Como o corpo não se transmuda em espírito, nem o espírito em corpo, assim o espírito e o corpo não possuem uma matéria comum, de tal maneira que o que era sujeito de um possa vir a ser sujeito de outro.

CESARINO: É certo que se a alma se alimentasse do corpo, se deixaria levar para onde houvesse abundância de matéria (como argumenta Jâmblico), de sorte que, quando se apresentasse um corpo grande e gordo, se poderia acreditar que fosse o vaso de um ânimo garboso, firme, pronto, heroico e dizer: "Ó alma gorda, ó espírito fecundo, ó belo engenho, ó divina inteligência, ó mente ilustre, ó hipóstase bendita feita para banquetes de leões ou de *dogs*."[206] E assim um velho, como normalmente parece deteriorado, fraco, diminuído de forças, deve ser considerado como alimento de pouca sagacidade, eloquência e razão. Mas segui.

---

205. Provérbios antigos, recolhidos por Erasmo em seus *Adágios*, "De lana caprina", "De asini umbra", e que dizem respeito a discussões sem qualquer importância útil ou concreta.

206. Em inglês, no original.

MARICONDO: Ora, é preciso que se diga que o alimento da mente é apenas aquele que por ela é desejado, buscado e abraçado, com mais alegria do que qualquer outro, e com o qual se sacia, se contenta, se favorece e se torna melhor, ou seja, a verdade; a qual, em qualquer tempo, em qualquer idade e em qualquer situação em que o homem se encontre, ele sempre aspira, e pela qual costuma desprezar o cansaço, tentar qualquer esforço, não fazer caso do corpo e desprezar essa vida. Porque a verdade é coisa incorpórea, porque nenhuma delas, seja física, metafísica ou matemática, se encontra no corpo, porque a eterna essência humana não são os indivíduos, que nascem e morrem. É a unidade específica (disse Platão), e não a multidão inumerável, a que comporta a substância das coisas. Por isso chamou a ideia de una e múltipla, de estável e movente, pois como espécie incorruptível é coisa inteligível e una, e como se comunica com a matéria, estando vinculada ao movimento e à geração, é coisa sensível e múltipla. Nesse segundo modo, contém mais de não--ser do que de ente, considerando que sempre se muda em outra coisa e, por tal privação, em eterna carreira; no primeiro modo, é ente verdadeiro. Vede, por conseguinte, que os matemáticos concederam como figuras verdadeiras não as que se encontram nos corpos naturais, nem podem ali estar naturalmente ou por artifício. Sabei, portanto, que a verdade da substância sobrenatural está acima da matéria. Assim sendo, conclui-se que quem procura a verdade necessita ir além ou estar acima das razões das coisas corpóreas. Além disso, deve-se considerar que tudo aquilo que se alimenta tem noção e uma memória natural de seu alimento (e progressivamente, quanto mais preciso for), tendo presente sua semelhança e espécie tanto mais alto e maior conforme aquele que ambiciona e aquilo que procura. Daí que todo ser possui, de maneira inata, a inteligência daquelas coisas que pertencem à conservação do indivíduo e da espécie, assim como sua perfeição final, e disso provém o afã de procurar seu alimento por qualquer espécie de enervação[207]. Convém, assim, que a alma humana tenha luz, engenho e os instrumentos aptos para sua caça. Aqui nos auxilia a contemplação, que provém da lógica, órgão sumamente elevado da enervação da verdade, para distinguir, encontrar e julgar. E assim se vai iluminando a selva das coisas naturais, onde muitos objetos se encontram nas sombras e encobertos;

---

207. Essas considerações serão sintetizadas, na filosofia de Spinoza, pelo termo *conatus*. Ao mesmo tempo, aquele que se alimenta de coisas intelectivas, em busca do sumo bem, só pode procurar e se satisfazer com substâncias dessa espécie, e não propriamente corporais.

ali, na espessura de uma densa e deserta solidão, costuma a verdade ter seus refúgios cavernosos e espinhentos, vedados por plantas enramadas e frondosas. Com as razões mais dignas e excelentes ali se esconde, se embosca e se aprofunda com maior diligência, assim como nós costumamos ocultar com mais diligência e cuidado nossos tesouros, a fim de não serem descobertos pela multidão de caçadores, a não ser com grande esforço. Por ali andou Pitágoras, procurando-a por seus traços e vestígios impressos nas coisas naturais, que são os números, os quais mostram o seu progresso, as suas proporções, modos e operações, pois no número aplicado às quantidades, às medidas, ao movimento e ao peso se encontram a verdade e o ser das coisas. Ali andaram Anaxágoras e Empédocles que, considerando que a onipotente e oniparente divindade preenche o todo, não encontraram coisa tão mínima que sob ela não estivesse oculta, conforme todas as razões, embora sempre procedessem na direção em que ela fosse predominante e expressa, segundo as razões mais elevadas e magníficas. Ali a procuravam os Caldeus por via de subtração, não sabendo o que afirmar no tocante a ela; e procediam sem o apoio da demonstração e de silogismos, mas apenas se esforçaram em se aprofundar removendo, lavrando e retirando do bosque, por força de negação de todas as espécies e predicados secretos. Também por ali caminhou Platão, como se fizesse volteios, podando e colocando obstáculos, para que as espécies lábeis e fugazes permanecessem como numa rede e tratadas ao abrigo das definições, considerando que as coisas superiores participam, por semelhança especular, nas coisas inferiores, e estas aqui naquelas, segundo maior dignidade e excelência; e a verdade se encontra numas e noutras conforme certa analogia, ordem e escala, na qual sempre o ínfimo da ordem superior convive com o máximo da ordem inferior. E assim se fazia progresso do ínfimo ao supremo da natureza, assim como do mal ao bem, das trevas às luzes, da pura potência ao ato puro, por intermédios. Aqui, também Aristóteles se vangloria, com os traços e vestígios impressos, de chegar à desejada presa, enquanto dos efeitos quer chegar às causas. Embora tenha (mais do que todos que se ocuparam com essa ramificação) perdido o caminho, por não saber distingui-los de suas próprias pegadas. Ali, alguns teólogos, alimentados no ensino de seitas diferentes, buscam a verdade da natureza em todas as formas específicas, considerando a essência eterna e o perpetuador específico da substância, da eterna geração e vicissitude das coisas, chamadas à existência por seus condutores e fabricantes e sobre as quais impera a forma das formas, a fonte de luz, a verdade das verdades, o deus dos deuses, e por isso tudo está cheio de divindade, de verdade, de entidade e de bondade. Essa verdade é buscada como coisa inacessível, como objeto inobjetivável, e não só incompreensível. Por isso, a ninguém parece possível ver o Sol, o universal Apolo e luz absoluta por espécie suprema e excelentíssima; mas apenas por meio de sua sombra, de sua Diana, que é o mundo, o universo, a natureza que está nas coisas, a luz que está na opacidade da matéria, isto é, aquele que esplende nas trevas. Assim, dos muitos que por essas vias e outras vagam por essa selva deserta, pouquíssimos são os que se defrontam com a fonte de Diana. Muitos restam contentes com a caça a feras selvagens e menos ilustres, e a maioria não chega a compreender, tendo estendido a rede ao vento e enchido a mão com moscas. Raríssimos são os Acteontes, aos quais é dada a fortuna de verem Diana nua e, de tal modo despertos pela bela disposição do corpo da natureza e acompanhados por aqueles dois lumes gêmeos de esplendor, a bondade e a beleza, se transformam em cervos, porquanto não são mais caçadores, mas caças. Pois o fim último desta enervação é conquistar aquela presa fugaz e selvagem, ato com o qual o caçador se torna caça, pois em todas as outras espécies de venações que se faz de coisas particulares, o caçador é quem atrai para si as coisas, absorvendo-as com a boca da própria inteligência; mas em se tratando da inteligência divina e universal, acaba de tal modo por apreender que permanece necessariamente compreendido, absorvido e unido; daí que vulgar, ordinário, civil e popular, torna-se selvático como o cervo íncola de desertos; vive divinamente sob as frondes da selva, nas estâncias não artificiais de montes cavernosos, de onde se admiram as cabeceiras dos grandes rios, vegetando intacto e puro de cupidez ordinária, onde conversa livremente com a divindade, à qual aspiram tantos homens que na Terra quiseram gozar de vida celeste e que com uma só voz disseram: "Sim, eu fugiria para longe e pernoitaria no deserto."[208] Assim os cães, pensamentos de coisas divinas, devoram este Ácteon, fazendo-o morto para o vulgo, desatado dos nós dos sentidos perturbadores, livre do cárcere carnal da matéria, de onde não vê mais sua Diana como que pelo viés de fissuras e janelas, mas, tendo lançado as muralhas por terra, tem todos os olhos em todos os horizontes. De sorte que a tudo contempla como uno, não por distinção e números, os quais, segundo a diversidade dos sentidos e das fissuras, não permitem ver e apreender senão confusamente.

---

208. "Ecce elongavi fugiens, et mansi in solitudine", *Salmos* 54, 8.

Contempla Anfitrite, fonte de todos os números, de todas as espécies, de todas as razões, que é a Mônada, verdadeira essência do ser de todas elas[209]; e se não a vê em sua essência, em sua luz absoluta, a contempla em sua progenitura, que se lhe assemelha e é sua imagem. Porque da Mônada, que é a divindade, procede esta outra mônada, que é a natureza, o universo, o mundo, de onde se contempla e se reflete, como o Sol na Lua, mediante o que se ilumina, encontrando-se ele no hemisfério das coisas intelectuais. Esta é Diana, aquele uno que é o próprio ente, aquele ente que é a própria verdade, aquela verdade que é a natureza compreensível, na qual influi o Sol e o esplendor da natureza superior, conforme a unidade seja distinguida em gerada e geradora, producente ou produzida. Assim, vós mesmo podeis concluir o modo, a nobreza e o sucesso do caçador; daí que o furioso se vangloria de ser presa de Diana, a quem se rende, por quem se estima um apreciado consorte e o mais feliz cativo e subjugado que possa ser por homem ou deus invejado, sendo ele de natureza inferior.

CESARINO: Compreendi muito bem o que haveis dito e estou mais do que mediocremente satisfeito. Agora, é tempo de voltar para casa.

MARICONDO: Assim é.

FIM DO SEGUNDO DIÁLOGO DA SEGUNDA PARTE

Terceiro Diálogo

Interlocutores: Libério e Laodônio

LIBÉRIO: O furioso, repousando sob a sombra de um cipreste e tendo a alma outros pensamentos intermitentes (coisa admirável), sucedeu que (como se fossem animais e substâncias de razões e sentidos distintos) o coração e os olhos se falassem conjuntamente, lamentando-se um do outro por ser o princípio daquele tormento cansativo que consumia a alma.

LAODÔNIO: Se vos recordais, dizei as palavras.

LIBÉRIO: O coração começou o diálogo e, se fazendo ouvir pelo peito, prorrompeu com este acento:

---

209. A definição de Mônada segue aqui o *Corpus Hermeticum*, IV, 10, conforme a versão de Michelle Psello e de Marsilio Ficino: "Sendo princípio, portanto, a mônada compreende todo número, sem estar por nenhum compreendido."

Primeira Proposta do Coração aos Olhos

Como, olhos meus, tão forte me atormenta
o que de vós deriva, o fogo ardente,
que para mim, ser mortal, nunca desalenta
manter um tal incêndio sempre presente;
pouco o humor do oceano e da mais lenta
ártica estrela e do mais gélido continente
para que justo se reprima a chama
ou ao menos se me alivie o drama?
Vós me fizestes cativo
com mão que me tem, mas não em prol;
convosco estou no corpo, e fora com o sol,
sou princípio de vida e não vivo:
não sei como isso caminha,
pertenço a esta alma que não é minha[210].

LADÔNIO: Na verdade, é o entender, o ver e o conhecer aquilo que acende o desejo e então, por ministério dos olhos, vem o coração inflamado. E quanto mais alto e digno for o objeto daqueles olhos, tanto mais forte é o foco e mais vivazes são as chamas. Qual, pois, deve ser essa espécie pela qual tão inflamado se sente o coração que não acredita que possa temperar seu ardor nem a mais fria estrela do círculo ártico nem aliviar-lhe as chamas as águas do oceano? Qual a excelência desse objeto que se converteu em inimigo de seu próprio ser, rebelde a sua própria alma e contente dessa inimizade, embora se ache cativo de mão que ele despreza e não o quer? Mas fazei-me escutar se os olhos responderam e que coisa disseram.

LIBÉRIO: Aqueles, ao contrário, se lamuriavam do coração como o princípio e causa de terem vertido tantas lágrimas. Por isso lhe responderam nesse tom:

Primeira Resposta dos Olhos ao Coração

Como de ti surgem tantas águas, coração,
de quantas as Nereidas têm alçando a fronte

---

210. "Come, occhi miei, sì forte mi tormenta / quel che da voi deriva ardente foco, / ch'al mio mortal suggetto mai allenta / di serbar tal incendio, ch'ho per poco / l'umor de l'Oceàn e di più lenta / artica stella il più gelato loco, / perché ivi in punto si reprima il vampo, / o al men mi si prometta ombra di scampo? / Voi mi féste cattivo / d'una man che mi tiene, e non mi vuole; / per voi son entro al corpo, e fuor col sole, / son principio de vita e non son vivo: / non so quel che mi sai / ch'appartegno a quest'alma, e non è mia."

e que todo dia ao sol renascem e se vão?
A par com Anfitrite, a dupla fonte
pode verter grandes rios em borbotão
tanto que até o líquido remonte
e faça pequeno o rio que o Egito inunda,
que varre as orlas e o fecunda.
Deu a natureza dois lumes
a este pequeno mundo[211] para governo;
tu, pervertedor deste preceito eterno,
os converteste em lágrimas e queixumes.
E isso o céu não cura,
que o nascido passa e o violento dura[212].

LAODÔNIO: É certo que o coração aceso e compungido faz surgir lágrimas nos olhos, e como aqueles acendem a chama neste, o coração também os rega de humores. Mas me maravilho com tamanho exagero quando ouço falar que as Nereidas não levantam tão banhada fronte ao sol nascente quanto as águas que nos olhos são vertidas. E além disso se igualam ao oceano não pelo fato de que vertam, mas porque podem verter tais e tantos rios aquelas duas fontes, que ao seu lado o Nilo pareceria um pequeno riacho.

LIBÉRIO: Não te espantes com o forte exagero nem com esta potência privada de ato, porque entenderás tudo uma vez ouvida a conclusão de seus raciocínios. Escuta agora como responde primeiramente o coração à proposta dos olhos.

LAODÔNIO: Fazei-me ouvir.

LIBÉRIO:

Primeira Resposta do Coração aos Olhos

Olhos, se em mim chama imortal se inflama,
e outra coisa não sou senão fogo ardente,
se o fumo se aproxima e se derrama,
e vejo por meu incêndio o céu fervente;
como este fogo não vos queima em chama,

---

211. O homem, um microcosmo.
212. "Come da te sorgon tant'acqui, o core, / da quante mai Nereidi alzar la fronte / ch'ogni giorn' al bel sol rinasce e muore? / A par de l'Amfitrite il doppio fonte / versar può sì gran fiumi al mondo fore / che puoi dir che l'umor tanto surmonte, / che gli fia picciol rio chi Egitto inonda / scorrendo'al mar per sette doppia sponda. / Die' natura doi lumi / a questo picciol mondo per governo; / tu perversor di quell'ordin eterno, / le convertiste in sempiterni fiumi. / E questo il ciel non cura, / ch'il natio passa, el violento dura."

mas o efeito contrário em vós se sente?
Como vos banho, ao invés de cozer,
com tanta água, se de fogo é meu ser?
Credes vós, cegos pela fuligem,
que de tão ardente incêndio derive
um duplo jato que suba da fonte em aclive
e tenham em Vulcano sua origem,
dando-se que uma força conquista
enquanto outra contrária lhe resista?[213]

Vede como o coração não chega a se convencer de que de uma causa e princípio provenha uma força de efeito contrário, a ponto de negar-se a admitir tal possibilidade, ou sequer por antiperístase, que significa o vigor que se obtém de um contrário pelo fato de, fugindo do outro, acabar por unir-se, espessar-se e condensar-se na substância indivisível de sua virtude.

LAODÔNIO: Dizei agora como os olhos responderam ao coração.
LIBÉRIO:

Primeira Resposta dos Olhos ao Coração

Ah, coração, tanto te confunde tua paixão
que perdeste o sentido do verdadeiro.
O que vês e o que se esconde então
é semente de mares, de onde inteiro
poderia Netuno recobrar, sem tribulação,
se perdesse o grande império primeiro;
como de nós deriva a chama ardente
se somos do mar um apegado parente?
Estás tão privado de sentido
que crês que a chama nos transpasse
e úmidas portas com o fogo trace
para te fazer sentir o ardor vivido?
Como um resplendor de cristal,
crês que por nós penetre o rival?[214]

---

213. "Occhi, s'in me fiamma immortal s'alluma, / et altro non son io che fuoco ardente, / se quel ch'a me s'avvicina, s'infuma, / e veggio per mio incendio il ciel fervente; / come il gran vampo mio non vi consuma, / ma l'effetto contrario in voi si sente? / Come vi bagno, e più tosto non cuoco, / se non umor, ma è mia sustanza fuoco? / Credete ciechi voi / che da sì ardente incendio derivi / el doppio varco, e qu'e doi fonti vivi / da Vulcan abbian gli elementi suoi, / come tal volt'acquista / forza um contrario, se l'altro resista?"

214. "Ahi cor, tua passion sì ti confonde, / ch'hai smarito il sentier di tutt'il vero. / Quanto si vede in noi, quanto s'asconde, / è semenza di mari, onde l'intero / Nettun ▶

Aqui não quero filosofar acerca da coincidência dos contrários, que estudei no livro *Da Causa, Princípio e Uno*; quero supor aquilo que comumente se supõe, ou seja, que os contrários se acham completamente distanciados no mesmo gênero. Assim se poderá compreender melhor o sentido dessa resposta, na qual se diz dos olhos que são sementes ou fontes, em cuja virtual potência acha-se o mar, de maneira que se Netuno perdesse todas as águas, poderia reclamá--las dessa potência, pois nela residem como seu princípio agente e material. Quando dizem que não é possível que a chama transpasse por sua estância e vá ao coração, deixando atrás de si tantas águas, não há que se supor que assim deva ser necessariamente, e isso por duas razões: a primeira é que tal impedimento não pode dar-se em ato se nele não puseram tais obstáculos; a segunda, porque as águas, estando nos olhos, podem dar passagem ao calor como à luz, pois a experiência demonstra que, sem esquentar o espelho, o raio luminoso inflama, por via de reflexão, qualquer matéria que lhe seja exposta. E que, através de um vidro, cristal ou outro recipiente cheio de água, o raio passa e inflama o conteúdo sem esquentar um corpo sólido que seja intermediário entre ambos; como é verossímil e ainda verdadeiro que a luz produz impressões de secura e de queimadura nas profundezas do mar. Do mesmo modo, por certa semelhança, senão por um raciocínio de mesmo gênero, é possível considerar-se que, pelo sentido lúbrico e escuro dos olhos, pode ele ser esquentado e inflamado pelo afeto dessa luz, que não se manifesta do mesmo modo em tudo o que atravessa. Como a luz do Sol, que se acha de um modo no ar que atravessa, outro no sentido próximo, outro no sentido comum e ainda outro no sentido do intelecto, ainda que um modo de ser proceda do outro.

LAODÔNIO: Ainda há outros discursos?

LIBÉRIO: Sim, porque um e outro tentam saber de que maneira aquele contém tantas chamas, e aqueles tanta água. Daí o coração fazer a segunda proposta:

Segunda Proposta do Coração

Se correm os rios ao mar recipiente
e com eles se impregnam as escuras vargens
como de vós, luzes, uma dupla torrente

▷ potrà ricovrar non altronde, / se per sorte perdesse il gran'impero; / come da noi deriva fiamma ardente, / che siam del mare il gemino parente? / Sei sì privo di senso, / che per noi credi la fiamma trapasse, / e tant'umide porte a dietro lasse, / per far sentir a te l'ardor immenso? / Come splendor per vetri, / crederai forse che per noi penétri?"

não se verta naquele mundo e em suas margens,
para que cresça o reino do deus tridente,
reduzindo de outros o encargo da aguagem?
Por que não vemos renascer o dia
em que Deucalião retorne da travessia?
Onde estão os rios transbordantes,
onde a torrente que minha chama reduza
ou para que, enfim, não se reproduza?
Gotas não descem à terra, lacrimejantes,
para que eu não pense, arrefecido,
que assim seja, como mostra o sentido?[215]

Pergunta que potência é essa que não se põe em ato. Se tantas são as águas, por que não consegue Netuno dominar o império de outros elementos? Onde se acham os rios transbordantes? Onde se dá refrigério ao fogo ardente? Onde está uma só gota que permita afirmar dos olhos o que me negam os sentidos? Mas os olhos, igualmente, fazem outra pergunta:

Segunda Proposta dos Olhos ao Coração

Se a matéria em fogo convertida
conquista o movimento de um leve elemento
e se eleva a lugar de grande investida,
por que tu, mais veloz do que o vento,
tendo o ardume do fogo como ferida,
não te ajuntas ao sol num momento?
Por que te hospedas no paço,
e não nos abres no ar um passo?
Nenhuma chispa se percebe
sair ao ar livre desse busto,
nem corpo incinerado ou adusto
ou fumo lacrimoso se concebe:
Tudo está no próprio alojamento,
de chama não há razão, senso ou pensamento[216].

215. "S'al mar spumoso fan concorso i fiumi, / e da fiumi del mar il cieco varco / vien impregnato, ondè che da voi lumi / non è doppio torrente al mondo scarco / che cresca il regno a gli marini numi, / scemando ad altri il glorioso incarco? / Perché non fia che si vegga quel giorno, / ch'a i monti fa Deucalion ritorno? / Dove gli rivi sparsi? / Dove il torrente che mia fiamma smorze, / o per ciò non posser più rinforze? / Goccia non scende a terra ad inglobarsi, / per cui fia ch'io non pensi / che sai cossì, come mostrano i sensi?"
216. "Se la materia convertita in foco / acquista il moto di lieve elemento, / e se ne sale a l'eminente loco, / onde avvien che veloce più che vento, / tu ch'incendio d'amor ▶

LAODÔNIO: Essa proposta não tem nem mais nem menos eficácia do que a outra. Mas vejamos logo a seguinte, se a tivermos.

LIBÉRIO: Há, certamente, e bastante suculentas; ouvi:

Segunda Resposta do Coração aos Olhos

Tolo é aquele que só na aparência
dos sentidos, não na razão, acredita;
meu fogo não pode voar com potência
e o infinito incêndio tão alto não se excita,
pois cobre-lhe o mar que dos olhos têm fluência,
e um infinito a outro não dá guarita:
a natureza não quer que o todo pereça
se tanto fogo a tanta esfera aqueça.
Olhos, dizei-me, pelo céu,
que partido tomaremos nós
para que se faça visível eu ou vós
para salvar-se a alma do fado cruel;
se um e outro está oculto
como um deus dará seu indulto?[217]

LAODÔNIO: Se não for verdade, é um bom achado; se não for assim, é boa a mútua desculpa, considerando que, ali onde há duas forças, das quais nenhuma é maior do que a outra, é preciso que ambas deixem de agir; pois tanto uma pode insistir quanto a outra reagir, e os rechaços desta não são menores que os ataques daquela. Portanto, se o mar é infinito e imensa é a força das lágrimas que se encontram nos olhos, ambos jamais deixarão aparecer o ímpeto do fogo que está oculto no peito, nem poderão enviar ao mar as torrentes gêmeas se com vigor se lhes opõe o coração; daí que nem a aparência das lágrimas que os olhos destilem, ou chispa que brote do coração logram mover a piedade de algum nume piedoso.

LIBÉRIO: Agora, observai a consequente resposta dos olhos:

▷ senti non poco, / non ti gionto al sole in un momento? / per che soggiorni peregrino al basso, / non t'aprendo per noi e l'aria il passo? / Favilla non si scorge / uscir a l'aria aperto da quel busto, / né corpo appar incenerit'o adusto, / né lacrimoso fumo ad alto sorge: / tutt'è nel proprio intiero, / né di fiamma è raggion, sens', o pensiero."

217. "Sciocco è colui che sol per quanto appare / al senso, et oltre la raggion non crede: / il fuoco mio non puote alto volare, / e l'infinito incendio non si vede, / perché de gli occhi han sopraposto il mare, / e un infinito l'altro non eccede: / la natura non vuol ch'il tutto pera, / se basta tanto fuoco a tanta sfera. / Ditemi, occhi, per dio, / qual mai partito prenderemo noi, / onde far possa aperto o io, o voi, / per scampo suo, de l'alma il fato rio, / se l'un e l'altro ascoso / mai potrà fargli il bel nume piatoso?"

Segunda Resposta dos Olhos ao Coração

Ah, para lançar no ondulante elemento
o ímpeto de nossas fontes é de todo quebrado,
pois contrária potência retém o movimento
com que possa ser abaixo mandado.
O infinito vigor do coração calorento
aos mais altos rios o passo é negado;
e assim a dupla corrente não chega ao mar,
pois aborrece à natureza não poder passar.
Diz-nos, coração aflito,
o que podeis defrontar com outro vigor
que nunca ostente o grito
de pregoeiro de um infeliz amor,
se o teu e o nosso mal
quanto maior, menos vale afinal?[218]

Por serem infinitos, um e outro mal, assim como duas forças igualmente vigorosas e contrárias, contêm-se reciprocamente e se suprimem[219]; e assim não seria se ambos fossem finitos, pois nas coisas naturais nunca há perfeita igualdade; tampouco se um fosse finito e outro, infinito, porque certamente um absorveria o outro e ambos se manifestariam, ou ao menos um por intermédio do outro. A filosofia ética e natural que se oculta sob essa sentença, deixo-a a quem queira e possa buscá-la, considerá-la e compreendê-la. Só uma coisa não quero deixar: é que não sem motivo o afeto do coração se diz mar infinito pela apreensão dos olhos, pois sendo infinito o objeto da mente, e não sendo definido o objeto proposto ao intelecto, não pode a vontade ser satisfeita por bem finito, já que, vindo a encontrar-se com outro objeto além, ela deseja, busca, porque o máximo ou sumo da espécie inferior é ínfimo e princípio da espécie superior, ou se tomam os graus escalados conforme as formas (as quais não podemos estimar por serem infinitas) ou segundo os modos e razões daquelas, maneira pela qual, por ser infinito o sumo bem, cremos

---

218. "Ahi per versar a l'elemento ondoso, / l'émpito di noi fonti al tutt'è casso; / ché contraria potenza il tien ascoso, / acciò non mande a rotilon per basso. / L'infinito vigor del cor focoso / a i pur tropp'alti fiumi niega il passo; / quindi gemino varco al mar non corre, / ch'il coperto terren natura aborre. / Or dinne, afflitto core, / che puoi opporti a noi con altretanto / vigor: chi fia giamai che porte il vanto / d'esser precon di sì infelice amore, / s'il tuo e nostro male / quant'è piú grande, men mostrarsi vale?"

219. Os olhos (intelecto) e o coração (vontade) possuem todos uma potência infinita, continuamente atuantes, sofrendo ambos suas próprias dores ou aflições.

que se comunique conforme a condição da coisa na qual participa. Daí não haver uma espécie definida para o universo (falo segundo a forma e o volume), nem para o intelecto nem para o afeto[220].

LAODÔNIO: Logo, essas duas potências da alma nunca são e nem podem estar perfeitamente satisfeitas com o objeto, já que a ele se referem e o perseguem indefinidamente.

LIBÉRIO: Assim seria se este infinito fosse por privação negativa ou negação privativa de fim, e não tal como é, ou seja, por uma afirmação positiva de fim infinito e indeterminado.

LAODÔNIO: Quereis então se referir a duas espécies de infinitude: uma privativa, e que pode tender em direção a qualquer coisa, pois é potência; assim são infinitas as trevas, em cujo final está a luz; a outra, perfectiva, que se refere ao ato e à perfeição, como infinita é a luz, cujo fim seria privação e trevas. Assim, o intelecto concebe a luz, o bem, o belo até onde se estende o horizonte de sua capacidade, e bebe o néctar divino e da fonte da vida eterna na medida de sua vasilha; vê-se, porém, que a luz se difunde para além do círculo de seu horizonte, podendo ele penetrá-la mais e mais, e que o néctar, fonte de água viva, é infinitamente fecundo, podendo nele embriagar-se mais e mais.

LIBÉRIO: Daqui não se segue a imperfeição no objeto nem pouca satisfação na potência, e sim que a potência é compreendida pelo objeto, e beatificamente por ele absorvida. Aqui, os olhos imprimem no coração, isto é, na inteligência, e suscitam na vontade um tormento infinito de suave amor, não havendo pena por não se lograr o que se deseja, mas é felicidade porque ali sempre se encontra o que se procura. E, no entanto, nunca se chega à saciedade, pois sempre se tem apetite e, por conseguinte, gosto: embora não seja como nos alimentos do corpo, que perde o gosto com a saciedade, e não há felicidade antes que se goste nem depois de se ter gostado, mas apenas no gostar; com isso, caso se passe um certo termo e fim, vem o fastio e a náusea. Vê, pois, por certa semelhança, como o sumo bem deve ser infinito, e assim também o impulso afetuoso para com ele, a fim de não deixar de ser um bem. Eis por que o humor do oceano não extingue aquela chama e o rigor do Círculo Ártico não temperaaquele ardor. Assim, é cativo de uma mão que lhe segura e não

---

220. Bruno segue aqui uma ideia de Marsilio Ficino: "O intelecto descobre o princípio intelectivo do sumo bem livre de qualquer limite determinado para a participação deste em algo concreto, e por isso tal princípio permanece infinito em si mesmo. Não só isso, mas se estende ao infinito, enquanto a bondade pode comunicar-se com um número infinito de coisas e a um número infinito de modos." (*Teologia Platônica* X, 8).

o quer; agarra-o porque o tem por seu, e não o quer porque, tanto mais se eleva, mais se mostra longínquo por causa da eminentíssima excelência, conforme aquele dito: "Accedet homo ad cor altum, et exaltabitur Deus."[221] Tal felicidade de afeto começa desde essa vida, e neste estado tem seu modo de ser. Daí o coração poder dizer que se encontra dentro do corpo, com ele, e fora com o Sol, enquanto a alma, com sua dupla faculdade, exercita dois ofícios, dos quais um é o de vivificar e atuar no corpo suscetível de ser animado, e o outro é o de contemplar as coisas superiores, pois assim como a alma é receptiva potencialmente, com respeito às coisas superiores, também é potência ativa com relação ao corpo. Este é como algo morto e coisa privativa para a alma, que é a sua vida e perfeição, e a alma, por sua vez, como algo morto e coisa privativa para a iluminadora inteligência superior, da qual o intelecto recebe seu caráter peculiar e é posto em ato. Por isso se diz que o coração é princípio de vida e não um ser vivo; diz-se pertencer à alma animante e esta não lhe pertence. Porque está inflamado de amor divino, é finalmente convertido em fogo, podendo abrasar tudo o que lhe acerca, dado que, tendo contraído em si a divindade, se fez divino e, por consequência, pode despertar o amor em outros, assim como na Lua o esplendor do Sol pode ser admirado. No que se refere aos olhos, sabei que no presente discurso há dois ofícios: um, o de imprimir no coração, outro, o de receber as impressões do coração. Mas este aqui também possui duas incumbências: receber as impressões dos olhos e neles imprimir as suas. Os olhos apreendem as espécies e as propõem ao coração; o coração as deseja e apresenta tais desejos aos olhos; estes concebem a luz e a difundem no coração, abrasando-lhe, e, assim, iluminado e inflamado, envia aos olhos seu humor, a fim de que eles o digiram. Assim, pois, a cognição move primeiramente o afeto, e depois este move a cognição. Os olhos, quando se movem, estão secos, pois agem como espelho e representantes; depois, quando são movidos, se turvam e se alteram, pois fazem o ofício de zelosos executores, dado que, com o intelecto especulativo, primeiramente se vê o belo e o bom; depois, a vontade o apetece e, em seguida, o intelecto industrioso o procura, segue, busca. Os olhos lacrimejantes significam a dificuldade de separação entre a coisa desejada e a desejante, a fim de que, não saciando, também não enfastie e se estenda por um cuidado infinito, que sempre busca, já que a felicidade dos deuses é descrita pelo beber, não pelo ter bebido o néctar,

---

221. "O homem acederá a um coração elevado e Deus será exaltado."

pelo provar e não pelo ter provado a ambrosia, pelo afeto contínuo do alimento e da bebida e não por estarem satisfeitos e sem desejo. Assim, têm a saciedade como movimento e apreensão, não como quietude e compreensão[222], não estão saciados sem apetite, nem têm apetência sem, de certa maneira, estarem satisfeitos.

LAODÔNIO: "Esuries satiata, societas esuriens."[223]
LIBÉRIO: Exatamente.
LAODÔNIO: Disso posso entender como, sem crítica, mas com grande verdade e inteligência, foi dito que o amor divino chora com gemidos inenarráveis, pois a tudo possuindo, ama tudo, e por amar tudo, a tudo possui.
LIBÉRIO: Mas são necessárias muitas glosas para que entendamos do amor divino, que é a própria divindade; e facilmente se compreende o amor divino naquilo que se encontra nos afetos e na natureza subalterna; não falo, pois, da divindade que se difunde nas coisas, mas das coisas que aspiram à divindade.
LAODÔNIO: Acerca deste e de outros assuntos, discutiremos depois. Vamo-nos.

FIM DO TERCEIRO DIÁLOGO DA SEGUNDA PARTE

Quarto Diálogo

Interlocutores: Severino e Minutolo[224]

SEVERINO: Vereis então as razões de nove cegos, as quais contêm nove princípios particulares de suas cegueiras, ainda que todos concordem numa causa geral de um furor comum.
MINUTOLO: Dizei a do primeiro.
SEVERINO: O primeiro deles, embora seja cego por natureza, nem por isso deixa de se lamentar por amor, dizendo aos outros que não pode se convencer de ter sido a natureza mais descortês com eles do que consigo; pois se agora não veem, provaram o que é ver e são sabedores da dignidade do sentido e da excelência do sensível; mas

---

222. No sentido de domínio acabado.
223. "Fome saciada, saciedade afamada." *Eclesiástico* 24, 29.
224. Diálogo inspirado na tragicomédia *Cecaria* (Ceguidade), do napolitano Marc'Antonio Epicuro (1472-1555), inicialmente publicada, em 1525, sob o título de *Diálogo de Três Cegos*.

ele veio como toupeira ao mundo, para ser visto e não ver, e desejar o que nunca vê.

MINUTOLO: Muitos se enamoraram apenas pelo ouvi dizer.

SEVERINO: Esses (diz ele) possuem a felicidade de reter aquela imagem divina construída na mente, de sorte que, embora cegos, têm em sua fantasia aquilo que ele não pode ter. Depois se dirige a seu guia, rogando-lhe que o encaminhe para um precipício, a fim de não continuar a ser um horrendo espetáculo da cólera da natureza.

Fala o Primeiro Cego

Felizes aqueles que viram um dia,
embora dolentes agora da luz perdida;
companheiros que as duas luzes conheceram,
esses acessos jamais foram acesos;
mais grave o mal de quanto acreditais
é o meu, digno de grandes lamentos:
pois que fosse a natureza torva
mais convosco do que comigo, disso não estou seguro.
Ao precipício, ó guia,
conduz-me, se quereis dar-me contentamento,
para que ache remédio o meu tormento,
pois sendo visto e não vendo a luz,
como toupeira saí ao mundo,
para ser na terra inútil[225].

Depois segue-se outro que, mordido pela serpente da inveja, acha-se infectado no órgão visual. Vai sem guia, se os cegos não lhe fazem escolta. Roga a algum dos circunstantes que lhe tenha piedade, pois não há sentido em sua desgraça, e a sepulte com ele, ocultando-a de si mesmo, como está oculto para a luz. Diz, portanto:

Fala do Segundo Cego

Da tremenda cabeleira Aleto arrancou
o verme infernal que com fera mordida
cruelmente me infectou o espírito

---

225. "Felici che talvolta visto avete, / voi per la persa luce ora dolenti / compagni che doi lumi conoscete. / Questi accesi non furo, né son spenti; / però più grieve mal che non credete / è il mio, e degno di più gran lamenti: / perché, che fusse torva la natura / più a voi ch'a me, non è chi m'assicura. / Al precipizio, o duce, / conducime, se vòi darmi contento, / perché trove rimedio il mio tormento, / ch'ad esser visto, e non veder la luce, / qual talpa uscivi al mondo, / e per esser di terra inutil pondo."

e logo o principal sentido
privou o intelecto de seu guia.
Em vão a alma pede socorro;
se tropeçar me ocorre no caminho,
logo me sobrevém a rábida inveja.
Se não há encanto mágico,
nem planta sagrada nem virtude de pedra,
nem socorro divino que alívio obtenha
que um de vós seja piedoso
fazendo-me oculto,
sepultando comigo meu mal sepulto[226].

Outro o sucede, que diz ter-se tornado cego por haver emergido repentinamente das trevas para a visão de uma grande luz; estando habituado a contemplar belezas ordinárias, apresentou-se-lhe ante os olhos uma beleza celeste, um sol divino, pelo que sua vista nublou-se e extinguiu-se a luz gêmea que na proa da alma resplandece (pois os olhos são como fanais que guiam o navio), de modo semelhante como costuma acontecer a quem, tendo crescido nas profundezas cimérias[227], fixa subitamente os olhos no Sol. Implora em sua fala que lhe seja concedida livre passagem para o inferno, pois nada além de trevas convém a um tenebroso. Diz, portanto, assim:

Fala do Terceiro Cego

Se aparecesse o grande planeta[228] de repente
a um homem nutrido em trevas profundas
ou sob o céu da ciméria gente
onde raios longos o Sol difunde,
apaga-se o lume gêmeo resplandescente
na proa da alma e qual inimigo ali se esconde;
assim diluiu-se minha luz acostumada
a mirar belezas ordinárias.
Fazei-me ir ao inferno.
Por que morto vago entre a gente?

---

226. "De la tremenda chioma ha svèlto Aletto / l'infernal verme, che col fiero morso / hammi sì crudament'il spirto infetto, / ch'a tòrmi il senso principal è corso, / privando de sua guida l'intelletto: / ch'in vano l'alma chiede altrui soccorso, / sì cespitar mi fa per ogni via / quel rabido rancor di gelosia. / Se non magico incanto, / né sacra pianta, / né virtù di pietra, / né soccorso divin scampo (per dio) piatoso in tanto, / che a me mi faccia occolto: / con far meco il mio mal tosto sepolto."
227. Ou seja, no país dos cimérios, segundo relata Ovídio nas *Metamorfoses*, XI.
228. O Sol, pois, na cosmologia ptolomaica, é a Terra o centro do sistema.

Por que cepo infernal entre vós vivo,
me misturo?
Por que sorvo o ar odioso, com tantas penas,
por haver visto o sumo bem?[229]

Adianta-se por sua vez o quarto cego, que assim não é pela mesma causa que o anterior, mas por uma semelhante; como aquele pela repentina visão da luz, este por uma contemplar contínuo e frequente ou ter fixado os olhos por tempo demasiado, deixou de ser sensível a toda outra luz e, portanto, não se diz cego por uma única luz que o tenha cegado. E afirma o mesmo do sentido da visão o que acontece com a audição, pois os que se submeteram a estrépitos e rumores, não ouvem os barulhos menores, como é coisa afamada dos povos da Catadupa, que são de onde o grande rio Nilo desce com estrépito de uma altíssima montanha para a planície.

MINUTOLO: Assim, todos aqueles que estão habituados de corpo e alma a coisas grandes e difíceis não costumam sentir aborrecimento com as dificuldades menores. E este não deve estar descontente de sua cegueira.

SEVERINO: Não, por certo. Chama-se a si mesmo um cego voluntário que se compraz com que toda outra coisa lhe esteja encoberta, pois não faria senão lhe importunar, distraindo-o daquilo que quer realmente contemplar. Nesse ínterim, roga aos viajantes que se dignem a ter cuidado em lhe prevenir de qualquer desventurado esbarrão enquanto caminha atento e cativado por seu principal objeto.

MINUTOLO: Fazei referência às suas palavras.

SEVERINO:

Fala o Quarto Cego

Precipitoso do alto até a profundidade,
todo outro ruído apagou o Nilo
entre o povo infeliz das Catadupas;
estando eu assim com o espírito inteiro atento
à luz mais viva que haja no mundo,
todo esplendor menor não sinto;

---

229. "S'appaia el gran pianeta di repente / a un uom nodrito in tenebre profonde, / o sott'il ciel de la cimmeria gente, / onde lungi suoi rai il sol diffonde; / gli spenge il lume gemino splendente / in prora a l'alma, e nemico s'asconde: / cossì stemprate fur mie luci avezze / a mirar ordinarie bellezze. / Fatemi a l'orco andare: / perché morto discorro tra le genti? / perché ceppo infernal tra voi viventi / misto men vo? Perché l'aure discare / sorbisco, in tante pene / messo per aver visto il sommo bene?"

enquanto ela esplende, toda outra coisa
está oculta para este cego voluntário.
Rogo-vos que de um esbarrão,
de alguma pedra ou fera irracional
me façam saber, e se devo subir ou descer:
para que esses míseros ossos não caiam
em lugar baixo e cavado
enquanto, sem guia, conduzo os passos[230].

O cego que lhe segue, pelo muito lacrimejar, teve os olhos de tal modo nublados que seu raio de visão já não pode estender-se e comparar as espécies visíveis, e principalmente contemplar de novo a luz que, para seu pesar e dor, um dia viu. Considera, além disso, que sua cegueira é habitual, mais do que uma disposição passageira e de todo privativa, pois o fogo luminoso que a alma prende na pupila durante muito tempo e com grande força foi reprimido e oprimido pelo humor contrário, de sorte que, ainda que cessasse seu lacrimejar, não está persuadido de que conseguiria a visão desejada. Ouvireis agora o que disse na reunião, para que o fizessem passar:

Fala o Quinto Cego

Olhos meus, sempre impregnados de água,
quando será que do raio visual
a centelha saltará para fora
de tantos e densos obstáculos
e venha eu rever aquele lume santo
que foi o princípio deste meu doce mal?
Cansado, creio que seja de todo extinta,
por tanto tempo por seu oposto vencida.
Deixai passar o cego
e voltai os vossos olhos a estas fontes
que sobrepujam todas as outras juntas.
E se houver quem comigo ouse disputar
eu por certo o convenceria
de que um só dos meus olhos um oceano abarca[231].

230. "Precipitoso d'alto al gran profondo, / il Nil d'ogn' altro suon il senso ha spento / de Cataduppi al popolo ingiocondo; / cossì stand'io col spirto intiero attento / alla più viva luce ch'abbia il mondo, / tutti i minor splendori umqua non sento: / or mentr'ella gli splende, l'altre cose / sien pur a l'orbo volontario ascose."

231. "Occhi miei d'acqui sempremai pregnanti, / quando fia che del raggio visuale / la scintilla se spicche fuor di tanti / e sì densi ripari, e vegna tale, / che possa riveder que' ▶

O sexto cego o é porque, devido ao excesso de pranto, não lhe restou humor, e até o cristalino, por meio do qual, como por meio diáfano, o raio visual era transmitido e se introduzia a luz externa e as espécies visíveis; e de tal modo afetou o coração que toda a substância úmida – cuja tarefa é manter unidas as partes diversas – foi consumida. Ficou-lhe a afeição amorosa, sem o efeito das lágrimas, pois o órgão foi vencido pelos demais elementos, e consequentemente ficou sem ver e sem a coesão das partes de seu corpo. Depois propões aos circunstantes aquilo que entendereis.

Fala o Sexto Cego

Olhos que não são olhos, fontes que não são fontes[232],
todo o humor haveis já dissipado
que tenham o corpo, o espírito e alma juntos.
E tu cristalino, que desde fora,
tantos objetos à alma apresentavas,
consumiu-te o coração chagado.
Assim, para o antro sombrio e infernal
encaminho meus passos, árido cego.
Não sede comigo avaros,
sede compassivos e deixai-me caminhar com presteza
que tantos rios em dias tenebrosos
verti, contentando-me apenas com meu pranto.
Agora que todo o humor em mim seca,
até o profundo oblívio abri-me passagem[233].

Comparece o seguinte, que perdeu a vista com intensa fogueira provinda do coração, que lhe consumiu primeiramente os olhos e depois lambeu com suas chamas todo o humor que restava no corpo do amante; dessa maneira, totalmente incinerado, já não é o mesmo,

▷ lumi santi, / che fur principio del mio dolce male? / lasso: credo che sia al tutto estinta, / sì a lungo dal contrario oppressa e vinta. / Fate passar il cieco, / e voltate vostr'occhi a questi fonti / che vincon gli altri tutti uniti e gionti; / e s'è chi ardisce disputarne meco, / è chi certo lo rende / ch'un de miei occhi un Oceàn comprende."

232. Referência ao *Canzoniere* de Petrarca, 161: "Ai, olhos meus, não mais olhos, e sim fontes" (Oi occhi miei, occhi non già, ma fonti!).

233. "Occhi non occhi; fonti, non più fonti, / avete sparso già l'intiero umore, / che tenne il corpo, il spirto e l'alma gionti. / E tu visual ghiaccio che di fore / facevi tanti oggetti a l'alma conti, / sei digerito dal piagato core: / cossì vèr l'infernale ombroso speco / vo menando i miei passi, arido cieco. / Deh non mi siate scarsi / a farmi pronto andar, di me piatosi, / che tanti fiumi a i giorni tenebrosi / sol di mio pianto m'appagando ho sparsi: / or ch'ogni umor è casso, / vers' il profondo oblio datemi il passo."

pois foi convertido pelo fogo, cuja virtude é a de dissolver os corpos em átomos, em pó disperso e não mais recomponível, pois somente a água possui a virtude de reunir e juntar os átomos de outros corpos para com eles fazer um composto estável. Contudo, não se acha falto de sentido das chamas intensas. Por isso quer que lhe deem passagem, pois se alguém chegar a ser roçado por suas chamas chegaria a ficar insensível aos ardores das chamas do inferno, os quais não distinguiria da fria neve.

Fala o Sétimo Cego

A beleza que pela vista entrou no coração
formou em meu peito uma alta fornalha
que o humor visual primeiro absorveu,
levando aos céus sua chama tenaz;
e logo devorando todo outro humor,
para pôr o elemento seco em paz,
fez-me pó não mais componível
aquele que os átomos dissolve.
Se do infinito mal
tendes horror, dai-me lugar, ó gente;
guardai-vos de meu fogo cozente
pois se chegar a vos assaltar o contágio
creríeis que fosse o inverno
achando-vos no fogo do inferno[234].

Sucede-lhe o oitavo cuja cegueira foi causada pela flecha que o Amor fez chegar ao coração pelos olhos. Lamenta-se não apenas como cego, mas como ferido, e tão intensamente inflamado que não estima que outro possa ser pior. Seu sentimento aparece claramente nestas palavras.

Fala o Oitavo Cego

Assalto vil, triste pugna, iníqua palma,
ponta aguda, isca voraz e forte nervo,
áspera ferida, ímpio ardor, fardo cruel,
dardo, fogo e laço daquele deus protervo
que punge os olhos, arde o coração e aperta a alma

---

234. "La beltà che per gli occhi scorse al core / formò nel petto mio l'alta fornace / ch'assorbì prima il visuale umore, / sgorgand'in alt'il suo vampo tenace; / e poi vorando ogn' altro mio liquore, / per metter l'elemento secco in pace, / m'ha reso non compaginabil polve, / chi ne gli atomi suoi tutto dissolve. / Se d'infinito male / avete orror, datemi piazza, o gente; / guardatevi dal mio fuoco cuocente; / che se contagion di quel v'assale, / crederete che inverno / sia, ritrovars'al fuoco de l'inferno."

e me fez cego, amante e servo:
cego de minha chaga, do incêndio e enlaçado,
trago o sentido sempre louco deste modo.
Homens, deuses e heróis
que estais na Terra ou junto a Dite ou Júpiter,
dizei-me, vos peço, como e onde
provastes, vistes ou ouvistes tal como eu
ou tais ou tantos iguais,
entre os oprimidos, os danados e amantes?[235]

Vem, por fim, o último, que ainda é mudo, pois não podendo, falto de audácia, dizer aquilo que mais lhe importaria expressar, sem provocar ira ou ofensa, privou-se de falar acerca de qualquer outra coisa. Daí que não fale, e sim seu guia é quem se pronuncia acerca do que, por ser fácil, não discorro, mas trago as sentenças.

Fala o Guia do Nono Cego

Afortunados vós, cegos amantes,
que explicastes a razão de vossos males:
podeis ser, mercê de vossos prantos,
agraciados com castas e amáveis acolhidas;
daquele que eu conduzo, entre esses tantos,
em maior grau sofre e a chama esconde
mudo talvez por falta de ousadia
em declarar à sua deusa o seu tormento.
Abri, abri passagem
sede benignos com este semblante vazio,
de tristes embaraços, ó povo aqui reunido,
enquanto o semblante cansado
vai batendo às portas
de uma menos penosa e mais profunda morte[236].

---

235. "Assalto vil, ria pugna, iniqua palma, / punt'acuta, esca edace, forte nervo, / aspra ferit', empio ardor, cruda salma, / stral, fuoco e laccio di quel dio protervo, / che puns' gli occhi, arse il cor, legò l'alma, / e femmi a un punto cieco, amante e servo: / talché orbo de mia piaga, incendio e nodo, / ho 'l senso in ogni tempo, loco e modo. / Uomini, eroi e dèi, / che siete in terra, o appresso Dite o Giove, / dite (vi priego) quando, come e dove / provaste, udiste o vedeste umqua omei / medesmi, o tali, o tanti / tra oppressi, tra dannati, tra gli amanti?"

236. "Fortunati voi altri ciechi amanti, / che la caggion del vostro mal spiegate: / esser possete, per merto di pianti, / graditi d'accoglienze caste e grate; / di quel ch'io guido, qual tra tutti quanti / più altamente spasma, il vampo late, / muto forse per falta d'ardimento / di far chiaro a sua diva il suo tormento. / Aprite, aprite il passo, / siate ▶

Aqui estão representadas nove razões pelas quais acontece de a mente humana se tornar cega para com o objeto divino, pois nele não pode fixar os olhos, das quais a primeira, alegorizada pelo primeiro cego, é da natureza da própria espécie, que, correspondendo ao grau em que se acha, aspira sem dúvida mais alto do que pode compreender.

MINUTOLO: Porque nenhum desejo natural é vão, podemos nos certificar de que fora deste corpo há um estado mais excelente e que melhor convém à alma e ao qual seja possível unir-se ou se aproximar mais elevadamente do objeto.

SEVERINO: Disseste muito bem que nenhuma potência ou impulso natural se dá sem razões; mais ainda, pela mesma regra da natureza, que todas as coisas ordena. É portanto uma verdade certíssima, para todo engenho bem disposto, que o ânimo (tal como se mostra enquanto habita o corpo) dá a entender sua qualidade de estrangeiro nesta região, pois aspira à verdade e ao bem universal, e não se contenta de quanto é próprio de sua espécie e serve ao seu proveito. A segunda razão, figurada pelo segundo cego, procede de uma afecção perturbada, assim como o ciúme é uma perturbação do afeto de amor, algo semelhante ao carcoma, que tem no mesmo sujeito o pai e o inimigo, quer dizer, que rói a madeira de onde foi engendrado.

MINUTOLO: Não me parece que isso aconteça no amor heroico.

SEVERINO: Certamente não por causa da mesma razão, pela qual se percebe no amor vulgar, mas o entendo conforme outra razão, proporcional a esta aqui, e que se manifesta naqueles que aderem à verdade e à bondade, mostrando-se contra aqueles que pretendem adulterá-las, estorvá-las e corrompê-las, ou ainda tratá-las indignamente e de outro modo. E assim foram reconhecidos os reduzidos, até a morte, às penas e ao tratamento ignominioso de pessoas ignorantes e de seitas vulgares.

MINUTOLO: É certo que ninguém ama verdadeiramente o bom e o verdadeiro se não for irascível contra a multidão, assim como ninguém ama vulgarmente se não for ciumento da coisa amada e a tema.

SEVERINO: E com isso se torna cego para muitas coisas e, segundo a opinião comum, completamente néscio e demente.

MINUTOLO: Há uma passagem que diz serem estúpidos e dementes todos aqueles que têm um senso fora ou extravagante do senso universal dos homens; mas tal extravagância ocorre de duas maneiras,

▷ benigni a questo vacuo volto / de tristi impedimenti, o popol folto, / mentre ch'il busto travagliato e lasso / va picchiando le porte / di men penosa e più profonda morte."

conforme se saia do comum elevando-se mais alto do que a maior parte – e esses são inspirados pelo furor divino – ou descendo mais baixo, até ali onde estão os privados de senso e de razão em maior medida do que a multidão; mas em tal gênero de extravagância, insensatez e cegueira não se achará o heroico ciumento.

SEVERINO: Ainda quando lhe seja dito que as muitas letras o tornam louco, é uma injúria que, na verdade, não se lhe pode imputar. A terceira razão, figurada pelo terceiro cego, procede do fato de que a verdade divina, segundo uma razão sobrenatural, ou dita ainda metafísica, mostra-se a poucos e não se dá com medidas de movimento e de tempo, como sucede nas ciências físicas (isto é, aquelas que se adquirem pela luz natural e avançam desde uma coisa conhecida, em conformidade com o senso e a razão, a outra ignota), mas súbita e repentinamente, segundo o modo que convém a esse eficiente[237]. Daí dizer um homem divino: "Attenuati sunt oculi mei suspicientes in excelsum."[238] Daí não ser requerido um vão discurso no tempo nem o cansaço do estudo ou das indagações para tê-la; mas assim prontamente é ingerida, como, de modo similar, a luz solar, sem demora, se apresenta a quem se lhe volta e se abre.

MINUTOLO: Quereis dizer com isso que os estudiosos e os filósofos não são mais aptos para essas luzes do que qualquer ignorante?

SEVERINO: De certo modo, não, e de outro, sim. Não há diferença quando a mente divina, por sua providência, se comunica sem uma especial disposição do sujeito. Quero dizer, quando se comunica porque busca e elege um sujeito; mas há uma grande diferença quando espera, quer ser perseguida e, por livre-arbítrio, se deixa encontrar. Desse modo, não aparece a todos que a perseguem. Daí se ter dito: "Qui quaerunt me invenient me." E em outro lugar: "Qui sitit, veniat, et bibat."[239]

MINUTOLO: Não se pode negar que a apreensão no segundo modo se faça no tempo.

SEVERINO: Vós não distinguis entre a disposição para a divina luz e sua apreensão. Certamente não negarei que ao dispor-se emprega tempo, raciocínios, zelo e cansaço; mas assim como dizíamos que a alteração tem lugar no tempo e a geração no instante, e assim como vemos que é preciso tempo para abrir as janelas, enquanto num só

---

237. Todo efeito divino seria um infinito extensivo e intensivo e, portanto, instantâneo, sem tempo e movimento.

238. "Meus olhos se enfraquecem observando o excelso." *Isaías* 38, 14.

239. "Quem me procura, me conhecerá." *Mateus* 7, 7-8. "Quem tiver sede, venha e beba." *João* 7, 37.

momento entra o sol, assim acontece, proporcionalmente, com esse assunto. A quarta razão não é verdadeiramente indigna, como a que provém do hábito de se crer em falsas opiniões do vulgo, muito distantes das opiniões dos filósofos, ou daquelas que derivam de filosofias vulgares, tanto mais estimadas e dignas de crédito pela multidão quanto mais se conformam com sentido ordinário. E essa ação consueta é um dos maiores e mais fortes inconvenientes que se possa encontrar, porque (como exemplificaram Al-Ghazali e Averróis) algo semelhante ocorre com os que, acostumados em sua infância e juventude a se nutrir de venenos, chegam a considerá-los um alimento suave e conveniente, abominando, ao contrário, as coisas realmente boas e doces, conforme uma natureza normal. Mas esta quarta razão é digníssima, porque está fundada sobre o hábito de olhar a verdadeira luz (costume que não se usa entre a multidão). Essa cegueira é heroica e é tal que poderia contentar o cego furioso, que, longe de buscar um remédio para sua cegueira, despreza qualquer outro modo de ver, e não quer obter da comunidade outra coisa senão a passagem livre e progresso em sua contemplação, já que, de ordinário, costuma padecer insídias e enfrentar embaraços mortais. A quinta razão, dada pelo quinto cego, vem da desproporção de meios de nossa cognição para com o cognoscível, sendo que, para contemplar as coisas divinas, é preciso abrir os olhos por meio de figuras, de similaridades e de outras razões que os peripatéticos compreendem sob o nome de fantasias; ou proceder por mediação do ser à especulação sobre a essência, isto é, por via dos conhecimentos dos efeitos até as causas. A tais meios falta muito, o que os fazem ser como obstáculos, se admitirmos que a mais elevada cognição das coisas divinas seja por negação e não por afirmação, sabendo-se que a beleza e a bondade divinas não podem submeter-se e não caem sob o nosso conceito; mas sim aquilo que está muito além de nossa compreensão e maximamente no estado chamado pelo filósofo de "especulação de fantasmas" e pelo teólogo de "visão por semelhança especular e enigma". Pois na verdade não vemos os efeitos nem a espécie verdadeira da coisa, nem a substância das ideias, mas suas sombras, vestígios e simulacros, como aqueles que se encontram dentro da caverna e têm, desde o seu nascimento, as costas voltadas para a entrada da luz e a face oposta ao fundo, de sorte que não veem o que se encontra verdadeiramente fora da caverna. Mas por aquela visão aberta que se perdeu, e sabe ter perdido, um espírito semelhante ou ainda melhor do que o de Platão chora, desejando a saída da caverna, e assim, não por reflexão, mas por "imediata conversão, possa rever sua luz".

MINUTOLO: Parece-me que este cego não representa a dificuldade que provém da luz refletida, e sim aquela que tem como causa a mediação entre a potência visual e o objeto.

SEVERINO: Esses dois modos, embora sejam distintos na cognição sensitiva ou visão ocular, concorrem, todavia, para a cognição racional ou intelectiva.

MINUTOLO: Parece-me ter entendido e lido que qualquer visão requer um meio ou intermediação entre a potência e o objeto. Pois assim como pela mediação da luz difundida no ar e a imagem da coisa, que de certo modo procede do que é visto, ocorre o ato de ver, assim na região intelectual onde esplende o sol do intelecto agente, mediante a espécie inteligível formada pelo objeto, e por assim dizer dele procedente, nosso intelecto (ou outro a ele inferior) vem a apreender algo da divindade. Do mesmo modo que o nosso olho, quando vemos, não recebe a luz do fogo ou do outro em substância, mas por semelhança, assim o intelecto, em qualquer estado em que se encontre, tampouco recebe substancialmente a divindade, pois senão haveria substancialmente tantos deuses quantas são as inteligências, mas por similitude. Por isso, não são formalmente deuses, mas divinos por denominação, permanecendo a divindade e a beleza divina exaltada acima de todas as coisas.

SEVERINO: Dizeis bem, mas isso não significa que me devo retratar, pois não me expressei em contrário, mas é preciso que eu declare e explique. E declaro primeiramente que a visão imediata, por nós já tratada e compreendida, não exclui aquela espécie de meio que é a espécie inteligível nem a luz, e sim aquela proporcional à espessura e à densidde do diáfano ou da opacidade de um corpo interposto, como sucede com aquele que olha através de águas mais ou menos turvas, do ar enevoado; ele entenderia ver sem intermediação quando lhe fosse concedido mirar pelo ar puro, luminoso e límpido. Tudo tendes explicado ali onde se diz: "Despontará fora de tantos e tão densos obstáculos." Mas retornemos ao nosso propósito principal. A sexta razão, representada pelo cego seguinte, não é ocasionada senão pela fraqueza e inconsistência do corpo, que se acha constantemente em movimento, mutação ou alteração; e suas ações devem conformar-se com as condições de suas faculdades, as quais são consequência das condições da natureza e do ser. Como quereis que a imobilidade, a subsistência, a entidade, a verdade sejam compreendidas pelo que continuamente muda, age diversamente e é sempre diferentemente feito? Que verdade, que imagem fiel pode achar-se pintada e impressa ali onde as pupilas dos olhos se dispersam em águas, as águas em vapor, o vapor em chama, a chama em ar e assim sucessivamente, sem fim, discorrendo o sujeito do sentido e o conhecimento na roda infinita das metamorfoses?

MINUTOLO: O movimento é alteridade; aquilo que se move é sempre diverso e, como tal, sempre se comporta e atua diferentemente, daí que se conformam o intelecto e o afeto à razão e condição do sujeito movente. E aquilo que é diverso, e diversamente sempre mira, não pode ser outra coisa senão absolutamente cego com respeito a essa beleza que é sempre única e contém sempre a mesma unidade, a entidade e a identidade.

SEVERINO: Assim é. A sétima razão, alegoricamente contida no sentimento do sétimo cego, deriva do fogo da afeição, pelo qual alguns se tornam impotentes e ineptos para a apreensão da verdade, fazendo com que o afeto preceda ao intelecto. São aqueles que preferem o amar ao compreender, do que resulta que todas as coisas se lhes apareçam segundo a cor de sua afeição e, sendo assim, quem deseja apreender a verdade por via da contemplação, deve achar-se extremamente purificado em seu pensamento.

MINUTOLO: Na verdade, vê-se que, assim como há diversidade nos contempladores e inquisidores, pois alguns procedem (seguindo os hábitos de suas primeiras disciplinas fundamentais) por via dos números, outros por via de figuras, outros por ordens e desordens, alguns por via de decomposição e de divisão, outros por separação e aglomeração, outros por indagação e dúvida, por discursos e definição, interpretações e deciframentos de termos, de vocábulos, de tal maneira que uns são filósofos matemáticos, outros metafísicos, outros lógicos e mais alguns gramáticos; também há uma diversidade de contempladores que, com afeições ou paixões diversas, se põem a estudar e aplicar suas intenções às sentenças escritas, de tal modo que se conclui que a mesma luz de verdade expressa num mesmo livro, com as mesmas palavras, acaba por servir a desígnios os mais variados e às mais contrárias seitas.

SEVERINO: Por isso deve-se dizer que as afeições são potentes para impedir a apreensão da verdade, mesmo quando aqueles que as padecem não podem se aperceber; o mesmo ocorre com um tolo enfermo que não atribui o amargor ao seu paladar, mas que considera amargo o seu alimento. Ora, tal gênero de cegueira é representado por esse cego cujos olhos se acham alterados por aquilo que foi enviado do coração e neles impresso, capaz não só de alterar o sentido, mas ainda todas as outras faculdades da alma, como bem demonstra a alegoria. Ao significado do oitavo, a excelência inteligível do objeto obcecou o intelecto, assim como a excelência sensível lhe corroeu o sentido. Dessa maneira, acontece a quem vê a majestade de Júpiter, pois perde a visão e, por conseguinte, perde o sentido. Assim também sucede quem mira alto e pode ser oprimido pela majestade. Ademais, quando consegue penetrar na espécie divina, esta o atravessa como uma flecha. Daí dizerem os teólogos que o verbo divino é mais penetrante do que qualquer ponta de espada ou de faca. Disso derivam a formação e a impressão de seu vestígio, e sobre o qual nada mais pode ser impresso ou selado, pois estando u'a marca já impressa, e não podendo suceder-lhe uma nova, sem que a primeira ceda, consequentemente pode-se dizer que não tem mais faculdade de apreender outra coisa, já tendo sido marcado por algo necessariamente desproporcional à sua capacidade. A nona razão, do nono cego, está representada pela desconfiança e dejeção do espírito, administrada e ocasionada por um grande amor, pois com a audácia teme ofender. Daí dizer o *Cântico*: "Averte oculos tuos a me, quia ipsi me avolare fecere."[240] E assim suprime os olhos para não ver aquilo que mais deseja e apraz olhar; como refreia a língua para não falar com quem desejaria, temendo envilecer-se por algum defeito no olhar ou na palavra, ou cair em desgraça por outro modo. E isso costuma proceder da apreensão da excelência do objeto quando acima da potência das faculdades, de maneira que dizem os teólogos que mais se honra e se ama a Deus mediante o silêncio do que com palavras, e que mais se vê as espécies representadas com o fechar dos olhos do que com o abri-los. Eis por que é tão célebre a teologia negativa de Pitágoras e de Dioniso, superior à de Aristóteles e dos escolásticos doutores.

MINUTOLO: Vamos conversando pelo caminho.
SEVERINO: Como quiseres.

FIM DO QUARTO DIÁLOGO DA SEGUNDA PARTE

---

240. "Desvia teus olhos de mim, pois eles me fizeram partir."

Quinto Diálogo

Interlocutoras: Laodomia e Júlia[241]

LAODOMIA: Numa próxima vez, irmã, compreenderás o que significa toda essa história dos nove cegos. Eram eles, em princípio, nove jovens belíssimos e amorosos que, cativados pela graça de vosso rosto, e sem ter esperanças de receber o desejado fruto do amor, e ainda temendo que tal desespero os conduzisse a uma ruína final, partiram das terras da feliz Campânia. E de comum acordo (eles que antes haviam sido rivais), juraram por tua beleza jamais se separar, sem ter intentado, por todos os meios possíveis, achar uma coisa mais bela do que tu, ou, quando menos, a ti semelhante, acompanhada daquela misericórdia e piedade que em teu peito cruel não se encontrava, pois julgavam que fora este o único remédio que os pudesse liberar de tão rigorosa servidão. No terceiro dia de sua solene partida, passando ao lado do monte Circeo, quiseram aproximar-se para ver as antiguidades das cavernas e das lâmpadas consagradas àquela deusa. Estando todos ali reunidos, sentiram-se inspirados pela majestade da erma paisagem, pelos penhascos eminentes e ventosos, pelo murmúrio das ondas marinhas que se quebravam naquelas cavidades e por outras circunstâncias que o lugar oferecia. Entre eles, um (que ainda te direi), mais ardente do que o resto, falou com estas palavras: "Ah, se prouvesse aos céus que nesses tempos nos fizesse presente, como aconteceu em outros séculos mais felizes, a maga Circe que, com plantas, minerais, venéficos e encantos era capaz de pôr um freio à natureza, por certo acreditaria que ela, embora severa, seria piedosa para com nosso mal. Condoída de nossas súplicas e lamentos, concederia ou um remédio ou uma grata vingança contra a crueldade de nossa inimiga." Apenas havia terminado de proferir essas palavras, a todos se apresentou visível um palácio, acerca do qual quem quer que tenha conhecimento das coisas humanas poderia facilmente compreender que não era manufatura nem do homem nem da natureza, mas de cujo aspecto e detalhes falarei em outra ocasião. Assim, embevecidos por tão grande maravilha e animados por certa esperança de que algum nume propício quisesse pôr fim a seus infortúnios, disseram a uma voz que nada lhes podia acontecer de pior do que morrer, mas que estimavam este mal menor do

---

241. Personagens femininas de Nola, pessoalmente conhecidas de Bruno em sua juventude.

que continuar vivendo sob tal paixão. Por esse motivo, entraram, não havendo porta que se lhes tivesse fechada ou porteiro que lhes pedisse razões, até que se encontraram numa rica e ornamentadíssima sala, onde (tão régia que se podia dizer que Apolo reencontrava Faetonte) apareceu aquela que é chamada sua filha[242]; com sua presença, acabaram por desaparecer as imagens de outros numes que lhe acompanhavam. Acolhidos por um rosto gracioso e reconfortante, e vencidos pelo esplendor daquela majestade, puseram-se de joelhos e juntos, com a diversidade de glosas que lhes ditavam seus engenhos, expuseram seus votos à deusa. Com o que, em conclusão, foram tratados de tal modo que, cegos, errantes, em vão se cansando, sulcaram todos os mares, atravessaram todos os rios, escalaram todos os montes e percorreram todas as planícies durante dez anos, ao término dos quais chegaram à presença das belas e graciosas ninfas do pai Tâmisa, sob o céu temperado das ilhas britânicas[243]. Ali, após terem efetuado as devidas reverências e serem acolhidos com gestos de recatada cortesia, um deles, o principal, cujo nome te será dito em outra oportunidade, com acento trágico e queixoso, expôs a causa comum nestes termos:

> Senhoras, aqueles que com os vasos fechados
> estão presentes e têm o coração trespassado,
> não por erro cometido pela natureza,
> mas de uma sorte crua
> que em tão viva morte
> os mantém, cegos ficaram.
> Somos nove espíritos que por muitos anos, errantes,
> por ânsia de saber, muitos países
> percorreram, e fomos um dia surpreendidos
> por severo acidente
> pelo qual, se estais atentas,
> direis: "Ó dignos, infelizes amantes."
> Uma ímpia Circe, que se vangloria
> de ter este belo sol como progenitor
> acolheu-nos após muito e longo vaguear
> e um certo vaso abriu
> de cuja água em nós aspergida
> ajuntou um encanto.
> Esperando o fim de tal ação

---

242. Nas *Metamorfoses*, XIV, 10, diz Ovídio que Circe é filha do Sol (*solis filia*).
243. Esse percurso dos "cegos" é claramente autobiográfico.

ficamos atentos e em mútuo silêncio.
Até o momento em que disse: "Ó vós infelizes
ide cegos para tudo:
recolhei aquele fruto
que acham os que estão atentos às grandes alturas."
"Filha e mãe de trevas e de horrores"
– disseram todos feitos cegos de repente –,
"então vos agrada assim feramente
tratar míseros amantes
que para vós vieram
talvez para consagrar-vos o coração?"
Mas depois que os combalidos se acalmaram um pouco
daquele súbito furor que a fortuna
lhes houvera trazido, cada um em si absorto,
ficou, enquanto cedia a cólera à dor.
E imploraram sua graça
com tais acentos acompanhando o pranto:
"Se a vós agrada, ó nobre maga,
que o zelo de glória vos toque o coração,
ou que águas de piedade vos abrandem e unjam,
fazei-vos piedosa conosco
com vossas poções,
fechando em nossos corações a chaga impressa.
Se vossa bela mão gosta de socorrer,
então não seja longa a demora
que de nós, os tristes, alguém ache a morte
antes de que por gestos vossos
possamos então exclamar:
muito nos atormentou, e maior foi a satisfação."
E ela acrescentou: "Ó mentes curiosas,
tomai um outro vaso meu fatal,
que minha própria mão não pode abrir,
por largo e profundo.
Peregrinai pelo mundo,
procurai em todos os reinos inumeráveis;
pois não quer o destino que seja descoberto
até que uma alta sabedoria
de nobre castidade e aliada à beleza
vos aplicará as mãos.
Outros estudos são vãos
para vos preparar este licor a céu aberto.

Mas se essas belas mãos aspergissem
quem quer que se aproximasse por remédio
provar poderia a virtude divina:
que para admirável contentamento,
mudando o cruel tormento,
veria mais duas formosas estrelas no mundo.
No entanto, que ninguém dentre vós se entristeça,
embora em profundas trevas estejam
e quanto o firmamento vos esconde,
pois jamais tamanho bem,
apesar de tantas penas,
mais dignamente será conquistado.
Por aquela a quem a cegueira vos conduz
deveis ter por vil todo outro bem
e estimar toda dor um prazer
pois havendo esperança de contemplar
graças tão únicas e raras,
bem podeis desprezar toda outra luz."
Ah, infortunados, há muito tempo vão errando
por todo o globo terrestre nossos membros
de sorte que, ao fim, parece a todos
que aquele monstro sagaz
de esperança falaz
o peito nos ocupa com suas bajulações.
Míseros, já fomos advertidos, ainda que tardiamente,
de que a maga, para nosso mal,
espera nos ter em eterna espera
pois tem ela por certo
que nenhuma dama se encontra,
sob o manto celeste, com tão grandes dons.
E assim, ainda que sabendo toda esperança vã,
ao destino cedemos, bastante contentes,
de nos furtarmos a tão penosas provas,
sem jamais deter os passos
ainda que trépidos e cansados
e de languescer por toda a vida adiante.
Ó lindas ninfas que nas verdes ribeiras
do nobre Tâmisa morais:
por Deus, ó belas, não tendes por agravo
tentar também vós, embora em vão,
com vossas brancas mãos,

descobrir o que oculta nosso vaso.
Quem sabe, talvez nestas praias,
onde com as nereidas, nesta torrente,
avisa que tão rapidamente
de baixo para cima se remonta,
sinuoso, até alcançar sua fonte,
destinou o céu que ela habite.

Tomou uma das ninfas o vaso em suas mãos e sem nada tentar o ofereceu de uma em uma, de maneira que não se encontrou quem ousasse prová-lo antes. Mas todas, por comum consentimento, e depois de tê-lo apenas contemplado, o remetiam, por respeito e reverência a uma só; esta, finalmente, o aceitou, não tanto para mostrar sua glória quanto por piedade e desejo de socorrer àqueles infelizes; e enquanto dubitativa o comprimia, abriu-se espantosamente por si mesmo. Quereis que vos diga o quanto foi grande o aplauso das ninfas? Como podeis crer que eu possa exprimir a extrema alegria dos nove cegos quando souberam do vaso aberto, quando abriram os olhos e viram os dois sóis? E encontraram dupla felicidade: uma, por haver recobrado a perdida luz, e outra pela descoberta nova, a única que lhes podia mostrar o sumo bem na Terra. Como quereis que possa expressar aquele concerto de vozes, aquele regozijo de espírito e de corpo, quando eles próprios, todos mudos, não conseguiam explicá-lo? Por muito tempo viram-se tantos furiosos báquicos, com a sensação de estarem sonhando e com o olhar de quem não acredita no que vê. Até que, tendo-se apaziguado o ímpeto daquele furor, dispuseram-se em círculo e, assim:

O primeiro cantou e tocou a cítara neste tom:
Ó penhascos, ó abismos, ó espinhos, ó arbustos ressequidos e pedras
   ó montes, planícies, vales, rios e mares,
   quão doces e caros vos mostrais,
   pois que por vossos méritos e mercê
   o céu abriu-se para nós:
   ó passos afortunados.

O segundo, com seu saltério, tocou e cantou:
Ó passos afortunados,
ó diva Circe, ó gloriosos afãs;
quanto nos afligistes meses e anos,

tantas graças divinas,
se tal é nosso fim,
depois de tanto trabalho e cansaço.

O terceiro tocou sua lira e cantou:
Depois de tanto trabalho e cansaço,
se tal porto as tempestades prescreveram,
outra coisa por fazer não nos resta
senão ao céu agradecer
que o véu pôs em nossos olhos,
com o que a luz se fez enfim presente.

O quarto cantou com sua viola:
Com o que a luz se fez enfim presente.
Digna cegueira, mais que qualquer outro ver,
cuidados suaves, mais que outro prazer
que a mais digna luz
de vós se fez guia,
a alma subtraindo de objetos menos dignos.

O quinto, com um tímpano de Espanha, cantou:
A alma subtraindo de objetos menos dignos,
ao condimentar com esperança o elevado pensamento
foi o que empurrou ao único sendeiro,
para que em nós se descobrisse
a mais bela obra de Deus,
e assim o fado benigno se mostrasse.

O sexto cantou com alaúde:
E assim o fado benigno se mostrasse;
pois não quer que ao bem suceda o bem
ou que presságio de penas seja de penas;
Mas, girando a roda,
ou eleva ou precipita,
como se dá o dia e a noite.

O sétimo, com a harpa da Irlanda:
Como se dá o dia e a noite,
enquanto o grande manto de luzes noturnas
descolore o carro das chamas diurnas
assim quem governa
com lei sempiterna

suprime os eminentes e eleva os inferiores.

O oitavo, com a viola de arco:
Suprime os eminentes e eleva os inferiores
que a infinita máquina sustenta:
e com veloz, medida ou lenta
vertigem dispensa
nesta massa imensa
tudo o que de oculto e aberto contém.

O nono, com uma rabeca:
Tudo o que de oculto e aberto contém
ou não nega ou confirma
o fim incomparável desses labores
campestres ou montanhescos
de pântanos, rios e mares
de penhascos, de abismos, espinhos, arbustos e pedras.

Depois que cada um, dessa forma e turno, cantou sua sextina, uniram-se todos e, dançando em círculo, cantaram uma canção, com suavíssima harmonia, em louvor da única ninfa, mas não sei se me virá toda ela à memória.

JÚLIA: Não deixe, por favor, irmã, de me fazer ouvir tudo o que podes lembrar.

LAODOMIA: Eis a Canção dos Iluminados:

"Não mais invejo, ó Júpiter, o firmamento",
disse o pai Oceano, com cenho altivo,
"pois muito já me contento
porque gozo no império em que vivo."

"Que soberba é a tua", Júpiter responde,
"o que às tuas riquezas destes e te ufanas
ó deus de ondas insanas,
para que tua louca ousadia remonte?"

"Tens", disse o deus das águas, "em teu poder
o céu flamejante e ardente,
em cuja zona, eminente,
o coro dos planetas podes ver.

O mundo admira o sol, entre os da tua prole,
mas posso dizer que não resplandece
quanto aquela que me dá sua benesse[244]
e me faz o mais glorioso desta grande mole.

E eu abranjo no meu vasto terreno
aquela região onde o feliz
Tâmisa vê e bendiz
as mais belas ninfas e seu coro ameno.

Entre as quais, todas são belas,
para fazer-te do mar mais que do céu amante
a ti, Júpiter altissonante,
pois nem o sol tanto brilha entre as estrelas."

Responde Júpiter: "Ó deus de ondulantes mares,
que outro se ache mais do que eu beato,
que não o permita o fado,
mas meus tesouros e os teus correm aos pares.

Valha o sol por tuas ninfas e fastos
e em virtude de leis eternas
e de moradas alternas[245],
que valham como o sol entre os astros."[246]

Acho que tudo relatei, inteiramente.

JÚLIA: Podes sabê-lo por que não falta sentença alguma para a perfeição do argumento, nem rima que se requeira para o acabamento das estrofes. Quanto a mim, se por graça do céu me foi concedido

---

244. Diana, divindade imanente à "grande mole", isto é, à natureza infinita.
245. A lei universal da alternância ou das vicissitudes naturais.
246. "Non oltre invidio, o Giove, al firmamento" / dice il padre Oceàn col ciglio altero, / "se tanto son contento / per quel che godo nel proprio impero"; / "Che superbia è la tua?" Giove risponde, / "alle richezze tue che cosa è gionta? / o dio de le insan'onde, / perché il tuo folle ardir tanto surmonta?" / "Hai", disse il dio de l'acqui, "il tuo potere / il fiammeggiante ciel, dov'è l'ardente / zon', in cui l'eminente / coro de tuoi pianeti puoi vedere. / Tra quelli tutt'il mondo admira il sole, / qual ti so dir che tanto non risplende / quanto lei che mi rende / più glorioso dio de la gran mole. / Et io comprendo nel mio vasto seno / tra gli altri quel paese, ove il felice / Tamesi veder lice, / ch'ha de più vaghe ninfe il coro ameno. / Tra quello ottegno tra fra tutte belle, / per far del mar più che del ciel amante / te Giove altitonante, / cui tanto il sol non splende tra le stelle"; / Giove risponde: "O dio d'ondosi mari, / ch'altro si trove più di me beato / non lo permetta il fato; / ma miei tesori e tuoi corrano al pari. / Vagl'il sol tra tue ninfe per costei; / e per vigor de legge sempiterne, / de le dimore alterne, / costei vaglia per sol tra gli astri miei."

ser bela, maior graça e favor creio ser o que a ela se acrescenta, pois foi, de alguma maneira, o princípio para se fazer descobrir aquela que é única e divina. Agradeço aos deuses, pois naquela época em que tão verde estava que não se podiam atear em meu peito as chamas amorosas, mediante minha crueldade, tão tenaz quanto simples e inocente, acharam meios para conceder aos meus amantes graças incomparavelmente maiores das que poderiam obter por grande que fosse minha benignidade.

LAODOMIA: Quanto ao ânimo daqueles amantes, eu te asseguro ainda que, assim como não são ingratos para com a maga Circe, a escura cegueira, os torturados pensamentos e seus ásperos trabalhos, por meio dos quais tanto bem alcançaram, também não poderiam te estar menos reconhecidos.

JÚLIA: Assim desejo e espero.

FIM DA SEGUNDA E ÚLTIMA PARTE

CABALA DO CAVALO PÉGASO

Epístola Dedicatória Sobre a Seguinte Cabala ao Reverendíssimo Senhor Don Sapatino

Abade sucessor de San Quintino e bispo de Casamarciano

Reverendissime in Christo Pater
Não de outra maneira costuma ocorrer a um oleiro ou ceramista que, justamente no término de seu trabalho (chegando ao fim não tanto por transmigração da luz, mas por defeito e falta de matéria), e tendo em mãos um pouco de vidro, ou de lenha ou de cera, ou qualquer outra coisa insuficiente para fazer um vaso, permanece com um pedaço em mãos sem saber nem poder resolver-se, pensativo sobre o que fazer para não jogá-lo fora inutilmente e querendo, a despeito do mundo, que sirva para alguma coisa. Eis que, por fim, ocorre-lhe que o pedaço esteja predestinado a ser a manga de um gibão, a tampa de um garrafão, uma tela de costura, um emplastro ou uma cunha que solde, encha ou recubra alguma fissura, buraco ou rachadura. Ocorreu assim comigo, após ter dado vazão não a todos os meus pensamentos, mas apenas a um certo maço de escritos, e ao fim (não tendo a quem expedi-lo), mais por acaso do que por conselho, voltei os olhos para um opúsculo que havia anteriormente desprezado e posto como cobertura daqueles escritos; encontrei aquilo que continha em parte o que vós vereis aqui apresentado. Primeiramente, pensei em dá-lo a um nobre cavaleiro que, tendo aberto os olhos, disse que não havia estudado o bastante para que pudesse entender

seus mistérios e, portanto, não lhe agradaria. Ofereci-lhe depois a um desses ministros *verbi Dei*[1], e ele me disse que era amigo das letras e que não se deleitava com essas exposições próprias de Orígenes, aceitas por escolásticos e outros inimigos de sua profissão. Pus-lhe diante de uma dama, e ela disse que não lhe agradava por não ser o assunto de asno e cavalo suficientemente grande quanto lhe convinha. Apresentei a uma outra e, contanto lhe gostasse e lhe desse prazer, disse que queria pensar por alguns dias[2]. Vi se poderia encorajar uma beata, e ela me disse: "Não aceito se não falar de rosário, das virtudes dos grãos benzidos e do *Agnus Dei*." Encostei-lhe no nariz de um pedante que, virando o rosto para o outro lado, me disse que havia abolido qualquer outro estudo e matéria, exceto algumas anotações, escólios e interpretações sobre Virgílio, Terêncio e Marco Túlio. Ouvi de um versejador que não o queria se não fosse uma cópia de rimas oitavas ou de um soneto. Outros diziam que os melhores tratados tinham sido dedicados a pessoas que não valiam mais do que eles mesmos. Outros, com outras razões, pareciam dispostos a pouco me agradecer, ou mesmo nada, se eu lhos houvesse dedicado. E isso não sem uma causa, porque, para dizer a verdade, todo tratado e consideração deve ser gasto, dispensado e posto diante daquele cujo assunto é sua profissão.

Estando eu, portanto, com os olhos fixos na razão de matéria enciclopédica, lembrei-me de vosso engenho enciclopédico, não tanto por fecundidade e riqueza que abraça o todo, quanto por certa peregrina excelência com a qual tenha o todo e o melhor do todo. Certamente, não há ninguém melhor do que vós que possa compreender o todo, pois estais fora dele. Podeis entrar em tudo, porque não há coisa que o tenha recluso. Podeis ter o todo, pois não há o que não tenhais (Não sei se me expressarei melhor ao descrever o vosso inefável intelecto). Não sei se sois teólogo, filósofo ou cabalista, mas bem sei que sois tudo, se não por essência, por participação, se não por ato, por potência, se não de perto, de longe. De qualquer modo, creio que sejais suficiente tanto num como no outro. E por isso, eis aqui uma cabala, uma teologia e uma filosofia. Digo uma cabala de teologia filosófica, uma filosofia de teologia cabalística e uma teologia de cabala filosófica, de maneira que não sei se essas três coisas as tendes como um todo ou como parte, ou ainda como nada. Mas disto estou seguro: que tendes tudo do nada em parte, parte do todo em nada e nada da parte do todo.

---

1. Da palavra de Deus, ou seja, teólogos.
2. As referências são, evidentemente, de caráter sexual.

Mas para virmos a nós mesmos, me perguntareis: que coisa é essa que me enviastes? Qual o assunto desse livro? De que presente me fizestes digno? E eu vos respondo que vos ofereço o dono de um Asno[3], a vós se apresenta o Asno que vos honras que vos aumentará em dignidade e vos meterá no livro da eternidade. Nada vos custa para obtê-lo de mim e tê-lo para vós. Nada vos custará mantê-lo, porque não come, não bebe, não emporcalha a casa, será eternamente vosso e durará mais do que vossa mitra, vossa púrpura cardinalícia, vossa mula e vida, como sem muito discorrer vós mesmo podeis compreender. E estou certo, reverendíssimo senhor, de que o dono do asno não será ingrato por vossa prudência e piedade, e digo isso não só por causa do hábito de se presentear grandes mestres não apenas com uma gema, um diamante, um rubi, uma pérola, um cavalo perfeito, uma vaso de excelência, mas ainda uma macaca, um papagaio, uma babuína e um asno; e este não é ordinário, é raro e doutrinal. O asno índico é precioso e dote papal em Roma; o asno de Otranto é dote imperial em Constantinopla; o asno da Sardenha é dote régio em Nápoles; e o asino cabalístico, que é ideal e, por consequência, celeste, quereis que seja menos caro em quase todas as partes da Terra, a quase todas as suas principais personagens, que por certa benigna e alta promessa sabemos que se encontra o terrestre no céu? Estou certo, portanto, que será aceito por vós com aquele ânimo com o qual me tendes consagrado.

Tomai-o, ó padre, se vos apraz, por um pássaro, porque é alado e o mais gaio e gentil que se possa ter na gaiola. Tomai-o, se preferis, por fera, porque é único, raro e peregrino de um lado, e de outro não há coisa tão valente que o possa manter firme num antro ou caverna. Tratai-o, se vos agradar, como animal doméstico, porque é obsequioso, benigno e servil, o melhor companheiro que se possa ter em casa. Cuidado para que não vos escape das mãos, pois é o melhor cavalo de batalha que podeis apascentar ou, melhor dizendo, possa ter na cavalariça; o melhor familiar que vos seja contubernal no quarto. Manejai-o como joia ou coisa preciosa, pois não pode haver tesouro mais excelente na vossa antecâmara. Tocai-o como coisa sagrada e olhai-o como algo de grande consideração, pois não pode haver livro melhor, melhor imagem e melhor espelho em vosso gabinete. Se mesmo com todas essas razões não vos faz bem ao estômago, podeis doá-lo a outrem que não lhe seja ingrato. Se o tendes por coisa lúdica, doai-o a algum cavalheiro para que o ponha em

---

3. Ou seja, uma discussão sobre a ignorância humana.

mãos de seus pajens e o tenha entre os macacos e cercopitecos. Se o tendes como animal de armento, doai-o a um lavrador que lhe dê abrigo entre burros e bois. Se o estimais coisa ferina, concedei-lhe a algum Ácteon que o faça vagar com as cabras e os cervos. Se vos parece ter algo de gracioso, fazei-lhe presente a alguma damisela que o tenha no lugar de marta-zibelina. Se finalmente vos parece ter algo de matemático, fazei-lhe presente a um cosmógrafo para que lhe vá riscando e saltitando entre os polos ártico e antártico por uma dessas esferas armilares, com a qual poderá não menos comodamente dar o moto-contínuo que foi possível dar o mercúrio a uma das esferas de Arquimedes e ser mais eficientemente um tipo de megacosmo, de cuja alma pende a concordância e a harmonia das linhas retas e curvas.

Mas se sois, como bem estimo, sapiente, e com juízo maduro considerais, o tereis para vós. E não estimais que vos seja apresentada coisa menos digna do que pude apresentar ao papa Pio V, a quem consagrei a *Arca de Noé*; ao rei Henrique III, de França, o qual imortalizei com a *Sombra das Ideias*; ao seu legado na Inglaterra, a quem concedi os *Trinta Sigilos*; ao cavaleiro Sidneo, ao qual dediquei a *Besta Triunfante*. Pois aqui tendes não apenas a besta triunfante viva, mas, além dos trinta sigilos abertos, a perfeita beatitude, a sombra clareada e a arca governada; daí o asno (que não inveje a vida da roda do tempo, a amplidão do universo, a felicidade da inteligência, a luz do Sol e o baldaquino de Júpiter) ser moderador, declarador, consolador, servo de magistrado e presidente. Não é asno de estrebaria ou de rebanho, mas daquele que pode comparecer a tudo, andar por todos os lugares, entrar em tudo, sentar-se em qualquer lugar, comunicar, compreender, aconselhar, definir e tudo fazer. Pois se o vejo lavrar, regar, aguar, por que não quereis que seja um hortelão? Se semeia e planta, por que não será um agricultor? Por que razão não será artífice, se é servente, mestre e arquiteto? O que me impede de dizer que é um artista, sendo inventivo, ativo e reparativo? Se é um argumentador excelente, dissertador e apologético, por que não vos seria agradável se dissesse que é um escolástico? Sendo tão extraordinário formador de costumes, instituidor de doutrinas e reformador religioso, quem terá escrúpulos de dizer que é acadêmico, e considerá-lo arquimandrita de alguma arquididascália? Por que não será monástico, dado que é do coro, capitular e dormitorial? Se tem voto de pobreza, de castidade e de obediência, me reprovaríeis se o dissesse conventual? Seria impedido de chamá-lo conclavístico, dado ser, por vozes ativa e passiva, graduável, elegível e prelatício?

Se é doutor sutil, irrefragável e iluminado[4], com que consciência não quereis que o tenha por digno conselheiro? Me conteríeis a língua para que não possa anunciá-lo como doméstico, sendo que naquela cabeça esteja plantada toda a moralidade, política e econômica? Poderá a autoridade de uma potência canônica impedir-me que o tenha por uma coluna eclesiástica, se a mim se mostra de tal maneira pio, devoto e continente? Se o vejo tão alto, feliz e triunfante, poderão o céu e todo o mundo impedir-me de nominá-lo divino, olímpico, celeste? Em conclusão (para não quebrarmos mais a cabeça, eu e vós), parece-me que seja a própria alma do mundo, tudo em tudo, e tudo em quase toda a parte. Então, vede quanta e qual a importância desse venerável assunto, acerca do que fazemos o presente discurso e diálogo, no qual, se vos parece ver uma grande cabeça sem o busto ou com uma pequena cauda, não vos atemorizeis, não desdenheis, não vos maravilheis. Pois existem na natureza muitas espécies de animais que só possuem a cabeça, ou parecem que são apenas cabeça, sendo esta bastante grande e outras partes como que insensíveis; nem por isso deixam de ser perfeitíssimos em seu gênero. E se essa razão não vos satisfaz, deveis considerar algo além: que esta obrinha contém uma descrição, uma pintura, e que nos retratos basta representar, na maioria das vezes, a cabeça, sem o resto. Sem mencionar que algumas vezes se mostra um excelente artifício fazer apenas uma das mãos, um pé, uma perna, um olho, uma orelha esbelta, um perfil que se destaca por detrás de uma árvore ou do canto de uma janela, ou como que esculpido no centro de uma xícara que tenha um pé de ganso, de águia ou de qualquer outro animal; nem por isso a manufatura se perde ou se despreza. Assim me persuado, e disso estou certo, que vós aceitareis essa doação como coisa quase perfeita, como perfeitíssimo é o coração que vos oferta.

Soneto em Louvor do Asno

> Ó santa asinidade, ó santa ignorância,
> santa estultícia e pia devoção,
> que sozinha põe na alma bondade e perfeição,
> tendo mais do que o engenho humano relevância;
> não alcança a fatigante vigilância
> de arte que seja ou invenção,

---

4. Os respectivos doutores da Igreja: Duns Scotus, Alexander Halensis e R. Llull.

nem de esforçada contemplação
o céu onde tu edificas tua estância.
Que vale com curiosidade estudar,
o querer saber como age a natureza
se os astros são terra, fogo e mar?
A santa asinidade se conserva na frieza,
e com mãos postas e ajoelhada quer estar,
esperando de Deus sua ventura.
Coisa alguma dura,
exceto o sereno fruto do transporte
que Deus nos deu após a morte[5].

Declamação ao Estudioso, Pio e Devoto Leitor

Ai de mim, leitor, que, sem fogoso suspiro, lubrico prantos e trágica querela; com afeto, com os olhos e as razões não posso relembrar-me de meu engenho, entoar a voz e declarar os argumentos do quanto é falaz o sentido, túrbido o pensamento e imperito o juízo que, com ato de uma iníqua e perversa sentença, não vê, não considera e não define segundo o que se deve à natureza, a verdade da razão e o direito de justiça acerca da bondade pura, da sinceridade régia e da magnífica majestade da santa ignorância, do douto conformismo e da divina asnidade. Com grande injustiça de alguns, é feramente censurada esta excelência celeste entre os homens viventes, contra a qual certos narizes compridos se fazem censores; outros, com os dentes à mostra, se fazem mordazes; outros, com cômico rumor, se tornam troçadores. Enquanto desprezam, se burlam e vilipendiam qualquer coisa, não odeiam dizer que "este é um asno, aquela ação é burrice, isso é uma asnidade", dado que isso convém dizer onde há discursos mais maduros, proposições mais sólidas e sentenças mais ponderadas. Pois com desgosto de meu coração, aflição de espírito e agravo de minha alma, apresenta-se a meus olhos essa inábil, estúpida e profana multidão que pensa tão falsamente, fala de modo tão

---

5. "O sant'asinità, sant'ignoranza, / santa stolticia e pia devozione, / qual sola puoi far l'anima si buone, / ch'uman ingegno e studio non l'avanza: / non gionge faticosa vigilanza / d'arte qualumque sia, o 'nvenzione, / né di sofossi contemplazione, / al ciel dove t'edifichi la stanza. / Che vi val, curiosi, il studiare, / voler saper quel che fa la natura, / se gli astri son pur terra, fuoco e mare? / La santa asinità di ciò non cura; / ma con man gionte e 'n ginocchion vuol stare / aspettando da Dio la sua ventura. / Nessuna cosa dura, / eccetto il frutto de l'eterna requie, / la qual ne done Dio dopo l'essequie."

mordaz, temerariamente escreve para parir esses discursos celerados que estão impressos em livrarias, em todos os lugares, além de outros desapreços e censuras: o asno de ouro, o elogio do asno, a louvação do asno; não se pensa noutra coisa senão em se levar a gloriosa asnidade, com sentenças irônicas, ao jogo, ao divertimento e ao escárnio? Quem poderá frear as línguas para que não me atribuam a mesma fama daquele que corre atrás de vestígios de outros que, acerca de tal assunto, riem como Demócrito? Quem poderá contê-los para que não creiam, não afirmem e confirmem que eu não pretendo, verdadeira e seriamente, louvar o asno e a asnidade, mas antes procuro juntar o óleo à lamparina acesa por outros? Mas, ó meus protervos e temerários juízes, ó patifes e preguiçosos caluniadores, ó foscos e apaixonados detratores, detei o passo, voltai os olhos e mirai: vede, penetrai, considerai se os conceitos simples, as sentenças enunciativas e os discursos silogísticos que trago em favor deste sacro, impoluto e santo animal são puros, verdadeiros e demonstrativos, ou se falsos, impossíveis e apenas aparentes. Se os vires efetivamente baseados em fundamentos fortíssimos, se forem belos e bons, não os eviteis, não fugis, não os rejeiteis, mas aceitai-os, segui-os, abraçai-os e não vos ligueis aos costumes da crença, vencidos pela suficiência do pensar e guiados pela vaidade do dizer; um vos mostra a luz do intelecto, outro a voz da doutrina entoa e um terceiro o ato que a experiência confirma.

O asno ideal e cabalístico que vem proposto a vós no corpo das letras sagradas, o que credes que seja?[6] O que pensais vós ser o cavalo Pégaso, tratado figurativamente pelas ficções poéticas? De o asno cilênico ser digno de vestir o honrado hábito amarelo-ouro, o que imaginais? Ora, deixando de lado os dois últimos pensamentos e indo ao primeiro, igualmente platônico e teologal, quero que conheçais que não faltam testemunhos das letras humanas e divinas, ditadas por doutores sacros e profanos, que falam com as sombras das ciências e a luz da fé[7]. Sabei que não minto, mesmo para aquele que é mediocremente perito nessas doutrinas, quando acontece de eu afirmar ser o asno ideal princípio produtivo, formativo e perfectivo de modo sobrenatural à espécie asinina, a qual, embora no capaz seio da natureza se veja distinta de outra espécie e nas mentes posta em número e apreendida com conceito diverso, e não com aquele

---

6. O asno ideal e cabalístico representa o conhecimento livre das crenças comuns, vulgares, e do ceticismo radical.

7. A sombra da ciência é o que ainda se desconhece e se busca esclarecer; juntamente com a luz da fé, formam a perfeição do conhecimento.

mesmo com que as outras formas são apreendidas, nada de menos é na primeira mente (que importa o todo); é a mesma ideia da espécie humana, a mesma da espécie da Terra, da Lua, do Sol, a mesma da espécie da inteligência, dos demônios, dos deuses, dos mundos, do universo; é antes aquela espécie de que não apenas os asnos, mas os homens e as estrelas, os mundos e os animais mundanos estão na dependência; aquela, digo, em que não há diferença de forma e sujeito, de coisa para coisa; mas é simplicissimamente una. Vede, vede, portanto, de onde deriva a causa que, sem censura alguma, o santo dos santos ora é denominado não apenas leão, unicórnio, rinoceronte, vento, tempestade, águia ou pelicano, mas também não homem, opróbrio dos homens, abjeções da plebe, ovelha, cordeiro, verme, semelhante a culpa e até ser dito pecado e ainda coisa pior. Considerai o princípio da causa pela qual cristãos e judeus não se encolerizam, mas antes, com glorioso triunfo, se congratulam em conjunto quando, com alusões metafóricas na Sagrada Escritura, são representados por títulos e definições de asnos, são chamados de asnos, são definidos como asnos; de sorte que, onde quer que se trate daquele bendito animal, pela moralidade da escrita, pela alegoria do sentido e anagogia de propósito, entende-se o homem justo, o homem santo, o homem de Deus.

Por isso, quando se faz menção no *Êxodo* da redenção e da mutação do homem, em sua companhia se faz menção ao asno: "O primogênito do asno", diz, "transformarás com a ovelha; o primogênito do homem redimirás com preço." Quando no mesmo livro é dada lei ao desejo do homem, para que ele não se estenda à mulher, à servente, veem-se postos no mesmo número o boi e o asno, como se não menos importante fosse propor a matéria do pecado a todos eles. Por isso, quando no livro dos *Juízes* cantaram Débora e Barac, filho de Abinoen, dizendo "Ouvi, ó reis, aplicai os ouvidos, ó príncipes que montais sobre asnos resplandecentes e vos assentai em juízos de Deus", interpretam os santos rabinos: "Ó governadores da Terra que sois superiores aos povos generosos e com a sagrada chibata os governais, castigando os reis, premiando os bons e dispensando as coisas com justiça." Quando o *Pentateuco* ordena que devais reconduzir e encaminhar ao seu caminho o asno e o boi errantes de teu próximo, entendem moralmente os doutores que quando o homem do nosso próximo Idio, que está dentro de nós e em nós, prevarica o caminho da justiça, deva ser advertido e corrigido. Quando o arquissacerdote repreendeu o Senhor que curava no sábado, e ele respondeu que "não há homem de bem que em qualquer dia não venha a levantar o asno ou o boi que tenha caído no poço", entendeu o escritor divino que o asno é o homem simples, que o boi é o homem em estado natural e o poço é o pecado mortal, e aquele que retira o asno do poço é a graça divina e o ministério que redime os seus diletos daquele abismo. Eis portanto que o povo redimido, igualado, desejado, governado, endireitado, advertido, correto, liberado e, finalmente, predestinado, é representado pelo asno, é denominado asno. E os asnos são aqueles pelos quais a divina bendição e a graça chovem sobre os homens, de maneira que, ai daquele que estiver privado de seu asno, pois muito bem se pode ver na importância daquela maldição do *Deuteronômio*, quando Deus ameaçou, dizendo: "Que teu asno te seja levado e não seja restituído."

Maldito o reino, desafortunada a república, desolada a cidade e desolada a casa de onde estiver banido, arredado, afastado o asno. Ai do sentido, da consciência e da alma em que não haja a participação da asinidade. Daí ser consumado o adágio "ab asino excidere"[8] para significar ser destruído, desfeito, estar perdido. Orígenes Adamâncio, aceito entre os ortodoxos e doutores sacros, entende que o fruto da prédica de setenta e dois discípulos está representado pelos setenta e dois mil asnos que o povo israelita ganhou contra os moabitas, dado que daqueles setenta e dois, cada um ganhou mil, isto é, um número perfeito de almas predestinadas, trazendo-as das mãos de Moab, isto é, liberando-as da tirania. Junte-se a isso que os homens mais devotos e santos, amantes e executores da antiga e da nova lei, em absoluto e em particular foram chamados de asnos. E se em mim não credes, ide estudar o que sobre ele escreveu o Evangélico: "Escolhei a burra e o potro e a mim os conduzi." Ide contemplar os discursos que fazem os teólogos hebreus e latinos sobre aquela passagem escrita no livro dos *Números*: "Aperuit Dominus os asinae, et locuta est."[9] E vede como concordam em tantos outros lugares das escrituras sagradas, em que frequentemente se introduz Deus providente para abrir a boca de personagens divinas e proféticas, como aquela que diz: "Ó senhor, que eu não sei dizer"; ou ali onde se diz "Abriu o Senhor a sua boca"; ou em muitas outras vezes onde é dito "Ego ero in ore tuo"; e quando tantas vezes se reza "Senhor, abri meus lábios e minha boca te louvará"; e lá no *Novo Testamento*, "Os mudos falam, os pobres evangelizam." Tudo está figurado pelo fato de o Senhor ter aberto a boca da asna e ela ter falado. Por sua

---

8. "Cair do burro" (ou do cavalo, entre nós), máxima interpretada por Bruno no sentido de que o governante perdeu o apoio ou a consideração de seu povo.
9. "O Senhor abriu a boca da asna e ela disse."

autoridade, pela boca, voz e palavra, se doma, se vence e se pisoteia a soberba e temerária ciência secular. E se põe abaixo toda alteza que ouse levantar a cabeça para o céu, pois Deus elegeu as coisas enfermas para confundir as forças do mundo[10]. As coisas estultas ganharam reputação, dado que aquilo que por sapiência não podia ser restituído, pela santa estultícia e ignorância foi reparado ou substituído; mas é reprovada a sapiência dos sapientes, e a prudência dos prudentes é rejeitada. Estultos do mundo foram aqueles que formaram a religião, as cerimônias, a lei, a fé, a regra de vida; os maiores asnos do mundo (aqueles que estão privados de qualquer outro senso e doutrina, votos de vida e de costume civil, degenerados em perpétua pedanteria) são aqueles que, pela graça do céu, reformam a fé corrupta e temerária, medicam as feridas da religião chagada e, cortando os abusos das superstições, refazem as fissuras das vestes; não são aqueles que com curiosidade ímpia nunca perseguiram os arcanos da natureza ou calcularam as alternâncias das estrelas. Vede se são ou se foram solícitos com as causas secretas das coisas; se perdoam a dissipação dos reinos, a dispersão dos povos, incêndios, sangues, ruínas e extermínios; se se preocupam que o mundo todo pereça por eles, para que a pobre alma seja salva, para que se faça o edifício no céu, para que se reponha o tesouro naquela pátria beata, nada cuidando da fama e da comodidade, da glória desta vida frágil e incerta, e só da outra, certíssima e eterna. Estes foram representados pela alegoria dos antigos sábios, naquele sentencioso apólogo dos deuses que combateram os gigantes rebeldes, filhos da Terra e ousados predadores do céu, que com os berros dos asnos confundiram, aterrorizaram, espantaram, venceram e dormiram. A mesma coisa está suficientemente expressa, alçando-se o véu da figura sagrada, ou, por sentido anagógico, no divino Sansão, que com a queixada de um jumento tirou a vida de mil filisteus. Pois dizem os santos intérpretes que na maxila da asna, isto é, dos predicadores da lei e ministros da sinagoga, e na maxila do potro do asno, dos predicadores da nova lei e ministros da eclésia militante, *delevit eos*, isto é, os eliminou, impeliu aqueles mil, aquele número contado, aquele todo, segundo o que está escrito: "Caíram de teu lado mil, e da sua direita, dez mil." E o lugar é conhecido por Ramath-lechi, isto é, exaltação da maxila, da qual, por fruto de predicações, não só se seguiu a ruína dos adversários e potências odiosas, mas também a saúde dos regenerados. Pois da mesma maxila, isto é, por virtude da mesma

---

10. *1 Coríntios* 1, 27-29.

predicação, saíram e apareceram aquelas águas que, promulgando a divina sabedoria, difundem a graça celeste e fazem com que os que delas bebam sejam capazes de vida eterna.

Assim, ó forte, vitoriosa e triunfante maxila de um asno morto; ó divina, graciosa e santa maxila de um potro defunto; ora, o que deve ser da santidade, da graça, divindade, fortaleza, vitória e triunfo de toda a asnaria vivente, asno, potro e mãe, se de apenas um osso e relíquia há tanta exaltação e glória? E volto-me a vós, ó diletantíssimo ouvidor; a vós me retorno, ó amigos leitores de minha escrita e ouvintes de minha voz; e vos digo, vos advirto, vos exorto e vos esconjuro a retornar a vós mesmos. Evitai o mal, tomai partido do bem, exilai-vos da magnificência mortal do coração, retirai-vos para a pobreza de espírito, sede humildes de mente, renunciai à razão, extingui aquela fogosa luz do intelecto que vos incendeia, vos queima e vos consome; fugi daqueles degraus da ciência que por certo tornam maior as vossas dores; abnegai qualquer sentido, fazei-vos cativos da santa fé, sede aquela bendita asna, reduzi-vos àquele glorioso potro, pelo qual somente o redentor do mundo disse aos seus ministros: "Andai ao castelo que tendes para encontro", isto é, andai pelo universo-mundo sensível e corpóreo, que, como simulacro, se opõe e sobestá ao mundo inteligível e incorpóreo; "Encontrareis o asno e o potro do asno ligados": vos ocorrerá os povos hebreu e gentílico submetidos e tiranizados por Belial. Disse ainda: "Desatai-os e retirai-os do cativeiro", pela predicação do evangelho e efusão da pia batismal; e "conduzi-os a mim" para que me sirvam, porque são meus, porque, portando o peso do meu corpo, isto é, da minha santa instituição e da lei sobre os ombros, e sendo guiados pelo freio de meus conselhos divinos, sejam feitos dignos de entrar comigo na Jerusalém triunfante, na cidade celeste. Aqui vede quem são os redentos, quem são os chamados, quem são os predestinados, quem os salvos: a asna, o burrinho, os simples, os pobres de argumentos, as crianças, os que falam como crianças; aqueles entram no reino dos céus; por desprezo do mundo e de suas pompas, pisotearam as vestes, expulsaram de si todo cuidado com o corpo, com a carne que envolve esta alma, a puseram sob os pés, a jogaram por terra, para com maior glória e triunfo fazer passar a asna e seu burrinho. Pregai, pregai Deus, ó caríssimos, se ainda não sois asnos, que vos torneis asnos. Apenas desejais, porque certissimamente vos será concedida a graça. Porque sois asnos naturalmente, e a disciplina comum não é outra coisa senão a asinidade, deveis compreender e considerar muito bem se sois asnos segundo Deus: digo, se sois aqueles desafortunados que permanecem diante da porta ou aqueles outros felizes, que entram[11].

Recordai-vos, ó fiéis, que nossos primeiros parentes naqueles tempos agradaram a Deus e estavam sob sua graça, sob sua salvaguarda, contentes no paraíso terrestre, no qual eram asnos, isto é, simples e ignorantes do bem e do mal; quando podiam ser bajulados pelo desejo de saber o bem e o mal e, por consequência, deles ainda não tinham qualquer notícia; quando podiam crer numa mentira dita pela serpente; que embora Deus houvesse dito que morreriam, não poderia ser de modo contrário; nessa disposição, eram gratos, eram aceitos, longe de qualquer dor, cuidado ou moléstia. Lembrai-vos ainda que Deus amou o povo hebreu quando estava aflito, era servo, servil, oprimido, ignorante, um asno, pois não lhe podia faltar um rabo para ser um asno natural sob o domínio do Egito; e então foi dito por Deus que seria seu povo, sua gente, sua geração escolhida. Perverso, celerado, réprobo, adúltero se disse quando estava sob a disciplina, a grandeza de outros povos e reinos honrados, segundo o mundo. Não há quem não louve a idade de ouro, quando os homens eram asnos, não sabiam lavrar a terra, um não sabia dominar o outro, tinham por teto os antros e cavernas, se davam de costas, como fazem os animais, não estavam cobertos, não tinham ciúmes e condimentos de libido e gula; tudo era comum, a comida eram os frutos, as castanhas e bolotas de carvalho, na forma como são produzidas pela mãe natureza. Não há quem não saiba também que não só na espécie humana, mas em quase todos os gêneros animais, a mãe ama, acaricia mais e dá mais contentamento, sem solicitude e fadiga, mais abraça, beija e aperta o filho menor; como aquele que não sabe o bem e o mal, que tem algo de anjo e de besta, é um asno, não sabe falar e não pode discorrer bem; e à medida que lhe vai crescendo o juízo e a prudência, vai diminuindo o amor, o cuidado, a afeição pia que lhe dão seus pais. Não há inimigo que não se compadeça, suavize e favoreça aquela idade, a pessoa que não chegou à virilidade, que não tem o demônio, não é ainda homem, não é macho, não tem percepção, não é ainda barbudo, sólido nem maduro. Mas quando se quer mover Deus à piedade e comiseração, disse o profeta: "Ah ah ah, Domine, quia nescio loqui" (Ah ah ah, senhor, pois não sei falar); daí, com zurro e tal opinião, mostra ser um asno. E num outro lugar, disse: "Quia puer sum" (Pois sou criança). Mas quando se clama a remissão da culpa: "Quia stulte egimus" (Agimos como tolos), "stulte egerunt" (nos comportamos

---

11. Conforme a predestinação da Graça, defendida pela teologia protestante.

estupidamente), "quia nesciunt quid faciant" (pois não sabem o que fazem), "ignoravimus" (ignoramos), "non intellexerunt" (não inteligimos, não compreendemos). Quando se quer impetrar um favor maior e conquistar entre os homens maior fé, graça e autoridade, se diz que os apóstolos eram considerados bêbados[12]; em outro lugar, que não sabiam o que diziam, pois não eram eles que falavam. E um dos mais excelentes, para mostrar o quanto tinha de simples, disse ter sido raptado até o terceiro céu, ouvido os arcanos inefáveis, sem saber se estava morto ou vivo, se estava em seu corpo ou fora dele. Um outro dizia ver o céu aberto, além de tantos e tantos propósitos que possuem os diletos de Deus, aos quais se revela o que está oculto à sapiência humana, sendo asnidade extraordinária aos olhos do discurso racional. Porque essas loucuras, asnidades e bestialidades são sapiências, atos heroicos e inteligentes junto ao nosso Deus, que chama os seus pintinhos, seu rebanho, suas ovelhas, os seus párvulos, os seus estultos, os seus potrinhos, a sua asna ou, enfim, os que nele creem, amam e seguem. Não há, digo que não há melhor espelho posto diante dos olhos humanos que a asnidade e o asno, que mais explicadamente, segundo todos os números, demonstre qual deva ser aquele que, cansando-se nas vinhas do Senhor, deve esperar a retribuição do dinheiro diurno, o gosto da ceia beatífica, o repouso que se segue ao curso desta vida transitória. Nada há de maior conformidade que conduza, guie ou leve à saúde eterna do que esta verdadeira ciência aprovada pela voz divina, assim como, ao contrário, nada que faça mais eficazmente nos reter no centro e no abismo do Tártaro do que a filosofia e a razão contemplativa, as quais, nascendo dos sentidos, crescem com a faculdade discursiva e amadurecem no intelecto humano. Forçai-vos, forçai-vos por conseguinte em ser um asno, vós que sois homens; e vós que já sois asnos, procurai sempre proceder do bem para o melhor, a fim de alcançar aquele termo, aquela dignidade que, não por ciência e obra, ainda que grande, mas por fé se adquire; não por ignorância e grave delito, ainda que enorme, mas pela incredulidade (como se diz, segundo o Apóstolo) se perde. Se assim vos dispuser, se assim fordes e assim vos governardes, vos encontrareis escrito no livro da vida, vos impetrareis a graça nesta eclésia militante e obtereis a glória naquela triunfante, na qual vive e reina Deus por todos os séculos dos séculos. Que assim seja.

FIM

12. Ver *Atos dos Apóstolos* 2, 3-13.

Um Soneto Muito Pio

Acerca do significado da Asna e do Potro[13]
"Ide ao castelo que tendes adiante,
e encontrareis a asna com a cria:
escolhei aqueles e agarrando-os com energia,
a mim os trareis, santos servos de voz zurrante.
Se alguém para impedir o mistério edificante
contra vós fizer rumor na estrebaria,
a ele respondereis com olhar que evidencia
que o grande Senhor os quer fazer triunfante."
Assim disse a divina escritura,
para revelar a salvação dos crentes
ao redentor da humana natura.
Os fiéis de Judá e das gentes
com vida igualmente simples e pura
poderão subir àqueles assentos eminentes.
Devotos e pacientes,
venham se fazer de filhotes evangélicos,
contubérnio de soldados angélicos[14].

Primeiro Diálogo

Interlocutores: Sebasto, Saulino, Coribante[15]

SEBASTO: O pior que poderão dizer é que antepões metáforas, contas fábulas, raciocinas por parábolas, entrelaças enigmas, misturas coisas semelhantes, manejas mistérios e mastigas tropologias.

SAULINO: Mas eu digo a coisa como se passa; e como é, propriamente a ponho diante dos olhos.

---

13. Ver *Mateus* 21, 1-3.
14. "Ite al castello ch'avete d'avanti, / e trovarete l'asina col figlio: / quelli sciogliete, e dandogli di piglio, / l'amenarete a me, servi miei santi. / S'alcun per impedir misterii tanti, / contra di voi farà qualche bisbiglio, / risponderete lui con alto ciglio, / ch'il gran Signor le vuol trionfanti." / Dice cossì la divina scrittura, / per notar la salute de' credenti / al redentor dell'umana natura. / Gli fideli di Giuda e de le genti / con vita parimente sempia e pura / potran montar a que' scann' eminenti. / Divoti e pazienti / vegnon a fars' il pullo con la madre / contubernali a l'angeliche squadre."
15. Das três personagens, apenas Saulino, que personifica Bruno, está calcada em figura real, a de Andrea Savolino, que aparece igualmente como interlocutor em *Despacho da Besta Triunfante*.

CORIBANTE: *Id est, sine fuco, plane, candide*[16]; mas gostaria que fosse assim, como dizes ser a verdade.

SAULINO: Aprouvesse aos deuses que fostes outra coisa do que um zangão com teu gestual, toga, barba e supercílio; como também quanto ao engenho – *candide, plane et sine fuco* –, mostras aos nossos olhos a imagem do pedantismo.

CORIBANTE: *Hactenus haec?*[17] Só até este ponto vos levou Sofia?

SAULINO: Sim.

SEBASTO: É preciso dizer algo mais sobre o provimento daquelas sedes?[18]

SAULINO: Não por agora, se vós não estiverdes prontos para dar-me a oportunidade de vos esclarecer mais pontos ao perguntar-me e reviver a memória, que não pode ter-me sugerida a terça parte de notáveis propósitos dignos de consideração.

SEBASTO: Eu, para dizer a verdade, continuo com o desejo de saber o que o grande pai dos deuses fez acontecer naquelas sedes ou estâncias, uma boreal e outra austral, que me pareceu o tempo de mil anos para ver o fim de vosso relato, embora curioso, digno e útil, pois aquela intenção veio estimular-me mais ainda o desejo de saber ter sido capaz, quanto mais demorais a fazer-me ouvir e sabê-lo.

CORIBANTE: *Spes etenim dilata affligit animum, vel animam, ut melius dicam: haec enim mage significat naturam passibilem*[19].

SAULINO: Bem, para que não vos atormenteis com a espera da resolução, sabei que na sede mais próxima onde se encontrava a Ursa Menor, e na qual era exaltada a Verdade, sendo retirada a Ursa Maior na forma que haveis escutado, por providência do conselho a sucedeu o Asinino em abstrato; e ali onde ainda vedes em fantasia o rio Euridano, aprouve ao mesmo conselho que ali se instalasse o Asinino em concreto, a fim de que das três regiões celestes possamos contemplar o Asinino, o qual, como dois pequenos fachos, estava oculto no caminho dos planetas, ali onde se acha a coxa de Câncer.

CORIBANTE: *Procul, o procul este, profani*[20]. Isto é um sacrilégio, uma profanação imaginar (pois não é possível de fato) vizinha à honorável e eminente sede da Verdade a ideia de tão imunda e

---

16. "Isto é, sem artifício, reta e claramente."
17. "Só até este ponto?"
18. No livro *Despacho da Besta Triunfante* (terceiro diálogo), Júpiter deixou vagas duas sedes de constelações, Ursa Maior e Eridano, tendo sido provisoriamente posta nesta última a credulidade religiosa.
19. "A esperança diferida aflige o ânimo ou a alma, para dizer melhor, já que esta significa mais a natureza sensível."
20. "Longe, longe daqui, ó profanos."

vituperiosa espécie, que foi tomada como exemplo de ignorância pelos sábios do Egito em seus hieróglifos, como nos dá testemunho Oro Apolline[21], reiterando muitas vezes os sacerdotes babilônicos que, com a cabeça de asno no lugar do busto e da cerviz humana, quiseram designar um homem imperito e indisciplinável.

SEBASTO: Não é necessário andar pelos tempos dos egípcios se houve outras gerações que, com este modo de falar, confirmam o que disse Coribante.

SAULINO: Essa é a razão pela qual quis retardar as discussões sobre essas duas sedes, considerando que do hábito de dizer e acreditar vós pensáveis que eu falava por parábolas e com menor atenção e fé haveríeis continuado a me escutar na descrição da reforma de outras sedes celestiais, se antes, com uma prolixa enfiada de propósitos, não houvésseis vos rendido àquela verdade. Ora, nunca haveis ouvido que a loucura, a ignorância e a asnidade deste mundo são sabedoria, doutrina e divindade naquele outro?

SEBASTO: Assim foi mencionado pelos primeiros e principais teólogos; mas nunca foi usado de modo tão largo como o vosso de dizer.

SAULINO: É porque a coisa nunca foi esclarecida e explicada, como o faço presentemente.

CORIBANTE: Então dizei, porque estaremos atentos para vos escutar.

SAULINO: Para que não vos espanteis quando ouvirdes os nomes de asno, asnidade, bestialidade, ignorância e loucura, quero primeiramente vos propor, antes de outras considerações, trazer à mente o papel dos cabalistas, que, com outras luzes de Linceu, com outros olhos de Argos, aprofundaram-se não digo ao terceiro céu, mas no abismo do supramundo e do universo ensófico[22]. Pela contemplação daquelas dez Sefirot, que chamamos em nossa língua "membros" ou "indumentos", penetraram, viram, conceberam *quantum fas est homini loqui*[23]. Ali estão as dimensões *Ceter, Hokmah, Bina, Hesed, Geburah, Tipheret, Nezah, Hod, Iesod, Malchuth*, das quais a primeira é dita "Coroa", a segunda, "Sapiência", a terceira, "Providência", a quarta, "Bondade", a quinta, "Fortaleza", a sexta, "Beleza", a sétima, "Vitória", a oitava, "Louvor", a nona, "Estabelecimento", a décima, "Reino". De onde dizem responder dez ordens de

---

21. Autor egípcio do século V d.C., cuja principal obra, *Os Hieróglifos*, descoberta em 1419, teve grande repercussão no Renascimento.
22. De *En-sof* (o infinito), conceito da Cabala hebraica, que Bruno estudou por meio de comentários de Isaac, o Cego. No original italiano, *ensofico*.
23. "O quanto é possível o homem dizer."

inteligências, das quais a primeira vem a ser chamada *Haioth heccados*, a segunda, *Ophanim*, a terceira, *Aralin*, a quarta, *Hasmalin*, a quinta, *Choachim*, a sexta, *Malachim*, a sétima, *Elohim*, a oitava, *Beneholim*, a nona, *Maleachim*, a décima, *Issim*. Que nós denominamos a primeira "Animais Santos" ou "Serafins", a segunda, "Rodas Formantes" ou "Querubins", a terceira, "Anjos Robustos" ou "Tronos", a quarta, "Efigiadores", a quinta, "Potestade", a sexta, "Virtudes", a sétima, "Principados" ou "deuses", a oitava, "Arcanjos" ou "filhos de deus", a nona, "Anjos" ou "Embaixadores", a décima, "Almas separadas" ou "Heróis". De onde, no mundo sensível, derivam as dez esferas: 1. o primeiro móvel; 2. o céu estrelado, a oitava esfera ou firmamento; 3. o céu de Saturno; 4. o céu de Júpiter; 5. o céu de Marte; 6. do Sol; 7. de Vênus; 8. de Mercúrio; 9. da Lua; 10. do Caos sublunar, dividido em quatro elementos. Aos quais assistem dez motores ou estão ínsitas dez almas: a primeira, Metatron, ou Príncipe das Faces[24]; a segunda, Raziel; a terceira, Zafciel; a quarta, Zadkiel; a quinta, Camael; a sexta, Rafael; a sétima, Aniel; a oitava, Miguel; a nona, Gabriel; a décima, Samael, sob o qual há quatro príncipes terríveis. Destes, o primeiro domina no fogo e é chamado Iob Behemoth; o segundo domina no ar e é denominado pelos cabalistas Belzebu, isto é, príncipe das moscas, ou seja, de insetos voadores; o terceiro domina nas águas e é chamado Leviatã; o quarto é presidente na Terra, sobre a qual passeia e circunda toda ela, sendo chamado Satã. Agora, contemplai isso: segundo a revelação cabalística Hokmah, à qual correspondem as rodas nomeadas Querubins, que influenciam a oitava esfera, onde consta a virtude da inteligência de Raziel, o asno ou a asnidade é o símbolo da sabedoria.

CORIBANTE: *Parturient montes...*[25]

SAULINO: Alguns talmudistas oferecem a razão moral de tal influxo, escala ou dependência, dizendo que o asno é símbolo da sapiência nas Sefirot divinas porque aquele que quer penetrar em seus segredos e tugúrios deve ser sóbrio e paciente, tendo bigode, cara e rabo de burro; deve ter o ânimo humilde, reprimido e baixo e um senso que não faça diferença entre um cardo e uma alface.

SEBASTO: Acreditarei antes que os hebreus retiraram esses mistérios dos egípcios, os quais, para encobrir certas ignomínias suas, quiseram elevar ao céu, desta maneira, o asno e a asnidade.

---

24. Possuindo todas as formas e aspectos, não tem uma só em particular.
25. A frase completa de Horácio em *Arte Poética* é: "Do parto das montanhas nasceu um ridículo rato." (*Parturient montes nascetur ridiculus mus*). Ou seja, muito esforço para quase nada.

CORIBANTE: Declara[26].

SEBASTO: Oco, rei da Pérsia, tendo sido designado pelos egípcios, seus inimigos, por um simulacro de asno, e depois, sendo vitorioso sobre eles e os transformado em escravos, os coagiu a adorar a imagem do asno e sacrificar-lhe o boi por eles já adorado, reprovando-os pelo fato de que o boi Opin ou Ápis seria imolado ao asno. Estes, portanto, para honrar um culto de vitupério e cobrir a mácula, quiseram simular razões sobre o culto ao burro que, tendo sido matéria de crítica e burla, acabou por ser matéria de reverência. E assim, pois, em matéria de adoração, admiração, contemplação, honra e glória se fizeram cabalístico, arquetípico, sefirótico, metafísico, ideal e divino. Além disso, o asno é animal de Saturno e da Lua, e os hebreus, de natureza, engenho e fortuna saturnianos e lunares, gente solitária, incomunicável e inconversável com outras gerações[27], que desdenham, e, por esses motivos, são igualmente desprezados; ora, estes aqui se viram sob a escravidão e o serviço do Egito, sendo destinados ao acompanhamento de asnos no transporte de carga e serviço às oficinas; e ali, em parte por serem leprosos, em parte porque davam a impressão aos egípcios de que nesses pestilentos, com os quais mantinham conversação, prevalecia a impressão satúrnica e asinina, querem alguns que foram afastados de seus confins, deixando-os com o ídolo do asno de ouro entre as mãos. Este, entre todos os deuses, se mostrava mais propício àquela gente, esquiva a todas as outras, como Saturno a todos os planetas. Daí, permanecendo com este próprio culto, e deixando de lado outras festas egípcias, celebravam para si Saturno, que se demonstra no ídolo do asno, dos sábados e do novilúnio, de sorte que não apenas uma, mas todas as outras Sefirot podem ser asnos para os cabalistas judeus.

SAULINO: Vós dizeis coisas autênticas ou muito próximas das autênticas, outras similares às autênticas, algumas contrárias às autênticas e a histórias aprovadas. Daí dizeis alguns propósitos bons e verdadeiros, mas nada dizeis inteiramente de bem e verdadeiramente, desprezando e pilheriando esta santa geração da qual procedeu toda a luz que se encontra hoje no mundo e que ainda promete dar por tantos séculos. Assim perseveras em teu pensamento de ter o asno e a asnidade por coisa injuriosa, ou qualquer coisa que tenha sido em meio a persas, gregos e latinos, mas não foi coisa vil entre egípcios e hebreus. Uma coisa que é falsidade e impostura, entre outras, é que o

---

26. Explica.
27. Essas qualificações sobre o povo hebreu provêm de Tácito, *História*, V, 4.

culto asinino e divino tenha tido origem na força e na violência, e não tenha sido ordenado pela razão e partido de uma escolha.

SEBASTO: Por exemplo, força, violência, razão e escolha de Oco.

SAULINO: Eu digo inspiração divina, bondade natural e inteligência humana. Mas antes que cheguemos a essa demonstração, considerai um pouco se houve ou possa ter havido algo de vil na ideia e na influência dos asnos sobre os hebreus e outros partícipes e consortes de sua santimônia. Vede se o patriarca Jacó, celebrando a natividade e o sangue de sua prole, e pai das doze tribos com figuras de doze animais, teve a coragem de deixar o asno. Não haveis notado que como fez Rubem, carneiro, Simão, urso, Levi, cavalo, Judas, leão, Zabulão, baleia, Dan, serpente, Gad, raposa, Aser, boi, Netalim, cervo, Josefo, ovelha, Benjamin, lobo, assim fez o sexto gerado, Isacar, asno, insuflando por testamento aquela bela nova e misteriosa profecia na orelha: "Isacar, asno forte, que se recosta nos apriscos e viu que o descanso era bom e o terreno fertilíssimo; e dispôs as costas robustas ao peso, destinando-se ao serviço dos tributos." Essas sagradas doze gerações correspondem aqui em baixo aos doze signos do zodíaco, que estão no cinturão do firmamento, como viu e declarou o profeta Balaão quando, de um lugar eminente, disse: "Beato e bendito povo de Israel, vós sois estrelas, vós, os doze signos postos em tão belo ordenamento de rude matéria. Assim prometeu o vosso Jeová que multiplicaríeis o sêmen de vosso grande pai Abraão como as estrelas do céu, isto é, segundo a razão dos doze signos do zodíaco, os quais estão representados pelo nome de doze animais." Vede aqui também aquele profeta iluminado bendizendo-o em terra, que andou se apresentando montado num asno, e pela voz do asno veio a ser instruído pela vontade divina, com a força do asno o conseguiu, sobre o asno estendeu as mãos às tendas e bendisse aquele povo santo de Deus, tornando evidente que aqueles asnos saturninos e outros animais provenientes do influxo das Sefirot, do asno arquetípico, por meio do asno natural e profético, devem ser partícipes de tanta bendição.

CORIBANTE: *Multa igitur asinorum genera* (Logo, muitas as espécies de asno): áureo, arquetípico, indumental, celeste, inteligencial, angélico, animal, profético, humano, bestial, gentílico, ético, civil e econômico, *vel* (ou seja) essencial, subsistencial, metafísico, físico, hipostático, nocional, matemático, lógico e moral; *vel* ideal, natural e nocional; *vel ante multa, in multis et post multa* (ou antes, em e após muitas). Agora, segui, porque *paulatim, gradatim atque pedetentim* (paulatina, gradativa e lentamente), mais clara, alta e profundamente vireis convencer-me.

SAULINO: Para voltarmos a nós, não vos deve parecer estranho que a asnidade seja posta numa sede celeste, na distribuição das cátedras, que se encontram na parte superior deste mundo e universo corpóreo, dado que deve haver correspondência e reconhecer em si mesmo certa analogia com o mundo superior.

CORIBANTE: *Ita contiguus hic illi mundus, ut omnis eius virtus inde gubernetur*[28], como promulgou o príncipe dos peripatéticos no primeiro livro da contemplação meteorológica.

SEBASTO: Ó como são bolhudas, que palavras sesquipedais são as vossas, ó doutíssimo e altissonante senhor Coribante.

CORIBANTE: *Ut libet*[29].

SEBASTO: Mas permiti que se proceda ao nosso propósito e não interrompeis.

CORIBANTE: *Proh*.

SAULINO: Nada é mais próximo e cognato à verdade do que a ciência, a qual se deve distinguir (como é distinta em si) de duas maneiras: superior e inferior. A primeira é sobre a criada verdade, e é a mesma verdade incriada e causa de tudo, considerando-se que por ela as coisas verdadeiras são verdadeiras, e tudo o que é, é verdadeiramente o quanto é. A segunda é a verdade inferior, que não faz as coisas verdadeiras nem é a coisa verdadeira, mas depende, é produzida, formada e informada de coisas verdadeiras, e as apreende não em verdade, mas em espécie e semelhança. Porque em nossa mente, onde se encontra a ciência dourada, não se encontra na verdade o ouro, mas apenas por semelhança e espécie. Sim, há uma espécie de verdade que é causa das coisas e se encontra acima de todas elas; uma outra que se encontra nas coisas e é das coisas; e uma terceira e última, a qual está depois das coisas. A primeira tem o nome de causa, a segunda o nome de coisa, a terceira, de cognição[30]. A verdade, no primeiro modo, está no mundo arquetípico e ideal, significada por uma das Sefirot; no segundo modo, está na primeira sede, onde se encontra o ponto cardeal do céu, para nós, supremo; no terceiro modo, está naquela sede que deste céu corpóreo influi em nosso cérebro, onde está a ignorância, a estultícia e de onde foi despachada a Ursa Maior. Como, portanto, a verdade real e natural é examinada pela verdade nocional, e esta tem aquela por objeto,

---

28. "De tal maneira que são contíguos esses mundos e todas as suas virtudes de lá governadas."
29. Como vos aprouver.
30. Verdades *ante rem, in re, post rem*, uma divisão tradicional dos universais.

e aquela, mediante a sua espécie, tem esta por sujeito, então é preciso que daquela habitação esta seja vizinha e conjunta[31].

SEBASTO: Dizeis bem que, segundo a ordem da natureza, estão próximas a verdade e a ignorância ou asnidade, como estão unidos o objeto, o ato e a potência. Mas esclarecei, porque talvez quisésseis antes juntar ou tornar vizinhas a ignorância e a asnidade, mais do que a ciência e a cognição, dado que falta muito para que a ignorância e a loucura se aproximem ou coabitem na verdade, e sim longe dela, talvez junto à falsidade, como coisas pertencentes a uma ordem contrária.

SAULINO: Porque a sabedoria, criada sem a ignorância ou a loucura, e, por conseguinte, sem a asnidade, não pode apreender a verdade; e por isso precisa haver a mediação da sabedoria, pois no ato da mediação concorrem os extremos ou términos, objeto e potência, e assim na asnidade concorrem a verdade e a cognição, dita por nós Sofia.

SEBASTO: Dizei brevemente a causa.

SAULINO: Porque o nosso saber começa na ignorância, ou por não ser ciência alguma, e não ser apreensão de verdade alguma; ou porque, se aquela tem alguma entrada não é senão a que vem aberta pela ignorância, a qual é caminho, porteiro e porta. Ora, se a Sofia divisa a verdade em meio à ignorância, divisa, consequentemente, a estultícia e a asnidade. Ali onde há cognição, há asnidade, que é partícipe daquela ideia.

SEBASTO: Agora, mostrai como são as verdades de vossa assunção, pois quero verificar todas as ilações. Pois não é inadequado dizer-se que quem é ignorante, por ser ignorante, é estulto; por ser estulto, é asno; e, por isso, toda ignorância é asnidade.

SAULINO: Na contemplação da verdade, outros se promovem por meio de doutrina e de cognição racional por força do intelecto agente que se introduz no ânimo, excitando a luz interior; mas estes são raros. Daí dizer o poeta: "Poucos são aqueles que o ardor da virtude elevou aos astros."[32] Outros ainda, por via de ignorância, para a verdade se voltam e tentam alcançá-la, e destes, alguns são afetados por aquela que é dita ignorância de simples negação; nem sabem nem presumem saber, e quanto menos sabem e mais estão embebidos de falsas informações, tanto mais pensam saber, o que, para alcançar

---

31. O conhecimento ou o saber deve passar pelo sujeito (cérebro), onde também se localizam ou se expressam a ignorância, a estupidez e a asnidade.

32. "Pauci quos ardens evexit ad aethera virtus." Citação abreviada de Virgílio, *Eneida*, VI, 129-130.

a verdade, requer uma dupla fadiga, isto é, abandonar um hábito e aprender outro; além daquela que é celebrada como aquisição divina, e para esta há os que nem dizem nem pensam saber, e fazendo-se críveis por outros ignorantíssimos, são verdadeiramente doutos, por se reduzir àquela gloriosíssima asnidade e loucura. Entre estes, alguns são naturais, como os que caminham com sua luz racional, com a qual negam qualquer luz de sentido e razão; outros caminham, ou melhor, se fazem guiar com a lanterna da fé, fazendo-se cativos do intelecto daqueles lhes sobem em cima e em suas costas lhes dirigem e guiam. E estes últimos são os que verdadeiramente não podem errar porque não caminham com entendimento falaz, e sim com luz infalível e suprema inteligência. Estes são verdadeiramente aptos e predestinados a chegar à Jerusalém da beatitude e à visão aberta da divina verdade.

SEBASTO: Eis como se distinguem as espécies de ignorância e asnidade, e como vêm, conjuntamente, facultar que a asnidade seja uma virtude necessária e divina, sem a qual o mundo estaria perdido, e com a qual todo o mundo está salvo.

SAULINO: Ouve a esse propósito um princípio, conforme uma distinção em particular. Aquilo que une nosso intelecto, que se encontra na Sofia, à verdade, que é objeto inteligível, é a primeira espécie de ignorância, segundo certos cabalistas e teólogos místicos; a segunda espécie, conforme pirrônicos e assemelhados; a terceira, conforme teólogos cristãos, entre os quais o Tarsense[33], que mais a magnificam quanto maior a loucura. Pela primeira espécie, sempre se nega e daí ser uma ignorância negativa, que nunca ousa afirmar. Pela segunda espécie, sempre se duvida e nunca se ousa determinar ou definir. Pela terceira espécie, todos os princípios são conhecidos, aprovados e, sob certo argumento, manifestados, sem qualquer demonstração e aparência. A primeira ignorância é representada pelo asno ainda filhote, fugaz e errabundo; a segunda, por uma asna estancada entre dois caminhos, de onde nunca sai, não podendo resolver por qual caminho mover-se; a terceira, por uma asna com seu potro, que traz no dorso o redentor do mundo; daí que a asna (conforme ensinam os mais sacros doutores) é um tipo do povo judaico e o potro um tipo do povo gentio, que como filha eclésia foi parida pela mãe sinagoga, pertencendo ambas à mesma geração, procedentes do pai em que acreditava Abraão. Essas três espécies de ignorância, como

---

33. Paulo de Tarso, *1 Carta aos Coríntios* 1, 18.

três ramos, se reduzem a um caule, no qual do arquétipo influi a asnidade, e que está firme e implantado sobre raízes das dez Sefirot.

CORIBANTE: Ah, belo entendimento. Estas não são persuasões retóricas nem elenco de sofismas ou tópicas[34] de probabilidade, mas demonstrações apodíticas, com as quais o asno não é um animal vil, como comumente se acredita, mas de condição heroica e divina.

SEBASTO: Não é necessário que vos canseis mais, ó Saulino, para chegar a concluir aquilo que eu perguntava e que me fosse definido; sim, porque satisfizestes Coribante, se meias palavras bastam para satisfazer um bom entendedor. Mas, por favor, fazei-me entender agora as razões da sapiência, que consiste na ignorância e na asnidade do segundo modo, isto é, com quais motivos participam da asnidade os pirrônicos e outros filósofos acadêmicos, pois não duvido da primeira e da terceira espécies que estão muito longe dos sentidos, de modo que não existem olhos que não lhe possam conhecer.

SAULINO: Logo voltarei ao propósito da vossa pergunta, mas antes quero que noteis que o primeiro e o terceiro modo de estultice e de asnidade concorrem, de certa maneira, para um só; e dependem igualmente de princípio incompreensível e inefável para dar naquela cognição, que é a disciplina das disciplinas, a doutrina das doutrinas e a arte das artes. Da qual quero vos dizer de que maneira, com pouco ou nenhum estudo, e sem qualquer cansaço, qualquer um que a deseje é capaz. Vede e considerai aqueles santos doutores e rabinos iluminados que, como soberbos e presunçosos sábios do mundo, confiaram no próprio engenho, e com temerária e inflada presunção tiveram a ousadia de elevar-se à ciência dos segredos divinos e penetrar na divindade, de modo não diferente dos que edificaram a torre de Babel, tendo sido confundidos e dispersos. O que fizeram, que partido tomaram? Detiveram os passos, arriaram os braços, fecharam os olhos, afastaram toda atenção e estudo, reprovaram quase todo pensamento humano e renegaram todo sentimento natural; por fim, se conservaram asnos; e os que não o eram, transformaram-se nesse animal; levantaram, distenderam, engrossaram e magnificaram as orelhas; e todas as potências da alma trouxeram e uniram no ato de ouvir, apenas escutando e crendo, como aquele que disse: "In auditu auris obedivit mihi."[35] Com isso, concentrando e tornando cativas as faculdades vegetativa, sensitiva e intelectiva, ataram os cinco dedos numa só unha, para que não pudessem, como Adão,

---

34. Que diz respeito à elaboração de argumentos e meios de conduzir uma argumentação, conforme a lógica antiga.
35. "Dão-me ouvidos e me obedecem." Palavras de Davi ao seu povo, *Salmos* 17,45.

estender a mão e apanhar o fruto vedado da árvore da ciência, para que não se privassem dos frutos da árvore da vida, ou, como Prometeu (metáfora do mesmo propósito), estender as mãos para roubar o fogo da potência racional. Assim, os nossos divinos asnos, privados do próprio sentimento e afeto, acabam por entender de modo como lhes vêm sopradas nas orelhas as revelações, pelos deuses ou por seus vicários. Por consequência, a governar-se exclusivamente segundo suas leis. Logo, não se voltam para a direita ou a esquerda a não ser conforme a razão e a lição que lhes dão o freio ou o cabresto que trazem no pescoço ou na boca, e não caminham senão quando e de maneira como são tangidos. Engrossaram os beiços, enrijeceram os maxilares e reforçaram os dentes, a fim de que, por mais duro, espinhoso, forte e áspero que seja o pasto oferecido, não deixe de se acomodar ao seu paladar. Daí pastarem os mais grosseiros materiais oferecidos convenientemente ao seu alcance, como qualquer outra besta sobre o dorso da Terra. E tudo isso para chegar àquela vilíssima baixeza, com a qual são capazes das mais magníficas exaltações, como aquela: "Omnis qui se humiliat exaltabitur."[36]

SEBASTO: Mas gostaria de entender como essa besta poderá distinguir se aquele que lhe monta é deus ou o diabo, um homem ou outra besta não muito maior ou melhor, se a única coisa certa é que ele é um asno e quer ser asno, e não pode ter vida e costumes melhores do que os de um asno, não sendo possível, congruente e condigno que tenha outra glória senão a de um asno?

SAULINO: Fiel é aquele que não permite ser tentado por outros que lhe estejam acima; ele conhece os seus, os tem e mantém por seus e deles não pode ser retirado. Ó santa ignorância, ó divina loucura, ó sobre-humana asnidade. Aquele raptado, profundo e contemplativo Aeropagita, escrevendo a Caio, afirma que a ignorância é uma ciência perfeitíssima, como se quisesse dar por equivalência que a asnidade é algo divino[37]. O douto Agostinho, muito inebriado por este néctar divino, testemunha em seus *Solilóquios* que a ignorância, mais do que a ciência, nos conduz a Deus, e a ciência, mais do que a ignorância, nos põe em perdição. Com essa imagem, pretende que o redentor do mundo entrasse em Jerusalém com pernas e pés de burro, para significar anagogicamente, com esta atuação, aquilo que se verifica na cidade triunfante, como disse o poeta salmista:

---

36. "Quem se humilha, será exaltado." *Lucas* 14, 11.
37. Primeira carta de Dioniso, o Aeropagita, ao monge Caio. Edição italiana sob curadoria de D. Gentili: *Gerarchia celeste. Teologia mística. Lettere*, p. 117-118.

"Non in fortitudine equi voluntatem habebit, neque in tibiis viri bene placitum erit ei."[38]

CORIBANTE: "Supple tu: Sed in fortitudine et tibiis asinae et pulli filii coniugalis."[39]

SAULINO: Agora, para vos mostrar como não é outra coisa senão asnidade aquilo com que possamos nos aproximar daquela alta sindérese[40], quero que compreendeis e sabeis não ser possível ao mundo melhor contemplação do que aquela que nega qualquer ciência, apreensão e juízo da verdade, de maneira que a suma cognição é certamente a consideração de que nada se pode saber e nada se sabe. Consequentemente, sabe-se que nada se pode ser senão asno, e nada ser senão asno. Para esse escopo juntaram-se os socráticos, platônicos, eféticos, pirronianos e outros mais, que não tiveram orelhas tão pequenas, lábios tão delicados e a cauda tão curta que não pudessem eles mesmos ver.

SEBASTO: Peço-te, Saulino, não procedas hoje com outra coisa para reafirmar ou explicar tudo isso, pois já compreendemos o suficiente por hoje e, além do mais, é hora de jantar e a matéria requer uma discussão mais longa. Portanto, se vos aprouver[41] (e também a Coribante) nos rever amanhã para a elucidação desse assunto, trarei comigo Honório, que se lembra de ter sido asno e, por isso, é todo devotado ao pitagorismo. Além disso, possui discursos grandes e apropriados, com os quais talvez seja capaz de qualquer propósito.

SAULINO: Está bem, e assim desejo, porque vai aliviar o meu cansaço.

CORIBANTE: *Ego quoque huic adstipulor sententiae*[42], e é chegada a hora de licenciar meus discípulos, a fim de que *propria revisant hospitia, proprios lares*[43]. Assim, até que essa matéria seja completada, ofereço-me para, cotidianamente, estar aqui, presente convosco.

SAULINO: Não deixarei de fazer o mesmo.

SEBASTO: Saiamos, pois.

FIM DO PRIMEIRO DIÁLOGO

38. "Tinha vontade não da mesma força do cavalo, nem das pernas de um homem."
39. "Completa: mas pela força e as pernas da asna e de seu filho, fruto legítimo."
40. Na filosofia escolástica, a capacidade natural da consciência de apreender e seguir princípios morais, distinguindo o bem do mal.
41. No original, os pronomes tu e vós (*ti*, *vi*) são empregados indistintamente em algumas frases.
42. Também sou dessa opinião.
43. Retiremo-nos aos próprios aposentos, às próprias casas.

Segundo Diálogo

Interlocutores: Sebasto, Honório, Coribante, Saulino

SEBASTO: E tu te lembras de ter trazido a carga?

HONÓRIO: A carga, e puxado tronco de vez em quando; primeiramente, a serviço de um hortelão, ajudando-o a levar estrume da cidade de Tebes a um horto vizinho aos muros, e depois a trazer vegetais, alface, cebola, melão, cenoura, rabanete e outras coisas semelhantes para a cidade; depois, para um carvoeiro que me comprou daquele.

SEBASTO: Como é possível que tenhas lembrança disso?

HONÓRIO: Vou te contar. Pastando sobre um precipício rochoso, e atraído pela vontade de abocanhar um cardo que havia crescido em direção à escarpa, mas que sem perigo pudesse estender o pescoço, acabei caindo do cume da rocha; daí o meu senhor ter-me arrancado aos corvos. E eu, privado de meu ergástulo corporal, tornei-me um espírito vagabundo, sem membros; e acabei por considerar que eu, em conformidade com a substância espiritual, não era diferente de todos os outros espíritos que transmigravam por causa da dissolução de corpos compostos e de outros animais. E vi como para a Parca são indiferentes não só o corpo do homem do corpo do asno, e o corpo dos animais das coisas ditas sem alma, tratando-se da matéria corporal, mas ainda que o gênero da matéria espiritual faz com que lhe seja indiferente a alma asinina da humana, e a alma que constitui os animais daquela que se encontra em todas as coisas; como todos os humores são um só humor em substância, todas as partes aéreas são um aéreo em substância, todos os espíritos são espírito de Anfitrite[44] e a ela retornam. Assim, após ser mantido em tal estado, eis que "Letheum ad fluvium Deus evocat agmine magno, scilicet immemores supera ut convexa revisant, rursus et incipiant in corpora velle reverti."[45] Então, escapando eu desses campos afortunados, por não sorver a água do rápido Letes, em meio àquela multidão cujo principal guia era Mercúrio, fingi beber aquele líquido; mas outra coisa não fiz senão molhar os lábios, a fim de que se enganassem os vigilantes, aos quais bastaram ver-me com a boca e o queixo molhados.

---

44. Entenda-se a fonte eterna da qual provêm os influxos que animam os corpos e à qual retornam após a morte do ser.

45. "Ao rio Letes Deus os chama em grandes filas pois, sem memória, a celeste volta reveem e começam a querer voltar aos corpos." Virgílio, *Eneida*, VI, 749-751.

Tomei o caminho em direção ao ar mais puro pela porta Corneia[46] e, deixando às minhas costas e sob meus pés aquelas profundezas, achei-me no Monte Parnaso, não sendo uma fábula que sua fonte Cabalina[47] seja coisa do pai Apolo, consagrada às musas, suas filhas. Onde, por força e ordem dos fados, voltei a ser asno, mas sem perder as espécies inteligíveis, das quais ficasse viúvo, e ainda privado do espírito animal, por força do qual saíram-me as formas e a substância de duas asas, suficientes para elevar-me até os astros. Ali surgi e fui nomeado não simplesmente asno, mas Asno Volante, ou ainda Cavalo Pégaso. Por isso fui executor de muitas ordens do provido Júpiter, servi a Belerofonte, passei por muitas e celebérrimas aventuras e, por fim, fui aceito no céu, perto dos confins de Andrômeda e do Cisne, de um lado, e de Peixes e Aquário, de outro.

SEBASTO: Respondei-me, por favor, antes que venha a entender todas essas coisas: assim, por experiência e recordação dos fatos, considerais ser verdadeira a opinião de pitagóricos, druidas, saduceus e outros semelhantes acerca daquela contínua metamorfose, isto é, transformação ou transcorporificação de todas as almas? Como também disse o poeta: "Spiritus eque feris humana in corpora transit, inque feras noster, nec tempora deperit ullo"?[48]

HONÓRIO: Assim é, senhor, certissimamente.

SEBASTO: Então acreditais que não seja outra coisa, em substância, a alma do homem e a alma dos animais? E não se difiram, a não ser na figura?

HONÓRIO: A do homem é própria em essência específica, mas a mesma em essência genérica, como a das moscas, ostras e plantas, e de qualquer coisa que se ache animada ou tenha alma, assim como não existe corpo mais ou menos vivaz e capacidade de alguma comunicação em si mesmo. Ora, tal espírito, segundo o destino ou providência, ordem ou fortuna, vem a se juntar a uma ou outra espécie de corpo; e conforme a razão da diversidade de compleição e de membros, passa a ter graus diversos de perfeição, de habilidade e operação. O espírito ou alma que estava na aranha dá-lhe tal indústria, juntas e membros em devida quantidade e forma; o mesmo espírito ou alma, juntado à raça humana, adquire outra inteligência, outros instrumentos, atitudes e atos. Acrescento a isso que, se fosse possível que a cabeça de uma serpente se transformasse na

---

46. Porta pela qual saíam do Hades os sonhos verdadeiros.
47. Ou de Hipocrene.
48. "O espírito dos animais passa ao corpo humano e de nós aos animais, e nunca se consome." Ovídio, *Metamorfoses*, 167-168.

de uma figura humana, e o busto crescesse em tanta quantidade quanto possa conter, se a língua se alargasse, as costas se ampliassem, se braços e mãos se ramificassem e no lugar da cauda viessem a germinar as pernas, então passaria a entender, a ter a aparência, a falar, a agir e caminhar não de outra maneira, mas como homem. Ao contrário, o homem não seria senão uma serpente se viesse a se contrair, juntamente com mãos e pernas, numa espécie de cepo, e todos os ossos concorressem a formar uma só espinha, adquiriria a figura e os hábitos de sua compleição. Então teria algumas habilidades a mais e outras a menos; em lugar de falar, sibilaria, em vez de caminhar, serpentearia, em lugar de construir palácios, cavaria um buraco, e não lhe conviria um aposento, e sim uma cova, assim como antes dependia daqueles membros, e possuía tais instrumentos, potência e atos. Também de um mesmo artífice, inebriado pela contração e modificação da matéria, aparecem exercícios de habilidades diversas, na dependência de diferentes execuções. Por isso, é possível compreender que muitos animais possam ter mais engenho e maior luz intelectual do que o homem (e assim não é uma brincadeira o que proferiu Moisés, chamando de sapientíssima, entre todos os animais da Terra, a serpente); mas por penúria de instrumentos, acaba por ser inferior, como aquele, por riqueza de instrumentos, lhe é superior. E que isso seja verdade, considera com sutileza e examina dentro de ti mesmo o que seria se o homem tivesse o dobro de engenho e o intelecto agente lhe esplendesse com mais clareza e, apesar disso, suas mãos fossem transformadas em dois pés, permanecendo o resto como inteiramente ordinário. Diga-me, como poderia, impunemente, ser a conversação dos homens, como poderiam ser instituídas as famílias e as uniões, sem que fossem devorados por inúmeras espécies de animais, estando daquela maneira sujeitos a maiores e mais certas ruínas? Por consequência, onde estariam as instituições de ensino, a invenção das disciplinas, a congregação dos cidadãos, as estruturas dos edifícios e outras coisas que significam a grandeza e a excelência humanas e fazem do homem um triunfador verdadeiramente invicto sobre outras espécies? Tudo isso, se ocultamente observas, se refere não tanto ao que dita o engenho quanto àquilo que provém da mão, órgão dos órgãos[49].

SEBASTO: O que diria dos macacos e ursos que, se não têm mãos, propriamente, não possuem um instrumento muito pior que a mão?

---

49. "Órgão dos órgãos" é uma expressão aristotélica (*De anima*, III, 8, 432), sendo a mão o instrumento essencial da supremacia do homem.

HONÓRIO: Não têm tal compleição que seja capaz de muita habilidade, pois a inteligência universal nestes e noutros animais, pelo caráter grotesco ou lúbrico de suas compleições, não consegue imprimir tal força de sentimento em tais espíritos. Mas a comparação feita deve ser entendida no gênero dos mais engenhosos animais.

SEBASTO: O papagaio não possui um órgão elevadíssimo para proferir a voz articulada? Ora, por que é tão difícil e só com muita fadiga fala pouco, sem entender o que diz?

HONÓRIO: Porque não tem as capacidades apreensiva e retentiva adequadas e congênitas como as do homem, mas tal como convém à sua espécie; em razão disso, não tem necessidade de que outros o ensinem a voar, procurar alimento, distingui-lo de veneno, procriar, nidificar, mudar de habitação e reparar as injúrias do tempo, assim como prover às necessidades da vida de maneira não pior e mais facilmente do que o homem.

SEBASTO: Os doutos dizem que isso se deve não ao intelecto ou à capacidade discursiva, mas ao instinto natural.

HONÓRIO: Fazei com que tais doutos respondam: o instinto natural é sentido ou intelecto? Se for sentido, é um sentido interno ou externo? Ora, não sendo externo, como se percebe de manifesto, que digam com que senso interno possuem a providência, a técnica, a arte, as precauções e os expedientes, não apenas face a ocasiões presentes, mas ainda futuras.

SEBASTO: São movidos por uma inteligência não errante.

HONÓRIO: Esta, se for um princípio natural e próximo, aplicável à operação próxima e individual, não pode ser um princípio universal e extrínseco, mas particular e intrínseco, e, por consequência, uma potência da alma que a preside na popa.

SEBASTO: Não aceitais então que seja a inteligência universal a que move?

HONÓRIO: Digo que a inteligência eficiente universal é una em todos; move e faz entender; mas, além dela, e em todos, há a inteligência particular, pela qual são movidos, iluminados e entendem; e esta se multiplica segundo o número dos indivíduos. Como a potência visual é multiplicada conforme o número de olhos, movida e iluminada por um fogo, um lume ou pelo Sol, assim também a potência intelectiva é multiplicada segundo o número de sujeitos partícipes da alma, sobre os quais esplende um sol intelectual. Assim, portanto, sobre todos os animais há um sentido agente, isto é, aquele que faz sentir a todos e pelo qual todos são sensitivos em ato; e um intelecto agente, isto é, aquele que faz a todos entender e pelo qual todos são intelectivos em ato. Depois, os sentidos particulares e os intelectos particulares, passíveis ou possíveis, são tantos quantos os sujeitos; e são tantos em conformidade com os graus de compleição quanto são as figuras e compleições de corpo.

SEBASTO: Dizei o que vos apraz e entendei como quiserdes, mas eu, quanto aos animais, não pretendo chamar aquele instinto racional de intelecto.

HONÓRIO: Ora, se não se pode chamar de senso, é preciso que nos animais, além das potências sensitiva e intelectiva, se imagine alguma outra cognitiva.

SEBASTO: Direi que é uma eficácia de sentido interior.

HONÓRIO: Tal eficácia podemos ainda dizer que seja o intelecto humano; e está em nossa liberdade denominar como nos agrade e limitar a definição e os nomes conforme os pusermos, como fez Averróis. E também está em minha liberdade dizer que o vosso entender não é um entender, e qualquer coisa que fizerdes, pensar que não seja pelo intelecto, mas por instinto. Pois o agir de outros animais, como o das abelhas e formigas, não tem o nome de intelecto, mas de instinto. Também direi que o instinto desses animais é mais digno do que o vosso intelecto.

SEBASTO: Deixemos por ora de discutir mais amplamente sobre isso e voltemos a nós. Vós, portanto, quereis que de uma cera apenas, ou outra matéria que seja, se formem figuras diferentes e variáveis, assim como da mesma matéria corporal se fazem os corpos, e da mesma substância espiritual se façam todos os espíritos?

HONÓRIO: Assim é. E ajunto a isso que, por diferentes razões, hábitos, ordens, números e medidas de corpo e de espírito são igualmente diversos os temperamentos, as compleições e se produzem órgãos diferentes, aparecendo assim coisas distintas em seus gêneros.

SEBASTO: Parece-me que essa opinião não está muito distante nem contraria aquele dogma profético que diz que o todo está em mãos do eficiente universal, tal como o mesmo barro nas mãos do mesmo oleiro, e que na roda desta vertigem dos astros vem a ser feito e desfeito conforme as vicissitudes das gerações e a corrosão das coisas; ora um vaso magnífico, ora um vaso abominável com a mesma matéria.

HONÓRIO: Assim entenderam e declararam muitos dos mais sábios rabinos. Assim parece ter compreendido aquele que disse: "Homens e jumentos salvarás, conforme multiplicares a misericórdia."[50] Assim

---

50. *Salmos* 35, 7-8.

está evidente na metamorfose de Nabucodonosor[51]. Assim pensaram alguns saduceus do Batista que ele fosse Elias, não pelo mesmo corpo, mas pelo mesmo espírito em outro corpo.

SEBASTO: Por favor, não discutamos mais sobre isso, pois infelizmente me parece verossímil a vossa opinião; e eu quero manter-me naquela fé em que fui instruído por meus pais e professores; daí que deveis falar de acontecimentos históricos ou de fábulas e metáforas, e deixai as demonstrações e as autoridades.

HONÓRIO: Tens boa razão, irmão; além disso, convém que eu torne para completar o que havia começado a dizer-te, caso não duvides que isso venha a subverter teu engenho e intemerata consciência.

SEBASTO: Não, não, por certo; isso eu escuto com maior prazer do que alguma fábula que já tenha ouvido.

HONÓRIO: Se, portanto, não me escutas como se fosse uma doutrina ou disciplina, escuta-me por passatempo.

Segunda Parte do Diálogo

SEBASTO: Mas não vedes, Saulino e Coribante que chegam?

HONÓRIO: Faz tempo que deviam vir. Melhor tarde do que nunca, Saulino.

CORIBANTE: *Si tardus adventus, citior expeditio*[52].

SEBASTO: Com vosso atraso, haveis perdido belos propósitos que desejaria que Honório repetisse.

HONÓRIO: Não, por favor, porque me aborreceria; mas sigamos o nosso propósito, pois aquilo que será necessário citar, discutiremos privadamente e com maior comodidade. Por ora, não queria interromper o fio do meu relato.

SAULINO: Sim, que assim seja. Continuai então.

HONÓRIO: Bem, posto, como já disse, na região celeste, sob o título de cavalo Pégaso, aconteceu-me por ordem do destino que, pela conversão a coisas inferiores e causa de certa afeição que eu viria a adquirir (algo bem descrito pelo platônico Plotino)[53], como que inebriado de néctar, vim a ser anunciado ora como filósofo, ora como poeta ou ainda como um pedante, deixando a minha imagem no céu. A esta sede retornava de tempos em tempos pela transmigração,

---

51. *Daniel* 4, 30.
52. "Se tarde é a chegada, mais rápida a resolução."
53. A descida da alma nos corpos e a consequente "perda de asas". *Enéadas*, IV, 8.

levando a memória das espécies que havia adquirido na habitação corporal. E as deixava como numa biblioteca quando acontecia de ter de voltar a uma habitação terrestre. Das espécies memoráveis, as últimas são aquelas que comecei a embeber ao tempo de Filipe da Macedônia, depois de ter sido gerado pelo sêmen de Nicômaco, como se acredita. Ali, depois de ter sido discípulo de Aristarco, de Platão e de outros, fui promovido, com o auxílio de meu pai, que era conselheiro de Filipe, a pedagogo e pedante de Alexandre, mais tarde Magno. Sob o reinado deste, e ainda que erudito nas ciências humanísticas, nas quais era mais ilustre do que todos os meus predecessores, tive a presunção de ser um filósofo natural, como é comum nos pedantes, sempre temerários e presunçosos. Com isso, e por estar extinta a cognição da filosofia com a morte de Sócrates, o exílio de Platão e a dispersão de outros, permaneci eu apenas, vesgo entre os cegos. E facilmente pude obter a reputação não só de retórico, político e lógico, mas ainda de filósofo. Assim, mal e tolamente trazendo as opiniões dos antigos, de tal maneira que nem mesmo as crianças e os velhos insensatos falariam e entenderiam aqueles homens, introduzi-me como reformador daquela disciplina, da qual não tinha conhecimento algum. Disse-me o príncipe dos peripatéticos e ensinei em Atenas sob o pórtico do Liceu, onde, segundo a luz e, para dizer a verdade, conforme as trevas que reinavam em mim, entendi e ensinei de modo pervertido sobre a natureza dos princípios e a substância das coisas; delirei sobre a essência da alma, nada pude compreender sobre a natureza do movimento e do Universo; em conclusão, fiz com que a ciência natural e divina fosse extinta no nível mais baixo da roda, quando, mesmo no tempo de caldeus e pitagóricos, esteve bem elevada.

SEBASTO: Ainda assim, foste por muito tempo admirado no mundo; e, entre outras maravilhas, encontrou-se um árabe que disse que a natureza, ao te criar, fez seu último esforço, a fim de estampar o máximo engenho de perspicácia, pureza, elevação e verdade; e geralmente foste chamado "demônio da natureza".

HONÓRIO: Os ignorantes nada saberiam se não fosse a fé; e se ela não existisse, não saberiam as vicissitudes das ciências e das virtudes, da bestialidade e da inércia, além de outras sucessões de impressões contrárias, como são a noite e o dia, o calor do verão e o rigor do inverno[54].

---

54. A sucessão de coisas contrárias é o que relaciona fé, ignorância e bestialidade, num momento, com a razão, a cognição, a ciência e as virtudes, em outro. O significado da Cabala é revelar a copresença ou a sucessão dos contrários. O que nos leva a ▶

SEBASTO: Para vir ao conhecimento da alma (pondo de lado agora outros propósitos), li e considerei aqueles três livros teus, nos quais falas mais gaguejantemente do que o maior gago que possa haver. Como podes te estender sobre tantos e diversos pareceres e tão extravagantes questões e intenções, querendo que se desate e se desembrulhe aquilo que dizes com propósitos confusos e superficiais, e que, se escondem alguma coisa, outra não é senão pedantaria e leviandade peripatética.

HONÓRIO: Não é maravilha, irmão, dado que não podem aprender o meu raciocínio sobre coisas para as quais não tive intelecto, ou que queiram encontrar uma construção ou argumento acerca do que eu quis dizer se eu mesmo não sabia o que queria dizer. Que diferença acreditais haver entre eles e aqueles que procuram chifres em gatos e pernas nas enguias? Nenhuma, por certo. Disso, e precavendo-me para que os demais não se apercebessem e viesse eu a perder a reputação de protossofista, quis fazer de modo que quem quer que me estudasse na filosofia natural (na qual me sentia de fato ignorantíssimo), e por inconveniências ou confusão que distinguisse, e não tendo qualquer luz de engenho, pensasse que não era aquela a minha intenção profunda, mas antes aquilo que, conforme sua capacidade, acreditava superficialmente compreender. Daí ter sido publicada aquela carta a Alexandre, em que protestava que os livros de física, vindos à luz, não tinham sido entendidos[55].

SEBASTO: E por isso vós pareceis ter aliviado a vossa consciência; e não têm razão aqueles grandes asnos que estão dispostos a se lamentar por vós no dia do juízo final, assim como aqueles que enganastes e seduzistes, e com aparatos sofísticos tirastes do caminho da verdade, mas que poderiam alcançá-la por meio de outros princípios e métodos. Tu hás até mesmo ensinado[56] aquilo que deviam pensar: que se tu hás publicado, como se não houvesse publicado, os leitores, depois de terem te lido, devem pensar que não te leram; como hás escrito como se não houvesse escrito, da mesma maneira aqueles que ensinam a tua doutrina devem ser escutados como se não falassem. Finalmente, de vós, que raciocinais e proferis sentenças, não se deve esperar mais do que de alguém que nunca entende.

▷ pensar que o desenvolvimento cultural de uma época pode muito bem dar lugar a fases de decadência, como entendido, por exemplo, por Oswald Spengler.
55. Escrito apócrifo atribuído a Aristóteles e enviado a Alexandre Magno.
56. A mudança do tratamento e da pessoa gramatical (da segunda do singular para a segunda do plural) ocorre muitas vezes nos diálogos.

HONÓRIO: Assim é certo, para dizer-te ingenuamente como hoje o entendo; porque ninguém deve ser mais entendido do que aquele que quer se fazer entender. E não devemos andar perseguindo intelectualmente aqueles que escapam ao nosso entendimento, dizendo que falam certamente por enigmas ou por metáforas, outros porque não querem ser entendidos pelos ignorantes, outros porque desprezam a multidão ou ainda para que não se deem pérolas aos porcos[57]. Chegamos a tal ponto que qualquer sátiro, fauno, melancólico, bêbado e infectado de bile negra conta sonhos e diz bolodórios sem qualquer sentido, se fazendo suspeitos de grandes profecias, de mistérios recônditos, de segredos arcanos e divinos para ressuscitar mortos, de pedras filosofais e outras poltronarias capazes de fazer girar a cabeça dos que têm pouco cérebro e fazê-los doidos, perdendo tempo, esforço e gastando mísera e ignobilmente o curso de suas vidas.

SEBASTO: Assim entende um amigo meu, que, lendo um livro de um profeta enigmático, e depois de ter espremido o cérebro, com graça e leveza o jogou na latrina, dizendo-lhe: "Irmão, tu não queres ser entendido; eu não te quero entender." E ajuntou que fosse ao inferno com cem diabos e o deixasse em paz.

HONÓRIO: E o que é digno de compaixão e de riso, ao mesmo tempo, é que com esses libelos e tratados ingênuos vemos um Sílvio atônito, um Hortênsio melancólico, um Serafim emagrecido, um Cammaroto pálido, um Ambrósio envelhecido, um Jorge enlouquecido, um Reginaldo absorto, um Bonifácio inflado[58], e um mui reverendo Dom Colherão, "cheio de infinita e nobre maravilha", que passeia ao longo da sala, afastado do vulgo rude e ignóbil; e manejando as fímbrias de sua toga, movendo ora este, ora aquele pé, estufando o peito ora à direita, ora à esquerda, com o texto que comenta debaixo dos sovacos e com um gesto de querer jogar por terra aquela pulga que tem nos dedos, com a enrugada fronte cogitabunda, com os cílios erguidos e os olhos arrebatados, num gesto de homem fortemente maravilhado, conclui com um enfático e grave suspiro, fazendo chegar aos ouvidos dos circunstantes a sentença: "Huc usque alii philosophi non pervenerunt."[59] Se se depara com a lição de algum livro escrito por um energúmeno ou inspirado, no

---

57. No original, "para que as margaridas não sejam pisadas pelos porcos" (*perché le margarite non sieno calpestrate da porci*).
58. Frades com os quais Bruno conviveu no convento de São Domingos, em Nápoles.
59. Ali onde outros filósofos não chegaram.

qual não está expresso qualquer sentimento ou ideia que se possa encontrar num espírito cavalar, então, para mostrar que bateu o martelo, exclamará: "O magnum misterium." Se porventura encontrasse um livro de...

SEBASTO: Não, por favor, nada mais dessas coisas das quais já estamos bem informados; voltemos ao nosso propósito.

CORIBANTE: *Ita ita, sodes*[60]. Fazei-nos compreender em que ordem e de que maneira haveis recobrado a memória que havíeis perdido na suposta existência peripatética e outras hipóstases.

HONÓRIO: Creio ter dito a Sebasto que, todas as vezes que transmigrava de corpo, e antes que me investisse de outro, retornava àquele vestígio da ideia de asinidade (que, pela honra e faculdade alada, preza a alguns chamá-lo de Pégaso, e não de burro), e de lá, após ter descrito os atos e as fortunas que havia passado, sempre fui destinado a retornar como homem, dado o privilégio que ganhei por ter tido a astúcia de não engolir as águas do rio Letes. Além disso, pela jurisdição daquela estância celeste, aconteceu que, partindo eu dos corpos, nunca tomei o caminho do reino de Plutão, mas o do ilustre e augusto império de Júpiter.

CORIBANTE: Para a estância do alígero quadrúpede.

HONÓRIO: Até que um dia, agradando ao senado dos deuses, concordaram eles em me transmigrar com outros animais, deixando lá no alto apenas a impressão de minha virtude, onde, por graça e digno favor dos deuses, estou ornamentado e envolvido por minha biblioteca, carregando não apenas a memória das espécies opináveis, sofísticas, aparentes, prováveis e demonstrativas, mas ainda o juízo distintivo que separa aquelas outras entre o verdadeiro e o falso. Além de outras coisas que, nas diversas compleições e corpos em que fui concebido, mantenho ainda os hábitos, e muitas outras verdades com as quais, sem o concurso dos sentidos, mas com puro olhar intelectual, se abrem caminhos. E não me escapam, embora me encontre sob esta pele e nesta parede recluso, onde, pela porta dos sentidos (como se fossem buracos estreitíssimos), podemos de ordinário contemplar algumas espécies de entes; assim, torna-se possível ver claro e aberto o horizonte de todas as formas naturais, da mesma maneira quando nos encontramos fora de uma prisão.

SEBASTO: Com tudo isso, ficastes tão completamente informado que obtivestes mais do que o hábito de tantas filosofias, de tantos supostos filósofos que haveis apresentado ao mundo, conseguindo

---

60. "Ao escopo, por favor."

um juízo superior àquelas trevas ou luzes, sob as quais haveis vegetado, sentido e entendido, ou em ato ou em potência, habitando ora a Terra, o inferno ou as estâncias celestes.

HONÓRIO: É verdade; e de tal retenção, posso considerar e conhecer, melhor do que por meio de um espelho, aquilo que é verdadeiro da essência e da substância da alma.

Terceira Parte do Diálogo

SEBASTO: Passemos além disso, por agora, e ouçamos o vosso parecer sobre a questão ontem tratada por mim e Saulino, aqui presente. E que se refere à opinião de algumas seitas, as quais pretendem não ter havido ciência alguma antes de nós.

SAULINO: Fiz ver bastante claramente que, sob a eminência da verdade, não temos nós coisa mais eminente do que a ignorância ou a asnidade, pois esta é o meio pela qual a Sofia se conjuga e se domestica. E não há outra virtude que lhe seja capaz de estar tão junta; dado que o intelecto humano tem algum acesso à verdade, acesso este que se não ocorre pela ciência e pela cognição, necessariamente precisa que se dê pela ignorância e pela asnidade[61].

CORIBANTE: *Nego sequelam*[62].

SAULINO: A consequência é manifesta pelo fato de que, no intelecto racional, não há meio entre a ignorância e a ciência, pois é necessário que, das duas, seja uma ou outra, sendo elas dois opostos sobre um assunto, como a privação e o hábito[63].

CORIBANTE: *Quid de assumptione, sive antecedente?*[64]

SAULINO: Como disse, foi posta antes por vários filósofos e teólogos famosos.

CORIBANTE: O argumento é debilíssimo, *ab humana authoritate*[65].

SAULINO: Tais asserções contêm raciocínios demonstrativos.

SEBASTO: Portanto, se tal opinião for verdadeira, é verdadeira por demonstração; a demonstração é um silogismo científico; logo, segundo aqueles mesmos que negam a ciência e a apreensão da verdade, assim estão postas a apreensão da verdade e o discurso

---

61. A ignorância é um passo propedêutico para se construir a ciência.
62. "Nego as consequências."
63. Os termos privação (*stéresis*) e hábito (*eksis*) provêm do léxico aristotélico.
64. "O que dizer da premissa ou antecedente?"
65. "Sob autoridade humana."

científico. Consequentemente, têm o mesmo sentido e usam as mesmas palavras. Acrescento a isso que, caso não se saiba verdade alguma, esses mesmos que o afirmam não sabem o que dizem e não podem estar certos de falar ou de zurrar, se são homens ou burros.

SAULINO: A solução disso podeis entender daquilo que vos farei ouvir em seguida; pois primeiro é mister entender a coisa, e depois seu modo ou maneira.

CORIBANTE: Bom. *Modus enim rei rem presupponat oportet*[66].

SEBASTO: Agora fazei compreender as coisas na ordem que vos aprouver.

SAULINO: Assim farei. São encontrados entre as seitas de filósofos alguns geralmente chamados de acadêmicos, e mais propriamente céticos ou eféticos, os quais duvidavam poder determinar alguma verdade, e por isso baniram qualquer enunciação; não ousavam afirmar ou negar, e assim se faziam chamar inquisidores, investigadores e escrutadores das coisas.

SEBASTO: Por que essas bestas inquiriam, investigavam e escrutavam sem esperança de encontrar alguma coisa? Isso é coisa daqueles que se cansam sem qualquer propósito...

CORIBANTE: Para desmentir aquela sentença vulgar: "Omne agens est propter finem."[67] Mas, por Hércules, eu me convenço de que, assim como Honório está na dependência do influxo do asno Pégaso, ou é o próprio Pégaso, aqueles filósofos foram as próprias Danaides, ou elas lhes influenciavam os cérebros[68].

SAULINO: Deixai-me concluir. Ora, eles não punham fé no que viam nem no que ouviam, pois estimavam ser a verdade coisa confusa, incompreensível, atribuindo à sua composição toda sorte de variedade e contrariedade. Toda coisa seria uma mistura, nenhuma constaria de si mesma, de natureza e virtude próprias e os objetos se apresentariam à potência apreensiva não como são em si mesmos, mas conforme a relação que adquirem por suas espécies, de tal modo que, partindo desta e daquela matéria venham a juntar-se e criar novas formas em nossos sentidos[69].

SEBASTO: Em verdade, eles, sem muito cansaço e em pouquíssimo tempo, podem ser filósofos e se mostrar mais sábios do que os outros.

---

66. "É preciso que a coisa venha antes do modo."
67. A todo agente corresponde um fim.
68. As filhas de Dânao, condenadas no Tártaro a encher um poço sem fundo.
69. Só se poderiam conhecer relações entre coisas, não as próprias coisas, nas quais se encontra a verdade. Trata-se de um fenomenismo, ao qual a personagem de Saulino se opõe.

SAULINO: A estes sucederam os pirrônicos, muito mais escassos no dar fé ao sentido e ao intelecto do que os eféticos. Pois ali onde estes últimos acreditavam ter compreendido alguma coisa e ser partícipes de algum juízo de verdade, isto é, que coisa alguma pode ser compreendida ou determinada, os pirrônicos se consideraram privados até mesmo deste último juízo, dizendo que nem mesmo podiam estar seguros disso, ou seja, de que alguma coisa pudesse ser determinada.

SEBASTO: Olhai a indústria dessa Academia que, tendo visto o modelo de engenho e observado a indústria daquela outra, que com facilidade e covardia quis dar um pontapé e jogar por terra outras filosofias, armada agora de maior covardice quis dar o empurrão final em todas, fazendo-se a mais sábia de todas com muito menos esforço de cérebro. Vamos, vamos mais além. O que devo fazer, sendo ambicioso para formar uma nova seita e parecer o mais sábio de todos? Farei um terceiro tabernáculo, implantarei uma Academia mais douta, apertando um pouco mais o cinto. Mas para isso terei de refrear tanto a voz, como os eféticos, e a respiração, como os pirrônicos, que não mais exale qualquer espírito e morra?

SAULINO: O que quereis dizer com isso?

SEBASTO: Esses poltrões, para escapar da fadiga de atribuir causas e razões às coisas, para não acusar a inércia e a inveja que possuem do esforço dos outros, querendo parecer ainda melhores e não lhes bastando ocultar a própria vilania, não podendo ir além e nem andar ao par, para não prejudicar a sua presunção vã e confessar a imbecilidade do próprio engenho e grosseria de intelecto, põem a culpa na natureza e nas coisas que mal se representam e não na má apreensão de seus dogmatismos. Pois com outro modo de proceder estariam obrigados a trazer a campo as comparações de uma boa apreensão, que pudesse gerar maior fé, após ter gerado um conceito melhor nos espíritos do que aqueles que se deleitam nas contemplações das coisas naturais. Portanto, querendo com menor cansaço e inteligência e menor risco de perder o crédito, além de parecer mais sábios do que os outros, disseram os eféticos que nada se pode determinar porque nada se conhece; daí que aqueles que estimam entender e falam assertivamente deliram mais do que os que não entendem e não falam. Os segundos, chamados pirrônicos, para parecerem arquissapientes, disseram que nem tampouco isso se pode entender (o que os fazem entender os eféticos), ou seja: que nada pode ser determinado ou conhecido, afirmado ou negado. Se os eféticos pensavam que os que entendiam não entendiam, os pirrônicos entenderam que os eféticos não entendiam aquilo que os que pensavam entender entendiam. Ora, o que resta para acrescentar à sapiência deles é que nós sabemos que os pirrônicos não sabiam, que os eféticos não sabiam, que os dogmáticos, que pensavam saber, não sabiam. E assim, com facilidade crescente, vem a se tornar maior esta nobre escala de filosofia, sem que se consiga, demonstrativamente, concluir-se o último degrau da suma filosofia, e a melhor contemplação é a daqueles que não apenas não afirmam nem negam saber ou ignorar, mas nem mesmo podem afirmar ou negar o que quer que seja. De sorte que os asnos são os mais divinos animais, e a asinidade, sua irmã, é a companhia e a secretária da verdade.

SAULINO: Se isso que dizes com impropérios e cólera o disseste com bom senso e assertivamente, diria que a vossa dedução é excelentíssima e egregiamente divina. E que alcançaste aquele escopo para o qual tantos dogmáticos e tantos acadêmicos concorreram.

SEBASTO: Vos peço (já que chegamos a este ponto) que me façais entender com que argumento e persuasão os Acadêmicos negam a possibilidade da apreensão.

SAULINO: Isso gostaria que fosse referido por Honório, por ter ele experimentado hipóstases de vários e grandes anatomistas das vísceras da natureza, e não é irracional se pensar que tenha sido acadêmico.

HONÓRIO: Já fui aquele Xenófanes de Cólofon que disse que de todas as coisas só há opiniões. Mas deixando de lado meus próprios pensamentos: a esse respeito existe uma conhecida razão, aquela dos pirrônicos, que disseram que, para apreender a verdade, uma doutrina se faz necessária; e para efetivar a doutrina, são necessários aquele que ensina, o que é ensinado e a coisa que se ensina, ou seja, o mestre, o discípulo e a arte. Mas essas três coisas não se encontram todas juntas, efetivamente; logo, não há doutrina e não há apreensão da verdade.

SEBASTO: Que razões os levam a dizer, em primeiro lugar, que não há coisa com que se faça uma doutrina ou disciplina?

HONÓRIO: Estas! Uma coisa, dizem, ou deverá ser verdadeira ou falsa; se for falsa, não pode ser ensinada, pois do falso não pode haver nem doutrina nem disciplina, considerando que àquilo que não é, nada pode acontecer e, por isso, não pode ser ensinado. Se for verdadeira, também não pode ser ensinada, pois ou é coisa que aparece igualmente a todos, e assim dela não pode haver uma doutrina e, consequentemente, um doutor, ou é coisa que de modo diferente e desigualmente aparece a uns e outros, e assim não pode haver senão opiniões e sobre ela não se pode formar nada a não ser opinião. Além do mais, é necessário que aquilo que deva ser ensinado e notificado o seja por uma causa ou meio, causa ou meio que devem estar ocultos ou conhecidos. Se a causa está oculta, não pode ser transmitida a outro; se é conhecida, é necessário que seja por uma causa ou meio. E assim procedendo, nos damos conta de que não se chega ao princípio da ciência, se toda ciência tem uma causa. Dizem mais: das coisas que são, sendo umas corpos, outras incorpóreas, é preciso que, das coisas de que venham a ser ensinadas, umas pertençam a um gênero, outras a outro. Ora, o corpo não pode ser ensinado, pois não pode estar sob o juízo dos sentidos e do intelecto. Certamente não sob o juízo do sentido, dado que, conforme todas as doutrinas e seitas, o corpo consta de muitas dimensões, razões, diferenças e circunstâncias; não é um acidente definido de sentido particular ou comum, mas é uma composição e congregação de propriedades e de indivíduos inumeráveis. Concede-se que o corpo seja coisa sensível, mas nem por isso constituirá coisa de doutrina ou disciplina, pois não é preciso que se encontrem o mestre e o discípulo para saber que o branco é branco e o quente é quente. O corpo também não pode estar sob o juízo da inteligência, pois é bastante aceito por todos os dogmáticos e acadêmicos que o objeto do intelecto não pode ser outra coisa senão incorpóreo. Daqui se infere, secundariamente, que não pode haver quem ensine nem, em terceiro lugar, quem seja ensinado. Pois, como se viu, este não tem o que aprender ou conceber, e aquele, o que ensinar e imprimir. Aduzo uma outra razão. Se acontece de alguém ensinar, ou alguém sem arte ensina um outro sem arte, e isso não é possível, pois nem um nem outro tem necessidade de ser ensinado; ou um artista ensina outro artista, e isso viria a ser uma pilhéria, pois nem um nem outro têm necessidade de mestre. Ou aquele que não sabe ensina quem sabe, e isso seria como se um cego guiasse um vidente. Se nenhum desses modos é possível, restará então que aquele que sabe ensina a quem não sabe. E isso é o mais inconveniente de tudo o que se possa imaginar. Pois aquele que não possui arte não pode ser feito artífice, pois não possui arte, dado que deveria ser artífice quando não o é. (Este é semelhante a alguém que tenha nascido cego e surdo e por isso jamais terá um pensamento de voz e cor. E não menciono o que se diz no *Mênon*, com o exemplo do escravo fugitivo que, feito presente, não pode ser reconhecido se já não o fora antes; daí quererem igualmente não haver nova ciência ou doutrina de espécie conhecível, mas apenas uma recordação.) Nem tampouco pode ser feito artífice quando já possui a arte, pois então não se pode dizer que se fez artífice, mas que é artífice.

SEBASTO: O que vos parece, Honório, todas essas razões?

HONÓRIO: Digo que não é preciso entreter-se com o exame de tal discurso; basta dizer que é bom, como certas plantas são boas para o paladar.

SEBASTO: Mas queria saber de Saulino (que magnifica a asnidade, tanto quanto não podem ser magnificadas a ciência e a especulação, a doutrina e a disciplina) se a asnidade pode ter lugar alhures do que nos asnos, ou seja, se alguém entre aqueles que não era asno pode se tornar asno por doutrina e disciplina; porque é preciso que, destes, aquele que ensina ou aquele que é ensinado, ou ainda um e outro, ou nem um nem outro, sejam asnos. Digo que será asno apenas aquele que ensina, ou só aquele que é ensinado, ou nem aquele nem este, ou este e aquele conjuntamente. Pois aqui, com a mesma ordem se pode ver que, de modo algum, se possa ensinar. Logo, da asnidade não se pode ter qualquer apreensão, assim como das artes e das ciências.

HONÓRIO: Disso falaremos à mesa, depois do jantar.

CORIBANTE: *Propere eamus*[70].

SAULINO: Vamos.

FIM DO SEGUNDO DIÁLOGO

Terceiro Diálogo

Interlocutores: Saulino, Álvaro

SAULINO: Passeei muito tempo esperando e percebo ter ultrapassado a hora do início de nosso colóquio; e eles não vieram. Ah, vejo agora o criado de Sebasto.

ÁLVARO: Saulino, venho da parte de meu patrão para vos avisar que ao menos por uma semana não podereis vos reunir. Morreu-lhe a mulher e está cuidando agora dos procedimentos testamentários para se entregar a outros pensamentos. A gota assaltou Coribante e Honório foi tomar um banho. Adeus.

SAULINO: Vá em paz. Bem, creio que passará a ocasião para outros raciocínios e discussões sobre a cabala daquele cavalo. Pois, como vejo, a ordem do universo quer que este cavalo divino, postado nas regiões celestes, só se mostre até o umbigo (até onde aquela estrela

---

70. "Vamos logo."

final litiga e se questiona se pertence à cabeça de Andrômeda ou ao tronco do egrégio animal), e, assim, de maneira análoga, acontece que este cavalo simbólico e descritivo talvez não possa alcançar a perfeição: "E assim a Fortuna vai mudando de estilo."[71] Mas nem por isso devemos nos desesperar, pois haverá um tempo em que voltarão a se juntar e os prenderei todos dentro de um conclave de onde não poderão sair sem que tenham despachado a criação de uma Cabala magna do cavalo Pégaso. No entanto, esses dois diálogos valem por uma Cabala parva, preparatória, isagógica, microcósmica. E para não passar ociosamente o tempo presente que ainda tenho para passear neste átrio, quero ler este diálogo que tenho em mãos.

FINAL DO TERCEIRO DIÁLOGO DA *CABALA DO CAVALO PÉGASO*

---

71. Verso ligeiramente modificado de Petrarca, da obra *Triumphus mortis* (*Come Fortuna va cangiando stile!*).

ORAÇÃO DE DESPEDIDA

Dada por Giordano Bruno Nolano, perante os ilustríssimos e claríssimos professores e ouvintes na Academia de Wittenberg, em 8 de março de 1588.

Magnífico Reitor, ilustres senhores doutores, celebérrimos professores e vós, nobilíssimos e doutos ouvintes: quem não dará a impressão de proferir tagarelices inúteis (tratando-se de coisas manifestas em si e por si) se discutir sobre a luminosidade do sol, que é o astro sensível mais luzente, sobre a vastidão do universo, que é dita, com toda razão, imensa, ou sobre a magnificência de Deus, que julgamos infinita, como proclama a grande voz a própria natureza?
 Poderão talvez as palavras, que são apenas notas e signos das coisas, e daquelas noções que são inatas por natureza ou se adquirem com a experiência, indicar, mais do que conseguem fazer, a própria presença e a evidência daquilo que estão a significar? Que mérito terá a minha obra quando, dispondo-me a louvar a Sofia, descobrir-se que com palavras de tenebroso aspecto eu me esforço por indicar o fulgor de tanta luz? Não obstante, espero que me perdoem, pois parece costume, atualmente, obscurecer as coisas mais manifestas, visto que nos cansamos de exprimir o que é inefável e consumimos o tempo, balbuciando ao seu redor. Louvarei aquela luz, se puder ser louvada, já que o intelecto (cuja majestade é aparente) é, pela distância, inadequado, e estreito pela altitude e a grandeza do assunto, e assim também as palavras são grandemente defectíveis para expressar tudo quanto pude alcançar com os olhos da mente, tanto mais que

sou privado daquele caráter agradável de expressão que é ordinária a quase todos. Longe de mim ser julgado como ingrato, calando-me, do que deselegante ao falar.

Quando as três deusas se apresentaram a Páris, sobre o monte Ida, a fim de serem julgadas, e a mais bela fora reconhecida e recebera o pomo de ouro, estava ele certamente indeciso, pois não sabia bem para qual voltar-se, estando a visão dos olhos e o afeto do coração atraídos na mesma medida. Depois de ter hesitado um pouco, atônito pelo estupor, disse Páris: "Todas e cada uma delas são totalmente dignas de vencer. Ó quão feliz e afortunado seria o meu julgamento se as três deusas fossem uma só, ou se o único pomo fosse três! Eis a majestade, não sem a beleza e a sabedoria; aqui, a sabedoria, a quem nenhuma majestade e beleza falta; ali, a beleza, não desprovida de sabedoria e majestade. Retira, retira os olhos de mim, porque morro. Ó Mercúrio, não poderei preferir uma em confronto com outra se não as examinar separadamente."

Apresentou-se, portanto, em primeiro lugar, a mulher de Júpiter: "Ó milagrosa majestade", exclama, "como brilha veneravelmente, e justamente por isso, digna em verdade de Júpiter; esta excelência e divindade, que coisa pode ser mais desejável aos meus olhos? É certo, já que devo preferi-la a todas as demais."

Seja como for, disse Mercúrio, "é preciso examiná-las todas". Então, aproxima-se Minerva. "Ó céu, ó mares, diz Páris, que virgem é esta? Que formidável nobreza e, ao mesmo tempo, que beleza amável! Que olhos! Ó eternidade, que rosto e que esplendor neste corpo! Que natureza é esta? Longe de mim, agora, que alguma coisa possa me agradar mais e que eu emita um juízo desfavorável a tanta esplêndida luz."

"Certo", diz Mercúrio, "mas só depois de haver considerado as três." E quando ela lhe está diante, diz Páris: "Ó prodigioso Júpiter, que espetáculo! Que beleza superior, que prazer! Ela me prende, me vincula, me aperta e me consome! Em seu olhar há alguma coisa de suave e, além do mais, me sorriu com alegria e doçura. Nada mais, Mercúrio, resta a fazer?"

"Viste e examinaste todas", responde Mercúrio. "Por isso, emite teu veredicto." E Páris, apontando Vênus: "O mais belo dom, o belo pomo, que seja dado a ela, que é a mais bela."

Vedes, ouvintes, como tal juízo deu valor igualmente a todas, junto e separadamente: com isso, porém, aconteceu de ser a primeira em mérito aquela das três que foi a última na ordem do julgamento, porque o aspecto daquela que estava presente cancelava a memória da beleza ausente. Esta fábula evidencia o que ocorre a mim e à maioria dos mortais quando se trata de inclinações, de gênio, de fortuna ou da necessidade de submeter-se ao destino.

A Juno, entregam o pomo os que são ávidos de poder, de riqueza, de principados e reinos. A Minerva, aqueles que a tudo antepõem o bom senso, a prudência, a sabedoria, o intelecto. A Vênus, aqueles que abraçam a amizade, a companhia, a tranquilidade da vida, a beleza, a alegria e os prazeres. E, de fato, neste teatro do mundo, embora essas coisas, todas e cada uma, agradem sumamente a todos e a cada um, está estabelecido não ser possível servir e ser reverente a todas as deusas da tríade e delas esperar favores iguais. A um só nume, e não a três, um só pomo de ouro do nosso amor, isto é, o afeto de nosso coração, podemos consagrar legitimamente.

Portanto, os êmulos de Páris sempre têm em mente a sua Vênus, pois esta, dileta dos homens e dos deuses, dispersa as nuvens com seu rosto sideral. Outros exaltam Juno, que com Júpiter Máximo rege o universo. Eu, de minha parte, proclamarei que divindade e que lume me refulge. Mas o que proclamarei? Nua a vi de alguma parte? Talvez tenha contemplado seu rosto, a fronte, a boca, os olhos, ainda que com olhada furtiva? Pode um olho mortal, fixando atentamente, sustentar o esplendor de tanta beleza, junto a tanta majestade?

O altíssimo firmamento é a sua beleza, o aspecto do céu é uma visão de glória. O Sol, surgindo, anuncia, no espaço visível, a obra do Excelso. Ao meio-dia, inflama a Terra e, diante de seu calor, quem poderá resistir? Por três vezes o Sol, queimando os montes, emitindo chamas e refulgindo, com seus raios cega os olhos[72].

Ela, olhando-me com expressão desconfiada, ameaçadora e desdenhosa, para que nela reconhecesse não Vênus, mas Minerva, de mim se aproximou e mais ainda me atraiu para desejá-la e amá-la, pois aquilo que Vênus faz com blandícia, essa cumpre sem qualquer lisonja. Mas por que, direis, é assim tão austera essa virgem? Porque, respondo, a sabedoria não se concede com tanta facilidade e prodigalidade como a riqueza e os prazeres. Não há nem houve tantos filósofos verdadeiros quantos foram e são os imperadores e príncipes, e nem todos puderam ver Minerva, ainda que estivesse vestida e armada, quanto Vênus e Juno, mesmo nuas. O próprio Páris, se a viu, não pôde certamente examiná-la nem sobre ela fixar os olhos. Vê-la significa cegar-se; querer tornar-se sábio significa ser estulto.

---

72. *Eclesiástico* ou *Ben Sirach* 43.

Dizem que Tirésias se torna cego por ter visto Minerva nua. Quem, após tê-la contemplado, não desprezaria ver qualquer outra coisa? Mas eu de fato a vi? Ou sonhei havê-la visto? Eu a vi, e mesmo a vendo, não perdi o senso e o brilho dos olhos. Vi e, embora a vendo, não pereci. Concentrar-se atentamente para apreendê-la com os olhos quer dizer morrer, consumar-se. "Nenhum homem me verá e viverá."[73]

Assim, calando-se sobre o que só com dificuldade conseguiriam explicar as palavras de Mercúrio e de seus núncios, vamos descrever simplesmente aquilo que está ao seu redor, as vestes e ornamentos, mais adequados à visão de nossos olhos.

Estava armada com um elmo reluzente, de aspecto amedrontador, que lhe ensombrecia, ainda que suavemente, a face virginal. Assim, aquele a quem ela assiste nunca está inerme, controlando com a sabedoria os eventos da fortuna ou os superando com a paciência, pois sendo a vida do homem sobre a Terra nada mais do que uma luta contra os pecados, é ela que subverte a malvadeza dos celerados, lhes reprime a audácia e torna vãos seus propósitos.

Por isso fez em pedaços a Egeon (monstro quase invencível), que com outros gigantes tentava expulsar Júpiter de seu reino; Egeon, filho da Terra, de cinquenta cabeças, que da boca emitia uma imensa chama, tendo cem mãos, com as quais contava trespassar com cinquenta espadas a fortaleza adamantina, com as outras portava escudos, desafiando os tremendos raios de Júpiter. Minerva o matou e adaptou sua pele como ornamento do peito, em parte para afugentar perigos, em parte como gloriosa recordação de sua gesta. Naquela guerra dos gigantes (os quais, dizem, subindo aos mais altos montes, lançaram rochas tais que, as que caíram ao mar, produziram ilhas), ela revelou como toda força humana, por grande que seja, é vã contra a verdade de Deus, assim como a temeridade, a arrogância e a presunçosa ignorância dos filhos da Terra. É conhecido que Minerva tenha trucidado a maior parte deles, quase sem nenhum esforço. E uma vez que ao conduzir a guerra são aquelas empreendidas contra inimigos visíveis ou invisíveis, mais do que tudo é necessária a sabedoria, mãe de toda a solércia, e por isso ela é considerada a divindade dos beligerantes.

Um escudo de clara transparência, circundado por uma cerrada tessitura de serpentes, lhe é atribuído, pois é da natureza da serpente ter os dons da previsão. Por essa razão, somos exortados à

---

73. *Êxodo* 33, 20.

prudência, como as serpentes, pois esse animal, como o atesta Moisés, é o mais astuto da Terra. Se, de fato, o acume da vigilância e do prever, mesmo os eventos mais distantes, não for nem a força nem a preferência do comandante do exército, que outra defesa teremos em conta que nos reste contra tantos e potentes inimigos que nos circundam e nos insidiam?

O escudo que traz à frente é representado luzente e cristalino, quase transparente, pois onde seja visível pela verdade um sábio, e todo o seu modo de vida, ali se ergue, firme, o maior baluarte contra os insultos da fortuna imperiosa. A ela é atribuído um elmo com crista porque, em todas as coisas, é preciso não só força e vigor, mas ainda decoro, urbanidade e moderação. No cimo estaria um galo no ato de mover as asas, seja porque é animal de briga, seja porque está sempre vigilante e quase pressago do futuro.

Atribui-se-lhe uma lança muito pontiaguda, pois tanto para defender-se quanto para batalhar e debelar é preciso o acume do engenho; e seus dardos são razões agudas, projetadas e velozes que ferem a alma. Os que ousam insurgir-se contra, os transforma em pedra com o vulto da Górgona que ostenta diante de si, pois é de tal maneira formidável e admirável a sabedoria que, por medo e maravilha, os homens permanecem estupefatos e imóveis.

Quem é, pois, aquela que avança, semelhante a uma aurora que se levanta? Assim tão bela? Assim eleita? Assim terrível? É a sabedoria, a Sofia, Minerva, bela como a Lua, eleita como o Sol, terrível como um exército em fila. Lua pela beleza luzente; Sol, pela majestade excelsa; exército pela força invencível. Há um trono próximo ao de Júpiter, conforme os versos do poeta lírico: "Palas, todavia, dele obteve as honras mais próximas."[74] E conforme o dito do profeta: "Eu, a sabedoria, habito os altos lugares e meu trono está sobre a coluna de uma nuvem"[75]: não é talvez o sábio bastante semelhante a Deus por sua potência, prontidão e autoridade no agir? Nas bordas daquele trono, vi esculpida a coruja a ela consagrada, pois em todos os lugares a sabedoria vê mesmo aquilo que é obscuro a outros, segundo as famosas palavras: "As trevas não serão escuras para ti e a noite se iluminará como dia, e meus ossos, que tu formaste em segredo, não te são ocultos."[76] Sobra a superfície do trono, por sua vez, obra de Vulcano, uma admirável representação do universo, ou seja, a história das obras de Deus e um simulacro corpóreo seu. Onde

---

74. Horácio, *Carmina* I, 12.
75. *Eclesiástico* 23, 7.
76. *Salmos* 138, 12-15.

estavam escritas estas palavras: "Ele me deu a verdadeira ciência das coisas existentes para compreender a estrutura do mundo, a virtude dos elementos, o princípio, o fim e o meio das estações, a sucessão das vicissitudes, a mudança dos costumes, os ciclos do ano, a disposição das estrelas, a qualidade natural dos animais, a ferocidade das feras, os poderes dos espíritos, os pensamentos do homem, a variedade das plantas, a virtude das raízes e quantas coisas são, para os outros homens, imprevistas ou ocultas. Em mim está de fato o espírito santo da inteligência, único, múltiplo e sutil, eloquente, móvel, incontaminado, certo, suave, benévolo, agudo, humano, benigno, afável, seguro, cheio de virtudes, onividente."[77]

Nas proximidades do trono, vi o famoso Paládio[78], que comunicava tanto o valor quanto a força, em virtude dos quais a cidade se conserva incólume, segura e inexpugnável pelos inimigos, e assim inviolada, enquanto for ele custodiado. Essa força é o fulgor e a emanação da sapiência, que, assistindo aos homens no governo do Estado, é a sua principal defesa. Se agora então perguntardes por sua estirpe, é filha de Júpiter, sem mãe, pois que parida da cabeça do pai, como descrevem os poetas órficos e o confirma a revelação dos profetas. Daí o verso: "Eu, da boca do Altíssimo saí, eu, primogênita antes de toda criatura."[79] Nascida, como vedes, da cabeça de Júpiter. Portanto, é um eflúvio da virtude divina, uma emanação sincera, pura, luminosa, intimorata, reta, potentíssima e benigna; gratíssima a Deus, incomparável, de onipotente esplendor; pura, porque nada de contaminado a toca; luminosa, porque é candura de luz eterna; intimorata, pois espelho sem mácula da majestade de Deus; reta, pois imagem de Sua bondade; potentíssima, porque, sendo uma, tudo pode e, permanecendo em si mesma, tudo renova; benigna, porque se transfere de uma nação a outra, forma amigos de Deus e profetas; gratíssima a Deus, pois Ele não ama senão quem com ela habita; incomparável, pois é o mais belo sol e, adornada de luzes, se põe acima de toda constelação.

Sendo assim, não é de se admirar que todos sejam conquistados não apenas por sua beleza, mas até por aquilo que com ela se assemelha. Ouvi Salomão: "Eu a preferi a reinos e tronos, e a riqueza nada estimei em seu confronto nem com ela contrastei pedras preciosas; todo ouro, a ela comparado, é areia e, como lama, diante dela, toda

---

77. *Sabedoria de Salomão* 7, 17-23.
78. Estátua de Palas Atena, em madeira, com que Zeus presenteou Dardano, o fundador de Troia.
79. *Eclesiástico* 24, 5.

prata será considerada. Acima da saúde, da graciosidade e da beleza, eu a amei, e me propus a tê-la como luz, pois seu lume é inextinguível. Com ela me vieram todos os outros bens, pois de todos é mãe. Tesouro infinito, ela está para todos os homens; aqueles que dela fazem uso participam da amizade de Deus."[80]

Logo, se é verdade que os amigos têm os bens em comum, riquíssimo é o sábio. O que vos poderá dar Juno, que não possas receber de Minerva? O que admirais em Vênus, que nela não se possa contemplar? Sua beleza não é medíocre, pois o Senhor de tudo a fez predileta: "Esta, portanto, eu amei e procurei desde a minha juventude, e desejei tomá-la por esposa, e me enamorei de sua beleza."[81] Apresentei-me então ao Senhor e lhe supliquei, e lhe disse do mais profundo do coração: "Deus dos meus pais, Senhor de misericórdia, que tudo fazes com teu verbo e que com tua paciência constituístes o homem, tua obra, para que dominasse sobre o criado, dá-me a sabedoria que se encontra ao lado de teu trono, e não afastes o teu servo. Envia-a dos teus santos céus, do trono da tua grandeza, para que esteja e aja comigo, para que eu saiba o que me falta e que coisa é bem-vinda a ti, pois ela sabe e entende, me guia em minhas obras e ações e me protege em tua potência."

E Deus pai, mente fecundíssima, a envia; a envia, caros ouvintes, mas como o faz? Certamente, apenas no modo pelo qual ela pode adaptar-se aos olhos de nossa mente, vale dizer, na sombra da luz. Permanecendo o sol inacessível, inapreensível, e, em sua infinita luz, oculto em si mesmo, o seu esplendor, difundindo-se em raios, se expande, desce até nós e se comunica. Já que, como coisa primeira, existe a essência do sol, que só a custo a mente chega a conceber; depois, há a subsistência do sol, ocupando o orbe e em si consistindo, que vive onde vive; por fim, há o auxílio do sol ou de sua ação que a tudo abarca. Por isso, de três maneiras pode-se considerar o sol da inteligência. Em primeiro lugar, na essência da divindade; segundo, na substância do mundo, que é a sua imagem; terceiro, na luz da consciência daqueles seres que participam de vida e de conhecimento. O primeiro grau é chamado e indicado por cabalistas como *sephirot cochmah*; o segundo, conforme teólogos órficos, é dito Palas ou Minerva; o terceiro é designado, comumente, por Sofia.

O primeiro grau de inteligência não nos é enviado ou comunicado, não é apreensível ou compreensível, pois está completamente

---

80. *Sabedoria de Salomão* 7, 8-14.
81. Ibidem 8, 2.

desligado das coisas. Escutai Jó: "A sabedoria, onde se encontra? E qual a sede da inteligência? O homem não conhece o seu valor nem se encontra na terra daqueles que vivem com suavidade. O abismo disse: 'não está em mim'; fala o mar: 'não está comigo'. Oculta-se dos olhos de todos os viventes, é ignorada mesmo pelos seres volantes do céu (isto é, pelos numes, pelos astros que correm pelo firmamento e pelo campo etéreo). Disseram a Perdição e a Morte: 'Com nossos ouvidos ouvimos sua fama. Só Deus sabe suas vias, só Ele sabe onde se encontra."[82]

Pelo segundo modo, a sabedoria se manifesta na superfície e no corpo de todas as criaturas; por todos os lugares ouve-se esse brado, pois que coisas são, de fato, todos os astros que se veem, todos os animais e corpos e sua harmonia senão vozes e traços da sabedoria, obra da divindade que dela indicam a altíssima providência e nas quais, como num livro, se lê a história da potência divina, de sua sapiência e bondade? As perfeições invisíveis de Deus podem ser contempladas pelo intelecto nas obras por ele realizadas. Considerai, a esse propósito, a Escritura. Quereis ouvir as palavras dos predicadores? "Os céus narram a glória de Deus e o firmamento anuncia as obras de suas mãos; e não são linguagens e discursos dos quais não se ouçam as vozes; em todos os ouvidos e por toda terra se difundem estes sons."[83] O terceiro modo de sabedoria está ínsita em nosso espírito, sedia a popa de nossa alma, regendo o timão desta nave flutuante no turbulento mar do século, de onde exerce o papel de farol para o espírito, que de outra forma vagaria em trevas. Existem, pois, três casas da sabedoria divina: a primeira delas, não edificada, eterna e sede da eternidade; a segunda, primogênita, que é o mundo visível; a terceira, segundogênita, que é a alma humana. Da primeira, disse Jó: "O Senhor sabe o seu lugar"; da segunda, disse Salomão: "Eu, a sabedoria, habito nos céus altíssimos", isto é, nos astros e no firmamento; da terceira, acrescenta: "Moro na prudência, intervenho nos pensamentos eruditos, minha delícia é estar com os filhos dos homens."[84] Aqui entre os homens, finalmente, a sabedoria edificou uma casa racional e intencional, na qual devemos ver a sombra da primeira casa arquetípica e ideal, que é a primeira do mundo, e a imagem da segunda, sensível e natural, que é o mundo.

Aqui, esta última entalhou sete colunas, que são sete artes: gramática, retórica com poesia, lógica, matemática, física, ética e metafísica.

---

82. *Jó* 28, 12-14, 21-23.
83. *Salmos* 18, 2-5.
84. *Provérbios* 8, 31.

A primeira regula a escrita e a linguagem conveniente, a fim de aperfeiçoar a conversação entre os homens. A segunda, persuadindo e dissuadindo, louvando e vituperando, acusando e defendendo, freia e modera os ânimos e os afetos do homem. A terceira dirige as três operações do intelecto: conceber, enunciar e argumentar, e as conduz ao escopo. A quarta, combinando e comparando a prática e a teoria relativas aos números, às grandezas, aos pesos e movimentos das coisas, indaga, examina e conta na aritmética, na música, na geometria, na pintura, na prospectiva, na astrologia, na astronomia e em muitíssimas espécies de previsões. A quinta explora a natureza das substâncias corpóreas em suas causas, princípios e elementos, a fim de que os homens contemplem o mundo e a si próprios, com o que atuam na agricultura, na medicina, na química e na magia de todas as espécies. A sexta, para que se aplique a ordem da justiça absoluta, moderativa, dispositiva, distributiva e comutativa ao direito absoluto, tendo em vista a própria pessoa; ao direito econômico, tendo em vista as famílias; ao direito político, relativamente aos cidadãos; ao direito civil, para com o principado e o império; ao direito eclesiástico, relativamente à comunidade dos fiéis; ao direito das gentes, com relação à totalidade dos homens; ao direito natural, tendo em vista as coisas que estão dentro de nós e ao nosso redor; ao direito divino, tendo em vista o fim último e o primeiro eficiente, que está acima de nós. A sétima, com a qual se entendem as razões de tudo quanto existe e os princípios e as causas tanto de todas as coisas quanto de toda cognição que provém das ideias, substâncias separadas e absolutas. Sobre tais colunas a sabedoria edificou a própria casa entre os homens.

Essa casa, se observarmos a história, se manifesta primeiramente entre os egípcios, assírios e caldeus. Em segundo lugar, entre persas, com os magos e Zoroastro. Em terceiro, entre os indianos, os gimnosofistas. Depois, entre os trácios e, contemporaneamente, entre os líbios, com Orfeu e Atlante. Em quinto lugar, entre os gregos, com Tales e demais sábios de sua antiguidade. Em seguida, entre os ítalos, sob Arquita, Górgia, Arquimedes, Empédocles, Lucrécio. Em sétimo lugar, entre os germanos, até nosso tempo. De tal modo que parece certo ter Minerva, a Sofia, mudado, com vicissitudes de sucessões, seus países e sedes.

Não acrediteis, ó doutíssimos ouvintes, que eu vos adule, se quereis considerar mais a fundo a vossa riqueza, vós que sois dotados de vista mais aguda com respeito aos demais. Do tempo em que aos vossos príncipes foi devolvido o império, ao vosso lado se realizaram muitíssimas invenções nas artes e no engenho humano, de que nada semelhante se encontrava nas nações estrangeiras. Quem foi semelhante, em sua época, a Alberto Magno?[85] Não foi superior em grau ao seu próprio príncipe Aristóteles, discípulo indigno segundo a mentalidade daquele tempo? Bom Deus, onde encontrar alguém que possa ser comparável ao famoso Cusano[86], que, por ser muito grande, é menos acessível a muitas pessoas? Se o hábito talar[87] não o houvesse perturbado, reconheceria e declararia seu enorme engenho, não igual ao pitagórico, mas superior em grandeza. E ainda Copérnico, quanto acreditais que valha não apenas como matemático, mas (coisa admirável) também como físico? Descobre-se que, em dois capítulos, compreendeu mais do que Aristóteles e todos os peripatéticos em matéria de filosofia natural. Que sublime engenho credes que Palingenio demonstra no estilo humilde de seu poema?[88] Quantas coisas admiráveis e verdadeiras, para além das opiniões do vulgo, ele mostrou sobre a dimensão do universo, a substância das estrelas, a natureza da luz, a habitabilidade dos mundos e a alma das esferas. E não são os seus cinquenta cânticos superiores ao aticismo de quantos militaram sob o estandarte peripatético, falando elegantemente, mas estupidamente pensando? Quem, depois de Hipócrates, assemelhou-se ao médico Paracelso? Para não falar de tantos que imitaram e imitam perfeitissimamente as musas antigas e de Ausônio; e, entre todos, aquele Major que, mais do que imitar, as igualam. E omito que a Alemanha também possui os seus Theuth[89], inventores de nova escritura, os Salmoneus[90], que emulam os raios de Júpiter, novos Vulcanos, Dédalos, Prometeus e Esculápios. E assim podeis reconhecer que nestes tempos a sabedoria aqui edificou a sua casa. E com ela, porque os reis não invejam os reis, a ciência dos astros, isto é, o olhar elevado aos céus, olhar que entre as primeiras gentes

85. Conhecido como Doctor Universalis (1193?-1280), professor de Tomás de Aquino, nascido em Lauingen.
86. Nicolau de Cusa ou, em alemão, Nikolaus Chrypffs (1400-1464), nascido em Cues, Alemanha.
87. O traje de sacerdote.
88. Marcello Stellato, dito Palingenio (1500?-1551), humanista italiano, autor de *Zodiacus Vitae*, poema latino em que o filósofo descreve o percurso do homem da ignorância e escuridão da Terra à claridade do céu e ao conhecimento de Deus. O fato de Bruno o citar como pertencente à cultura germânica talvez se deva ao fato de que sua obra teve maior repercussão e edições na Alemanha e na França do que na Itália.
89. Deus egípcio considerado o inventor do cálculo matemático e da escrita. A referência é a Gutenberg e demais impressores alemães do período.
90. Filho mítico de Éolo que tentou concorrer com Zeus na fabricação de raios e trovões, sendo fulminado pelo deus.

revelou-se como um dos principais vasos da divina sabedoria, conforme os versos do poeta Manilio: "Dignou-se solicitar primeiramente às mentes dos reis / que mencionavam as vertiginosas alturas nos limites do céu, / os quais conheceram tanta magnificência e, com sua arte, / viram que o destino dos homens depende do curso das estrelas."

Se os egípcios foram temíveis pela autoridade, veneráveis pelo sacerdócio, admiráveis pela sabedoria, os Trimegistos, os Herméticos, os Mercúrios, que sob o nome de Eritônio, Órion e Ofiulco estão por tais razões inseridos entre os astros, e os gregos, da mesma maneira, tiveram o seu Perseu, Quíron e Hércules, e os persas, Zoroastro, e os alexandrinos, Ptolomeu, os ítalos, Numa, César, Augusto, Antonino, Adriano e o pontífice máximo Paulo III, entre os germanos não só encontraremos príncipes cultores da astronomia, como os imperadores Carlos V e Maximiliano II, dos quais o atual Rodolfo não é um herdeiro corrompido, ou fautores e promotores da arte, como Cristiano III e Frederico II, rei da Dinamarca e da Suécia, mas antes descobridores daquela verdade há muito sepultada que desabrochava entre caldeus e pitagóricos; descobridores que sabemos eminentes na Alemanha como o landgrave Guilherme IV de Hessen[91], que com seus próprios olhos, assim como por sentido e intelecto, bem conhece a astronomia ptolomaica, mas ainda aquela astronomia que não reconhece órbitas deferentes e estrelas fixas ou esculpidas em esferas e que, apesar disso, retém os cometas na substância etérea, pervagando o éter e o ar e assim testemunhando a existência de um céu apenas, ou campo etéreo contínuo. Pois está provado, de modo irrefutável, que aqueles corpos celestes que apareceram antigamente, ou em observações recentes, se aproximam, penetram e atravessam as esferas de outros. Como então se admitir a quimera dessa quinta-essência impenetrável, indivisível e inalterável daquele meio, aquele centro do universo, aquele movimento circular contínuo e regular de geométrica exatidão dos corpos naturais, aquela quantidade e ordem concebidas sem nenhum senso ou razão, e com muitas outras propriedades (que aqui é supérfluo examinar) para não entender a diferença entre sóis fixos e Terra, assim como ter medo de conceber esta Terra como um dos astros e aquelas coisas que, com irrefutáveis argumentos, conhecemos no campo físico e que cada vez mais conquistarão força, uma vez confirmadas

---

91. Wilhelm IV von Hessen-Kassel (1532-1592), landgrave (príncipe eleitor) e competente astrônomo.

pelas observações deste mesmo famosíssimo príncipe. Aqui, portanto, a sabedoria edificou sua morada. Acrescenta, ó Júpiter, que eles compreendam a própria força e se moderem; acrescenta que se apliquem com empenho a coisas mais altas, e não serão homens, mas deuses. Divino, ou antes, diviníssimo, é o engenho dessa gente.

Mas quem é aquele sobre quem eu passava em silêncio? Quando aquele poder armado de chave e de espada, de engano e de força, de astúcia e de violência, de hipocrisia e de ferocidade, raposa e leão, vigário do tirano infernal envenenava o universo com um culto supersticioso e ignorância brutal; e quando à besta voraz não havia quem ousasse opor-se e resistir para predispor o século indigno e perdido a condições e estado mais feliz, àquela outra parte da Europa ou do mundo pôde dar-se aquele Alcides[92], tanto mais exímio que o próprio Hércules, pois, com menos esforço e instrumentos, realizou uma empresa maior. Pois se virdes rebaixado um monstro maior e há muito tempo pernicioso, "Não buscou a clava, e sim a pena"[93].

De onde ele vem? De que país? Da Alemanha, das margens do Elba, da abundância dessa fonte. Aqui vedes aquele Cérbero tricéfalo, que se adorna com a tríplice tiara, trazido para fora do Orco tenebroso, e foi aqui que ele viu o sol. Aqui o Hércules de vossa estirpe triunfou sobre as portas adamantinas do inferno, sobre aquela cidade protegida por um tríplice cerco de muros que o Estige encerra. Viste, Lutero, a luz, a viste, a contemplaste, ouviste o espírito divino que te incitava, obedeceste ao seu comando, afrontaste o inimigo diante do qual tremem príncipes e reis e com a palavra o acometeste, rechaçaste, o empurraste e venceste, e do superbo inimigo elevaste o troféu e os espólios.

Aqui, portanto, a sabedoria edificou sua própria morada, aqui se entalharam as sete colunas, aqui começou a ser servido um vinho melhor para o sacrifício, dispondo a reformada mesa dos sacramentos. Daqui chamou os convidados: vinde, vinde. E vieram de todas as gentes e nações da Europa civil, italianos, franceses, espanhóis, portugueses, ingleses, escoceses, habitantes das ilhas polares e ainda sármatas, hunos, ilírios e citas.

Vim, entre muitos outros, estimulado pelo desejo de visitar esta casa da sabedoria, ardente por contemplar este Paládio, por amor do qual não me envergonho de ter suportado a pobreza, a inveja e o ódio dos meus, as execrações, as ingratidões daqueles a quem quis

---

92. Nome também dado a Hércules em homenagem a seu avô, Alceu.
93. Verso de Johann Major em homenagem a Lutero: "De clava non quaerere, penna fuit." Bruno conheceu pessoalmente Major e se tornou seu amigo e admirador.

servir e ajudei, os efeitos de uma extrema barbárie e de uma avareza sórdida; e as reprovações, as calúnias e os erros, até mesmo a infâmia daqueles que me deviam amor, assistência e honra. Não me envergonho de ter experimentado derrisões e o desprezo de tolos e ignóbeis, gente que, mesmo sendo verdadeiramente animal, sob a aparência de homem, só pela condição e a fortuna se ensoberbam com temerária arrogância. Por isso não me queixo do cansaço, das dores, do exílio, pois, cansando, progredi, sofrendo, adquiri experiências, vivendo exilado, aprendi. Porque encontrei na fadiga uma tranquilidade duradoura; no sofrimento, uma alegria imensa; no estreito exílio, uma pátria sem confins.

Ide agora, antigos filósofos, percorrei as províncias, aproximai-vos de novos povos, atravessai os mares. Vai agora, Pitágoras, aos vates de Mênfis; ó Arquita, ao lídios da Itália; ó Platão, à Sicília. Vai agora, Tianeu[94], entre os persas, e passa o Cáucaso, os citas, entra no reino opulento das Índias e, atravessando o largo rio Pisom, vai aos brâmanes, roda entre os elamitas, os babilônios, os caldeus, medas, assírios, partos, sírios, fenícios, árabes, palestinos, Alexandria e Etiópia, para ver os gimnosofistas e o famosíssimo altar do sol sobre a areia.

Tudo isso, e coisas ainda maiores, encontrei apenas na região da Alemanha. E acrescento que, após ter-me deparado com germânicos tão cultos, embora fosse eu de nação estrangeira, exilado, fugitivo, palhaço da fortuna, pequeno de corpo, escasso de bens, privado de favores, acossado pelo ódio do vulgo e por isso desprezível da parte estulta e ignóbil dos homens, que não reconhece nobreza a não ser onde brilha o ouro e tine a prata, ainda assim vós, doutos, graves e morigeradíssimos senadores, não me desprezastes, e meu estudo, em nada estranho aos doutos de vosso país, não desaprovastes, a ponto de permitir que fosse violada a liberdade filosófica e manchada a imagem de vossa insigne humanidade. Ao contrário, acolhestes cego e louco de amor por vossa Minerva, por aquela virgem que é vossa mãe de família. E em vossos lares, pelo espaço de dois anos, me sustentastes e, com jovial disposição de ânimo, me protegestes, sem dar ouvidos aos meus inimigos, de maneira que nada mais posso ser senão exemplo, matéria ou assunto com o qual se mostre um exemplo e a riqueza de vossa virtude de moderação, de urbanidade, de longanimidade, atestando-a diante do mundo.

Ajuntai ainda que, quando pensei na partida, e para cumprir até o fim meu débito e favor, solicitei esta assembleia de despedida;

---

94. Apolônio de Tiana.

vós, para enfim submergir com um dilúvio de graças aquele que já enchestes de honras e favores, estivestes ao meu lado com grande simpatia, e não bastou que viessem estes jovens, esta juventude culta, mas estivestes vós mesmos aqui, senadores, doutíssimos professores, célebres doutores, luzes do mundo. Grande Júpiter, como vos agradecer? Onde e de que modo possa uma razão, mente e língua ordenar e dispor adequadamente meus conceitos e se arriscar a exprimir-se dignamente? Eu o faria, se soubesse. Mas é preferível, ó Deus, que eles vejam que eu desejei render graças e fazer-me ouvir, ainda que de modo deficiente, inadequado e desordenado, privado como sou do espírito da eloquência.

Agora, como creio ser-me lícito, invocarei as divindades dos elementos, dos céus e dos astros. Rogo-vos, ninfas, dríades e amadríades destas selvas (sob cujas frondosas ramadas tantas vezes vos sentais) para que, como estão perto de vós os Numas, os Césares e os grandes guias, os Maronis e os Túlios, também do seio de vossa mãe saiam os louros, os mirtos, as folhas da videira, da oliveira e as palmas. Eu vos imploro, faunos, sátiros e silvanos, cultivai os campos, governai as planícies, acudi à terra inculta e aos rebanhos, e como este solo é fertilíssimo de engenhos divinos, não tem por que invejar os campos da fecunda Campânia, as planuras da Arábia ou as hortas da Espéride. Mostrai-vos também, ninfas das fontes e nereidas destes rios, por cujas margens me foi dado vir respirar um ar mais puro. Que em prata se transforme a vossa areia e a vossas praias em glebas de ouro, para que possais triunfar sobre o Nilo, o Eufrates, o Tigre, o Ródano, o Pó e o Tevere soberbo. E tu, Sol, olho do mundo e lume do Universo que, vindo e trazendo a luz, determina a mudança das trevas, reconduz eternamente a esta pátria dias, anos e séculos felizes. E tu, Boote, que conduz o carro sideral, tu que não retiras o olho da custódia desta terra, tu que eternamente vigias, afasta daqui os lobos vagabundos da noite, os ursos selvagens, os leões predadores e outras feras selvagens e inimigas. Que aquele pai onipotente, Deus dos deuses, sob cujo império estão a fortuna e o fado, escute-me e confirme meus votos e os vossos, ó ilustríssimos ouvintes.

ORAÇÃO CONSOLATIVA

De Giordano Bruno Nolano, doutor italiano, concedida na ilustre e celebérrima Academia Júlia, de Helmstedt, ao término da soleníssima exéquia de óbito do ilustríssimo e potentíssimo príncipe Júlio de Braunschweig, Luneburgo, em 1º de julho de 1589.

Magnificentíssimo, reverendíssimo e excelentíssimo senhor Pró-reitor; amplíssimo senado de doutores e de mestres insignes em todos os gêneros de virtude e doutrina; nobilíssimo e cultíssimo círculo de estudantes: aquilo que antes de tudo me atormenta, causando-me grande inquietação e ansioso afã é temer, no mais alto grau, que alguém, com pouco conhecimento de minha integridade e simplicidade de índole, mesmo as pesando na balança de um juízo superficial, interprete, no pior sentido, o fato de que eu, estrangeiro, desconhecido, tendo por objetivo principal de minha estada entre vós o viver retirado, por minha própria iniciativa, e não convocado nem exortado por ninguém, espontaneamente me una às vossas lutas e aceda ao, por assim dizer, trágico simpósio, sem ter sido de fato convidado. Depois, temo que vós suspeiteis ser um sintoma e efeito de audácia e temeridade o fato de, após um homem de tão excelente eloquência e acima de qualquer outro por talento oratório, e depois de ter ouvido a suave e dulcíssima, ainda que lúgubre harmonia, eu me intrometer, juntando-me como uma espécie de apêndice, quase a provocar a náusea em ouvidos e palatos tão delicados com meu cru e indigesto modo de falar. Após ter saboreado, em alemão e latim, as torrentes daqueles de cuja fonte áurea e de potente engenho jorrou água abundante, e de cujos seios facilmente haveis julgado serem os triclínios das cárites, por certo deveria ressurgir da Itália algum outro nobre Túlio para intervir como orador, oportuna ou inoportunamente, em tão grande solenidade fúnebre. Ao contrário, como vedes, dos próprios pais da eloquência, já mortos na Itália, na Grécia e no Egito, mas ainda vivos nesta Academia, aproximei-me eu, que sou um homem de todo privado do discurso elegante, balbuciando em estilo insípido, desgracioso, fraco e desagradável, com o qual pareceis perguntar de onde venho, que coisa carrego de novo, o que venho recitar. Se desejardes ouvir a justificativa, a causa, o princípio e o fim de tudo isso, vos peço, dai-me atenção.

Para começar, celebérrimos ouvintes, considero que não por acaso, mas por certa providência, se deu que fosse eu empurrado, não sei por que vento ou tempestade, a esta região, justamente por esses dias nos quais estivesse presente aos funerais de sua alteza, o eminente, poderoso e famosíssimo príncipe vosso. Vi todos os graus da civilidade humana com hábitos lúgubres, a face lutuosa, o caminhar lânguido, agravado por um cenho de ânimo abatido ou abandonado: príncipes, condes, barões, homens de nobre estirpe, aristocratas, senadores, cidadãos e plebeus. Daí também todas as artes e as faculdades célebres, as virtudes, a religião, o direito sacro, a teologia, as leis civis, a medicina, a poesia, a oratória e tantas outras estimadas por contribuir no mais elevado grau para a cultura do engenho e a perfeição da convivência humana. Todas e cada uma delas viúva da presença doce e desejada de seu criador, sustentáculo, promotor, defensor ilustríssimo e renomado em toda a Europa (a parte mais culta do mundo), o príncipe Júlio, agora chamado ao céu. Aqui não me ocorre ver ou ouvir nada de estranho à natureza humana. Antes de tudo, pude apreciar, por juntas estarem, e acima daquilo que um estrangeiro possa crer, a devoção admirável da geração presente para com o príncipe e o obséquio e o sinal de um respeitosíssimo afeto. As motivações solenes de tal cerimônia eu mesmo ouvi demonstradas por teólogos doutíssimos e fatos históricos, de ambos os testemunhos, não apenas com o antigo costume das gerações e dos povos mais civis, mas ainda com o uso e o decreto de um antigo culto religioso, sustentado por uma divina aprovação. É admirável como todos se comportaram bem e virilmente, segundo suas forças, e com extrema diligência e empenho ao preencher suas funções. Por isso, não sei se disse a mim mesmo, ou se foi algum espírito peregrino, do profundo íntimo, a sussurrar em meus ouvidos: "não vês, hóspede italiano, como o ótimo príncipe mereceu a devoção de todos eles, conforme a solenidade e a extrema homenagem que lhe prestam, exprimem e difundem com zelo próprio? Tu, por que sonhas? Por que estás ocioso? Por que permaneces inerte? Por que hesitas em considerar teu próprio estado e a reconhecer aquele dever que, com toda razão, se exige de ti, entre os primeiros, isto é, que qualquer homenagem que vejas por outro prestada também tu a concedas?

Sou forasteiro, disse, e estrangeiro. Mas por que falaste assim, Nolano? Justamente por essa razão, qualquer lei impõe que, em tal circunstância, tu desenvolvas a tua tarefa; porque és forasteiro e não pertences a qualquer ordem, a facção alguma. Ou ignoras que foi grande o esplendor, entre outras virtudes, da generosa e elevadíssima humanidade do ilustre príncipe Júlio, que decretou, ordenou e sancionou que nesta Academia não só não viessem a ser considerados forasteiros e estranhos, mas efetivamente assim não se sentissem aqueles com os quais fosse possível uma conversação civil e cujo ofício ou estudo dissesse respeito às musas e às disciplinas de excelência? Ou não cuidou, sobretudo, para que toda boa arte e ciência que possa ser útil ao gênero humano e seja um grau em direção ao conhecimento e ao culto divino reconheça este lugar como sua própria cidade, sua pátria e morada? Neste lugar onde nada se quer que seja forasteiro e estrangeiro, exceto a ignorância torpe, a fera barbárie e a inospitalidade caolha (tudo isso desejou vivamente que permanecesse longe e exilado); aquilo que, queira Deus, seja asseverado plena e perpetuamente segundo seu desejo, a fim de que em nenhum lugar aquela gética[95] selvageria seja tomada por gravidade e uma forma de ignorância indolente por doutrina. Lembra-te, pois, italiano, lembra-te que estás de tua pátria exilado, por tua razão honrada e a busca da verdade, mas aqui és cidadão. Lá estás exposto à gula e à voracidade do lobo romano, aqui és livre. Lá existe um culto supersticioso e insanamente constrangedor, aqui um rito reformado que exorta e persuade. Lá, pela violência de tiranos mortos; aqui, pela amabilidade e a justiça de um ótimo príncipe vivo, do que resulta e te mostras capaz, ainda que repleto de afazeres e de honras, ao menos segundo os seus desejos e intenção. Já que aquelas musas que são livres por ordem da natureza, por direito das gentes e leis civis, na Itália e na Espanha, ao invés, estão pisoteadas por frades vis, em França padecem pela guerra civil e riscos extremos, na Bélgica se

---

95. Relativo ao povo geti, de origem trácia, que na Antiguidade vivia nas regiões atuais da Romênia, da Ucrânia e da Bulgária.

agitam com tumultos frequentes e em algumas regiões da Germânia languescem infelizes, aqui se revigoram, se elevam, vivem em plena tranquilidade e em companhia daqueles que as amam, e otimamente florescem conforme a vontade do príncipe. Para com ele, portanto, tens o dever de mostrar gratidão como ao teu verdadeiro senhor, sustentáculo e defensor, sob o qual não te sentes exilado, forçado, picado pelas agulhas do medo do inferno, mas sim um cidadão que vive livre e seguro. Cumpre, portanto, com álacre diligência e eficácia, no melhor de tuas possibilidades, o dever que te incumbe; este, de fato, sofre uma infâmia ignóbil e gravíssima, caso dele te subtraias; ordenam as musas que, em seu nome, ao menos nas exéquias fúnebres do caríssimo príncipe tu estejas à altura, senão de quanto lhes deves a ambos, ao menos de quanto tuas forças te permitam.

Querem elas, de fato, que tu te persuadas, sem qualquer dúvida, de que, quaisquer que sejam a natureza e importância de tua homenagem e o genuíno sentimento do ânimo do qual deriva, só podem resultar gratíssimo ao Gênio imortal e divino do magnânimo Príncipe, lá de onde se veja e se obtenha a confirmação que a própria vontade, a própria ideia e o próprio favor são acolhidos com gratidão pelos forasteiros, assim como de sua alteza graciosamente lhes foi oferecido e concedido e a todos os demais. Por isso, doutíssimos ouvintes, mais claramente podeis deduzir de quais pensamentos sou agitado, estimulado e constrangido, e por ser exatamente forasteiro, agregai-me a vós, não como parte, mas como algo que se juntasse do exterior. Portanto, aquilo que verdadeiramente me angustia e merecidamente me é censurado ao meu humilíssimo e inculto modo de falar é que, tendo-me precedido retores e oradores de grande eloquência, ele se apresente, por minha vontade, eu, vulgaríssimo, falto de engenho e pobre de doutrina e de eloquência, sem vos querer perturbar e, vos asseguro, não deveis imputá-lo à temeridade, à arrogância e insolência de ânimo.

De fato, não sou de tal forma estulto para ignorar aquilo que é patentemente verdadeiro: que de mim nada pode ser aduzido, não digo de melhor ou de igual, nem mesmo de semelhante, às vossas cândidas e luminosíssimas musas; e por isso não ousei misturar ou associar minhas inépcias aos esplendores de vossa cultura. Podeis agora ver facilmente como, mesmo ao sepulcro daquele Dafni divino, como recorda o poeta mantovano, "Lentos vieram os pastores."[96]

---

96. Pastor siciliano a quem se atribui a criação do canto bucólico, e que aprendeu com Pã a tocar a gaita de fole (cornamusa). O verso é de Virgílio, *Écloga*, X, 19.

Assim, após terem cumprido as suas ordens, ritos, cerimônias e atos de piedade e de extrema saudação, os carros de Júpiter, os espíritos de Juno, as lâmpadas de Febo, as musas paládias, os facundos Mercúrios, as amenas cárites, em suma, os numes celestes, vos peço que consintais dar livre acesso e venham por último, sozinhos e em ordem esparsa, dos montes, das selvas, dos campos desertos, aos agrestes e ásperos faunos, silvanos e sátiros, com suas línguas e idiomas, tais como são, e às suas cerimônias, ditadas por um sincero afeto do coração, enquanto testemunham estar ali presentes não em razão da majestade e dignidade do evento, mas para cumprir o obséquio e o culto com senso de dever e ânimo de recognição, uma vez que, não apenas o céu, mas ainda a Terra, mãe de tudo, não só os grandes deuses, mas também os bons e sagrados lares de todo gênero e ainda os heróis, não apenas pessoas da família, súditos e concidadãos, mas também estrangeiros, forasteiros e bárbaros puderam iluminar o esplendor do ilustríssimo Júlio. Logo, eu, amantíssimo das musas, pelas quais desprezei, abandonei e perdi a pátria, a casa, os bens, as honras e todas as coisas amáveis, apetecíveis e desejáveis, agora não poderia amá-las verdadeiramente e com puro sentimento se não venerasse o ilustríssimo príncipe, delas patrono, tutor e defensor, e se, inoperante, me mantivesse afastado e me abstivesse desta última cerimônia que aos despojos mortais costuma-se e deve ser consagrada. Se, portanto, assistiram à homenagem doméstica, não neguem às musas o seu apoio mesmo ao forasteiro. Se estivemos presentes aos cultos celestes e siderais, estejamos também nestes aqui, rústicos e agrestes. Pois Deus fez tanto as coisas grandes quanto as pequenas e, de todas, conforme a própria faculdade e capacidade, exige as primícias e os tributos do culto e da honra.

Por esse motivo vos apresentamos, vindo da noite e de um tempo talvez insólito, nós, sátiros, faunos e silvanos, ainda que não versemos ou expressemos lutuosas lágrimas sobre o nobilíssimo funeral. Se, de fato, se requerem lágrimas sobre o túmulo, e tuas veneráveis cinzas hão certamente de ser irrigadas, ótimo príncipe, elas não te faltarão certamente, não poucas e nem fingidas, nem teatrais nem hipócritas, como aquelas com as quais se lavam mesmo os tiranos. Serão profusas, pois vertidas de um amor puríssimo, pelos olhos do ilustríssimo príncipe primogênito e teu sucessor, Guilherme Júlio, pelos outros filhos ilustres e pela consorte, pelos heróis de ti, consanguíneos e afins, pela nobreza doméstica, pela cúria nobilíssima, pelos ministros, pelo povo e, enfim, pelo próprio céu, que do tempo em que rendeste a alma aos deuses supernos e foste agregado aos grandes heróis imortais, até este último termo das honras fúnebres, misturou as lágrimas às de teu povo. E que outra coisa, pelo Deus imortal, podemos crer que sejam estas chuvas extraordinárias porque fora de estação, os ventos e os trovões, senão lágrimas, suspiros e lamentos que, para celebrar solenemente teu funeral, são-te oferecidos todos os dias, sem interrupção? Assim, portanto, estamos aqui, nós, representantes das divindades campestres, sem lágrimas, mas antes para pôr um limite às vossas (se algo pudermos fazer) e a este solene túmulo reclamo os eflúvios dos aromas sabeístas[97]; e esparjamos flores, rosas, violetas, folhas de suave perfume dadas pela mãe natureza, pois estas são homenagens consuetas e gratas a um sepulcro. E são essas que trazem como cópias as nossas ninfas, náiades, dríades e napeias campestres, valendo-se de nossas mãos, para serem oferecidas como signo de amor, de culto e obséquio, antes que se ofereça uma ocasião mais reservada, para vir e se recolher, para poder juntar-se às guirlandas entrelaçadas com as quais se coroam o sepulcro, não, porém, de teixo ou cipreste, porque os estimam inadequados a tão grande herói imortal, que não deveis considerar morto, mas por vós parido, mas sim, coroas e tiaras de rosmarino florido, mirto, palma, vinha, oliva e louro, símbolos da prudência, da sapiência, da fé, da vitória, da paz e do triunfo. Queremos então que, em seus nomes, não possam ser desaprovadas aquelas lágrimas que derramastes por ato e efeito de piedade e com as quais haveis o próprio céu feito consorte e companheiro. Todavia, a fim de que não se conceda espaço a lágrimas desesperadas e de exagerada tristeza, nem que os olhos prudentes e os vultos pareçam exprimir o sinal de uma dor excessiva, querem elas, as flores e ninfas, que tenham todos em mente que, uma vez terminadas as funções desta fúnebre solenidade, vivamos todos com ânimo tranquilo, com pia e felicíssima recordação do ilustríssimo duque Júlio. Pois não é preciso que permaneça aberta uma porta àquela sombria dor, quando com os olhos da inteligência se considere que, cumpridos todos os deveres, se ainda houver espaço para o pranto este próprio pranto pode referir-se a uma destas três causas: ou à pessoa do ilustríssimo duque Júlio, um dano ao nobilíssimo ducado ou, por fim, em teu detrimento, Academia Júlia.

Mas, ó sábios e doutíssimos ouvintes, que lugar poderia ter o pranto pela primeira causa, quando o ótimo Príncipe, tendo tudo realizado com suma bendição e favor singular do céu, e havendo

---

97. Do antigo reino de Sabá, conhecido na Antiguidade por suas folhas aromáticas e pedras preciosas.

completado o fuso da vida, escapou das mãos da Fortuna e das parcas? Isto é, voou deste vale de lágrimas para aquele monte da beatitude; do Egito infernal à Jerusalém celeste; do abismo cego das trevas à planície das luzes inacessíveis; da torrente da calamidade para o rio do imenso consolo; do cárcere do tempo para o seio amplíssimo da eternidade; do principado, submetido às vicissitudes e assim ao transitório, para a obtenção daquele reino eterno de quem constituiu herdeiro o ótimo Máximo. Portanto, após se terem derramado as devidas lágrimas pela ausência do príncipe (as admite e ordena a lei natural do sangue), e vos tendo sido exposta aos olhos sua felicíssima condição, que não haja subsequente espaço à dor. Quem poderá, de fato e com razão, chorar pelo pai, pelo amigo, pelo benéfico senhor quando este, completada a molesta navegação desta vida, com a mercê, o prêmio e a coroa das próprias fadigas, encontra o porto da salvação e da quietude?

Assim, pois, vindo ao segundo ponto, se houver algum motivo para condoer-se por todo o povo que, sob seu ducado e governo prosperava, a examinar mais completamente, além de nós, que sejam todos. Mas não previu o ilustríssimo e previdente duque, há muito tempo, que desta causa não derivasse nenhuma triste consequência aos seus afeiçoados súditos?

Não resulta evidente quão esplendidamente a divina potência e misericórdia o assistiu até o fim? E assim como, durante tanto tempo, o liberaram dos insultos da inveja, da malignidade e da fortuna, o exaltaram a este nível de excelência e o conservaram neste estado feliz, também fizeram com que, concluído o curso desta vida e avizinhando-se o momento de emigrar, ele pudesse confiar ao seu povo a excelência do primogênito e sucessor, o ilustríssimo Henrique Júlio[98], dotado de tanto esplendor de alma, de tanta prudência, fortaleza, doutrina e magnanimidade e possuidor do mérito de assumir seu posto como pai da pátria. O fulgor de sua eminente virtude, após o episcopado de Halberstadt, o reitorado daquela ilustre Academia e a administração de outros títulos que exerceu muito jovem, quando ainda vivo estava seu pai, com sumo louvor e satisfação de todos, agora, por certo, juntamente numa idade mais madura, se manifestará e se propagará mais largamente, com autoridade e moderação sempre maior. Assim é que certamente possais ver realizado o clarividente desenho do ilustre duque Júlio que, por muitos séculos após seus funerais, percebereis sempre melhor a sua presença junto a vós.

98. Heinrich Julius von Brunswich-Lüneburg (1564-1613).

Abstenho-me de revelar com quanta diligência cuidou ele de seus filhos ilustríssimos para o benefício, o favor e graça de seus povos. Uma coisa em particular nem o tempo nem o olvido apagarão de minha memória, o ter podido ver com meus próprios olhos e ouvir com meus ouvidos dois filhos do príncipe, heroicos meninos, fiéis ao vosso seio e vossa educação, e submetidos, em um tempo estabelecido, a severíssimo exame, completamente alheios e contrários a festas vulgares e bacanais, como ninguém mais tenha visto, ou intentados a ocupações cruéis após a caça, mas devotados com frequente diligência aos estudos e às ocupações religiosas. Em particular, é digno da memória dos séculos o quanto magnífica e doutamente sabemos que ambos cotejaram as teses que se disputaram sob o célebre jurisconsulto Borcholt[99], propondo argumentos válidos. Bom Deus, como meu peito era então sacudido por múltiplos sentimentos. Como, miraculosamente, teria desejado que ali estivessem presentes todos os príncipes da Europa e seus filhos. E certamente, como grande parte deles, sendo mais adultos, teriam se envergonhado pelo silêncio que lhes impõe a estupidez, mas tendo o talento de escutar, aqueles rapazes dariam, em sua presença, prova de saber, falariam e seriam escutados. Assim teriam aprendido que nem sempre, e não em toda parte, mesmo nesta nossa época, que é de todas a mais infeliz, é condição comum e própria dos príncipes mostrar bom senso, deliberar e falar somente graças a outros talentos, juízos e línguas. Com não menor cuidado e plena solicitude, é sabido e evidente que foi educada a elevada índole do primogênito, o ilustríssimo príncipe Henrique Júlio, quem, crescendo em idade e tendo recebido um juízo precoce, pôde alcançar o cimo das línguas, das doutrinas e das virtudes (como são necessárias aos ótimos príncipes e governantes). Como, então, se volverdes para o alto os olhos da mente, podereis ver nascer, pelo dito motivo, uma aflição no povo? Quando aquela alma beatíssima, acolhida entre os heróis, estando no céu e voltando os olhos para a Terra, pode ver, de um lado, no ilustríssimo duque Henrique, tanto um indício admirável de gratidão e de amor na celebração de suas exéquias quanto aquela exímia virtude de ânimo, de mente e de corpo pelo governo dos povos que tanto se desejaria em muitos príncipes; e, de outra parte (pela graça celeste e pelo divino favor que o assiste), sob tal duque, pode ver tudo como deixou, pacato, tranquilo, intacto, como é natural esperar-se de uma

---

99. Johannes Borcholt (1535-1593), professor de direito em Rostock, um dos fundadores da Universidade de Helmstedt e preceptor dos filhos do duque Júlio.

religião bem reformada a justiça, a benevolência, a gratidão e o obséquio firme do povo, ligado por vínculos indestrutíveis.

Por fim, magnífica Academia, se deves condoer-te por motivos que dizem respeito a ti, diretamente, ou em que estado de ânimo te devas sentir neste momento, pelos exemplos de teu ilustríssimo fundador, o examinarei não com as minhas, mas com as palavras e fatos dele próprio. Reconhece, portanto, sua alteza beatíssima diante de ti e ouve como toca o íntimo de tua alma com a voz, o vulto e o afeto com os quais costumava recorrer à palavra.

"Do grande Júlio César, cujo elevado grau de fortuna não poderei alcançar, (porque jamais o quis nem gostaria, pela violência causada ao coração da pátria e por sua tirânica crueza), ele, cujo ânimo e virtudes ilustres procurei estudiosamente tornar semelhantes e, se fosse possível, superar, respeitando os costumes da pátria, por algum mérito e empresa próprios, e do qual já era par, pelo nome e pelas aves reais, fui julgado pelos superiores de ter feito tudo e talvez mais. 'Ninguém descurou de fato, quando fez tudo o que pôde.'[100] Quando César fugiu das mãos dos tiranos de Faro, não sem um favor divino, em virtude de sua própria solércia e sensatez, quando veio a se encontrar em situação de extremo perigo por sua vida, naquele momento de angústia quase desesperada, pensou menos em si do que nas musas e nos livros: Amontoados os exércitos no pequeno espaço da barragem, o chefe romano está circundado por todos os medos da guerra; em frente, uma densa frota faz a orla das praias; pelas costas o encalçam as infantarias. Não há via de escape, nem na fuga nem no valor; com dificuldade, a esperança de uma morte honrada. Prisioneiro da natureza daquela posição, fica em dúvida se deva temer ou desejar a morte. Mas os fados o proíbem. A própria Fortuna lhe mostra a via de salvação; então, abandonada a nave, joga-se ao mar; com a mão esquerda traz enxutos os seus livros, com a direita fende as águas; e por fim, ileso, é acolhido com o aplauso amigo da turba que eleva ao céu o seu grito.

Assim, ó Academia Júlia, eu também, o teu Júlio, em toda situação extrema, de tantas que fui capaz de afrontar por aquelas musas que cultivei o quanto pude, associei a tua salvação à minha. Eu, para que tu o saibas, te pensei e te amei desde os primeiros anos de minha vida: quando, contra mim, de todas as partes se agitavam e se enfureciam as ondas imensas deste mar, deste século turbulento, enquanto de todo lado me respingavam, pelo poder das

---

100. Cícero, *Filípicas* II, 23.

ondas, as procelas daquela infame superstição e violenta tirania da besta Tiberina, como arrancado do próprio seio materno, dos braços paternos, do amor de minha casa natal, e exposto à inveja, ao insulto de serpentes sibilantes, ao latido dos cães, às presas escumantes dos javalis, aos rugidos e dentes dos leões, com extrema violência um fato maligno me abalava. Quando então esses acontecimentos me afligiam, de perto ameaçado de morte e, fechado em trincheiras, era acossado por agressores e, pela sentença de sacerdotes ociosos, reduzido à pena de uma morte desonrada, permanecendo quase sozinha no sustento de minha virtude, tu, tábua de naufrágio, que és a metade de minha alma, sob o estandarte da religião, da piedade e da doutrina (que a mim parecia ótima, conforme o lume do céu irradiado), eu te sustentei constantemente com esta mão, para que não fosses submergida nem contaminada pelas ondas de perversão.

Deixei livre apenas a mão direita para aguentar as outras fadigas, para evitar os escolhos, superar as vagas e conduzir a porto seguro os sustentos comuns, os teus e os meus. Assim, com as duas mãos, uma servia toda à tua vida, a outra, parte à tua, parte à minha. Com esta direita, portanto, desci ao combate, suportei calamidades extraordinariamente ásperas e longas, empurradas no pélago deste século, e as enfrentei, ataquei, rechacei, quebrei e venci; e finalmente me vejo acolhido pelo desejado aplauso da cúria celeste, e te deixo custodiada em ótimo porto. Recordai-te então de teu Júlio, ó minha Júlia, que te olho do céu como a um de meus filhos, a quem, por isso, assinalei e transmiti meu nome, para que, como prova de meu amor, eu permaneça eternamente em teu coração. Eu te esculpi no ânimo de meus filhos, e para que seu amor por ti fosse indelével, te confiei sua educação, a fim de que juntos, com o leite da religião, da piedade e da doutrina, sugado em teu peito, concebessem para contigo um amor infuso no íntimo, para que, enfim, te amassem como as próprias vísceras e, tornando-se adultos, te alimentassem, te governassem, te robustecessem e te protegessem, ó Academia minha. Chamo-te Júlia porque, mesmo antes de materializar-te na magnificência das pedras, dos fundamentos, das paredes, das colunas e deste teto que agora vemos, nasceste quando eu nasci, foste nutrida quando eu mamava, adulta quando cresci, em fuga quando fugi, salva quando salvei-me. Como, por outra parte, Júlia nasceu quando nasceu Júlio, e viveu quando ele viveu, de maneira excelente provi para que não sejas defunta quando Júlio o for. Júlio vive por ti. Carne da minha carne, sangue do meu sangue (no qual e por meio do qual ainda vivo e vivo contigo), meu primogênito Henrique Júlio, de espírito nada menos heroico, e adornado pelos benefícios de Deus, como te assistiu na qualidade de retor, assim também, com o mais completo reconhecimento e favor geral, agora te acolherá, para todos os efeitos, de minhas mãos e te terá caríssima. Pois, com meu nome, também contemplará e reconhecerá em ti meu vulto e minha alma. Sempre te cuidará, enriquecerá, exaltará e defenderá. Adeus, portanto, minha Júlia, adeus eterno. Só uma coisa te prescrevo, com quanta força posso prescrevê-la, e te peço, com quanta força posso pedi-la: Ama-me. E se me restituíres o amor com o qual te envolvi, ama aqueles que eu amei, acolhe a quem acolhi, honra a quem honrei, protege aqueles a quem protegi."

Ó felicíssimo entre os heróis, sapiente entre os príncipes, célebre entre os duques, eis onde estava o teu coração, o teu espírito, o ânimo teu; eis onde se alojava o teu afeto. Não erigiste templos a ídolos, conforme o costume dos avós, não consagraste altares a demônios e espíritos misantropos, não fabricaste cenóbio ou dormitório de monges (ou seja, um ninho de ociosos arganazes); nem, com o desperdício de recursos, elevaste fortalezas de rochas e, por todos os lugares, obras arquitetônicas com as quais pôr um freio ao povo que se rebelasse. Porque houveste compreendido, ó sapiente entre os duques, como coisas de tais gêneros podem ser armadas contra ou a favor dos príncipes; uma vez preparadas, não só ocorre aos tiranos temer por seu povo, mas antes, e talvez mais ainda, dever guardar-se justamente dele. Hás considerado, de ótima maneira, que os povos são regidos, sobretudo, com a paz, a prudência, a longanimidade, a justiça, e assim se conservam duradouramente sob o mesmo regime. São esses os troncos, as alavancas, o joio, os muros, os bastões e as torres com os quais imperaste e ainda agora reinas e imperas. Assim puseste por terra os teus inimigos, só com a prudência de teu ânimo e a energia de teu espírito. Tu reputaste que a sabedoria e a experiência prevalecem sobre todos os meios, tanto de defesa quanto de ofensa. Por isso, considerando como apenas no culto das musas residem tanto a saúde dos povos quanto a grandeza e a potência dos príncipes, da mesma forma a elas tu consagraste esta tua Academia, com teu nome e por teu afeto. Mas agora, duque, o que te vem das musas em troca de um dom tão grande? Elas ergueram-te na eternidade uma estátua de ouro, em cuja direita Astrea, ou Virgem, pôs e confiou uma espada com balança, enquanto na mão esquerda Minerva concedeu o livro aberto da sapiência e das leis. Palas adaptou ao peito a couraça da fortaleza e da magnanimidade. Sobre a cabeça foi posta a coroa da prudência e da sabedoria, que o grande Apolo teceu para ti. Sob os teus pés podem ser vistas as efígies de vários monstros, como a Inveja, a Fraude, a Ira, a Gula, a Impiedade, a Superstição, a Ignorância, o Ócio, o Luxo, a Conspurcação, a Avareza, a Tirania, a Violência e mais outras ainda. À volta, as várias musas colocaram cada uma sua própria estátua, de cândida e dura prata. Aqui, Clio, relembrando as coisas passadas perante os olhos do século presente e daquele eterno, decanta a glória de tua gesta. Ali, Melpômene, solene pela trágica gravidade, as fúnebres cerimônias com as quais os homens, os deuses e os céus e os elementos prestam honras à tua beatíssima partida. A cômica Talia, que se alegra com agradáveis e graciosas pilhérias daqueles que num tempo se opuseram temerariamente aos teus propósitos e ações heroicas, ou ainda, doentes de aspecto insano e pálido, se esforçaram por diminuir as tuas altíssimas glórias; zomba com estes versos: estando acima dos astros, ele despreza as inúteis derrisões; ó invejoso, retira assunto de nossas pilhérias. Enquanto Calíope, em versos heroicos, canta a tua gesta e a de teus avós. Terpsícore, com a cítara, move os afetos, guia, acresce; Erato, com o plectro, dança com os pés, com o canto, e tudo indica com a mão; Polímnia fala com o gesto. Urânia, nas altíssimas voltas do tempo do mundo, que acolhem de sólido ouro e zircônio as imagens de ambos os hemisférios, mostra cinzelado teu ilustre nome ao redor da fulgente Espiga de Erígone. Ali, para quem volte o olhar às constelações setentrionais, será dado ver, em primeiro lugar, as Ursas, e depois o Dragão, Boote, a Coroa de Ariana, Hércules, Esculápio ou Serpentário, a Lira, o Cisne, a Águia, a Flecha, o Delfim, cada uma das quais representa uma das tuas virtudes, que entendemos definir com o nome apropriado. O Delfim representa a filantropia e a humanidade; a Flecha Tessálica, a celeridade feliz em realizar após um maduro conselho. A Águia representa a majestade de mais vasto domínio; o Cisne, a pureza; a Lira, a suavidade; Esculápio, a prudência; Hércules, a fortaleza; Coroa, a majestade; Boote, a custódia e a vigilância; Cinosura, a sublimidade e a firmeza; a Ursa Maior, o esplendor insuperável de tua ilustríssima e sereníssima estirpe. Em segundo lugar, entre aquelas constelações que sobrelevam, de preferência, o espaço compreendido entre o Trópico boreal e o cinturão do primeiro móvel, oferecem ao olhar a Espada recurva, a Cabela de Algol ou de Medusa, a Cabra, a Coma de Berenice, o Triângulo, o Auriga ou Cocheiro, Perseu, Andrômeda, Cassiopeia, Cefeu, Equíloco, Pégaso ou Cavalo de Belerofonte.

Pégaso alado, que desprende sua corrida através do éter, designa a tua fama que se difunde pelo orbe inteiro; Equíloco, a liberdade;

Cefeu, a ardente devoção pelas musas e o zelo pela justiça; Cassiopeia, o matrimônio com a ilustre heroína; Andrômeda, presa a correntes e manetes, o temor a Deus e a religiosidade, aos quais estavam estreitamente ligados os teus afetos e obras, pois não agias fora da justiça divina, da natural e da moral. O triunfante Perseu é índice e testemunha de tua estrênua atividade e laboriosa virtude. A Coma de Berenice revela a afabilidade e o decoro. O Auriga Eritônio, que, segundo o mito, enfeitiçou os carvalhos com seu canto, indica a inata eloquência e a graça com a qual mitigaste gente duríssima, dobrando-a com teus obséquios.

O Triângulo representa uma tríade de virtudes: a Prudência, com a qual começaste cada empresa; a Diligência, com a qual a executaste; a Virilidade, com a qual a defendeste. A Cabra, pela intensidade de suas estrelas, a solicitude e o cuidado com as coisas mais dignas. A cabeça resoluta da Górgona, de quem, em lugar de cabelos, despontam serpentes venenosas, indica aquele monstro aberrante da Tirania Papal, que é assistida e servida por todas as línguas blasfemas contra Deus, a natureza e os homens, e que infectam o mundo com o veneno pernicioso da ignorância e da maldade; cabeça de Górgona que, pelo teu valor, constatamos ter sido truncada e afastada destas regiões. E a Espada adamantina, vermelha pelo trespasse do monstro, representa a firmeza de tua mente invencível, graças à qual mataste uma fera tão horrenda.

Feliz, portanto, és Academia Júlia, três ou quatro vezes beata por ter em Júlio um fundador assim tão eminente. Vive, eleva-te, vai, procede, consolida-te, sê gloriosa entre todas as academias do mundo. Augustíssima, ilustríssima Princesa, filha de príncipe, irmã de príncipe, a quem está destinada uma série de ilustres descendentes, numa longa ordem de séculos. Generosamente nascida, magnificamente educada, cresce gloriosamente. Vive, e por esse traje fúnebre do qual te tornaste digna de portar, por estas lágrimas, que com o nome de filha mereceste derramar, alegra-te novamente também: no mesmo luto, digo, glorifica-te porque, de um semelhante e grande homem, nenhuma outra academia será disseminada. Teu fundador, teu príncipe, teu senhor, está no céu e do céu te observa. Dali te assistirá. Ali, ofertados os votos ao Deus Máximo, obterá para ti tudo o que queres, pois não é verossímil que, na melhor condição em que se encontra, te possa ser menos benigno.

COMENTÁRIOS SOBRE BRUNO

"FOI A PEDIDO do cavaleiro Philip Sidney que Bruno compôs o *Despacho da Besta Triunfante*, impresso em oitavo, não em Paris, e sim em Londres, em 1584... Esse tratado é tão perigoso quanto ímpio e não convém senão a pessoas que tenham bom senso e força de razão para se pôr à prova de todos os sofismas. Antes que eu pudesse mostrá-lo ao senhor Bayle, Schoppius era o único que lhe conhecia o título, como menciona em sua carta a Rittershusius; mas é certo que jamais viu o livro, pois acreditou que a Besta Triunfante, conforme o modo de falar da época, era o papa, e que Bruno queria bajular os protestantes. Ao invés, por Besta ele entende toda Religião Revelada, de qualquer natureza que seja e de qualquer maneira que triunfe no mundo. Seja a religião pagã, a judaica ou a cristã, ele as ataca, as faz ridículas e as rejeita igualmente, sem cerimônia e exceção. O método do livro é singular. Após ter feito ver que os Astros são os únicos monumentos que sempre subsistem, sendo o pergaminho, o mármore e o bronze perecíveis, ainda que duráveis, o Autor se lamenta de que os homens tenham dado a essas Luminárias eternas os nomes de vícios grosseiros ou meramente fabulosos, em lugar daqueles de histórias instrutivas e de fatos úteis. Portanto, lhes concede agora os nomes das virtudes morais, que ele chama deuses e deusas."[1]

---

1. Artigo "Brunus, Jordanus", em Jacques George de Chaufepié, *Nouveau Dictionnaire Historique et Critique* (para servir de suplemento ou de continuação ao dicionário de M. Bayle), t. II, Amsterdam, 1750.

"vós TALVEZ TREMEIS mais ao pronunciar esta sentença do que eu ao escutá-la" (Giordano Bruno) – segundo relato de Kaspar Schoppe, estudante de filologia em Roma e testemunha ocular da condenação do Santo Ofício em carta a seu professor e amigo Konrad Rittershausen, residente em Altdorf, Alemanha[2].

"É CERTO QUE não está em conformidade com a ortodoxia tudo o que o Nolano escreve sobre religião. Conforme seu pensamento, existe a religião dos ignorantes e a religião dos doutos. A primeira é um conjunto de superstições contrárias à razão e à natureza. Ela é útil para governar os 'povos incultos', é a forma do divino adequada à mentalidade vulgar. Bruno, portanto, reconhece nas religiões positivas (que critica com apaixonada violência, tanto a católica quanto a protestante) somente uma função prático-social, válida enquanto a humanidade não tiver atingido um grau superior de evolução. A religião dos doutos ou dos 'teólogos', ao contrário, prescinde de toda crença positiva e se identifica com a sapiência originária, comum a todos os homens, em todos os lugares e em todos os tempos, mesmo se através do processo histórico ela tenha sido enriquecida, revista e esclarecida. Bruno faz seu um dos motivos característicos do Renascimento (antes elaborado por Pico della Mirandola) e que logo depois será formulado como 'religião natural'. A religião, contudo, da qual fala o Nolano é, no fundo, a sua filosofia da natureza, a qual 'ou é Deus ou é a virtude divina que se manifesta nas próprias coisas.'"[3]

"EM *LA CENA delle ceneri...* (A Ceia das Cinzas) Bruno apresenta a melhor discussão e refutação das objeções clássicas – aristotélicas e ptolomaicas – contra o movimento da Terra jamais escritas antes de Galileu; ele proclama que o mundo é infinito e, por conseguinte, não existe nele nenhum corpo ao qual coubesse, *simpliciter* (simplesmente), estar no centro, sobre o centro, na periferia ou entre esses dois extremos do mundo (que, ademais, não existe), mas somente estar entre corpos. Quanto ao mundo, que tem sua causa e origem numa causa infinita e num princípio infinito, deve ser infinitamente infinito segundo sua necessidade corporal e seu modo de ser... É verdade que Nicolau de Cusa já havia dito quase a mesma coisa. Entretanto, não podemos deixar de reconhecer a diferença

---

2. Paul Richard Blum, *Giordano Bruno, an Introduction*, Rodopi: Amsterdam, 2012, p. 109, citando Vincenzo Spampanato, *Vita di Giordano Bruno*.
3. Michele F. Sciacca, *La Filosofia nel suo Sviluppo Storico*, v. 2, Cremonese: Florença, 1959, p. 45-46.

de ênfase. Enquanto ele simplesmente afirma a impossibilidade de se atribuírem limites ao mundo, Giordano Bruno afirma sua infinitude e se regozija com isso. A determinação e a clareza superiores do discípulo em relação ao mestre são notáveis: 'A um corpo de dimensão infinita não se pode atribuir nem centro nem limites, pois quem fala do vazio ou do éter infinito não lhe atribui nem peso nem leveza nem movimento, nem ali distingue posição superior, inferior ou intermediária; supõe, ademais, que haja nesse espaço inúmeros corpos como o nosso, como nossa Terra e outras terras, nosso Sol e outros sóis'... O deslocamento da Terra do centro do mundo não foi sentido como degradação. Muito pelo contrário, é com entusiasmo ardoroso, o entusiasmo de um prisioneiro que vê desmoronarem as paredes de sua prisão, que Bruno anuncia a extinção das esferas que nos separavam dos vastos espaços abertos e dos tesouros inexauríveis do universo eterno, infinito e em mutação... Para ele, movimento e mutação são sinais de perfeição e não de sua ausência. Um universo imutável seria um universo morto; um universo vivo tem de ser capaz de mover-se e de se modificar."[4]

"NAS POLÊMICAS SOBRE a possibilidade ou a impossibilidade do movimento da Terra, utilizava-se, desde Oresme ou Buridan, um argumento que se acreditava irrefutável. Se a Terra se movesse, todas as nuvens seriam empurradas para trás, as folhas mortas voariam sempre no mesmo sentido; mais ainda, uma pedra atirada do alto de uma torre deveria ser desviada num sentido constante. Já em 1584, em *La cena delle ceneri*, Bruno critica tais argumentos, insistindo em sua ingenuidade. A Terra e tudo o que nela se encontra formam um sistema, diz ele. Os objetos que pertencem a um navio se movem com ele. Do mesmo modo, as nuvens, os pássaros ou as pedras que se encontram sobre a Terra são levados com ela. É, segundo Koyré, a primeira vez na história das ideias que a noção de sistema mecânico aparece de maneira tão explícita."[5]

"FRENTE A ESTE Bruno reumanizado, restituído às suas intemperanças, aos seus erros, às suas fraquezas, mas também à sua grandeza de pensador e assertor da liberdade, é tempo, a partir de agora, de que a longa polêmica sobre seu nome se aplaque e que ele não seja mais

---

4. Alexandre Koyré, *Do Mundo Fechado ao Universo Infinito*, 4. ed., Rio de Janeiro: Forense Universitária, p. 38-41.
5. Helène Vedrine, A Nova Imagem do Mundo, em François Châtelet (org.), *A Filosofia do Mundo Novo, História da Filosofia*, v. 3, Rio de Janeiro: Zahar, 1974.

ídolo de venerações obtusas nem vítima de calúnias venenosas. Na realidade, os contendores se movem sobre dois planos diversos; nem uma conciliação absurda ou mesmo um desencontro concreto é possível entre os dois pontos de vista que não seja o inane e desgostoso das afrontas. Ninguém poderá negar à Igreja Católica que o processo foi conduzido conforme o respeito à mais estreita legalidade, sem preconceitos ácidos, antes com acenos de tolerante compreensão pela excepcional personalidade do inquirido. Fazer do caso Bruno um ponto de partida para investigar o complexo instituto da Inquisição implicaria uma reviravolta de tal maneira arbitrária do problema que prejudicaria qualquer solução racional. Basta reconhecer com Mercati a faculdade que tem a Igreja de 'legisferar com sanções em seu campo... as quais respondem às concessões e usos do tempo', constatar a situação verdadeiramente dramática da catolicidade no último decênio do 1500, quando as guerras civis em França haviam deixado ao papado pouco mais da Itália, da Espanha e de algumas províncias do Império, enquanto os turcos urravam às suas portas; enfim, basta levar em conta o fato de que a consciência religiosa, social e jurídica dos italianos do tempo considerava execrável a heresia e meritória a sua extirpação, sendo de uso comuníssimo a pena de morte, mesmo como reação a crimes leves, como pequenos furtos, frequentemente acompanhada de suplícios públicos. Quanto à matéria do processo, o haver delimitado quase exclusivamente ao terreno filosófico faz com que a obstinação final de Bruno restitua coerência e significado ao seu comportamento, e não por isso resulta inatacada a legitimidade da condenação. O dogma da Trindade, da encarnação, do Espírito Santo, da criação, da alma humana, da vida ultraterrena, tudo isso vinha sendo invalidado pela filosofia bruniana; a própria tese sobre os pré-adâmicos, fazendo descender de Adão apenas os hebreus, concedia imunidade do pecado original a todas as outras gentes, negando, indiretamente, a redenção, já implicitamente diminuída pela doutrina dos mundos infinitos e semelhantes ao nosso. Só a teoria do movimento terrestre foi condenada por motivos "pseudoteológicos", segundo a admissão necessária de Mercati, mas não se deve esquecer que, ainda quinze anos mais tarde, Bellarmino estava concorde com todos os mais importantes teólogos em considerar insuportável uma tese que parecia dar 'à Escritura um sentido contrário ao Santo Padre e a todos os expositores gregos', conforme as páginas 12-13 do Sumário. A legitimidade deve por isso estar limitada ao sentido legal e não se pode falar (como assevera Mercati) de 'sentença contra razão...' Todos sabemos que

Bruno, em suas asserções, era dogmático e intransigente, não menos do que seus censores, que seu caráter era um misto de orgulho desprezador, litigiosidade, vulgaridade, volubilidade, mas bastaria isso e tantas outras acusações para justificar um só tição da fogueira?"[6]

"'PORQUE É PRÓPRIO de ambicioso e de cérebro presunçoso, fútil e invejoso querer persuadir os demais de que só exista um meio de investigar e de chegar ao conhecimento da natureza. É coisa de um louco, de um homem sem discurso, querer atribuir esse conhecimento a si mesmo. Embora sempre se deva preferir, apreciar e cultivar a via mais constante e firme e o modo mais alto de considerar, não se deve censurar, no entanto, aquele outro modo, que não deixa de apresentar bons frutos, ainda que não seja da mesma árvore.' Nenhuma passagem exprime melhor o ecletismo de Bruno e sua ambição de uma filosofia total. Não tem senão um inimigo, Aristóteles, homem 'injurioso e ambicioso, que quis depreciar as opiniões de todos os outros filósofos e suas maneiras de filosofar'. Essa riqueza, ou melhor, essa profusão de pensamentos num filósofo que, como mais tarde Leibniz, não quer perder nenhuma das especulações do passado, desconcerta sempre os que tentaram uma exposição sistemática da doutrina de Bruno. Uma hierarquia de realidades (Deus, Inteligência, Alma, Matéria) que, a despeito de inúmeras críticas a Plotino, evoca, às vezes, as hipóstases neoplatônicas; o heliocentrismo de Copérnico, mas corrigido por uma infinidade de mundos; a identidade de Parmênides; o atomismo de Demócrito, com uma física corpuscular; eis as principais teses de Bruno, que dificilmente se encontravam juntas."[7]

"A ESTADA DE Bruno em Frankfurt decorreu em duas partes. Para ali foi em meados de 1590, fez uma visita à Suíça durante 1591 e, após isso, retornou a Frankfurt. Uma personagem curiosa, chamada Hainzell (Johannes Henricius Haincelius), natural de Augsburg, havia recentemente adquirido uma propriedade em Elgg, perto de Zurique. Esse homem estava interessado em alquimia e por vários tipos de ocultismo e magia, e, por essa razão, convidava liberalmente a Elgg aqueles que tinham a reputação de ser proficientes em tais artes. Bruno permanece com ele por vários meses e foi para esse estranho

---

6. Luigi Firpo, Il Processo di Giordano Bruno, *Rivista Storica Italiana*, LXI, Nápoles, 1949.

7. Émile Bréhier, *História da Filosofia*, São Paulo: Mestre Jou, v. I, fascículo III, p. 236.

senhor de Elgg que ele escreveu uma obra por si mesmo considerada de grande importância, *De imaginum, signorum et idearum compositione*, publicada em Frankfurt por Wechel, em 1591. Bruno a escreveu muito provavelmente em Elgg ou em Zurique, onde esteve por algum tempo, e levou o manuscrito para Frankfurt. Foi o último livro que publicou. É um sistema mágico de memória que possui pontos em comum com *De umbris idearum*, publicado na primeira visita a Paris e dedicado a Henrique III. O sistema está baseado em 150 imagens mágicas ou talismânicas. Eram imagens egípcias dos demônios decanos, de planetas e outras figuras compostas. Ao redor de todas estas, em círculos concêntricos, estavam dispostas imagens de animais, plantas, pedras etc., todo o mundo da criação física e, no círculo exterior, as artes e as ciências figuradas por 150 inventores e grandes homens. As imagens mágicas centrais formavam, por assim dizer, o centro do poder mágico, dando forma a todo o sistema. Este era atribuído a Hermes e pensamos que estava relacionado com a experiência do iniciado, relatada num dos tratados herméticos, pela qual reflete, em êxtase, em sua mente, todo o universo, e pela qual se une aos poderes. Em *De imaginum, signorum et idearum compositione* temos uma ideia similar, mas numa forma mais elaborada. O centro do poder mágico está aqui representado por doze "princípios". Estes são poderes ou forças de uma personalidade. Os conteúdos do universo, das artes e ciências estão dispostos ou, de preferência, incoerentemente misturados numa série de aposentos, átrios ou divisões. Esse arranjo se relaciona com a mnemônica clássica, na qual as noções são rememoradas por intermédio de imagens colocadas em lugares distribuídos em um edifício. Mas a própria arquitetura mnemônica foi convertida em mágica pelo esquema de Bruno, pelo que vários planos dos lugares da memória no livro estão obviamente relacionados com os 'selos' herméticos, como se pode compará-los com os de outras obras. Eu não deveria confundir o leitor, conduzindo-o por esses aposentos mágicos da memória, mas os doze 'princípios' centrais do poder sobre o qual se concentra o esquema são interessantes, porque eles nos lembram os deuses do *Despacho da Besta Triunfante*. Os doze princípios do *De imaginum compositione*, alguns dos quais trazem outros princípios consigo, ou no mesmo 'campo', são como se segue: Júpiter com Juno, Saturno, Marte, Mercúrio, Minerva, Apolo, Esculápio, com o qual estão agrupados Circe, Ário, Orfeu e o Sol, a Lua, Vênus e Cupido, Netuno, Tallus, com o Oceano, Pluto... Como facilmente se pode ver, comparando as duas listas, ambas contêm uma marcante semelhança entre os deuses do Despacho e os princípios do *De imaginum compositione*... Filosofia e hermetismo de mãos dadas."[8]

"Da negação do *nosce te ipsum* (conhece-te a ti mesmo), no *Candelaio*, à sua plena afirmação nos *Furores*, a filosofia-pintura de Bruno traça um itinerário que, pronto a transpor o limite da sombra, abre-se 'negativamente' com os falsos Acteons, com os cegos que não sabem não saber, com os Narcisos que procuram fora de si mesmos aquilo que já possuem, com aqueles que se deixam enganar pelas aparências, para concluir 'positivamente' com a excepcional experiência solitária e individual do furioso, marcada profundamente pela consciência da própria cegueira, do próprio não saber. São dois modos diversos de entender a 'venação', ou seja, a caça. Mas também são duas concepções opostas de amor: Bonifácio, Bartolomeu e Manfúrio se inflamam por coisas fúteis e vãs, enquanto o furioso, enamorado pela sabedoria, a persegue com todas as suas forças. Comportamentos antitéticos que pressupõem, necessariamente, recompensas condizentes com o percurso realizado: há quem receba como prêmio um belo par de cornos, como os dois maridos traídos, e há quem, ao contrário, goze a visão de Diana. Mas ver a natureza significa também ser visto por ela: significa, como experimentaram Acteon e Narciso, que sujeito e objeto do desejo chegam a coincidir, que o caçador e sua presa constituem uma coisa única, que amante e amada têm um rosto idêntico. Quem vê sofre necessariamente uma metamorfose: em cervo, como Acteon, ou em flor, como Narciso, pouco importa. Mas nesses dois mitos transformar-se implica uma perda só aparente. Pensando bem, a perda inicial se traduz num grande ganho, numa experiência gnoseológica extraordinária que, ao nos conduzir para fora de nós mesmos, abre caminho para a infinitude da natureza, para a percepção unitária do múltiplo."[9]

---

8. Francis Yates, *Giordano Bruno and the Hermetic Tradition*, London: Routledge and Keagan Paul, 1964, p. 325-327.
9. Nuccio Ordine, *O Umbral da Sombra*, São Paulo: Perspectiva, 2003, p. 214-215.

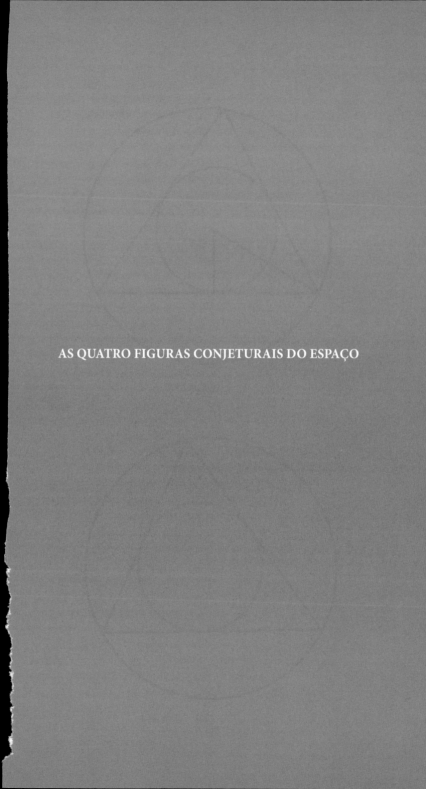

AS QUATRO FIGURAS CONJETURAIS DO ESPAÇO

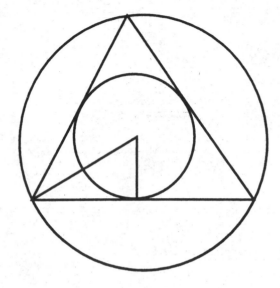

Fig. a

Fig. b

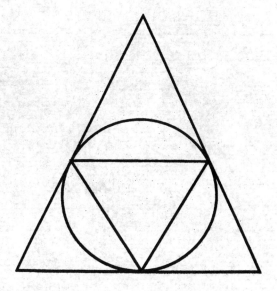

Fig. c

Fig. d

Este livro foi impresso na cidade de São Bernardo do Campo,
nas oficinas da Paym Gráfica e Editora, em setembro de 2022,
para a Editora Perspectiva